NomosKommentar

Manfred Bruns,
Bundesanwalt beim Bundesgerichtshof a.D.
Dr. Rainer Kemper, Universität Münster

Lebens-partnerschaftsrecht

Handkommentar

2. Auflage

Maria Sabine Augstein, Rechtsanwältin, Fachanwältin für Sozialrecht, Tutzing | **Manfred Bruns**, Bundesanwalt beim BGH a.D., Stuttgart | **Thomas Emmert**, Rechtsanwalt, Regensburg | **Dr. Rainer Kemper**, Universität Münster | **Prof. Dr. Peter Kiel**, Hochschule Wismar | **Klaus Rellermeyer**, Diplom-Rechtspfleger, Hamm | **Dirk Siegfried**, Rechtsanwalt und Notar, Berlin | **Dr. Stephan Stüber**, Regierungsdirektor, Hamburg

Bibliografische Information Der Deutschen Bibliothek

Die Deutsche Bibliothek verzeichnet diese Publikation in
der Deutschen Nationalbibliografie; detaillierte bibliografische
Daten sind im Internet über http://dnb.ddb.de abrufbar.

ISBN 3-8329-1182-0

2. Auflage 2006

Vorwort zur zweiten Auflage

Am 1.1.2005 ist das Gesetz zur Überarbeitung des Lebenspartnerschaftsrechts in Kraft getreten. Es enthält zahlreiche Angleichungen des Rechts der Lebenspartnerschaft an das Recht der Ehe in denjenigen Bereichen, für die ein Gesetz ohne Zustimmung des Bundesrates zustande kommen kann. Dadurch haben sich im Vergleich zum bislang geltenden Lebenspartnerschaftsrecht erhebliche Änderungen ergeben. So wurden das Güter- und Unterhaltsrecht tief greifend umgestaltet, und die Aufhebung der Lebenspartnerschaft wurde der Scheidung angenähert (ohne allerdings vollständige Übereinstimmung zu erreichen). Neu eingeführt wurden außerdem die Stiefkindadoption, der Versorgungsausgleich und die Hinterbliebenenrente.
Ergänzt werden sollte dieses Gesetz in der Folge durch ein weiteres Projekt, in dem diejenigen Regelungen enthalten sein sollten, deren Verabschiedung der Zustimmung des Bundesrates bedarf. Wie beim ursprünglichen Lebenspartnerschaftsgesetz auch wurde das Novellierungsprojekt wiederum aufgespalten, um den unterschiedlichen Kräfteverhältnissen in Bundestag und Bundesrat Rechnung zu tragen und nicht auch die zustimmungsfreien Regelungen durch die Einbeziehung in ein einheitliches Gesetzesprojekt zu gefährden. Durch das bevorstehende vorzeitige Ende der Legislaturperiode haben sich diese Pläne erledigt. Durch den Sieg der CDU/FDP bei den Landtagswahlen in Nordrhein-Westfalen haben sich außerdem die Rahmenbedingungen im Bundesrat für ein derartiges Gesetz verschlechtert, so dass davon auszugehen ist, dass es unabhängig vom Ausgang der kommenden Bundestagswahlen zunächst keine weiteren Änderungen im Lebenspartnerschaftsrecht geben wird. Es ist daher der richtige Zeitpunkt, eine den bisherigen Veränderungen des Lebenspartnerschaftsrechts Rechnung tragende Neubearbeitung des Kommentars vorzulegen. Die Änderung des Titels trägt dabei dem Umstand Rechnung, dass das Lebenspartnerschaftsrecht nunmehr nicht mehr nur durch das Gesetz zur Beendigung der Diskriminierung gleichgeschlechtlicher Gemeinschaften: Lebenspartnerschaften geregelt ist, sondern dass sich wegen verschiedener Gesetzesänderungen und -ergänzungen Normen in Bezug auf Lebenspartnerschaften in vielen Gesetzen finden.
Um dem Benutzer des Werkes, der die erste Auflage kennt, die Orientierung zu erleichtern, bleibt der Aufbau des Kommentars unverändert. Er enthält Kommentierungen des Lebenspartnerschaftsgesetzes, des BGB, des GVG und der ZPO, soweit sie Regelungen enthalten, die sich mit Lebenspartnerschaften oder Lebenspartnern befassen, und nach Sachgebieten geordnete Einzeldarstellungen. Soweit die in der ersten Auflage enthaltenen Einzeldarstellungen wenig praxisrelevante Spezialmaterien betrafen, wurden sie aus Platzgründen gestrichen.
Die Autoren haben versucht, den Aufbau der bisherigen Kommentierungen nach Möglichkeit beizubehalten. An vielen Stellen war das wegen der massiven Änderungen der Rechtslage jedoch nicht möglich. Das umfangreiche Schrifttum zum Lebenspartnerschaftsrecht wurde berücksichtigt. Viele der Aufsätze, die zum Lebenspartnerschaftsrecht in seiner bisherigen Ausgestaltung verfasst wurden, sind allerdings schon wieder überholt. Es wurde deswegen darauf verzichtet, eine Gesamtliteraturliste zu erstellen. Wer eine solche sucht, kann sie im Internet auf der Homepage des LSVD (www.lsvd.de) finden.
Wir danken für die Anregungen, die wir von den Lesern der ersten Auflage erhalten haben. Auch über eine kritische Begleitung der zweiten Auflage würden wir uns freuen. Außerdem gilt unser Dank allen, die uns bei der Entstehung der zweiten Auflage des Kommentars unterstützt haben, sei es, dass sie Materialien und Diskussionsbeiträge geliefert haben, dass sie an der Ausarbeitung oder Redaktion von Texten beteiligt waren oder die technische Seite der Herstellung betreut haben.

Im August 2005 Die Herausgeber und Autoren

Zitiervorschlag:

Hk-LPartR/*Bearbeiter,* § 1 Rn 2

Bearbeiterverzeichnis

Manfred Bruns, Bundesanwalt beim BGH a.D., Stuttgart (§ 11 LPartG, Beamtenrecht, Steuerrecht)

Dr. *Rainer Kemper*, Universität Münster (§§ 1-10, 12-21 LPartG, BGB, ZPO, GVG)

Maria Sabine Augstein, Rechtsanwältin, Fachanwältin für Sozialrecht, Tutzing (Sozialrecht, Transsexuellenrecht)

Thomas Emmert, Rechtsanwalt, Regensburg (Mietrecht)

Professor Dr. *Peter Kiel*, Hochschule Wismar (Internationales Privatrecht, Sozialversicherungsrecht)

Klaus Rellermeyer, Diplom-Rechtspfleger, Hamm (Zwangsvollstreckung, Kosten und Rechtsanwaltsvergütung)

Dirk Siegfried, Rechtsanwalt und Notar, Berlin (Ausländerrecht, Staatsangehörigkeitsgesetz)

Dr. *Stephan Stüber*, Regierungsdirektor, Hamburg (Einführung)

Inhaltsverzeichnis

Abschnitt 5
Übergangsvorschriften

II. Einzeldarstellungen

Abkürzungsverzeichnis

a	auch
aA	anderer Ansicht
aaO	am angegebenen Ort
abgedr	abgedruckt
AbgG	Abgeordnetengesetz
Abh	Abhandlung
abl	ablehnend
ABl	Amtsblatt
ABl EG	Amtsblatt der Europäischen Gemeinschaft
ABl Saar	Amtsblatt des Saarlandes
Abs	Absatz
Abschn	Abschnitt
Abt	Abteilung
abw	abweichend
AbzG	Abzahlungsgesetz
AcP	Archiv für die civilistische Praxis (Band, Seite)
AdoptG	Adoptionsgesetz
AdVermG	Adoptionsvermittlungsgesetz
aE	am Ende
aF	alte Fassung
AFET	Arbeitsgemeinschaft für Erziehungshilfe eV
AFG	Arbeitsförderungsgesetz
AG	Amtsgericht/Aktiengesellschaft
AGB	Allgemeine Geschäftsbedingungen
AGBG	Gesetz zur Regelung des Rechts der allgemeinen Geschäftsbedingungen
ähnl	ähnlich
ALG	Gesetz über die Alterssicherung der Landwirte
AltZertG	Altersvorsorgeverträge-Zertifizierungsgesetz
AKB	Allgemeine Bedingungen für die Kraftfahrtversicherung
AktG	Aktiengesetz
allg	allgemein(e(n))
allgM	allgemeine Meinung
ALR	Allgemeines Landrecht für die Preußischen Staaten von 1794
Alt	Alternative
AMG	Arzneimittelgesetz
AmtlBegr	amtliche Begründung
ÄndG	Änderungsgesetz
AnfG	Gesetz betreffend die Anfechtung von Rechtshandlungen außerhalb des Konkursverfahrens
AngKG	Gesetz über die Fristen für die Kündigung von Angestellten
Anh	Anhang
Anl	Anlage
Anm	Anmerkung
AnwBl	Anwaltsblatt (Jahr, Seite)
AO	Abgabenordnung
AöR	Archiv des öffentlichen Rechts (Band, Seite)
AP	Arbeitsrechtliche Praxis, Nachschlagewerk des Bundesarbeitsgerichts (Jahrgang, Entscheidungsnummer)
ApG	Apothekengesetz
ARB	Allgemeine Reisebedingungen
ArbG	Arbeitsgericht
ArbGG	Arbeitsgerichtsgesetz
ArbPlSchG	Arbeitsplatzschutzgesetz
ArbSchG	Arbeitsschutzgesetz
arg	Argumentum
arg e	Argument aus
Art	Artikel
AsylVfG	Asylverfahrensgesetz
AT	Allgemeiner Teil
AÜG	Arbeitnehmerüberlassungsgesetz
AufenthG	Aufenthaltsgesetz

AufenthV	Aufenthaltsverordnung
Aufl	Auflage
ausf	ausführlich
AuslG 1990	Ausländergesetz vom 09.07.1990
AuslInstmG	Gesetz über den Vertrieb ausländischer Investmentanteile und über die Besteuerung der Erträge aus ausländischen Investmentanteilen
Ausn	Ausnahme
AVAG	Anerkennungs- und Vollstreckungsausführungsgesetz
AVB	Allgemeine Versicherungsbedingungen
AVermV	Verordnung über Arbeitsvermittlung durch private Arbeitsvermittler
AWG	Außenwirtschaftsgesetz
Az	Aktenzeichen
BAföG	Bundesgesetz über individuelle Förderung der Ausbildung
BAG	Bundesarbeitsgericht
BAGE	Entscheidungen des Bundesarbeitsgerichts (Band, Seite)
BauFdgG	Bauförderungsgesetz
BauR	Zeitschrift für das gesamte öffentliche und private Baurecht (Jahr, Seite)
BayGVBl	Bayerisches Gesetz- und Verordnungsblatt
BayObLG	Bayrisches Oberstes Landesgericht
BayObLGZ	Entscheidungen des Bayrischen Obersten Landesgerichts in Zivilsachen
BAT	Bundesangestelltentarifvertrag
BAT-O	Bundesangestelltentarifvertrag – Ost
BB	Betriebsberater (Jahr, Seite)
BBesG	Bundesbesoldungsgesetz
BBG	Bundesbeamtengesetz
BbgVerf	Verfassung des Landes Brandenburg
BBiG	Berufsbildungsgesetz
Bd	Band
BDG	Bundesdisziplinargesetz
BDSG	Bundesdatenschutzgesetz
BeamtVG	Beamtenversorgungsgesetz
BEG	Bundesentschädigungsgesetz
Begr	Begründung
Beil	Beilage
Bek	Bekanntmachung
Bem	Bemerkung
BerlVerf	Verfassung von Berlin
BErzGG	Gesetz über die Gewährung von Erziehungsgeld und Erziehungsurlaub
bes	besonders, besondere
Beschl	Beschluss
bestr	bestritten
betr	betreffend
BetrVG	Betriebsverfassungsgesetz
BeurkG	Beurkundungsgesetz
BevStatG	Gesetz über die Statistik der Bevölkerungsbewegung und die Fortschreibung des Bevölkerungsstandes
BFH	Bundesfinanzhof
BFHE	Entscheidungen des Bundesfinanzhofes (Band, Seite)
BFH/NV	Sammlung amtlich nicht veröffentlichter Entscheidungen des Bundesfinanzhofs (Jahr/Seite)
BGB	Bürgerliches Gesetzbuch
BGBl	Bundesgesetzblatt (Teil, Seite)
BGH	Bundesgerichtshof
BGHSt	Entscheidungen des Bundesgerichtshofs in Strafsachen (Band, Seite)
BGHZ	Entscheidungen des Bundesgerichtshofs in Zivilsachen (Band, Seite)
BhV	Allgemeine Verwaltungsvorschrift für Beihilfen in Krankheits-, Pflege- und Geburtsfällen (Beihilfevorschriften)
BinnSchG	Binnenschifffahrtsgesetz
BJagdG	Bundesjagdgesetz
BKGG	Bundeskindergeldgesetz
BKleingG	Bundeskleingartengesetz
Bl	Blatt

BImSchG	Bundes-Immissionsschutzgesetz
BMeldDÜV	Bundesmeldedatenübermittlungsverordnung
BMI	Bundesministerium des Innern
BMinG	Gesetz über die Rechtsverhältnisse der Mitglieder der Bundesregierung
BMJ	Bundesministerium der Justiz
BNotO	Bundesnotarordnung
BR	Bundesrat
BRAO	Bundesrechtsanwaltsordnung
BR-Drucks	Bundesrats-Drucksache
BReg	Bundesregierung
BremVerf	Landesverfassung der Freien Hansestadt Bremen
BR-Plenarprot	Plenarprotokoll des Bundesrates
BRRG	Beamtenrechtsrahmengesetz
Brüssel IIa	Verordnung (EG) Nr 2201/2003 des Rates vom 27.11.2003 über die Zuständigkeit und die Anerkennung und Vollstreckung von Entscheidungen in Ehesachen und in Verfahren betreffend die elterliche Verantwortung und zur Aufhebung der Verordnung (EG) Nr 1347/2000 (Brüssel II)
BSG	Bundessozialgericht
BSHG	Bundessozialhilfegesetz
Bsp	Beispiel
BsSaar	Sammlung des bereinigten Saarländischen Landesrechts, 05.06.1945 bis 30.06.1970
BT	Bundestag
BT-Drucks	Bundestags-Drucksache
BtG	Betreuungsgesetz
BT-Plenarprot	Plenarprotokoll des Deutschen Bundestages
BtPrax	Betreuungsrechtliche Praxis
Buchst	Buchstabe
Bü-Drucks	Bürgerschafts-Drucksache
Bü-Plenarprot	Plenarprotokoll der Bürgerschaft
BUrlG	Bundesurlaubsgesetz
BVerfG	Bundesverfassungsgericht
BVerfGE	Entscheidungen des Bundesverfassungsgerichts (Band, Seite)
BVerfGG	Bundesverfassungsgerichtsgesetz
BVerwG	Bundesverwaltungsgericht
BVerwGE	Entscheidungen des Bundesverwaltungsgerichts (Band, Seite)
BVormVG	Berufsvormündervergütungsgesetz
BW	Baden-Württemberg
BWNotZ	Zeitschrift für das Notariat in Baden-Württemberg (Jahr, Seite)
bzgl	bezüglich
bzw	beziehungsweise
ca	circa
CDU	Christlich Demokratische Union Deutschlands
cic	culpa in contrahendo
CSU	Christlich-Soziale Union in Bayern eV
DB	Der Betrieb (Jahr, Seite)
D.R.	European Kommission of Human Rights Decisions and Reports (Band, Seite)
dag	dagegen
DB	Der Betrieb (Jahr, Seite)
DDR	Deutsche Demokratische Republik
DepotG	Depotgesetz
ders	derselbe
DEuFamR	Deutsches und Europäisches Familienrecht (Jahr, Seite)
dgl	dergleichen, desgleichen
dh	das heißt
DJ	Deutsche Justiz (Jahr, Seite)
DJZ	Deutsche Juristenzeitung (Jahr, Seite)
DMR	Deutsches Mietrecht (Jahr, Seite)
DNotV	Zeitschrift des Deutschen Notarvereins (Jahr, Seite)
DNotZ	Deutsche Notarzeitschrift (Jahr, Seite)
DÖV	Die öffentliche Verwaltung (Jahr, Seite)

DRiG	Deutsches Richtergesetz
DRiZ	Deutsche Richterzeitung (Jahr, Seite)
Drucks	Drucksache
DStR	Deutsches Steuerrecht
DStRE	DStR Entscheidungsdienst (Jahr, Seite)
DStZ	Deutsche Steuer-Zeitung (Jahr, Seite)
DtÄrzteBl	Deutsches Ärzteblatt (Jahr, Seite)
DtZ	Deutsch-deutsche Rechts-Zeitschrift (Jahr, Seite)
DÜG	Diskontsatzüberleitungsgesetz
DVBl	Deutsches Verwaltungsblatt (Jahr, Seite)
DVO	Durchführungsverordnung
DWW	Deutsche Wohnungswirtschaft
E	Entscheidung
EA	einstweilige Anordnung
ebd	ebenda
EDV	Elektronische Datenverarbeitung
EFG	Entscheidungen der Finanzgerichte (Jahr, Seite)
EFZG	Entgeltfortzahlungsgesetz
EG	Einführungsgesetz/Europäische Gemeinschaften
EGBGB	Einführungsgesetz zum Bürgerlichen Gesetzbuch
EGGVG	Einführungsgesetz zum Gerichtsverfassungsgesetz
EGInsO	Einführungsgesetz zur Insolvenzordnung
EGMR	Europäischer Gerichtshof für Menschenrechte
EGV	Vertrag zur Gründung der Europäischen Gemeinschaften
EheG	Ehegesetz
EheRG	Erstes Gesetz zur Reform des Ehe- und Familienrechts
EheschlABK	Haager Abkommen zur Regelung des Geltungsbereichs der Gesetze auf dem Gebiet der Eheschließung vom 12.06.1902, RGBl 1904, 221
EheVO	Verordnung (EG) Nr 1347/2000 v 29.05.2000 über die Zuständigkeit und die Anerkennung und Vollstreckung von Entscheidungen in Ehesachen und in Verfahren betreffend die elterliche Verantwortung für die gemeinsamen Kinder der Ehegatten (Brüssel II), abgelöst durch „Brüssel IIa“
EigZulG	Eigenheimzulagegesetz
Einf	Einführung
Einl	Einleitung
einschl	einschließlich
EKD	Evangelische Kirche in Deutschland
EmbSchG	Embryonenschutzgesetz
EMRK	Europäische Konvention zum Schutze der Menschenrechte und Grundfreiheiten
entgg	entgegen
entspr	entsprechend, Entsprechende, Entsprechendes
ErbGleichG	Erbrechtsgleichstellungsgesetz
ErbR	Erbrecht
ErbStG	Erbschaftsteuer- und Schenkungsteuergesetz
ErbStR	Erbschaftsteuer-Richtlinie
ErbVO	Verordnung über das Erbbaurecht
Erg/erg	Ergänzung/ergänze
Erl	Erlass
Erläut	Erläuterung
EssGspr	Essener Gespräche zum Thema Staat und Kirche (Band, Seite)
EStG	Einkommensteuergesetz
EU	Europäische Union
EuGH	Europäischer Gerichtshof
EuGVO	Verordnung (EG) Nr 44/2001 des Rates vom 22.12.2000 über die gerichtliche Zuständigkeit und die Anerkennung und Vollstreckung von Entscheidungen in Zivil- und Handelssachen
EuGVÜ	Europäisches Übereinkommen vom 27.09.1968 über die gerichtliche Zuständigkeit und die Vollstreckung gerichtlicher Entscheidungen in Zivil- und Handelssachen
EuR	Europarecht (Jahr, Seite)
Eur-Archiv	Europa-Archiv

EuroEG	Euroeinführungsgesetz
EV	Einigungsvertrag
eV	eingetragener Verein
evtl	eventuell
EWG	Europäische Wirtschaftsgemeinschaft
EWR	Europäischer Wirtschaftsraum
EZA	Entscheidungssammlung zum Arbeitsrecht
f	und folgende Seite/folgender Paragraph
FahrlG	Gesetz über das Fahrlehrerwesen
FamG	Familiengericht
FamRÄndG	Familienrechtsänderungsgesetz vom 11.08.1961, BGBl I 1221
FamRZ	Zeitschrift für das gesamte Familienrecht (Jahr, Seite)
FB	Freibetrag
FDP	Freie Demokratische Partei
Fernabsatzgesetz	Gesetz über Fernabsatzverträge und andere Fragen des Verbraucherrechts sowie zur Umstellung von Vorschriften auf Euro
ff	und folgende Seiten/Paragraphen
FF	Forum Familien- und Erbrecht (Jahr, Seite)
FG	Finanzgericht/Freiwillige Gerichtsbarkeit
FGG	Gesetz über die freiwillige Gerichtsbarkeit
FGO	Finanzgerichtsordnung
FGPrax	Praxis der freiwilligen Gerichtsbarkeit (Jahr, Seite)
FHH	Freie und Hansestadt Hamburg
FinB	Finanzbehörde
FinMin	Finanzministerium
Fn	Fußnote
FPR	Familie, Partnerschaft, Recht (Jahr, Seite)
FR	Finanzrundschau (Jahr, Seite)
FreihEntzG	Freiheitsentziehungsgesetz
FreizügG/EU	Gesetz über die allgemeine Freizügigkeit von Unionsbürgern
FRES	Entscheidungssammlung zum gesamten Bereich der Ehe und Familie
FRG	Fremdrentengesetz
frz	französisch
FS	Festschrift
FuR	Familie und Recht (Jahr, Seite)
GAL	Grün-Alternative Liste (Hamburg)
GaststG	Gaststättengesetz
GBA	Grundbuchamt
GBl	Gesetzblatt
GBO	Grundbuchordnung
GbR	Gesellschaft bürgerlichen Rechts
geänd	geändert
GebrMG	Gebrauchsmustergesetz
gem	gemäß
GenG	Genossenschaftsgesetz
GeschmMG	Geschmacksmustergesetz
GewO	Gewerbeordnung
GG	Grundgesetz für die Bundesrepublik Deutschland
ggf	gegebenenfalls
ggü	gegenüber
GjS	Gesetz über die Verbreitung jugendgefährdender Schriften und Medieninhalte
GKG	Gerichtskostengesetz
GmbH	Gesellschaft mit beschränkter Haftung
GmbHG	Gesetz betreffend die Gesellschaft mit beschränkter Haftung
GoA	Geschäftsführung ohne Auftrag
grdlg	grundlegend
grds	grundsätzlich
GrdstVG	Grundstücksverkehrsgesetz
GrEStG	Grunderwerbsteuergesetz
GrSZ	Großer Senat in Zivilsachen
Gv	Gesetz- und Verordnungsblatt für das Land Nordrhein-Westfalen
GVBl/GVOBl	Gesetz- und Verordnungsblatt

GVG	Gerichtsverfassungsgesetz
H	Heft
hA	herrschende Ansicht
Haager-UnterhÜbk	Haager Unterhaltsübereinkommen
HaftPflG	Haftpflichtgesetz
HAG	Heimarbeitsgesetz
HandwO	Handwerksordnung
HausratsVO	Hausratsverordnung
HausTWG	Gesetz über den Widerruf von Haustürgeschäften und ähnlichen Geschäften
HGB	Handelsgesetzbuch
hins	hinsichtlich
HintO	Hinterlegungsordnung
hL	herrschende Lehre
hM	herrschende Meinung
HmbGVBl	Hamburgisches Gesetz- und Verordnungsblatt
HRefG	Handelsrechtsreformgesetz
HRR	Höchstrichterliche Rechtsprechung
Hrsg, hrsg	Herausgeber, herausgegeben von
Hs	Halbsatz
HUÜ	Haager Übereinkommen über die Anerkennung und Vollstreckung von Unterhaltsentscheidungen vom 02.10.1973
idF	in der Fassung
idR	in der Regel
idS	in diesem Sinne
iE	im Einzelnen
iErg	im Ergebnis
ieS	im engeren Sinne
iHv	in Höhe von
InfAuslR	Informationsbrief Ausländerrecht (Jahr, Seite)
inkl	inklusive
insb	insbesondere
InsO	Insolvenzordnung
IPR	Internationales Privatrecht
IPRax	Praxis des Internationalen Privat- und Verfahrensrechts (Jahr, Seite)
IPRspr	Die deutsche Rechtsprechung auf dem Gebiet des internationalen Privatrechts
iR	im Rahmen
iS	im Sinne
iSd	im Sinne der/des
iSv	im Sinne von
iÜ	im Übrigen
iVm	in Verbindung mit
iW	im Wesentlichen
iwS	im weiteren Sinne
iZw	im Zweifel
JA	Juristische Arbeitsblätter (Jahr, Seite)/Jugendamt
JArbSchG	Jugendarbeitsschutzgesetz
Jg	Jahrgang
JR	Juristische Rundschau (Jahr, Seite)
jur	juristisch(e)
JurBüro	Das juristische Büro
JuS	Juristische Schulung (Jahr, Seite)
JW	Juristische Wochenschrift (Jahr, Seite)
JZ	Juristenzeitung (Jahr, Seite)
Kap	Kapitel
Kfz	Kraftfahrzeug
KG	Kammergericht/Kommanditgesellschaft
KJ	Kritische Justiz (Jahr, Seite)
KJHG	Kinder- und Jugendhilfegesetz
KO	Konkursordnung
KostGErmAV	Ermäßigungssatz-Anpassungsverordnung
KostO	Kostenordnung

KostRMoG	Kostenrechtsmoderninisierungsgesetz
KostVfg	Kostenverfügung
krit	kritisch
KritJ	Kritische Justiz (Jahr, Seite)
KritV	Kritische Vierteljahresschrift für Gesetzgebung und Rechtswissenschaft (Jahr, Seite)
KSchG	Kündigungsschutzgesetz
KunstUrhG	Kunsturhebergesetz
KV	Kostenverzeichnis (zum GKG)
KWG	Gesetz über das Kreditwesen
LAG	Landesarbeitsgericht
LBG	Landesbeamtengesetz
Lg	Lieferung
LG	Landgericht
LM	Lindenmaier-Möhring, Nachschlagewerk des BGH (Paragraph, Artikel, Nummer)
LPachtG	Landpachtgesetz
LPachtVG	Landpachtverkehrsgesetz
LPart	Lebenspartnerschaft
LPartAusfG	Ausführungsgesetz zum LPartG
LPartDisBG	Gesetz zur Beendigung der Diskriminierung gleichgeschlechtlicher Gemeinschaften: Lebenspartnerschaften v 22.01.2001, BGBl I 266
LPartDisBGE	Entwurf eines Gesetz zur Beendigung der Diskriminierung gleichgeschlechtlicher Gemeinschaften: Lebenspartnerschaften (Lebenspartnerschaftsgesetz – LPartG) v 04.07.2000, BT-Drucks 14/3751
LPartG	Lebenspartnerschaftsgesetz
LPartGErgGEalt	Entwurf eines Gesetzes zur Ergänzung des Lebenspartnerschaftsgesetzes und anderer Gesetze (Lebenspartnerschaftsgesetzergänzungsgesetz – LPartGErgG), BT-Drucks 14/4545 Anl 2, Begründung BT-Drucks 14/4550
LPartGErgGEneu	Referentenentwurf für ein neues LPartGErgG
LPartGÜG	Gesetz zur Überarbeitung des Lebenspartnerschaftsrechts
LPG	Landwirtschaftliche Produktionsgenossenschaft
LS	Leitsatz
LT-Drucks	Landtags-Drucksache
LuftVG	Luftverkehrsgesetz
LUKG	Landesumzugskostengesetz
LVwVfG	Landes-Verwaltungsverfahrensgesetz
MargG	Milch- und Margarinegesetz
MDR	Monatsschrift für Deutsches Recht (Jahr, Seite)
MedR	Medizinrecht (Jahr, Seite)
MHG	Gesetz zur Regelung der Miethöhe
mind	mindestens
MittBayNot	Mitteilungen des Bayerischen Notarvereins, der Notarkasse und der Landesnotarkasse Bayern (Jahr, Seite)
MittRhNotK	Mitteilungen der Rheinischen Notarkammer (Jahr, Seite)
Mio	Million(en)
MM	Mietrechtliche Mitteilungen, Beilage der Zeitschrift Mieter Magazin – Organ des Berliner Mietervereins eV (Jahr, Seite)
Mot	Motive zum BGB
MRK	Menschenrechtskonvention
MRRG	Melderechtsrahmengesetz
MSA	Übereinkommen über die Zuständigkeit und das anzuwendende Recht auf dem Gebiet des Schutzes von Minderjährigen vom 05.10.1961, BGBl II 1971, 217
MuSchG	Mutterschutzgesetz
mwN	mit weiteren Nachweisen
MwSt	Mehrwertsteuer
NachlG	Nachlassgericht
Nachw	Nachweis/e
NdsGVBl	Niedersächsisches Gesetz- und Verordnungsblatt
NdsRpfl	Niedersächsische Rechtspflege
nF	neue Fassung

NJ	Neue Justiz (Jahr, Seite)
NJW	Neue Juristische Wochenschrift (Jahr, Seite)
NJW-RR	NJW – Rechtsprechungsreport Zivilrecht (Jahr, Seite)
Nr	Nummer
NStZ	Neue Zeitschrift für Strafrecht (Jahr, Seite)
NVersZ	Neue Versicherungszeitschrift (Jahr, Seite)
NVwZ	Neue Zeitschrift für Verwaltungsrecht (Jahr, Seite)
NVwZ-RR	Neue Zeitschrift für Verwaltungsrecht – Rechtsprechungsreport (Jahr, Seite)
NZA	Neue Zeitschrift für Arbeitsrecht (Jahr, Seite)
NZM	Neue Zeitschrift für Miet- und Wohnungsrecht (Jahr, Seite)
NZV	Neue Zeitschrift für Verkehrsrecht (Jahr, Seite)
o	oben
oa	oben angegeben(en)
oä	oder ähnliches
OHG	offene Handelsgesellschaft
OLG	Oberlandesgericht
OLG-NL	OLG-Rechtsprechung Neue Länder
OLGZ	Entscheidungen der Oberlandesgerichte in Zivilsachen (Band, Seite)
OVG	Oberverwaltungsgericht
OWiG	Ordnungswidrigkeitengesetz
ParlStG	Gesetz über die Rechtsverhältnisse der Parlamentarischen Staatssekretäre
PartG	Parteiengesetz
PatAnwO	Patentanwaltsordnung
PflVersG	Pflichtversicherungsgesetz
pFV	positive Forderungsverletzung
Plenarprot	Plenarprotokoll
ProdHaftG	Produkthaftungsgesetz
Prot	Protokolle
PStG	Personenstandsgesetz
pVV	positive Vertragsverletzung
RabelsZ	Zeitschrift für ausländisches und internationales PrivatR (Jahr, Seite)
RBerG	Rechtsberatungsgesetz
RdA	Recht der Arbeit (Jahr, Seite)
RegE	Regierungsentwurf
RelKG	Gesetz über die religiöse Kindererziehung
RG	Reichsgericht
RGBl	Reichsgesetzblatt (Teil, Seite)
RGZ	Entscheidungen des Reichsgerichts in Zivilsachen (Band, Seite)
Richtl	Richtlinien
RIW	Recht der internationalen Wirtschaft (Jahr, Seite)
RL	Richtlinie der Europäischen Gemeinschaften
Rn	Randnummer
Rpfleger	Der Deutsche Rechtspfleger (Jahr, Seite)
RPflG	Rechtspflegergesetz
Rs	Rechtssache
Rspr	Rechtsprechung
Rundschr	Rundschreiben
RuStAG	Reichs- und Staatsangehörigkeitsgesetz
RVG	Rechtsanwaltsvergütungsgesetz
RVO	Reichsversicherungsordnung
S	Seite/Satz
s	siehe
sa	siehe auch
Sachgeb	Sachgebiet
SächsGVBl	Sächsisches Gesetz- und Verordnungsblatt
SächsVBl	Sächsische Verwaltungsblätter (Jahr, Seite)
ScheckG	Scheckgesetz
SchornsteinfegerG	Schornsteinfegergesetz
SchuldRModG	Schuldrechtsmodernisierungsgesetz
SchwbG	Schwerbehindertengesetz
sd	siehe dort
sec	Section

SeemannsG	Seemannsgesetz
Sept	September
SG	Sozialgericht
SGB	Sozialgesetzbuch
SGG	Sozialgerichtsgesetz
Slg	Sammlung
so	siehe oben
sog	so genannt/e/er/es
SozR	Sozialrecht (Entscheidungssammlung)
SPD	Sozialdemokratische Partei Deutschlands
SpkG	Sparkassengesetz
StAG	Staatsangehörigkeitsgesetz
StAR-VwV	Allgemeine Verwaltungsvorschrift zum Staatsangehörigkeitsrecht
StAZ	Das Standesamt (früher: Zeitschrift für Standesamtswesen) (Jahr, Seite)
StBerG	Steuerberatungsgesetz
StGB	Strafgesetzbuch
StPO	Strafprozessordnung
str	streitig
stRspr	ständige Rechtsprechung
StV	Strafverteidiger (Jahr/Seite)
StVG	Straßenverkehrsgesetz
StVollzG	Strafvollzugsgesetz
StVZO	Straßenverkehrszulassungsordnung
su	siehe unten
SÜG	Sicherheitsüberprüfungsgesetz
SVG	Soldatenversorgungsgesetz
ThürGVBl	Thüringisches Gesetz- und Verordnungsblatt
ThürVerf	Verfassung des Freistaates Thüringen
TPG	Transplantationsgesetz
TSG	Transsexuellengesetz
TVG	Tarifvertragsgesetz
TZWRG	Teilzeit-Wohnrechtegesetz
Tz	Textziffer
u	unten/und
ua	unter anderem
Übbl	Überblick
ÜberarbG	Gesetz zur Überarbeitung des Lebenspartnerschaftsrechts v 15.12.2004, BGBl I 3396
überw	überwiegend
ÜG	Überweisungsgesetz
UnthVG	UnterhaltsvorschussG
UrhG	Urheberrechtsgesetz
Urt	Urteil
USt	Umsatzsteuer
UStG	Umsatzsteuergesetz
usw	und so weiter
uU	unter Umständen
UWG	Gesetz über den unlauteren Wettbewerb
v	von/vom oder versus
VA	Verwaltungsakt/Versorgungsausgleich
va	vor allem
VAHRG	Gesetz zur Regelung von Härten im Versorgungsausgleich
VAÜG	Versorgungsausgleichs-Überleitungsgesetz
vAw	von Amts wegen
VELKD	Vereinigte Evangelisch-Lutherische Kirche Deutschlands
VerbrKrG	Gesetz über Verbraucherkredite
Vereinb	Vereinbarung
VereinsG	Gesetz zur Regelung des öffentlichen Vereinsrechts
Verf	Verfassung
VerglO	Vergleichsordnung
VerlG	Verlagsgesetz
VermBG	Fünftes Gesetz zur Förderung der Vermögensbildung der Arbeitnehmer

VermögensG	Vermögensgesetz
VersammlG	Gesetz über Versammlungen und Aufzüge
VerschG	Verschollenheitsgesetz
VersR	Versicherungsrecht (Jahr, Seite)
VG	Verwaltungsgericht
VGH	Verwaltungsgerichtshof
vgl	vergleiche
VO	Verordnung
VOB	Verdingungsordnung für Bauleistungen
Vor	Vorbemerkung
Voraufl	Vorauflage
vorl	vorläufig
VormschG	Vormundschaftsgericht
Vorw	Vorwort
VRS	Verkehrsrechts-Sammlung (Band, Seite)
VSG	Verfassungsschutzgesetz
VV	Vergütungsverzeichnis (zum RVG)
VVG	Versicherungsvertragsgesetz
VwGO	Verwaltungsgerichtsordnung
VwVfG	Verwaltungsverfahrensgesetz
VwVG	Verwaltungsvollsteckungsgesetz
WährG	Währungsgesetz
Warn	Warneyer, Die Rechtsprechung des Reichsgerichts (Jahr, Nummer)
WDO	Wehrdisziplinarordnung
WE	Wohnungseigentum
WEG	Wohnungseigentumsgesetz
WG	Wechselgesetz
WGG	Wegfall der Geschäftsgrundlage
WHG	Wasserhaushaltsgesetz
WM	Zeitschrift für Wirtschafts- und Bankrecht, Wertpapiermitteilungen (Jahr, Seite)
WoBauG	Wohnungsbaugesetz
WoBindG	Wohnungsbindungsgesetz
WoGG	Wohngeldgesetz
WoVermG	Gesetz zur Regelung der Wohnungsvermittlung
WoPG	Wohnungsbau-Prämiengesetz
WPO	Wirtschaftsprüferordnung
WRP	Wettbewerb in Recht und Praxis (Jahr, Seite)
WuM	Wohnungswirtschaft und Mietrecht (Jahr, Seite)
ZahnHG	Zahnheilkundegesetz
zB	zum Beispiel
ZBR	Zurückbehaltungsrecht
ZEuP	Zeitschrift für Europäisches Privatrecht (Jahr, Seite)
ZEV	Zeitschrift für Erbrecht und Vermögensnachfolge (Jahr, Seite)
ZfA	Zeitschrift für Arbeitsrecht (Jahr, Seite)
Ziff	Ziffer
ZIP	Zeitschrift für die gesamte Insolvenzpraxis (Jahr, Seite)
ZMR	Zeitschrift für Miet- und Raumrecht (Jahr, Seite)
ZPO	Zivilprozessordnung
ZRP	Zeitschrift für Rechtspolitik (Jahr, Seite)
zT	zum Teil
ZTR	Zeitung für Tarifrecht (Jahr, Seite)
zul	zuletzt
zust	zustimmend
ZVG	Zwangsversteigerungsgesetz
zZ	zurzeit
ZZP	Zeitschrift für Zivilprozess (Jahr, Seite)

Zur Einführung: Entstehung und Bewertung des Lebenspartnerschaftsrechts

1 **I.** Lesben und Schwule können erst seit wenigen Jahren offen in Partnerschaften zusammenleben. Bis Ende der sechziger Jahre wurden schwule Männer bestraft, wenn sie dies versuchten, und bis Mitte der achtziger Jahre konnten Lesben und Schwule nur im Verborgenen zusammenleben, weil das als unsittlich galt. Nachdem dieser Makel gefallen war, forderten Homosexuelle schon bald „gleiche Bürgerrechte" einschließlich der Öffnung der bürgerlichrechtlichen Ehe.

2 **1.** Um ihrer Forderung Nachdruck zu verleihen, starteten im Sommer 1992 etwa 250 lesbische und schwule Paare die „**Aktion Standesamt**" und versuchten, das Recht zu heiraten gerichtlich einzuklagen. Sie sind im Herbst 1993 am BVerfG gescheitert. Die 3. Kammer des Ersten Senats nahm durch Beschlüsse vom 04.10.1993 die bis dahin anhängig gewordenen etwa 30 Verfassungsbeschwerden nicht zur Entscheidung an (NJW 1993, 3058). In den Beschlüssen wies die Kammer aber darauf hin, dass die Frage durchaus „grundsätzliche Bedeutung" habe, „ob der Gesetzgeber verpflichtet ist, gleichgeschlechtlichen Partnern eine rechtliche Absicherung ihrer Lebenspartnerschaft zu ermöglichen, oder ob zumindest einzelne Regelungen in verschiedenen Rechtsbereichen der Änderung bedürfen". Erst acht Jahre später hat der Gesetzgeber durch Schaffung des Rechtsinstituts „Lebenspartnerschaft" auf die Rechtsprechung reagiert.

3 **2.** In der Zwischenzeit verlief die **Diskussion um** die **sog „Homo-Ehe"** unterschiedlich.

4 **a)** Die **Betroffenen** selbst stritten zunächst sehr heftig darüber, ob die Ehe für sie die richtige Lebensform sei. Die Gegner der „Homo-Ehe" argumentierten, dass die Ehe überholt und dass es kontraproduktiv sei, ihre Ausdehnung auf Lesben und Schwule statt ihre Abschaffung zu fordern. Außerdem sei die Ehe das Instrument des Patriarchats zur Unterdrückung der Frau, und es bestehe die Gefahr, dass es bei den Lebensgemeinschaften der Lesben und Schwulen zu ähnlichen Strukturen und Abhängigkeitsverhältnissen komme. Die Befürworter der „Homo-Ehe" bestritten die Reformbedürftigkeit der Ehe nicht, sondern machten geltend, dass sich die Reform des Eherechts noch lange hinziehen werde und dass man mit der Durchsetzung der Gleichberechtigung nicht so lange warten wolle. Lesben und Schwule sollten sich genauso wie Heterosexuelle frei entscheiden können, ob sie mit hoher Verbindlichkeit in der Ehe oder unverbindlich in nichtehelicher Lebensgemeinschaft zusammenleben wollen. Seit Ende der 1990er Jahre wird das Projekt „Lebenspartnerschaft" von der überwiegenden Mehrheit der Lesben und Schwulen als „Gleichstellungs- und Antidiskriminierungsprojekt" begriffen und bejaht und zwar unabhängig davon, ob die Betroffenen eine Lebenspartnerschaft eingehen wollen oder nicht. Die große Zustimmung der Lesben und Schwulen zum LPartG sagte deshalb nichts darüber aus, wie viele Paare tatsächlich eine Lebenspartnerschaft eingehen wollen.

5 **b)** Bei den **politischen Parteien** bestanden zu der Frage, ob und inwieweit es Lesben und Schwulen ermöglicht werden sollte, ihre Partnerschaften rechtlich abzusichern, unterschiedliche Vorstellungen.

6 Bis zum Regierungswechsel im Herbst 1998 lehnten die **CDU** und die **CSU** gesetzliche Regelungen generell ab. Nachfolgend waren beide Parteien zu punktuellen Regelungen in einzelnen Rechtsbereichen bereit, wollten aber kein neues Rechtsinstitut (BT-Drucks 14/4551).

7 Die **FDP** versprach – solange sie an der Regierung beteiligt war – den Lesben und Schwulen immer wieder, dass sie sich für eine „Eingetragene Partnerschaft" nach skandinavischem Vorbild einsetzen werde. In **Skandinavien** hat die „Registrierte Partnerschaft" für gleichgeschlechtliche Paare fast dieselben Rechtswirkungen wie die

Ehe; sie wird aber mit Rücksicht auf die christlich-abendländische Tradition anders genannt. Diese Kompromisslösung wird in den skandinavischen Ländern inzwischen allgemein toleriert (s Doppfel/Scherpe in Basedow/Hopt/Kötz/Dopffel, 7ff; Scherpe DEuFamR 2000, 32ff; Olsen-Ring/Ring KritJ 1999, 366ff). Als Oppositionspartei legte die FDP dann aber einen inhaltlich deutlich verringerten Gesetzentwurf vor (BT-Drucks 14/1259: Eingetragene-Lebenspartnerschaften-Gesetz – ELPSchG; 1. Lesung: BT-Plenarprot 14/67).

8 Die **SPD** hatte den Lesben und Schwulen im Bundestags-Wahlkampf 1998 ebenfalls ein neues Rechtsinstitut nach skandinavischem Vorbild (Rn 7) versprochen (vgl BT-Drucks 13/10081; 1. Lesung: BT-Plenarprot 13/233). Nach der Wahl lehnte sie eine so weitgehende Gleichstellung zunächst aber ab. Deshalb enthielt die Koalitionsvereinbarung der SPD mit den Bündnisgrünen nur den Hinweis, man wolle ein Gesetz gegen Diskriminierung und zur Förderung der Gleichbehandlung auf den Weg bringen, das auch die Einführung des Rechtsinstituts der Eingetragenen Lebenspartnerschaft „mit Rechten und Pflichten“ umfassen sollte (ZRP 1998, 499).

9 **Bündnis 90/Die Grünen** schlug noch als Oppositionspartei den Entwurf eines Gesetzes zur Einführung des Rechts auf Eheschließung für Personen gleichen Geschlechts vor (BT-Drucks 13/2728; 1. Lesung: BT-Plenarprot 13/233). Danach sollte die bürgerlichrechtliche Ehe durch Änderung des § 1353 BGB für Lesben und Schwule geöffnet werden.

10 **c)** In der **allgemeinen Öffentlichkeit** kreiste die Diskussion fast ausschließlich um die Frage, ob und inwieweit Art 6 I GG die Schaffung eines neuen Rechtsinstituts für Lesben und Schwule zulässt. Auch die Vertreter der **Kirchen** beriefen sich in der öffentlichen Diskussion nicht auf „Gottes Gebot“ oder auf „Aussagen der Bibel“, sondern nur auf den besonderen Schutz von Ehe und Familie durch Art 6 I GG. Die Zustimmung zur „Homo-Ehe“ nahm im Verlauf der Jahre immer mehr zu. Während sie 1992 bei der „Aktion Standesamt“ (Rn 2) noch bei rund 30 % lag, erreichte sie im Jahr 2000 60 % (Blumenthal in Prot 14/59 des Rechtsausschusses des Bundestages S 5, 96f).

11 **3.** Im **Bundestags-Wahlkampf 1998** spielte die Gleichstellung von Lesben und Schwulen eine besondere Rolle. SPD und Bündnis 90/Die Grünen sahen die realistische Chance, die seit 1982 regierende christlich-liberale Koalition abzulösen. Es war klar, dass wenige Stimmen den Ausschlag geben konnten. Deshalb wurden Lesben und Schwule von beiden Parteien besonders umworben (vgl Rn 8 u 9).

12 **4.** In diesem Zusammenhang ist auch die Entscheidung des rot-grünen Senats in Hamburg zu sehen: Am 25.08.1998 brachte er den „Entwurf eines Gesetzes über die Eintragung gleichgeschlechtlicher Partnerschaften“ in die Bürgerschaft ein (Bü-Drucks 16/1288). Mit diesem Gesetz sollte nicht mehr und nicht weniger als ein Zeichen gesetzt werden. Denn dem Senat war klar, dass die Gesetzgebungskompetenz für das Personenstands- und das Zivilrecht beim Bund lag. Deshalb sollte die sog „**Hamburger Ehe**“ zwar vom Standesbeamten eingetragen werden, aber ausdrücklich keinerlei Rechtsfolgen haben. Der Senat ging lediglich davon aus, dass die staatliche Anerkennung in Form der Eintragung zum Abbau der Diskriminierung gleichgeschlechtlicher Paare in der Öffentlichkeit führen werde. Das Gesetz wurde 08.04.1999 von der Hamburgischen Bürgerschaft beschlossen (Bü-Plenarprot 16/43 S 2045) und am 14.04.1999 verkündet (HmbGVBl 69). Aufgrund dieses Gesetzes wurden 157 Partnerschaften geschlossen (vgl Bü-Drucks 16/5632 u 18/1888). Wie viele Paare davon auch die Lebenspartnerschaft begründet haben, ist unklar (Bü-Drucks 18/1786). Der mittlerweile CDU-geführte Senat hat der Hamburgischen Bürgerschaft am 08.03.2005 vorgeschlagen, das „Gesetz über die Eintragung gleichgeschlechtlicher

Partnerschaften" als „Maßnahme der Deregulierung" wieder aufzuheben (Bü-Drucks 18/1923).

13 **II.** Nach gewonnener Bundestagswahl und langer politischer Diskussion brachten die Fraktionen der SPD und von Bündnis90/Die Grünen am 04.07.2000 den „**Entwurf eines Gesetzes zur Beendigung der Diskriminierung gleichgeschlechtlicher Gemeinschaften: Lebenspartnerschaften** (Lebenspartnerschaftsgesetz – LPartG)" (BT-Drucks 14/3751) in den Bundestag ein. Er wurde am 07.07.2000 in erster Lesung beraten (BT-Plenarprot 14/115) und in die Ausschüsse verwiesen. Der federführende **Rechtsausschuss** hörte am 19.09.2000 Sachverständige an (Ausschuss-Prot 14/59) und empfahl am 08.11.2000 die **Aufteilung des Entwurfs.** Das „Gesetz zur Beendigung der Diskriminierung gleichgeschlechtlicher Gemeinschaften: Lebenspartnerschaften" (**LPartDisBG**) sollte als Art 1 nur noch das eigentliche „Gesetz über die Eingetragene Lebenspartnerschaft (Lebenspartnerschaftsgesetz – LPartG)" enthalten und daneben zahlreiche Vorschriften des BGB (Art 2) und des sonstigen Bundesrechts (Art 3) ändern, die nach Vorstellung der Mehrheit des Rechtsausschusses nicht der Zustimmung des Bundesrates bedurften. Daneben wurden im Entwurf eines **„Gesetzes zur Ergänzung des Lebenspartnerschaftsgesetzes – Lebenspartnerschaftsgesetzergänzungsgesetz"** (nachfolgend: LPartGErgGEalt) diejenigen Änderungen zusammengefasst, für die die Zustimmung des Bundesrates erforderlich war (BT-Drucks 14/4545 = Beschlussempfehlung; 14/4550 = Bericht). Damit wollte die Regierungskoalition erreichen, dass die von CDU bzw CSU geführten Länder, die die Mehrheit im Bundesrat stellten, zumindest die im Bundesrat zustimmungsfreien Regelungen nicht aufhalten konnten.

14 Der **Bundestag nahm** beide Gesetzentwürfe am 10.11.2000 **an** (BT-Plenarprot 14/131). Der **Bundesrat** erhob in seiner Sitzung vom 01.12.2000 gegen das LPartDisBG **keinen Einspruch** (BR-Plenarprot 757). Es wurde am 22.02.2001 im Bundesgesetzblatt **verkündet** (BGBl I 266) und trat gemäß Art 5 **am 01.08.2001 in Kraft**.

15 Der Entwurf des **LPartGErgG** fand am 01.12.2000 nicht die Zustimmung des Bundesrats. Daraufhin rief der Bundestag am 08.12.2000 den **Vermittlungsausschuss** an (BT-Plenarprot 14/141). Auch hier konnte keine Einigung erzielt werden. Das wurde aber nicht förmlich festgestellt. Die CDU- bzw CSU-geführten Länder warteten offensichtlich auf die Entscheidung des BVerfG zum LPartDisBG (s Rn 16ff), die SPD-geführen Länder auf eine Veränderung der Mehrheitsverhältnisse im Bundesrat aufgrund von vorgezogenen Wahlen in Berlin. Mit Ablauf der 14. Legislaturperiode des Bundestages ist der Entwurf des LPartGErgG dem Diskontinuitätsgrundsatz zum Opfer gefallen.

16 Die bayerische Staatsregierung beantragte im Mai 2001 beim BVerfG, das LPartDisBG im Wege einer **einstweiligen Anordnung** gemäß § 32 BVerfGG bis zur Entscheidung eines noch zu stellenden Normenkontrollantrags nicht in Kraft treten zu lassen, hilfsweise es außer Vollzug zu setzen. Die sächsische Staatsregierung schloss sich diesem Antrag an. Am 18.07.2001 lehnte das BVerfG die Anträge ab (BVerfGE 104, 51), so dass das Gesetz am 01.08.2001 planmäßig in Kraft treten konnte.

17 Wie mit dem Antrag auf Erlass einer einstweiligen Anordnung angekündigt, beantragte die Sächsische Staatsregierung gemeinsam mit der Staatsregierung von Thüringen im Juni 2001 beim BVerfG gemäß Art 93 I Nr 2 GG, §§ 76ff BVerfGG festzustellen, dass das LPartDisBG mit dem Grundgesetz unvereinbar ist (sog **abstrakte Normenkontrolle**). Dem schloss sich die Staatsregierung des Freistaates Bayern mit einem eigenen Antrag an. Mit Urt v 17.07.2002 lehnte das BVerfG auch diese Anträge ab (BVerfGE 105, 313).

18 **III.** Schon vor den Landesregierungen von Bayern, Sachsen und Thüringen hatten zahlreiche Stimmen in der juristischen Literatur dem **LPartDisBG attestiert, es sei verfassungswidrig**. Dieser Vorwurf war und ist unbegründet.

19 **1.** Insbesondere ein **Verstoß gegen Art 6 I GG** wurde bejaht. Dieser stellt ua die Ehe unter den „besonderen Schutz der staatlichen Ordnung“. Das Schrifttum hatte dies überwiegend als Verbot verstanden, andere Partnerschaftsformen der Ehe rechtlich gleich zu stellen. Vielmehr müsse ein „Abstand“ eingehalten werden. Hierfür wurden verschiedene Begriffe verwendet, was schon äußerlich dafür sprach, dass es keine einheitliche Dogmatik gab: **Abbildungsverbot** (Pauly NJW 1997, 1956; Schlüter FF 2000, 80f); **Schutzgebot** (Maunz/Dürig/Badura Art 6 Rn 55); **Schutzabstandsgebot** (Krings ZRP 2000, 411ff); **Abbildungsgebot** (Burgi Der Staat 2000, 501ff); **Abstandsgebot** (Scholz/Uhle NJW 2001, 398 unter fehlerhaftem Bezug auf Burgi, aaO); **Privilegierungsgebot** (Merten, 619); **Nivellierungsverbot** (Sachs JR 2001, 48; Tettinger EssGspr 35 [2000], 165). Das **Differenzierungsgebot** (Tettinger EssGspr 35 [2000], 140; Starck ebd, 165f) habe zur Folge, dass nur punktuelle Annäherungen an die Ehe gestattet seien (Pauly NJW 1997, 1956; Krings ZRP 2000, 413; Scholz/Uhle NJW 2001, 398; Kaiser JZ 2001, 624f).

20 Das BVerfG hat es entgegen dieser hL als „**verfassungsrechtlich nicht begründbar**“ bezeichnet, aus dem besonderen Schutz der Ehe abzuleiten, dass gleichgeschlechtliche Partnerschaften im Abstand zur Ehe auszugestalten und mit geringeren Rechten zu versehen sind. Die Besonderheit des Eheschutzes bestehe darin, dass er nicht abgeschafft werden könne (BVerfGE 105, 348). Außerdem erlaube Art 6 I GG dem Gesetzgeber in Abweichung von Art 3 GG eine Bevorzugung der Ehe – also die Förderung derselben; er verlange die Besserstellung aber nicht, enthalte also **kein Benachteiligungsgebot** (BVerfGE 105, 348). Schaffe der Gesetzgeber in Konkurrenz zur Ehe ein anderes Institut mit derselben Funktion und versehe er dies auch noch mit gleichen Rechten, aber weniger Pflichten, verstoße er gegen das Fördergebot (BVerfGE 105, 350f). Die Lebenspartnerschaft stelle ein solches Konkurrenzmodell aber schon gar nicht dar, weil es sich an einen anderen Adressatenkreis richte (BVerfGE 105, 351). Ihren verfassungsrechtlichen Schutz als Institutsgarantie erfahre die Ehe in der Gestalt und der Exklusivität, die ihr alle ihre Strukturprinzipien gemeinsam geben. Art 6 I GG reserviere aber nicht einzelne Strukturelemente allein für die Ehe (BVerfGE 105, 351). Damit ist es dem Gesetzgeber zB erlaubt, das LPartG wieder aufzuheben und im Vierten Buch des BGB zwischen dem ersten (Bürgerliche Ehe) und dem zweiten Abschnitt (Verwandtschaft) hinter § 1588 BGB einen neuen Abschnitt „Lebenspartnerschaft“ einzufügen, in dem alle Vorschriften über die Ehe für entsprechend anwendbar erklärt werden (iErg ebenso Muscheler Rn 31; weitergehend Möller DÖV 2005, 64ff: Art 6 I GG umfasse auch gleichgeschlechtliche Paare).

21 **2.** Die Einführung des neuen Rechtsinstituts verstößt auch nicht gegen die **Gleichheitssätze** des **Art 3 GG**, weil verschiedengeschlechtliche, eng miteinander verwandte und mehr als zwei Partner keine Lebenspartnerschaft eingehen dürfen (§ 1 I u II Nr 1 u 2 LPartG).

22 **a)** Die fehlende Möglichkeit für **verschiedengeschlechtliche Partner**, eine Lebenspartnerschaft zu begründen, ist nicht zu beanstanden, weil die Partner einer gleichgeschlechtlichen Lebensgemeinschaft diese wie Ehegatten als Verantwortungs- und Einstehensgemeinschaft bis zum Tod verstehen und handhaben (Bruns ZRP 1996, 9). §§ 5, 12 u 16 LPartG sehen eine grds lebenslange gegenseitige Unterhaltspflicht vor. Ein Mann und eine Frau, die die Ehe nicht schließen wollen, werden hingegen diese umfassende, auf Lebenszeit angelegte Verantwortungsgemeinschaft gerade nicht wollen. Soweit dies anders ist, hat das Angebot der Lebenspartnerschaft für sie keinen Sinn, zumal es mit annähernd den gleichen Pflichten, aber wesentlich weniger Rechten ausgestattet ist (vgl Rn 66ff, 78ff). Die Vorenthaltung eines Angebots, das angesichts einer vorteilhafteren Alternative keine Attraktivität entfaltet (dieses Argument übersieht Sachs

JR 2001, 49), verletzt den Gleichheitssatz nicht (Beck NJW 2001, 1900). Der Gleichheitssatz wird auch dann nicht verletzt werden, wenn die Recht der Lebenspartner weiter ausgebaut werden und es tatsächlich zu einer völligen Gleichstellung mit Ehegatten kommen sollte. Denn selbst dann bliebe verschiedengeschlechtlichen Partnern noch immer das ebenso ausgestattete Rechtsinstitut „Ehe“ (BVerfGE 105, 352).

23 **b)** Der Ausschluss von **Personen** von der Lebenspartnerschaft, **die in gerader Linie verwandt sind**, sowie von vollbürtigen und halbbürtigen **Geschwistern** (§ 1 II Nr 2 u 3 LPartG), den Richterin Haas in ihrer abweichenden Meinung zur LPartDisBG-Entscheidung des BVerfG kritisiert (BVerfGE 105, 363), verstößt weder gegen Art 3 III GG noch gegen Art 3 I GG, weil es bereits an einer vergleichbaren Gruppe mangelt. Richtig ist die Feststellung der Senatsmehrheit, dass das Verhältnis zwischen Geschwistern und Verwandten auch dann nicht auf die der Ehe und der Lebenspartnerschaft immanenten Exklusivität angelegt ist, wenn diese zusammen leben und sich gegenseitig versorgen (BVerfGE 105, 353). Denn Lebensgemeinschaften zwischen Geschwistern und Verwandten bilden einen anderen Lebenssachverhalt als den, für den das LPartG gedacht ist. Eine Schwester, die mit ihrer kranken oder älteren Schwester zusammenlebt und diese pflegt, kann, wenn sie ihren Partner oder ihre Partnerin findet, mit diesem eine Ehe oder mit dieser eine Lebenspartnerschaft eingehen, ohne dass das Verhältnis zur Schwester beeinträchtigt wird oder sich verändern muss. Die Menschen, die eine solche Gemeinschaft bilden, unterscheiden sich von denen, die eine Ehe oder eine Lebenspartnerschaft eingehen wollen, dadurch, dass sie sich nicht umfassend auf den jeweils anderen einlassen und meist auch nicht auf Lebenszeit die gesamte Lebensgestaltung an diesen binden wollen (Robbers JZ 2001, 785; ähnlich Freytag DÖV 2002, 454; aA Sachs JR 2001, 50; Braun JuS 2003, 26). Der Gesetzgeber durfte davon ausgehen, dass die gegenseitige Unterstützung unter Verwandten aus einer familiären Verbundenheit heraus erwächst, aber nicht angestrebt wird, im Rechtssinne einander zu Fürsorge und Unterstützung sowie zur gemeinsamen Lebensgestaltung verpflichtet zu sein (Robbers JZ 2001, 785).

24 **c)** Die Interessenlage von **Mehrpersonengemeinschaften** ist schließlich im Vergleich zu Zweipersonengemeinschaften so unterschiedlich, dass der Gesetzgeber diese aufgrund seiner Typisierungsbefugnis anders behandeln und aus dem Rechtsinstitut der Lebenspartnerschaft ausklammern durfte.

25 **3.** Verfassungsgemäß ist auch das in § 9 LPartG verankerte sog **kleine Sorgerecht**. Ein allein sorgeberechtigter Elternteil kann danach seinem Lebenspartner die Befugnis einräumen, in Angelegenheiten des täglichen Lebens des Kindes mitzuentscheiden, wenn der Lebenspartner mit dem Elternteil zusammenlebt. Zwar wurde hierin ein nicht gerechtfertigter Eingriff in das **Elternrecht** aus **Art 6 II 1 GG** sowohl des nicht sorgeberechtigten wie des sorgeberechtigten Elternteils gesehen (Kanther NJW 2003, 797f), weil Art 6 II 1 GG die Pflege und die Erziehung der Kinder als das natürliche Recht der Eltern schütze. Die Vorwürfe sind jedoch unbegründet:

26 Das BVerfG hat zu Recht festgestellt, dass in Bezug auf den **nicht sorgeberechtigten Elternteil** nicht einmal ein Eingriff in den Schutzbereich des Art 6 II 1 GG vorliegt. Nicht das an die Entscheidung des sorgeberechtigten Elternteils anknüpfende kleine Sorgerecht entziehe dem nicht sorgeberechtigten Elternteil sein Sorgerecht. Dieser Entzug basiere vielmehr auf den familienrechtlichen Bestimmungen, die ihm kein Sorgerecht zuweisen. Fehle einem Elternteil das Sorgerecht ohnehin, könne es nicht mehr in seinem Elternrecht berührt werden, wenn Dritte es mit dem Einverständnis des sorgeberechtigten Elternteils wahrnehmen (BVerfGE 105, 353f).

27 Der Vorwurf, das **Sorgerecht des allein sorgeberechtigten Elternteils** werde verletzt, wenn er eine Lebenspartnerschaft eingehen will (Kanther NJW 2003, 798), ist abwegig.

Es liegt auch insoweit kein Eingriff in den Schutzbereich des Art 6 II 1 GG vor. Denn § 9 I LPartG setzt voraus, dass der Lebenspartner das Sorgerecht im Einvernehmen mit dem Elternteil ausübt. Dies bedeutet, dass das Einverständnis auch generell verweigert und der Lebenspartner damit vollkommen von der Sorge ausgeschlossen werden kann (ebenso § 9 Rn 8).

4. Recht pauschale Bedenken wurden schließlich gegen § 10 LPartG vorgebracht, der ein im Wesentlichen **ehegattengleiches Erbrecht** des jeweils überlebenden Lebenspartners des Erblassers vorsieht. Hierin wurde ein Verstoß gegen Art 14 I GG gesehen, insbesondere weil die Testierfreiheit nur unter dem Aspekt des besonderen Schutzes von Ehe und Familie (Art 6 I GG) einschränkbar sei (Scholz/Uhle NJW 2001, 399). 28

Es ist unstreitig, dass die Erbrechtsgarantie des Art 14 I GG neben dem Grundsatz der Privatrechtsfolge die Testierfreiheit umfasst. Das BVerfG hat nunmehr auch dem **Pflichtteilsrecht** Verfassungsrang zuerkannt (NJW 2005, 1562f; krit hierzu Stüber NJW 2005, 2122ff; vorher bereits Voraufl Rn 98ff; JR 2002, 353ff). Zu § 10 VI LPartG hat das BVerfG entschieden, dass mit dem Pflichtteilsrecht des überlebenden Lebenspartners die durch die Erbrechtsgarantie gesetzte Grenze nicht überschritten sei. Denn mit ihrer Erklärung, die Lebenspartnerschaft eingehen zu wollen, verpflichteten sich die Lebenspartner zu gegenseitiger Fürsorge und Unterstützung sowie zur Unterhaltsgewährung. Diese Verpflichtung rechtfertige es ebenso wie bei Ehegatten, dem Lebenspartner mit dem Pflichtteilsrecht auch über den Tod hinaus eine ökonomische Basis aus dem Vermögen des verstorbenen Lebenspartners zu sichern. Eine generelle Klärung der verfassungsrechtlichen Grenzen des Pflichtteilsrechts sollte hiermit aber noch nicht erfolgt sein (BVerfGE 105, 355). Unentschieden gelassen hat das BVerfG auch die Frage, ob den nächsten Angehörigen eines Erblassers eine angemessene wirtschaftliche Mindestbeteiligung am Nachlass einzuräumen ist. Denn selbst wenn ein solches Recht anzuerkennen wäre, sei damit noch nichts über die Höhe und den Anteil gesagt, der dem Erben aus der Erbmasse zustehe. Dies bestimme allein die gesetzliche Zuweisungsregelung, die sachgerecht ausgestaltet sein müsse. Da durch den Lebenspartner – wie bei einer Heirat – nur ein weiterer Erbberechtigter hinzugefügt und niemandem das Erbrecht völlig genommen werde, liege keine unsachgerechte Behandlung der übrigen Erbberechtigten vor (BVerfGE 105, 355f). 29

IV. Der Entwurf des LPartGErgG sah eine Änderung des Personenstandsgesetzes (PStG) vor, wonach die Standesbeamten für die Begründung der Lebenspartnerschaft zuständig sein und diese nach den Regelungen über die Eheschließung durchführen sollten. Da diese Änderung der Zustimmung des Bundesrates bedurfte, ist sie wie der ganze Entwurf nicht Gesetz geworden (Rn 15). Es **fehlt** deshalb an **bundeseinheitlichen Vollzugsregeln**, so dass die Länder das LPartG als eigene Angelegenheit ausführen müssen (Art 83f GG). Hierzu haben die Länder unterschiedliche Regelungen getroffen: 30

1. **a)** Ausdrücklich die **Standesbeamten** haben für **zuständig** erklärt: 31

- Berlin (Gesetz zur Ausführung des Lebenspartnerschaftsgesetzes v 10.07.2001, GVBl 222),
- Bremen (Bremisches Gesetz zur Regelung der Zuständigkeit und des Verfahrens nach dem Lebenspartnerschaftsgesetz – BremLPartVerfG – v 26.06.2001, GBl 213),
- Hamburg (Gesetz zur Ausführung des Lebenspartnerschaftsgesetzes – Lebenspartnerschaftsausführungsgesetz – LPartAusfG – v 04.07.2001, HmbGVBl 145),
- Mecklenburg-Vorpommern (Gesetz zur Ausführung des Lebenspartnerschaftsgesetzes v 26.09.2001, GVOBl 336),

- Niedersachsen (Niedersächsisches Gesetz zur Ausführung des Lebenspartnerschaftsgesetzes – NdsAGLPartG – v 21.06.2001, NdsGVBl 377),
- Nordrhein-Westfalen (Gesetz des Landes Nordrhein-Westfalen zur Regelung der Zuständigkeit und des Verfahrens nach dem Lebenspartnerschaftsgesetz v 25.09.2001, Gv 660),
- Sachsen-Anhalt (Lebenspartnerschafts-Ausführungsgesetz – LPart-AG – v 24.07.2001, GVBl 292),
- Schleswig-Holstein (Gesetz zur Ausführung des Lebenspartnerschaftsgesetzes, Lebenspartnerschaftsausführungsgesetz – LPartAusfG – v 18.07.2001, GVOBl 96).

32 **b)** In den übrigen Ländern – mit Ausnahme von Bayern und Sachsen (dazu Rn 35) sind die Kommunen oder die Kreise und kreisfreien Städte für zuständig erklärt worden. Sie müssen dann jeweils im eigenen Zuständigkeitsbereich bestimmen, wo die Lebenspartnerschaft geschlossen werden soll bzw wer die Zeremonie vornehmen soll. Die Gemeinden und kreisfreien Städten können diese Aufgaben den Standesbeamten übertragen, die Kreise nicht, weil die Standesbeamten Kommunalbeamte sind. Die Länder, die sich für die Zuständigkeit der Kreise und kreisfreien Städte statt der Gemeinden entschieden haben, haben damit zum Ausdruck gebracht, dass sie die Zuständigkeit der Standesbeamten nicht wollen. IE sind zuständig:

33 **aa)** die Behörden der **Kreise und kreisfreien Städte** in
- Baden-Württemberg (Gesetz zur Ausführung des Lebenspartnerschaftsgesetzes – LPartAusfG – v 20.06.2002, GBl 205),
- Rheinland-Pfalz (Landesgesetz zur Ausführung des Lebenspartnerschaftsgesetzes – AGLPartG – v 10.07.2001, GVBl 137),
- Thüringen (Thüringer Ausführungsgesetz zum Lebenspartnerschaftsgesetz – ThürAGLPartG – v 04.09.2002, ThürGVBl 301).

34 **bb)** die **Gemeinden** in
- Brandenburg (Gesetz zur Regelung der Zuständigkeit und des Verfahrens nach dem Lebenspartnerschaftsgesetz – LPartG-ZVerfG – v 27.07.2001, GVBl I 102; zuständig: Ämter, amtsfreie Gemeinden und kreisfreie Städte),
- Hessen (Hessisches Gesetz zur Regelung der Zuständigkeit und des Verfahrens nach dem Lebenspartnerschaftsgesetz – LPartG-ZVerfG – v 25.08.2001, HessGVBl I 358; zuständig: Gemeindevorstand).
- Saarland (Gesetz Nr 1474 über Zuständigkeiten und Verfahren nach dem Lebenspartnerschaftsgesetz v 13.06.2001, ABl Saar 1222).

Im Saarland haben fast alle Gemeinden die Standesbeamten für zuständig erklärt (vgl LT-Drucks 12/931). Die Landesregierung Brandenburgs hat hingegen die Auffassung vertreten, die Lebenspartnerschaft dürfe nicht von den Standesämtern begründet werden, weil ihr Aufgabenbereich durch das PStG abschließend geregelt sei (LT-Drucks 3/5848). Ein Antrag der PDS-Fraktion, die Aufgabe den Standesbeamten zu übertragen, wurde deshalb abgelehnt (LT-Drucks 3/4757, Plenarprot 3/62 S 4147).

35 **c)** Sachsen und Bayern sperren sich nach wie vor (vgl Rn 16f) dagegen, dass den Standesbeamten die Ausführung des LPartG übertragen wird. Deshalb hat **Sachsen** die **Regierungspräsidien** für zuständig erklärt (Verordnung des Sächsischen Staatsministeriums des Innern zur Regelung der Zuständigkeiten nach dem Lebenspartnerschaftsgesetz – LPartGZuVO – v 19.07.2001, SächsGVBl 451, geändert am 22.01.2003, SächsGVBl 31). Allerdings haben CDU und SPD in ihrem Koalitionsvertrag v 02.11.2004 vereinbart, die Voraussetzungen dafür schaffen zu wollen, dass Lebenspartnerschaften in den Standesämtern eingetragen werden können (Ziff 11.3, zu finden unter www.cdu-sachsen.de). Das erforderliche Gesetz soll noch 2005 auf den Weg gebracht werden (LT-Drucks 4/0849). In **Bayern** muss die Lebenspartnerschaft vor einem **Notar** des Landes begründet werden (Gesetz zur Ausführung des Lebenspartnerschaftsgesetzes – AGLPartG – v 26.10.2001, BayGVBl 677).

2. Auch das **Verfahren** ist unterschiedlich geregelt. Das Berliner Ausführungsgesetz (Rn 31) verweist unmittelbar auf das Personenstandsgesetz, so dass die Lebenspartnerschaft vor dem Standesamt wie eine Ehe geschlossen wird. Die anderen Länder, die die Standesbeamten für zuständig erklärt haben, haben eigenständige Verfahrensvorschriften vorgesehen, die allerdings weitgehend parallel zu den Vorschriften über die Eheschließung im Personenstandsgesetz verlaufen. Die Grundzüge haben diese Länder gemeinsam mit dem BMI erarbeitet (vgl Begr des Hamburgischen Gesetzes zur Ausführung des Lebenspartnerschaftsgesetzes, Bü-Drucks 16/6145 S 7). In Hessen und Brandenburg soll das jeweilige LVwVfG angewandt werden, das um einige besondere Verfahrensvorschriften und Mitteilungspflichten ergänzt worden ist. Auch das Saarland hat das Verfahren eigenständig geregelt. In Sachsen fehlen eigene Verfahrensvorschriften. 36

Unterschiedlich geregelt ist zB, ob ein fortlaufendes **Lebenspartnerschaftsbuch** geführt wird (so in Bayern, Berlin, Hamburg, Mecklenburg-Vorpommern, Niedersachsen, Nordrhein-Westfalen, Sachsen-Anhalt, Schleswig-Holstein) oder ob lediglich Niederschriften gefertigt werden, die nicht fortgeführt werden (die übrigen Länder), und welcher **Rechtsweg** bei Streitigkeiten zu beschreiten ist. Hier sehen einige Länder – entweder unmittelbar oder durch Verweis auf das PStG – das Verfahren der freiwilligen Gerichtsbarkeit vor den Amtsgerichten vor (Berlin, Hamburg, Mecklenburg-Vorpommern, Niedersachsen, Nordrhein-Westfalen, Sachsen-Anhalt, Schleswig-Holstein), andere treffen keine ausdrückliche Regelung (Baden-Württemberg, Brandenburg, Bremen, Hessen, Rheinland-Pfalz, Saarland, Sachsen, Thüringen), so dass aufgrund von §§ 1 FGG, 40 I 1 VwGO der Verwaltungsrechtsweg eröffnet ist. In Bayern ist aufgrund der Zuständigkeit der Notare konsequenterweise der allgemeine Zivilrechtsweg nach BNotO und BeurkG zu beschreiten. 37

Die unterschiedlichen Verfahrensregelungen überzeugen nach wie vor nicht (ebenso Wellenhofer NJW 2005, 709). Sie haben zur Folge, dass die **einheitliche Beurkundung und Fortschreibung der Personenstandsregister nicht mehr gewährleistet** ist. Zum einen zeigen sich in der Praxis Probleme dadurch, dass in zahlreichen Ländern Lebenspartnerschaften nicht in Lebenspartnerschaftsbücher eingetragen werden. Darüber hinaus hat es bereits Fallkonstellationen gegeben, in denen sich (zunächst) keine Behörde zuständig fand: So ist zB für die Entgegennahme einer Erklärung über die Änderung des Lebenspartnerschaftsnamens, die erst nach Begründung der Lebenspartnerschaft abgegeben werden soll, eine öffentliche Beglaubigung erforderlich (§ 3 I 5 LPartG), für die nach § 4 I Nr 4, II 2 des Berliner Gesetzes zur Ausführung des Lebenspartnerschaftsgesetzes (Rn 31) iVm § 15c II PStG der Standesbeamte zuständig ist, der das Lebenspartnerschaftsbuch führt. Wurde die Lebenspartnerschaft nicht in Berlin begründet, wird jedoch entweder gar kein Lebenspartnerschaftsbuch geführt oder es wird von dem Standesbeamten geführt, bei dem die Lebenspartnerschaft begründet wurde. Im ersten Fall kann also die nach Berliner Recht vorgesehene Eintragung nicht erfolgen, im zweiten kann es den Lebenspartnern passieren, dass auch der Standesbeamte, der die Lebenspartnerschaft begründet hat, unzuständig (geworden) ist. So sieht etwa § 1 II 1 des Gesetzes des Landes Nordrhein-Westfalen zur Regelung der Zuständigkeit und des Verfahrens nach dem Lebenspartnerschaftsgesetz (Rn 31) vor, dass der Standesbeamte zuständig ist, in dessen Bezirk die Lebenspartner ihren Wohnsitz oder zumindest ihren gewöhnlichen Aufenthalt haben. Dies ist kein bloßes Gedankenspiel: Nachdem zumindest ein betroffenes Paar wochenlang zwischen den Standesämtern und ministeriellen Stellen in Berlin und Nordrhein-Westfalen hin und her geschickt worden war, hat sich schließlich in Berlin die Auffassung durchgesetzt, die dortigen Standesbeamten seien zuständig, weil sie für die Entgegennahme von Namensänderungserklärungen zuständig sind (vgl Fachausschuss-Nr 3721, StAZ 2005, 38

81). Dies ist praxisgerecht, ignoriert aber, dass § 4 des Berliner Gesetzes für Beglaubigungen spezieller ist und eigentlich neben § 1 tritt.

39 V. Für die statistische Erfassung der Lebenspartnerschaften fehlt ebenfalls eine gesetzliche Regelung, weil auch insoweit der Bundesrat hätte zustimmen müssen (s § 11 Rn 15f). Deshalb ist unbekannt, wie viele Lebenspartnerschaften seit Inkrafttreten des LPartG begründet worden sind. Eine Umfrage unter den Landesinnenministerien ergab, dass zum Ende des Jahres 2004 **von 12.500 bis 14.000 Lebenspartnerschaften auszugehen** ist. Im Einzelnen verteilen sich diese wie folgt:

Land	Stand	Anzahl gesamt	männlich	weiblich
Baden-Württemberg	01.07.2004	1.128	776	352
Bayern	31.12.2004	1.404	984	420
Berlin	31.12.2004	1.836	1.385	451
Brandenburg	31.12.2004	229	140	89
Bremen	31.12.2004	187	123	64
Hamburg[1]	31.12.2004	926	?	?
Hessen	31.05.2004	1.141	?	?
Mecklenburg-Vorpommern[2]	31.12.2004	123	54	47
Niedersachsen[3]	Wird nicht erhoben	?	?	?
Nordrhein-Westfalen[4]	31.12.2004	3.488	2.372	1.116
Rheinland-Pfalz[5]	31.12.2004	487	333	154
Saarland	30.09.2004	144	91	54
Sachsen[6]	31.12.2004	234	170	64
Sachsen-Anhalt	31.12.2004	153	101	52
Schleswig-Holstein	31.12.2004	537	310	227
Thüringen	31.12.2004	92	62	30

[1] Bü-Drucks 18/184 u 18/1888. [2] Nach Geschlecht getrennte Zahlen nur für 2002 bis 2004.
[3] LT-Drucks 15/1993. [4] LT-Drucks 13/6669. [5] LT-Drucks. 14/4118. [6] LT-Drucks 4/0849.

Wie die Fragezeichen zeigen, ist nicht genau zu sagen, wie sich die Lebenspartnerschaften auf **Männern und Frauen** verteilen. Gleichwohl lässt sich bei allen Ländern, die die Lebenspartnerschaften nach Geschlechtern getrennt erfasst haben, feststellen, dass etwa zwei Drittel von Männern begründet wurden. Nur Nordrhein-Westfalen und Bremen konnten darüber Auskunft geben, wie viele Lebenspartnerschaften wieder **aufgehoben** wurden, nämlich 24 von 3488 (LT-Drucks 13/6669) bzw 6 von 187 bis zum 31.12.2004. Bekannt ist darüber hinaus, dass in Hamburg im Jahr 2004 keine Lebenspartnerschaft aufgehoben wurde (Bü-Drucks 18/1888). In Rheinland-Pfalz sind bei den Familiengerichten bis 2004 21 Verfahren in Lebenspartnerschaftssachen anhängig gewesen. Unklar ist, ob es sich in allen Fällen um Aufhebungen handelte und ob sie bereits abgeschlossen waren (vgl LT-Drucks 14/4118). Aus Sachsen war darüber hinaus zu erfahren, dass bei 142 der 225 Lebenspartnerschaften – also bei zwei Dritteln – einer der Partner **ausländischer Staatsangehörigkeit** war; in Berlin lag der Anteil mit 835 von 1836 deutlich höher bei 45,5 Prozent, in Nordrhein-Westfalen mit 924 von 3488 Lebenspartnerschaften bei etwa 26 Prozent (LT-Drucks 13/6669) und in Rheinland-Pfalz mit 138 von 487 Lebenspartnerschaften bei etwa 28 Prozent (LT-Drucks 14/4118) deutlich niedriger.

40 Unbekannt ist auch, wie viele gleichgeschlechtliche Paare es in Deutschland gibt. Das Statistische Bundesamt schätzt die Zahl auf mindestens 56.000 und höchstens 160.000 (Leben und Arbeiten in Deutschland, Ergebnisse des Mikrozensus 2004, Presseexemplar, S 21f). Bei aller Unbestimmtheit zeigen die Zahlen aber, dass das Rechtsinstitut der Lebenspartnerschaft bei Schwulen und vor allem bei Lesben bisher nur eingeschränktes Interesse gefunden hat. Ohne dass dies empirisch belegt ist, kann unterstellt werden, dass dies vor allem daran lag, dass das LPartDisBG – insbesondere nach der Aufteilung durch den Bundestag (Rn 13) – seinem im Titel zum Ausdruck kommenden **Anspruch nicht gerecht geworden** ist. Die Lebenspartnerschaft unterschied sich in zahlreichen Punkten von der Ehe, fast immer zum Nachteil der Lebenspartner.

41 **VI.** Soweit Lesben und Schwule Politiker insbesondere der Regierungskoalition hierauf ansprachen, wurden sie zunächst hingehalten. **SPD und Bündnis90/Die Grünen** ließen Zweifel daran aufkommen, ob sie die im Bundestagswahlkampf 2002 versprochene weitere Gleichstellung der Lebenspartnerschaften wirklich wollten, weil sie nur in Ausnahmefällen wie zB im Gewerbe-, Gaststätten- und Handwerksrecht Lebenspartner mit Ehegatten gleichstellten (vgl § 4 I HandwO, § 46 I GewO, § 10 S 1 GaststG), im Übrigen aber nicht einmal in den Fällen, in denen der Bundesrat nicht zustimmen musste, Lösungen vorschlugen.

42 Am 11.02.2004 legte dann die **FDP-Fraktion** im Deutschen Bundestag den „Entwurf eines Gesetzes zur Ergänzung des Lebenspartnerschaftsgesetzes – Lebenspartnerschaftsgesetzergänzungsgesetz (LPartGErgGE)" vor (BT-Drucks 15/2477). Mit ihm sollten „wesentliche Bereiche" geregelt werden, „die das Lebenspartnerschaftsgesetz nicht erfasst und die zum Abbau von Diskriminierungen von gleichgeschlechtlichen Paaren zwingend erforderlich sind". Die FDP schlug iW vor, den Standesbeamten einheitlich in ganz Deutschland die Zuständigkeit für die Begründung der Lebenspartnerschaft zu übertragen (Art 1 u 2 § 3). Es sollte ein Eheverbot für Lebenspartner vorgesehen werden (Art 2 § 1 Nr 1). Lebenspartner sollten Kinder gemeinschaftlich adoptieren können (Art 2 § 1 Nr 2–9, § 4) und als Beamte beim Familienzuschlag, der Beihilfe, den Reise- und Umzugskosten, dem Sonderurlaub und dem Trennungsgeld mit Ehegatten gleichgestellt werden (Art 2 §§ 5 -10, 12 u 13). Außerdem wurde eine Gleichstellung im Steuerverfahrensrecht, bei der Grunderwerb- sowie bei der Erbschaft- und Schenkungsteuer (Art 2 §§ 30, 31, 32 und 34) vorgeschlagen.

43 Schließlich mahnte sogar der CDU-geführte **Hamburger Senat** öffentlich weitere Anpassungen an („Die Welt" v 17.04.2003, S 34) und brachte am 29.06.2004 einen Antrag in den Bundesrat ein, mit dem die Bundesregierung aufgefordert werden sollte, die Gesetzgebung auf dem Gebiet des Lebenspartnerschaftsrechts fortzusetzen. Insbesondere sollte die Bundesregierung aufgefordert werden, erforderliche Gesetzesänderungen auf den Weg zu bringen, um auf den Gebieten des Personenstandsrechts, des Verwaltungsverfahrensgesetzes, des Erbschaft- und Schenkungsteuerrechts, auf einigen Gebieten des Beamtenrechts, im HIV-Hilfegesetz und in der Ausbildungsförderung die noch vorhandene Benachteiligung von Lebenspartnern zu beenden (BR-Drucks 523/04). Der Antrag fand in der Sitzung vom 24.09.2004 keine Mehrheit (BR-Plenarprot 803).

44 **VII.** Ebenfalls am 29.06.2004 legten die Fraktionen von **SPD und Bündnis 90/Die Grünen** im Bundestag den „**Entwurf eines Gesetzes zur Überarbeitung des Lebenspartnerschaftsrechts**" vor (BT-Drucks 15/3445). Hiermit wollte die Regierungskoalition die Gleichstellung in den Bereichen vorantreiben, die nicht der Zu-

stimmung des Bundesrates bedurften. Das Gesetz wurde am **29.10.2004** mit (überwiegend redaktionellen) Änderungsvorschlägen des Rechtsausschusses (BT-Drucks 15/4052) **vom Bundestag beschlossen**. Im Rechtsausschuss ist auch der Entwurf der FDP-Fraktion (Rn 42) beraten worden. Die FDP konnte sich mit ihren weitergehenden Vorschlägen jedoch nicht durchsetzen, weil sie – mit Ausnahme des besonders umstrittenen Adoptionsrechts (vgl dazu Rn 68) der Zustimmung des Bundesrats bedurft hätten. Das Plenum des Bundesrats rief am 26.11.2004 nicht den Vermittlungsausschuss an, obwohl sowohl sein Rechtsausschuss als auch der Ausschuss für Innere Angelegenheiten dies empfohlen hatten (BR-Drucks 849/1/04). Dies lag daran, dass die FDP in den Ländern, in denen sie an der Regierung beteiligt war, auf Enthaltung gedrängt hatte. So wurde das Gesetz zur Überarbeitung des Lebenspartnerschaftsrechts (nachfolgend: ÜberarbG) am 15.12.2004 im Bundesgesetzblatt verkündet (BGBl I 3396) und konnte wie von der Regierungskoalition geplant am **01.01.2005 in Kraft** treten (Art 7 I ÜberarbG).

45 **1.** Mit diesem ÜberarbG löst der Gesetzgeber eine Unstimmigkeit des bisherigen LPartG auf: Während § 1 II Nr 1 LPartG festlegt, dass eine Lebenspartnerschaft bei bestehender Ehe nicht wirksam begründet werden kann, fehlte eine gesetzliche Regelung für den umgekehrten Fall, dass eine Ehe bei bestehender Lebenspartnerschaft eingegangen werden soll. Ein **Eheverbot bei bestehender Lebenspartnerschaft** hatte der Gesetzgeber aus Angst vor einem Verstoß gegen die in Art 6 I GG enthaltene Eheschließungsfreiheit in § 1306 BGB nicht vorgesehen. In der Literatur wurden zwei Lösungswege aufgezeigt: Nach dem einen sollte die Lebenspartnerschaft mit dem Eheschluss ipso iure aufgelöst sein (Schwab FamRZ 2001, 389; Sachs JR 2001, 48; Pieroth/Kingreen KritV 2002, 224; Freytag DÖV 2002, 447; Kemper FÜR 2003, 1f; Muscheler Rn 362ff). Das BVerfG stellte hierzu fest, dass der andere Lebenspartner in diesem Fall zwar stärker als bei der Aufhebung der Lebenspartnerschaft beeinträchtigt werde. Dies sei jedoch „angesichts der Gewährleistung des Art 6 I GG noch hinnehmbar" (BVerfGE 105, 343). Ich habe bereits an anderer Stelle dargelegt, dass diese Lösung unbillig ist (Voraufl Rn 44ff; NJW 2003, 2721). Der Gesetzgeber ist nun den – auch nach Auffassung des BVerfG (BVerfGE 105, 344) – besseren Weg gegangen: Er hat § 1306 BGB dahingehend ergänzt, dass bei Bestehen einer Lebenspartnerschaft die Eingehung der Ehe nicht erlaubt ist (Art 2 Nr 2 ÜberarbG). Die Fassung der Vorschrift ist allerdings missglückt. Sie verbietet die Eheschließung, wenn zwischen einem der Brautleute und „einer dritten Person eine Ehe oder Lebenspartnerschaft besteht". Ein transsexueller Lebenspartner, der an seiner Partnerschaft festhalten will, kann deshalb nach Rechtskraft des Gerichtsbeschlusses über die Änderung seines Geschlechts seinen Partner heiraten, ohne dass die Lebenspartnerschaft zuvor aufgehoben werden muss (§ 1 Rn 5; Transsexuelle Rn 11).

46 **2.** Darüber hinaus wurden folgende **Angleichungen** des Rechts der Lebenspartnerschaft an das Recht der Ehe vorgenommen:

47 **a)** Das bisherige Recht der Lebenspartnerschaft kannte abweichend von den eherechtlichen Bestimmungen keinen **gesetzlichen Güterstand**, sondern nur Wahlgüterstände bzw -vermögensstände (§ 1 I 4 u § 6 I LPartG aF). Wenn die Lebenspartner den Vermögensstand der Ausgleichsgemeinschaft wählen wollten, der dem ehelichen Güterstand der Zugewinngemeinschaft entsprach (§ 6 II LPartG aF), genügte eine entsprechende Erklärung gegenüber der für die Begründung der Lebenspartnerschaft zuständigen Stelle (vgl Rn 30ff). Entschieden sich die Lebenspartner aber für einen anderen Vermögensstand, mussten sie einen **Lebenspartnerschaftsvertrag** schließen (§ 7 LPartG aF). Allerdings war es ihnen verwehrt, den Vermögensstand der Gütergemeinschaft durch Bezugnahme auf die §§ 1415ff BGB zu begründen, weil diese Vorschriften durch

das LPartG aF nicht für entsprechend anwendbar erklärt worden waren. Deshalb konnten nur Ehegatten durch Ehevertrag Gesamtgut begründen. War die **Erklärung oder** die **Vereinbarung** über den Vermögensstand **unwirksam**, trat Gütertrennung ein (§ 6 III 3 LPartG aF). Anders als bei der Ehe (§ 1414 BGB) war der Eintritt der Gütertrennung zwingend; er unterlag nicht der Parteidisposition. Mit Art 1 Nr 2 ÜberarbG wurde das eheliche Güterrecht auf die Lebenspartnerschaft übertragen. Zukünftig leben Lebenspartner wie Ehegatten im **Güterstand der Zugewinngemeinschaft**, wenn sie nicht durch Lebenspartnerschaftsvertrag etwas anderes vereinbaren (vgl § 6 S 1 LPartG nF).

48 **b)** Die **Aufhebung der gescheiterten Lebenspartnerschaft** war im alten Recht gegenüber der Scheidung erschwert. Die Aufhebungsfristen knüpften nicht an die Trennung, sondern an die Abgabe und öffentliche Beurkundung der Erklärung an, die Lebenspartnerschaft nicht fortsetzen zu wollen (§ 15 II, IV LPartG aF). Solche Erklärungen wurden meist nicht sofort nach der Trennung, sondern erst einige Zeit danach abgegeben. Dies hatte teilweise erhebliche Fristverlängerungen zur Folge (s dazu Grziwotz DNotZ 2001, 293f, 298f; Kaiser JZ 2001, 621). Art 1 Nr 7 ÜberarbG gleicht die **Aufhebungsgründe** weitgehend an das Scheidungsverfahren des Eherechts an (vgl § 15 LPartG nF). Nunmehr reicht es aus, dass die Lebenspartner erklären, seit einem Jahr getrennt zu leben.

49 Zu kritisieren ist, dass der **Begriff „Aufhebung" beibehalten** worden ist. Diesen hatte man für das LPartG gewählt, um im Hinblick auf das behauptete Abstandsgebot (Rn 19) einen Unterschied zur Ehe zu dokumentieren. Dies ist nach der Entscheidung des BVerfG (Rn 20) nicht mehr nötig. Da der Begriff „Aufhebung" im Eherecht die Auflösung einer Ehe meint, die von Anfang an fehlerhaft ist, gibt er zu Missverständnissen Anlass: Denn mit der Aufhebung der Lebenspartnerschaft ist wie mit der Scheidung die Auflösung einer gescheiterten Lebenspartnerschaft bzw Ehe gemeint.

50 **c)** Bisher **fehlte** im LPartG ein dem **Eheaufhebungsverfahren vergleichbares Verfahren**. Deshalb war streitig, ob für Willensmängel bei Abschluss der Lebenspartnerschaft die allgemeinen Regeln galten, dh, ob die Eingehung der Lebenspartnerschaft wegen Irrtums über eine wesentliche Eigenschaft des Partners (§ 119 II BGB) oder wegen arglistiger Täuschung (§ 123 BGB) angefochten werden konnte (bejahend Voraufl § 1 Rn 33ff; Schwab FamRZ 2001, 388; verneinend Grziwotz DNotZ 2001, 292f; Dethloff NJW 2001, 2600). Nach beiden Lösungen blieb der Bestandsschutz für eine Lebenspartnerschaft erheblich hinter dem Niveau des Schutzes einer Ehe zurück. Nunmehr ist in **§ 15 II 2 LPartG nF** eine Spezialvorschrift für die Aufhebung vorgesehen. Diese Regelung ist allerdings **nicht vollständig**:

51 Gemäß § 15 II 2 Hs 1 LPartG hebt das Gericht eine Lebenspartnerschaft auf, wenn bei einem Lebenspartner ein **Willensmangel** iSd § 1314 II Nr 1 bis 4 BGB vorlag. Damit sind erfasst: Bewusstlosigkeit oder vorübergehende Störung der Geistestätigkeit bei der Begründung der Lebenspartnerschaft (§ 15 II 2 Hs 1 LPartG iVm § 1314 II Nr 1 BGB), Unkenntnis, dass es sich um die Begründung einer Lebenspartnerschaft handelt (§ 15 II 2 Hs 1 iVm § 1314 II Nr 2 BGB), arglistige Täuschung (§ 15 II 2 Hs 1 LPartG iVm § 1314 II Nr 3 BGB) und Drohung (§ 15 II 2 Hs 1 LPartG iVm § 1314 II Nr 4 BGB).

52 Die Aufhebung aufgrund eines Mangels bei Begründung der Lebenspartnerschaft hat in diesen Fällen dieselben **Folgen** wie die Aufhebung aufgrund ihres Scheiterns, dh, beide Partner haben wechselseitig Anspruch auf nachpartnerschaftlichen Unterhalt (§ 16 LPartG) und auf Versorgungsausgleich (§ 20 LPartG). Dies ist zumindest in dem Fall nicht sachgerecht, in dem ein Lebenspartner arglistig getäuscht oder bedroht worden ist (§ 15 II 2 Hs 1 LPartG iVm § 1314 II Nr 3 und 4 BGB). Für die Aufhebung der Ehe sieht § 1318 II Nr 1 BGB lediglich eine Anwendung des Scheidungsrechts für den getäuschten bzw bedrohten Ehegatten vor.

53 Andere **Aufhebungsgründe (Nichtigkeitsgründe) fehlen** aber nach wie vor: Fehlende persönliche Abgabe der Erklärungen vor der zuständigen Behörde bei gleichzeitiger Anwesenheit (vgl § 1 I 1 LPartG einerseits, §§ 1311, 1314 I BGB andererseits), Begründung der Lebenspartnerschaft vor Eintritt der Volljährigkeit (vgl § 1 II Nr 1 LPartG einerseits, §§ 1303, 1314 I BGB andererseits), Begründung der Lebenspartnerschaft mit einer Person, die verheiratet ist oder bereits mit einer anderen Person eine Lebenspartnerschaft führt (vgl § 1 II Nr 1 LPartG einerseits, §§ 1306, 1314 I BGB andererseits), Begründung einer Lebenspartnerschaft zwischen nahen Verwandten (vgl § 1 II Nr 2 und 3 LPartG einerseits, §§ 1307, 1314 I BGB andererseits), Begründung einer Scheinpartnerschaft (vgl § 1 II Nr 4 LPartG einerseits, § 1314 II Nr 5 BGB andererseits), Begründung einer Lebenspartnerschaft mit einem geschäftsunfähigen Partner (vgl §§ 1304, 1314 I BGB). In diesen Fällen bleibt es nach wie vor bei den allgemeinen Regeln des BGB (Finger MDR 2005, 122; Wellenhofer NJW 2005, 705f mwN).

54 Dies ist insbesondere bei Begründung einer **Scheinpartnerschaft** unbillig. Denn die Aufhebung der Lebenspartnerschaft ist – abweichend von § 1315 I 1 Nr 5 BGB im Fall der Scheinehe – auch dann nicht ausgeschlossen, wenn die Lebenspartner (später) gemäß § 2 LPartG in Partnerschaftlicher Lebensgemeinschaft miteinander gelebt haben (Wellenhofer NJW 2005, 706). Der Begründungsfehler des § 1 II Nr 4 LPartG ist damit nachträglich nicht heilbar. Dies ist nicht sachgerecht, insbesondere weil sich auch die Erben eines Lebenspartners auf die anfängliche Unwirksamkeit berufen könnten (so bereits Voraufl § 1 Rn 24; Kemper FPR 2003, 2). Darauf hatte der Sachverständige Bruns bei der Anhörung im Rechtsausschuss des Bundestages hingewiesen (Ausschuss-Prot 15/59 S 49). Aus dem Bericht des Rechtsausschusses (BT-Drucks 15/4052) geht nicht hervor, warum der Rechtsausschuss diesen Hinweis nicht aufgegriffen hat. Da es nicht Ziel des Gesetzgebers war, Lebenspartner anders als Ehegatten zu stellen, sondern sie vielmehr gleich zu behandeln, muss davon ausgegangen werden, dass das Problem trotz des Hinweises übersehen worden und die Lücke nicht gewollt ist. Sie ist deshalb durch eine Analogie zu § 1315 I 1 Nr 5 BGB zu schließen. Aus Gründen der Rechtssicherheit ist der Gesetzgeber jedoch aufgefordert nachzubessern.

55 **d)** Auch das **Unterhaltsrecht** wurde durch Art 1 Nr 6–8 ÜberarbG weitgehend an das der Ehepaare angeglichen (vgl §§ 5, 12, 16 LPartG nF). Insbesondere wird für den Aufhebungsfall der **Versorgungsausgleich** eingeführt (vgl § 20 LPartG nF). Dadurch werden zwischen den Partnern die entstandenen Versorgungsanwartschaften und -ansprüche aufgeteilt.

56 Allerdings ist § 1582 BGB, der die **Rangverhältnisse mehrerer Unterhaltsbedürftiger** regelt, nicht für entsprechend anwendbar erklärt worden. Stattdessen wurde die Sondervorschrift des § 16 III LPartG aF als § 16 II LPartG nF für alle Unterhaltsarten beibehalten. Damit gehen die Unterhaltsansprüche von Ehegatten den Unterhaltsansprüchen von Lebenspartnern immer vor, gleichgültig ob sie aus einer früheren oder einer nachfolgenden Ehe stammen. Diese Bevorzugung von Ehegatten überzeugt nicht: Wer einen früheren Lebenspartner heiratet, weiß, dass dieser gegenüber seinem früheren Partner zum Unterhalt verpflichtet sein kann, genauso wie jemand, der einen geschiedenen Partner heiratet. Der Gesetzgeber begründet die Ungleichbehandlung damit, dass die Rangverhältnisse demnächst ohnehin neu geregelt werden sollen (BT-Drucks 15/3445 S 16). Dies ist nicht überzeugend, weil die Vorschriften über die Rangverhältnisse in der Praxis vor allem bei Regressforderungen von Transferleistungsträgern zur Anwendung kommen. Die Beibehaltung der bisherigen Regelung geht damit zu Lasten der Gesamtheit der gesetzlich Versicherten und der Steuerzahler.

57 **e)** Neu ist auch, dass sich gleichgeschlechtliche Partner wie heterosexuelle Partner verloben können (§ 1 III LPartG nF, eingefügt durch Art 1 Nr 1 ÜberarbG). Sie erhalten dadurch dieselben zivilrechtlichen Schadenersatzansprüche bei Auflösung der

Verlobung wie verschiedengeschlechtliche Partner und ein Zeugnisverweigerungsrecht (vgl Art 5 Nr 21 Ziff 1 u Nr 23 ÜberarbG). Das ist für gleichgeschlechtliche Lebensgemeinschaften von Bedeutung, die keine Lebenspartnerschaft begründet haben. Während verschiedengeschlechtliche Lebensgefährten von der Praxis meist wie „Verlobte" und damit wie „Angehörige" behandelt werden und ihnen deshalb ohne weiteres ein **Zeugnisverweigerungsrecht** zugebilligt wird, wurde gleichgeschlechtlichen Lebensgefährten dies in der Praxis nicht zugestanden, weil das LPartG die Vorschriften über die Verlobung nicht für entsprechend anwendbar erklärt hatte (KK-StPO/Senge § 52 Rn 14c; aA allerdings Kranz StV 2004, 518ff). Gleichgeschlechtliche Lebensgefährten galten deshalb bisher rechtlich als Fremde. Nunmehr sind sie auch insoweit im Zivil- und Strafprozessrecht und damit auch im Prozessrecht der Arbeits-, Verwaltungs-, Sozial- und freiwilligen Gerichtsbarkeit sowie in zahlreichen weiteren Bundes- und Landesgesetzen, die hierauf verweisen, gleichgestellt. In der Abgabenordnung wurde das Zeugnisverweigerungsrecht nicht auf Verlobte iSd LPartG ausgedehnt, weil für diese Änderung wiederum die Zustimmung des Bundesrates erforderlich gewesen wäre (vgl auch Rn 90).

58 **f)** Zu den neuen Rechten der Lebenspartner gehört auch die Möglichkeit der sog **Stiefkindadoption** (§ 9 VII LPartG nF, eingefügt durch Art 1 Nr 4 ÜberarbG): Bringt ein Lebenspartner ein leibliches Kind mit in die Partnerschaft oder bekommt er während dieser ein Kind, kann sein Lebenspartner dieses Kind adoptieren (zur Situation in Dänemark vgl Scherpe DEuFamR 2000, 34). Hierbei gelten die allgemeinen Adoptionsregeln, beispielsweise ist grds die Zustimmung des anderen leiblichen Elternteils erforderlich (§ 1747 BGB).

59 Die Stiefkindadoption war besonders **umstritten** (vgl Prot 15/59 des BT-Rechtsausschusses). Der Streit drehte sich um die Frage, ob das **Wohl von Kindern** gefährdet ist, wenn sie bei gleichgeschlechtlichen Eltern aufwachsen. Diese Besorgnis ist unbegründet, wie viele Studien ergeben haben (vgl Wellenhofer NJW 2005, 706 mwN). So ist zB der Familienforscher Wassilios Fthenakis, Leiter des bayrischen Instituts für Frühpädagogik und Familienforschung, im Jahre 2000 aufgrund der internationalen Forschungslage zu der Schlussfolgerung gelangt: „Wenn etwas im Interesse des Kindes steht, dann nicht heterosexuelle oder homosexuelle Eltern, sondern liebende Eltern" (Fthenakis in Basedow/Hopt/Kötz/Dopffel 388). Davon gehen auch die Jugendämter aus. Sie haben gegen gleichgeschlechtliche Pflegeeltern keine grundsätzlichen Vorbehalte mehr. Die Bundesarbeitsgemeinschaft der Landesjugendämter hat schon 1996 empfohlen, in die Suche nach Pflegeeltern gleichgeschlechtliche Paare einzubeziehen (Bundesarbeitsgemeinschaft der Landesjugendämter Kassel, Hilfe zur Erziehung in Pflegefamilien und in familienähnlichen Formen, Mitglieder-Rundbrief der AFET, 1996, Nr 3, S 25, 27). Damit stimmt überein, dass die **Adoption** von Kindern **durch homosexuelle Frauen und Männer** schon immer zulässig war (vgl § 1741 BGB) und auch praktiziert worden ist. Der Gesetzgeber geht davon aus, dass gegen solche Adoptionen keine grundsätzlichen Bedenken bestehen, sondern dass es in diesen Fällen – wie auch sonst – immer auf den Einzelfall ankommt (BT-Drucks 14/4550 S 6).

60 Das **Kindeswohl spricht für** die grds **Zulässigkeit der Stiefkindadoption**. Das Kind, das aus einer heterosexuellen Vorbeziehung stammt oder durch Insemination gezeugt wurde, lebt in aller Regel mit beiden Lebenspartnern in einer Familie. Auch der Lebenspartner, der nicht Elternteil ist, übernimmt Verantwortung für das Kind. Die FDP-Fraktion im Bundestag, die sogar das gemeinsame Adoptionsrecht (vgl dazu Rn 68) gefordert hatte (Rn 42), wies zu Recht darauf hin, dass ein Kind gute Entwicklungschancen in einer stabilen und gefestigten Beziehung hat, wie sie auch Lebenspartnerschaften bieten können. Insbesondere bei der Annahme des leiblichen Kindes des Partners oder bei der gemeinschaftlichen Annahme von bereits in der Partnerschaft lebender Pflegekinder

werde eine Adoption im Regelfall dem Kindeswohl entsprechen (BT-Drucks 15/2477 S 17). Für die Stiefkindadoption spricht darüber hinaus, dass bei Auflösung der Lebenspartnerschaft durch Aufhebung oder durch Tod des leiblichen Elternteils für das Kind eine unsichere Situation entstehen kann. Durch die Stiefkindadoption wird die Rechtsstellung des Kindes gegenüber dem Nichtelternteil erheblich verbessert: Das Kind erhält einen weiteren Unterhaltsverpflichteten (Siegfried FPR 2005, 121). Die elterliche Verantwortung bleibt über die Auflösung der Lebenspartnerschaft hinaus bestehen (so auch die Begr des Gesetzesantrags, BT-Drucks 15/3445 S 15). Zu Anwendungsproblemen der Stiefkindadoption vgl § 9 Rn 25ff und Siegfried FPR 2005, 121f.

61 **Nicht zugelassen** worden ist allerdings die Stiefkindadoption, wenn das Kind bereits von dem anderen Lebenspartner adoptiert worden ist. Hierzu hätte § 1742 BGB geändert werden müssen, wonach ein angenommenes Kind bei Lebzeiten des Annehmenden nur von dessen Ehegatten angenommen werden kann, solange das Annahmeverhältnis besteht (Grziwotz DNotZ 2005, 25, hält dies nicht für zwingend, gesteht aber zu, dass die gegenteilige Interpretation dem Willen des Gesetzgebers widerspricht). Mit dieser Vorschrift hat Deutschland das Europäische Übereinkommen vom 24.04.1967 über die Adoption von Kindern (BR-Drucks 539/79) umgesetzt, dem Deutschland 1980 zugestimmt hat (BGBl II 1093). Aufgrund dieses Abkommens darf die Rechtsordnung die Adoption eines Kindes nur entweder einer Person allein oder zwei miteinander verheirateten Personen gestatten, unabhängig davon, ob die beiden das Kind gleichzeitig oder nacheinander annehmen. Betroffen sind davon in der Regel angenommene Pflegekinder eines der Lebenspartner. Durch den Ausschluss dieser sog **Kettenadoptionen** (Sukzessivadoption) werden die Kinder, die bei Lebenspartnern aufwachsen, gegenüber Kindern, die bei heterosexuellen Ehegatten leben, benachteiligt. Sie können nämlich keine Unterhalts- und Erbansprüche gegen den zweiten Lebenspartner erwerben. Wenn der Lebenspartner, der das Kind angenommen hat, verstirbt, ist der andere Lebenspartner nicht verpflichtet, sich um das Kind zu kümmern und für es zu sorgen. Das widerspricht regelmäßig dem Kindeswohl. Deshalb wäre es besser, wenn im Einzelfall das Vormundschaftsgericht entscheiden könnte, ob die Adoption eines bereits angenommenen Kindes des Lebenspartners dem Kindeswohl entspricht. Die Bundesjustizministerin hat angekündigt, dass sich Deutschland um eine Änderung des Europäischen Abkommens bemühen wolle (BT-Plenarprot 15/136 S 12483).

62 **g)** Art 1 Nr 4 ÜberarbG räumt Lebenspartnern – wie Ehegatten – die Möglichkeit ein, Kindern, die in ihrem gemeinschaftlichen Haushalt leben, mit Einwilligung des anderen leiblichen Elternteils ihren Lebenspartnerschaftsnamen zu geben (sog **Einbenennung**, § 9 V LPartG nF). Auch dieses entspricht dem Wohl des Kindes, das in dem Haushalt der Lebenspartner aufwächst. Zur Zuständigkeit der Behörden für die Einbenennung vgl Rn 129.

63 **h)** Weiter wurde mit den Art 3, 4 und 5 I, Nr 30-35 ÜberarbG die **Versorgung**, wie sie schon bisher in der Rentenversicherung **für** den **Hinterbliebenen** eines verstorbenen Ehegatten galt, auf den Hinterbliebenen eines Lebenspartners übertragen (vgl iE Sozialversicherung Rn 26ff). Damit ist auch den Lebenspartnern ein Hinterbliebenenrentenanspruch eingeräumt worden, deren Partner vor dem 01.01.2005 gestorben sind (Sozialversicherung Rn 27).

64 **i)** Soweit beamtenrechtliche Vorschriften vom Bundestag ohne Zustimmung des Bundesrates geändert werden konnten, weil sie die Verhältnisse der Länder nicht betreffen, sind Lebenspartner auch hier mit Ehegatten gleichgestellt worden (Art 5 Nr 4-13 ÜberarbG). Dies gilt insbesondere für den **Sonderurlaub** bei Niederkunft der Lebenspartnerin oder Tod des Lebenspartners, **Reisekosten, Trennungsgeld und Umzugskosten**. Zustimmungsfrei sind allerdings nur die Vorschriften für die **Bundesbeamten**, nicht dagegen auch diejenigen, die zugleich für die Beamten der Länder und

Kommunen gelten. Dazu gehören ua das Bundesbesoldungsgesetz und das Beamtenversorgungsgesetz. Verpartnerte Beamte sind deshalb beim Familienzuschlag und bei der Hinterbliebenenpension noch nicht mit verheirateten Beamten gleichgestellt.

65 **j) Ausländische** Lebenspartner von Deutschen, die **Ärzte, Zahnärzte, Psychotherapeuten oder Apotheker** sind, benötigen neben der Arbeitserlaubnis eine **Erlaubnis zur vorübergehenden Ausübung des Berufs**. Diese wurde ihnen bisher im Unterschied zu Ehegatten verweigert. Art 5 Nr 14-17 ÜberarbG sorgt auch hier für eine Gleichbehandlung. Vgl auch § 11 Rn 62f.

66 **3.** Schließlich stellt das ÜberarbG klar, dass ein Lebenspartner auch **Angehöriger** im Sinne folgender Vorschriften ist: § 18 I Nr 1 BVerfGG (Art 5 Nr 2), § 48 I Nr 2 BDG (Art 5 Nr 7), §§ 100 II, 138 I Nr 2 InsO (Art 5 Nr 22), § 11 I Nr 1a StGB (Art 5 Nr 29 Ziff 2). Vgl ausführlich zum Angehörigenbegriff § 11 Rn 1ff.

67 **4.** Auch wenn man berücksichtigt, dass mit dem ÜberarbG nur geregelt werden sollte, was der Bundestag ohne Zustimmung des Bundesrates beschließen kann, ist gleichwohl festzustellen, dass das ursprüngliche **Ziel der „Beendigung der Diskriminierung gleichgeschlechtlicher Gemeinschaften"** (Rn 13) **noch** immer **nicht erreicht** ist:

68 **a)** Die **gemeinschaftliche Adoption** von Kindern ist für Lebenspartner anders als für Ehegatten nach wie vor nicht zugelassen. Dies ist inkonsequent, weil es nicht am Kindeswohl orientiert ist, sondern auf (angebliche) Vorurteile in der Bevölkerung Rücksicht nimmt (krit auch Kemper FPR 2003, 5). Zu den Argumenten auch für die gemeinschaftliche Adoption vgl Rn 60 sowie Dethloff ZRP 2004, 195ff; Wellenhofer-Klein, Rn 236; Siegfried FPR 2005, 121).

69 **b)** Von den zustimmungsfreien Bundesgesetzen mit Regelungen über die **Versorgung der Hinterbliebenen** fehlen im ÜberarbG das Soldatenversorgungsgesetz (§§ 11 V, 27 III, 43 II, 44a, 55a III Nr 1, 55c, 59 II Nr 9, III, 80 IV Nr 2 Buchst a SVG) sowie das Gesetz über die Rechtsverhältnisse der Mitglieder der Bundesregierung (§§ 13, 16 BMinG) und damit auch das Gesetz über die Rechtsverhältnisse der Parlamentarischen Staatssekretäre, das insoweit auf das Bundesministergesetz verweist (§ 6 ParlStG). Diese sind offenbar nicht geändert worden, weil sie auf das Beamtenversorgungsgesetz (BeamtVG) verweisen (§ 43 I SVG, § 13 II BMinG), das wiederum nur mit Zustimmung des Bundesrates geändert werden kann. Das hätte es aber nicht ausgeschlossen, im Rahmen der zustimmungsfreien Gesetze das BeamtVG auf Lebenspartner für entsprechend anwendbar zu erklären. Davon geht auch Art 5 Nr 28 ÜberarbG aus, der die zustimmungspflichtigen Vorschriften des Bundesbesoldungsgesetzes über den Familienzuschlag im Rahmen der Patentanwaltsausbildungs- und -prüfungsverordnung auf Lebenspartner für entsprechend anwendbar erklärt.

70 **c)** Auch fehlen Regelungen über die Gleichstellung verpartnerter Bundesbeamter mit verheirateten Bundesbeamten bei der **Beihilfe.** Sie sind vermutlich nicht in den Entwurf aufgenommen worden, weil die Beihilfe für Bundesbeamte nicht in einer Rechtsverordnung, sondern in der „Allgemeinen Verwaltungsvorschrift für Beihilfen in Krankheits-, Pflege- und Geburtsfällen (Beihilfevorschriften – BhV) Stand 01.01.2004" des BMI geregelt ist. Hier sind die Lebenspartner nach wie vor nicht erfasst (s § 3 I Nr 1 BhV). Die Regelung durch Verwaltungsvorschrift hätte den Gesetzgeber aber nicht daran gehindert, im ÜberarbG anzuordnen, dass Lebenspartner von Bundesbeamten bei der Beihilfe wie Ehegatten von Bundesbeamten zu behandeln sind. Zu einer gesetzlichen Regelung besteht aus zwei Gründen dringende Veranlassung: Zum einen genügen die Beihilfevorschriften des Bundes nicht den verfassungsrechtlichen Anforderungen des Gesetzesvorbehalts; die wesentlichen Entscheidungen über die Leistungen an Beamte, Richter und Versorgungsempfänger im Falle von Krankheit und Pflege-

bedürftigkeit hat nämlich der Gesetzgeber zu treffen (BVerwG DVBl 2004, 1420 = DÖV 2005, 24). Zum anderen verlangt die Richtlinie 2000/78/EG die Gleichstellung von Lebenspartnern in der Beihilfe (vgl iE Beamte Rn 30ff; bereits Stüber NJW 2003, 2724). Der Rechtsausschuss des Bundestages hat die Bundesregierung aufgefordert, die Lebenspartner spätestens bei Erlass einer Regelung durch Gesetz oder Verordnung zur Beihilfe Ehegatten gleichzustellen (BT-Drucks 14/4052 S 28). Die Länder Berlin, Nordrhein-Westfalen und Schleswig-Holstein haben Beamte, die eine Lebenspartnerschaft begründet haben, in ihrem Beihilferecht bereits mit verheirateten Beamten gleichgestellt (vgl Beamte Rn 7, 10).

71 **d)** Lebenspartner und Verlobte iSd LPartG sind nicht zu **Angehörigen iSd § 20 V Nr 2 und 6 VwVfG** erklärt worden, obwohl dieses Gesetz auch ohne Zustimmung des Bundesrates hätte geändert werden dürfen. Damit dürften sie grds weiter für eine Behörde tätig sein, auch wenn der Partner Beteiligter ist oder einen Beteiligten vertritt. Es ist jedes Mal zu prüfen, ob iSd § 21 VwVfG Besorgnis der Befangenheit besteht (vgl § 11 Rn 58).

72 **e)** Lebenspartner sind nicht ausdrücklich neben Ehegatten für berechtigt erklärt worden, den verschollenen Lebenspartner gemäß § 15 **Verschollenheitsgesetz** (VerschG) für tot erklären zu lassen. Deshalb müssen sie gemäß § 16 II Buchst c) VerschG ein rechtliches Interesse an der Todeserklärung nachweisen. Die Anpassung scheint übersehen worden zu sein. Die Praxis wird die Ungleichbehandlung dadurch aufzulösen haben, dass das Bestehen einer Lebenspartnerschaft als rechtliches Interesse ausreicht.

73 **f)** Es spricht vieles dafür, dass auch der Begriff „Hochzeit“ nach wie vor auf die Schließung einer Ehe beschränkt ist (vgl Muscheler Rn 91). Denn im Zusammenhang mit dem Voraus (vgl hierzu § 10 Rn 20ff) spricht § 1932 I 1 BGB für den Ehegatten von „Hochzeitsgeschenken“, während § 10 I 2 LPartG dem Lebenspartner die „Geschenke zur Begründung der Lebenspartnerschaft“ als Voraus gewährt. Da der Gesetzgeber diese – unnötige – Unterscheidung vornimmt, sollte er konsequenterweise Lebenspartnerschaften bei der Begründung ihrer Lebenspartnerschaft auch dort mit Verlobten gleichstellen, wo das Gesetz von „Hochzeit“ spricht. Dies ist insbesondere in **§ 17 VersammlG** noch nicht der Fall, der von den Vorschriften für öffentliche Versammlungen und Aufzüge unter freiem Himmel Ausnahmen ua für **Hochzeitsgesellschaften** macht, nicht aber für „Züge von Lebenspartnerschaftsgesellschaften“ (so richtig Muscheler Rn 94). Aus der fehlenden Ergänzung folgt allerdings nicht, dass solche Züge dem Versammlungsrecht unterfallen. Es ist vielmehr auch hier davon auszugehen, dass der Gesetzgeber die Anpassung übersehen hat. Da der Lebenssachverhalt vergleichbar ist, ist eine analoge Anwendung des § 17 VersammlG geboten.

74 **g)** Darüber hinaus sind dem Gesetzgeber **redaktionelle Fehler** unterlaufen: Mit Art 2 Nr 6 hat er § 2275 III BGB so gefasst, dass er die Vorschriften des Abs 2 nicht nur für Verlobte (bisherige Fassung), sondern auch für Verlobte iSd LPartG für anwendbar erklärt. **§ 2275 II BGB** bestimmt, dass ein Ehegatte als Erblasser mit seinem Ehegatten einen Erbvertrag schießen darf, auch wenn dieser in der Geschäftsfähigkeit beschränkt ist. Auf Lebenspartner wurde die Vorschrift bisher nicht ausgedehnt. Der neu gefasste Abs 3 hat nun zur Folge, dass Verlobte iSd LPartG einen Erbvertrag auch dann schließen dürfen, wenn einer von ihnen in der Geschäftsfähigkeit beschränkt ist. Sobald sie die Lebenspartnerschaft begründet haben, dürften sie dies aber nicht mehr. Dies ist nicht nachvollziehbar, und es ist auch nicht ersichtlich, dass der Gesetzgeber dies gewollt hat. Denn in der Begründung zu Art 2 Nr 6 ÜberarbG wird lediglich ausgeführt, die Änderungen seien erforderlich, um auch im Erbrecht das Verlöbnis iSd LPartG zu erfassen (BT-Drucks 15/3445 S 17). Erst recht wird man deshalb § 2275 II BGB auch auf Lebenspartner anwenden müssen. Dasselbe gilt für **§ 2290 III 2 BGB**.

h) Versäumt wurde weiter, im **Internationalen Privatrecht** die Rechte und Pflichten von gleichgeschlechtlichen Ehen und Lebenspartnerschaften, die in anderen Ländern geschlossen worden sind, klarzustellen bzw Diskriminierungen zu beseitigen. 75

aa) So fehlen in Art 17b EGBGB **ausdrückliche Regelungen für gleichgeschlechtliche Ehen**, die inzwischen in den Niederlanden, in Belgien, Spanien und Kanada geschlossen werden können. Klare Regelungen für diese Fallkonstellationen sind erforderlich (vgl bereits Kemper FPR 2003, 2), weil es in Literatur und Rechtsprechung unterschiedliche Ansichten über die Frage gibt, ob und inwieweit solche gleichgeschlechtlichen Ehen in Deutschland anzuerkennen sind (vgl Art 17b EGBGB Rn 74f). So hat zB das FG Hannover die steuerliche Anerkennung einer in den Niederlanden geschlossenen Ehe abgelehnt (EFG 2003, 174 = DStRE 2003, 219), obwohl Rechtsprechung und Literatur davon ausgehen, dass Folgeansprüche aus einer im Ausland zulässigerweise abgeschlossenen Mehrehe in Deutschland nicht abgewehrt werden können (vgl BFHE 146, 41f; BFH/NV 1986, 394). Für das Merkmal der Verschiedengeschlechtlichkeit muss das Gleiche gelten. Die vom FG Hannover vorgenommene Unterscheidung von materiell-rechtlichen Voraussetzungen der Eheschließung, worunter das Eheverbot der Mehrehe falle und für die Art 13 EGBGB gelte, und dem „die Ehe prägenden Wesensmerkmal" der Verschiedengeschlechtlichkeit ist nicht überzeugend, weil auch die Einehe „Wesensmerkmal" des Rechtsinstituts „Ehe" ist (vgl nur BVerfGE 62, 330; 87, 264). Hinzu kommt, dass das GG das Rechtsinstitut „Ehe" nicht abstrakt gewährleistet, sondern in der Ausgestaltung, wie sie den jeweils herrschenden, in der gesetzlichen Regelung maßgebend zum Ausdruck gelangten Anschauungen entspricht (BVerfGE 105, 345). Hierzu hat das BVerfG zum einen festgestellt, dass der besondere Schutz der Ehe in Art 6 I GG den Gesetzgeber nicht hindert, für die gleichgeschlechtliche Lebenspartnerschaft Rechte und Pflichten vorzusehen, die denen der Ehe gleich oder nahe kommen (BVerfGE 105, 313). Zum anderen gehört es zu den Grundsätzen des deutschen internationalen Privatrechts, dass ein Verstoß gegen das GG erst bei einem starken Inlandsbezug in Betracht kommt. Das ist bei bloßen Folgen einer im Ausland zulässigerweise geschlossene Ehe regelmäßig nicht der Fall (BFH 146, 41f; Röthel IPRax 2002, 499). 76

bb) Auch ist in Art 17b EGBGB die sog Kappungsgrenze in Abs 4 nicht gestrichen worden. Sie bestimmt, dass die **Wirkungen einer im Ausland eingetragenen Lebenspartnerschaft** nicht weiter gehen, als nach den Vorschriften des BGB und des LPartG vorgesehen. Dies widerspricht dem Grundprinzip des Art 9 der Charta der Grundrechte der EU (ABl EG 2000, C 364, 1), wonach das Recht, eine Ehe einzugehen, und das Recht, eine Familie zu gründen, nach den einzelstaatlichen Gesetzen gewährleistet werden, welche die Ausübung dieser Rechte regeln. Der Konvent, der die Grundrechtecharta erarbeitet hat, wollte mit dieser Formulierung erreichen, dass weder untersagt noch vorgeschrieben wird, Verbindungen von Personen gleichen Geschlechts den Status der Ehe zu verleihen (Charte 4473/00 Convent 49, Erläut zu Art 9). Wenn einzelnen Mitgliedstaaten das Recht zugestanden wird, gleichgeschlechtlichen Paaren die Ehe oder die Lebenspartnerschaft mit weitergehenden Rechten zu ermöglichen, muss damit verbunden sein, dass jeder Einzelstaat die Rechtsfolgen anerkennt, die der andere Einzelstaat mit der gleichgeschlechtlichen Ehe – oder der Lebenspartnerschaft als deren Minus – verbindet. Damit lässt sich die Reglung des Art 17b IV EGBGB nicht vereinbaren (vgl auch § 11 Rn 64ff). 77

VIII. Für die Beendigung der Diskriminierung gleichgeschlechtlicher Gemeinschaften (vgl Rn 13) müssen darüber hinaus noch eine Reihe weiterer Bundesgesetze geändert werden, wofür allerdings die Zustimmung des Bundesrates erforderlich ist. 78

79 **1.** Hierzu hat das BMJ Ende 2004/Anfang 2005 einen **neuen „Entwurf eines Gesetzes zur Ergänzung des Lebenspartnerschaftsgesetzes und anderer Gesetze (Lebenspartnerschaftsgesetzergänzungsgesetz – LPartGErgG)"** erstellt und den Fraktionen von SPD und Bündnis90/Die Grünen zur Verfügung gestellt. Er ist weitgehend mit dem LPartGErgEalt (vgl Rn 13, 15) identisch. Beabsichtigt war die weitgehende Angleichung des Rechts der Lebenspartnerschaft an das Recht der Ehe. Die Koalitionsfraktionen haben diesen Referentenentwurf bis zum vorzeitigen Ende der Legislaturperiode nicht mehr in den Bundestag eingebracht. Völlig offen ist deshalb, ob er im Bundestag und im Bundesrat in absehbarer Zeit eine Mehrheit finden wird. In dem Entwurf ist Folgendes vorgesehen:

80 **a)** Die **Standesbeamten** sollen **bundesweit einheitlich für die Begründung der Lebenspartnerschaft zuständig** werden. Dazu werden Änderungen in §§ 1, 3 und 9 V 1 LPartG (Art 1 LPartGErgGEneu) sowie im Personenstandsgesetz (Art 2 LPartGErgGEneu) vorgeschlagen. Dies ist überfällig. Die bundeseinheitliche Zuständigkeit der Standesbeamten hatte auch das CDU-geführte Land Hamburg gefordert (Rn 43). Richtig heißt es in der Begründung des Gesetzentwurfes, dass seit Einführung der Personenstandsbuchführung das Recht davon ausgegangen sei, dass die personenstandsrechtlichen Grundbeurkundungen wie Geburt, Eheschließung und Tod sowie die damit zusammenhängenden öffentlichen Beurkundungen und Beglaubigungen (zB Erklärungen zur Namensführung) von einer speziell mit dieser Aufgabe befassten Behörde am Ort des personenstandsrechtlichen Ereignisses wahrgenommen werden. Grund hierfür sei die besondere und in sich geschlossene Aufgabenstellung des Personenstandswesens, die einer Verflechtung der standesamtlichen Aufgaben mit denen anderer Bereiche entgegenstehe. Dadurch sei insbesondere die sachgerechte Erhebung, Verwaltung und der Schutz der hochsensiblen standesamtlichen Personendaten sichergestellt. Die unterschiedlichen landesrechtlichen Vorschriften (vgl Rn 31ff) haben dagegen zur Folge, dass die einheitliche Beurkundung und Fortschreibung der Personenstandsregister nicht mehr gewährleistet ist (s Rn 38). Sollte der Entwurf Gesetz werden, müssten in zahlreichen Ländern Lebenspartnerschaften in Lebenspartnerschaftsbücher eingetragen werden (Art 1 Nr 5 LPartGErgGEneu, mit dem § 22 LPartG angefügt wird).

81 Ob ein einheitliches Personenstandsrecht für Lebenspartnerschaften darüber hinaus **verfassungsrechtlich geboten** ist, ist sogar **innerhalb des BVerfG umstritten**. Der Erste Senat meinte in seiner Entscheidung zum Antrag auf einstweiligen Rechtsschutz gegen das LPartDisBG (vgl Rn 16), unterschiedliche Ausführungsgesetze der Länder über die Zuständigkeit und das Verfahren hinsichtlich des Personenstands der eingetragenen Lebenspartnerschaft führten nicht zu einem problematischen Mangel an Transparenz im Personenstandswesen. Landesbezogene Unterschiede seien vielmehr Ausdruck der grundgesetzlichen föderalen Kompetenzzuweisung (BVerfGE 104, 57). Der Zweite Senat hingegen führt in seiner Altenhilfegesetz-Entscheidung gerade das Personenstandsrecht als Beispiel dafür an, dass eine bundeseinheitliche Regelung im Sinne des Art 72 II GG erforderlich ist, weil sonst die Erhaltung einer funktionsfähigen Rechtsgemeinschaft bedroht sei. Unterschiedliche Personenstandsregelungen in den Ländern würden verhindern, dass die Eheschließung oder die Scheidung überall in Deutschland gleichermaßen rechtlich anerkannt oder behandelt werden (BVerfGE 106, 145f).

82 In umgekehrter Weise soll das **Konsulargesetz** an das Recht der Lebenspartnerschaft angepasst werden (Art 3 Nr 32 LPartGErgGEneu): Bisher war es zwar möglich, in bestimmten Konsularbezirken im Ausland die Ehe zu schließen, nicht aber eine Lebenspartnerschaft zu begründen. Statt letzteres zu erlauben, soll nunmehr die **Möglichkeit der Eheschließung im Ausland gestrichen** werden. Begründet wird dies mit geringen Eheschließungszahlen und hohem Aufwand. Ehe und Lebenspartnerschaft könnten im Inland geschlossen bzw begründet werden. Zu vermuten ist, dass der hohe Auf-

wand als Argument lediglich vorgeschoben ist. Es gibt Hinweise darauf, dass Ausländern die Möglichkeit genommen werden soll, mit Hilfe von Heirat oder Begründung einer Lebenspartnerschaft mit Deutschen ein Zuzugsrecht nach Deutschland zu erwerben. Das wird keinen Erfolg haben, selbst wenn den ausländischen Partnern ein Besuchsvisum verweigert wird. Denn nach stRspr der Verwaltungsgerichte haben Ausländer einen Rechtsanspruch auf die Erteilung eines Visums, wenn sie nachweisen, dass der Termin für die Eheschließung oder für die Begründung der Lebenspartnerschaft feststeht. Eine solche Bescheinigung erhalten die Betroffenen, wenn sie dem Standesamt oder der sonst zuständigen Behörde die für die Eheschließung oder die Begründung der Lebenspartnerschaft erforderlichen Papiere vorlegen und wenn sich daraus ergibt, dass kein Ehe- oder Lebenspartnerschaftshindernis besteht (Ausländerrecht Rn 24). Davon haben viele binationale Lebenspartner schon bisher mit Erfolg Gebrauch gemacht.

83 **b)** Für viele Schwule und Lesben, vor allem für diejenigen mit Kindern, ist die vorgesehene **Gleichstellung im Steuerrecht** von Bedeutung.

84 **aa)** Mit der vorgeschlagenen Änderung des **Einkommensteuerrechts** erfüllt das LPartGErgGEneu das Ziel, die Diskriminierung von gleichgeschlechtlichen Partnern zu beseitigen, jedoch nicht.

85 Bisher werden Lebenspartner bei der Berechnung der Einkommensteuer wie Ledige behandelt. Sie können Unterhaltsleistungen nur bis zur Höhe von 7.680 € pro Kalenderjahr als außergewöhnliche Belastung von der Steuer absetzen. Auf diese Unterhaltsleistungen werden aber eigene Einkünfte und Bezüge des bedürftigen Partners angerechnet, soweit sie den Betrag von 624 € pro Kalenderjahr übersteigen (§ 33a I EStG). Mit Art 3 Nr 40 LPartGErgGEneu wird nun nicht vorgeschlagen, das Ehegattensplitting (§ 26 EStG) auf Lebenspartner zu übertragen. Stattdessen soll – wie im Jahre 2000 bereits mit dem LPartGErgGEalt vorgeschlagen (vgl Rn 13) – ein **Partnersplitting** (Realsplitting) eingeführt werden (dazu ausführlich Kanzler FR 2000, 860ff). Das bedeutet, dass Lebenspartner nicht zusammen veranlagt werden. Vielmehr geht der Gesetzgeber davon aus, dass der Lebenspartner mit dem höheren Einkommen dem Lebenspartner mit dem niedrigeren Einkommen die Hälfte des Differenzbetrages der beiden Einkommen als Unterhalt gewährt. Diesen Unterhaltsbetrag kann der Gebende dann als Sonderausgaben von seinem Einkommen abziehen, während der Nehmende ihn versteuern muss. Der Unterhaltsbetrag ist allerdings auf höchstens 20.450 € im Jahr beschränkt. Auch wenn sich diese rechtliche Ungleichbehandlung aufgrund der Höhe der Kappungsgrenze nur in wenigen Fällen auswirken wird, bleibt sie vor dem Hintergrund des verfassungsrechtlichen Gebots der Steuergerechtigkeit zweifelhaft (Kemper FPR 2003, 3, geht von einem Verstoß aus) und ist zudem **wenig praktikabel**. Das deutsche Steuerrecht wird dadurch noch ein bisschen komplizierter gemacht.

86 Darüber hinaus würden im Einkommensteuerrecht für Lebenspartner eine Reihe von **Vorschriften fehlen**, ohne dass begründet wird, warum sie nicht aufgenommen worden sind (sa Steuerrecht Rn 17f, 27ff). So sollten Lebenspartner auch in § 10 I Nr 2b EStG (Hinterbliebenenbegriff bei der kapitalgedeckten Altersversorgung; die Parallelvorschrift des § 1 I 1 Nr 2 AltZertG soll durch Art 3 Nr 52 LPartGErgGEneu angeglichen werden), §§ 10e IV u V, 34f II u III EStG, 6 EigZulG (Steuerbegünstigung und Eigenheimzulage für die zu eigenen Wohnzwecken genutzten Wohnung im eigenen Haus) und § 33a I 1 EStG (Aufwendungen für den Unterhalt und die Berufsausbildung des Kinder des Lebenspartners als außergewöhnliche Belastung) mit Ehegatten gleichgestellt werden. Schließlich fehlen Vorschläge zur Gleichstellung von Stiefkindern von Ehegatten mit Stiefkindern von Lebenspartnern (vgl §§ 63 I Nr 2, 64 II 2, 65 I 3 EStG, §§ 2 I Nr 1, 3 II 2 4 I 2 BKGG).

87 **bb)** Während Lebenspartner im Erbrecht wie Ehegatten behandelt werden, gelten sie im **Schenkung- und Erbschaftsteuerrecht** noch immer als Fremde (vgl iE Steuerrecht Rn 38ff). Dies ist mit der zivilrechtlichen Lage nicht vereinbar (so auch Meincke ErbStG § 3 Rn 11a) und sollte durch Art 3 Nr 41 LPartGErgGEneu an das für Ehegatten geltende Recht angepasst werden.

88 **cc)** Auch die bisherige Ungleichbehandlung bei der **Grunderwerbsteuer** (vgl iE Steuerrecht Rn 61) soll beseitigt werden, indem die Ausnahmetatbestände des § 3 GrEStG auf Lebenspartner ausgedehnt werden (Art 3 Nr 39 LPartGErgGEneu).

89 **dd)** Von der **Umsatzsteuer** sind unter bestimmten Voraussetzungen Umsätze von Blinden befreit. Eine Voraussetzung ist, dass nicht mehr als zwei Arbeitnehmer beschäftigt werden. Hierunter fällt nicht der Ehegatte, nach derzeitigem Recht wohl aber der Lebenspartner (§ 4 Nr 19 Buchst a S 2 UStG, vgl allerdings § 11 Rn 34). Mit Art 3 Nr 42 LPartGErgGEneu wurde auch hier eine Gleichstellung von Lebenspartnern und Ehegatten vorgeschlagen.

90 **ee)** Im **Steuerverfahrensrecht** der Abgabenordnung sollten Erleichterungen, die für Ehegatten gelten, auf Lebenspartner übertragen werden (Art 3 Nr 37 Ziff 1 u 3-5 LPartGErgGEneu). Außerdem sollten Lebenspartner sowie Verlobte iSd LPartG den Status eines Angehörigen erhalten (Art 3 Nr 37 Ziff 2 LPartGErgGEneu ergänzt § 15 AO). Zumindest für Lebenspartner ist dies auch verfassungsrechtlich geboten (vgl § 11 Rn 41ff; jedenfalls rechtspolitisch fordert dies auch Kemper FPR 2003, 3f). Über die Abgabenordnung hinaus hätte die Änderung des § 15 AO weitere steuerrechtliche Wirkung, weil das Steuerrecht an vielen anderen Stellen Vergünstigungen von Angehörigen vorsieht, die auch Lebenspartnern zu Gute kämen. So gilt es zB nach § 4 EigZulG als eine Nutzung des Eigentümers zu eigenen Wohnzwecken, wenn die Wohnung einem Angehörigen iSd § 15 AO unentgeltlich zur Nutzung überlassen wird.

91 **c)** Auch im **Beamten-, Beamtenversorgungs- und Soldatenversorgungsrecht** sollten Lebenspartner gleichgestellt werden. Durch die sinngemäße Anwendung der ehebezogenen Vorschriften (Art 3 Nr 1-3, 6-9, 13, 35, 37 LPartGErgGEneu), insbesondere die Einführung der Hinterbliebenenversorgung sollten die engen persönlichen Bindungen zwischen Lebenspartnern berücksichtigt werden. Über § 79 II BBG (Art 3 Nr 7 Ziff 2 LPartGErgGEneu) würden Bundesbeamte auch in der Beihilfe mit Ehegatten gleichgestellt werden (vgl Rn 70).

92 **d)** Eine Angleichung an die für Ehegatten geltenden Regelungen sollte auch in **berufs- und ausbildungsrechtlichen** Vorschriften (Art 3 Nr 10-23 LPartGErgGEneu) und in der Ausbildungsförderung (Art 3 Nr 26-29 LPartGErgGEneu) erfolgen.

93 **e)** Weiter sollten mit dem LPartGErgGEneu die Partner einer Lebenspartnerschaft in **sozialrechtlichen Leistungsgesetzen** Ehegatten gleichgestellt werden. Das betrifft insbesondere das HIV-Hilfegesetz (Art 3 Nr 25 LPartGErgGEneu), das Wohngeldgesetz (Art 3 Nr 34 LPartGErgGEneu) und das Unterhaltsvorschussgesetz (UhVorschG, Art 3 Nr 24 LPartGErgGEneu). Mit der Anpassung des UhVorschG sollte klar gestellt werden, dass Kinder, deren Elternteil in einer Lebenspartnerschaft lebt, wie Kinder, deren Elternteil verheiratet ist, keinen Anspruch auf Unterhaltsvorschuss oder -ausfallleistung haben (vgl Sozialrecht Rn 46ff).

94 **f)** Im **Sozialversicherungsrecht** sind Lebenspartner bereits weitgehend mit Ehegatten gleichgestellt worden (vgl Rn 63 sowie Sozialversicherung Rn 1ff). Gleichwohl bestehen noch eine Reihe von Lücken, die Lebenspartner teilweise in verfassungswidriger Weise benachteiligen (vgl Sozialversicherung Rn 15, 25, 38, 42, 46f). Mit Art 3 Nr 46-57 LPartGErgGEneu sollten diese Lücken geschlossen und Vorschriften redaktionell an die bereits bestehende Rechtslage angepasst werden.

95 **g)** Weiterhin sollten für Lebenspartner und Verlobte iSd LPartG im Verwaltungsverfahren die **Ausschlussvorschriften** eingeführt werden, die bereits für Ehegatten und

Verlobte gelten (§ 20 V VwVfG, § 16 V SGB X, vgl Art 3 Nr 4, 56 LPartGErgGEneu), vgl auch Rn 71, 141.

96 **h)** Wenn ein **Geschäft oder Unternehmen** nur aufgrund einer **Erlaubnis oder Approbation** betrieben werden darf, sieht das Gesetz meist vor, dass beim Tod des Erlaubnisinhabers sein Ehegatte und seine minderjährigen Kinder das Unternehmen durch einen Stellvertreter weiterführen lassen dürfen. Diese Befugnis wurde in zahlreichen Gesetzen mittlerweile auch dem überlebenden Lebenspartner eingeräumt (vgl zB § 9 I 1 Nr 3 ApG, § 4 I HandwO, § 10 S 1 GaststG, § 46 I GewO, § 15 I Nr 1 FahrlG, § 5 II Nr 2 MargG). Im Schornsteinfegergesetz (§ 21 I 1) und im Sprengstoffgesetz (§ 13 I 1) fehlen solche Bestimmungen aber noch. Mit Art 3 Nr 44 u 45 LPartGErgGEneu sollte dies nachgeholt werden.

97 **i)** Schließlich sollten zur Gleichstellung eine Reihe weiterer Regelungen auf Lebenspartner übertragen werden. Hierzu zählen § 7 I Nr 2 des **Strafrechtlichen Rehabilitationsgesetzes** (Art 3 Nr 30 LPartGErgGEneu), § 8 III des **Beruflichen Rehabilitationsgesetzes** (Art 3 Nr 31 LPartGErgGEneu) und mehrere Bestimmungen des **Entwicklungshelfer-Gesetzes** (Art 3 Nr 43 LPartGErgGEneu).

98 **j)** Art 3 Nr 5 LPartGErgGEneu hätte in der vorgeschlagenen Form schon im Deutschen Bundestag keine Mehrheit gefunden. Mit ihm hat das BMJ vorgeschlagen, die für Ehegatten geltenden Regelungen im **Transsexuellengesetz** auf Lebenspartner zu übertragen. Der Vorschlag dürfte auf das fachlich zuständige BMI zurückgehen, das dies bereits für das LPartGErgGEalt vorgeschlagen hatte. Damals hat die Fraktion Bündnis 90/Die Grünen die Übernahme in den in Bundestag eingebrachten Entwurf verweigert – zu Recht. Denn der Vorschlag ist nicht sachgerecht:

99 Nach § 7 I Nr 3 TSG wird die Entscheidung über die Vornamensänderung (sog **kleine Lösung**, vgl hierzu Transsexuelle Rn 1) unwirksam, wenn der Antragsteller eine Ehe schließt (hierzu ausführlich Transsexuelle Rn 4ff). Rechtlich ist zB eine Mann-zur-Frau-Transsexuelle (die rechtlich noch ein Mann ist) damit zwar nicht gehindert, eine Frau zu heiraten. Durch den Verlust des weiblichen Vornamens bedeutet diese Regelung für sie aber ein faktisches Ehehindernis. Es ist deshalb bereits zweifelhaft, ob dies verfassungsgemäß ist. Dem BVerfG liegen ein Normenkontrollantrag des LG Itzehoe und eine Verfassungsbeschwerde vor (vgl Transsexuelle Rn 6). Der Vorschlag sah vor, die Vornamensänderung auch dann unwirksam werden zu lassen, wenn eine Lebenspartnerschaft begründet wird. Das nimmt Transsexuellen mit der kleinen Lösung auch noch die Möglichkeit, eine heterosexuell motivierte Partnerschaft rechtlich abzusichern.

100 Ähnliches gilt für den Vorschlag zur sog **großen Lösung** (vgl Transsexuelle Rn 2). Schon nach geltendem Recht können Transsexuelle, die verheiratet sind, nicht gerichtlich feststellen lassen, dass sie dem anderen Geschlecht angehören (§ 8 I Nr 2 TSG). Diese Rechtslage ist für Paare unzumutbar, die gleichgeschlechtlich empfinden und deshalb nach Durchführung der großen Lösung zusammenbleiben wollen (zu den Problemen iE vgl Transsexuelle Rn 12ff). Dies wollte der Entwurf auf solche Paare ausdehnen, bei denen der transsexuelle Partner heterosexuell empfindet und die deshalb zunächst eine Lebenspartnerschaft eingegangen sind. Das Paar wird die rechtliche Absicherung der Partnerschaft nicht aufgeben, sondern die Lebenspartnerschaft nach Änderung der Geschlechtszugehörigkeit als Ehe weiterführen wollen. Das wäre mit denselben Schwierigkeiten verbunden, die Paare schon länger erleben, die gleichgeschlechtlich empfinden.

101 Weder sollte § 8 I Nr 2 TSG auf Lebenspartnerschaften übertragen werden, noch sollte die Vorschrift selbst beibehalten werden (ebenso Muscheler Rn 121). Sie hat den **Zweck, gleichgeschlechtliche Ehen zu verhindern**. Das mag vor 25 Jahren, als das TSG geschaffen wurde, einem allgemeinen Anliegen entsprochen haben. Inzwischen hat der Gesetzgeber aber für gleichgeschlechtliche Partner das Institut der Lebens-

partnerschaft geschaffen und es bürgerlichrechtlich mit denselben Rechten und Pflichten ausgestattet wie die Ehe. Deshalb hat die Erwägung, gleichgeschlechtliche Ehen zu verhindern, **nicht mehr dasselbe Gewicht wie vor 25 Jahren**. Außerdem hat der **Gesetzgeber** sein Ziel schon damals **nicht konsequent** verfolgt. Da die Vornamensänderung ohne vorherige Scheidung möglich ist, konnten auf diese Weise schon immer Ehen entstehen, bei denen beide Ehegatten männliche oder weibliche Vornamen führen. Zudem können sich verheiratete Transsexuelle ohne vorherige Scheidung geschlechtsumwandelnd operieren lassen. Nur für die personenstandsrechtliche Zuordnung zum neuen Geschlecht muss vorher die Scheidung erfolgen. Es ließ sich deshalb schon bisher nicht verhindern, dass Ehegatten von ihrem äußeren Erscheinungsbild her als Personen gleichem Geschlecht auftreten. Soweit im Hinblick auf Art 6 I GG verfassungsrechtliche Bedenken gegen eine Streichung des § 8 I Nr 2 TSG vorgetragen werden (Everts FPR 2004, 599 Fn 28), sind diese letztlich nicht durchschlagend. Denn Ziel des besonderen Eheschutzes ist es nicht, die Einhaltung einzelner Ehemerkmale zu erzwingen. Andernfalls dürften in Deutschland im Ausland geschlossene Mehrehen auch nicht anerkannt werden (vgl hierzu Rn 76).

102 **2.** Auch mit diesem vom BMJ vorgeschlagenen Entwurf eines LPartGErgGE würde das im Jahre 2000 vorgegebene **Ziel der „Beendigung der Diskriminierung gleichgeschlechtlicher Gemeinschaften" noch immer nicht erreicht**. Zumindest in folgenden Bereichen würde es auf Bundesebene nach wie vor Unterschiede zur Ehe geben. Bundestag und Bundesrat sind deshalb aufgerufen, den LPartGErgGEneu entsprechend zu ergänzen.

103 **a) Vermögenswirksame Leistungen** können zugunsten von Ehegatten, aber noch nicht zugunsten von Lebenspartnern angelegt werden (§§ 3 I Nr 1, 4 IV Nr 1, 8 V des Fünften Gesetzes zur Förderung der Vermögensbildung der Arbeitnehmer).

104 **b)** Da für Lebenspartner nur ein Realsplitting vorgeschlagen wird (Rn 85) und damit viele Vorschriften der Ehegattenbesteuerung nicht automatisch über Verweise gelten sollen, blieben bei Verwirklichung des Vorschlags eine Reihe weiterer Ungleichbehandlungen bestehen. Dies gilt insb für die sog Höchstbetragsgemeinschaft beim Sonderausgabenabzug, bestimmten Einkommensgrenzen, dem Sparerfreibetrag und der Wohnungsbauprämie (vgl iE Steuerrecht Rn 3).

105 **c)** Darüber hinaus fehlen weiter das gemeinschaftliche Adoptionsrecht (Rn 68) sowie die Änderungen des Verschollenheitsgesetzes (Rn 72) und des Versammlungsgesetzes (Rn 73). Diese Aufzählung beansprucht nicht, vollständig zu sein.

106 **IX.** Trotz der – aus Sicht der Lesben und Schwulen durchaus anzuerkennenden, aus Sicht der politischen Gegner gerne kritisierten – „Detailversessenheit" des Gesetzgebers ist es offenbar schwierig, Lebenspartner in allen Facetten des Rechts gleichzustellen, selbst wenn dies politisch beabsichtigt ist. Das deutsche **Recht ist so komplex**, dass immer wieder Konstellationen auftreten werden, in denen Ehen und Lebenspartnerschaften **unterschiedlich behandelt** werden, weil der Gesetzgeber eine Spezialregelung übersehen hat. Dieses Problem kann auf zweifache Weise gelöst werden:

107 **1.** Der **Gesetzgeber** könnte zB im BGB erklären, dass **Regelungen**, die **für Eheleute** gelten, auch immer **für Lebenspartner anzuwenden sind**, zumindest wenn nicht ausdrücklich etwas anderes bestimmt ist (ebenso Wellenhofer-Klein Rn 14; dies NJW 2005, 709). Dies würde allerdings wohl nur eine Gleichstellung im bürgerlichen Recht bedeuten. Besser wäre deshalb, nach dem Vorbild Skandinaviens (s Rn 7) zwar am LPartG festzuhalten, nach der Vorschrift über deren Begründung aber in Form der Generalklausel festzustellen, dass Vorschriften, die an das Bestehen oder frühere Bestehen einer

Ehe anknüpfen, auf Lebenspartner entsprechend anzuwenden sind. Die Regelungssystematik wäre damit umgedreht, das Recht deutlich vereinfacht und Diskriminierungen wären weitestgehend abgebaut. Eine solche Regelung wäre nach der Entscheidung des BVerfG zum LPartG (vgl Rn 17ff) zulässig. Das BVerfG hat festgestellt, dass Art 6 I GG es zwar erlaube, die Ehe gegenüber anderen Lebensformen zu begünstigen. Aus dieser Privilegierungsbefugnis lasse sich jedoch kein Gebot herleiten, andere Lebensformen gegenüber der Ehe zu benachteiligen (BVerfGE 105, 348).

2. Zumindest der zivilrechtliche Ehebegriff könnte in dem Sinne neu interpretiert werden, dass gleichgeschlechtliche Partner erfasst werden. Allerdings hat das BVerfG mehrfach deutlich herausgestellt, dass die **Verschiedengeschlechtlichkeit** der Partner der Ehe als Wesensmerkmal innewohne (vgl nur BVerfGE 105, 342, 345). Entschieden ist dies jedoch nur für den verfassungsrechtlichen Ehebegriff, nicht für den des einfachen Rechts. Eine solche Differenzierung ist zulässig, wie der Eigentumsbegriff in Art 14 GG zeigt, der mit dem Besitzschutz weit über den Eigentumsbegriff des BGB hinausgeht. Aber da es der Rechtsklarheit nicht diente, ist nicht zu erwarten, dass sich eine unterschiedliche Interpretation der Begriffe auf absehbare Zeit durchsetzen wird. Die Entscheidung des BVerfG wird die Rechtsetzung und die gerichtliche Praxis deshalb in den nächsten Jahren prägen. Gleichwohl ist auch darüber nachzudenken, ob die Interpretation des Art 6 I GG, die das BVerfG gefunden hat, richtig ist (zweifelnd Muscheler Rn 41; Grziwotz Rn 8). Möller (DÖV 2005, 64ff) hat überzeugende Gegenargumente geliefert, mit denen zumindest die Rechtswissenschaft sich wird auseinander setzen müssen (vorher bereits Bruns/Beck MDR 1991, 834; AG Frankfurt/Main NJW 1993, 941; Ott NJW 1998, 117ff; Strick DEuFamR 2000, 86). 108

X. Solange sich die Auffassung, der Ehebegriff des Art 6 I GG umfasse auch gleichgeschlechtliche Partner, nicht durchsetzt, bleibt diesen jedenfalls der **Schutz der Art 2 I und 3 GG** (BVerfGE 105, 345f). 109

1. Nach **Art 2 I GG** hat jeder das Recht auf **freie Entfaltung seiner Persönlichkeit**, soweit er nicht die Rechte anderer verletzt oder gegen die verfassungsmäßige Ordnung oder das Sittengesetz verstößt. Dies umfasst sowohl die Freiheit, eine nichteheliche Gemeinschaft zu führen, als auch die Freiheit, in einer Lebenspartnerschaft zu leben. Dieses Grundrecht gleichgeschlechtlicher Partner ist in Abwägungsentscheidungen hoch zu gewichten (BVerfGE 104, 59). 110

2. Art 3 GG enthält in Abs 1 den allgemeinen und in Abs 3 besondere **Gleichheitssätze**. 111

a) Insbesondere ist es **nach Art 3 III GG verboten, einen Menschen aufgrund seines Geschlechts zu diskriminieren**. Umstritten ist, ob dieser besondere oder nur der allgemeine Gleichheitssatz im Verhältnis von zwei Menschen anzuwenden ist, von denen der eine eine Partnerschaft mit einem Menschen desselben, der andere mit einem Menschen des anderen Geschlechts eingehen möchte. Keine Diskriminierung aufgrund des Geschlechts nehmen an: Diederichsen NJW 2000, 1842; Krings ZRP 2000, 410; Muscheler Rn 38; Wellenhofer-Klein Rn 20. 112

Das **Urteil des BVerfG** zum LPartDisBG ist in dieser Frage **in sich widersprüchlich**. Zunächst heißt es: „Der Gesetzgeber trägt damit [dh mit dem LPartDisBG] den Art 2 I und 3 I und III GG Rechnung“ (BVerfGE 105, 346). Die Nennung auch des dritten Absatzes des Art 3 GG impliziert, dass sich gleichgeschlechtlich orientierte Menschen auf ein besonderes Differenzierungsverbot berufen können. Leider hat das BVerfG hier nicht verraten, auf welches Differenzierungsmerkmal es abstellt. In Frage 113 dürfte aber allein das Merkmal „Geschlecht" kommen, weil die sexuelle Orientierung als Differenzierungsgrund – anders als in einigen Landesverfassungen (Art 10 II BerlVerf, Art 12 II BbgVerf, Art 2 II BremVerf und Art 12 III ThürVerf) – nicht ausdrücklich in Art 3 III GG enthalten ist. An späterer Stelle sieht das BVerfG dann allerdings keine Benachteiligung verschiedengeschlechtlicher Paare darin, dass das LPartG nur gleichgeschlechtlichen Paaren die eingetragene Lebenspartnerschaft eröffnet. Zur Begründung führt das Gericht an, das Gesetz knüpfe an die Geschlechtskombination einer Personenverbindung an, der dann Rechte und Pflichten zugeordnet werden würden. „Ebenso wie die Ehe mit ihrer Beschränkung auf die Zweierbeziehung zwischen Mann und Frau gleichgeschlechtliche Paare wegen ihres Geschlechts nicht diskriminiert, benachteiligt die Lebenspartnerschaft heterosexuelle nicht wegen ihres Geschlechts" (BVerfGE 105, 351f). Sodann heißt es, Männer und Frauen würden stets gleichbehandelt, weil sie die Ehe mit einer Person des anderen Geschlechts eingehen könnten, nicht aber mit einer Person des eigenen Geschlechts. Sie könnten eine Lebenspartnerschaft mit einer Person des eigenen Geschlechts eingehen, nicht aber mit einer des anderen (BVerfGE 105, 352). Die Richterin Haas hat in ihrer abweichenden Meinung diese Argumentation der Senatsmehrheit als nicht überzeugend kritisiert (BVerfGE 105, 362f; vorher bereits Sachs JR 2001, 49). Insoweit ist ihr zuzustimmen. Unklar ist bereits, welches Vergleichspaar gebildet worden ist. Zunächst stellt das BVerfG auf das hetero- oder homosexuelle „Paar" ab, dann auf (einzelne) Männer und Frauen.

114 Tatsächlich handelt es sich bei der von der Senatsmehrheit angenommenen Gleichbehandlung der Geschlechter um eine **(doppelte) Ungleichbehandlung**. Sachs hat dies an dem Verbot der Diskriminierung aufgrund der Rasse und des Glaubens anschaulich anhand des Gesetzes zum Schutze des deutschen Blutes und der deutschen Ehre vom 15.09.1935 (RGBl I 1146, §§ 1, 5 I) belegt (Sachs JR 2001, 46; iErg ebenso Generalanwalt Elmer Schlussanträge v 30.09.1997, EuGH Slg 1998, I-628ff; Strick DEuFamR 2000, 85). Dieses Gesetz verbot „Eheschließungen zwischen Juden und Staatsangehörigen deutschen oder artverwandten Blutes". Zwar wurde ein Jude spiegelbildlich zum „Staatsangehörigen deutschen oder artverwandten Blutes" nicht benachteiligt, weil ein Jude eine Jüdin und ein Deutscher eine Deutsche heiraten durfte. Die Gleichbehandlung, die darin gesehen wird, liegt aber allein in der Ungleichbehandlung, so dass die Spiegelbildlichkeit die eigentliche Benachteiligung nicht entfallen lässt (Strick DEuFamR 2000, 85; Stüber KritJ 2000, 595 Fn 12). Hinsichtlich der unterschiedlichen Behandlung von verschieden- und gleichgeschlechtlich orientierten Menschen gilt nichts anderes (ebenso Braun JuS 2003, 25).

115 **b)** Unabhängig von der Frage, ob Art 3 I oder III GG den Maßstab bildet, ist an Ungleichbehandlungen ein **strenger Maßstab** anzulegen, wenn Personengruppen unterschiedlich behandelt werden (vgl BVerfGE 55, 88). Bei lediglich verhaltensbezogenen Unterscheidungen hängt das Maß der Bindung davon ab, inwieweit die Betroffenen in der Lage sind, durch ihr Verhalten die Verwirklichung der Merkmale zu beeinflussen, nach denen unterschieden wird (vgl BVerfGE 55, 89; 88, 96; BVerfG NJW 2001, 1201). Die Bindung an den Gleichheitssatz ist umso enger, je mehr es um personenbezogene Merkmale geht, je mehr sich diese den in Art 3 III GG genannten annähern und je größer deshalb die Gefahr ist, dass eine an sie anknüpfende Ungleichbehandlung zur Diskriminierung einer Minderheit führt (BVerfGE 88, 96). Überdies sind dem Gestaltungsspielraum des Gesetzgebers umso engere Grenzen gesetzt, je stärker sich die Ungleichbehandlung von Personen oder Sachverhalten auf die Ausübung grundrechtlich geschützter Freiheiten nachteilig auswirken kann (BVerfGE 88, 96 mwN).

116 Legt man dies zugrunde, ist auch bei Anwendung von Art 3 I GG ein strenger Maßstab an Ungleichbehandlungen anzulegen. Denn Lebenspartner und Ehegatten sind eine **vergleichbare Personengruppen**. Zwischen ihnen bestehen keine Unterschiede von

solcher Art und solchem Gewicht bestehen, dass sie die ungleiche Behandlung rechtfertigen können (vgl hierzu nur BVerfGE 102, 54; BVerfG NJW 2003, 2736). Es handelt sich jeweils um eine Lebensgemeinschaft zwischen zwei Menschen, die auf Dauer angelegt ist und in der sich die Partner – rechtlich abgesichert – zu gegenseitiger Unterstützung und Unhalt verpflichten. Zivilrechtlich sind die Rechte und Pflichten von Lebenspartnern und Ehegatten seit Inkrafttreten des ÜberarbG weitgehend identisch. Der einzige wesentliche Unterschied besteht darin, dass die Partner im Fall der Ehe verschiedengeschlechtlich, im Fall der Lebenspartnerschaft gleichgeschlechtlich sind. Eine unterschiedliche Behandlung ist deshalb bei isolierter Betrachtung des Art 3 GG nicht gerechtfertigt.

117 **c)** Allerdings kann eine Ungleichbehandlung aufgrund widerstreitender Werturteile durch die Verfassung selbst gerechtfertigt sein. So nimmt das BVerfG wegen des verfassungsrechtlichen Schutzes aus Art 6 I GG die Berechtigung des Gesetzgebers an, Ehe und Familie gegenüber anderen Lebensformen zu begünstigen – sog **Förderungsauftrag** oder **Förderungsgebot** (BVerfGE 105, 348 mwN). Was dieser Förderungsauftrag über ein Benachteiligungsverbot hinaus umfasst, ist dogmatisch bislang völlig ungeklärt (Pechstein spricht von weitgehender dogmatischer Hilflosigkeit, S 141). Das BVerfG und – noch mehr – die Kommentarliteratur unterscheiden in diesem Zusammenhang Ehe und Familie regelmäßig nicht (vgl zB BVerfGE 6, 76; Schmitt-Kammler in Sachs GG Art 6 Rn 30ff) oder erwähnen die Ehe nach einem Einleitungssatz nicht mehr, sondern sprechen nur noch von Familienförderung (vgl zB BVerfGE 87, 35; AK-GG/Richter Art 6 Rn 20).

118 Ich halte diese **Gleichsetzung von Ehe und Familie** zumindest heute für **unzulässig**. 1957 – zu der Zeit, als das BVerfG den Förderauftrag entwickelt hat (BVerfGE 6, 76) – mag die Gleichsetzung noch berechtigt gewesen sein. Es entsprach der gesellschaftlichen Regel, dass Kinder bei miteinander verheirateten Eltern aufwuchsen. Verheiratete ohne Kinder stellten eher die Ausnahme dar. So war die Gleichsetzung von Ehe und Familie und die Einbeziehung von Ehen ohne Kinder in den verfassungsrechtlichen Schutz im Wege der Typisierung durchaus angemessen. Seitdem hat sich die Gesellschaft jedoch deutlich verändert. Immer mehr Ehen bleiben kinderlos, immer mehr Kinder wachsen bei verschieden- und gleichgeschlechtlichen Eltern auf, ohne dass diese verheiratet sind. Hieraus sind mE zwei Schlüsse zu ziehen: Aus Sicht des Staates ist es nach wie vor **vernünftig**, **Familien**, dh Kindererziehung, **zu fördern** (vgl BVerfGE 99, 234). Es ist für den Fortbestand der Gesellschaft unerlässlich, dass Menschen bereit und in der Lage sind, Kinder groß zu ziehen. Die gesellschaftlichen Probleme, die sich aus der demografischen Entwicklung ergeben, verdeutlichen das anschaulich. Es dürfte auch relativ schnell Einigkeit darüber zu erzielen sein, dass der Staat bisher zu sehr die Ehe und zu wenig das Vorhandensein von Kindern gefördert hat (vgl zB Dreier/Gröschner Art 6 Rn 59ff; Zuck NVwZ 1986, 806; auch BVerfGE 87, 39, allerdings mit der Feststellung, dass der Gesetzgeber frei sei zu entscheiden, wie er die Benachteiligung der Familie beseitigen will). Nicht übersehen werden darf aber, dass es aus Sicht von Staat und Gesellschaft auch vernünftig ist, rechtlich verbindliche **Einstehens- und Verantwortungsgemeinschaften** zwischen zwei Menschen zu fördern, weil sich dort zwei Menschen verpflichten, in den Wechselfällen des Lebens für den jeweils anderen aufkommen. Dadurch wird die staatliche Solidargemeinschaft nicht in Anspruch genommen (ebenso Bruns ZRP 1996, 7). Nur besteht bei Annahme dieses Zwecks kein Anlass, zwischen hetero- und homosexuellen rechtlich verbindlichen Einstehensgemeinschaften zu unterscheiden (ebenso Birk/Wernsmann JZ 2001, 222), weil diese ihre Gemeinschaft in gleicher Weise verstehen.

119 **aa)** Besonders anschaulich wird dies mE im **Erbschaftsteuerrecht**. Die dort vorgesehenen Freibeträge für Ehegatten (vgl Steuerrecht Rn 40ff) haben den Zweck, dass

der Partner die gemeinsam gekaufte Wohnung oder das gemeinsam gebaute Haus weiter nutzen kann; das gemeinsam aufgebaute und geführte Unternehmen soll vom überlebenden Ehepartner fortgeführt werden können. Dies ergibt sich daraus, dass der Gesetzgeber die Freibeträge am Wert durchschnittlicher Einfamilienhäuser orientiert hat (BVerfGE 93, 141 folgend BT-Drucks 13/4839 S 70), weil das BVerfG zuvor festgestellt hatte, dass Ehegatten „in der Lebenswirklichkeit [...] die wirtschaftliche Grundlage für die individuelle Lebensgestaltung ihrer Familie in der Erwartung [schaffen], dass sie den individuellen Lebenszuschnitt der Familie auch noch im Alter der Ehegatten prägt und nach dem Ableben eines von ihnen dem Überlebenden zugute kommt." Art 6 I GG gebiete, dass der Steuergesetzgeber die Kontinuität dieses Ehe- und Familiengutes achte (BVerfGE 93, 142 für die Vermögensteuer; hierauf verweist BVerfGE 93, 175, im Zusammenhang mit der Erbschaftsteuer jedoch ausdrücklich). Zweck ist es also nicht, die Ehe – insbesondere ihren Fortbestand – zu fördern. Schließlich ist Erbschaftsteuerrecht erst anwendbar, wenn einer der Ehegatten verstorben ist. Es geht vielmehr darum, dass der Staat in bestimmtem Umfang nicht durch eine Steuerlast zerstört, was in einer Partnerschaft gemeinsam aufgebaut worden ist (vgl BVerfGE 93, 170f). Ich sehe nicht, wo hier ein Unterschied zwischen Ehegatten und Lebenspartnern ist, der es rechtfertigt, den einen einen Freibetrag zu gewähren, den anderen aber nicht. Denn anders als Partner in einer eheähnlichen Lebensgemeinschaft (vgl BVerfG NJW 1990, 1593) übernehmen Lebenspartnerschaft wie Ehegatten Verantwortung füreinander, die sich in den Unterhaltsverpflichtungen ausdrückt.

120 **bb)** Dasselbe gilt für die **Einkommensteuer** (iE ebenso Kanzler FR 2000, 862). Die Lebenspartnerschaft stellt wie die Ehe eine „Gemeinschaft des Erwerbs und Verbrauchs" (BVerfGE 61, 345f) dar. In der zitierten Entscheidung hat das BVerfG das Ehegattensplitting als verfassungskonform bezeichnet. Zur Begründung heißt es, die Ehegattenbesteuerung stehe in Einklang mit den Grundwertungen des Familienrechts. Die Institute des Zugewinnausgleichs und des Versorgungsausgleichs ließen erkennen, dass das während der Ehe Erworbene gemeinschaftlich erwirtschaftet sei (BVerfGE 61, 346). Für die Lebenspartnerschaft gilt spätestens seit Inkrafttreten des ÜberarbG nichts anderes. Die übrigen Argumente des Gerichts beziehen sich iW darauf, dass das Splittingverfahren die Gleichwertigkeit der Arbeit von Mann und Frau ausdrücke (BVerfGE 61, 346f). Deshalb sei es auf Alleinerziehende mit Kindern nicht übertragbar, bei dem es sich um ein Unterhaltsverhältnis handele. Ein durch Art 6 I GG zu schützendes Recht, über die Aufgabenteilung in der Ehe partnerschaftlich zu entscheiden, komme dort von vornherein nicht in Betracht (BVerfGE 61, 348). Auch dies spricht dafür, dass eine einkommensteuerrechtliche Unterscheidung von Ehe und Lebenspartnerschaft unter Heranziehung der Wertentscheidungen des Grundgesetzes nicht mehr zu rechtfertigen ist. Wer einwenden wollte, das BVerfG habe das Recht, über die Aufgabenaufteilung partnerschaftlich zu entscheiden, aus Art 6 I GG abgeleitet und deshalb der Ehe vorbehalten, müsste argumentieren, in anderen auf Dauer angelegten Partnerschaften dürfte ein Partner dem anderen Aufgaben zuweisen. Dies wäre abwegig.

121 Folgt man dieser Auffassung, ist nicht nur die gegenwärtige einkommensteuerrechtliche Ungleichbehandlung von Ehen und Lebenspartnerschaften verfassungswidrig. Auch das mit dem LPartGErgGEneu vorgeschlagene (der Höhe nach begrenzte) **Partnersplitting** (Rn 85) wäre nicht zu rechtfertigen, weil Lebenspartner weiter schlechter behandelt werden würden als Ehegatten, denen Unterhaltsleistungen in unbegrenzter Höhe angerechnet werden.

122 Folgt man der Auffassung nicht, heißt dies nicht, dass das LPartG keine einkommensteuerrechtlichen Wirkungen entfaltet. Immerhin hat das BVerfG in seinem Urteil zum LPartDisBG bereits deutliche Worte gefunden: Die wirtschaftliche Belastung durch Unterhaltsleistungen könne im Einzelfall gegen Art 3 I GG verstoßen, wenn diese im

Einkommensteuerrecht nicht berücksichtigt werden. Die Unterhaltsverpflichtung, die das LPartG vorsehe (§§ 5, 12 und 16), sei aber nicht aufgrund des fehlenden einkommensteuerrechtlichen Ausgleichs verfassungswidrig. Vielmehr müsse jedenfalls § 33a EStG verfassungskonform so ausgelegt werden, dass Leistungen aufgrund der Unterhaltspflicht als Aufwendungen von den Einkünften abzuziehen sind (BVerfGE 105, 357). Bedeutsam ist insoweit, dass das BVerfG offenbar nicht davon ausgeht, dass es nicht in jedem Fall durch Art 6 I GG gerechtfertigt sein kann, Unterhaltsleistungen unter Ehegatten anzuerkennen, Lebenspartnern diese Anerkennung aber zu verweigern. Vielmehr hat das BVerfG die Frage offen lassen, ob die verfassungskonforme Auslegung des § 33a EStG ausreichend ist (BVerfGE 105, 357). Das Gericht verweist jedoch auf frühere Entscheidungen, mit denen die fehlende einkommensteuerrechtliche Berücksichtigung von Unterhaltsverpflichtungen in anderen Fällen für verfassungswidrig erklärt wurde (BVerfGE 105, 356). Aus diesen Entscheidungen ergibt sich, dass die verfassungskonforme Auslegung des § 33a EStG nicht ausreichen wird. Art 3 I GG enthält nämlich das **Gebot der Steuergerechtigkeit**, an das auch der Gesetzgeber gebunden ist (BVerfGE 6, 70; 43, 118f; 61, 343; 66, 223; 68, 152). Zur Steuergerechtigkeit gehört das Prinzip der Besteuerung nach der wirtschaftlichen Leistungsfähigkeit (BVerfGE 43, 120; 61, 343f; 66, 223; 82, 86; 93, 135; 99, 232). Hieraus ergibt sich, „dass auch solche Ausgaben einkommensteuerrechtlich von Bedeutung sind, die außerhalb der Sphäre der Einkommenserzielung – also im privaten Bereich – anfallen und für den Steuerpflichtigen unvermeidbar sind" (BVerfGE 61, 344; 66, 223; 68, 152; ähnlich bereits BVerfGE 43, 120). Die für den Steuerpflichtigen unvermeidbare Sonderbelastung durch Unterhaltsverpflichtungen mindern seine Leistungsfähigkeit; der Gesetzgeber darf sie ohne Verstoß gegen die Steuergerechtigkeit nicht außer Acht lassen (BVerfGE 43, 120; 61, 344; 66, 223; 82, 86f). Dies bedeutet zwar nicht, dass jegliche Unterhaltsverpflichtung im Einkommensteuerrecht auszugleichen ist (vgl BVerfGE 43, 121). Es ist dem Gesetzgeber aber verwehrt, der Berücksichtigung zwingender Unterhaltsverpflichtungen realitätsfremde Grenzen zu ziehen (BVerfGE 66, 223; 82, 60).

123 Die **unterste Grenze** dessen, was der Gesetzgeber an Unterhalt berücksichtigen muss, ist der Betrag, der als Unterhaltsaufwendung zur Gewährung des **Existenzminimums** des Lebenspartners erforderlich ist (vgl BVerfGE 82, 87). Dies hat das BVerfG zwar ausdrücklich bislang nur für die Unterhaltsverpflichtung gegenüber Kindern ausgesprochen (BVerfGE 99, 232f). Die Begründung ist jedoch auf Lebenspartner übertragbar: Das Rechtsinstitut der Lebenspartnerschaft ist geschaffen worden, um eine Einstehens- und Verantwortungsgemeinschaft rechtlich abzusichern. Der Unterhalt empfangende Lebenspartner hat Anspruch auf die Sicherung seines Existenzminimums (vgl BVerfGE 82, 85), das der gebende Lebenspartner anstelle des Staates sichert. Deshalb gehören die finanziellen Mittel, die zur Gewährung des gesetzlich vorgesehenen Unterhalts benötigt werden, wie die Mittel für den Unterhalt von Kindern nicht zu den finanziellen Mitteln, die zur Befriedigung beliebiger privater Bedürfnisse eingesetzt werden können (vgl BVerfGE 82, 87). § 33a I EStG reicht hierzu gerade aus. Denn der Betrag von 7.680 €, der als Unterhaltsleistung an den Lebenspartner jährlich von der Einkommensteuer abgesetzt werden kann, liegt noch über dem **Existenzminimum**. Dieses beträgt zurzeit 7.664 € und ist deshalb als sog Grundfreibetrag von Einkommensteuer freigestellt (§ 32a I 2 Nr 1 EStG).

124 In einer neueren Entscheidung zum Haushaltsfreibetrag hat das BVerfG dann allerdings noch einmal darauf hingewiesen, dass verfassungsrechtlich bislang noch **nicht** abschließend **geklärt** sei, **wieweit** über den Schutz des Existenzminimums hinaus auch sonstige **unvermeidbare oder zwangsläufige private Aufwendungen** bei der Bemessungsgrundlage einkommensmindernd **zu berücksichtigen sind** (BVerfGE 107, 49).

Allgemein gelte jedoch, dass es für die verfassungsrechtlich gebotene Besteuerung nach finanzieller Leistungsfähigkeit „auch auf die Unterscheidung zwischen freier oder beliebiger Einkommensverwendung einerseits und zwangsläufigem, pflichtbestimmtem Aufwand andererseits" ankomme (BVerfGE 107, 49). Die Berücksichtigung privat veranlassten Aufwands stehe nicht ohne weiteres zur Disposition des Gesetzgebers. Dieser habe die unterschiedlichen Gründe, die den Aufwand veranlassen, auch dann im Lichte betroffener Grundrechte differenzierend zu würdigen, wenn solche Gründe ganz oder teilweise der Sphäre der allgemeinen (privaten) Lebensführung zuzuordnen seien (BVerfGE 107, 49). Der Gesetzgeber muss deshalb im Bereich des Einkommensteuerrechts berücksichtigen, dass er an anderer Stelle – nämlich durch das LPartG – einen Aufwand zumindest dann veranlasst hat, wenn die vorgesehene Unterhaltspflicht realisiert wird (Bruns DStZ 2004, 273). Dabei hat er zu berücksichtigen, dass das Recht, eine Lebenspartnerschaft eingehen zu dürfen, auf Art 2 I GG basiert (vgl Rn 110).

125 **d)** Schließlich kann Art 6 I GG eine Ungleichbehandlung dann nicht rechtfertigen, wenn es nicht um Unterschiede zwischen Ehegatten und Lebenspartnern geht, sondern wenn Lebenspartner in vergleichbaren Lebenssituationen willkürlich anders behandelt werden.

126 **aa)** So verstößt insbesondere der Ausschluss des Lebenspartners des Beamten von **Beihilfeleistungen** sowohl gegen Art 33 V GG als auch gegen Art 3 I GG. Art 33 V GG besagt, dass das Recht des öffentlichen Dienstes nach den hergebrachten Grundsätzen des Berufsbeamtentums zu regeln ist. Zu diesen Grundsätzen gehört auch die Fürsorgepflicht, die dem Dienstherrn gegenüber den Beamten, Richtern und Soldaten obliegt. Durch die Beihilfe erfüllt der Dienstherr diese Fürsorgepflicht, wenn und soweit durch die Besoldung notwendige Aufwendungen in Krankheits-, Pflege-, Geburts- und Todesfällen nicht gedeckt werden. Zwar erfordert die Fürsorgepflicht nicht den Ausgleich jeglicher Aufwendungen und auch nicht deren Erstattung in jeweils vollem Umfang. Die Beihilfe muss aber sicherstellen, dass die Beamten in den genannten Fällen nicht mit erheblichen Aufwendungen belastet bleiben, die für sie unabwendbar sind und denen sie sich nicht entziehen können (BVerfGE 83, 100f; BVerfG DVBl 1992, 1590). Damit ist es nicht zu vereinbaren, dass Beamte, Richter und Soldaten, die in einer Lebenspartnerschaft leben, selbst dann keine Beihilfe erhalten, wenn sie die Aufwendungen für Krankheiten und für die Pflege ihrer Partner aufgrund ihrer Unterhaltspflicht voll tragen müssen. Ein Verstoß gegen den Gleichheitsgrundsatz des Art 3 I GG ergibt sich daraus, dass Lebenspartner, die über kein nennenswertes Einkommen verfügen, in der gesetzlichen Krankenversicherung beitragsfrei in die Versicherung ihrer Partner einbezogen werden (§ 10 I SGB V). Bei der Beihilfe werden sie dagegen selbst unter dieser Voraussetzung nicht berücksichtigt. Diese unterschiedliche Behandlung stellt einen verfassungswidrigen Wertungswiderspruch dar, weil zwischen Arbeitern und Angestellten einerseits und Beamten, Richtern und Soldaten andererseits keine Unterschiede von solcher Art und solchem Gewicht bestehen, dass sie diese ungleiche Behandlung rechtfertigen könnten. Zum Anspruch auf Beihilfe aus europäischem Gemeinschaftsrecht vgl Beamte Rn 30f.

127 **bb)** Dasselbe gilt für die **Hinterbliebenenversorgung von Beamten, Richtern und Soldaten**. Lebenspartner von sozialversicherten Arbeitnehmern erhalten seit dem 01.01.2005 aufgrund des ÜberarbG dieselbe Hinterbliebenenrente wie Ehegatten (vgl Rn 63, Sozialversicherung Rn 26ff). Es stellt eine Ungleichbehandlung dar, dass die hinterbliebenen Lebenspartner von Beamten keine Hinterbliebenenversorgung erhalten. Diese Ungleichbehandlung ist nicht gerechtfertigt, weil nicht nur die beitragsfinanzierten Versicherungsrenten, sondern auch die Versorgungsbezüge der Beamten Gegenwert für die zur Zeit der aktiven Beschäftigung erbrachten Dienstleistungen sind

(BVerfGE 105, 114). Zum Anspruch auf Hinterbliebenenversorgung aus europäischem Gemeinschaftsrecht vgl Beamte Rn 27ff.

XI. Solange der LPartGErgGEneu und damit die Änderung des PStG nicht in Kraft getreten ist, müssen die Länder ihre **Ausführungsgesetze** zum LPartG (vgl Rn 31ff) **an** das ÜberarbG (vgl Rn 44ff) **anpassen**. Die Bayerische Staatsregierung hat hierzu bereits einen Gesetzentwurf vorgelegt (LT-Drucks 15/3620). 128

1. Die **Einbenennung** eines Kindes gemäß § 9 V LPartG hat gegenüber der „zuständigen Behörde" zu erfolgen. Sachgerecht ist es in diesem Fall nur, die Standesbeamten für zuständig zu erklären. Denn die Namensänderung des Kindes ist in sein Geburtenbuch einzutragen (§ 30 I 1 Fall 2 PStG), dessen Führung bundesrechtlich dem Standesbeamten obliegt. Es wäre unsinnig, eine Behörde für zuständig zu erklären, die Einbenennung entgegenzunehmen, ohne dass sie dies auch in das Geburtenbuch des Kindes eintragen dürfte. Gleichwohl schlägt die Bayerische Staatsregierung die Zuständigkeit des Notars vor, der die Namensänderung dem Standesbeamten mitzuteilen habe (LT-Drucks 15/3620 S 3). Ich halte dies für unnötige Bürokratie insbesondere dann, wenn die Einbenennung nicht mit der Begründung der Lebenspartnerschaft zusammenfällt. 129

2. Auch muss in allen Ländern bestimmt werden, welche Behörde nach Art 17b II 1 iVm Art 10 II EGBGB für die **Erklärung der Lebenspartner über den zu führenden Namen** zuständig sein soll (vgl hierzu Art 17b EGBGB Rn 52ff). Art 10 II EGBGB, der unmittelbar nur für Ehegatten gilt, erklärt den Standesbeamten für zuständig. Das BVerfG hat im Zusammenhang mit der Prüfung, ob das LPartDisBG im Bundesrat zustimmungspflichtig ist, für die Verweisung in Art 17b II EGBGB festgestellt, dass sie nicht zwingend die Zuständigkeit des Standesbeamten auch für die Entgegennahme der Erklärungen zur Namenswahl von Lebenspartnern bestimme. Es werde lediglich auf den materiellen Gehalt des Art 10 II EGBGB Bezug genommen (BVerfGE 105, 332f). Somit ist es Sache der Länder, die zuständige Behörde zu bestimmen. Sachgerecht ist es lediglich, die Behörden zu benennen, die auch für die Begründung der Lebenspartnerschaft zuständig ist. Solche Zuständigkeitsregelungen fehlten bei Redaktionsschluss noch in Bayern, Berlin, Hamburg, Mecklenburg-Vorpommern, Nordrhein-Westfalen, Rheinland-Pfalz, Sachsen-Anhalt, Schleswig-Holstein und Thüringen. Mit dem genannten Gesetzentwurf (Rn 128) soll in Bayern die Lücke geschlossen werden. 130

3. Schließlich ist mit Gesetz zur Änderung des Ehe- und Lebenspartnerschaftsnamensrechts v 06.02.2005 (BGBl I 203) § 3 LPartG geändert worden (zu Einzelheiten vgl § 3 Rn 6). Gemäß § 3 V LPartG können Lebenspartner, die ihre Lebenspartnerschaft vor dem 12.02.2005 begründet haben, unter den Voraussetzungen des Art 229 § 13 EGBGB ihren **Lebenspartnerschaftsnamen ändern** (vgl hierzu § 3 Rn 17ff). Dies muss gemäß § 3 V LPartG durch Erklärung gegenüber der nach Landesrecht zuständigen Behörde geschehen. Folglich müssen die Länder auch hierfür die zuständige Behörde bestimmen. Sachgerecht ist es, die Behörden zu benennen, die auch für die Begründung der Lebenspartnerschaft zuständig sind. 131

XII. Anpassungsbedarf besteht auch im **materiellen Recht der Länder**. 132

1. Bisher haben nur **Berlin** (Gesetz zur Anpassung des Landesrechts auf Grund der Einführung der Eingetragenen Lebenspartnerschaft v 15.10.2001, GVBl 540), **Sachsen-Anhalt** (Gesetz zur Änderung des Landesrechts aufgrund der bundesrechtlichen 133

Einführung des Rechtsinstituts der Eingetragenen Lebenspartnerschaft v 26.03.2004, GVBl 234), **Schleswig-Holstein** (Gesetz zur Anpassung des Landesrechts an das Lebenspartnerschaftsgesetz des Bundes – Lebenspartnerschaftsanpassungsgesetz – LPartAnpG – v 03.01.2005, GVOBl 21) und **Nordrhein-Westfalen** (Gesetz zur Anpassung des Landesrechts an das Lebenspartnerschaftsgesetz des Bundes – Lebenspartnerschaftsanpassungsgesetz – LPartAnpG v 03.05.2005, Gv 498ff) Gesetze erlassen, die auf Landesebene bestimmen, welche Rechte und Pflichten Lebenspartner haben. Während Lebenspartner in Berlin, Schleswig-Holstein und Nordrhein-Westfalen mit Ehegatten weitgehend gleichgestellt worden sind, fehlen in Sachsen-Anhalt auch nach Inkrafttreten des Gesetzes insbesondere die Regelungsbereiche, die Ansprüche gegenüber dem Staat begründen. Dies gilt vor allem für das Beamtenrecht. Hier verweist Sachsen-Anhalt nur für einzelne Bereiche auf die Vorschriften des Bundes, bei denen durch das ÜberarbG eine Gleichstellung erfolgt ist. In den übrigen Bereichen sind die Landesbeamten noch nicht mit Ehegatten gleichgestellt (s Beamte Rn 7ff, 10).

134 In allen **anderen Ländern** sind Lebenspartnerschaften nur in Einzelfällen in der Landesgesetzgebung berücksichtigt worden. In **Mecklenburg-Vorpommern** haben die Fraktionen von SPD und PDS die Landesregierung aufgefordert, bis Februar 2004 das Landesrecht an das Lebenspartnerschaftsgesetz anzupassen (LT-Drucks 4/260). Hierzu hat die Landesregierung im Juni 2005 einen Gesetzentwurf vorgelegt (LT-Drucks 4/1767), der allerdings unvollständig ist. Insbesondere wird keine Änderung des Beamtenrechts (vgl Rn 137) und des Rechts der Versorgungswerke vorgeschlagen. In **Hamburg** und **Hessen** wurde die Anpassung des Landesrechts diskutiert. Die Mehrheit in der Bürgerschaft bzw im Landtag hat die Anträge der oppositionellen Grünen (Bü-Drucks 17/3559, LT-Drucks 16/2166) und der SPD (Bü-Drucks 17/3638) jedoch mit dem Argument zurückgewiesen, es sei nicht sinnvoll, eine Vielzahl von Gesetzen und Verordnungen zu ändern, solange das LPartGErgG nicht in Kraft getreten sei (vgl Bü-Plenarprot 17/49 S 2922f, LT-Plenarprot 16/40 S 2668).

135 Diese Argumentation ist in zweifacher Hinsicht unsinnig: Zum einen sind zahlreiche Rechtsbereiche durch Landesgesetz zu regeln, auf die Bundesrecht keinen Einfluss hat (s Rn 137ff). Selbst wenn auch der LPartGErgGEneu Gesetz werden sollte, müssten die Landesgesetzgeber tätig werden. Zum anderen ist das Problem leicht dadurch zu lösen, dass das Landesrecht mit Hilfe einer **Generalklausel** angepasst wird (ebenso Muscheler Rn 21). So könnte – um beim Beispiel Hamburg zu bleiben – ein „Landesgesetz zur Gleichstellung von Lebenspartnern und Eheleuten" aus nur folgendem Paragrafen bestehen: „Bestimmungen in Gesetzen und Verordnungen der Freien und Hansestadt Hamburg, die sich auf das Bestehen oder frühere Bestehen einer Ehe beziehen, sind auf das Bestehen oder frühere Bestehen einer Lebenspartnerschaft entsprechend anzuwenden. Bestimmungen in Gesetzen und Verordnungen der Freien und Hansestadt Hamburg, die sich auf Ehegatten und ihre Angehörigen beziehen, sind auf Lebenspartner und ihre Angehörigen entsprechend anzuwenden."

136 **2.** Solange Lebenspartnerschaften nicht systematisch im Landesrecht gleichgestellt sind, hat dies in der Regel folgende **Konsequenzen**:

137 **a) Beamte**, die eine Lebenspartnerschaft führen, werden gegenüber verheirateten Beamten bei Beihilfe, Reise- und Umzugskosten, Trennungsgeld, Sonderurlaub und im Laufbahnrecht benachteiligt. Dies ist verfassungswidrig (s Rn 126). Darüber hinaus verstößt die Ungleichbehandlung gegen die Richtlinie 2000/78/EG, auf die sich Beamte, die eine Lebenspartnerschaft führen, mangels Umsetzung in deutsches Recht mittlerweile unmittelbar berufen können (iE Beamte Rn 30ff). Auch fehlt die Gleichstellung in der **Hinterbliebenenversorgung**, soweit sie durch Landesrecht geregelt wird (Zu-

satzversorgungen für Beschäftigte des öffentlichen Dienstes, Abgeordneten- und Ministerentschädigung, Recht der Entschädigung von Verfolgten des Nationalsozialismus) bzw soweit der Landesgesetzgeber Kammern und Versorgungswerke ermächtigen muss, in deren Satzungen Lebenspartner im Hinblick auf Hinterbliebenenrenten mit Ehegatten gleichzustellen.

b) Die Wahl der **Bestattungsart** und die **Gestaltung und Pflege der Grabstätte** richten sich nach dem Willen des Verstorbenen. Liegt von ihm keine Willenbekundung vor, haben die Angehörigen zu bestimmen, wie die Bestattung erfolgen und das Grab gestaltet und gepflegt werden soll. Wer in diesem Sinn **totensorgeberechtigt** ist, ergibt sich aus den Landesgesetzen über das Friedhofs- und Bestattungswesen und ergänzend aus dem Reichsgesetz über die Feuerbestattung v 15.05.1934 (RGBl I 380). Danach sind zunächst der Ehegatte, sodann die (volljährigen) Kinder (oder deren Ehegatten), die Eltern, die Großeltern und die Geschwister totensorgeberechtigt. Nur in Berlin, Nordrhein-Westfalen, Saarland, Sachsen-Anhalt, Schleswig-Holstein und Thüringen sind Lebenspartner in die Aufzählung aufgenommen worden. In allen anderen Ländern werden Lebenspartner weiter diskriminiert. Dass überhaupt so viele Länder ihr Bestattungsrecht angepasst haben, liegt wohl vor allem daran, dass mit der Totensorge auch über die Kostentragungspflicht entschieden ist (vgl § 18 ThürBestG). 138

c) Lebenspartner können für ihren Partner auch in den meisten Ländern nach wie vor keine **Einwilligungen aufgrund des Sektions-** (vgl hierzu § 11 Rn 54), **Archiv- und Krebsregisterrechts** erteilen (in Schleswig-Holstein – vgl Rn 133 – ist die Anpassung des § 9 VI Nr 1 Landesarchivgesetz offenbar übersehen worden). Sie haben nicht – wie Ehegatten – ein **Anhörungsrecht**, etwa bei Unterbringung, Freiheitsentzug oder Kastration, und haben für den Lebenspartner im Verwaltungsverfahren auch kein **Antragsrecht**, etwa ein Recht auf Wiederaufnahme eines Disziplinarverfahrens nach dem Tod des Lebenspartners. Sie gelten im **Schulrecht** schließlich nicht als Erziehungsberechtigte der Kinder des Lebenspartners. 139

d) Soweit das Landesrecht Sozialleistungen vom Bestehen einer Ehe abhängig macht, sind Lebenspartner ausgeschlossen. Das gilt insbesondere für die Befreiung von der **Rundfunkgebührenpflicht** oder für **Zuwendungen aufgrund von Fördergesetzen**. Andererseits darf das Partnereinkommen in diesen Fällen – anders als bei Eheleuten – auch nicht angerechnet werden. Schlechter gestellt sind Lebenspartner auch bei der **Berechnung von Gebühren**, die gelegentlich für Ehegatten ermäßigt sind, oder auch bei der **Vergabe von Studienplätzen**. Hier werden Studienbewerber bevorzugt, wenn am Studienort die einzige gemeinsame Wohnung mit dem Ehegatten besteht. 140

e) Aus Sicht des Staates besonders problematisch ist, dass Personen in Gerichts- und Verwaltungsverfahren, die durch Landesrecht geregelt werden, nicht ausgeschlossen sind, wenn ein Gegenstand behandelt wird, der den Lebenspartner betrifft (**Befangenheitsregelungen**), vgl hierzu aber § 11 Rn 58. Lebenspartner sind noch nicht überall in die **Überprüfung der Zuverlässigkeit** nach dem Sicherheitsüberprüfungs- und dem Gaststättenrecht einbezogen (vgl § 11 Rn 59). 141

f) Durch die fehlende Gleichstellung werden aber auch Verwaltungsverfahren erschwert. So kann der **Kirchenaustritt** von Eheleuten in einer Urkunde bescheinigt werden. Von Bescheiden, die beide Ehepartner betreffen, insbesondere **Abgabenbescheide**, muss nur eine Ausfertigung übersandt werden. All dies gilt gegenüber Lebenspartnern ohne ausdrückliche Gleichstellung nicht. Soweit die **Verarbeitung von Daten** der Ehegatten erlaubt ist, umfasst dies Daten des Lebenspartners nicht. 142

g) Schließlich genießen Lebenspartner nicht wie Ehegatten **Vollstreckungsschutz**. Andererseits müssen unentgeltliche Veräußerungen an den Lebenspartner nicht in dem Umfang offen gelegt werden, in dem Ehegatten verpflichtet sind. 143

I. Gesetz über die Eingetragene Lebenspartnerschaft (Lebenspartnerschaftsgesetz – LPartG)

Vom 16. Februar 2001 (BGBl I S. 266)
(BGBl III 400-15/1)

Abschnitt 1
Begründung der Lebenspartnerschaft

Vorbemerkung zu § 1 LPartG

1 Der erste Abschnitt des LPartG **besteht nur aus § 1.** Er enthält Regelungen über die **Begründung der Lebenspartnerschaft,** vor allem über die materiellen Anforderungen und die Hindernisse, die der Eingehung einer Lebenspartnerschaft entgegenstehen können. Außerdem wird die Form der Eingehung der Lebenspartnerschaft behandelt. Insoweit ist die Regelung allerdings nur auf Grundzüge beschränkt. Die Einzelheiten wurden zum Teil ausgeblendet, weil sie das Lebenspartnerschaftsgesetz der Zustimmungspflicht durch die Bundesländer unterworfen hätten und zum anderen Teil in die verfahrensrechtlichen Teile des Gesetzes zur Beendigung der Diskriminierung gleichgeschlechtlicher Gemeinschaften hineingeschrieben.

2 **Regelungen** über ein der Lebenspartnerschaft **vorausgehendes Stadium,** wie es das Eherecht mit dem Verlöbnis (§§ 1297-1302 BGB) kennt, **fehlten** im LPartG zunächst. Erst durch das LPartGÜG wurden die §§ 1297 II-1302 BGB auf Lebenspartner für entsprechend anwendbar erklärt. Ob sie in der Zeit davor entsprechend anzuwenden waren, war umstritten (bejahend: Voraufl, Vor § 1 LPartG Rn 3 ff; verneinend: Muscheler Rn 42; Wellenhofer-Klein Rn 40).

§ 1 Form und Voraussetzungen

(1) Zwei Personen gleichen Geschlechts begründen eine Lebenspartnerschaft, wenn sie gegenseitig persönlich und bei gleichzeitiger Anwesenheit erklären, miteinander eine Partnerschaft auf Lebenszeit führen zu wollen (Lebenspartnerinnen oder Lebenspartner). Die Erklärungen können nicht unter einer Bedingung oder Zeitbestimmung abgegeben werden. Die Erklärungen werden wirksam, wenn sie vor der zuständigen Behörde erfolgen.
(2) Eine Lebenspartnerschaft kann nicht wirksam begründet werden
1. **mit einer Person, die minderjährig oder verheiratet ist oder bereits mit einer anderen Person eine Lebenspartnerschaft führt;**
2. **zwischen Personen, die in gerader Linie miteinander verwandt sind;**
3. **zwischen vollbürtigen und halbbürtigen Geschwistern;**
4. **wenn die Lebenspartner bei der Begründung der Lebenspartnerschaft darüber einig sind, keine Verpflichtungen gemäß § 2 begründen zu wollen.**

(3) Aus dem Versprechen, eine Lebenspartnerschaft zu begründen, kann nicht auf Begründung der Lebenspartnerschaft geklagt werden. § 1297 Abs. 2 und die §§ 1298 bis 1302 des Bürgerlichen Gesetzbuchs gelten entsprechend.

1 **I. Die Norm enthält zunächst den Programmsatz,** dass die Eingetragene Lebenspartnerschaft auf Lebenszeit geschlossen wird (Abs 1 S 1) und grenzt so Lebenspartnerschaften von allen anderen Formen eines nur vorläufigen Zusammenlebens ab. Außerdem regelt sie, **wie die Lebenspartnerschaft begründet wird** (Abs 1 S 1 und 2) und enthält Bestimmungen darüber, **wer** von der Begründung einer Eingetragenen Lebenspartnerschaft **ausgeschlossen ist** (Abs 2). Schließlich finden sich nach der Änderung des LPartG durch das LPartGÜG auch Regelungen über das Verlöbnis (Abs 3).

2 **II. 1.** Die Lebenspartnerschaft ist die **auf Lebenszeit geschlossene Partnerschaft zwischen zwei Menschen gleichen Geschlechts** (Abs 1 S 1). Insoweit handelt es sich aber nur um einen Programmsatz. Wie schon die Auflösungsmöglichkeit zeigt (§§ 15 ff LPartG), wollte der Gesetzgeber zwar verdeutlichen, dass Lebenspartner grundsätzlich – wie Eheleute – dauerhaft eine Gemeinschaft bilden sollen, in der jeder dem anderen zur Fürsorge und Unterstützung verpflichtet ist (§ 2 LPartG). Andererseits wollte er aber die Lebenspartnerschaft nicht als unauflösliche oder auch nur schwer lösbare Gemeinschaft ausgestalten. Die lebenslange Dauer der Gemeinschaft als Zielvorstellung hat aber auch die Regelung der Auflösung geprägt; denn die Aufhebung der Lebenspartnerschaft bewirkt keine endgültige Trennung der Partner, da auch nach ihrem Ende die Möglichkeit eines lebenslangen Unterhaltsanspruchs (§ 16 LPartG) besteht.

3 **2.** Die **Form der Eingehung der Lebenspartnerschaft** ist der **Form der Eheschließung angeglichen** (vgl § 1310 BGB). Erforderlich ist die gegenseitig persönlich und bei gleichzeitiger Anwesenheit abgegebene Erklärung der zukünftigen Lebenspartner, miteinander eine Partnerschaft auf Lebenszeit führen zu wollen (Abs 1 S 1). Es handelt sich um einen Vertrag, den die beiden Partner in der durch Abs 1 S 1 vorgegebenen Form abschließen. Die Erklärungen werden wirksam, wenn sie vor der zuständigen Behörde erfolgen (Abs 1 S 2). Sie müssen bei gleichzeitiger Anwesenheit der Lebenspartner erfolgen; die sukzessive Abgabe oder die Abgabe vor unterschiedlichen sachlich zuständigen Beamten im Sinne einer Ferntrauung reicht nicht. Die Erklärungen können nicht unter einer Zeitbestimmung oder Bedingung abgegeben werden (Abs 1 S 3). Stellvertretung ist ebenso ausgeschlossen, wie die Erklärungen der Behörde durch Boten überbringen zu lassen.

4 Welche **Behörde** für die Registrierung von Lebenspartnerschaften zuständig ist, hat der Gesetzgeber des LPartG ausgeklammert; denn die Entscheidung dieser Frage hätte

die Regelung von der Zustimmung des Bundesrates abhängig gemacht. Als derartige Behörden wurden in den Ausführungsgesetzen der Bundesländer vorgesehen:
- in Baden-Württemberg: die Kreise und kreisfreien Städte,
- in Bayern: die Notare,
- in Berlin: die Standesbeamten der Bezirke,
- in Brandenburg: die Gemeinden,
- in Bremen: die Standesbeamten,
- in Hamburg: die Standesbeamten,
- in Hessen: der Gemeindevorstand,
- in Mecklenburg-Vorpommern: die Standesbeamten,
- in Niedersachsen: die Standesbeamten,
- in Nordrhein-Westfalen: die Standesbeamten,
- in Rheinland-Pfalz: die Kreisverwaltung, in kreisfreien Städten die Stadtverwaltung,
- im Saarland: die Gemeinden,
- in Sachsen: die Regierungspräsidien,
- in Sachsen-Anhalt: die Standesbeamten,
- in Schleswig-Holstein: die Standesbeamten,
- in Thüringen: die Landkreise bzw kreisfreien Städte.

Die unterschiedlichen Zuständigkeiten können zu Problemen führen, weil die nach § 1 zuständige Behörde auch im Rahmen der Namenswahl zuständig ist (vgl § 3 LPartG). Es entsteht dann ein Kompetenzmangel, wenn dafür ein Land die Behörde für zuständig erklärt, vor der die Lebenspartnerschaft geschlossen wurde, ein anderes aber die Behörde des Wohnsitzes, wenn die Lebenspartner ihren Wohnsitz aus einem Land mit Wohnsitzzuständigkeit in ein Land verlegen, in dem die Begründungszuständigkeit gilt: Die Behörde im Land des Wohnsitzes ist dann nicht zuständig und die im Land der Begründung auch nicht (vgl Einf Rn 38). Hier sollte eine Notzuständigkeit des Wohnsitzlandes angenommen werden.

5 **3.** Die Lebenspartnerschaft **kann nur begründet werden von Personen, a)** die dem **gleichen Geschlecht** angehören (Abs 1 S 1), also von zwei Männern oder von zwei Frauen. Die Begründung einer Lebenspartnerschaft durch verschiedengeschlechtliche Partner ist ausgeschlossen. Für diese gibt es neben der Ehe (§§ 1303 ff BGB) keine rechtlich anerkannte und organisierte Lebensform. Eine Lebenspartnerschaft zwischen verschiedengeschlechtlichen Partnern kann aber dadurch entstehen, dass sie zunächst durch gleichgeschlechtliche Partner begründet wird, von denen sich später einer einer Geschlechtsumwandlung unterzieht; denn für die Lebenspartnerschaft fehlt es an einer § 8 I Nr 2 Transsexuellengesetz entsprechenden Regelung, die eine Geschlechtsumwandlung bei Eheleuten nur dann zulässt, wenn eine Ehe zuvor geschieden wurde (für eine Analogie zu § 8 I Nr 2 TSG aber Wellenhofer-Klein Rn 45, allgemein zu den Rechtsfragen im Zusammenhang mit Transsexualität s den Abschnitt „Transsexuelle").

6 Auf die **sexuelle Orientierung** der Lebenspartner **kommt es nicht an** (hM, LG Stade StAZ 03, 48; Muscheler Rn 117). Das LPartG wurde zwar geschaffen, um homosexuellen Menschen die Möglichkeit zu geben, mit dem Partner ihrer Wahl eine rechtlich abgesicherte Lebensgemeinschaft eingehen zu können. Das Gesetz selbst stellt aber in Abs 2 nur auf die Identität des Geschlechts ab und nicht auf die sexuelle Orientierung. Auch die Regelung über die Verpflichtung zur partnerschaftlichen Gemeinschaft ist ohne Bezug zur Sexualität gefasst, denn § 2 LPartG verlangt nur, dass die Lebenspartner sich gegenseitig unterstützen und Beistand leisten und ihr Leben gemeinsam gestalten. Selbst wenn die Registrierungswilligen dem zuständigen Beamten erklären, dass sie nicht homosexuell sind, muss dieser daher die Partnerschaft eintragen. Die Lebenspartnerschaft kann auch eine Lebensform für heterosexuelle Menschen

gleichen Geschlechts (zB befreundete Witwen oder Witwer) sein, die miteinander eine Solidargemeinschaft eingehen wollen.

7 **b)** Die Lebenspartner müssen **volljährig** sein (Abs 2 Nr 1). Es fehlt an einer Regelung wie § 1303 BGB, der ausnahmsweise auch eine Eheschließung eines Minderjährigen zulässt, wenn der andere Ehegatte volljährig ist und das Familiengericht der Eheschließung zustimmt. Zur Begründung einer Lebenspartnerschaft mit einer Person, die jünger als 18 Jahre ist, kann es daher nur kommen, wenn diese einem Staat angehört, der die Volljährigkeit früher eintreten lässt als in Deutschland. Aus dem Erfordernis der Volljährigkeit folgt zugleich, dass die Lebenspartner geschäftsfähig sein müssen.

8 **c)** Die Lebenspartner dürfen **nicht verheiratet** sein (Abs 2 Nr 1). Diese Voraussetzung entspricht dem für Eheleute geltenden Eheverbot des § 1306 BGB. Eine Ehe muss also erst rechtskräftig geschieden (§§ 1564 ff BGB) oder aufgehoben (§ 1320 BGB) oder durch Tod eines Ehegatten beendet sein, bevor eine Lebenspartnerschaft geschlossen werden kann. Zu einem gleichzeitigen Bestehen einer Ehe und der Begründung einer Lebenspartnerschaft kann es außer in den Fällen der vorsätzlichen Bigamie kommen, wenn ein Verfahren, durch das eine frühere Ehe beendet wurde (Scheidung oder Eheaufhebung) durch Wiedereinsetzung in den vorigen Stand (§ 233 ZPO) oder durch Wiederaufnahme (§ 578 ff ZPO) wieder aufgenommen wird, so dass die ehebeendende Wirkung rückwirkend wegfällt. Obwohl die Lebenspartner in diesem Fall beide gutgläubig waren, werden sie nachträglich von dem Partnerschaftsverbot erfasst.

9 Das Partnerschaftsverbot der bestehenden Ehe ist absolut; eine **Befreiung ist nicht möglich.**

10 **d)** Die angehenden Lebenspartner dürfen **nicht in einer anderen Lebenspartnerschaft** leben (Abs 2 Nr 1, zu den möglichen Fällen vgl Rn 9, zur rechtspolitischen Kritik Muscheler Rn 115). Das Verbot erfasst nicht den Fall, dass die Partner einer bereits bestehenden Lebenspartnerschaft noch einmal eine Partnerschaft miteinander eingehen wollen. Der zuständige Beamte muss daher ihre Erklärungen entgegennehmen, wenn die bereits eingetragenen Lebenspartner eine erneute Begründung der Lebenspartnerschaft wünschen, weil sie Zweifel an der Gültigkeit ihrer ersten Registrierung haben oder weil sie wollen, dass ihre Partnerschaft deutschem Recht unterliegt (vgl Art 17b III EGBGB). Im übrigen ist auch dieses Partnerschaftsverbot absolut; eine Befreiung ist nicht möglich.

11 **e)** Eine Lebenspartnerschaft kann ebenfalls nicht begründet werden **zwischen Personen, die in gerader Linie miteinander verwandt sind** (Abs 2 Nr 2). Auf den Grad der Verwandtschaft kommt es insoweit nicht an. Das Verbot entspricht dem Eheverbot des § 1307, 1 BGB. Gemeint ist nur die blutsmäßige Verwandtschaft (aA Wellenhofer-Klein Rn 52; Schwab, FamRZ 2001, 385, 389). Eine Befreiung von diesem Verbot ist nicht möglich. Der Sinn dieses Verbots liegt allein darin, engste Familienkreise von sexuell bestimmten Spannungen und Schuldgefühlen frei zu halten; denn wegen der fehlenden Möglichkeit homosexueller Paare zur Fortpflanzung scheiden alle genetischen Überlegungen, die für das Eheverbot der Verwandtschaft maßgebend waren, hier als Begründung aus (kritisch zu diesem Partnerschaftsverbot Sachs, JR 01, 50).

12 In Abs 2 Nr 2 fehlt eine § 1307, 2 BGB entsprechende Regelung, die bestimmt, dass das Eheverbot auch dann gilt, wenn das **Verwandtschaftsverhältnis durch Annahme als Kind erloschen** ist. Da dem Gesetzgeber die eherechtlichen Regelungen als Vorbild für die Ausgestaltung des LPartG dienten, ist diese Abweichung als bewusste Gestaltung zu verstehen. Das Partnerschaftsverbot von Abs 2 Nr 2 gilt daher nicht, wenn das Verwandtschaftsverhältnis durch eine Annahme als Kind aufgehoben worden ist (Erman/Kaiser § 1 LPartG Rn 9; Palandt/Brudermüller § 1 LPartG Rn 6; aA Wellenhofer-Klein Rn 52; Schwab, FamRZ 2001, 389). Es kann daher eine Lebenspartnerschaft des Sohnes mit seinem leiblichen Vater (bzw der Tochter mit ihrer leiblichen

Mutter) eingetragen werden, wenn die Verwandtschaft zwischenzeitlich durch eine Adoption des Sohnes bzw der Tochter beseitigt wurde. Gegen derartige Partnerschaften spricht nicht der Sinn des Eheverbots des § 1307 BGB, inzestuöse Beziehungen aus Gründen der Sicherung der Volksgesundheit zu verhindern; denn Kinder können aus diesen Beziehungen nicht hervorgehen.

13 Abs 2 Nr 2 erfasst auch **nicht** den Fall, dass die Verwandtschaft in gerader Linie dadurch begründet wurde, dass eine **Annahme als Kind** (§§ 1741 ff BGB) stattgefunden hat. Das ergibt sich daraus, dass im LPartG eine § 1308 BGB entsprechende Regelung fehlt (Erman/Kaiser § 1 LPartG Rn 9; Palandt/Brudermüller § 1 LPartG Rn 6; aA Wellenhofer-Klein Rn 52; Schwab, FamRZ 2001, 389). Das ist dadurch gerechtfertigt, dass in diesen Fällen regelmäßig keinerlei blutsmäßige Verwandtschaft zwischen den Betroffenen besteht. Die gegenteilige Ansicht ist besonders nachteilig für Paare gleichen Geschlechts, weil es insoweit an einer § 1766 BGB entsprechenden Regelung fehlt (für die Analogie zu § 1766 BGB aber MK-BGB/Wacke § 1 LPartG Rn 15). Dieser Umstand, der ein zusätzliches Argument für die fehlende Anwendbarkeit von Abs 2 Nr 2 auf durch Adoption begründete Verwandtschaft ist, führt dazu, dass die Lebenspartnerschaft unwirksam wäre (Muscheler Rn 142; Rauscher Rn 747; Lipp StAZ 02, 357), während eine unter den gleichen Voraussetzungen geschlossene Ehe wirksam und nicht einmal aufhebbar wäre.

14 **f)** Eine Lebenspartnerschaft kann nicht zwischen vollbürtigen und halbbürtigen **Geschwistern** begründet werden (Abs 2 Nr 3). Es reicht also, dass ein gemeinsamer Elternteil vorhanden ist. Von dem Verbot kann keine Befreiung erteilt werden. Wie beim Partnerschaftsverbot der Verwandtschaft ist aber der Fall, dass die Verwandtschaft auf einer Annahme als Kind beruht, nicht erfasst (str, Streitstand wie Rn 12 f). Das ergibt sich aus dem Fehlen einer § 1308 BGB entsprechenden Regelung. Die Begründung einer Lebenspartnerschaft ist daher zulässig zwischen gleichgeschlechtlichen Geschwistern, deren Schwisterschaft nur durch eine Annahme als Kind begründet worden ist. Das Ergebnis ist auch rechtsethisch nicht zu beanstanden; denn selbst bei Verstoß gegen § 1308 BGB gibt es keine Möglichkeit, die unter Verstoß gegen das Eheverbot geschlossene Ehe durch eine Aufhebung der Ehe wieder zu beseitigen (HK-BGB/Kemper § 1308 BGB Rn 5).

15 **g)** Eine Lebenspartnerschaft kann schließlich nicht wirksam begründet werden, wenn die Lebenspartner bei der Begründung der Lebenspartnerschaft darüber **einig sind, keine Verpflichtungen gemäß § 2 begründen zu wollen** (Abs 2 Nr 4). Diese Regelung entspricht im Wesentlichen dem Eheaufhebungsgrund des § 1314 II Nr 5 BGB. Es werden die Fälle erfasst, in denen nur zum Schein eine Lebenspartnerschaft eingegangen wird, ohne dass eine echte Lebens- und Solidargemeinschaft gewollt ist. IdR geschieht das, um mindestens einem von ihnen Vorteile zu verschaffen, vor allem ein Aufenthaltsrecht in Deutschland.

16 Die Regelung ist **eng auszulegen** (Muscheler Rn 181**).** Es reicht nicht, dass die Lebenspartner eine echte Lebensgemeinschaft nicht führen können – entscheidend ist der dahingehende Wille. Beruht die Nichtbegründung der Lebensgemeinschaft auf anderen Umständen (zB Haft oder dauerndem Krankenhausaufenthalt eines Lebenspartners), ist die Norm deswegen nicht anwendbar. Nicht erfasst sind deswegen auch die auf dem Totenbett geschlossenen Namens- und Versorgungslebenspartnerschaften. Es spricht nichts dafür, Lebenspartner insofern schlechter zu behandeln als Ehegatten, bei denen diese Ausnahmen unstreitig sind.

17 Problematisch erscheint, dass der Gesetzgeber des LPartG davon abgesehen hat, einen § 1314 I Nr 5 BGB entsprechenden **Heilungstatbestand** für den Fall zu schaffen, dass die Lebenspartner zwar im Zeitpunkt der Registrierung ihrer Partnerschaft nicht den Willen hatten, Verpflichtungen nach § 2 LPartG zu begründen, dann aber nach der

Eintragung der Lebenspartnerschaft gleichwohl eine echte Lebenspartnerschaft mit Verwirklichung aller Rechte und Pflichten gelebt haben. Es wurde übersehen, dass ein Verstoß gegen Abs 2 Nr 4 die Lebenspartnerschaft nichtig macht (vgl Rn 22). Den Lebenspartnern kann insofern nur geholfen werden, dass angenommen wird, dass es rechtsmissbräuchlich ist, sich auf das Verbot zu berufen, wenn nach der Eintragung der Lebenspartnerschaft trotz ursprünglich anderer Planung eine Lebensgemeinschaft iSd § 2 LPartG tatsächlich verwirklicht worden ist (wie hier Wellenhofer-Klein Rn 57; aA Muscheler Rn 186, der aber die Lebenspartnerschaft nach den Regeln über fehlerhafte Gesellschaften bis zur Geltendmachung des Unwirksamkeitsgrundes intern als wirksam behandelt). Das betrifft aber nur (einige) Folgen der Lebenspartnerschaft unter den Partnern selbst. Im Verhältnis zu Dritten und wenn öffentliche Interessen im Spiel sind (Versorgungsausgleich) bleibt es bei der Unwirksamkeit der Partnerschaft. Eine „Heilung" (mit Wirkung für die Zukunft) ist nur durch Neubegründung möglich.

18 **h)** Weitere Voraussetzung für die Begründung der Lebenspartnerschaft war bislang, dass die Lebenspartner eine **Erklärung über ihren Vermögensstand** (§ 6 Abs 1 LPartG) abgaben (Abs 1 S 4 aF). Mit der Einführung der Zugewinngemeinschaft als gesetzlichem Güterstand durch das LPartGÜG ist dieses Erfordernis entfallen.

19 **III.** Die **Folgen von Verstößen** gegen die Partnerschaftsverbote, von Registrierungsfehlern und von Willensmängeln sind im Vergleich zum Eherecht wesentlich gravierender, weil teilweise dort vorgesehene verfahrensrechtliche Instrumente fehlen und auch die Heilung von Mängeln bei der Begründung der Lebenspartnerschaft nur teilweise vorgesehen ist.

20 **1.** Unproblematisch ist der Fall, dass das Vorliegen eines der genannten Verbote bemerkt wird, **bevor die Lebenspartnerschaft eingetragen ist.** In diesem Fall darf der für die Eintragung der Lebenspartnerschaft zuständige Beamte die **Registrierung** der Lebenspartnerschaft **nicht vornehmen** (Palandt/Brudermüller § 1 LPartG Rn 7**).**

21 Wesentlich komplizierter wird die Lage, wenn erst **nach der Eintragung der Lebenspartnerschaft** (womöglich nach Jahren des Zusammenlebens) festgestellt wird, dass im Zeitpunkt der Eintragung der Lebenspartnerschaft eines der Lebenspartnerschaftsverbote verwirklicht war.

22 Auch wenn der zuständige Beamte die Erklärungen der Partner, die Lebenspartnerschaft miteinander eingehen zu wollen, entgegengenommen und die Partnerschaft eingetragen hat, führen diese Akte **nicht zu einer wirksamen Lebenspartnerschaft,** wenn gegen die Verbote des **Abs 2 verstoßen** wird (allgM, vgl nur Wellenhofer-Klein Rn 81; Kemper, FPR 01, 451; Kaiser FamRZ 02, 868; Palandt/Brudermüller § 1 LPartG Rn 8). Dafür spricht neben dem Wortlaut von Abs 2, in dem es ausdrücklich heißt „Eine Lebenspartnerschaft kann nicht wirksam begründet werden . . ." das Fehlen von Regelungen über die Aufhebung der Lebenspartnerschaft (im Sinne der Regelungen über die Aufhebung einer Ehe, §§ 1314 ff BGB) für diese Fälle. Sähe man die unter Verstoß gegen Abs 2 begründeten Lebenspartnerschaften als wirksam an, gäbe es wegen des Fehlens eines Aufhebungsverfahrens sonst keine Möglichkeit, die Partnerschaftsverbote nachträglich durchzusetzen.

23 **Heilungstatbestände** wie im Eherecht (§ 1315 BGB) **finden sich** für die Partnerschaftshindernisse in Abs 2 **nicht.** Das bedeutet, dass eine unwirksam begründete Lebenspartnerschaft nicht dadurch wirksam werden kann, dass die hindernden Gründe nachträglich wegfallen (zB durch Scheidung einer zur Zeit der Begründung der Lebenspartnerschaft noch bestehenden Ehe oder den Tod des anderen Ehegatten, die Begründung einer echten Lebensgemeinschaft, während zunächst nur eine Scheinpartnerschaft geplant war, usw). Vielmehr muss die Lebenspartnerschaft neu begründet werden, indem

die Lebenspartner erneut Erklärungen im Sinne von Abs 1 S 1 vor der zuständigen Behörde abgeben (Bestätigung, § 141 I BGB). Diese Regelung ist sehr problematisch, weil die Lebenspartner von dieser Voraussetzung in der Regel nichts wissen werden und die Unwirksamkeit der Lebenspartnerschaft sich oft gerade dann herausstellen wird, wenn sie nicht mehr bestätigt werden kann, etwa bei der Klärung der Erbberechtigung nach dem Todes eines der Lebenspartner.

24 Auf die Unwirksamkeit der Lebenspartnerschaft können sich die Lebenspartner, aber auch Dritte **jederzeit berufen.** Eine Heilungsmöglichkeit besteht nicht. Nur im Einzelfall (Rn 17) kann ausnahmsweise angenommen werden, dass die Berufung auf die Unwirksamkeit der Lebenspartnerschaft wegen des Verstoßes gegen § 242 BGB unbeachtlich ist (widersprüchliches Verhalten). Auch in diesen Fällen führt das aber nicht zur Annahme, dass die Lebenspartnerschaft besteht; denn Dritten kann dieser Einwand nicht entgegengehalten werden. Auch die Bestandsfeststellungsklage (§ 632 ZPO) hilft insoweit nicht, weil deren inter-omnes-Wirkung im Rahmen der Eherechtsreform 1998 beseitigt wurde.

25 **Prozessual** kommt eine **Feststellungsklage** des einen Partners gegen den anderen ebenso in Betracht wie eine negative Feststellungsklage zur Abwehr der Behauptung des anderen, dass eine Lebenspartnerschaft bestehe. Entsprechendes gilt im Verhältnis zu Dritten. Wo die Frage des Bestehens einer Lebenspartnerschaft Vorfrage für die Beurteilung von Ansprüchen oder Rechtsverhältnissen ist, muss diese Frage gegebenenfalls inzident im Rahmen eines Klageverfahrens geprüft werden, in dem dieser Anspruch durchgesetzt oder das Rechtsverhältnis geklärt werden soll. Notfalls muss die Wirksamkeit der Lebenspartnerschaft in einem Rechtsstreit mit jedem die Wirksamkeit bestreitenden Dritten einzeln geklärt werden.

26 Auch diese sehr negative Abweichung von der Rechtslage bei der Ehe ergibt sich daraus, dass der Gesetzgeber davon abgesehen hat, ein spezielles Aufhebungsverfahren für die Fälle zu normieren, in denen gegen die Verbote des Abs 2 verstoßen wurde. Ein derartiges Verfahren bedeutet nicht nur die Möglichkeit, eine Aufhebung (gegebenenfalls wie bei der Ehe durch eine für die Durchsetzung der Verbote zuständige Behörde) durchzuführen, sondern zugleich eine Sperre gegenüber den allgemeinen verfahrensrechtlichen Instrumenten. Wenn dagegen diese Mechanismen fehlen, sind die **allgemeinen Grundsätze** anzuwenden. Der Bestandsschutz für eine Lebenspartnerschaft bleibt damit erheblich hinter dem Niveau des Schutzes einer Ehe zurück.

27 **2.** Hat ein **unzuständiger Beamter** die Eintragung der Lebenspartnerschaft vorgenommen, richtet sich die Wirksamkeit oder Unwirksamkeit der Lebenspartnerschaft nach dem für die Tätigkeit des Beamten maßgebenden Landesrecht, da es insoweit an einer bundesrechtlichen Regelung der Folgen dieses Mangels fehlt. Enthält auch das Landesrecht keine besonderen Bestimmungen, richten sich die Folgen nach dem Verwaltungsverfahrensgesetz. Insoweit sollte aber auf jeden Fall § 1310 II BGB analog angewendet werden (so auch Wellenhofer-Klein Rn 59; aA Muscheler Rn 153): Die Partnerschaft ist auch dann wirksam, wenn ein Beamter, der nicht für die Eintragung von Lebenspartnerschaften zuständig war, das Amt eines solchen Beamten öffentlich ausgeübt hat und die Lebenspartnerschaft in das dafür vorgesehene Register eingetragen hat.

28 Führt die Unzuständigkeit des Beamten zur **Nichtigkeit** (Hauptfall: die Anstellungskörperschaft ist für die Eintragung von Lebenspartnerschaften nicht zuständig, wie bei Kirchenbeamten), ist die Lebenspartnerschaft unheilbar (rückwirkend) nichtig. Die Partner müssen vor der zuständigen Stelle erneut eine Lebenspartnerschaft schließen (§ 141 I BGB). Eine Verpflichtung besteht dazu aber nicht. Die Unwirksamkeit der Lebenspartnerschaft kann jeder Partner durch die Erhebung einer Feststellungsklage feststellen lassen.

3. War (mindestens) einer der Lebenspartner **nicht geschäftsfähig,** als die Lebenspartnerschaft vereinbart und eingetragen wurde, war die Lebenspartnerschaft bislang ebenfalls unwirksam. Das galt auch dann, wenn einer der Lebenspartner sich bei der Abgabe der Erklärungen im Zustand der Bewusstlosigkeit oder einer vorübergehenden Störung der Geistestätigkeit (Hauptfall: Alkoholrausch oder Drogenrausch) befand (§ 105 II BGB). Die Rechtslage hat sich insofern aber durch das Inkrafttreten des LPartGÜG geändert. Art 15 II 2 LPartG nF enthält nunmehr eine Verweisung auf § 1314 II Nr 1 BGB und erklärt in diesem Fall die Lebenspartnerschaft nur für aufhebbar. Daraus muss geschlossen werden, dass die Lebenspartnerschaft in den Fällen, in denen die Störung der Geistestätigkeit nur eine vorübergehende war, zunächst wirksam zustande kommt. Bei dauernder Geschäftsunfähigkeit ist die Begründung einer Lebenspartnerschaft dagegen ausgeschlossen, weil der Geschäftsunfähige bei der Begründung einer Lebenspartnerschaft auch durch einen Betreuer nicht vertreten werden kann (Abs 1 S 1). Dass nicht auf § 1304 BGB verwiesen ist, ändert daran nichts. Die Unwirksamkeit ergibt sich direkt aus § 105 BGB. Die Unwirksamkeit der Lebenspartnerschaft kann jeder Partner durch die Erhebung einer Feststellungsklage feststellen lassen. Diese Klage kann auch der Betreuer erheben. 29

4. Im LPartG nicht speziell geregelt war bislang die Frage, wie sich **Willensmängel** iSd §§ 119 ff BGB auf den Bestand der Lebenspartnerschaft auswirken. In diesen Fällen waren deswegen bislang die allgemeinen Grundsätze über Willensmängel anzuwenden (wie hier Palandt/Brudermüller § 1 LPartG Rn 8, Schwab FamRZ 01, 388, Kemper FPR 03, 2; Wellenhofer-Klein Rn 87; Muscheler Rn 190; Erman/Kaiser § 1 LPartG Rn 11; aA Grziwotz DNotZ 01, 292 f; Dethloff NJW 01, 2600). 30

Durch das LPartGÜG wurden nun die Willensmängel einem Aufhebungsgrund iSd § 15 I 1 LPartG gleichgestellt und § 1314 II Nr. 1-4 BGB für entsprechend anwendbar erklärt (§ 15 I 2, 3 LPartG, Einzelheiten: § 15 LPartG Rn 29 ff). Das bedeutet einen ganz erheblichen Unterschied zur bisherigen Rechtslage. Die Auswirkungen von Willensmängeln auf die Lebenspartnerschaft wurde gegenüber dem bisherigen Rechtszustand (dazu Vorauf1 § 1 LPartG Rn 34 ff) erheblich eingeschränkt. Das gilt nicht nur wegen der Reduzierung der Anfechtungsgründe, sondern auch wegen der Übertragung der Bestätigungsmöglichkeit des § 1315 BGB (§ 15 IV LPartG nF). Außerdem wirkt die Aufhebung nur ex nunc. Den Lebenspartnern stehen gegeneinander dieselben Ansprüche zu wie in den anderen Fällen der Aufhebung auch (zu Ausnahmen s § 15 LPartG Rn 29 ff). 31

III. Verlöbnis. Durch das LPartGÜG **neu eingeführt** wurde auch für künftige Lebenspartner das Verlöbnis (Abs 3). Die praktische Relevanz dieser Neuregelung ist gering, zumal bereits früher die analoge Anwendung einzelner Vorschriften des Verlöbnisrechts vorgeschlagen worden war (Voraufl Vor § 1 LPartG Rn 2 ff; aA Wellenhofer-Klein Rn 40; Muscheler Rn. 42). Sie ist wegen der geringen zivilrechtlichen Folgen des Verlöbnisses allein deswegen von Bedeutung, weil Verlobte das Recht haben, in Verfahren gegen ihren Partner die Aussage zu verweigern (§ 383 Nr 1 ZPO, § 52 I Nr 1 StPO). Die Änderung hat im Übrigen eher symbolische Bedeutung. 32

Die Neuregelung bedeutet: 1. Aus dem Verlöbnis **kann nicht auf die Eingehung der Lebenspartnerschaft geklagt werden** (Abs 3 S 1). Die Regelung entspricht § 1297 I BGB. Eine Vertragsstrafe für den Fall des Unterlassens der Eheschließung kann ebenfalls nicht versprochen werden. Soweit andere Rechtsordnungen das zulassen, sind dahingehende Urteile im Inland unwirksam (§ 894 II ZPO, Ausnahme von der Fiktion einer Willenserklärung bei Verurteilung zu deren Abgabe) bzw nicht vollstreckbar (§ 888 III ZPO). Nicht ausgeschlossen werden dagegen Rechtsstreitigkeiten um die 33

Wirksamkeit des Verlöbnisses. Solche kommen etwa als Zwischenfeststellungsklagen (§ 256 ZPO) bei der Geltendmachung von Schadensersatzansprüchen nach Abs 3, §§ 1298 f BGB in Betracht.

34 **2.** Kommt es entgegen der Planung der künftigen Lebenspartner dann doch nicht zur Begründung der Lebenspartnerschaft, kann jeder vom anderen die **Geschenke herausverlangen**, die anlässlich der Abgabe des Versprechens erfolgten (§ 1301 BGB). Es braucht sich nicht um Schenkungen iSd §§ 516 ff BGB zu handeln; es reicht jede unentgeltliche Zuwendung (zB von Diensten, Forderungserlass, vgl OLG Köln FamRZ 61, 726). Nicht zurückgefordert werden können jedoch Anstands- und Gelegenheitsgeschenke (§ 814 BGB), zB Geburtstagsgeschenke, Liebesbriefe. Ebenso wenig können Geschenke Dritter herausverlangt werden. Insoweit können nur die Schenker selbst (gestützt auf § 812 I 2, 2. Fall BGB) Ansprüche erheben. Die Voraussetzungen sind aber nur selten erfüllt, weil mit der Schenkung nicht bezweckt ist, das zur Lebenspartnerschaft führende Verhältnis aufrechtzuerhalten. Der Anspruch auf Herausgabe der Geschenke verjährt zwei Jahre nach Aufkündigung des Versprechens (§ 1302 BGB).

35 **3. Tritt** einer der zukünftigen Lebenspartner **grundlos von seinem Versprechen zurück**, kann der andere Teil **Schadensersatz** wegen der Nachteile verlangen, die ihm daraus entstanden sind, dass er auf die künftige Begründung der Lebenspartnerschaft vertraut hat. Ein derartiger Anspruch könnte bei Anwendung des allgemeinen Vertragsrechts aus den Grundsätzen über das Verschulden bei Vertragsschluss (§§ 280, 311 II BGB) hergeleitet werden. Wegen der insoweit gleichen Interessenlage zu den für Verlobte geregelten Fällen (§§ 1298 f, 1302 BGB), sollten diese Regeln analog angewendet werden.

36 **a)** Anspruchsvoraussetzung ist danach zunächst, dass einer der zukünftigen Lebenspartner von seinem Versprechen, die Lebenspartnerschaft eingehen zu wollen, zurücktritt. Der Rücktritt erfolgt durch Willenserklärung gegenüber dem anderen. Es handelt sich auf beiden Seiten um ein höchstpersönliches Geschäft. Erklärungen gegenüber Dritten (zB einem neuen Freund oder einer neuen Freundin) reichen nur, wenn diese Empfangsboten des anderen zukünftigen Lebenspartners sind.

37 Dem Rücktritt **gleichzustellen** ist der Fall, dass einer der zukünftigen Lebenspartner **schuldhaft einen wichtigen Grund setzt**, der den anderen berechtigt, zurückzutreten und der andere von diesem Recht Gebrauch macht (§ 1299 BGB).

38 Der **Rücktritt darf nicht durch einen wichtigen Grund gerechtfertigt** sein. Für dessen Vorliegen trägt der Zurücktretende die Beweislast. Als Gründe kommen zunächst alle in Betracht, die auch zu einer Anfechtung des Versprechens wegen Irrtums berechtigen würden, zB das Vorhandensein von schweren Charakterfehlern, unbehebbaren Krankheiten oder das Fehlen der vom anderen zukünftigen Partner behaupteten Bildung oder beruflichen Stellung. Zum Rücktritt berechtigen aber auch nach der Abgabe des Versprechens erst entstandene Gründe, wie etwa Erkrankungen, schwere Streitigkeiten mit dem anderen zukünftigen Partner oder dessen Eltern oder persönliche Verfehlungen anderer Art gegen den zukünftigen Lebenspartner.

39 Nicht geregelt ist der Fall, dass der rücktrittswillige zukünftige Lebenspartner den wichtigen Grund selbst verursacht (zB Verletzung des anderen Partners). Soweit man in diesem Fall nicht schon die Unbeachtlichkeit wegen widersprüchlichen Verhaltens annehmen will, gilt jedenfalls § 1298 I, II BGB wegen der insoweit mit den in § 1299 BGB geregelten Fällen vergleichbaren Interessenlage entsprechend.

40 **b)** Der andere **zukünftige Lebenspartner**, seine **Eltern** und alle, die anstelle der Eltern gehandelt haben (zB Pflegeeltern, Freunde, die die Feier der Begründung der

Lebenspartnerschaft ausrichten), können **Ersatz für alle Aufwendungen** und die Eingehung von Verbindlichkeiten verlangen, die sie in Erwartung der Lebenspartnerschaft getätigt haben, etwa für die Kosten der Feier, einen Kredit für den Hausbau der zukünftigen Lebenspartner oder Zuschüsse zur Anschaffung des Hausrats.

41 Der andere **zukünftige Lebenspartner** kann darüber hinaus alle **sonstigen Schäden** ersetzt verlangen, die er durch Maßnahmen erlitten hat, die er in Erwartung der Lebenspartnerschaft getroffen hat (zB Aufgabe des Berufs, um nach der Begründung der Lebenspartnerschaft an den Wohnort des Lebenspartners zu ziehen oder in dessen Betrieb mitarbeiten zu können).

42 Der **Schaden** muss **durch ein angemessenes Verhalten des Geschädigten verursacht** worden sein. Das trifft nur zu, wenn eine vernünftige Person in der Situation des Aufwendenden ebenso gehandelt hätte. Daran fehlt es etwa, wenn ein zukünftiger Lebenspartner seine sichere Stellung im Inland aufgibt, um zu seinem arbeitslosen Partner ins Ausland zu ziehen, bei der Anschaffung von den finanziellen Verhältnissen der künftigen Lebenspartner nicht entsprechenden Haushaltsgegenständen oder der Anmietung einer übermäßig großen Wohnung.

43 **c)** Ansprüche nach §§ 1298 f BGB **verjähren in zwei Jahren** (§ 1302 BGB). Die Verjährungsfrist beginnt mit Beendigung des Verhältnisses, das zur Lebenspartnerschaft hätte führen sollen. Bei Rücktritt des einen Teils ist das der Moment, in dem die Rücktrittserklärung nach § 130 BGB wirksam wird. Auf andere als die genannten Anspruchsgrundlagen erstreckt sich die Verjährungsregelung nicht. Vertragliche und deliktische Ansprüche, die anderen Verjährungsfristen unterliegen (§§ 195 ff BGB), verjähren nur nach den für sie maßgebenden Regeln.

44 **4. Weitere zivilrechtliche Auswirkungen** hat das Verlöbnis vor allem im Erbrecht: Eine letztwillige Verfügung, durch die ein Verlobter den anderen bedacht hat, wird unwirksam, wenn das Verlöbnis aufgelöst wird (§ 2077 II). Im Fall des Erbvertrages gilt das auch, soweit Dritte bedacht sind (§ 2279 II). Verlobte können untereinander auch dann Erbverträge schließen, wenn sie noch beschränkt geschäftsfähig sind (§ 2275 II), für deren Aufhebung ist die Zustimmung des gesetzlichen Vertreters nicht erforderlich (§ 2290 II 2). Für den Erbvertrag reicht die für Eheverträge vorgeschriebene Form (§ 2276 II). Erbverzichtsverträge können von Verlobten unter denselben Voraussetzungen wie von Verpartnerten geschlossen und aufgehoben werden (§§ 2347, 2351, 2352).

Abschnitt 2
Wirkungen der Lebenspartnerschaft

§ 2 Partnerschaftliche Lebensgemeinschaft

Die Lebenspartner sind einander zu Fürsorge und Unterstützung sowie zur gemeinsamen Lebensgestaltung verpflichtet. Sie tragen füreinander Verantwortung.

1 **I. Die Norm enthält** in Form einer Generalklausel die Beschreibung der wesentlichen nichtvermögensrechtlichen Folgen der Lebenspartnerschaft, indem sie anordnet, dass die Lebenspartner einander zu Fürsorge und Unterstützung und zur gemeinsamen Lebensgestaltung verpflichtet sind (S 1) und füreinander verantwortlich sind (S 2). Dadurch werden die sittlichen gegenseitigen Verpflichtungen der Lebenspartner zu echten Rechtspflichten umgewandelt, die notfalls im Klagewege durchgesetzt werden können (Rn 21).

2 Der Gesetzgeber des Lebenspartnerschaftsgesetzes hat § 2 LPartG **§ 1353 BGB,** der die eheliche Lebensgemeinschaft regelt, **nachgebildet.** Allerdings ist er dabei in einigen Punkten deutlich von dem Vorbild abgewichen. Während die Eheleute einander zu einer umfassenden ehelichen Lebensgemeinschaft verpflichtet sind, schulden sich die Lebenspartner neben der Fürsorge und Unterstützung nur die gemeinsame Lebensgestaltung. Das bleibt hinter dem Leitbild der Ehe deutlich zurück. Diese Abweichung wird dadurch unterstrichen, dass für die Lebenspartnerschaft alle Regeln über die gemeinsame Haushaltsführung, über Erwerbstätigkeit usw fehlen.

3 Eine wesentliche Abweichung des Wortlauts von § 2 LPartG zu § 1353 BGB besteht auch darin, dass hier nicht darauf abgestellt wird, dass die Beziehung **auf Lebenszeit** eingegangen wird, während dieser Satz als Grundprinzip der Ehe § 1353 BGB als Satz 1 vorangestellt ist. Bei der Lebenspartnerschaft spricht deswegen zunächst einiges dafür, dass dieses Prinzip hier nicht gelten sollte. Andererseits ergibt sich schon aus der Bezeichnung „ Lebenspartnerschaft“, dass die Beziehung als dauerhafte angelegt sein und grundsätzlich das ganze Leben lang halten soll. Außerdem stellt § 1 LPartG klar, dass die Lebenspartnerschaft eine auf Lebenszeit angelegte Beziehung ist, denn zur Begründung erklären die Lebenspartner, „ miteinander eine Partnerschaft auf Lebenszeit führen zu wollen“ (§ 1 I 1 LPartG).

4 **II. 1.** § 2 LPartG definiert die lebenspartnerschaftliche Gemeinschaft als **Fürsorge- und Unterstützungsgemeinschaft,** in der die Lebenspartner füreinander Verantwortung tragen und zur gemeinsamen Lebensgestaltung verpflichtet sind. Die Bezugnahme auf die Verantwortungs- und Fürsorgegemeinschaft ist in erster Linie ein Verweis auf die im Lebenspartnerschaftsgesetz selbst geregelten Rechte und Pflichten, vor allem auf die Unterhaltspflichten (§§ 5, 12, 16 LPartG) und die aus den Regelungen über die Vermögensverhältnisse folgenden Rechte und Pflichten (§§ 6 ff LPartG). Im Übrigen wird das Verhältnis zwischen den Lebenspartnern durch das bestimmt, was sie miteinander vereinbaren. § 2 LPartG statuiert nur Prinzipien, an die die Partner sich halten können, aber sich nicht in allen Punkten halten müssen.

5 Die **Grenze** für Abweichungen vom gesetzlichen Leitbild bildet der Punkt, wo nicht mehr von einer Fürsorge- und Beistandsgemeinschaft gesprochen werden kann, sondern wo nur noch eine Scheinpartnerschaft begründet werden soll, aus der für keine Seite Pflichten folgen sollen. War eine derartige pflichtenlose Beziehung bereits im Zeitpunkt der Eintragung der Partnerschaft beabsichtigt, verhindert dies das Entstehen einer wirksamen Lebenspartnerschaft, denn es liegt eine Scheinpartnerschaft vor (§ 1 II Nr 4 LPartG). Dieser Mangel ist – anders als in der Ehe – nicht heilbar (§ 1 LPartG Rn 23).

6 Hatten die Lebenspartner zunächst vor, eine Lebenspartnerschaft zu begründen, die die Anforderungen an eine Beistands-, Fürsorge- und Verantwortungsgemeinschaft erfüllt, dann hat die **spätere Einigung auf ein anderes Modell** des Zusammenlebens keine Auswirkungen auf den Bestand der Lebenspartnerschaft, weil das Partnerschaftshindernis des § 1 II Nr 4 LPartG nur eingreift, wenn bereits bei der Registrierung seine Voraussetzungen erfüllt sind. Ob die Abreden, bestimmte Rechte ausschließen zu wollen, im Einzelnen wirksam sind, richtet sich dann nach den für die jeweils geregelte Frage sachlich einschlägigen Normen.

2. Haben die Lebenspartner über ihre Rechtsbeziehungen keine Regelungen getroffen, gelten folgende Leitlinien: 7

a) Die partnerschaftliche Gemeinschaft ist eine **Beistandsgemeinschaft.** Das ergibt sich deutlich aus S 1, nach dem die Lebenspartner einander Unterstützung schulden und aus S 2, nach dem sie füreinander Verantwortung tragen. Jeder Lebenspartner muss den anderen unterstützen, soweit es ihm möglich ist, ohne eigene Pflichten gegenüber Dritten zu verletzen. Das gilt vor allem für die materielle Unterstützung durch die Leistung von Unterhalt. Bei zusammenlebenden Partnern bezieht sich dieses Gebot aber auch auf Hilfe im Haushalt (vgl BGH JZ 60, 371 [zu Eheleuten]), ja selbst auf Hilfe im Geschäft oder Unternehmen des Partners (zB Erntehilfe in landwirtschaftlichem Betrieb, Mitarbeit bei Bürotätigkeiten in einer freiberuflichen Praxis). Beistand kann auch in der Form von Unterstützung bei Entziehungsmaßnahmen oder Pflege bei Krankheit notwendig sein (BGH FamRZ 67, 324 [zu Eheleuten]). Diese Verpflichtung endet aber, wo die notwendige Pflegeleistung einen Umfang annimmt, dass sie dem Lebenspartner unzumutbar wird (vgl BGH NJW 95, 1486 [zu Eheleuten]). 8

b) Eine wesentliche Abweichung zu der ehelichen Lebensgemeinschaft besteht darin, dass die partnerschaftliche Gemeinschaft grundsätzlich **keine Verpflichtung zu einer häuslichen Gemeinschaft** beinhaltet (allgM, Muscheler Rn 341). Das Gesetz spricht in § 2 LPartG nur von einer Verpflichtung zur gemeinsamen Lebensgestaltung. Das ist weniger als die Verpflichtung der Eheleute zur Lebensgemeinschaft (§ 1353 BGB). 9

Andererseits ergibt sich aber auch aus der Systematik des Lebenspartnerschaftsgesetzes, dass der Gesetzgeber als **Regelfall** angenommen hat, dass die Lebenspartner eine **gemeinsame häusliche Gemeinschaft** bilden (MK-BGB/Wacke § 2 LPartG Rn 3; aA Muscheler Rn 341); denn bei den Unterhaltsansprüchen wird danach differenziert, ob die Lebenspartner zusammenleben (§ 5 LPartG) oder nicht (§ 12 LPartG), und durch das LPartGÜG wurden die Regeln über die Aufhebung der Lebenspartnerschaft so verändert, dass sie nun grundsätzlich ein wenigstens einjähriges Getrenntleben voraussetzen (vgl § 15 I LPartG). Da die Regelungen über das Getrenntleben das Stadium der Partnerschaft betreffen, das deren Auflösung vorausgeht, kann gefolgert werden, dass auch bei Lebenspartnern das Zusammenleben den Regelfall bildet und als ein Kennzeichen ihrer Gemeinschaft angenommen werden kann. Nur eine Verpflichtung zum Zusammenleben gibt es (anders als bei Eheleuten) grundsätzlich nicht. 10

Nur **ausnahmsweise** kann sich eine **Verpflichtung** zu einer häuslichen Gemeinschaft aus der Verpflichtung zur gegenseitigen Unterstützung und Fürsorge ergeben: Ist der Lebenspartner pflege- oder betreuungsbedürftig, dann muss sein Partner ihn gegebenenfalls zu sich in die Wohnung aufnehmen und ihn den gesamten Hausrat nutzen lassen. Entsprechendes kommt in Betracht, wenn der Lebenspartner den eigenen Wohnraum verliert oder ihn sich nicht mehr leisten kann.

Besteht eine Lebensgemeinschaft als häusliche Gemeinschaft, entsteht **Mitbesitz** der Lebenspartner an der Wohnung und den sich darin befindlichen Gegenständen (Wellenhofer-Klein Rn 106; Muscheler Rn 342). Eine Räumungsvollstreckung setzt daher einen Titel gegen beide voraus (LG Hamburg NJW-RR 93, 146; aA Thomas/Putzo § 885 ZPO Rn 4, jeweils zu Ehegatten). Zur Vollstreckung in Hausrat s § 8 LPartG, § 739 ZPO. 11

c) Aus S 1 ergibt sich auch ein **Anspruch auf gegenseitige Achtung und Beteiligung an den gemeinschaftlichen Angelegenheiten.** Die Lebenspartner müssen die Einzelheiten ihrer Lebensführung einverständlich regeln; niemandem kommt ein Recht auf Letztentscheidung zu. Das gilt auch für die Fragen der Haushaltsführung und der Erwerbstätigkeit. Insoweit fehlen für die Lebenspartner zwar Regelungen, wie sie in § 1356 BGB für Eheleute getroffen sind. Das bedeutet aber keine gewollte sachliche Abweichung. Dem Gesetzgeber des LPartG schien es vielmehr selbstverständlich, dass 12 beide Lebenspartner voll berufstätig sind, weil sie regelmäßig keine Kinder betreuen und die Berufstätigkeit heute dem allgemeinen Standard entspricht. Umgekehrt bedeutet das auch, dass grundsätzlich beide Seiten sich an der Führung des gemeinsamen Haushalts beteiligen müssen – wobei es den Partnern natürlich offen steht, eine abweichende Regelung zu treffen. Überlässt ein Partner die Haushaltsführung dem anderen, dann spricht nichts dagegen, insoweit auch den Gedanken aus § 1356 I BGB anzuwenden: Wem die Haushaltsführung übertragen ist, der leitet den Haushalt eigenverantwortlich und selbständig. Einmischungen des anderen Teils haben zu unterbleiben.

13 Außerdem ergibt sich aus der partnerschaftlichen Gemeinschaft ein Auskunftsanspruch gegenüber dem anderen, über alle die Gemeinschaft und ihn selbst **wichtigen Angelegenheiten informiert zu werden** (BGH FamRZ 76, 516 [zu Eheleuten]; besondere Auskunftsansprüche zum Ende der Partnerschaft bzw des Vermögensstands ergeben sich aus §§ 1379, 1386 III, 1580 BGB, die über §§ 6, 2, 16 I LPartG anwendbar sind).

14 **d)** Die partnerschaftliche Gemeinschaft ist eine **Rücksichtsgemeinschaft.** Jeder Lebenspartner muss seine Lebensweise auf die Bedürfnisse des anderen einstellen und seine Ansichten und Besonderheiten in der Lebensgestaltung tolerieren. Verboten sind daher übermäßige Einflussnahmen auf religiöse oder politische Auffassungen ebenso wie Lebensweisen, die die Bedürfnisse des Partners nicht berücksichtigen oder sogar grob missachten. Aus § 2 LPartG ergibt sich daher auch die Verpflichtung, eine Sucht behandeln zu lassen (OLG Frankfurt FamRZ 82, 484 [zu Eheleuten]) oder eine den finanziellen Verhältnissen der Lebenspartner nicht entsprechende Lebensweise einzustellen. Ebenso kann die Rücksichtnahme auf den anderen Lebenspartner es erfordern, dass ein Partner vermögensrechtliche Ansprüche gegen den anderen nicht geltend macht. Die insoweit zu Eheleuten entwickelten Grundsätze (BGHZ 53, 356; 67, 217) lassen sich ohne Einschränkungen auch auf Lebenspartner übertragen.

15 **e)** Der Gesetzgeber hat davon abgesehen, die partnerschaftliche Lebensgemeinschaft auch als **Geschlechtsgemeinschaft** auszugestalten (ebenso: Palandt/Brudermüller § 2 LPartG Rn 2; Muscheler Rn 341). Das ergibt sich schon aus der unterschiedlichen Wortwahl zu § 1353 BGB, aus dem jedenfalls ursprünglich eine solche Verpflichtung abgeleitet worden war, während in jüngerer Zeit auch hier mehr die Individualität der Ehegatten betont wird: Während § 1353 BGB, dem § 2 LPartG nachgebildet ist, auf die eheliche Lebensgemeinschaft abstellt (§ 1353 I 2, 1. HS BGB), spricht § 2 LPartG nur von einer Verpflichtung zur gemeinsamen Lebensgestaltung. Das bleibt gegenüber dem für Eheleute vorgesehenen Zustand zurück, sodass eine Verpflichtung zur geschlechtlichen Gemeinschaft hier nicht einmal dann angenommen werden kann, wenn man sie aus § 1353 BGB ableitet. Das ist konsequent; denn den Staat geht die sexuelle Betätigung seiner Bürger nur insofern etwas an, als sie auf die Erzeugung von Kindern gerichtet ist.

16 Trotzdem hat auch die lebenspartnerschaftliche Gemeinschaft eine Komponente, die sich auf das Sexualverhalten der Partner bezieht. Die Verpflichtung zur gemeinsamen Lebensgestaltung bedeutet ein Mindestmaß an Respekt vor dem jeweils anderen auch in sexueller Hinsicht. Auch in einer Lebenspartnerschaft ist daher **Treue** ebenso selbstverständlich (MK-BGB/Wacke, § 2 LPartG Rn 4; aA Muscheler Rn 341) wie die gegenseitige Respektierung von Wünschen und Vorstellungen im sexuellen Bereich und das Verbot, die Geschlechtsgemeinschaft zu erzwingen. Auch insoweit haben die Partner es aber in der Hand, ihre Vorstellungen durch eine Vereinbarung auszugestalten. Das widerspricht der Annahme einer grundsätzlichen Verpflichtung zur Treue nicht. Dieses Verhalten ist das, was ein Partner vom anderen erwarten und verlangen kann – wenn beide das nicht wollen, ist das ihre Angelegenheit und von der Allgemeinheit hinzunehmen. Zu Folgen eines Treueverstoßes s Rn 20.

3. Anders als in § 1353 BGB fehlt in § 2 LPartG eine Regelung darüber, wann die Verpflichtung zur lebenspartnerschaftlichen Lebensgemeinschaft **endet.** Es gelten daher die allgemeinen Grundsätze, die sich an § 242 BGB festmachen lassen. Sachlich bedeutet das keinen Unterschied zu § 1353 BGB: Treuwidrig ist das Verlangen nach der gemeinsamen Lebensgestaltung ebenso wie nach Unterstützung dann, wenn sich das Verlangen als Missbrauch des Rechts des Lebenspartners darstellt oder wenn die Beziehung gescheitert ist; denn aus einer gescheiterten Partnerschaft können keine Rechte mehr entstehen, die nicht ausdrücklich gerade für diesen Fall vorgesehen sind (wie etwa die Ansprüche auf Wohnungs- und Hausratsteilung (§§ 13 f, 18 f LPartG), auf Getrenntlebensunterhalt (§ 12 LPartG) und auf nachpartnerschaftlichen Unterhalt (§ 16 LPartG). Die Berufung auf andere Rechte aus einer gescheiterten Partnerschaft, die gerade an das Bestehen der Partnerschaft oder an ein Zusammenleben anknüpfen, wäre regelmäßig ein widersprüchliches Verhalten. Diese Ansprüche entfallen daher wegen Treuwidrigkeit. 17

4. Folge einer Verletzung der Verpflichtungen aus der lebenspartnerschaftlichen Gemeinschaft ist ein Herstellungsanspruch und gegebenenfalls eine Sanktion in Bezug auf den Vermögensausgleich; Versorgungsausgleich und/oder Unterhalt. Schadensersatzansprüche können aus ihr grundsätzlich nicht abgeleitet werden (BGH NJW 90, 706 [zu Eheleuten]). Etwas anderes gilt nur, wenn die Pflichtverletzung wirtschaftliche Aspekte betrifft (BGH FamRZ 88, 143 [zu Eheleuten]). 18

5. Die Lebensgemeinschaft der Lebenspartner steht unter dem **Schutz vor Eingriffen Dritter.** Sie ist absolutes Recht iSv §§ 823 I, 1004 BGB. Jeder Lebenspartner kann daher von seinem Partner und Dritten verlangen, Störungen der Lebenspartnerschaft zu unterlassen und Schadensersatzansprüche geltend machen, wenn ihm aus einem solchen Verhalten Schäden entstehen. In Betracht kommen etwa Unterlassungsansprüche bei Bestreiten des Namensrechts oder Widerrufsansprüche bei Ehrverletzungen, aber auch das Verlangen, sich von der lebenspartnerschaftlichen Wohnung fernzuhalten und Störungen der Gemeinschaft durch Belästigungen der Lebenspartner zu unterlassen. Zu den durch das Gewaltschutzgesetz eingeführten besonderen Unterlassungsansprüchen s Anhang zu § 14. 19

Die lebenspartnerschaftliche Lebenssphäre genießt auch den besonderen Schutz des sog „**räumlich-gegenständlichen Bereichs**“, wie es bei der Ehe der Fall ist (Muscheler Rn 342; Löhnig JA 01, 651; MK-BGB/Wacke § 2 LPartG Rn 6; eher zurückhaltend Wellenhofer-Klein Rn 106). Ein Lebenspartner kann vom anderen und von Dritten verlangen, Störungen der Lebenspartnerschaft durch Treubruch in der Sphäre der Lebenspartnerschaft zu unterlassen (BGHZ 6, 360) und Schadensersatz fordern, wenn ihm daraus materielle Schäden entstehen, wie zB Heilungskosten wegen einer Gesundheitsbeschädigung durch einen Herzinfarkt infolge der Aufregung. Gegen die Übertragung des Schutzes auf die Sphäre der lebenspartnerschaftlichen Lebensgemeinschaft scheint zunächst zu sprechen, dass keine Verpflichtung der Lebenspartner besteht, eine häusliche Gemeinschaft miteinander zu führen (Rn 10). Andererseits kann der Schutz einer bestehenden Lebensgemeinschaft nicht davon abhängig sein, ob zu ihrer Begründung eine rechtliche Verpflichtung besteht. Wesentlich ist, dass sie tatsächlich besteht und dass sie ihren Kern in einer rechtlich verfestigten Beziehung hat. 20

Der **räumlich-gegenständliche Bereich** der Lebenspartnerschaft **umfasst** zunächst die gemeinsame Wohnung der Lebenspartner einschließlich der zugehörigen Nebenräume und Einrichtungen (Keller, Garten), erstreckt sich aber auch auf alle weiteren Räume, die den Partnern zur Verwirklichung ihrer Lebensgemeinschaft dienen, wie die Räume eines gemeinsamen Betriebs oder eines Geschäfts, in dem beide arbeiten (vgl OLG Köln FamRZ 84, 267 [zu Eheleuten]), Ferienwohnungen, Wohnwagen usw. Zu beachten ist, dass der Anspruch ausscheidet, soweit unbeteiligte Dritte dem Störer den Zutritt gestatten (und dies können). Der betrogene Partner kann daher nicht durchsetzen, dass dem Störer das Betreten des Eingangs oder Treppenhauses eines Mehrfamilienhauses untersagt wird, in dem sich die Wohnung der Lebenspartner befindet, wenn ein anderer Bewohner ihm das Betreten gestattet hat (vgl OLG Düsseldorf FamRZ 91, 705 [zu Eheleuten]). Der Anspruch ist wegen widersprüchlichen Verhaltens ausgeschlossen, wenn die die Lebenspartnerschaft störende Beziehung auf einen einverständlich in der partnerschaftlichen Wohnung durchgeführten „Partnertausch" zurückgeht (OLG Zweibrücken NJW 89, 1614 [zu Eheleuten]).

21 **III. Verfahren:** Zur gerichtlichen Zuständigkeit vgl die Erläuterungen zu §§ 23a und b GVG, § 661 ZPO. Die nichtvermögensrechtlichen Ansprüche der Lebenspartner, die aus der Verpflichtung zur partnerschaftlichen Gemeinschaft abgeleitet werden, können mit der Klage auf Herstellung des partnerschaftlichen Lebens (Herstellungsklage, § 661 Nr 3 ZPO) verfolgt werden. Die Klage verdrängt alle anderen Klagen. Die Besonderheit dieser Klage ist, dass die auf sie hin ergehenden Entscheidungen nicht zwangsweise durchgesetzt werden können (§ 888 III ZPO). Die Herstellungsklage kann entweder positiv auf die Durchsetzung von Ansprüchen aus § 2 LPartG gerichtet sein oder als negative Feststellungsklage der Durchsetzung des Rechts eines Lebenspartners dienen, bestimmten Forderungen des anderen auf Herstellung der partnerschaftlichen Gemeinschaft nicht nachkommen zu müssen. Dann muss aber (wie allgemein bei Feststellungsklagen) ein Feststellungsinteresse bestehen (OLG München FamRZ 86, 807; KG FamRZ 88, 81 [zu Eheleuten]). Daran fehlt es regelmäßig. Für vermögensrechtliche Ansprüche gelten keine Besonderheiten. Die diese betreffenden Urteile sind vollstreckbar.

§ 3 Lebenspartnerschaftsname

(1) Die Lebenspartner können einen gemeinsamen Namen (Lebenspartnerschaftsnamen) bestimmen. Zu ihrem Lebenspartnerschaftsnamen können die Lebenspartner durch Erklärung den Geburtsnamen oder den zur Zeit der Erklärung über die Bestimmung des Lebenspartnerschaftsnamens geführten Namen eines der Lebenspartner bestimmen. Die Erklärung über die Bestimmung des Lebenspartnerschaftsnamens soll bei der Begründung der Lebenspartnerschaft erfolgen. Die Erklärungen werden wirksam, wenn sie vor der zuständigen Behörde erfolgen. Voraussetzung für die Wirksamkeit einer später abgegebenen Erklärung ist ihre öffentliche Beglaubigung.
(2) Ein Lebenspartner, dessen Name nicht Lebenspartnerschaftsname wird, kann durch Erklärung dem Lebenspartnerschaftsnamen seinen Geburtsnamen oder den zur Zeit der Erklärung über die Bestimmung des Lebenspartnerschaftsnamens geführten Namen voranstellen oder anfügen. Dies gilt nicht, wenn der Lebenspartnerschaftsname aus mehreren Namen besteht. Besteht der Name eines Lebenspartners aus mehreren Namen, so kann nur einer dieser Namen hinzugefügt werden. Die Erklärung wird wirksam, wenn sie vor der zuständigen Behörde erfolgt. Die Erklärung kann widerrufen werden; in diesem Fall ist eine erneute Erklärung nach Satz 1 nicht zulässig. Der Widerruf wird wirksam, wenn er vor der zuständigen Behörde erfolgt. Die Erklärung und der Widerruf müssen öffentlich beglaubigt werden.
(3) Ein Lebenspartner behält den Lebenspartnerschaftsnamen auch nach der Beendigung der Lebenspartnerschaft. Er kann durch Erklärung seinen Geburts-

namen oder den Namen wieder annehmen, den er bis zur Bestimmung des Lebenspartnerschaftsnamens geführt hat, oder dem Lebenspartnerschaftsnamen seinen Geburtsnamen oder den bis zur Bestimmung des Lebenspartnerschaftsnamens geführten Namen voranstellen oder anfügen. Absatz 2 gilt entsprechend.
(4) Geburtsname ist der Name, der in die Geburtsurkunde eines Lebenspartners zum Zeitpunkt der Erklärung nach den Absätzen 1 bis 3 einzutragen ist.
(5) Für Lebenspartner, die vor dem 12. Februar 2005 eine Lebenspartnerschaft begründet haben, gilt Artikel 229 § 13 des Einführungsgesetzes zum Bürgerlichen Gesetzbuche entsprechend mit der Maßgabe, dass die Erklärung gegenüber der nach Landesrecht zuständigen Behörde abzugeben ist.

1 **I. Die Vorschrift regelt, welchen Namen die Lebenspartner zum Partnerschaftsnamen wählen können.** Sie ist § 1355 BGB, der die Regelung über den Ehenamen enthält, bis ins Detail nachgebildet. Anders als bei Eheleuten fehlt allerdings eine § 1355 I 1 BGB entsprechende Regelung: Die Lebenspartner können zwar einen gemeinschaftlichen Partnerschaftsnamen führen, der Gesetzgeber hat es aber unterlassen, das als das wünschenswerte Prinzip zu normieren.

2 Prinzip ist, dass die **Lebenspartner einen gemeinsamen Namen führen können** (Abs 1 S 1). Diesen Name heißt Lebenspartnerschaftsname. Zum Lebenspartnerschaftsnamen kann der Geburtsname oder der zur Zeit der Namenswahl geführte Name jedes Lebenspartners bestimmt werden (Abs 1 S 2). Derjenige Lebenspartner, dessen Geburtsname nicht Lebenspartnerschaftsname wird, kann seinen Geburtsnamen oder den zur Zeit der Bestimmung des Namens geführten Namen dem Lebenspartnerschaftsnamen beifügen (Abs 2).

3 Statt einen Lebenspartnerschaftsnamen zu wählen, können die Lebenspartner jeweils ihren **zur Zeit der Registrierung geführten Namen weiterführen**. Lebenspartner, die keinen Lebenspartnerschaftsnamen tragen, können auch nach der Eintragung der Lebenspartnerschaft noch einen solchen wählen (Abs 1 S 5).

4 **Nach einer Aufhebung der Lebenspartnerschaft oder dem Tod des Lebenspartners** behält der Überlebende den Lebenspartnerschaftsnamen (Abs 3 S 1). Er kann jedoch durch Erklärung gegenüber dem zuständigen Beamten bewirken, dass er wieder seinen Geburtsnamen oder den zur Zeit der Namenswahl geführten Namen führt (Abs 3 S 2).

5 Zu **Auswirkungen** von Namensänderungen **auf Dritte,** vor allem auf Kinder, s § 1617c BGB.

6 **II. 1.** Die Lebenspartner können einen **gemeinsamen Lebenspartnerschaftsnamen** führen (Abs 1 S 1). **a)** Gewählt werden kann zunächst der **Geburtsname jedes Lebenspartners** (Abs 1 S 2). Geburtsname ist der Name, der in die Geburtsurkunde eines Lebenspartners zum Zeitpunkt der Erklärung gegenüber dem zuständigen Beamten einzutragen ist (Abs 4). Das ist nicht notwendigerweise der Name, den der Lebenspartner im Zeitpunkt der Begründung der Lebenspartnerschaft führt (zB nach einer vorausgegangenen Ehe, vgl KG FGPrax 97, 62 oder einer vorausgegangenen anderen Lebenspartnerschaft, wenn der Name des Ehegatten oder Lebenspartners ange-

nommen wurde). Es kann daher vorkommen, dass der Lebenspartnerschaftsname mit keinem der zur Zeit der Eintragung geführten Namen der Partner übereinstimmt. Gewählt werden kann nach dem Inkrafttreten des Gesetzes zur Änderung des Ehe- und Lebenspartnerschaftsnamensrechts v 6.2.05 (BGBl 05 I 203) auch der **zur Zeit der Namenswahl geführte Name** eines jeden Lebenspartners, also auch der durch eine vorausgehende Ehe oder Lebenspartnerschaft erworbene Name.
Die Bildung von **Doppelnamen** ist **unzulässig.** Soweit aber mehrgliedrige Namen als Geburtsnamen zulässigerweise geführt werden (zB Kleine Büning, Große Westhoff), können sie auch zu Lebenspartnerschaftsnamen werden.

7 **b)** Die Wahl des Lebenspartnerschaftsnamens erfolgt **durch Erklärung gegenüber dem zuständigen Beamten,** und zwar grundsätzlich bei der Begründung der Lebenspartnerschaft. Welcher Beamte zuständig ist, ist im Lebenspartnerschaftsgesetz nicht geregelt. Insoweit gilt das in § 1 LPartG Rn 4 zur Begründung der Lebenspartnerschaft Gesagte entsprechend. Soweit die Erklärung über die Namenswahl bei der Begründung der Lebenspartnerschaft abgegeben wird, ist die zuständige Stelle regelmäßig die, bei der auch die Lebenspartnerschaft begründet wird.

8 Haben die Lebenspartner bei der Begründung der Lebenspartnerschaft keinen Lebenspartnerschaftsnamen gewählt, können sie die Wahl auch **später noch nachholen** (Abs 1 S 5). Eine Frist besteht dafür nicht; erst nach der Aufhebung der Lebenspartnerschaft ist sie nicht mehr möglich.

9 Die Erklärung über die Namenswahl muss **öffentlich beglaubigt** werden, wenn sie nicht bei der Begründung der Lebenspartnerschaft erfolgt (Abs 1 S 5).

10 **c)** Eine nachträgliche **Korrektur der Namenswahl** ist nur über eine Namensänderung nach dem Namensänderungsgesetz möglich. Irrtumsanfechtung scheidet aus (BayObLG NJW 93, 337).

11 **2.** Der Lebenspartner, dessen Name nicht Lebenspartnerschaftsname wird, kann dem Lebenspartnerschaftsnamen seinen **Geburtsnamen** oder den **zur Zeit der Erklärung über den Lebenspartnerschaftsnamen geführten Namen als Begleitnamen beifügen** (Abs 2 S 1). Dieser Begleitname ist ein höchstpersönlicher Namensbestandteil. Er wird insbesondere nicht an Kinder weitergegeben.

12 **a) Als Begleitname gewählt werden kann** der Geburtsname (auch wenn er zur Zeit der Eintragung der Lebenspartnerschaft nicht geführt wird) oder ein anderer Name, der zur Zeit der Erklärung über den Lebenspartnerschaftsnamen geführt wird. Unzulässig ist aber, einen Begleitnamen beizufügen, wenn der Lebenspartnerschaftsname mehrgliedrig ist (Abs 2 S 2). Ist der Name, den der Lebenspartner, dessen Name nicht Lebenspartnerschaftsname wird, beifügen will, mehrgliedrig, kann nur ein Glied beigefügt werden. Der mehrgliedrige Name wird daher notwendigerweise verstümmelt. Der Begleitname kann dem Lebenspartnerschaftsnamen voran- oder nachgestellt werden.

13 **b)** Die **Wahl des Begleitnamens erfolgt** durch Erklärung gegenüber dem zuständigen Beamten (Rn 7) bei der Begründung der Lebenspartnerschaft oder nachträglich durch eine öffentlich beglaubigte Erklärung gegenüber dem zuständigen Beamten (Rn 8). Eine Frist besteht nicht. Die Erklärung kann daher beliebig lange nach der Begründung der Lebenspartnerschaft, gegebenenfalls sogar nach deren Aufhebung, abgegeben werden (Abs 3 S 2).

14 **c)** Die Erklärung über die **Wahl des Begleitnamens ist widerruflich** (Abs 2 S 5). Der Widerruf muss öffentlich beglaubigt werden (Abs 2 S 6). Nach dem Widerruf ist die erneute Wahl eines Begleitnamens unzulässig (beachte aber Rn 18). Nicht möglich ist daher auch ein Widerruf mit dem Ziel, die Position des Begleitnamens zu ändern (zB Anfügung statt Voranstellung, BayObLGZ 97, 323 zu § 1355 BGB).

15 **3. Wählen die Lebenspartner keinen Lebenspartnerschaftsnamen,** führen sie die bisherigen Namen weiter.

16 **4. Bei Tod eines der Lebenspartner oder Aufhebung der Lebenspartnerschaft** wird der Lebenspartnerschaftsname grundsätzlich weitergeführt. Der ehemalige Lebenspartner kann aber durch eine dahingehende Erklärung gegenüber dem zuständigen Beamten (Rn 8) erreichen, dass er wieder seinen Geburts- bzw den Namen führt, den er zur Zeit der Bestimmung des Lebenspartnerschaftsnamens trug (Abs 3 S 1, 2). Außerdem kann er noch den Geburtsnamen oder den zur Zeit der Bestimmung des Lebenspartnerschaftsnamens geführten Namen als Begleitnamen wählen. Die Erklärung bedarf der öffentlichen Beglaubigung. Sie ist unter denselben Voraussetzungen und mit denselben Folgen widerruflich wie die Erklärung über den Begleitnamen.

17 **III. Übergangsrecht**. Lebenspartner, die vor dem Inkrafttreten des Gesetzes zur Änderung des Ehe- und Lebenspartnerschaftsnamensrechts eine Lebenspartnerschaft begründet und einen Lebenspartnerschaftsnamen bestimmt haben, können noch binnen eines Jahres nach Inkrafttreten des Gesetzes gegenüber dem zuständigen Beamten erklären, dass sie den **Namen eines Lebenspartners, der nicht sein Geburtsname ist, als Lebenspartnerschaftsnamen tragen** wollen (Abs 5, Art 229 § 11 I EGBGB. Ein bereits gewählter Begleitname kann widerrufen werden. Beides gilt allerdings nur solange, wie die Lebenspartnerschaft noch nicht aufgelöst (durch Aufhebung oder Tod) ist.

18 Hatte ein Lebenspartner den nun gewählten Namen seinem bisherigen Lebenspartnerschaftsnamen als **Begleitnamen** beigefügt, gilt diese Wahl als widerrufen, wenn sein Name nun Lebenspartnerschaftsname wird. Ändert sich der Lebenspartnerschaftsname durch die Wahl eines anderen Namens des anderen Lebenspartners, kann der Lebenspartner, dessen Name nicht Lebenspartnerschaftsname geworden ist, seine bisherige Wahl eines Begleitnamens widerrufen und erneut einen Begleitnamen wählen (Abs 5, Art 229 § 11 II EGBGB).

19 Die Erklärungen über die Namenswahl, den Widerruf und die neue Wahl eines neuen Begleitnamens müssen **öffentlich beglaubigt** werden (Abs 5, Art 229 § 11 III EGBGB).

§ 4 Umfang der Sorgfaltspflicht

Die Lebenspartner haben bei der Erfüllung der sich aus dem lebenspartnerschaftlichen Verhältnis ergebenden Verpflichtungen einander nur für diejenige Sorgfalt einzustehen, welche sie in eigenen Angelegenheiten anzuwenden pflegen.

1 **I.** Die Norm enthält eine **Haftungserleichterung** für das Verhältnis der Lebenspartner untereinander, indem sie bestimmt, dass sie untereinander nur für die Sorgfalt einstehen müssen, die sie auch in eigenen Angelegenheiten anwenden. Eine parallele Regelung für das Verhältnis zwischen Eheleuten enthält § 1359 BGB, eine solche für Eltern und Kinder § 1664 BGB.

2 Die Vorschrift ist **dispositiv.**

3 Auch wenn die Voraussetzungen für eine Haftung eines Lebenspartners erfüllt sind, weil sein Handeln nicht der eigenüblichen Sorgfalt entspricht, kann aus § 2 LPartG die **Verpflichtung** folgen, den **Anspruch nicht geltend zu machen** (BGHZ 61, 105 für die entsprechende Situation bei Eheleuten). Das gilt vor allem dann, wenn der Lebenspartner sich von sich aus nach Kräften bemüht, den Schaden auszugleichen (BGH FamRZ 88, 476 [zu § 1359 BGB]). Bei Aufhebung der Lebenspartnerschaft kann dieses Zurückhaltungsgebot entfallen (BGHZ 63, 58 für die Scheidung bei Eheleuten).

4 **II. Die Haftungserleichterung bezieht sich** auf alle Verpflichtungen aus dem partnerschaftlichen Verhältnis. Das bedeutet, dass der günstigere Haftungsmaßstab immer gilt, wenn die Pflichten der Lebenspartner aus § 2 LPartG oder die Unterhaltspflichten nach §§ 5, 12 LPartG betroffen sind. Auf die Anspruchsgrundlage, auf die der Schadensersatzanspruch gegen den anderen Lebenspartner gestützt wird, kommt es nicht an. Die Haftungserleichterung gilt daher sowohl für Ansprüche aus §§ 280, 311 BGB wie für deliktische Ansprüche.

5 **Keine Anwendung** findet die Haftungserleichterung, wenn nicht nur das Verhältnis der Lebenspartner untereinander berührt ist, sondern wenn das Verschulden des Lebenspartners sich auf ein „ öffentliches" Verhalten bezieht und nur zufällig der Partner verletzt wird. Das gilt vor allem für Schädigungen des Lebenspartners bei der Teilnahme am öffentlichen Straßenverkehr. Es spricht insoweit nichts gegen die Übertragung der für das Verhältnis von Eheleuten (BGHZ 53, 352; 61, 101; 63, 57) entwickelten Grundsätze (BT-Drucks 14/3751, 96). Außerdem ist die Anwendung von § 4 LPartG ausgeschlossen, wenn ein Lebenspartner sich dem anderen gegenüber zu einem höheren Schutzstandard verpflichtet hat (vertragliche Haftung nach allgemeinen Kriterien).

6 **Gegenüber Dritten** greift die Haftungserleichterung **nie.** Bei Mitwirkung mehrerer an der Schädigung wird daher der Gesamtschuldnerregress im Verhältnis zum schädigenden Lebenspartner nicht berührt (BGHZ 35, 322; OLG Frankfurt NJW 71, 1993, jeweils zu Ehegatten; str).

7 **Die Haftungserleichterung bedeutet,** dass der Lebenspartner nur für ein solches Verhalten haftet, das nicht den Sorgfaltsansprüchen genügt, die er selbst bei seinen Angelegenheiten anzuwenden pflegt. Die Grenze für diese Erleichterung bestimmt § 277 BGB: Die Haftung für grobe Fahrlässigkeit bleibt immer erhalten. Umgekehrt bedeutet § 277 BGB aber keine Haftungsverschärfung: Wendet jemand in eigenen Angelegenheiten einen höheren Sorgfaltsstandard an als den, der objektiv erforderlich und in § 276 BGB verlangt ist, führt das Abstellen auf die eigenübliche Sorgfalt nicht zu einer Haftung für ein Verhalten, das zwar den objektiven, aber nicht den besonders scharfen eigenüblichen Anforderungen entspricht; denn § 277 BGB soll die Haftung gegenüber dem allgemeinen Standard nur erleichtern.

§ 5 Verpflichtung zum Lebenspartnerschaftsunterhalt

Die Lebenspartner sind einander verpflichtet, durch ihre Arbeit und mit ihrem Vermögen die partnerschaftliche Lebensgemeinschaft angemessen zu unterhalten. § 1360 Satz 2 und die §§ 1360a und 1360b des Bürgerlichen Gesetzbuchs sowie § 16 Abs. 2 gelten entsprechend.

I. § 5 LPartG gibt **während des Bestehens der partnerschaftlichen Lebensgemeinschaft jedem Lebenspartner einen Anspruch gegen den anderen auf Leistung des angemessenen Unterhalts**. Diese Verpflichtung ist die wichtigste Ausprägung der in § 2 LPartG aufgestellten Verpflichtung zu Fürsorge und Unterstützung, die die Lebenspartner gegenseitig eingegangen sind. 1

Die Vorschrift ist **§ 1360 BGB nachgebildet**. Soweit zur Rechtslage zwischen Eheleuten noch Unterschiede bestanden (dazu Voraufl § 5 LPartG Rn 5 ff), wurden diese durch das LPartGÜG beseitigt. Zweifelhaft ist allenfalls noch die Reichweite des Unterhaltsanspruchs (dazu Rn 15 ff) und anders geregelt ist die Rangfolge der Unterhaltsberechtigten (dazu Rn 37). 2

Zum Unterhalt bei **Getrenntleben** s § 12 LPartG, zum Unterhalt **nach Ende der Lebenspartnerschaft** § 16 LPartG. 3

Andere Rechtsgebiete: Die Nichterfüllung der Unterhaltspflicht ist strafbewehrt (§ 170b StGB). Unterhaltsforderungen sind nur pfändbar, wenn die Vollstreckung in das sonstige bewegliche Vermögen nicht zur Befriedigung des Gläubigers ausreicht und die Pfändung der Billigkeit entspricht (§ 850b I Nr 2, II ZPO). Zur steuerlichen Berücksichtigung von Unterhaltszahlungen an den Lebenspartner s den Abschnitt Steuerrecht. 4

II. 1. Der Unterhaltsanspruch **setzt voraus a)** das Bestehen einer **gültigen Lebenspartnerschaft.** Da die Lebenspartnerschaftsverbote das Entstehen einer wirksamen Partnerschaft hindern (§ 1 LPartG Rn) und Heilungstatbestände nicht vorgesehen sind, scheiden Unterhaltsansprüche auch vor der Feststellung der Unwirksamkeit aus. Bei Willensmängeln bestehen dagegen Unterhaltsansprüche bis zur Aufhebung der Lebenspartnerschaft (arg e § 15 II 2 LPartG). 5

b) Die Lebenspartner dürfen **nicht getrennt leben.** Damit kann aber nicht gemeint sein, dass sie in häuslicher Gemeinschaft leben müssen, denn nach § 2 LPartG besteht grundsätzlich gerade keine Verpflichtung zu einer häuslichen Gemeinschaft (§ 2 LPartG Rn 10). Wenn § 12 LPartG auf das Getrenntleben abstellt, kann damit nur die Phase gemeint sein, die der Aufhebung der Lebenspartnerschaft vorauszugehen hat und nicht eine einverständlich nicht bestehende häusliche Gemeinschaft. § 12 LPartG ist daher gem § 15 V 2 LPartG, § 1567 BGB nur anwendbar (und damit § 5 LPartG erst dann unanwendbar), wenn zwischen den Lebenspartnern deswegen keine häusliche Gemeinschaft besteht, weil mindestens einer der Lebenspartner die Lebensgemeinschaft mit dem anderen ablehnt und sie nicht mehr aufnehmen will, weil er die Lebenspartnerschaft ablehnt, wenn also die Lebenspartnerschaft ein Krisenstadium erreicht hat. 6

c) Der **in Anspruch genommene** Lebenspartner muss **leistungsfähig** sein. In § 5 LPartG wird auf dieses Erfordernis zwar nicht ausdrücklich Bezug genommen. Es handelt sich aber als ein allen Unterhaltsansprüchen gemeinsames Prinzip. Es kann nicht Sinn von Unterhaltsansprüchen sein, dem in Anspruch Genommenen das zu nehmen, was dieser selbst zum Leben braucht; denn dann müsste er selbst wieder Unterhalt in Anspruch nehmen, um die bei ihm entstehenden Lücken in der Bedarfsbefriedigung zu schließen. Bei der Lebenspartnerschaft ist aber zu beachten, dass sie eine freiwillig eingegangene Solidargemeinschaft darstellt, in der sich zwei Menschen bewusst zusammengefunden haben, um einander Unterstützung und Beistand zu gewähren. Deswegen ist der Unterhaltsanspruch nicht schon dann reduziert, wenn der eigene angemessene Unterhalt des in Anspruch Genommenen gefährdet ist. Insoweit ist die Lage strenger als in der Zeit nach Aufhebung der Lebenspartnerschaft (§ 16 LPartG Rn 130 ff), bei geschiedenen Eheleuten (HK-BGB/Kemper § 1581 BGB Rn 3 ff) und auch teilweise im Verwandtenunterhaltsrecht (HK-BGB/Kemper § 1603 BGB Rn 2 ff), wo ein Unterhaltsanspruch schon dann ausscheidet, wenn durch seine Leistung der angemes- 7 sene Selbstbehalt des Unterhaltsverpflichteten beeinträchtigt würde. Jeder Lebenspartner muss daher seine Arbeitskraft und sein Vermögen zu diesem Zweck voll einsetzen.

8 Auch unter Lebenspartnern sind aber Vereinbarungen über die Verteilung der Aufgaben in der Lebensgemeinschaft in gleicher Weise zulässig wie unter Eheleuten. Sie können auch die Beitragsleistung zu der Lebenspartnerschaft in der Weise regeln, dass der eine erwerbstätig ist und der andere den Haushalt führt. Das hat der Gesetzgeber dadurch ausdrücklich anerkannt, dass durch das LPartGÜG nun auch § 1360, 2 BGB auf den Unterhaltsanspruch aus § 5 LPartG für entsprechend anwendbar erklärt wurde. Das bedeutet, dass auch in Lebenspartnerschaften derjenige Lebenspartner, dem die Haushaltsführung überlassen ist, seine Verpflichtung, durch Arbeit zum Unterhalt beizutragen, in der Regel durch die Führung des Haushalts erfüllt. Daraus ergeben sich dieselben möglichen Partnerschaftsmodelle wie unter Eheleuten:

9 In der **Doppelverdienerpartnerschaft** müssen beide Partner gleichmäßig zum Familienunterhalt beitragen und die Haushaltsführung erledigen. Der zum Familienunterhalt zu entrichtende Beitrag richtet sich nach dem addierten Einkommen beider Partner. Sind die Einkommen unterschiedlich, bestimmt sich der Anteil am Familienunterhalt nach dem Anteil am Gesamteinkommen. Dem Gesetzgeber des LPartG 2001 erschien diese Form der Lebenspartnerschaft als Leitbild (Palandt/Brudermüller Einl LPartG Rn 4; aA Muscheler Rn 268), da eine Berufstätigkeit beider Lebenspartner durch das Vorhandensein von Kindern nicht gehindert werde. Das war schon damals falsch, da nicht selten Kinder aus früheren Beziehungen mit in die Lebenspartnerschaft gebracht werden. Durch die Einführung der Stiefkindadoption (§ 9 VII LPartG nF) ist diese Prämisse nun gänzlich unhaltbar geworden.

10 In der **Alleinverdienerpartnerschaft** (sog Hausfrauen- oder Hausmannpartnerschaft) muss der berufstätige Lebenspartner den gesamten finanziellen Aufwand tragen, weil der andere auf Grund der gemeinsamen Abrede sich um die Belange des Haushalts kümmert. Grundsätzlich sind die Partner frei, diese Art der Lebensgestaltung zu vereinbaren. Eine Verpflichtung des Haushaltsführenden zur Erwerbstätigkeit trotz voller Haushaltsführung kann sich jedoch aus Unterhaltspflichten dieses Lebenspartners gegenüber Personen ergeben, für die der berufstätige Lebenspartner nicht unterhaltspflichtig ist (zB Kinder). Außerdem ist der Haushaltsführende verpflichtet, eine Erwerbstätigkeit aufzunehmen, wenn der berufstätige Lebenspartner nicht mehr dazu in der Lage ist, seinen Beruf auszuüben (zB Arbeitslosigkeit, schwere Erkrankung).

11 In einer **Zuverdienerpartnerschaft** ist ein Lebenspartner voll berufstätig, während der andere den Haushalt führt, aber noch eine Teilzeitbeschäftigung ausübt.

12 Nach der Neufassung des § 5 LPartG durch das LPartGÜG ist nunmehr auch klar, dass die Lebenspartner **auch ihr Vermögen** heranziehen müssen, um den Bedarf der lebenspartnerschaftlichen Gemeinschaft zu decken.

13 **Fehlt es an der** nach den strengen Kriterien bemessenen **Leistungsfähigkeit des Lebenspartners,** kommen Ansprüche gegen die Verwandten in Betracht (vgl § 1608 BGB).

14 **d) Bedürftigkeit** des Lebenspartners, der den Unterhalt verlangt, ist keine Voraussetzung des Unterhaltsanspruchs.

15 **2. a) Der Umfang des Unterhaltsanspruchs** richtet sich nach § 1360a BGB. Die Vorschrift stellt klar, **was unter dem Unterhalt** nach § 5 LPartG **zu verstehen ist** (§ 1360a I, IV BGB) und in welcher Weise er zu leisten ist (§ 1360a II, III BGB). Übersteigt das Einkommen des Unterhaltspflichtigen das zum Unterhalt Erforderliche, verbleibt ihm der Rest. Der andere Partner wird nur nach Maßgabe des Güterrechts am Überschuss beteiligt.

16 **b) aa) Der angemessene Lebenspartnerschaftsunterhalt umfasst** alles, was nach den Verhältnissen der Lebenspartner erforderlich ist, um die Kosten des Haushalts zu

bestreiten und die persönlichen Bedürfnisse der Lebenspartner zu befriedigen (§ 1360a I BGB). Trotz des unterschiedlichen Wortlauts von § 1360 BGB (Unterhalt der Familie) und des § 5 LPartG (Unterhalt der partnerschaftlichen Lebensgemeinschaft) folgt aus der Verweisung auf § 1360a BGB eindeutig, dass auch der Bedarf der gemeinschaftlichen Kinder erfasst ist, also derjenigen leiblichen Kinder des einen Lebenspartners, die der andere angenommen hat (vgl § 9 VII LPartG).

17 Der Familienunterhalt umfasst aber auch **nur die Bedürfnisse beider Lebenspartner und der gemeinsamen Kinder.** Nicht dazu gehört der Bedarf von anderen in den Haushalt aufgenommenen Personen (zB Kinder aus erster Ehe, die nicht angenommen wurden, Eltern eines Lebenspartners; aA in der Bundestagsdebatte Schenk, Plenarprotokoll 14/141, S 1383). Insoweit kann aber eine (stillschweigend getroffene) vertragliche Übernahme des Unterhalts durch den anderen Lebenspartner vorliegen (vgl OLG Nürnberg FamRZ 65, 217).

18 **(1)** Bestandteil des Unterhalts sind zunächst die gesamten **Kosten einer angemessenen Haushaltsführung,** also vor allem die Aufwendungen für Wohnung, Nahrung, Kleidung, Kosten für Hausangestellte und Heizung. Das Maß bestimmt sich nach den Lebensverhältnissen der Lebenspartner. Hierher gehört daher auch die Finanzierung von Luxusgegenständen (Schmuck, Designerkleidung), wenn ihr Gebrauch dem Lebensstandard der Lebenspartner entspricht. Nicht zum Unterhalt gehören dagegen Aufwendungen zur Kapitalbildung, wie etwa die Anschaffung einer Eigentumswohnung (vgl BGH NJW 66, 2401).

19 **(2)** Zum Unterhalt gehören auch **Aufwendungen für individuelle persönliche Bedürfnisse,** wie etwa die Kosten einer Teilnahme am kulturellen (zB Theater- oder Kinobesuche), politischen oder religiösen Leben. Außerdem sind die Kosten einer angemessenen Aus- und Weiterbildung hierher zu rechnen, jedenfalls, wenn die Ausbildung bereits vor Eingehung der Lebenspartnerschaft begonnen worden war (BGH NJW 85, 803). Wegen des Charakters der Lebenspartnerschaft als Schicksalsgemeinschaft gilt das aber auch, wenn die Ausbildung erst während des Bestehens der Lebenspartnerschaft einverständlich aufgenommen wird. Zu den Aufwendungen für individuelle persönliche Bedürfnisse zählen schließlich die Kosten für eine angemessene ärztliche Behandlung. Voraussetzung ist, dass die Behandlung medizinisch indiziert ist und den Erkenntnissen der medizinischen Wissenschaft entspricht.

20 **(3)** Zum Unterhalt gehört auch ein angemessenes **Taschengeld** für den nicht (voll) berufstätigen Lebenspartner (ablehnend Haumer FamRZ 96, 193). Taschengeld ist ein zur freien Verfügung stehender Geldbetrag, über den keine Rechenschaft abgelegt werden muss und der nach Gutdünken verwendet werden kann. Der Betrag richtet sich nach den Lebensverhältnissen der Lebenspartner. Im Allgemeinen ist etwa ein Anteil von 5-7 % am Familieneinkommen anzusetzen (BGH NJW 98, 1554). Bei eigenen Einkünften des Lebenspartners besteht der Anspruch nur, wenn diese unter dem Taschengeldanspruch bleiben (BGH NJW 98, 1554; KG NJW-RR 92, 707). Der Anspruch ist unter den Einschränkungen des § 850b ZPO pfändbar (OLG Köln FamRZ 95, 309, str). Ausgenommen ist lediglich ein für die Befriedigung von persönlichen Bedürfnissen unabdingbarer Minimalbetrag (OLG Celle NJW 91, 1960).

21 **(4)** Zum Unterhalt gehört schließlich ein **Prozesskostenvorschuss** für persönliche Angelegenheiten betreffende Rechtsstreitigkeiten und für die Verteidigung in einem gegen einen Lebenspartner gerichteten Strafverfahren (§ 1360a IV BGB). Der Anspruch auf den Vorschuss steht allein dem Lebenspartner zu. Dritte (auch die Staatskasse) können daraus erst dann Rechte ableiten, wenn sie ihn gepfändet haben. Der Prozesskostenvorschussanspruch geht dem Anspruch gegen Prozesskostenhilfe vor. Soweit ein Anspruch gegen den Lebenspartner besteht, kommt Prozesskostenhilfe daher nicht in

Betracht (OLG Bremen FamRZ 84, 919). Der Anspruch auf den Prozesskostenvorschuss besteht auch bei Getrenntleben (§ 12, 2 LPartG, § 1361 IV 4 BGB).

22 **(a) Voraussetzung** des Anspruchs auf Prozesskostenvorschuss ist neben den in Rn 5 ff genannten Voraussetzungen, **(aa)** dass ein Lebenspartner einen **Rechtsstreit in einer persönlichen Angelegenheit** führt oder sich in einem gegen ihn gerichteten Strafverfahren verteidigen muss. Nach Abschluss des Verfahrens kommt daher ein Prozesskostenvorschuss nicht mehr in Betracht (OLG Nürnberg FamRZ 98, 489). Welchem Verfahrensgebiet der Rechtsstreit zuzuordnen ist, ist gleichgültig. Erfasst werden sowohl Streit- als auch FGG-Verfahren, zivil- (einschließlich der arbeitsrechtlichen) als auch öffentlich-rechtliche Streitigkeiten (einschließlich derjenigen auf dem Gebiet des Straf-, Sozial- und Steuerrechts). Eine persönliche Angelegenheit liegt vor, wenn der Rechtsstreit eine enge Beziehung zur Person oder den persönlichen Verhältnissen der Lebenspartner aufweist. Das trifft immer zu, wenn der Streit das Verhältnis der Lebenspartner untereinander oder allein die Person des Verfahrensbeteiligten betrifft. Streitigkeiten mit Dritten fallen dagegen nur unter § 1360a IV BGB, wenn sie ihre Wurzel in der Lebensgemeinschaft der Lebenspartner haben (BGHZ 31, 386). Danach sind persönliche Angelegenheiten: Statussachen, Betreuungsverfahren, alle Streitigkeiten mit dem anderen Lebenspartner einschließlich des Aufhebungsverfahrens, sofern sie sich auf die Lebenspartnerschaft selbst beziehen, Streitigkeiten mit Dritten wegen Ehrverletzungen, Körperverletzungen einschließlich der Klagen auf Zahlung von Schmerzensgeld und wegen Störungen der Lebenspartnerschaft oder wegen Unterhaltsansprüchen. Strafverfahren sind in § 1360a IV 2 BGB ausdrücklich erwähnt. Sonstige öffentlich-rechtliche Streitigkeiten in persönlichen Angelegenheiten sind zB solche, die die Staatsangehörigkeit, den Namen, Examina oder die Zulassung zu einer Universität betreffen. Keine persönlichen Rechtsstreitigkeiten sind die Geltendmachung von vermögensrechtlichen Ansprüchen gegen den Lebenspartner oder Dritte oder die Verteidigung gegen solche Begehren (vgl BGHZ 41, 112; OLG Düsseldorf FamRZ 84, 388).

23 **(bb)** Der Lebenspartner muss **außerstande sein, die Kosten des Rechtsstreits selbst zu tragen.** Da hier die strengen Maßstäbe der §§ 114 ff ZPO nicht gelten, trifft das schon zu, wenn der eigene angemessene Unterhalt der Lebenspartners gefährdet ist (OLG Hamburg NJW 60, 1768). Der Lebenspartner braucht grundsätzlich nur die verfügbaren Mittel einzusetzen, um seinen Prozess zu finanzieren. Fest angelegte Reserven braucht er im Normalfall nicht anzugreifen (vgl OLG Celle MDR 67, 402). Etwas anderes gilt nur dann, wenn beide Lebenspartner in engen finanziellen Verhältnissen leben; denn dann erfordert die Billigkeitsabwägung (Rn 25) größere Anstrengungen.

24 **(cc)** Der **andere Lebenspartner** muss dazu **in der Lage sein, die Kosten des Rechtsstreits zu tragen.** Entsprechend dem zum verfahrensbeteiligten Lebenspartner Gesagten entfällt auch beim in Anspruch genommenen Lebenspartner die Leistungsfähigkeit, wenn sein angemessener Unterhalt gefährdet wird (KG FamRZ 85, 1067; OLG Koblenz FamRZ 86, 284). Vor allem ist anzunehmen, dass der andere Lebenspartner nicht leistungsfähig ist, wenn er selbst in einem vergleichbaren Verfahren prozesskostenhilfeberechtigt wäre (OLG Oldenburg MDR 94, 618; aA KG FamRZ 90, 183).

25 **(dd)** Die Übernahme der Kosten durch den anderen Lebenspartner **entspricht der Billigkeit.** Dieses Kriterium dient als Korrektiv für die Fälle, die im Rahmen der Prozesskostenhilfe wegen Mutwilligkeit oder wegen mangelnder Erfolgsaussicht ausgeschieden werden (vgl § 114, 1 ZPO); denn es entspricht nicht der Billigkeit, einen anderen zu zwingen, ein offensichtliches sinnloses Unterfangen zu finanzieren (enger OLG Frankfurt FamRZ 59, 63, OLG Köln MDR 61, 941, die eine Vorabprüfung der Erfolgsaussichten ablehnen).

(b) Der **Prozesskostenvorschuss muss** nur die Gerichts- und die außergerichtlichen Kosten des Verfahrens **decken.** Vor allem die Kosten für außergerichtliche Beratungen im Vorfeld eines Verfahrens sind nicht umfasst. 26

(c) Der Prozesskostenvorschuss **braucht nur zurückgezahlt zu werden,** wenn die Voraussetzungen nicht vorlagen (BGHZ 110, 247) oder wenn die Rückzahlung der Billigkeit entspricht (BGHZ 56, 92; 94, 318), vor allem, wenn die wirtschaftlichen Umstände sich zugunsten des Lebenspartner, der den Prozesskostenvorschuss in Anspruch genommen hat, erheblich verbessern (OLG Saarbrücken NJW-RR 87, 522; OLG Hamm FamRZ 92, 672). Im Übrigen erfolgt keine Rückzahlung. 27

(d) **Verfahren.** Für die Entscheidung über den Prozesskostenvorschuss ist das Familiengericht zuständig, gleich welches Verfahren er betrifft (§ 23b I Nr 6 GVG, § 661 I Nr 4, 661 II ZPO). Das Gleiche gilt für die Rückforderung. Falls erforderlich, kann die Zahlung des Prozesskostenvorschusses als einstweilige Anordnung aufgegeben werden (§ 127a ZPO). Unterliegt der vorschussleistende Lebenspartner im Verfahren gegen seinen Lebenspartner ganz oder teilweise und muss er daraufhin die Kosten des Verfahrens tragen, ist der als Vorschuss geleistete Betrag in vollem Umfang anzurechnen; denn sonst würde der andere Teil zumindest von einem Teil des Vorschusses zweckwidrig profitieren (OLG Stuttgart FamRZ 87, 968; OLG München FamRZ 94, 1605; aA OLG Celle FamRZ 85, 731: nur in Höhe der Kostenquote). Einzelheiten: § 661 ZPO Rn 576 ff. 28

bb) **Das Maß des Unterhalts** bestimmt sich nach den Lebensverhältnissen der Lebenspartner. Maßgebend ist, was ein durchschnittlicher Haushalt mit gleichem Einkommen ausgeben würde. Es kommt weder auf eine besonders sparsame noch eine besonders aufwendige Lebensführung an, noch darauf, was die Lebenspartner bislang tatsächlich für ihren Unterhalt aufgewendet haben. Beiträge zur Schuldentilgung oder Rückstellungen für geplante größere Anschaffungen sind gegebenenfalls lebensstandardsenkend zu berücksichtigen. 29

cc) **Die Art des zu leistenden Unterhalts** richtet sich im Wesentlichen nach der von den Lebenspartnern gewählten Ausgestaltung ihrer Gemeinschaft. Er ist so zu leisten, wie es die Lebensgemeinschaft gebietet (Abs 2 S 1). Die Art der Unterhaltsleistung bestimmt sich daher sich in erster Linie danach, was die Lebenspartner vereinbaren. Nach der Vorstellung des Gesetzgebers ist der Unterhalt in erster Linie als Naturalunterhalt zu leisten. In erster Linie für das Modell der Alleinverdienerehe (bzw hier: -partnerschaft) gedacht war die Regelung in § 1360a II 2 BGB, nach der die Ehegatten einander verpflichtet sind, das für die Führung des Haushalts Erforderliche im voraus zur Verfügung zu stellen. Sie hat aber auch einen Anwendungsbereich im Bereich der Zuverdienerpartnerschaft. Durch sie soll sichergestellt werden, dass der Haushaltsführende bei seiner Tätigkeit einen ausreichenden Freiraum hat. Der erwerbstätige Partner muss daher das Wirtschaftsgeld im Voraus zur Verfügung stellen. Der Zeitabstand richtet sich nach der Art, in der sein Lohn, Gehalt oder seine sonstigen Einkünfte ausgezahlt werden. 30

Der Lebenspartner, dem Unterhaltsleistungen zur Haushaltsführung zur Verfügung gestellt werden, muss diese (bis auf das Taschengeld, Rn 20) **tatsächlich für den Haushalt verwenden.** Überschüsse stehen ihm nur zu, wenn der andere Partner zustimmt. Damit der andere Lebenspartner das nachvollziehen kann, müssen die Unterhaltsleistungen daher abgerechnet werden. Es dürfen aber keine überzogenen Anforderungen gestellt werden. Es reicht, dass der Haushaltsführende pauschal darlegt, für welche Unterhaltszwecke er das Geld verwendet hat. 31

dd) Der Unterhaltsbedarf ist **nur gegenwärtiger Bedarf.** Unterhalt mit Ausnahme des Unterhalts wegen Sonderbedarfs kann daher für die Vergangenheit nur geltend 32 gemacht werden, wenn der Unterhaltspflichtige mit der Erfüllung des Unterhaltsanspruchs in **Verzug** war oder der Anspruch **rechtshängig** war (§ 1613 I, II BGB). Bei einem Unterhaltsanspruch wegen Sonderbedarfs gilt dasselbe, wenn seit dem Entstehen des Bedarfs mehr als ein Jahr verstrichen ist (§ 1613 II BGB). Ein Unterhaltsverzicht für die Zukunft ist nichtig (§ 1614 I BGB). Durch eine Vorausleistung wird der Verpflichtete nur für drei Monate oder, wenn der Verpflichtete selbst den Zeitabschnitt zu bestimmen hatte, für einen den Umständen nach angemessenen Zeitabschnitt befreit (§§ 1614 II, 760 II BGB). Mit dem Tod des Berechtigten oder des Verpflichteten erlischt der Unterhaltsanspruch für die Zukunft. Erhalten bleibt nur der Anspruch auf rückständigen Unterhalt bzw für die Zukunft zu zahlende Unterhaltsraten, die vorauszuzahlen und schon fällig sind (§ 1615 BGB).

33 **3.** Entsprechend anwendbar ist auch **§ 1360b BGB,** durch den die Rückforderung von Zuvielleistungen ausgeschlossen wird. Die Vorschrift enthält eine **Auslegungsregel.** Nach ihr ist zu vermuten, dass ein Lebenspartner, der mehr zum Unterhalt beiträgt als ihm obliegt, im Zweifel nicht beabsichtigt, von seinem Partner Ersatz zu verlangen.

34 **Die Vermutung gilt** für alle Arten von Unterhaltsleistungen. Auch für eine überobligationsmäßig geleistete Haushaltstätigkeit einschließlich von Pflegeleistungen (BGH NJW 95, 1486) und Mitarbeit im Geschäft des Lebenspartners kann kein Ausgleich verlangt werden. Das ist seit der Aufnahme der Verweisung auf § 1360, 2 BGB eindeutig und führt zu einer Umkehrung der bisherigen Rechtslage (dazu Voraufl § 5 LPartG Rn 33).

35 **Die Vermutung bewirkt,** dass der Lebenspartner das zuviel Geleistete nicht zurückverlangen kann. Weder §§ 677 ff BGB noch §§ 812 ff BGB sind in Bezug auf die Zuvielleistungen anwendbar. Eine Schenkung liegt nicht vor, weil wegen der Vermutung keine Unentgeltlichkeit angenommen werden kann.

36 **Die Vermutung ist widerleglich.** Der Lebenspartner, der die Leistung erbracht hat, muss nachweisen, dass er zu dem Zeitpunkt als die Leistung erfolgte, beabsichtigte, gegebenenfalls von seinem Partner Ersatz zu verlangen (vgl BGHZ 50, 266). Dieser Beweis wird nur ausnahmsweise gelingen, weil sich in der Streitsituation die beiden (ehemaligen) Lebenspartner gegenüberstehen und sich deswegen als Zeugen ausschließen. Wer beabsichtigt, später für Leistungen einen Ausgleich zu fordern, sollte deswegen schon bei der Leistung durch eine Quittung oder ähnliches des anderen Teils bestätigen lassen, dass der Leistende beabsichtigt, für das überobligationsmäßig Zugewendete wieder zurückzufordern.

37 **4. Rangfragen.** Durch das LPartGÜG wurde auch der Rang des Unterhaltsanspruchs des Lebenspartners in der funktionierenden Lebenspartnerschaft klargestellt, während es zuvor an einer Regelung dieser Frage gefehlt hatte. Der Unterhaltsanspruch des Lebenspartners geht den Unterhaltsansprüchen aller anderen Personen nach. Das gilt selbst dann, wenn die Unterhaltsberechtigung dieser Personen erst dann begründet wird, wenn der Unterhaltsanspruch des Lebenspartners nach § 5 LPartG schon besteht (zB Geburt eines Kindes).

38 **III. Verfahren.** Die Geltendmachung von Unterhaltsansprüchen nach § 5 LPartG ist Lebenspartnerschaftssache (§ 23b I Nr 15 GVG, § 661 I Nr 4 ZPO).

Vorbemerkungen zu §§ 6-7 LPartG

I. §§ 6 f LPartG betreffen die **Vermögensverhältnisse der Lebenspartner.** 1

II. Vorgeschichte der heutigen Regelung. Anders als im Eherecht hatte der Gesetzgeber des LPartG ursprünglich davon abgesehen, einen gesetzlichen Güterstand und Modelle für Wahlgüterstände zu schaffen. Vielmehr war es den Lebenspartnern aufgegeben, vor der Begründung der Lebenspartnerschaft einen Lebenspartnerschaftsvertrag zu schließen, in dem sie ihre Vermögensverhältnisse selbst regelten (§ 7 I LPartG). Nur alternativ konnten sie den „Vermögensstand" der „Ausgleichsgemeinschaft" wählen. Schon durch die unterschiedliche Terminologie wollte der Gesetzgeber den Unterschied zum Eherecht betonen. Die Vermögensstände entsprachen allerdings der Sache nach den Güterständen des Eherechts. Der Vermögensstand der Ausgleichsgemeinschaft entsprach im Wesentlichen der Zugewinngemeinschaft des Eherechts; denn § 6 II LPartG aF verwies auf §§ 1371-1390 BGB, §§ 1365-1370 BGB galten nach § 8 II LPartG ohnehin schon für alle Arten von Lebenspartnerschaften, und die in §§ 1363, 1364 BGB enthaltenen Regelungen fanden sich in § 6 II LPartG. 2

Ein **gesetzlicher Güterstand** bestand bislang **nicht.** Um zu verhindern, dass die Lebenspartner auf eine vorgängige Regelung ihrer Vermögensverhältnisse verzichteten, durfte die Eintragung der Lebenspartnerschaft erst dann vorgenommen werden, wenn die Lebenspartner entweder einen Lebenspartnerschaftsvertrag geschlossen hatten oder wenn sie erklärten, den Vermögensstand der Ausgleichsgemeinschaft wählen zu wollen. Fehlte es an beidem, musste der für die Eintragung zuständige Beamte die Registrierung der Lebenspartnerschaft verweigern. Wurde gleichwohl eingetragen, bestand Gütertrennung (§ 6 III LPartG aF). 3

Die **Ausgleichsgemeinschaft** entsprach bis in die Details hinein der Zugewinngemeinschaft des Bürgerlichen Rechts für Eheleute. Sie wurde der Vermögensstand der Lebenspartner, wenn diese sie bei der Begründung der Lebenspartnerschaft durch eine dahingehende Erklärung vor dem zuständigen Beamten wählten oder wenn sie nach der Begründung der Lebenspartnerschaft ihren Lebenspartnerschaftsvertrag (§ 7 I LPartG) in der Weise änderten, dass von nun an die Ausgleichsgemeinschaft ihr Vermögensstand sein sollte. 4

Andere Vermögensstände als die Ausgleichsgemeinschaft kannte das LPartG als vorgefertigte Typen bislang grundsätzlich nicht. Eine Ausnahme bestand nur insofern, als subsidiär Vermögenstrennung eintrat, wenn der Lebenspartnerschaftsvertrag oder die Wahl der Ausgleichsgemeinschaft unwirksam war (§ 6 III LPartG aF, Voraufl § 6 LPartG Rn 167 ff). Im Übrigen war es allein Angelegenheit der Lebenspartner, wie sie ihre vermögensrechtlichen Verhältnisse ausgestalteten. Dabei konnten sie zwar auch auf die Güterstände des BGB verweisen oder deren Regelungen im Detail übernehmen. Sehr streitig war aber schon, ob unter Lebenspartnern eine echte Gütergemeinschaft mit Außenwirkung vereinbart werden konnte (verneinend: Voraufl, § 7 LPartG Rn 12; Wellenhofer-Klein, Rn. 143; Mayer, ZEV 2001, 169, 175; Grziwotz, FPR 2001, 466, 468; bejahend: Rellermeyer, Rpfleger 2001, 381, 382; Dethloff, NJW 2001, 2598, 2601; Leipold, ZEV 2001, 218, 220). 5

Fehlte es an einer wirksamen Vereinbarung über die vermögensrechtlichen Verhältnisse, und hatten die Lebenspartner auch die Ausgleichsgemeinschaft nicht wirksam gewählt, trat **Vermögenstrennung** (in der eherechtlichen Terminologie: Gütertrennung) ein (§ 6 III LPartG aF). 6

§ 6 Güterstand

Die Lebenspartner leben im Güterstand der Zugewinngemeinschaft, wenn sie nicht durch Lebenspartnerschaftsvertrag (§ 7) etwas anderes vereinbaren. § 1363 Abs. 2 und die §§ 1364 bis 1390 des Bürgerlichen Gesetzbuchs gelten entsprechend.

1 **I.** Die Vorschrift bestimmt seit ihrer Novellierung durch das LPartGÜG, dass die Lebenspartner im **gesetzlichen Güterstand der Zugewinngemeinschaft** leben, wenn sie keinen Lebenspartnerschaftsvertrag nach § 7 LPartG schließen (S 1). Sie entspricht § 1363 I BGB. Für den Inhalt der Zugewinngemeinschaft verweist Satz 2 auf §§ 1363 II - 1390 BGB. Es besteht also nunmehr ein Gleichlauf der gesetzlichen Güterstände. Die folgenden Erläuterungen beschränken sich deswegen auf Grundzüge.

2 Die Norm hat sich komplett verändert. **Bis zum 1.1.05** gab es in der Lebenspartnerschaft **keinen gesetzlichen Güterstand**. Vielmehr konnte eine Lebenspartnerschaft ohne vorherige Regelung der Vermögensverhältnisse nicht begründet werden. § 6 aF verlangte, dass die künftigen Partner sich vor der Begründung der Lebenspartnerschaft über ihren Vermögensstand erklärten und entweder den Vermögensstand der Ausgleichsgemeinschaft wählten oder einen Lebenspartnerschaftsvertrag (§ 7 LPartG) abschlossen. War die Wahl oder der Lebenspartnerschaftsvertrag unwirksam, trat Vermögenstrennung ein (Abs 3 aF, Voraufl Rn 167 ff). In Abs 2 enthielt die Norm früher dann die Beschreibung und Ausgestaltung der Ausgleichsgemeinschaft (Einzelheiten: Voraufl Rn 7 ff), die allerdings auch schon bislang der Zugewinngemeinschaft im Wesentlichen entsprach.

3 **II. 1. Überblick über die seit 1.1.05 geltende Regelung.** Die Lebenspartner können auch heute ihre vermögensrechtlichen Beziehungen durch einen Lebenspartnerschaftsvertrag nach § 7 LPartG regeln. Sehen sie davon ab, leben sie im Güterstand

der Zugewinngemeinschaft. Einer Wahl bedarf es insofern nicht mehr. Die Zugewinngemeinschaft ist seit dem 1.1.05 gesetzlicher Güterstand.

4 **2.** Haben die Lebenspartner einen **Lebenspartnerschaftsvertrag** geschlossen, dann bestimmen sich ihre vermögensrechtlichen Verhältnisse nach diesem Vertrag. Auch insoweit wurde die Rechtslage dem Eherecht angeglichen. Wählbar sind alle Güterstände, die auch von Eheleuten gewählt werden können (Einzelheiten: § 7 LPartG Rn). Der Streit, ob unter Lebenspartnern auch eine Gütergemeinschaft bestehen kann (verneinend Voraufl § 6 LPartG Rn 6), hat sich durch die Novellierung des § 7 LPartG erledigt.

5 **3.** Haben die Lebenspartner keinen Lebenspartnerschaftsvertrag geschlossen, dann leben sie von der Verpartnerung an im Güterstand der **Zugewinngemeinschaft.**

6 **a) Überblick.** Die Zugewinngemeinschaft ist trotz ihres missverständlichen Namens **während der Lebenspartnerschaft eine Gütertrennung** (§ 1363 II BGB), in der jeder Lebenspartner die mit in die Lebenspartnerschaft gebrachten oder während der Lebenspartnerschaft erworbenen Gegenstände selbst verwaltet (§ 1364 BGB) und den Nutzen daraus zieht. Rechtsgeschäfte können die Lebenspartner untereinander und mit Dritten grundsätzlich ohne Einschränkungen abschließen. Ausnahmen bestehen nur bei Geschäften mit Dritten über das Vermögen als Ganzes (§ 1365 BGB) oder Hausratsgegenstände (§ 1369 BGB). Insoweit ist die Zustimmung des anderen Lebenspartners erforderlich. Das Handeln eines Lebenspartners löst grundsätzlich nur Rechtsfolgen für ihn aus. Etwas anderes gilt nur bei Schlüsselgewaltgeschäften (§ 8 II LPartG, § 1357 BGB) und bei Vertretung des anderen Lebenspartners nach den allgemeinen Regeln (§§ 164 ff BGB). Für Schulden des anderen haftet ein Lebenspartner daher nur, wenn er sich selbst mitverpflichtet oder eine Bürgschaft übernommen hatte. Bei vermögenslosen Lebenspartnern (zB solchen, die ausschließlich den Haushalt führen), können derartige Verpflichtungen aber sittenwidrig sein (§ 138 I BGB), oder es kann treuwidrig sein, daraus vorzugehen, solange es nicht zu einem Vermögenserwerb des Bürgen gekommen ist (BGH NJW 97, 1003 zu Ehegatten) oder wenn die Lebenspartnerschaft wieder aufgelöst ist (BGH NJW 96, 2088 zur vergleichbaren Lage bei Eheleuten).

7 **Die Zugewinngemeinschaft endet** mit dem Ende der Lebenspartnerschaft. Außerdem endet der Güterstand, wenn die Partner einen Lebenspartnerschaftsvertrag nach § 7 LPartG schließen oder sie die Zugewinngemeinschaft aufheben und Vermögenstrennung vereinbaren oder wenn einer von ihnen den vorzeitigen Ausgleich des Zugewinns verlangt hat (§§ 1385, 1386 BGB, Rn 123 ff). Hat dagegen nie eine wirksame Lebenspartnerschaft bestanden, weil ein Partnerschaftshindernis vorlag (§ 1 LPartG Rn 22) findet auch kein Ausgleich statt.

8 **Am Ende der Zugewinngemeinschaft** zeigt sich die Besonderheit dieses Güterstands: Grundsätzlich wird jeder Lebenspartner dadurch in gleicher Weise an dem während der Lebenspartnerschaft erworbenen Vermögen beteiligt, dass die Vermögensmassen zu Beginn und am Ende des Güterstands ermittelt werden (§§ 1374 f BGB, Rn 51 ff), daraus der Zugewinn eines jeden errechnet wird (§ 1373 BGB, Rn 74 ff), beide Zugewinne miteinander verglichen werden und dem Lebenspartner, der den niedrigeren erzielt hat, ein Ausgleichsanspruch iHv 50 % der Differenz gegen den anderen Lebenspartner eingeräumt wird (§ 1378 BGB, Rn 85 ff). Die Berechnung verkompliziert sich, wenn ein Partner während der Lebenspartnerschaft Schenkungen oder Erbschaften zugewendet erhält. Da nur lebenspartnerschaftlich bedingte Vermögenszuwächse ausgeglichen werden sollen, werden diese aus dem Ausgleich herausgenommen (vgl § 1374 II BGB, Rn 55 ff). Umgekehrt können Schenkungen an Dritte unter bestimmten Umständen dem Vermögen eines Lebenspartners wieder hinzugerechnet werden (§ 1375

II BGB, Rn 66 ff). Ganz ausgeschlossen ist der Ausgleich des Zugewinns, wenn er unbillig wäre (§ 1381 BGB, Rn 106 ff).

9 Wird die **Lebenspartnerschaft durch den Tod eines Lebenspartners beendet,** kann statt des konkret berechneten Zugewinns eine pauschale Abgeltung durch eine um ein Viertel des Nachlasses erhöhte Erbquote erfolgen (Einzelheiten: § 1371 BGB, Rn 34 ff). In diesem Fall kommt es nicht darauf an, ob der verstorbene Lebenspartner tatsächlich einen höheren Zugewinn erzielt hat als der überlebende.

10 **b) aa)** Während der Lebenspartnerschaft ist die Zugewinngemeinschaft eine **Vermögenstrennung** (§ 1363 II BGB). Daraus folgt, dass jeder Lebenspartner sein Vermögen selbst verwaltet.

11 **bb) Einschränkungen** der Befugnis, über eigenes Vermögen zu verfügen, hat der Gesetzgeber nur in § 1365 BGB für **Rechtsgeschäfte über das Vermögen als Ganzes** und in § 1369 BGB für **Geschäfte über Haushaltsgegenstände** vorgesehen. Durch die Aufstellung eines Zustimmungserfordernisses für Verpflichtungen und Verfügungen sollen eine eventuelle zukünftige Zugewinnausgleichsforderung und die Grundlage des gemeinsamen Haushalts vor eigenmächtigen Verringerungen geschützt werden. Durch das LPartGÜG wurde die Anwendbarkeit der §§ 1365 ff BGB auf Lebenspartner beschränkt, die im Güterstand der Zugewinngemeinschaft leben und die Rechtslage damit derjenigen im Eherecht angeglichen, während die bislang geltende Regelung des § 8 LPartG die Geltung der §§ 1365 ff BGB völlig verfehlt auf alle Lebenspartner ausgedehnt hatte (selbst die, die im Güterstand der Vermögenstrennung lebten).

12 **(1) Fälle. (a) § 1365 BGB** verbietet den Lebenspartnern **Verfügungen über ihr Vermögen im ganzen,** zu denen sie nicht die Zustimmung ihres Lebenspartners haben oder entsprechende Verpflichtungen einzugehen (BGHZ 40, 218). Ein Schutz gutgläubiger Dritter findet nicht statt (s aber Rn 14); § 135 II BGB gilt nicht.

13 **Rechtsgeschäfte über das Vermögen als ganzes** sind einerseits Geschäfte über das Vermögen en bloc (seltener Fall), andererseits aber auch Geschäfte über Einzelgegenstände, wenn sie das ganze oder nahezu das ganze Vermögen des Lebenspartners ausmachen (BGHZ 35, 135; 43, 174; 77, 293; BGH NJW 84, 609). Ob das der Fall ist, ist durch einen Vergleich des vor der Erfüllung des Geschäfts mit dem nach seiner Erfüllung vorhandenen Aktivvermögen des sich verpflichtenden bzw verfügenden Lebenspartners zu ermitteln. Im Regelfall ist anzunehmen, dass das Geschäft nahezu das gesamte Vermögen betrifft, wenn es sich auf mehr als 85 % des ursprünglich vorhandenen Vermögens bezieht. Bei sehr großen Vermögen müssen mehr als 90 % betroffen sein (BGH NJW 91, 1740). Dem Wertvergleich ist der objektive Wert des Aktivvermögens zugrundezulegen. Bereits bestehende dingliche Belastungen sind abzusetzen. Keine Berücksichtigung finden dagegen die übrigen Passiva. § 1365 BGB greift daher auch ein, wenn ein Lebenspartner bereits überschuldet ist. Zum in den Vergleich einzubeziehenden Aktivvermögen gehören nur aktuell vorhandene geldwerte Positionen, nicht aber zukünftiges Vermögen. Arbeitseinkommen und Rentenzahlungen sind daher nicht zu berücksichtigen. Unberücksichtigt bleibt auch, ob der sich verpflichtende bzw verfügende Lebenspartner aus dem Vorgang seinerseits eine Entgeltforderung erwirbt; denn die Vorschrift stellt allein auf die Verringerung des Aktivvermögens durch den Verfügenden ab, nicht darauf, ob das Geschäft vor- oder nachteilig ist (hM, aA Wörbelauer NJW 60, 795).

14 Sofern sich das Geschäft auf Einzelgegenstände bezieht, setzt die Anwendung des § 1365 BGB weiter voraus, dass der Geschäftspartner **weiß, dass es sich** bei dem Gegenstand **um (nahezu) das gesamte Vermögen des Lebenspartners handelt** oder mindestens die Umstände kennt, aus denen sich das ergibt (sog subjektive Theorie, vgl BGHZ 43, 177; 77, 295; 106, 253; aA viele Vertreter in der älteren Literatur, vgl Gernhuber JZ 66, 192). Maßgebender Zeitpunkt ist der Zeitpunkt des Verpflichtungs-

geschäfts (BGHZ 106, 253). Eine nach dem Abschluss des Verpflichtungsgeschäfts aber vor dessen Erfüllung erlangte Kenntnis schadet daher nicht mehr. Die Erfüllung kann dann ohne Zustimmung des anderen Lebenspartners erfolgen.

15 **Nicht** in den Anwendungsbereich des § 1365 BGB fällt die Eingehung von **Schulden**. Weder die Eingehung von Darlehensverbindlichkeiten, Bürgschaften noch sonstigen Zahlungsverpflichtungen bedarf daher der Zustimmung des anderen Lebenspartners.

16 **(b) § 1369 BGB** dehnt das in § 1365 BGB aufgestellte Veräußerungsverbot auf Gegenstände des partnerschaftlichen Haushalts aus. Sie enthält das **Verbot, über eigene Gegenstände des lebenspartnerschaftlichen Haushalts zu verfügen** und sich zu einer solchen Verfügung auch zu verpflichten, wenn der andere Lebenspartner nicht zustimmt. Sehr streitig ist, ob die Norm analog angewendet werden kann, wenn die durch das Geschäft betroffenen Haushaltsgegenstände im Eigentum des anderen Lebenspartners stehen. Dann ist idR ein ausreichender Schutz des anderen Lebenspartners schon dadurch gewährleistet, dass der Lebenspartner, dem der Gegenstand gehört, wenigstens Mitbesitz an ihm hat, so dass ein gutgläubiger Erwerb des Dritten wegen § 935 BGB ausscheidet. In den verbleibenden Fällen ist allerdings eine analoge Anwendung des § 1369 BGB erforderlich, um den anderen Lebenspartner zu schützen (OLG Köln MDR 68, 586; OLG Schleswig SchlHA 74, 111; aA Soergel/Lange § 1369 BGB Rn 16). Sie ist auch interessengerecht; denn wenn der Dritte sich vorstellt, der Gegenstand gehöre dem Geschäftspartner, dann stellt er sich eine Situation vor, bei deren Vorliegen § 1369 BGB gerade direkt anwendbar wäre.

17 **Haushaltsgegenstände** sind zunächst alle Sachen, die dem gemeinsamen Gebrauch der Lebenspartner zu dienen bestimmt sind, wie Möbel, Haushaltswäsche, Unterhaltungselektronik, der Familien-Pkw, ein Wohnwagen (OLG Koblenz NJW-RR 94, 516). Hierher gehören aber auch Rechte, soweit sie Vorstufen zu Sacheigentum bilden (Anwartschaftsrechte, Hauptfall: Anwartschaftsrecht des besitzenden Vorbehaltskäufers). Keine Haushaltsgegenstände sind solche, die dem ausschließlichen persönlichen Gebrauch eines der Lebenspartner dienen, wie persönliche Kleidung, Arbeitsgeräte oder der Pkw, wenn er ausschließlich für Fahrten zur Arbeit benutzt wird. Gegenstände, die zur Anlage von Vermögen angeschafft werden (zB Kunst und Antiquitäten) sind nur Haushaltsgegenstände, wenn sie gleichzeitig der Ausschmückung der gemeinsamen Wohnung dienen oder durch die Lebenspartner benutzt werden.

18 **(2) Zeitliche Dimension.** Erfasst werden nur Geschäfte während des Güterstands. Rechtsgeschäfte, die vor der Eingehung der Lebenspartnerschaft bzw vor dem Eintritt der Zugewinngemeinschaft vorgenommen wurden, sind ebenso zustimmungsfrei wie solche, die erst nach ihrem Ende abgeschlossen werden. Bei vor der Lebenspartnerschaft vorgenommenem Verpflichtungsgeschäft ist die Erfüllung zustimmungspflichtig, wenn sie erst nach der Begründung der Lebenspartnerschaft erfolgt; ein zur Zeit der Lebenspartnerschaft vorgenommenes Geschäft bleibt zustimmungspflichtig, auch wenn diese danach aufgelöst wird (BGH FamRZ 78, 396; OLG Saarbrücken FamRZ 87, 1248). War die Verpflichtung vor dem Ende der Lebenspartnerschaft eingegangen, erfolgt die Erfüllung aber erst danach, ist diese nicht mehr zustimmungspflichtig (OLG Hamm FamRZ 87, 591). Eine Verfügung von Todes wegen entfaltet ihre Wirkung erst mit dem Ende der Lebenspartnerschaft und ist daher nicht zustimmungspflichtig (vgl BGH FamRZ 69, 323).

19 Der Zustimmung bedarf **grundsätzlich das Verpflichtungsgeschäft** (§ 1365 I 1 BGB). Das können neben Kauf-, Schenkungs- oder Gesellschaftsverträgen alle Geschäfte (auch einseitige, § 1367 BGB) sein, bei denen der Lebenspartner die Weggabe von Vermögen verspricht. Fehlt es an der Zustimmung, muss der Lebenspartner der Erfüllung zustimmen, damit diese wirksam ist (§ 1365 I 2 BGB). Vollstreckungsmaßnahmen gegen einen Lebenspartner sind keine rechtsgeschäftlichen Verfügungen; sie bedürfen daher nicht

der Zustimmung (LG Braunschweig NJW 69, 1675). Etwas anderes gilt aber, wenn der Lebenspartner selbst über die Maßnahme entscheidet, die nur formal der Zwangsvollstreckung zuzuordnen ist (Hauptfall: Antrag auf Teilungsversteigerung nach § 180 ZVG, BayObLG FamRZ 96, 1013; OLG Düsseldorf FamRZ 95, 309).

20 **(3)** Die **Erteilung der Zustimmung** kann bei **Verträgen** als Einwilligung vor dem Vertragsschluss oder als Genehmigung danach (Einzelheiten: § 1366 BGB) erfolgen. Einseitigen Rechtsgeschäften kann nur vor ihrer Vornahme zugestimmt werden (§ 1367 BGB). Die Zustimmung bedarf keiner Form. Eine Einwilligung ist grundsätzlich bis zur Vornahme des Geschäfts widerruflich (§ 183 I 1 BGB). Sie kann aber auch in der Weise erteilt werden, dass der Lebenspartner auf die Widerruflichkeit dieser Zustimmung verzichtet. Hat der Lebenspartner einmal die Zustimmung verweigert, kann nur noch genehmigt werden, wenn die Voraussetzungen des § 1366 III BGB vorliegen. Die Zustimmung zum Verpflichtungsgeschäft deckt auch das Verfügungsgeschäft.

21 **(4)** Verweigert der Lebenspartner die Zustimmung ohne hinreichenden Grund, **kann sie durch das Vormundschaftsgericht ersetzt werden,** wenn sie den Grundsätzen einer ordnungsmäßigen Verwaltung entspricht. Das Gleiche gilt, wenn der Lebenspartner durch Krankheit oder Abwesenheit an der Abgabe einer Erklärung verhindert und mit dem Aufschub Gefahr verbunden ist (§ 1365 II BGB).

22 Die **Verweigerung** kann ausdrücklich oder konkludent erfolgen. Der Widerruf einer bereits erteilten Einwilligung (vgl § 183 BGB) reicht. Ein hinreichender Grund liegt vor, wenn die Interessen des anderen Lebenspartners durch das Geschäft nicht hinreichend berücksichtigt werden, zB bei Gefährdung des Unterhalts oder zukünftigen Zugewinnausgleichsanspruchs des Lebenspartners, des Unterhalts der gemeinschaftlichen Kinder oder der Familienwohnung. Bei entgeltlichen Geschäften setzt das voraus, dass die Gegenleistung, die der verfügende Lebenspartner erhält, nicht adäquat ist oder dass zu erwarten ist, dass sie nicht für die Lebenspartnerschaft verwendet wird oder wenn sie wegen ihres flüchtigeren Charakters (Geld) voraussichtlich nicht dieselbe Sicherheit bieten wird wie der veräußerte Gegenstand.

23 **Verhinderung** liegt vor, wenn der Lebenspartner die Zustimmung nicht rechtzeitig erteilen kann. Auf die Gründe kommt es ebenso wenig an wie darauf, ob die Verhinderung eine dauernde ist. Mit dem Aufschub ist eine Gefahr verbunden, wenn dem das Geschäft tätigenden Lebenspartner bei nicht rechtzeitiger Erteilung der Zustimmung Nachteile erwachsen. Ob das der Fall ist, richtet sich nach objektiven Kriterien.

24 Zuständig für die Ersetzung der Zustimmung ist das **Vormundschaftsgericht** (örtliche Zuständigkeit: § 45 FGG). Es kann nur die Zustimmung zu dem Geschäft ersetzen, wie es abgeschlossen wurde. Eine Änderung ist nicht statthaft. In Betracht kommt nur die Anordnung von Auflagen, mit denen berechtigte Gründe für eine Zustimmungsverweigerung beseitigt werden (BayObLG FamRZ 63, 521, str). Kommt das Gericht zu dem Ergebnis, dass eine Ersetzung der Zustimmung nicht möglich ist, weil das Geschäft nicht zustimmungspflichtig ist, erteilt es ein Negativattest. Gegen dieses ist der Lebenspartner, der die Zustimmung verweigert hat, in gleicher Weise beschwerdeberechtigt (§ 60 Nr 6 FGG, sofortige Beschwerde) wie gegen die Ersetzung der Zustimmung (LG Frankfurt FamRZ 92, 1079).

25 Die Zustimmung darf nur ersetzt werden, wenn das **Geschäft den Grundsätzen ordnungsmäßiger Vermögensverwaltung entspricht.** Ob das der Fall ist, richtet sich nach den Interessen der gesamten Familie, nicht nur demjenigen des verfügenden Lebenspartners oder einzelner Familienmitglieder. In Betracht kommt das zB bei der Veräußerung eines Gegenstandes dessen Behalten hohe Kosten verursacht, der Veräußerung eines unrentabel oder zur Last gewordenen Betriebs oder wenn der Erlös aus dem Geschäft in eine rentablere Anlage investiert werden soll.

(5) Willigt der andere Lebenspartner in das Verpflichtungsgeschäft nicht ein, kann dieses nur wirksam werden, wenn er es nachträglich genehmigt (Einzelheiten: § 1366 BGB) oder seine Zustimmung ersetzt wird. Erfolgt beides nicht, ist das Verpflichtungsgeschäft endgültig unwirksam (§ 1365 I 1 BGB). Einseitige Rechtsgeschäfte sind nichtig, wenn sie ohne die Einwilligung des anderen Lebenspartners vorgenommen werden (§ 1367 BGB). 26

In diesen Fällen wird das **Verfügungsgeschäft zustimmungspflichtig** (§ 1365 I 2 BGB). Sowohl das das Vermögen als ganzes betreffende Verpflichtungsgeschäft als auch die in Erfüllung dieses Geschäfts vorgenommenen Verfügungsgeschäfte sind schwebend unwirksam, sofern es sich dabei um Verträge handelt (sonst Nichtigkeit). Sie können aber durch eine Genehmigung noch wirksam werden und werden erst endgültig unwirksam, wenn diese verweigert und auch nicht nach § 1365 II BGB ersetzt wird. Ein Schutz des Dritten findet nicht statt. Vor allem ist § 135 II BGB nicht anwendbar. Dem Dritten können allenfalls Schadensersatzansprüche wegen Täuschung zustehen. 27

(6) § 1368 BGB enthält die **prozessuale Ergänzung** zu §§ 1365-1367, 1369 BGB und gestattet es dem betroffenen Lebenspartner, die Unwirksamkeit des gegen eines der Veräußerungsverbote verstoßenden Geschäfts im eigenen Namen geltend zu machen. Dem nicht verfügenden Lebenspartner wird ein eigener Rückgewähranspruch einräumt, wenn der andere ohne die nach erforderliche Zustimmung ein Geschäft vorgenommen hat. Trotz des etwas missverständlichen Wortlauts greift sie nicht erst ein, wenn bereits das Verfügungsgeschäft vorgenommen wurde. Der nicht verfügende Lebenspartner kann vielmehr auch schon Klage auf Feststellung der Unwirksamkeit des Verpflichtungsgeschäfts erheben. 28

Der verfügende Lebenspartner kann die Rechte, die sich der Unwirksamkeit des Geschäfts ergeben, auch selbst geltend machen. Insoweit ergeben sich keine Besonderheiten. 29

Verfahren. Der Streit nach § 1368 BGB ist eine Streitigkeit aus dem Güterrecht und deswegen Lebenspartnerschaftssache, für die das Familiengericht zuständig ist (§ 661 I Nr 6 ZPO). Die Klage auf Rückgewähr kann auf Leistung an den verfügenden Lebenspartner oder den nach § 1368 BGB klagenden anderen Lebenspartner gerichtet werden. Das ist vor allem dann zu raten, wenn der verfügende Lebenspartner nicht bereit ist, den Gegenstand zurückzunehmen. Die Klage nach § 1368 BGB betrifft einen anderen Streitgegenstand als die Klage des verfügenden Lebenspartners; ein Anspruchs- oder Klageverzicht oder ein Anerkenntnis in einem Verfahren hat daher keine Auswirkungen auf das andere. Ebenso hindern weder Rechtshängigkeit noch Urteil in dem vom verfügenden Lebenspartner betriebenen Verfahren eine eigene Klage des anderen. 30

cc) Weitere Verfügungsbeschränkungen können sich im Einzelfall aus der Verpflichtung der Lebenspartner zur lebenspartnerschaftlichen Gemeinschaft ergeben (§ 2 LPartG). Im Übrigen wird ein Lebenspartner nur durch Korrekturen der Zugewinnausgleichsberechnung geschützt, wenn sein Partner böswillig Vermögen weggegeben hat (vgl §§ 1375 II, 1384, 1386, 1387, 1390 BGB). 31

c) Für die **Abwicklung der Zugewinngemeinschaft** ist zu unterscheiden, ob der Güterstand durch den Tod eines der Lebenspartner beendet wird oder ob er aus anderen Gründen endet. Im erstgenannten Fall richtet sich der Ausgleich nach § 1371 BGB, in allen anderen Fällen wird nach §§ 1372-1390 BGB ausgeglichen. 32

aa) Den **Ausgleich im Todesfall regelt § 1371 BGB. (1)** Der Zugewinnausgleich im Todesfall kann einmal dadurch bewirkt werden, dass der Erbteil des überlebenden Lebenspartners um ein Viertel erhöht wird, gleichgültig, ob der verstorbene Lebenspartner einen höheren Zugewinn erzielt hat oder nicht (§ 1371 I BGB, sog erbrechtliche Lösung). In diesem Fall wird den Stiefkindern des Überlebenden aus dem zusätz- 33 lichen Erbteil ein besonderer Unterhaltsanspruch zur Finanzierung ihrer Ausbildung eingeräumt (§ 1371 IV BGB). Wird der überlebende Lebenspartner weder Erbe noch ist er mit einem Vermächtnis bedacht, muss der Zugewinn konkret ausgeglichen werden, dh in gleicher Weise, als wenn der Güterstand anders als durch den Tod beendet worden wäre (§ 1371 II BGB, sog güterrechtliche Lösung). Schließlich enthält die Vorschrift noch eine Sonderregelung für den Fall der Ausschlagung. Während diese normalerweise bewirkt, dass auch ein Pflichtteilsanspruch nicht besteht, ordnet § 1371 III BGB an, dass bei Ausschlagung des erhöhten Erbteils neben dem konkret berechneten Zugewinnausgleich auch der aus dem normalen („kleinen") Erbteil berechnete Pflichtteil verlangt werden kann.

34 **(2) (a) Die erbrechtliche Lösung (aa) setzt** das Bestehen der Zugewinngemeinschaft im Zeitpunkt des Todes **voraus.** War der Güterstand bereits durch die Vereinbarung eines anderen Güterstands oder anders beendet, ist die Erhöhung des Erbteils ausgeschlossen. Der überlebende Lebenspartner muss gesetzlicher Erbe oder Vermächtnisnehmer werden. Eine Erbenstellung aufgrund Testaments reicht nur, wenn die Berufung gerade zum gesetzlichen Erben oder auf den gesetzlichen Erbteil erfolgt (vgl §§ 2066 f BGB) oder wenn zeitweilig (Vorerbschaft) oder nach einer anderweiten Regelung noch gesetzliche Erbfolge eintreten kann (Nacherbschaft). Eine Einsetzung als Ersatzerbe, die sich nicht realisiert hat, schadet ebenfalls nicht. In den übrigen Fällen einer testamentarisch angeordneten Erbfolge gibt es keinen gesetzlichen Erbteil, der erhöht werden könnte, sodass für die erbrechtliche Lösung kein Raum ist. Andererseits darf der Erblasser auch nicht jede Beteiligung des Lebenspartners am Nachlass ausgeschlossen haben, indem er ihm seinen gesetzlichen Erbteil entweder ausdrücklich entzogen oder anderweit verteilt und ihm auch kein Vermächtnis zugewendet hat; denn auch dann gibt es keinen Anteil an der Erbschaft, der erhöht werden könnte, oder es erscheint jedenfalls unbillig, den anderen Lebenspartner gegen den Willen des Verstorbenen am Nachlass zu beteiligen.

35 **(bb) Die erbrechtliche Lösung bewirkt** zunächst, dass der **Zugewinn pauschal** durch die Erhöhung des gesetzlichen Erbteils des Überlebenden um ein Viertel **ausgeglichen** wird. Ob der Verstorbene tatsächlich einen höheren Zugewinn erzielt hat, ist unerheblich. Die übrigen Erben können den pauschalierten Ausgleich nicht verhindern oder eine Herabsetzung erreichen. Allein dem überlebenden Lebenspartner ist es möglich, durch Ausschlagung der Erbschaft einen konkret berechneten Zugewinnausgleich herbeizuführen (§ 1371 III BGB).

36 Das Zusatzviertel bildet mit der nach § 10 I 1 LPartG errechneten Quote einen **einheitlichen Erbteil.** Es kann nicht gesondert ausgeschlagen werden. Allein auf ihm ruht jedoch der Ausbildungsunterhaltsanspruch der Stiefkinder nach § 1371 IV BGB. In die Erbschaft fallen alle zum Vermögen des Verstorbenen gehörenden Positionen. Ein Ausgleich von Vorempfängen findet nur nach erbrechtlichen Regeln (§§ 2050 ff BGB) statt. Der Anspruch auf den Voraus (§ 10 I 2 LPartG) bleibt unberührt.

37 Das zusätzliche Viertel ist mit einem **Unterhaltsanspruch der Stiefkinder** des Überlebenden während der Zeit ihrer Ausbildung belastet (§ 1371 IV BGB). Voraussetzung dafür ist, dass diese Kinder nach dem Verstorbenen erbberechtigt sind, dh in dieser Weise am Nachlass beteiligt werden (str). Die Einsetzung zum Testamentserben (nicht aber zum Vermächtnisnehmer) schließt daher den Anspruch nach § 1371 IV BGB aus. An einem Unterhaltsanspruch fehlt es wegen der Bindung an das gesetzliche Erbrecht, wenn das Kind auf die Erbberechtigung verzichtet hat (§ 2346 BGB) oder es erbunwürdig ist (§§ 2339 ff BGB). Der Unterhaltsanspruch besteht nur soweit und solange, wie das Stiefkind gegen den Verstorbenen einen Unterhaltsanspruch zur Fortsetzung seiner Ausbildung gehabt hätte. Die Einzelheiten richten sich nach unterhaltsrechtli-

chen Regeln. Vor allem ist der eigene Erbteil des Kindes bedürftigkeitsmindernd zu berücksichtigen. Die Unterhaltsberechtigung endet auch bei Fortgang der Ausbildung und weiterer Bedürftigkeit des Stiefkindes, wenn der überlebende Lebenspartner den Wert des zusätzlichen Viertels für den Unterhalt verbraucht hat.

38 **Der Unterhaltspflicht entgehen** kann der Überlebende nach dem Tod seines Lebenspartners nur, indem er die gesamte Erbschaft ausschlägt (um dann den kleinen Pflichtteil und den konkret berechneten Zugewinn zu fordern, § 1371 III BGB). § 1371 IV BGB ist aber abdingbar, der Unterhaltsanspruch kann also zu Lebzeiten beider Lebenspartner im Lebenspartnerschaftsvertrag ausgeschlossen werden. Jeder Lebenspartner kann den Unterhaltsanspruch gegen seinen Partner außerdem durch letztwillige Verfügung ausschließen.

39 **(3) Die güterrechtliche Lösung (a) setzt** zunächst das Bestehen des **Güterstands zur Zeit des Todes** des Lebenspartners voraus. Der **überlebende Lebenspartner wird weder** testamentarischer (BGHZ 37, 58) noch gesetzlicher **Erbe noch** ist er mit einem **Vermächtnis** bedacht (BGHZ 42, 182). Auf welchen Gründen der Ausschluss von der Erbfolge beruht, ist unerheblich. Einen Anteil an der Erbschaft darf der Überlebende nur behalten, wenn dieser Anteil auf einem anderen Berufungsgrund beruht, wenn er also als Verwandter des Erben berufen ist (§§ 10 I LPartG, 1951 I BGB).

40 Abweichend von der Regel, dass derjenige, der ausschlägt, auch keinen Pflichtteil verlangen kann, lässt es § 1371 III BGB zu, dass der ausschlagende Lebenspartner einen nach dem nicht nach § 1371 I BGB erhöhten gesetzlichen Erbteil berechneten Pflichtteil (sog **kleiner Pflichtteil**) verlangt. Etwas anderes gilt nur, wenn er vertraglich auf das Erb- oder Pflichtteilsrecht verzichtet hatte. Vor der Ausschlagung muss der Überlebende daher genau prüfen, was günstiger für ihn ist. Die Entscheidung des Überlebenden muss sich damit einerseits nach den vom verstorbenen Lebenspartner angeordneten Beschwerungen und andererseits nach der Höhe des erwarteten konkret berechneten Zugewinnausgleichs richten. Insoweit ist vor allem zu berücksichtigen, dass beim konkreten Zugewinnausgleich eine Reihe von zu Lebzeiten erfolgten Zuwendungen angerechnet werden (§ 1380 BGB, Rn 99 ff), während das bei der Berechnung des Nachlasswerts grundsätzlich außer Betracht bleibt. Außerdem bleiben bestimmte aufgrund unentgeltlichen Erwerbs unter Lebenden oder von Todes wegen erworbene Gegenstände ohne Ausgleich (vgl § 1374 II BGB, Rn 55 ff). Andererseits können zum Zeitpunkt des Todes schon aus dem Vermögen des Verstorbenen ausgeschiedene Gegenstände unter Umständen noch in den Zugewinnausgleich einbezogen werden (vgl § 1375 II BGB, Rn 66 ff).

41 **(b)** Die güterrechtliche Lösung **hat zur Folge,** dass der Überlebende nur den nach dem nicht erhöhten Erbteil aus § 10 VI LPartG errechneten Pflichtteil und einen nach den allgemeinen Regeln (§§ 1373-1380, 1390 BGB) errechneten konkreten Ausgleich des Zugewinns verlangen kann. Eine quotenmäßige Beteiligung am Nachlass findet nicht statt; dem Überlebenden stehen nur schuldrechtliche Ansprüche gegen den Erben zu. Die Ausgleichsforderung ist Nachlassverbindlichkeit mit Vorrang vor Pflichtteilen, Vermächtnissen und Auflagen (§ 1991 IV BGB, § 327 InsO). Das bedeutet, dass sie vor der Berechnung des Pflichtteils vom Nachlasswert abzusetzen ist.

42 **bb)** Der Ausgleich **in allen anderen Fällen** außer dem Tod richtet sich nach §§ 1373-1390 BGB. Das wird in § 1372 BGB ausdrücklich festgelegt:

43 **(1)** Leges speciales, die den **Ausgleich verdrängen,** enthalten §§ 18, 19 LPartG sowie die HausratsVO vom 21.10.44 (RGBl I 256). Über Hausrat findet daher ein Ausgleich nicht statt, soweit er in die jeweiligen Verfahren einbezogen ist. Das gilt zwar nur für die im Miteigentum der Lebenspartner stehenden Gegenstände (BGHZ 89, 142 f). Insoweit ist aber zu beachten, dass der BGH annimmt, das Miteigentum an während

der Ehe angeschafften Gegenständen werde vermutet. Nichts anderes kann für die während der Lebenspartnerschaft angeschafften Gegenstände gelten.

44 Auch **Versorgungsanwartschaften** fallen nicht in den vermögensrechtlichen Ausgleich der Lebenspartner. Nach der Einführung des Versorgungsausgleichs auch für sie (vgl § 20 LPartG) gilt der Vorrang des Versorgungsausgleichs als Spezialregelung auch hier uneingeschränkt.

45 Umgekehrt **verdrängen die Regeln über den Zugewinnausgleich grundsätzlich die allgemeinen Ausgleichsinstrumente,** soweit ihre Anwendung allein auf den Umstand gestützt werden soll, dass ein Lebenspartner während der Lebenspartnerschaft mehr Vermögen erworben hat als der andere (BGHZ 65, 320 ff; 115, 132; aA Lipp JuS 93, 94; Ludwig FuR 92, 201). Vor allem die **Regeln über den Wegfall der Geschäftsgrundlage** (§ 313 BGB) werden grundsätzlich verdrängt. Etwas anderes gilt nur, wenn die alleinige Anwendung der vermögensrechtlichen Regelungen zu einem schlechthin unangemessenen Ausgleich führen würde (zB Zuwendungen unter Lebenspartnern bereits vor dem Eintritt des Güterstands, OLG Bamberg FamRZ 96, 1221) oder wenn sie von den Eltern/Schwiegereltern vorgenommen wurden. Dann kann angenommen werden, dass die Geschäftsgrundlage eines besonderen, stillschweigend geschlossenen, familienrechtlichen Vertrags wegfällt (BGHZ 115, 132; 127, 48; FamRZ 94, 503 zu einer Altersversorgungsehe).

46 Ausgleichsansprüche aufgrund eines unter den Lebenspartnern bestehenden **Gesamtschuldverhältnisses** bleiben unberührt, weil sie immer einen über die Lebenspartnerschaft hinausgehenden Verpflichtungsgrund voraussetzen (vgl Gernhuber JZ 96, 696; 765). Soweit ein Lebenspartner für den anderen die persönliche Mithaftung für einen diesem gegebenen Kredit oder eine diesen absichernde Bürgschaft übernommen hat, kann er nach dem Ende der Lebenspartnerschaft die Freistellung von diesen Verpflichtungen nach § 670 BGB verlangen, sofern nicht vereinbart war, dass der mithaftende Lebenspartner im Innenverhältnis die Belastung endgültig tragen soll (BGH NJW 89, 1920; OLG Hamm FamRZ 92, 437; aA OLG Köln NJW-RR 94, 52).

47 Ansprüche aus **§§ 812 ff BGB** sind für Zuwendungen unter Lebenspartnern während der Lebenspartnerschaft ausgeschlossen (BGHZ 65, 320). Ansprüche Dritter (zB Eltern/Schwiegereltern) bleiben dagegen ebenso zulässig (OLG Oldenburg NJW 92, 1461) wie solche gegen sie (BGH NJW 85, 313 ff; 90, 1790).

48 Ansprüche aus **§ 985 BGB** bleiben unberührt. Das Gleiche gilt für die Rechte, die aus dem Miteigentum folgen, vor allem das Recht, eine neue Benutzungsregelung zu verlangen (§ 745 BGB, praktisch besonders nach der Trennung der Lebenspartner) oder die Auflösung der Miteigentumsgemeinschaft zu betreiben (§ 749 BGB).

49 **Gesellschaftsvertragliche Ausgleichsansprüche** kommen nur in Betracht, wenn die Lebenspartner einen über die Verwirklichung der lebenspartnerschaftlichen Gemeinschaft hinausgehenden Zweck verfolgt haben (BGHZ 84, 361; FamRZ 89, 147).

50 **(2)** Der **Begriff** des auszugleichenden Zugewinns ist in § 1373 BGB geregelt, der damit die für den Zugewinnausgleich maßgeblichen **Rechengrößen** festlegt. Der Zugewinn eines Lebenspartners ist der Betrag, um den sein beim Ende des Vermögensstands vorhandenes Vermögen (Endvermögen, § 1375 BGB, Rn 63 ff) das zu seinem Beginn vorhandene Vermögen (Anfangsvermögen, § 1374 BGB, Rn 52 ff) übersteigt. Eine gewisse Modifikation erfährt die in § 1373 BGB aufgestellte Regel dadurch, dass für die Berechnung des Ausgleichsanspruchs grundsätzlich weder das Anfangs- noch das Endvermögen unter null sinken können (§§ 1374 I aE; 1375 I 2 BGB). Trotz Vermögensverschiebungen entsteht also ein Zugewinn nicht, wenn ein Lebenspartner „mit in die Lebenspartnerschaft gebrachte" Schulden tilgt. Umgekehrt kann ein Zugewinn durch Schulden sinken, so dass verlustreiche Geschäfte des einen Lebenspartners auch zu Lasten des anderen gehen und gegebenenfalls sogar von ihm durch Gewährung eines

Zugewinnausgleichsanspruchs an den schuldenden Lebenspartner mitgetragen werden müssen.

(3) § 1374 BGB definiert in Abs 1 den Begriff des **Anfangsvermögens,** das bei der Berechnung des Zugewinns zugrunde zu legen ist (§ 1373, vgl Rn 52 ff, zum Endvermögen s § 1375 BGB, Rn 63 ff). § 1374 II BGB nimmt bestimmte Arten von Vermögenszuwächsen, die nicht auf ein gemeinsames Erwirtschaften durch die Lebenspartner entstanden sind, dadurch aus dem Ausgleich heraus, dass das so erworbene Vermögen auch dann dem Anfangsvermögen zugerechnet wird, wenn es erst nach dem Eintritt des Vermögensstands erworben wurde. Das dient dem Zweck des Ausgleichs, nur partnerschaftsbedingte Vermögenszuwächse aufzuteilen. Die Vorschrift ist **dispositiv.** 51

(a) Anfangsvermögen ist das Vermögen, das einem Lebenspartner zu Beginn der Ausgleichsgemeinschaft nach Abzug der Verbindlichkeiten gehört (§ 1374 I BGB). Es handelt sich um eine reine Rechengröße. Errechnet wird der Wert des positiven Vermögens, von dem dann der Wert der Passiva abzusetzen ist. 52

Zum Vermögen gehören die im Eigentum eines Lebenspartners stehenden Sachen, Anwartschaften und alle Rechte und Forderungen, die einen materiellen Wert besitzen. Ausgenommen sind nur gemeinschaftlicher Hausrat und Versorgungsanwartschaften (Rn 43 f). Miteigentum oder gemeinschaftliche Forderungen sind beiden Lebenspartnern mit der Quote der Berechtigung anzurechnen, im Zweifel also hälftig. Für die Wertberechnung maßgebend ist der objektive Verkehrswert. Von dem so errechneten Vermögenswert sind die Verbindlichkeiten des Lebenspartners abzuziehen. Das sind zum einen alle gegen ihn gerichteten Forderungen nebst ihren Nebenforderungen (Zinsen), die zum Zeitpunkt des Beginns des Güterstands fällig sind. Daneben sind die auf den Sachen des Lebenspartners lastenden dinglichen Lasten (Pfandrechte, Nießbräuche, Wohnrechte, Dienstbarkeiten) abzusetzen. Etwas anderes gilt nur, wenn die Verbindlichkeiten aus einer anlässlich einer vorweggenommenen Erbfolge getroffenen Vereinbarung resultieren (§ 1374 II BGB, Rn 57 ff). Derartige Verbindlichkeiten bleiben unberücksichtigt. 53

Obergrenze für den Abzug ist das positive Vermögen. Das Anfangsvermögen kann daher nie negativ sein. Das führt dazu, dass ein Lebenspartner, der überschuldet in den Güterstand eintritt, solange keinen Zugewinn erzielt, bis seine Schulden getilgt sind. Sein Partner erhält bei Beendigung des Güterstands für seinen Anteil an der Tilgungsleistung keinen Ausgleich. 54

(b) Die Berechnung des Anfangsvermögens wird dadurch **modifiziert,** dass auch das nach dem Eintritt des Güterstands unentgeltlich erworbene Vermögen dem Anfangsvermögen zugerechnet wird (§ 1374 II BGB). Auf diese Weise werden typische nicht partnerschaftsbedingte Vermögenszuwächse neutralisiert. 55

Dem Anfangsvermögen **wird hinzugerechnet: was ein Lebenspartner von Todes wegen erwirbt.** Hierher gehören neben Erbschaften, Vermächtnissen und Pflichtteilen auch Abfindungssummen für Erb- und Pflichtteilsverzichte und Ausgleichszahlungen nach §§ 12-14 HöfeO. Zu berücksichtigen ist auch die Nacherbenanwartschaft, die ein Lebenspartner durch die Einsetzung zum Nacherben erlangt. Deren Wert ist allerdings um den Betrag der Aufwendungen zu kürzen, die der künftige Nacherbe mit Rücksicht auf die Nacherbschaft aus seinem sonstigen Zugewinn auf den Nachlass erbringt (OLG Hamm FamRZ 84, 481). Wegen der gleichen Interessenlage ist § 1374 II BGB auf Lebensversicherungssummen, die ein Lebenspartner aus einer von einem Dritten abgeschlossenen Lebensversicherung erlangt, analog anzuwenden (BGH NJW 95, 3113; Gernhuber JZ 96, 205). 56

Anfangsvermögen ist auch der **Erwerb mit Rücksicht auf ein künftiges Erbrecht.** Das sind Unternehmens- und Hofübergaben sowie alle sonstigen Vermögensübertragungen im Wege vorweggenommener Erbfolge. Dass für diese eine Gegenleistung er- 57 bracht wird (typischerweise: Übernahme einer Unterhalts- und Pflegeverpflichtung, Ausgleichszahlungen an weichende Geschwister), schadet nicht (BGHZ 70, 291; NJW 95, 1349). Weil der gesamte Vermögenserwerb dem Anfangsvermögen zugerechnet wird, dürfen die dadurch entstandenen Belastungen nicht nach § 1374 I BGB vom Anfangsvermögen (sondern nur vom Erworbenen) abgezogen werden; denn sonst käme es zu einer doppelten Berücksichtigung (BGH NJW 90, 3018).

58 Anfangsvermögen ist auch der Erwerb aufgrund einer **Schenkung.** Das sind alle unentgeltlichen Zuwendungen iSv § 516 BGB, nicht aber der Vermögenszuwachs, der durch die unentgeltliche Leistung von Diensten (BGHZ 101, 229) oder die Überlassung von Wohnraum (OLG München FamRZ 98, 825) entsteht. Gemischte Schenkungen können daher dem Anfangsvermögen nur zugerechnet werden, soweit der Verkehrswert die Gegenleistung überschreitet. Auf Zuwendungen unter Lebenspartnern findet § 1374 II BGB keine Anwendung, gleich, ob es sich um Schenkungen (BGHZ 101, 65; FamRZ 88, 373; OLG Frankfurt FamRZ 87, 62; aA OLG München FamRZ 87, 67; Lipp JuS 93, 90) oder die sog unbenannten Zuwendungen (BGHZ 82, 234) handelt. Das Gleiche gilt, wenn die Eltern/Schwiegereltern einem oder beiden Lebenspartnern zur wirtschaftlichen Absicherung der Lebenspartnerschaft Vermögen zuwenden (BGHZ 129, 259). Bei Scheitern der Lebenspartnerschaft können sie dies nach den Regeln über den Wegfall der Geschäftsgrundlage zurückfordern (Rn 47). Es wäre daher nicht sachgerecht, diesen Erwerb dadurch zu privilegieren, dass sich auch noch der Zugewinn des Beschenkten durch Anrechnung auf das Anfangsvermögen verringert.

59 **Ausstattungen** iSd § 1624 BGB werden ebenfalls dem Anfangsvermögen zugerechnet.

60 Anfangsvermögen ist auch **der den Umständen nach zu den Einkünften zu rechnende Vermögenserwerb.** Maßgeblich dafür sind die Zweckbestimmung des Zuwendenden und die Lebensverhältnisse der Lebenspartner. Hierher gehören zB nicht verbrauchte Reste von Unterhaltszuschüssen, der Übernahme von Krankheitskosten und Zuwendungen für Reisen, Ausbildung usw, nicht dagegen Zuwendungen zur Vermögensbildung (BGHZ 101, 229). Diese können aber Schenkungen darstellen.

61 **Andere** als die genannten **Vermögenszuwächse** werden niemals dem Anfangsvermögen zugerechnet, auch wenn sie nicht von den Lebenspartnern erwirtschaftet wurden (aA Schröder FamRZ 97, 1, 4, der für eine analoge Anwendung plädiert). Das gilt zB für Schmerzensgeld (BGHZ 80, 384), Abfindungen aus anderen Gründen als einer vorweggenommenen Erbfolge (BGHZ 82, 149; OLG Saarbrücken FamRZ 85, 710) und Lottogewinne (BGHZ 68, 43).

62 Die Zuwendungen werden mit ihrem **objektiven Wert zum Zeitpunkt der Zuwendung** berücksichtigt. Daraus folgt, dass später unter Ausnutzung des Zugewendeten erzielte Gewinne in voller Höhe in den Zugewinnausgleich fallen und ein späterer Verlust oder Wertverlust unberücksichtigt bleibt. Direkt auf dem zugewendeten Gegenstand ruhende Belastungen oder dafür erbrachte Gegenleistungen sind abzusetzen. Die Zurechnung zum Anfangsvermögen soll bewirken, dass die in § 1374 II BGB genannten Zuwendungen ganz aus der Zugewinnausgleichsberechnung herausgenommen werden. Das ist nur gewährleistet, wenn sie in jeder Beziehung getrennt von den übrigen Vermögensteilen behandelt werden. Bei rechnerisch negativem Anfangsvermögen nach § 1374 I, 1 Halbs BGB darf daher eine Verrechnung des Werts der Zuwendung mit dem Negativsaldo nicht erfolgen (BGHZ 129, 311; aA Korenke FamRZ 95, 232; Gernhuber JZ 96, 48 f; Schröder FamRZ 97, 5).

63 **(4) § 1375 I BGB definiert** das **Endvermögen,** das der Berechnung des Zugewinns (§ 1373 BGB, Rn 85 ff) zugrundezulegen ist. Die dort aufgestellte Definition wird in § 1375 II BGB um Regeln für die Berücksichtigung von bestimmten Vermögensminderungen auf Seiten eines Lebenspartners, durch die dieser sein Vermögen ohne triftigen Grund geschmälert hat, ergänzt. Die Bedeutung dieser Schutzvorschrift wird

allerdings dadurch relativiert, dass nach § 1378 II BGB (Rn) die Ausgleichsforderung durch das am Ende des Vermögensstands vorhandene Vermögen begrenzt wird. Wenn der Lebenspartner ausgleichspflichtig ist, dessen Vermögen Werte hinzugerechnet werden, wirkt sich die Hinzurechnung daher nicht mehr aus, sobald die daraus errechnete Zugewinnausgleichsforderung das tatsächlich vorhandene Vermögen überschreitet.

64 Wie § 1374 BGB **ist auch § 1375 BGB dispositiv.**

65 **(a) In das Endvermögen fallen alle Gegenstände,** die materiellen Wert haben und nicht deswegen vom Zugewinnausgleich ausgeschlossen sind, weil sie Spezialregelungen unterliegen (Versorgungsanwartschaften, in das Hausratsverfahren einbezogener Hausrat, Rn 43 f). Stichtag für die Berechnung des Werts des Endvermögens ist grundsätzlich das Ende des Vermögensstands (§ 1376 II, III BGB, Rn 119 ff), in den Fällen der §§ 1384, 1387 BGB (Rn 130 ff) die Rechtshängigkeit des zum Ende des Güterstands führenden Antrags bzw Klage.

66 **(b)** Dem nach § 1375 I BGB errechneten Endvermögen sind bestimmte **Werte für Gegenstände hinzuzurechnen,** die sich nicht mehr im Vermögen des Lebenspartners befinden, die er aber ohne hinreichenden Grund illoyal weggegeben und so sein Endvermögen gemindert hat (§ 1375 II BGB). Das soll verhindern, dass ein Lebenspartner sein Endvermögen schmälert, um einen sonst entstehenden Ausgleichsanspruch seines Lebenspartners zu verringern oder auszuschließen. § 1375 II BGB nennt drei Zurechnungsfälle:

67 Zum Endvermögen werden zunächst alle **unentgeltlichen Zuwendungen** addiert, die ein Lebenspartner vornimmt, ohne dazu durch eine sittliche Pflicht oder einer auf den Anstand zu nehmenden Rücksicht zu entsprechen (Schenkungen, Stiftungen und Ausstattungen, § 1375 II Nr 1 BGB). Die unbenannten Zuwendungen des Familienrechts fallen zwar tatbestandlich auch unter Nr 1, werden aber wegen § 1375 III letzter Fall BGB nie dem Endvermögen hinzugerechnet.

68 Dem Endvermögen wird auch hinzugerechnet, was **verschwendet,** dh weggegeben wurde, ohne dass ein stichhaltiges Motiv vorliegt oder ohne einen Gegenwert zu erhalten (§ 1375 II Nr 2 BGB). Ärger, Wut oder Enttäuschung über den anderen Lebenspartner kann aber durchaus „Frustausgaben" auch in erheblicher Höhe legitimieren (OLG Schleswig FamRZ 86, 1208).

69 Zum Endvermögen addiert werden schließlich die Vermögensminderungen, die ein Lebenspartner in der **Absicht** vornimmt, **seinen Partner zu benachteiligen** (§ 1375 II Nr 3 BGB). Erforderlich ist, dass der Verfügende eine Benachteiligung seines Lebenspartners mindestens für möglich hält und dass es ihm gerade darauf ankommt, diesen Erfolg herbeizuführen. Es braucht sich aber nicht um das einzige Motiv des Verfügenden zu handeln (KG FamRZ 88, 171). Die Beweislast für die Benachteiligungsabsicht trägt der Lebenspartner, der die Hinzurechnung verlangt.

70 Die **Hinzurechnung** zum Endvermögen ist trotz des Vorliegens eines der Tatbestände von § 1375 II BGB **ausgeschlossen**, wenn seit der Vermögensminderung mindestens 10 Jahre verstrichen sind. Maßgebend ist der Zeitpunkt des Verpflichtungsgeschäfts. Die Hinzurechnung ist auch ausgeschlossen, wenn der andere Lebenspartner mit der unentgeltlichen Zuwendung (§ 1375 II Nr 1 BGB) oder der Verschwendung (§ 1375 II Nr 2 BGB) einverstanden war.

71 **Bewertungszeitpunkt** für die dem Endvermögen hinzuzurechnenden Vermögensteile ist jeweils der Zeitpunkt der Vornahme der Vermögensminderung (§ 1376 II BGB aE).

72 **(c)** Von dem so ermittelten positiven Vermögen **werden die Verbindlichkeiten des Lebenspartners abgezogen.** Auch der fällige Unterhaltsanspruch des Lebenspartners selbst ist vermögensmindernd zu berücksichtigen (OLG Hamm FamRZ 92, 679; OLG Celle FamRZ 91, 944). Gesamtschuldnerische Verpflichtungen der Lebenspartner sind bei jedem in Höhe ihrer internen Ausgleichsquote anzusetzen, im Zweifel also hälf-

tig (§ 426 II BGB). Die volle Berücksichtigung auf Seiten eines Lebenspartners kommt daher nur in Betracht, wenn dieser intern die volle Schuld tragen muss oder wenn bereits feststeht, dass die Gläubiger von dem anderen Lebenspartner mangels Zahlungsfähigkeit keine Befriedigung erlangen werden (OLG Hamm FamRZ 97, 363). Der Bewertungszeitpunkt der Passiva entspricht dem des positiven Vermögens (§ 1376 III BGB).

73 Die **Obergrenze** für den Abzug der Verbindlichkeiten bildet grundsätzlich der Wert des positiven Vermögens, so dass das Endvermögen grundsätzlich nicht negativ sein kann (§ 1375 I 2 BGB). Etwas anderes gilt nur, wenn Dritte nach § 1390 BGB (Rn 138 ff) auf Herausgabe unentgeltlicher oder in Benachteiligungsabsicht vorgenommenen Zuwendungen in Anspruch genommen werden können.

74 **(5)** Die Ermittlung des **Werts des Anfangs- und des Endvermögens** betrifft § 1376 BGB. Die Norm regelt, welcher **Stichtag für die Bewertung dieser Gegenstände** maßgeblich ist (§ 1376 I-III BGB). Außerdem wird für land- und forstwirtschaftliche Betriebe eine bestimmte Bewertungsmethode angeordnet (§ 1376 IV BGB), deren Wahl sonst dem Richter überlassen ist.

75 § 1376 BGB ist **dispositiv.** Im über den Vermögensausgleich geführten Verfahren sind übereinstimmende Wertfestsetzungen der Parteien für das Gericht schon nach § 138 III ZPO bindend.

76 **(a)** **Bewertungsstichtag für das Anfangsvermögen** und die davon abzusetzenden Verbindlichkeiten ist grundsätzlich der Tag des Beginns des Güterstands (§ 1376 I, III BGB). Gegenstände, die aufgrund eines späteren unentgeltlichen Erwerbs dem Anfangsvermögen hinzugerechnet werden (§ 1374 II BGB), werden zum Zeitpunkt des Erwerbs bewertet.

77 **Das Endvermögen** einschließlich der abzuziehenden Verbindlichkeiten wird zum Tag des Endes des Güterstands bewertet (§ 1374 II, III BGB). Soweit Vermögenswerte dem Endvermögen hinzugerechnet werden, die sich nicht mehr darin befinden (§ 1375 II BGB), ist der Tag maßgeblich, an dem die Vermögensminderung stattgefunden hat (§ 1376 II BGB aE). Das ist idR der Tag des Verpflichtungsgeschäfts. Für den Fall der Beendigung des Güterstands durch Aufhebung der Lebenspartnerschaft enthält § 1384 BGB, für den vorzeitigen Vermögensausgleich § 1387 BGB Sonderregelungen.

78 **(b)** Die Anwendung einer bestimmten **Bewertungsmethode** ist nur für land- und forstwirtschaftliche Betriebe vorgeschrieben (§ 1376 IV BGB). Außerdem können die Lebenspartner in einem Lebenspartnerschaftsvertrag die Anwendung einer bestimmten Methode vereinbaren. Sonst ist der Richter in der Wahl der Bewertungsmethode frei (BGH FamRZ 86, 39; OLG Saarbrücken FamRZ 98, 235). Maßgebend ist grundsätzlich der objektive Verkehrswert und nicht der Buch-, Einheits- oder Steuerwert des Gegenstands. Verkehrswert ist der Erlös, der erzielt werden könnte, wenn der Gegenstand veräußert würde. Es handelt sich um eine bloße Rechengröße; es kommt daher nicht darauf an, ob der Gegenstand tatsächlich zum Stichtag verkauft werden kann (BGH NJW 92, 1105; FamRZ 92, 918). Eine Bewertung zum Liquidationswert kommt in Betracht, wenn zwangsläufige Folge des Zugewinnausgleichs die Liquidation eines Unternehmens oder einer sonstigen Gemeinschaft ist (BGH NJW 95, 2781).

79 **Verbindlichkeiten** werden grundsätzlich mit dem **Nennbetrag** berücksichtigt. Es kommt allein auf das Vorhandensein der Schuld an, nicht dagegen, ob sie am Bewertungsstichtag unstreitig oder rechtskräftig ausgeurteilt ist. Ggf ist die Berechnung nachträglich zu korrigieren.

80 Wegen der zwischen der Berechnung des Anfangs- und des Endvermögens liegenden Zeitspanne kann die Bewertung beider Vermögensmassen erheblich **durch die zwischenzeitlich stattgefundene Geldentwertung** verzerrt werden. Allein dadurch kann das Endvermögen höher erscheinen als das Anfangsvermögen. Derartige schein-

bare Zugewinne sind nicht auszugleichen (BGHZ 61, 392). Um das sicherzustellen, muss das Anfangsvermögen rechnerisch an die bis zum Stichtag für die Berechnung des Endvermögens stattgefundene Geldentwertung angepasst werden. Das geschieht, indem der nach § 1374 BGB ermittelte Betrag des Anfangsvermögens nach der Formel (Wert zum für die Bewertung des Anfangsvermögens maßgeblichen Stichtag x Lebenshaltungsindex zum für die Bewertung des Anfangsvermögens maßgeblichen Stichtag) dividiert durch den Lebenshaltungsindex zum für die Bewertung des Endvermögens maßgeblichen Stichtag hochgerechnet wird. Ausgangswert ist das Anfangsvermögen nach § 1374 I BGB insgesamt; eine Differenzierung nach Gegenständen erfolgt nicht (OLG Hamm FamRZ 84, 275). Bei nach § 1374 II BGB dem Anfangsvermögen hinzugerechnetem Vermögenserwerb gilt die Formel entsprechend, nur ist in diesem Fall der Ausgangspunkt der Lebenshaltungsindex zur Zeit des Erwerbs (BGHZ 101, 65). Lebenshaltungsindices werden vom Statistischen Bundesamt veröffentlicht. Sie differenzieren zum Teil nach der Zusammensetzung der Haushalte. Basisjahr ist 1991. Sie werden regelmäßig in der NJW und anderen Fachzeitschriften veröffentlicht.

81 **(6)** Gerade wenn eine Lebenspartnerschaft oder Ehe längere Zeit bestanden hat, ist es oft schwierig zu klären, was am Anfang der Partnerschaft an Vermögen vorhanden war, was später als Anfangsvermögen hinzugekommen ist und wie diese Gegenstände zu bewerten sind. **§ 1377 BGB erleichtert** deswegen **durch die Aufstellung von Beweisregeln** in Bezug auf das Anfangsvermögen **die Berechnung des Zugewinnausgleichsanspruchs.** Als Anfangsvermögen gilt bis zum konkreten Nachweis nur das, was die Lebenspartner selbst in einem Verzeichnis festgestellt haben (§ 1377 I, III BGB). Ohne ein solches Verzeichnis gilt daher das gesamte am Ende des Güterstands vorhandene Vermögen als Endvermögen, wenn nicht dem Lebenspartner, dem es gehört, der Nachweis gelingt, dass er es schon beim Beginn des Güterstands hatte oder es später unentgeltlich erworben hat (vgl § 1374 II BGB). Wegen der Bedeutung des Verzeichnisses gibt § 1377 II BGB den Lebenspartnern einen gegenseitigen Anspruch auf Mitwirkung an seiner Erstellung.

82 In das Verzeichnis sollen **alle beim Eintritt des Vermögensstands vorhandenen Gegenstände** und die davon abzusetzenden **Verbindlichkeiten** aufgenommen werden. Wird später dem Anfangsvermögen hinzuzurechnendes Vermögen erworben (§ 1374 II BGB), muss das Verzeichnis ergänzt werden, damit auch diese Gegenstände von der Wirkung des § 1377 BGB erfasst werden.

83 **Die Aufstellung des Verzeichnisses** ist nicht zwingend. Sie kann bei Beginn des Güterstands oder später (für diesen Stichtag) erfolgen. § 1377 II BGB räumt jedem Lebenspartner einen gegen den anderen gerichteten Anspruch auf Mitwirkung an der Aufstellung ein. Mitwirkung bedeutet, dass die Lebenspartner gemeinsam ein Verzeichnis erstellen, dieses datieren und unterzeichnen müssen. Jeder Lebenspartner kann außerdem verlangen, dass das Verzeichnis durch die zuständige Behörde, den zuständigen Beamten oder einen Notar aufgenommen wird (§ 1377 II 2 iVm § 1035 BGB). Außerdem kann jeder auf seine Kosten den Wert der Vermögensgegenstände und der Verbindlichkeiten durch einen Sachverständigen feststellen lassen (§ 1377 II 3 BGB).

84 **Das Verzeichnis bewirkt** die Vermutung, dass das in ihm verzeichnete Vermögen das (gesamte) Anfangsvermögen darstellt (§ 1377 I BGB). Der Beweis des Gegenteils ist zulässig. Wird kein Verzeichnis aufgestellt, wird vermutet, dass kein Anfangsvermögen vorhanden war, dass also das gesamte am Ende des Vermögensstands vorhandene Vermögen Zugewinn darstellt. Der Beweis des Gegenteils ist zulässig.

85 **(7)** **§ 1378 BGB** enthält die **Kernregelung für den vermögensrechtlichen Ausgleich.** Die Norm bestimmt, dass dieser in einer schuldrechtlichen Ausgleichsforderung des Lebenspartners mit dem geringeren Zugewinn gegen den Lebenspartner mit dem höheren Zugewinn in Höhe von grundsätzlich 50 % der Wertdifferenz besteht (§ 1378 I

BGB), begrenzt diesen aber im Interesse des ausgleichspflichtigen Lebenspartners durch den Wert des zur Zeit der Beendigung des Güterstands vorhandenen Vermögens abzüglich der Verbindlichkeiten (§ 1378 II BGB). Außerdem regelt § 1378 BGB den Entstehungszeitpunkt der Ausgleichsforderung, die Verfügbarkeit über sie (§ 1378 III BGB) und ihre Verjährung (§ 1378 IV BGB).

86 **(a)** Der vermögensrechtliche Ausgleich findet dadurch statt, dass dem Lebenspartner mit dem geringeren Zugewinn gegen den anderen grundsätzlich ein **Zahlungsanspruch iHv 50 % der Wertdifferenz** zwischen den Zugewinnen eingeräumt wird. Die Berechnung des Zugewinns richtet sich nach § 1373 BGB, welches Anfangsvermögen zugrunde zu legen ist, ergibt sich aus § 1374 BGB, welches Endvermögen, bestimmt § 1375 BGB. Die Berechnungsstichtage ergeben sich aus § 1376 BGB. Der Ausgleich wird rein schuldrechtlich verwirklicht; der Berechtigte erhält (anders als beim erbrechtlichen Ausgleich nach § 1371 I BGB) keinen dinglichen Anteil am Vermögen des anderen Lebenspartners.

87 Der Ausgleichsanspruch ist **geringer, wenn das Endvermögen** abzüglich der Verbindlichkeiten **nicht ausreichen** würde, um die Ausgleichsforderung zu erfüllen. Dann wird die Ausgleichsforderung gekappt, soweit sie den Wert des Endvermögens abzüglich der Verbindlichkeiten übersteigt (§ 1378 II BGB). Maßgebender Zeitpunkt ist das Ende des Güterstands. § 1384 BGB gilt nicht (BGH NJW 88, 2369; aA Schröder FamRZ 97, 7). Solche Fälle können nur vorkommen, wenn der Zugewinn eines Lebenspartners durch die Berücksichtigung von am Ende des Güterstands nicht mehr vorhandenem Vermögen höher als das tatsächlich vorhandene Vermögen ist (vgl § 1375 II BGB, Rn 66 ff). Die Bedeutung der Hinzurechnung wird dadurch erheblich relativiert. Der mit seiner Ausgleichsforderung ausfallende Lebenspartner kann nur versuchen, von Dritten, an die sein Lebenspartner Vermögen weggegeben hat, nach § 1390 BGB Herausgabe des Erlangten zu verlangen.

88 **(b)** Die Ausgleichsforderung **entsteht mit dem Ende des Güterstands.** Sie ist von diesem Zeitpunkt an vererblich und übertragbar. Entgegen dem etwas missverständlichen Wortlaut von § 1378 III 2 BGB können die Lebenspartner aber bereits Verpflichtungen zu Verfügungen über die Ausgleichsforderung treffen; denn die Regelung bezieht sich allein auf die dabei einzuhaltende Form (vgl BGHZ 86, 143, Form des § 1378 III 2 BGB bei Verpflichtungen vor dem Ende des Güterstands). Fällig ist die Forderung mit der Rechtskraft des Urteils, durch das die Lebenspartnerschaft aufgehoben (§ 17 LPartG) und über den Zugewinnausgleich entschieden wird (vgl §§ 661 II, 623, 629 ZPO), sonst mit der Rechtskraft des Urteils über den Zugewinnausgleich. Erst von diesem Zeitpunkt an kommt daher eine Verzinsung nach §§ 286, 288 BGB in Betracht. Pfändbar wird die Forderung, sobald sie anerkannt oder rechtshängig geworden ist (§ 852 II ZPO).

89 Da die **Regeln über den Zugewinnausgleich dispositiv** sind, können die Lebenspartner in jedem Stadium des Güterstands von den §§ 1363 ff BGB abweichende Regelungen treffen. Während (bzw vor Eintritt) des Güterstands ist dazu ein Lebenspartnerschaftsvertrag (§ 7 LPartG) erforderlich. Eine Vereinbarung, die die Lebenspartner während eines Verfahrens, das auf die Aufhebung der Lebenspartnerschaft gerichtet ist, für den Fall der Auflösung der Lebenspartnerschaft über den Ausgleich des Zugewinns treffen, bedarf (ebenfalls) der notariellen Beurkundung oder ist als gerichtlicher Vergleich zu protokollieren (§ 1378 II 2, § 127a BGB).

90 Die **Ausgleichsforderung verjährt** – entsprechend der für den Pflichtteilsanspruch geltenden Regeln (§ 2332 BGB) – in drei Jahren (§ 1378 IV 1 BGB). Die Frist beginnt mit dem Zeitpunkt, in dem der Lebenspartner erfährt, dass der Güterstand beendet ist. Wird er durch eine gerichtliche Entscheidung beendet, ist das regelmäßig die Kenntnis

von der Rechtskraft des Urteils (vgl BGHZ 100, 203). Auf die Kenntnis vom Bestehen eines Ausgleichsanspruchs kommt es dagegen nicht an. Spätestens tritt die Verjährung dreißig Jahre nach der Beendigung des Güterstandes ein (§ 1378 IV 2 BGB). Endet der Güterstand durch den Tod eines Lebenspartners (Fall des § 1371 II BGB), gelten im Übrigen die Vorschriften, die für die Verjährung eines Pflichtteilsanspruchs gelten. Zu der Kenntnis vom Ende des Güterstands muss daher noch die Kenntnis der letztwilligen Verfügung hinzutreten, durch die der überlebende Lebenspartner von der Erbfolge ausgeschlossen wird, ohne dass ihm ein Vermächtnis ausgesetzt ist (vgl § 2332 I BGB). Auch in diesem Fall gilt die dreißigjährige Ausschlussfrist. Unterbrechung und Hemmung der Verjährung richten sich nach den allgemeinen Regeln.

(8) § 1379 BGB soll es jedem Lebenspartner ermöglichen, das zum Zeitpunkt der Beendigung des Güterstands (§ 1376 II BGB) bzw zum Zeitpunkt der Rechtshängigkeit des zum Ende des Güterstands führenden Verfahrens (§§ 1384, 1387 BGB) vorhandene Endvermögen des anderen Lebenspartners zu ermitteln. Es räumt ihm dazu einen **Anspruch auf Auskunft** und Vorlage eines Vermögensverzeichnisses ein. 91

(a) Der Auskunftsanspruch **setzt voraus,** dass entweder der Güterstand beendet ist (§ 1379 I 1 BGB) oder dass ein Antrag auf Aufhebung der Lebenspartnerschaft rechtshängig ist (§ 1379 II BGB). Entsprechendes muss trotz Fehlens einer gleichlautenden Vorschrift gelten, wenn ein Lebenspartner auf vorzeitigen Zugewinnausgleich klagt (§§ 1385 f BGB); denn dann endet der Güterstand erst mit der Rechtskraft der den vorzeitigen Zugewinnausgleich zusprechenden Entscheidung (§ 1388 BGB). Der Anspruch ist wegen Rechtsmissbrauchs ausgeschlossen, wenn bereits ohne genauere Ermittlung des Endvermögens feststeht, dass der um Auskunft nachsuchende Lebenspartner keinen Zugewinnausgleichsanspruch haben wird, weil § 1381 BGB eingreift (BGH NJW 72, 433; 80, 1462) oder weil der eigene Zugewinn des Auskunft verlangenden Lebenspartner oder das Anfangsvermögen des anderen Lebenspartners so hoch ist, dass es das voraussichtlich vorhandene Endvermögen überschreitet (OLG Koblenz FamRZ 85, 286). 92

(b) Der Auskunftsanspruch bezieht sich auf das am Bewertungsstichtag (§§ 1376 II, 1384, 1387 BGB) vorhandene Endvermögen einschließlich der Verbindlichkeiten. Er erstreckt sich dagegen weder auf das Anfangsvermögen, noch auf das zu anderen Terminen vorhandene Vermögen (OLG Hamm FamRZ 93, 194), noch auf den Verbleib von Gegenständen, die sich am Bewertungsstichtag nicht mehr im Vermögen des anderen Lebenspartners befinden. Verlangt werden kann nur eine Aufstellung des Vermögens, nicht dessen Bewertung (BGH FamRZ 89, 157); diese muss der Auskunft verlangende Lebenspartner selbst auf seine Kosten veranlassen (§ 1379 I 2 BGB aE). Soweit Hinzurechnungen zum Endvermögen nach § 1375 II BGB (Rn 66 ff) in Betracht kommen, bezieht sich der Auskunftsanspruch auch auf die Vermögensminderung (OLG Karlsruhe FamRZ 80, 1119; aA BGHZ 82, 132, der aber ein Auskunftsrecht aus § 242 ableitet). Umgekehrt sind von dem Anspruch solche Gegenstände ausgeschlossen, die nicht vom Zugewinnausgleich erfasst werden (in das Hausratsverfahren einbezogener Hausrat und Versorgungsanwartschaften und -rechte). 93

(c) Der Auskunftsanspruch wird erfüllt durch die Vorlage einer geordneten Aufstellung aller zum Vermögen gehörenden Gegenstände, die einen materiellen Wert besitzen und der gegen den Lebenspartner gerichteten Forderungen (§ 1379 I 2 iVm § 260 I BGB). Eine Unterschrift ist nicht erforderlich (KG FamRZ 97, 503 gegen OLG München FamRZ 95, 737). Soweit zur Bewertung erforderlich, muss eine Zustandsbeschreibung vorgelegt werden. Die Angaben müssen so konkret sein, dass einem Sachverständigen die Berechnung des Werts möglich ist. Eine Wertangabe ist dagegen nicht nötig (aA OLG Stuttgart FamRZ 82, 282 für eine Briefmarkensammlung). 94

95 Der Auskunftsberechtigte kann verlangen, dass das **Verzeichnis durch die zuständige Behörde,** den zuständigen Beamten oder Notar aufgenommen wird. Die Kosten dafür muss er tragen (§ 1379 I 3 BGB). Besteht Grund zu der Annahme, dass das Verzeichnis nicht mit der erforderlichen Sorgfalt aufgestellt wurde, kann der Auskunftsberechtigte verlangen, dass der Verpflichtete die Richtigkeit und Vollständigkeit an Eides Statt versichert (§ 1379 I 2 iVm § 260 II BGB).

96 **Der Auskunftsberechtigte kann verlangen, dass der Wert** der im Verzeichnis aufgeführten Gegenstände **ermittelt** wird, dh dass der andere Lebenspartner an der Wertermittlung mitwirkt, vor allem, dass er die betroffenen Gegenstände einem Sachverständigen zur Bewertung zugänglich macht (vgl OLG München FamRZ 82, 279).

97 Die **Kosten** für die Auskunft trägt der Auskunftspflichtige (BGHZ 64, 63), die Kosten der Wertermittlung durch einen Sachverständigen der Auskunftsberechtigte (BGHZ 84, 31; OLG Karlsruhe FamRZ 95, 736; aA OLG München FamRZ 92, 279).

98 **(d) Verfahren:** Der Streit über den Auskunftsanspruch ist Lebenspartnerschaftssache. Wird er im Aufhebungsverfahren geltend gemacht, fällt er in den Verbund. Er muss dann als erste Stufe einer Stufenklage geltend gemacht werden (OLG Hamm FamRZ 93, 984; 94, 49 zum Scheidungsverfahren).

99 **(9)** Um Gerechtigkeitsdefizite beim Ausgleich zu vermeiden, sind nach § 1380 BGB bestimmte **Vorempfänge,** die ein Lebenspartner aufgrund von unentgeltlichen Zuwendungen erhalten hat, auf den Zugewinnausgleichsanspruch **anzurechnen.** Das soll eine **übermäßige Beteiligung eines** Lebenspartners an dem während des Vermögensstands Erwirtschafteten **vermeiden,** die entstehen könnte, wenn ein Lebenspartner zunächst erhebliche unentgeltliche Zuwendungen von seinem Partner erhält, dann aber den vollen Zugewinnausgleich verlangt. Ihre Bedeutung erhöht sich, wenn man entgegen der hier vertretenen Meinung (Rn 58) auch unentgeltliche Zuwendungen unter Lebenspartnern in den Anwendungsbereich des § 1374 II BGB einbezieht; denn dann erhöhten die Zuwendungen auch das Anfangsvermögen des begünstigten Lebenspartners und erniedrigen damit auch dann dessen Zugewinn, wenn sie am Ende des Vermögensstands noch vorhanden sind.

100 **Voraussetzungen** der Anrechnung sind: Es findet ein **Ausgleich des Zugewinns nach der güterrechtlichen Lösung** statt. Bei erbrechtlichem Ausgleich des Zugewinns (§ 1371 I BGB, Rn 33 ff) kommt eine Anrechnung nicht in Betracht.

101 Es handelt sich um eine **unentgeltliche Zuwendung unter Lebenden.** Das kann eine Schenkung, eine gemischte Schenkung (dann Unentgeltlichkeit in Höhe der Wertdifferenz zur Gegenleistung) und auch eine sog unbenannte Zuwendung sein.

102 Die Zuwendung muss **während des Vermögensstands** erfolgt sein. Vor seinem Beginn (zB während der Phase des Kennenlernens oder beim Versprechen, die Lebenspartnerschaft eingehen zu wollen) erfolgte Zuwendungen bleiben außer Betracht.

103 Der Zuwendende muss **bei der Zuwendung bestimmt haben, dass** sie auf die Ausgleichsforderung **angerechnet werden soll.** Der Anrechnungswille wird vermutet, wenn der Wert der Zuwendung den von Gelegenheitsgeschenken (zB Geburtstags-, Weihnachtsgeschenke) übersteigt, die nach den Lebensverhältnissen der Lebenspartner üblich sind (§ 1380 I 2 BGB). Beide Voraussetzungen müssen kumulativ erfüllt sein. Was üblich ist, ist durch einen Vergleich mit den Geschenken zu ermitteln, die sich andere Lebenspartner oder Eheleute in vergleichbarer Einkommens- und Vermögenssituation zu machen pflegen.

104 Die Anrechnung erfolgt nur, wenn der **Zuwendungsempfänger ausgleichsberechtigt** ist (BGHZ 82, 227).

105 Die **Anrechnung erfolgt dadurch,** dass zunächst der Wert des Zugewendeten (im Zeitpunkt der Zuwendung, § 1380 II 2 BGB) dem Zugewinn des Zuwendenden zugerech-

net wird (§ 1380 II 1 BGB). Anschließend wird von diesen Beträgen ausgehend die Ausgleichsforderung des Zuwendungsempfängers berechnet und von dieser der Wert der Zuwendung abgezogen.

(10) Während § 1380 BGB Gerechtigkeitsdefizite aufgrund von Doppelbeteiligungen an den Vermögenszuwächsen während der Lebenspartnerschaft verhindern soll, dient § 1381 BGB als allgemeine **Korrekturmöglichkeit in Härtefällen**, indem die Vorschrift dem Schuldner ein **Leistungsverweigerungsrecht** für den Fall einräumt, dass der Ausgleich des Zugewinns nach den gesamten Umständen des Einzelfalls **grob unbillig** wäre (§ 1381 I BGB). 106

Wegen ihrer Korrekturfunktion ist § 1381 BGB **nicht im Voraus abdingbar.** Weil aber die Lebenspartner auf den entstandenen Zugewinnausgleichsanspruch auch insgesamt verzichten können (vgl § 1378 III BGB), ist der Verzicht auf die bereits entstandene Einrede zulässig. 107

Voraussetzung des Leistungsverweigerungsrechts ist allein, dass die vollständige Durchführung des Zugewinnausgleichs grob unbillig wäre. Das setzt voraus, dass die volle Durchführung des Zugewinnausgleichs dem Gerechtigkeitsempfinden in unerträglichem Maß widerspricht (BGH NJW 73, 749; FamRZ 92, 787). Es kommt auf eine wertende Betrachtung aller Umstände des Einzelfalls an. Eine Systematisierung ist nur schwer möglich. Ein Beispiel nennt § 1381 II BGB mit der längerdauernden Nichterfüllung der wirtschaftlichen Verpflichtungen aus der Ehe (zB Unterhaltspflicht, vgl OLG Düsseldorf FamRZ 87, 821) durch den Ausgleich Begehrenden. Dem gleichzustellen ist anderes gewichtiges wirtschaftliches Fehlverhalten, wie die Verschwendung von Vermögen oder die Belastung mit Verbindlichkeiten ohne ausreichende Gegenleistung. Auch schwere persönliche Verfehlungen können zur Anwendung von § 1381 BGB führen, wenn sie einen Vermögensbezug aufweisen, etwa wenn die Verfehlungen zur Trennung der Lebenspartner geführt haben und der Zugewinn erst danach erzielt wurde oder wenn durch die Verfehlung unmittelbar negative Folgen für das Vermögen des nun Ausgleichspflichtigen eingetreten sind. Insgesamt ist aber höchste Zurückhaltung geboten, um nicht auf dem Umweg über den Zugewinnausgleich das Verschuldensprinzip für die Aufhebung der Lebenspartnerschaft einzuführen. Persönliche Verfehlungen ohne wirtschaftliche Auswirkungen sind deswegen ohne Bedeutung (str, aA BGHZ 46, 343, 352; OLG Hamm FamRZ 90, 627; OLG Bamberg FamRZ 90, 408, die die Berufung auf sonstige Verfehlungen zulassen, wenn sie schwerwiegend und langandauernd sind). Zu den nicht pflichtverletzungsbezogenen Anwendungsfeldern des § 1381 BGB gehören Bewertungsungerechtigkeiten (vgl OLG Hamburg FamRZ 88, 1166), die Korrektur von Unterhaltsüberzahlungen (OLG Köln NJWE-FER 98, 194) und die Gefährdung der eigenen Versorgung des Ausgleichsberechtigten, die weder durch eine Stundung der Ausgleichsforderung (§ 1382 BGB, Rn 110 ff) noch durch die Übertragung von Gegenständen (§ 1383 BGB, Rn 116 ff) behoben werden kann (BGH NJW 70, 1600). Außerdem ist der Ausgleich von Zugewinn, der nur aus Schadensersatzleistungen besteht, hier einzuordnen; denn der Schadensersatz soll entstandene und künftige Nachteile ausgleichen, so dass es unbillig erscheint, den Lebenspartner daran partizipieren zu lassen (OLG Stuttgart FamRZ 94, 1328). Ebenso unbillig ist der Ausgleich, wenn der Zugewinn im Wesentlichen aus Wertsteigerungen von Vermögen aus vorweggenommener Erbfolge besteht, das die Zukunft des unausgebildeten Empfängers sichern sollte (OLG Schleswig NJW-RR 98, 1225). 108

§ 1381 BGB gibt dem Ausgleichspflichtigen das **Recht, die Erfüllung** des Ausgleichsanspruchs ganz oder teilweise **zu verweigern.** Es handelt sich um eine Einrede. Ihr Umfang richtet sich danach, was erforderlich ist, um die Unbilligkeit des Zugewinnausgleichs zu beseitigen. 109

110 **(11)** § 1382 **soll die Härten mildern,** die die sofortige Fälligkeit des Zugewinnausgleichsanspruchs mit sich bringen kann, indem sie es dem Familiengericht erlaubt, die Zugewinnausgleichsforderung zu stunden. Die Forderung ist dann zu verzinsen, und es kann die Leistung einer Sicherheit angeordnet werden (§ 1382 II-IV BGB). Die Stundung **geht einer Härtefallentscheidung nach § 1381 BGB vor.** Solange sie möglich ist, kommt die Herabsetzung der Ausgleichsforderung nicht in Betracht.

111 **(a) Voraussetzung für die Stundung ist** zunächst ein **Zugewinnausgleich nach güterrechtlichen Regeln** (§§ 1378, 1371 II BGB). Im Fall des § 1371 I BGB (erbrechtliche Lösung, Rn 33 ff) ist sie ausgeschlossen. Der Schuldner muss einen **Stundungsantrag** stellen. Solange ein Rechtsstreit über den Zugewinnausgleich anhängig ist, kann er nur in diesem Verfahren gestellt werden (§ 1382 V BGB). Die sofortige **Zahlung würde zur Unzeit erfolgen.** Das ist der Fall, wenn die sofortige Fälligkeit eine erhebliche wirtschaftliche oder anders geartete Härte für den Ausgleichspflichtigen mit sich bringen würde. Zu denken ist etwa an den Zwang, bei schlechter Marktlage Vermögensteile veräußern oder einen Gewerbebetrieb aufgeben zu müssen, während bei kurzem Zuwarten ein wesentlich höherer Erlös erzielt werden könnte. Der in § 1382 I 2 BGB genannte Unterfall, dass die Wohn- oder Lebensverhältnisse gemeinschaftlicher Kinder nachhaltig verschlechtert würden, kommt nun auch bei Lebenspartnern in Betracht, nachdem diese gemeinsam Eltern sein können (§ 9 VII LPartG).

112 Die Stundung **muss dem Ausgleichsberechtigten zumutbar sein.** Die Stundung soll grundsätzlich die Ausnahme sein. Das Interesse des Ausgleichspflichtigen an der Stundung muss daher das des Ausgleichsberechtigten an sofortiger Zahlung deutlich überwiegen. Das kommt vor allem in Betracht, wenn der Ausgleichsberechtigte durch eigenes Vermögen oder Einkünfte wirtschaftlich gesichert ist. Berücksichtigt werden kann auch Verhalten, das nach § 1381 BGB zu einer Herabsetzung oder dem Ausschluss des Zugewinnausgleichs führen könnte; denn wenn der Pflichtige den Ausgleich ganz verweigern könnte, muss er erst recht (nur) die Stundung verlangen können.

113 **(b)** Die Stundung kann in der Einräumung einer **Zahlungsfrist** oder in der Gewährung von **Ratenzahlungen** bestehen. Außerdem setzt das Gericht eine Verzinsung fest (§ 1382 II BGB), ist dabei aber nicht an den gesetzlichen Zinssatz gebunden (§ 1382 IV BGB, BayObLG FamRZ 81, 392). Das Familiengericht kann auf Antrag des Ausgleichsberechtigten auch anordnen, dass der Ausgleichspflichtige Sicherheit zu leisten hat (§ 1382 III BGB). Auch hier entscheidet es nach billigem Ermessen, ist also nicht an die Grenzen des § 232 ff BGB gebunden.

114 **(c)** Das Familiengericht kann eine rechtskräftige **Entscheidung auf Antrag aufheben oder ändern,** wenn sich die Verhältnisse nach der Entscheidung wesentlich geändert haben (§ 1382 VI BGB). Es muss eine objektive Änderung der zur Zeit der Entscheidung maßgeblichen Verhältnisse erfolgt sein; eine Fehlbeurteilung allein reicht nicht. Worauf die Änderung beruht, ist unerheblich. Sie kann bei den Parteien liegen oder mit diesen nicht in Zusammenhang stehende Umstände betreffen (zB allgemeine Geldentwertung in dem Land, in dem sie ihr Vermögen angelegt haben).

115 **(d) Verfahren.** Das Verfahren nach § 1382 BGB ist Lebenspartnerschaftssache (§ 23b I Nr 15 GVG, § 661 I Nr 7 ZPO). Der Rechtspfleger ist zuständig, wenn die Stundung weder im Zusammenhang mit der Aufhebung der Lebenspartnerschaft noch einem Streit über den Ausgleichsanspruch beantragt wird (§ 14 Nr 2 RPflG). Bei gleichzeitiger Anhängigkeit eines Aufhebungsverfahrens fällt die Stundung in den Entscheidungsverbund (§§ 623, 629 ZPO). In diesem Fall ist der Richter zuständig (§§ 3 Nr 2a, 14 Nr 2 RPflG), der durch Urteil entscheidet. Die Entscheidung kann zusammen mit der Entscheidung über den Zugewinnausgleich, die Aufhebung der Lebenspartnerschaft oder eine andere ZPO-Folgesache mit der Berufung oder selb-

ständig mit der befristeten Beschwerde angefochten werden (§§ 621a II 2, 621e, 629a II ZPO). Revision oder Rechtsbeschwerde finden nicht statt (§§ 621 II 1, 629a I ZPO).

(12) Eine weitere Regelung zu **Milderung von Härten,** die sich aus der Konzeption des Zugewinnausgleichs ergeben können, ist § 1383 BGB. Diese Norm wirkt **zu Gunsten des Ausgleichsberechtigten,** während die anderen Härteregelungen ihren Anwendungsbereich auf seiten des Verpflichteten hatten. Die Vorschrift soll die **Härten mildern,** die für den Ausgleichsberechtigten daraus entstehen können, dass der Zugewinnausgleich grundsätzlich **durch die Zahlung von Geld** durchgeführt wird. 116

Voraussetzung der Übertragung von Vermögensgegenständen ist zunächst, dass die Übertragung erforderlich ist, um eine grobe Unbilligkeit für den Ausgleichsberechtigten zu vermeiden. Es ist ein strenger Maßstab anzulegen. Zu denken ist an Gegenstände, die einen besonderen Affektionswert für den Ausgleichsberechtigten haben oder aus seiner Familie stammen. Die Übertragung muss vom Ausgleichsberechtigten beantragt werden. Wenn ein Rechtsstreit über den Zugewinnausgleich anhängig ist, kann das nur in diesem Verfahren geschehen (§ 1383 III, § 1382 V BGB). In dem Antrag müssen die Gegenstände, deren Übertragung begehrt wird, genau bezeichnet werden (§ 1383 II BGB). Der Ausgleichspflichtige hat dagegen keine Möglichkeit, die Übertragung von Gegenständen statt der Geldzahlung durchzusetzen. Die Übertragung muss dem Ausgleichspflichtigen zumutbar sein. Das scheidet aus, wenn der Gegenstand für ihn ein besonderes Affektionsinteresse besitzt oder die Grundlage seiner beruflichen oder geschäftlichen Tätigkeit bildet. 117

Mit der Anordnung, die Gegenstände zu übertragen, setzt das Gericht den **Wert** fest, mit dem sie auf die Ausgleichsforderung angerechnet werden. 118

(13) **Prozessual notwendig** ist § 1384 BGB. Die Norm **dient der Sicherung des Entscheidungsverbunds im Aufhebungsverfahren** (§§ 623, 629 ZPO). Gäbe es die Vorschrift nicht, könnte über den Zugewinnausgleich nicht gleichzeitig mit dem Aufhebungsurteil entschieden werden, weil der maßgebliche Berechnungszeitpunkt, das Ende des Vermögensstands, noch in der Zukunft läge, weil dieser erst mit der Rechtskraft des Aufhebungsurteils aufgelöst wird (vgl § 1376 II BGB). 119

Anwendbar ist § 1384 BGB bei Beendigung des Güterstands durch Aufhebung der Lebenspartnerschaft (§ 15 LPartG). Bei dem Berechnungsstichtag bleibt es auch, wenn eines dieser Verfahren rechtshängig und die Voraussetzungen für eine positive Entscheidung gegeben sind, das Verfahren aber wegen des Todes eines Lebenspartners nicht zu Ende geführt wird. 120

Stichtag für die Berechnung des Zugewinns ist statt des Zeitpunkts der Beendigung des Güterstands der Zeitpunkt, zu dem das Aufhebungsverfahren rechtshängig geworden ist. Das ist der Tag, an dem der Antrag dem Lebenspartner zugestellt wird. Bei gegenseitigen Auhebungsanträgen kommt es darauf an, welcher Antrag zur Aufhebung führt (BGH NJW 79, 2099; OLG Koblenz FamRZ 81, 260). Ohne Bedeutung ist – selbst bei großer Differenz – der Termin, zu dem sich die Lebenspartner getrennt haben (OLG Hamm FamRZ 92, 1180; KG NJW-RR 96, 1090). Bei längerer Trennung besteht allerdings die Möglichkeit, nach § 1385 BGB vorzeitigen Ausgleich des Zugewinns zu beantragen (Stichtag dann: § 1387 BGB, Rn 130 ff). 121

Die übrigen Regeln über die Zugewinnausgleichsberechnung bleiben unberührt. Das gilt vor allem von der in § 1378 II BGB angeordneten Begrenzung des Ausgleichsanspruchs durch das am Ende des Güterstands (dh der Rechtskraft des Aufhebungsurteils) vorhandene Vermögen. Der Lebenspartner wird nur dadurch gesichert, dass er nach § 1389 BGB Sicherheitsleistung verlangen kann, wenn das zur Zeit der Rechtshängigkeit Vorhandene weggegeben wird. 122

(14) **§§ 1385, 1386 BGB regeln Sonderfälle,** in denen ausnahmsweise auch ohne Beendigung der Lebenspartnerschaft und ohne einen Lebenspartnerschaftsvertrag abzu- 123 schließen, ein vorzeitiger Ausgleich des Zugewinns verlangt werden kann. Die genannten Fälle sind abschließend.

124 **(a) Die Fälle,** in denen vorzeitiger Zugewinnausgleich verlangt werden kann, sind: **Getrenntleben der Lebenspartner von mindestens drei Jahren** (§ 1385 BGB). Nach einer so langen Trennung trifft der Zweck der Ausgleichsgemeinschaft, den anderen Lebenspartner am gemeinsam Erwirtschafteten zu beteiligen, nicht mehr zu.

125 Der andere Lebenspartner kann Ausgleich verlangen, wenn ein **Lebenspartner** die sich aus dem lebenspartnerschaftlichen Verhältnis ergebenden **wirtschaftlichen Verpflichtungen** (vor allem Unterhalt) über längere Zeit **nicht erfüllt,** und anzunehmen ist, dass das auch in Zukunft so sein wird (§ 1386 I BGB). Die Pflichtverletzung braucht nicht dauernd zu sein; es reicht, dass es immer wieder zu Pflichtverletzungen kommt. Sie muss aber geraume Zeit angedauert haben, und es muss eine negative Zukunftsprognose bestehen. Interessant ist die Klage nach § 1386 I BGB vor allem für den potentiell Ausgleichspflichtigen; denn die Voraussetzungen decken sich mit denen des Leistungsverweigerungsrechts nach § 1381 BGB.

126 Der andere Lebenspartner kann vorzeitigen Zugewinnausgleich verlangen, wenn sein Partner ein unter § 1365 BGB fallendes **Rechtsgeschäft ohne die erforderliche Zustimmung vorgenommen** hat und eine erhebliche Gefährdung der künftigen Ausgleichsforderung zu befürchten ist (§ 1386 II Nr 1 BGB). Auf das Bestehen einer Ausgleichsforderung im Moment des Verlangens nach vorzeitigem Zugewinnausgleich kommt es nicht an.

127 Vorzeitiger Zugewinnausgleich kann auch verlangt werden, wenn der andere Lebenspartner sein **Vermögen durch eine der unter § 1375 BGB fallenden Handlungen** (Rn 66 ff) **vermindert** hat und eine erhebliche Gefährdung der künftigen Ausgleichsforderung zu befürchten ist (§ 1386 II Nr 2 BGB). § 1375 BGB muss in vollem Umfang erfüllt sein; bei Zustimmung des Lebenspartner oder Ablauf der Zehnjahresfrist entfällt daher das Recht, vorzeitigen Zugewinnausgleich zu verlangen.

128 Schließlich kann vorzeitiger Zugewinnausgleich verlangt werden, wenn ein Lebenspartner sich beharrlich grundlos **weigert, dem anderen Auskunft über sein Vermögen zu erteilen** (§ 1386 III BGB). Ein Auskunftsanspruch wie nach § 1379 BGB besteht während des Vermögensstands zwar nicht; das Recht auf Unterrichtung über die wesentlichen Vermögensverhältnisse ergibt sich aber aus § 2 LPartG. Weigert sich der Lebenspartner grundlos, das Verlangen seines Partners nach Unterrichtung zu erfüllen, besteht eine Vermutung dafür, dass der sich Weigernde unredliche Motive verfolgt. Das wiederum lässt auf eine Gefährdung des Ausgleichs schließen. Beharrlich ist die Weigerung, wenn die Unterrichtung über einen längeren Zeitpunkt verweigert wird oder der Lebenspartner den festen Willen erkennen lässt, die Auskunft auf keinen Fall zu erteilen. Die Weigerung ist aber gerechtfertigt, wenn er annehmen muss, dass sein Lebenspartner die Auskunft an Dritte (zB Konkurrenten, Finanzamt) weiterleiten wird und ihm daraus Nachteile erwachsen können.

129 **(b) Folge** des Verlangens nach vorzeitigem Zugewinnausgleich ist vor allem, dass der Berechnungsstichtag auf die Rechtshängigkeit der Klage auf vorzeitigen Zugewinnausgleich vorverlegt wird (§ 1387 BGB, Rn 130). Mit der Rechtskraft der Entscheidung über den vorzeitigen Zugewinnausgleich tritt Vermögenstrennung ein (§ 1388 BGB).

130 **(15)** § 1387 BGB enthält eine notwendige Ergänzung zu §§ 1385, 1386 BGB, indem er den **Berechnungszeitpunkt für die Fälle des vorzeitigen Zugewinnausgleichs** bestimmt. **Anwendbar ist § 1387 BGB** nur in den Fällen der §§ 1385, 1386 BGB (Rn 124 ff). Außerdem bleibt es bei dem Berechnungsstichtag, wenn eines dieser Verfahren rechtshängig und die Voraussetzungen für eine positive Entscheidung gegeben sind, das Verfahren aber nicht zu Ende geführt wird, weil ein Lebenspartner vor seinem Abschluss stirbt.

Berechnungsstichtag für die Berechnung des Zugewinns ist der Zeitpunkt, zu dem die Klage auf vorzeitigen Zugewinnausgleich rechtshängig geworden (zugestellt worden) ist. Bei Kollision mit einem Aufhebungsverfahren ist zu unterscheiden: War der Aufhebungsantrag früher rechtshängig, richtet sich die Berechnung nach diesem Zeitpunkt (§ 1384 BGB, OLG Hamm FamRZ82, 609), wird er erst nach der Klage auf vorzeitigen Zugewinnausgleich rechtshängig, gilt § 1387 BGB. Die übrigen Regeln über die Zugewinnausgleichsberechnung bleiben unberührt. 131 132

(16) Da mit dem vorzeitigen Ausgleich auch die Ausgleichsgemeinschaft endet, bestimmt § 1388 BGB, dass mit der Rechtskraft der den vorzeitigen Ausgleich anordnenden Entscheidung die **Gütertrennung** als ersatzweise Regelung des Güterstands eintritt. Die Vorschrift bewirkt, dass ein Lebenspartner nicht mehr an dem Zugewinn beteiligt wird, der erst nach dem Bewertungsstichtag (§ 1387 BGB, Rn 130) erzielt wird. Wollen die Lebenspartner das ändern, müssen sie den bisherigen Vermögensstand durch Lebenspartnerschaftsvertrag (§ 7 LPartG) erneut vereinbaren. 133

(17) Ähnlich wie die Möglichkeit, vorzeitigen Zugewinnausgleich zu verlangen, selbst, dient auch § 1389 BGB, der es gestattet, eine **Sicherheitsleistung** zu verlangen, der Verwirklichung des Interesses des zukünftig Ausgleichsberechtigten an der Sicherung seiner Forderung gegen Manipulationen durch den Ausgleichspflichtigen. Die Vorschrift soll den Lebenspartner **vor Vermögensmanipulationen** des anderen in den Fällen **schützen,** in denen der Berechnungsstichtag vor dem Ende des Güterstands liegt (vgl. §§ 1384, 1387 BGB, Rn), weil auch in diesen Fällen die Zugewinnausgleichsforderung durch das am Ende des Güterstands vorhandene Vermögen abzüglich der Verbindlichkeiten begrenzt ist (§ 1378 II BGB). 134

(a) **Voraussetzung** für die Anordnung einer Sicherheitsleistung ist zunächst, dass Klage auf vorzeitigen Ausgleich des Zugewinns erhoben oder der Antrag auf Aufhebung der Lebenspartnerschaft gestellt ist, dh ein solches **Verfahren rechtshängig** ist. Wegen des Verhaltens des anderen Lebenspartners muss außerdem **zu besorgen sein, dass** die Rechte eines Lebenspartners auf den künftigen **Ausgleich des Zugewinns erheblich gefährdet** werden. Das ist anzunehmen, wenn ein Lebenspartner unzutreffende Auskünfte über sein Anfangs- oder Endvermögen gibt (OLG Frankfurt FamRZ 96, 747) oder wenn auf vorzeitigen Zugewinnausgleich nach § 1386 II oder III BGB geklagt wird, weil die dort aufgeführten Handlungen immer eine Gefährdung des Ausgleichsanspruchs befürchten lassen. Schließlich muss die Sicherheitsleistung von dem voraussichtlich Ausgleichsberechtigten **beantragt** werden. 135

Keine Voraussetzung ist die Einredefreiheit des Ausgleichsanspruchs. Der Zweck des § 1389 BGB verbietet aber, das Verfahren mit der Klärung von Gegenansprüchen zu verzögern, sodass die Geltendmachung von Zurückbehaltungsrechten ausscheidet (MK-BGB/Koch § 1389 Rn 2 gegen OLG Frankfurt FamRZ 83, 1233). 136

(b) **Die Höhe der Sicherheitsleistung** richtet sich in erster Linie nach der Gefährdung des Ausgleichsanspruchs (Palandt/Brudermüller § 1389 Rn 3). Eine Sicherheitsanordnung scheidet also aus, wenn zu erwarten ist, dass dem anderen Lebenspartner kein Ausgleichsanspruch zustehen wird. Für die Art und die Durchführung der Sicherheitsleistung gelten §§ 232 ff BGB. 137

(c) **Verfahren.** Der Streit nach § 1389 BGB ist Lebenspartnerschaftssache (§ 23b I 2 Nr 15 GVG; § 661 I Nr 6 ZPO). Er ist dagegen keine Folgesache, weil die Entscheidung nicht erst für den Fall der Aufhebung der Lebenspartnerschaft zu treffen ist (vgl § 623 I ZPO). Die Verbindung mit einem Antrag auf Aufhebung der Lebenspartnerschaft kommt daher nicht in Betracht (§§ 661 II, 610 II ZPO). Die Vollstreckung der Entscheidung über die Sicherheitsleistung erfolgt nach § 887 ZPO. Bei Eilbedürftigkeit kann der Anspruch durch eine einstweilige Verfügung (§§ 935 ff ZPO, allgM) oder durch Arrest (§§ 916 ff ZPO, vgl OLG Köln FamRZ 83, 709; OLG Düsseldorf

FamRZ 94, 114; OLG Karlsruhe NJW 97, 1017; aA OLG Hamburg FamRZ 82, 284; OLG Stuttgart NJW-RR 96, 961) gesichert werden. Die Sicherheit darf erst verwertet werden, wenn die Ausgleichsforderung entstanden und fällig geworden ist. Steht endgültig fest, dass eine Ausgleichsforderung nicht entstehen kann (zB wegen Klagerücknahme), ist sie zurückzugeben. Eine Nachforderung von Sicherheiten ist nach § 240 BGB möglich, wenn die geleistete Sicherheit unzureichend wird.

138 **(18) § 1390 BGB** soll es dem Ausgleichsberechtigten ermöglichen, bestimmte **Vermögensübertragungen rückgängig zu machen,** die der Ausgleichspflichtige in der Absicht vorgenommen hat, den Ausgleichsberechtigten zu benachteiligen. Er räumt deswegen dem Ausgleichsberechtigten in einigen dieser Fälle einen **Herausgabeanspruch gegen den** durch das Handeln des Ausgleichspflichtigen **begünstigten Dritten** ein (§ 1390 I BGB). Eine vollständige Kongruenz mit den Fällen des § 1375 II BGB besteht aber nicht. In den Fällen, in denen der Berechnungszeitpunkt für die Bewertung des Endvermögens vor dem Ende des Güterstands liegt (vgl §§ 1384, 1387 BGB, Rn 123), wird der Ausgleichsberechtigte außerdem dadurch geschützt, dass ihm gegen den Dritten ein Anspruch auf Sicherheitsleistung eingeräumt wird, damit Manipulationen zu seinem Nachteil ausgeschlossen werden (§ 1390 IV BGB). Den Interessen des Dritten wird durch eine relativ kurze Verjährungsfrist für den Herausgabeanspruch (§ 1390 III BGB) und ein Ablösungsrecht (§ 1390 II BGB) Rechnung getragen. Die Vorschrift ist wegen ihres Schutzzwecks nicht im Voraus abdingbar.

139 **(a) Der Herausgabeanspruch besteht, wenn** ein Ausgleichsanspruch des an sich ausgleichsberechtigten Lebenspartners nicht in vollem Umfang besteht, weil das am Ende des Güterstands vorhandene Vermögen abzüglich der Verbindlichkeiten nicht ausreicht, die Ausgleichsforderung in vollem Umfang zu erfüllen (§ 1378 II BGB) und der ausgleichspflichtige Lebenspartner **unentgeltliche Zuwendungen** an den Dritten vorgenommen hat, **um seinen Lebenspartner zu benachteiligen.** Der Begriff der unentgeltlichen Zuwendung entspricht demjenigen in § 1375 BGB (Rn 66). Die Voraussetzungen des Herausgabeanspruchs sind aber enger, weil § 1390 BGB verlangt, dass der Ausgleichspflichtige in Benachteiligungsabsicht gehandelt hat. Diese ist vom Ausgleichsberechtigten zu beweisen. Eine Kenntnis des Dritten von der Benachteiligungsabsicht ist nicht erforderlich.

140 Der unentgeltlichen Zuwendung in Benachteiligungsabsicht ist **jede andere Rechtshandlung in Benachteiligungsabsicht** gleichgestellt (§ 1390 II BGB). Hier ist es aber erforderlich, dass der Dritte im Zeitpunkt der Vornahme der Rechtshandlung wusste, dass der ausgleichspflichtige Lebenspartner in der Absicht handelte, seinen Lebenspartner zu benachteiligen. Das ist vom Ausgleichsberechtigten zu beweisen.

141 **(b)** Für den **Inhalt des Anspruchs** gelten §§ 812 ff BGB, vor allem auch § 818 BGB. Er verjährt unabhängig von der Kenntnis des Ausgleichsberechtigten von der Zuwendung in drei Jahren nach Ende des Güterstandes. Endet der Vermögensstand durch Tod eines Lebenspartners, wird die Verjährung nicht dadurch gehemmt, dass der Zugewinnausgleichsanspruch (güterrechtliche Lösung, § 1371 II BGB, Rn 39 ff) erst geltend gemacht werden kann, wenn der Lebenspartner die Erbschaft oder ein Vermächtnis ausgeschlagen hat (§ 1390 III 2 BGB). Die Verjährungsfrist beginnt mit dem Tod, nicht der Ausschlagung.

142 **(c) Um Manipulationen** des Ausgleichspflichtigen und des Dritten **auszuschließen,** kann der Ausgleichsberechtigte in den Fällen der §§ 1384, 1387 BGB (Rn 123 ff) von dem Dritten **Sicherheitsleistung** wegen des Herausgabeanspruchs verlangen (§1390 IV BGB). Dafür gelten §§ 232 ff BGB.

§ 7 Lebenspartnerschaftsvertrag

Die Lebenspartner können ihre güterrechtlichen Verhältnisse durch Vertrag (Lebenspartnerschaftsvertrag) regeln. Die §§ 1409 bis 1563 des Bürgerlichen Gesetzbuchs gelten entsprechend.

I. Die Vorschrift stellt den **Vorrang der privatautonomen Gestaltung der Vermögensverhältnisse** der Lebenspartner heraus. Sie erlaubt es den Lebenspartnern, über ihre güterrechtlichen Verhältnisse Verträge abzuschließen, die den Eheverträgen entsprechen, deren Abschluss Eheleuten offen steht. Die Rechtslage ist inzwischen zu derjenigen des Eherechts vollkommen parallel, denn S 2 verweist auf die für Eheverträge geltenden Regelungen. 1

Durch das LPartGÜG sind die Regelungen über den Lebenspartnerschaftsvertrag **erheblich verändert** worden. Bislang ähnelte der Lebenspartnerschaftsvertrag einem Ehevertrag nur in Form und Ausgestaltung, blieb aber in seinen Wirkungen hinter den Eheverträgen zurück, da durch den Lebenspartnerschaftsvertrag bisherigen Rechts allein die Rechtsbeziehungen unter den Lebenspartnern gestaltet, nicht aber diejenigen zu Dritten gestaltet wurden. Streitig war deswegen, ob die Gütergemeinschaft des Eherechts auch unter Lebenspartnern mit Außenwirkung vereinbart werden konnte. Dieser Streit hat sich durch die Neuregelung des §7, durch die nun auch die Vorschriften über das Güterrechtsregister einbezogen werden, erledigt. 2

II. 1. Der Lebenspartnerschaftsvertrag wird bei gleichzeitiger Anwesenheit beider Lebenspartner **vor einem Notar** geschlossen (§ 1410 BGB). Die Form ist eingehalten, wenn der Vertrag von beiden Lebenspartnern vor einem Notar zur Niederschrift erklärt wird. Die Beurkundung von Angebot und Annahme an verschiedenen Orten oder zu verschiedenen Zeiten reicht nicht. Stellvertretung ist aber nicht ausgeschlossen. Auch die Bevollmächtigung des anderen Lebenspartners ist zulässig. Für die Vollmacht bedarf es der Form nicht (§ 167 BGB, BGH NJW 98, 1857 zu § 1410 BGB). Wie sonst auch, wird die notarielle Beurkundung durch die Aufnahme in einen gerichtlichen Vergleich ersetzt (§ 127a BGB). Ein Verstoß führt zur Nichtigkeit des Lebenspartnerschaftsvertrags (§ 125 BGB). 3

2. Inhaltlich sind die Lebenspartner grundsätzlich frei, wie sie ihre Vermögensbeziehungen ausgestalten. 4

a) Die Lebenspartner können **Gütertrennung** vereinbaren und so ihre Vermögensverhältnisse auch während der Lebenspartnerschaft vollkommen auseinander halten. Sie werden dann rechtlich so behandelt als seien sie Fremde und können wie diese Verträge miteinander abschließen. Sie verwalten ihr Vermögen selbständig und besitzen die ihnen gehörenden Gegenstände, die nicht der partnerschaftlichen Lebensgemeinschaft dienen, allein. Die Gläubiger eines jeden Lebenspartners können ohne weiteres in dessen Vermögen vollstrecken. § 8 I LPartG, § 1362 BGB helfen ihnen 5 dabei mit einer Eigentumsvermutung in Bezug auf die sich im Besitz eines oder beider Lebenspartner befindlichen Sachen.

8 Dass ein Lebenspartner künftige Rechtspositionen aufgibt, ohne eine Gegenleistung dafür zu erhalten, reicht für die Annahme der **Sittenwidrigkeit** der Vereinbarung nicht; denn der Gesetzgeber hat es den Lebenspartnern durch die Aufnahme des Vermögensstands der Gütertrennung sogar freigestellt, ganz zu verhindern, dass ein Partner an dem während der Lebenspartnerschaft Erworbenen beteiligt wird. Sittenwidrigkeit kann sich aber daraus ergeben, dass ein Lebenspartner auf bereits erworbene Rechtspositionen verzichtet. Auch insoweit ist aber Zurückhaltung geboten. Sittenwidrigkeit kann jedoch bejaht werden, wenn nach langer Lebenspartnerschaftszeit ein praktisch einseitiger Verzicht auf alles bis dahin Erworbene erfolgt (OLG Köln FamRZ 81, 1087: 20 Jahre) oder wenn gleichzeitig auf Unterhalt und Zugewinnausgleich verzichtet wird (vgl OLG Frankfurt FamRZ 83, 176). Etwas anderes kann sich in diesen Fällen aber wiederum aus den Umständen des Einzelfalls ergeben. So kann auch ein einseitiger Verzicht wirksam sein, wenn er in der Krise der Lebenspartnerschaft zu deren Rettung vereinbart wird. Das gilt besonders dann, wenn die Krise von dem Verzichtenden verschuldet wurde (OLG Hamm FamRZ 95, 40), wenn der Verzichtende gesichert ist (OLG Bamberg FamRZ 84, 483) oder der Verzicht auflösend durch den Eintritt neuer Bedürftigkeitslagen (Hauptfall bei Lebenspartnern: Krankheit) bedingt ist.

9 **b)** Sie können die **Zugewinngemeinschaft** (Einzelheiten: § 6 LPartG) als Vereinbarungsvermögensstand wählen. Das kommt vor allem dann in Betracht, wenn zunächst eine andere Art von Güterstand vereinbart war, dieser von den Lebenspartnern aber nicht mehr als ihren Bedürfnissen entsprechend angesehen wird. Zulässig sind auch Modifikationen der Zugewinngemeinschaft. Die Lebenspartner können zB die Ausgleichsquoten ändern, bestimmte Gegenstände dem Anfangsvermögen zuordnen, obwohl sie nach der gesetzlichen Regelung nicht dazu gehören, Verfügungsbeschränkungen festlegen oder einschränken (BGH NJW 64, 1795) oder Werte von Gegenständen verbindlich festlegen. Eine Grenze bildet grundsätzlich nur die Benachteiligung Dritter.

10 **c)** Die Lebenspartner können auch vereinbaren, dass zwischen ihnen eine **Gütergemeinschaft** bestehen soll. Das ist seit der Novellierung des § 7 durch das LPartGÜG eindeutig. Der insoweit bislang bestehende Streit hat sich erledigt. Geregelt ist die Gütergemeinschaft in den §§ 1411-1518 BGB. Die praktische Bedeutung dieses Güterstandes ist schon im Eherecht sehr gering, weil er den großen Nachteil der Haftung für die Schulden des jeweiligen Partners mit sich bringt. Er wird deswegen kaum vereinbart. Es ist nicht zu erwarten, dass das bei Lebenspartnern anders sein wird. Von einer Kommentierung dieser Regelungen wird deswegen abgesehen. Es sei insoweit verwiesen auf HK-BGB/Kemper, 4. Aufl 2005.

11 **d)** Statt eines der Modelle zu übernehmen, das vom Bürgerlichen Recht bereitgestellt wird, können die Lebenspartner auch einen Güterstand **ganz nach ihren persönlichen Bedürfnissen schaffen,** indem sie Elemente aus anderen Güterständen miteinander kombinieren oder ganz andere Regelungen treffen. Sie können auf diese Weise am besten auf die vielgestaltigen Lebensentwürfe reagieren, die Lebenspartnerschaften zugrunde liegen. Für die Ausgestaltung des Lebenspartnerschaftsvertrages gelten dabei die allgemeinen Schranken für Rechtsgeschäfte (vor allem §§ 134 und 138 BGB, vgl bereits Rn 8) und das Verweisungsverbot des § 1409 BGB. Die Vorschrift beschränkt die Vertragsfreiheit, indem sie die pauschale Verweisung auf nicht mehr geltendes Recht (zB die Regeln über die Errungenschaftsgemeinschaft) oder auf ausländisches Sachrecht verbietet. Das soll die Rechtsklarheit stärken. Der widerspräche es, wenn durch bloße Verweisung in den Lebenspartnerschaftsvertrag Regelungen inkorporiert werden könnten, die so nicht mehr oder noch nie in Deutschland gegolten haben, ohne dass ihr Inhalt

aus dem Vertrag selbst deutlich wird. Zulässig ist daher umgekehrt die ausdrückliche Übernahme von Einzelregelungen in den Vertrag. Gegen § 1409 BGB verstoßende Verweisungen sind nach § 134 BGB nichtig.

e) Neben den Bestimmungen über den Güterstand können die Lebenspartner im Lebenspartnerschaftsvertrag auch **Bestimmungen anderer Art** treffen, wie Vereinbarungen über den Unterhalt, das Sorgerecht für Kinder oder vermögensrechtliche Regelungen anderer Art (zB über die Reichweite der Schlüsselgewalt). Diese Vereinbarungen folgen den für sie geltenden Regeln (etwa Unterhaltsrecht, Recht der Partnerschaftswirkungen). Die Unwirksamkeit derartiger Regelungen führt nur unter den Voraussetzungen des § 139 BGB auch zur Unwirksamkeit des Lebenspartnerschaftsvertrags. 12

f) In einem Lebenspartnerschaftsvertrag kann auch der **Versorgungsausgleich ausgeschlossen** werden (§ 20 III 1 LPartG). Das gilt ohne weiteres für den vollständigen Ausschluß. Mit dem BGH (NJW 86, 2316; FamRZ 97, 802) muss man aber als minus auch teilweise Ausschlüsse (zB nur der betrieblichen Altersversorgung, AG Lörrach NJW 80, 58) und Modifikationen des Versorgungsausgleichs (zB Herabsetzung der Quote, BGH NJW 96, 2316) zulassen, soweit diese nicht dem zwingenden Charakter der §§ 1587 ff BGB widersprechen. Der Ausschluß des Versorgungsausgleichs wird unwirksam, wenn innerhalb eines Jahres nach dem Vertragsschluss Antrag auf Aufhebung der Lebenspartnerschaft gestellt wird (§ 20 III 2 LPartG). Der Fristlauf beginnt wegen des ausdrücklichen Gesetzeswortlauts auch dann mit dem Abschluss des Lebenspartnerschaftsvertrags, wenn die Begründung der Lebenspartnerschaft erst später erfolgt. Für die Wahrung der Frist kommt es auf die Zustellung des Aufhebungsantrags an (BGH NJW 85, 315; FamRZ 87, 365). § 270 III ZPO gilt. Die Frist wird also gewahrt, wenn der Aufhebungsantrag innerhalb der Frist anhängig wird, aber erst nach ihrem Ablauf zugestellt wird, sofern die Zustellung noch „demnächst“ erfolgt. Die Stellung eines Prozesskostenhilfegesuchs allein reicht ebensowenig (BGH NJW 98, 3710) wie die bloße Ankündigung, einen Aufhebungsantrag stellen zu wollen. 13

g) In den Lebenspartnerschaftsvertrag aufgenommen werden können schließlich **erbvertragliche Regelungen.** Die Form des Erbvertrags wird in diesem Fall durch die des Lebenspartnerschaftsvertrags allerdings nicht ersetzt; denn im Lebenspartnerschaftsgesetz fehlt eine § 2276 II BGB entsprechende Regelung, und auch diese Vorschrift selbst wurde nicht angepasst. 14

3. Für den Abschluss des Lebenspartnerschaftsvertrags durch **Geschäftsunfähige** und beschränkt Geschäftsfähige gilt § 1411 BGB. Die Vorschrift trägt dem gesteigerten persönlichen Charakter eines Lebenspartnerschaftsvertrages dadurch Rechnung, dass sie seinen Abschluss bei nicht geschäftsunfähigen Betreuten zwar ihnen überlässt, grundsätzlich aber die Zustimmung des gesetzlichen Vertreters und in einigen besonders wichtigen Fällen außerdem die Zustimmung des Vormundschaftsgerichts verlangt, wenn es sich bei dem Vertreter des Lebenspartners um einen Betreuer handelt. 15

Nicht Geschäftsfähige können keinen Lebenspartnerschaftsvertrag abschließen. Relevant ist das nur, wenn die Geschäftsunfähigkeit nach der Begründung der Lebenspartnerschaft eingetreten ist; denn wer nicht geschäftsfähig ist, kann eine Lebenspartnerschaft nicht eingehen (§ 1 LPartG). 16

Für die Geschäftsunfähigen handelt ihr **gesetzlicher Vertreter** (§ 1411 II 1 BGB), also der Betreuer (§ 1902 BGB). Er kann Vermögenstrennung oder Zugewinngemeinschaft vereinbaren, und er kann Modifikationen an güterrechtlichen Regeln vornehmen. Eine Gütergemeinschaft kann er weder vereinbaren noch aufheben. Da der gesetzliche Vertreter in den Lebenspartnerschaftsfällen immer ein Betreuer ist, bedarf 17 der von ihm geschlossene Vertrag der Genehmigung durch das Vormundschaftsgericht (§ 1411 II 2 BGB).

18 **Beschränkt Geschäftsfähige** können einen Lebenspartnerschaftsvertrag nur selbst abschließen (§ 1411 I 1, 4 BGB). Diese Regelung hat für Lebenspartner praktisch kaum Bedeutung, weil eine Beschränkung der Geschäftsfähigkeit nur bei Minderjährigen vorkommt (vgl § 106 BGB), die Lebenspartnerschaft aber nur von Volljährigen eingegangen werden kann (§ 1 II Nr 1 LPartG). Derartige Fälle können deswegen nur vorkommen, wenn der Lebenspartnerschaftsvertrag noch zu einer Zeit geschlossen wird, zu der der zukünftige Lebenspartner noch minderjährig ist, damit die Lebenspartnerschaft sofort nach Vollendung des 18. Lebensjahres geschlossen werden kann.

19 Die beschränkt Geschäftsfähigen bedürfen der **Zustimmung des gesetzlichen Vertreters** zu dem Lebenspartnerschaftsvertrag (§ 1411 I 1 BGB). Ist der gesetzliche Vertreter ein Vormund, ist die Genehmigung des Vormundschaftsgerichts erforderlich, sofern in diesem der Zugewinnausgleich ausgeschlossen oder eingeschränkt wird oder wenn eine Gütergemeinschaft vereinbart oder aufgehoben wird (§ 1411 I 3 BGB).

20 **Ein Betreuter, der nicht geschäftsunfähig ist** und für den kein dahingehender Einwilligungsvorbehalt (§ 1903 BGB) angeordnet ist, kann den Lebenspartnerschaftsvertrag nur selbst schließen. Ist er geschäftsfähig, aber ein Einwilligungsvorbehalt für den Abschluss eines Lebenspartnerschaftsvertrags angeordnet, schließt er den Lebenspartnerschaftsvertrag zwar selbst, bedarf dazu aber der Zustimmung seines Betreuers (§ 1411 I 2 BGB). Dieser bedarf dazu wiederum die Genehmigung des Vormundschaftsgerichts in den Fällen, in denen der Vormund als gesetzlicher Vertreter eines beschränkt Geschäftsfähigen eine solche benötigt (§ 1411 I 3 BGB, Rn 19).

21 **4.** Bei **Unwirksamkeit** einzelner Teile des Lebenspartnerschaftsvertrags muss durch Auslegung ermittelt werden, ob auch die anderen Teile unwirksam sein sollten, wenn die Parteien gewusst hätten, daß ihre Vereinbarung teilweise unwirksam war. Es ist Zurückhaltung bei der Annahme einer Totalunwirksamkeit geboten. Dafür spricht vor allem, daß § 1414, 2 selbst für den Fall, daß während des gesetzlichen Güterstands der Zugewinnausgleich ausgeschlossen, also eine völlig mit dem Leitbild des Güterstands unvereinbare Regelung getroffen wird, nicht die Unwirksamkeit dieser Regelung anordnet, sondern nur den Eintritt der Gütertrennung vorschreibt. Vollständige Unwirksamkeit des Vertrages kann deswegen regelmäßig nur dann angenommen werden, wenn die von den Lebenspartnern getroffenen Abreden so widersprüchlich sind, dass nicht festgestellt werden kann, welcher Güterstand eigentlich gemeint war.

22 **III.** Das Vertrauen Dritter darauf, dass zwischen Lebenspartnern der gesetzliche Güterstand gilt, wird durch **§ 1412 BGB** geschützt. Danach wird der Einwand der Lebenspartner, ihr durch den Lebenspartnerschaftsvertrag gestaltetes Innenverhältnis weiche von den Regelungen des gesetzlichen Güterrechts ab, nur zugelassen, wenn der Lebenspartnerschaftsvertrag im Güterrechtsregister eingetragen ist oder wenn der Dritte die Abweichung kennt.

23 Im Güterrechtsregister **eingetragen werden können** neben dem Ausschluss des gesetzlichen Güterstands (§ 1412 I 1. Fall) Modifikationen des gesetzlichen Güterstands (§ 1412 I 2. Fall) und Änderungen einer bereits im Güterrechtsregister eingetragenen Regelung der güterrechtlichen Verhältnisse durch Ehevertrag (§ 1412 II). Nicht eingetragen werden kann die Änderung der güterrechtlichen Verhältnisse dagegen dann, wenn die geänderte Regelung nicht im Güterrechtsregister eingetragen war. An sich gilt das auch, wenn die Änderung nicht durch Ehevertrag, sondern kraft Gesetzes oder durch Urteil erfolgt. In diesen Fällen ist aber teilweise vorgesehen, daß § 1412 entsprechend gilt (vgl §§ 1449 II, 1470 II).

Unterbleibt die Eintragung im Güterrechtsregister hat das auf die Wirksamkeit des Lebenspartnerschaftsvertrags keine Auswirkungen, genau wie umgekehrt die Eintragung einer unwirksamen Regelung diese nicht heilt. Die Lebenspartner können sich aber einem Dritten gegenüber, der die Regelung nicht kennt, nicht darauf berufen, dass durch sie Einwendungen gegen ein mit dem Dritten vorgenommenes Rechtsgeschäft begründet werden. Unter den Lebenspartnern selbst gilt § 1412 nicht. Maßgebender Zeitpunkt für die Eintragung ist die Vornahme des Geschäfts mit dem Dritten. Eine spätere Eintragung ist auch dann wirkungslos, wenn das Geschäft mit dem Dritten noch der Zustimmung des anderen Lebenspartners oder eines Gerichts bedarf und die Zustimmung erst nach der Eintragung erteilt wird. 24

Regelungen über das **Verfahren** der Eintragung im Güterrechtsregister, der Bekanntmachung und der Einsichtnahme enthalten §§ 1558–1563 BGB. 25

§ 8 Sonstige vermögensrechtliche Wirkungen

(1) Zugunsten der Gläubiger eines der Lebenspartner wird vermutet, dass die im Besitz eines Lebenspartners oder beider Lebenspartner befindlichen beweglichen Sachen dem Schuldner gehören. Im übrigen gilt § 1362 Abs. 1 Satz 2 und 3 und Abs. 2 des Bürgerlichen Gesetzbuchs entsprechend.
(2) § 1357 des Bürgerlichen Gesetzbuchs gilt entsprechend.

I. Die Vorschrift regelt die **sonstigen vermögensrechtlichen Wirkungen** der Lebenspartnerschaft. Das waren ursprünglich alle, die Dritte betreffen, weil die in §§ 6 und 7 LPartG enthaltenen Regeln nur das Verhältnis zwischen den Lebenspartnern gestalteten. Das hat sich nach der Novellierung des LPartG geändert, weil die Veräußerungsverbote nun (richtigerweise) in § 6 LPartG geregelt sind. Es bleiben damit für § 8 LPartG alle Dritte betreffenden Regelungen, die nicht güterstandsbezogen sind. 1

Die Norm hat **drei Regelungskomplexe:** In Abs 1 enthält sie zunächst eine Bestimmung, die im wesentlichen § 1362 BGB entspricht und dazu dienen soll, Gläubigern eines Lebenspartners, die in dessen Vermögen vollstrecken wollen, Hilfe bei der Identifizierung von den dem Vollstreckungsschuldner gehörenden Gegenständen zu geben (Rn 3 ff). In Abs 2 wird zunächst auf die Regelung über die Schlüsselgewalt (§ 1357 BGB) verwiesen, um einem Lebenspartner, der nicht selbst Einkünfte erzielt, den Kredit seines Lebenspartners zu eröffnen (Rn 10 ff). Schließlich gilt auch § 1370 BGB, der die **dingliche Surrogation von Neuanschaffungen** für Haushaltsgegenstände anordnet, die wertlos geworden oder nicht mehr vorhanden sind (Rn 26 ff). 2

II. 1. Abs 1 S 1 bestimmt, dass zugunsten der Gläubiger eines der Lebenspartner **vermutet** wird, dass **die im Besitz eines Lebenspartners** oder beider Lebenspartner **befindlichen beweglichen Sachen dem Schuldner gehören.** Diese Regelung entspricht 3 dem für Eheleute geltenden § 1362 I 1 BGB. Im Übrigen verweist Abs 1 S 2 auf § 1362 I 2, 3 und II BGB.

4 **a)** Die Regelung soll **Vermögensverschleierungen unter Lebenspartnern verhindern,** die die Gläubiger des einen oder anderen benachteiligen könnten (BGH NJW 76, 238). Die Vermutung des Abs 1 S 1, dass die im Besitz eines Lebenspartners oder beider Lebenspartner befindlichen beweglichen Sachen dem Schuldner gehören, wirkt deswegen nur zugunsten von Dritten, die gegen einen der Lebenspartner die Zwangsvollstreckung betreiben. Unter den Lebenspartnern gilt dagegen allein § 1006 BGB (OLG Oldenburg FamRZ 91, 814). Die Vermutung ist widerleglich (vgl § 292 ZPO). Der Lebenspartner, der sich auf sein Eigentum beruft, trägt die Beweislast.

5 **§ 1362 II BGB** enthält eine Eigentumsvermutung zugunsten des Lebenspartners, zu dessen persönlichen Gebrauch eine bewegliche Sache bestimmt ist. Auf die Besitzverhältnisse kommt es insoweit nicht an.

6 **b) aa) Voraussetzung für das Eingreifen der Vermutung nach Abs 1 S 1** ist zunächst, dass es sich bei dem Gegenstand, in den vollstreckt werden soll, um eine **bewegliche Sache**, die nicht in den Haftungsverband eines Grundstücks fällt, oder um eine in einem Inhaberpapier oder einem mit einem Blankoindossament versehenen Orderpapier verbriefte Forderung (Abs 1 S 2, § 1362 I 3 BGB) handelt. Die Sache darf **nicht zum ausschließlichen Alleingebrauch durch einen Lebenspartner bestimmt** sein (Abs 1 S 2, § 1362 II BGB). Die Sache muss sich im **Alleinbesitz** eines der Lebenspartner oder im ausschließlichen **Mitbesitz beider** befinden. Bei Mitbesitz Dritter (zB im Rahmen einer Wohngemeinschaft) hilft Abs 1 S 1 insoweit nicht.
Die Lebenspartner dürfen **nicht getrennt** leben (Abs 1 S 2, § 1362 I 2 BGB).

7 **Folge der Vermutung nach Abs 1 S 1 ist,** dass der Lebenspartner, der sie widerlegen will, nachweisen muss, dass er Eigentümer der gepfändeten Sache ist. Dazu reicht aber der Nachweis, dass er sie irgendwann einmal zu Allein- oder Miteigentum erworben hat; denn dann gilt zu seinen Gunsten § 1006 II BGB (BGH NJW 76, 238; 92, 1162).

8 **bb) Abs 1 S 2, § 1362 II BGB** stellt die unter Lebenspartnern und Dritten gegenüber wirkende Vermutung auf, dass die zum persönlichen Gebrauch durch einen Lebenspartner bestimmten beweglichen Sachen dem Lebenspartner gehören, dessen Gebrauch sie dienen sollen. Hauptbeispiele: Kleidung, Arbeitsgeräte, Schmuck.

9 **c) Verfahren.** Der Lebenspartner, der die Pfändung einer ihm gehörenden Sache angreifen will, muss eine Drittwiderspruchsklage (§ 771 ZPO) erheben. Gelingt der Eigentumsnachweis, wird die Vollstreckung in den Gegenstand für unzulässig erklärt. Der pfändende Gläubiger ist gegebenenfalls nach § 717 III 2 ZPO schadenersatzpflichtig. Pfändet der Gerichtsvollzieher trotz Getrenntlebens (Abs 1 S 2) eine Sache, die dem ausschließlichen persönlichen Gebrauch des nichtschuldenden Lebenspartners dient, muss Erinnerung (§ 766 ZPO) eingelegt werden. Dann ist die Drittwiderspruchsklage wegen mangelnden Rechtsschutzinteresses unzulässig, auch wenn die Sache dem nicht schuldenden Lebenspartner gehört.

10 **2. a)** Durch Abs 2 wird **§ 1357 BGB,** durch den die Berechtigung, Geschäfte zur angemessenen Deckung des Lebensbedarfs der Partner mit Wirkung auch für und gegen den anderen Partner zu tätigen, für auf Lebenspartnerschaften entsprechend anwendbar erklärt. Die Norm soll durch die Anordnung einer **Mitverpflichtung des anderen** Lebenspartners dem haushaltsführenden Lebenspartner ermöglichen, die im Zusammenhang mit der Haushaltsführung notwendig werdenden Geschäfte abschließen zu können, auch wenn er selbst über kein eigenes Einkommen verfügt.

11 Teilweise wird § 1357 BGB als besonderer Fall einer gesetzlichen Vertretungsmacht, teilweise als **Verpflichtungsermächtigung** und teilweise als Rechtsmacht sui gene-

ris eingeordnet. Für die Lösung der praktischen Anwendungsprobleme ist dieser Streit unergiebig. Die Norm funktioniert einerseits wie eine Stellvertretungsregelung, indem sie den anderen Lebenspartner mitberechtigt und mitverpflichtet, wenn ein Lebenspartner ein in ihren Anwendungskreis fallendes Geschäft tätigt. Das spricht dafür, auf die unter § 1357 BGB fallenden Geschäfte die Stellvertretungsregeln analog anzuwenden, wenn nicht die Gemeinschaft der Lebenspartner nicht etwas anderes nahelegt. Von Stellvertretungsregeln unterscheidet die Schlüsselgewalt sich aber insofern, als keine Offenkundigkeit erforderlich ist, dh der andere Lebenspartner auch verpflichtet wird, wenn der Geschäftspartner nicht einmal weiß, dass der Handelnde in einer Lebenspartnerschaft lebt.

12 § 1357 BGB ist **nicht dispositiv** (OLG Schleswig FamRZ 94, 444). Ein Lebenspartner, der die Mitverpflichtung nicht wünscht, kann aber die Berechtigung des anderen Lebenspartners, Geschäfte mit Wirkung für ihn zu besorgen, beschränken oder ausschließen. Besteht dafür kein ausreichender Grund, muss das Vormundschaftsgericht die Beschränkung oder den Ausschluss auf Antrag des anderen Lebenspartners aufheben (§ 1357 II BGB). Dritten gegenüber wirkt die Beschränkung oder Ausschließung nur, wenn sie im Güterrechtsregister eingetragen ist – das ist auch für Lebenspartner seit dem 1.1.05 möglich – oder dem Dritten bekannt war (§ 1357 II 2 BGB).

13 **b) aa) Voraussetzungen** für das Eingreifen der Schlüsselgewalt sind: **(1)** das Bestehen einer **Lebenspartnerschaft, in der die Lebenspartner in häuslicher Gemeinschaft zusammenleben.** Bei Getrenntleben entfällt die Schlüsselgewalt (§ 1357 III BGB). Unter Getrenntleben ist eine längere räumliche Trennung zu verstehen, die von den Lebenspartnern freiwillig herbeigeführt wird. Kein Getrenntleben iSd § 1357 BGB ist das Getrenntleben in derselben Wohnung; denn dieses ist für Dritte nicht erkennbar. Ebensowenig leben die Lebenspartner iSd § 1357 III BGB getrennt, wenn sie zeitweilig getrennt sind, die lebenspartnerschaftliche Gemeinschaft aber noch besteht (zB berufliche Trennung auf Zeit, Verbüßung einer zeitlichen Freiheitsstrafe). Wenn die Lebenspartner aber jede gemeinsame Haushaltsführung aufgeben (zB wegen Verurteilung des einen zu lebenslanger Freiheitsstrafe, dauernder Arbeitsstätte im Ausland), ist auch die Anwendung des § 1357 BGB ausgeschlossen. Wird die Trennung wieder aufgegeben, lebt die Schlüsselgewalt ohne weiteres wieder auf.

14 **(2)** Unter § 1357 BGB fallen nur **Geschäfte zur angemessenen Deckung des Lebensbedarfs der Familie. Geschäfte** sind alle Rechtsgeschäfte, gleichgültig, ob es sich um Verpflichtungs- oder Verfügungsgeschäfte handelt. Realakte fallen nicht unter § 1357 BGB. Eine Haftung für deliktische Handlungen des anderen Lebenspartners nach § 1357 BGB scheidet daher aus.

15 Wann ein Geschäft der **angemessenen Deckung des Lebensbedarfs** dient, richtet sich nach den Lebensverhältnissen der Lebenspartner. Der Wortlaut der Norm ist sehr weit geraten, obwohl durch die Neufassung nichts daran geändert werden sollte, dass unter die Schlüsselgewalt alle Geschäfte fallen sollten, die zum häuslichen Wirkungskreis des handelnden Lebenspartners gehören. Dementsprechend ist § 1357 BGB teleologisch zu reduzieren. Aus dem Charakter der lebenspartnerschaftlichen Gemeinschaft als Rücksichtsgemeinschaft, die den Partnern das Recht auf die Beteiligung an den gemeinsamen Angelegenheiten gibt (§ 2 LPartG Rn 12 f), folgt, dass die unter § 1357 BGB fallenden, der alleinigen Handlungsbefugnis unterfallenden Geschäfte nur solche sein können, welche üblicherweise ohne vorherige Absprache der Lebenspartner untereinander vorgenommen zu werden pflegen. Geschäfte von grundsätzlicher Bedeutung fallen daher nicht unter § 1357 BGB. Daraus folgt:

16 **Unter § 1357 BGB fallen grundsätzlich:** Haushaltsgeschäfte über Lebensmittel oder Kleidung für die Lebenspartner oder deren im Haushalt lebende Kinder, Einrichtungsgegenstände für die lebenspartnerschaftliche Wohnung, Verträge mit Handwerkern (LG

Freiburg FamRZ 88, 1052), Behandlungsverträge mit Ärzten (OLG Schleswig FamRZ 94, 444), Kaufverträge über Medikamente, Krankenhausaufnahmeverträge bei medizinisch indizierter Behandlung (BGHZ 116, 184). Das gilt aber nur in Bezug auf das medizinisch Notwendige, nicht unbedingt auch in Bezug auf Verträge über Chefarztbehandlung (BGHZ 94, 1) oder andere Wahlleistungen (zB Einzelzimmer, LG Dortmund NJW 85, 922).

17 **Nicht unter § 1357 BGB fallen:** Kaufverträge über Immobilien (vgl BGH FamRZ 89, 35) und die Finanzierung solcher Geschäfte durch Darlehen (LG Aachen FamRZ 89, 1176), der Abschluss langfristiger Miet- oder Pachtverträge (OLG Koblenz NJW-RR 91, 66) oder deren Kündigung, der Abschluss von Mietverträgen über Ferienwohnungen, Kaufverträge über den Lebensverhältnissen der Lebenspartner nicht entsprechende teure Antiquitäten oder Kunstgegenstände und Versicherungsverträge. Darlehensverträge fallen ebenfalls nicht unter § 1357 BGB. Etwas anderes kann allerdings in Bezug auf den Ratenkauf gelten, wenn der Kauf auf Raten nach den Lebensverhältnissen der Lebenspartner üblich ist.

18 **(3)** Aus den **Umständen des Vertragsschlusses** darf sich **nicht ergeben, dass der handelnde Lebenspartner (bzw der andere) allein verpflichtet sein soll** (§ 1357 I BGB aE). Das ist vor allem der Fall, wenn der Handelnde bei der Vornahme des Geschäfts erklärt, dass er ausschließlich sich selbst oder (als Vertreter) für den anderen Lebenspartner handeln und auch nur insoweit Verpflichtungen eingehen will.

19 **(4)** Die **Schlüsselgewalt darf nicht ausgeschlossen oder** so **beschränkt sein,** dass das abgeschlossene Geschäft nicht mehr von dem verbleibenden Bereich umfasst ist (§ 1357 II BGB). Ein Lebenspartner kann die Schlüsselgewalt durch Erklärung gegenüber seinem Partner oder dem Dritten beschränken oder ausschließen, wenn ein Grund dafür besteht. Das kann die Unfähigkeit des Lebenspartners zur Führung der Geschäfte sein, aber auch erhebliche Meinungsverschiedenheiten unter den Lebenspartnern. Auch bei Getrenntleben kommt zur Klarstellung ein Ausschluss der Schlüsselgewalt in Betracht, obwohl sie dann schon kraft Gesetzes ruht (§ 1357 III BGB); denn nur so kann verhindert werden, dass sie bereits bei kurzfristiger Wiederaufnahme der Gemeinschaft zwecks eines Versöhnungsversuchs wieder auflebt . Dritten gegenüber wirkt die Beschränkung oder Ausschließung nur, wenn sie bekannt oder im Güterrechtsregister eingetragen ist. Fehlt es an einem ausreichenden Grund für die Beschränkung oder Ausschließung, kann der betroffene Lebenspartner ihre Aufhebung beim Vormundschaftsgericht beantragen. Die Aufhebung wirkt nur ex nunc.

20 **bb) Die Schlüsselgewalt bewirkt**, dass die Lebenspartner aus dem Geschäft beide berechtigt und verpflichtet werden (§ 1357 I 2 BGB). Beide müssen daher die von dem einen Lebenspartner versprochene Leistung erbringen und können die von dem Dritten versprochene Leistung verlangen. Das gilt nicht nur für die Hauptleistung, sondern auch für Sekundärpflichten (Mängelrechte, Schadensersatz) und im Zusammenhang mit dem Geschäft stehende vertragliche bzw vorvertragliche Pflichtverletzungen. Die Lebenspartner sind beide Gläubiger nach § 432 BGB bzw Gesamtschuldner (§§ 421 ff BGB). Sofern dem Vertragschließenden besondere Widerrufsrechte eingeräumt werden (vor allem relevant für das Widerrufsrecht nach § 312 BGB), besteht für jeden Lebenspartner ein Widerrufsrecht in Bezug auf seine Verpflichtung (Brox, Festschrift für Mikat, 841 ff; Cebulla/Pützhofen FamRZ 96, 1124 ff; str). Die Widerrufsfrist läuft für beide Lebenspartner einheitlich von der Belehrung des handelnden Lebenspartners an. Das entspricht der Situation im Vertretungsrecht (wie hier Cebulla/Pützhofen FamRZ 96, 1129 f; aA Brox Festschrift für Mikat, 849 f). Die Übereignung an einen Lebenspartner bewirkt nicht automatisch, dass beide Miteigentum erwerben. Das gilt nur dann, wenn ein dahingehender konkreter Wille der Vertragsparteien anzunehmen ist. Dieser

Wille ist allerdings bei Hausrat zu vermuten (BGHZ 114, 74 zu Eheleuten; es spricht aber nichts dagegen, diese Wertung auch auf Lebenspartner zu übertragen).

3. Schließlich erklärte bislang Abs 2 noch **§ 1370 BGB für entsprechend anwendbar,** durch den die dingliche Surrogation von Neuanschaffungen für Haushaltsgegenstände angeordnet wird, die wertlos geworden oder nicht mehr vorhanden sind. Die Verweisung ist zwar nunmehr entfallen, die Rechtslage ist aber unverändert, weil nun in § 6, 2 LPartG auf § 1370 verwiesen wird. 26

§ 1370 ist **nur auf Haushaltsgegenstände anwendbar.** Weitere Voraussetzung ist ein **Eigentumserwerb durch Rechtsgeschäft.** Ein originärer Erwerb oder sonstiger Erwerb kraft Gesetzes (Hauptfall: Erbschaft) reicht nicht. 27

Erfasst werden nur **Ersatzbeschaffungen** für Gegenstände, die bereits im Haushalt vorhanden waren. Soweit Gegenstände angeschafft werden, die es bislang nicht im Haushalt gab, muss die Vermögenszuordnung auf herkömmliche Weise festgestellt werden. Der Grund für die Ersatzbeschaffung ist gleichgültig. Es reicht, dass ein vorhandener Gegenstand subjektiv wertlos geworden ist, weil der Wunsch nach Modernisierung besteht (OLG Nürnberg FamRZ 64, 297).

§ 1370 BGB bewirkt, dass der Ersatzgegenstand im Zeitpunkt des Erwerbs durch einen Lebenspartner Eigentum dessen wird, dem der ursprünglich vorhandene Gegenstand gehörte. Es kommt weder darauf an, wer den Ersatzgegenstand bezahlt, noch in welchem Wertverhältnis der neue zum alten Gegenstand steht. 28

§ 9 Regelungen in Bezug auf Kinder eines Lebenspartners

(1) Führt der allein sorgeberechtigte Elternteil eine Lebenspartnerschaft, hat sein Lebenspartner im Einvernehmen mit dem sorgeberechtigten Elternteil die Befugnis zur Mitentscheidung in Angelegenheiten des täglichen Lebens des Kindes. § 1629 Abs. 2 Satz 1 des Bürgerlichen Gesetzbuchs gilt entsprechend.
(2) Bei Gefahr im Verzug ist der Lebenspartner dazu berechtigt, alle Rechtshandlungen vorzunehmen, die zum Wohl des Kindes notwendig sind; der sorgeberechtigte Elternteil ist unverzüglich zu unterrichten.
(3) Das Familiengericht kann die Befugnisse nach Absatz 1 einschränken oder ausschließen, wenn dies zum Wohl des Kindes erforderlich ist.
(4) Die Befugnisse nach Absatz 1 bestehen nicht, wenn die Lebenspartner nicht nur vorübergehend getrennt leben.
(5) Der Elternteil, dem die elterliche Sorge für ein unverheiratetes Kind allein oder gemeinsam mit dem anderen Elternteil zusteht, und sein Lebenspartner können dem Kind, das sie in ihren gemeinsamen Haushalt aufgenommen haben, durch Erklärung gegenüber der zuständigen Behörde ihren Lebenspartnerschaftsnamen erteilen. § 1618 Satz 2 bis 6 des Bürgerlichen Gesetzbuchs gilt entsprechend.
(6) Nimmt ein Lebenspartner ein Kind allein an, ist hierfür die Einwilligung des anderen Lebenspartners erforderlich. § 1749 Abs 1 Satz 2 und 3 sowie Abs. 3 des Bürgerlichen Gesetzbuchs gilt entsprechend.
(7) Ein Lebenspartner kann ein Kind seines Lebenspartners allein annehmen. Für diesen Fall gelten § 1743 Satz 1, 1751 Abs. 2 und 4 Satz 2, § 1754 Abs. 1 und 3, § 1755 Abs. 2, § 1756 Abs. 2, § 1757 Abs. 2 Satz 1 und § 1772 Abs. 1 Satz 1 Buchstabe c des Bürgerlichen Gesetzbuchs entsprechend.

1 **I.** § 9 LPartG **enthält** nach der Novellierung durch das LPartGÜG **fünf** verschiedene **Regelungskomplexe,** welche alle das Rechtsverhältnis von Lebenspartnern zu den Kindern ihres Partners betreffen.

2 Bereits in seiner ursprünglichen Fassung hatte die Norm ein **Mitentscheidungsrecht** des Lebenspartners in den Angelegenheiten des täglichen Lebens eines Kindes enthalten, für das sein Lebenspartner allein sorgeberechtigt ist (Abs 1, 3 und 4). Dieses, an das Sorgerecht des anderen Lebenspartners anknüpfende Sorgerecht wird allgemein als „kleines" Sorgerecht bezeichnet. Es erleichtert zum einen das Zusammenleben des Lebenspartners mit den Kindern seines Partners und wertet zugleich die Lebenspartnerschaften auf, indem es anerkennt, dass auch der andere familiale Aufgaben übernimmt (Holzhauer JZ 00, 1082). Daneben wurde dem Lebenspartner auch bislang schon ein **Notsorgerecht** für den Fall zugestanden, dass das Wohl des Kindes ein Handeln des Stiefelternteils erforderte (Abs 2).

3 Durch das LPartGÜG wurde § 9 erheblich erweitert: Abs 5 gestattet nun die **Einbenennung** des Kindes des Partners. Abs 6 verlangt die **Zustimmung des Lebenspartners** in dem Fall, dass sein **Partner ein Kind** annimmt, damit die Integration des Kindes in die neue Familie gesichert wird. Abs 7 enthält eine der wichtigsten Regelungen der Novellierung: die Einführung der **Stiefkindadoption.** Durch die Regelung wird es einem Lebenspartner ermöglicht, das leibliche Kind seines Partners auch als eigenes Kind anzunehmen, so dass die Lebenspartner dann zusammen Eltern dieses Kindes sind.

4 **II. Das kleine Sorgerecht 1. setzt voraus, a)** dass ein Elternteil für sein Kind **allein sorgeberechtigt** ist. Solange – wie heute im Regelfall (vgl § 1671 BGB) – auch nach der Scheidung einer Ehe die gemeinsame Sorge der früheren Ehegatten besteht, ist § 9 LPartG nicht anwendbar, weil damit zugleich in das Elternrecht des anderen Elternteils eingegriffen würde. Gerade in den Fällen, in denen der Lebenspartnerschaft eine **Ehe vorausgegangen** ist, aus der Kinder stammen, muss daher immer erst die Alleinsorge des Lebenspartners, der Elternteil der Kinder ist, herbeigeführt werden, wenn sein Lebenspartner durch das kleine Sorgerecht an der Sorge beteiligt werden soll. Es ist daher zuerst eine Sorgerechtsänderung nach § 1671 I BGB zu betreiben. Diesem Antrag ist stattzugeben, wenn zu erwarten ist, dass die Übertragung der alleinigen Sorge auf den Antragsteller dem Wohl des Kindes am besten entspricht. Das kann der Fall sein, wenn das Kind schon lange mit dem Antragsteller (und seinem Lebenspartner) zusammenlebt und sein anderer Elternteil sich kaum noch um das Kind kümmert.

5 Stammt das **Kind nicht aus einer Ehe,** so ist danach zu differenzieren, ob die Eltern eine Sorgeerklärung nach § 1626a BGB abgegeben haben oder nicht. Wurde eine

Sorgeerklärung abgegeben, dh gemeinsam erklärt, dass gemeinsame Sorge bestehen soll, entspricht die Situation der gerade für frühere Eheleute dargestellten Lage. Wurde keine Sorgeerklärung abgegeben, hat die Mutter die Alleinsorge kraft Gesetzes (§ 1626a II BGB). Außereheliche Mütter, die keine weitere Beziehung zu dem Erzeuger ihres Kindes hatten, haben daher im Regelfall die alleinige Sorge, aus der sich dann ein kleines Sorgerecht ihrer Lebenspartnerin ableiten kann. Außereheliche Väter haben dagegen nur dann die alleinige Sorge, wenn zuvor eine Sorgeerklärung abgegeben wurde und danach durch einen Antrag auf Übertragung der alleinigen Sorge diese durch gerichtliche Entscheidung begründet wurde.

b) Der allein sorgeberechtigte Elternteil muss in einer **wirksamen Lebenspartnerschaft** leben. Das Zusammenleben mit einem Partner in einer anderen Lebensgemeinschaft reicht nach dem Gesetzeswortlaut nicht. Die Regelung sollte aber insofern entsprechend angewendet werden. 6

c) Die Lebenspartner dürfen **nicht dauerhaft getrennt** leben (Abs 4). Das bedeutet, dass aufgrund einer freiwilligen Entscheidung der Lebenspartner keine häusliche Gemeinschaft mehr zwischen ihnen bestehen darf. Dagegen kommt es anders als in § 15 V LPartG nicht darauf an, dass die Gemeinschaft deswegen nicht besteht, weil einer der Lebenspartner sie ablehnt. Das kleine Sorgerecht dient dem Interesse des Kindes. Diesem wird ein abgeleitetes Sorgerecht zugunsten eines Partners, der nicht mehr mit dem Kind zusammenlebt, nicht gerecht; denn das kleine Sorgerecht soll gerade die Schwierigkeiten meistern helfen, die sich im Alltag in einer Lebensgemeinschaft mit Kindern daraus ergeben, dass beide Partner sich um die Belange des Kindes kümmern wollen. Besteht keine häusliche Gemeinschaft mehr (und zwar gleichgültig aus welchen Gründen), entfällt dieser Zweck. 7

d) Über das Bestehen des kleinen Sorgerechts muss **Einvernehmen** zwischen den Lebenspartnern bestehen. Weder darf dieses Sorgerecht dem Lebenspartner aufgezwungen werden noch darf sich umgekehrt dieser in die Eltern-Kind-Beziehung seines Partners hineindrängen. Das Einvernehmen ist jederzeit widerruflich (aA Schwab, FamRZ 01, 394); denn so wie der Elternteil frei in seiner Entscheidung ist, ob er dem Lebenspartner überhaupt eine sorgerechtliche Befugnis einräumt, muss er diese Befugnis auch wieder einschränken oder beseitigen können, wenn er sich mit dem Lebenspartner nicht mehr versteht. 8

e) Das **Familiengericht** darf die Befugnisse des neuen Lebenspartners **nicht ausgeschlossen oder eingeschränkt** haben, weil das zum Wohl des Kindes (§ 1697a BGB) erforderlich ist. 9

2. Das kleine Sorgerecht **ermächtigt den Lebenspartner zur Mitentscheidung** in allen Angelegenheiten des täglichen Lebens des Kindes. Das sind solche, die häufig vorkommen und die keine schwer abzuändernden Auswirkungen auf die Entwicklung des Kindes haben (§ 1687 I 3 BGB). Hierher gehören etwa Fragen der Erziehung, des Taschengelds, des Fernsehkonsums, des Kontakts zu anderen Kindern, der Freizeitgestaltung usw, nicht dagegen solche Entscheidungen, die sich auf die Gesundheit des Kindes oder ähnlich bedeutsame Rechtsgüter auswirken können (OLG Köln NJW 99, 295: Urlaubsreise nach Afrika). 10

Mitentscheidung heißt, dass der Lebenspartner in diesen Angelegenheiten Entscheidungen mit Wirkung für das Kind treffen darf. Es handelt sich aber nicht um eine Alleinentscheidungsbefugnis wie sie in § 1687 BGB vorgesehen ist; denn der Lebenspartner leitet sein Sorgerecht nur von demjenigen des Elternteils ab, so dass dieser jederzeit die Möglichkeit hat, die Mitwirkungsmöglichkeit des anderen wieder zu beenden (Rn 8). Die Mitentscheidungsbefugnis ist daher eher einer Unterbevollmächtigung vergleichbar. Für die Vertretung des Kindes bedeutet das, dass der Lebenspartner das Kind 11 allein vertreten kann. Seine Vertretungsmacht ist aber durch ein Widerspruchsrecht des Lebenspartners beschränkt, von dem er sein kleines Sorgerecht ableitet. Widerspricht dieser einer Entscheidung, muss ihre Ausführung unterbleiben.

12 Für das kleine Sorgerecht **gilt § 1629 II 1 BGB entsprechend** (Abs 1 S 2). Auch der Lebenspartner des allein sorgeberechtigten Elternteils kann das Kind daher nicht vertreten, soweit ein Vormund nach § 1795 BGB von der Vertretung ausgeschlossen wäre. Das soll verhindern, dass der allein sorgeberechtigte Elternteil mit Hilfe des kleinen Sorgerechts die ihn selbst treffenden Beschränkungen umgeht.

13 **III.** Das **Notsorgerecht** nach Abs 2 **setzt** nur **voraus,** dass Gefahr im Verzug ist, dh dass dem Kind Schaden droht, wenn eine Rechtshandlung unterbleibt, die zum Wohl des Kindes erforderlich ist. Die Regelung entspricht § 1629 I 4 BGB. Hierher gehört vor allem eine dringende ärztliche Behandlung, nicht aber eine Operation, die ohne Not aufgeschoben werden kann, bis die Zustimmung des anderen Elternteils eingeholt wurde.

14 Das Notsorgerecht **hängt nicht** davon ab, ob der Lebenspartner ein **kleines Sorgerecht** nach Abs 1 hat, und es kann auch vom Familiengericht nicht eingeschränkt werden, weil Abs 4 sich allein auf Abs 1, nicht aber auf Abs 2 bezieht. Das entspricht dem Sinn dieses Instituts, eine Gefährdung des Kindeswohls möglichst schnell und effektiv abzuwenden.

15 In den Fällen des Abs 2 ist der Lebenspartner des allein sorgeberechtigten Elternteils **allein entscheidungsbefugt** und hat Alleinvertretungsmacht. Er muss den sorgeberechtigten Elternteil unverzüglich (§ 121 BGB: ohne schuldhaftes Zögern) über die Gefahr und den getroffenen Maßnahmen unterrichten (Abs 2, 2. HS).

16 **IV. 1. Abs 4** ermöglicht die **Einbenennung** eines Kindes aus einer früheren Beziehung im Fall der Begründung einer Lebenspartnerschaft des Elternteils, wenn ein anderer Name Lebenspartnerschaftsname wird als der Name, den das Kind trägt. Die Regelung dient der Integration des Kindes in die Stieffamilie. Möglich sind sowohl die Erteilung des Lebenspartnerschaftsnamens allein wie auch eine Doppelnamenslösung. Die Lage entspricht derjenigen im Adoptionsrecht (§ 1757 IV).

17 **2. Voraussetzung** der Einbenennung ist zunächst, dass das betroffene **Kind noch minderjährig und unverheiratet ist.** Gleichgültig ist, ob es sich um ein eheliches oder ein außerehelich geborenes Kind handelt. Das Kind muss im Haushalt der neuen Familie leben. Insofern sind die Voraussetzungen seit dem Inkrafttreten des Gesetzes zur Verbesserung von Kinderrechten (BGBl 02 I 1239) enger als zuvor. Gerechtfertigt ist diese Voraussetzungsverschärfung aber nur in den Fällen, in denen die Sorge den Eltern des Kindes noch gemeinsam zusteht; denn dann sollte die Einbenennung nur dann in Betracht kommen, wenn auch durch die häusliche Gemeinschaft mit dem neuen Partner die Bindung an den anderen Elternteil soweit gelockert ist, daß das Kind der neuen Familie zuzuordnen ist.

18 Die Einbenennung ist sowohl zulässig, wenn das Kind unter der alleinigen elterlichen **Sorge des** Elternteils steht, der die Ehe eingegangen ist, deren Lebenspartnerschaftsname nun Name des Kindes werden soll, als auch wenn die elterliche Sorge dem Elternteil, der die Lebenspartnerschaft schließt und dem anderen Elternteil gemeinsam zusteht. In diesem Fall ist aber grundsätzlich die Einwilligung des mitsorgeberechtigten Elternteils in die Einbenennung erforderlich (§ 1618, 3 BGB).

19 Die Einbenennung muss von dem Elternteil und seinem neuen Lebenspartner **gemeinsam erklärt** werden. Die Erklärung erfolgt gegenüber dem Standesbeamten; sie muss öffentlich beglaubigt werden.

Hat das **Kind** bereits das fünfte Lebensjahr vollendet, muß es in die Einbenennung **einwilligen** (S 3). Die Zustimmung kann nicht ersetzt werden. Die Erklärung muß öffentlich beglaubigt werden (§ 1618, 5 BGB). § 1617 c BGB gilt entsprechend (§ 1618, 6 BGB). 20

Führt das Kind bislang den Namen des **anderen Elternteils** oder ist dieser mit sorgeberechtigt, muß auch dieser der Einbenennung zustimmen (§ 1618, 3 BGB). Die Einwilligung kann durch das Familiengericht ersetzt werden, wenn das Wohl des Kindes die Einbenennung erfordert (§ 1618, 4 BGB). Keinesfalls reicht es, dass die Namensänderung nur für das Wohl des Kindes förderlich wäre, ohne aber den Grad der Erforderlichkeit für das Kindeswohl zu erreichen. Die Erforderlichkeit der Namensänderung kann angenommen werden, wenn die Einbenennung für das Kind einen so hohen Nutzen verspricht, dass ein sich um sein Kind sorgender Elternteil auf die Erhaltung des Namensbandes zum Kind nicht bestünde (OLG Oldenburg NJW 00, 367). Insgesamt ist aber ein strenger Maßstab anzulegen. Die Namensänderung muss sich als unabdingbar erforderlich darstellen, so dass ein hoher Leidensdruck auf Seiten des Kindes notwendig ist (BGH NJW 02, 300; OLG Thüringen FamRZ 01, 1547). Vor allem in dem Fall, dass bei gemeinsam sorgeberechtigten Eltern die Einwilligung ersetzt werden soll, sind sehr hohe Anforderungen zu stellen, weil sonst auch in das Sorgerecht eingegriffen wird. Die Eingriffsschwelle muss hier deswegen so hoch liegen wie bei einer (teilweisen) Sorgerechtsentziehung selbst. 21

3. Für die Einbenennung bestehen **drei Möglichkeiten:** Der Lebenspartnerschaftsname kann zum alleinigen Namen des Kindes bestimmt werden, er kann dem bisherigen Namen des Kindes vorangestellt oder diesem Namen angefügt werden. Die Wahl ist den Einbenennenden überlassen. 22

V. Auch nach der Reform des Lebenspartnerschaftsrechts ist die gemeinschaftliche Annahme von Kindern weiter ausgeschlossen. Zulässig ist aber wie bisher, dass ein Lebenspartner ein Kind allein annimmt. Um die Integration des Kindes in die Familie der Lebenspartner zu sichern, verlangt Abs 6 nunmehr, dass der **Lebenspartner der von seinem Partner vorgenommenen Adoption zustimmen muss** und erklärt dafür § 1749 I 2, 3, III BGB für entsprechend anwendbar. Das bedeutet: Die Einwilligung des Ehegatten des Annehmenden ist erforderlich, wenn eine Annahme eines Kindes durch einen der Lebenspartner erfolgen soll. Die Norm hat allerdings nur klarstellende Bedeutung; denn wenn ein Lebenspartner das Kind seines Partners annimmt (§ 9 VII LPartG), ist dessen Zustimmung schon als Elternteil erforderlich (vgl § 1747 BGB). Nicht erforderlich ist die Einwilligung, wenn der Lebenspartner geschäftsunfähig ist, sein Aufenthalt unbekannt ist (§ 1749 III BGB) oder wenn die Lebenspartnerschaft aufgelöst wurde. Bloßes Getrenntleben macht die Einwilligung dagegen nicht überflüssig. Wird die Einwilligung verweigert, kann sie ersetzt werden, wenn nicht Interessen die Interessen des einwilligungsberechtigten Lebenspartners oder solche der Familie der Annahme entgegenstehen (§ 1749 I 2 LPartG). Die Form der Einwilligungserklärung richtet sich nach § 1750 BGB. Für ihre Ersetzung ist der Richter zuständig (§ 14 I Nr 3 f RPflG). 23

Dass **nicht auf § 1749 II BGB verwiesen** wird, liegt daran, dass minderjährige Verpartnerte nicht vorkommen können. Für die Erwachsenenadoption enthält nunmehr § 1767 II BGB eine Parallelregelung. 24

VI. 1. Eine der Hauptneuerungen des LPartGÜG ist die Ermöglichung der Annahme eines Kindes des Lebenspartners durch den anderen Lebenspartner (sog **Stiefkindadoption**). Abs 7 verweist dazu auf Vorschriften des BGB, die dann anzuwenden sind, 25 wenn ein Ehegatte das Kind seines Ehegatten annehmen will. Die Verweisung ist nicht vollständig. Für die Grundlagen der Annahme gelten die §§ 1741 ff BGB direkt. Die Verweisungen haben nur insofern Bedeutung, als sie sich gerade darauf beziehen, dass ein Kind des Partners angenommen wird und deswegen zum einen erleichterte Voraussetzungen gelten und zum anderen nicht alle Folgen der Annahme unter Fremden eintreten müssen.

26 Die **gemeinschaftliche Adoption** von fremden Kindern durch beide Lebenspartner wird ebenso weiterhin **ausgeschlossen** sein wie die Annahme eines bereits adoptierten Kindes durch den anderen Lebenspartner. Zum einen sah sich der Gesetzgeber durch das Europäische Übereinkommen über die Adoption von Kindern von 1967 daran gehindert, anderen Partnern als Ehegatten die weitere Adoption eines Kindes zu erlauben, zum anderen erschien die uneingeschränkte Einführung eines gemeinsamen Adoptionsrechts für Partner gleichen Geschlechts politisch nicht allgemein vermittelbar zu sein. Diese Lösung bleibt einerseits hinter der Entwicklung in denjenigen Ländern zurück, in denen Partnerschaften von Menschen gleichen Geschlechts schon länger anerkannt sind als in Deutschland, und wo teilweise die Volladaoption gestattet ist (Schweden, Niederlande, seit kurzem Spanien), geht aber andererseits weit über die Rechtslage hinaus, die zur Zeit in vielen anderen Ländern der Europäischen Union gilt und denkbar ist. Sie entspricht der Lage in vielen skandinavischen Staaten und (bisher) Teilen Spaniens.

27 Von der nun gewählten Lösung kann erwartet werden, dass sie **nicht den letzten Schritt** des Gesetzgebers darstellen wird. In allen Staaten, in denen heute die Kindesannahme durch gleichgeschlechtliche Paare zugelassen ist, war die Einführung des Adoptionsrechts von heftigen Debatten begleitet. Überall war zunächst eine rechtlich anerkannte gleichgeschlechtliche Partnerschaft ohne Adoptionsmöglichkeit geschaffen worden, weil diese politisch nicht vermittelbar gewesen wäre. Erst nachdem sich die Diskussion um die Partnerschaft als solche beruhigt hatte, folgte dann in einem zweiten Schritt die Eröffnung der Adoptionsmöglichkeit.

28 Der Weg, nur die Stiefkindadoption zu erlauben, ist eine **Kompromisslösung,** die regelmäßig nur Frauen hilft. Stiefkindadoptionen setzen regelmäßig die Zustimmung des anderen Elternteils voraus. Nur wenn ein anderer (rechtlicher) Elternteil fehlt, ist diese nicht erforderlich. Die Stiefkindadoption ist damit das natürliche Instrument, einer Lebenspartnerin die Elternschaft zu verschaffen, wenn in eine Lebenspartnerschaft von Frauen ein Kind hinein geboren wir, das künstlich (oder auf natürlichem Wege) erzeugt wurde und dessen Vaterschaft nicht festgestellt wurde.

29 Die Stiefkindadoption ist aber auch an sich durchaus **problematisch.** Auch solche von Eheleuten scheitern überdurchschnittlich oft, weil die Annehmenden das Kind nicht selten zur Verwirklichung ihrer Partnerschaft instrumentalisieren. Die Adoption soll in vielen Fällen die Gemeinschaft der Partner stärken, verfolgt aber nicht in erster Linie das Ziel, die Rechtsstellung des Kindes zu verbessern. Gerade diesen Zweck hat aber eine Adoption nicht. Entscheidend muss immer allein das Wohl des Kindes sein. Statt der Übertragung der Stiefkindadoption wäre deswegen eine Überarbeitung des Adoptionsrechts insgesamt angezeigt gewesen. Es bleibt zu hoffen, dass es dazu kommen wird, wenn die nächste Entscheidung über die Ausweitung des Adoptionsrechts ansteht.

30 **2. a)** In persönlicher Hinsicht setzt die Annahme voraus, dass es sich um ein **leibliches Kind** des Lebenspartners des Annehmenden handelt. Die weitere Annahme eines bereits durch den Lebenspartner angenommenen Kindes ist unzulässig. Obschon Abs 7 nur von „Kind“ spricht, ergibt sich das eindeutig aus § 1742 BGB: Die weitere Annahme eines angenommenen Kindes ist allein Ehegatten vorbehalten. An dieser Regelung wurde nichts verändert.

Der **Annehmende** braucht nur **21 Jahre alt** zu sein. Abs 7 verweist wegen der Altersgrenzen auf § 1743, 1 BGB, wo die entsprechend abgesenkte Altersgrenze (sonst: 25 Jahre) für die Stiefkindadoption durch Eheleute geregelt ist. 31

b) Obwohl nicht ausdrücklich darauf verwiesen ist, ist eindeutig, dass die Grundnorm des Adoptionsrechts, § 1741 BGB, auch bei einer Stiefkindadoption durch einen Lebenspartner anzuwenden ist: die Annahme darf deswegen nur ausgesprochen werden, wenn sie dem **Wohl des Kindes dient** und zu erwarten ist, dass zwischen dem Annehmenden und dem Kind ein **Eltern-Kind-Verhältnis** entsteht. Dieser Grundsatz ist der Leitgedanke des gesamten Adoptionsrechts. 32

Die Annahme deswegen muss auf jeden Fall **unterbleiben,** wenn das **Wohl des Kindes der Annahme widerspricht.** Das kann allerdings nicht daraus hergeleitet werden, dass der Annehmende homosexuell ist. Seine geschlechtliche Orientierung ist irrelevant. In Betracht kommt das aber, wenn das Kind sehr enge Beziehungen zu seinem bisherigen Elternteil oder dessen Verwandten hat, der seine Elternschaft verlieren würde, und unter der Entfremdung leiden würde. Die Annahme muss aber auch unterbleiben, wenn sie dem Kindeswohl zwar nicht schadet, es aber auch nicht fördert. Das wird allerdings nur in seltenen Ausnahmefällen der Fall sein, weil eine Adoption regelmäßig die Integration des Kindes in die Familie des Lebenspartners fördern wird. 33

Ob ein **Eltern-Kind-Verhältnis** zu dem anderen Lebenspartner entstehen wird, ist nach den allgemeinen Grundsätzen zu prognostizieren. In den Fällen der Stiefkindadoption ist das aber eher zu bejahen als in den Fällen, in denen ein fremdes Kind angenommen wird. Das Kind wird in der Regel mit dem Lebenspartner bereits zusammenleben und eine erheblich engere Bindung zu ihm aufweisen, weil sein Elternteil mit ihm eine so enge Verbundenheit zeigt. Umgekehrt kann eine Annahme aber ausgeschlossen sein, wenn das Kind den Lebenspartner ablehnt oder sogar, wenn es selbst entschieden homosexuelle Lebensweise ablehnt und deswegen mit dem Lebenspartner nichts zu tun haben will. 34

c) Die weiteren Voraussetzungen in Bezug auf **Einwilligungserklärungen** und deren Ersetzungen gelten wie bei allen anderen Kindesannahmen. Dass auf die entsprechenden Vorschriften des BGB nicht verwiesen wurde, bedeutet keinen Unterschied. Der Gesetzgeber des LPartGÜG hat in Abs 7 nur diejenigen Regelungen erwähnt, die explizit Stiefkindadoptionen betreffen. Die Erforderlichkeit der Einwilligung des Kindes (§ 1746 BGB), seines Ehegatten (§ 1749 II BGB) und der Eltern des Kindes (§ 1747 BGB, besonders relevant für den anderen Elternteil, der nicht Lebenspartner des Kindes ist), entspricht derjenigen bei der Stiefkindadoption durch Eheleute. Die Einwilligungen werden in gleicher Weise erteilt wie bei diesen (§ 1750 BGB). Unter den Voraussetzungen des § 1748 BGB kann die Einwilligung des anderen Elternteils ersetzt werden. Da es gerade um die gewollte Integration des Kindes in die mit einem Elternteil geführte Lebenspartnerschaft geht, wird im Regelfall die Einwilligung des anderen Elternteils betroffen sein. Es ist nicht unwahrscheinlich, dass dieser bei einer in Aussicht stehenden Adoption durch einen Partner gleichen Geschlechts noch emotionaler reagiert als schon in den sonst vorkommenden Fällen von Stiefkindadoptionen. Die Chance, dass er die Einwilligung in die Annahme verweigert, ist deswegen besonders hoch. Zu beachten ist, dass seine Zustimmung dann nicht einfach standardmäßig ersetzt werden kann: Voraussetzung ist entweder eine anhaltende gröbliche oder besonders schwere Pflichtverletzung oder eine durch das Verhalten geoffenbarte Gleichgültigkeit (Einzelheiten: § 1748 II BGB) gegenüber dem Kind (§ 1748 I BGB). Das darf nicht schematisch bejaht werden, sondern erst nach einer alle Umstände des Einzelfalls berücksichtigenden Abwägung. Selbst wenn dieser Voraussetzungen vorliegen, ist das für die Ersetzung der Zustimmung immer noch nicht ausreichend, denn zusätzlich muss das Unterbleiben der Annahme für das Kind zu unverhältnismäßigem Nachteil gereichen. 35

Soweit sich Fehlverhalten nicht schädlich für das Kind auswirkt, ist es deswegen irrelevant. Weitere Ersetzungsfälle betreffen besonders schwere psychische Krankheiten und besonders schwere geistige oder seelische Behinderungen (§ 1748 III BGB). Erleichtert möglich ist die Ersetzung der Zustimmung eines nichtehelichen Vaters, der keine elterliche Sorge hat: Hier bedarf es besonderer Gründe nicht; es reicht dass das Unterbleiben der Annahme dem Kind zum unverhältnismäßigen Nachteil gereichen würde.

36 **3.** Das **Verfahren der Annahme** entspricht dem jeder anderen Annahme. Die Einwilligung des anderen Elternteils hat auch die in § 1751 BGB beschriebenen Wirkungen: Seine **elterliche Sorge und sein Umgangsrecht ruhen,** bis sie durch die Annahme ganz enden, und seine Unterhaltsverpflichtung tritt hinter eine Unterhaltsverpflichtung des annehmenden Lebenspartners zurück, sobald dieser das Kind in Obhut genommen hat – was in den Fällen der Stiefkindadoption im Regelfall bereits geschehen sein wird, bevor es zu der Einleitung des Annahmeverfahren eingeleitet wurde. An den Rechten und Pflichten des mit dem Annehmenden verpartnerten Elternteil ändert sich nichts.

37 Die Annahme erfolgt durch **gerichtlichen Beschluss.**

38 **4. a)** Die **abstammungsrechtlichen Folgen** der Annahme richten sich nach §§ 1754 I, III, 1755 II, 1756 II BGB. Sie entsprechen denen bei einer Stiefkindadoption durch Eheleute. Der **Angenommene wird zum gemeinschaftlichen Kind** der Lebenspartner (§ 1754 I). Gleichzeitig werden die Verwandtschaft zu allen Verwandten des Annehmenden und die Schwägerschaft zu allen Schwägern des Annehmenden begründet. Das Kind steht einem leiblichen Kind in allem gleich. Es hat ein gesetzliches Erbrecht nach dem Annehmenden und dessen Verwandten (und umgekehrt). Die elterliche Sorge folgt der Abstammungsregelung. Beide Lebenspartner werden gemeinsam sorgeberechtigt (§ 1754 III BGB).

39 Die **Verwandtschaftsverhältnisse** zu der alten Familie **erlöschen,** soweit die **Familie des anderen Elternteils** betroffen ist (§ 1755 II BGB). Mit der Annahme erlöschen daher Unterhaltsansprüche, gesetzliche Erb- oder Pflichtteilsrechte, die elterliche Sorge und das Umgangsrecht des anderen Elternteils usw.

40 § 1756 schränkt das Erlöschen der Verwandtschaft für die Annahme des Kindes eines **verstorbenen Lebenspartners** ein. Insoweit ist es nicht erforderlich, das Kind ganz aus seiner Herkunftsfamilie herauszulösen. Die Verwandtschaft zu den Verwandten des Lebenspartners erlischt nicht, wenn der Lebenspartner die elterliche Sorge hatte (Mitsorgeberechtigung reicht; vgl § 1626 a BGB) und verstorben ist (§ 1756 II BGB). Das soll den Großeltern, deren Kind verstorben ist, wenigstens die Verwandtschaftsbeziehung zu ihren Enkeln erhalten.

41 **b)** Die **namensrechtlichen Folgen** der Annahme richten sich nach § 1757 BGB. Dass Abs 7 nicht auf alle Regelungen verweist, bedeutet nicht, dass sie nicht anwendbar wären. Die Verweisung bezieht sich vielmehr nur auf die Spezialregelungen für Stiefkindadoptionen, nicht diejenigen Regeln, die bei allen Annahmen zu beachten sind.

42 Auch hier gilt das Prinzip der **Eingliederung in die neue Familie.** Das Kind erhält den **Lebenspartnerschaftsnamen der Annehmenden.** Falls sie keinen Lebenspartnerschaftsnamen führen, bestimmen sie den Geburtsnamen des Kindes vor dem Ausspruch der Annahme durch Erklärung gegenüber dem Vormundschaftsgericht (§ 1757 II 1 BGB). Gewählt werden kann der Name des einen oder des anderen Lebenspartners zur Zeit der Annahme (§ 1757 II 1 iVm § 1617 I 1 BGB). Soweit bereits eine Erklärung in Bezug auf ein anderes Kind abgegeben wurde, gilt diese auch für ein neu angenom-

menes Kind (§ 1757 II 1 iVm § 1617 I 3 BGB). Anders als bei leiblichen Kindern ist die Möglichkeit ausgeschlossen, dass die Annehmenden sich nicht über die Namensgebung einigen und das Bestimmungsrecht deswegen auf einen der Ehegatten übertragen lassen (vgl § 1617 II BGB). Das Vormundschaftsgericht muss dann die Annahme verweigern, bis die Annehmenden den Namen des Kindes festgelegt haben. Dem Selbstbestimmungsrecht des Kindes wird dadurch Rechnung getragen, dass die Namensbestimmung durch die Annehmenden nur wirksam ist, wenn es sich der Bestimmung vor dem Ausspruch der Annahme anschließt. Da bei Kleinstkindern nicht davon auszugehen ist, dass der Name für sie schon Bedeutung gewonnen hat, gilt das aber nur, wenn das Kind das fünfte Lebensjahr vollendet hat (§ 1757 II 2 BGB). Das Kind wird bis zur Vollendung des 14. Lebensjahres durch seinen gesetzlichen Vertreter vertreten. Danach kann es die Erklärung nur selbst abgeben; es bedarf aber der Zustimmung seines gesetzlichen Vertreters (§ 1757 II 2, § 1617 c I 2 BGB).

43 Ist das **Kind verheiratet**, erstreckt sich die Änderung des Namens auf den Ehenamen nur, wenn sich der Ehegatte der Namensänderung vor der Annahme durch Erklärung gegenüber dem Vormundschaftsgericht anschließt; die Erklärung ist öffentlich zu beglaubigen (§ 1757 III BGB).

44 Auf Antrag des Annehmenden mit Zustimmung des Kindes kann der **bisherige Familienname** des Kindes dem neuen vorangestellt oder angefügt werden, wenn das zum Wohl des Kindes erforderlich ist (§ 1757 IV 1 Nr 2 BGB). Das ist idR anzunehmen, wenn das Kind ein gewisses Alter hat und schon Bindungen zu seinem Familiennamen besitzt. Der neue Name mit dem hinzugefügten alten Namen ist ein zweigliedriger Name; der hinzugefügte alte Name ist nicht nur Begleitname iSd § 1355 IV. Für die Einwilligung des Kindes gilt (§ 1746 I 2, 3, III, 1. Halbs) entsprechend. Das Kind kann die Einwilligung also nur selbst erteilen und bedarf der Zustimmung seines gesetzlichen Vertreters. Soweit nicht deutsches Recht gilt, ist die Genehmigung des Vormundschaftsgerichts erforderlich, wenn Kind und Annehmender unterschiedliche Staatsangehörigkeiten haben. Die von einem Vormund oder Pfleger verweigerte Zustimmung kann vom Vormundschaftsgericht ersetzt werden.

45 Die **Änderung des Vornamens** erfolgt auf Antrag des Annehmenden mit Einwilligung des Kindes mit dem Ausspruch der Annahme, wenn sie dem Wohl des Kindes entspricht (§ 1757 IV 1 Nr 1). Entsprechendes gilt für die Hinzufügung von neuen Vornamen. Das soll es ermöglichen, dass die Adoptiveltern eine noch engere Verbindung zu dem Kind schaffen und gleichzeitig verhindern, dass die Adoptiveltern das Kind nur faktisch mit einem neuen Vornamen benennen, während es rechtlich einen anderen führt. Das könnte zu einer Identitätskrise des Kindes führen. Das Gericht darf dem Antrag entsprechen, wenn die Aufgabe des bisherigen Vornamens keine Gefährdung des Kindeswohls verursacht, zB weil das Kind noch keine Bindung dazu hat (Kleinstkinder) oder wenn keine enge Bindung an den Namen besteht und zu erwarten ist, dass die Namensänderung bzw -ergänzung zur verbesserten Integration in die neue Familie führt.

46 **5.** Die Stiefkindadoption kann auch eine **Erwachsenenadoption** sein. Wie bei Eheleuten auch, kann hier sogar eine Annahme mit den Wirkungen der Minderjährigenadoption ausgesprochen werden (Abs. 7, § 1772 I 1 lit c BGB).

§ 10 Erbrecht

(1) Der überlebende Lebenspartner des Erblassers ist neben Verwandten der ersten Ordnung zu einem Viertel, neben Verwandten der zweiten Ordnung oder neben Großeltern zur Hälfte der Erbschaft gesetzlicher Erbe. Treffen mit Großeltern Abkömmlinge von Großeltern zusammen, so erhält der Lebenspartner auch von der anderen Hälfte den Anteil, der nach § 1926 des Bürgerlichen Gesetzbuchs den Abkömmlingen zufallen würde. Zusätzlich stehen ihm die zum lebenspartnerschaftlichen Haushalt gehörenden Gegenstände, soweit sie nicht Zubehör eines Grundstücks sind, und die Geschenke zur Begründung der Lebenspartnerschaft als Voraus zu. Ist der überlebende Lebenspartner neben Verwandten der ersten Ordnung gesetzlicher Erbe, so steht ihm der Voraus nur zu, soweit er ihn zur Führung eines angemessenen Haushaltes benötigt. Auf den Voraus sind die für Vermächtnisse geltenden Vorschriften anzuwenden. Gehört der überlebende Lebenspartner zu den erbberechtigten Verwandten, so erbt er zugleich als Verwandter. Der Erbteil, der ihm aufgrund der Verwandtschaft zufällt, gilt als besonderer Erbteil.

(2) Sind weder Verwandte der ersten noch der zweiten Ordnung noch Großeltern vorhanden, erhält der überlebende Lebenspartner die ganze Erbschaft. Bestand beim Erbfall Gütertrennung und sind als gesetzliche Erben neben dem überlebenden Lebenspartner ein oder zwei Kinder des Erblassers berufen, so erben der überlebende Lebenspartner und jedes Kind zu gleichen Teilen; § 1924 Abs. 3 des Bürgerlichen Gesetzbuchs gilt auch in diesem Fall.

(3) Das Erbrecht des überlebenden Lebenspartners ist ausgeschlossen, wenn zur Zeit des Todes des Erblassers

1. **die Voraussetzungen für die Aufhebung der Lebenspartnerschaft nach § 15 Abs. 2 Nr. 1 oder 2 gegeben waren und der Erblasser die Aufhebung beantragt oder ihr zugestimmt hatte oder**
2. **der Erblasser einen Antrag nach § 15 Abs. 2 Nr. 3 gestellt hatte und dieser Antrag begründet war.**

In diesen Fällen gilt § 16 entsprechend.

(4) Lebenspartner können ein gemeinschaftliches Testament errichten. Die §§ 2266 bis 2273 des Bürgerlichen Gesetzbuchs gelten entsprechend.

(5) Auf eine letztwillige Verfügung, durch die der Erblasser seinen Lebenspartner bedacht hat, ist § 2077 des Bürgerlichen Gesetzbuchs entsprechend anzuwenden.

(6) Hat der Erblasser den überlebenden Lebenspartner durch Verfügung von Todes wegen von der Erbfolge ausgeschlossen, kann dieser von den Erben die Hälfte des Wertes des gesetzlichen Erbteils als Pflichtteil verlangen. Die Vorschriften des Bürgerlichen Gesetzbuchs über den Pflichtteil gelten mit der Maßgabe entsprechend, dass der Lebenspartner wie ein Ehegatte zu behandeln ist.

(7) Die Vorschriften des Bürgerlichen Gesetzbuchs über den Erbverzicht gelten entsprechend.

I. Die Vorschrift **stellt den Lebenspartner einem Ehegatten** auch **erbrechtlich gleich.** Die letzten Unterschiede in den erbrechtlichen Regelungen wurden durch das LPartGÜG beseitigt. Differenzen zwischen der Lage bei Lebenspartnern und derjenigen bei Eheleuten können deswegen nur noch insoweit bestehen, als sich aus den sonstigen Bestimmungen des Lebenspartnerschaftsrechts Unterschiede zwischen den Rechtsinstituten ergeben. 1

Die Vorschrift enthält eine **Kurzfassung des gesamten Erbrechts**: Abs 1 S 1 f regelt das gesetzliche Erbrecht des überlebenden Lebenspartners, der mit Verwandten der ersten oder zweiten Ordnung oder mit Großeltern zusammentrifft, Abs 2 dann das Zusammentreffen mit Verwandten anderer Ordnungen. Den Voraus des im Haushalt verbleibenden Lebenspartners betrifft Abs 1 S 3 f, Abs 3 und 5 den Ausschluss des Erbrechts. Abs 4 eröffnet dann auch Lebenspartnern die Möglichkeit, ein gemeinschaftliches Testament zu errichten. Abs 6 ordnet bei Enterbung eines Lebenspartners einen Pflichtteil an, und in Abs 7 werden für den Erbverzicht die Regeln des BGB für entsprechend anwendbar erklärt. 2

Zur **erbschaftsteuerrechtlichen Situation** von Lebenspartnern s Einleitung, Rn 87. 3

II. 1. Der überlebende Lebenspartner hat nach dem verstorbenen Partner ein **gesetzliches Erbrecht,** wenn er nicht durch Verfügung von Todes wegen (Testament oder Erbvertrag) von der gesetzlichen Erbfolge ausgeschlossen wurde oder auf sein gesetzliches Erbrecht verzichtet hat (Abs 7) oder erbunwürdig ist. 4

5 2. **Die Höhe des Erbteils** hängt davon ab, mit welchen Verwandten der überlebende Lebenspartner zusammentrifft und in welchem Güterstand er während der Lebenspartnerschaft gelebt hat:

6 **a)** Hat der überlebende Lebenspartner mit dem Erblasser **nicht in dem Güterstand der Zugewinngemeinschaft** (§ 6 LPartG) gelebt, richtet sich die Erbquote allein nach den in Abs 1 und Abs 2 vorgesehenen Regeln. Das bedeutet, dass er neben Verwandten der ersten Ordnung (§ 1923 BGB), also den Abkömmlingen des Erblassers (Kinder, Enkel usw) zu einem Viertel Erbe wird (Abs 1 S 1). Neben Verwandten der zweiten Ordnung (§ 1924 BGB), den Eltern des Erblassers und deren Abkömmlingen (Geschwister, Nichten, Neffen usw) oder neben den Großeltern des Erblassers (die schon der dritten Ordnung angehören, § 1926 I BGB) erbt er die Hälfte. Soweit mit Großeltern Abkömmlinge von Großeltern zusammentreffen (Fälle des § 1926 III, IV BGB), erbt der Lebenspartner auch den Teil, der an sich auf den Abkömmling entfiele (Abs 1 S 2). Beim Zusammentreffen mit anderen Verwandten als den gerade genannten wird der überlebende Lebenspartner Alleinerbe (Abs 2). Das beginnt mit den Abkömmlingen der Großeltern, die nicht selbst Erben zweiter Ordnung sind, also den Onkeln und Tanten und deren Abkömmlingen und umfasst alle weiteren Verwandten, wie die Urgroßeltern und deren Abkömmlinge usw.

7 **b)** Hat der überlebende Lebenspartner dagegen mit dem Verstorbenen im Güterstand der **Zugewinngemeinschaft** (§ 6 LPartG) gelebt, dann beeinflusst das auch die gesetzliche Erbfolge. Grundsätzlich gilt zunächst das gerade in Rn 6 Gesagte. Diese Erbquote erhöht sich aber um ein zusätzliches Viertel (§ 6, 2 LPartG, § 1371 I BGB), um den während der Partnerschaftszeit angefallenen überschießenden Zugewinn des Erblassers auszugleichen. Neben den Verwandten der ersten Ordnung erbt der überlebende Lebenspartner dann die Hälfte des Nachlasses, neben Verwandten der zweiten Ordnung sowie neben Großeltern drei Viertel. Ohne Bedeutung ist die Regelung, wenn der überlebende Lebenspartner neben entfernteren Verwandten erbt; denn dann fällt ihm ohnehin schon der gesamte Nachlass zu (Abs 2). Für die Anwendung von § 1371 I BGB kommt es nicht darauf an, ob der Erblasser tatsächlich einen Zugewinn erzielt hat, der denjenigen des überlebenden Lebenspartners übersteigt.

8 Das Zusatzviertel bildet mit der nach Abs 1 errechneten Quote einen **einheitlichen Erbteil.** Es kann nicht gesondert ausgeschlagen werden. In die Erbschaft fallen alle zum Vermögen des Verstorbenen gehörenden Positionen. Ein Ausgleich von Vorempfängen findet nur nach erbrechtlichen Regeln (§§ 2050 ff BGB) statt.

9 Der zusätzliche Erbteil des überlebenden Lebenspartners ist aber mit einem **Unterhaltsanspruch zugunsten der Kinder des verstorbenen Lebenspartners** belastet (§ 1371 IV BGB). Voraussetzung dafür ist, dass diese Kinder nach dem Verstorbenen erbberechtigt sind, dh in dieser Weise am Nachlass beteiligt werden (str). Die Einsetzung zum Testamentserben (nicht aber zum Vermächtnisnehmer) schließt daher den Anspruch aus. An einem Unterhaltsanspruch fehlt es wegen der Bindung an das gesetzliche Erbrecht auch, wenn das Kind auf die Erbberechtigung verzichtet hat (§ 2346 BGB) oder es erbunwürdig ist (§§ 2339 ff BGB).

10 **Der Unterhaltspflicht entgehen** kann der Überlebende nach dem Tod seines Lebenspartners nur, indem er die gesamte Erbschaft ausschlägt (um dann den kleinen Pflichtteil und den konkret berechneten Zugewinn zu fordern, § 1371 III BGB). § 1371 IV BGB ist aber abdingbar, der Unterhaltsanspruch kann also zu Lebzeiten der Lebenspartner durch einen Lebenspartnerschaftsvertrag (§ 7 LPartG) ausgeschlossen werden. Jeder Lebenspartner kann den Unterhaltsanspruch gegen seinen Partner außerdem durch letztwillige Verfügung ausschließen.

11 **c)** Haben die Lebenspartner im Güterstand der **Gütertrennung** gelebt und kommen als gesetzliche Erben neben dem Lebenspartner ein oder zwei Kinder des Erblassers

zum Zuge, so erben der überlebende Lebenspartner und die Kinder zu gleichen Teilen (Abs 1 S 6). Das gilt auch, wenn ein Kind bereits vorverstorben ist (§ 1924 III BGB). Abs 1 S 6 wirkt sich nur aus, wenn ein oder zwei Kinder vorhanden sind: Neben dem einzigen Kind des Erblassers ist der Lebenspartner zu 1/2 berufen statt zu 1/4, neben zwei Kindern zu 1/3 statt zu 1/4. Hat der Erblasser dagegen drei Kinder, entspricht der Erbteil des Lebenspartners von 1/3 demjenigen, der sich auch bei Anwendung von Abs 1 S 1 ergibt. Sind mehr als als drei Kinder vorhanden, ist seine Quote von 1/4 ohnehin höher als diejenige der Kinder.

12 **3.** Das **gesetzliche Erbrecht** des überlebenden Lebenspartners ist **ausgeschlossen**, wenn zur Zeit des Todes des Erblassers entweder die Voraussetzungen für die Aufhebung der Lebenspartnerschaft nach § 15 Abs 2 Nr 1 oder 2 gegeben waren und der Erblasser die Aufhebung beantragt oder ihr zugestimmt hatte (Abs 3 S 1 Nr 1) oder wenn der Erblasser einen Antrag nach § 15 Abs 2 Nr. 3 gestellt hatte und dieser Antrag begründet war (Abs 3 S 1 Nr 2). Die Regelung entspricht dem für Eheleute geltenden § 1933 BGB.

13 **a) Sinn** der Regelung ist es zu verhindern, dass ein Lebenspartner Vorteile daraus zieht, dass ein bereits rechtshängiges Aufhebungsverfahren nur deswegen nicht zu Ende geführt werden kann, weil der andere Lebenspartner im Laufe des Verfahrens stirbt. Zum Ausschluss des dem überlebenden Lebenspartner aufgrund einer letztwilligen Verfügung zustehenden Erbrechts in den Fällen einer bevorstehenden, nur durch den Tod des anderen Lebenspartners verhinderten Aufhebung der Lebenspartnerschaft s Abs 5, Rn 75 ff.

14 **b) Voraussetzung des Ausschlusses des gesetzlichen Erbrechts** ist **materiell,** dass zur Zeit des Todes des Erblassers die Voraussetzungen für die Aufhebung der Lebenspartnerschaft nach § 15 II LPartG gegeben waren (Abs 3 S 1 Nr 1). Erforderlich ist also zunächst, dass entweder die erforderlichen Trennungszeiten abgelaufen sind oder dass die Voraussetzungen für eine sofortige Aufhebung der Lebenspartnerschaft (§ 15 II Nr 3 LPartG) gegeben sind. Die **Beweislast** für das Vorliegen der materiellen Aufhebungsvoraussetzungen trägt derjenige, der sich auf den Ausschluss des gesetzlichen Erbrechts des Lebenspartners beruft. Das wird in der Regel derjenige sein, der wegen des Wegfalls des gesetzlichen Erbrechts des Lebenspartners eine größere Erbquote erhält oder der Alleinerbe wird. Es kann aber auch der überlebende Lebenspartner sein, wenn er wegen des Wegfalls des gesetzlichen Erbrechts einen Unterhaltsanspruch gegen den Erben geltend macht (Abs 3 S 2, Rn 19). Ein eventuell erteilter Erbschein ändert die Beweislage nicht (BGH NJW 95, 1082).

15 **Formell** setzt Abs 3 voraus, dass der Erblasser entweder die **Aufhebung beantragt** hat (gilt für alle Aufhebungsfälle) **oder** einer vom anderen Lebenspartner beantragten Aufhebung **zugestimmt** hat (in den Fällen des § 15 II Nr 1 oder 2 LPartG, nicht im Fall der sofortigen Aufhebung nach § 15 II Nr 3 LPartG).

16 Ein **Antrag** des Erblassers liegt vor, wenn **das Begehren auf Aufhebung** der Lebenspartnerschaft **rechtshängig** geworden ist, dh dem Lebenspartner zugestellt worden ist (§ 253 I ZPO). Ein Antrag auf Prozesskostenhilfe allein reicht nicht. Die Rückwirkungsfiktion des § 270 III ZPO greift nicht ein, da es nicht um eine Frist oder die Unterbrechung der Verjährung geht (BGHZ 111, 329 zu § 1933 BGB). Abs 3 greift also nicht, wenn der Antragsteller zwischen der Einreichung des Antrags bei Gericht und dessen Zustellung an den Lebenspartner stirbt, wenn der Antrag wieder zurückgenommen oder wenn er rechtskräftig abgewiesen wurde. Ebenso wenig reicht es für Abs 3, dass ausschließlich der überlebende Lebenspartner einen Antrag auf Aufhebung der Lebenspartnerschaft gestellt hat, ohne dass eine Zustimmung des Erblassers zu diesem Antrag vorlag. Dagegen schließt die Tatsache, dass bereits ein (abweisendes) Urteil zur

Aufhebung der Lebenspartnerschaft vorliegt, die Anwendung von Abs 3 nicht aus, sofern dieses Urteil noch nicht rechtskräftig ist; denn bis zur Rechtskraft bleibt das Verfahren rechtshängig. Das gilt ohne weiteres dann, wenn der Erblasser gegen das abweisende Urteil schon ein Rechtsmittel eingelegt hat. Es besteht aber auch kein Anlass, von dieser Betrachtung abzuweichen, wenn dem Erblasser zwar noch ein Rechtsmittel zustand, er von diesem aber noch keinen Gebrauch gemacht hatte. Rechtsmittelfristen können voll ausgeschöpft werden. Solange deswegen nicht wegen Ablaufs der Rechtsmittelfrist oder wegen Rechtsmittelverzichts feststeht, dass ein Rechtsmittel nicht mehr in Betracht kommt, muss deswegen auch die materielle Wirkung von Abs 3 weiterhin andauern (str, aA Staudinger/Werner, § 1933 BGB Rn 6; wie hier Palandt/Edenhofer, § 1933 BGB Rn 5; MK-BGB/Leipold, § 1933 BGB Rn 9).

17 Mit der **Zustimmung** zu dem Antrag des anderen (des überlebenden) Lebenspartners ist eine Prozesshandlung gemeint, durch die der Lebenspartner zu erkennen gibt, dass er mit der Aufhebung der Lebenspartnerschaft einverstanden ist. Diese Prozesshandlung setzt voraus, dass der Antrag des anderen Lebenspartners auf Aufhebung der Lebenspartnerschaft rechtshängig war. Sie muss gegenüber dem Gericht erklärt worden sein; eine nur formlos vorprozessual oder auch notariell abgegebene Erklärung reicht nicht. Für die Zustimmung besteht kein Anwaltszwang (§§ 661 II, 630 I 2 ZPO). Sie kann bis zum Ende der mündlichen Verhandlung widerrufen werden (§§ 661 II, 630 II 1 ZPO). Geschieht das, entfällt auch der Ausschluss des gesetzlichen Erbrechts wieder.

18 **c) Folge von Abs 3** ist zunächst, dass das gesetzliche Erbrecht des überlebenden Lebenspartners ausgeschlossen ist. Das gilt auch für den erbrechtlichen Ausgleich des Güterstandes (§ 6, 2 LPartG, § 1371 I BGB); es kommt daher nur noch ein güterrechtlicher Ausgleich in Betracht, wenn die Lebenspartner in Zugewinngemeinschaft gelebt haben und beim Tod des einen die Voraussetzungen von Abs 3 vorlagen. Wegen der Anküpfung an das gesetzliche Erbrecht ist auch der Anspruch auf den Voraus (Abs 1 S 2, Rn ff) ausgeschlossen. Auch ein Pflichtteilsanspruch besteht dann nicht.

19 In den Fällen des Ausschlusses des gesetzlichen Erbrechts nach Abs 3 S 1 **gilt § 16 LPartG entsprechend** (Abs 3 S 2). Das bedeutet, dass der überlebende nicht erbberechtigte Lebenspartner nicht schlechter gestellt werden soll, als er gestanden hätte, wenn die Lebenspartnerschaft bereits aufgehoben gewesen wäre. Für diesen Anspruch gelten aber die allgemeinen Einschränkungen für Unterhaltsansprüche nach dem Tod des Unterhaltsverpflichteten (§ 16 II 2 LPartG, § 1586b BGB), vor allem ist der Anspruch wertmäßig auf den Betrag begrenzt, der dem überlebenden Lebenspartner als Pflichtteil zugestanden hätte, wenn es nicht zu dem Ausschluss des Erbrechts nach Abs 3, sondern durch letztwillige Verfügung gekommen wäre (§ 16 II 2 LPartG, § 1586b I 3 BGB, Einzelheiten: § 16 LPartG Rn 182 ff).

20 **III. 1.** Dem überlebenden Lebenspartner, der gesetzlicher Erbe wird, stehen zusätzlich zu seinem Erbteil die zum lebenspartnerschaftlichen Haushalt gehörenden Gegenstände und die Geschenke zur Begründung der Lebenspartnerschaft grundsätzlich als **Voraus** zu (Abs 1 S 3). Dieser Anspruch ist unabhängig von dem Güterstand, in dem die Lebenspartner gelebt haben.

21 **2. Voraussetzung** für den Anspruch auf den Voraus ist, dass der **überlebende Lebenspartner gesetzlicher Erbe nach Abs 1 S 1** wird. Ist er Alleinerbe nach Abs 2, macht ein Voraus keinen Sinn; denn der Überlebende ist mit dem Todesfall dann ohnehin Alleineigentümer aller Gegenstände geworden, auf die sich der Voraus erstreckt (§ 1922 BGB). Ausgeschlossen ist der Voraus umgekehrt, wenn der überlebende Lebenspartner nicht gesetzlicher Erbe wird, wenn also die Voraussetzungen des Abs 3 vorliegen, er das Erbe ausschlägt (§§ 1942 ff BGB), erbunwürdig ist (§§ 2339 ff BGB) oder wenn

er enterbt wurde (§ 1938 BGB). Ebenfalls kein gesetzliches Erbrecht und damit auch kein Voraus besteht, wenn der überlebende Lebenspartner kraft einer Verfügung von Todes wegen (Testament, Erbvertrag) zum Erben wird. Allerdings kann der überlebende Lebenspartner in diesem Fall erreichen, dass er doch noch den Voraus bekommt, wenn er den durch die letztwillige Verfügung zugewendeten Erbteil ausschlägt (§ 1948 I BGB). Er wird dann wegen des Wegfalls der Erbenstellung kraft Verfügung von Todes wegen zum gesetzlichen Erben und damit berechtigt, den Voraus zu verlangen. Das wiederum gilt allerdings nicht, wenn in der Einsetzung durch Verfügung von Todes wegen zugleich ein Ausschluss des Voraus enthalten war, da dann insoweit eine Enterbung iSd § 1938 BGB vorliegt.

22 Der Voraus des überlebenden Lebenspartners darf **nicht durch Verfügung von Todes wegen ausgeschlossen** sein. Der Erblasser, der das gesetzliche Erbrecht seines Lebenspartners ausschließt, schließt dadurch auch gleichzeitig seinen Voraus aus (Rn 21). Möglich ist aber auch, durch Verfügung von Todes wegen den Voraus isoliert auszuschließen.

23 **3.** Der Voraus **erstreckt sich** auf die zum lebenspartnerschaftlichen Haushalt gehörenden Gegenstände, soweit sie nicht Zubehör eines Grundstücks sind, und die Geschenke zur Begründung der Lebenspartnerschaft (Abs 1 S 3).

24 **Haushaltsgegenstände** sind alle, die die Lebenspartner bereits im gemeinsamen Haushalt benutzt haben (Möbel, Geschirr, Wäsche, aber uU auch der gemeinsam genutzte Pkw). Das setzt voraus, dass bereits ein gemeinsamer Haushalt geführt wurde. Verstirbt der Lebenspartner, bevor der Haushalt tatsächlich begründet werden kann, kommt ein Voraus deswegen in Bezug auf Haushaltsgegenstände nicht in Betracht. Auf die Eigentumsverhältnisse kommt es nicht an; der Voraus bezieht sich immer genau auf die Rechtsposition, die der Erblasser an ihnen hatte. War er Alleineigentümer, hat der überlebende Lebenspartner Anspruch auf das Alleineigentum, bei Miteigentum auf den Miteigentumsanteil des Erblassers und bei bloßem Besitz des Erblassers auf die Verschaffung des Besitzes. Ebenfalls irrelevant ist der Wert der Haushaltsgegenstände. Auch sehr wertvolle Gegenstände (zB Antiquitäten, Gemälde, Teppiche) können deshalb Gegenstand des Voraus sein, wenn sie nur gemeinsam im Haushalt benutzt wurden.

25 **Ausgenommen** vom Voraus sind alle Haushaltsgegenstände, die Grundstückszubehör sind (vgl §§ 97, 98 BGB) und solche Gegenstände, die vom Erblasser allein benutzt wurden, wie Kleidung, Schmuck und die seiner Berufsausübung dienenden Gegenstände.

26 Zum Voraus gehören dann noch die anlässlich der Begründung der Lebenspartnerschaft gemachten **Geschenke,** also die Geschenke, die in der für Eheleute geltenden Regelung (§ 1932 BGB) als Hochzeitsgeschenke bezeichnet sind. Da sich die Einschränkung in Bezug auf Grundstückszubehör nur auf Haushaltsgegenstände bezieht, gilt das auch dann, wenn die Geschenke Zubehör eines Grundstücks geworden sind.

27 **Eingeschränkt** ist der Voraus, wenn der überlebende Lebenspartner neben Verwandten der ersten Ordnung gesetzlicher Erbe ist. Ihm steht der Voraus dann nur zu, soweit er ihn zur Führung eines angemessenen Haushaltes benötigt (Abs 1 S 3). Ob das der Fall ist, richtet sich nach den Verhältnissen zur Zeit des Erbfalls, es ist aber zu berücksichtigen, dass der überlebende Partner nunmehr allein ist, so dass gegebenenfalls ein geringerer Bedarf besteht. Der Bedarf ist dann anzunehmen, wenn der überlebende Lebenspartner nicht genügend Gegenstände dieser Art zur Verfügung hat und er sie auch nicht ohne weiteres selbst besorgen kann, etwa weil ihm – auch unter Berücksichtigung des ihm zufallenden Nachlasses – nicht genügend Mittel zur Verfügung stehen.

28 **4.** Die **Rechtsstellung des Voraus-Berechtigten** entspricht derjenigen eines Vermächtnisnehmers (Abs 1 S 4), dh er hat einen Anspruch gegen die Miterben auf Übertra-

gung der Rechtsposition des Verstorbenen an den dem Voraus unterfallenden Gegenständen. Der Anspruch ist Nachlassverbindlichkeit und muss vor der Auseinandersetzung der Miterben berichtigt werden (§ 2046 I 1 BGB).

29 Der Voraus **kann** als gesetzliches Vermächtnis **getrennt** von der restlichen Erbschaft **ausgeschlagen werden.**

30 Bei der **Berechnung des Pflichtteils** von Verwandten des Erblassers wird der Wert der zum Voraus gehörenden Gegenstände zunächst vom Nachlass abgezogen und der Pflichtteil dann nur vom verringerten Wert berechnet. Umgekehrt wird der Pflichtteil des überlebenden Lebenspartners immer von dem gesamten Nachlass berechnet, weil er in diesem Fall ja gerade nicht gesetzlicher Erbe wird und ihm der Voraus deswegen nicht zusteht.

31 **IV.** Lebenspartner können einander auch **durch Verfügung von Todes wegen zu Erben einsetzen.** Dafür bestehen grundsätzlich keine Besonderheiten gegenüber der Situation bei anderen Personen und zur bisherigen Rechtslage. Durch das Lebenspartnerschaftsgesetz wurde aber die Situation der Lebenspartner auch insofern derjenigen von Ehegatten im Wesentlichen angeglichen. Vor allem können sie nun ein gemeinschaftliches Testament errichten (Abs 4, Rn 32 ff). Auf der anderen Seite wird aber auch eine durch letztwillige Verfügung begründete Erbberechtigung gegebenenfalls durch die Aufhebung der Lebenspartnerschaft beeinflusst; denn es gilt dann die Vermutung, dass eine früher zugunsten des anderen Lebenspartners errichtete Verfügung von Todes wegen nicht mehr gelten soll (Abs 5, Rn 75).

32 **1.** Durch das LPartG wurde die Möglichkeit geschaffen, dass gleichgeschlechtliche Partner ein **gemeinschaftliches Testament** errichten können. Für das gemeinschaftliche Testament gelten §§ 2266 bis 2273 BGB entsprechend (Abs 4 S 2).

33 **a)** Voraussetzung für die Errichtung eines gemeinschaftlichen Testaments ist, dass zwischen den Personen, die dieses Testament zusammen errichten wollen, eine **wirksame Lebenspartnerschaft** besteht. Vor deren Begründung ist ein gemeinschaftliches Testament nicht möglich.

34 Wird die **Lebenspartnerschaft nach Errichtung des gemeinschaftlichen Testaments aufgehoben** (§ 15 LPartG), ändert das zwar nichts daran, dass zum Zeitpunkt der Errichtung des Testaments die Voraussetzungen dafür gegeben waren. Andererseits kann nicht ohne weiteres angenommen werden, dass die Verfügungen auch für diesen Fall gewollt waren. Deswegen wird das gemeinschaftliche Testament grundsätzlich unwirksam, wenn die Lebenspartnerschaft aufgehoben wird (§§ 2268 I, 2077 I 1 BGB). Das Gleiche gilt, wenn die Voraussetzungen für die Aufhebung vorliegen und der Erblasser die Aufhebung beantragt hatte oder ihr zugestimmt hat, es dann aber zu der Aufhebung nicht mehr kommt, weil der Erblasser vor der Rechtskraft der die Aufhebung bewirkenden gerichtlichen Entscheidung (§ 17 LPartG) verstirbt (§§ 2268 I, 2077 I 2, 3 BGB, siehe zu diesen Fällen Rn 75 ff). Diese Regel gilt aber nicht, wenn anzunehmen ist, dass die Lebenspartner die Verfügungen in ihrem gemeinschaftlichen Testament auch für den Fall getroffen hätten, dass ihre Partnerschaft aufgelöst wird oder dass einer von ihnen stirbt, wenn die Voraussetzungen für die Auflösung vorliegen und er selbst alle verfahrensrechtlich erforderlichen Schritte für die Aufhebung unternommen hat (§ 2268 II BGB). Wer sich auf diesen Ausnahmetatbestand beruft, muss die Voraussetzungen dafür beweisen.

35 **b)** Der **Begriff** des gemeinschaftlichen Testaments ist im LPartG ebenso wenig definiert wie im BGB selbst. Die Besonderheiten gegenüber einer anderen letztwilligen testamentarischen Verfügung bestehen vor allem in einer Formerleichterung (§§ 2266, 2267 BGB), in der Verknüpfung von Verfügungen beider Testierenden in der Weise,

dass der Bestand der einen von dem Bestand der anderen abhängt (§ 2270 BGB), in dem Ausschluss des einseitigen Widerrufs wechselseitiger Verfügungen (§ 2271 BGB) und in dem Ausschluss der einseitigen Rücknahme einer letztwilligen Verfügung aus der amtlichen Verwahrung (§ 2272 BGB).

36 Wesentlich für das Vorliegen eines gemeinschaftlichen Testaments ist der **Wille, gemeinsam testieren zu wollen,** der allerdings irgendwie aus dem Testament erkennbar sein muss. Diese Vorstellung entspricht der für das gemeinschaftliche Testament von Ehegatten inzwischen nahezu ausschließlich vertretenen Ansicht (BGHZ 9, 113 f, sog Andeutungstheorie; aA Brox, Erbrecht, Rn 174: gemeinsamer Wille reicht). Nur so ist dem Bedürfnis nach Rechtssicherheit hinreichend Rechnung getragen. Die Verbindung der Verfügungen in einer Urkunde ist nicht notwendig, wird aber in der Praxis der Regel entsprechen. Wird in unterschiedlichen Urkunden testiert, sollte auf jeden Fall klargestellt werden, dass ein gemeinschaftliches Testament gewollt ist, um die besondere Wechselwirkung der gegenseitigen Verfügungen nicht zu gefährden.

37 **c)** Das gemeinschaftliche Testament kann auf drei verschiedene **Arten** errichtet werden: als öffentliches gemeinschaftliches Testament, als gemeinschaftliches eigenhändiges Testament (§ 2267 BGB) und als gemeinschaftliches Nottestament (§ 2266 BGB).

38 **aa)** Das **gemeinschaftliche öffentliche Testament** wird durch Niederschrift eines Notars errichtet. Hierfür gelten die allgemeinen Regeln für notarielle Testamente (§§ 2232 f BGB); Formerleichterungen bestehen nicht. Sofern ein Lebenspartner nur in der in § 2233 BGB vorgesehenen Weise testieren kann, gilt diese Form für beide Lebenspartner, weil nur so ein ausreichender Schutz des unter § 2233 BGB fallenden Partners gewährleistet werden kann. In Betracht kommen insoweit nur die Fälle des Lebenspartners, der nicht fähig ist, Geschriebenes zu lesen (§ 2233 II BGB) und des Lebenspartners, der nicht fähig ist, hinreichend zu sprechen (§ 2233 III BGB), weil die Lebenspartnerschaft zwischen Minderjährigen (§ 2233 I BGB) nicht wirksam begründet werden kann (§ 1 II Nr 1 LPartG).

39 **bb)** Für das **gemeinschaftliche eigenhändige Testament** besteht eine Formerleichterung gegenüber der Errichtung von zwei eigenhändigen Testamenten der Lebenspartner: Es reicht, dass einer der Lebenspartner das Testament eigenhändig schreibt und unterschreibt (§ 2247 I BGB). Der andere Lebenspartner braucht dann nur noch seine eigenhändige Unterschrift hinzuzufügen (§ 2267, 1 BGB). So wie der Lebenspartner, der das Testament schreibt, den Ort und das Datum hinzufügen soll (keine Wirksamkeitsvoraussetzung, § 2247 II BGB), soll das auch der mitunterzeichnende Lebenspartner (§ 2267, 2 BGB, ebenfalls keine Wirksamkeitsvoraussetzung). Fehlt Ort oder Datum, ist das Testament bei Zweifeln, die sich an seiner Gültigkeit gerade wegen des Fehlens eines dieser Bestandteile ergeben, nur dann als gültig anzusehen, wenn sich die Zeit oder der Ort der Errichtung anderweit feststellen lassen (§ 2247 V BGB).

40 Eigenhändigkeit bedeutet für den **Text** des Testaments, dass dieser von Anfang bis Ende mit der Hand geschrieben sein muss. Es reicht nicht aus, dass ein maschinenschriftlicher oder gedruckter Text nur unterzeichnet wird.

41 Für die **Unterschrift** bestimmt § 2247 II BGB, dass sie den Vornamen und den Familiennamen des Erblassers enthalten soll. Jeder Lebenspartner unterzeichnet das gemeinschaftliche Testament deswegen sinnvollerweise mit diesen beiden Namensbestandteilen. Auch insoweit handelt es sich aber nur um eine Sollvorschrift, deren Nichteinhaltung das Testament nicht formunwirksam macht. Es reicht, dass sich auf andere Weise klären lässt, wer der Urheber der Erklärung ist (§ 2247 II 2 BGB).

42 Die **Unterschriften müssen den Text** der gemeinsamen Verfügungen **abschließen.** Werden später Nachträge errichtet, müssen diese wiederum für sich den Anforderungen des § 2267 BGB genügen, dh von einem der Lebenspartner handschriftlich geschrieben und unterschrieben und von dem anderen mitunterschrieben sein. Für ein gemein-

schaftliches Testament ist es wegen dieser Beziehung von Inhalt und Unterschrift auch nicht ausreichend, wenn zunächst ein Lebenspartner seine Verfügung von Todes wegen niederschreibt und unterschreibt, dann die Verfügung des anderen Lebenspartners handschriftlich niederlegt, die dieser dann unterschreibt (BGH NJW 58, 547, aA noch OLG Celle NJW 57, 876). In diesem Fall ist nur der erste Teil der Verfügung gültig, weil er für sich die Voraussetzungen des § 2247 BGB erfüllt und deswegen in ein eigenhändiges Testament des zuerst verfügenden Lebenspartners umgedeutet werden kann (§ 140 BGB).

43 Ein eigenhändiges Testament (und damit auch ein gemeinschaftliches eigenhändiges Testament) kann **nicht** errichten, **wer Geschriebenes nicht zu lesen vermag** (§ 2247 IV BGB, die entsprechende Ausnahme für Minderjährige hat keine Bedeutung, weil Minderjährige keine Lebenspartnerschaft eingehen können, § 1 II Nr 1 LPartG). Ob diese Unfähigkeit auf einem körperlichen Gebrechen (zB Blindheit) oder auf mangelnder Bildung beruht, ist unerheblich. In diesen Fällen kann ein gemeinschaftliches Testament nur als gemeinschaftliches öffentliches Testament (Rn 38) errichtet werden.

44 Das gemeinschaftliche Testament muss von beiden Lebenspartnern **vollständig errichtet** sein, **bevor der erste** von ihnen **stirbt.** Es ist nicht zulässig, dass der zweite (mitunterschreibende) Lebenspartner seine Unterschrift erst leistet, nachdem sein Partner bereits verstorben ist. In diesem Fall wäre das Erfordernis der Gemeinschaftlichkeit nicht erfüllt.

45 Die **Formerleichterung gilt nicht,** wenn die Lebenspartner nicht in einer gemeinsamen Urkunde testieren, sondern jeweils getrennt. Das hindert zwar die Annahme eines gemeinschaftlichen Testaments in Bezug auf die inhaltlichen Besonderheiten nicht (Rn 35); die besondere Form des gemeinschaftlichen Testaments ist aber nur einzuhalten, wenn eine gemeinsame Urkunde errichtet wird.

46 **cc)** Ein gemeinschaftliches Testament kann schließlich als **gemeinschaftliches Nottestament** errichtet werden. Dazu reicht es aus, dass die Voraussetzungen für die Errichtung eines Nottestaments (§§ 2249, 2250 BGB) nur in der Person eines der Lebenspartner vorliegen. Dass nicht auf § 2251 BGB (Seetestament) verwiesen wurde, hat keine sachliche Abweichung zur Folge; denn bei der Errichtung eines gemeinschaftlichen Testaments müssen sich dann aus tatsächlichen Gründen beide Lebenspartner auf der Seereise befinden. Entsprechendes gilt für das Absperrungstestament nach § 2250 I BGB. Die Ausnahmeregelung bezieht sich also vor allem auf die Fälle, in denen sich einer der Lebenspartner in einem so schlechten Gesundheitszustand befindet, dass er voraussichtlich versterben wird, bevor er ein notarielles (§ 2249 BGB, Folge: Zulässigkeit des Bürgermeistertestaments) oder ein Bürgermeistertestament (§ 2250 II BGB, Folge: Zulässigkeit des Dreizeugentestaments) errichten kann. Wegen der an diese Nottestamente gestellten formellen Anforderungen (§ 2249 I 2-6, II-VI, § 2250 III BGB) sind diese Testamente in der Praxis meistens unwirksam. Auch wird angesichts der vielfältigen modernen Kommunikationsmittel die mangelnde Erreichbarkeit eines Notars nur in seltenen Ausnahmefällen gegeben sein. Vor allem ist aber zu beachten, dass ein Nottestament als nicht errichtet gilt, wenn seit der Errichtung drei Monate verstrichen sind und der Erblasser noch lebt (§ 2252 I BGB).

47 **d)** Für den **Inhalt** eines gemeinschaftlichen Testaments gelten zunächst keine Besonderheiten. Die Lebenspartner können also alle Verfügungen treffen, die sie auch allein in einem Testament anordnen könnten, vor allem also Erbeinsetzungen, Vermächtnisse, Auflagen, Testamentsvollstreckung und Enterbungen. Aus dem gemeinschaftlichen Charakter der Verfügungen von Todes wegen ergeben sich aber in einigen Fällen Wechselbeziehungen zwischen den Verfügungen beider Seiten. Zu unterscheiden sind insofern wechselbezügliche (Rn 48 ff), gegenseitige (Rn 64) und schlicht gemeinschaftliche Verfügungen (Rn 65). Was jeweils angeordnet ist, ist durch Auslegung des ge-

meinschaftlichen Testaments, gegebenenfalls auch aus der Auslegungsregel des § 2270 BGB, zu ermitteln.

aa) Wechselbezügliche Verfügungen sind solche gemeinschaftlichen Verfügungen, bei denen die Wirksamkeit der einen Verfügung von der Wirksamkeit der anderen Verfügung abhängig gemacht ist. Die Unwirksamkeit der Verfügung der einen Seite führt automatisch auch zur Unwirksamkeit der Verfügungen der anderen Seite (§ 2270 I BGB). 48

(1) Als wechselbezügliche Verfügungen kommen **nur Erbeinsetzungen, Vermächtnisse und Auflagen** in Betracht (§ 2270 III BGB). Enterbungen, die Einsetzung eines Testamentsvollstreckers oder Teilungsanordnungen (BGHZ 82, 277) sind deswegen niemals wechselbezügliche Verfügungen, und zwar selbst dann nicht, wenn die Lebenspartner das ausdrücklich bestimmt haben. Das Gleiche gilt für den gegenseitigen Verzicht auf Erb- oder Pflichtteilsansprüche (BGHZ 30, 265). 49

Ob eine wechselbezügliche oder eine andere Verfügung vorliegt, richtet sich im Übrigen in erster Linie nach dem **gemeinsamen Willen** der Lebenspartner, wie er sich aus dem Testament ergibt oder aus anderen Quellen ermitteln lässt. Dieser Wille ist für jede einzelne Verfügung des Testaments zu überprüfen. Erst wenn durch Auslegung kein gemeinsamer Wille der Lebenspartner zu ermitteln ist, greift die Auslegungsregel des § 2270 II BGB (Rn 51) ein. An einer Wechselbezüglichkeit fehlt es daher auch in den in § 2270 II BGB genannten Fällen, wenn die Lebenspartner in ihrem gemeinschaftlichen Testament diese Beziehung ihrer Verfügungen ausgeschlossen haben. Umgekehrt können die Lebenspartner auch bestimmen, dass eine Verfügung nur in Bezug auf einen von ihnen die Wirkungen einer wechselbezüglichen Verfügung haben soll. In diesen Fällen sind auf die Verfügung des gebundenen Lebenspartners (nicht aber auf die andere, die dieser gegenübersteht), §§ 2270 f BGB entsprechend anzuwenden (Brox, Erbrecht, Rn 190). 50

Entsprechend § 2270 II BGB ist **im Zweifel Wechselbezüglichkeit** der Verfügungen anzunehmen, wenn sich die Lebenspartner gegenseitig bedenken oder wenn dem einen Partner von dem anderen eine Zuwendung gemacht und für den Fall des Überlebens des Bedachten eine Verfügung zugunsten einer Person getroffen wird, die mit dem anderen Lebenspartner verwandt ist oder ihm sonst nahe steht. Welcher Art die Zuwendung jeweils ist, ist unerheblich. Erfasst sind also folgende Fälle: 51

Die **Lebenspartner bedenken sich gegenseitig.** In Betracht kommt vor allem die gegenseitige Erbeinsetzung (nicht notwendigerweise zu identischen Quoten), es reicht aber auch, dass dem Lebenspartner, der den anderen zum Erben einsetzt, von diesem ein Vermächtnis zugewendet wird. 52

Ein Lebenspartner bedenkt den anderen. Dieser bedenkt für den Fall, dass er seinen Partner überlebt, **einen Verwandten des ersteren** oder eine andere **Person, die diesem nahe steht.** Auch hier brauchen die Zuwendungen sich nicht zu entsprechen. Auf den Grad der Verwandtschaft kommt es nicht an, ebenso wenig darauf, dass der Verwandte schon zu dem Zeitpunkt existierte, als die letztwillige Verfügung getroffen wurde. Zulässig und ausreichend ist deswegen auch die Einsetzung zukünftiger Kinder des Lebenspartners. Welche Personen dem anderen Lebenspartner nahe stehen, richtet sich nach den Umständen des Einzelfalls. Entscheidend ist, ob eine enge persönliche und innere Bindung besteht, die derjenigen ähnelt, wie sie unter Verwandten zu bestehen pflegt (BayObLGZ 82, 474). Dabei ist ein strenger Maßstab anzulegen (Palandt/Edenhofer, § 2270 BGB Rn 7), um die Bindungswirkung des § 2270 BGB nicht ausufern zu lassen. In Betracht kommen vor allem enge Freunde, Pflegekinder, aber auch Angestellte oder Schwäger. In Lebenspartnerschaften kann diese Regelung besondere Bedeutung für die Kinder des Lebenspartners haben, die im gemeinsamen Haushalt der Lebenspartnerschaft aufwachsen und zu denen auch der andere Lebens- 53 partner erhebliche innere Bindungen entwickelt hat, ohne dass es zu einer Stiefkindadoption gekommen ist.

54 **(2)** Die Besonderheit bei wechselbezüglichen Verfügungen besteht darin, dass die **Unwirksamkeit der einen Verfügung automatisch die Unwirksamkeit der anderen Verfügung** zur **Folge** hat (§ 2270 I BGB). Auf welchen Gründen die Unwirksamkeit beruht, ist unerheblich.

55 **(3)** Entsprechendes wie für die Unwirksamkeit der Verfügung gilt für ihren **Widerruf.** Wird also eine wechselbezügliche Verfügung widerrufen, wird damit gleichzeitig die wechselbezügliche Verfügung des anderen Lebenspartners unwirksam. Das ergibt sich schon aus § 2270 I BGB. Die Möglichkeit, seine letztwilligen Verfügungen zu widerrufen, ist aber gegenüber der Situation beim normalen Testament erheblich eingeschränkt:

56 **(a)** Der **gemeinschaftliche Widerruf** des gemeinschaftlichen Testaments ist ohne weiteres zulässig. Da insofern beide Lebenspartner zusammenwirken müssen, kommt er nur zu Lebzeiten beider in Betracht. Für diesen Widerruf bestehen keine Einschränkungen, da keiner der Lebenspartner schutzbedürftig ist. Der Widerruf kann deswegen in jeder Form erfolgen: durch ein widersprechendes gemeinschaftliches Testament (§ 2258 BGB), durch ein gemeinschaftliches Widerrufstestament (§ 2254 BGB) oder durch einen Erbvertrag. Auch die gemeinschaftliche Vernichtung des Testamentsurkunde oder die gemeinschaftliche Streichung der in ihr enthaltenen wechselbezüglichen Verfügungen (vgl § 2255 BGB) ist möglich. In allen diesen Fällen sollten die widerrufenden Lebenspartner, die Gemeinschaftlichkeit ihres Vorgehens deutlich herausstellen und nach Möglichkeit auf dem widerrufenen gemeinschaftlichen Testament dokumentieren, damit nicht nach dem Tod eines der Lebenspartner der Beweis des gemeinschaftlichen Vorgehens erschwert oder ausgeschlossen ist.

57 Da auch die **Rücknahme eines öffentlichen Testaments** (notarielles Testament oder Bürgermeistertestament) aus der amtlichen Verwahrung als Widerruf gilt (§ 2256 BGB), ordnet § 2272 BGB an, dass ein gemeinschaftliches öffentliches Testament nur von beiden Lebenspartnern gemeinsam aus der amtlichen Verwahrung zurückgenommen werden kann. Dazu müssen beide Lebenspartner gleichzeitig bei der Verwahrungsstelle persönlich erscheinen (arg e § 2256 II 2 BGB). Gibt das das Testament verwahrende Amtsgericht die Urkunde irrtümlich einem Lebenspartner allein heraus, hat das auf den Bestand der in dem Testament enthaltenen wechselbezüglichen Verfügungen keinerlei Wirkungen. Die Widerrufswirkung tritt aber hinsichtlich der anderen (nicht wechselbezüglichen) Verfügungen ein.

58 **(b)** Zu **Lebzeiten seines Lebenspartners** kann jeder Lebenspartner seine wechselbezüglichen Verfügungen zwar grundsätzlich **jederzeit auch einseitig widerrufen.** Der Widerruf muss aber nach den Regeln erfolgen, die für den Rücktritt vom Erbvertrag gelten (§§ 2271 I 1, 2296 BGB). Der Widerruf muss also durch eine notariell beurkundete Erklärung gegenüber dem Lebenspartner erfolgen (§ 2296 II 2 BGB). Durch diese Regelung soll sichergestellt werden, dass der andere Lebenspartner sicher von dem Widerruf Kenntnis erlangt und damit weiß, dass er von nun an wieder frei testieren kann. Der Widerruf durch Errichtung einer widersprechenden Verfügung von Todes wegen ist ebenso ausgeschlossen (§ 2271 I 2 BGB) wie ein Widerruf durch Vernichtung der Testamentsurkunde oder durch Streichungen in dem Text des gemeinschaftlichen Testaments. In diesen Fällen beschränkt sich die Widerrufswirkung auf die nicht wechselbezüglichen Verfügungen. Der Widerruf kann nicht durch Vertreter erfolgen (§ 2296 II 1 BGB). Das ist eine Folge des höchstpersönlichen Charakters des Geschäfts.

59 **(c)** **Nach dem Tod des Lebenspartners** können die wechselbezüglichen Verfügungen des überlebenden Lebenspartners grundsätzlich nicht mehr widerrufen werden (§ 2271 II 1, 1. HS BGB). Der Verstorbene kann nun seine Verfügungen nicht mehr

widerrufen; deshalb wird auch der überlebende Lebenspartner an den vor dem Tod des anderen abgegebenen Erklärungen festgehalten. Etwas anderes gilt nur dann, wenn der überlebende Lebenspartner die Wechselbeziehung zwischen der Zuwendung des Verstorbenen und seiner eigenen Verfügung von Todes wegen wieder beseitigt. § 2271 II 1, 2. HS BGB sieht dazu vor, dass er das ihm Zugewandte ausschlagen muss, um von seiner Bindung frei zu werden und seine eigenen wechselbezüglichen Verfügungen widerrufen zu können. Keine Regelung ist für den Fall getroffen, dass nicht der überlebende Lebenspartner der Begünstigte aus der wechselbezüglichen Verfügung des Verstorbenen ist, sondern ein Dritter. Dem Sinn der Regelung entsprechend, dass ein Freiwerden des Überlebenden nur dann eintreten soll, wenn die Ursache für die Wechselbezüglichkeit beseitigt wird, ist aber auch für diese Fälle zu verlangen, dass der Begünstigte das ihm Zugewandte ausschlagen muss, damit der Überlebende von der Bindung an seine eigenen wechselbezüglichen Verfügungen wieder frei wird (Brox, Erbrecht, Rn 192; aA Palandt/Edenhofer, § 2271 BGB Rn 17). Sind der überlebende Lebenspartner und ein Dritter begünstigt, müssen beide ausschlagen, um diese Wirkung herbeizuführen (Staudinger/Kanzleiter, § 2271 BGB Rn 41).

60 **Ausnahmsweise** besteht auch nach dem Tod des anderen Lebenspartners das Recht, einzelne wechselseitige Verfügungen zu widerrufen, ohne dass der Überlebende dazu das ihm Zugewendete ausschlagen muss. Der Überlebende darf widerrufen, wenn der Bedachte sich einer Verfehlung schuldig macht, die ihn zur **Entziehung des Pflichtteils berechtigt** oder berechtigt hätte, wenn der Bedachte ein Abkömmling wäre (§§ 2271 II 2, 2294, 2333). Die Fälle unterscheiden sich deswegen von denen, die zur Entziehung des Pflichtteils des Lebenspartners berechtigen.

61 Erfasst sind zunächst die **Fälle,** in denen der Bedachte dem Erblasser oder einem anderen Abkömmling des Erblassers nach dem Leben trachtet (§ 2333 Nr 1 BGB, zum Begriff Rn 87). Außerdem gehört hierher, dass der Bedachte sich einer vorsätzlichen körperlichen Misshandlung des Erblassers (§ 2333 Nr 2 BGB, zum Begriff Rn 88) oder eines Verbrechens oder eines schweren vorsätzlichen Vergehens gegen den Erblasser (§ 2333 Nr 3 BGB, zum Begriff Rn 89) schuldig macht. Die in § 2333 Nr 1-3 enthaltenen entsprechenden Regelungen für den Ehegatten haben im vorliegenden Zusammenhang keine Bedeutung, weil Lebenspartner nicht verheiratet sein können. Dass der Gesetzgeber es unterlassen hat, im Wortlaut des § 2333 BGB Angriffe auf Lebenspartner denjenigen auf Ehegatten gleichzustellen, führt insoweit nicht zu einer anderen Rechtslage. Aus Abs 6 S 2 ergibt sich, dass das Pflichtteilsrecht des Bürgerlichen Gesetzbuchs auf den Lebenspartner mit der Maßgabe anzuwenden ist, dass der Lebenspartner wie ein Ehegatte zu behandeln ist. Das muss dann auch in allen anderen Fällen gelten, in denen das BGB auf die Regelungen des Pflichtteilsrechts verweist. Außerdem kann die Verfügung aufgehoben werden, wenn der Bedachte die ihm dem Erblasser gegenüber obliegende Unterhaltspflicht böswillig verletzt (§ 2333 Nr 4 BGB, zum Begriff Rn 90) oder wenn er wider den Willen des Erblassers einen ehrlosen oder unsittlichen Lebenswandel führt (§ 2333 Nr 5 BGB). Darunter ist ein vom Erblasser nicht geduldetes Verhalten des Bedachten zu verstehen, das gegen die objektiven und allgemeingültigen Wertanschauungen widerspricht. Es ist ein strenger Maßstab anzulegen; die Vorstellungen des Erblassers sind zwar mit zu berücksichtigen, aber nicht allein maßgeblich. Das Verhalten muss ein dauerhaftes sein, einzelne Verstöße reichen nicht. Als ausreichend wurden etwa angesehen gewerbsmäßiges Glücksspiel und gewerbsmäßige Kriminalität.

62 Schließlich kann der überlebende Lebenspartner unter den Voraussetzungen des § 2338 BGB eine **Beschränkung der Zuwendung in guter Absicht** vornehmen, wenn der Bedachte sein Abkömmling oder ein Abkömmling seines Lebenspartners ist (§ 2271 III BGB). Das bedeutet, dass der überlebende Lebenspartner anordnen kann, dass nach

dem Tod des Bedachten dessen gesetzliche Erben das ihm Hinterlassene als Nacherben oder als Nachvermächtnisnehmer nach dem Verhältnis ihrer gesetzlichen Erbteile erhalten sollen. Ebenso kann der überlebende Lebenspartner die Verwaltung des dem Bedachten Zugewendeten für die Lebenszeit des Abkömmlings der Testamentsvollstreckung unterwerfen. Voraussetzung ist aber, dass der Abkömmling sich in solchem Maß der Verschwendung ergeben hat oder dass er in solchem Maße überschuldet ist, dass sein späterer Erwerb gefährdet wäre. Die zulässigen Beschränkungen sollen verhindern, dass der Bedachte selbst nicht in den Genuss des Zugewendeten kommt, weil seine Gläubiger darauf Zugriff nehmen. Das wird bei Anordnung der Nacherbschaft oder des Nachvermächtnisses durch § 2115 BGB gewährleistet, bei Anordnung der Testamentsvollstreckung durch § 2214 BGB. In beiden Fällen hindert die Anordnung des überlebenden Lebenspartners nicht, dass der Bedachte in den Genuss der Erträge aus dem Zugewendeten gelangt (§ 2338 II 2 BGB für den Fall der Testamentsvollstreckung, bei bloßer Nacherbeneinsetzung ergibt sich das schon daraus, dass der Vorerbe bis zum Eintritt des Erbfalls Erbe ist).

63 **(4)** Trotz der gerade genannten Einschränkungen in Bezug auf den Widerruf seiner wechselbezüglichen Verfügungen ist der überlebende Lebenspartner durch seine Verfügungen auch nach dem Tod des anderen Lebenspartners **nicht umfassend gebunden.** Seine Bindung ist eine erbrechtliche, dh nur Verfügungen von Todes wegen, die den unwiderruflich gewordenen Verfügungen aus dem gemeinschaftlichen Testament widersprechen, sind – von den oben bezeichneten Ausnahmen (Rn 60-62) abgesehen – unwirksam (§ 2271 BGB). Der überlebende Lebenspartner ist dagegen grundsätzlich weiterhin frei, Verfügungen unter Lebenden zu treffen. Das gilt selbst dann, wenn der überlebende Lebenspartner damit bewusst den Nachlass schmälern will, damit der Begünstigte nicht das erhält, was ihm nach dem gemeinschaftlichen Testament an sich zustehen sollte. Das gilt selbst in den Fällen benachteiligender Schenkungen des überlebenden Lebenspartners. Allerdings besteht in diesen Fällen ein Bereicherungsanspruch des Bedachten gegen den Beschenkten; denn wegen der insoweit gleichen Interessenlage sind auf die benachteiligenden Schenkungen die für den Erbvertrag geltenden §§ 2287 und 2288 BGB entsprechend anzuwenden (BGHZ 82, 276 f; 87, 23 f).

64 **bb)** Gegenstand eines gemeinschaftlichen Testaments können auch **gegenseitige Verfügungen** sein, die nicht wechselbezüglich sind. Ob auch eine nur gegenseitige Verfügung unwirksam wird, wenn eine Verfügung des anderen Lebenspartners unwirksam ist, richtet sich nicht nach § 2270 I BGB, sondern nach den allgemeinen Grundsätzen. Nach § 2085 BGB tritt Unwirksamkeit nur ein, wenn anzunehmen ist, dass der Erblasser seine Verfügung ohne die andere Verfügung nicht getroffen haben würde. Das ist in diesen Fällen nur schwer zu begründen; denn dann fragte es sich, warum nicht gleich angenommen wird, dass es sich um eine wechselbezügliche Verfügung handelt.

65 **cc)** Schließlich können auch **schlicht gemeinschaftliche Verfügungen** Inhalt eines gemeinschaftlichen Testaments sein. Das ist der Fall, wenn in dem Testament nur äußerlich Verfügungen beider Lebenspartner zusammengefasst werden, ohne dass eine innere Beziehung zwischen den Verfügungen gewollt ist. Derartige Fälle kommen vor allem deswegen vor, weil die Beteiligten von der Formerleichterung des § 2267 BGB Gebrauch machen wollen. Eine Bindung der Verfügungen aneinander besteht nicht. Alle sind zu Lebzeiten des anderen Lebenspartners ebenso widerruflich wie nach dessen Tod. Die Unwirksamkeit der Verfügungen des einen Lebenspartners hat keine Auswirkungen auf die Gültigkeit der Verfügungen des anderen Lebenspartners.

66 **e)** Eine **Sonderform** eines gemeinschaftlichen Testaments, das sog. **Berliner Testament,** betrifft § 2269 BGB. Die Vorschrift stellt eine Auslegungsregel auf, wie die Verfügung, dass Lebenspartner sich gegenseitig und einen Dritten (im Regelfall Kinder eines oder beider Lebenspartner) zu Erben des Überlebenden einsetzen, zu verstehen

ist. In diesen Fällen sind zwei rechtliche Gestaltungsformen möglich, die sich in ihren Folgen erheblich unterscheiden:

67 Eine Auslegungsmöglichkeit besteht darin anzunehmen, dass mit dem Tod des ersten Lebenspartners der andere Lebenspartner Vorerbe wird, während nach dem Tod des Längerlebenden dann die weiteren Begünstigten Nacherben werden. Man spricht insofern vom **Trennungsprinzip,** weil mit dem Tod des Erstversterbenden zwei getrennte Vermögensmassen entstehen: zum einen das Vermögen, das der zuerst Verstorbene seinem Lebenspartner als Vorerbe zugewendet hat und zum anderen das eigene Vermögen, das der überlebende Lebenspartner hat, in Bezug auf das er aber wegen der Wechselbezüglichkeit dieser Verfügung nun erbrechtlich gebunden ist (Rn 63). Bei dieser Lösung unterliegt der überlebende Lebenspartner in Bezug auf dasjenige, was er von seinem Lebenspartner zugewendet erhalten hat, den Beschränkungen der Vorerbschaft (§§ 2112 ff BGB). Mit dem Tod des Erstversterbenden erhalten die Nacherben schon eine vererbliche und veräußerliche Anwartschaft. Umgekehrt können sie den Pflichtteil nur dann verlangen, wenn sie die Nacherbschaft ausschlagen (§ 2306 I 2, II BGB).

68 Die andere mögliche Auslegung derartiger Verfügungen von Todes wegen ist anzunehmen, dass dem überlebenden Lebenspartner das Vermögen des vor ihm verstorbenen Lebenspartners als Vollerbe zugewendet sein soll. Es besteht dann nur eine einzige Vermögensmasse, die aus dem ererbten und dem beim Tod des Lebenspartners bereits vorhandenen sonstigen Vermögen des überlebenden Lebenspartners besteht. Diese Auslegungsmöglichkeit wird deswegen auch als **Einheitsprinzip** bezeichnet. Bei dieser Auslegung der Zuwendung ist der überlebende Lebenspartner in der Verwendung des Ererbten zu Lebzeiten frei; die anderen Begünstigten werden nur durch §§ 2287, 2288 BGB geschützt (Rn 63). Die für den Fall des Todes des Längerlebenden eingesetzten Erben erhalten zunächst nichts, nicht einmal eine Anwartschaft. Sofern sie zu den Pflichtteilsberechtigten gehören, können sie deswegen auch den Pflichtteil verlangen. Das ist allerdings nicht unproblematisch, denn wenn der Pflichtteil nicht von allen Begünstigten verlangt wird oder wenn er nicht allen Begünstigten zusteht, dann kann sich so eine ungerechtfertigte Doppelbegünstigung ergeben: Hat ein für den Tod des Längerlebenden eingesetzter Pflichtteilsberechtigter nach dem Tod des Erstversterbenden den Pflichtteil erhalten, dann wird er trotzdem Erbe des Längerlebenden. In dessen Nachlass befinden sich aber auch die „Reste" des Nachlasses des Erstversterbenden. Der bereits durch den Pflichtteil insoweit beteiligte Drittbegünstigte wird also nochmals indirekt an dem Nachlass des Erstversterbenden beteiligt. Dieses Ergebnis kann vermieden werden, wenn im gemeinschaftlichen Testament für diesen Fall eine Verwirkungsklausel aufgenommen wird, durch die ein Begünstigter, der nach dem Erstversterbenden den Pflichtteil verlangt hat, auch nach dem Zweitversterbenden enterbt wird, so dass er auch dann nur den Pflichtteil verlangen kann. Damit ist zwar immer noch nicht das Folgeproblem beseitigt, dass auch der Pflichtteil aus dem Nachlass berechnet wird, in dem sich noch die „Reste" des Vermögens des Erstverstorbenen befinden. Wollen die Lebenspartner volle Parität der Drittbegünstigten erreichen, müssen sie zugleich mit der Verwirkungsklausel bedingte Vermächtnisse zugunsten der anderen Drittbegünstigten anordnen: Verlangt einer der Drittbegünstigten nach dem Erstversterbenden den Pflichtteil, werden Vermächtnisse wirksam, nach denen die anderen Drittbegünstigten eine Summe in gleicher Höhe gezahlt erhalten. Gleichzeitig wird der den Pflichtteil verlangende Drittbegünstigte auch für den zweiten Erbfall auf den Pflichtteil gesetzt (Einzelheiten: Brox, Erbrecht, Rn 186).

69 **Welche** der beiden Lösungen **gilt,** richtet sich in erster Linie nach dem **gemeinsamen Willen der Lebenspartner,** die das gemeinschaftliche Testament errichtet haben. Die Lebenspartner sollten daher möglichst deutlich zum Ausdruck bringen, welche der Lö-

sungen sie wollen. Fehlt es an einer eindeutigen Regelung, ist zunächst aus der Gesamtheit der Regelungen und den Umständen der Testamentserrichtung auf den Willen der Lebenspartner zu schließen. Dabei kann für eine Vor- und Nacherbschaft sprechen, dass dem überlebenden Lebenspartner Verpflichtungen auferlegt werden, die allein dem Interesse des Drittbegünstigten dienen (Brox, Erbrecht, Rn 186), das Vorliegen von Regelungen wie den in Rn 68 angesprochenen dagegen dafür, dass die Lebenspartner das Einheitsprinzip gewollt haben. Ergibt die Auslegung kein Ergebnis, dann greift die Auslegungsregel des § 2269 I BGB: Nach ihr ist im Zweifel das Einheitsprinzip anzuwenden.

70 **„Wiederverheiratungsklauseln"** werden nach denselben Grundsätzen ausgelegt. Entsprechendes muss daher auch für Abreden gelten, nach denen der Nachlass des zuerst verstorbenen Lebenspartners an die Drittbegünstigten fallen soll, wenn der überlebende Lebenspartner eine neue Lebenspartnerschaft eingeht: Entweder man nimmt an, die Lebenspartner hätten Vor- und Nacherbfolge gewollt. Dann tritt der Nacherbfall mit der Begründung der neuen Lebenspartnerschaft ein (Trennungsprinzip). Sollte der Überlebende Vollerbe werden, dann ist die Klausel als auflösend bedingte Vollerbfolge und aufschiebend bedingte Vor- und Nacherbfolge auszulegen (BGH WM 86, 108). Die Neubegründung der Lebenspartnerschaft löst dann die Vollerbschaft auf und begründet stattdessen eine Vorerbschaft, bei der gleichzeitig der Nacherbfall eintritt. Stirbt dagegen der Überlebende, ohne eine neue Lebenspartnerschaft eingegangen zu sein, bleibt es bei seiner Vollerbenstellung, und er kann diesen Nachlass ohne Einschränkungen weitervererben.

71 Eine § 2269 I BGB entsprechende Vermutung für **Vermächtnisse** enthält § 2269 II BGB. Im Übrigen gilt das in Rn 67-70 Gesagte insoweit entsprechend.

72 **f)** Da in einem gemeinschaftlichen Testament zwingend Verfügungen von Todes wegen beider Lebenspartner enthalten sind, muss das Interesse des überlebenden Lebenspartners gewahrt werden, wenn die Verfügungen nach dem Tod des zuerst versterbenden Lebenspartners **eröffnet** werden. Deswegen bestimmt § 2273 BGB, dass bei der Eröffnung des gemeinschaftlichen Testaments nach dem Tod des Erstversterbenden nur diejenigen Verfügungen eröffnet werden dürfen, die von dem Verstorbenen stammen. Die Verfügungen des überlebenden Lebenspartners dürfen nur soweit eröffnet oder sonst bekannt gemacht werden, als sie sich von den Verfügungen des Verstorbenen nicht trennen lassen (§ 2273 I BGB).

73 Von den Verfügungen des Verstorbenen ist nach der Eröffnung eine **beglaubigte Abschrift** anzufertigen und dann das **Testament wieder in die Verwahrung** zu nehmen (§ 2273 II BGB). Davon ist nur abzusehen, wenn das Testament nur Anordnungen enthält, die sich auf den Erbfall beziehen, der mit dem Tod des erstversterbenden Lebenspartners eintritt, vor allem, wenn die Lebenspartner sich in dem gemeinschaftlichen Testament nur gegenseitig zu Erben eingesetzt haben (§ 2273 III BGB). In diesem Fall ist die Bedeutung des Testaments erschöpft; eine weitere verschlossene Verwahrung wäre sinnlos, weil schon der gesamte Inhalt bekannt ist.

74 **g)** Ist ein **gemeinschaftliches Testament unwirksam,** weil es den Anforderungen des § 2267 BGB nicht genügt, kommt eine Umdeutung (§ 140 BGB) in ein eigenhändiges Testament (§ 2247 BGB) des Lebenspartners in Betracht, der das Testament selbst geschrieben und unterschrieben hat. Die Verfügung des anderen Lebenspartners (der nur mitunterzeichnet hat) ist dagegen nicht umdeutbar; denn sie erfüllt selbst nicht die Anforderungen eines handschriftlichen Testaments.

75 **2.** Gleichgestellt mit Eheleuten sind Lebenspartner nunmehr auch insoweit, als eine durch letztwillige Verfügung begründete **Erbberechtigung durch die Aufhebung der Lebenspartnerschaft beeinflusst** werden kann. Nach Abs 5 gilt für eine letztwilli-

ge Verfügung, durch die der Erblasser seinen Lebenspartner bedacht hat, **§ 2077 I, III BGB entsprechend.**

Diese Vorschrift ist die Entsprechung für die gewillkürte Erbfolge zu dem für die gesetzliche Erbfolge geltenden Abs 3 (Rn 13 ff). Anders als dort ist der Ausschluss des Erbrechts aber keine zwingende Folge; denn aus § 2077 III BGB ergibt sich, dass die Regelungen des § 2077 I BGB nur gelten sollen, wenn nicht anzunehmen ist, dass der Erblasser die Erbfolge in gleicher Weise auch für den Fall getroffen hätte, dass die Voraussetzungen des § 2077 I BGB vorliegen.

76 Die Auslegungsregel des § 2077 I BGB **greift ein,** wenn die Lebenspartnerschaft aufgehoben wird (§ 2077 I 1 BGB) oder wenn die Voraussetzungen für eine Aufhebung vorliegen und diese vom Erblasser betrieben wurde, es aber nicht mehr dazu kam, weil er zuvor verstarb, so dass sich das Verfahren erledigte (§ 2077 I 2 BGB).

77 **Aufgehoben** ist die Lebenspartnerschaft mit der Rechtskraft der dahingehenden gerichtlichen Entscheidung (§ 17 LPartG). Diesem Fall gleichgestellt ist, dass die **Voraussetzungen für die Aufhebung** der Lebenspartnerschaft nach § 15 II LPartG **gegeben** waren und der **Erblasser die Aufhebung** der Lebenspartnerschaft **betrieben** hat, indem er die Aufhebung der Lebenspartnerschaft beantragt oder der durch seinen Lebenspartner beantragten Aufhebung zugestimmt hat. Hierzu gilt das zu den Voraussetzungen von Abs 3 Gesagte (Rn 14 ff) entsprechend.

78 **Folge** von § 2077 I BGB ist die Unwirksamkeit der letztwilligen Verfügung des Erblassers. Diese Regel gilt aber nicht, wenn anzunehmen ist, dass der Erblasser seine testamentarischen Verfügungen auch für den Fall getroffen hätte, dass seine Lebenspartnerschaft aufgelöst wird oder dass einer von ihnen stirbt, wenn die Voraussetzungen für die Auflösung vorliegen und er selbst alle verfahrensrechtlich erforderlichen Schritte für die Aufhebung unternommen hat (§ 2077 III BGB). Es kommt dafür auf den zur Zeit der Errichtung des Testaments geäußerten, sonst auf seinen damaligen hypothetischen Willen an. Spätere Sinneswandel sind ohne direkte Bedeutung, lassen aber gegebenenfalls Rückschlüsse auf den bei der Errichtung des Testaments vorhandenen Willen zu.

79 Problematisch ist der Fall, dass sich die Lebenspartner zunächst zwar trennen und die Lebenspartnerschaft aufgehoben wird, diese sich aber dann wiederfinden und **erneut eine Lebenspartnerschaft eingehen.** Nach der Grundregel ist Unwirksamkeit der Verfügung auch in diesen Fällen anzunehmen. Das wird jedoch in vielen Fällen zu unbilligen Ergebnissen führen, weil die Lebenspartner oft annehmen werden, dass mit der Wiederherstellung ihrer Lebenspartnerschaft auch alle Wirkungen, die die Aufhebung der Partnerschaft hatte, wieder weggefallen sind. Es spricht daher viel dafür, in diesen Fällen anzunehmen, das Testament solle in seinem ursprünglichen Sinne weitergelten (Palandt/Edenhofer, § 2077 BGB Rn 7; MüKo/Leipold, § 2077 BGB Rn 18).

80 Wer sich auf die Ausnahmeregelung des § 2077 III BGB beruft, muss die Voraussetzungen dafür **beweisen** (BayObLGZ Rpfleger 81, 282).

81 **V.** Hat der Erblasser den überlebenden Lebenspartner durch Verfügung von Todes wegen von der Erbfolge ausgeschlossen, kann dieser von den Erben die Hälfte des Wertes des gesetzlichen Erbteils als **Pflichtteil** verlangen (Abs 6 S 1). Die Vorschriften des BGB über den Pflichtteil gelten mit der Maßgabe entsprechend, dass der Lebenspartner wie ein Ehegatte zu behandeln ist (Abs 6 S 2).

82 **1.** Der Pflichtteil **dient dazu,** dem überlebenden Lebenspartner einen Anteil am Vermögen des verstorbenen Lebenspartners zu verschaffen, um anzuerkennen, dass er am Aufbau und der Bewahrung des Vermögens einen Beitrag geleistet hat. Gleichzeitig

verlängert der Pflichtteilsanspruch die Fürsorge und Unterstützung, die sich die Lebenspartner einander schulden (§ 2 LPartG), über den Tod hinaus. Der Pflichtteil kann deswegen auch nur in extremen Ausnahmefällen entzogen werden (Rn 86 ff).

83 **2. Voraussetzung** des Pflichtteilsanspruchs ist, **a)** dass zum Zeitpunkt des Todes des Erblassers eine **wirksame Lebenspartnerschaft** mit dem Erblasser bestand. Lagen Partnerschaftshindernisse vor, führen diese auch ohne dahingehende gerichtliche Entscheidung ohne weiteres dazu, dass ein Pflichtteilsanspruch des überlebenden Partners nicht entstehen kann.

84 **b)** Der überlebende Lebenspartner muss **durch Verfügung von Todes wegen von der gesetzlichen Erbfolge ausgeschlossen** sein (Abs 6 S 2, § 2303 II 1 BGB). Voraussetzung für einen Pflichtteilsanspruch ist also, dass der überlebende Lebenspartner gesetzlicher Erbe des Verstorbenen geworden wäre, wenn er nicht durch eine Verfügung von Todes wegen (Testament oder Erbvertrag) von der Erbfolge ausgeschlossen worden wäre. Ist das gesetzliche Erbrecht aus anderen Gründen ausgeschlossen, dann kommt auch ein Pflichtteilsanspruch nicht in Betracht. Das gilt vor allem bei Erbunwürdigkeit (§§ 2339 ff BGB), bei Erbverzicht (§§ 2346 ff BGB, Rn 148 ff) und unter den Voraussetzungen von Abs 3 (Rn 13 ff). Auch die Ausschlagung ist kein Ausschluss von der Erbfolge kraft einer Verfügung von Todes wegen des Erblassers. Wer eine Erbschaft ausschlägt (gleich, ob sie auf einem gesetzlichen Erbrecht oder einer Einsetzung in einer Verfügung von Todes wegen beruht), verliert deswegen nicht nur die Erbschaft, sondern auch seinen Pflichtteilsanspruch. Eine Ausnahme besteht nur für solche Lebenspartner, die miteinander im Güterstand der Ausgleichsgemeinschaft gelebt haben (Abs 6 S 2, § 2303 II 2 BGB, dazu Rn 102).

85 **c)** Der überlebende Lebenspartner darf **nicht** auf sein Pflichtteilsrecht **verzichtet** haben (Rn 154).

86 **d)** Dem überlebenden Lebenspartner darf **nicht der Pflichtteil entzogen sein.**
aa) Die Entziehung des Pflichtteils des Lebenspartners richtet sich wie diejenige des Pflichtteils des Ehegatten nach **§ 2335 BGB.** Die Pflichtteilsentziehung kommt nur in extremen Ausnahmefällen in Betracht, in denen sich der Pflichtteilsberechtigte so stark gegen die Interessen des Erblassers vergangen hat, dass eine Beteiligung am Nachlass als untragbar erschiene. Die heute geltende Regelung wurde im Rahmen der Scheidungsreform 1976 als Kompromiss zwischen der Bundesregierung, die die Pflichtteilsentziehung ganz streichen wollte, weil der durch die Handlungen seines Lebenspartners Betroffene sich schließlich scheiden lassen und so Erbrecht und Pflichtteil des Überlebenden ausschließen könnte (BT-Drucks 7/650, 179), und dem Bundesrat zustande, der eine Pflichtteilsentziehung schon dann zulassen wollte, wenn nur die Voraussetzungen für die Scheidung auf Antrag des Erblassers gegeben wären (BT-Drucks 7/650, 275). Es ist bedauerlich, dass dieser Kompromiss auch auf Lebenspartnerschaften übertragen worden ist; denn er führt zu teilweise skurrilen Ergebnissen: Solange die Lebensgemeinschaft besteht, kann der Pflichtteil ersatzlos entzogen werden, wenn die Voraussetzungen dafür vorliegen. Ist aber die Lebenspartnerschaft beendet und besteht schon deswegen kein Pflichtteilsanspruch des Überlebenden mehr, kann dieser gegebenenfalls durch die Verlängerung seines Unterhaltsanspruchs über den Tod des Erblassers hinaus bis zur Höhe des Pflichtteils unterhaltsrechtlich an dem Nachlass partizipieren (§ 16 I LPartG, § 1586b BGB).

87 **bb)** Die **Gründe** für die Entziehung des Pflichtteils sind: dass der überlebende Lebenspartner dem Erblasser, dem Ehegatten oder einem anderen Abkömmlinge des Erblassers **nach dem Leben trachtet** (§ 2335 Nr 1 BGB). Erforderlich ist nur die ernsthafte Betätigung des Willens, den Tod des Erblassers herbeizuführen. Die Art der Tatbeteiligung ist gleichgültig, es reichen Anstiftung und Beihilfe ebenso wie die Mittäterschaft. Ebenso

wenig ist erforderlich, dass die Tat vollendet ist; der Pflichtteilsentziehungstatbestand ist mit dem Beginn der Vorbereitungshandlung erfüllt (selbst wenn diese noch nicht strafbar ist). Erforderlich ist nach herrschender Auffassung in allen Fällen, dass der überlebende Lebenspartner schuldhaft gehandelt hat. Fehlt es an einem Verschulden (zB wegen Verschuldensunfähigkeit), ist auch die Entziehung des Pflichtteils nicht möglich. Das kann im Einzelfall zu erheblichen Gerechtigkeitsdefiziten führen; de lege lata ist daran nichts zu ändern. Bei vollendeter oder versuchter Tötung kann auch Erbunwürdigkeit nach § 2339 I Nr 1 BGB vorliegen, die dann automatisch zum Ausschluss auch des Pflichtteils führt, ohne dass die weiteren Voraussetzungen (Rn 94 ff) der Pflichtteilsentziehung vorliegen müssen.

88 Der Pflichtteil kann auch entzogen werden, wenn der Lebenspartner sich einer **vorsätzlichen körperlichen Misshandlung** des Erblassers schuldig macht (§ 2335 Nr 2 BGB). Körperliche Misshandlung ist jede üble und unangemessene Behandlung des Erblassers durch den anderen Lebenspartner (wie § 223 StGB). Wendete man allerdings § 2335 Nr 2 BGB in allen Fällen einer Misshandlung an, könnte selbst eine im Streit spontan erfolgte Ohrfeige oder ähnliches für eine Pflichtteilsentziehung ausreichen. Damit käme es zu einer erheblichen Disproportionalität mit den anderen Fällen des § 2335 BGB. Der Tatbestand ist daher auf Misshandlungen von einigem Gewicht zu beschränken. Ein ausreichender Schweregrad kann sich aus der Intensität der Verletzung oder der Dauer der Misshandlung ergeben. Die Misshandlung muss vollendet sein; der bloße Versuch reicht nicht. Außerdem muss sie vorsätzlich und schuldhaft erfolgt sein.

89 Pflichtteilsentziehungsgrund ist auch, dass der Lebenspartner sich eines **Verbrechens,** also einer Straftat, die im Mindestmaß mit einer Freiheitsstrafe von einem Jahre bedroht ist (§ 12 StGB), oder eines **schweren vorsätzlichen Vergehens gegen den Erblasser** schuldig macht (§ 2335 Nr 3 BGB). Gegen den Erblasser richtet sich eine Straftat, wenn sie eines seiner Rechtsgüter verletzt. Wegen der Erfassung von Tötungsdelikten in § 2335 Nr 1 BGB und von Körperverletzungsdelikten in § 2335 Nr 2 BGB hat diese Fallgruppe vornehmlich Bedeutung bei Eigentums- und Vermögensdelikten. Ob eine ausreichende Schwere vorliegt, richtet sich nach den Umständen des Einzelfalls, nicht nach der abstrakten Strafdrohung. Ehrverletzungsdelikte, vor allem einfache Beleidigungen, reichen deswegen regelmäßig für eine Pflichtteilsentziehung nicht aus.
Bei vollendeter oder versuchter **Beeinträchtigung der Testierfreiheit** des Erblassers kann auch Erbunwürdigkeit nach § 2339 I Nr 1-4 BGB vorliegen, die dann automatisch zum Ausschluss auch des Pflichtteils führt, ohne dass die weiteren Voraussetzungen (Rn 94 ff) der Pflichtteilsentziehung vorliegen müssen.

90 Schließlich kann der Pflichtteil entzogen werden, wenn der Lebenspartner die ihm dem Erblasser gegenüber gesetzlich obliegende **Unterhaltspflicht böswillig verletzt** (§ 2335 Nr 4 BGB). In Betracht kommende Unterhaltspflichten sind die aus § 5 und aus § 12 LPartG, im letztgenannten Fall jedoch nur dann, wenn nicht aufgrund der Trennung das gesetzliche Erbrecht des überlebenden Lebenspartners und damit auch das Pflichtteilsrecht ausgeschlossen sind (Abs 3 S 1, Rn 16 ff, dann aber gegebenenfalls Unterhaltsanspruch nach Abs 3 S 2, § 16 LPartG, § 1586b BGB). Sinn des Ausschlusses ist es, ein widersprüchliches Verhalten des überlebenden Lebenspartners zu verhindern: wer selbst seine Unterhaltsverpflichtungen nicht erfüllt, soll später nicht an dem Nachlass des früher Unterhaltsberechtigten partizipieren dürfen. Böswilligkeit bedeutet vorsätzliche Verletzung der Unterhaltspflicht. Es muss also objektiv eine Unterhaltsverpflichtung des überlebenden Lebenspartners bestanden haben und dieser muss diesen Umstand gekannt haben. Dagegen reicht es nicht, dass der Erblasser bedürftig war und keine Leistungen seines Partners erhalten hat, wenn dieser von der Notlage nichts wusste oder selbst nicht hinreichend leistungsfähig war.

91 **cc)** Die Entziehung des Pflichtteils ist **ausgeschlossen, wenn der Erblasser** dem überlebenden Lebenspartner **verziehen hat** (§ 2337, 1 BGB). Bei der Verzeihung handelt es sich um eine nicht empfangsbedürftige Erklärung, durch die Erblasser seinen Willen kundgibt, aus dem Vorliegen eines Pflichtteilsentziehungsgrundes keine Konsequenzen ziehen zu wollen (BGH NJW 74, 1085). Die Verzeihung ist keine Willenserklärung. Vor allem braucht der Erklärende sich nicht der Folgen bewusst zu sein, die die Verzeihungshandlung für den Pflichtteil des anderen Lebenspartners hat. Stellvertretung ist wegen des höchstpersönlichen Charakters der Erklärung ausgeschlossen. Die Verzeihung kann auch konkludent erfolgen. Insoweit ist aber eine vorschnelle Annahme zu vermeiden. Besonders die Fortführung der Lebensgemeinschaft mit dem Lebenspartner in Kenntnis des Entziehungstatbestandes kann aber ausreichen. Dagegen reicht es regelmäßig nicht, dass die Lebenspartner noch Kontakt miteinander pflegten – vor allem, wenn das Ersuchen dazu von dem Lebenspartner ausging, dem der Pflichtteil entzogen werden konnte. Da die Regeln über Willenserklärungen nicht anwendbar sind, führen Willensmängel nicht nur zur Anfechtbarkeit, sondern zur Unwirksamkeit der Verzeihung.

92 **Folge der Verzeihung** ist, dass das Recht zur Pflichtteilsentziehung erlischt (§ 2337, 1 BGB). Hat der Erblasser die Pflichtteilsentziehung bereits vorher in der erforderlichen Form angeordnet, wird seine Verfügung unwirksam (§ 2337, 2 BGB).

93 Die **Beweislast** für die Verzeihung trägt der Pflichtteilsberechtigte.

94 **dd)** Die Pflichtteilsentziehung **erfolgt durch letztwillige Verfügung** (§ 2336 I BGB), also entweder durch Testament oder durch Erbvertrag (mit einem Dritten). Es reicht nicht, dass nur einer der Pflichtteilsentziehungsgründe objektiv vorlag. Der Grund der Entziehung muss zur Zeit der Errichtung der Verfügung von Todes wegen bestehen und in der Verfügung angegeben werden (§ 2336 II BGB). Die Pflichtteilsentziehung kann sich also immer nur auf schon vorgefallene Ereignisse beziehen, nicht auf in der Zukunft erwartete. Ebenso ist der Austausch von Gründen nicht möglich, wenn sich herausstellt, dass der vom Erblasser angenommene Pflichtteilsentziehungsgrund nicht vorlag, wohl aber ein anderer.

95 Als **Angabe** des Grundes reicht auch eine Kurzbezeichnung mit einer Schilderung des Tatsachenkerns (BGH FamRZ 84, 86; OLG Nürnberg NJW 76, 2020). Zu beachten ist dabei aber, dass die Beweislast für das Vorliegen des Pflichtteilsentziehungsgrundes bei demjenigen liegt, der sich auf die Pflichtteilsentziehung beruft (§ 2336 III BGB), im Regelfall also dem Erben oder Vermächtnisnehmer. Da diese regelmäßig nur wenig Einblick in die Sphäre des Erblassers gehabt haben werden, hängt der Erfolg ihrer Bemühungen, den Pflichtteil des überlebenden Lebenspartners abzuwehren, in der Praxis entscheidend von den Hinweisen ab, die der Erblasser in seiner Entziehungsverfügung gegeben hat.

96 Aus der Verfügung muss sich der **Wille des Erblassers** erkennen lassen, dem überlebenden Lebenspartner seinen **Pflichtteil zu entziehen.** Das braucht nicht ausdrücklich zu erfolgen. Bei der Annahme einer stillschweigenden Pflichtteilsentziehung ist aber Zurückhaltung geboten. So enthält eine Enterbung (§ 1938 BGB) nicht ohne weiteres auch eine Entziehung des Pflichtteils. Das gilt selbst dann, wenn in der Verfügung ausreichend Tatsachen für die Annahme angegeben sind, dass tatsächlich ein Pflichtteilsentziehungstatbestand verwirklicht war. In diesen Fällen muss durch Auslegung ermittelt werden, ob der Erblasser durch die Schilderung dieser Tatsachen nur die Enterbung begründen wollte oder ob er die weitergehende Folge der Pflichtteilsentziehung herbeiführen wollte.

97 **ee)** **Folge der Pflichtteilsentziehung** ist der ersatzlose Wegfall des Pflichtteilsrechts. Gleichzeitig enthält die Entziehung des Pflichtteils immer auch eine konkludente Enterbung, ohne dass das ausdrücklich ausgesprochen sein muss. Mit dem Pflichtteils-

anspruch fallen gegebenenfalls auch ein Pflichtteilsrestanspruch (§§ 2305, 2307 BGB) und ein Pflichtteilsergänzungsanspruch (§§ 2325 ff BGB, Rn 124 ff) weg.

98 **3.** Liegen die unter b) genannten Voraussetzungen vor, hat der überlebende Lebenspartner eine **Pflichtteilsquote** in Höhe des Wertes der Hälfte des Erbteils, der ihm kraft Gesetzes zugestanden hätte (Abs 6 S 2, § 2303 II 1 BGB).

a) Ohne Berücksichtigung güterrechtlicher Besonderheiten bedeutet das, dass dem überlebenden Lebenspartner, der kraft Gesetzes neben Verwandten des Erblassers, die zur ersten Ordnung gehören (§ 1924 BGB: Abkömmlinge), geerbt hätte (Quote: Abs 1 S 1, Rn 7), ein Pflichtteilsanspruch in Höhe eines Achtels des Wertes der Erbschaft zusteht. Wäre er neben Verwandten der zweiten Ordnung (§ 1925 BGB: Eltern des Erblassers und deren Abkömmlinge) oder neben Großeltern zum Erben berufen gewesen (Quote: Abs 1 S 1, Rn 7), beläuft sich der Pflichtteilsanspruch auf ein Viertel des Wertes der Erbschaft. Sind nur andere Verwandte des Erblassers vorhanden, so dass der überlebende Lebenspartner Alleinerbe geworden wäre (Abs 2), beläuft sich sein Pflichtteilsanspruch auf die Hälfte des Nachlasswertes.

99 Bei der Feststellung des für die Berechnung maßgebenden gesetzlichen Erbteils werden auch diejenigen **Personen mitgezählt,** die durch letztwillige Verfügung (Testament, Erbvertrag) von der Erbfolge ausgeschlossen sind, die die Erbschaft ausgeschlagen haben oder die für erbunwürdig erklärt sind (§ 2310, 1 BGB). Dagegen werden diejenigen gesetzlichen Erben, die ihr Erbrecht durch Erbverzicht verloren haben, nicht mitgerechnet (§ 2310, 2 BGB).

100 **b)** Haben die Lebenspartner im Güterstand der **Zugewinngemeinschaft** (§ 6 LPartG) gelebt, kann das auch Auswirkungen auf den Pflichtteil des überlebenden Lebenspartners haben; denn nach Abs 6 S 2, § 2303 II 2 BGB bleibt § 1371 BGB, unberührt. Danach gilt:

Wird der **überlebende Lebenspartner weder Erbe noch Vermächtnisnehmer,** bleibt es in Bezug auf die Pflichtteilsberechnung bei dem gerade Gesagten. Der Pflichtteil berechnet sich allein unter Berücksichtigung des Erbteils, der dem überlebenden Lebenspartner aufgrund von Abs 1 oder Abs 2 zugestanden hätte. Daneben ist der güterrechtliche Zugewinn nach § 1371 II BGB güterrechtlich auszugleichen (dazu § 6 LPartG Rn 39 ff). Besteht kein Ausgleichsanspruch (etwa, weil der Verstorbene keinen oder einen geringeren Zugewinn erzielt hat als der überlebende Lebenspartner), bleibt es dabei, dass dem überlebenden Lebenspartner auch keine weitergehende Beteiligung an dem Nachlass des verstorbenen Lebenspartners zusteht. Diese Lösung entspricht der für Eheleute von der hM vertretenen sog Einheitstheorie. Ihr ist auch für Lebenspartner der Vorzug zu geben, weil sich die dieser Lösung zugrunde liegende Auslegung des § 1371 II BGB näher am Wortlaut orientiert als die Gegenmeinung, nach der dem Überlebenden in diesen Fällen ein Wahlrecht zustehen soll zwischen dem allein nach Abs 1 bzw 2 berechneten („kleinen“) Pflichtteil und dem güterrechtlichen Ausgleich einerseits oder einem nach dem nach Abs 1 oder 2 zuzüglich des zusätzlichen Viertels aus § 1371 I BGB berechneten („großen“) Pflichtteil ohne zusätzlichen güterrechtlichen Ausgleich. Gegen diese Ansicht spricht auch, dass bei der Beratung des § 1371 II BGB im Gesetzgebungsverfahren ohne weiteres davon ausgegangen wurde, dass nur der kleine Pflichtteil nebst des güterrechtlichen Ausgleichs sollte verlangt werden können und dass ein Wahlrecht zu einer erheblichen Rechtsunsicherheit führen würde, weil es an jeder zeitlichen Grenze für seine Ausübung fehlte.

101 Anders ist die Situation, wenn der überlebende Lebenspartner von dem Erblasser mit einem **Vermächtnis** bedacht wurde. In diesem Fall hat der überlebende Lebenspartner nach Abs 6 S 2, § 2307 I 2 BGB einen Pflichtteilsanspruch, der sich nach dem Erbteil aus Abs 1 bzw 2 und dem zusätzlichen Viertel aus § 1371 BGB berechnet (allgemei-

ne Meinung). Von diesem Pflichtteil muss nur der Wert des Vermächtnisses abgesetzt werden. Der Erblasser hat es damit in der Hand, den überlebenden Lebenspartner durch die Zuwendung eines noch so kleinen Vermächtnisses in eine güterrechtlich wesentlich bessere Situation zu bringen: Hat der Erblasser keinen oder einen geringeren Zugewinn erzielt als der überlebende Lebenspartner wird dieser es dabei belassen und den „großen" Pflichtteil verlangen. Ist dagegen der Zugewinnunterschied so beschaffen, dass ein erheblicher güterrechtlicher Ausgleichsanspruch entstehen würde (Hauptfall: Der Erblasser hat sein Vermögen im wesentlichen erst nach der Begründung der Lebenspartnerschaft erworben), dann wird er das Vermächtnis ausschlagen, um den „kleinen" Pflichtteil zu verlangen (der dann unbedeutend ist) und den Zugewinn güterrechtlich auszugleichen (so dass er dann schon güterrechtlich 50 % des Vermögens des Erblassers erhält).

102 Eine Sonderregelung besteht auch hinsichtlich der **Ausschlagung,** wenn die Lebenspartner im Güterstand der Zugewinngemeinschaft gelebt haben. Damit der überlebende Lebenspartner immer in den Genuss des Güterausgleichs kommen kann, gestattet § 1371 III BGB es dem überlebenden Lebenspartner, auch dann (neben dem güterrechtlichen Ausgleich) den „kleinen" Pflichtteil zu verlangen, wenn er eine Erbschaft ausschlägt. Die Situation ist damit anders als in allen anderen Fällen der Ausschlagung (Rn 84). Der Erblasser soll nicht dadurch, dass er seinen Lebenspartner zum Erben (gegebenenfalls nur mit einer dem kleinen Pflichtteil entsprechenden Quote) einsetzt, verhindern können, dass sein Lebenspartner den unterschiedlichen Zuwachs in den Vermögen beider Seiten güterrechtlich ausgleichen kann. Diese Regelung gilt nur dann nicht, wenn der überlebende Lebenspartner durch Vertrag mit dem Erblasser auf sein Erbrecht oder seinen Pflichtteil verzichtet hat (§ 6, 2 LPartG, § 1371 III 2 BGB). In diesem Fall ist der überlebende Lebenspartner nicht schutzwürdig, weil er dem Erblasser auch in Bezug auf den Pflichtteil die volle Dispositionsfreiheit eingeräumt hat.

103 **4.** Für die **Berechnung des Werts des Pflichtteils** ist grundsätzlich der Bestand und der Wert des Nachlasses zur Zeit des Erbfalls maßgebend (§ 2311 I 1 BGB).

104 **a)** Grundlage der Pflichtteilsberechnung ist der **Bestand des Nachlasses zum Zeitpunkt des Todes des Erblassers** (§ 2311 I 1 BGB). Spätere Veränderungen im Bestand des Nachlasses sind ohne Einfluss auf den Pflichtteil. Das hat vor allem dann Bedeutung, wenn zum Nachlass eine andere Erbschaft oder ein Vermächtnis gehört, das von dem Erben noch ausgeschlagen werden kann, weil die Ausschlagungsfrist (§§ 1944, 1946 BGB), noch nicht abgelaufen ist. In diesem Fall kann der Erbe zwar das dem Erblasser Angefallene noch ausschlagen und so den aktiven Bestand von dessen Nachlass verringern; die Ausschlagung wirkt sich aber nach richtiger Ansicht nicht mehr auf die Höhe des Pflichtteils aus, weil sie erst nach dem Erbfall erfolgt (str, aA MK-BGB/Frank § 2311 BGB Rn 2; Palandt/Edenhofer § 2311 BGB Rn 2).

105 Auch die **Bewertung** des Nachlassbestands erfolgt für den **Zeitpunkt des Erbfalls** (§ 2311 I 1 BGB). Daraus folgt, dass der Pflichtteilsberechtigte die Folgen der Inflation nach dem Tod des Erblassers allein zu tragen hat. Das ist eine problematische Regelung weil zwischen dem Erbfall und der Auszahlung des Pflichtteils oft lange Zeit liegen kann, besonders, wenn der Erbe und der Pflichtteilsberechtigte über die Bewertung des Nachlasses streiten. Gehören zum Nachlass etwa Aktien, ist allein der Kurs zur Zeit des Erbfalls maßgebend; spätere Änderungen (gleich in welche Richtung) sind unerheblich.

106 Bei der Bewertung des Nachlasses bleiben **Rechte und Verbindlichkeiten,** die von einer aufschiebenden **Bedingung abhängig** sind, außer Betracht (§ 2313 I 1 BGB). Umgekehrt werden Rechte und Verbindlichkeiten, die von einer auflösenden Bedingung abhängig sind, als unbedingte Rechte in Ansatz gebracht (§ 2313 I 2 BGB). Das ent-

spricht dem Prinzip, dass es auf den Bestand und den Wert des Nachlasses im Zeitpunkt des Erbfalls ankommt. Dieses Prinzip ist hier aber insoweit durchbrochen, als § 2313 I 3 BGB vorsieht, dass eine Ausgleichung stattzufinden hat, wenn die Bedingung eintritt und sich deswegen die Wertverhältnisse verändern. Der Pflichtteilsberechtigte soll auf diese Weise ähnlich behandelt werden wie der Erbe selbst, dem bedingte Rechte auch erst zugute kommen, wenn die aufschiebende Bedingung eintritt bzw der diese Rechte wieder verliert, wenn eine auflösende Bedingung eintritt. Die Regelung kann dazu führen, dass der Pflichtteilsberechtigte einen Zusatzanspruch bekommt, sie kann aber auch als Ergebnis haben, dass (bei Wegfall eines zum Nachlass gerechneten Rechts wegen Eintritts einer auflösenden Bedingung) der Pflichtteilsberechtigte einen Teil dessen, was er in Erfüllung seines Pflichtteilsanspruchs erhalten hat, wieder zurückzahlen muss.

107 Entsprechendes wie für bedingte Rechte gilt für **ungewisse** und **unsichere** (zB Nacherbenrechte) Rechte und **zweifelhafte** (zB vom Erben bestrittene) **Verbindlichkeiten** (§ 2313 II BGB). In diesen Fällen ist der Erbe zudem verpflichtet, für die Feststellung eines ungewissen und für die Verfolgung eines unsicheren Rechts zu sorgen, soweit das der ordnungsmäßigen Verwaltung des Nachlasses entspricht (§ 2313 II 2 BGB). Auch hier muss eine Ausgleichung stattfinden, wenn das Recht sicher oder gewiss wird. Der Pflichtteilsberechtigte muss dabei so gestellt werden, als hätte das Recht schon im Zeitpunkt des Erbfalls verlässlich bestanden (BGH NJW 93, 2176).

Der Wert der Nachlassgegenstände ist, soweit erforderlich, durch **Schätzung** zu ermitteln (§ 2311 II 1 BGB). Eine vom Erblasser getroffene Wertbestimmung ist nicht maßgebend (§ 2311 II 2 BGB). Bei der Wertermittlung kommt es allein auf den Wert am Tag des Erbfalls an, spätere Wertsteigerungen sind ebenso unbeachtlich wie spätere Wertverluste.

108 **Regeln über die Wertberechnung** enthält das BGB nur für **Landgüter** (§ 2312 BGB). Grundsätzlich ist zwar auch dieses – wie alle anderen zum Nachlass gehörenden Gegenstände – zum Verkehrswert anzusetzen. Wenn aber einer der Erben das Recht hat, das Landgut zum (niedrigeren) Ertragswert zu übernehmen und der Erbe selbst pflichtteilsberechtigt ist, dann ist dieser Wert auch der Berechnung des Pflichtteils zugrunde zu legen. Entsprechendes gilt, wenn der Erblasser einen anderen Wert bestimmt hat, sofern dieser nicht unter dem Ertrags- und über dem Verkehrswert liegt (§ 2312 I 2 BGB). Ist nur eine Person Erbe und gehört diese selbst zum pflichtteilsberechtigen Personenkreis, dann kann der Erblasser eine entsprechende Anordnung treffen (§ 2312 II BGB). Allerdings ist § 2312 BGB aus verfassungsrechtlichen Gründen einschränkend auszulegen: Die niedrigere Bewertung findet nicht statt, wenn das Landgut nicht mehr als solches lebensfähig ist oder nicht mehr weitergeführt wird oder wenn es sich nur noch formal um landwirtschaftliches Land handelt, weil es inzwischen Bauland oder Bauerwartungsland geworden ist (BGHZ 98, 375, s auch HK-BGB/Hoeren, § 2312 BGB Rn 7).

Im Übrigen trifft das Gericht die Wertbestimmung nach freiem Ermessen.

109 **b)** Von dem Aktivbestand des Nachlasses werden die **Passiva abgezogen.** Das sind zunächst die vom Erblasser herrührenden Schulden iSd § 1967 BGB (sog **Erblasserschulden).** Auch insoweit ist grundsätzlich der Stand zum Zeitpunkt des Erbfalls entscheidend. Ausgenommen sind von dieser Regel aber alle Schulden, die auch nach dem Tod des Erblassers noch entstehen, weil sie auf einem von ihm gesetzten Verpflichtungsgrund beruhen. Aus dem familienrechtlichen Bereich gehören hierher vor allem die fortdauernden Unterhaltsansprüche des geschiedenen Ehegatten nach § 1586b BGB und eines früheren Lebenspartners nach § 16 I LPartG, § 1586b BGB.

110 Ebenfalls vom Nachlass abgezogen werden müssen die „den Erben als solchen treffenden Verbindlichkeiten" (§ 1967 II BGB, sog **Erbfallschulden**). Hierher rechnen

die Kosten der standesgemäßen Beerdigung des Erblassers (§ 1968 BGB), die Kosten der Nachlassverwaltung, der Nachlasssicherung (§ 1960 BGB), der Ermittlung der Nachlassgläubiger, der Inventarerrichtung (§§ 1993, 2314 II BGB), die Kosten der Feststellung des Bestands und des Werts des Nachlasses unter Einbeziehung aller Kosten, die durch Rechtsstreitigkeiten mit Dritten zu diesem Zweck verursacht wurden. Kosten der Testamentsvollstreckung können abgezogen werden, soweit die Testamentsvollstreckung dem Pflichtteilsberechtigten vorteilhaft ist, zB weil der Testamentsvollstrecker den Nachlass sichert oder seinen Bestand oder Wert feststellt. Nicht abgezogen werden können aber solche Verbindlichkeiten des Nachlasses, die den Pflichtteilsansprüchen nachgehen (wie Vermächtnisse und Auflagen, § 327 InsO) und die Pflichtteilsansprüche selbst. Diese belasten zwar den Nachlass, sie bilden aber gerade das Objekt der Berechnung, so dass ihre negative Berücksichtigung sinnwidrig wäre.

111 War der **Nachlass** bereits im Zeitpunkt des Erbfalls **überschuldet,** besteht wegen der vorrangigen Berücksichtigung der Passiva kein Pflichtteilsanspruch (OLG Stuttgart NJW-RR 89, 1283). Entsteht die Überschuldung erst später, kommt die Verweigerung der Befriedigung des Pflichtteilsanspruchs nach §§ 1990, 1991 IV BGB in Betracht.

112 **c)** Um dem Pflichtteilsberechtigten die Berechnung seines Anspruchs zu erleichtern, wird ihm in § 2314 BGB ein **Auskunftsanspruch** gegen den Erben eingeräumt. Der Erbe muss dem Pflichtteilsberechtigten Auskunft über alle Gegenstände geben, die zum Zeitpunkt des Erbfalls zum Nachlass gehörten oder die der Erblasser in Besitz hatte, und ebenso muss er die Nachlassverbindlichkeiten nennen und beziffern. Die Auskunft soll es dem Pflichtteilsberechtigten ermöglichen, einen zuverlässigen Überblick über den Bestand des Nachlasses zu erhalten. Das ist nur möglich, wenn die Auskunft sich auf alle für die Berechnung des Pflichtteilsanspruchs maßgeblichen Faktoren bezieht. Angegeben werden müssen daher auch Schenkungen des Erblassers an Dritte aus den letzten 10 Jahren vor dem Erbfall, wenn nicht von vornherein ausgeschlossen ist, dass durch diese Schenkung ein Pflichtteilsergänzungsanspruch nach § 2325 BGB (Rn 124 ff) entstanden sein kann. Das trifft zwar auch auf Anstandsschenkungen nach § 2330 BGB zu. Insoweit ist aber wegen des Zwecks des Auskunftsanspruchs eine enge Betrachtung angebracht (BGH NJW 62, 246). Da die Grenze zwischen nicht zu berücksichtigenden Anstandsschenkungen und anderen Schenkungen oft eine sehr enge ist, gäbe man dem Erben sonst einen gewissen Ermessensspielraum in Bezug auf die Erfüllung seiner Auskunftspflicht und entwertete diese damit. Anstandsschenkungen dürfen deswegen nur dann außer Betracht gelassen werden, wenn unzweifelhaft klar ist, dass die Schenkung noch zu dieser besonderen Gruppe gehört, in allen anderen Fällen müssen sie angegeben werden. Nicht angegeben werden müssen dagegen Zuwendungen des Erblassers nach §§ 2050 ff BGB; denn eine diese Zuwendungen berücksichtigende Ausgleichung findet nur beim Pflichtteilsanspruch von Abkömmlingen statt, nicht dagegen bei demjenigen eines überlebenden Lebenspartners.

113 Der Pflichtteilsberechtigte kann verlangen, dass über den Bestand des Nachlasses ein **Bestandsverzeichnis** nach § 260 BGB aufgenommen wird (§ 2314 I 2 BGB). Er ist berechtigt, an der Aufnahme dieses Verzeichnisses teilzunehmen (§ 2314 I 2 BGB). Wurde das Verzeichnis durch den Erben aufgenommen, und hat der Pflichtteilsberechtigte Anlass zu der Annahme, dass dies nicht mit der notwendigen Sorgfalt geschehen ist, kann der Pflichtteilsberechtigte verlangen, dass der Erbe die Richtigkeit und Vollständigkeit des Verzeichnisses an Eides statt versichert (§ 260 II BGB). Etwas anderes gilt nur dann, wenn es sich um eine Angelegenheit von geringer Bedeutung handelt (§ 260 III, § 259 III BGB), wenn also der Nachlass sich in wenigen Gegenständen von unbedeutendem Wert erschöpft. Schließlich kann der Pflichtteilsberechtigte verlangen, dass das Verzeichnis durch die zuständige Behörde, einen zuständigen Beamten

oder einen Notar errichtet wird (§ 2314 I 3 BGB). Alle diese Möglichkeiten stehen nebeneinander; sie sind nicht alternativ in dem Sinne, dass die Geltendmachung eines Rechts die anderen ausschließt. Die Grenze bilden nur das Verbot rechtsmissbräuchlichen Handelns (§ 242 BGB) und das Schikaneverbot (§ 226 BGB). Wenn etwa schon ein amtliches Bestandsverzeichnis aufgenommen wurde, wird regelmäßig für das Verlangen nach der Aufnahme eines weiteren privaten Verzeichnisses kein Raum mehr sein.

114 Der Pflichtteilsberechtigte hat auch einen **Anspruch auf die Ermittlung des Werts** der Nachlassgegenstände (§ 2314 I 2 BGB).

115 Die **Kosten** für die Bestandsaufnahme und die Wertermittlung trägt der Nachlass (§ 2314 II BGB).

116 **Verfahren.** In den Fällen, in denen der Pflichtteilsberechtigte auch seinen Auskunftsanspruch klageweise geltend machen muss, ist verfahrensrechtlich eine Stufenklage nach § 254 ZPO sinnvoll, mit den Stufen: Klage auf Auskunft, Versicherung an Eides statt und Zahlung.

117 **d)** Ist der Pflichtteilsberechtigte durch den Erblasser nicht vollständig vom Nachlass ausgeschlossen worden, sein **Erbteil aber geringer als sein Pflichtteilsanspruch** wäre oder ist der Erbteil soweit belastet, dass dem Pflichtteilsberechtigten nicht einmal der Pflichtteil verbliebe, wenn er alle Beschwerungen erfüllte, dann muss eine Korrektur dieser Anordnungen stattfinden, damit der Erbe nicht schlechter steht als wenn er den Pflichtteil verlangte. Die Korrektur erfolgt mithilfe der §§ 2305-2308 BGB:

118 Ist einem Erben, der pflichtteilsberechtigt ist, **weniger zugewandt als die Hälfte** seines gesetzlichen Erbteils, hat er einen Anspruch auf Vervollständigung des Erbteils bis zur Höhe des Pflichtteils (sog Pflichtteilsrestanspruch, § 2305 BGB).

119 **Übersteigt der dem Erben zugewendete Erbteil die Hälfte** seines gesetzlichen Erbteils nicht (gleichgültig ob noch ein Pflichtteilsrestanspruch besteht oder nicht), gelten Beschränkungen (zB Testamentsvollstreckung) und Beschwerungen (zB Vermächtnisse, Auflagen, aber auch Nacherbeneinsetzung, § 2306 II) als nicht angeordnet (§ 2306 I 1 BGB). Diese fallen ersatzlos weg.

120 Ist dem Pflichtteilsberechtigten zwar **mehr zugewendet als die Hälfte** seines gesetzlichen Erbteils, ist sein Erbe **aber mit Beschränkungen oder Beschwerungen** versehen, deren Erfüllung das dem Erben Zugewendete unter die 50 %-Grenze drücken würde, dann hat der Erbe ein Wahlrecht zwischen der Annahme der belasteten Erbschaft (mit der Verpflichtung zur Hinnahme der Beschränkungen und Erfüllung der Beschwerungen) und dem Pflichtteil. Um diesen zu erlangen, muss er das Erbe ausschlagen. Die Ausschlagungsfrist beginnt mit der Kenntnis von der Beschränkung oder Beschwerung (§ 2306 I 2, 2. HS BGB). Die Ausschlagung ist anfechtbar, wenn der Pflichtteilsberechtigte bei der Ausschlagung nicht gewusst hatte, dass die Beschränkung oder Beschwerung bereits weggefallen war (§ 2308 BGB).

121 Ist dem Pflichtteilsberechtigten ein **Vermächtnis zugewandt,** steht ihm der Pflichtteil in voller Höhe nur dann zu, wenn er das Vermächtnis ausschlägt (§ 2307 I 1 BGB). Nimmt er das Vermächtnis an, verringert sich sein Pflichtteilsanspruch entsprechend (§ 2307 I 2 BGB). Ist also das Vermächtnis mehr wert als der Pflichtteilsanspruch, entfällt dieser ganz.

122 **e) Doppelbeteiligungen am Nachlass** werden dadurch **vermieden,** dass der Pflichtteilsberechtigte sich auf seinen Anspruch bestimmte Zuwendungen anrechnen lassen muss, die er bereits zu Lebzeiten vom Erblasser erhalten hat: **Angerechnet** wird zunächst alles, was der Pflichtteilsberechtigte zu Lebzeiten des Erblassers von diesem zugewendet erhielt, wenn der Erblasser bereits bei der Zuwendung bestimmt hat, dass eine Anrechnung auf den Pflichtteil erfolgen solle (§ 2315 I BGB). Die später erfolgende Bestimmung durch den Erblasser ist grundsätzlich unwirksam, es sei denn, sie

erfolgte in einem notariellen Vertrag nach § 2348 BGB; denn die Anrechnung bedeutete einen teilweisen Verzicht auf den Pflichtteil. An der Einhaltung dieser Form wird es in der Praxis aber regelmäßig fehlen. Die Anrechnung erfolgt in der Weise, dass bei der Berechnung des Pflichtteils des zur Anrechnung Verpflichteten zunächst der Nachlass um den Wert der Zuwendung vermehrt wird. Dann wird nach diesem fiktiven Nachlass der Pflichtteil berechnet und von diesem dann die Zuwendung abgezogen (§ 2315 II BGB). Der Wert der Zuwendung wird dabei nach dem Zeitpunkt ermittelt, zu dem sie erfolgt ist (nicht zum Erbfall).

123 Die **Ausgleichungspflicht** nach § 2316 BGB hat für den Pflichtteil eines überlebenden Lebenspartners keine Bedeutung, weil sie sich auf die Pflichtteile von Abkömmlingen bezieht.

124 **f)** Schließlich wird die Berechnung des Pflichtteils dann noch modifiziert, wenn der Nachlass durch unentgeltliche Verfügungen des Erblassers zu seinen Lebzeiten verringert worden ist, um die Pflichtteilsansprüche auszuhöhlen. Es kann dann ein **Pflichtteilsergänzungsanspruch** gegen den Erben oder ein Anspruch gegen den Beschenkten bestehen.

125 **aa)** Ein Pflichtteilsergänzungsanspruch **setzt voraus,** dass der Erblasser innerhalb der letzten zehn Jahre vor dem Erbfall eine Schenkung vorgenommen hat, die nicht durch eine sittliche Pflicht oder Rücksichtnahme auf den Anstand gerechtfertigt ist. Unter **Schenkungen** sind dabei nicht nur solche iSd §§ 516 ff BGB zu verstehen, sondern auch die sog unbenannten Zuwendungen des Familienrechts (BGHZ 116, 170), denn auch hier erfolgt eine Weggabe aus dem Vermögen des Erblassers, ohne dass diesem dafür ein Gegenwert zuwächst. Praktische Bedeutung hat diese Fallgruppe für den Pflichtteilsanspruch des überlebenden Lebenspartners nur in seltenen Fällen. In Betracht kommen nur die Fälle, in denen zunächst eine Ehe oder Lebenspartnerschaft bestand, in der ehebedingte Zuwendungen erfolgten, dann die Ehe bzw Lebenspartnerschaft aufgelöst wurde und dann eine Lebenspartnerschaft eingegangen wurde, sofern die Zuwendungen an den Ehegatten noch in die Zehnjahresfrist fallen.

126 Ausgenommen sind Schenkungen, die durch eine **sittliche Pflicht oder Rücksichtnahme auf den Anstand** gerechtfertigt sind (§ 2330 BGB). Das sind vor allem alle Schenkungen in angemessenem Rahmen zu den üblichen Feier- und zu Geburtstagen. Hierher zu rechnen sein können auch Schenkungen zur Sicherung des Familienfriedens oder unentgeltliche Zuwendungen an Geschwister zur Ermöglichung eines Studiums oder einer sonstigen Ausbildung.

127 Die **Zehnjahresfrist** beginnt mit der unentgeltlichen Zuwendung. Um aber Umgehungen zu vermeiden, ist darunter zu verstehen, dass der Erblasser einen Zustand geschaffen hat, durch den er die Folgen seines Tuns unmittelbar am eigenen Leibe spürt. Es reicht daher das bloße Schenkungsversprechen nicht aus, um die Frist in Gang zu setzen, sondern der Erblasser muss den Genuss des zugewendeten Gegenstandes tatsächlich verlieren. Bei der Zuwendung eines Grundstücks setzt das grundsätzlich voraus, dass der Erblasser das Eigentum an dem Grundstück verloren hat (BGHZ 102, 289) und dass er auch die Nutzung dieses Grundstücks verliert (BGH NJW 94, 1791). Ist die Schenkung an den Ehegatten des Erblassers erfolgt, beginnt die Frist erst mit der Auflösung der Ehe (§ 2325 III, 2. HS BGB).

128 **bb)** Der Ergänzungsanspruch steht **allen Personen** zu, die **beim Tod des Erblassers pflichtteilsberechtigt** sind (Brox, Erbrecht, Rn 537). Soweit der BGH annimmt, dass ein Ergänzungsanspruch nicht in Betracht kommt, wenn der Pflichtteilsberechtigte zur Zeit der Zuwendung noch nicht vorhanden war (BGH NJW 97, 2676; Hauptfall im vorliegenden Zusammenhang: die Lebenspartnerschaft wurde erst später begründet), überzeugt das nicht, weil so der Schutz des Pflichtteilsberechtigten stark verkürzt wird. Für das Vorliegen eines Pflichtteilsergänzungsanspruchs kommt es nach dem Wortlaut

von § 2325 BGB nicht darauf an, ob der Erblasser mit Benachteiligungsabsicht gehandelt hat. Maßgebend ist die Verringerung des Nachlasses. Das trifft auch dann zu, wenn der Erblasser die Verringerung des Nachlasses vornimmt, wenn der Pflichtteilsberechtigte als solcher noch nicht existiert.

cc) Die **Höhe** des Pflichtteilsergänzungsanspruchs richtet sich nach dem Wert des Geschenkes. Verbrauchbare Sachen werden bei der Berechnung für den Zeitpunkt der Schenkung bewertet, ebenso nicht verbrauchbare Sachen, deren Wert nach der Schenkung gestiegen ist (§ 2325 II BGB). Auf den Wert zur Zeit des Erbfalls kommt es nur bei nicht verbrauchbaren Sachen an, deren Wert seit der Zuwendung gefallen ist. In allen Fällen ist der Wert der Gegenstände inflationsbereinigt zu ermitteln, damit der Pflichtteilsberechtigte nicht durch die zwischenzeitlich eingetretene Geldentwertung benachteiligt wird (BGHZ 65, 77; 85, 282 f). 129

Ein Anspruch des Pflichtteilsberechtigten auf **Wertermittlung** ergibt sich gegenüber dem Erben aus § 2314 BGB (Rn 112 ff). Gegenüber dem Beschenkten greift diese Vorschrift nicht; hier kann sich ein Anspruch auf Wertermittlung nur aus § 242 BGB ergeben. Das ist für den Pflichtteilsberechtigten nachteilig; denn die Kosten hat er in diesem Fall (anders als nach § 2314 BGB) selbst zu tragen (BGHZ 108, 393). 130

dd) Der Anspruch besteht regelmäßig **gegenüber dem Erben** (wie der Pflichtteilsanspruch auch, Rn 137). Dieser kann aber die Erfüllung des Ergänzungsanspruchs dann verweigern, wenn er selbst pflichtteilsberechtigt ist und wenn durch die Erfüllung des Ergänzungsanspruchs sein eigener Pflichtteil einschließlich eines bei ihm selbst bestehenden Ergänzungsanspruchs beeinträchtigt würde (§ 2328 BGB). Dem Erben verbleibt also immer mindestens sein eigener Pflichtteil einschließlich der Pflichtteilsergänzung wegen Geschenken an Dritte. 131

Soweit der Erbe nicht zur Pflichtteilsergänzung verpflichtet ist, hat der Pflichtteilsberechtigte **gegen den Beschenkten** einen Anspruch auf die Herausgabe des Geschenks nach den Vorschriften über die Herausgabe einer ungerechtfertigten Bereicherung (§ 2329 I 1 BGB). Die Herausgabe erfolgt zum Zweck der Befriedigung. Das bedeutet, dass das Geschenk verwertet werden und dann der Erlös abgerechnet werden muss. Der Beschenkte braucht deswegen nur die Zwangsvollstreckung in diesen Gegenstand zu dulden, nicht in sein weiteres Vermögen (BGHZ 25, 284). Er kann die Herausgabe des Geschenks außerdem dadurch abwenden, dass er den zur Ergänzung des Pflichtteils erforderlichen Geldbetrag zahlt (§ 2329 II BGB). Sind vom Erblasser mehrere Schenkungen vorgenommen worden, deren Rückabwicklung aber zur Befriedigung des Ergänzungsanspruchs nicht erforderlich ist, dann richtet sich der Ergänzungsanspruch primär gegen die zuletzt Beschenkten (§ 2329 III BGB). Schließlich muss ein Beschenkter die Herausgabe bzw. Zahlung insoweit verweigern können, wie durch die Herausgabe bzw Zahlung sein eigener Pflichtteilsanspruch einschließlich eines etwaigen Pflichtteilsergänzungsanspruchs beeinträchtigt würde. Die Ergänzungsregeln dienen dazu, den einzelnen Pflichtteilsberechtigten vor Manipulationen seitens des Erblassers zu schützen; sie sollen dagegen nicht in das Verhältnis zwischen den Pflichtteilsberechtigten eingreifen. Es spricht deswegen nichts dagegen, insoweit § 2328 BGB analog anzuwenden (BGHZ 85, 284). 132

ee) Besondere Probleme ergeben sich in **Sonderfällen,** in denen der Erbe selbst Pflichtteilsberechtigter ist und der Erblasser den Nachlass durch Schenkungen an Dritte vermindert hat oder wenn der Pflichtteilsberechtigte selbst der Begünstigte der Schenkung war. Zum Schutz anderer Pflichtteilsberechtigter sehen die §§ 2326 ff BGB deswegen für diese Fälle Sonderregelungen vor: 133

Wurde dem **Pflichtteilsberechtigten die Hälfte des gesetzlichen Erbteils hinterlassen,** decken sich also Erbe und Pflichtteil, dann steht dem Erben der Pflichtteilsergänzungsanspruch gegen den Beschenkten ohne Besonderheiten in vollem Umfang 134 zu (§ 2326, 1 BGB). Ist das dem Pflichtteilsberechtigten hinterlassene Erbe größer, dann mindert sich der Pflichtteilsergänzungsanspruch in dem Maße, in dem das Erbe den Pflichtteil überschreitet (§ 2326, 2 BGB). So ist sichergestellt, dass der Pflichtteilsberechtigte immer den Wert erhält, den er bei völliger Enterbung als Pflichtteil plus Pflichtteilsergänzung bekommen hätte.

135 Hat der **Pflichtteilsberechtigte selbst ein Geschenk erhalten,** das einen Pflichtteilsergänzungsanspruch auslösen könnte, wenn es an einen Dritten gegangen wäre, so ist dieses Geschenk in gleicher Weise zum Nachlass hinzuzurechnen, wie es bei einem Geschenk an einen Dritten der Fall wäre. Dann ist der Pflichtteilsergänzungsanspruch nach dem ergänzten Nachlasswert zu berechnen und dann der Wert des Geschenks von dem so ermittelten Pflichtteilsergänzungsanspruch abzuziehen (§ 2327 I 1 BGB). Fälle dieser Art können nur dann vorkommen, wenn der Erblasser Geschenke nicht nur an den Pflichtteilsberechtigten, sondern auch an Dritte vorgenommen hat. Bleibt nach der Berechnung des Pflichtteilsergänzungsanspruchs ein Rest, kann der Pflichtteilsberechtigte diesen Pflichtteilsergänzungsanspruch nach den allgemeinen Regeln geltend machen. Übersteigt der Wert des eigenen Geschenks den Pflichtteilsergänzungsanspruch, braucht der Pflichtteilsberechtigte aber keine Minderung seines Pflichtteilsanspruchs hinzunehmen; der Überschuss verbleibt ihm grundsätzlich endgültig (§ 2327 I 2 BGB). Etwas anderes gilt nur dann, wenn weitere Pflichtteilsberechtigte vorhanden sind, die dann ihrerseits den pflichtteilsberechtigten Beschenkten nach §§ 2328, 2329 BGB auf Pflichtteilsergänzung in Anspruch nehmen.

136 **5.** Der Pflichtteil kann gegebenenfalls **beschränkt** sein. Die Entziehung des Pflichtteils ist zwar nur ausnahmsweise möglich (Rn 86 ff), in diesen Fällen kann der Erblasser aber auch Beschränkungen des Pflichtteils jeder Art anordnen. Dagegen ist eine Beschränkung des Pflichtteils in guter Absicht (§ 2338 BGB) in Bezug auf den Pflichtteil des überlebenden Lebenspartners nicht möglich, weil derartige Beschränkungen nur beim Pflichtteil eines Abkömmlings in Betracht kommen.

137 **6. Pflichtteilsschuldner** ist im Außenverhältnis zum Pflichtteilsberechtigten regelmäßig der Erbe, mehrere Erben haften als Gesamtschuldner. Das betrifft aber nur das Außenverhältnis zum Pflichtteilsberechtigten; über die interne Aufteilung zwischen mehreren Erben und zwischen dem Erben und Vermächtnisnehmern ist damit noch nichts gesagt (dazu Rn 139 ff).

138 Ist allerdings ein **Miterbe selbst pflichtteilsberechtigt,** dann kann er die Befriedigung des Pflichtteilsanspruchs auch nach der Teilung des Nachlasses verweigern, wenn sie dazu führen würde, dass ihm selbst nicht mehr sein eigener Pflichtteil verbliebe (§ 2319, 1 BGB). Die Pflichtteilsberechtigten stehen sich als solche gleichberechtigt gegenüber; deswegen kann nicht einer seinen Pflichtteil zum Nachteil eines anderen Pflichtteils realisieren. Der Pflichtteilsberechtigte wird dadurch nicht benachteiligt, anstelle des ausfallenden Erben haften die anderen für die Erfüllung seines Anspruchs (§ 2319, 2 BGB).

139 Für die Haftung im **Innenverhältnis** gilt: In erster Linie ist im Innenverhältnis maßgebend, wie der **Erblasser** selbst die Verteilung der Pflichtteilslast **geregelt** hat (§ 2324 BGB). Wird ein Erbe oder Vermächtnisnehmer insoweit gegenüber der gesetzlich vorgesehenen Verteilung bevorzugt, handelt es sich insoweit um ein Vermächtnis zu seinen Gunsten.

140 **Fehlt es an einer Regelung** in der Verfügung von Todes wegen, haften **Miterben** untereinander grundsätzlich nach dem Verhältnis ihrer Erbteile. Etwas anderes gilt nur dann, wenn einer der Erben allein an Stelle des Pflichtteilsberechtigten Erbe geworden ist

(zB wegen Einsetzung auf den Erbteil, der sonst dem Pflichtteilsberechtigten zugefallen wäre). In diesem Fall muss der betroffene Erbe intern den gesamten Pflichtteil tragen (§ 2320 BGB). Entsprechendes gilt, wenn jemandem ein von dem Pflichtteilsberechtigten ausgeschlagenes Vermächtnis zugute kommt (§ 2321 BGB). Der durch die Ausschlagung Begünstigte muss dann intern den Pflichtteil bis zur Höhe des Vermächtnisses tragen (§ 2321 BGB). Einen gewissen Ausgleich erlangen die so Beschwerten nur dadurch, dass sie ihrerseits die Beschwerungen, die auf dem Erbteil oder Vermächtnis lasten, das sie statt des Pflichtteilsberechtigten erhalten haben, soweit kürzen dürfen, dass ihnen der zur Deckung der Pflichtteilslast notwendige Betrag verbleibt (§ 2322 BGB).

141 Im Verhältnis zu einem **Vermächtnisnehmer** oder **Begünstigten einer Auflage** kann ein Erbe die Erfüllung insoweit verweigern, als das erforderlich ist, damit die Pflichtteilslast von ihm und dem Vermächtnisnehmer bzw Auflagebegünstigten verhältnismäßig getragen wird (§ 2318 I BGB). Gegenüber einem pflichtteilsberechtigten Vermächtnisnehmer ist die Kürzung allerdings durch dessen Pflichtteil begrenzt (§ 2318 II BGB): Dem Pflichtteilsberechtigten muss immer sein Pflichtteil bleiben; er geht auch anderen Pflichtteilsberechtigten nicht nach. Ist umgekehrt der Erbe selbst pflichtteilsberechtigt, gilt dasselbe für ihn: Er kann dann wegen des Pflichtteils das Vermächtnis bzw die Auflage soweit kürzen, dass ihm auf jeden Fall noch sein eigener Pflichtteil verbleibt; denn es kann nicht sein, dass der Erbe dadurch schlechter gestellt wird als ein Pflichtteilsberechtigter, dass er Erbe wird. Das gilt auch dann, wenn mehrere Erben vorhanden sind (die nicht notwendigerweise alle pflichtteilsberechtigt sein müssen); die interne Ausgleichung geht damit zum Nachteil der Vermächtnisnehmer, nicht zu dem der Erben (vgl BGHZ 95, 225 ff).

142 **7.** Der **Pflichtteilsanspruch verjährt** mit Ablauf von drei Jahren nach Kenntniserlangung des Pflichtteilsberechtigten vom Erbfall und der ihn beeinträchtigenden Verfügung, spätestens aber mit Ablauf von 30 Jahren nach dem Erbfall (§ 2332 I BGB). Da es auf die Kenntnis von der beeinträchtigenden Verfügung ankommt, können unterschiedliche Fristen laufen, wenn der Pflichtteilsberechtigte durch mehrere Verfügungen beeinträchtigt wurde (Hauptfall: Enterbung und Schenkungen, durch die ein Pflichtteilsergänzungsanspruch ausgelöst wird), die getrennt voneinander zu beurteilen sind (BGH NJW 88, 1667). Auf den Lauf der Verjährung hat es keinen Einfluss, wenn der Pflichtteilsberechtigte zwar die Verfügung kennt, aber über das Ausmaß seiner Beeinträchtigung irrt, weil er die Verfügung unrichtig auslegt (BGH MDR 95, 76). Dagegen beginnt der Lauf der Verjährungsfrist nicht, wenn der Pflichtteilsberechtigte zugleich mit der Kenntnis von der beeinträchtigenden Verfügung Kenntnis von einer weiteren Verfügung erlangt, durch die die erste aufgehoben wird. Die Verjährungsfrist läuft dann erst von dem Moment an, in dem der Pflichtteilsberechtigte erfährt, dass die zweite Verfügung nicht oder nicht mehr wirksam ist. Entsprechendes gilt, wenn der Pflichtteilsberechtigte erst nach einiger Zeit von der zweiten Verfügung erfährt: Die erste Verjährungsfrist endet dann; eine neue beginnt mit Kenntniserlangung der Unwirksamkeit der zweiten Verfügung von Todes wegen (BGHZ 95, 76).

143 Der **Pflichtteilsergänzungsanspruch verjährt** in drei Jahren vom Erbfall an, gleichgültig ob der Pflichtteilsberechtigte von der beeinträchtigenden Schenkung Kenntnis hatte oder nicht (§ 2332 II BGB).

144 **8.** Damit der Erbe nicht durch die rücksichtslose Geltendmachung eines Pflichtteilsanspruchs selbst in wirtschaftliche Bedrängnis gerät, kann er in bestimmten Fällen die **Stundung** des Pflichtteilsanspruchs verlangen (§ 2331a BGB).

145 **a) Voraussetzung** dafür ist, dass er **selbst pflichtteilsberechtigt** ist und dass ihn die sofortige Erfüllung des gesamten Anspruchs wegen der Art der Nachlassgegenstände ungewöhnlich hart treffen würde (§ 2331a I 1 BGB). Als Beispiele für eine **ungewöhnliche Härte** nennt die Vorschrift den Zwang zur Aufgabe der Familienwohnung des Pflichtteilsschuldners und den Zwang zur Veräußerung des Wirtschaftsguts, dass für ihn und seine Familie die Lebensgrundlage bildet (zB Hof, Unternehmen, Mietshaus). Weitere Fälle dieser Art können die Veräußerung von Wertpapieren oder anderen Gegenständen zur Unzeit sein, wenn gerade nur ein Bruchteil des bei aufgeschobener Veräußerung zu erzielenden Wertes erlöst werden kann und der Zwang zur Veräußerung von Familienerbstücken, die sich schon seit Generationen in der Familie befinden. Es ist jedoch ein strenger Maßstab anzulegen; es reicht nicht, dass die Erfüllung des Pflichtteilsanspruchs lästig ist oder nur unter Anstrengungen bewältigt werden kann. Sind zB mehrere Häuser vorhanden, ist die Veräußerung eines von ihnen ohne weiteres zumutbar, Kapitalentnahmen aus Unternehmen sind zumutbar, soweit sie nicht zu einer unmittelbaren Existenzkrise führen.

146 **b)** Auch wenn die genannten Voraussetzungen vorliegen, erfolgt die Stundung nicht automatisch. Gegen die vom Erben geltend gemachten Gründe ist immer **abzuwägen**, ob dem Pflichtteilsberechtigten die Stundung zugemutet werden kann (§ 2331a I 2 BGB). Dazu sind alle Umstände des Einzelfalls zu betrachten. Die Stundung ist unzumutbar, wenn erkennbar ist, dass auch durch ein Zuwarten der Erbe nicht in eine bessere wirtschaftliche Situation gelangen wird oder wenn auf seiten des Pflichtteilsberechtigten entsprechende Härtegründe vorliegen.

147 **c)** Für das **Verfahren** und die **Ausgestaltung der Stundung** gilt § 1382 II-VI BGB entsprechend (§ 2331a II 2 BGB, zu § 1382 BGB s § 6 LPartG Rn 110 ff). Zuständig ist das Nachlassgericht (§ 2331a II 1 BGB), wenn kein Rechtsstreit über das Bestehen des Pflichtteilsanspruchs geführt wird, sonst das Prozessgericht.

148 **VI.** Die Regelungen über den **Erbverzicht** (§§ 2346-2352 BGB) gelten für Lebenspartner entsprechend (Abs 7). Der Lebenspartner kann also in gleicher Weise auf sein gesetzliches Erbrecht verzichten wie ein Verwandter oder ein Ehegatte.

149 **1.** Der Erbverzicht **ist der zu Lebzeiten des Erblassers erfolgende vertragliche Verzicht** auf ein künftiges Erbrecht, ein Vermächtnis oder den Pflichtteil. Nach dem Erbfall kann der Erbe einen Wegfall seines Erbrechts oder Vermächtnisses nur dadurch erreichen, dass er das ihm Angefallene ausschlägt (§§ 1942 ff BGB).
Der Erbverzicht ist ein rein **erbrechtliches Rechtsgeschäft,** durch das ein künftiger Erwerb aufgrund Erbrechts verhindert wird. Es handelt sich deswegen nicht um eine Schenkung, selbst wenn von vornherein klar ist, dass durch den Verzicht faktisch nur eine ganz bestimmte Person begünstigt wird. Da nicht auf schon vorhandenes Vermögen verzichtet wird, greift auch § 1365 BGB (§ 6 LPartG Rn 11 ff) nicht ein. Gläubiger des Verzichtenden können den Verzicht nicht verhindern oder nach dem Erbfall anfechten.

150 **2.** Der Erbverzicht **kann sich erstrecken** auf **a)** das **gesetzliche Erbrecht** des Lebenspartners. Der Verzicht kann das gesamte Erbrecht umfassen oder aber nur einen Teil, wie etwa bei der Herabsetzung der gesetzlichen Erbquote. Unzulässig ist dagegen ein Verzicht auf einzelne Gegenstände (vor allem das Haus, ein Unternehmen usw). Derartige Verträge werden sich aber häufig in Auseinandersetzungsvereinbarungen umdeuten lassen. Der Verzicht kann auch zugunsten eines Dritten erfolgen; in diesem Fall ist im Zweifel anzunehmen, dass der Verzicht nur dann gelten soll, wenn der Begünstigte auch tatsächlich Erbe wird (§ 2350 I BGB).

Die Auslegungsregeln der **§§ 2349, 2350 II BGB** haben für den Lebenspartner keine Bedeutung, denn sie beziehen sich nur auf den Erbverzicht von Abkömmlingen oder Seitenverwandten. 151

b) Verzichtet werden kann auch isoliert auf das **Pflichtteilsrecht** (§ 2346 II BGB); der Verzicht auf das gesetzliche Erbrecht schließt den Verzicht auf das Pflichtteilsrecht schon mit ein, weil der Verzichtende dann nicht durch letztwillige Verfügung von der gesetzlichen Erbfolge ausgeschlossen wird, sondern durch den Verzicht (Rn 84). Ein teilweiser Verzicht auf das Pflichtteilsrecht sind auch alle Regelungen, durch die festgelegt wird, wie der Pflichtteil zu berechnen ist, besonders, wenn dabei einzelne Gegenstände, die an sich einzubeziehen wären, ausgenommen werden oder wenn der Pflichtteilsberechtigte bestimmte Bewertungsmaßstäbe als verbindlich anerkennt. 152

c) Der Verzicht kann sich auch auf **Erbeinsetzungen** oder Zuwendungen von **Vermächtnissen** durch Verfügung von Todes wegen beziehen (§ 2352 BGB). Wegen der jederzeitigen Änderbarkeit von testamentarischen Verfügungen hat das nur Bedeutung für Erbverträge und die Ausnahmefälle, in denen der Erblasser seine Verfügung nicht mehr widerrufen kann (zB wegen zwischenzeitlich eingetretener Geschäftsunfähigkeit). § 2350 BGB (Verzicht zugunsten eines anderen, Rn 151) gilt nicht; die Parteien haben es aber in der Hand, den Erbverzicht durch eine Bedingung entsprechend auszugestalten. 153

3. Der Erbverzicht **erfolgt durch einen Vertrag** zwischen dem Erblasser und dem Verzichtenden. Verzichten kann immer nur derjenige, der Träger des Rechts sein würde, auf das verzichtet wird (§ 2352, 2 BGB). In den Fällen, in denen auf ein gewillkürtes Erbrecht oder ein Vermächtnis verzichtet wird, müssen das nicht notwendigerweise die Parteien sein, die die Begünstigung durch Erbvertrag begründet haben. Diese können allerdings den Erbvertrag durch einen Aufhebungsvertrag wieder aufheben. 154

Der Erbverzichtsvertrag muss **notariell beurkundet** werden (§ 2348 BGB). Die gleichzeitige Anwesenheit der Parteien ist aber nicht erforderlich. 155

In Bezug auf die **Geschäftsfähigkeit** und die **Stellvertretung** beim Abschluss des Verzichtsvertrags gelten einige Besonderheiten: Der **Erblasser** kann den Vertrag nur persönlich schließen; ein Einwilligungsvorbehalt kommt insoweit nicht in Betracht (§ 1903 II BGB). Stellvertretung ist grundsätzlich ausgeschlossen. Nur, wenn er geschäftsunfähig ist, wird er durch seinen gesetzlichen Vertreter (Betreuer, § 1902 BGB) vertreten. Dieser benötigt dazu die Genehmigung des Vormundschaftsgerichts (§ 2347 II BGB). Die sonstigen Regelungen in § 2247 II BGB haben für Lebenspartner keine Bedeutung, weil sie sich auf Minderjährige beziehen, die Lebenspartnerschaft aber nur von Volljährigen eingegangen werden kann (§ 1 II Nr 1 LPartG). 156

Der **Verzichtende** kann sich beim Abschluss des Vertrages auch vertreten lassen. Handelt ein Betreuer, bedarf dieser ebenfalls der Genehmigung des Vormundschaftsgerichts (§ 2347 I BGB). Die übrigen Regelungen in § 2347 I BGB haben für Lebenspartner keine Bedeutung, weil sie sich auf Minderjährige beziehen. 157

4. Durch den Erbverzicht **verliert der Lebenspartner das Recht,** auf das er verzichtet hat, beim Verzicht auf das gesetzliche Erbrecht auch den Pflichtteil. Er gilt als beim Erbfall nicht vorhanden; Erb- und Pflichtteile werden berechnet, ohne ihn zu berücksichtigen. Sein Verzicht hat zwar keine Auswirkungen auf seine Abkömmlinge (§ 2349 BGB gilt nicht für Lebenspartner); diese werden aber dennoch nicht Erben des Erblassers, denn sie sind mit diesem nicht verwandt, da das Lebenspartnerschaftsgesetz keine gemeinsame Elternschaft von Lebenspartnern kennt. Sollen diese durch den Verzicht begünstigt werden, sollte mit dem Verzicht ein Erbvertrag verbunden werden, durch den die Abkömmlinge des Lebenspartners zu Erben des Erblassers eingesetzt werden. 158

159 Der Erblasser ist **nicht gehindert, den Verzichtenden durch Verfügung von Todes wegen** als Erben oder Vermächtnisnehmer **einzusetzen** (BGHZ 30, 267). Das gilt auch bei einem Verzicht auf eine Erbeinsetzung oder ein Vermächtnis; denn der Verzicht bezieht sich immer nur auf eine Einsetzung, die vorher erfolgt war. Praktische Bedeutung hat das allerdings nicht; denn der Verzicht auf erbrechtliche Positionen, die durch Verfügung von Todes wegen begründet wurden, wird regelmäßig nur dann praktisch, wenn die Verfügung nicht mehr geändert werden kann (Rn 155).

160 **5.** Die **Wirkung** des Erbverzichts kann von den Parteien durch einen Aufhebungsvertrag wieder **beseitigt werden,** wenn sich der Verzicht auf ein **gesetzliches Erbrecht** oder einen **Pflichtteil** bezog. Für diesen Vertrag gilt das zum Abschluss des Verzichtsvertrags Gesagte (Rn 156 ff) entsprechend mit der Maßgabe, dass eine vormundschaftsgerichtliche Genehmigung auf Seiten des Verzichtenden (dessen Verzicht wieder beseitigt wird) nicht erforderlich ist, selbst wenn dieser unter Betreuung steht (§ 2351 BGB), denn die Aufhebung stellt nur die schon zuvor geltende Rechtslage wieder her.

161 Bezog sich der Verzicht auf eine **Einsetzung durch Verfügung von Todes wegen,** kommt ein Aufhebungsvertrag nicht in Betracht; denn § 2352 BGB verweist nicht auf § 2351 BGB. Der Erblasser muss eine neue Verfügung von Todes wegen mit entsprechendem Inhalt errichten. Kann er das (zB wegen Geschäftsunfähigkeit) nicht mehr, bleibt es bei dem Verzicht.

§ 11 Sonstige Wirkungen der Lebenspartnerschaft

(1) Ein Lebenspartner gilt als Familienangehöriger des anderen Lebenspartners, soweit nicht etwas anderes bestimmt ist.
(2) Die Verwandten eines Lebenspartners gelten als mit dem anderen Lebenspartner verschwägert. Die Linie und der Grad der Schwägerschaft bestimmen sich nach der Linie und dem Grade der sie vermittelnden Verwandtschaft. Die Schwägerschaft dauert fort, auch wenn die Lebenspartnerschaft, die sie begründet hat, aufgelöst wurde.

1 **I.** Lesbische und schwule Paare haben immer wieder beklagt, dass sie vor dem Recht als Fremde gelten, gleichgültig wie lange sie zusammenleben. Diesen Zustand hat § 11 LPartG beendet. Abs 1 stellt klar, dass **Lebenspartner** rechtlich als „**Familienangehörige**" anzusehen sind. Abs 2 bestimmt, dass die **Verwandten** eines Lebenspartners mit dem anderen Lebenspartner **verschwägert** sind.

Nach der Amtlichen Begr (BT-Drucks 14/3751 S 40) hat § 11 I „im Wesentlichen klarstellende Wirkung". In diesem Zusammenhang zählt die Begründung auch Vorschriften auf, die nicht die Begriffe „Familienangehöriger", sondern die Ausdrücke **„Angehörige"** und **„Familie"** verwenden (s Voraufl Rn 15). Mit den Begriffen **„Familienangehöriger"**, **„Angehöriger"** und **„Familie"** sind deshalb immer auch **„Lebenspartner"** gemeint. 2

Die Einbeziehung des Lebenspartners in den Kreis der „Familienangehörigen" durch § 11 I hat infolge des einschränkenden zweiten Halbsatzes nur subsidiären Charakter. **Die Vorschrift greift nur ein, wenn ein Gesetz keine eigene Angehörigendefinition enthält.** Dasselbe gilt für Vorschriften, die Rechtsfolgen an das Vorhandensein von Ehegatten knüpfen. Wenn diese Vorschriften nicht um den Lebenspartner erweitert worden sind, bleibt es dabei. 3

Die Vorschriften, die den Angehörigenbegriff eigenständig definieren, pflegen in den Angehörigenbegriff auch solche Personen mit einzubeziehen, die mit den Betroffenen in gerader Linie und in der Seitenlinie verschwägert sind (s Rn 7ff). Dabei definieren diese Vorschriften den Begriff der verschwägerten Personen nicht selbst, sondern setzen ihn voraus. Es gelten deshalb insoweit die allgemeinen Regeln und damit auch § 11 II. Das hat zur Folge, dass in Rechtsbereichen, in denen der Angehörigenbegriff zwar eigenständig definiert, die Definition aber nicht an das LPartG angepasst worden ist, **der Lebenspartner eines Betroffenen nicht als Angehöriger gilt, wohl aber dessen Verwandten.** 4

Sehr verworren ist die Lage auch bei den **Geschwistern**. Hier sprechen die Sondervorschriften **zum Teil** von den Geschwistern der Ehegatten und den Ehegatten der Geschwister. Wenn diese Vorschriften nicht um die Geschwister der Lebenspartner und die Lebenspartner der Geschwister erweitert worden sind, **gelten diese nicht als Angehörige**. 5

Andere Vorschriften nennen ganz allgemein die Verschwägerten zweiten (und dritten) Grades (s Rn 7ff). **In diesen Fällen** gelten aufgrund von § 11 II auch **die Geschwister der Lebenspartner eines Betroffenen und die Lebenspartner der Geschwister eines Betroffenen als Angehörigen.** 6

II. Die Regelungen über die **Schwägerschaft** in § 11 II entsprechen § 1590 BGB. Danach ist ein Lebenspartner mit sämtlichen Verwandten seines Lebenspartners verschwägert. Oder anders gewendet, jeder ist mit den Lebenspartnern seiner Verwandten verschwägert. Dagegen besteht keine Schwägerschaft zwischen den Lebenspartnern selbst sowie zwischen den Verwandten des einen Lebenspartners und den Verwandten des anderen. Die Schwägerschaft dauert fort, auch wenn die Lebenspartnerschaft, die sie begründet hat, aufgelöst wurde. 7

Die Linie und der Grad der Schwägerschaft bestimmen sich nach der Linie und dem Grad der sie vermittelnden Verwandtschaft. Dh, der Lebenspartner ist mit den Verwandten seines Lebenspartners in dem Maß verschwägert, wie dieser mit ihnen verwandt ist. 8

Diese Regelung verweist auf § 1589 BGB. Danach sind Personen, die voneinander abstammen, in gerader Linie verwandt. Personen, die nicht in gerader Linie verwandt sind, aber von derselben Person abstammen, sind in der Seitenlinie verwandt. Der Grad der Verwandtschaft bestimmt sich nach der Zahl der sie vermittelnden Geburten. 9

Ein Lebenspartner ist daher mit den Eltern und den Kindern seines Lebenspartners im ersten Grad in gerader Linie verschwägert und mit den Geschwistern im zweiten Grad in der Seitenlinie. 10

III. Der Begriff „Lebenspartner" in § 1 I 1 soll zukünftig Lebenspartnern iSd LPartG vorbehalten bleiben. Deshalb hat das LPartDisBG den bisher vom Sicherheitsüber- 11 prüfungs- und vom Luftverkehrsgesetz verwandten Begriff „Lebenspartner" durch den Begriff **„Lebensgefährte"** ersetzt (Art 3 §§ 5 u 58 LPartDisBG; BT-Drucks 14/4550 S 7). Darunter versteht das LPartGDisBG Menschen, die in „einer auf Dauer angelegten Gemeinschaft" leben. Gemeint sind damit also **nichtehelich** verbundene Partner, nicht dagegen bloße Wohngemeinschaften. Soweit es sich dabei um verschiedengeschlechtliche Lebensgemeinschaften handelt, werden diese üblicherweise als **„eheähnliche"** Partnerschaften bezeichnet (BVerfGE 87, 264; BGHZ 121, 124; BVerwGE 98, 198; BSGE 90, 98f).

12 **Verschiedengeschlechtliche Lebensgefährten** werden von der Praxis meist wie **„Verlobte"** und damit wie „Angehörige" behandelt. Das gilt nun auch für **gleichgeschlechtliche Lebensgefährten**, nachdem das ÜberarbG das Rechtsinstitut der Verlobung auf zukünftige Lebenspartner erstreckt hat (§ 1 III).

13 **IV.** Die üblichen **Kurzbezeichnungen für den Familienstand sind im „Datensatz für das Meldewesen" festgelegt**, der für die Datenübermittlung zwischen den Meldebehörden (§ 17 MRRG) und an andere Behörden oder sonstige öffentliche Stellen (§ 18 MRRG) vorgeschrieben ist (1. u 2. BMeldDÜV). Der Datensatz wird von der Bundesvereinigung der kommunalen Spitzenverbände unter Federführung des BMI herausgegeben und ist mit Wirkung vom 01.08.2001 wie folgt geändert worden (siehe Blatt 1401 des Datensatzes):

LD = ledig	VH = verheiratet
VW = verwitwet	GS = geschieden
LP = Lebenspartnerschaft	LV = Lebenspartner verstorben
LA = Lebenspartnerschaft aufgehoben	FU = Familienstand unbekannt

Eine gesetzliche Grundlage für diese Kurzbezeichnungen gibt es nicht. Üblicherweise pflegen aber auch alle anderen öffentlichen und privaten Organisationen und Firmen die im „Datensatz für das Meldewesen" vorgeschriebenen Kurzbezeichnungen zu verwenden, damit ihre Systeme kompatibel sind.

14 Durch die Eingehung einer Lebenspartnerschaft ändert sich der Familienstand. **Der Familienstand „ledig" ist etwas anderes als der Familienstand „Lebenspartnerschaft"**. Lebenspartner dürfen deshalb in Personaldateien nicht als „ledig" gespeichert werden. Ist dies doch geschehen, können Lebenspartner verlangen, dass die über sie gespeicherten unrichtigen Daten berichtigt werden (BVerwGE 120, 188; BAG NZA 2005, 57; VG Schleswig, 25.08.2004 - 15 A 213/03; sa Rundschr BMI v 15.07.2004 - D II 2 - 220 000/116).

15 Das **MRRG** und die **Landesmeldegesetze von Hamburg, Nordrhein-Westfalen und Schleswig-Holstein** sind inzwischen an das LPartG angepasst worden. Die übrigen Bundesländer haben ihre Meldegesetze noch nicht entsprechend geändert. Auch beim **„Gesetz über die Statistik der Bevölkerungsbewegung und die Fortschreibung des Bevölkerungsstandes"** steht die Anpassung noch aus. Lebenspartnerschaften werden deshalb in der „Statistik der natürlichen Bevölkerungsbewegung einschließlich der Todesursachenstatistik" (§ 1 BevStatG) nicht erfasst.

16 Das wäre zur Zeit auch technisch nicht möglich, weil die unterschiedlichen Stellen, die nach den Landesausführungsgesetzen für die Beurkundung der Lebenspartnerschaften zuständig sind (s Einf Rn 30ff), über die Landesgrenzen hinweg melderechtlich nur unzureichend miteinander verknüpft sind. Es gibt deshalb **weder zuverlässige statistische Zahlen** über die Lebenspartnerschaften (s Einf Rn 39ff), noch können **Familiengerichte oder Nachlassgerichte zuverlässig feststellen,** ob jemand in einer Lebenspartnerschaft lebt oder ob eine Lebenspartnerschaft inzwischen aufgehoben ist (vgl a Einf Rn 80ff).

17 Nach § 19 I Nr 11 MRRG „darf" die Meldebehörde einer **öffentlich-rechtlichen Religionsgesellschaft** die Daten ihrer Mitglieder übermitteln, soweit dies zur Erfüllung ihrer Aufgaben erforderlich ist. Zu diesen Daten gehört ua: „Familienstand, beschränkt auf die Angabe, ob verheiratet oder eine Lebenspartnerschaft führend oder nicht; zusätzlich bei Verheirateten oder Lebenspartnern: Tag der Eheschließung oder der Begründung der Lebenspartnerschaft". Die Übermittlung dieser Daten ist problematisch, wenn ein Lebenspartner bei katholischen Einrichtungen beschäftigt ist, weil die Katholische Kirche alle Mitarbeiter entlässt, die eine Lebenspartnerschaft eingehen (s Beamte Rn 47ff).

18 Zwar besteht Übereinstimmung darin, dass die Meldebehörden den öffentlich-rechtlichen Religionsgesellschaften die für Zwecke der Steuererhebung benötigten Daten übermitteln müssen, auch wenn das in den Kirchensteuergesetzen oder den Konkordaten bzw den Staatskirchenverträgen nicht ausdrücklich vorgeschrieben ist.

19 Dieser Gesichtspunkt greift aber bei der Übermittlung des Familienstands von Lebenspartnern an die Katholische Kirche nicht. Die Katholische Kirche bewertet die Eingehung einer Lebenspartnerschaft als „schlimme Abirrung" (Katechismus der Katholischen Kirche Nr 2357). Es gibt demgemäß keine Kirchensteuerbeschlüsse der katholischen Diözesen, in denen an die Tatsache einer Lebenspartnerschaft besondere Steuerpflichten geknüpft werden wie etwa das Kirchgeld bei glaubensverschiedenen Ehen. Daher sind die katholischen Bistümer für Kirchensteuerzwecke nicht auf die Kenntnis angewiesen, ob ihre Mitglieder in einer Lebenspartnerschaft leben oder nicht. Es bleibt deshalb bei dem allgemeinen Grundsatz, dass die Meldebehörden der Katholischen Kirche den Familienstand von Lebenspartnern zwar übermitteln dürfen, aber nicht müssen. Die Übermittlung steht in ihrem Ermessen.

20 In solchen Fällen dürfen die Meldebehörden die Daten nicht weitergeben, wenn dadurch schutzwürdige Interessen des Betroffenen beeinträchtigt werden (§ 6 MRRG). Das ist der Fall, wenn den Betroffenen durch die Übermittlung die Existenzgrundlage entzogen wird. Die Meldebehörden müssen deshalb den Widerspruch von Mitarbeitern in katholischen Einrichtungen gegen die Weitergabe ihres Familienstandes „Lebenspartnerschaft" an die Katholische Kirche beachten (Süßmuth in Medert/Süßmuth, § 19 MRRG, Rn 30a; 33. Tätigkeitsbericht des Hessischen Datenschutzbeauftragten Nr 6.3).

21 **VI.** In folgenden Vorschriften mit einer **eigenständigen Angehörigendefinition** sind Lebenspartner durch das LPartDisBG und weitere in der Zwischenzeit erlassene Gesetze **mit Ehegatten gleichgestellt** worden:

- Betriebsverfassungsgesetz: § 5 II Nr 4,
- Freiheitsentziehungsgesetz des Bundes: § 5 III 3,
- Insolvenzordnung: § 138 (nahe stehende Personen), § 100 II (Unterhalt aus der Insolvenzmasse),
- Kunsturheberrechtsgesetz: § 22 S 4,
- Strafgesetzbuch: § 11 I 1,
- Transplantationsgesetz: § 4 II Nr 1 und § 8 I 2,
- Urheberrechtsgesetz: § 60 II,
- Versicherungsvertragsgesetz: § 177 II,
- Wohnraumförderungsgesetz: § 18 II.

In diesen Bereichen gelten für Lebenspartner dieselben Regeln wie für Ehegatten. Die Vorschriften werden deshalb hier nicht (mehr) besonders erläutert.

22 In folgenden Gesetzen des Bundes mit einer **eigenständigen Angehörigendefinition** sind Lebenspartner **noch nicht mit Ehegatten gleichgestellt** worden:

- Abgabenordnung: § 15 I (dazu Rn 24f),
- Zehntes Buch Sozialgesetzbuch: § 16 V (dazu Rn 27 ff),

- Umsatzsteuergesetz: § 4 Nr 19 Buchst a (dazu Rn 34),
- Verwaltungsverfahrensgesetz: § 20 V (dazu Rn 26),
- Wohngeldgesetz: § 4 I (dazu Rn 33).

23 In folgenden Vorschriften mit einer eigenständigen Angehörigendefinition sind Lebenspartner nur unvollkommen mit Ehegatten gleichgestellt worden:

- Heimarbeitsgesetz: § 2 V (dazu Rn 35),
- Zehntes Buch Sozialgesetzbuch: § 99 (dazu Rn 31) u 116 VI 2 (dazu Rn 27ff).

24 **1.** Der Begriff „Angehöriger“ kommt in verschiedenen **Steuergesetzen** vor. Er hat überwiegend verfahrensrechtliche Bedeutung. Materiellrechtlich spielt er eine Rolle, wenn es um die **steuerliche Anerkennung von Aufwendungen aufgrund von Verträgen mit „Angehörigen“** geht. Diese Aufwendungen werden nur dann als betrieblich veranlasst anerkannt, wenn sie angemessen sind, zu Beginn des Vertragsverhältnisses vereinbart wurden und die gegenseitigen Leistungen von beiden Seiten tatsächlich erbracht werden. Diese Problematik tritt insbesondere bei Arbeitsverträgen zwischen Angehörigen auf; sie stellt sich jedoch auch bei anderen Verträgen.

25 Soweit die Steuergesetze nicht ausdrücklich etwas anderes bestimmen, sind Angehörige iSv § 15 AO gemeint. Diese **Angehörigendefinition** ist infolge des Scheiterns des LPartGErgGEalt **noch nicht um die Lebenspartner erweitert** worden. Es ist aber zu erwarten, dass in der Praxis Verträge zwischen Lebenspartnern von den Finanzbehörden genauso bewertet werden wie Verträge zwischen Ehegatten.

26 **2.** Die Angehörigendefinition in **§ 20 V VwVfG** des Bundes ist infolge des Scheiterns des LPartGErgGEalt ebenfalls nicht an das LPartG angepasst worden. Das hat aber wenige Auswirkungen, weil diese Angehörigendefinitionen nach dem Gesetzeswortlaut nur für die Frage maßgebend ist, welche Personen in diesen Verfahren ausgeschlossen sind (s dazu Rn 58).

27 **3.** Dasselbe gilt für die Parallelvorschrift des **§ 16 V SGB X** (Verwaltungsverfahren), die ebenfalls nur für die Frage maßgebend ist, welche Personen in sozialrechtlichen Verwaltungsverfahren ausgeschlossen sind (s dazu Rn 58). Die Tatsache, dass Lebenspartner in dieser Angehörigendefinition noch nicht berücksichtigt werden, hat deshalb für die Auslegung des Begriffs **„Familienangehörige“ in § 116 VI SGB X** keine Bedeutung.

28 Diese Vorschrift regelt den Übergang von Schadensersatzansprüchen eines Geschädigten auf den Versicherungsträger oder den Träger der Sozialhilfe, soweit diese aufgrund des Schadensereignisses Sozialleistungen zu erbringen haben. Sie können für ihre Sozialleistungen aufgrund der übergegangenen Schadensersatzansprüche von dem Schädiger **Regress** verlangen. Dieser Regress wird durch § 116 VI SGB X beschränkt, wenn der Schädiger nicht vorsätzlich gehandelt hat, ein Familienangehöriger des Geschädigten ist und mit dem Geschädigten oder einem Hinterbliebenen in häuslicher Gemeinschaft lebt.

29 In der Rspr war umstritten, ob unter den Begriff „Familienangehöriger“ auch nichteheliche Partner fallen. Das hatte der BGH abgelehnt (BGHZ 102, 259). Aufgrund von § 11 I ist nunmehr klar, dass der **Lebenspartner als „Familienangehöriger“** gilt. Davon ist auch der LPartGErgGEalt ausgegangen und hat deshalb nur eine Ergänzung des Satzes 2 für erforderlich gehalten. Danach entfällt der Regress auch dann, wenn der Schädiger mit dem Geschädigten oder einem Hinterbliebenen nach Eintritt des Schadensereignisses die Ehe geschlossen hat und in häuslicher Gemeinschaft lebt. Dieser Satz sollte um die Worte „oder eine Lebenspartnerschaft begründet hat“ ergänzt werden.

30 Der **Lebenspartner kann deshalb nicht auf Regress** in Anspruch genommen werden, wenn er seinen Partner nur fahrlässig geschädigt und mit diesem oder seinen Hinter-

bliebenen im Zeitpunkt des Schadensereignisses in häuslicher Gemeinschaft gelebt hat. Dagegen kommt Satz 2 der Vorschrift dem Lebenspartner nicht zugute, weil die geplante Einbeziehung des Lebenspartners in diese Regelung gescheitert ist. Der Regress ist deshalb nur ausgeschlossen, wenn der Schädiger nachträglich mit dem Geschädigten oder einem Hinterbliebenen die Ehe eingegangen ist, nicht dagegen, wenn er mit einer dieser Personen nachträglich eine Lebenspartnerschaft begründet hat.

31 Ähnliches gilt für die Auslegung von § 99 SGB X, der die Auskunftspflicht von Angehörigen, früheren Ehegatten und Erben regelt. Hier sollte nach dem LPartGErgGEalt hinter „der frühere Ehegatte“ zusätzlich „der frühere Lebenspartner“ eingefügt werden. Dagegen hat der Gesetzgeber eine Ergänzung des Begriffs „Angehörige“ nicht für erforderlich gehalten. Deshalb gehört der Lebenspartner zu den auskunftspflichtigen Personen, nicht dagegen der „frühere Lebenspartner“.

32 Für **privatrechtliche Versicherungen** ist die Frage des **Regresses** gegenüber **Familienangehörigen** in § 67 II VVG geregelt. Danach ist der Regress für fahrlässig verursachte Schäden gegenüber einem mit dem Versicherungsnehmer in häuslicher Gemeinschaft lebenden Familienangehörigen ausgeschlossen. In der Rechtsprechung wird die Anwendung der Vorschrift auf eheähnliche verschiedengeschlechtliche (OLG Frankfurt VersR 1997, 561; MDR 1998, 1163; OLG Hamm NVersZ 1999, 559; OLG Koblenz VersR 2003, 1381; aA für Lebensgefährten mit einem gemeinsamen Kind OLG Brandenburg NJW 2002, 1581) und auf gleichgeschlechtliche Lebensgemeinschaften (OLG Hamm VersR 1993, 1513) überwiegend verneint. Aufgrund des § 11 I steht nunmehr fest, dass Lebenspartner zu den „Familienangehörigen“ iSd § 67 II VVG zählen (so auch die Gesetzesbegr s Rn 2).

33 **4.** Die Tatsache, dass die **Definition der „Familienmitglieder“ in § 4 I WoGG** noch nicht an das LPartG angepasst worden ist, hat praktisch keine Auswirkungen, weil nach § 18 Nr 4 WoGG sonstige Wohn- und Wirtschaftsgemeinschaften genauso behandelt werden wie Haushalte aus Familienmitglieder (s Sozialrecht Rn 56f).

34 **5. § 4 Nr 19 Buchst a UStG sieht vor, dass Umsätze der Blinden**, die nicht mehr als zwei Arbeitnehmer beschäftigen, steuerfrei sind. „Nicht als Arbeitnehmer gelten der Ehegatte, die minderjährigen Abkömmlinge, die Eltern des Blinden und die Lehrlinge.“ Diese Ausnahmeregelung sollte um den Lebenspartner des Blinden erweitert werden (Art 2 § 57 LPartGErgGEalt). Das ist infolge des Scheiterns des Entwurfs nicht geschehen. Gleichwohl können Blinde, die ihren Lebenspartner als Arbeitnehmer beschäftigen, schon jetzt verlangen, so behandelt zu werden, als sei das ihr Ehegatte, weil Art 3 I a RL 2000/78/EG jede Diskriminierung augrund der sexuellen Ausrichtung beim Zugang zur selbständigen Erwerbstätigkeit verbietet und die Umsetzungsfrist für die Richtlinie inzwischen abgelaufen ist (s iE Beamte Rn 11ff).

35 **6.** Das **Heimarbeitsgesetz** unterscheidet zwischen **mithelfenden Familienangehörigen** und fremdem Hilfskräften. Wer Familienangehöriger ist, regelt § 2 V HAG. Hier sind nur die Lebenspartner mit Ehegatten gleichgestellt worden (Buchst a), nicht aber auch – wie bei Ehegatten – die Personen, die mit dem Lebenspartner bis zum dritten Grad verwandt oder verschwägert sind. Das hat aber auf die Verteilung der Heimarbeit keine Auswirkungen, wenn der Heimarbeitsausschuss die Arbeitsmenge festgesetzt hat. Mitarbeitende Verwandte und Verschwägerte des Lebenspartners (zB Stiefkinder oder Schwiegereltern) können dann als „fremde Hilfskräfte“ berücksichtigt werden (§ 11 III 2 HAG). Die unzureichende Anpassung der Definition der Familienangehörigen hat lediglich zur Folge, dass gegen in Heimarbeit Beschäftigte oder ihnen Gleichgestellte kein Bußgeld verhängt werden kann, wenn sie dulden, dass mitarbei-

tende Verwandte oder Verschwägerte ihres Lebenspartners eine Ordnungswidrigkeit begehen (§ 32a Nr 4 HAG).

36 **VII.** Wenn Angehörige als **Zeugen** vernommen werden, können sie in Konflikte geraten, falls sie bei wahrheitsgemäßer Aussage etwas Ungünstiges über Personen bekunden müssten, die ihnen nahe stehen. Deshalb räumen ihnen alle Verfahrensordnungen ein **Zeugnisverweigerungsrecht** ein, wenn sie in einem Verfahren aussagen sollen, an denen einer ihrer Angehörigen beteiligt ist. Außerdem können Zeugen die **Auskunft auf solche Fragen verweigern**, deren Beantwortung sie selbst oder einen ihrer Angehörigen in die Gefahr bringen könnte, wegen einer Straftat oder Ordnungswidrigkeit verfolgt zu werden.

37 Durch das LPartDisBG und das ÜberarbG sind **Lebenspartner** sowohl beim **strafprozessualen** (§§ 52, 55 StPO) als auch beim **zivilprozessualen** (§§ 383 I Nr 1-3, 384 Nr 1 u 2 ZPO) **Zeugnis- und Auskunftsverweigerungsrecht** in vollem Umfang **mit Ehegatten gleichgestellt** worden. Die Vorschriften werden deshalb hier nicht (mehr) näher erläutert.

38 Das Zeugnis- und Auskunftsverweigerungsrecht gilt auch für **Verlobte** und kommt deshalb in der Regel auch **gleichgeschlechtlichen Lebensgefährten** zugute (s Rn 12).

39 Das strafprozessuale Zeugnis- und Auskunftsverweigerungsrecht gilt über § 46 I OWiG auch für das **Bußgeldverfahren** und über § 28 I BVerfGG für **Verfahren vor dem Bundesverfassungsgericht**, soweit es sich dabei um Verfahren mit Sanktionscharakter handelt (§ 13 Nr 1, 2, 4 u 9 BVerfGG). Darüber hinaus verweisen eine Reihe von Landesgesetzen (insb Landesdisziplinargesetze) auf §§ 52, 55 StPO.

40 Die Vorschriften der Zivilprozessordnung über das **Zeugnisverweigerungsrecht** gelten über:

- § 15 FGG in den Verfahren der **freiwilligen Gerichtsbarkeit,**
- § 46 ArbGG in den Verfahren vor den **Arbeitsgerichten,**
- § 65 VwVfG für die öffentlichrechtliche **Verwaltungstätigkeit der Behörden des Bundes,**
- § 98 VwGO in den Verfahren vor den **Verwaltungsgerichten,**
- § 21 III 3 SGB X für öffentlichrechtliche **Verwaltungstätigkeit der Sozialbehörden,**
- § 118 SGG in den Verfahren vor den **Sozialgerichten,**
- § 28 BVerfGG in allen Verfahren vor dem **Bundesverfassungsgericht**, die keinen Sanktionscharakter haben (s Rn 39).

Darüber hinaus verweisen eine Reihe von Landesgesetzen auf §§ 383, 384 ZPO.

41 In **Steuersachen** ist das **Auskunftsverweigerungsrecht von Angehörigen** in § 101 AO geregelt. Danach steht das Auskunftsverweigerungsrecht allen Angehörigen eines Beteiligten zu. Da aber der Angehörigenbegriff der Abgabenordnung aufgrund des Scheiterns des LPartGErgGEalt nicht an das LPartG angepasst worden ist (Rn 25), haben **Lebenspartner eines Beteiligten in Steuersachen kein Auskunftsverweigerungsrecht**. **Anders wiederum im Steuerstrafverfahren**. Dort haben auch die Lebenspartner ein Zeugnisverweigerungsrecht (Rn 37).

42 Diese völlig willkürliche Differenzierung könnte dazu führen, dass der Lebenspartner eines Beteiligten im Steuerstrafverfahren berechtigterweise die Aussage verweigert, obwohl er im vorangegangenen Steuerverfahren Aussagen machen musste und auch tatsächlich gemacht hat. Nach den strafprozessualen Grundsätzen wäre diese gesetzmäßig zustande gekommene frühere Aussage im anschließenden Steuerstrafverfahren aufgrund der Aussageverweigerung unverwertbar.

43 Um solche Probleme zu vermeiden, wird man dem Lebenspartner eines Beteiligten auch im Steuerverfahren **ein Auskunfts- und Eidesverweigerungsrecht unmittelbar aus der Verfassung** (vgl BVerfGE 33, 374ff; 44, 373ff; BVerfG NJW 1988, 2945;

1996, 1587) zugestehen müssen, weil die Bewertungsmaßstäbe, die der jetzigen Gesetzesfassung zugrunde liegen, gegen das Willkürverbot verstoßen.

VIII. Der **Kontakt von Angehörigen zu Untersuchungs- und Strafhäftlingen** unterliegt unterschiedlichen Beschränkungen. 44

Der **Besuch bei einem Strafgefangenen** kann nach § 25 StVollzG bei Besuchern, die nicht Angehörige des Gefangenen sind, untersagt werden, wenn zu befürchten ist, dass sie einen schädlichen Einfluss auf den Gefangenen haben oder seine Eingliederung behindern würden. Bei **Lebenspartnern und sonstigen Angehörigen** iSv von § 11 I Nr 1 StGB (Rn 21) darf der Besuch dagegen nur untersagt werden, wenn dadurch die Sicherheit oder Ordnung der Anstalt gefährdet würde. Dasselbe gilt für das in § 28 StVollzG geregelte **Recht des Strafgefangenen auf Briefwechsel mit seinem Lebenspartner** und seinen sonstigen Angehörigen. 45

Die Gleichstellung der Lebenspartner mit Ehegatten in diesem Bereich hat auch Auswirkungen auf die **Besuchsfrequenz und die Dauer der Besuche** (§ 24 I StVollzG). Die Anstalt muss Besuche von Lebenspartnern – genauso wie bei Ehegatten – in dem Umfang gestatten, wie das ohne Beeinträchtigung der Ordnung der Anstalt möglich ist. 46

Diese Grundsätze gelten in gleicher Weise für **Besuche bei und den Briefwechsel mit Untersuchungsgefangenen** (§ 119 III StPO). 47

IX. Die **ärztliche Schweigepflicht** ist in den Berufsordnungen der Ärztekammern geregelt. Dort wird aber lediglich allgemein bestimmt, dass der Arzt über das, was ihm in seiner Eigenschaft als Arzt anvertraut oder bekannt geworden ist, zu schweigen hat. Dagegen ist in den Berufsordnungen nicht im Einzelnen geregelt, wann und wem gegenüber der Arzt zur Offenbarung befugt ist. 48

Geht es um **Auskunft der Ärzte gegenüber Angehörigen**, hat darüber allein der Patient zu entscheiden. Ist er nicht mehr ansprechbar, ist sein mutmaßlicher Wille maßgebend. Es wurde deshalb in solchen Fällen bisher vermutet, dass zunächst sein Ehegatte, sodann die volljährigen Kinder, die Eltern, die Geschwister und an letzter Stelle sein nichtehelicher Partner seine Vertrauenspersonen sind. Aufgrund von § 11 I gilt bei einem Patienten, der eine Lebenspartnerschaft führt, in Zukunft **zunächst der Lebenspartner als seine Vertrauensperson**. 49

Die **Krankenhäuser** sind aufgrund der Landeskrankenhausgesetze berechtigt, „Angehörigen" und Besuchern **Auskunft über den Aufenthalt eines Patienten im Krankenhaus** zu geben, sofern dem nicht im Einzelfall schutzwürdige Interessen des Patienten entgegenstehen oder dieser einer Auskunftserteilung ausdrücklich widersprochen hat. Es gelten deshalb insoweit **für Lebenspartner dieselben Grundsätze wie bisher für Ehegatten**. 50

X. Die Wahl der **Bestattungsart und die Gestaltung und Pflege der Grabstätte** richtet sich nach dem Willen des Verstorbenen. Liegt von ihm keine Willensbekundung vor, haben die **„totensorgeberechtigten"** Angehörigen zu bestimmen, wie die Bestattung erfolgen und das Grab gestaltet und gepflegt werden soll. 51

Als totensorgeberechtigt gelten die Bestattungspflichtigen. Wer bestattungspflichtig ist, ergibt sich aus den Landesgesetzen über das Friedhofs- und Bestattungswesen und ergänzend aus dem Reichsgesetz über die Feuerbestattung von 1934 (RGBl I 380). Nach diesen Bestimmungen sind durchweg zunächst der Ehegatte, sodann die (volljährigen) Kinder (oder deren Ehegatten), die Eltern, die Großeltern und die Geschwister totensorgeberechtigt. Da Lebenspartner in diesen Gesetzen bisher nicht berücksichtigt waren, müssen die Länder ihre Friedhofs- oder Bestattungsgesetze an das Lebenspartnerschaftsgesetz anpassen. Das ist inzwischen in folgenden Ländern geschehen: 52

- **Berlin** (§§ 4 I, 16 I BestattG),
- **Nordrhein-Westfalen** (§ 8 I BestattG),
- **Saarland** (§ 26 I BestattG),
- **Sachsen-Anhalt** (§ 10 II 1 BestattG),
- **Schleswig-Holstein** (§ 2 Nr 12 BestattG),
- **Thüringen** (§ 18 I BestattG).

Da sich aus diesen Bestimmungen ergibt, wer als Bestattungspflichtiger die Kosten einer Beerdigung zu tragen hat, ist die Neigung der Länder größer, Ehegatten mit Lebenspartnern gleichzustellen.

53 Für Lebenspartner in Bundesländern, die ihre Bestattungsgesetze noch nicht angeglichen haben, empfiehlt es sich, dem Partner durch eine schriftliche Verfügung, zB im Patiententestament, die Totensorge ausdrücklich einzuräumen.

54 Die **Sektion von Toten** („innere Leichenschau") und die **Entnahme von Organen** zum Zwecke der Übertragung auf andere Menschen ist nur zulässig, wenn der Verstorbene oder seine Angehörigen ihr zugestimmt haben. Wer von den Angehörigen befugt ist, einer Leichenöffnung zum Zwecke der Entnahme von Organen zuzustimmen, ist im Transplantationsgesetz geregelt (Rn 21). Erfolgt die **Sektion zum Zwecke der inneren Leichenschau**, haben die totensorgeberechtigten Angehörigen zuzustimmen.

55 Viele **Krankenhäuser** pflegen **Aufnahmeformulare** zu verwenden, die ua die Klausel enthalten, dass die innere Leichenschau vorgenommen werden kann, wenn sie zur Feststellung der Todesursache aus ärztlicher Sicht notwendig ist oder wenn ein wissenschaftliches Interesse besteht. Diese Klausel berechtigt die Krankenhäuser zur Vornahme von Sektionen, es sei denn, dass der Verstorbene ihr ausdrücklich widersprochen hat oder dass ihr seine totensorgeberechtigten Angehörigen widersprechen (BGH NJW 1990, 2313).

56 **XI.** Nach der Lebenserfahrung ist zu befürchten, dass Amtspersonen nicht unparteiisch handeln und entscheiden, wenn sie mit Verfahren befasst sind, an denen ihnen nahe stehende Personen beteiligt sind. Dem tragen die **Verfahrensvorschriften über den Ausschluss von Amtspersonen** Rechnung, die sämtlich eigenständige Angehörigendefinitionen enthalten.

57 Durch das LPartDisBG und weitere in der Zwischenzeit erlassene Gesetze sind folgende Vorschriften so an das LPartG angepasst worden, dass Lebenspartner in denselben Fällen ausgeschlossen sind wie Ehegatten:

- § 22 StPO: Ausschluss von Richtern im **Strafverfahren**,
- § 18 I Nr 1 BVerfGG: Ausschluss von **Bundesverfassungsrichtern,**
- §§ 48 I, 51 BDG: Ausschluss von Richtern und Beamtenbeisitzern in der **Disziplinargerichtsbarkeit**,
- § 41 Nr 2a u 3 ZPO: Ausschluss von der Ausübung des Richteramts im **Zivilprozess**,
- § 6 FGG: Ausschluss von Richter in Verfahren der **freiwilligen Gerichtsbarkeit,**
- § 155 GVG: Ausschluss des **Gerichtsvollziehers** in bürgerlichrechtlichen Streitigkeiten und in Strafverfahren,
- § 3 BeurkG: Verbot der Mitwirkung als **Notar**,
- § 6 BeurkG: Ausschließung des Notars bei der Beurkundung von Willenserklärungen,
- § 7 BeurkG: Beurkunden zugunsten des Notars oder seiner Angehörigen,
- § 26 BeurkG: Verbot der Mitwirkung als Zeuge oder zweiter Notar,
- § 1795 BGB: Ausschluss der Vertretungsmacht des **Vormunds**.

Der Ausschluss von Richtern im Strafverfahren gilt über

- § 46 I OWiG für das **Bußgeldverfahren,**
- § 59 BBG für **Beamte: Befreiung von Amtshandlungen** gegen sich selbst oder einen Angehörigen.

Der Ausschluss von Richtern im Zivilprozess gilt über
- § 46 ArbGG in den Verfahren vor den **Arbeitsgerichten,**
- § 54 I VwGO in den Verfahren vor den **Verwaltungsgerichten,**
- § 60 I SGG in den Verfahren vor den **Sozialgerichten.**

Die Vorschriften über den Ausschluss von Richtern gelten über
- § 10 S 1 RPflG für **Rechtspfleger** in Strafverfahren, Zivilprozessen und in Verfahren der freiwilligen Gerichtsbarkeit,
- § 31 I StPO für **Schöffen und Urkundsbeamte der Geschäftsstelle im Strafverfahren** und über
- § 49 ZPO für **Urkundsbeamte der Geschäftsstelle im Zivilprozess**.

Darüber hinaus verweisen zahlreiche Landesgesetze auf die Ausschlussvorschriften des Bundes.

Da Lebenspartner in den aufgezählten Vorschriften genauso behandelt werden wie Ehegatten, werden sie hier nicht (mehr) näher erläutert.

58 § 20 I VwVfG bestimmt, dass Angehörige von Beteiligten und Angehörige von Vertretern der Beteiligten im Rahmen der öffentlich-rechtlichen **Verwaltungstätigkeit der Behörden des Bundes** nicht tätig werden dürfen. Dasselbe ordnet § 16 I SGB X für die öffentlichrechtliche **Verwaltungstätigkeit der Sozialbehörden** an. Wer „Angehöriger" ist, wird jeweils in Abs 5 der beiden Vorschriften definiert. Diese Bestimmungen sind infolge des Scheiterns des LPartGErgGEalt noch nicht um den Lebenspartner erweitert worden (Rn 26 u 27). Infolgedessen sind Lebenspartner von Beteiligten und Lebenspartner von Vertretern von Beteiligten in diesen Verfahren nicht von der Mitwirkung ausgeschlossen.

In diesen Fällen wird aber immer die Ablehnung wegen Besorgnis der Befangenheit begründet sein (§ 21 VwVfG, § 17 SGB X), falls sich der Betreffende nicht ohnehin selbst für befangen erklärt. Notfalls muss der Vorgesetzte dafür sorgen, dass die Sache einem anderen Mitarbeiter übertragen wird.

59 **XII.** Die **Sicherheitsüberprüfungsgesetze des Bundes und der Länder** regeln die Voraussetzungen und das Verfahren zur Überprüfung einer Person, die mit einer sicherheitsempfindlichen Tätigkeit betraut werden soll oder bereits betraut worden ist. In diese Überprüfung werden nach dem SÜG des Bundes neben dem **Ehegatten** auch der **Lebenspartner** und der **Lebensgefährte** einbezogen (§ 2 II SÜG). Im Falle ihrer Einbeziehung ist ihre Zustimmung erforderlich.

Bei folgenden Ländern sind die entsprechenden Bestimmungen inzwischen an das LPartG angepasst worden:
- **Berlin:** § 3 II SÜG,
- **Bremen:** § 3 II SÜG,
- **Hamburg:** § 2 II SÜG,
- **Niedersachsen:** § 2 SÜG,
- **Nordrhein-Westfalen:** § 6 II VSG (sa Beamte Rn 7),
- **Mecklenburg-Vorpommern:** § 3 II SÜG,
- **Saarland:** § 3 II SÜG,
- **Sachsen:** § 2 II SÜG.

Bei folgenden Ländern war eine Änderung der einschlägigen Gesetze nicht erforderlich, weil dort Formulierungen verwandt werden, die Lebenspartner mit umfassen:
- **Bayern:** Art 4 II 1 SÜG (Der volljährige Ehegatte oder die Person, mit der der Betroffene in eheähnlicher oder gleichgeschlechtlicher Gemeinschaft lebt [Lebenspartner]),
- **Rheinland-Pfalz:** § 3 II SÜG (Die volljährige Ehefrau oder der volljährige Ehemann oder die volljährige Partnerin oder der volljährige Partner, mit der oder mit dem die

betroffene Person in eheähnlicher oder gleichgeschlechtlicher Lebensgemeinschaft lebt [Lebenspartnerin oder Lebenspartner]),
- **Sachsen-Anhalt:** § 4 II 3 VSG (Ehegatte, Verlobte oder die Person, die mit der betroffenen Person in Lebensgemeinschaft zusammenlebt),
- **Schleswig-Holstein:** § 5 II 2 VSG (Personen, die mit der zu überprüfenden Person verheiratet oder verlobt sind oder mit ihr in Lebensgemeinschaft zusammenleben).

Noch nicht angeglichen haben ihre Gesetze die Länder:
- **Baden-Württemberg:** § 2 II SÜG (Der volljährige Ehegatte oder Partner, mit dem die die betroffene Person in eheähnlicher Gemeinschaft lebt [Lebenspartner]),
- **Brandenburg:** § 3 II SÜG (der volljährige Ehegatte oder die Person, mit der die zu überprüfende Person in eheähnlicher Gemeinschaft lebt [Lebenspartner]),
- **Hessen:** § 3 III VSG (Ehegatte, Verlobte oder die Person, die mit der betroffenen Person in eheähnlicher Gemeinschaft lebt),
- **Thüringen:** § 5 II VSG (der Ehegatte, der Verlobte oder die Person, die mit dem zu Überprüfenden in eheähnlicher Gemeinschaft lebt).

Von den SÜG dieser Länder werden weder Lebenspartner noch gleichgeschlechtliche Lebensgefährten erfasst. Die in diesen Gesetzen verwandten Formulierungen stammen noch aus den früheren Sicherheitsrichtlinien, die erst in den neunziger Jahren durch Gesetze ersetzt worden sind. Damals gab es noch keine offen zusammenlebenden Lesben und Schwule. Deshalb hat man damals nicht nur die Lebenspartner iSd LPartG, sondern auch die „gleichgeschlechtlichen Lebensgemeinschaften" in den Richtlinien nicht erwähnt.

60 Auch der **militärische Abschirmdienst** darf **Ehegatten, Lebenspartner, Verlobte, auch iSd LPartG, und Lebensgefährten** in seine Überwachungstätigkeit einbeziehen (§ 2 I 2 Nr 1 MADG).

61 **XIII.** Wenn ein **Geschäft oder Unternehmen** nur aufgrund einer **Erlaubnis oder Approbation** betrieben werden darf, sieht das Gesetz meist vor, dass beim Tod des Erlaubnisinhabers sein Ehegatte und seine minderjährigen Kinder das Unternehmen durch einen Stellvertreter weiter führen dürfen. Diese Befugnis ist durch das LPartDisBG und weitere in der Zwischenzeit erlassener Gesetze in folgenden Fällen auch dem **überlebenden Lebenspartner** eingeräumt worden:
- Apotheken – § 9 I 1 Nr 3 ApoG,
- Fahrschulen – § 15 I Nr 1 FahrlG,
- Gaststätten – § 10 GaststG,
- Gewerbebetrieb – § 46 I GewO,
- Handwerksbetrieb – §§ 4 I HandwO,
- milchwirtschaftliche Unternehmen – § 5 II Nr 2 MargG.

In folgenden Fällen ist das noch nicht geschehen:
- Kehrbezirke der Schornsteinfeger – § 21 I SchornsteinfegerG,
- Umgang und Verkehr mit explosionsgefährlichen Stoffen – § 12 I 1 SprengG.

Das widerspricht der Richtlinie 2000/78/EG (s Rn 34 u Beamte Rn 11ff).

62 **XIV.** Ausländische Lebenspartner von Deutschen, die **Ärzte, Zahnärzte, Psychotherapeuten oder Apotheker** sind, benötigen neben der Arbeitserlaubnis eine **Erlaubnis zur vorübergehenden Ausübung ihres Berufs**. Diese wurde ihnen bisher verweigert, weil die im LPartGErgGEalt vorgesehene Anpassung der entsprechenden Gesetze gescheitert war. Die Anpassung wurde jetzt mit Wirkung zum 01.01.2005 durch das ÜberarbG nachgeholt. Die Ergänzung betrifft jeweils nicht die Grundvorschrift, nach der die Erteilung der Erlaubnis im Ermessen der zuständigen Behörden steht, sondern die Befugnis, die Erlaubnis für ausländische Ehegatten von Deutschen

(und von freizügigkeitsberechtigten Ausländern aus dem Europäischen Wirtschaftsraum, s EuGH DVBl 1986, 1053) über die vorgesehenen Zeiträume hinaus zu verlängern, s iE:

- § 10 III Nr 3 BundesärzteO,
- § 13 III 3 ZahnHG,
- § 4 II 4 Nr 3 PsychotherapeutenG,
- § 11 III Nr 3 u 4 Bundes-ApothekerO.

63 Sollten die zuständigen Behörden die Erteilung der Erlaubnis weiterhin mit der Begründung ablehnen, dass es schon genug deutsche Ärzte usw gebe und dass deshalb für die Erteilung der Erlaubnis an einen Ausländer kein Bedürfnis bestehe, können sich die Betroffenen auf die Richtlinie 2000/78/EG berufen. Die Versagung der Erlaubnis stellt eine Diskriminierung wegen des sexuellen Ausrichtung beim Zugang zur Erwerbstätigkeit dar, die durch Art 3 I a RL 2000/78/EG verboten ist (s iE Beamte Rn 11ff). Zwar bestimmt Art § 3 II 1 RL 2000/78/EG, dass die Richtlinie die unterschiedliche Behandlung wegen der Staatsangehörigkeit nicht berührt. Der deutsche Gesetzgeber hat aber von dieser Ausnahmevorschrift keinen Gebrauch gemacht, sondern ausländische Lebenspartner ausdrücklich mit ausländischen Ehegatten gleichgestellt. Deshalb dürfen die Behörden ausländische Lebenspartner bei der Ausführung der Gesetze nicht mehr wegen ihrer sexuellen Ausrichtung diskriminieren.

64 **XV.** Inwieweit eine **Lebenspartnerschaft der Ehe in Rechtsakten der Europäischen Gemeinschaften**, zB im Zusammenhang mit dem Freizügigkeitsrecht gem Art 39 EGV oder bei der Anwendung von Regelungen für **EG-Beamte** gleichgestellt werden kann, war umstritten (s zu dem Problem Jayme IPRax 2000, 155f; eingehend zur Lebenspartnerschaft im Europarecht Jakob FamRZ 2002, 501ff). Der Streit ging um die Frage, ob familienrechtliche Begriffe in Rechtsakten der EG autonom oder auf der Basis des vom IPR eines Mitgliedstaates bestimmten materiellen Rechts auszulegen sind (s Jayme IPRax 2000, 155f). Die Streitfrage hat sich inzwischen für die Lebenspartnerschaft weitgehend dadurch erledigt, dass in die Rechtsakte der EG entsprechende Klarstellungen aufgenommen worden sind.

65 Im **Freizügigkeitsrecht** geht es um das Nachzugsrecht von Lebenspartnern aus Drittstaaten zu EU- und EWR-Bürgern, die von ihrem Freizügigkeitsrecht Gebrauch machen. Während Ehegatten aus Drittstaaten ohne Einschränkungen zum Nachzug berechtigt sind, sieht das die neue Freizügigkeitsrichtlinie 2004/38/EG (ABl L 158/77 v 30.04.2004) bei Lebenspartnern nur vor, „sofern nach den Rechtsvorschriften des Aufnahmemitgliedstaats die eingetragene Partnerschaft der Ehe gleichgestellt ist und die in den einschlägigen Rechtsvorschriften des Aufnahmemitgliedstaats vorgesehen Bedingungen erfüllt sind" (Art 2 Nr 2 b). Sind diese Bedingungen nicht erfüllt, „erleichtert der Aufnahmemitgliedstaat nach Maßgabe seiner innerstaatlichen Rechtsvorschriften die Einreise und den Aufenthalt" der Lebenspartner (Art 3 II b). Da in Deutschland die Lebenspartner aus Drittstaaten genauso wie Ehegatten aus Drittstaaten zum Nachzug zu Deutschen berechtigt sind (§§ 27 II, 28 AufenthG), bestimmen §§ 3 VI, 12 FreizügG/EU zwecks Umsetzung der Richtlinie, dass auf die Einreise und den Aufenthalt des nicht freizügigkeitsberechtigten Lebenspartners von EU- und EWR-Bürgern die für Lebenspartner von Deutschen geltenden Vorschriften des Aufenthaltsgesetzes anzuwenden sind. Wenn dagegen zB ein Deutscher mit einem Lebenspartner aus einem Drittstaat nach Österreich umsiedeln will, erhält sein Lebenspartner in Österreich keine Aufenthaltserlaubnis, weil Österreich keine Lebenspartnerschaft kennt (vgl Urt des Österreichischen Verfassungsgerichtshofs v 14.10.2004 - B 1512/03 -6, http://www.ris.bka.gv.at/vfgh/).

Auf diese Richtlinie hat sich auch der BFH für seine Auffassung berufen, dass ein EU-

Bürger, der in einer niederländischen gleichgeschlechtlichen Ehe lebt, für sein Stiefkind genauso wie deutsche Lebenspartner kein Kindergeld beanspruchen kann (BFH/NV 2005, 695).

66 Die Richtlinie 2003/86/EG (ABl L 251/12 v 03.12.2003) betreffend das **Recht auf Familienzusammenführung** zählt Lebenspartner nicht zu den „Familienangehörigen". Sie sieht lediglich vor, dass die Mitgliedstaaten den Aufenthalt von Lebenspartnern gestatten können (Art 4 III). Die Richtlinie 2003/109/EG (ABl L 16/44 v 23.01.2004) betreffend die Rechtsstellung der langfristig aufenthaltsberechtigten Drittstaatsangehörigen nimmt auf diese Definition Bezug (Art 2 Buchst e).

67 Die unterschiedliche Behandlung von Ehegatten und Lebenspartner in den angeführten EU-Richtlinien ist nicht mit Art 9 der Charta der Grundrechte der Europäischen Union (ABl C 364/1 v 18.12.2000; EuGRZ 2000, 559) zu vereinbaren, der als Art II-9 in die Europäische Verfassung integriert werden soll (s Art I-7 I des Verfassungsentwurfs). Nach Art 9 der Charta wird das Recht, eine Ehe einzugehen, und das Recht, eine Familie zu gründen, nach den einzelstaatlichen Gesetzen gewährleistet, welche die Ausübung dieser Rechte regeln. Der Konvent, der die Grundrechtecharta erarbeitet hat, wollte mit dieser Formulierung erreichen, dass weder untersagt noch vorgeschrieben wird, Verbindungen von Personen gleichen Geschlechts den Status der Ehe zu verleihen (Charte 4473/00 Convent 49, Erläut zu Art 9, EuGRZ 2000, 561). Wenn aber einzelnen Mitgliedstaaten das Recht zugestanden wird, gleichgeschlechtlichen Paaren die Ehe oder die Lebenspartnerschaft mit weitergehenden Rechten zu ermöglichen, muss damit verbunden sein, dass jeder Einzelstaat die Rechtsfolgen anerkennt, die der andere Einzelstaat mit der gleichgeschlechtlichen Ehe – oder der Lebenspartnerschaft als deren Minus – verbindet.

68 Zum **EG-Beamtenstatut** hat der EuGH mit Urt v 31.05.2001 im Fall D und Schweden (DVBl 2001, 1199) entschieden, dass die EG-Verwaltung nicht verpflichtet ist, einem in eingetragener Partnerschaft lebenden schwedischen EG-Bediensteten diejenigen Zulagen zu gewähren, auf die Verheiratete Anspruch haben (s dazu Jakob FamRZ 2002, 505f, sowie die Hinweise von Jayme IPRax 2000, 156 Fn 9, u ders IPRax 2000, 170f). Der EuGH hat es in dem Urteil abgelehnt, von der auch sonst praktizierten autonomen Auslegung gemeinschaftsrechtlicher Rechtsbegriffe abzugehen. Die autonome Auslegung stellt eine möglichst einheitliche Rechtsanwendung unabhängig von dem jeweiligen materiellen Recht eines einzelnen Mitgliedstaates sicher, darf jedoch die Rechtsentwicklung in den Mitgliedstaaten nicht unberücksichtigt lassen.

69 In dem für die Entscheidung maßgebenden Zeitpunkt enthielt das EG-Beamtenstatut noch keine Bestimmung, die die Diskriminierung wegen der sexuellen Ausrichtung verbot. Sie ist erst danach vom Rat durch die VO (EG, EGKS, Euratom) Nr 781/98 (ABl L 113/4 v 15.04.1998) in das EG-Beamtenstatut eingefügt worden. Darauf hat der EuGH in seinem Urteil ausdrücklich hingewiesen (Rn 10). Deshalb hat er nur die Frage geprüft, ob die Bestimmungen des EG-Beamtenstatuts in seiner für die Entscheidung maßgebenden Fassung es zulassen, den Familienstand „eingetragene Lebenspartnerschaft" im Wege der Auslegung der Ehe gleichzustellen. Diese Frage hat der EuGH verneint. Außerdem hat er die Auffassung vertreten, dass sich ein verpartnerter Beamter nicht in der gleichen Lage wie ein verheirateter Beamter befinde, weil die Rechtsvorschriften der Mitgliedstaaten im Hinblick auf die Anerkennung von Lebenspartnerschaften sehr unterschiedlich und dadurch gekennzeichnet seien, dass eine allgemeine Gleichstellung der Ehe mit den übrigen Formen gesetzlicher Lebenspartnerschaften fehle. Die Streitfrage hat sich durch die Einfügung des Verbots der Diskriminierung wegen der sexuellen Ausrichtung in das EG-Beamtenstatut erledigt. Seitdem erhalten verpartnerte EG-Beamte denselben Haushaltszuschlag wie verheiratete EG-Beamte.

70 Auf einer ähnlichen Linie liegt das Urteil des EuGH v 17.02.1998 in der Sache Grant (NJW 1998, 969). In diesem Urteil ging es um die Frage, ob der Ausschluss gleichgeschlechtlicher Paare von **Fahrtvergünstigungen** für Ehepaare und eheähnliche Paare eine Diskriminierung wegen des Geschlechts darstellt. Diese Frage hat der EuGH verneint. Außerdem hat er geprüft, ob das Gemeinschaftsrecht verlangt, dass feste Beziehungen zwischen zwei Personen des gleichen Geschlechts von jedem Arbeitgeber den Beziehungen zwischen Verheirateten und eheähnlichen Partnern gleichgestellt werden müssen und ob eine Diskriminierung aufgrund der sexuellen Ausrichtung eine Diskriminierung aufgrund des Geschlechts darstellt. Auch das hat der EuGH verneint und ausdrücklich festgestellt, „dass das Gemeinschaftsrecht bei seinem gegenwärtigen Stand eine Diskriminierung aufgrund der sexuellen Ausrichtung nicht erfasst" (Rn 47). Damals war zwar die Ermächtigungsgrundlage des Art 13 EGV für solche Rechtsvorschriften mit dem Amsterdamer Vertrag schon beschlossen worden (als Art 6a EGV), aber noch nicht in Kraft getreten. Darauf hat der EuGH in seinem Urteil ausdrücklich hingewiesen (Rn 48). Deshalb hat er sich nicht zu der Frage geäußert, ob die Vorenthaltung von Fahrtvergünstigungen für gleichgeschlechtliche Paare eine Diskriminierung wegen der sexuellen Ausrichtung darstellt. Diese ist inzwischen für den Bereich Beschäftigung und Beruf durch die Richtlinie 2000/78/EG v 27.11.2000 verboten (s Beamte Rn 11f). Sie soll in Deutschland durch ein zivil- und arbeitsrechtliches Antidiskriminierungsgesetz umgesetzt werden (vgl BT-Drucks 15/4538 v 16.12.2004).

Abschnitt 3
Getrenntleben der Lebenspartner

Vorbemerkung zu §§ 12-14 LPartG

1 Der dritte Abschnitt des LPartG enthält **Regelungen über das Getrenntleben der Lebenspartner**. In § 12 LPartG findet sich ein Unterhaltsanspruch, der § 1361 BGB nachgebildet ist. § 13 LPartG enthält Bestimmungen über eine vorläufige Regelung der Rechtsverhältnisse an Hausrat. Diese Vorschrift entspricht § 1361a BGB. In § 14 LPartG ist die vorläufige Zuweisung der lebenspartnerschaftlichen Wohnung geregelt. Diese Bestimmung ist § 1361b BGB nachgebildet.

2 Bislang hatte das Getrenntleben – anders als im Eherecht – **keine Bedeutung für die Zulässigkeit der Aufhebung der Lebenspartnerschaft**; denn § 15 LPartG stellte nur auf Wartezeiten zwischen der Erklärung, die Lebenspartnerschaft nicht fortsetzen zu wollen, und der gerichtlichen Entscheidung über die Aufhebung der Lebenspartnerschaft ab. Diese Situation hat sich nunmehr geändert. Durch das LPartGÜG wurde § 15 LPartG so umgestaltet, dass er den §§ 1565, 1566 BGB weitgehend gleicht. Eine Aufhebung der Lebenspartnerschaft ist deswegen nun grundsätzlich erst dann zulässig, wenn bestimmte Zeiten des Getrenntlebens abgelaufen sind (Einzelheiten: § 15 LPartG Rn 7 ff).

3 Die §§ 12-14 LPartG entsprechenden **Regelungen für die Zeit nach Beendigung der Lebenspartnerschaft** finden sich in § 16 LPartG (Unterhalt), §§ 17-18 LPartG (Wohnungszuweisung) und §§ 17 und 19 LPartG (Hausratsverteilung).

§ 12 Unterhalt bei Getrenntleben

Leben die Lebenspartner getrennt, so kann ein Lebenspartner von dem anderen den nach den Lebensverhältnissen und den Erwerbs- und Vermögensverhältnissen der Lebenspartner angemessenen Unterhalt verlangen. § 1361 des Bürgerlichen Gesetzbuchs und § 16 Abs. 2 gelten entsprechend.

1 **I.** Die Vorschrift regelt den **Unterhalt während der Zeit des Getrenntlebens** der Lebenspartner, dh während der Zeit, die der Aufhebung der Lebenspartnerschaft regelmäßig vorauszugehen hat, seitdem § 15 LPartG durch das LPartGÜG der Rechtslage im Eherecht stark angeglichen wurde. Zum Unterhaltsanspruch in der Zeit der ungestört bestehenden Lebenspartnerschaft s § 5 LPartG, zum nachpartnerschaftlichen Unterhaltsanspruch s § 16 LPartG.

2 Der Unterhaltsanspruch aus § 12 LPartG entspricht heute vollständig demjenigen aus **§ 1361 BGB,** der den Unterhalt während der Trennung von Ehegatten regelt. Die Vorgängerregelung, die vom Inkrafttreten des LPartG bis zum Inkrafttreten des LPartGÜG am 1.1.05 galt, wies dagegen gegenüber § 1361 BGB einige wesentliche Unterschiede auf, vor allem das Fehlen eines Anspruchs auf Altersvorsorgeunterhalt und das Erfordernis, eine Erwerbstätigkeit aufzunehmen (Abs 1 S 2), wenn ein Lebenspartner während der Lebenspartnerschaft bisher nicht erwerbstätig war. Sehr umstritten war die Auslegung der Härteklausel des § 12 II 1 aF. Alle diese Probleme haben sich erledigt.

3 § 12 LPartG **gilt ausschließlich für die Zeit des Getrenntlebens.** Während des Bestehens der lebenspartnerschaftlichen Gemeinschaft ist allein § 5 LPartG einschlägig, nach der Aufhebung der Lebenspartnerschaft gilt § 16 LPartG. Wegen der Unterschiedlichkeit der Tatbestandsvoraussetzungen betreffen die Unterhaltstitel für jeden dieser Zeiträume einen eigenen Streitgegenstand. Die Vollstreckung aus einem Titel über Unterhalt nach § 5 LPartG kommt daher in der Zeit des Getrenntlebens nicht mehr in Betracht, eine solche aus einem Titel nach § 12 LPartG nicht mehr nach der Aufhebung der Lebenspartnerschaft.

4 **§ 12 LPartG ist zwingendes Recht.** Der völlige Verzicht auf Getrenntlebensunterhalt für die Zukunft ist unzulässig. Zulässig sind aber Vereinbarungen über die Höhe der Unterhaltsleistung und über die Art, in der der Unterhalt zu erbringen ist.

5 **II. 1. Voraussetzung des Unterhaltsanspruchs nach § 12 LPartG** ist **a)** dass (noch) eine **Lebenspartnerschaft** zwischen Anspruchsteller und in Anspruch Genommenem besteht.

6 **b)** Die **Lebenspartner müssen getrennt leben.** Angesichts der Tatsache, dass in § 2 LPartG für die Lebenspartnerschaft keine Verpflichtung zu einer häuslichen Gemeinschaft angeordnet ist (§ 2 LPartG Rn 10), kann unter Getrenntleben aber nicht jede Form des Fehlens einer häuslichen Gemeinschaft gefasst werden. Vielmehr kommt es darauf an, dass es sich um eine Situation handelt, in der die Lebenspartnerschaft schon gestört ist und Tendenzen zu ihrer Auflösung aufweist. Deshalb ist insoweit § 15 V 1 LPartG entsprechend anzuwenden. Die Lebenspartner leben danach getrennt,

wenn die häusliche Lebensgemeinschaft nicht (mehr) besteht und (mindestens) ein Lebenspartner ihre Aufnahme ablehnt, weil er die Lebensgemeinschaft ablehnt. Die Definition entspricht § 1567 I 1 BGB. Im Übrigen wird auf § 1567 I 2, II BGB verwiesen.

Entsprechend der Rechtslage bei Eheleuten reicht für die Anwendung des § 12 LPartG auch die **Trennung in der lebenspartnerschaftlichen Wohnung** (§ 15 V 2 LPartG, § 1567 I 2 BGB). In diesen Fällen ist es nur erforderlich, dass die Lebenspartner ihre Lebenskreise so weit wie möglich trennen. Unterlassen sie das, bleibt es bei der Anwendung von § 5 LPartG, auch wenn feststeht, dass die Lebenspartnerschaft in ihrem Endstadium ist, weil die Aufhebungsklage schon rechtshängig ist. 7

Entsprechend ist die Rechtslage, wenn die Lebenspartner sich nur **teilweise getrennt** (zB räumliche Trennung, aber weitere Mitarbeit im Betrieb des anderen, der dafür den Unterhalt bestreitet). In diesen Fällen ist § 12 LPartG unanwendbar. Es gilt § 5 LPartG. Das ist besonders deswegen bedeutsam, weil § 5 LPartG nicht auf die Bedürftigkeit abstellt und nicht die Verpflichtung zur Erwerbstätigkeit normiert. Allerdings können bei unvollständiger Trennung der Lebenspartner einige der in § 12 LPartG zum Ausdruck gekommenen Gesichtspunkte (zB Anspruch als Geldrente, Kriterien für Erwerbstätigkeit, Herabsetzungsmöglichkeit) berücksichtigt werden (vgl BGHZ 35, 302 zu § 1361 BGB). 8

c) Der **Lebenspartner, der Unterhalt verlangt,** muss **bedürftig** sein. Darunter ist grundsätzlich das gleiche zu verstehen wie in §§ 1361, 1577, 1602 BGB. Ein Unterhaltsanspruch kommt daher nicht in Betracht, soweit ein Lebenspartner sich selbst unterhalten kann. Ob das der Fall ist, richtet sich nach dem Einkommen, das der Lebenspartner aus Vermögen und eigener Arbeit tatsächlich erzielt oder erzielen könnte, wenn er sein Vermögen in zumutbarer Weise anlegte oder wenn er einer zumutbaren Erwerbstätigkeit nachginge. Anzurechnen sind auch sonstige Vermögensvorteile, die der Lebenspartner genießt, sofern sie geeignet sind, seinen Lebensbedarf ganz oder teilweise zu decken. Im Einzelnen gilt: 9

aa) Anzurechnen sind **Einkünfte aus der Anlage von Vermögen.** Daraus folgt mittelbar die Verpflichtung des Lebenspartners, sein Vermögen zwar sicher, aber so gewinnbringend wie möglich anzulegen (OLG Koblenz FamRZ 90, 51; OLG Stuttgart FamRZ 93, 559, jeweils zu § 1361 BGB). Unterlässt er das, sind ihm die entgehenden Zinseinkünfte als fiktives Einkommen zuzurechnen. Den Stamm des Vermögens braucht der Lebenspartner während des Getrenntlebens dagegen grundsätzlich nicht zu verwerten. Das gilt ohne weiteres, wenn das Vermögen auch nach dem Ende der Lebenspartnerschaft geschont würde, weil die Maßstäbe bei bestehender Partnerschaft nicht strenger sein können als nach deren Ende, muss aber auch im Übrigen gelten; denn in der Phase der Trennung sind die Bindungen der Lebenspartner noch nicht endgültig gelöst, und es besteht die Möglichkeit, dass die Partner sich wieder zusammenfinden und die Lebenspartnerschaft wieder aufnehmen. Das würde erschwert, wenn es schon einem Lebenspartner in der Trennungsphase zugemutet würde, auch das Vermögen zu verwerten. 10

bb) **Einkünfte aus zumutbarer Erwerbstätigkeit** mindern die Bedürftigkeit ebenfalls. Das entspricht der Situation im Ehe- und Verwandtenunterhaltsrecht. Für Lebenspartner ist aber die Grenzziehung zwischen zumutbarer und nicht zumutbarer Erwerbstätigkeit nunmehr im Gleichlauf mit § 1361 BGB. Die bislang bestehenden Unterschiede (dazu Voraufl Rn 12 f) wurden durch das LPartGÜG beseitigt. 11

Für den **bisher nicht erwerbstätigen** Lebenspartner gilt die Regel, dass es nur dann für ihn zumutbar ist, seinen Unterhalt durch eine Erwerbstätigkeit selbst zu verdienen, wenn dies von ihm nach seinen persönlichen Verhältnissen, insbesondere wegen einer früheren Erwerbstätigkeit unter Berücksichtigung der Dauer der Partnerschaft, 12 und nach den wirtschaftlichen Verhältnissen beider Lebenspartner erwartet werden kann (§ 12, 2 LPartG, § 1361 II BGB). Unter Beachtung dieser Grundsätze gilt für die Unzumutbarkeit der Erwerbstätigkeit:

13 Unproblematisch **unzumutbar** ist eine Berufstätigkeit, wenn der bedürftige Lebenspartner auch **nach der Aufhebung der Lebenspartnerschaft keiner Erwerbstätigkeit** nachzugehen bräuchte, weil die Voraussetzungen für einen Anspruch auf nachpartnerschaftlichen Unterhalt (§ 16 LPartG) vorliegen (vgl BGH NJW 85, 1696; FamRZ 90, 286 zu § 1361 BGB). Während des Getrenntlebens ist die Solidarität zwischen den Lebenspartnern noch eine größere als nach der Aufhebung. Wenn selbst dann noch Unterhalt geschuldet wird, darf das während der Lebenspartnerschaft nicht anders sein.

14 Liegt keiner der Fälle des § 16 LPartG vor, ist nach den **Umständen des Einzelfalls** zu ermitteln, ob nach den Verhältnissen der Lebenspartner eine Verpflichtung zur Erwerbstätigkeit billigerweise ausscheidet. Das kann dann der Fall sein, wenn dem anderen Lebenspartner wegen seiner Einkommens- und Vermögensverhältnisse die Leistung von Unterhalt unschwer möglich wäre, ohne dass er sich selbst einzuschränken bräuchte, oder wenn der auf Unterhalt in Anspruch genommene Lebenspartner den anderen selbst dazu gebracht hat, seine Stelle aufzugeben und sich ausschließlich um den gemeinsamen Haushalt zu kümmern. In Betracht kommt auch eine Zusage, für den Unterhalt während der Zeit des Getrenntlebens gegebenenfalls ohne eine Erwerbstätigkeit des anderen Teils einstehen zu wollen. In allen diesen Fällen muss aber berücksichtigt werden, dass die meisten Trennungsfälle auch zu Aufhebungsfällen werden. Die Anforderungen an die Unzumutbarkeit steigen deswegen mit fortschreitender Trennung. IdR ist spätestens nach einer Schonfrist von einem Jahr eine volle Erwerbstätigkeit zu verlangen (KG FamRZ 91, 1188; OLG Schleswig NJW-RR 93, 391 zu Ehegatten). Die Frist verkürzt sich, wenn mit der Aufhebung mit großer Wahrscheinlichkeit zu rechnen ist (OLG Hamm FamRZ 96, 1219 zu Ehegatten) oder wenn die Zeit des Zusammenlebens nur sehr kurz war. Sie kann sich verlängern, wenn die Lebenspartnerschaft von sehr langer Dauer war und eine Berufstätigkeit des Unterhalt begehrenden Lebenspartners bereits sehr lang zurückliegt. Es sind aber sehr hohe Anforderungen zu stellen. Die Rechtsprechung zum Eherecht lässt sich nach der Angleichung des § 12 LPartG an § 1361 BGB nunmehr vollkommen übertragen.

15 **Der Umfang der zumutbaren Erwerbstätigkeit** richtet sich ebenfalls nach den persönlichen Verhältnissen (wie Alter, Ausbildungsstand, Gesundheitszustand) des Lebenspartners und der Gestaltung der lebenspartnerschaftlichen Lebensverhältnisse. Das Alter allein ist aber nur dann ein Ausschlussgrund, wenn der Lebenspartner deswegen nicht mehr arbeiten kann bzw ihm eine Arbeit nicht mehr zuzumuten ist (vgl OLG Hamm FamRZ 95, 1580). Grundsätzlich besteht daher eine Erwerbsobliegenheit bis zum 65. Lebensjahr (KG FamRZ 81, 1173).

16 War ein Lebenspartner schon **bislang voll berufstätig,** ist ihm das auch weiterhin zuzumuten. Ging er nur einer Teilzeitbeschäftigung nach, muss er diese möglichst bald zu einer Vollzeittätigkeit ausbauen.

17 Bleibt **unklar,** ob die Voraussetzungen für die Unzumutbarkeit der Berufstätigkeit vorliegen, geht das **zu Lasten** des Lebenspartners, der den **Unterhalt leisten soll** (bisher umgekehrt); denn er beruft sich auf einen Umstand, der von der gesetzlich angenommenen Regel unterscheidet.

18 **cc)** Die Anrechnung von **Einkünften aus unzumutbarer Tätigkeit** richtet sich nach Billigkeitsgesichtspunkten. Insoweit sollte § 1577 II BGB entsprechend angewendet werden. Die unzumutbare Einkommenserzielung kann jederzeit ohne Sanktion eingestellt werden.

19 **dd) Fiktive Einkünfte** sind dem Lebenspartner bedürftigkeitsmindernd zuzurechnen, wenn er seine Verpflichtung zur Erzielung von Einkommen schuldhaft nicht erfüllt.

UU ist ein Unterhaltsanspruch dann nach § 1579 BGB wegen grober Unbilligkeit sogar ganz ausgeschlossen. Als fiktives Einkommen wird dem Lebenspartner auch zugerechnet, was er dadurch zu erzielen unterlässt, dass er einem neuen Partner den Haushalt unentgeltlich führt, während üblicherweise dafür ein Entgelt gezahlt zu werden pflegt (BGH NJW 95, 962 zu Eheleuten). Es spricht nichts dagegen, die zu Eheleuten entwickelten Grundsätze auch auf Lebenspartner anzuwenden; denn die Interessenlage ist insoweit gleich. In solchen Fällen kann auch ein Ausschluss des Unterhalts in Betracht kommen.

20 **ee) Sonstige Vermögensvorteile** sind anzurechnen, soweit sie direkten Bezug zu konkreten Bedarfslagen haben. Den wichtigsten Fall in der Praxis bildet insoweit das kostenlose Wohnrecht (OLG Frankfurt FamRZ 77, 799).

21 Bei der Inanspruchnahme von **Sozialleistungen wegen Körper- oder Gesundheitsschäden** gilt aber § 1610a BGB (S 2 iVm § 1361 I 1 BGB). Danach wird vermutet, dass den Sozialleistungen, die wegen Körper- und Gesundheitsschäden gezahlt werden, Mehraufwendungen in mindestens gleicher Höhe gegenüberstehen. Die andere Seite muss daher nachweisen, dass sie tatsächlich niedriger sind, damit die Sozialleistungen unterhaltsrechtlich relevant werden. In den Anwendungsbereich der Vorschrift fallen alle wegen Körper- oder Gesundheitsschäden gezahlten Sozialleistungen (Begriff: § 11 SGB I) und zwar gleichgültig, ob sie an den Unterhaltsberechtigten oder den Unterhaltspflichtigen gezahlt werden. Hierher gehören Blindengeld (OLG Schleswig NJW-RR 92, 390), Pflegegeld für behinderte Kinder, die Grundrente nach § 31 BVG sowie die Zulagen nach §§ 11 III, 14, 15, 18, 31 V, 35 BVG und allen Gesetzen, in denen diese Leistungsregelungen des BVG für entsprechend anwendbar erklärt werden (Übersicht: Künkel FamRZ 91, 1132). Privatrechtliche Entschädigungsleistungen (zB Leistungen aus Unfallversicherungen, Schmerzensgeld) fallen schon nach dem Wortlaut von § 1610a BGB nicht in seinen Anwendungsbereich. Auch eine Analogie kommt nicht in Betracht (BGH NJW 95, 1487; aA Diederichsen, FS Gernhuber, 601 f); denn der Gesetzgeber hat sich bewusst dafür entschieden, nur Sozialleistungen zu regeln. Keine Anwendung findet § 1610a BGB auch auf Berufsschadensausgleichsrenten (OLG Hamm FamRZ 92, 186), Sozialleistungen mit Einkommensersatzfunktion und steuerliche Subventionen. Hat eine Sozialleistung eine Doppelfunktion, gilt § 1610a BGB nur teilweise.

24 **d)** Der **in Anspruch genommene Lebenspartner muss leistungsfähig sein.** Insoweit gilt grundsätzlich spiegelbildlich das zur Bedürftigkeit Gesagte (Rn 9 ff). Zu berücksichtigen sind daher alle Einkünfte, die der in Anspruch genommene Lebenspartner aus seinem Vermögen oder dem zumutbaren Einsatz seiner Arbeitskraft erzielt und alle sonstigen Vermögensvorteile (vor allem das mietfreie Wohnen). Unterlässt er die zumutbare Erzielung von Einkünften, sind fiktive Einkünfte anzurechnen (BGH FamRZ 85, 158; 87, 372 zu § 1361 BGB). Die Einkünfte, deren Erzielung unterlassen wird, müssen aber ihre Grundlage in der tatsächlichen Situation der Lebenspartner während des Zusammenlebens gehabt haben (BGH NJW 97, 735 zu § 1361 BGB). Das gleiche gilt, wenn das Unterlassen der Einkommenserzielung auf einer Entwicklung beruht, die bereits während des Zusammenlebens geplant oder eingeleitet wurde (Hauptfall: Aufgabe einer abhängigen zugunsten einer selbständigen Beschäftigung, BGH FamRZ 88, 256 zu § 1361 BGB). Eine Verpflichtung zur Verwertung des Vermögensstamms besteht nur, wenn der Unterhalt nicht aus dem laufenden Einkommen gedeckt werden kann. Sie kommt vor allem dann in Betracht, wenn der Vermögensbestand später leicht wieder ergänzt werden kann (zB Verkauf eines jederzeit wiederbeschaffbaren Warenvorrats).

25 Für die Ermittlung des einzusetzenden **Einkommensbetrags** gilt im Einzelnen: Einkünfte sind grundsätzlich alle Zuflüsse aus Berufs- oder gewerblicher Tätigkeit,

aus Vermögen, aus Zuwendungen privater Dritter oder aus Zuwendungen auf öffentlich-rechtlicher Grundlage. Überobligationsmäßige Einkünfte sind wie bei dem Unterhaltsberechtigten nicht anzurechnen, weil der volle Unterhalt des Unterhaltspflichtigen nicht gedeckt ist (§ 1577 II 1 BGB analog). Die Zurechnung von fiktiven Einkünften kommt in Betracht, wenn der Unterhaltsverpflichtete eine Arbeitsstelle aufgibt oder sonstige Erwerbseinkünfte nicht erzielt, die er erzielen könnte und die zu erzielen ihm zumutbar ist (BGH NJW 82, 2491; FamRZ 88, 597). Leichtfertigkeit ist nicht erforderlich (OLG Düsseldorf NJW-RR 98, 1011). Bei Beurteilung der Frage der Zumutbarkeit der Erwerbstätigkeit dürfen aber an den Unterhaltsverpflichteten keine schärferen Anforderungen gestellt werden als an den Unterhaltsberechtigten. Das bedeutet, dass es für die Frage der Zumutbarkeit einer bestimmten Erwerbstätigkeit in erster Linie auf die lebenspartnerschaftlichen Lebensverhältnisse und deren vorhersehbare Fortentwicklung ankommt, so dass zB eine Erwerbstätigkeit zugunsten einer Ausbildung nur dann aufgegeben werden darf, wenn das der Planung der Lebenspartner während der Lebensgemeinschaft entsprach (OLG Karlsruhe FamRZ 81, 559) oder wenn der Verzicht auf eine bessere berufliche Stellung angesichts der Vorbildung und der sich daraus ergebenden Chancen unzumutbar wäre (OLG Saarbrücken FamRZ 81, 676). Ein unselbständig ausgeübter Beruf darf zu Gunsten einer selbständigen Erwerbstätigkeit erst dann aufgegeben werden, wenn genügend Reserven gebildet sind, damit die bei jedem Wechsel dieser Art auftretende Anlaufphase überbrückt werden kann (BGH FamRZ 88, 145). Ein Wechsel auf Teilzeittätigkeit kommt grundsätzlich nicht in Betracht, wenn deswegen der Unterhalt des Partners nicht mehr sicher gestellt wäre. Das gilt auch für Altersteilzeit.

26 Auch für den Unterhaltsverpflichteten gilt **§ 1610a BGB**. Daraus folgt, dass öffentlich-rechtliche Sozialleistungen wegen Körper- oder Gesundheitsschäden nicht zu einer Erhöhung der Leistungsfähigkeit des Unterhaltsverpflichteten führen (Einzelheiten: Rn 21 f).

27 **Von den Einkünften abzusetzen** sind vor allem die Schulden des in Anspruch genommenen Lebenspartners, die aufgrund einer gemeinsamen Planung der Lebenspartner eingegangen wurden (BGH NJW 82, 232 zu Eheleuten) oder mit der Trennung oder der Aufhebung der Lebenspartnerschaft in Zusammenhang stehen (OLG Hamm FamRZ 96, 166: Raten für Prozesskostenhilfe), nicht dagegen eigenmächtig eingegangene Schulden.

Unterhalt an Dritte, (vor allem Kinder und frühere Lebenspartner bzw Ehegatten) ist vorab abzuziehen, da sie dem Lebenspartner vorgehen (S 2 iVm § 16 II LPartG). Allerdings gilt das nur, wenn der Unterhalt tatsächlich gezahlt wird und auch nur dann, wenn schon während des Bestehens der Lebensgemeinschaft Unterhalt geleistet wurde, so dass das Familieneinkommen schon damals um diesen Betrag gemindert war (KG NJW-RR 96, 1287).

28 **Reicht** die Leistungsfähigkeit des Unterhaltsverpflichteten **nicht aus,** um sowohl für den Lebenspartner als auch für sich selbst den vollen nach den Lebensverhältnissen und den Erwerbs- und Vermögensverhältnissen während der Lebenspartnerschaft angemessenen Unterhalt zu zahlen, handelt es sich um einen sog **Mangelfall.** Auch für den Getrenntlebensunterhalt werden hier die Grundsätze angewendet, die auch beim nachpartnerschaftlichen Unterhalt gelten. § 16 I LPartG verweist insoweit auf § 1581 BGB. Danach wird dann nur noch Unterhalt in einem Umfang geschuldet, der der Billigkeit entspricht (§ 1581, 1 BGB). Die Anwendung von § 1581, 1 BGB setzt voraus, dass zunächst ermittelt wird, welcher Unterhalt für den Lebenspartner an sich den lebenspartnerschaftlichen Verhältnissen angemessen wäre. In einem zweiten Schritt ist zu ermitteln, welcher Unterhalt für den Unterhaltspflichtigen angemessen wäre.

Dazu ist spiegelbildlich zu ermitteln, was der Unterhaltspflichtige verlangen könnte, wenn er selbst unterhaltsberechtigt wäre (BGHZ 109, 72). Es kommt weder auf die Unterhaltsquote noch auf den nach den Unterhaltstabellen festgesetzten großen (angemessenen) Selbstbehalt an. In einem dritten Schritt ist dann zu ermitteln, ob der Unterhaltspflichtige ausreichend leistungsfähig ist, um beide Unterhalte abdecken zu können.

29 Im Mangelfall reduziert sich der an den Unterhaltsberechtigten zu zahlende Betrag auf den Unterhalt, der unter Berücksichtigung der beiderseitigen Bedürfnisse und Erwerbs- und Vermögensverhältnisse der **Billigkeit** entspricht. An die Stelle des pauschal berechneten Quotenunterhalts tritt ein individuell berechneter Unterhalt. Das Gericht muss die Verhältnisse beider Lebenspartner dabei gegeneinander abwägen. Das Gesetz spricht zwar insoweit nur von der Einbeziehung der Bedürfnisse und der beiderseitigen Erwerbs- und Vermögensverhältnisse. Dem Prinzip der nachwirkenden partnerschaftlichen Solidarität entspricht aber eine alle Umstände des Einzelfalls berücksichtigende Abwägung (str, wie hier Johannsen/Henrich/Büttner § 1581 Rn 25). In diese können Umstände auch dann einbezogen werden, wenn sie schon einmal bei der Berechnung des zur Verteilung stehenden Betrags evaluiert wurden (zB Schulden, Frage nach der Pflicht zur Veräußerung von Vermögensteilen). Es gibt kein Verbot der Doppelverwertung.

30 Grundsätzlich erfordert die Abwägung **gleiche Maßstäbe** auf beiden Seiten. Daraus folgt, dass das Außerachtlassen von Vermögensteilen auf der einen Seite grundsätzlich auch die Außerachtlassung entsprechender Vermögensteile auf der anderen Seite zur Folge haben muss. Entsprechendes gilt für Einkommen aus Erwerbstätigkeit und die Frage, ob eine (andere) Erwerbstätigkeit ausgeübt werden muss.

31 **Folge der Billigkeitsabwägung** kann zunächst eine andere als die sonst maßgebliche Aufteilung des Unterhalts sein. In Betracht kommt auch die Absenkung der Zumutbarkeitsgrenze für die Aufnahme einer Erwerbstätigkeit. Ein Lebenspartner kann deswegen gegebenenfalls eine Tätigkeit ausüben müssen, die sonst als nicht angemessen wäre oder nicht erwartet werden kann. Ebenso kommt in Betracht, den Bedarf zu reduzieren und zu verlangen, dass einer oder beide Teile sich mit einem geringeren Lebensstandard begnügen, als er die lebenspartnerschaftlichen Lebensverhältnisse während des Bestehens der lebenspartnerschaftlichen Gemeinschaft geprägt hat.

32 Die **Leistungsfähigkeit ist erst ausgeschlossen,** wenn der auf Unterhaltszahlung in Anspruch Genommene seinen notwendigen Lebensbedarf nicht mehr decken kann. Dieser beträgt nach der Düsseldorfer Tabelle bei Erwerbstätigen 890 Euro, bei nicht Erwerbstätigen 770 Euro.

33 **e)** Der Unterhalt kann **aus Billigkeitsgründen herabgesetzt, zeitlich begrenzt oder ganz ausgeschlossen werden** (S 2 iVm § 1361 III, 1579 Nr 2-7 BGB). Die Lage entspricht nunmehr vollständig derjenigen im Eherecht. Die bislang geltenden Abweichungen (dazu Voraufl, Rn 34 ff), sind durch das LPartGÜG beseitigt worden.

34 Zur Bestimmung der Unbilligkeit ist eine konkrete **Abwägung** der Interessen von Unterhaltsberechtigtem und Unterhaltsverpflichtetem erforderlich. Es gilt der Katalog des § 1579 Nr 2-7 BGB. Zu diesen Fällen s § 16 LPartG Rn 100 ff.

35 Bei der Abwägung sind auch die **entlastenden Momente** zugunsten des Unterhaltsberechtigten zu berücksichtigen. Besondere Bedeutung können insofern die Dauer der Lebenspartnerschaft, die Pflege des Unterhaltsberechtigten während der Lebenspartnerschaft, die Finanzierung der Lebenspartnerschaft durch den nun Unterhaltsberechtigten oder die Hinnahme von persönlichen Nachteilen aufgrund der Eingehung der Lebenspartnerschaft (OLG Hamm FamRZ 80, 258 zur Ehe) und ähnliches haben. Je mehr positive Aspekte der Unterhaltsberechtigte vorweisen kann, desto gravierender müssen die Härtegründe sein, um den Unterhaltsanspruch vollständig auszuschließen.

Wo sonst eine vollständige Versagung in Betracht käme, darf dann der Unterhalt herabgesetzt oder zeitlich begrenzt werden. Wo eine der letztgenannten Maßnahmen sonst angemessen wäre, kann bei Vorliegen genügender „Kompensationsgesichtspunkte" jede Begrenzung des Unterhalts unbillig sein.

36 **2. Der Umfang des Unterhaltsanspruchs** bestimmt sich grundsätzlich nach denselben Prinzipien wie beim nachpartnerschaftlichen Unterhalt (vgl § 16 LPartG Rn 122 ff, dort auch zur Anwendung von Differenz- und Anrechnungsmethode).

37 **a)** Sofern nicht der Unterhalt fordernde Lebenspartner teilweise selbst für seinen Unterhalt sorgen muss, umfasst der Unterhalt den **gesamten Lebensbedarf** des Lebenspartners. Haben beide Lebenspartner Einkünfte, reichen aber die eines Lebenspartners nicht aus, um seinen Bedarf zu decken, kommt ein Anspruch auf Aufstockungsunterhalt in Betracht.

38 **b)** Zum Unterhalt gehören neben Aufwendungen für den Lebensbedarf (Wohnung, Nahrung, Kleidung, Aufwendungen für Teilnahme am kulturellen oder politischen Leben) auch die Kosten der **Krankenversicherung** (BGH NJW 83, 1554; 2937) und der Anspruch auf einen Prozesskostenvorschuss (S 2, § 1361 IV 4, § 1360a IV, § 5 LPartG Rn 19 ff).

39 Seit Inkrafttreten des LPartGÜG gehört zum Getrenntlebensunterhalt auch der **Vorsorgeunterhalt,** dh die Kosten einer angemessenen Versicherung für den Fall des Alters und der Erwerbsunfähigkeit. Das ergibt sich daraus, dass der Vorsorgeunterhalt gewissermaßen die Verlängerung des Versorgungsausgleichs in der Zeit des Aufhebungsverfahrens darstellt, weil die Berechnungsgrenze für den Versorgungsausgleich durch den Eintritt der Rechtshängigkeit des Aufhebungsverfahrens bestimmt wird (§ 1587 II BGB). Da bei Beendigung einer Lebenspartnerschaft seit Inkrafttreten des LPartGÜG auch ein Versorgungsausgleich stattfindet, gibt es hier nun auch den Vorsorgeunterhalt.

40 **c)** Die **Höhe** des Unterhalts **richtet sich nach den Lebensverhältnissen der Lebenspartner.** Damit ist dasjenige gemeint, das in einer Familie mit den Einkommensverhältnissen der Parteien üblich ist und als angemessen empfunden wird. Auf die konkreten Verhältnisse kommt es nicht an. Im Verhältnis zu den Einkommensverhältnissen unangemessen hohe oder niedrige Ausgaben sind daher ohne Bedeutung (BGH FamRZ 88, 256, 258; 90, 283, 285 zu § 1361 BGB).

41 Allerdings ist zweifelhaft, auf welchen **Zeitpunkt** dabei abzustellen ist. Nach BT-Drucks 14/3751, 105 soll das der Zeitpunkt der Trennung sein. Das ist insofern zweifelhaft, als die Lebenspartnerschaft ja noch fortbesteht. Diese Auslegung führte dazu, dass selbst bei langjährigen Trennungen der getrennt lebende Lebenspartner nicht mehr an Einkommensschwankungen partizipieren würde. Das widerspräche dem Gedanken, dass durch die Trennung die lebenspartnerschaftliche Solidarität zwar gelockert, aber noch nicht beseitigt ist. Außerdem wird im Eherecht die Regelung so verstanden, dass die Lebensverhältnisse der Ehegatten durch das Gesamteinkommen bis zur Scheidung bestimmt werden und dass Änderungen während der Zeit des Getrenntlebens grundsätzlich auch auf die Höhe des Unterhalts durchschlagen (BGH FamRZ 88, 256). Etwas anderes gilt nur dann, wenn die Veränderung der Einkommens- oder Ausgabenverhältnisse nicht mehr durch die Lebensgemeinschaft geprägt ist, wie bei Aufnahme einer Erwerbstätigkeit nach der Trennung, die vor ihr noch nicht geplant war (BGH FamRZ 84, 149) oder einer Erbschaft nach der Trennung.

42 Die Praxis wendet bei der Unterhaltsberechnung unter Eheleuten die sog **Düsseldorfer Tabelle** und ähnliche Tabellenwerke an (im Internet unter www.famrz.de), durch welche die Unterhaltsberechnung pauschaliert und vereinfacht wird. Bei Anwendung

der Düsseldorfer Tabelle stehen dem nichterwerbstätigen unterhaltsberechtigten Lebenspartner 3/7 der Einkünfte des anderen (berufstätigen) Lebenspartners zu. Bei Einkommenserzielung allein aus anderen Quellen (zB Rente) wird zu je 50 % aufgeteilt. Ein Mindestbedarf entsprechend dem notwendigen Eigenbedarf wird nicht anerkannt, so dass es bei geringen Einkommen auch zu darunter liegenden Sätzen kommen kann. Bei sehr hohen Einkommen verbietet sich aber eine pauschale Verteilung. Die Forderung ist dann konkret aufzuschlüsseln, weil in einem solchen Fall nicht davon ausgegangen werden kann, dass das gesamte Einkommen für den Unterhalt aufgebraucht wird (OLG Hamm FamRZ 95, 1578). Zum Unterhalt bei Heimunterbringung s OLG Koblenz NJW-RR 98, 1698.

43 **3. Die Modalitäten des Unterhaltsanspruchs** ergeben sich aus S 2 iVm mit § 1361 IV BGB und den weiteren, dort in Bezug genommenen Vorschriften.

44 **a)** Der Unterhalt ist unabhängig vom Turnus der Lohnzahlung durch eine **Geldrente monatlich im voraus** zu entrichten (S 2, § 1361 IV 1, 2 BGB). Wegen Sonderbedarfs (vgl § 1613 BGB) können zusätzliche Einzelzahlungen für den durch die Rente nicht gedeckten Bedarf gefordert werden (OLG Stuttgart FamRZ 78, 684).

45 **b)** Der Unterhaltsanspruch für den laufenden Monat wird durch den **Tod des Berechtigten** nicht berührt (S 2, § 1361 IV 3 BGB). Im Übrigen führen sowohl der Tod des Berechtigten als auch der Tod des Verpflichteten zum Erlöschen des Unterhaltsanspruchs (S 2, §§ 1361 IV 4, 1360a III, 1615 BGB). Erhalten bleibt nur der Anspruch auf rückständigen Unterhalt bzw für die Zukunft zu zahlende Unterhaltsraten, die vorauszuzahlen und schon fällig sind. Der Unterhaltsverpflichtete muss aber die Kosten der Beerdigung des Berechtigten tragen, wenn diese Kosten vom Erben nicht zu erlangen sind (S 2, §§ 1361 IV 4, 1360a III, 1615 II BGB).

46 **c)** Unterhalt mit Ausnahme des **Unterhalts** wegen Sonderbedarfs kann für die **Vergangenheit** nur geltend gemacht werden kann, wenn der Unterhaltspflichtige mit der Erfüllung des Unterhaltsanspruchs in Verzug war oder der Anspruch rechtshängig war (§ 1613 I, II BGB). Bei einem Unterhaltsanspruch wegen Sonderbedarfs gilt dasselbe, wenn seit dem Entstehen des Bedarfs mehr als ein Jahr verstrichen ist (S 2, §§ 1361 IV 4, 1360a III, 1613 II BGB).

47 **d)** Ein **Unterhaltsverzicht** für die Zukunft ist nichtig (S 2, §§ 1361 IV 4, 1360a III, 1614 I BGB). Durch eine Vorausleistung wird der Verpflichtete nur für drei Monate oder, wenn der Verpflichtete selbst den Zeitabschnitt zu bestimmen hatte, für einen den Umständen nach angemessenen Zeitabschnitt befreit (S 2, §§ 1361 IV 4, 1360a III, 1614 II, 760 II BGB).

48 **e)** Bei **Zuvielleistung** von Unterhalt gilt die Vermutung, dass er im Zweifel nicht beabsichtigt, dafür Ersatz zu verlangen (§ 1360b BGB). Insoweit kann sich aber aus dem Getrenntleben der Lebenspartner gerade die Widerlegung der Vermutung ergeben.

49 **f)** Ein **Auskunftsanspruch** wegen der für die Berechnung des Unterhalts maßgeblichen Einkommens- und Vermögensverhältnisse ergibt sich aus § 1580 analog, § 1605 BGB.

50 **Voraussetzung** dieses Anspruchs ist, dass sämtliche Voraussetzungen für einen Unterhaltsanspruch vorliegen, die nicht von den wirtschaftlichen Verhältnissen des auf Auskunft in Anspruch Genommenen abhängen. Fehlt es dagegen bereits an einer dieser Voraussetzungen, wäre das Auskunftsverlangen rechtsmissbräuchlich. Weiter setzt der Auskunftsanspruch ein dahingehendes Verlangen des Lebenspartners voraus (§ 1580, 1 BGB) und schließlich müssen seit der letzten Auskunft mindestens zwei Jahre vergangen sein (§ 1605 II BGB).

51 Für den **Umfang** des Auskunftsanspruchs und seine **Erfüllung** gelten § 1605 und §§ 259-261 BGB. Danach ist die Auskunft in Form einer geordneten Aufstellung zu erteilen (BGH NJW 83, 2243). Sie muss schriftlich abgefasst und eigenhändig unterschrieben werden (OLG München FamRZ 96, 307). Über die Einkünfte sind auf Verlangen Belege, vor allem Bescheinigungen des Arbeitgebers, vorzulegen (§ 1605 I 2 BGB). Im Regelfall reicht aber die Vorlage der Lohnsteuerkarte. Bei Zweifeln an der sorgfältigen Erstellung des Verzeichnisses ist die Richtigkeit und Vollständigkeit an Eides statt zu versichern (§ 1605 I 3, § 259 II BGB).

52 Wird die Auskunftspflicht schuldhaft nicht, zu spät oder schlecht erfüllt, besteht nach allgemeinen Regeln (§§ 280 ff, § 826 BGB) eine **Schadensersatzpflicht** (BGH NJW 84, 868). Zuviel gezahlter Unterhalt ist nach § 812 BGB zu erstatten.

53 Im Verbundverfahren muss der Auskunftsanspruch im Wege einer **Stufenklage** geltend gemacht werden (OLG Hamm FamRZ 96, 736), sonst kann er es (BGH NJW 82, 1645; 97, 2176).

54 Über den Anspruch nach §§ 1580 analog, 1605 BGB hinaus ist ein Lebenspartner aber ausnahmsweise bei besonders wichtigen Entwicklungen in seinen Einkommens- und Vermögensverhältnissen verpflichtet, dem anderen auch **spontan Auskunft** über die Änderung zu erteilen. Das ist wegen der Zweijahressperre in § 1605 II BGB besonders bedeutsam. Das kommt in Betracht bei Aufnahme einer Erwerbstätigkeit (OLG Hamburg FamRZ 87, 1044) oder dem Erwerb eines größeren Vermögens, gegebenenfalls auch bei der Begründung einer neuen Partnerschaft, soweit diese unterhaltsrechtliche Konsequenzen hat. Die Verletzung dieser Auskunftspflicht kann Schadensersatzansprüche nach § 826 BGB auslösen (BGH NJW 86, 1751).

55 **4. Rangfragen.** Der Anspruch auf Getrenntlebensunterhalt hat denselben Rang wie der Anspruch während des Zusammenlebens (§ 5 LPartG) und der Anspruch nach dem Ende der Lebenspartnerschaft (§ 16 LPartG), denn S 2 verweist auf § 16 II LPartG. Die Erläuterungen § 16 LPartG Rn gelten entsprechend.

56 **III. Verfahren.** Der Streit um Getrenntlebensunterhalt ist Lebenspartnerschaftssache (§ 23b I Nr 15 GVG; § 661 I Nr 6 ZPO). Die Klage ist unabhängig von einer Aufhebungssache. Nach Anhängigkeit des Aufhebungsantrags kann der Unterhalt durch einstweilige Anordnung geregelt werden (§§ 661 II, 620 I Nr 6 ZPO). Für die Klage fehlt es dann am Rechtsschutzbedürfnis, weil ein einfacherer, kostengünstigerer Weg zur Verfügung steht. Für die Zeit nach der Rechtskraft der Aufhebung der Lebenspartnerschaft bildet ein Urteil keinen geeigneten Vollstreckungstitel; denn der nachpartnerschaftliche Unterhalt betrifft einen anderen Streitgegenstand als der Getrenntlebensunterhalt (Rn 3). Eine einstweilige Anordnung gilt dagegen nach § 620f ZPO weiter. Endet die Trennung, kann der Unterhaltsverpflichtete gegen die weitere Vollstreckung aus dem Unterhaltsurteil über den Getrenntlebensunterhalt Vollstreckungsgegenklage (§ 767 ZPO) erheben (OLG Düsseldorf NJW 92, 2166).

§ 13 Hausratsverteilung bei Getrenntleben

(1) Leben die Lebenspartner getrennt, so kann jeder von ihnen die ihm gehörenden Haushaltsgegenstände von dem anderen Lebenspartner herausverlangen. Er ist jedoch verpflichtet, sie dem anderen Lebenspartner zum Gebrauch zu überlassen, soweit dieser sie zur Führung eines abgesonderten Haushalts benötigt und die Überlassung nach den Umständen des Falles der Billigkeit entspricht.

(2) Haushaltsgegenstände, die den Lebenspartnern gemeinsam gehören, werden zwischen ihnen nach den Grundsätzen der Billigkeit verteilt. Das Gericht kann eine angemessene Vergütung für die Benutzung der Haushaltsgegenstände festsetzen.
(3) Die Eigentumsverhältnisse bleiben unberührt, sofern die Lebenspartner nichts anderes vereinbaren.

1 **I. Die Vorschrift schließt die Lücke,** die daraus resultiert, dass die endgültige Verteilung von Hausrat nach §§ 17 ff LPartG und der HausratsVO erst für die Zeit nach der Beendigung der Lebenspartnerschaft möglich ist und einstweilige Anordnungen an sich die Anhängigkeit eines Aufhebungsverfahrens voraussetzen (§§ 661 II, 620 ZPO; vgl § 661 ZPO Rn 551 ff).

2 Die Regelung ist insoweit **dispositiv,** als die Lebenspartner jederzeit eine abweichende Verteilung der Haushaltsgegenstände vereinbaren können (aA OLG Düsseldorf FamRZ 81, 545). Durch § 13 LPartG **werden** sowohl die Vindikation (OLG Zweibrücken FamRZ 91, 848 zu § 1361a BGB) wie auch die besitzschutzrechtlichen Ansprüche **verdrängt**. Der Anspruch ist **höchstpersönlich** und damit unpfändbar.

3 **II. 1. Voraussetzung** des Herausgabeanspruchs ist, **a)** dass **die Lebenspartner** bei noch bestehender Lebenspartnerschaft **getrennt leben.** Dazu gilt das in § 12 LPartG Rn 6 ff Gesagte entsprechend.

4 **b)** In den sachlichen Anwendungsbereich der Norm fallen nur **Hausratsgegenstände.** Das sind solche beweglichen Gegenstände, die der Haushaltsführung dienen. Dazu kann auch der gemeinsam genutzte Pkw gehören (OLG Köln FamRZ 80, 249; KG FamRZ 75, 164). Für zum persönlichen Gebrauch eines Lebenspartners bestimmte Sachen (zB Kleidung) gilt § 13 LPartG nicht. Für die Nutzung der Wohnung ist § 14 LPartG anzuwenden.

5 **c)** Aus dem **Zusammenspiel von Abs 1 und 2** ergibt sich, dass ein Lebenspartner vom anderen diejenigen Hausratsgegenstände herausverlangen kann, die ihm persönlich gehören und nicht vom anderen auch unter Berücksichtigung der Billigkeit zur Führung eines abgesonderten Haushalts benötigt werden, oder die im Gemeinschaftseigentum stehen, wenn die Billigkeit für eine Zuteilung an den Fordernden spricht, oder die Alleineigentum des anderen sind, sofern er sie für die Führung eines abgesonderten Haushalts benötigt und nicht Billigkeitsgesichtspunkte dagegen sprechen.

6 **Zur Führung eines abgesonderten Haushalts benötigt** werden nur solche Gegenstände, die der Lebenspartner selbst oder für seine Kinder, die mit ihm in häuslicher Gemeinschaft leben, nutzen will. Die beabsichtigte Überlassung an Dritte (zB Vermietung zur Einkommenserzielung) reicht nicht.

7 **Die Billigkeitskontrolle,** der jeder Anspruch nach § 13 LPartG unterliegt, soll sicherstellen, dass alle Umstände des Einzelfalls einschließlich der Umstände, die zur Trennung geführt haben, berücksichtigt werden, bevor zwangsweise in die bestehende Nutzung eingegriffen wird. Kriterien sind, bei welchem Lebenspartner der Gegenstand am ehesten entbehrlich ist und wer am ehesten Ersatz beschaffen kann, aber auch, wer die Trennung herbeigeführt hat und welche Gründe dafür eine Rolle gespielt haben.

8 **2.** Bei seiner **Entscheidung über den Herausgabeanspruch** kann das Gericht eine angemessene Vergütung für die Benutzung der dem anderen Lebenspartner gehörenden Haushaltsgegenstände festsetzen (Abs 2 S 2). Auch insoweit ist nach Billigkeit zu entscheiden. Die Regelung ist nur vorläufig. Die Eigentumsverhältnisse an den einbezogenen Gegenständen bleiben – anders als bei der endgültigen Verteilung – unberührt (Abs 3).

9 **III. Verfahren.** Der Streit über den Herausgabeanspruch und die Benutzungsvergütung ist Familiensache (§ 23b I 2 Nr 15 GVG, § 661 I Nr 5 ZPO) und fällt deswegen in die Zuständigkeit des Familiengerichts. Die Entscheidung verliert mit der Rechtskraft der Aufhebung der Lebenspartnerschaft automatisch ihre Wirksamkeit.

§ 14 Wohnungszuweisung bei Getrenntleben

(1) Leben die Lebenspartner voneinander getrennt oder will einer von ihnen getrennt leben, so kann ein Lebenspartner verlangen, dass ihm der andere die gemeinsame Wohnung oder einen Teil zur alleinigen Benutzung überlässt, soweit dies auch unter Berücksichtigung der Belange des anderen Lebenspartners notwendig ist, um eine unbillige Härte zu vermeiden. Eine unbillige Härte kann auch dann gegeben sein, wenn das Wohl von im Haushalt lebenden Kindern beeinträchtigt ist. Steht einem Lebenspartner allein oder gemeinsam mit einem Dritten das Eigentum, das Erbbaurecht oder der Nießbrauch an dem Grundstück zu, auf dem sich die gemeinsame Wohnung befindet, so ist dies besonders zu berücksichtigen; Entsprechendes gilt für das Wohnungseigentum, das Dauerwohnrecht und das dingliche Wohnrecht.

(2) Hat der Lebenspartner, gegen den sich der Antrag richtet, den anderen Lebenspartner widerrechtlich und vorsätzlich am Körper, der Gesundheit oder der Freiheit verletzt oder mit einer solchen Verletzung oder der Verletzung des Lebens widerrechtlich gedroht, ist in der Regel die gesamte Wohnung zur alleinigen Benutzung zu überlassen. Der Anspruch auf Wohnungsüberlassung ist nur dann ausgeschlossen, wenn keine weiteren Verletzungen und widerrechtlichen Drohungen zu besorgen sind, es sei denn, dass dem verletzten Lebenspartner das weitere Zusammenleben mit dem anderen wegen der Schwere der Tat nicht zuzumuten ist.

(3) Wurde einem Lebenspartner die gemeinsame Wohnung ganz oder zum Teil überlassen, so hat der andere alles zu unterlassen, was geeignet ist, die Ausübung dieses Nutzungsrechts zu erschweren oder zu vereiteln. Er kann von dem nutzungsberechtigten Lebenspartner eine Vergütung für die Nutzung verlangen, soweit dies der Billigkeit entspricht.

(4) Ist ein Lebenspartner aus der gemeinsamen Wohnung ausgezogen, um getrennt zu leben und hat er binnen sechs Monaten nach seinem Auszug eine ernstliche Rückkehrabsicht dem anderen Lebenspartner gegenüber nicht bekundet, so wird unwiderleglich vermutet, dass er dem in der gemeinsamen Wohnung verbliebenen Lebenspartner das alleinige Nutzungsrecht überlassen hat.

I. Die **Norm ermöglicht die Zuweisung der lebenspartnerschaftlichen Wohnung schon während des Getrenntlebens** der Lebenspartner, während die Regelungen der §§ 17 und 19 LPartG iVm der HausratsVO erst die Zeit nach der Aufhebung der Lebenspartnerschaft betreffen und eine einstweilige Anordnung über die Zuweisung der Wohnung nach diesen Vorschriften grundsätzlich erst in Betracht kommt, wenn ein Aufhebungsverfahren anhängig ist (vgl §§ 620, 1 Nr 7; 620a II, 661 II ZPO; § 661 ZPO Rn 551 ff), was wiederum regelmäßig erst erfolgen wird, wenn die Lebenspartner bereits seit wenigstens einem Jahr getrennt leben (§ 15 LPartG Rn 16 ff). 1

§ 14 LPartG ist **§ 1361b BGB bis ins Detail nachgebildet.** Die zu dieser Vorschrift vorhandene Rechtsprechung und Literatur kann daher als Auslegungshilfe herangezogen werden. 2

II. 1. Voraussetzung der Wohnungszuweisung ist zunächst, **a)** dass ein Lebenspartner sie an sich **beantragt.** 3

b) Bei den Räumlichkeiten, auf die sich das Begehren bezieht, muss es sich um die **gemeinsame Wohnung der Lebenspartner** handeln. Besondere Anforderungen bestehen nicht. Es kann sich daher sowohl um Häuser oder Wohnungen, aber auch um Container, Wohnwagen oder Gartenhäuschen handeln. Die Eigentumsverhältnisse sind unerheblich (vgl Abs 1 S 2). Eine Wohnungszuweisung scheidet aber aus, wenn die Lebenspartner nicht gemeinsam in einer Wohnung gelebt haben. 4

c) Die Lebenspartner müssen entweder bereits **getrennt leben** oder jedenfalls die Absicht hegen, sich zu trennen, um dadurch die Aufhebung der Lebenspartnerschaft vorzubereiten. Ist die Trennung bereits vollzogen, kommt eine Wohnungszuweisung nur in Betracht, wenn die praktizierte Lösung unpraktikabel ist. 5

d) Die Überlassung der Wohnung an einen der Lebenspartner zur Alleinnutzung muss **erforderlich sein, um eine unbillige Härte zu vermeiden.** Der Maßstab wurde durch das Gewaltschutzgesetz vom 1.1.02 gegenüber dem früher geltenden Rechtszustand („schwere Härte") abgesenkt. Die frühere Rechtsprechung zu § 1361b BGB ist deswegen nur noch bedingt verwertbar, soweit ein Anspruch auf Wohnungszuweisung abgelehnt wurde. Ohne weiteres übertragbar sind dagegen zusprechende Entscheidungen, denn in diesen Fällen muss die Wohnung heute erst recht zugewiesen werden. Das Gericht muss eine Verhältnismäßigkeitsprüfung zwischen den Belangen beider Lebenspartner vornehmen. Dabei ist die Schwelle für einen Eingriff so anzusetzen, dass bloße Unannehmlichkeiten oder Unbequemlichkeiten, wie sie sich bei jeder Trennung ergeben (zB Streit, gegenseitige Vorhaltungen), nicht ausreichen (vgl OLG Hamburg FamRZ 93, 190; OLG Celle FamRZ 92, 676). Dagegen nennt das Gesetz in seiner neuen Fassung ausdrücklich die Beeinträchtigung des Wohls von im Haushalt lebenden Kindern (Abs 1 S 2). In Betracht kommt etwa der Missbrauch von Kindern, aber auch ständige Aggressionen gegen Stiefkinder usw. Eine ausreichende Härte besteht immer, wenn der Lebenspartner von dem anderen misshandelt (OLG Köln FamRZ 96, 1220; OLG Stuttgart FamRZ 04, 876) oder sexuell missbraucht wird, bei Alkoholismus eines Lebenspartners, Bedrohung des einen durch den anderen oder Aufnahme des neuen Partners in die Wohnung, in der beide Lebenspartner getrennt leben (vgl OLG Hamm FamRZ 93, 1442). Eine Wohnungszuweisung kommt auch in Betracht, wenn ein Lebenspartner sich ständig über die Regeln hinwegsetzt, die beide für die Trennungszeit vereinbart haben oder sich rücksichtslos gegenüber dem Partner oder den Kindern verhält (AG Tempelhof-Kreuzberg FPR 03, 28). 6

Besonderes Gewicht ist bei der Abwägung auch der Frage beizumessen, **in wessen Eigentum die Wohnung** steht. Ein Anspruch auf Nutzung der lebenspartnerschaftlichen Wohnung kommt daher weniger schnell in Betracht, wenn sie dem anderen Lebenspartner oder ihm zusammen mit einem Dritten gehört oder wenn er ein ding- 7 liches Nutzungsrecht anderer Art daran hat (Abs 1 S 2 und 3). Die Wohnung kann daher wegen des Eigentums auch dem Lebenspartner zugewiesen werden, der schon seit längerer Zeit ausgezogen ist oder der beabsichtigt, sie zu veräußern, um Schulden zu tilgen. Andererseits folgt aber aus Abs 1 S 2, dass das Eigentum bzw dingliche Nutzungsrecht eines Lebenspartners die Zuweisung der Wohnung an den anderen Lebenspartner grundsätzlich nicht ausschließt.

8 **2.** Das Gericht weist dem Antragsteller die **Nutzung der Wohnung** zu, soweit das erforderlich ist, um die unbillige Härte zu beseitigen. Gegebenenfalls reicht die Zuweisung von Teilen der Wohnung zusammen mit einer Benutzungsregelung aus.

9 Gleichzeitig spricht das Gericht dem anderen Lebenspartner eine **Nutzungsvergütung** zu, soweit das der Billigkeit entspricht (Abs 2). Das gilt auch, wenn der Lebenspartner sich im Vorgriff auf eine gerichtliche Regelung mit seinem Partner einigt und freiwillig auszieht (OLG Frankfurt FamRZ 92, 677; OLG Schleswig FamRZ 88, 722, jeweils zu § 1361b BGB). Die Nutzungsvergütung setzt aber immer voraus, dass eine Benutzungsregelung nach Abs 1 notwendig gewesen wäre. Sie kommt daher nicht Betracht, wenn der weichende Lebenspartner nicht darlegt, dass nur durch seinen Auszug eine unbillige Härte abgewendet werden konnte. Der Billigkeit entspricht eine Vergütung vor allem, wenn die Wohnung im (Mit-)Eigentum des anderen Lebenspartners steht oder er ein dingliches Nutzungsrecht besitzt. Die Anordnung einer Nutzungsvergütung entspricht dagegen nicht der Billigkeit, wenn beide Lebenspartner Miteigentümer der Wohnung sind. Auch wenn die Notwendigkeit der Nutzungsregelung allein auf dem Verhalten des weichenden Lebenspartners beruht, kommt eine Vergütung regelmäßig nicht in Betracht. Die Höhe der Nutzungsvergütung orientiert sich regelmäßig am ortsüblichen Mietwert der Wohnung (vgl Brudermüller FamRZ 89, 11, zur Dauer Erbarth FamRZ 98, 1007).

10 **III. Verfahren.** Der Streit ist Lebenspartnerschaftssache (§ 23b I 2 Nr 15 GVG, § 661 I Nr 6 ZPO), es sei denn, es würde nach einem freiwilligen Auszug nur noch um die Höhe der Nutzungsvergütung gestritten (Rn 9, OLG Koblenz FamRZ 89, 85 zu § 1361b BGB). Für das Verfahren gelten §§ 13 ff HausratsVO (§ 18a HausratsVO). Nach Anhängigkeit des Aufhebungsverfahrens wird § 14 LPartG durch § 620 ZPO verdrängt. Der Zuweisungstitel ist kein Vollstreckungstitel für eine Räumung der Wohnung, weil eine Aufforderung an den Schuldner fehlt, die Wohnung zu räumen (LG Itzehoe FamRZ 87, 176 zu der insoweit gleichen Rechtslage bei § 620 ZPO).

Anhang zu § 14 LPartG

Gesetz zum zivilrechtlichen Schutz vor Gewalttaten und Nachstellungen (Gewaltschutzgesetz – GewSchG)

§ 1 GewSchG Gerichtliche Maßnahmen zum Schutz vor Gewalt und Nachstellungen

(1) Hat eine Person vorsätzlich den Körper, die Gesundheit oder die Freiheit einer anderen Person widerrechtlich verletzt, hat das Gericht auf Antrag der verletzten Person die zur Abwendung weiterer Verletzungen erforderlichen Maßnahmen zu treffen. Die Anordnungen sollen befristet werden; die Frist kann verlängert werden. Das Gericht kann insbesondere anordnen, dass der Täter es unterlässt,

1. die Wohnung der verletzten Person zu betreten,

2. sich in einem bestimmten Umkreis der Wohnung der verletzten Person aufzuhalten,
3. zu bestimmende andere Orte aufzusuchen, an denen sich die verletzte Person regelmäßig aufhalten muss,
4. Verbindung zur verletzten Person, auch unter Verwendung von Fernkommunikationsmitteln, aufzunehmen,
5. Zusammentreffen mit der verletzten Person herbeizuführen, soweit dies nicht zur Wahrnehmung berechtigter Interessen erforderlich ist.

(2) Absatz 1 gilt entsprechend, wenn
1. eine Person einer anderen mit einer Verletzung des Lebens, des Körpers, der Gesundheit oder der Freiheit widerrechtlich gedroht hat oder
2. wenn eine Person widerrechtlich und vorsätzlich
   a) in die Wohnung einer anderen Person oder in deren befriedetes Besitztum eindringt oder
   b) eine andere Person dadurch unzumutbar belästigt, dass er ihr gegen den ausdrücklich erklärten Willen wiederholt nachstellt oder sie unter Verwendung von Fernkommunikationsmitteln verfolgt.

Im Falle des Satzes 1 Nr 2 Buchstabe b liegt eine unzumutbare Belästigung nicht vor, wenn die Handlung der Wahrnehmung berechtigter Interessen dient.

(3) In den Fällen des Absatzes 1 Satz 1 oder des Absatzes 2 kann das Gericht die Maßnahmen nach Absatz 1 auch dann anordnen, wenn eine Person die Tat in einem die freie Willensbestimmung ausschließenden Zustand krankhafter Störung der Geistestätigkeit begangen hat, in den sie sich durch geistige Getränke oder ähnliche Mittel vorübergehend versetzt hat.

§ 2 GewSchG Überlassung einer gemeinsam genutzten Wohnung

(1) Hat die verletzte Person zum Zeitpunkt einer Tat nach § 1 Abs. 1 Satz 1, auch in Verbindung mit Abs. 3, mit dem Täter einen auf Dauer angelegten gemeinsamen Haushalt geführt, so kann sie von diesem verlangen, ihr die gemeinsam genutzte Wohnung zur alleinigen Benutzung zu überlassen.

(2) Die Dauer der Überlassung der Wohnung ist zu befristen, wenn der verletzten Person mit dem Täter das Eigentum, das Erbbaurecht oder der Nießbrauch an dem Grundstück, auf dem sich die Wohnung befindet, zusteht oder die verletzte Person mit dem Täter die Wohnung gemietet hat. Steht dem Täter allein oder gemeinsam mit einem Dritten das Eigentum, das Erbbaurecht oder der Nießbrauch an dem Grundstück zu, auf dem sich die Wohnung befindet, oder hat er die Wohnung allein oder gemeinsam mit einem Dritten gemietet, so hat das Gericht die Wohnungsüberlassung an die verletzte Person auf die Dauer von höchstens sechs Monaten zu befristen. Konnte die verletzte Person innerhalb der vom Gericht nach Satz 2 bestimmten Frist anderen angemessenen Wohnraum zu zumutbaren Bedingungen nicht beschaffen, so kann das Gericht die Frist um höchstens weitere sechs Monate verlängern, es sei denn, überwiegende Belange des Täters oder des Dritten stehen entgegen. Die Sätze 1 bis 3 gelten entsprechend für das Wohnungseigentum, das Dauerwohnrecht und das dingliche Wohnrecht.

(3) Der Anspruch nach Absatz 1 ist ausgeschlossen,
1. wenn weitere Verletzungen nicht zu besorgen sind, es sei denn, dass der verletzten Person das weitere Zusammenleben mit dem Täter wegen der Schwere der Tat nicht zuzumuten ist oder
2. wenn die verletzte Person nicht innerhalb von drei Monaten nach der Tat die Überlassung der Wohnung schriftlich vom Täter verlangt oder
3. soweit der Überlassung der Wohnung an die verletzte Person besonders schwerwiegende Belange des Täters entgegenstehen.

(4) Ist der verletzten Person die Wohnung zur Benutzung überlassen worden, so hat der Täter alles zu unterlassen, was geeignet ist, die Ausübung des Nutzungsrechts zu erschweren oder zu vereiteln.
(5) Der Täter kann von der verletzten Person eine Vergütung für die Nutzung verlangen, soweit dies der Billigkeit entspricht.
(6) Hat die verletzte Person zum Zeitpunkt einer Drohung nach § 1 Abs 2 Satz 1 Nr 1, auch in Verbindung mit Abs 3, einen auf Dauer angelegten, gemeinsamen Haushalt mit dem Täter geführt, kann sie die Überlassung der gemeinsam genutzten Wohnung verlangen, wenn dies erforderlich ist, um eine unbillige Härte zu vermeiden. Eine unbillige Härte kann auch dann gegeben sein, wenn das Wohl von im Haushalt lebenden Kindern beeinträchtigt ist. Im Übrigen gelten die Absätze 2 bis 5 entsprechend.

§ 3 GewSchG Geltungsbereich, Konkurrenzen
(1) Steht die verletzte Person im Zeitpunkt einer Tat nach § 1 Abs 1 oder Abs 2 Satz 1 unter elterlicher Sorge, Vormundschaft oder unter Pflegschaft, so treten im Verhältnis zu den Eltern und zu sorgeberechtigten Personen an die Stelle von §§ 1 und 2 die für das Sorge-, Vormundschafts- oder Pflegschaftsverhältnis maßgebenden Vorschriften.
(2) Weitergehende Ansprüche der verletzten Person werden durch dieses Gesetz nicht berührt.
§ 4 GewSchG Strafvorschriften
Wer einer vollstreckbaren Anordnung nach § 1 Abs 1 Satz 1 oder 3, jeweils auch in Verbindung mit Abs 2 Satz 1, zuwiderhandelt, wird mit Freiheitsstrafe bis zu einem Jahr oder mit Geldstrafe bestraft.

1 **I.** Das Gewaltschutzgesetz soll die **Defizite verringern**, die bislang beim zivilrechtlichen **Schutz gegen Gewalt** bestanden. Dazu wird die Möglichkeit erweitert, gerichtliche Schutzanordnungen gegen die Anwendung von Gewalt oder die Bedrohung damit zu erwirken (§ 1 GewSchG). Der Verstoß gegen die vom Gericht ausgesprochenen Unterlassungsgebote ist strafbewehrt (§ 4 GewSchG). Ergänzend ist bei Gewaltanwendung oder Bedrohung im häuslichen Umfeld die Möglichkeit geschaffen worden, den Täter der gemeinsamen Wohnung zu verweisen, um einen zuverlässigeren Schutz des schwächeren Bewohners zu erreichen (§ 2 GewSchG, § 1361b BGB nF). Gerade diese Regelung lässt den Anlass des Gesetzes, den Schutz von Frauen vor häuslicher Gewalt (vgl BT-Drucks 14/5429, S 1), deutlich anklingen. Sachlich begrenzt ist die Anwendung der Norm aber auf diese Fälle nicht. Die Regelungen des Gewaltschutzgesetzes können daher auch Bedeutung für Lebenspartner (und andere Lebensgemeinschaften) haben, wenn es – etwa in der Phase des Auseinanderbrechens der Beziehung – zu Gewalttätigkeiten oder Drohungen mit Gewalttätigkeiten seitens eines Lebenspartners gegenüber dem anderen kommt.

2 **II. 1.** § 1 GewSchG gestattet verschiedene **gerichtliche Unterlassungsanordnungen** für den Fall wiederholter Gewalt oder von Drohung mit Gewalt. Diese Anordnungen können unabhängig davon ergehen, ob eine familienrechtliche Beziehung zwischen dem Antragsteller und dem Antragsgegner vorliegt. Das Bestehen eines gemeinsamen Haushalts (nicht einer familienrechtlichen Statusbeziehung) hat nur Bedeutung für die gerichtliche Zuständigkeit: Leben die Parteien in einem gemeinsamen Haushalt, ist das Familiengericht zuständig, im Übrigen die Prozessabteilung.

3 **2.** Eine gerichtliche Anordnung zum Schutz vor Gewalt ist **a)** in **vier Fällen** zulässig:

aa) Sie kommt zunächst in Betracht, wenn vorsätzlich der **Körper, die Gesundheit oder die Freiheit** einer anderen Person widerrechtlich **verletzt** wurde und Wiederholungsgefahr besteht (§ 1 I 1 GewSchG). 4

bb) Eine Schutzanordnung kommt auch in Betracht, wenn eine Person mit der Verletzung des Lebens, des Körpers, der Gesundheit oder der Freiheit eines anderen widerrechtlich **gedroht** hat (§ 1 II Nr 1 GewSchG). 5

cc) Eine Schutzanordnung ist zulässig, wenn eine Person widerrechtlich und vorsätzlich in die **Wohnung** einer anderen Person oder in deren befriedetes Besitztum **eindringt** (§ 1 II 1 Nr 2 a GewSchG). Zum Wohnungsbegriff s § 14 LPartG Rn 4; es muss sich aber nicht um eine gemeinschaftliche Wohnung handeln. Unter einem befriedeten Besitztum ist das Gleiche zu verstehen wie bei § 123 StGB, dh ein durch zusammenhängende Schutzwehren gesicherter abgeschlossener Grundstücksteil, wie etwa ein durch einen umlaufenden Zaun gesicherter Garten. 6

dd) Eine Schutzanordnung ist schließlich zulässig, wenn eine Person widerrechtlich und vorsätzlich eine andere Person dadurch unzumutbar belästigt, dass sie ihr gegen den ausdrücklich erklärten Willen wiederholt **nachstellt** oder sie unter Verwendung von Fernkommunikationsmitteln **verfolgt** (§ 1 II 1 Nr 2 b GewSchG). Erfasst werden die Fälle des sog stalking, dh des Belästigens und Verfolgens, wie es oft bei Prominenten durch fanatische Anhänger erfolgt, aber auch bei anderen Personen durch abgewiesene Liebhaber, durch Personen, deren Liebe unerwidert bleibt usw. Die Belästigung setzt keinen direkten physischen Kontakt voraus; es reicht die Kontaktaufnahme per Telefon (sog Telefonterror) oder durch andere Fernkommunikationsmittel. In den genannten Fällen liegt eine unzumutbare Belästigung nicht vor, wenn die Handlung der Wahrnehmung berechtigter Interessen dient (§ 1 II 2 GewSchG). In Betracht kommt etwa, dass der Betroffene dienstlich oder geschäftlich zum Kontakt mit dem (im Übrigen) Belästigten gezwungen ist, oder dass die Kontaktaufnahme zugleich der Ausübung des Umgangsrechts mit eigenen Kindern dient. 7

b) Die Gewalt, Drohung oder andere Handlung braucht **nicht notwendigerweise schuldhaft** ausgeübt zu sein; es reicht, dass die Tat in einem die freie Willensbestimmung ausschließenden Zustand krankhafter Störung der Geistestätigkeit begangen wurde, in den der Täter sich durch geistige Getränke oder ähnliche Mittel vorübergehend versetzt hat (§ 1 III GewSchG). Damit sollen gerade die Aggressionen nach Alkoholgenuss erfasst werden. 8

c) Die Schutzanordnung muss vom Verletzten bzw Bedrohten **beantragt** werden; ein Eingreifen von Amts wegen kommt nicht in Betracht. 9

d) Das Gewaltschutzgesetz ist **nicht anwendbar**, wenn der Verletzte im Zeitpunkt einer Tat nach § 1 I, II 1 unter **elterlicher Sorge, Vormundschaft oder unter Pflegschaft** steht und die Tat von den Eltern, Vormund oder Pfleger begangen wird (§ 3 I GewSchG). Für Tätlichkeiten und Bedrohungen unter Lebenspartnern hat diese Einschränkung keine Bedeutung. 10

3. Das Gericht kann **alle Maßnahmen** treffen, die **erforderlich** sind, die **Gefahr von Gewalt oder Nachstellung zu unterbinden. a)** Als **Beispiele** für mögliche Anordnungen nennt § 1 I 3 GewSchG die Anordnung, dass der Täter es unterlässt, die Wohnung des Verletzten zu betreten (§ 1 I 3 Nr 1 GewSchG), sich in einem bestimmten Umkreis der Wohnung des Verletzten aufzuhalten (§ 1 I 3 Nr 2 GewSchG), bestimmte Orte aufzusuchen, an denen sich der Verletzte regelmäßig aufhalten muss (§ 1 I 3 Nr 3 GewSchG, zB seine Arbeitsstätte), Verbindung zum Verletzten, auch unter Verwendung von Fernkommunikationsmitteln (zB Telefon, email, Briefe), aufzunehmen (§ 1 I 3 Nr 4 GewSchG) und ein Zusammentreffen mit der verletzten Person her- 11 beizuführen, soweit dies nicht zur Wahrnehmung berechtigter Interessen erforderlich ist (§ 1 I 3 Nr 5 GewSchG). Bei allen diesen Anordnungen handelt es sich aber nur um Beispiele; es kommt jeweils auf den Einzelfall an, was erforderlich ist, einen zuverlässigen Schutz des Antragstellers zu erreichen.

12 Die Anordnungen sollen **befristet** werden; die Frist kann verlängert werden (§ 1 I 2 GewSchG). Die Dauer der Frist richtet sich nach den Erfordernissen des Einzelfalls.

13 **b) Weitergehende Ansprüche** nach anderen Vorschriften (vor allem nach §§ 823 ff BGB) werden durch das Gewaltschutzgesetz **nicht berührt** (§ 3 II GewSchG). Soweit aufgrund anderer Normen ein weitergehender Rechtsschutz zu erreichen ist (zB nach den allgemeinen Regeln für Unterlassungsansprüche nach §§ 823, 1004 BGB), kann dieser ohne Einschränkungen verlangt werden. Vor allem schließt das Gewaltschutzgesetz auch Ansprüche wegen Fahrlässigkeit nicht aus. Die im Gewaltschutzgesetz vorgesehenen Maßnahmen können insoweit dann nach den allgemeinen Regeln getroffen werden.

14 **c)** Der Verstoß gegen die Unterlassungsgebote ist **strafbewehrt** (§ 4 GewSchG).

15 **III. § 2 GewSchG** erweitert die Möglichkeiten, einem Lebenspartner die gemeinsame Wohnung zuzuweisen. Diese Möglichkeiten stehen neben denjenigen aus § 14 LPartG.

16 **1. Voraussetzung** ist insoweit zunächst nur, dass eine **Verletzung im Sinne von § 1 I GewSchG** (Verletzung von Körper, Gesundheit oder Freiheit, Rn 3) vorliegt. Die Regelung dient dem präventiven Schutz des Verletzten vor weiteren Verletzungen. Der Anspruch ist deswegen ausgeschlossen, wenn weitere Verletzungen nicht zu erwarten sind (§ 2 III Nr 1 GewSchG). Das gilt nur dann nicht, wenn dem Verletzten das Zusammenleben mit dem Verletzer nicht zuzumuten ist. Das kann sich etwa aus der Schwere der Verletzungen ergeben oder aus der Häufigkeit, in der in der Vergangenheit Verletzungen zugefügt wurden.

17 **Drohungen** mit Gewalt nach § 1 II Nr 1 GewSchG (Rn 4) reichen für die Wohnungszuweisung allein nicht aus. In diesen Fällen muss hinzukommen, dass die Zuweisung erforderlich ist, um eine unbillige Härte zu vermeiden. Damit ist das Gleiche gemeint, wie in § 1361b BGB und § 14 LPartG nach der Absenkung der Eingriffsschwelle von der „schweren Härte" zur „unbilligen Härte", dh gegenüber dem in § 14 LPartG genannten Grad ein etwas milderer Maßstab.

18 Voraussetzung für eine gerichtliche Anordnung ist weiter, dass der Verletzte und der Verletzer einen **gemeinsamen Haushalt** geführt haben. Damit ist diese Regelung nicht nur auf Lebenspartnerschaften (und Ehen) anwendbar, sondern auch auf andere Lebensgemeinschaften, gleich ob sie unter gleich- oder verschiedengeschlechtlichen Paaren geführt werden, ob sie einen sexuellen Bezug haben oder nicht. § 2 GewSchG greift damit nur dann nicht ein, wenn der Verletzte und der Verletzer in getrennten Haushalten leben, vor allem also, wenn der Verletzte in einer Wohnung des Verletzers lebt, ohne dass eine häusliche Gemeinschaft mit diesem besteht. In diesen Fällen muss der Verletzte Schutz nach den allgemeinen Regeln suchen.

19 Die Zuweisung der Wohnung muss vom Verletzten **binnen drei Monaten nach der Tat schriftlich vom Verletzer verlangt** worden sein (§ 2 III Nr 2 GewSchG).

20 Der Zuweisung dürfen **keine besonders schwer wiegenden Belange des Täters entgegenstehen** (§ 2 III Nr 3 GewSchG). Das kommt etwa in Betracht, wenn der Täter behindert ist und die Wohnung behindertengerecht ausgestaltet ist oder wenn ihm wegen einer schweren Erkrankung ein Umzug in eine Ersatzwohnung nicht zugemutet werden kann.

2. Liegen die genannten Voraussetzungen vor, **weist das Gericht** dem Verletzten die bisher gemeinsame **Wohnung** zur alleinigen Benutzung **zu**. Dabei ist die Dauer der Überlassung der Wohnung zu befristen, wenn der verletzten Person mit dem Täter das Eigentum, das Erbbaurecht oder der Nießbrauch an dem Grundstück, auf dem sich die Wohnung befindet, zusteht oder die verletzte Person mit dem Täter die Wohnung gemietet hat (§ 2 II 1 GewSchG). In diesen Fällen ist eine zeitliche Beschränkung der Wohnungszuweisung nicht vorgesehen. Maßgebend ist allein, was erforderlich ist, um die Gefährdung des Verletzten zuverlässig und dauerhaft zu beenden. Die Interessen des Verletzers müssen insoweit zurückstehen, weil dem Verletzten eben auch ein eigenes Recht an der Wohnung zusteht. 21

Die Situation ändert sich, und es muss eine restriktivere Betrachtung Platz greifen, wenn dem **Verletzten selbst keinerlei Rechtsposition an der Wohnung** zusteht. Daher muss das Gericht die Wohnungsüberlassung an die verletzte Person auf die Dauer von höchstens sechs Monaten befristen, wenn dem Täter allein oder gemeinsam mit einem Dritten das Eigentum, das Erbbaurecht oder der Nießbrauch an dem Grundstück zusteht, auf dem sich die Wohnung befindet, oder er die Wohnung allein oder gemeinsam mit einem Dritten gemietet hat (§ 2 II 2 GewSchG). Gleichgestellt sind Wohnungseigentum, ein Dauerwohnrecht und ein dingliches Wohnrecht (§ 2 II 4 GewSchG). Die Zuweisung darf in diesen Fällen um maximal sechs weitere Monate verlängert werden, wenn der Verletzte innerhalb der vom Gericht zunächst bestimmten Frist anderen angemessenen Wohnraum zu zumutbaren Bedingungen nicht beschaffen konnte. Die Verlängerung ist aber ausgeschlossen, wenn ihr überwiegende Belange des Täters oder des Dritten entgegenstehen (§ 2 II 3 GewSchG). Weitere Eingriffe zugunsten des Verletzten kommen nicht in Betracht; vor allem kann das Gericht kein Mietverhältnis zwischen dem Verletzten und dem Täter oder dem Dritten begründen. 22

3. Während der Zeit, in der die Wohnung dem Verletzten zugewiesen ist, muss der Verletzer alles **unterlassen**, was das **Nutzungsrecht des Verletzten beeinträchtigen** könnte. Er darf also ein bestehendes Mietverhältnis nicht kündigen oder eine eigene Wohnung anderweit vermieten (§ 2 IV GewSchG). Erforderlichenfalls können Anordnungen nach § 1 GewSchG getroffen werden, um zu verhindern, dass der Verletzer Kontakt zum Verletzten aufnimmt, sich ihm nähert oder ihn belästigt. 23

Während der Nutzung kann der Täter vom Verletzten eine **Vergütung** verlangen, die der Billigkeit entspricht (§ 2 V GewSchG). Eine derartige Vergütung ist regelmäßig anzuordnen, wenn der Täter eine auf einem Mietvertrag oder einem dinglichen Recht beruhende Mitnutzungsbefugnis an der Wohnung hat. 24

4. **Weitergehende Ansprüche** nach anderen Vorschriften (vor allem nach § 14 LPartG) werden durch das Gewaltschutzgesetz **nicht berührt** (§ 3 II GewSchG). 25

Abschnitt 4
Aufhebung der Lebenspartnerschaft

§ 15 Aufhebung

(1) Die Lebenspartnerschaft wird auf Antrag eines oder beider Lebenspartner durch gerichtliches Urteil aufgehoben.
(2) Das Gericht hebt die Lebenspartnerschaft auf, wenn
1. die Lebenspartner seit einem Jahr getrennt leben und
a) beide Lebenspartner die Aufhebung beantragen oder der Antragsgegner der Aufhebung zustimmt oder
b) nicht erwartet werden kann, dass eine partnerschaftliche Lebensgemeinschaft wieder hergestellt werden kann
2. ein Lebenspartner die Aufhebung beantragt und die Lebenspartner seit drei Jahren getrennt leben,
3. die Fortsetzung der Lebenspartnerschaft für den Antragsteller aus Gründen, die in der Person des anderen Lebenspartners liegen, eine unzumutbare Härte wäre.
Das Gericht hebt die Lebenspartnerschaft ferner auf, wenn bei einem Lebenspartner ein Willensmangel im Sinne des § 1314 Abs. 2 Nr. 1 bis 4 des Bürgerlichen Gesetzbuchs vorlag; § 1316 Abs. 1 Nr. 2 des Bürgerlichen Gesetzbuchs gilt entsprechend.
(3) Die Lebenspartnerschaft soll nach Absatz 2 Satz 1 nicht aufgehoben werden, obwohl die Lebenspartner seit mehr als drei Jahren getrennt leben, wenn und solange die Aufhebung für den Antragsgegner, der sie ablehnt, aufgrund außergewöhnlicher Umstände eine so schwere Härte darstellen würde, dass die Aufrechterhaltung der Lebenspartnerschaft auch unter Berücksichtigung der Belange des Antragstellers ausnahmsweise geboten erscheint.
(4) Die Aufhebung nach Absatz 2 Satz 2 ist bei einer Bestätigung der Lebenspartnerschaft ausgeschlossen; § 1315 Abs. 1 Nr. 3 und 4 und § 1317 des Bürgerlichen Gesetzbuchs gelten entsprechend.
(5) Die Lebenspartner leben getrennt, wenn zwischen ihnen keine häusliche Gemeinschaft besteht und ein Lebenspartner sie erkennbar nicht herstellen will, weil er die lebenspartnerschaftliche Gemeinschaft ablehnt. § 1567 Abs. 1 Satz 2 und Abs. 2 des Bürgerlichen Gesetzbuchs gilt entsprechend.

1 **I.** Die Vorschrift regelt die **Beendigung der Lebenspartnerschaft durch Aufhebung.** Dass der Gesetzgeber diese Bezeichnung gewählt hat, ist zu bedauern; denn sie führt zu Assoziationen mit dem eherechtlichen Aufhebungsverfahren (§§ 1313 ff BGB). Mit diesem Verfahren hat aber das Aufhebungsverfahren nach dem LPartG auch nach der Reform durch das LPartGÜG nur weniges gemein; denn das in § 15 LPartG geregelte Verfahren entspricht in seinen Voraussetzungen und in seiner Durchführung grund-

sätzlich der Scheidung des Eherechts (§§ 1564 ff BGB). Durch das LPartGÜG ist allerdings der Komplex der Willensmängel ebenfalls der Aufhebung unterstellt worden (Abs 2 S 2 nF). Damit wird das Rechtsinstitut verunklart: es ist nun eine Art Scheidung, zu der auch einige der Fälle gerechnet werden, in denen eherechtlich eine Aufhebung durchzuführen ist. Allerdings sind die Fälle, in denen ein Partnerschaftshindernis besteht, ausgenommen: In diesen Fällen ist die Lebenspartnerschaft unheilbar nichtig. Für eine Aufhebung ist kein Raum.

2 Die Norm sichert im Übrigen das **staatliche Interesse an der Kontrolle über die Auflösung von Lebenspartnerschaften**; denn sie ordnet zunächst an, dass eine Lebenspartnerschaft nur durch ein gerichtliches Urteil aufgehoben werden kann (Abs 1). Außerdem trägt sie dem höchstpersönlichen Charakter der Entscheidung über die Beendigung der Lebenspartnerschaft dadurch Rechnung, dass die Aufhebung an den Antrag mindestens eines Lebenspartners gebunden ist.

3 Die **Voraussetzungen** der Aufhebung **ähneln grundsätzlich den Scheidungsvoraussetzungen** nach §§ 1565 ff BGB. Durch das LPartGÜG hat sich die Rechtslage erheblich geändert. Während es bislang nur auf den Ablauf bestimmter Fristen nach der Erklärung ankam, die Lebenspartnerschaft nicht fortsetzen zu wollen, ist nun das Getrenntleben vor der Scheidung grundsätzlich zu einer zwingenden Voraussetzung der Aufhebung gemacht. Die Rechtslage wurde gleichwohl nicht vollständig an diejenige des Scheidungsrechts angeglichen, weil im Scheidungsrecht die Fristen des Getrenntlebens nur für die Vermutungen des § 1566 BGB Bedeutung haben, während sie im Lebenspartnerschaftsrecht echte Voraussetzungen für die Aufhebung sind. Erst in letzter Minute ist dieser Unterschied durch eine Härteklausel verringert worden (Abs 2 Nr 1 lit b). Ein vollständiger Gleichlauf wurde aber nicht erreicht.

4 Außerdem kann eine Lebenspartnerschaft aufgehoben werden, wenn im Zeitpunkt der Begründung der Lebenspartnerschaft ein **Willensmangel** vorlag, wie er nach § 1314 II Nr 1-4 BGB zur Aufhebung der Ehe berechtigt. Das ist systematisch verfehlt (Rn 1), lässt sich aber de lege lata nicht ändern.

Zum **Verfahren** der Aufhebung s § 661 ZPO Rn 108 ff.

5 **II. 1.** Die Lebenspartnerschaft kann nur durch **gerichtliches Urteil aufgehoben** werden (Abs 1). Wie bei Ehen auch, ist die „Privatscheidung" einer Lebenspartnerschaft ausgeschlossen, wenn deutsches Sachrecht gilt (dazu Art 17b EGBGB). Auch wenn die Lebenspartner, auf deren Beziehung deutsches Recht anzuwenden ist, im Ausland leben, muss daher die Lebenspartnerschaft dort durch Urteil beendet werden, wenn die Rechtsordnung dieses Landes eine andere Form der Auflösung zulässt. Andere Formen der Auflösung der Lebenspartnerschaft können nicht anerkannt werden. Der Staat hat ein Interesse daran, über den Bestand von Beziehungen, die zu gegenseitigen Rechten und Pflichten ebenso führen wie zu Vergünstigungen in Bezug auf Sozialleistungen und zu öffentlich-rechtlichen Pflichten, einen zuverlässigen Überblick zu behalten. Das kann er zuverlässig nur, wenn er das Verfahren zur Eingehung und Aufhebung dieser Gemeinschaften kontrolliert und selbst daran mitwirkt.

6 **2.** Die Aufhebung der Lebenspartnerschaft erfolgt ausschließlich **auf Antrag.** Dieser kann von jedem Lebenspartner allein, aber auch von beiden gemeinsam gestellt werden (Abs 1). Durch den Antrag wird ein Verfahren eingeleitet, in dem grundsätzlich alle Streitigkeiten, in denen eine Entscheidung für den Fall der Aufhebung der Lebenspartnerschaft beantragt wird (Folgesachen), in einem Verhandlungs- und Entscheidungsverbund stehen, dh grundsätzlich zusammen verhandelt und entschieden werden müssen (§§ 661 II, 623 ZPO, Einzelheiten: § 661 ZPO Rn 184 ff).

7 **3.** Nach der Reform des Aufhebungsrechts durch das LPartGÜG kennt das Lebenspartnerschaftsrecht nunmehr **echte Aufhebungsgründe.** Das Prinzip der rein konsensualen Aufhebung, wie sie das Lebenspartnerschaftsrecht bis zum 31.12.04 gekannt hatte (dazu Voraufl, Rn 7 ff), wurde beseitigt. Die Voraussetzungen müssen grundsätzlich schon bei Rechtshängigkeit der Aufhebung, also der Zustellung der Antragsschrift (§ 253 ZPO), vorliegen. Fehlt es daran und an konkretem Vortrag, ob ein Härtefall vorliegt (Abs 2 S 1 Nr 3, Rn ff), kann die Aufhebung der Lebenspartnerschaft ohne weiteres wegen Unschlüssigkeit des Aufhebungsantrags abgelehnt werden. Der Mangel wird aber geheilt, wenn im Laufe des Verfahrens die notwendigen Fristen ablaufen. Ist die erforderliche Wartezeit erst in der zweiten Instanz erreicht, ist an das Familiengericht zurückzuverweisen, damit dem aufhebungsunwilligen Lebenspartner nicht wegen der Folgesachen eine Instanz genommen wird (BGH NJW 97, 1007).

8 **a)** Aufhebungsgrund ist zunächst, dass die Lebenspartner **seit einem Jahr getrennt leben** und **beide die Aufhebung beantragen** oder der Antragsgegner dem Antrag zustimmt (Abs 2 S 1 Nr 1a). Der Grund entspricht der Vermutung des § 1566 I BGB.

9 **aa)** Unter **Getrenntleben** ist nach Abs 5 zu verstehen, dass zwischen den Lebenspartnern keine häusliche Gemeinschaft besteht und ein Lebenspartner sie erkennbar nicht herstellen will, weil er die lebenspartnerschaftliche Gemeinschaft ablehnt. Die Definition entspricht derjenigen des § 1567 I 1 BGB. Das Getrenntleben hat also zwei Voraussetzungen:

10 Zwischen den Lebenspartnern darf **keine häusliche Gemeinschaft** mehr bestehen (Abs 1 S 1). Diese muss ganz aufgehoben sein; eine Teiltrennung, während derer etwa die Partner in getrennten Wohnungen leben, der eine aber immer noch die Wäsche für den anderen besorgt oder für ihn kocht, reicht nicht. Dass gerade an das Getrenntleben angeknüpft wird, ist merkwürdig und systematisch kaum zu begründen; denn auch in der funktionierenden Lebenspartnerschaft ist eine häusliche Gemeinschaft der Lebenspartner nicht erforderlich (§ 2 LPartG Rn 9). Dass der Gesetzgeber auf das Getrenntleben abstellt, ist wohl eher darauf zurückzuführen, dass er eine möglichst den Scheidungsregeln parallele Regelung schaffen wollte. Er hat dabei übersehen, dass der Ausgangspunkt insofern ein anderer war.

11 Es schadet nicht, dass die Lebenspartner noch die **gemeinsame Wohnung** bewohnen (Abs 5 S 2, § 1567 I 2 BGB). Auch dann muss aber das gemeinsame Zusammenleben aufgegeben sein. Erlaubt ist nur, dass sie wie Fremde nebeneinander in derselben Wohnung leben. Einschränkungen dieses Grundsatzes können aus der Versorgungsbedürftigkeit eines Lebenspartners (zB wegen einer Behinderung) oder im Interesse der im gemeinsamen Haushalt lebenden Kinder ergeben (OLG Düsseldorf FamRZ 82, 1014; OLG Köln NJW 87, 1561). Immer müssen sich die Fürsorgemaßnahmen für den anderen auf das absolute Mindestmaß beschränken (BGH NJW 79, 1360). Die Weiterbenutzung des gemeinsamen Schlafzimmers hindert grundsätzlich die Annahme des Getrenntlebens (OLG Hamm NJWE-FER 98, 169).

12 Mindestens ein Lebenspartner darf die häusliche Gemeinschaft nicht mehr herstellen wollen, **weil er die lebenspartnerschaftliche Gemeinschaft ablehnt.** Es kommt nur auf die Ablehnung der Lebensgemeinschaft, nicht die der Lebenspartnerschaft an. Der Trennungswille muss nach außen deutlich werden. Es reicht nicht, wenn die Partner ihn nur untereinander äußern. Das ist besonders dann wichtig (wegen der Bestimmung des Trennungszeitpunkts), wenn die Lebenspartner auch während der funktionierenden Partnerschaft räumlich getrennt waren. In diesen Fällen beginnt ein Getrenntleben erst mit der Bekanntgabe des Trennungswillens (nicht notwendigerweise gegenüber dem anderen Lebenspartner), auch wenn die räumliche Trennung schon länger andauert.

13 Ein **kürzeres Zusammenleben** zur Versöhnung **unterbricht die Trennung nicht** (Abs 5 S 2, § 1567 II BGB). Das soll Versöhnungsversuche fördern. Müssten die Le-

benspartner befürchten, dass auch kurzfristige Versuche, wieder mit dem anderen zusammenzuleben oder die lebenspartnerschaftliche Gemeinschaft auf andere Weise zu verwirklichen, die Trennung beendeten und eine ganz neue Frist erforderlich machten, würden derartige Versuche häufig unterbleiben.

14 Was noch ein Zusammenleben für kürzere Zeit ist, **richtet sich nach den Umständen des Einzelfalls**, vor allem nach dem Grad der Zerrüttung der Partnerschaft. Unschädlich sind gemeinsame Urlaube, Besuche, auch wenn sie mit Übernachtungen verbunden sind, gelegentlicher Geschlechtsverkehr (vgl OLG Celle FamRZ 96, 804). Die Grenze ist bei einer im Vergleich zur für die Aufhebung erforderlichen Trennungszeit von einem Jahr (Abs 2 Nr 1) erheblichen Dauer zu ziehen. Diese kann mit der Rechtsprechung bei etwa 25 % der Frist, also drei Monaten, angesiedelt werden (vgl OLG Hamm NJW-RR 86, 554; OLG Zweibrücken FamRZ 81, 146; großzügiger OLG Düsseldorf FamRZ 95, 96 zur vergleichbaren Lage im Eherecht).

15 Zweck des Zusammenlebens muss die **Versöhnung** der Lebenspartner sein. Die Wiederaufnahme des Zusammenlebens aus anderen Gründen (zB zur Kostenersparnis) beendet das Getrenntleben. Das gleiche gilt, wenn das Zusammenleben zu einer echten Aussöhnung führt. Die Dauer des Getrenntlebens wird dann neu von einer erneuten Trennung an gerechnet.

16 **bb)** Der Antrag auf Aufhebung der Lebenspartnerschaft muss in diesen Fällen nach **§ 630 ZPO** auch enthalten: die Mitteilung, dass der andere Lebenspartner der Scheidung zustimmen oder in gleicher Weise die Aufhebung beantragen wird, entweder übereinstimmende Erklärungen der Lebenspartner, dass Anträge zur Übertragung der elterlichen Sorge oder eines Teils der elterlichen Sorge für die Kinder auf einen Elternteil und zur Regelung des Umgangs der Eltern mit den Kindern nicht gestellt werden, weil sich die Lebenspartner über das Fortbestehen der Sorge und über den Umgang einig sind, oder, soweit eine gerichtliche Regelung erfolgen soll, die entsprechenden Anträge und jeweils die Zustimmung des anderen Partners hierzu und die Einigung der Lebenspartner über die Regelung der Unterhaltspflicht gegenüber einem Kind, die durch die Lebenspartnerschaft begründete gesetzliche Unterhaltspflicht sowie die Rechtsverhältnisse an der Wohnung und am Hausrat. Die Lebenspartnerschaft soll erst geschieden werden, wenn die Lebenspartner über Unterhalt, Wohnung und Hausrat einen vollstreckbaren Titel herbeigeführt haben (§ 630 II ZPO).

17 **b)** Die Lebenspartnerschaft kann auch aufgehoben werden, ohne dass die Lebenspartner seit einem Jahr getrennt leben, wenn **nicht erwartet werden kann, dass eine partnerschaftliche Lebensgemeinschaft wieder hergestellt werden kann** (Abs 2 Nr 1b). Dieser Grund ähnelt dem einzigen Grund des Scheidungsrechts: § 1565 BGB, der statuiert, dass eine Ehe geschieden werden kann, wenn sie gescheitert ist. Die Formulierung ist jedoch sehr verklausuliert. Es wäre besser gewesen, die Aufhebungsgründe des Lebenspartnerschaftsrechts insgesamt dem Scheidungsrecht anzugleichen und einen Aufhebungsgrund (Scheitern) zu statuieren und diesen dann mit Vermutungen zu unterlegen. Zu einem Ausschluss der Aufhebung aus Härtegründen s Rn 35 f.

18 Ob nicht erwartet werden kann, dass eine partnerschaftliche Lebensgemeinschaft wieder hergestellt werden kann, ist in einer **Würdigung aller Umstände des Einzelfalls** zu ermitteln. Die Beweislast für die der Scheidung günstigen Umstände trägt der Antragsteller, für die ihr nachteiligen Umstände der Antragsgegner. Bei beiderseitigem Scheidungsantrag ist jeder Antrag einzeln zu behandeln.

19 Die **Wiederherstellung** der ehelichen Lebensgemeinschaft darf **nicht zu erwarten** sein. Es handelt sich um eine Prognoseentscheidung, die vom Revisionsgericht nur begrenzt überprüfbar ist (BGH NJW 78, 1810). Zu prüfen ist, ob wahrscheinlich ist, dass die Lebenspartner (noch einmal) eine Lebensgemeinschaft begründen, die dem gesetzlichen Leitbild des § 2 LPartG entspricht.

20 Umstände, die **für ein Scheitern der Lebenspartnerschaft sprechen,** weil sie die Wiederaufnahme der lebenspartnerschaftlichen Gemeinschaft als unwahrscheinlich erscheinen lassen, sind: die dauerhafte Zuwendung zu einem anderen Partner, ständige Misshandlungen oder Beleidigungen des einen Lebenspartners durch den anderen, ständiger Streit, Angriffe auf Verwandte des Lebenspartners, Gleichgültigkeit oder innere Kälte. Liegen derartige Faktoren vor, schaden kleinere Aufmerksamkeiten, Versöhnungsversuche und Besuche der negativen Prognose nicht. Das gilt vor allem, wenn diese Verhaltensweisen auch sich in einer vergleichbaren Situation befindlichen Dritten gegenüber üblich wären (zB Krankenhausbesuche bei schwerer Erkrankung, OLG Schleswig FamRZ 77, 802).

21 **§ 630 ZPO** (Rn 16) mit den zusätzlichen Anforderungen an den Antrag gilt auch in den Fällen des Abs 2 S 1 Nr 1b.

22 **c)** Die Lebenspartnerschaft kann auch bei nur **einseitigem Antrag** aufgehoben werden, wenn die Lebenspartner seit mindestens **drei Jahren getrennt leben** (Abs 2 S 1 Nr 2, Begriff: Abs 5, Rn). Das gilt auch, wenn ein Partner der Aufhebung widerspricht und die Lebenspartnerschaft aufrechterhalten will.

23 **d)** Auch ohne vorgängiges Getrenntleben kann die Lebenspartnerschaft aufgehoben werden, wenn ein **Härtefall** vorliegt, wenn also die Fortsetzung der Lebenspartnerschaft für den Antragsteller aus Gründen, die in der Person des anderen Lebenspartners liegen, eine unzumutbare Härte wäre (Abs 2 S 1 Nr 3). Diese Regelung, die § 1565 II BGB nachgebildet ist, soll einerseits eine Mindestbedenkzeit gewährleisten und verhindern, dass ein Aufhebungswilliger sofort den selbst geschaffenen Zerrüttungsgrund ausnutzt (Schutz des Aufhebungsunwilligen). Andererseits soll der Aufhebungswillige nicht an der Lebenspartnerschaft festgehalten werden, wenn gewichtige Gründe das weitere Bestehen der trotz Getrenntlebens unzumutbar machen.

24 **aa)** Die Härteregelung wird nur bedeutsam, wenn die Lebenspartner **noch nicht ausreichend lange getrennt gelebt haben.** Auf die Dauer der Lebenspartnerschaft kommt es nicht an. Maßgeblicher Zeitpunkt ist die letzte mündliche Verhandlung vor dem Familiengericht.

25 **bb)** Die Härteklausel greift ein, wenn das Unterbleiben der Aufhebung für den Antragsteller aus Gründen, die in der Person des anderen Lebenspartners liegen, eine **unzumutbare Härte** bedeutete. Die Unzumutbarkeit muss gerade darin bestehen, mit dem anderen weiter in der Lebenspartnerschaft rechtlich verbunden zu sein. Es reicht nicht, dass das Zusammenleben mit ihm unzumutbar ist; denn diese Unzuträglichkeiten können schon durch ein Getrenntleben abgestellt oder zumindest gelindert werden. Bei der Beurteilung sind deswegen strenge Maßstäbe anzulegen. Als Auslegungshilfe können dabei die zu § 1565 II BGB entwickelten Grundsätze herangezogen werden, soweit sich die Pflichten aus Lebenspartnerschaft und ehelicher Lebensgemeinschaft entsprechen.

26 Als **ausreichende Härten** können angesehen werden: die Begehung von Straftaten gegen den aufhebungswilligen Lebenspartner, Prostitution gegen den Willen des anderen (OLG Bremen FamRZ 96, 489), der Missbrauch von Kindern oder Stiefkindern, schwere Unterhaltspflichtverletzungen, bewusste wirtschaftliche Schädigungen des Partners (zB willkürliche Anzeige beim Arbeitgeber oder Finanzamt) und eine Trunk- oder Drogensucht, die der Partner wegen Uneinsichtigkeit nicht behandeln lässt (vgl OLG Bamberg FamRZ 80, 577; OLG München NJW 78, 49).

27 **Unzureichend** als Härtegründe sind dagegen: sexuelle Beziehungen mit Dritten, Streit (auch wenn er ständig andauert), vor der Eingehung der Lebenspartnerschaft liegende Ereignisse, die dem Lebenspartner verschwiegen wurden (dann aber gegebenenfalls Aufhebung nach Abs 2 S 2, Rn 29 ff), die Hinwendung zu einem neuen Partner (OLG Köln FamRZ 92, 319), auf Erkrankungen beruhendes Fehlverhalten gegenüber dem Partner, sowie sonstige Umstände, für die eine Entschuldigung gefunden werden kann.

cc) Der Härtegrund muss **ausschließlich in der Person des aufhebungsunwilligen Lebenspartners** liegen. Trifft den anderen Lebenspartner ein vergleichbares Fehlverhalten, scheidet die Anwendung von Abs 2 S 1 Nr 3 aus. Haben beide Lebenspartner den Antrag gestellt, gilt nichts anderes. Es wäre eine im Gesetz nicht vorgesehene Verschärfung, in diesem Fall das Vorliegen von Härtegründen auf beiden Seiten zu fordern. Andererseits widerspräche der völlige Verzicht auf die Prüfung (so OLG Koblenz FamRZ 78, 33; OLG Karlsruhe FamRZ 78, 590) dem im Gesetz zum Ausdruck gekommenen Willen des Gesetzgebers, dass der beiderseitige Aufhebungswille allein nicht ausreicht, sondern dass eine Wartefrist erfüllt sein muss. 28

e) Aufhebungsgrund ist seit der Novellierung des Lebenspartnerschaftsrechts auch, dass bei der Begründung der Lebenspartnerschaft ein **Willensmangel** iSd § 1314 II Nr 1-4 BGB vorlag. Unzureichend ist dagegen ein Grund iSd § 1314 II Nr 5 BGB, also eine Scheinpartnerschaft iSd § 1 II Nr 4 LPartG. In diesen Fällen ist die Lebenspartnerschaft nicht nur aufhebbar, sondern unheilbar nichtig. 29

aa) **(1)** Aufhebbar ist eine Lebenspartnerschaft, bei deren Eingehung ein Lebenspartner sich im Zustand der Bewusstlosigkeit oder der **vorübergehenden Störung der Geistestätigkeit** (vgl § 105 II BGB) befand (§ 1314 II Nr 1 BGB). In diesem Fall ist die Aufhebung aber ausgeschlossen, wenn der Lebenspartner nach Wegfall der Bewusstlosigkeit oder Störung der Geistestätigkeit zu erkennen gegeben hat, dass er die Lebenspartnerschaft fortsetzen will (Bestätigung, Abs 4, § 1315 I Nr 3 BGB). 30

(2) Aufhebbar ist auch eine Lebenspartnerschaft, wenn ein Lebenspartner bei der Registrierung **nicht gewusst hat, dass es sich um Die Eingehung einer Lebenspartnerschaft handelt** (§ 1314 II Nr 2 BGB). Derartige Fälle werden extrem selten sein, da die im Eherecht insoweit in Betracht zu ziehenden Auslandsfälle (vgl HK-BGB/Kemper, §§ 1314-1315 BGB Rn 8) unter Lebenspartnern nicht in Betracht kommen, weil die im Ausland registrierten Partnerschaften insgesamt ausländischem Recht unterliegen (Art 17b EGBGB). Die Aufhebung ist ausgeschlossen, wenn der Lebenspartner nach Entdeckung des Irrtums die Lebenspartnerschaft bestätigt hat (Abs 4, § 1315 I Nr 4 BGB). 31

(3) Aufhebungsgrund ist auch, wenn ein Lebenspartner zur Eingehung der Lebenspartnerschaft durch **arglistige Täuschung** über solche Umstände bestimmt worden ist, die ihn bei Kenntnis der Sachlage und bei richtiger Würdigung des Wesens der Lebenspartnerschaft von der Eingehung der Lebenspartnerschaft abgehalten hätten (§ 1314 II Nr 4 BGB). Ausgeschlossen ist die Anfechtung aber, wenn die Täuschung Vermögensverhältnisse betrifft. Die Täuschung muss sich also auf ganz erhebliche persönliche Umstände beziehen, die eine vernünftige Person in der Situation des Getäuschten von der Eheschließung abgehalten hätten. In Betracht kommen allgemein die Täuschung über schwere, vor allem unheilbare Krankheiten (zB Aids-Infektion), Unfruchtbarkeit, Impotenz, schwere Vorstrafen, besonders, wenn eine Bewährungsfrist noch läuft (AG Kulmbach NJW 02, 2112) usw. Entscheidend sind aber immer die Umstände des Einzelfalls, dh was nach der Lebensplanung dieser Lebenspartner wichtig sein sollte. Die Täuschung muss sich auf Faktoren beziehen, die bereits zur Zeit der Begründung der Lebenspartnerschaft vorliegen, eine solche über bloße Aussichten oder Wünsche reicht nicht. Sie kann durch Tun oder Unterlassen begangen werden, letzteres aber nur, wenn eine echte Offenbarungspflicht vorliegt, etwa wenn der Partner direkt nach bestimmten Umständen gefragt hat oder wenn sie erkennbar für ihn von Bedeutung sind. Die Täuschung muss grundsätzlich durch den Lebenspartner selbst erfolgen. Täuschungen durch Dritte reichen nur, wenn der Lebenspartner sie kannte. In subjektiver Hinsicht ist Vorsatz erforderlich. Eine Täuschung scheidet daher aus, wenn der „täuschende" Lebenspartner gar nicht weiß, dass seine Aussagen nicht der Wahrheit entsprechen (zB unentdeckte Krankheit). Auch bei Täuschung ist die 32

Aufhebung ausgeschlossen, wenn der Getäuschte die Lebenspartnerschaft in Kenntnis der Täuschung bestätigt hat (Abs 4, § 1315 I Nr 4 BGB).

33 **(4)** Aufhebbar ist auch eine Lebenspartnerschaft, zu deren Eingehung ein Lebenspartner widerrechtlich durch **Drohung** bestimmt worden ist (§ 1314 II Nr 4 BGB). Auch insoweit ist die Aufhebung ausgeschlossen, wenn der Bedrohte nach dem Wegfall der Zwangslage die Ehe bestätigt hat (Abs 4, § 1315 II 4 BGB).

34 **bb)** In den Fällen des Abs 2 S 2 ist die Aufhebung **befristet,** da keine öffentlichen Interessen, sondern nur Interessen der Lebenspartner berührt sind. Der Antrag kann dann nur binnen eines Jahres nach dem Wegfall des Willensmangels gestellt werden. Hat der gesetzliche Vertreter eines Geschäftsunfähigen die Frist verstreichen lassen, beginnt eine neue Frist von sechs Monaten, wenn die Geschäftsunfähigkeit wegfällt. Die Aufhebungsmöglichkeit entfällt in jedem Fall, wenn die Lebenspartnerschaft bereits auf andere Weise (Tod, Aufhebung nach Abs 2 S 1) aufgelöst ist (Abs 4, § 1317 BGB).

35 **4.** Trotz Vorliegens aller Voraussetzungen wird die **Aufhebung der Lebenspartnerschaft in zwei Fällen ausgeschlossen:** Die Aufhebung in Fällen, in denen die Aufhebung ein Scheidungsäquivalent darstellt und an sich vom aufhebungsunwilligen Lebenspartner nicht mehr verhindert werden kann, weil die Dreijahresfrist des Getrenntlebens erfüllt ist (Fälle des Abs 2 S 1 Nr 2), ist ausgeschlossen, wenn und solange die Aufhebung für den Antragsgegner, der sie ablehnt, aufgrund außergewöhnlicher Umstände eine so schwere Härte darstellen würde, dass die Aufrechterhaltung der Lebenspartnerschaft auch unter Berücksichtigung der Belange des Antragstellers ausnahmsweise geboten erscheint (Abs 3). In den Fällen des Aufhebungsäquivalents (Abs 2 S 2) ist die Aufhebung ausgeschlossen, wenn die Lebenspartnerschaft bestätigt wurde.

36 **a)** Die **Härteklausel** des Abs 3 ist **§ 1568 BGB nachgebildet,** weist aber zu dieser Regelung einen ganz entscheidenden Unterschied auf: Die Lebenspartnerschaft soll nicht aufgehoben werden, wenn und solange die Aufhebung für den Antragsgegner, der sie ablehnt, aufgrund außergewöhnlicher Umstände eine so schwere Härte darstellen würde, dass die Aufrechterhaltung der Lebenspartnerschaft auch unter Berücksichtigung der Belange des Antragstellers ausnahmsweise geboten erscheint. Es fehlt dagegen – anders als in § 1568 BGB – jede Bezugnahme auf die Interessen der gemeinschaftlichen Kinder. Das kann nur darauf beruhen, dass der Gesetzgeber bei der Ausgestaltung der Regelung übersehen hat, dass auch Lebenspartner gemeinsam Eltern eines Kindes sein können, dessen Interessen keinen geringeren Stellenwert haben können als diejenigen eines gemeinschaftlichen Kindes von Ehegatten. Es wäre eher umgekehrt zu überlegen gewesen, ob nicht beide Härteklauseln in dem Sinne zu erweitern gewesen wären, dass auch die Interessen anderer in der jeweiligen Partnerschaft lebender Kinder berücksichtigt werden müssten, die nicht gemeinschaftliche Kinder der Beteiligten sind. Angesichts der eindeutigen Formulierung des Abs 3 können aber Kindesinteressen nur insoweit Berücksichtigung finden, als sie gerade auch in der Person des Elternteils einen Härtefall begründen.

37 Nach Abs 3 **relevante Härtegründe** können demnach zB eine schwere Erkrankung (besonders, wenn der Tod in naher Zeit zu erwarten ist), die Pflege eines Kindes oder engen Verwandten oder die Selbstmordgefährdung des Aufhebungsunwilligen (KG FamRZ 83, 1133; aA BGH NJW 81, 2808) sein. Die Gründe müssen im Vergleich zum Interesse des anderen Lebenspartners an der Aufhebung ein ganz besonderes Gewicht aufweisen. Es reicht nicht, dass die Aufhebung dem Unwilligen normale Nachteile bringt, wie wirtschaftliche Nachteile (BGH NJW 81, 2516; 84, 2353; OLG Düsseldorf FamRZ 80, 780), die Beeinträchtigung des Umgangsrechts mit einem Kind (OLG Frankfurt NJW-RR 02, 577), ausländerrechtliche Nachteile (OLG Köln FamRZ 95, 997; OLG Nürnberg FamRZ 96, 35) oder solche gesellschaftlicher Art (OLG Hamm

FamRZ 77, 802). Die Härte muss sich ausschließlich durch die (zeitweilige) Versagung der Aufhebung beseitigen lassen. Hinzukommen muss aber, dass der Lebenspartner die Aufhebung nur verweigert, weil er die Aufrechterhaltung der Lebenspartnerschaft will, weil er aus innerer Bindung an ihr festhält (BGH FamRZ 85, 905). Schließlich müssen bei der Entscheidung über die Versagung der Aufhebung auch die Belange des anderen (scheidungswilligen) Lebenspartners berücksichtigt werden. Es muss eine Abwägung zwischen den Härtegründen auf der einen Seite und den Interessen des Aufhebungswilligen auf der anderen stattfinden. Die Versagung der Aufhebung scheidet daher aus, wenn auf Seiten des Aufhebungswilligen Gründe von ähnlichem Gewicht vorliegen wie auf Seiten des Aufhebungsunwilligen.

38 Bei Vorliegen der Voraussetzungen des Abs 3 muss die **Aufhebung abgelehnt** werden. Fallen die Härtegründe später weg, kann ein neuer Aufhebungsantrag gestellt werden.

39 **b)** Soweit der Gesetzgeber die Aufhebung der Lebenspartnerschaft ausgeschlossen hat, wenn die Lebenspartner nach Erkennen des Geschäftsfähigkeits- oder Willensmangels zu erkennen gegeben haben, dass sie die Lebenspartnerschaft trotzdem weiterführen möchten (**Bestätigung,** Abs 4, § 1315 I 1 Nr 1–4 BGB), ist zu beachten, dass diese eine echte Rechtshandlung ist. Sie braucht nicht ausdrücklich zu sein, erforderlich ist aber, dass die Lebenspartner in Kenntnis des Mangels ihrer Partnerschaft zu erkennen geben, dass dieser für sie unerheblich sein soll und sie ihre Lebenspartnerschaft fortsetzen wollen. Ausreichen sein kann schon Geschlechtsverkehr in Kenntnis des Aufhebungsgrundes (OLG Köln FPR 03, 26). Aus der Einordnung der Bestätigung als Rechtshandlung folgt auch, dass die Bestätigung eines Geschäftsunfähigen unwirksam ist (§ 1315 I 2 BGB).

§ 16 Nachpartnerschaftlicher Unterhalt

(1) Kann ein Lebenspartner nach der Aufhebung der Lebenspartnerschaft nicht selbst für seinen Unterhalt sorgen, so hat er gegen den anderen Lebenspartner einen Anspruch auf Unterhalt entsprechend den §§ 1570 bis 1581 und 1583 bis 1586b des Bürgerlichen Gesetzbuchs.

(2) Bei der Ermittlung des Unterhalts des früheren Lebenspartners geht dieser im Falle des § 1581 des Bürgerlichen Gesetzbuchs einem neuen Lebenspartner und den übrigen Verwandten im Sinne des § 1609 Abs. 2 des Bürgerlichen Gesetzbuchs vor; alle anderen gesetzlich Unterhaltsberechtigten gehen dem früheren Lebenspartner vor.

1 **I.** Die Vorschrift regelt den **Unterhalt nach beendeter Lebenspartnerschaft**. Sie umfasst damit einen Regelungsbereich, für den im Eherecht 24 Vorschriften erforderlich sind. Das gelingt nur deswegen, weil statt mehrerer, relativ voneinander abgegrenzter Tatbestände im Eherecht in Abs 1 eine Generalklausel alle Unterhaltsfälle einheitlich erfasst und auf die eherechtlichen Regelungen verweist. Von der Verweisung ausgenommen ist allein § 1582 BGB, weil Abs 2 eine eigenständige Regelung der Rangfragen enthält.

2 Die Regelung ist nach der Umgestaltung durch das LPartGÜG **keine Anspruchsgrundlage** mehr. Der Unterhaltsanspruch ergibt sich vielmehr jeweils aus den in Bezug genommenen Tatbeständen des BGB.

3 Der Unterhaltsanspruch des ehemaligen Lebenspartners ist **Ausdruck der nachpartnerschaftlichen Solidarität** der Lebenspartner und entfaltet damit die in § 2 LPartG enthaltene Verpflichtung zu Beistand und Fürsorge weiter. Umgekehrt gilt nach dem Ende der Lebenspartnerschaft in erster Linie wieder der Grundsatz, dass jeder Lebenspartner selbst für sich verantwortlich ist. Der Unterhaltstatbestand ist deswegen auf Ausnahmefälle beschränkt, in denen ein ehemaliger Lebenspartner nicht dazu in der Lage ist, seinen Lebensunterhalt durch eine eigene Erwerbstätigkeit selbst zu sichern oder dass es ihm wegen der besonderen Umstände des Einzelfalls nicht zumutbar ist, für sich selbst zu sorgen.

4 Der **Anspruch ist ein anderer als** der Unterhaltsanspruch während des Getrenntlebens (**§ 12 LPartG)** und aus der Zeit des Zusammenlebens **(§ 5 LPartG).** Daraus folgt, dass Unterhaltstitel aus der Zeit des Getrenntlebens mit der Aufhebung der Lebenspartnerschaft wertlos werden. Vollstreckt der aus ihnen begünstigte Lebenspartner weiter, kann sich der in Anspruch Genommene mit einer Vollstreckungsgegenklage wehren.

5 **Die Entscheidung** über den Unterhaltsanspruch ist Lebenspartnerschaftssache (§ 661 I Nr 4 ZPO) und fällt damit in die Zuständigkeit des Familiengerichts. Wird der Unterhalt im Aufhebungsverfahren geltend gemacht wird, fallen die Verhandlung und Entscheidung darüber in den Verbund. Zum Verfahren s im Einzelnen: § 661 ZPO Rn 184 ff.

6 **II. 1. Übersicht.** Abs 1 S 1 ist keine Anspruchsgrundlage, sondern spricht nur den Grundsatz der Eigenverantwortung der Lebenspartner nach der Aufhebung der Lebens-

partnerschaft aus. Die Lebenspartner müssen nach der Aufhebung der Partnerschaft grundsätzlich wieder für sich selbst sorgen. **Unterhaltsansprüche** gegen den Ex-Partner kommen **nur** in Betracht, wenn einer der in **§§ 1570–1576 BGB** genannten Ausnahmefälle vorliegt, dann aber unabhängig davon, ob die Bedürftigkeit partnerschaftsbedingt ist oder nicht.

a) Voraussetzungen eines Unterhaltsanspruchs nach der Scheidung sind: **aa)** Vorliegen eines der Tatbestände der **§§ 1570–1576.** Gegebenenfalls können Unterhaltsansprüche nach diesen Tatbeständen miteinander kombiniert werden, so dass statt eines Teil-Unterhaltsanspruchs ein Anspruch auf den vollen Unterhalt besteht. Beispiel: Wenn neben der Kindererziehung (§ 1570 BGB) eine Halbtagstätigkeit zumutbar wäre, kann dennoch ein Unterhaltsanspruch in voller Höhe bestehen, wenn dem Lebenspartner wegen Alters eine Berufstätigkeit nicht mehr zuzumuten ist (§ 1571 BGB, seltener Fall, kommt bei Annahme von Kindern aber vor) oder wenn er keine angemessene Halbtagstätigkeit zu finden vermag (§ 1573 BGB). 7

bb) Der Unterhalt **fordernde Lebenspartner** muss **bedürftig,** dh nicht in der Lage sein, sich selbst aus seinen Einkünften oder aus seinem Vermögen zu unterhalten (§ 1577 I BGB). 8

cc) Der Lebenspartner, von dem der **Unterhalt gefordert** wird, muss **leistungsfähig** sein (vgl § 1581 BGB). 9

dd) Der Unterhaltsanspruch darf nicht wegen Eingreifens des **§ 1579 BGB** herabgesetzt oder ausgeschlossen oder nach § 242 verwirkt sein (dazu vgl BGHZ 84, 280; 103, 62). 10

b) Der **Umfang** des Unterhalts richtet sich nach **§ 1578 BGB**, dh grundsätzlich nach den lebenspartnerschaftlichen Lebensverhältnissen. Er ist grundsätzlich durch Zahlung einer Geldrente zu gewähren (§ 1585 I 1 BGB), ausnahmsweise auch im Wege einer Kapitalabfindung (§ 1585 II BGB). Soweit der Unterhaltsberechtigte Sonderbedarf hat, kann er die einmalige Zahlung von Sonderbedarf verlangen. Falls erforderlich, kann eine Sicherheitsleistung angeordnet werden (§ 1585 a BGB). 11

c) Der Unterhaltsanspruch **endet** bei Befristung mit dem Ablauf der Frist, mit dem Wegfall des ihn begründenden Tatbestands (falls nicht ein Anschlusstatbestand eingreift), mit dem Wegfall einer der übrigen Voraussetzungen. Rückständige Unterhaltsansprüche verjähren in drei Jahren nach Maßgabe der §§ 195, 197 II. 12

2. Voraussetzung für einen Unterhaltsanspruch ist zunächst, **a)** dass der Unterhalt begehrende Lebenspartner die Voraussetzungen eines der **Tatbestände der §§ 1570-1576 BGB** erfüllt. Der eigenständige Anspruchscharakter des § 16 LPartG wurde durch das LPartGÜG beseitigt. 13

aa) § 1570 BGB enthält eine Ausnahme von der Eigenverantwortlichkeit nach der Aufhebung der Lebenspartnerschaft für den Fall, dass die Partner mindestens ein gemeinschaftliches Kind haben, so dass der für dieses sorgende Teil nicht in der Lage ist, durch Ausübung einer Berufstätigkeit für sich zu sorgen. In Betracht kommt das, wenn ein Lebenspartner das Kind des anderen angenommen hat (§ 9 V LPartG) oder wenn zuvor verschiedengeschlechtliche Partner, die gemeinsam Kinder haben, nach einer Geschlechtsumwandlung eines Partners eine Lebenspartnerschaft eingegangen sind. 14

(1) Der Unterhaltsanspruch aus § 1570 BGB ist **gegenüber anderen Unterhaltstatbeständen in verschiedener Weise privilegiert.** So besteht entgegen der allgemeinen Regel ein Unterhaltsanspruch, wenn zum Zeitpunkt der Aufhebung der Lebenspartnerschaft zwar zu erwarten war, dass der Unterhalt des Berechtigten aus seinem Vermögen nachhaltig gesichert sein würde, das Vermögen aber später wegfällt, wenn im Zeitpunkt des Vermögenswegfalls von dem Lebenspartner wegen der Pflege oder 15

Erziehung eines gemeinschaftlichen Kindes eine Erwerbstätigkeit nicht erwartet werden kann (1577 IV 2 BGB). Bei der Beurteilung der Frage, ob ein Unterhaltsanspruch wegen Unbilligkeit zu versagen, herabzusetzen oder zeitlich zu begrenzen ist, sind die Belange der gemeinsamen Kinder besonders zu berücksichtigen (1579 BGB). Geht der frühere Lebenspartner eine neue Ehe oder Lebenspartnerschaft ein und wird die Ehe bzw Lebenspartnerschaft wieder aufgelöst, so kann er von dem früheren Lebenspartner Unterhalt nach § 1570 BGB verlangen, wenn er ein Kind aus der früheren Lebenspartnerschaft zu pflegen oder zu erziehen hat (1586 a I BGB).

16 **(2) Voraussetzung** des Anspruchs ist zunächst, **(a)** dass die Lebenspartner (mindestens) ein **gemeinsames Kind** haben. Pflegekinder reichen dagegen ebenso wenig, wie Kinder aus einer früheren Ehe oder Beziehung, die nicht vom Partner adoptiert wurden.

17 **(b)** Wegen des gemeinsamen Kindes muss der **Lebenspartner gehindert** sein, seinen **Lebensunterhalt durch Ausübung einer Erwerbstätigkeit selbst sicherzustellen.** Entscheidend für die Beurteilung der Hinderung ist der objektiv bestimmte Betreuungsbedarf, so dass sowohl eine Über- als auch eine Unterbetreuung sich unterhaltsrechtlich nicht auswirken. Ob die Kindesbetreuung die Erwerbstätigkeit hindert, ist unter Berücksichtigung aller Umstände des Einzelfalls zu ermitteln. Die folgenden Altersangaben sind daher nur Anhaltspunkte, die nur als Orientierungswerte anzusehen sind. Eine Abweichung kommt zu Lasten des erziehenden Elternteils in Betracht, wenn erheblich bessere Betreuungsmöglichkeiten für ein Kind zur Verfügung stehen als im Regelfall (zB Kinderhort- oder -gartenplätze, Betreuung durch neuen Lebensgefährten, Eltern, vgl OLG Koblenz FamRZ 87, 1269; OLG Celle NJW-RR 92, 776). Umgekehrt wirkt sich eine erhöhte Betreuungsbedürftigkeit (zB bei Behinderten) insofern zu Lasten des anderen Lebenspartners aus, als eine weitergehende Hinderung an einer eigenen Erwerbstätigkeit anzunehmen ist.

18 Als **Leitlinien** gelten folgende Erwägungen: Haben die Lebenspartner nur ein Kind unter acht Jahren, besteht grundsätzlich keine Erwerbsobliegenheit des betreuenden Elternteils, weil ein kleines Kind immer die Möglichkeit haben muss, mit seinem betreuenden Elternteil in Kontakt zu treten. Das gilt wegen der unregelmäßigen Grundschulzeiten gerade auch in den beiden ersten Schuljahren (anders uU bei gesicherter Mittagsbetreuung). Zwischen dem 8. und dem 11. Lebensjahr des Kindes besteht eine Verpflichtung zur Erwerbstätigkeit nur nach den Umständen des Einzelfalls (BGH FamRZ 89, 487). Die Richtlinien der Oberlandesgerichte sind insoweit nicht einheitlich. Generell ist zu sagen, dass jeweils geprüft werden muss, ob bereits eine Halbtagstätigkeit in Frage kommt. Das ist auf jeden Fall zu bejahen, wenn das Kind das 11. Lebensjahr vollendet hat (BGH FamRZ 80, 771). Ab dem 15., spätestens aber dem 16. Lebensjahr ist dem betreuenden Elternteil eine volle Erwerbstätigkeit zuzumuten (BGH FamRZ 90, 496 f). Bei zwei Kindern sind die gerade genannten Kriterien weniger streng anzuwenden. Regelmäßig kommt eine Erwerbstätigkeit nicht in Frage, bis das jüngste Kind so alt ist, dass der betreuende Elternteil bei einem Einzelkind eine Erwerbstätigkeit aufnehmen müsste; denn sonst würde dieses schlechter gestellt als ein Einzelkind. Außerdem ist aber zu berücksichtigen, dass der Betreuungsaufwand bei mehreren Kindern steigt. Eine Halbtagstätigkeit ist daher regelmäßig erst zumutbar, wenn das jüngste Kind das 13.-14. Lebensjahr vollendet hat. Bei drei und mehr Kindern kommt eine Erwerbstätigkeit jedenfalls bis zur Volljährigkeit des ältesten nicht in Betracht.

19 **(3)** Der Unterhaltsanspruch kann schon von der Aufhebung der Lebenspartnerschaft an bestehen. Das braucht aber nicht der Fall zu sein. Es ist daher auch möglich, dass seine **Voraussetzungen erst später erfüllt** werden (zB Erhöhung des Betreuungsbedarfs

wegen Erkrankung eines gemeinschaftlichen Kindes). Der Unterhaltsanspruch beläuft sich auf den vollen Unterhalt, wenn eine Erwerbstätigkeit ganz unzumutbar ist, sonst auf teilweisen Unterhalt. Dann kann aber Aufstockungsunterhalt nach § 1573 BGB geschuldet sein, wenn der betreuende Elternteil keine adäquate Teilzeitbeschäftigung zu finden vermag (BGH FamRZ 91, 305). Im Anschluss an die Betreuung des Kindes kann ein Unterhaltsanspruch wegen Alters oder Krankheit (§§ 1571 Nr 2, 1572 Nr 2 BGB) oder bis zur Erlangung einer angemessenen Erwerbstätigkeit bestehen (§ 1573 III BGB).

bb) **§ 1571 BGB** räumt aufgrund weiterwirkender ehelicher Solidarität einen **Unterhaltsanspruch** ein, wenn dem früheren Lebenspartner **wegen seines Alters** keine Erwerbstätigkeit mehr zugemutet werden kann. Um den Anspruch aber nicht ausufern zu lassen und eine Versorgung für jeden ehemaligen Lebenspartner zu ermöglichen, der wegen Alters aus dem Berufsleben ausscheidet, muss das Alter bereits vorliegen, wenn durch die Aufhebung oder das Ende eines auf der Lebenspartnerschaft beruhenden anderen Unterhaltsanspruchs noch Verbindungen zu der vorhergehenden Lebenspartnerschaft bestehen. Dagegen ist es nicht erforderlich, dass der Lebenspartner das Alter, aufgrund dessen die Erwerbstätigkeit nicht mehr zumutbar ist, erst in der Zeit der Lebenspartnerschaft erreicht hat. § 1571 BGB gilt vielmehr auch, wenn das Alter bereits bei der Begründung der Lebenspartnerschaft vorlag. 20

(1) **Voraussetzung** des Anspruchs ist zunächst, **(a)** dass der Lebenspartner ein **Alter** erreicht hat, aufgrund dessen eine **Erwerbstätigkeit nicht mehr erwartet werden kann.** Eine feste Altersgrenze besteht nicht. Entscheidend sind die Umstände des Einzelfalls, vor allem, welcher Beruf ausgeübt wurde, wie lang die Berufstätigkeit zurückliegt, welchen Gesundheitszustand der Unterhalt Fordernde aufweist und welche Chancen bestehen, dass er noch eine Stelle findet. Die Altersgrenze ist regelmäßig erreicht, wenn die für diesen Beruf übliche Altersgrenze überschritten ist. Das gilt jedenfalls dann, wenn diese der allgemeinen Altersgrenze in der Rentenversicherung (65 Jahre) entspricht. Sonst muss geprüft werden, ob der Betroffene noch die Tätigkeit in einem anderen Beruf oder eine Ausbildung aufnehmen muss. Dafür kommt es neben dem Alter und dem Gesundheitszustand auch auf die Lebensstellung während der Lebenspartnerschaft und den Zeitraum seit der letzten Erwerbstätigkeit an. Da die Eigenverantwortung das Leitbild für das Leben nach der Lebenspartnerschaft bildet, ist einem gesunden 50–60 jährigen grundsätzlich auch nach langer Dauer der Partnerschaft noch eine volle Erwerbstätigkeit zuzumuten (OLG Köln FamRZ 80, 1006; OLG Hamm FamRZ 95, 1416 zu Eheleuten). 21

(b) Das Alter, aufgrund dessen die Erwerbstätigkeit nicht erwartet werden kann, muss zu einem der in § 1571 BGB genannten **Zeitpunkte** erreicht sein. Das ist zunächst der Zeitpunkt der Rechtskraft der Aufhebung der Lebenspartnerschaft (§ 1571 Nr 1 BGB). Diesem gleichgestellt ist der Zeitpunkt, in dem die Pflege oder Erziehung eines gemeinschaftlichen Kindes beendet wird (§ 1571 Nr 2 BGB). Damit ist der Zeitpunkt gemeint, zu dem die Voraussetzungen für einen Unterhaltsanspruch nach § 1570 BGB (eventuell teilweise) wegfallen. Schließlich kommt der Zeitpunkt in Betracht, zu dem die Voraussetzungen für einen Unterhalt wegen Krankheit (§ 1572 BGB) oder wegen Unmöglichkeit, eine adäquate Erwerbstätigkeit zu finden (§ 1573 BGB), wegfällt (§ 1571 Nr 3 BGB). 22

(2) Die **Beweislast** für die Umstände, aus denen sich ergibt, dass eine Erwerbstätigkeit von dem Unterhalt Fordernden wegen seines Alters nicht mehr erwartet werden kann, liegt beim **Anspruchsteller.** Dieser muss daher beweisen, dass er keine Erwerbstätigkeit mehr finden kann, dass sein Allgemeinzustand bestimmte Belastungen nicht mehr erlaubt usw. 23

24 **(3)** Der Unterhalt ist der **volle Unterhalt,** wenn aufgrund des Alters gar keine Tätigkeit mehr in Betracht kommt, teilweiser Unterhalt, wenn noch eine Teilzeiterwerbstätigkeit altersangemessen ist. In diesem Fall kann uU ein Anspruch aus § 1573 II BGB auf Aufstockungsunterhalt gegeben sein.

25 **cc) § 1572 BGB** enthält eine Ausnahme vom Prinzip der Eigenverantwortung für den Fall, dass von dem früheren Lebenspartner wegen einer **Krankheit oder eines Gebrechens** oder sonstigen Schwäche **keine Erwerbstätigkeit verlangt** werden kann. Wie bei § 1571 BGB ist es erforderlich, dass dieser Umstand zu bestimmten Einsatzzeitpunkten vorliegt, und ebenso wenig wie dort kommt es darauf an, dass der die Unzumutbarkeit der Erwerbstätigkeit begründende Umstand partnerschaftsbedingt ist, so dass der Unterhaltstatbestand auch eingreift, wenn der Unterhalt Fordernde bereits zur Zeit der Begründung der Lebenspartnerschaft an der Krankheit, dem Gebrechen oder der Schwäche litt (BGH FamRZ 04, 779).

26 **(1) Voraussetzung** des Unterhaltsanspruchs ist, **(a)** dass der Unterhalt Fordernde unter einer **Krankheit,** einem **Gebrechen** oder einer körperlichen oder geistigen **Schwäche** leidet. Diese Tatbestandsmerkmale sind nicht genau voneinander abzugrenzen. Sie entstammen dem Sozialversicherungsrecht. Demnach liegt wenigstens eines dieser Tatbestandsmerkmale vor, wenn ein objektiv regelwidriger Körper- oder Geisteszustand von nicht nur vorübergehender Dauer gegeben ist, der entweder ärztliche Behandlung erfordert oder zur Arbeitsunfähigkeit führt (MK-BGB/Maurer § 1572 BGB Rn 2; OLG Hamburg FamRZ 82, 702). Der Zustand muss dauerhaft sein. Ob die Krankheit bzw das Gebrechen schuldhaft herbeigeführt ist, ist grundsätzlich unerheblich. Ausgeschlossen sind jedoch die Fälle einer sog Unterhaltsneurose; denn hier handelt es sich nicht um eine objektiv feststellbare Krankheit, sondern um eine Einstellung des Betroffenen („Versorgungsmentalität", OLG Hamburg FamRZ 82, 702; vgl auch OLG Düsseldorf FamRZ 90, 68, das diese Fälle aber über § 1579 löst).

27 **(b)** Wegen der Krankheit, des Gebrechens oder der Schwäche muss eine (angemessene) **Erwerbstätigkeit nicht verlangt werden können.** Auf die bislang ausgeübte Tätigkeit kommt es nicht an; auch volle Erwerbsunfähigkeit braucht nicht vorzuliegen. Der Lebenspartner ist daher unterhaltsberechtigt, wenn er eine Tätigkeit ausübt, diese aber angesichts seines Gesundheitszustands unzumutbar ist. Umgekehrt scheidet ein Anspruch aus, wenn der Betroffene noch leichte Tätigkeiten ausüben kann, sofern diese angemessen iSd § 1574 BGB sind. Wenn er dadurch seinen angemessenen Unterhalt nicht sichern kann, kann er einen Anspruch auf Ergänzungsunterhalt nach § 1573 II BGB haben (BGH NJW 91, 224).

28 **(c) Einsatzzeitpunkt,** dh der Zeitpunkt, zu dem die genannten Voraussetzungen vorliegen müssen, ist entweder der Zeitpunkt der Rechtskraft der Aufhebung der Lebenspartnerschaft (§ 1572 Nr 1 BGB), der, zu dem die Pflege oder Erziehung eines gemeinschaftlichen Kindes beendet wird (§ 1572 Nr 2 BGB), derjenige, zu dem eine zum Unterhalt berechtigende Ausbildung, Umschulung oder Fortbildung beendet wird (§ 1572 Nr 3 BGB) oder in dem der Unterhaltsanspruch wegen Unmöglichkeit, eine adäquate Erwerbstätigkeit zu finden (§ 1573 BGB), wegfällt (§ 1572 Nr 4 BGB). Die Verwirklichung der Anspruchsvoraussetzungen zu einem anderen Zeitpunkt reicht nicht, selbst wenn zu einem der genannten Zeitpunkte die Krankheit schon latent vorhanden war.

29 **(2)** Der **Unterhaltsanspruch umfasst** grundsätzlich den **gesamten angemessenen Unterhalt** des Lebenspartners. Im Fall des § 1572 Nr 2 BGB (Kindererziehung) ist aber zu beachten, dass der Anspruch nur soweit geht, wie der Anspruch wegen Kindererziehung, der endete und an den angeknüpft wird: War der Lebenspartner bereits danach zu einer teilweisen Berufstätigkeit verpflichtet, besteht auch der Unterhalts-

anspruch wegen Krankheit nur teilweise; denn im Übrigen lag gerade keine Unterhaltsverpflichtung im Einsatzzeitpunkt vor (OLG Düsseldorf NJW-RR 94, 1415).

30 **(3)** Der Unterhaltsanspruch **entfällt** ab dem Zeitpunkt, zu dem sich der Zustand des Berechtigten soweit verbessert, dass von nun an eine eigene Erwerbstätigkeit wieder erwartet werden kann. Einer Befristung bedarf es nicht; der Anspruchswegfall erfolgt automatisch.

31 **dd) (1) § 1573 BGB** soll dem in der Zeit der Lebenspartnerschaft nicht berufstätigen Lebenspartner den Wiedereinstieg in den Beruf erleichtern, indem ihm das Risiko abgenommen wird, dass er nach der Aufhebung der Lebenspartnerschaft **nicht sofort eine angemessene Erwerbstätigkeit findet** oder diese alsbald wieder wegfällt und er deswegen mittellos dasteht. Das Interesse des anderen Lebenspartners, nicht auf Dauer mit dem Arbeitsmarktrisiko seines geschiedenen Partners belastet zu sein, wird dadurch berücksichtigt, dass die Ansprüche nach § 1573 V BGB befristet werden können.

32 Ein Unterhaltsanspruch aus § 1573 ist den **Ansprüchen aus §§ 1570–1572 BGB gegenüber nachrangig.** Soweit nach diesen Vorschriften Unterhaltsansprüche bestehen, scheidet § 1573 BGB daher aus. Ein Anspruch nach § 1573 I BGB Abs 1 kann aber zB neben einem Anspruch aus § 1570 gegeben sein, wenn der Geschiedene zur teilweisen Erwerbstätigkeit verpflichtet ist, eine solche Stelle aber nicht zu finden vermag. Ein Anspruch nach Abs 2 kann neben einem Unterhaltsanspruch aufgrund anderer Regelungen bestehen, wenn der geschiedene Ehegatte erwerbspflichtig ist, aber die von ihm gefundene Tätigkeit (zusammen mit dem Unterhalt nach §§ 1570–1572) nicht den vollen Unterhalt zu sichern vermag (BGH NJW 90, 1847).

33 **(2) Voraussetzung des Anspruchs nach § 1573 I BGB** ist, dass der frühere Lebenspartner nach der Aufhebung der Lebenspartnerschaft keine angemessene Erwerbstätigkeit (§ 1574 BGB) finden kann. Logisch setzt das voraus, dass er während der Lebenspartnerschaft nicht oder nicht voll berufstätig war. Hatte er dagegen eine Erwerbstätigkeit ausgeübt, kommt ein Anspruch nach § 1573 I BGB nicht in Betracht (eventuell aber nach § 1573 II oder IV BGB). Wegen der Anknüpfung an die Angemessenheit ist es für den Anspruch unschädlich, wenn der frühere Lebenspartner nur eine unangemessene Stelle findet (vgl § 1574 II BGB). Dann werden nur die Einkünfte auf den Unterhaltsanspruch angerechnet (§ 1577 I BGB).

34 § 1573 I BGB stellt darauf ab, dass der Lebenspartner eine angemessene Erwerbstätigkeit nicht zu finden vermag. Daraus ist abzuleiten, dass er nicht einfach passiv auf Arbeit oder eine Gelegenheit zu anderer Erwerbstätigkeit warten darf, sondern sich vielmehr aktiv um eine angemessene Erwerbstätigkeit bemühen muss (sog **Erwerbsobliegenheit**). Er muss alles tun, was ein nicht Unterhaltsberechtigter in seiner Lage auch tun würde, um möglichst schnell eine neue Erwerbstätigkeit zu finden. Dazu gehört nicht nur, dass er sich bei der Bundesagentur für Arbeit nach Arbeit erkundigt oder Stellenanzeigen liest. Er muss vielmehr von sich aus aktiv tätig werden (zB Aufgabe von Stellenanzeigen, Spontanbewerbungen, Probepraktika). Fehlt es an dem ernsthaften Bemühen um eine Erwerbstätigkeit, scheidet ein Unterhaltsanspruch aus. Das gilt etwa, wenn der frühere Lebenspartner jede Aktivität unterlässt oder wenn er sich selbst für potentielle Arbeitgeber unattraktiv macht, um eine Einstellung zu vermeiden (zB unvollständige Bewerbungsunterlagen, Nichtwahrnehmung von Vorstellungsterminen, Äußerung von unrealistischen Gehaltsvorstellungen). Die Beweislast für die ausreichenden Anstrengungen bei der Suche nach einer Erwerbstätigkeit liegt beim Anspruchsteller (BGH NJW 87, 899). Der Unterhalt begehrende frühere Lebenspartner muss daher konkretisieren (und nachweisen), welche Anstrengungen er unternommen hat, wenn der in Anspruch Genommene ausreichende Bemühungen bestreitet. Etwas anderes gilt nur, wenn wegen der allgemeinen Arbeitsmarktlage klar ist, dass er mit seinen Qualifikationen ohnehin nicht in der Lage gewesen wäre, eine Stelle zu finden.

35 **Einsatzzeitpunkt** für den Anspruch aus § 1573 I BGB ist entweder derjenige der Rechtskraft der Aufhebung oder der Zeitpunkt, zu dem ein Unterhaltsanspruch nach §§ 1570–1572, 1575 BGB wegfällt (§ 1573 III BGB). Tritt dagegen das Bedürfnis, eine neue Erwerbstätigkeit zu finden, erst später ein, ist ein Anspruch nach § 1573 I BGB ausgeschlossen. Der Unterhalt begehrende ehemalige Lebenspartner muss daher darlegen und notfalls beweisen, dass seit der Rechtskraft der Aufhebung durchgängig ein Unterhaltsanspruch gegeben war, wenn er erst später einen Anspruch auf Aufstockungsunterhalt geltend macht (OLG Hamm FPR 02, 300; OLG Thüringen FamRZ 04, 1207). Gegeben sein kann in diesen Fällen aber auch sonst ein Anspruch nach § 1573 IV BGB.

36 Der Unterhaltsanspruch **besteht während der gesamten Zeit der Arbeitssuche.** Er ist nicht auf einen bestimmten Zeitabschnitt befristet, wenn von der Befristungsmöglichkeit nach § 1573 V BGB kein Gebrauch gemacht wurde. Um die Kontrolle der Suchanstrengungen des Unterhaltsberechtigten zu ermöglichen, sollte er nur für die Zeit tituliert werden, innerhalb derer es wahrscheinlich ist, dass der Unterhaltsberechtigte eine Erwerbstätigkeit findet. Im Regelfall sollten 6 Monate nicht überschritten werden (vgl OLG Düsseldorf FamRZ 91, 193).

37 **(3) Voraussetzung des Anspruchs nach § 1573 II BGB auf Aufstockungsunterhalt** bis zum vollen Unterhalt (§ 1578 BGB) ist, dass der frühere Lebenspartner zwar eine angemessene Erwerbstätigkeit (§ 1574 BGB) gefunden hat, dass die Einkünfte daraus aber nicht ausreichen, um seinen vollen Unterhalt zu sichern. Das soll den früheren Lebenspartner auch zur Übernahme nicht zur Sicherung des vollen Unterhalts ausreichender Tätigkeiten anhalten, damit auf diese Weise der Unterhaltspflichtige zumindest teilweise entlastet wird. Auch dieser Anspruch kann nach § 1573 V BGB befristet werden.

38 **(a)** Was eine **angemessene Erwerbstätigkeit** ist, bestimmt sich nach § 1574 BGB. Einkünfte aus nicht angemessener Tätigkeit bringen schon andere Unterhaltsansprüche (§§ 1570–1572, 1573 I, 1575) nicht zum Erlöschen, sondern werden nur nach § 1578 II BGB angerechnet.

39 Ob eine **Erwerbstätigkeit angemessen** ist, ist in einer alle Umstände des Einzelfalls berücksichtigenden Bewertung festzustellen (BGH NJW 84, 1685). **§ 1574 BGB** nennt beispielhaft fünf Aspekte, die dabei berücksichtigt werden müssen. Die Einbeziehung anderer Faktoren ist aber nicht ausgeschlossen: In die Beurteilung einzubeziehen ist zunächst die Ausbildung, die der Lebenspartner genossen hat. Das ist aber insofern zu relativieren, als die Ausbildung noch dem durch die Lebenspartnerschaft erreichten sozialen Standard entsprechen muss. Das gilt vor allem dann, wenn die Lebenspartnerschaft von langer Dauer war. Einem ehemaligen Krankenpfleger, der 20 Jahre lang mit einem Chefarzt verpartnert war, ist es daher nicht mehr zuzumuten, wieder als Krankenpfleger zu arbeiten. Entsprechendes gilt, wenn die Lebenspartnerschaft zu einem sozialen Abstieg geführt hat. Bei der Maßgeblichkeit der Ausbildung bleibt es aber bei kürzerer Dauer der Partnerschaft und vor allem dann, wenn die der Ausbildung entsprechende Tätigkeit während der Lebenspartnerschaft auch ausgeübt wurde. Zu berücksichtigen sind auch die sonstigen Fähigkeiten des früheren Lebenspartners, unabhängig davon, worauf sie zurückgehen. Das kann dazu führen, dass auch Tätigkeiten angemessen sind, die außerhalb des Berufes liegen, in dem eine Ausbildung absolviert wurde. Relevant sind auch das Alter und der Gesundheitszustand des früheren Lebenspartners. Schließlich müssen in die Beurteilung der Angemessenheit die lebenspartnerschaftlichen Lebensverhältnisse eingehen. Das bedeutet eine gewisse Garantie des in der Lebenspartnerschaft erworbenen Lebensstandards. Dessen Entwicklung bis zur Aufhebung der Partnerschaft ist aber zu berücksichtigen (BGH NJW 84, 1685).

Neben der Dauer der Lebenspartnerschaft kommt es auch auf die Dauer der Pflege und Erziehung gemeinschaftlicher Kinder an (§ 1574 II, 2. Halbs BGB), gleich, ob während der Zeit ein Unterhaltsanspruch nach § 1570 BGB bestand oder nicht. Die Berücksichtigung der lebenspartnerschaftlichen Lebensverhältnisse kann vor allem bei längerer Lebenspartnerschaft, während der der frühere Lebenspartner nicht berufstätig war, dazu führen, dass auch nach der Aufhebung der Lebenspartnerschaft eine Berufstätigkeit nicht erwartet werden kann. Umgekehrt führt eine Berufstätigkeit während der Lebenspartnerschaft dazu, dass regelmäßig auch nach der Aufhebung der Lebenspartnerschaft deren Fortsetzung angemessen ist (OLG Hamm FamRZ 97, 1076). Wurde während der Lebenspartnerschaft ein Studium aufgenommen, kommt es für die Frage, ob eine Erwerbstätigkeit im vorher erlernten Beruf noch angemessen ist, darauf an, ob die Partner gemeinsam dem Studierenden die Stellung eines Akademikers verschaffen wollten. Bei einverständlicher Studienplanung während des Zusammenlebens ist das regelmäßig zu bejahen (BGH NJW 80, 393), nicht dagegen, wenn das Studium erst nach der Trennung oder gegen den Willen des anderen Lebenspartners aufgenommen wurde (OLG Düsseldorf FamRZ 80, 585).

40 § 1574 III BGB statuiert eine **Fortbildungsobliegenheit** des früheren Lebenspartners, der zur Zeit eine angemessene Erwerbstätigkeit nicht finden kann, wenn nach einer Ausbildung, Fortbildung oder Umschulung zu erwarten ist, dass er eine angemessene Erwerbstätigkeit finden wird. Zumutbar ist jede Maßnahme, von der zu erwarten ist, dass sie zu einem Beruf qualifiziert. Aus- oder Fortbildungen zu nicht anerkannten Berufen fallen nicht darunter. Ebenfalls ausgeschlossen sind Maßnahmen, die sich auf Berufe beziehen, die zwar angemessen sind, aber keine reelle Beschäftigungsmöglichkeit versprechen (BGH NJW 84, 1685: Studium der Vor- und Frühgeschichte). Folge der Regelung ist, dass der Lebenspartner sich fortbilden muss, wenn er nicht Gefahr laufen will, seine Unterhaltsansprüche ganz oder teilweise zu verlieren (vgl BGH FamRZ 86, 553; 88, 702). Der andere muss die Ausbildung, Fortbildung oder Umschulung finanzieren. Wird die Ausbildung ohne Erfolg beendet, besteht kein Anspruch auf Rückzahlung des Unterhalts.

41 **(b)** Die Einkünfte aus der angemessenen Tätigkeit dürfen **nicht ausreichen, um den vollen Unterhalt des früheren Lebenspartners sicherzustellen.** Solange das der Fall ist, ist ein Aufstockungsunterhalt auch bei kleinem Einkommensgefälle zwischen Unterhaltsverpflichtetem und Unterhaltsberechtigtem gegeben; eine Bagatellgrenze existiert nicht (str; wie hier OLG Hamm FamRZ 82, 70; aA OLG Düsseldorf FamRZ 96, 947, das eine Mindestforderung von 100 DM verlangte). Ist der volle Unterhalt gedeckt, kommt dagegen ein Anspruch nach § 1573 II BGB selbst dann nicht mehr in Betracht, wenn der andere Lebenspartner ein weit höheres Einkommen hat. Da sich der volle Unterhalt nach den lebenspartnerschaftlichen Lebensverhältnissen bestimmt (§ 1578 I BGB), scheidet ein Anspruch auf Aufstockungsunterhalt auch aus, wenn die Lebenspartner während ihrer Lebenspartnerschaft immer nur von ihrem eigenen Einkommen gelebt haben; denn dann war das Einkommen des einen nie prägend für die Lebensverhältnisse des anderen (OLG Zweibrücken FamRZ 82, 269; aA OLG Düsseldorf FamRZ 83, 1139).

42 **(c)** Der **Einsatzzeitpunkt** für den Aufstockungsunterhalt entspricht dem Unterhaltsanspruch nach § 1573 I BGB. Entsteht die Unfähigkeit zur Sicherung des vollen Unterhalts erst später (zB Lohnkürzung), besteht kein Anspruch nach § 1573 II BGB mehr (OLG Hamburg FamRZ 86, 1001). Es handelt sich allein um die Verwirklichung des allgemeinen Lebensrisikos des Unterhaltsberechtigten.

43 **(d)** Auch die **Berechnung** des Aufstockungsunterhalts richtet sich nach den lebenspartnerschaftlichen Lebensverhältnissen. Unterschieden wurden in der Rechtsprechung

bislang insoweit die Anrechnungsmethode für den einer „Hausfrauenehe" nachfolgenden Aufstockungsunterhalt und die Differenz- und die Summenmethode für die Doppelverdienerehe bzw -partnerschaft. Bei der Zuverdienerehe bzw -partnerschaft wurden die Methoden kombiniert (BGH FamRZ 81, 539; OLG Düsseldorf FamRZ 82, 489). Auch hat die Rechtsprechung schon bislang zum Teil erhebliche Modifikationen vorgenommen, durch welche der theoretisch zwischen den Methoden bestehende Gegensatz wieder relativiert wurde. Der Methodengegensatz spielte damit auch schon in der Vergangenheit für die Ergebnisse eine weit weniger große Rolle, als sich zunächst vermuten ließe. Gleichwohl bestanden im Ergebnis oftmals Unterschiede. Neuerdings ist die Diskussion um die Berechnungsweise wieder voll entflammt, nachdem der BGH seine Rechtsprechung zur Alleinverdienerehe geändert hat (BGH NJW 01, 2254 ff) und hier nun nicht mehr die Anrechnungsmethode anwenden will, sondern die Differenzmethode.

44 Die **Anrechnungsmethode** bedeutet, dass alles, was der Unterhaltsberechtigte nach der Aufhebung der Lebenspartnerschaft durch seine Erwerbstätigkeit erwirbt, auf seinen Unterhaltsbedarf angerechnet wird. Sie wurde bislang vom BGH nach vorausgegangener Alleinverdienerehe angewendet. Sie ist deswegen problematisch, weil durch diese Methode jeder Anreiz zu einer den vollen Unterhalt nicht mindestens deckenden Erwerbstätigkeit beseitigt wird. Das widerspricht dem nun auch im Lebenspartnerschaftsrecht geltenden Grundsatz, dass die Familien- und die Erwerbsarbeit bei der Bemessung des nachehelichen Unterhalts grundsätzlich als gleichwertig behandelt werden müssen (BVerfG NJW 02, 1185). Auch der BGH (NJW 01, 2254 ff) hat nunmehr angenommen, dass diese Methode deswegen auch bei vorausgegangener Alleinverdienerehe nicht angemessen ist, weil der eheliche bzw lebenspartnerschaftliche Lebensstandard auch während der Dauer der Partnerschaft Verbesserungen dadurch erfahren habe, dass der Haushaltführende Dienstleistungen erbracht habe, die andernfalls als Fremdleistungen hätten erkauft werden müssen und so den Lebensstandard der Lebensgemeinschaft erhöht habe. Der Unterhaltsbedarf werde daher auch durch diese Leistungen mitbestimmt, weil sie die ehelichen Lebensverhältnisse mit geprägt hätten. Der BGH hat diese Ansicht außerdem darauf gestützt, dass der haushaltsführende Ehegatte durch die Haushaltsführung seine Unterhaltspflicht erfülle (§ 1360, 2 BGB). Dieser Gesichtspunkt trägt nun auch für Lebenspartner, da seit der Novellierung des LPartG auch für sie § 1360, 2 BGB anzuwenden ist (§ 5, 2 LPartG). Bewertungsschwierigkeiten umgeht der BGH dadurch, dass er die Hausarbeit mit dem Entgelt bewertet, das der Partner aus der nach dem Ende der Partnerschaft aufgenommenen Erwerbstätigkeit erzielt, weil diese nur ein Surrogat für die Haushaltsführungstätigkeit während der Partnerschaft sei. In Betracht kommt nach Ansicht des BGH sogar, die Haushaltsführungsleistungen mit dem Wert zu bemessen, den die Haushaltsführung für einen neuen Partner hat (BGH FamRZ 04, 1170; 04, 1173).

45 Bei **Doppelverdienerpartnerschaften** ist die Berechnung des Aufstockungsunterhalts nach zwei Methoden zulässig, der Differenz- und der Summenmethode. Beide unterscheiden sich in ihren Ergebnissen nicht, wenn die Unterschiedsbeträge hälftig geteilt werden. Bei der Differenzmethode wird zunächst ermittelt, ob der Unterhalt verlangende Partner weniger Erwerbseinkommen hat als der andere. Von der Differenz zwischen beiden Einkommen erhält er 3/7 (BGH NJW 80, 2081; beachte aber § 1578). Die Methode wird dadurch modifiziert, dass erlaubt wird, bestimmte Beträge vor dem Vergleich der Einkommen abzusetzen. Hierzu gehören etwa Krankenversicherungsbeiträge (OLG Karlsruhe FamRZ 80, 367) und Zins- und Tilgungsleistungen für Kredite, die zur Finanzierung des Zugewinnausgleichs aufgenommen wurden. Bei der Summenmethode werden zunächst die beiden Einkommen der früheren Lebenspartner zusam-

mengerechnet. Anschließend wird zu Gunsten des Unterhalt verlangenden früheren Lebenspartners die 3/7-Quote errechnet. Auf diese wird dann das Einkommen des Unterhaltsberechtigten voll angerechnet. Den Restbetrag kann er als Unterhalt verlangen (OLG Karlsruhe FamRZ 82, 486; Gerhardt FamRZ 93, 261). Auch bei Anwendung dieser Methode kommen die bei der Darstellung der Differenzmethode geschilderten Modifikationen in Betracht.

46 **(4)** Der Unterhaltsanspruch nach **§ 1573 IV BGB** besteht, wenn ein geschiedener Ehegatte **zunächst eine angemessene Erwerbstätigkeit findet,** die auch seinen Unterhalt voll oder teilweise deckt, **diese Stelle aber wieder verliert** (§ 1573 IV 1 BGB). Das gleiche gilt, wenn der frühere Lebenspartner seine Stelle teilweise wieder verliert, so dass nur eine teilweise nachhaltige Sicherung des Unterhalts eingetreten ist (§ 1573 IV 2 BGB). Der Anspruch kann nach § 1573 V BGB befristet werden.

47 **(a) Voraussetzungen** des Anspruchs sind: Der geschiedene Ehegatte muss eine angemessene Erwerbstätigkeit (§ 1574 BGB) ausgeübt haben. Unerheblich ist, ob die Tätigkeit schon während des Zusammenlebens, während der Trennung oder erst nach der Scheidung aufgenommen wurde (BGH NJW 85, 430). Bei unangemessener Erwerbstätigkeit scheidet ein Anspruch nach § 1573 IV BGB aus. Es gilt allein § 1573 I BGB.

48 Die Erwerbstätigkeit muss **nach der Aufhebung der Lebenspartnerschaft weggefallen** sein. Der Grund ist unbeachtlich.

49 Die Erwerbstätigkeit darf **nicht geeignet gewesen sein, den Unterhalt** des Anspruchstellers nach der Aufhebung der Lebenspartnerschaft **nachhaltig zu sichern.** Ob eine nachhaltige Sicherung erreicht war, richtet sich nach der Prognose, die ein optimaler Beobachter im Zeitpunkt der Aufhebung abgegeben hätte. Wenn dieser in Kenntnis aller zu diesem Zeitpunkt bereits geschehenen oder angelegten Tatsachen bejaht hätte, dass die vom früheren Lebenspartner ausgeübte Tätigkeit dauerhaft sein würde, ist die Nachhaltigkeit der Unterhaltssicherung zu bejahen. Ein Wegfall der Tätigkeit kann dann keinen Unterhaltsanspruch nach § 1573 IV BGB mehr auslösen. Ein Unterhaltsanspruch scheidet deswegen aus, wenn der Arbeitgeber des Geschiedenen überraschend in Insolvenz fällt (BGH NJW 86, 375), bei Kündigung wegen eines nach der Aufhebung vorgefallenen Fehlverhaltens des früheren Lebenspartners oder aus betrieblichen Gründen (OLG Köln NJWE-FER 98, 219), bei Arbeitsunfähigkeit wegen eines Unfalls nach der Aufhebung der Lebenspartnerschaft. Umgekehrt besteht ein Unterhaltsanspruch bei Vorliegen der übrigen Voraussetzungen wegen mangelnder Nachhaltigkeit der Unterhaltssicherung, wenn das Arbeitsverhältnis wegen einer zur Zeit der Aufhebung bereits bestehenden (wenn auch nicht ausgebrochenen) Krankheit beendet wird (BGH NJW 85, 1699), bei Befristung des Arbeitsverhältnisses (OLG Frankfurt FamRZ 87, 1042) und beim Fehlen ausreichender Kenntnisse oder ausreichenden Kapitals für die begonnene selbständige Tätigkeit (BGH NJW 86, 375).

50 Der frühere Lebenspartner darf es **nicht zu vertreten** haben, dass ihm keine nachhaltige Sicherung seines Unterhalts gelungen ist. Er muss bei der Wahl seiner Erwerbstätigkeit die gleichen Prognosen anstellen, wie der ideale Beobachter, aus dessen Sicht die Nachhaltigkeit zu beurteilen ist. Ein Unterhaltsanspruch scheidet deswegen aus, wenn eine Arbeitsstelle angenommen wird, deren Wegfall wegen wirtschaftlicher Schwierigkeiten des Arbeitgebers bereits abzusehen ist oder die befristet ist, ohne dass eine vernünftige Aussicht auf eine Verlängerung besteht. Entsprechendes gilt für den Beginn eines selbständigen Erwerbsgeschäfts, wenn der frühere Lebenspartner seine Fähigkeiten, Kapitalausstattung oder Ausdauer fahrlässig falsch eingeschätzt hat. An einem Verschulden fehlt es aber, wenn der frühere Lebenspartner keine andere Stelle, die geeigneter für eine nachhaltige Sicherung des Unterhalts gewesen wäre, zu finden vermocht hätte.

51 **(b)** Der Unterhaltsanspruch **umfasst den vollen Unterhalt,** wenn die nachhaltige Sicherung des Unterhalts insgesamt nicht gelungen ist. Ist die nachhaltige Sicherung des Unterhalts nur teilweise gelungen, beläuft sich der Anspruch auf die Differenz zwischen dem nachhaltig gesicherten Betrag und dem vollen Unterhalt.

52 **(5)** Alle Ansprüche aus § 1573 BGB können nach § 1573 V BGB **befristet** werden. Diese Möglichkeit besteht für andere Unterhaltsansprüche (§§ 1570–1572, 1575, 1576 BGB) nur nach Maßgabe von §§ 1578 I 2, 1579 BGB. Das soll den unterhaltspflichtigen Ehegatten von dem allgemeinen Arbeitsmarktrisiko entlasten.

53 **(a) Voraussetzung** für die zeitliche Begrenzung der Unterhaltsansprüche nach § 1573 ist, dass ein zeitlich unbegrenzter Unterhaltsanspruch unbillig wäre. Daraus folgt, dass die zeitliche Begrenzung die Ausnahme bleiben soll. Bei der Beurteilung der Unbilligkeit unbefristeten Unterhalts sind vor allem drei Aspekte zu berücksichtigen: die Dauer der Lebenspartnerschaft, die Gestaltung von Haushaltsführung und Erwerbstätigkeit während der Lebenspartnerschaft und die Betreuung von gemeinschaftlichen Kindern.

54 **Dauer der Lebenspartnerschaft** ist die Dauer von der Begründung nach § 1 LPartG bis zur Zustellung des Aufhebungsantrags. Zwar wird erst mit der Rechtskraft des Aufhebungsurteils die Lebenspartnerschaft aufgelöst. Auf diesen Zeitpunkt kann aber nicht abgestellt werden, weil die Unterhaltsentscheidung regelmäßig mit ihr im Verbund ergeht, also zu einem Zeitpunkt, zu dem die Scheidung noch nicht rechtskräftig ist. Der Partnerschaftsdauer steht die Zeit gleich, in der der Unterhaltsberechtigte ein gemeinschaftliches Kind mit dem Unterhaltsberechtigten allein oder überwiegend betreut (§ 1573 V 2 BGB). Es kommt nur auf die Betreuung an, nicht darauf, ob während dieser Zeit ein Unterhaltsanspruch nach § 1570 BGB bestand. Die Dauer der Lebenspartnerschaft kann eine Befristung ausschließen, wenn sie sehr lang war. Der BGH hat das bei einer 32 jährigen Ehe angenommen (BGH FamRZ 87, 691). Es sind aber immer alle Umstände des Einzelfalls abzuwägen. Daher schließt selbst eine Dauer von 16 Jahren (OLG Hamm FamRZ 95, 1204) eine Befristung nicht ohne weiteres aus.

55 Die **Gestaltung von Haushaltsführung und Erwerbstätigkeit während der Lebenspartnerschaft** hat insofern Einfluss auf die Billigkeitsfrage, als bei fortdauernder Berufstätigkeit beider Lebenspartner während der Lebenspartnerschaft eher anzunehmen ist, dass Schwierigkeiten des Unterhaltsberechtigten bei der Stellensuche oder der nachhaltigen Sicherung des Unterhalts nicht partnerschaftsbedingt sind. Daher kommt eine Befristung eher in Betracht als bei einer reinen Hausfrauenpartnerschaft, nach deren Ende der Haushaltführende sich erstmals nach langer Zeit wieder um eine Berufstätigkeit bemüht. Umgekehrt ist aber auch nach einer „Hausfrauenpartnerschaft" die Befristung nicht ohne weiteres unzulässig. Sie kann bei kürzerer Dauer der Lebenspartnerschaft sogar angezeigt sein, um den Unterhaltsberechtigten zur Wahrnehmung seiner Eigenverantwortung anzuhalten.

56 Die **Betreuung eines gemeinschaftlichen Kindes** steht der Befristung für die Zeit der Kindesbetreuung regelmäßig entgegen (§ 1573 V 1, 2. Halbs BGB). Sie schließt aber eine Befristung für die Zeit nach der Betreuung nicht aus. Insofern ist aber zu beachten, dass die Zeit der Kindesbetreuung der Partnerschaftsdauer gleichsteht (§ 1573 V 2 BGB). Auch andere Umstände können in die Billigkeitsabwägung eingehen, etwa der Umstand, dass der Unterhaltsberechtigte während der Lebenspartnerschaft den Unterhalt der Familie überwiegend bestritten hat, dass er den Unterhaltspflichtigen oder einen seiner Verwandten gepflegt hat oder umgekehrt, dass sich aus der Lebenspartnerschaft für ihn keinerlei Nachteile ergeben haben.

57 **(b) Folge der Billigkeitsabwägung** ist die zeitliche Begrenzung des Unterhaltsanspruchs. Dabei kann entweder vorgesehen werden, dass der Unterhaltsanspruch mit

Ablauf der Frist ganz wegfällt oder dass er reduziert wird. Möglich ist auch die Kombination: Reduzierung nach Ablauf einer bestimmten Frist, völliger Ausschluss nach Ablauf einer weiteren Frist (vgl OLG Hamm FamRZ 86, 908; OLG Düsseldorf FamRZ 87, 945). Die Dauer der Befristung ergibt sich aus der Billigkeitsabwägung (Faustregel: etwas weniger als die Hälfte der Partnerschaftsdauer, OLG Koblenz FamRZ 87, 160; OLG Hamm FamRZ 87, 707; FamRZ 90, 413).

ee) **§ 1575 BGB** regelt einen **Unterhaltsanspruch während einer Ausbildung** (§ 1575 I BGB), **Fortbildung oder Umschulung** (§ 1575 II BGB). Der Anspruch soll zum einen partnerschaftsbedingte Nachteile kompensieren, die einem Lebenspartner daraus entstanden sind, dass er wegen der Lebenspartnerschaft eine Ausbildung nicht aufgenommen oder abgebrochen hat, zum anderen bildet er das Gegenstück zu der Fortbildungsobliegenheit nach § 1574 III BGB (Rn 40) und sichert dem Lebenspartner während dieser Fortbildung seinen Lebensunterhalt. 58

(1) Ein **Ausbildungsunterhaltsanspruch** nach § 1575 I BGB **(a) setzt** zunächst **voraus,** dass der frühere Lebenspartner eine Schul- oder Berufsausbildung aufnimmt. Hierunter fällt jede Art von Qualifizierung für einen Beruf oder eine andere Ausbildung, die durch einen oder mehrere Ausbilder in geordneter Form durchgeführt wird. Selbstausbildungen (besonders solche, die auf nicht anerkannte Berufsbilder gerichtet sind) reichen nicht. 59

Die Ausbildung muss **in Erwartung der Lebenspartnerschaft oder während der Lebenspartnerschaft nicht aufgenommen oder abgebrochen** worden sein. Erforderlich ist Kausalität zwischen Lebenspartnerschaft und Beendigung der Ausbildung (bzw deren Nichtaufnahme). Sie wird bei Abbruch der Ausbildung während der Lebenspartnerschaft unwiderleglich unterstellt. Bei Abbruch vor der Begründung der Lebenspartnerschaft muss dagegen konkret dargelegt werden, in welchem Zusammenhang der Abbruch der Ausbildung mit der Lebenspartnerschaft stand. Entsprechendes wie für den Abbruch der Ausbildung gilt für das Unterlassen der Aufnahme einer Ausbildung. In Betracht kommt aber nur eine Ausbildung, die vor oder in der Lebenspartnerschaft konkret geplant war. Es reicht nicht, dass generell eine Ausbildung geplant war, wenn diese noch nicht konkret feststand. 60

Der Unterhaltsanspruch besteht nur, wenn die **nicht begonnene bzw abgebrochene Ausbildung** oder eine entsprechende Ausbildung **fortgesetzt bzw aufgenommen** wird. In Bezug auf Vergleichbarkeit kommt es auf das Sozialprestige der Tätigkeit an, nicht auf das Berufsbild der ursprünglich angestrebten Tätigkeit (OLG Köln FamRZ 96, 867). Wurde eine Ausbildung abgebrochen, ist sie idR fortzusetzen, wenn die abgebrochene Ausbildung schon fortgeschritten war. Nach Abschluss des Grundstudiums in einem Fach kommt daher der Beginn eines anderen Studiums nicht mehr in Betracht. 61

Die Ausbildung muss **so bald wie möglich aufgenommen** werden, gegebenenfalls sogar noch vor der Aufhebung der Lebenspartnerschaft, um Wartezeiten zu vermeiden. Im Übrigen sind unumgängliche Wartezeiten bis zur Wiederaufnahme der Ausbildung vom Unterhaltsanspruch nach § 1575 I BGB umfasst. 62

Es muss ein **erfolgreicher Abschluss** der Ausbildung **zu erwarten** sein. Dafür kommt es zunächst auf die Fähigkeiten des Lebenspartners an, den Ausbildungsgang erfolgreich zu beenden. 63

Die Ausbildung muss **erwarten lassen**, dass durch den erlernten Beruf der **Unterhalt nachhaltig gesichert werden kann**. Das setzt die Prognose voraus, dass der frühere Lebenspartner nach dem Abschluss der Ausbildung in dem erlernten Beruf dauerhaft tätig sein können wird. Bloße Neigungsstudien, die keine Aussicht auf eine Beschäftigung bieten, brauchen nicht finanziert zu werden. 64

(b) Der **Anspruch besteht für die Dauer der Ausbildung,** endet aber spätestens, wenn die Zeit verstrichen ist, die normalerweise für die Absolvierung einer derarti- 65 gen Ausbildung erforderlich ist (§ 1575 I 2 BGB). Maßgeblich sind Durchschnittszeiten, nicht Mindest- oder Regelausbildungszeiten. Partnerschaftsbedingte Verzögerungen (zB Wiedereinarbeitungszeit, geringere Lernkapazität aufgrund gestiegenen Alters) sind zu berücksichtigen. Mit dem Ablauf der Frist erlischt der Anspruch nach § 1575 I BGB. Der Unterhaltsanspruch endet bereits früher, wenn endgültig feststeht, dass die Ausbildung nicht erfolgreich wird abgeschlossen werden können (zB wegen Nichtbestehens von Zwischenprüfungen, OLG Hamm FamRZ 88, 1280). Der bereits gezahlte Unterhalt kann nicht zurückgefordert werden; möglich ist nur eine Abänderungsklage (§ 323 ZPO) oder eine Vollstreckungsgegenklage (§ 767 ZPO), um die weitere Vollstreckung aus dem Unterhaltstitel zu verhindern.

66 **(2)** Der **Unterhaltsanspruch wegen Fortbildung oder Umschulung** (§ 1575 II BGB) setzt voraus, dass die Umschulung oder Fortbildung erforderlich ist, um partnerschaftsbedingte Nachteile auszugleichen. Das kommt vor allem in Betracht, wenn ein Partner während der Lebenspartnerschaft nicht berufstätig war und die Kenntnisse in dem erlernten Beruf deswegen so veraltet sind, dass er ohne Fortbildung keine Stelle finden wird oder wenn der erlernte Beruf in der bisherigen Form nicht mehr ausgeübt wird. Welcher Umfang an Fortbildung finanziert werden muss, richtet sich danach, welche berufliche Stellung der andere Lebenspartner bei fortdauernder Berufstätigkeit voraussichtlich während der Lebenspartnerschaft erreicht hätte.

67 **(3)** Kann der aus- oder fortgebildete Lebenspartner nach dem Abschluss der Aus- oder Fortbildung nicht bzw nicht sofort eine angemessene Erwerbstätigkeit finden und verlangt er deswegen Unterhalt nach § 1573 BGB, müsste an sich der durch die Aus- oder Weiterbildung erlangte Standard mit berücksichtigt werden. Der Gesetzgeber wollte das dem Partner, der diese Ausbildung finanziert hat, nicht zumuten. § 1575 III BGB **schließt** daher die **Berücksichtigung** des neu erlangten höheren **Ausbildungsstands bei der Bestimmung der angemessenen Erwerbstätigkeit aus.**

68 **ff)** **§ 1576 BGB** enthält eine **Billigkeitsklausel,** mit der die Nachteile korrigiert werden sollen, die sich aus der Aufzählung einzelner punktueller Unterhaltsansprüche ergeben. Dieser allein auf Billigkeitserwägungen beruhende Unterhaltsanspruch ist gegenüber denen nach §§ 1570–1573, 1575 BGB subsidiär. Für die Prüfung ist daher erst dann Raum, wenn alle anderen Unterhaltsansprüche ganz verneint wurden oder wenn nur teilweise Unterhalt zugesprochen wurde (zB weil im Rahmen von § 1570 BGB eine Erwerbstätigkeit zumutbar ist). Wird ein Unterhaltsanspruch in diesem Fall teilweise auf § 1576 BGB und teilweise auf eine andere Unterhaltsnorm gestützt, muss im Unterhaltstitel der jeweilige Betrag genannt werden (BGH NJW 84, 2355), damit auf Änderungen der für die eine bzw andere Anspruchsgrundlage maßgebenden Faktoren auch unterhaltsmäßig reagiert werden kann.

69 **(1)** **Voraussetzung** des Unterhaltsanspruchs ist zunächst, **(a)** dass von dem Geschiedenen aus schwerwiegenden **Gründen, die nicht schon durch §§ 1570–1573, 1575 BGB berücksichtigt werden,** eine **Erwerbstätigkeit nicht erwartet werden kann.** Ausgeschlossen sind nur Gründe, die in den §§ 1570–1573, 1575 BGB bereits abschließende berücksichtigt werden (zB Pflege und Erziehung gemeinschaftlicher Kinder), und es darf nicht allein deswegen ein Grund als schwerwiegender angesehen werden, weil er zum Scheitern der Ehe geführt hat (§ 1576, 2 BGB). Obwohl es bei der Aufhebung der Lebenspartnerschaft nicht auf ein Scheitern der Partnerschaft ankommt, sondern nur auf den Ablauf bestimmter Trennungsfristen, spricht nichts dagegen, diesen unterhaltsrechtlichen Gedanken auch für Lebenspartner zu übernehmen. Damit soll verhindert werden, dass persönliches Fehlverhalten zur Begründung einer Unterhaltspflicht herangezogen wird. Im Übrigen ist es gleichgültig, worin der Grund besteht. Er kann etwa in der Pflege nicht gemeinschaftlicher Kinder bestehen, in der

Sorge für Verwandte des auf Unterhalt in Anspruch genommenen Lebenspartners, der Pflege von Stiefkindern, oder in der besonderen Aufopferung für die Belange des auf Unterhalt in Anspruch Genommenen während der Lebenspartnerschaft (zB Mitaufbau von dessen wirtschaftlicher Existenz unter Zurückstellung eigener Bedürfnisse).

70 Fraglich ist, ob die Unzumutbarkeit der Erwerbstätigkeit auch daraus gefolgert werden kann, dass sich ein ehemaliger Lebenspartner um ein oder mehrere **Kinder** kümmert. Soweit die Kinder gemeinschaftliche sind, kommt allerdings § 1570 BGB als vorrangiger Unterhaltsanspruch in Betracht. § 1576 BGB kann damit nur noch für solche Kinder Anwendung finden, die nicht gemeinschaftliche sind. Auch diese Kinder können unter bestimmten Umständen das gemeinsame Leben in einer Lebenspartnerschaft in hohem Maße prägen. Das gilt schon, wenn ein Lebenspartner eigene Kinder mit in eine Lebenspartnerschaft bringt und sich dann während der Lebenspartnerschaft mit Billigung des anderen ausschließlich der Erziehung und Pflege dieser Kinder widmet, während der andere aus freien Stücken diese Lebensgestaltung durch finanzielle Leistungen sichert, wird aber gesteigert relevant, wenn ein Lebenspartner auf gemeinsamen oder sogar auf vordringlichen Wunsch des anderen erst die Elternschaft begründet hat, etwa indem ein Lebenspartner ein Kind angenommen hat, das dann faktisch – wenn auch nicht rechtlich – **Kind „der Lebenspartner"** sein sollte oder wenn eine Lebenspartnerin auf natürlichem Wege oder mithilfe der modernen Fortpflanzungsmedizin ein Kind empfangen und geboren hat, weil beide Lebenspartnerinnen sich dieses Kind wünschten. In vielen Fällen dieser Art werden die Voraussetzungen für eine Annahme nicht erfüllt sein, so dass ein Unterhaltsanspruch nach § 1570 BGB nicht in Betracht kommt. Dann kann auf § 1576 BGB zurückgegriffen werden. Insgesamt sollte bei der Beurteilung der Frage, ob das Vorhandensein von Kindern zu einem Unterhaltsanspruch des betreuenden ehemaligen Lebenspartners führt, äußerst zurückhaltend verfahren werden. Es darf nicht zur Bejahung von Unterhaltsansprüchen wegen der Betreuung fremder Kinder kommen, mit denen der Lebenspartner nicht mehr zu tun hat als dass sie in der Lebenspartnerschaft gelebt haben. Auch der Unterhalt für einen betreuenden Elternteil ist in erster Linie Angelegenheit des anderen Elternteils, wenn die fehlende Fähigkeit, für sich selbst zu sorgen, gerade daraus resultiert, dass ein Kind betreut wird. Der Unterhaltsanspruch setzt daher immer zusätzliche Umstände voraus, die eine Erwerbstätigkeit gerade wegen der Verbindung, die das Kind mit der Lebenspartnerschaft aufweist, im Verhältnis zum anderen Lebenspartner als unzumutbar erscheinen lässt. Ganz zweifelhaft ist die Annahme eines Anspruchs, wenn die Lebenspartner bewusst davon abgesehen haben, dass der Partner das Kind des anderen adoptierte, wenn die Voraussetzungen dafür vorlagen. In diesem Fall haben sich die Lebenspartner bewusst dagegen entschieden, das Kind zum gemeinsamen zu machen. Auch aus seiner Betreuung können deswegen keine Konsequenzen im internen Verhältnis gezogen werden.

71 **(b)** Die **Versagung von Unterhalt** muss auch unter Berücksichtigung der Belange des anderen Ehegatten **grob unbillig** sein. Erforderlich ist eine Abwägung zwischen den Härtegründen auf Seiten des Unterhalt begehrenden und des anderen Ehegatten. In diese dürfen alle für den auf Unterhalt in Anspruch Genommenen erheblichen Faktoren eingehen, auch, dass der andere Partner für das Scheitern der Lebenspartnerschaft verantwortlich war. § 1576, 2 BGB schließt nur die Begründung von Unterhaltsansprüchen mit den Gründen für das Scheitern der Lebenspartnerschaft aus, nicht dagegen ihre Berücksichtigung bei der Frage, ob sie Ansprüchen entgegenstehen, sofern das nicht das einzige Argument gegen die Zubilligung von Unterhalt ist (BGH NJW 84, 1538). Der Unterhaltsanspruch ist begründet, wenn die Abwägung ein deutliches Überwiegen der Gründe des Unterhalt verlangenden Teils ergibt. Dabei ist ein stren-

ger Maßstab anzulegen. Es reicht nicht, dass der auf Unterhalt in Anspruch Genommene den Unterhalt unschwer leisten könnte. Die Härtegründe müssen vielmehr im Verhältnis zum Interesse des anderen, keinen Unterhalt leisten zu müssen, so sehr überwiegen, dass eine andere Entscheidung als die Gewährung des Unterhalts grob ungerecht erschiene.

72 **(2)** Die **Dauer und der Umfang** des Unterhaltsanspruchs richten sich danach, wie lange und wie weit die Härtegründe dem anderen Lebenspartner eine Erwerbstätigkeit unzumutbar machen. Je schwerwiegender die Gründe sind, desto länger braucht der Unterhaltsberechtigte keiner Erwerbstätigkeit nachzugehen und desto größere Anstrengungen muss der Verpflichtete unternehmen, um seinen Bedarf zu befriedigen (OLG Düsseldorf FamRZ 80, 56).

73 **b)** Weitere Voraussetzung eines jeden Unterhaltsanspruchs ist, dass der frühere Lebenspartner, der den Unterhalt verlangt, **bedürftig** ist. Das ergibt sich nunmehr direkt aus § 1577 BGB. Dem Prinzip der Eigenverantwortung entspricht es, dass frühere Lebenspartner ihre Einkünfte ebenso wie ihr Vermögen zunächst einsetzen müssen, bevor sie ihren ehemaligen Partner in Anspruch nehmen dürfen.

74 **§ 1577 I BGB** bestimmt als Regel, dass ein **Unterhaltsanspruch** des ehemaligen Lebenspartners **nicht** besteht, **wenn er sich aus seinem Einkommen oder Vermögen selbst unterhalten kann.** Auf welchem Grund der Unterhaltsanspruch beruht, ist gleichgültig.

75 **aa)** Zu den **Einkünften** gehören zunächst alle Einkünfte aus Erwerbstätigkeit. Gemeint sind aber nur solche **aus zumutbarer Erwerbstätigkeit.** Das geht zwar aus dem Wortlaut der Regelung nicht hervor, ergibt sich aber eindeutig aus ihrem Sinn und Zweck und den Gesetzesmaterialien (BT-Drucks 7/4361, 32). Die Behandlung von Einkünften aus unzumutbarer Erwerbstätigkeit richtet sich allein nach § 1577 II BGB.

76 Einkünfte sind auch **alle Erträge aus dem Vermögen** (Zinsen, Mieten, Dividenden). Das gilt auch, wenn das Vermögen erst durch den Zugewinnausgleich erworben wurde (BGH FamRZ 86, 441).

77 **Freiwillige Zuwendungen Dritter** auf privatrechtlicher Grundlage sind ebenfalls Einkünfte iSd § 1577 I BGB. Wichtigster Anwendungsfall sind die Zuwendungen eines Partners einer Lebensgemeinschaft, die nach dem Ende der Lebenspartnerschaft eingegangen wurde (sonst gegebenenfalls Unbilligkeit des Unterhalts insgesamt nach § 1579 BGB). Bedürftigkeitsmindernd sind dann sowohl finanzielle Leistungen als auch Sachleistungen (zB Überlassung der Wohnung, BGH NJW 83, 683). Hierher gehören aber auch Stipendien, auch wenn auf sie kein Rechtsanspruch besteht (zB Fördergelder der Studienstiftung oder der Deutschen Forschungsgemeinschaft).

78 Einkünfte sind auch **Schadensersatzrenten.** Insofern gilt aber § 1610a BGB (§ 1578 a BGB). Auch Schmerzensgeldzahlungen sind Einkünfte (BGH FamRZ 88, 1031). Insoweit besteht aber das Problem, dass § 1610 a BGB nicht hilft. Das führt dazu, dass das Schmerzensgeld im Ergebnis allein dem Unterhaltsschuldner zugute kommt.

79 **Sozialleistungen** und andere Zahlungen auf öffentlich-rechtlicher Grundlage sind grundsätzlich ebenfalls Einkommen iSd Abs 1. Hierher gehören zunächst die Sozialleistungen, die ein Arbeitseinkommen ersetzen, wie Alters- (BGHZ 83, 278) oder Erwerbsunfähigkeitsrenten, Arbeitslosengeld (OLG Stuttgart FamRZ 96, 415) und Krankengeld (OLG Hamburg FamRZ 92, 1308). Bei diesen Einkünften kommt es nicht darauf an, ob der Leistungsgrund durch eine zumutbare oder eine unzumutbare Erwerbstätigkeit geschaffen wurde. Außerdem sind diejenigen staatlichen Leistungen zum Einkommen zu rechnen, durch die bestimmte Zwecke gefördert werden sollen, wie Wohngeld (BGH FamRZ 80, 771; 82, 587), die Leistungen der Ausbildungsförderung, auch wenn sie nur darlehensweise erbracht werden (OLG Hamm FamRZ

95, 1422), Blindengeld (beachte aber §§ 1578 a, 1610 a BGB) und Pflegegeld, soweit es dem Erziehenden zugute kommen soll (Erziehungsanteil, BGH NJW 84, 2355; OLG Karlsruhe FamRZ 87, 261). Erziehungsgeld ist jedoch wegen ausdrücklicher gesetzlicher Bestimmung nicht auf den Unterhalt des erziehenden Elternteils anrechenbar (§ 9, 1 BErzGG). Das gleiche gilt für die Leistungen der Grundsicherung für Arbeitsuchende und Sozialhilfe; denn diese Leistungen sind einem Unterhaltsanspruch gegenüber subsidiär. Bei Leistung von Leistungen für Arbeitsuchende oder Sozialhilfe gehen die Unterhaltsansprüche des Beziehers auf den Erbringer der Sozialleistung über und können von ihm dann gegen den Unterhaltsschuldner geltend gemacht werden (§ 33 SGB II, § 94 SGB XII). Dagegen sind Leistungen der Grundsicherung nach §§ 41 ff SGB XII (entsprechend dem früheren Grundsicherungsgesetz vom 26.6.01, BGBl I 1335) bedürftigkeitsmindernd anzurechnen, weil im Rahmen der Grundsicherung ein Unterhaltsanspruch gegen einen ehemaligen Lebenspartner nicht zu berücksichtigen ist (arg e § 43 I SGB XII). Zu weiteren Einzelheiten HK-BGB/Kemper § 1602 BGB Rn 2.

80 Dem Unterhaltsberechtigten sind **fiktive Einkünfte** zuzurechnen, wenn er es unterlässt, Einkünfte zu erzielen, die er erzielen könnte und die zu erzielen ihm zumutbar wäre (BGH FamRZ 93, 1304; 88, 927). Diese Fallgruppe wird besonders relevant, wenn dem Berechtigten an sich eine Erwerbstätigkeit zumutbar ist, er sich aber nicht ausreichend darum bemüht, eine Stelle zu finden, obwohl ein ausreichendes Stellenangebot vorhanden ist. Das gilt auch, wenn er eine Erwerbstätigkeit ausübt, diese aber nicht ausreicht, seinen Unterhalt nachhaltig zu sichern. Will er die Zurechnung fiktiver Einkünfte vermeiden, muss der Unterhaltsgläubiger deswegen gegebenenfalls die ausgeübte Tätigkeit aufgeben und sich eine Stelle suchen, durch deren Einkünfte er seinen Unterhalt besser bestreiten kann (OLG Stuttgart FamRZ 91, 1059; OLG Hamm FamRZ 95, 1144). Bei Streit muss der Unterhaltsgläubiger darlegen und gegebenenfalls beweisen, welche Anstrengungen er unternommen hat, um eine angemessene Erwerbstätigkeit zu finden (BGH NJW 86, 720; OLG Zweibrücken FamRZ 82, 1016). Die Zurechnung fiktiver Einkünfte kommt auch in Betracht, wenn der Unterhaltsberechtigte in einer Lebensgemeinschaft mit einem neuen Partner lebt. Dann muss er sich nicht nur tatsächlich erfolgende Zuwendungen des Lebensgefährten anrechnen lassen, sondern auch fiktive Einkünfte für die dem neuen Partner im Haushalt erbrachten Versorgungsleistungen (BGH NJW 80, 124). Anzusetzen ist deren objektiver Verkehrswert. Die für § 844 maßgeblichen Grundsätze können insoweit herangezogen werden (BGH NJW 84, 2358). Die der Berechnung zugrunde zu legenden Stunden richten sich nach der Größe des Haushalts. Die Anrechnung von fiktiven Einkünften ist aber ausgeschlossen, wenn die finanzielle Situation des neuen Lebensgefährten eine Vergütung ausschließen würde (BGH FamRZ 87, 1011; OLG Celle FamRZ 94, 1324).

81 **bb)** Zu berücksichtigen ist auch das **Vermögen** des Unterhaltsberechtigten. Das ergibt sich nunmehr eindeutig aus der einschränkungslosen Einbeziehung des § 1577 BGB durch die Verweisung in Abs 1. Soweit im früheren Recht Unklarheiten bestanden (Voraufl Rn 38), sind diese nun behoben. Für die Berücksichtigung von Vermögen gilt § 1577 III BGB. Das bedeutet:

82 **Vermögen** ist für den eigenen Unterhalt grundsätzlich ebenfalls einzusetzen, bevor der ehemalige Lebenspartner in Anspruch genommen werden darf (§ 1577 III BGB). Unter Vermögen ist jeder Gegenstand von Wert zu verstehen, der sich im Eigentum des Unterhalt verlangenden ehemaligen Lebenspartners befindet oder dessen Inhaber er ist. Bagatellwerte brauchen aber nicht verwertet zu werden. Wie sich das Vermögen zusammensetzt, ist unerheblich. Es kann sich um einen einzelnen Gegenstand oder um eine Ansammlung von Gegenständen, um Geld oder geldwerte Gegenstände aller Art handeln. Ebenfalls ohne Bedeutung ist die Quelle, aus der das Vermögen stammt.

83 Einsatzfrei ist ein **„Notgroschen“** als Reserve für unvorhergesehene Zwischenfälle. Dieser Betrag darf einen Monatsunterhalt nicht übersteigen.

84 Die **Verwertung** des Vermögens darf **nicht unwirtschaftlich** sein (§ 1577 III BGB). Die Verwertung von Aktien kann daher nicht verlangt werden, wenn gerade eine Krise herrscht, die ihren Wert erheblich reduziert hat, wenn abzusehen ist, dass ihre Bewertung sich bald verbessern wird. Die Zerschlagung einer Sammlung kann nicht verlangt werden, wenn die Sammlung geschlossen einen erheblich höheren Wert hat als die Summe der Werte der Einzelstücke. Die Wirtschaftlichkeit kann es vom Unterhaltsgläubiger auch verlangen, dass dieser sein Vermögen umschichtet. Unwirtschaftliche Anlageformen müssen gegebenenfalls zugunsten von wirtschaftlicheren (dh solchen, die mehr Erträge abwerfen) aufgegeben werden (BGH NJW 92, 1046; 98, 754).

85 Die Verwertung des Vermögens darf **nicht unbillig** sein. Ob das der Fall ist, ist in einer die beiderseitigen wirtschaftlichen Verhältnisse berücksichtigenden Abwägung festzustellen. Die Verwertung kann etwa unzumutbar sein, wenn der andere Lebenspartner den Unterhalt unschwer aus seinen laufenden Einkünften bestreiten kann und/oder noch ein vergleichbares Vermögen hat (OLG Hamburg FamRZ 96, 292). In die Zumutbarkeitsprüfung kann auch die Herkunft des Vermögens eingehen. Alte Familiengegenstände etwa brauchen nicht veräußert zu werden, wenn noch andere Gegenstände zur Verfügung stehen oder wenn der andere selbst ein größeres Vermögen hat.

86 **Unterlässt** der den Unterhalt verlangende ehemalige Lebenspartner die **Verwertung** seines Vermögens trotz Zumutbarkeit und Wirtschaftlichkeit, wird ihm auf seinen Bedarf **fiktiv** das **angerechnet,** was er aus der Verwertung seines Vermögens hätte erzielen können.

87 **c)** Der auf Unterhalt in Anspruch genommene frühere Lebenspartner muss **leistungsfähig** sein (§ 1581 BGB). Seinem Wortlaut nach enthält **§ 1581 BGB** zwar lediglich eine negative Billigkeitsklausel für Mangelfälle und die Verwertung von Vermögen. Aus der systematischen Stellung der Norm und der Überschrift vor dem Abschnitt folgt aber außerdem, dass die **Leistungsfähigkeit** des Unterhaltsverpflichteten wie im Verwandtenunterhalt auch (vgl § 1603 BGB) anspruchsbegrenzend wirkt und damit eine Voraussetzung des (vollen) Unterhaltsanspruchs darstellt. Sie ist das Korrelat zur Bedürftigkeit auf Seiten des Unterhaltsberechtigten.

88 **aa)** Der Unterhaltsanspruch ist danach abgestuft, wie leistungsfähig der Unterhaltsverpflichtete ist (§ 1581, 1 BGB). Es lassen sich **drei Stufen** unterscheiden: volle Leistungsfähigkeit, absolute Leistungsunfähigkeit und eine geminderte Leistungsfähigkeit, bei der der Unterhaltsschuldner zwar einen Teil des Unterhalts leisten kann, aber nicht den vollen bedarfsgerechten Satz, ohne dass er selbst sich weiter einschränken müsste als der Unterhaltsberechtigte.

89 **bb) Die Leistungsfähigkeit** des Unterhaltsverpflichteten bestimmt sich nach seinen gesamten wirtschaftlichen Verhältnissen. § 1581, 1 BGB stellt dazu klar, dass es auf die gesamten Erwerbs- und Vermögensverhältnisse ankommt und dass die sonstigen Verpflichtungen des Unterhaltsverpflichteten zu berücksichtigen sind. Es kommt jeweils auf die Verhältnisse in dem Zeitpunkt an, für den der Unterhalt verlangt wird. Veränderungen nach der Aufhebung der Lebenspartnerschaft sind daher grundsätzlich zu berücksichtigen.

90 **(1) Einkünfte** sind grundsätzlich alle Zuflüsse aus Berufs- oder gewerblicher Tätigkeit, aus Vermögen, aus Zuwendungen privater Dritter oder aus Zuwendungen auf öffentlich-rechtlicher Grundlage. Insoweit gilt nichts anderes als beim Unterhaltsberechtigten (Rn 74 ff). Die Zurechnung von fiktiven Einkünften kommt in Betracht, wenn der Unterhaltsverpflichtete eine Arbeitsstelle aufgibt oder sonstige Erwerbseinkünfte nicht erzielt, die er erzielen könnte und die zu erzielen ihm zumutbar ist (BGH

NJW 82, 2491; FamRZ 88, 597). Leichtfertigkeit ist nicht erforderlich (OLG Düsseldorf NJW-RR 98, 1011). Bei Beurteilung der Frage der Zumutbarkeit der Erwerbstätigkeit dürfen aber an den Unterhaltsverpflichteten keine schärferen Anforderungen gestellt werden als an den Unterhaltsberechtigten. Das bedeutet, dass es für die Frage der Zumutbarkeit einer bestimmten Erwerbstätigkeit in erster Linie auf die lebenspartnerschaftlichen Lebensverhältnisse und deren vorhersehbare Fortentwicklung ankommt, so dass zB eine Erwerbstätigkeit zu Gunsten einer Ausbildung nur dann aufgegeben werden darf, wenn das der Planung der Lebenspartner während der Lebenspartnerschaft entsprach (OLG Karlsruhe FamRZ 81, 559) oder wenn der Verzicht auf eine bessere berufliche Stellung angesichts der Vorbildung und der sich daraus ergebenden Chancen unzumutbar wäre (OLG Saarbrücken FamRZ 81, 676). Ein unselbständig ausgeübter Beruf darf zu Gunsten einer selbständigen Erwerbstätigkeit erst dann aufgegeben werden, wenn genügend Reserven gebildet sind, damit die bei jedem Wechsel dieser Art auftretende Anlaufphase überbrückt werden kann (BGH FamRZ 88, 145). Ein Wechsel auf Teilzeittätigkeit kommt grundsätzlich nicht in Betracht, wenn deswegen der Unterhalt des Partners nicht mehr sicher gestellt wäre. Das gilt auch für Altersteilzeit. Zu Einkünften aus Renten wegen eines Körper- oder Gesundheitsschadens s § 1578a BGB.

91 Für den Unterhalt ist grundsätzlich auch das **Vermögen** des Unterhaltspflichtigen einzusetzen und nicht nur die Einkünfte daraus. Insoweit besteht aber eine Einschränkung. § 1581, 2 BGB erlaubt, die Verwertung des Vermögensstamms zu unterlassen, wenn sie unwirtschaftlich oder unter Berücksichtigung der beiderseitigen wirtschaftlichen Verhältnisse unbillig wäre. Die Regelung entspricht § 1577 III BGB. Die Erläuterungen zur Verwertung von Vermögen auf Seiten des Unterhaltsberechtigten (Rn 81 ff) gelten entsprechend.

92 **Abzusetzen** von den für den Unterhalt einzusetzenden Beträgen sind die sonstigen Verpflichtungen des Unterhaltsverpflichteten. Uneingeschränkt gilt das aber nur für solche Verbindlichkeiten, die dem Unterhaltsanspruch des ehemaligen Lebenspartners im Rang vorgehen. Das sind vor allem die Unterhaltsansprüche der unverheirateten minderjährigen Kinder und der diesen gleichstehenden Personen. In diesen Fällen kann der an die Kinder gezahlte Unterhalt oder der für die Betreuung durch Dritte aufgewandte Betrag (OLG Köln FamRZ 81, 366) ohne weiteres abgesetzt werden. Bei Unterhaltsleistung in Natur ist aber zu beachten, dass nach der Rechtsprechung des BGH nicht der Ansatz der vollen Naturalleistungen erfolgen darf, sondern dass nur der konkret dargelegte Mehraufwand gegenüber dem Alleinleben angesetzt werden darf (BGH FamRZ 80, 994; 83, 689). Die Oberlandesgerichte sind insofern großzügiger und lassen pauschale Festsetzungen für den Betreuungsmehraufwand zu. Diese lagen zwischen 200 DM (OLG Hamm FamRZ 96, 1077) und 400 DM (OLG Hamburg FamRZ 97, 357). Andere Oberlandesgerichte lassen pauschal den Abzug bestimmter Prozentsätze zu (OLG Schleswig FamRZ 90, 518: 15 % jedenfalls bei zusätzlicher überobligationsmäßiger Erwerbstätigkeit).

93 **Sonstige Schulden** können von den für den Unterhalt grundsätzlich einzusetzenden Beträgen abgezogen werden, wenn nicht eine umfassende Interessenabwägung ergibt, dass der Abzug nicht gerechtfertigt wäre, weil die Schulden ohne Bezug zur Lebenspartnerschaft oder leichtfertig oder für Luxusaufwand eingegangen wurden (BGH NJW 82, 380). Ebenfalls nicht abgezogen werden können Aufwendungen für Kredite, mit denen der Zugewinnausgleich (§ 6 LPartG) finanziert werden soll. Folgte man der gegenteiligen Auffassung des OLG Hamm (FamRZ 85, 483), würde man dem Ausgleichspflichtigen erlauben, den Ausgleich zum Teil durch eine Reduzierung des Unterhalts durch den Ausgleichsberechtigten mitfinanzieren zu lassen. Abgezogen werden können Zahlungen für während der Lebenspartnerschaft aufgenommene Kredite (BGH

NJW 84, 1238) oder für Anschaffungen von Hausrat. Ebenfalls absetzbar sind die vom Unterhaltsverpflichteten gezahlten Steuern. Insofern ist aber zu berücksichtigen, dass nach Aufhebung der Lebenspartnerschaft der Unterhaltsverpflichtete weiterhin steuerlich als Lediger gilt. Das muss auch nach Eingehung einer Ehe oder Lebenspartnerschaft so bleiben. Auch dann gelten daher weiterhin die Sätze der Steuerklasse I. Vergünstigungen, die sich aus der tatsächlich anderen Steuerklasse oder steuerlichen Gestaltung ergeben, kommen der neuen Familie zugute (OLG Hamm FamRZ 94, 1592).

94 **(2)** Bei **voller Leistungsfähigkeit** ist der volle bedarfsangemessene Unterhalt zu leisten. § 1581 BGB hat für diesen Fall keine Bedeutung.

95 **(3)** § 1581 BGB regelt speziell den Fall, dass die Leistungsfähigkeit des Unterhaltsverpflichteten **nicht ausreicht,** um sowohl **für den ehemaligen Lebenspartners als auch für sich selbst den vollen partnerschaftsangemessenen Unterhalt** sicherzustellen. Dieser Fall wird als Mangelfall bezeichnet. § 1581, 1 BGB bestimmt, dass dann nur noch Unterhalt in einem Umfang geschuldet wird, der der Billigkeit entspricht. Die Anwendung dieser Regelung setzt voraus, dass zunächst ermittelt wird, welcher Unterhalt für den ehemaligen Lebenspartner an sich angemessen wäre. Diese Beurteilung richtet sich allein nach Abs 1, Abs 2 S 2, § 1578 BGB. In einem zweiten Schritt ist zu ermitteln, welcher Unterhalt für den Unterhaltspflichtigen partnerschaftsangemessen wäre. Dazu ist spiegelbildlich zu ermitteln, was der Unterhaltspflichtige nach Abs 1, Abs 2 S 2, § 1578 BGB verlangen könnte, wenn er selbst unterhaltsberechtigt wäre (BGHZ 109, 72). Es kommt weder auf die Unterhaltsquote noch auf den nach den Unterhaltstabellen festgesetzten großen Selbstbehalt an. In einem dritten Schritt ist dann zu ermitteln, ob der Unterhaltspflichtige ausreichend leistungsfähig ist, um beide Unterhalte abdecken zu können. Das wird nur selten der Fall sein; denn bei gleich bleibendem Einkommen steigen mit der Aufhebung der Lebenspartnerschaft die Aufwendungen auch auf Seiten des Unterhaltspflichtigen, so dass die zur Verteilung stehende Summe gegenüber der den partnerschaftsangemessenen Bedarf bestimmenden Summe in nahezu jedem Fall niedriger sein wird. Der vom Gesetzgeber als Ausnahme angesehene Mangelfall ist Regelfall.

96 Im Mangelfall reduziert sich der an den Unterhaltsberechtigten zu zahlende Betrag auf den Unterhalt, der unter Berücksichtigung der beiderseitigen Bedürfnisse und Erwerbs- und Vermögensverhältnisse der **Billigkeit** entspricht. An die Stelle des pauschal berechneten Quotenunterhalts tritt ein individuell berechneter Unterhalt. Das Gericht muss die Verhältnisse beider Lebenspartner dabei gegeneinander abwägen. Das Gesetz spricht zwar insoweit nur von der Einbeziehung der Bedürfnisse und der beiderseitigen Erwerbs- und Vermögensverhältnisse. Dem Prinzip der nachwirkenden lebenspartnerschaftlichen Solidarität entspricht aber eine alle Umstände des Einfalls berücksichtigende Abwägung (str, wie hier Johannsen/Henrich/Büttner § 1581 BGB Rn 25 für die Lage im Eherecht). In diese können Umstände auch dann einbezogen werden, wenn sie schon einmal bei der Berechnung des zur Verteilung stehenden Betrags evaluiert wurden (zB Schulden, Frage nach der Pflicht zur Veräußerung von Vermögensteilen). Es gibt kein Verbot der Doppelverwertung.

97 Grundsätzlich erfordert die Abwägung **gleiche Maßstäbe** auf beiden Seiten. Daraus folgt, dass das Außerachtlassen von Vermögensteilen auf der einen Seite grundsätzlich auch die Außerachtlassung entsprechender Vermögensteile auf der anderen Seite zur Folge haben muss. Entsprechendes gilt für Einkommen aus Erwerbstätigkeit und die Frage, ob eine (andere) Erwerbstätigkeit ausgeübt werden muss. Nur wenn keine Unterschiede zwischen den ehemaligen Partnern bestehen und beide gleich belastet erscheinen, ist es vertretbar, einen gewissen Bonus zugunsten des Unterhaltspflichtigen anzunehmen; denn in den Mangelfällen wird das Prinzip der nachlebenspartnerschaft-

lichen Solidarität wieder zunehmend von dem Prinzip der Eigenverantwortung überlagert.

98 **Folge der Billigkeitsabwägung** kann zunächst eine andere als die sonst maßgebliche Aufteilung des Unterhalts sein. In Betracht kommt auch die Absenkung der Zumutbarkeitsgrenze für die Aufnahme einer Erwerbstätigkeit. Ein Lebenspartner kann deswegen gegebenenfalls eine Tätigkeit ausüben müssen, die sonst als nicht partnerschaftsangemessen unzumutbar wäre. Ebenso kommt in Betracht, den Bedarf zu reduzieren und zu verlangen, dass einer oder beide Teile sich mit einem geringeren Lebensstandard begnügen, als er die lebenspartnerschaftlichen Lebensverhältnisse geprägt hat.

99 **Unterste Grenze** für den dem Unterhaltspflichtigen verbleibenden Unterhalt ist der sog notwendige Selbstbehalt. Die Düsseldorfer Tabelle setzt 770 Euro (nicht erwerbstätiger Unterhaltspflichtiger) bzw 890 Euro (erwerbstätiger Unterhaltspflichtiger) an. Im Regelfall darf aber nicht so weit heruntergegangen werden (OLG Nürnberg FamRZ 96, 352). Der BGH verlangt dafür vielmehr, dass der Unterhaltsberechtigte ähnlich bedürftig ist wie ein minderjähriges Kind (BGHZ 109, 84 ff). Eine pauschale Bemessung des zu belassenden Betrags kommt nur ausnahmsweise und nur dann in Betracht, wenn dieser Betrag weit über dem notwendigen Selbstbehalt angesetzt wird (OLG Koblenz FamRZ 97, 426: 1650 DM).

100 **(4) Reicht** die Leistungsfähigkeit des Unterhaltspflichtigen **nicht** einmal aus, den **eigenen notwendigen Lebensunterhalt abzudecken,** besteht mangels Leistungsfähigkeit kein Unterhaltsanspruch des ehemaligen Lebenspartners.

101 **cc) Verfahren.** Als Ausnahme ist die mangelnde Leistungsfähigkeit einschließlich der dafür maßgebenden Faktoren vom Unterhaltsverpflichteten zu beweisen. Die in die Billigkeitsabwägung eingehenden Umstände müssen jeweils von dem Lebenspartner vorgetragen und notfalls bewiesen werden, dem sie günstig sind. Maßgeblich für die Beurteilung des Billigkeitsunterhalts sind die Umstände zur Zeit der letzten mündlichen Verhandlung. Bei Absehbarkeit einer Änderung in den Verhältnissen der Lebenspartner ist aber eine Prognoseentscheidung zu treffen.

102 **d) aa)** Der Unterhaltsanspruch darf nicht **wegen grober Unbilligkeit ausgeschlossen,** herabgesetzt oder zeitlich begrenzt sein (§ 1579 BGB). Der Gesetzgeber hat mit § 1579 BGB anerkannt, dass es Fälle geben kann, in denen es dem anderen Lebenspartner schlechterdings unzumutbar ist, Unterhalt für seinen ehemaligen Partner zu leisten. Die Härteklausel gilt für den gesamten Anspruch auf nachlebenspartnerschaftlichen Unterhalt. Für den Getrenntlebensunterhalt (§ 12 LPartG) gilt § 1579 Nr 2-7 BGB. Die bislang dort enthaltene eigenständige Regelung wurde mit Wirkung vom 1.1.05 beseitigt.

103 Die Härteklausel **greift ein,** wenn einer der Härtegründe vorliegt und die Inanspruchnahme des Unterhaltsverpflichteten grob unbillig wäre. Die Härtegründe sind enumerativ und abschließend aufgeführt. Das ist aber nur eine Scheinbegrenzung, denn § 1579 Nr 7 BGB enthält eine derart weite Generalklausel, dass alle anderen Fälle auch unter sie gefasst werden könnten.

104 Als **Rechtsfolge** lässt § 1579 BGB entweder den völligen Ausschluss, die zeitliche Begrenzung oder die Herabsetzung des Unterhalts zu. Welche dieser Folgen eingreift, richtet sich danach, wie die Unbilligkeit der Unterhaltsleistung abgestellt werden kann. Die Unbilligkeit muss daher immer mit dem mildesten zur Verfügung stehenden Mittel beseitigt werden.

105 **bb)** Das Eingreifen des Härtetatbestandes **setzt** zunächst **voraus, (1)** dass einer der in Nr 1-7 genannten **Härtegründe verwirklicht** ist. Bei diesen handelt es sich um: eine **kurze Dauer** der Lebenspartnerschaft (§ 1579 Nr 1 BGB). Dauer der Lebens-

partnerschaft ist die Zeit von ihrer Registrierung an bis zur Rechtshängigkeit des Aufhebungsantrags (also dem Zeitpunkt seiner Zustellung). Kurz ist die Dauer der Lebenspartnerschaft regelmäßig, wenn sie drei Jahre nicht überschreitet (OLG Karlsruhe FamRZ 79, 705; KG FamRZ 81, 157 zur Ehe). Bei dieser Grenze handelt es sich aber um keine absolute (BGH NJW 81, 754; 82, 2064). Besonders im Grenzbereich zwischen zwei und vier Jahren muss vielmehr in einer alle Umstände des Einzelfalls berücksichtigenden Wertung ermittelt werden, wie sehr sich die Lebenspartner bereits auf die Lebenspartnerschaft eingelassen und ihre Lebensplanung aufeinander abgestimmt haben (OLG Celle FamRZ 79, 708; OLG Köln FamRZ 85, 1046, jeweils zu Eheleuten; zB Umzug, Änderung oder Aufgabe der Berufstätigkeit). Bedeutung hat auch das Alter der Lebenspartner. Wird die Lebenspartnerschaft erst in vorgerücktem Alter geschlossen, so kann die Schwelle zu einer nicht mehr kurzen Lebenspartnerschaft schon erheblich vor Ablauf von drei Jahren erreicht sein (vgl BGH NJW 82, 823, zu Eheleuten). Die Schwelle steigt wieder, wenn die Lebenspartnerschaft allein zu Versorgungszwecken geschlossen wurde (OLG Hamm FamRZ 92, 326: 4 Jahre; OLG Hamburg FamRZ 81, 54: 3,5 Jahre, jeweils zu Eheleuten).

106 Ein Härtegrund ist auch, dass der Berechtigte sich eines **Verbrechens oder eines schweren vorsätzlichen Vergehens** gegen den Verpflichteten oder einen nahen Angehörigen des Verpflichteten schuldig gemacht hat (§ 1579 Nr 2 BGB). Verbrechen sind alle im Mindestmaß mit einer Freiheitsstrafe von einem Jahr bedrohten rechtswidrigen Taten (§ 12 I StGB), Vergehen solche, die im Mindestmaß mit einer geringeren Freiheitsstrafe oder Geldstrafe bedroht sind. Der Versuch, die Anstiftung oder Beihilfe reichen. Bei einem Vergehen ist aber zu beachten, dass fahrlässig begangene Taten nicht tatbestandsmäßig sind. Außerdem muss es einen Schweregrad erreichen, der demjenigen eines Verbrechens entspricht. Erforderlich ist eine Gesamtabwägung der Tat unter Berücksichtigung aller Umstände des Einzelfalls. Je stärker der Bezug der Tat zur lebenspartnerschaftlichen Verbindung ist, desto eher kann das Eingreifen der Härteklausel bejaht werden. Die Straftat muss gegen den Unterhaltsverpflichteten oder einen seiner nahen (dh nahestehenden) Angehörigen begangen sein. Eine dieser Personen muss also durch die Tat geschädigt sein. Sie braucht nicht Hauptgeschädigter zu sein; das Maß des Schadens ist aber in die Billigkeitsabwägung einzubeziehen. Die Tat muss schuldhaft begangen sein (BGH NJW 82, 100; OLG Hamm NJW 90, 1119, jeweils zur Ehe). Es ist nicht erforderlich, dass der Unterhaltsberechtigte wegen der Straftat bereits verurteilt ist. Hat aber ein Strafverfahren stattgefunden, entfaltet die dort getroffene Entscheidung Bindungswirkung. **Einzelfälle** (alle Entscheidungen betrafen Ehen): Ausreichend für die Bejahung der Härteklausel sein können: Prozessbetrug, vor allem im Unterhaltsprozess (BGH NJW 97, 1439; OLG Hamm FamRZ 96, 1079; OLG Stuttgart); Körperverletzungen (OLG Düsseldorf FamRZ 83, 585), sexueller Missbrauch von Kindern des Partners, schwere Beleidigungen oder Verleumdungen (OLG Hamm FamRZ 95, 808), Nötigung (KG FamRZ 92, 571) und Diebstähle zum Schaden des Unterhaltsverpflichteten (OLG Hamm FamRZ 94, 168). Nicht ausreichend sind geringfügige Körperverletzungen während eines Streits mit gegenseitigen Tätlichkeiten.

107 **Folge** des § 1579 Nr 2 BGB ist der Ausschluss des Unterhaltsanspruchs für die Zukunft. Eine Rückwirkung findet nicht statt, so dass in der Vergangenheit vor der Begehung oder Kenntnis der Straftat gezahlte Beträge nicht zurückverlangt werden können (BGH NJW 84, 296).

108 Ein Härtegrund liegt weiter vor, wenn der Berechtigte seine **Bedürftigkeit mutwillig herbeigeführt** hat (§ 1579 Nr 3 BGB). Der Unterhaltsberechtigte muss sich mindestens leichtfertig in eine Situation gebracht haben, in der er seinen Lebensbedarf nicht selbst befriedigen kann, sondern auf die Leistungen Dritter angewiesen ist. Die Mutwilligkeit muss sich auf den Unterhalt beziehen; sie kann nicht allein daraus gefol-

gert werden, dass der Lebenspartner die Aufhebung der Lebenspartnerschaft veranlasst hat oder selbst betreibt. In Betracht kommen etwa die freiwillige Aufgabe einer (angemessenen) Erwerbstätigkeit (OLG Köln FamRZ 85, 930 zu Eheleuten), die Verschleuderung des bisher vorhandenen oder des im Vermögensausgleichsverfahren erlangten Vermögens (OLG Karlsruhe FamRZ 83, 506 zu Eheleuten) oder das Unterlassen einer Berufsausbildung (OLG Hamburg FamRZ 91, 445 zu Eheleuten). Hierher gehören aber auch Alkoholismus oder Drogenmissbrauch (BGH NJW 81, 2805; FamRZ 88, 375 zu Eheleuten), sofern die Sucht aus unterhaltsbezogenen Gründen entstanden ist oder sich der Süchtige mutwillig einer Behandlung seiner Sucht widersetzt. Letzteres setzt aber voraus, dass der Süchtige überhaupt dazu in der Lage ist, Einsicht in sein Problem zu gewinnen (BGH FamRZ 88, 375 zu Eheleuten). Schließlich kann auch die Ansteckung mit Krankheiten oder die Beschädigung durch einen Unfall unter § 1579 Nr 3 BGB fallen. Auch das setzt aber voraus, dass der Unterhaltsberechtigte unterhaltsbezogen mutwillig handelt, etwa indem er gebotene Therapien unterlässt oder wenn die Ansteckung dadurch erleichtert wurde, dass der Unterhaltsberechtigte wegen der möglichen Versorgung die Gefährdung in Kauf genommen hat. Alltägliche Selbstgefährdungen, wie im Straßenverkehr oder Sport reichen nicht. Auch die Ansteckung mit dem HIV-Virus führt regelmäßig nicht zur Anwendung von § 1579 Nr 3 BGB; denn insoweit handelt es sich um ein jedem Geschlechtsverkehr mit einem unbekannten Partner innewohnendes allgemeines Lebensrisiko (anders, wenn die Infektion des Sexualpartners bekannt ist und trotzdem keine Schutzmaßnahmen getroffen werden).

109 Ein weiterer Härtegrund liegt vor, wenn der **Berechtigte sich über schwerwiegende Vermögensinteressen des Verpflichteten mutwillig hinweggesetzt** hat (§ 1579 Nr 4 BGB). Dieser Grund, der erst 1986 kodifiziert wurde, betrifft einen Fall, in dem die Inanspruchnahme des Unterhaltsverpflichteten widersprüchlich wäre. Der Unterhaltsberechtigte hat dadurch, dass er sich über erhebliche wirtschaftliche Interessen des Unterhaltsberechtigten hinweggesetzt hat, die Quelle des Unterhalts selbst gefährdet. Er verhielte sich daher treuwidrig, wenn er nun aus genau den Quellen, deren Existenz er selbst aufs Spiel gesetzt hat, die Befriedigung seines Lebensbedarfs verlangte. Ein Hinwegsetzen über Vermögensinteressen liegt bereits bei einer Gefährdung dieser Interessen vor; der Schaden braucht nicht eingetreten zu sein. Vermögensinteressen sind sowohl das Interesse des Unterhaltspflichtigen an der Bewahrung seines Vermögens als auch dasjenige an dessen Vermehrung. § 1579 Nr 4 BGB kann daher auch erfüllt sein, wenn die Erwerbsquelle des Unterhaltsverpflichteten, vor allem der Arbeitsplatz, gefährdet wird. Die Gefährdung der Vermögensinteressen muss mutwillig sein, also mindestens leichtfertig (Rn 108).

Einzelfälle (alle Entscheidungen betreffen Ehegatten): Die Härteklausel greift ein bei Verleumdungen gegenüber dem Arbeitgeber, bei der Denunziation von Fehlverhalten des Unterhaltsverpflichteten gegenüber seinem Arbeitgeber (OLG Zweibrücken FamRZ 89, 63; OLG Hamm FamRZ 87, 946; OLG Karlsruhe NJW-FER 98, 52) oder gegenüber Kunden oder Geschäftspartnern bei selbständig Tätigen (AG Darmstadt FamRZ 79, 507), falschen Strafanzeigen (OLG München FamRZ 82, 271). Ausreichend sein kann auch die Weigerung, an der gemeinsamen Steuererklärung mitzuwirken (OLG Celle FamRZ 94, 1324) oder eine Trennung zur Unzeit (vor allem bei im Betrieb des anderen mitarbeitenden Lebenspartner). Nicht ausreichend sind dagegen die Zwangsvollstreckungsmaßnahmen gegen den anderen Lebenspartner und die Erstattung von gerechtfertigten Strafanzeigen (vor allem solcher wegen Unterhaltspflichtverletzungen).

110 Härtegrund ist auch, wenn der Berechtigte vor der Trennung längere Zeit hindurch seine **Pflicht, zum Familienunterhalt beizutragen, gröblich verletzt** hat (§ 1579 Nr 5 BGB). Hierher gehören nur diejenigen Fälle, in denen nicht schon eine strafbare Unterhaltspflichtverletzung (§ 170b StGB) vorliegt; denn insoweit greift § 1579 Nr 2 BGB als

lex specialis ein. Erfasst werden neben der Säumnis, Geld zum Unterhalt der Lebenspartnerschaft beizutragen, soweit eine Erwerbstätigkeit zumutbar ist, auch die Vernachlässigung einer gegebenenfalls bestehenden Mitarbeitspflicht im Betrieb des anderen Lebenspartners. Wegen der Härte der Sanktion reichen vorübergehende Verstöße nicht. § 1579 Nr 5 BGB verlangt vielmehr einen Verstoß über längere Zeit. Das sollte nicht unter einem Jahr angenommen werden. Außerdem muss die Unterhaltspflichtverletzung gröblich sein. Angesichts der Schwere der Sanktion kann das erst angenommen werden, wenn die Grenze zur groben Fahrlässigkeit überschritten ist (Häberle FamRZ 86, 312). Andernfalls käme es zu einem Ungleichgewicht mit den anderen in § 1579 BGB geregelten Fällen.

111 Härtegrund ist weiter, wenn dem Berechtigten ein **offensichtlich schwerwiegendes, eindeutig bei ihm liegendes Fehlverhalten gegen den Verpflichteten** zur Last fällt (§ 1579 Nr 6 BGB). Die ebenfalls erst 1986 eingefügte Härteklausel kodifiziert die Rechtsprechung des BGH, der im Rahmen von § 1579 Nr 4 BGB aF angenommen hatte, ein Unterhaltsanspruch entfalle bei „schwerwiegendem und klar bei dem bedürftigen Ehegatten liegendem Fehlverhalten" (BGH NJW 79, 1348; 80, 1686).

112 **Schwerwiegendes Fehlverhalten** kann jeder Verstoß von einigem Gewicht gegen die in § 2 LPartG enthaltenen Pflichten aus der lebenspartnerschaftlichen Lebensgemeinschaft sein. Da aber vermögensbezogene Pflichtverletzungen bereits in § 1579 Nr 4 BGB, unterhaltsbezogene Pflichtverletzungen in § 1579 Nr 3 und 5 BGB und sich als Straftaten darstellende Pflichtverletzungen bereits in § 1579 Nr 2 BGB abgedeckt sind, ist der Anwendungsbereich der allgemeinen Generalklausel des § 1579 Nr 6 BGB auf Pflichtverletzungen im persönlichen Bereich, die nicht den Grad einer Straftat erreichen, beschränkt, etwa auf schwerwiegende Verstöße gegen die persönlichen Verpflichtungen aus der Lebenspartnerschaft, wie dauernde Vertrauensbrüche, Treubrüche usw. Vor allem aber fällt die Eingehung von Partnerschaften mit anderen Personen während des Bestehens der Lebenspartnerschaft (auch in der Trennungszeit) unter Nr 6 (BGH NJW 81, 1214; 82, 2664; 86, 722 zu Eheleuten). Partnerschaften nach Ende der Lebenspartnerschaft sind für die Härteklausel dagegen zwar irrelevant, können aber zur Anrechnung von fiktiven Einkünften führen. Weitere Anwendungsfälle von Nr 6 können Angriffe gegen den Unterhaltsschuldner oder dessen Angehörige sein, selbst wenn sie nicht das für § 1579 Nr 2 BGB erforderliche Maß erreichen.

113 Das Fehlverhalten muss **einseitig** sein. Die Anwendung von § 1579 Nr 6 BGB scheidet daher aus, wenn dem Unterhaltspflichtigen vergleichbare Verstöße gegen die lebenspartnerschaftlichen Pflichten zur Last fallen (OLG Koblenz FamRZ 86, 999 zu Eheleuten). Umgekehrt scheidet die Anwendung von § 1579 Nr 6 BGB auch aus, wenn den Unterhaltspflichtigen ein Mitverschulden an dem Pflichtverstoß seines Partners trifft.

114 Das Fehlverhalten muss **schuldhaft** sein, dh der Unterhaltsberechtigte muss wenigstens fahrlässig gehandelt haben.

115 Schließlich kann Unterhalt gekürzt, zeitlich begrenzt oder ausgeschlossen werden, wenn ein **anderer Grund** vorliegt, **der ebenso schwer wiegt** wie die in den Nummern 1 bis 6 aufgeführten Gründe (§ 1579 Nr 7 BGB). Diese Generalklausel, die früher in § 1579 Nr 4 BGB aF enthalten war, soll die Fälle erfassen, in denen eine Unterhaltszahlung unbillig wäre, ohne dass dem Unterhaltsberechtigten ein persönliches Fehlverhalten zur Last fiele. Keine Anwendung findet § 1579 Nr 7 BGB daher in all denjenigen Fällen, die unter einen der ausdrücklich geregelten Härtegründe subsumiert werden können, ohne dass die erforderliche Intensität für die Bejahung des Härtegrundes erreicht ist. Die Abgrenzung ist im Einzelnen schwierig. Die Rechtsprechung ist konturenlos.

Einzelfälle (alle Entscheidungen betrafen Eheleute): § 1579 Nr 7 BGB kann verwirklicht sein, wenn die Lebensgemeinschaft nie oder nur sehr kurz bestand. Das kann selbst dann gelten, wenn die Lebenspartnerschaft selbst von langer Dauer war. Außerdem kommen Formen der Lebensgestaltung in Betracht, die einen weiteren Kontakt des Unterhaltsverpflichteten mit seinem ehemaligen Partner als schlechthin unzumutbar machen. Hierher gehört der Fall, dass der Lebenspartner seinen Lebensunterhalt aus der Begehung von Straftaten oder Prostitution bestreitet. Ebenfalls unzumutbar ist eine Unterhaltszahlung, wenn der Unterhaltsberechtigte nur deswegen bedürftig ist, weil er sich in der Rolle des Bedürftigen eingelebt hat (sog Unterhaltsneurose, OLG Düsseldorf NJW-RR 89, 1157). Unbillig iSv § 1579 Nr 7 BGB kann die Unterhaltsleistung auch sein, wenn die Krankheit, die Erwerbstätigkeit des Unterhaltsberechtigten ausschließt, bereits vor der Lebenspartnerschaft bestand (OLG Hamm FamRZ 94, 1037). Letzteres wird man aber insoweit einschränken müssen, als die Erkrankung dem anderen Lebenspartner bekannt gewesen sein muss. § 1579 Nr 7 BGB kommt dagegen bei zur Zeit der Eingehung der Lebenspartnerschaft bestehenden, den Lebenspartnern beiden aber nicht bekannten Krankheiten nicht in Betracht (BGH NJW 94, 1286). 116

Die häufigsten Anwendungsfälle des § 1579 Nr 7 BGB betreffen **Fragen im Zusammenhang** mit **neuen Partnern.** Insoweit besteht eine gewisse Überschneidung mit dem Anwendungsbereich von § 1579 Nr 6 BGB. Während dort die Begründung für die Versagung oder Begrenzung des Unterhalts auf der in dem Ausbrechen aus der Lebenspartnerschaft liegenden Verstoß gegen die lebenspartnerschaftliche Solidarität liegt, ist der den Ausschluss bzw die Begrenzung des Unterhalts nach § 1579 Nr 7 BGB rechtfertigende Grund die Unzumutbarkeit, das Zusammenleben mit einem anderen Partner finanzieren zu müssen. Die Rechtsprechung wendet Nr 7 aber auch ohne Rücksicht auf das Bestehen einer Lebensgemeinschaft an, wenn der Unterhaltsberechtigte eine dauerhafte Beziehung zu einem neuen Partner aufnimmt (BGH NJW 84, 2693; OLG Hamm NJW-RR 96, 1474). Die Grenzziehung zwischen einer (erlaubten und den Unterhaltsanspruch nicht beeinflussenden) Beziehung zu einem anderen und einer verfestigten Beziehung, die die Unterhaltsleistung für den bisherigen Partner unzumutbar macht, ist oft schwierig. Der bisherige Lebenspartner kann von seinem ehemaligen Lebenspartner nicht verlangen, dass er nach der Aufhebung der Lebenspartnerschaft Beziehungen zu anderen Personen unterlässt. Die neue Partnerschaft muss daher selbst solche Begleitumstände aufweisen, dass die weitere Unterhaltszahlung unzumutbar erscheint. Für die Dauer der Beziehung bedeutet das, dass eine Untergrenze von zwei bis drei Jahren verlangt werden muss, sofern nicht andere Umstände hinzutreten, aus denen die Unzumutbarkeit der Unterhaltszahlung abgeleitet werden kann (BGH NJW 89, 1086; FamRZ 97, 671). Solche können etwa sein, dass eine bereits während der Lebenspartnerschaft begonnene Beziehung fortgesetzt wird (BGH FamRZ 91, 542) oder dass die neue Beziehung auf andere Weise geeignet ist, den bisherigen Partner in der Öffentlichkeit lächerlich zu machen oder bloßzustellen. 117

(2) Neben der Verwirklichung eines Härtegrundes setzt die Anwendung der Härteklausel voraus, dass wegen des Härtegrundes die **Inanspruchnahme des Verpflichteten grob unbillig** wäre. Der Streit um den richtigen Maßstab (Voraufl Rn 114) hat sich durch die Novellierung des § 12 LPartG erledigt, wo heute ebenfalls auf § 1579 BGB verwiesen wird. Erforderlich ist eine konkrete Abwägung der Interessen von Unterhaltsberechtigtem und Unterhaltsverpflichtetem. Besondere Bedeutung kann hierbei die Dauer der Lebenspartnerschaft, die Pflege des Unterhaltsberechtigten während der Lebenspartnerschaft, die Finanzierung der Lebenspartnerschaft durch den nun Unterhaltsberechtigten oder die Hinnahme von persönlichen Nachteilen aufgrund der Lebenspartnerschaft (OLG Hamm FamRZ 80, 258 zur Ehe) haben. Je mehr positive Aspekte der Unterhaltsberechtigte vorweisen kann, desto gravierender müssen die 118

Härtegründe sein, um den Unterhaltsanspruch vollständig auszuschließen. Wo sonst eine vollständige Versagung in Betracht käme, darf dann der Unterhalt herabgesetzt oder zeitlich begrenzt werden. Wo eine der letztgenannten Maßnahmen sonst angemessen wäre, kann bei Vorliegen genügender „Kompensationsgesichtspunkte" jede Begrenzung des Unterhalts unbillig sein.

119 Außerdem sind bei der Abwägung die **Belange** eines dem Unterhaltsberechtigten zur Pflege und Erziehung anvertrauten **gemeinschaftlichen Kindes** (nicht: Stiefkindes) zu berücksichtigen. Das Kind muss dem Unterhaltsberechtigten anvertraut sein. Das bedeutet, dass er das Kind entweder aufgrund einer Absprache oder einer gerichtlichen Entscheidung betreut. Die bloß tatsächliche Betreuung gegen den Willen des Unterhaltsverpflichteten reicht nicht. Es reicht nicht, dass die Belange der Kinder irgendwie in die Billigkeitsabwägung einfließen; die Belange der Kinder müssen vielmehr gewahrt werden. Das bedeutet, dass die Belange der Kinder grundsätzlich Vorrang vor denjenigen des Unterhaltspflichtigen haben sollen. Trotzdem kommt der Ausschluss von Unterhaltsansprüchen in Betracht, wenn die Versorgung der Kinder durch den Unterhaltsberechtigten anderweit (zB durch Zuwendungen des neuen Lebensgefährten des Unterhaltsberechtigten, OLG Koblenz NJW-RR 89, 5) gesichert ist. Im Regelfall wird das Erfordernis, die Belange der Kinder zu wahren, aber dazu führen, dass der Unterhalt nur auf den notwendigen Unterhalt reduziert und/oder auf die Zeit der Kindererziehung begrenzt wird (BGH FamRZ 89, 1279).

120 **cc) Folge** von § 1579 BGB ist der **ganze oder teilweise Ausschluss** des Unterhaltsanspruchs. Letzteres kann entweder eine zeitliche Begrenzung oder eine betragsmäßige Begrenzung bis auf den notwendigen Unterhalt sein. Die Verwirkung ist grundsätzlich endgültig. Fallen die Umstände, die zu der Verwirklichung der Härteklausel geführt haben, aber später wieder weg, kann ausnahmsweise auch die Verwirkung des Unterhaltsanspruchs wieder wegfallen (BGH FamRZ 87, 689). Insoweit besteht aber kein Automatismus. Es muss vielmehr geprüft werden, ob die Tatsache, dass in der Vergangenheit ein bestimmter Umstand vorgelegen hat, selbst noch einen der Härtegründe verwirklicht und die Unterhaltsleistung für die Zeit nach dem Wegfall des Umstands grob unbillig macht (BGH NJW 86, 724; FamRZ 87, 1238). Das kann dazu führen, dass auch der künftige Unterhaltsanspruch herabzusetzen oder zeitlich zu begrenzen ist, auch wenn der völlige Wegfall des Unterhalts nicht mehr gerechtfertigt erscheint.

121 **dd) Verfahren.** Die Beweislast für die das Eingreifen eines Härtegrundes begründenden Tatsachen trägt der Unterhaltsverpflichtete. Der Wegfall von Härtegründen nach der Aufhebung der Lebenspartnerschaft muss im Verfahren nach § 323 ZPO geltend gemacht werden. Der weiteren Vollstreckung aus einem bereits vorliegenden Unterhaltstitel kann dann mit der Vollstreckungsgegenklage (§ 767 ZPO) begegnet werden.

122 **3. a)** Das **Maß des Unterhalts** bestimmt sich grundsätzlich nach den **angemessenen Verhältnissen während der Lebenspartnerschaft** (§ 1578 I 1 BGB). Insoweit hat sich durch das LPartGÜG an der bislang geltenden Rechtslage nichts grundlegend geändert. Allerdings sind nunmehr bei der Entscheidung über eine Befristung auch die Belange der gemeinschaftlichen Kinder zu berücksichtigen.

123 **aa)** Der Unterhalt umfasst den **gesamten Lebensbedarf** des Berechtigten (§ 1578 I 4 BGB). Ob der Lebensbedarf laufender Bedarf oder Sonderbedarf ist, ist gleichgültig (BGH FamRZ 83, 29; OLG Hamm FamRZ 97, 296 zu Sonderbedarf).

124 **bb)** Wie der **Lebensbedarf zu bemessen** ist, bestimmt sich grundsätzlich nach den lebenspartnerschaftlichen Lebensverhältnissen bzw nach Auslaufen einer Befristung (§ 1578 I 2 BGB) nach den Lebensverhältnissen des ehemaligen Lebenspartners. Daher müssen zunächst die Lebensverhältnisse der Lebenspartner genau ermittelt werden,

um den **Lebensstandard** der Familie **bestimmen** zu können. Maßgebend ist der Standard einer vergleichbaren Familie, dh einer solchen mit einer gleichen Zahl an Mitgliedern und gleichen Einkommen; denn Maßstab ist nicht der individuelle Standard der betroffenen Familie, sondern ein objektivierter Lebensstandard. Anhand dieses Maßstabs ist zu ermitteln, welcher Betrag für die Lebenspartner während ihrer Lebenspartnerschaft jeweils zur Verfügung stand. Dieser Betrag bestimmt den für den Unterhalt maßgeblichen Lebensstandard.

125 **(1)** Der **auf einen Lebenspartner entfallende Betrag** entspricht grundsätzlich der **Hälfte** des für beide zur Verfügung stehenden Betrags, weil davon auszugehen ist, dass in einer funktionierenden Lebenspartnerschaft die Lebenspartner das für sie zur Verfügung Stehende auch miteinander teilen. Von diesem Halbteilungsgrundsatz bestehen aber so bedeutende Ausnahmen, dass dieser in der Praxis eher die Ausnahme als die Regel darstellt. Bei der Halbteilung bleibt es regelmäßig nur, wenn keiner der Lebenspartner erwerbstätig ist (BGH FamRZ 81, 1166).

126 **(2)** Die wichtigste Ausnahme von der Halbteilung besteht darin, dass die Rechtsprechung einen sog **Erwerbstätigenbonus** anerkennt. Dem erwerbstätigen Unterhaltspflichtigen soll, wie es der BGH formuliert, „ein die Hälfte des zur Verteilung stehenden maßvoll übersteigender Betrag" verbleiben (BGH FamRZ 89, 842; 90, 503; 91, 304). In der Praxis hat es sich durchgesetzt, dem Erwerbstätigen 4/7 des zu verteilenden Betrags zuzusprechen, während der andere 3/7 erhält. Davon gehen inzwischen auch alle Unterhaltstabellen aus. Zu beachten ist, dass der Bonus seinem Zweck, die durch eine Erwerbstätigkeit auftretenden Mehrbelastungen abzudecken, entsprechend nur für Einkünfte gilt, die auf Erwerbstätigkeit beruhen, nicht dagegen für solche, die aus Kapitalvermögen resultieren (OLG Koblenz FamRZ 90, 51). Ist auch der andere Lebenspartner (der Unterhalt verlangt) erwerbstätig, kommt ihm ein Erwerbstätigenbonus insofern zugute, als seine auf den Unterhalt anzurechnenden Einkünfte entsprechend gemindert werden (BGH FamRZ 89, 842; 91, 304).

127 **(3)** Zum für die Unterhaltsverteilung maßgeblichen Einkommen **zählt nicht, was von den Lebenspartnern zur Vermögensbildung verwendet** wird. Diese Gelder sind der Verwendung durch die Anlage entzogen; sie bestimmen daher nicht den Lebensstandard in der Lebenspartnerschaft. Hierher können Ersparnisse, Anlagen in Aktien oder Grundstücken, aber auch Beiträge zu Lebensversicherungen fallen (BGH NJW 92, 1045). Das gilt aber nicht für Gelder, die einen zeitlich verzögerten Konsum ermöglichen sollen (zB Ansparen von Kapital für den Haus-, Auto oder Großgerätekauf). Das Angesparte soll dann für die Erhöhung des gemeinsamen Lebensstandards verwendet werden und muss daher auch in die Berechnung des Unterhalts eingehen. Wie Vermögensbildung und Lebensbedarf im Einzelnen abzugrenzen sind, ist zwischen den verschiedenen Gerichten streitig. Zum Teil wird angenommen, ein Unterhaltsbedarf könne immer nur bis zu einer absoluten Obergrenze bestehen (sog Sättigungsgrenze, OLG Frankfurt FamRZ 92, 823: Grenze von 3000 DM). Dem widerspricht, dass in § 1578 I BGB keine Obergrenze für den nachpartnerschaftlichen Unterhalt festgesetzt ist, sondern dass auf die lebenspartnerschaftlichen Lebensverhältnisse abgestellt ist. Diese können aber sehr unterschiedlich sein. Eine betragsmäßig festgesetzte Grenze ist angesichts der verschiedenen Lebensverhältnisse in Deutschland willkürlich. Der BGH wählt eine Mittellösung, indem er annimmt, normalerweise werde ein über ca 1500 EUR hinausgehender Unterhaltsbetrag nicht mehr für die Deckung des Lebensbedarfs, sondern zur Vermögensbildung verwendet (BGH NJW 82, 1645; 83, 683). So wird im Ergebnis ein ähnlicher Effekt erreicht wie durch die Annahme einer Sättigungsgrenze. Der BGH relativiert seinen Punkt aber wieder, indem er eine an den Umständen des konkreten Falls orientierte Schätzung der Vermögensbildungsquote verlangt. Letztlich ist die Methode aber nur halbherzig; denn sie setzt am falschen Ende

an (Feststellung des Betrags der Vermögensbildung statt Feststellung des Unterhaltsbedarfs). Zutreffend erscheint allein die von einer Reihe von Oberlandesgerichten vorgenommene individuelle Betrachtung, die in Fällen, in denen ein ungewöhnlich hoher Bedarf geltend gemacht wird, die konkrete Darlegung dieses Bedarfs verlangt (OLG Hamm FamRZ 83, 924; OLG Koblenz FamRZ 93, 199; OLG Köln FamRZ 94, 1323). So kann das Prinzip gewahrt werden, dass der Bedarf sich an den lebenspartnerschaftlichen Lebensverhältnissen orientiert, ohne eine starre Grenze zu verabsolutieren. Die Lösung hat allerdings den Nachteil, dass jede einzelne Bedarfsposition vorgetragen und notfalls bewiesen werden muss.

128 **(4)** Abweichungen von der pauschalen Aufteilung der den Lebenspartnern zur Verfügung stehenden Geldbeträge können sich daraus ergeben, dass bestimmte **Aufwendungen,** die die Lebenspartnerschaft geprägt haben, mit Trennung und Aufhebung der Lebenspartnerschaft **weggefallen** sind. Das können aufwändige gemeinsame Urlaubsreisen, Geschenke an den jeweils anderen oder an Verwandte des anderen, Unterhaltsleistungen an Verwandte usw sein. In Betracht kommt auch, dass im Rahmen der Aufhebung der Lebenspartnerschaft ein Lebenspartner an den (weit entfernten) Ort seiner Arbeitsstätte zieht, sodass Kosten für Heimfahrten wegfallen (während der zweite Wohnsitz ohnehin schon bestand). Entsprechendes gilt, wenn die Belastungen durch das Eigenheim wegfallen, die die Zeit der Lebenspartnerschaft geprägt haben, weil das Haus wegen der Aufhebung der Lebenspartnerschaft verkauft wird (OLG Hamm FamRZ 90, 886).

129 **(5)** Umgekehrt können sich auch **negative Abweichungen** von den Beträgen ergeben, die während der Lebenspartnerschaft zur Verfügung standen, etwa wenn der Unterhalt verlangende ehemalige Lebenspartner wegen der Trennung oder Aufhebung der Lebenspartnerschaft erhebliche Mehraufwendungen hat, die dazu führen, dass der während der Lebenspartnerschaft erreichte Lebensstandard allein mit Hilfe der Teilung des damals zur Verfügung stehenden Betrags nicht zu sichern ist. Die Zuschläge zu dem nach der Quotierung errechneten Betrag müssen individuell unter Berücksichtigung des konkret anfallenden Mehraufwands berechnet werden; prozentuale Zuschläge sind unzulässig (BGH NJW 82, 1873; NJW-RR 90, 578). Zuschläge kommen nur in Betracht, wenn dem Unterhaltsschuldner Einkünfte zur Verfügung stehen, die bei der Quotierung unberücksichtigt geblieben sind (vgl OLG Hamm FamRZ 92, 1308).

130 **cc)** Der Unterhaltsbedarf richtet sich nicht mehr nach den lebenspartnerschaftlichen Lebensverhältnissen, sondern danach, was den **Lebensverhältnissen des Unterhaltsgläubigers** angemessen ist, wenn die andauernde Bemessung nach den lebenspartnerschaftlichen Lebensverhältnissen unbillig wäre, die Orientierung daran deswegen zeitlich begrenzt wurde und die entsprechende Frist abgelaufen ist (§ 1578 I 2 BGB). Das soll die an sich gebotene Garantie des lebenspartnerschaftlichen Lebensstandards relativieren und das Prinzip der Eigenverantwortung betonen.

131 Die Befristung **setzt** eine alle Umstände des Einzelfalls berücksichtigende Billigkeitsabwägung **voraus.** In diese Betrachtung müssen nach dem Willen des Gesetzgebers besonders die Dauer der Lebenspartnerschaft und die Gestaltung der Haushaltsführung und Erwerbstätigkeit während der Lebenspartnerschaft einfließen (§ 1578 I 2 BGB). Kindererziehungszeiten werden mit der Ehedauer gleichgestellt, soweit gemeinschaftliche Kinder betroffen sind (§ 1578 I 3 BGB). Es gelten die gleichen Kriterien wie bei § 1573 BGB (Rn 53 ff).

132 Die **Dauer der Befristung** der Unterhaltsberechnung nach den lebenspartnerschaftlichen Lebensverhältnissen richtet sich nach den gerade genannten Billigkeitsgründen. Sie darf nie so kurz sein, dass es dem Unterhaltsberechtigten nicht möglich wäre, sich auf die Änderung einzustellen. Eine sofortige Berechnung nach den Lebensverhältnissen

des Unterhaltsberechtigten ist ausgeschlossen. Umgekehrt braucht die Dauer der Frist der Dauer der Lebenspartnerschaft nicht zu entsprechen.

133 Nach dem Ende der Frist wird nur noch der **angemessene Unterhalt** geschuldet. Das ist im Sinn einer Begrenzung des Anspruchs des Unterhaltsberechtigten gemeint. Der Unterhalt richtet sich nicht mehr nach den Lebensverhältnissen während der Lebenspartnerschaft, sondern nach dem durch den Unterhaltsberechtigten selbst nach der Aufhebung der Lebenspartnerschaft erworbenen Lebensstandard. Im Regelfall entspricht der nachpartnerschaftliche angemessene Unterhalt dem vor der Lebenspartnerschaft erreichten Lebensstandard (BGH FamRZ 86, 889). Aus der Intention des Gesetzgebers, mit der Befristung eine Begrenzung des Unterhaltsanspruchs zu schaffen, folgt aber, dass das nur insoweit gilt, als der nachpartnerschaftliche Lebensstandard unter dem nach den lebenspartnerschaftlichen Lebensverhältnissen bemessenen liegt. Dieser Unterhaltsbedarf bildet daher immer die Obergrenze. Die Untergrenze wird durch den notwendigen Unterhalt gebildet. Der Lebenspartner darf nicht auf Beträge unterhalb seines Existenzminimums verwiesen werden. In solchen Fällen kommt nur eine Herabsetzung des zusätzlich gezahlten Krankheits- und Altersvorsorgeunterhalts in Betracht (BGH FamRZ 89, 486 f).

134 Die Befristung **muss in dem Urteil ausgesprochen werden,** in dem der Unterhalt zugesprochen wird. Später kann nur noch dann eine Befristung verlangt werden, wenn die für sie sprechenden Umstände nach dem Ende der mündlichen Verhandlung des Erstverfahrens entstanden sind (§ 323 II ZPO).

135 **dd)** Zum Lebensbedarf gehören auch die Kosten einer angemessenen **Krankenversicherung** (§ 1578 II BGB). Diese Kosten sind unabhängig von der Unterhaltsquote zu erstatten; denn § 1578 II BGB nennt die Krankenversicherung als getrennten Posten vom normalen Lebensbedarf. Technisch bedeutet das, dass Krankenversicherungsbeiträge auf beiden Seiten vor der Quotierung abzuziehen sind. Anschließend ist der aktuelle Beitrag des Unterhaltsberechtigten voll anzusetzen und zu der Quote hinzuzurechnen (vgl BGH NJW 83, 1552; OLG Düsseldorf FamRZ 82, 610). Angemessen ist jede Krankenversicherung, die dem während der Lebenspartnerschaft bestehenden Schutz entspricht. Besteht eine Wahlmöglichkeit zwischen mehreren Versicherungen, braucht nicht diejenige mit den niedrigsten Beiträgen genommen zu werden. Das gilt jedenfalls, wenn schon eine Versicherung besteht oder noch ein Beitrittsrecht zu der Versicherung besteht, die während der Lebenspartnerschaft bestanden hatte. Jeder Lebenspartner darf in dieser Versicherung bleiben, deren Bestehen die lebenspartnerschaftlichen Verhältnisse mit geprägt hat.

136 **ee)** Der Krankenversicherung gleichzustellen ist die **Pflegeversicherung** (OLG Schleswig FamRZ 96, 217), weil sie zum einen an die Krankenversicherung anknüpft und zum anderen weitgehend gleiche Zwecke verfolgt.

137 **ff)** Zum Lebensbedarf gehören auch die **Kosten einer Schul- oder Berufsausbildung** oder einer Fortbildung (§ 1578 II BGB). Das gleiche gilt für die Kosten einer Umschulung. Erforderlich ist, dass entweder der Unterhaltsberechtigte die Bildungsmaßnahme schuldet oder dass er jedenfalls einen Anspruch auf Durchführung einer derartigen Maßnahme hat.

138 **gg)** Zum Lebensbedarf zu rechnen sind auch die Kosten einer angemessenen Versicherung für den Fall des Alters sowie der Erwerbsunfähigkeit (§ 1578 III BGB, sog **Altersvorsorgeunterhalt).**

139 **(1) Voraussetzung** des Altersvorsorgeunterhalts ist nur, dass die Voraussetzungen für einen Unterhaltsanspruch erfüllt sind.

140 **(2)** Der Anspruch **umfasst** die Kosten einer den lebenspartnerschaftlichen Lebensverhältnissen (nach Ablauf einer Frist iSd § 1578 I 2 BGB den nachpartnerschaftlichen

Lebensverhältnissen) entsprechenden Altersvorsorge. Ist der Unterhaltsberechtigte teilweise erwerbstätig, deckt er die Differenz zu einer Versorgung, die der Berechtigte bei voller Erwerbstätigkeit erworben haben würde.

141 Die Altersvorsorge kann durch die Entrichtung von Beiträgen zur **gesetzlichen Rentenversicherung** erfolgen, wenn der Unterhaltsberechtigte die Voraussetzungen dafür erfüllt. Möglich ist aber auch die Finanzierung einer **privaten Altersversorgung,** wenn diese wirtschaftlicher ist, an eine bereits während der Lebenspartnerschaft begonnene Versorgung anknüpft oder wenn die Voraussetzungen für eine Entrichtung von Beiträgen für die Rentenversicherung nicht vorliegen. Der Unterhaltsberechtigte kann die Auszahlung des Altersvorsorgeunterhalts an sich verlangen; denn er bestimmt, welche Art der Alterssicherung gewählt werden soll (BGH FamRZ 83, 152). Der Unterhaltsverpflichtete kann (zunächst) nicht auf Direktzahlung an den Versorgungsträger bestehen (BGH NJW 83,547). Er kann aber verlangen, dass der Unterhaltsberechtigte den Altersvorsorgeunterhalt tatsächlich bestimmungsgemäß verwendet und ihm das auch nachweist. Erst bei zweckwidriger Verwendung kommt dann ein Anspruch des Unterhaltsschuldners in Betracht, den Altersvorsorgeunterhalt direkt an den Versorgungsträger entrichten zu dürfen (BGH NJW 87, 2229). In Bezug auf die zweckwidrig verwendeten Mittel ist der Unterhaltsschuldner frei geworden. Er kann sie deswegen nicht erstattet verlangen (OLG Hamm FamRZ 91, 1056).

142 Die **Berechnung** des Altersvorsorgeunterhalts richtet sich nach dem Unterhalt, der dem Unterhaltsberechtigten im Übrigen zusteht. Bemessungsgrundlage ist dagegen nicht der Lebensbedarf, wie er im Alter sich nach den lebenspartnerschaftlichen Lebensverhältnissen (bzw den nachpartnerschaftlichen Verhältnissen) ergeben würde. Ist der Unterhalt wegen der Anrechnung von Beträgen, auch von fiktiven Beträgen, reduziert, führt das dazu, dass der Unterhaltsberechtigte auch einen Teil seines an sich lebenspartnerschaftsangemessenen Altersvorsorgeunterhalts selbst tragen muss (BGH NJW 82, 1873).

143 Die **Praxis** (im Scheidungsrecht) errechnet zunächst aus dem nach Abs 1, § 1578 I BGB geschuldeten Lebensbedarf ein fiktives Bruttoeinkommen. Hierzu wird der Unterhalt als Nettoeinkommen betrachtet und auf ihn die Arbeitgeberbeiträge für die Rentenversicherung und die Steuern eines entsprechenden Nettoeinkommens aufgeschlagen. Nach diesem „Einkommen" werden dann Rentenversicherungsbeiträge berechnet (nach dem gesetzlich bestimmten Satz). Als Hilfsmittel dazu dient die sog „Bremer Tabelle" (vgl zuletzt NJW 05, Beilage zu Heft 30). Diese stellen den Altersvorsorgeunterhalt dar (BGH FamRZ 82, 255; 83, 888; 85, 471). In einem zweiten Schritt wird dann der so errechnete Altersvorsorgeunterhalt von dem zu verteilenden Nettoeinkommen des Unterhaltsschuldners abgezogen. Erst danach wird dann die letztlich maßgebende 3/7-Quote errechnet. Dieser zweite Schritt unterbleibt (so dass es bei dem ursprünglich errechneten Unterhalt bleibt), wenn der Unterhaltsschuldner ein so hohes Einkommen hat, dass der als Elementarunterhalt zu zahlende Betrag und der Altersvorsorgeunterhalt zusammen nicht mehr als 50 % seines zur Verteilung stehenden Nettoeinkommens überschreiten (OLG Hamm FamRZ 95, 1578; OLG München FamRZ 94, 1459). Die Vorgehensweise der Praxis ist relativ kompliziert und führt zu ungenauen Ergebnissen (Korrekturvorschläge: Maier FamRZ 92, 1259; Jacob FamRZ 88, 997) Trotzdem hat sie sich doch als im Wesentlichen praktikabel erwiesen.

144 **(4)** Im **Verfahren** bilden Elementar- und Altersvorsorgeunterhalt unterschiedliche Streitgegenstände. Der Altersvorsorgeunterhalt kann deswegen in einem zweiten Verfahren geltend gemacht werden (BGH FamRZ 85, 1537), muss aber auch dann, wenn er zugleich mit dem Elementarunterhalt eingeklagt ist, gesondert tenoriert werden (BGH NJW 82, 1986). Ist das unterblieben oder wurde nur Elementarunterhalt zugesprochen, ohne dass ein Vorbehalt bezüglich des Altersvorsorgeunterhalts aufgenommen wurde,

kommt nur noch eine Abänderungsklage in Betracht (BGHZ 94, 145; OLG Zweibrücken FamRZ 81, 675).

145 **b)** Der Unterhaltsbedarf bestimmt sich nach den **lebenspartnerschaftlichen Lebensverhältnissen** (§ 1578 I BGB), sofern nicht nach Ablauf einer vom Gericht bestimmten Frist die nachlebenspartnerschaftlichen Verhältnisse des Unterhaltsberechtigten maßgebend sind. Das soll dem ehemaligen Lebenspartner möglichst den sozialen Standard bewahren, den er in der Lebenspartnerschaft erreicht hat (BGH NJW 83, 1733 zu Ehegatten). Nachteilige Veränderungen des Lebensstandards nach der Lebenspartnerschaft (zB durch die Geburt von Kindern oder durch eine nichteheliche Partnerschaft mit einem sozial schwächeren Partner) sollen keine Auswirkungen auf den Unterhaltsanspruch haben. Umgekehrt bedeutet die Anknüpfung an die lebenspartnerschaftlichen Lebensverhältnisse, dass es einen Mindestunterhalt im Sinne eines notwendigen Lebensbedarfs für den ehemaligen Lebenspartner nicht geben kann (BGHZ 109, 72; NJW 95, 963; aA OLG Düsseldorf FamRZ 96, 167; OLG Karlsruhe FamRZ 96, 350, jeweils zu Ehegatten). Waren die lebenspartnerschaftlichen Lebensverhältnisse so, dass in der Lebenspartnerschaft ein derartiger Mindestbedarf nicht garantiert war, dann gilt das auch nach dem Ende der Lebenspartnerschaft.

146 **aa)** Was die lebenspartnerschaftlichen Lebensverhältnisse sind, richtet sich nach einem **objektiven Vergleich mit Lebensgemeinschaften in einer vergleichbaren sozialen Lage.** Es kommt nicht auf die individuelle Gestaltung des Lebens an, sondern darauf, was eine Familie mit gleicher Einkommensstruktur für Bedürfnisse aufweist und wie sie diese befriedigt (BGH NJW 83, 1733). Übertrieben aufwändiger und übertrieben sparsamer Lebenswandel bleiben außer Betracht.

147 **bb)** Die lebenspartnerschaftlichen Lebensverhältnisse werden einerseits durch das **Einkommen** und das **Vermögen** bestimmt, soweit es zum Unterhalt einzusetzen ist, andererseits durch die notwendigen **Ausgaben.**

148 Da es sich bei der Entscheidung über den Unterhalt um eine Projektion von Verhältnissen handelt, die für die Lebensverhältnisse während der Lebenspartnerschaft insgesamt maßgebend waren, reicht es aber nicht, dass diese Einkünfte oder Vermögensverhältnisse zufälligerweise irgendwann während der Lebenspartnerschaft vorgelegen haben. Sie müssen die lebenspartnerschaftlichen Lebensverhältnisse vielmehr nachhaltig **geprägt** haben (BGHZ 89, 110; FamRZ 85, 161).

149 **Einkommen** zur Ermittlung der lebenspartnerschaftlichen Lebensverhältnisse ist das gesamte Einkommen, das den Lebenspartnern während der Lebenspartnerschaft zur Bestreitung ihres Unterhalts zur Verfügung gestanden hat, bei einer Alleinverdienerpartnerschaft also das Einkommen des allein Erwerbstätigen, bei einer Doppel- oder Zuverdienerpartnerschaft das Einkommen beider Lebenspartner (BGH NJW 82, 2439; 83, 683). Auf welchem Grund die Einkommen beruhen, ist gleichgültig (Vermögenseinkünfte, Einkünfte aus Erwerbstätigkeit, Einkünfte aus Lebensversicherungen (OLG Hamm NJWE-FER 98, 195). Unbeachtlich sind aber Einkommen aus unzumutbaren Erwerbstätigkeiten; denn sie können die lebenspartnerschaftlichen Lebensverhältnisse nicht nachhaltig prägen, weil die ihnen zugrunde liegende Tätigkeit von dem Lebenspartner jederzeit aufgegeben werden kann, ohne dass das unterhaltsrechtliche Nachteile für ihn brächte (BGH FamRZ 83, 146; OLG München FamRZ 96, 169). Hierher gehören vor allem Tätigkeiten neben der Kindererziehung oder neben einer anderen vollen Berufstätigkeit, deren Einkünfte in vollem Umfang zum Unterhalt der Familie zur Verfügung stehen (OLG Schleswig FamRZ 96, 217; OLG Stuttgart FamRZ 95, 1487). Auch fiktive Einkünfte können die lebenspartnerschaftlichen Lebensverhältnisse nicht prägen (BGH NJW 97, 735). Anders als bei den Fragen der Bedürftigkeit und der Leistungsfähigkeit kommt es für die lebenspartnerschaftlichen Lebensverhältnisse darauf an, was zur Befriedigung des Lebensbedarfs tatsächlich zur Verfügung gestanden hat

und nicht was hätte zur Verfügung stehen können, wenn der Lebenspartner sich lebenspartnerschaftsgemäß verhalten hätte.

150 Den Einkünften aus Erwerbstätigkeit stehen **Einkünfte aus Sozialleistungen** gleich, die an die Stelle von Erwerbseinkünften treten (Krankengeld, Arbeitslosengeld, Leistungen der Grundsicherung für Arbeitsuchende, Alters- und Erwerbsunfähigkeitsrenten). Ihnen hinzuzurechnen sind auch Sozialleistungen, die zu einem bestimmten Förderzweck gezahlt werden (zB Wohngeld, Leistungen nach BAföG, Stipendien). Zu Sozialleistungen, die wegen eines Körper- oder Gesundheitsschadens gezahlt werden, s § 1578 a BGB.

151 Den Einkünften aus Vermögen und Erwerbstätigkeit hinzuzurechnen sind gegebenenfalls **Wohnwertvorteile** (zB bei eigenem Haus, BGH NJW 98, 754). Maßgebend ist grundsätzlich der objektive Wohnwert, der durch den Mietwert ausgedrückt wird (BGH FamRZ 86, 48; aA OLG Düsseldorf NJW-RR 97, 385: konkret ersparte Miete). Bei deren Ermittlung müssen aber mit dem Wohnen verbundene Kosten (zB Belastungen durch Kreditzinsen) abgezogen werden (BGH NJW 95, 1148; 98, 754). Behält ein Lebenspartner nach der Aufhebung der Lebenspartnerschaft das Haus bzw die Wohnung, ist deren Wohnwert von seinem Bedarf abzusetzen. Insoweit ist aber zu berücksichtigen, dass niemand vom Wohnen allein leben kann; die Wohnwertanrechnung darf daher ein Drittel nicht übersteigen (vgl OLG Düsseldorf NJW-RR 97, 385). Wird die Wohnung im Rahmen des Aufhebungsverfahrens veräußert, können die Wohnwertvorteile insgesamt wegfallen. Es ist dann danach zu fragen, ob die Einkünfte aus dem Erlös der Wohnung oder dieser selbst anzusetzen sind (OLG Koblenz FamRZ 89, 59; OLG Frankfurt FamRZ 90, 62).

152 **Abzusetzen** von den Einkünften sind **Schulden,** soweit sie prägend für die Lebenspartnerschaft waren, wie Unterhaltszahlungen an Kinder, die während der Lebenspartnerschaft bereits geboren waren (BGH FamRZ 90, 979; KG FamRZ 97, 1012). Kreditforderungen wirken nur dann prägend für eine Lebenspartnerschaft, wenn sie von einer gewissen Dauer und Nachhaltigkeit sind. Das trifft bei einem kurzfristigen Konsumentenkredit grundsätzlich nicht zu (OLG Hamm FamRZ 90, 998). Anders liegt es beim Kredit für einen Hausbau; denn dieser beeinflusst die lebenspartnerschaftlichen Lebensverhältnisse nicht nur für eine überschaubar kurze Zeit, sondern für eine so lange Periode, dass die Lebenspartner kaum ein anderes Leben als das durch die Kreditrückzahlung geprägte kennen. Diese Schulden sind daher als die lebenspartnerschaftlichen Lebensverhältnisse negativ beeinflussende Faktoren zu berücksichtigen (aA BGH NJW 84, 1237; 88, 2376).

153 **cc)** Der für die Beurteilung der lebenspartnerschaftlichen Lebensverhältnisse entscheidende **Zeitpunkt** ist grundsätzlich derjenige der (Rechtskraft der) Aufhebung der Lebenspartnerschaft (BGHZ 89, 108; NJW 82, 1869; 87, 1555; OLG Hamm NJWE-FER 98, 6). Das gilt auch dann, wenn dieser eine lange Trennungszeit vorausgegangen ist (BGH NJW 81, 753; aA OLG Düsseldorf FamRZ 81, 887; 82, 927).

154 Die Anknüpfung an feste Zeitpunkte ist aber insofern unbefriedigend, als die lebenspartnerschaftlichen Lebensverhältnisse auch durch Umstände geprägt werden können, deren Eintritt erst bevorsteht und von den Lebenspartnern erwartet wird. Die Rechtsprechung stellt daher in die Bewertung der lebenspartnerschaftlichen Lebensverhältnisse nicht nur solche Umstände ein, die bei Rechtskraft der Aufhebung der Lebenspartnerschaft bereits oder noch vorlagen, sondern auch solche, die **in diesem Zeitpunkt bereits vorhersehbar** sind. Auf diese Art wird die harte Stichtagsregelung gemildert. Erforderlich ist aber, dass die Änderung der Umstände bei der Aufhebung der Lebenspartnerschaft bereits mit hoher Wahrscheinlichkeit zu erwarten war und deswegen die lebenspartnerschaftlichen Lebensverhältnisse bereits mit geprägt hat (BGH NJW 87, 1555; 88, 2034; 90, 3020). Hierher gehört in jedem Fall der künftige Wegfall von Kindesunter-

halt; denn das Erwachsen- und Selbständigwerden von Kindern ist ein natürlicher Vorgang, den alle Eltern einplanen. Entsprechendes gilt für das Erreichen der Altersgrenze; für eine Pflegebedürftigkeit aber nur dann, wenn sie bereits absehbar war, als die Lebenspartnerschaft beendet wurde (OLG Hamm NJWE-FER 98, 25). Für die Lebenspartnerschaft prägend sind auch Entwicklungen der beruflichen Karriere, die für die gewählte Laufbahn oder Berufstätigkeit nicht außergewöhnlich sind. Beförderungen, Lohn- oder Gehaltssteigerungen (OLG Karlsruhe FamRZ 88, 507), aber auch die weitere Entwicklung eines bereits in der Lebenspartnerschaft begonnenen Erwerbsgeschäfts (aA wohl BGH NJW 82, 1870) wirken daher auch dann prägend, wenn sie erst nach der Aufhebung der Lebenspartnerschaft erfolgen. Voraussetzung ist nur, dass sie dem normalen Gang der Dinge entsprechen (BGH NJW 86, 720; OLG Nürnberg FamRZ 85, 393). Nicht mehr prägend für die Lebenspartnerschaft ist dagegen ein unerwarteter Karrieresprung, mit dem zur Zeit der Aufhebung der Lebenspartnerschaft nicht gerechnet werden konnte (OLG Düsseldorf FamRZ 92, 1439). Entsprechende Grundsätze wie für die Karriereentwicklung gelten hinsichtlich der Erweiterung oder Einschränkung der Berufstätigkeit. War ein Lebenspartner während der Lebenspartnerschaft bereits berufstätig, so ist grundsätzlich eine Ausweitung dieser Erwerbstätigkeit prägend, auch wenn sie erst in der Zeit des Getrenntlebens oder nach der Aufhebung der Lebenspartnerschaft erfolgt (BGH NJW 82, 1869). Entsprechendes gilt, wenn zwar während der Lebenspartnerschaft noch keine Berufstätigkeit ausgeübt wurde, deren Aufnahme aber konkret geplant war.

155 **c)** Die **Anrechnung** des Einkommens bzw des Vermögens ist im Eherecht bislang – abhängig von der Partnerschaftsform, in der die Lebenspartner gelebt haben – entweder nach der Differenz- bzw Summenmethode (Doppelverdienerpartnerschaft) oder nach der Anrechnungsmethode (Alleinverdienerpartnerschaft) oder einer Kombination beider Methoden (Zuverdienerpartnerschaft) durchgeführt werden. Die Frage der Rechenmethode war dabei allerdings nicht mit Absolutheit für jeden Fall zu beantworten. Auch die Rechtsprechung nimmt zum Teil erhebliche Modifikationen vor, durch welche der theoretisch zwischen den Methoden bestehende Gegensatz erheblich relativiert wird. Der Methodengegensatz spielt damit für die Ergebnisse eine weit weniger große Rolle, als sich zunächst vermuten ließe. Gleichwohl bestehen im Ergebnis oftmals Unterschiede. Neuerdings ist die Diskussion um die Berechnungsweise wieder voll entflammt, nachdem der BGH am 13.6.01 seine Rechtsprechung zur Alleinverdienerehe geändert hat (BGH NJW 01, 2254 ff) und hier nun nicht mehr die Anrechnungsmethode anwenden will, sondern die Differenzmethode. Die Ausführungen zu § 1573 BGB, Rn 43 ff gelten entsprechend.

156 **4.** Die **Modalitäten des Unterhalts** regeln §§ 1583-1585b BGB. Es handelt sich um Regelungen unterschiedlichen Inhalts, welche den Einfluss des Güterstands (§ 1583 BGB), die Ersatzhaftung von Verwandten (§ 1584 BGB), die Art und Weise der Unterhaltsleistung (§ 1585 BGB), die Sicherheitsleistung bei Gefährdung des Unterhaltsanspruchs (§ 1585a) und den Unterhalt für die Vergangenheit (§ 1585b) betreffen.

157 **a)** **§ 1583 BGB** enthält Besonderheiten für den Fall, dass ein unterhaltspflichtiger geschiedener Lebenspartner heiratet und mit seinem neuen Ehegatten den Güterstand der Gütergemeinschaft vereinbart.

158 **Heiratet ein ehemaliger Lebenspartner** oder geht er eine neue Lebenspartnerschaft ein und **vereinbart** er mit seinem Ehegatten oder Lebenspartner den Güterstand der **Gütergemeinschaft,** so bestimmt sich seine Leistungsfähigkeit so, als sei er Alleininhaber des Gesamtguts (§ 1604, 1 BGB). Das führt zu einer Erhöhung der Leistungsfähigkeit, wenn das Gesamtgut im Wesentlichen aus dem Vermögen des neuen Partners stammt. Umgekehrt wird das Gesamtgut gegebenenfalls auch durch Unterhaltsver-

pflichtungen des neuen Ehegatten bzw Lebenspartners belastet. Für diese haftet das Gesamtgut, als ob auch der unterhaltspflichtige Lebenspartner in dem das den Unterhaltsanspruch begründenden Rechtsverhältnis seines neuen Partners stünde (§ 1604, 2 BGB). Dessen Unterhaltsberechtigung wird im Rang an die Unterhaltsberechtigung des früheren Lebenspartners angepasst (§ 1604, 2 BGB aE). Frühere Ehegatten des neuen Ehegatten sowie seine minderjährigen und die diesen gleichstehenden Kinder stehen dem ehemaligen Lebenspartner also im Rang gleich.

159 **b) § 1584 BGB** regelt die **Ersatzhaftung der Verwandten** in dem Fall, dass der vorrangig unterhaltspflichtige ehemalige Lebenspartner nicht leistungsfähig ist oder dass die Rechtsverfolgung gegen ihn im Inland ausgeschlossen oder erheblich erschwert ist. Die Regelung entspricht der Rechtslage während des Bestehens der Lebenspartnerschaft.

160 Grundsätzlich haftet der **ehemalige Lebenspartner vor den Verwandten** des Unterhaltsberechtigten. Durch die Lebenspartnerschaft ist ein der Verwandtschaft vorgehendes Solidaritätsverhältnis begründet worden. Bei diesem Vorrang bleibt es auch nach dem Scheitern der Lebenspartnerschaft.

161 Ist der **Unterhaltspflichtige nicht genügend leistungsfähig,** um seinen angemessenen Unterhalt zu sichern, lebt die Unterhaltspflicht der Verwandten wieder auf. Der Unterhaltsberechtigte kann von ihnen nach den Grundsätzen des Verwandtenunterhalts Unterhalt verlangen. Kann der Unterhaltspflichtige den Bedarf seines ehemaligen Partners nur teilweise decken, lebt die Unterhaltspflicht der Verwandten auch nur hinsichtlich der Deckung des Restbedarfs auf. Soweit die Verwandten Unterhalt leisten, geschieht das aufgrund einer eigenen Leistungspflicht. Ein Regress gegen den ehemaligen Lebenspartner ist daher selbst dann nicht möglich, wenn er später Vermögen erwirbt oder sein Einkommen erhöht. Es fällt dann nur die Unterhaltspflicht der Verwandten für die Zukunft weg.

162 Eine subsidiäre Haftung der Verwandten besteht in dem Fall, dass der **Unterhaltspflichtige** zwar leistungsfähig, die **Rechtsverfolgung gegen ihn im Inland aber ausgeschlossen oder erheblich erschwert** ist (§ 1584, 3 iVm § 1607 II BGB). Hierher gehört vor allem, dass sich der Unterhaltspflichtige im Ausland aufhält, seinen Wohnort ständig wechselt oder sonst untertaucht, so dass die Realisierung von Unterhaltsansprüchen gegen ihn Schwierigkeiten bereitet. Der Unterhaltsanspruch besteht, kann aber nicht durchgesetzt werden. Leistet ein Verwandter, geht der gegen den ehemaligen Lebenspartner bestehende Unterhaltsanspruch kraft Gesetzes auf ihn über (§ 1584, 3 iVm § 1607 II 2 BGB). Der Übergang kann nicht zum Nachteil des Berechtigten geltend gemacht werden (§ 1607 IV BGB).

163 **c) § 1585 BGB** regelt die **Modalitäten der Unterhaltsleistung.** Den Lebenspartnern steht es frei, eine abweichende Regelung zu treffen (§ 1585c BGB).

164 Grundsätzlich muss der Unterhalt durch eine **monatlich im voraus zu zahlende Geldrente** entrichtet werden. Die Leistung von Naturalunterhalt ist ausgeschlossen; es fehlt eine § 1612 BGB entsprechende Regelung. Fällig wird jede Unterhaltsrate einzeln am ersten des Monats. Der Unterhalt wird auch noch für den Monat geschuldet, in dem der Berechtigte stirbt oder wieder heiratet (§ 1585 I 2 BGB), obwohl durch diese Ereignisse der Unterhaltsanspruch erlischt.

165 Die **Abfindung des Unterhalts** durch Zahlung eines Kapitalbetrags kann vom Unterhaltsberechtigten (nicht vom Verpflichteten) verlangt werden, wenn ein wichtiger Grund vorliegt und der Unterhaltspflichtige nicht unbillig belastet wird. Gründe können etwa der Aufbau einer selbstständigen Existenz, der Abbau von Schulden zur Rettung eines Unternehmens, Auswanderung und ähnliches sein. An einer unbilligen Belastung des Unterhaltspflichtigen durch die Abfindung fehlt es, wenn er die Abfindung ohne

Schwierigkeiten zahlen kann und ihm daraus keine schwerwiegenden Nachteile entstehen.

166 **d) § 1585a BGB** dient dem **Sicherungsinteresse des Unterhaltsberechtigten.** Die Vorschrift soll den Unterhaltsberechtigten vor Vermögensverschiebungen und sonstigen Manipulationen des Unterhaltspflichtigen schützen. Da der Unterhaltsberechtigte nur selten im Vorfeld von derartigen Vorhaben des Unterhaltspflichtigen erfahren wird, hat der Gesetzgeber den Weg gewählt, dem Unterhaltsberechtigten einen an (neben dem Bestehen des Unterhaltsanspruchs) keine Voraussetzungen gebundenen Sicherungsanspruch einzuräumen, den der Unterhaltspflichtige dadurch beseitigen kann, dass er darlegt und nötigenfalls beweist, dass die Erfüllung des Unterhaltsanspruchs nicht gefährdet ist.

167 **Voraussetzung** des Sicherungsanspruchs ist allein, dass ein Unterhaltsanspruch nach §§ 1569 ff BGB besteht (§ 1585a I 1 BGB). **Der Sicherungsanspruch entfällt,** wenn der Unterhaltspflichtige vorträgt und notfalls beweist, dass kein Grund zu der Annahme besteht, dass die Unterhaltsleistung gefährdet ist oder wenn die Sicherheitsleistung den Unterhaltspflichtigen unbillig belasten würde (§ 1585a I 2 BGB). Ersteres ist anzunehmen, wenn der Unterhalt bislang immer pünktlich bezahlt wurde, der Unterhaltsschuldner eine feste Arbeitsstelle hat und noch keinen Anlass zu der Sorge gegeben hat, er werde sich in Zukunft seiner Verpflichtung entziehen. Letzteres liegt vor, wenn die Leistung der Sicherheit den Unterhaltspflichtigen in wirtschaftliche Schwierigkeiten bringen würde.

168 **Als Sicherheit** ist grundsätzlich der Jahresbetrag des Unterhalts zugrunde zu legen (§ 1585a I 3 BGB). Davon kann aber bei besonderen Umständen abgewichen werden, zB wenn absehbar ist, dass die Unterhaltspflicht alsbald wegen Wiederheirat des Berechtigten, einem Absinken der Leistungsfähigkeit des Verpflichteten oder einem Ansteigen der Einkünfte des Berechtigten wegfallen wird. Die Art der Unterhaltsleistung richtet sich nach dem Ermessen des Gerichts. § 232 BGB gilt nicht (§ 1585a II BGB). Neben den in § 232 BGB genannten Sicherungsarten kommen daher etwa auch Bürgschaften natürlicher Personen oder die Bestellung von Pfandrechten an Sachen oder Rechten als Sicherungsinstrumente in Betracht.

169 **Verfahren.** Die Sicherheitsleistung muss bereits in dem Verfahren angeordnet werden, in dem die Unterhaltsrente eingeklagt wird. Ist das unterblieben, kann sie nur noch angeordnet werden, wenn sich die Vermögensverhältnisse des Unterhaltspflichtigen erheblich verschlechtern (§ 324 ZPO). Entsprechendes gilt für eine spätere Erhöhung der Sicherheitsleistung.

170 **e) § 1585b BGB** legt als Prinzip fest, dass **für die Vergangenheit kein Unterhalt** verlangt werden kann und nennt anschließend Durchbrechungen dieser Regel. Ihr Zweck ist es, die Summierung von Unterhaltsansprüchen zu vermeiden, die zu einer unzumutbaren Belastung des Unterhaltsschuldners werden könnte, während der mit dem Unterhalt bezweckte Erfolg, den Lebensbedarf des Berechtigten abzudecken, nicht mehr erreicht werden kann, weil er bereits gestillt ist.

171 **aa)** Unterhalt kann grundsätzlich **nur wegen aktuellen Bedarfs,** also für die Gegenwart und in eingeschränktem Maß auch für die Zukunft verlangt werden.

172 **bb)** Von diesem Grundsatz bestehen drei **Ausnahmen: (1)** Der Berechtigte kann wegen **Sonderbedarfs** iSd § 1613 II BGB, also eines außerplanmäßig und unerwartet auftretenden außergewöhnlichen Bedarfs immer und bis auf die Verjährung (§ 197 BGB) zeitlich unbeschränkt Unterhalt für die Vergangenheit verlangen. Hauptfälle sind Behandlungskosten wegen bei Unfällen erlittenen Verletzungen oder wegen unerwartet ausgebrochener Krankheiten.

173 **(2)** Erfüllung oder Schadensersatz wegen Nichterfüllung des **laufenden Unterhalts** kann auch für die Vergangenheit verlangt werden, wenn der Unterhaltspflichtige mit

der Leistung **in Verzug gekommen** ist, wenn also die Voraussetzungen des § 286 BGB vorliegen. Da bei Unterhalt grundsätzlich keine dem Kalender nach bestimmte Leistungszeit besteht (Ausnahme: Vereinbarung), setzt das eine Mahnung bzw das Vorliegen der Voraussetzungen des § 286 III BGB voraus. Insoweit besteht das Problem der Unterscheidung von Trennungs- und nachpartnerschaftlichem Unterhalt. Sie führt dazu, dass die Mahnung bzw die Rechnungsübersendung immer erst nach der Rechtskraft der Aufhebung der Lebenspartnerschaft erfolgen kann (BGHZ 103, 62; FamRZ 92, 920).

174 **(3)** Erfüllung oder Schadensersatz wegen Nichterfüllung kann auch von dem Zeitpunkt an für die Vergangenheit verlangt werden, zu dem der **Unterhaltsanspruch rechtshängig** geworden ist.

175 **cc)** Der Anspruch für die Vergangenheit bezieht sich grundsätzlich nur auf die Unterhaltsbeträge, die **im letzten Jahr vor dem Rechtshängigwerden** der Klage des Berechtigten entstanden sind. Maßgeblich ist der Zeitpunkt der Zustellung der Klageschrift an den Verpflichteten (§ 263 ZPO); der Zeitpunkt der Anbringung eines Prozesskostenhilfegesuchs ist irrelevant. Etwas anderes gilt nur, wenn der Verpflichtete sich der Unterhaltsleistung absichtlich entzogen hat. Dazu ist ein zweckgerichtetes Tun oder Unterlassen erforderlich, mit dem der Unterhaltsverpflichtete erreichen will, dass die Realisierung des Unterhaltsanspruchs unmöglich gemacht oder zumindest erheblich erschwert wird (BGHZ 105, 250). In einem solchen Fall bildet nur die Verjährung eine Begrenzung des Anspruchs.

176 **5. Das Erlöschen** des Unterhaltsanspruchs bestimmt sich nach, nach § 1586 und nach § 1586b BGB. Erlöschensgründe sind damit der Tod des Berechtigten (Rn 177 f), die Eingehung einer Ehe oder einer neuen Lebenspartnerschaft (Rn 177) und der Tod des Verpflichteten (§ 1586b BGB, Rn 182 ff, allerdings mit der Maßgabe, dass der Anspruch zunächst noch fortbesteht, bis der hypothetische Pflichtteil erschöpft ist).

177 **a) § 1586 BGB regelt das Ende eines nachpartnerschaftlichen Unterhaltsanspruchs** aufgrund von in der Person des Unterhaltsberechtigten liegenden Umständen, der Wiederheirat, der Begründung einer neuen Lebenspartnerschaft und dem Tod. In den beiden erstgenannten Fällen wird die zum Unterhaltsverpflichteten bestehende Solidaritätsbeziehung durch eine neue Beziehung gleicher oder vergleichbarer Art verdrängt, und im letztgenannten Fall entfällt die Bedürftigkeit.

178 **Voraussetzung** für den Wegfall des Anspruchs ist entweder Tod, Wiederheirat oder Begründung einer neuen Lebenspartnerschaft. Wiederheirat bedeutet das formgerechte Eingehen einer neuen Ehe. Es reicht eine aufhebbare Ehe. Eingehung einer Lebenspartnerschaft ist ebenfalls die formgerechte Eingehung einer neuen Lebenspartnerschaft, der keine Partnerschaftshindernisse entgegenstehen, weil das nicht nur zur Aufhebbarkeit, sondern zur Nichtigkeit der Lebenspartnerschaft führt (§ 1 LPartG Rn 23).

179 **Folge** des Unterhaltsausschlusses ist das Erlöschen des Anspruchs für die Zukunft. Erhalten bleiben aber der Anspruch für den laufenden Monat (§ 1586 II 2 BGB, und zwar in voller Höhe) und Ansprüche auf Erfüllung rückständigen Unterhalts und Schadensersatzansprüche wegen der nicht rechtzeitigen Leistung von früher geschuldetem Unterhalt (§ 1586 II 1 BGB).

180 **b)** Ein **erloschener Unterhaltsanspruch** kann **wieder aufleben,** wenn die Voraussetzungen des § 1586a BGB vorliegen, dh in allen Fällen, in denen er durch die Wiederverheiratung des Unterhaltsberechtigten erloschen ist (§ 1586 BGB). Auf welchen Gründen die Auflösung der zweiten Ehe oder Lebenspartnerschaft beruht, ist gleichgültig. In Betracht kommen Aufhebung und Scheidung der Ehe (bzw Aufhebung der Lebenspartnerschaft), aber auch der Tod des neuen Ehegatten oder Lebenspartners.

Die Rechtslage wurde durch die Novellierung des § 16 LPartG an die Lage im Eherecht angepasst. Wiederaufleben können aber nicht alle Unterhaltsansprüche, sondern nur solche, die mit der Erziehung und Pflege eines gemeinschaftlichen Kindes in Zusammenhang stehen. Es lebt also grundsätzlich nur der Unterhaltsanspruch nach § 1570 wieder auf (§ 1586 a I 1 BGB). Unterhaltsansprüche nach §§ 1571–1573, 1575 BGB leben nur dann wieder auf, wenn sie sich an einen Unterhaltsanspruch nach § 1570 BGB anschließen. In den übrigen Fällen bleibt es beim endgültigen Erlöschen des Unterhaltsanspruchs durch die erneute Heirat bzw Begründung einer Lebenspartnerschaft.

181 Bei **mehreren** vom Unterhaltsberechtigten **nacheinander geschlossenen Ehen** oder Lebenspartnerschaften haftet der Ehegatte bzw Lebenspartner der später aufgelösten Ehe bzw Lebenspartnerschaft vor dem Ehegatten oder Lebenspartner der früher aufgelösten Ehe oder Lebenspartnerschaft (§ 1586 a II BGB). Das entspricht der Situation, wie sie ohne die spätere Ehe oder Lebenspartnerschaft bestanden hätte. Der Gesetzgeber hat eine gesamtschuldnerische Haftung beider ehemaligen Partner vermieden, weil durch die spätere Ehe oder Lebenspartnerschaft ein der früheren Ehe oder Lebenspartnerschaft vorrangiges Solidarverhältnis begründet worden ist.

182 **c) § 1586b BGB** erklärt – abweichend von der Regelung beim Unterhalt während des Zusammen- (§ 5 LPartG) und des Getrenntlebens (§ 12 LPartG) den Unterhaltsanspruch des ehemaligen Lebenspartner zur **Nachlassverbindlichkeit** des Nachlasses des Unterhaltsverpflichteten (§ 1586b I 1 BGB). Der Unterhaltsanspruch erlischt daher mit dem Tod des Verpflichteten nicht sofort, sondern erst, wenn der Nachlass erschöpft ist oder wenn die Grenze des hypothetischen Pflichtteilsanspruchs erreicht ist (§ 1586b I 3 BGB).

183 **Voraussetzung** für die Anwendung der Norm ist, dass ein Unterhaltsanspruch besteht und dass ein Erbfall auf Seiten des Unterhaltsverpflichteten (nicht des -berechtigten) eintritt.

184 Mit dem Erbfall wird der **Unterhaltsanspruch Nachlassverbindlichkeit,** dh der Erbe des Unterhaltsverpflichteten wird Unterhaltsschuldner. Er kann aber gegenüber dem Unterhaltsberechtigten seine Haftung beschränken, wie das bei jeder Nachlassverbindlichkeit der Fall ist; der Unterhaltsanspruch genießt keine Privilegien. Mit der Umwandlung des Anspruchs in eine Nachlassverbindlichkeit fallen aber alle Beschränkungen weg, die sich bisher aus der Leistungsfähigkeit des Unterhaltsverpflichteten ergeben haben (§ 1586b I 2 BGB); denn wegen seines Todes steht nun sein gesamtes Vermögen zur Verteilung.

185 **Grenze** des Unterhaltsanspruchs ist der Pflichtteilsanspruch, der bestanden hätte, wenn der Unterhaltsberechtigte und der Unterhaltsverpflichtete zur Zeit des Erbfalls noch verpartnert gewesen wären (§ 1586b I 3 BGB). Die Grenze folgt daraus, dass der Übergang des Unterhaltsanspruchs ein funktionales Äquivalent für die wegen der Aufhebung der Lebenspartnerschaft fehlende Beteiligung am Nachlass darstellen soll. Das ist insofern bedenklich, als die Regelung dazu führt, dass der Unterhaltsberechtigte auch an Vermögenszuwächsen beteiligt wird, die erst nach der Aufhebung der Lebenspartnerschaft stattgefunden haben. Bei der Berechnung des Pflichtteils bleiben Besonderheiten, die sich aus dem Güterstand der Geschiedenen ergeben hätten (vgl § 6 LPartG, § 1371 II, III BGB, § 10 LPartG, § 2303 BGB), außer Betracht; denn diese Faktoren hätten zu Lebzeiten des Unterhaltsverpflichteten für die Unterhaltsleistung auch keine Bedeutung gehabt.

186 **5. Rangfragen.** Kollidiert der Unterhaltsanspruch eines früheren Lebenspartners mit anderen Unterhaltsansprüchen in dem Sinne, dass der Unterhaltsverpflichtete nicht ausreichend leistungsfähig ist, um alle Ansprüche zu befriedigen, dann ist für die Frage

des Verhältnisses der verschiedenen Unterhaltsansprüche zueinander danach zu differenzieren, wem diese Ansprüche zustehen:

187 **Einem neuen Lebenspartner** (Unterhaltsanspruch nach § 5 LPartG oder 12 LPartG oder 16 LPartG) geht ein früherer Lebenspartner immer vor (Abs 2, 1. HS).

188 **Verwandten** des Unterhaltsverpflichteten, die einen eigenen Unterhaltsanspruch nach §§ 1601 ff BGB haben, geht der frühere Lebenspartner vor, wenn es sich bei diesen Verwandten nicht um minderjährige unverheiratete Kinder und unverheiratete Kinder bis zur Vollendung des 21. Lebensjahres, die im Haushalt der Eltern oder eines Elternteils leben und sich in der allgemeinen Schulausbildung befinden (§ 1603 II 2 BGB), handelt.

189 Gegenüber einem Unterhaltsanspruch von **minderjährigen unverheirateten Kindern** und die unverheirateten **Kindern bis zur Vollendung des 21. Lebensjahres,** die im Haushalt der Eltern oder ihres Elternteils leben und sich in der allgemeinen Schulausbildung befinden (§ 1603 II 2 BGB), ist der Unterhaltsanspruch eines früheren Lebenspartners nachrangig.

190 Gegenüber Unterhaltsansprüchen von **Ehegatten** ist der Unterhaltsanspruch eines früheren Lebenspartners immer nachrangig; denn bei Ehegatten handelt es sich nicht um Verwandte, so dass insoweit Abs 2, 2. HS zur Anwendung gelangt. Ob der Unterhaltsanspruch aus einer vorhergehenden oder einer der Lebenspartnerschaft nachfolgenden Ehe stammt, ist gleichgültig. Der Vorrang ist absolut. Der Unterhaltsverpflichtete kann daher gegebenenfalls durch Eingehung einer oder mehrerer nachfolgender Ehen den nachpartnerschaftlichen Unterhaltsanspruch des ehemaligen Lebenspartners vollkommen entwerten.

191 Unterhaltsberechtigte einer **nachrangigen Klasse** werden immer erst berücksichtigt, wenn alle der vorgehenden Klasse befriedigt sind. Soweit Unterhaltsberechtigte auf gleicher Stufe stehen, sind die verfügbaren Mittel dem Bedarf entsprechend (nicht per capita) aufzuteilen.

192 **7. § 1585c BGB ermöglicht den Abschluss von Vereinbarungen** über die nachpartnerschaftliche Unterhaltsverpflichtung. Die Norm dient dazu, die Aufhebung der Lebenspartnerschaft zu erleichtern, indem das Aufhebungsverfahren vom Streit um den Unterhalt entlastet wird. Für eine echte Konventionalaufhebung ist die Einigung über den nachpartnerschaftlichen Unterhalt und die Herbeiführung eines vollstreckbaren Schuldtitels darüber Aufhebungsvoraussetzung (§§ 661 II, 630 ZPO).

193 § 1585c BGB **betrifft nur Vereinbarungen zwischen Lebenspartnern** über den nachpartnerschaftlichen Unterhalt eines Lebenspartners. Vereinbarungen zwischen einem Lebenspartner und einem Dritten über Unterhaltszahlungen für den Fall der Aufhebung der Lebenspartnerschaft fallen nicht unter die Norm. Derartige Vereinbarungen sind grundsätzlich ebenfalls zulässig. Sie können aber sittenwidrig sein, wenn der Dritte einen übermäßigen Einfluss ausübt, die Lebenspartnerschaft zu beenden.

194 Der Abschluss von Vereinbarungen über den Unterhalt unterliegt grundsätzlich **keinem Formgebot.** Etwas anderes gilt nur, wenn sie mit einer anderen formbedürftigen Vereinbarung verbunden werden oder wenn sie als Leibrentenversprechen iSd § 761 BGB einzuordnen sind (fixe Beträge ohne Anpassungsmöglichkeit).

195 **Inhalt** eines Vertrags über den Unterhalt kann zunächst die **Ausgestaltung des gesetzlichen Unterhaltsanspruchs** sein. In Betracht kommen etwa die verbindliche Festlegung des Bedarfs oder des Maßstabs, nach dem sich der Bedarf richtet, die Aufnahme von Bedingungen oder Befristungen, die Vereinbarung von Naturalunterhalt an Stelle der Geldrente, die Anknüpfung des Unterhaltsanspruchs an ein fehlendes Verschulden am Scheitern der Lebenspartnerschaft und die von den Voraussetzungen des Abs 1 unab-

hängige Einräumung eines Unterhaltsanspruchs. Möglich ist schließlich auch festzulegen, dass der Unterhalt in Form einer Kapitalabfindung gezahlt werden soll.

196 Gegenstand der Vereinbarung kann auch ein vollständiger oder teilweiser **Unterhaltsverzicht** sein. Die Grenze für den Verzicht auf Unterhalt wird vom BGH aber dort gezogen, wo die vereinbarte Lastenverteilung zwischen den Partnern insgesamt der individuellen Gestaltung der ehelichen Lebensverhältnisse in keiner Weise mehr gerecht wird, weil sie evident einseitig ist und für den belasteten Ehegatten bei verständiger Würdigung des Wesens der Ehe unzumutbar erscheint (BGH FamRZ 04, 601). Es spricht nichts dagegen, das auch auf Lebenspartner zu übertragen. Die einseitige und zumutbare Gestaltung liegt vor, wenn Regelungen aus dem Kernbereich des Aufhebungsfolgenrechts, wie sie die Regelungen über den Unterhalt darstellen, abbedungen werden, ohne dass dieser Nachteil durch andere Vorteile gemildert oder ausgeglichen wird oder dass der Ausschluss durch die besonderen Verhältnisse der Partner gerechtfertigt wird. Letzteres kann vor allem dann angenommen werden, wenn die Lebenspartner beide berufstätig sind und keinen Kinderwunsch haben (OLG Frankfurt ZFE 03, 250; OLG München FamRZ 03, 376).

197 Ein Unterhaltsverzicht kann zudem wegen **Sittenwidrigkeit** nach § 138 I unwirksam sein, wenn er allein zu dem Zweck eingegangen wurde, eine kriselnde Lebenspartnerschaft zu sichern oder wenn der Verzicht bewusst dazu genutzt werden sollte, den Verzichtenden in Abhängigkeit von dem anderen zu halten, um ihn bei Fehlverhalten bestrafen zu können (OLG Zweibrücken FamRZ 96, 869). Bei ungewandten und rechtsunkundigen Personen kann die Sittenwidrigkeit daraus folgen, dass ihnen beim Abschluss nicht genügend Zeit zur Einholung von Rechtsrat und zur Überlegung gelassen wurde.

198 Auch eine Vereinbarung über den Unterhalt, die nicht sittenwidrig ist, weil zum Zeitpunkt ihres Abschlusses keine evidente Einseitigkeit vorlag (zB Unterhaltsausschluss zwischen berufstätigen Lebenspartnern), muss in einem zweiten Schritt daraufhin untersucht werden, ob die Berufung auf den Ausschluss gesetzlicher Aufhebungsfolgen **nunmehr** (in dem Zeitpunkt, in dem Unterhalt verlangt wird) **missbräuchlich** erscheint. Das kann etwa in Betracht kommen, wenn unerwartet nach dem Unterhaltsverzicht doch noch Kinder angenommen oder geboren werden. Die Missbräuchlichkeit führt aber nur dazu, dass sich der bevorteilte Lebenspartner nicht auf die Vereinbarung berufen darf, nicht aber zu deren Unwirksamkeit. In Bezug auf den Unterhaltsanspruch nach § 1570 BGB waren diese Grundsätze schon länger anerkannt (BGH FamRZ 91, 306; NJW 92, 3164), mittlerweile werden sie vom BGH aber allgemein herangezogen (BGH FamRZ 04, 601). Dabei ist zunächst nach **§ 313 BGB** vorzugehen, also zu fragen, ob die Geschäftsgrundlage des Unterhaltsverzichts weggefallen ist. Darüber hinaus greift der BGH auf den allgemeinen Rechtsmissbrauchsgedanken zurück, wenn die Voraussetzungen des § 313 nicht vorliegen.

199 Der Unterhaltsverzicht ist auch in denjenigen Fällen, in denen die Berufung auf ihn als missbräuchlich anzusehen ist, nicht ganz bedeutungslos. Er bewirkt dann vielmehr im Regelfall, dass statt des partnerschaftsangemessenen Unterhalts **nur noch der Unterhalt geschuldet wird, der erforderlich ist,** um die Betreuung des Kindes ohne eine (volle) Erwerbstätigkeit des betreuenden Elternteils zu sichern (OLG Hamm FamRZ 04, 201). Außerdem kann der Verzicht wieder aufleben, wenn der Unbilligkeitsfaktor sich geändert hat, etwa, wenn die Kindesbetreuung beendet wird. Alters- oder Ausbildungsanschlußunterhalt gibt es dann nicht.

200 Ein **Unterhaltsverzicht** führt im Übrigen zum endgültigen **Erlöschen des Anspruchs.**

201 **8.** **§ 1580 BGB** räumt jedem Lebenspartner einen **Auskunftsanspruch** gegen den anderen ein, damit es dem Unterhaltsberechtigten einerseits möglich ist, einen bezif-

ferten Antrag zu stellen und damit der Unterhaltsverpflichtete andererseits unberechtigte Unterhaltsverlangen seines ehemaligen Partners zurückweisen kann. Die Vorschrift ist direkt nur auf ehemalige Lebenspartner anwendbar. Wegen Fehlens einer entsprechenden Regelung beim Getrenntlebensunterhalt ist sie dort entsprechend anwendbar (§ 12 LPartG Rn 50 ff). Insoweit ist aber zu berücksichtigen, dass § 1605 II BGB (§ 12 LPartG Rn 51) nicht gelten kann, wenn die erste Auskunft für den Getrenntlebensunterhalt eingeholt wurde, während die zweite den nachpartnerschaftlichen Unterhalt betreffen soll (OLG Hamm FamRZ 96, 868; aA OLG Jena FuR 97, 57 zur gleichen Lage beim Geschiedenenunterhalt). Das ergibt sich schon daraus, dass beide Unterhaltsansprüche nicht identisch sind und nicht vollkommen gleichen Berechnungen unterliegen.

202 **Voraussetzung** des Auskunftsanspruchs ist, dass sämtliche Voraussetzungen für einen Unterhaltsanspruch vorliegen, die nicht von den wirtschaftlichen Verhältnissen des auf Auskunft in Anspruch Genommenen abhängen. Fehlt es dagegen bereits an einer dieser Voraussetzungen, wäre das Auskunftsverlangen rechtsmissbräuchlich. Weiter setzt der Auskunftsanspruch ein dahingehendes Verlangen des ehemaligen Lebenspartners voraus (§ 1580, 1 BGB). Ausnahmsweise ist ein Lebenspartner aber bei besonders wichtigen Entwicklungen in seinen Einkommens- und Vermögensverhältnissen verpflichtet, dem anderen auch spontan Auskunft über die Änderung zu erteilen. Das ist wegen der Zweijahressperre in § 1605 II BGB besonders bedeutsam. Das kommt in Betracht bei Aufnahme einer Erwerbstätigkeit (OLG Hamburg FamRZ 87, 1044) oder dem Erwerb eines größeren Vermögens, gegebenenfalls auch bei der Begründung einer neuen Partnerschaft, soweit diese unterhaltsrechtliche Konsequenzen hat. Die Verletzung dieser Auskunftspflicht kann Schadensersatzansprüche nach § 826 BGB auslösen (BGH NJW 86, 1751).

203 Für den **Umfang** des Auskunftsanspruchs und seine **Erfüllung** gelten § 1605 BGB und §§ 259-261 BGB.

204 **Verfahren.** Im Verbundverfahren muss der Anspruch im Wege einer Stufenklage geltend gemacht werden (OLG Hamm FamRZ 96, 736), sonst kann er es (BGH NJW 82, 1645; 97, 2176).

Vorbemerkung zu §§ 17-19 LPartG

1 §§ 17-19 LPartG eröffnen den Lebenspartnern die Möglichkeit, die **Verteilung des Hausrats** und die künftige Nutzung der partnerschaftlichen **Wohnung gerichtlich regeln zu lassen,** wenn sie sich bei Beendigung der Lebenspartnerschaft darüber nicht einigen können. Die Regelungen sind der Hausratsverordnung nachgebildet bzw verweisen auf sie. Die Rechtsprechung dazu ist also auch für die Regelung der Rechtsverhältnisse an Hausrat und Wohnung in Bezug auf Lebenspartner übertragbar.

2 §§ 17 ff LPartG gelten **nur für die endgültige Regelung** der Rechtsverhältnisse an Hausrat und lebenspartnerschaftlichen Wohnung anlässlich der Aufhebung der Lebenspartnerschaft. Für vorläufige Regelungen in der Zeit des Getrenntlebens sind diese Vorschriften nicht anwendbar; insoweit gelten allein §§ 13 und 14 LPartG, die allerdings einen weitgehend vergleichbaren Inhalt aufweisen – mit der einzigen Ausnahme, dass eine Rechtsgestaltung wegen des vorläufigen Charakters der Regelung noch nicht in Betracht kommt.

§ 17 Familiengerichtliche Entscheidung

Können sich die Lebenspartner anlässlich der Aufhebung der Lebenspartnerschaft nicht darüber einigen, wer von ihnen die gemeinsame Wohnung künftig bewohnen oder wer die Wohnungseinrichtung und den sonstigen Hausrat erhalten soll, so regelt auf Antrag das Familiengericht die Rechtsverhältnisse an der Wohnung und am Hausrat nach billigem Ermessen. Dabei hat das Gericht alle Umstände des Einzelfalls zu berücksichtigen. Die Regelung der Rechtsverhältnisse an der Wohnung oder am Hausrat hat rechtsgestaltende Wirkung.

I. Die Vorschrift ist **§ 1 und 2 HausratsVO nachgebildet.** Sie verdeutlicht vor allem, dass die Entscheidung über die Verteilung des Hausrats und die Regelung der Nutzung der partnerschaftlichen Wohnung eine Ermessensentscheidung ist. Außerdem stellt sie klar, dass die Entscheidung rechtsgestaltende Wirkung hat und damit nicht nur zwischen den Lebenspartnern Verpflichtungen generiert, sondern auch Dritten gegenüber von Bedeutung ist. 1

II. 1. Voraussetzung für die Durchführung einer gerichtlichen Entscheidung über die Regelung der Rechtsverhältnisse am Hausrat und der Wohnung ist zunächst, **a)** dass entweder ein **Aufhebungsverfahren anhängig** ist oder dass eine Lebenspartnerschaft **bereits aufgehoben** ist. Während der Trennungsphase kommt nur eine vorläufige Regelung nach §§ 13 und 14 LPartG in Betracht. Zu den verfahrensrechtlichen Folgen der unterschiedlichen Zeitpunkte der Durchführung des Verfahrens s Rn 20. 2

b) Bei den Gegenständen, deren Rechtsverhältnisse geregelt werden sollen, muss es sich entweder um Hausrat oder die partnerschaftliche Wohnung handeln. **aa) Hausratsgegenstände** sind solche beweglichen Gegenstände, die der Haushaltsführung dienen, vor allem die Wohnungseinrichtung. Typische Hausratsgegenstände sind daher Möbel, Öfen und Heizungen, Elektrogeräte, Geschirr, Tisch- und Bettwäsche, Bücher, CDs, Computer usw. Auch der von beiden Lebenspartnern gemeinsam genutzte Pkw stellt regelmäßig Hausrat dar (OLG Hamburg FamRZ 90, 1118; OLG Stuttgart FamRZ 95, 1275). Entsprechendes gilt für Sportgeräte, Fahrräder, Wohnmobile. Auch Kunstgegenstände können Hausrat sein, wenn sie zur Ausschmückung der partnerschaftlichen Wohnung dienten. Auf den Wert der Gegenstände kommt es nicht an, wenn die Nutzung nur den Lebensverhältnissen der Lebenspartner entsprach. 3

Über den Wortsinn von „Hausrat" hinaus müssen auch solche **Rechte** in das Verteilungsverfahren einbezogen werden, die die Nutzung an Gegenständen ermöglichen, die Hausrat wären oder die an die Stelle von Hausratsgegenständen getreten sind. Hierher gehören Anwartschaften aus einem Kauf unter Eigentumsvorbehalt (BayObLG FamRZ 68, 320) ebenso wie Herausgabeansprüche gegenüber Dritten (zB neuen Partnern), Versicherungsansprüche und Schadensersatzansprüche gegen Dritte (OLG Frankfurt NJW 59, 2267). Das gilt aber nicht für Ansprüche der Lebenspartner gegeneinander; denn sonst würde der Vorrang des Hausratsverteilungsverfahrens umgangen. 4

5 Gegenstände, die nicht für die Lebensgemeinschaft angeschafft wurden, sondern zur **Kapitalanlage,** sind kein Hausrat (BGH NJW 84, 484). Ihre Verteilung kommt nicht in Betracht. Die Abgrenzung ist oft schwierig. Die Beweislast liegt bei dem Lebenspartner, der die Einbeziehung des Gegenstandes in das Verfahren begehrt.

6 Für zum **persönlichen Gebrauch** eines Lebenspartners bestimmte Sachen gilt § 17 LPartG nicht. Ausgenommen sind also die Gegenstände, die ein Lebenspartner für seine Berufstätigkeit benötigt ebenso wie allen anderen Gegenstände, die zum ausschließlichen persönlichen Gebrauch eines Lebenspartners bestimmt waren, wie Kleidung, Wäsche, Schmuck, persönliche Briefe usw.

7 Die **Eigentumsverhältnisse** an den Hausratsgegenständen sind unerheblich. Für das Hausratsverfahren kommt es nur darauf an, dass sie für die Lebenspartnerschaft bestimmt waren, nicht, wem sie gehörten.

8 **bb)** Die partnerschaftliche **Wohnung** ist dort, wo die Lebenspartner gemeinsam gewohnt haben. Besondere Anforderungen bestehen nicht. Es kann sich daher sowohl um Häuser oder Wohnungen, aber auch um Container, Wohnwagen oder Gartenhäuschen handeln. Die Eigentumsverhältnisse sind unerheblich. Eine Wohnungszuweisung scheidet aus, wenn die Lebenspartner nicht gemeinsam in einer Wohnung gelebt haben. Nicht zur Wohnung gehören gewerblich genutzte Räume, auch wenn sie im selben Haus liegen. Eine Wohnungszuweisung kommt ebenfalls nicht in Betracht, wenn die Räumlichkeiten zwar von den Lebenspartnern gemeinsam zu Wohnzwecken genutzt wurden, wenn diese aber nicht die Hauptwohnung darstellen, wie bei Ferien- oder Wochenendhäusern (OLG München FamRZ 94, 1331; aA KG FamRZ 86, 1010).

9 **cc)** Maßgeblicher **Zeitpunkt** für die Beurteilung der Frage, ob ein Gegenstand Hausrat oder partnerschaftliche Wohnung ist, ist der Zeitpunkt der Rechtskraft der Aufhebung der Lebenspartnerschaft. Lebten die Lebenspartner zu diesem Zeitpunkt daher nicht mehr zusammen, ist eine Regelung in Bezug auf die Wohnung ausgeschlossen. Auch Hausrat, der bei Rechtskraft der Aufhebung noch nicht oder nicht mehr vorhanden war (zu Ersatzansprüchen s Rn 4) kommt für eine Verteilung nicht in Betracht.

10 **c)** Die gerichtliche Regelung der Rechtsverhältnisse kommt nur in Betracht, wenn die **Lebenspartner sich nicht einigen können,** wie der Hausrat aufzuteilen ist bzw wie die lebenspartnerschaftliche Wohnung genutzt werden soll. Eine derartige Einigung ist für eine echte Konventionalaufhebung Verfahrensvoraussetzung (§§ 661 II, 630 ZPO).

11 Eine Einigung **setzt voraus**, dass die Lebenspartner alle zu verteilenden Gegenstände verteilt haben und die Wohnung wirksam einem Lebenspartner überlassen haben. Erforderlich ist, dass die Einigung so bestimmt, umfassend und rechtlich wirksam ist, dass eine Befassung des Familiengerichts mit diesen Fragen überflüssig ist. Erst wenn alle diese Punkte bejaht werden, ist für ein gerichtliches Verfahren kein Raum mehr. Das Verfahren wird daher nicht dadurch ausgeschlossen, dass die Lebenspartner sich teilweise geeinigt haben (dann aber Bindung des Gerichts an die getroffenen Vereinbarungen). In der Praxis am häufigsten ist die Einigung über Hausrat und Regelungsbedürftigkeit in Bezug auf die Wohnung oder umgekehrt.

12 Selbst bei Willensübereinstimmung der Lebenspartner kommt ein Verfahren nach § 17 LPartG mangels einverständlicher Regelung noch in Betracht, wenn **Dritte der Einigung zustimmen müssen**, damit diese wirksam wird, diese aber die Zustimmung verweigern (OLG Köln FamRZ 89, 640; OLG Hamm FamRZ 94, 388). Der wichtigste Fall ist insoweit die Vereinbarung über die künftige Nutzung einer Mietwohnung. Weicht diese vom Mietvertrag ab, muss der Vermieter dieser Regelung zustimmen, damit sie im Außenverhältnis Wirksamkeit entfalten kann. Stimmt er nicht zu, muss ein Verfahren durchgeführt werden, damit die Gestaltungswirkung des § 5 HausratsVO eintreten kann.

13 Soweit die Lebenspartner sich geeinigt haben, sind die **Ansprüche aus dieser Vereinbarung** nicht im Hausratsverfahren, sondern vor dem Prozessgericht in einem normal-

en Streitverfahren geltend zu machen (OLG Zweibrücken FamRZ 87, 1054).

14 **d)** In verfahrensmäßiger Hinsicht ist ein **Antrag** wenigstens eines der Lebenspartner erforderlich. Eine Entscheidung von Amts wegen findet nicht statt.

15 **2.** Das Familiengericht trifft seine **Entscheidung nach billigem Ermessen** in einer alle Umstände des Einzelfalls einbeziehenden Abwägung (S 2).

16 **In die Abwägung einzubeziehen** sind vor allem die Eigentumsverhältnisse, Vereinbarungen der Lebenspartner über bestimmte Gegenstände oder die Wohnung, die Bedürfnisse der Lebenspartner (vor allem, wer von ihnen den jeweiligen Gegenstand dringender benötigt). Auch die Interessen von Kindern, die in der Lebenspartnerschaft gelebt haben, können berücksichtigt werden. Unberücksichtigt bleiben dagegen die Umstände, die zur Trennung geführt haben, weil für die Aufhebung der Lebenspartnerschaft das Verschuldensprinzip nicht gilt. Eine Grenze ist aber erreicht, wenn ein so schweres Fehlverhalten eines Lebenspartners vorliegt, dass eine Außerachtlassung zu unerträglichen Ergebnissen führen würde (KG FamRZ 88, 182); denn in diesen Fällen stellt sich das Verlangen des sich fehlverhaltenden Lebenspartners nach Nutzung der Wohnung oder Überlassung bestimmter Gegenstände oft als venire contra factum proprium dar.

17 Das **Ermessen** des Gerichts ist aber letztlich nicht so weit, wie es nach dem Wortlaut von S 1 den Anschein hat. Durch § 18 III LPartG, der auf §§ 3-7 HausratsVO verweist, wird dieses Ermessen für die Fälle der Entscheidung über die gemeinsame Wohnung erheblich eingeschränkt. Entsprechendes gilt für die Entscheidung über die Rechtsverhältnisse am Hausrat nach § 19 LPartG, der insoweit auf §§ 8-10 HausratsVO verweist. Dort finden sich eine Reihe von Milderungen der Entscheidung über die Zuweisung eines Nutzungsrechts, durch die die Nachteile ausgeglichen werden sollen, die der weichende Lebenspartner durch den Verlust erleidet.

18 **3.** Die Regelung der Rechtsverhältnisse an der Wohnung oder am Hausrat hat **rechtsgestaltende Wirkung** (S 3). Das bedeutet, dass das Gericht durch seine Entscheidungen nicht nur Verpflichtungen feststellt oder begründet, sondern dass unmittelbar Einfluss auf die Rechtsverhältnisse zwischen den Lebenspartnern und im Verhältnis zu Dritten genommen wird. Vertragsverhältnisse können umgestaltet oder begründet, Eigentumspositionen und die Inhaberschaft an Forderungen übertragen werden. Die Einzelheiten ergeben sich für die Wohnung aus § 18 LPartG iVm §§ 3-7 HausratsVO, für den Hausrat aus § 19 LPartG iVm §§ 8-10 HausratsVO.

19 **III. Verfahren.** Das Verfahren über die Zuweisung der partnerschaftlichen Wohnung und die Aufteilung des Hausrats ist Lebenspartnerschaftssache (§ 661 I Nr 5 ZPO). Wird der Antrag im Aufhebungsverfahren gestellt, fällt das Verfahren in den Verhandlungs- und Entscheidungsverbund (§§ 623, 629 ZPO, § 661 ZPO Rn 184 ff). Wird das Verfahren erst nach der Rechtskraft der Aufhebungsentscheidung anhängig gemacht, ist es als selbstständiges Verfahren durchzuführen. Wegen des umfassenden Charakters der Entscheidung sind Teilentscheidungen nicht zulässig. Zu weiteren Einzelheiten s den Abschnitt über das Aufhebungsverfahren (§ 661 ZPO Rn 111 ff).

§ 18 Entscheidung über die gemeinsame Wohnung

(1) Für die gemeinsame Wohnung kann das Gericht bestimmen, dass

1. **ein von beiden Lebenspartnern eingegangenes Mietverhältnis von einem Lebenspartner allein fortgesetzt wird oder**
2. **ein Lebenspartner in das nur von dem anderen Lebenspartner eingegangene Mietverhältnis an dessen Stelle eintritt.**

(2) Steht die gemeinsame Wohnung im Eigentum oder Miteigentum eines Lebenspartners, so kann das Gericht für den anderen Lebenspartner ein Mietverhältnis an der Wohnung begründen, wenn der Verlust der Wohnung für ihn eine unbillige Härte wäre.

(3) Die §§ 3 bis 7 der Verordnung über die Behandlung der Ehewohnung und des Hausrats und § 60 des Wohneigentumsgesetzes gelten entsprechend.

1 **I.** Die Vorschrift enthält **Grundsätze dafür, welchem Lebenspartner die Wohnung zuzuweisen** ist, wenn ein Verfahren nach § 17 LPartG stattfindet. Sie schränkt damit den Grundsatz, dass die Entscheidung über die Wohnungszuweisung eine solche nach billigem Ermessen ist (§ 17, 1 LPartG), wieder ein.

2 **Abs 1** betrifft die gemietete Wohnung, Abs 2 eine Wohnung, die im Allein- oder Miteigentum eines Lebenspartners steht. In Abs 3 wird auf die die Wohnungszuweisung betreffenden Vorschriften der Hausratsverordnung verwiesen (§§ 3-7 HausratsVO), die zusätzliche Schranken bei Beteiligung Dritter und Regelungen für das Verfahren enthalten. Zum Teil sind die Regelungen aber doppelt, wobei das Verhältnis nicht ganz klar ist: die Regelung des Abs 2 beispielsweise findet sich in § 3 HausratsVO erneut, aber in leicht modifizierter Form.

3 Außerdem erklärt Abs 3 **§ 60 WEG** für entsprechend anwendbar. Das ist deswegen erforderlich, weil die Hausratsverordnung selbst kein Wohneigentum kennt, § 60 WEG sich direkt aber nur auf das Verfahren nach der Hausratsverordnung bezieht.

4 **II. 1.** Das **Gericht weist** die bisher gemeinsame Wohnung (Begriff: § 17 LPartG Rn 9) einem der Lebenspartner **zu,** wenn diese sich **nicht** über deren weitere Nutzung **einigen können** (§ 17 LPartG Rn 11 ff). Die Entscheidung darüber erfolgt nach billigem Ermessen (§ 17 LPartG Rn 16 ff). Je nach Eigentumslage an der Wohnung ist dieses Ermessen aber eingeschränkt – besonders wenn die Interessen Dritter berührt werden.

5 **2.** Ist einer der **Lebenspartner allein oder gemeinsam mit einem Dritten Eigentümer** des Hauses, in dem sich die gemeinsame Wohnung befindet, so soll der Richter die Wohnung dem anderen Lebenspartner nur zuweisen, wenn dies notwendig ist, um eine unbillige Härte zu vermeiden (Abs 2, Abs 3, § 3 I HausratsVO). Er begründet dann ein Mietverhältnis zugunsten des anderen Lebenspartners an der Wohnung. Entsprechendes gilt, wenn einem Lebenspartner allein oder gemeinsam mit einem Dritten der Nießbrauch, das Erbbaurecht oder ein dingliches Wohnrecht an dem Grundstück zusteht, auf dem sich die gemeinsame Wohnung befindet (Abs 3, § 3 II HausratsVO) und wenn es sich um eine im Alleineigentum eines Lebenspartners stehende Eigentumswohnung handelt (§ 60 WEG).

6 Eine **unbillige Härte** liegt nur vor, wenn die Zuweisung an den Nichteigentümer aufgrund außergewöhnlicher Umstände dringend erforderlich ist, weil eine unerträgliche Belastung für den Begünstigten abgewendet werden muss, die gerade daraus resultiert, dass er die bisherige Wohnung aufgeben muss (OLG Köln FamRZ 92, 322; OLG Düsseldorf FamRZ 80, 171). Das anzunehmen fällt bei Lebenspartnern schwerer als

bei Eheleuten, weil die meisten Anwendungsfälle im Scheidungsrecht zumindest indirekt mit der Betreuung von Kindern zu tun haben. Die Wohnungszuweisung soll sicherstellen, dass der betreuende Elternteil nicht auch noch wohnungsmäßige Nachteile hinnehmen muss, die gerade aus dem Grund eintreten, weil er sich um die Kinder aus der Ehe kümmert. Dieser Gedanke entfällt bei Lebenspartnern regelmäßig, weil keine gemeinschaftlichen Kinder vorhanden sind. Diese Argumente können aber wieder an Gewicht gewinnen, wenn die Kinder eines Lebenspartners in der Lebenspartnerschaft wie gemeinsame Kinder gelebt haben. Als verbleibende Fälle für die Annahme einer unbilligen Härte kommt in Betracht, dass die Geschäfts- oder Praxisräume eines Lebenspartners im Haus des anderen liegen und nur unter großen Schwierigkeiten verlegt werden könnten und eine angemessene Wohnung in der Nähe nicht gefunden werden kann oder wenn Wohnung und Geschäftsräumlichkeiten ineinander übergehen.

7 **Bloße Unannehmlichkeiten** bei der Wohnungssuche, die Verschlechterung der Wohnsituation im allgemeinen und finanzielle Nachteile, wie sie sich daraus ergeben, dass der weichende Lebenspartner, der nicht Eigentümer ist, den Um- oder Ausbau der Wohnung zu erheblichen Teilen finanziert hat, bleiben außer Betracht.

8 Die Regelung der Rechtsverhältnisse an der Wohnung erfolgt in den genannten Fällen in der Weise, dass zwischen dem Eigentümer und dem Lebenspartner durch das Familiengericht ein **Mietverhältnis** begründet wird (Abs 2). Weder wird also der Lebenspartner unentgeltlich in den Genuss der Wohnung gesetzt noch wird er dinglich abgesichert oder ihm gar die Wohnung zu Eigentum übertragen. Das Mietverhältnis kann befristet werden (enger OLG München FamRZ 95, 1206: muss). Dagegen kommt die Begründung eines unkündbaren Mietverhältnisses nicht in Frage, weil dadurch quasi eine Enteignung des weichenden Lebenspartners stattfände (Soergel/Heintzmann, § 3 HausratsVO Rn 6). Der in der Wohnung lebende Lebenspartner wird vor späteren Veräußerungen der Wohnung durch den anderen Lebenspartner hinreichend durch § 571 BGB geschützt. Um eine Kündigung zu verhindern, kann allerdings ein zeitweiser Kündigungsausschluss in Betracht kommen.

9 Für die Benutzung der Wohnung setzt der Richter einen **Mietzins** fest. Davon kann aber abgesehen werden, wenn die Vorteile, die das Wohnen in der Wohnung mit sich bringt, schon im Rahmen der Unterhaltsberechnung berücksichtigt wurden (indem dieser Bedarf auf Seiten des wohnen bleibenden Lebenspartners nicht angesetzt wurde, wenn dieser unterhaltsberechtigt ist oder indem der Wohnwert als zusätzliches Einkommen angesetzt wird, wenn der wohnen bleibende Lebenspartner unterhaltsverpflichtet ist). Die Miete soll sich grundsätzlich an den Einkommens- und Vermögensverhältnissen der Lebenspartner und dem ortsüblichen Marktpreis orientieren. Sie kann wegen dieser Doppelorientierung in begründeten Ausnahmefällen auch unter dem Marktpreis bleiben. Eine Preisbehörde, die nach § 5 I 3 HausratsVO vor der Festsetzung der Miete gehört werden soll, gibt es nach dem Wegfall der Wohnraumbewirtschaftung nicht mehr.

10 Zusätzlich zum monatlich zu zahlenden Mietzins kann auch eine **Ausgleichszahlung** festgesetzt werden, die einmalig an den weichenden Lebenspartner zu entrichten ist (OLG Naumburg FamRZ 98, 1529; Staudinger/Weinreich, § 3 HausratsVO Rn 19).

11 **3.** Steht die Wohnung **allein im Eigentum Dritter,** so ist danach zu unterscheiden, ob es sich um eine Nutzung aufgrund eines normalen Mietverhältnisses handelt oder ob die Wohnung eine Dienstwohnung ist.

12 **a)** Eine Wohnung, die die Lebenspartner auf Grund eines **Dienst- oder Arbeitsverhältnisses** bewohnt haben, das zwischen einem von ihnen und einem Dritten besteht, soll der Richter dem anderen Lebenspartner nur zuweisen, wenn der Dritte einverstanden ist (Abs 3, § 4 HausratsVO). Unter diese Kategorie fallen Werkmietwohnungen

iSd § 565b BGB, Werkdienstwohnungen nach § 565e BGB, Bergarbeiterwohnungen und Wohnungen, die aufgrund eines öffentlich-rechtlichen Nutzungsverhältnisses überlassen worden sind.

13 Damit § 4 HausratsVO anwendbar ist, muss das **Dienst- oder Arbeitsverhältnis noch bestehen,** wenn über die Zuweisung entschieden wird. Es gilt der Grundsatz, dass die Wohnung dem Dienstverpflichteten zugewiesen wird. Eine Zuweisung an den anderen Lebenspartner kommt nur in Betracht, wenn der Arbeitgeber oder Dienstherr einverstanden ist oder wenn die Interessen des anderen Lebenspartners erheblich schwerer wiegen als diejenigen des Arbeitgebers bzw Dienstherrn. Bei dieser Annahme ist aber große Zurückhaltung geboten. In Betracht kommt sie etwa dann, wenn absehbar ist, dass die Dienstwohnungen in freien Wohnraum umgewandelt werden.

14 Sind **beide** Lebenspartner **bei demselben Arbeitgeber** beschäftigt oder stehen sie im Dienst desselben Dienstherrn, richtet sich die Zuweisung nach den Regeln für andere Mietverhältnisse (Rn 15 ff). Wird allerdings einer der Lebenspartner aus dem Betrieb ausscheiden, ist ohne Zustimmung des Arbeitgebers regelmäßig an denjenigen zuzuweisen, der das Arbeitsverhältnis fortsetzt.

15 **b)** Ist die Wohnung von beiden Lebenspartnern **gemietet, ohne dass es sich um eine Werks- oder Dienstwohnung handelt,** kann das Gericht das Mietverhältnis ohne die Einschränkungen des § 4 HausratsVO gestalten. Der Miete gleichzustellen ist, dass eine Wohnung aufgrund eines Pacht- oder ähnlichen Verhältnisses oder aufgrund einer unentgeltlichen Nutzungsüberlassung bewohnt wird. Auch die Wohnungsüberlassung aufgrund eines genossenschaftlichen Mitgliedschaftsverhältnisses ist hier einzuordnen (OLG München FamRZ 91, 1452 mwN). Für die Anwendung von § 4 HausratsVO ist auch insoweit kein Raum.

16 Das **Mietverhältnis** muss im Zeitpunkt der Entscheidung **noch bestehen.** Ausnahmsweise kommt eine Zuweisung aber noch in Betracht, wenn die Wohnung noch nicht wieder vermietet ist und die Beendigung auf eine Kündigung seitens des weichenden Lebenspartners oder einen Aufhebungsvertrag mit dem Vermieter zurückgeht, weil sonst ein Lebenspartner, der alleiniger Mieter war, jederzeit eine gerichtliche Regelung in Bezug auf die Wohnung verhindern könnte.

17 Das Familiengericht kann das **Mietverhältnis nach billigem Ermessen umgestalten.** Eine Anordnung, dass der Lebenspartner, der die Wohnung allein gemietet hat, das Mietverhältnis auch weiterhin fortsetzt, ist in Abs 1 nicht besonders erwähnt, da selbstverständlich. Der Richter kann das Mietverhältnis an einer von beiden Lebenspartnern angemieteten Wohnung aber auch in der Weise umgestalten, dass es nur noch mit einem Lebenspartner fortgesetzt wird (Abs 1 Nr 1). Ist die Wohnung nur von einem der Lebenspartner gemietet, kann das Gericht die Wohnung auch dem anderen Lebenspartner zuweisen (Abs 1 Nr 2). Besteht kein Mietverhältnis (mehr, Fall der Rn 16) kann vom Gericht ein Mietverhältnis neu begründet werden (Abs 3, § 3 II HausratsVO). Das kommt auch dann in Betracht, wenn die Wohnung bislang aufgrund eines Leihverhältnisses benutzt wurde, die weitere unentgeltliche Nutzung aber nicht mehr in Betracht kommt, weil mit der Aufhebung der Lebenspartnerschaft die Gründe dafür entfallen sind (Hauptfall: Wohnung im Eigentum eines Verwandten des weichenden Lebenspartners).

18 Immer ist erforderlich, dass derjenige **Lebenspartner die Wohnung zugewiesen haben will,** dem sie dann zugewiesen wird. Es ist nicht zulässig, dass ein Lebenspartner die Zuweisung an den anderen beantragt, um auf diese Weise von einer ungeliebten Belastung durch die bisher gemeinsame Wohnung loszukommen (zB bei befristetem, unkündbaren Mietvertrag). Umgekehrt kann aber die Zuweisung an den anderen Lebenspartner beantragt werden, wenn beide Lebenspartner sich einig sind, dass die Wohnung in Zukunft von diesem Lebenspartner bewohnt werden soll. Für einen der-

artigen Antrag besteht dann das Rechtsschutzinteresse, wenn der Vermieter nicht bereit ist, diese Änderung vorzunehmen; denn selbst mit einer Vereinbarung können die Lebenspartner nicht eine derart weitreichende Gestaltung der Rechtsverhältnisse erreichen, dass das Mietverhältnis entsprechend umgestaltet wird.

19 Durch die richterliche Entscheidung wird das bestehende **Mietverhältnis umgestaltet,** nicht ein neues begründet. Das kann etwa Bedeutung für die Länge von Kündigungsfristen haben, und auch die schon gezahlte Kaution verbleibt beim Vermieter. Mit dem Wirksamwerden der Entscheidung scheidet der weichende Lebenspartner aus dem Mietverhältnis aus. Verpflichtungen seinerseits bestehen nur noch insoweit, als sie das bisherige Mietverhältnis betreffen (zB Mietrückstände aus der Zeit bis zur Aufhebung der Lebenspartnerschaft) oder als das Gericht auch für die Zukunft noch eine Mitverantwortung des weichenden Lebenspartners angeordnet hat (Rn 21). Für das neubegründete Mietverhältnis gilt das Rn 9 f Gesagte entsprechend. Die Teilung von Wohnungen nach § 6 HausratsVO (Rn 24) ist zwar theoretisch auch bei Mietwohnungen denkbar, hat hier aber nahezu keinen praktischen Anwendungsbereich.

20 Der Richter kann den Lebenspartnern gegenüber auch Anordnungen treffen, die geeignet sind, die aus dem Mietverhältnis herrührenden **Ansprüche des Vermieters zu sichern** (Abs 3 iVm § 5 I 2 HausratsVO). Der Vermieter bedarf in den Fällen des Abs 1 eines erhöhten Schutzes; denn ihm wird der Vertragspartner genommen, den er sich ausgesucht hat und durch einen anderen ersetzt. Das gilt um so mehr, als das Gericht in diesen Fällen nicht an die Zustimmung des Vermieters gebunden ist, sondern bei überwiegendem Interesse des Lebenspartners ein Mietverhältnis auch gegen den Willen des Vermieters das Mietverhältnis umgestalten kann, sofern dessen Interessen in Bezug auf die Miete gewahrt bleiben. Der Wortlaut „kann" bezeichnet nur die Befugnis, nicht aber ein Ermessen des Gerichts. Bei einem Sicherungsbedürfnis des Vermieters muss deswegen eine entsprechende Anordnung getroffen werden (OLG Karlsruhe NJW 98, 2148). In Betracht kommt die Anordnung, dass der weichende Lebenspartner dauernd oder für eine begrenzte Zeit als Gesamtschuldner für die Zahlung der Miete haftet oder eine Sicherheit leisten muss. Derartige Sicherungsmaßnahmen sind andererseits ausgeschlossen, wenn die Einkommens- und Vermögensverhältnisse des in der Wohnung verbleibenden Lebenspartners so beschaffen sind, dass eine Gefährdung des Mietzinsanspruchs ausgeschlossen ist (OLG Karlsruhe FamRZ 95, 45).

21 Zugunsten des weichenden Lebenspartners kann der Richter anordnen, dass der andere Lebenspartner ihm eine **finanzielle Entschädigung** leisten muss. Das ist zwar nur für Hausrat ausdrücklich vorgesehen (§ 8 III HausratsVO), aber es ist allgemein anerkannt, dass im Rahmen der Billigkeitsentscheidung solche Maßnahmen auch in Bezug auf die Wohnung erfolgen können (Staudinger/Weinreich, § 2 HausratsVO Rn 18). Ausgleichszahlungen können etwa angeordnet werden, wenn der weichende Lebenspartner den Bau oder Umbau der Wohnung finanziert hat und deswegen vom Vermieter besonders günstige Mietkonditionen eingeräumt bekommen hat. Härten für den weichenden Lebenspartner, die sich daraus ergeben, können durch die Einräumung einer Räumungsfrist gemildert werden.

22 **4. Gehört die Wohnung beiden Lebenspartnern,** kann das Gericht anordnen, dass die Wohnung geteilt wird (§ 6 HausratsVO), es kann aber auch ein Miet- oder Nutzungsverhältnis zugunsten eines der Lebenspartner begründen.

23 Die **Teilung der Wohnung** in Natur kommt nur in Betracht, wenn durch bauliche Maßnahmen (oder aufgrund der ohnehin gegebenen Beschaffenheit der Wohnung) eine Abgrenzung der Lebenssphären möglich ist. Es muss ausgeschlossen sein, dass es zu ständigen Streitigkeiten und Reibereien kommt, weil die Parteien noch unter einem Dach leben (OLG Hamburg FamRZ 91, 1317). Die Teilung kann nur zwischen den

Lebenspartnern erfolgen, nicht auch im Verhältnis zu Dritten (zB Kindern, Eltern, die mit im Haus leben). Das Gericht kann mit der Teilung regeln, wie die Kosten der Teilung auf die Lebenspartner aufzuteilen sind (§ 6 I 2 HausratsVO). Auch insoweit gilt das Prinzip, dass durch diese Anordnung nur die Lebenspartner selbst betroffen werden dürfen, nicht aber Dritte (MK-BGB/Müller-Gindulis § 6 HausratsVO Rn 3; Staudinger/Weinreich § 6 HausratsVO Rn 7; aA Hoffmann/Stephan § 6 HausratsVO Anm 2). Das gilt selbst dann, wenn der Dritte letztlich von den baulichen Maßnahmen profitiert (wie bei der Teilung einer Mietwohnung der Vermieter, Rn 20). Ist die Teilung möglich, geht sie der Zuweisung der gesamten Wohnung an einen der Lebenspartner vor.

24 Ist die Teilung nicht möglich, weist das Gericht die Wohnung einem der Lebenspartner zu und begründet ein **Miet- oder anderes Nutzungsverhältnis** dieses Lebenspartners mit dem weichenden Lebenspartner. Für dieses Mietverhältnis gilt das Rn 9 ff Gesagte entsprechend.

25 **III. Verfahren.** Da durch das Verfahren in Bezug auf die Rechtsverhältnisse an der Wohnung auch ihre Rechte betroffen werden, sind außer den Lebenspartnern an dem gerichtlichen Verfahren auch der Vermieter der Wohnung, der Grundstückseigentümer (Erbbauberechtigte, Wohnungseigentümer, dinglich Berechtigte), der Dienstherr (§ 4 HausratsVO) und alle Personen, mit denen die Lebenspartner oder einer von ihnen hinsichtlich der Wohnung in Rechtsgemeinschaft stehen (Miteigentümer, Mitmieter), **Beteiligte** des Verfahrens (§ 7 HausratsVO). Die Genannten haben eine parteiähnliche Stellung, sind aber nicht Partei des Verfahrens und haben deswegen kein eigenes Antragsrecht.

26 Die Beteiligten haben ein eigenes **Beschwerderecht** (§§ 19 f FGG, 14 HausratsVO).

§ 19 Entscheidung über den Hausrat

Für die Regelung der Rechtsverhältnisse am Hausrat gelten die Vorschriften der §§ 8 bis 10 der Verordnung über die Behandlung der Ehewohnung und des Hausrats entsprechend. Gegenstände, die im Alleineigentum eines Lebenspartners oder im Miteigentum eines Lebenspartners und eines Dritten stehen, soll das Gericht dem anderen Lebenspartner nur zuweisen, wenn dieser auf ihre Weiterbenutzung angewiesen ist und die Überlassung dem anderen zugemutet werden kann.

1 **I.** Die Vorschrift erlaubt für den Fall der Aufhebung der Lebenspartnerschaft **die gerichtliche Aufteilung des Hausrats** (§ 17 LPartG Rn 3) der Lebenspartner. Auch hier ist das Eigentum eines Lebenspartners an den Hausratsgegenständen besonders zu berücksichtigen (zur vergleichbaren Situation bei der Regelung der Rechtsverhältnisse an der Wohnung s § 18 II LPartG).

2 Für die **Durchführung** der Regelung der Rechtsverhältnisse am Hausrat wird auf §§ 8-10 HausratsVO verwiesen.

3 **II.** Die gerichtliche Regelung der Rechtsverhältnisse am Hausrat **setzt voraus**, dass die Lebenspartner sich über die Verteilung von Hausrat (Begriff: § 17 LPartG Rn 3 ff) nicht einigen können (zur fehlenden Einigung: § 17 LPartG Rn 11 ff).

Die Lebenspartner haben **zusammen gelebt.** Bei fehlender Lebensgemeinschaft kommt auch eine gerichtliche Regelung in Bezug auf die beweglichen Sachen der Lebenspartner nicht in Betracht, weil es sich nicht um für die gemeinsame Lebensführung bestimmte Gegenstände handelt. 4

Wenigstens einer der Lebenspartner stellt einen **Antrag** auf Regelung der Rechtsverhältnisse am Hausrat. 5

III. Für die Frage, **wie der Hausrat aufzuteilen ist**, kommt es entscheidend auf die Eigentumsverhältnisse an den aufzuteilenden Gegenständen an (Rn 7 ff). Gläubigerrechte sollen durch die Aufteilung nicht berührt werden (§ 10 HausratsVO, Rn 29 ff). 6

1. Steht eine Sache im **Alleineigentum eines Lebenspartners,** ist diese Sache grundsätzlich ihm zuzuweisen. Nur ausnahmsweise kann der Richter notwendige Gegenstände dem anderen Lebenspartner zuweisen, wenn dieser auf ihre Weiterbenutzung angewiesen ist und es dem Eigentümer zugemutet werden kann, sie dem anderen zu überlassen (§ 9 I HausratsVO). Diese Regelung ist Ausdruck der Nachwirkungen der Verpflichtung zu Fürsorge und Beistand (§ 2 LPartG). 7

Alleineigentum liegt vor, wenn neben dem Lebenspartner keine weiteren Personen Eigentümer der Sache sind. Allerdings ist von diesen Fällen nur derjenige geregelt, dass beide Lebenspartner gemeinsam Eigentümer des Hausratsgegenstandes sind (§ 8 HausratsVO). Eine Vorschrift für den Fall, dass Miteigentum des Lebenspartners und eines Dritten besteht, existiert nicht. Das spricht dafür, in derartigen Fällen die Zuweisung des Gegenstands als ganzen jedenfalls als unzulässig anzusehen. Das gilt jedenfalls dann, wenn der Dritte der Zuweisung widerspricht. Ist er mit der Zuweisung an den anderen Lebenspartner einverstanden, geschieht ihm kein Unrecht, wenn entsprechend verfahren wird. In diesem Fall ist die Situation des Lebenspartners, der Miteigentümer des Gegenstands ist, der eines Alleineigentümers sehr ähnlich. Es spricht daher nichts dagegen, die für Alleineigentümer geltende Regelung auch in diesem Fall (entsprechend) anzuwenden (wie hier Staudinger/Weinrich § 9 HausratsVO Rn 2; Soergel/Heintzmann § 9 HausratsVO Rn 2). 8

Zur **Feststellung des Eigentums** s Rn 19 ff. 9

Die Zuweisung kommt nur in Bezug auf **notwendige Gegenstände** in Betracht. Das sind solche Gegenstände, die zur Führung des Hausrats absolut erforderlich sind. Einen Anhaltspunkt geben insoweit die Regelungen über die Gegenstände, die nicht der Pfändung unterliegen (§ 811 ZPO). Typischerweise notwendig zur Führung eines Haushalts sind etwa ein Tisch, Stühle, ein Bett, Schränke, Bett- und Tischwäsche, Besteck, Geschirr usw, alles aber nur in dem Umfang, der für die Weiterführung des Haushalts mit reduzierter Personenzahl notwendig ist. Es ist ein objektiver Maßstab anzulegen. Eine besonders luxuriöse Haushaltsführung während der Lebensgemeinschaft ist ebenso nicht maßgeblich, wie eine besonders bescheidene, die den Lebensverhältnissen anderer Paare in vergleichbarer Situation nicht entspricht. Luxusgegenstände können deswegen nicht zuwiesen werden. 10

Der die Zuweisung begehrende Lebenspartner muss auf die Weiterbenutzung des Gegenstands **angewiesen** sein. Der Hauptfall ist der, dass der Lebenspartner sich einen Ersatzgegenstand für den bisher benutzten wegen Fehlens eigener Mittel nicht leisten kann. In Betracht kommt aber auch, dass Gegenstände dieser Art momentan nicht angeboten werden, so dass eine Ersatzbeschaffung ausscheidet. Fälle dieser Art kommen vor allem in Notzeiten vor, können aber auch Gegenstände außergewöhnlicher Art betreffen, für die praktisch kein Markt besteht. 11

Die Zuweisung an den anderen Lebenspartner muss dem Eigentümer **zumutbar** sein. Das bedeutet, dass nicht auf seiner Seite ähnliche Gründe vorliegen dürfen, wie sie 12 auf Seiten des die Zuweisung begehrenden Lebenspartners die Angewiesenheit begründen. Auch schwere persönliche oder wirtschaftliche Verfehlungen des die Zuweisung begehrende Lebenspartners während der Lebenspartnerschaft können die Zumutbarkeit entfallen lassen.

13 Die Regelung der Rechtsverhältnisse an den Gegenständen kann darin bestehen, dass das Gericht dem anderen Lebenspartner das **Eigentum** an ihnen gegen Entschädigung **überträgt** oder dass es ein **Mietverhältnis begründet.** In keinem Fall ist eine unentgeltliche Überlassung vorgesehen: § 9 Abs 2 HausratsVO spricht entweder von einem Mietverhältnis oder der endgültigen Überlassung gegen Entschädigung. Dem Gesetzeswortlaut nach hat der Richter grundsätzlich der Begründung eines Mietverhältnisses den Vorrang vor der Eigentumsübertragung zu geben. Das entspricht dem Grundsatz, dass wegen der Eigentumsgarantie des Art 14 GG bei Eingriffen in das Eigentum immer besonders schonend vorgegangen werden muss. Die Eigentumsübertragung kommt daher vor allem dann in Betracht, wenn es sich um Gegenstände handelt, die üblicherweise nicht vermietet werden, wie Geschirr, Wäsche und ähnliches.

14 Mit der Begründung des Mietverhältnisses wird der **Mietzins** festgesetzt. Dieser bestimmt sich zum einen nach dem Marktmietzins (falls ein solcher existiert), sonst nach dem Verkehrswert und den wirtschaftlichen Verhältnissen der Lebenspartner. Grundsätzlich ist das Mietverhältnis auch zu befristen; denn die Nutzung des fremden Eigentums sollte nicht auf Dauer zugebilligt werden. Unter Umständen reicht es auch, ein unbefristetes Mietverhältnis zu begründen, das dann ordentlich gekündigt werden kann, und nur die Kündigung für eine bestimmte Zeit auszuschließen.

15 Mit der Entscheidung über die Übertragung des Eigentums wird die **Entschädigung** festgesetzt. Diese wird regelmäßig in Geld bestehen. Ihre Höhe richtet sich dann nach dem Verkehrswert des zugewiesenen Gegenstands und den wirtschaftlichen Verhältnissen der Lebenspartner. Ausnahmsweise kann der Richter aber auch statt einer in Geld bemessenen Entschädigung einen Hausratsgegenstand des anderen Lebenspartners als Kompensation zuweisen. Bei dieser Maßnahme ist nur zu beachten, dass die Entscheidungskompetenz des Familienrichters sich nur auf Hausrat bezieht, nicht dagegen auf andere Vermögensgegenstände.

16 **2.** Hausrat, der **beiden Lebenspartnern gemeinsam gehört,** verteilt der Richter gerecht und zweckmäßig (§ 8 I HausratsVO). Es handelt sich um eine Ermessensentscheidung; der Gehalt von § 8 I HausratsVO geht über das in § 17 LPartG genannte Prinzip nicht hinaus.

17 **a)** Gemeinsames Eigentum iSd § 8 I HausratsVO liegt vor, wenn die Lebenspartner entweder **Miteigentümer oder Gesamthandseigentümer** sind. Wegen des Fehlens eines Güterstands der Gütergemeinschaft mit dinglicher Außenwirkung (§ 7 LPartG Rn 3) kommt letzteres bei Lebenspartnern nur dann in Betracht, wenn eine ungeteilte Erbengemeinschaft zwischen ihnen besteht.

18 Nach § 8 II HausratsVO wird aber **vermutet,** dass alle Gegenstände, die während der Lebenspartnerschaft für den gemeinsamen Haushalt angeschafft wurden, gemeinsames Eigentum der Lebenspartner sind. Das Alleineigentum eines Lebenspartners muss bewiesen werden. Zweifel gehen zu Lasten des Lebenspartners, der sich auf das Alleineigentum beruft. Unter die Regelung fallen alle Gegenstände, die für den gemeinsamen Haushalt angeschafft wurden, auch die Ersatzstücke iSd § 1370 BGB (§ 8 LPartG Rn 69 ff). Anschaffungen vor Beginn der Lebenspartnerschaft werden ebenfalls erfasst, wenn sie im Hinblick auf die Lebenspartnerschaft getätigt wurden (zB Kauf der Einrichtung der gemeinsamen Wohnung, die erst nach der Eintragung der Partnerschaft bezogen wurde). Lebten die späteren Partner dagegen schon vor der Eintragung der

Lebenspartnerschaft zusammen, greift § 8 II HausratsVO nicht ein. In diesem Fall lässt sich ein entsprechendes Ergebnis aber aus § 1006 BGB ableiten; denn die Lebenspartner haben an den Gegenständen in der gemeinsamen Wohnung Mitbesitz.

19 **Anschaffung** ist jeder entgeltliche Eigentumserwerb. Entsprechend angewendet werden sollte die Vermutung aber auch auf Gegenstände, die ein Lebenspartner während der Lebenspartnerschaft selbst angefertigt hat und auf solche Gegenstände, die den Lebenspartnern anlässlich der Begründung der Lebenspartnerschaft von Dritten geschenkt worden sind (OLG Köln FamRZ 1986, 703). Nicht anwendbar ist die Vermutung dagegen auf solche Gegenstände, die aus einer Erbschaft stammen. Hier fehlt es an einer Anschaffung (OLG Stuttgart NJW 82, 585).

20 Die Anschaffung muss **für den gemeinsamen Haushalt** erfolgt sein. Haben die Lebenspartner nie einen gemeinsamen Haushalt geführt (§ 2 LPartG Rn 9 f), greift die Vermutung nicht ein. Zu vor der Begründung der Lebenspartnerschaft angeschafften Gegenständen s Rn 19. Nach der Trennung angeschaffte Gegenstände fallen nicht mehr in den Anwendungsbereich von § 8 II HausratsVO.

21 Die Vermutung ist **widerleglich.** Allerdings verlangt § 8 II HausratsVO dafür, dass das Alleineigentum eines Lebenspartners feststeht. Das bedeutet, dass das Alleineigentum entweder unstreitig oder offenkundig ist oder sich durch eine einfache Beweisaufnahme ermitteln lässt. Die Voraussetzung ist dagegen nicht erfüllt, wenn zur Klärung der Eigentumsfrage langwierige und kostspielige Beweisaufnahmen erforderlich sind, die womöglich noch in keinem Verhältnis zum Wert des Gegenstandes stehen, um den gestritten wird (zutreffend Staudinger/Weinreich § 8 HausratsVO Rn 13). Ausreichend sind regelmäßig übereinstimmende Erklärungen der Lebenspartner. Dagegen reicht es grundsätzlich nicht, dass ein Lebenspartner beweisen kann, dass er den Gegenstand aus eigenen Mitteln erworben hat. Zusätzlich erforderlich ist vielmehr die Darlegung, dass es sich nicht um einen Ersatzgegenstand iSd § 1370 BGB handelte und dass auch der Wille bestand, nur für sich allein erwerben zu wollen.

22 **b)** Die **Verteilung** des Hausrats erfolgt **»gerecht und zweckmäßig«.** Der Richter hat ein weites Ermessen. Zu den in die Abwägung einzubeziehenden Gesichtspunkten s § 17 LPartG Rn 16 ff.

23 **c) Mit der Entscheidung** wird der Lebenspartner, dem der Hausratsgegenstand zugeteilt wird, **Alleineigentümer,** der andere Lebenspartner verliert sein Eigentum (§ 8 III 1 HausratsVO). Das gilt auch dann, wenn der Gegenstand nicht nur in dessen Mit-, sondern sogar in dessen Alleineigentum stand, die Entscheidung also nicht nach § 8 HausratsVO, sondern nach § 9 HausratsVO hätte erfolgen müssen. Dagegen kann nicht in das Eigentum Dritter eingegriffen werden, auch ein gutgläubiger Erwerb scheidet aus, da es sich bei dem Eigentumserwerb um einen solchen kraft Gesetzes und nicht um einen kraft Rechtsgeschäfts handelt. Hat das Gericht versehentlich Gegenstände übertragen, die (auch) im Eigentum eines Dritten stehen, ist diese Entscheidung dem Dritten gegenüber unwirksam (arg e § 10 I HausratsVO).

24 Zugunsten des weichenden Lebenspartners soll der Richter eine **Ausgleichszahlung** festsetzen, wenn das der Billigkeit entspricht (§ 8 III 2 HausratsVO). Die Ausgleichszahlung ist nach der gesetzlichen Systematik als Ausnahme gedacht; denn an sich sollen Unterschiede in den Werten der Hausratsgegenstände bereits bei der Zuweisung berücksichtigt und ausgeglichen werden. Das folgt aus der Formulierung von § 8 I HausratsVO, dass die Verteilung »gerecht« erfolgen soll. Die Ausgleichszahlung ist daher erst in Betracht zu ziehen, wenn nach der vorgesehenen Verteilung Wertdifferenzen verbleiben, die sich nicht anders ausgleichen lassen.

25 Die **Höhe der Ausgleichszahlung** richtet sich in erster Linie nach der Wertdifferenz zwischen den Gegenständen, die den Lebenspartnern zu Alleineigentum übertragen

wurden. Dabei braucht aber ein vollständiger wertmäßiger Ausgleich nicht erreicht zu werden (BGH FamRZ 94, 505), denn es geht um eine Entschädigung nach Billigkeit und nicht um einen vollständigen Wertausgleich wie beim Zugewinn- oder Versorgungsausgleich. Der Wertvergleich richtet sich nach dem Wert im Zeitpunkt des Ausgleichs, nicht nach demjenigen zur Zeit der Anschaffung der Gegenstände.

26 Der Ausgleich kann gegebenenfalls auch auf **andere Weise** erfolgen als durch eine Geldzahlung. In Betracht kommt vor allem, einem Lebenspartner aufzugeben, dem anderen einen Gegenstand zu überlassen, der nicht nach § 8 HausratsVO verteilt werden kann.

27 In die Billigkeitsentscheidung können neben den unterschiedlichen Werten der übertragenen Gegenstände auch **andere Faktoren** eingehen, wie etwa die Bedürftigkeit eines Lebenspartners bei gleichzeitiger Leistungsfähigkeit des anderen (BGH FamRZ 84, 146; OLG München FamRZ 97, 752). Auch die Dauer der Lebenspartnerschaft kann eine Rolle spielen. Größte Zurückhaltung ist dagegen bei der Berücksichtigung der Umstände geboten, die zum Scheitern der Lebenspartnerschaft geführt haben; es darf nicht auf dem Umweg ein Verschuldensprinzip eingeführt werden.

28 **3.** Durch die Regelung der Rechtsverhältnisse am Hausrat dürfen die Rechte Dritter, vor allem die **Rechte von Gläubigern,** nicht beeinträchtigt werden. Diese haben mit der Trennung und der Aufhebung der Lebenspartnerschaft nichts zu tun; sie sollen deswegen auch nicht mit den Folgen dieser privaten Probleme belastet werden.

29 Haftet ein Lebenspartner allein oder haften beide Lebenspartner als Gesamtschuldner (§ 421 BGB) für **Schulden, die mit dem Hausrat zusammenhängen,** so kann der Richter bestimmen, welcher Lebenspartner im Innenverhältnis zur Bezahlung der Schuld verpflichtet ist (§ 10 I HausratsVO). Aus dieser Regelung folgt zugleich inzident, dass das Außenverhältnis durch eine etwaige Übertragung des Gegenstands bzw eine Zuweisung an einen der Lebenspartner nicht beeinflusst wird. Auch nach der Hausratsentscheidung kann der Gläubiger den oder die Lebenspartner in gleicher Weise in Anspruch nehmen, wie er das zuvor konnte.

30 **Mit dem Hausrat zusammenhängende Schulden** sind Verpflichtungen, die entweder aus dem Erwerb oder aus der Unterhaltung (einschließlich der Reparatur) resultieren. Hauptfälle sind die Verpflichtungen aus den Kaufverträgen über die Hausratsgegenstände oder aus Werkverträgen über die Herstellung oder Reparatur von Hausratsgegenständen.

31 Die Haftungsregelung, die das Familiengericht für das Innenverhältnis trifft, erfolgt nach **billigem Ermessen.** Bis zur völligen Umkehrung der Haftung ist jede Art der Aufteilung der Schuld zulässig. Letzteres kommt aber nur ausnahmsweise in Betracht, etwa dann, wenn der Gegenstand einem Lebenspartner zu Alleineigentum übertragen wird.

32 Soweit eine Regelung über die interne Haftung getroffen wurde, scheidet diese Forderung bei der Berechnung des **Zugewinnausgleichs** nach § 6 LPartG aus. Nicht im Rahmen von § 10 HausratsVO verteilte Schulden werden dagegen vom Endvermögen des Lebenspartners abgesetzt, der im Außenverhältnis Schuldner ist (BGH NJW-RR 86, 1325).

33 Gegenstände, die einem der Lebenspartner unter **Eigentumsvorbehalt** geliefert sind, soll der Richter dem anderen nur zuteilen, wenn der Gläubiger einverstanden ist (§ 10 II HausratsVO). Entsprechend anzuwenden ist diese Regelung, wenn es sich um Sachen handelt, die sicherungsübereignet sind (Staudinger/Weinreich § 10 HausratsVO Rn 11), die geliehen (OLG Hamm FamRZ 90, 531), gemietet oder geleast (OLG Stuttgart FamRZ 95, 1275) sind.

34 Welche **Befugnisse** § 10 II HausratsVO dem Gericht gibt, ist umstritten. Ein Teil der Literatur folgert aus § 10 II HausratsVO, dass eine Zuweisung von unter Eigentumsvorbehalt gelieferten Sachen an den anderen Lebenspartner nicht in Betracht kommt, wenn der Dritte nicht zustimmt (MK/Müller-Gindulis § 10 HausratsVO Rn 5; Soergel/Heintz-

mann § 10 HausratsVO Rn 3). Die Gegenansicht erscheint allerdings überzeugender, weil sie mehr betont, dass § 10 II HausratsVO nur ein Regel-Ausnahme-Verhältnis statuiert. Es handelt sich um eine Sollvorschrift. Daraus folgt, dass das Gericht zwar regelmäßig eine Zuweisung gegen den Willen des unter Eigentumsvorbehalt Liefernden nicht vornehmen soll und wird, dass es aber im Ausnahmefall eine derartige Zuweisung trotzdem vornehmen darf (Staudinger/Weinreich § 10 HausratsVO Rn 8). Das kommt in Betracht, wenn das Gericht durch zusätzliche Anordnungen sicherstellen kann, dass die Interessen des Lieferanten gewahrt bleiben. Das kann etwa durch die Anordnung geschehen, dass der begünstigte Lebenspartner den Restkaufpreis sofort zahlen muss.

35 Durch eine Zuteilung nach § 10 II HausratsVO wird das **Eigentum** an der betroffenen Sache **nicht berührt**; die Zuteilung erfasst nur das Anwartschaftsrecht.

§ 20 Versorgungsausgleich

(1) Nach Aufhebung der Lebenspartnerschaft findet zwischen den Lebenspartnern ein Versorgungsausgleich statt, soweit für sie oder einen von ihnen in der Lebenspartnerschaftszeit durch Arbeit oder mit Hilfe des Vermögens Anrechte auf eine Versorgung wegen Alters oder verminderter Erwerbsfähigkeit begründet oder aufrechterhalten worden sind. Die güterrechtlichen Vorschriften finden auf den Ausgleich dieser Anrechte keine Anwendung.
(2) Als Lebenspartnerschaftszeit gilt die Zeit vom Beginn des Monats, in dem die Lebenspartnerschaft begründet worden ist, bis zum Ende des Monats, der dem Eintritt der Rechtshängigkeit des Antrags auf Aufhebung der Lebenspartnerschaft vorausgeht.
(3) In einem Lebenspartnerschaftsvertrag (§ 7) können die Lebenspartner durch eine ausdrückliche Vereinbarung den Versorgungsausgleich ausschließen. Der Ausschluss ist unwirksam, wenn innerhalb eines Jahres nach Vertragsschluss Antrag auf Aufhebung der Lebenspartnerschaft gestellt wird.
(4) Im Übrigen sind die §§ 1587a bis 1587p des Bürgerlichen Gesetzbuchs, das Gesetz zur Regelung von Härten im Versorgungsausgleich mit Ausnahme der §§ 4 bis 6 und 8, das Versorgungsausgleichs-Überleitungsgesetz sowie die Barwert-Verordnung entsprechend anzuwenden.
(5) Die Absätze 1 bis 4 sind nicht anzuwenden, wenn die Lebenspartnerschaft vor dem 1. Januar 2005 begründet worden ist und die Lebenspartner eine Erklärung nach § 21 Abs. 4 nicht abgegeben haben.

1 **I.** Die Norm ist neben der Einführung des Rechts der Stiefkindadoption eine der wichtigsten **Neuregelungen, die das LPartGÜG für das Lebenspartnerschaftsrecht gebracht** hat. Durch § 20 wird der Versorgungsausgleich für Lebenspartner eingeführt. Er ist nahezu identisch mit dem Versorgungsausgleich für Eheleute ausgestaltet, da durch Pauschalverweisungen die eherechtlichen Regelungen bis auf einige Normen aus dem Härteausgleichsrecht für entsprechend anwendbar erklärt werden. Die folgenden Erläuterungen beschränken sich auf Grundzüge, vor allem auf die Darstellung der Funktionsweise, die Übersicht über die einzubeziehenden Anrechte und ihre Bewertung, Härteregelungen sowie die Möglichkeiten einer vertraglichen Abänderung oder des Ausschlusses des Versorgungsausgleichs.

2 Da der Versorgungsausgleich **erst mit Wirkung vom 1.1.05 eingeführt** wurde, findet er bei Aufhebung einer Lebenspartnerschaft, die vor diesem Zeitpunkt eingegangen wurde, grundsätzlich nicht statt (Abs 5). Etwas anderes gilt nur dann, wenn die Lebenspartner nach § 21 IV gegenüber dem Amtsgericht durch notariell beurkundete Erklärung für die Durchführung des Versorgungsausgleichs im Falle der Aufhebung ihrer Lebenspartnerschaft optiert haben. Diese Regelung dient dem Vertrauensschutz. Es wäre eine nicht zu rechtfertigende Belastung der Lebenspartner, wenn ihre Partnerschaft ohne Zustimmung auf einmal Folgen zeitigte, die bei deren Eingehung noch gar nicht abzusehen waren.

3 **II. 1. Übersicht über die Regelung.** § 20 enthält das gesamte Recht des Versorgungsausgleichs für Lebenspartner. Das gelingt nur, weil in erheblichem Umfang auf die Regelungen des BGB und der Zusatzgesetze verwiesen wird: Einbezogen sind zunächst §§ 1587a-1587p BGB, also die Grundregeln für den ehelichen Versorgungsausgleich. Außerdem wird auf das Gesetz zur Regelung von Härten im Versorgungsausgleich (mit Ausnahme der §§ 4-6 und 8 VAHRG), die BarwertVO und das Versorgungsausgleich-Überleitungsgesetz. Dass § 1587 BGB nicht in die Verweisung einbezogen ist, liegt daran, dass diese Grundregel des Versorgungsausgleichs in Abs 1 und 2 in ihren wesentlichen Bestandteilen wiederholt wird. Soweit Regelungen aus dem VAHRG nicht in die Verweisung einbezogen sind, ergibt sich das daraus, dass diese Normen im Kern leistungsrechtliche Vorschriften enthalten, die auch auf landesrechtliche Versorgungen anzuwenden wären. Die Einbeziehung hätte das Gesetz deswegen im Bundesrat zustimmungspflichtig gemacht. Allerdings ist der Ausschluss der Verweisung nicht ganz konsequent: §§ 4-6, 8 hätten auch ausgeschlossen werden müssen, soweit ihre entsprechende Anwendung nach § 10 VAHRG angeordnet ist.

4 **Das bedeutet im Einzelnen:** Zunächst ist zu ermitteln, welche Versorgungsanwartschaften (Begriff: § 1587 a BGB) beide Lebenspartner während der Lebenspartnerschaft (Abs 2) erworben haben (Abs 1). Anschließend sind diese Versorgungsrechte zu bewerten, um eine Vergleichsbasis zu haben. Dabei sind die sog nicht dynamischen Versorgungen (zB Lebensversicherungen mit festen Monatsrenten) in dynamische Versorgungen, die den Regelfall in den gesetzlichen Sozialversicherungen darstellen,

umzurechnen. Das geschieht mit Hilfe der BarwertVO vom 24.7.77 (BGBl I 1014, nach verfassungsrechtlichen Bedenken des BGH NJW 02, 296 überarbeitet durch die Zweite Verordnung zur Änderung der BarwertVO vom 26.5.03, BGBl I 728) geändert und den verfassungsrechtlichen Vorgaben angepasst wurde. Danach sind die Anwartschaften beider Lebenspartner zu vergleichen. Die Differenz zwischen den auf beiden Seiten erzielten Versorgungsanwartschaften ist auszugleichen. Dazu stehen zwei Wege zur Verfügung. Grundsätzlich soll der Wertausgleich in öffentlich-rechtlicher Form erfolgen (vgl § 1587 b I, II BGB, §§ 1 II, III, 3 b I Nr 1, 2 VAHRG). In diesem Fall werden für den Ausgleichsberechtigten eigene Versorgungsanwartschaften bei einem öffentlichen Versorgungsträger begründet (im Regelfall durch Übertragung von gleichartigen Anwartschaften des Ausgleichspflichtigen, im Ausnahmefall auch auf andere Weise, vgl § 1587 b BGB). Ist ein derartiger Ausgleich nicht möglich, ist schuldrechtlich auszugleichen (§§ 1587 f-1587 n BGB, § 2 VAHRG). Im Versorgungsfall muss dann der ausgleichspflichtige Lebenspartner dem anderen von der Versorgung, die er selbst erhält, eine Ausgleichsrente zahlen. Diese Art des Ausgleichs ist für den Ausgleichsberechtigten erheblich schlechter als der öffentlich-rechtliche Ausgleich; denn wie bei einem Unterhaltsanspruch hängt die Sicherung des Lebensbedarfs des anderen Lebenspartners grundsätzlich davon ab, dass der Ausgleichspflichtige lebt (BGH NJW 89, 950). Mit seinem Tod entfällt daher auch die Alterssicherung des anderen Lebenspartners. Eine Verlängerung des schuldrechtlichen Versorgungsausgleichs kommt nur unter den Voraussetzungen des § 3a VAHRG in Betracht.

5 **Konkurrenzfragen.** Soweit Anwartschaften oder Aussichten unter Abs 1, § 1587a BGB fallen und deswegen in den Versorgungsausgleich einzubeziehen sind, findet ein Ausgleich nach güterrechtlichen Regeln nicht statt, selbst wenn dieser im Übrigen durchgeführt wird (Abs 1 S 2). Vor allem fallen Versorgungsanwartschaften und -aussichten nicht in den Zugewinnausgleich.

6 **2. Welche Anrechte in den Versorgungsausgleich einzubeziehen sind** und wie sie auszugleichen sind, ergibt sich aus Abs 1 und 2 sowie aus § 1587a II-VIII BGB.

7 **a)** Auszugleichen sind nur solche Anrechte auf eine Versorgung wegen Alters oder verminderter Erwerbsfähigkeit, die **in der Zeit der Lebenspartnerschaft durch Arbeit oder mit Hilfe des Vermögens begründet oder aufrechterhalten** worden sind (Abs 1). Die Definition entspricht § 1587 BGB. Es wurde lediglich der modernere Begriff der „Anrechte" verwendet (statt „Anwartschaften oder Aussichten"). In der Sache ergibt sich daraus kein Unterschied.

8 **aa) Auf Arbeit beruhen** alle Anrechte, die aus einer nichtselbständigen Beschäftigung als Arbeitnehmer oder einer arbeitnehmerähnlichen Stellung als Selbständiger folgen.

9 **bb) Aus Vermögen erkaufte Versorgungen** sind zB Lebensversicherungen, also solche Versorgungen, die auf einer Einzahlung eines einmaligen Kapitalbetrages oder von Beiträgen bestehen. Sie fallen auch dann in den Versorgungsausgleich, wenn sie letztlich auf einer Zuwendung eines Dritten beruhen (BGH FamRZ 87, 48; 84, 570) oder wenn sie nur mit Hilfe von Krediten finanziert sind, die nach dem Lebenspartnerschaftsende noch zurückgezahlt werden müssen (OLG Hamm FamRZ 98, 297; OLG Köln FamRZ 00, 157; aA OLG Nürnberg FamRZ 02, 1632). Ausgleichsfrei bleiben dagegen Versorgungen, die der Dritte dem Begünstigten unmittelbar zuwendet (BGH FamRZ 83, 262). Bei der Gestaltung der Zuwendung ist daher darauf zu achten, dass der Zuwendende das Versorgungsanrecht begründet und dieses zuwendet, statt dem Begünstigten nur den für die Begründung der Anwartschaft erforderlichen Geldbetrag zuzuwenden, damit dieser dann selbst sich die Versorgung erkauft. Ebenfalls nicht auf Arbeit

oder Vermögenseinsatz des Begünstigten beruhen etwa Unfall-, Schadensersatz- oder Schmerzensgeldrenten, aber auch Hinterbliebenenrenten (BGH FamRZ 92, 166), Waisenrenten, Abfindungen und öffentlich-rechtliche Entschädigungsleistungen aller Art. Sie fallen daher ebenfalls nicht in den Versorgungsausgleich, können aber gegebenenfalls güterrechtlich auszugleichen oder unterhaltsrechtlich zu berücksichtigen sein.

10 **cc)** Die Anrechte müssen **in der Zeit der Lebenspartnerschaft** erworben oder aufrechterhalten worden sein. Damit ist allerdings nicht die Zeit von der Begründung bis zur Rechtskraft der Aufhebung gemeint. Über den Versorgungsausgleich wird im Verhandlungs- und Entscheidungsverbund (Zwangsverbund) mit der Aufhebung der Lebenspartnerschaft entschieden. Den Anforderungen des Verbunds entsprechend hat der Gesetzgeber die Lebenspartnerschaftszeit festgelegt: Sie ist die Zeit vom Beginn des Monats, in dem die Lebenspartnerschaft begründet wurde, bis zum Ende des Monats, der dem Eintritt der Rechtshängigkeit des Aufhebungsantrags vorausgeht, also dem Monat vor der Zustellung der Antragsschrift (§ 263 ZPO). Bei mehreren Anträgen ist derjenige entscheidend, der zuerst gestellt wurde. Sind mehrere Verfahren anhängig, kommt es auf den ersten Antrag in demjenigen Verfahren an, das zur Aufhebung führt.

11 **Vor der Lebenspartnerschaft erworbene Anwartschaften** bleiben immer außer Ansatz (OLG Düsseldorf FamRZ 79, 595). Das gilt auch dann, wenn sich ihr Wert durch Ereignisse in der Lebenspartnerschaftszeit ändert. Änderungen der Anwartschaften oder Aussichten, die nach dem Ende der Lebenspartnerschaft eintreten, sind versorgungsausgleichsrechtlich grundsätzlich ebenfalls irrelevant, selbst wenn sie an Zeiten anknüpfen, die in die Lebenspartnerschaftszeit fallen. Bei Beitragsnachentrichtungen kommt es allein auf den Zeitpunkt der Beitragszahlung an. Beitragsnachentrichtungen in der Lebenspartnerschaftszeit für Zeiten vor der Lebenspartnerschaft führen also zu ausgleichspflichtigen Anwartschaften, Beitragsnachentrichtungen nach der Lebenspartnerschaftszeit für Zeiten in der Lebenspartnerschaft dagegen nicht. Soweit Umstände, die erst nach dem Ende der Lebenspartnerschaft eintreten, nach §10a VAHRG zu berücksichtigen wären, sind die Änderungen auch schon im Verfahren über den Versorgungsausgleich einzubeziehen.

12 **b)** Welche **Anrechte im einzelnen** auszugleichen sind, ergibt sich erst aus **§ 1587a BGB,** auf den Abs 4 verweist.

13 In den Versorgungsausgleich fallen zunächst alle Versorgungen oder **Versorgungsanwartschaften aus einem öffentlich-rechtlichen Dienstverhältnis** oder aus einem Arbeitsverhältnis mit Anspruch auf Versorgung nach beamtenrechtlichen Vorschriften oder Grundsätzen (§ 1587a II Nr 1 BGB). Hierher gehören vor allem die Versorgungen von Beamten, Richtern, Soldaten und Professoren (§ 1587a II Nr 1 5 BGB). Eine Versorgung nach beamtenrechtlichen Grundsätzen erhalten die Arbeiter und Angestellten der in §§ 5 I, IV, 6 SGB VI genannten Einrichtungen und solcher Arbeitgeber, die bei der Einstellung eine solche Zusage abgeben, selbst wenn sie selbst nicht öffentlich-rechtlich, sondern privatrechtlich handeln. Indiz dafür ist die Befreiung von der gesetzlichen Rentenversicherung (BGH FamRZ 94, 232). Zur Bewertung s Rn 17.

14 In den Versorgungsausgleich fallen weiter **Renten oder Rentenanwartschaften aus der gesetzlichen Rentenversicherung** (§ 1587a II Nr 2 BGB). Auszugleichen sind auch betriebliche Altersversorgungen (§ 1587a II Nr 3 BGB). Das sind alle Leistungen der Alters-, Hinterbliebenen- oder Invaliditätssicherung, die einem Arbeitnehmer wegen seines Arbeitsverhältnisses gewährt werden, gleich ob durch den Arbeitgeber oder durch Dritte. Zu den betrieblichen Altersversorgungen gehören auch die öffentlich-rechtlichen Zusatzversorgungen des öffentlichen Dienstes. Das gilt zumindest seit der Umstellung dieser Versorgungen auf ein Versorgungspunktesystem durch den Tarifvertrag Altersversorgung aus dem Jahr 2003.

In den Versorgungsausgleich fallen auch alle **sonstigen Renten** oder ähnlichen wiederkehrenden Leistungen, die der Versorgung wegen Alters oder Berufs- oder Erwerbsunfähigkeit zu dienen bestimmt sind, und Anwartschaften oder Aussichten hierauf (§ 1587a II Nr 4 BGB). Hierher gehören z.B. Versorgungen aus ausländischen Sozialversicherungen, aus berufsständischen Versorgungswerken, aus der Altersversorgung der Landwirte oder aus Leibrenten. Außerdem werden Renten oder Rentenanwartschaften auf Grund eines Versicherungsvertrages in den Versorgungsausgleich einbezogen, der zur Versorgung des Versicherten eingegangen wurde. Gemeint sind nur Versicherungen, die auf Rentenzahlungen gerichtet sind, nicht Kapitallebensversicherungen, die in einem Einmalbetrag ausgezahlt werden. Diese sind allein güterrechtlich auszugleichen. 15

Schließlich können auch **andere Versorgungsrechte**, die nicht unter einen der vorgenannten Tatbestände fallen, in den Versorgungsausgleich fallen. Wegen der Verschiedenheit der für den Fall des Alters möglichen Versorgungen war es dem Gesetzgeber nicht möglich, die Thematik abschließend zu regeln. In diesen Fällen bestimmt das Familiengericht die auszugleichende Versorgung in sinngemäßer Anwendung von § 1587a Abs. 2, 3 BGB nach billigem Ermessen (§ 1587a V BGB). Hauptanwendungsfälle sind ausländische Rentenanwartschaften. 16

c) Die **Bewertung der Anrechte** folgt grundsätzlich dem Prinzip, das zum Bewertungsstichtag errechnet wird, welche Versorgung aus den Anwartschaften und Aussichten für jeden der Lebenspartner folgen würde, wenn der Versorgungsfall zu diesem Zeitpunkt einträte und nur diejenigen Anwartschaften und Aussichten einbezogen würden, die während der Lebenspartnerschaftszeit erworben wurden. 17

Es gilt das Prinzip der **Gesamtsaldierung:** Mehrere Versorgungen sind zusammenzurechnen. Ausgenommen sind nur solche Versorgungsaussichten und -anwartschaften, die noch wegfallen können. Das sind die betrieblichen Altersversorgungen, die noch nicht unverfallbar sind (vgl § 1587a II Nr 3 S 3 BGB). Eine gewisse Durchbrechung der Gesamtsaldierung ergibt sich daraus, dass ausgleichungsdynamische und nicht ausgleichungsdynamische Anrechte getrennt betrachtet werden müssen. Insoweit handelt es sich um ein Sonderproblem, wenn Anrechte aus den neuen Bundesländern und solche aus den alten gleichzeitig betroffen sind (vgl §§ 2 I Nr 1b, 3 I Nr. 4 VAÜG). 18

Für die wichtigsten Arten von Versorgungen enthalten § 1587a II-IV BGB **Bewertungsvorgaben.** Es kann aber trotz der detaillierten Bewertungsvorschriften vorkommen, dass nicht alle Besonderheiten des Einzelfalles erfasst werden können. Der Gesetzgeber hat deswegen für nicht aufgeführte Versorgungen angeordnet, dass das Familiengericht diese unter Berücksichtigung der Bewertungsgrundsätze in den anderen Absätzen des § 1587a BGB nach billigem Ermessen bewertet (§ 1587a V BGB). Soweit Versorgungen nicht bewertbar sind, scheidet ein Versorgungsausgleich (insgesamt) aus. 19

Bei der Wertermittlung sind die in der Versorgungsleistung enthaltenen **Zuschläge,** die nur auf Grund einer bestehenden Lebenspartnerschaft gewährt werden, sowie Kinderzuschläge und ähnliche familienbezogene Bestandteile auszuscheiden (§ 1587a VIII BGB). Bei der Bewertung bleibt außerdem außer Betracht, dass eine für die Versorgung maßgebliche Wartezeit, Mindestbeschäftigungszeit, Mindestversicherungszeit oder ähnliche zeitliche Voraussetzungen im Zeitpunkt des Eintritts der Rechtshängigkeit des Scheidungsantrags noch nicht erfüllt sind (§ 1587a VII 1, 1. Halbs BGB). Etwas anderes gilt nur dann, wenn bereits endgültig feststeht, dass diese Zeiten nicht mehr erfüllt werden können. 20

In den Versorgungsausgleich können **dynamische Versorgungen** (Versorgungen, die an generelle Einkommensveränderungen angepasst werden, zB Renten der gesetzlichen Rentenversicherung, Pensionen) und **nicht dynamische Versorgungen** (vor allem Lebensversicherungen mit festen Rentenbeträgen) fallen. Um die Vergleichbarkeit her- 21 zustellen, müssen daher nicht dynamische Versorgungen müssen daher in dynamische umgerechnet werden (§ 1587a III BGB). Die Umrechnung erfolgt nach dem Prinzip, dass anstelle der nicht dynamischen Versorgung eine Rente in der gesetzlichen Rentenversicherung fingiert wird, indem angenommen wird, der Wert der Versorgung werde als Beitrag in die Rentenversicherung eingezahlt. Werden die Leistungen aus einem Deckungskapital oder einer vergleichbaren Deckungsrücklage gewährt, ist die Regelaltersrente zugrunde zu legen, die sich ergäbe, wenn der während der Lebenspartnerschaft gebildete Teil des Deckungskapitals oder der auf diese Zeit entfallende Teil der Deckungsrücklage als Beitrag in der gesetzlichen Rentenversicherung entrichtet würde (§ 1587a III Nr 1 BGB). Werden dagegen die Leistungen nicht oder nicht ausschließlich aus einem Deckungskapital oder einer vergleichbaren Deckungsrücklage gewährt, muss erst der Barwert der Teilversorgung für den für den Zeitpunkt des Eintritts der Rechtshängigkeit des Scheidungsantrags ermittelt werden. Maßgeblich dafür ist die Barwert-Verordnung. Der mit Hilfe der Verordnung errechnete Barwert ist dann als in die gesetzliche Rentenversicherung einzuzahlender Betrag anzusehen.

22 **3.** Die **allgemeinen Voraussetzungen des Versorgungsausgleichs** sind **a)** dass auszugleichende in der Lebenspartnerschaftszeit erworbene Anrechte bestehen (dazu Rn 7 ff), **b)** dass die Anrechte in unterschiedlicher Höhe bestehen und **c)** dass die Lebenspartnerschaft durch Aufhebung der Lebenspartnerschaft beendet wird. Stirbt der Ausgleichspflichtige erst, nachdem die Lebenspartnerschaft aufgehoben, aber bevor der Versorgungsausgleich durchgeführt ist, wird das Verfahren mit den Erben des Ausgleichspflichtigen fortgesetzt, weil es sonst nicht mehr zu einem Ausgleich kommen könnte. Insoweit wird der Übergang der (tatsächlich nicht vererblichen) Versorgungsanwartschaften fingiert (§ 1587e IV BGB). Stirbt der Ausgleichsberechtigte, findet ein Versorgungsausgleich nicht mehr statt, weil er keiner Versorgung mehr bedarf (§ 1587e II BGB).

23 **4.** Für den Versorgungsausgleich gibt es grundsätzlich **zwei Wege:** den öffentlich-rechtlichen Versorgungsausgleich und den schuldrechtlichen Ausgleich. Der Vorrang unter diesen Ausgleichsformen gebührt dem öffentlich-rechtlichen Ausgleich, der für den Begünstigten günstigere Rechtsfolgen zeitigt, weil dessen Versorgung verselbständigt wird (§§ 1587b- 1587e BGB). Nur soweit ein öffentlich-rechtlicher Versorgungsausgleich nicht möglich ist, muss schuldrechtlich ausgeglichen werden. Dieser Ausgleich richtet sich nach §§ 1587f – 1587n BGB. Auch insoweit hat das VAHRG aber Modifikationen der BGB-Regelung gebracht, als die Altersversorgung zum Teil durch die Einräumung von Ansprüchen gegen den Versorgungsträger über den Tod des Ausgleichspflichtigen hinaus perpetuiert wird (§ 3a VAHRG).

24 **a) aa)** Der **öffentlich-rechtliche Versorgungsausgleich** ist ein reiner **Wertausgleich.** Er erfolgt immer, wenn Versorgungsanwartschaften in unterschiedlicher Höhe erworben wurden. Ausgeglichen wird nur der Wertunterschied zwischen den Versorgungen der Lebenspartner insgesamt, dh soweit die Anwartschaften des einen diejenigen des anderen übersteigen, findet ein hälftiger Ausgleich statt.

25 Der Ausgleich ist immer **einseitig.** Es kommt nur darauf an, wer insgesamt mehr Versorgungsanwartschaften als der andere erworben hat, nicht darauf, wer in einer einzelnen Versorgungsart mehr Anwartschaften erworben hat als der andere. Ein Austausch von Anwartschaften erfolgt nicht, auch wenn manche Anwartschaften sicherer sind als andere.

26 Der Ausgleich findet grundsätzlich **versorgungsartbezogen** statt. Es ist daher in mehreren Versorgungssystemen auszugleichen, wenn Versorgungsanwartschaften aus mehreren Systemen vorhanden sind. Dieses Prinzip wird nur dann durchbrochen, wenn einzelne Anwartschaften nicht in gleicher Weise begründet werden können, weil der

Berechtigte Anwartschaften der auszugleichenden Art nicht erwerben kann (Prinzip des Quasisplitting, § 1587b II BGB, §§ 1 III; 3b VAHRG).

27 **bb)** Der **öffentlich-rechtliche Ausgleich** kann auf verschiedene **Arten** erfolgen: § 1587b I BGB regelt das sog Splitting, dh die Übertragung von Anwartschaften in der gesetzlichen Rentenversicherung, wenn nur solche Anwartschaften auszugleichen sind. In § 1587b II BGB findet sich das sog Quasisplitting, dh der Ausgleich, wenn der Ausgleichspflichtige Anwartschaften nach § 1587a II Nr 1 BGB und § 1587a II Nr 2 BGB hat. In diesem Fall sind zunächst Rentenanwartschaften in der gesetzlichen Rentenversicherung zu übertragen und – wenn das zum Ausgleich nicht ausreicht – weitere Rentenanwartschaften zu begründen. Der in § 1587b III 1, 1. Halbs BGB vorgesehene Ausgleich durch die Begründung von Rentenanwartschaften durch Beitragszahlung in allen nicht unter § 1587b I, II BGB fallenden Ausgleichsfällen ist vom BVerfG für verfassungswidrig erklärt worden. An die Stelle dieser Ausgleichsform tritt ein Ausgleich durch Realteilung (§ 1 II VAHRG), erweitertes Quasisplitting (§ 1 III VAHRG), den sog erweiterten Ausgleich (§ 3b I Nr. 1 VAHRG) mit erweiterten Möglichkeiten von Splitting, Quasisplitting und Realteilung und die Möglichkeit der Beitragsentrichtung (§ 3 b I Nr 2 VAHRG). Einen Ausgleich in anderer Weise lässt § 1587b IV BGB für den Fall zu, dass die Übertragung oder Begründung von Rentenanwartschaften in den gesetzlichen Rentenversicherungen voraussichtlich nicht zugunsten des Berechtigten auswirkt oder wenn der Versorgungsausgleich in dieser Form nach den Umständen des Falles unwirtschaftlich wäre.

28 Für den Ausgleich besteht eine genaue **Reihenfolge:** Falls möglich, muss zunächst ein Ausgleich nach § 1587b Abs. 1 BGB stattfinden, dann ein solcher nach § 1587b II BGB, dann einer nach § 1587b III BGB (bzw. nach den Regelungen des VAHRG), gegebenenfalls einer nach § 1587b IV BGB und schließlich als ultima ratio ein schuldrechtlicher Ausgleich nach §§ 1587f – 1587n BGB. Auf eine nachrangige Ausgleichsart darf erst zurückgegriffen werden, wenn ein Ausgleich in der vorrangigen Art nicht möglich ist. Härtefallkorrekturen können nur über § 1587c erfolgen (OLG Karlsruhe FamRZ 88, 1068).

29 **(1)** Anwartschaften in der (deutschen) gesetzlichen Rentenversicherung werden durch **Splitting** ausgeglichen (§ 1587b I 1 BGB). Hat ein Lebenspartner Rentenanwartschaften erworben, die die Anwartschaften des anderen Lebenspartners nach § 1587a II Nr 1 und 2 übersteigen, werden daher vom Familiengericht Rentenanwartschaften in der gesetzlichen Rentenversicherung auf den anderen Lebenspartner übertragen, die die Hälfte des Wertunterschieds der beiderseitigen Anwartschaften ausmachen. Durch das Rentensplitting können daher maximal 50 % der Rentenanwartschaften in der gesetzlichen Rentenversicherung verloren gehen. Reichen die übertragenen Rentenansprüche nicht, um das Defizit des Ausgleichsberechtigten auszugleichen, muss der Ausgleich auf der nächsten Stufe (Quasisplitting, Rn 34 ff) fortgesetzt werden.

30 Ein **Rentensplitting** findet **nicht** statt, wenn der andere Lebenspartner zwar ausgleichsberechtigt ist, seine Anwartschaften nach § 1587a II Nr 1, 2 BGB aber zusammen den Rentenanwartschaften des Ausgleichspflichtigen entsprechen oder sie sogar übersteigen. Dann ist allein in den anderen Ausgleichsformen auszugleichen.

31 Als **Höchstgrenze** für Anwartschaften des Ausgleichsberechtigten in der gesetzlichen Rentenversicherung gilt auch im Fall des Versorgungsausgleichs durch Splitting der in § 76 II 3 SGB VI genannte Höchstbetrag. Sinn dieser Grenze ist es sicherzustellen, dass der Ausgleichsberechtigte nicht wegen des Versorgungsausgleichs mehr Anwartschaften erhält als er hätte erzielen können, wenn er rentenversicherungspflichtig beschäftigt gewesen wäre. Soweit wegen dieser Regelung Anwartschaften in der gesetzlichen Rentenversicherung nicht begründet oder übertragen werden können, muss schuldrechtlich ausgeglichen werden (§§ 1587f -1587n BGB).

32 **Folge des Splittings** ist, dass von der Rechtskraft der Entscheidung des Familiengerichts an Rentenanwartschaften in der übertragenen Höhe (ausgedrückt in Entgeltpunkten, § 1587b VI BGB) für den ausgleichsberechtigten Lebenspartner begründet sind, während sie von diesem Zeitpunkt an dem Ausgleichspflichtigen von seinem Rentenkonto abgezogen sind. Nur wenn bereits eine Rente gezahlt wird, tritt die Minderung erst ein, wenn auch der Ausgleichsberechtigte die Rente in Anspruch nimmt (§ 101 III SGB VI). Die übertragenen Anwartschaften stehen solchen aus Pflichtbeiträgen des Ausgleichsberechtigten gleich. Der Ausgleichspflichtige kann die negativen Folgen, die der Versorgungsausgleich für seine Altersversorgung hat, dadurch ausgleichen, dass er für die verlorenen Anwartschaften Beiträge nachentrichtet und sie so wieder erwirbt (§ 187 I Nr 1 SGB VI).

33 **(2)** Hat ein Lebenspartner eine **Aussicht auf eine Beamten- oder ähnliche Pension** und übersteigt deren Wert allein oder zusammen mit Rentenanwartschaften der gesetzlichen Rentenversicherung die Anwartschaften, die der Lebenspartner aus einem vergleichbaren Dienstverhältnis und der gesetzlichen Rentenversicherung zusammen erlangt hat, findet der Versorgungsausgleich in der Form des **Quasisplitting** statt. Für den Ausgleichsberechtigten werden Rentenanwartschaften in der gesetzlichen Rentenversicherung begründet und die Pensionsansprüche des Ausgleichspflichtigen entsprechend gekürzt.

34 Ein Quasisplitting **setzt voraus,** dass der **Ausgleichspflichtige Beamter** ist oder in einem Dienstverhältnis zu einer gleichgestellten Körperschaft steht (Hauptfall: Bedienstete der öffentlich-rechtlichen Religionsgemeinschaften, die einen beamtenähnlichen Status haben und nicht nur angestellt sind). Es reicht dagegen nicht, dass nur eine Versorgung nach beamtenrechtlichen Grundsätzen (vgl § 1587a II Nr 1 BGB) erfolgt.

35 **Folge des Quasisplitting** ist, dass mit der Rechtskraft bzw dem Wirksamwerden der Entscheidung (§ 629d ZPO) Rentenanwartschaften in der erforderlichen Höhe bei einem Rentenversicherungsträger zugunsten des Ausgleichsberechtigten begründet sind. Besteht bereits ein Rentenkonto, werden sie diesem (als Entgeltpunkte) gutgebucht, besteht noch keines, wird eins errichtet. Die Anwartschaften stehen solchen aus Pflichtbeiträgen gleich. Der Versorgungsträger des Ausgleichspflichtigen erstattet dem zuständigen Rentenversicherungsträger die Aufwendungen, die sich aus den zugunsten des Ausgleichsberechtigten begründeten Rentenanwartschaften ergeben (§ 225 SGB VI). Zur Höchstgrenze der durch Quasisplitting begründbaren Anwartschaften s Rn 31.

36 Die **Versorgung des Ausgleichspflichtigen** wird (im Zeitpunkt der Begründung der Rentenanwartschaften) entsprechend **gekürzt.** Bezieht der Ausgleichspflichtige zur Zeit der Aufhebung der Lebenspartnerschaft aber bereits Pensionsleistungen, tritt die Kürzung erst ein, wenn der Ausgleichsberechtigte seinerseits Leistungen aus der Rentenversicherung in Anspruch nimmt (§ 57 I 2 BeamtVG). Weitere Nachteile entstehen dem Ausgleichspflichtigen nicht. Vor allem wird bei ihm kein Regress genommen, wenn die Rentenleistung an den Ausgleichsberechtigten bereits beginnt, wenn er noch im aktiven Dienst ist. Der Ausgleichspflichtige kann die negativen Folgen, die der Versorgungsausgleich für seine Altersversorgung hat, dadurch ausgleichen, dass er für die verlorene Versorgung Ausgleichszahlungen an seinen Dienstherrn leistet (§ 58 BeamtVG).

37 **(3)** § 1587b III 1, 1. Halbs BGB hatte als dritte Ausgleichsform die **Anordnung von Beiträgen zur Begründung von Rentenanwartschaften** vorgesehen. Die Regelung ist vom BVerfG wegen unverhältnismäßiger Belastung des Ausgleichspflichtigen für verfassungswidrig und nichtig erklärt worden. Der Gesetzgeber hat daraufhin das VAHRG erlassen, das einen differenzierteren Ausgleich in den ursprünglich unter § 1587b III 1,

1. Halbs BGB fallenden Fällen ermöglicht und so die Verfassungswidrigkeit der ausschließlich die Anordnung von Beiträgen zulassenden ursprünglichen Regelung vermeidet. Nach diesen Regelungen werden alle Versorgungen und Anwartschaften ausgeglichen, die nicht bereits von § 1587b I oder § 1587b II BGB erfasst werden und die nicht schuldrechtlich auszugleichen sind, vor allem die betrieblichen Altersversorgungen einschließlich der Zusatzversorgungen des öffentlichen Dienstes, berufsständische Versorgungen und Lebensversicherungen.

38 Für diese Versorgungen kommen **drei Ausgleichsarten** in Betracht. Es kann eine Realteilung erfolgen, indem das Familiengericht für den Ausgleichsberechtigten Anwartschaften in einer Versorgung außerhalb der gesetzlichen Rentenversicherung begründet (und im Gegenzug dem Verpflichteten entsprechende Anwartschaften wegnimmt), wenn die Regelung über die Versorgung das zulässt (§ 1 II VAHRG). Ist die Realteilung nicht möglich, dann kommt ein Quasisplitting unter der Voraussetzung in Betracht, dass sich das auszugleichende Versorgungsrecht gegen einen öffentlich-rechtlichen Versorgungsträger richtet (§ 1 III VAHRG). Soweit der Ausgleich nicht nach § 1 II, III VAHRG durchgeführt werden kann, findet der schuldrechtliche Versorgungsausgleich (§§ 1587f – 1587n BGB) statt (§ 2 VAHRG). In diesen Fällen kann das Familiengericht dann auch eine anderweite Regelung des Versorgungsausgleichs vornehmen und erweitert ausgleichen (§ 3b VAHRG).

39 **(4)** Der Versorgungsausgleich kann **in anderer Weise** als durch die Übertragung oder Begründung von Anwartschaften in der gesetzlichen Rentenversicherung oder einen Ausgleich nach § 3b VAHRG erfolgen, wenn sich die Übertragung oder Begründung von Anwartschaften in der gesetzlichen Rentenversicherung voraussichtlich nicht zu Gunsten des Ausgleichsberechtigten auswirken würde oder wenn sie unwirtschaftlich wäre (§ 1587b IV BGB).

40 **Voraussetzung für einen anderweiten Ausgleich** ist zunächst, dass von einer Partei ein Antrag auf anderweiten Ausgleich gestellt wird. Der Zustimmung des betroffenen Versorgungsträgers bedarf es nicht. Der Versorgungsausgleich in der an sich erforderlichen Weise darf sich entweder voraussichtlich nicht vorteilhaft für den Berechtigten auswirken oder muss unwirtschaftlich sein. Für ersteres reicht eine an Anzeichen ausgerichtete Prognose. Fehlende Vorteilhaftigkeit kann angenommen werden, wenn der Berechtigte voraussichtlich nie die erforderliche Wartezeit erreichen wird, um selbst einen Rentenanspruch zu erwerben, weil er auswandern und dort keine deutsche Rente in Anspruch nehmen können wird oder wenn eine durch den Versorgungsausgleich erworbene Rente ruhen würde, ohne die tatsächlich bezogene Altersversorgung zu erhöhen. Mangelnde Wirtschaftlichkeit des an sich durchzuführenden Versorgungsausgleichs liegt vor, wenn abzusehen ist, dass die Rente für den Berechtigten wertlos sein wird (insofern können sich Überschneidungen mit dem ersten Fall ergeben) oder wenn sich lediglich Minirenten ergeben würden.

41 Folge ist die Ermächtigung des Familiengerichts, den **Ausgleich anders zu gestalten,** als er normalerweise vorgenommen werden müsste. Bei der Wahl des Ausgleichs ist das Gericht frei, es darf jedoch keine Anwartschaftsrechte in einer gesetzlichen Rentenversicherung begründen oder übertragen, soweit das nicht anderweit gestattet ist (§ 1587b IV, 2. Halbs iVm § 1587o I 2 BGB). Im Regelfall wird es auf den schuldrechtlichen Ausgleich ausweichen.

42 **cc) (1)**Der **öffentlich-rechtliche Ausgleich ist ausgeschlossen, wenn die Härteklausel** des § 1587c BGB **eingreift.** Die Norm bestimmt, dass der Versorgungsausgleich nicht stattfindet, soweit die Inanspruchnahme des Verpflichteten unter Berücksichtigung der beiderseitigen Verhältnisse grob unbillig wäre. Die Regelung soll verhindern, dass ein Versorgungsausgleich auch dann in vollem Umfang durchgeführt

werden muss, wenn die besonderen Verhältnisse des Einzelfalls ihn als unerträglich erscheinen lassen, weil der Grundgedanke, dass gemeinsam Erworbenes geteilt werden muss, nicht zutrifft.

43 **(2)** Erforderlich ist eine **alle Umstände des Einzelfalles,** vor allem den beiderseitigen Vermögenserwerb während der Lebenspartnerschaft und das Verhalten im Zusammenhang mit ihrer Aufhebung **berücksichtigende Abwägung.** Da der Versorgungsausgleich die Regel ist und nur ausnahmsweise ausgeschlossen sein soll, gilt ein strenger Maßstab anzulegen. Bei der Interessenabwägung dürfen Umstände nicht allein deshalb berücksichtigt werden, weil sie zum Scheitern der Lebenspartnerschaft geführt haben (§ 1587c Nr 1, 2. Halbs. BGB). Diese Umstände müssen jedoch nicht außer Betracht bleiben. Es darf nur kein Automatismus dergestalt entstehen, dass vom Verschulden am Scheitern der Lebenspartnerschaft auf den Ausschluss des Versorgungsausgleichs geschlossen wird (BGH NJW 83, 118). Die Anwendung der Härteklausel bleibt auch nach dem Tod des Verpflichteten zulässig (OLG Brandenburg NJW-RR 02, 217).

44 In die Interessenabwägung gehen zunächst die **beiderseitigen Verhältnisse** der Lebenspartner ein, wie die Länge der Lebenspartnerschaft, die Art der bereits aufgebauten Versorgung und die Möglichkeiten, in der Zukunft die Versorgung zu erweitern oder sich eine andere aufzubauen. So kann der Ausgleich bei großem Altersunterschied der Lebenspartner ausgeschlossen sein, wenn der Ausgleichspflichtige wegen seines Alters keine Möglichkeiten mehr hat, sich eine neue Altersversorgung aufzubauen, während der wesentlich jüngere Ausgleichsberechtigte ohne weiteres durch Erwerbstätigkeit nach der Scheidung sich selbst eine Altersversorgung aufbauen könnte (BGH NJW 81, 1733, FamRZ 88, 489). Eine Rolle kann auch der Gesundheitszustand der Lebenspartner spielen. Fraglich ist, ob der Versorgungsausgleich schon allein deswegen ausgeschlossen werden darf, weil zu erwarten ist, dass der Berechtigte die Versorgung nur kurz oder gar nicht in Anspruch nehmen können wird (weil er zB voraussichtlich zuvor sterben wird). Gegen das Risiko, dass der Berechtigte die Versorgung gar nicht in Anspruch nimmt, wird der Ausgleichspflichtige im Eherecht nach § 4 VAHRG ausreichend geschützt, so dass dieser Einwand dort ausscheidet. § 4 VAHRG ist aber bei Lebenspartnerschaften nicht anwendbar (Abs 4). Das spricht dafür, diese Fälle über § 1587c BGB zu lösen, damit es nicht zu untragbaren Ergebnissen kommt.

45 Schon nach dem Wortlaut von § 1587c Nr 1 BGB ist besonders der **beiderseitige Vermögenserwerb** der Lebenspartner während der Lebenspartnerschaft und im Zusammenhang mit der Aufhebung der Lebenspartnerschaft in die Abwägung einzubeziehen. Der Ausgleich ist unbillig, wenn der Ausgleichsberechtigte ein so erhebliches Vermögen hat, dass eine zusätzliche Beteiligung an den Versorgungsanwartschaften des Ausgleichspflichtigen für die Altersversorgung nicht ins Gewicht fiele, während auf der anderen Seite der Ausgleichspflichtige dadurch schmerzliche Einbußen hinnehmen müsste (BGH NJW-RR 89, 134; OLG Köln FamRZ 92, 322). Voraussetzung dafür ist ein Vermögen des Ausgleichsberechtigten in mindestens siebenstelliger Höhe. Unbillig kann der Versorgungsausgleich auch sein, wenn der Ausgleichspflichtige dem Ausgleichsberechtigten erhebliche Beträge in der Erwartung zugewendet hat, der Ausgleichsberechtigte werde sich davon eine eigene angemessene Alterssicherung verschaffen (OLG Schleswig FamRZ 82, 31) oder wenn der Ausgleichsberechtigte bereits aus der Zeit vor der Lebenspartnerschaft so hohe Anwartschaften aufweist, dass der durch den Versorgungsausgleich gewonnene Mehrbetrag gegenüber der bisherigen Sicherung nicht ins Gewicht fiele (OLG Bremen FamRZ 80, 1129).

46 **Schwere persönliche Verfehlungen** des Ausgleichsberechtigten gegen den Ausgleichspflichtigen oder einen nahen Angehörigen des Ausgleichspflichtigen können den Versorgungsausgleich ebenfalls unbillig machen. Da es aber um die Teilung von gemeinsam Erworbenem geht, sind jedoch schwerste Verfehlungen erforderlich. die Beteiligung

an einem Mordversuch am Kind des Ausgleichspflichtigen (BGH NJW 90, 2745), den sexuellen Missbrauch der gemeinsamen Tochter (OLG Brandenburg FPR 02, 562), in Fällen schwerer Denunziation oder wenn der Ausgleichsberechtigte ein sexuelles Doppelleben führt und den Ausgleichspflichtigen, der durch Nacht- und Wochenendarbeit zusätzliche Einkünfte für das gemeinsame Leben erzielt, in besonders gemeiner Weise hintergeht (OLG Bamberg NJW 98, 1084). Nicht ausreichend sind dagegen Streitigkeiten, die bloße Tatsache eines Alkohol- oder Drogenmissbrauchs, gegenseitige Drohungen oder Handgreiflichkeiten und gelegentliche Untreue.

47 Ein Versorgungsausgleich findet auch nicht statt, soweit der **Berechtigte** in Erwartung der Aufhebung oder nach der Aufhebung der Lebenspartnerschaft durch Handeln oder Unterlassen **bewirkt** hat, **dass ihm zustehende Anwartschaften** oder Aussichten auf eine Versorgung, die nach § 1587 BGB auszugleichen wären, **nicht entstanden oder entfallen sind** (§ 1587c Nr 2 BGB). Erfasst wird jedes Verhalten, durch das der Berechtigte (nicht der Verpflichtete) bewirkt, dass Versorgungsanwartschaften oder -aussichten, die entstanden sind oder normalerweise entstehen würden, nicht entstehen oder wieder entfallen. In Betracht kommen neben der Kündigung von Rentenversicherungen (soweit möglich), der Verzicht auf Anrechte (z.B. in der betrieblichen Altersversorgung) und das Verstreichenlassen von Fristen oder die Einstellung der Beitragszahlung (bei freiwilliger Versicherung). Erforderlich ist immer ein Handeln mit Bezug auf die Aufhebung der Lebenspartnerschaft (BGH FamRZ 86, 658), dh der Ausgleichsberechtigte muss treuwidrig und mindestens bedingt vorsätzlich die eigene Versorgung gefährden und einen höheren Ausgleichsbetrag auf Seiten des anderen Lebenspartners in Kauf nehmen. § 1587c Nr 2 BGB kommt daher nicht in Betracht, wenn die negative Einflussnahme auf die Versorgungsanwartschaften oder -aussichten gerechtfertigt ist.

48 Schließlich ist der Versorgungsausgleich ausgeschlossen, soweit der Berechtigte während der Lebenspartnerschaft längere Zeit hindurch seine **Pflicht, zum Unterhalt der Lebenspartner beizutragen, gröblich verletzt** hat (§ 1587c Nr 3 BGB). Der Ausschlusstatbestand entspricht § 1579 Nr 5 BGB. Wie dort werden neben der Entziehung von der Pflicht zu Geldleistungen auch die Vernachlässigung des Haushalts und einer gegebenenfalls bestehenden Mitarbeitspflicht im Betrieb des anderen Partners erfasst. Es muss sich um eine Pflichtverletzung von einiger Dauer handeln. Vorübergehende Verstöße reichen nicht. Die Grenze sollte nicht unter einem Jahr angenommen werden. Außerdem muss die Unterhaltspflichtverletzung gröblich sein. Angesichts der Schwere der Sanktion kann das erst angenommen werden, wenn die Grenze zur groben Fahrlässigkeit überschritten ist.

49 **(3) Folge der Anwendung der Härteklausel** ist der ganze oder teilweise Ausschluss des Versorgungsausgleichs. Möglich ist neben der Herabsetzung einzelner Anteile am Versorgungsausgleich (zB Außerachtlassen der betrieblichen Altersversorgung) die Nichtberücksichtigung der gesamten Versorgungsanwartschaften aus einzelnen Tätigkeiten (zB aus einer überobligationsmäßig neben der Kindererziehung ausgeübten Berufstätigkeit) und selbst der völlige Ausschluss des Versorgungsausgleichs. Was erfolgt, richtet sich danach, was erforderlich ist, um die Härte für den Ausgleichspflichtigen zu beseitigen. Immer jedoch ist die Folge auf eine Reduzierung eines an sich gegebenen Versorgungsausgleichs beschränkt. Die Heraufsetzung des Ausgleichs kommt nicht in Betracht, auch wenn ein niedriger Ausgleich für den Ausgleichsberechtigten eine besondere Härte begründet. § 1587c BGB ist eine negative, keine positive Härteregelung (BGH NJW 92, 312).

50 **dd)** 1587e I BGB räumt durch den Verweis auf § 1580 BGB jedem Lebenspartner gegen den anderen einen **Anspruch auf Auskunft** über seine Versorgungsaussichten und -anwartschaften ein, die er während der Lebenspartnerschaftszeit erworben hat.

Jeder Lebenspartner soll sich einen Überblick darüber verschaffen können, welche Auswirkungen eine Aufhebung der Lebenspartnerschaft auf seine künftige Versorgung haben wird. Der Anspruch kann bereits während des Bestehens der Lebenspartnerschaft geltend gemacht werden. Ein Aufhebungsantrag braucht noch nicht an- oder gar rechtshängig zu sein.

51 **ee)** Mit dem **Tod des Berechtigten** entfällt die Notwendigkeit einer Altersversorgung für ihn. Der Anspruch auf Versorgungsausgleich erlischt deswegen (§ 1587e II BGB). Ein eventuell anhängiges gerichtliches Verfahren über den Versorgungsausgleich erledigt sich (§ 619 ZPO). Ist der Versorgungsausgleich bereits durchgeführt, hat der Tod des Berechtigten grundsätzlich keine Wirkungen mehr zu Gunsten des Ausgleichspflichtigen. Die übertragenen Rentenanwartschaften bzw Versorgungen entfallen.

52 **ff)** Ist der Versorgungsausgleich noch nicht durchgeführt und **stirbt der Verpflichtete**, müsste das normalerweise dazu führen, dass der Berechtigte nichts erhält, weil die Versorgungsansprüche mit dem Tod ihres Inhabers erlöschen. Das liefe dem Prinzip des Versorgungsausgleichs zuwider, gerade für eine über den Tod des Verpflichteten hinausgehende Versorgung des Berechtigten zu sorgen. § 1587e IV BGB fingiert deswegen das Fortbestehen der auszugleichenden Anwartschaften über den Tod des Ausgleichspflichtigen hinaus und ordnet die Vererblichkeit der Verpflichtung zum Versorgungsausgleich an. Anwendbar ist § 1587e IV BGB aber nur, wenn über den Ausgleichsanspruch und die Aufhebung der Lebenspartnerschaft bereits rechtskräftig entschieden ist. Stirbt der Verpflichtete schon während des Aufhebungsverfahrens, erledigt sich dieses und damit auch der Versorgungsausgleich (§§ 629d, 619 ZPO). Der überlebende Lebenspartner erhält eine Hinterbliebenenversorgung, soweit die Voraussetzungen dafür vorliegen.

53 **b)** Die **Voraussetzungen des schuldrechtlichen Versorgungsausgleichs** richten sich nach § 1587f BGB. Durch dessen Bindung an enumerativ aufgezählte Fälle wird klargestellt, dass der schuldrechtliche Versorgungsausgleich dem öffentlich-rechtlichen Versorgungsausgleich nachrangig ist. Die Durchführung des schuldrechtlichen Versorgungsausgleichs richtet sich nach §§ 1587g-1587n BGB.

54 **aa) Prinzipien.** Der schuldrechtliche Versorgungsausgleich unterscheidet sich vom öffentlich-rechtlichen Ausgleich vor allem dadurch, dass die Versorgung des Ausgleichsberechtigten viel stärker an die Person des Ausgleichspflichtigen gebunden ist als dort, weil der Ausgleich grundsätzlich durch eine **Rente erfolgt. die der Ausgleichspflichtige dem Ausgleichsberechtigten zu zahlen** hat. Die Lebenspartner bleiben durch ihr Versorgungsschicksal weiter miteinander verbunden. Die Situation gleicht damit weitgehend derjenigen während des Bestehens eines Unterhaltsanspruchs.

55 Beim schuldrechtlichen Versorgungsausgleich tritt eine Versorgung des ausgleichsberechtigten Lebenspartners in jedem Fall **erst** ein, **wenn der Ausgleichspflichtige selbst seine Versorgung bezieht** (§ 1587g I 2 BGB). Das setzt neben dem Erreichen der Altersgrenze (bzw. der Erwerbsunfähigkeit) vor allem voraus, dass der Ausgleichspflichtige selbst die nötigen Voraussetzungen für eine Altersversorgung erfüllt. Darauf hat der Ausgleichsberechtigte keinen Einfluss.

56 Der schuldrechtliche Versorgungsausgleich erfolgt durch **Teilung** dessen, was der Ausgleichspflichtige als **Versorgung** empfängt. Der Ausgleichspflichtige muss dem Berechtigten in Höhe seiner Berechtigung durch Zahlung einer Rente Ausgleich leisten (§ 1587g I 1 BGB). Stirbt er, geht dem Ausgleichsberechtigten seine Versorgung ebenfalls grundsätzlich verloren. Gemildert ist dieser Grundsatz nur durch die Verlängerung des Ausgleichs in den Nachlass des Ausgleichspflichtigen (§ 1587k BGB). Eine Durchbrechung erfährt er nur, wenn die Versorgung des Ausgleichspflichtigen so ausgestaltet ist, dass eine Hinterbliebenenversorgung auch im Fall der Aufhebung der Lebenspartnerschaft stattfindet.

bb) Voraussetzung des schuldrechtlichen Versorgungsausgleichs ist zunächst, **(1)** dass ein dahingehender **Antrag** des ausgleichsberechtigten Lebenspartners vorliegt. Anders als der öffentlich-rechtliche Ausgleich findet der schuldrechtliche nicht von Amts wegen statt. Der Antrag braucht nicht beziffert zu sein (OLG Hamm FamRZ 90, 889). Eine gleichwohl vorgenommene Bezifferung bindet das Gericht nicht. Der Antrag muss erkennen lassen, dass gerade der schuldrechtliche Ausgleich geregelt werden soll. Unzureichend ist es dagegen, ganz allgemein die Durchführung des Versorgungsausgleichs oder ähnliches zu verlangen. 57

(2) Es muss ein **Überschuss an Versorgungen des einen Lebenspartners gegenüber denjenigen des anderen Lebenspartners** vorliegen. Ob das der Fall ist, richtet sich allein nach den Vorgaben in §§ 1587, 1587a BGB. Im schuldrechtlichen Versorgungsausgleich ausgleichspflichtig ist derjenige Lebenspartner, dessen im schuldrechtlichen Versorgungsausgleich auszugleichende Versorgung die des anderen übersteigt. Das Prinzip ist mit dem im öffentlich-rechtlichen Ausgleich identisch (vgl 1587a BGB). Im schuldrechtlichen Ausgleich zu berücksichtigen sind alle Anwartschaften und Aussichten auf Versorgungen, die öffentlich-rechtlich nicht ausgeglichen werden können. Soweit dagegen ein öffentlich-rechtlicher Ausgleich möglich ist, muss dieser durchgeführt werden. Der schuldrechtliche Ausgleich ist subsidiär. Im Übrigen hat der öffentlich-rechtliche Ausgleich keine Bedeutung für den schuldrechtlichen. Vor allem kann die Ausgleichsrichtung beim schuldrechtlichen Ausgleich eine andere sein als beim öffentlich-rechtlichen. 58

(a) Für die **Ermittlung des Ausgleichsanspruchs** kommt es wie beim öffentlich-rechtlichen Versorgungsausgleich darauf an, **in welcher Höhe Anrechte** auf eine Versorgung während der Lebenspartnerschaftszeit (§ 1587 II BGB) erworben oder aufrechterhalten wurden, nicht auf die später gezahlte Versorgung insgesamt. Deswegen ist regelmäßig zunächst zu berechnen, welche Anteile der Versorgung auf solchen Anwartschaften und Aussichten beruhen, die während der Lebenspartnerschaftszeit erworben wurden. 59

Die **Wertberechnung** richtet sich nach § 1587a BGB (§ 1587g II 1 BGB). Die BarwertVO ist jedoch nicht heranzuziehen, wenn ein Vergleich mit einer dynamischen Versorgung nicht erforderlich ist, weil nur nicht dynamische Versorgungen auszugleichen sind (OLG Karlsruhe FamRZ 00, 235). Maßgebender Zeitpunkt für die Wertberechnung ist das Ende der Lebenspartnerschaftszeit (§ 1587 II BGB). Die im öffentlich-rechtlichen Versorgungsausgleichsverfahren zugrunde gelegten Werte gelten daher grundsätzlich auch für die Berechnung des schuldrechtlichen Versorgungsausgleichs. Etwas anderes gilt aber in den Fällen des § 1587f Nr 4, 5 BGB, weil in diesen Fällen noch keine gerichtliche Befassung mit den Werten dieser Anwartschaften stattgefunden hat. Eine Lockerung des Stichtagsprinzips enthält auch § 1587g II 2 BGB. Nach dieser Regelung ist zu berücksichtigen, wenn sich seit Eintritt der Rechtshängigkeit des Aufhebungsantrags der Wert einer Versorgung oder einer Anwartschaft oder Aussicht auf Versorgung geändert hat oder eine bei Eintritt der Rechtshängigkeit des Scheidungsantrags vorhandene Versorgung oder eine Anwartschaft oder Aussicht auf Versorgung weggefallen ist oder Voraussetzungen einer Versorgung eingetreten sind, die bei Eintritt der Rechtshängigkeit gefehlt haben. Erforderlich ist in jedem Fall, dass die Veränderung nach dem Ende der Lebenspartnerschaft Rückwirkungen auf den Bestand oder die Bewertung der in der Lebenspartnerschaftszeit erworbenen Anwartschaften hat, so dass dadurch der Wert dieser Anwartschaften für die Versorgung insgesamt geändert wird. Hierher gehören etwa Erhöhungen von Überschussanteilen bei privaten Rentenversicherungen, die Erhöhung eines Beamtengehalts in der ansonsten unveränderten Besoldungsgruppe, Rentenerhöhungen der gesetzlichen Rentenversicherung, die Einführung einer betrieb- 60 lichen Altersversorgung nach dem Ende der Lebenspartnerschaft, in der Lebenspartnerschaftszeiten versorgungssteigernd berücksichtigt werden, die Erreichung von Mindestwartezeiten nach Lebenspartnerschaftsende usw. Der schuldrechtliche Versorgungsausgleich ist aber kein Instrument zur Korrektur von Fehlentscheidungen über den öffentlich-rechtlichen Versorgungsausgleich. Insoweit bleiben nur die in § 10a VAHRG genannten Korrekturmöglichkeiten.

61 **(b)** Der schuldrechtliche Versorgungsausgleich kommt nur in Betracht, wenn **einer der in § 1587 f genannten Fälle** vorliegt. Er ist dem öffentlich-rechtlichen Ausgleich nachrangig. Unmöglichkeit der Begründung von Rentenanwartschaften in einer gesetzlichen Versicherung

62 Das ist zunächst der Fall, wenn die Begründung von Rentenanwartschaften in einer gesetzlichen Rentenversicherung mit Rücksicht auf die Vorschrift des § 1587b III 1, 2. Halbs BGB **nicht möglich** ist (§ 1587f Nr 1 BGB), wenn also der Ausgleichsberechtigte bereits eine Altersversorgung bezieht. Das kommt wegen der Verfassungswidrigkeit von § 1587b III 1, 1. Halbs. BGB nur noch in Altfällen in Betracht.

63 Der schuldrechtliche Versorgungsausgleich ist auch durchzuführen, wenn die Übertragung oder Begründung von Rentenanwartschaften in einer gesetzlichen Rentenversicherung mit Rücksicht auf die Vorschrift des § 1587b V BGB ausgeschlossen ist (§ 1587f Nr. 2 BGB). Das ist der Fall, wenn die **Versorgung** des Berechtigten bei öffentlich-rechtlichem Ausgleich **höher** würde, **als er** bei Berufstätigkeit **mit einer Versicherung zu den Höchstbeträgen erreichen könnte.**

64 Schuldrechtlich muss auch ausgeglichen werden, wenn der Ausgleichspflichtige die ihm nach § 1587b III 1, 1. Halbs. BGB auferlegten **Zahlungen zur Begründung von Rentenanwartschaften in einer gesetzlichen Rentenversicherung nicht erbracht** hat. Wegen der Verfassungswidrigkeit dieser Vorschrift kann das nur in Altfällen vorkommen.

65 Schuldrechtlich ausgeglichen werden müssen auch Leistungen der **betrieblichen Altersversorgung** auf Grund solcher Anwartschaften oder Aussichten, die im Zeitpunkt des Erlasses der Entscheidung **noch nicht unverfallbar** waren; denn die noch verfallbaren Anwartschaften und Aussichten konnten in den öffentlich-rechtlichen Ausgleich nicht einbezogen werden. Das kann dazu führen, dass der insoweit Ausgleichsberechtigte der Ausgleichsverpflichtete des öffentlich-rechtlichen Ausgleichs ist.

66 Hat das Familiengericht nach **§ 1587b IV BGB** eine Regelung in der Form des schuldrechtlichen Versorgungsausgleichs getroffen oder haben die Lebenspartner nach § 1587o BGB den **schuldrechtlichen Versorgungsausgleich vereinbart,** erfolgt insoweit ebenfalls der schuldrechtliche Ausgleich.

67 Im Übrigen ist schuldrechtlich auszugleichen, wenn **Versorgungen nicht in einem der geregelten öffentlich-rechtlichen Verfahren ausgeglichen werden können** (§ 1587 f analog; vgl OLG Celle FamRZ 93, 1328).

68 **(c)** Der **Versorgungsfall** muss grundsätzlich **auf beiden Seiten eingetreten** sein. Dem steht es gleich, dass der Ausgleichspflichtige Lebenspartner eine Versorgung erlangt hat und der andere (der ausgleichsberechtigte) das 65. Lebensjahr vollendet hat oder wegen Krankheit, Gebrechen oder Schwäche nicht mehr erwerbstätig sein kann (§ 1587g I 2 BGB). Immer ist also Voraussetzung für den Ausgleich, dass der Ausgleichspflichtige bereits eine Versorgung bezieht. Diese Versorgung muss gerade aus den schuldrechtlich auszugleichenden Anwartschaften oder Aussichten resultieren. Es kann eine Alters- oder Erwerbsunfähigkeitsversorgung sein. Es reicht nicht, dass nur die Anspruchsvorraussetzungen vorliegen, ohne dass aber tatsächlich eine Versorgung gezahlt wird. Der Berechtigte bekommt nichts, solange der Pflichtige über die Altersgrenze hinaus weiter arbeitet.

69 Auf der Seite des **Berechtigten** muss entweder eine **Versorgung bezogen** werden, bei der allerdings gleichgültig ist, ob sie dem schuldrechtlichen Versorgungsausgleich unter-

liegt oder ob die Anwartschaften über den öffentlich-rechtlichen Versorgungsausgleich oder gar nicht ausgeglichen werden (zB Versorgungen aus außerhalb der Lebenspartnerschaftszeit erworbenen Anwartschaften). Alternativ reicht die **Überschreitung der Altersgrenze** von 65 Jahren. Hat der Ausgleichsberechtigte die Altersgrenze noch nicht erreicht und bezieht er auch noch keine Altersversorgung, muss er auf absehbare Zeit erwerbsunfähig sein. Das bedeutet, dass eine Erwerbstätigkeit in einem überschaubaren Zeitraum nicht in Betracht kommen wird. Regelmäßig kann man insoweit auf eine Zweijahresprognose abstellen.

70 **(d)** Der **Ausgleichsverpflichtete muss noch leben** (BGH FamRZ 1989, 950).

71 **(e)** Es darf **kein Ausschlussgrund** nach § 1587h BGB eingreifen. Die Vorschrift ergänzt § 1587c BGB. Soweit nach dieser allgemeinen Härteklausel der öffentlich-rechtliche Versorgungsausgleich ausgeschlossen ist, kommt auch ein schuldrechtlicher Ausgleich nicht in Betracht, weil der schuldrechtliche Versorgungsausgleich nur eine Ergänzung des öffentlich-rechtlichen ist.

72 **(aa)** Der Versorgungsausgleich ist ausgeschlossen, wenn der **Berechtigte** den nach seinen Lebensverhältnissen **angemessenen Unterhalt** iSd § 1578 BGB aus seinen Einkünften und seinem Vermögen **selbst bestreiten kann** und die Gewährung des Versorgungsausgleichs für den Verpflichteten bei Berücksichtigung der beiderseitigen wirtschaftlichen Verhältnisse eine unbillige Härte bedeuten würde (§ 1587h Nr 1 BGB). Maßgeblich ist der Zeitpunkt, zu dem die Ausgleichsrente geltend gemacht wird. Es wäre dem Verpflichteten unzumutbar, seine eigene Versorgung zu gefährden, wenn sein ehemaliger Partner den eigenen angemessenen Unterhalt ohne Schwierigkeiten sicherstellen kann.

73 Unter **angemessenem Unterhalt** ist dasselbe zu verstehen wie bei § 1578 BGB. § 1587h Nr 1 BGB greift erst ein, wenn der Berechtigte des schuldrechtlichen Versorgungsausgleichs den vollen angemessenen Unterhalt selbst bestreiten kann. Solange er zwar den notwendigen, aber nicht den angemessenen Unterhalt bestreiten kann, ist für die Härteregelung kein Raum. Für die Frage, in welchem Umfang Vermögen einzusetzen ist, gilt § 1577 III BGB entsprechend (§ 1587h Nr 1 S 2 BGB).

74 Die Gewährung des Versorgungsausgleichs muss für den Verpflichteten bei Berücksichtigung der beiderseitigen wirtschaftlichen Verhältnisse eine **unbillige Härte** bedeuten. Maßgeblich sind allein wirtschaftliche Aspekte. Die Härte ergibt sich aus der Unterlegenheit in der Befriedigung des Unterhalts, nicht der Schuld am Scheitern der Partnerschaft.

75 **(bb)** Der schuldrechtliche Ausgleich ist ausgeschlossen, soweit der **Berechtigte** in Erwartung der Scheidung oder nach der Scheidung durch Handeln oder Unterlassen **bewirkt** hat, **dass ihm eine Versorgung, die nach § 1587 BGB auszugleichen wäre, nicht gewährt wird** (§ 1587h Nr 2 BGB). Die Regelung entspricht § 1587c Nr 2 BGB. Sie ist nur deswegen anders formuliert, weil es beim schuldrechtlichen Ausgleich nicht auf die Versorgung selbst, sondern auf Aussichten und Anwartschaften ankommt. Der Gedanke hinter § 1587h Nr 2 BGB ist, dass der Lebenspartner, der das Entstehen einer Versorgung verhindert, sich so behandeln lassen muss, als fände die Versorgung tatsächlich statt. Es handelt sich um seine spezielle Ausprägung des Verbots des venire contra factum proprium.

76 **(cc)** Der Anspruch auf schuldrechtlichen Versorgungsausgleich ist ausgeschlossen, soweit der **Berechtigte** während der Lebenspartnerschaft längere Zeit hindurch seine **Pflicht, zum Familienunterhalt beizutragen, gröblich verletzt** hat (§ 1587h Nr 3 BGB). Die Regelung entspricht wörtlich §§ 1587c Nr 3; 1579 Nr 5 BGB.

77 **cc) (1) Übersicht.** Die Anspruchsgrundlage für den schuldrechtlichen Versorgungsausgleich enthält § 1587g BGB. Gleichzeitig bestimmt diese Norm die Art und Weise

der Durchführung der schuldrechtlichen Ausgleichs. Dieser erfolgt – anders als der öffentlich-rechtliche Ausgleich – dadurch, dass die dem Ausgleichspflichtigen zuwachsende Versorgung selbst geteilt wird, sobald sie gezahlt wird. Der Ausgleichspflichtige muss dem Berechtigten von seiner Versorgung dadurch abgeben, dass er seinerseits an diesen eine Rente zahlt, deren Modalitäten im wesentlichen unterhaltsrechtlichen Grundsätzen folgen (vgl § 1587k BGB iVm § 1585 BGB. Ausnahmsweise kann es zu einer Abtretung von Versorgungsansprüchen kommen (§ 1587i BGB), gegebenenfalls auch zur Kapitalabfindung von Ansprüchen (§ 1587l BGB).

78 **(2) (a)** Der **Ausgleich** erfolgt grundsätzlich **dadurch,** dass der Ausgleichspflichtige dem Berechtigten eine **Rente** in Höhe des auszugleichenden Betrags zahlt. Insoweit ähnelt der schuldrechtliche Ausgleich dem Unterhalt. Er unterscheidet sich aber von diesem dadurch, dass er weder auf der Seite des Berechtigten Bedürftigkeit noch auf der Seite des Verpflichteten Leistungsfähigkeit voraussetzt. Der Ausgleich muss daher auch dann bezahlt werden, wenn der Pflichtige durch die Zahlung seinen eigenen angemessenen oder sogar notwendigen Unterhalt gefährdet. Etwas anderes gilt nur dann, wenn ausnahmsweise ein Härtegrund nach § 1587h Nr 1 BGB vorliegt (was aber außerordentlich günstige Vermögensverhältnisse auf Seiten des Ausgleichsberechtigten voraussetzt) oder wenn der Ausgleichspflichtige seinerseits gegenüber dem Ausgleichsberechtigten unterhaltsberechtigt würde. Im letztgenannten Fall wäre die Geltendmachung des Ausgleichsanspruchs treuwidrig, denn der Berechtigte müsste das, was er als schuldrechtlichen Versorgungsausgleich erhielte, in diesem Fall sogleich wieder als Unterhalt zurückzahlen.

79 **(b)** Die **Höhe** der als schuldrechtlicher Versorgungsausgleich zu zahlenden Rente richtet sich nach dem sich aus den zu teilenden Anwartschaften ergebenden Bruttobetrag. Die Krankenversicherung des Ausgleichspflichtigen ist nicht vorab abzuziehen, und zwar selbst dann nicht, wenn der Ausgleich durch Abtretung der entsprechenden Anwartschaften (§ 1587i BGB) erfolgt. Steuerliche Aspekte bleiben ebenfalls unberücksichtigt. Eine Umwertung von nicht dynamischen Anrechten in dynamische findet nicht statt. Die BarwertVO hat insoweit keine Bedeutung. Das gilt auch dann, wenn auf beiden Seiten unterschiedliche Anrechte auszugleichen sind. Die durch die Umwertung im öffentlich-rechtlichen Ausgleich zu lösenden Probleme der unterschiedlichen Entwicklung von Versorgungen stellen sich im schuldrechtlichen Ausgleich nicht, da immer wieder Korrekturen nach § 1587g III BGB vorgenommen werden können.

80 **(c)** Der schuldrechtliche Versorgungsausgleich ähnelt dem Verhältnis zwischen Unterhaltsberechtigtem und Unterhaltsverpflichteten. Vor allem können auch die Einkommensverhältnisse der ehemaligen Lebenspartner für den Ausgleichsanspruch von Bedeutung sein. Damit sich beide von den relevanten Tatsachen Kenntnis verschaffen können, haben die ehemaligen Lebenspartner gegeneinander **Auskunftsansprüche** in Bezug auf die Höhe des Einkommens (§§ 1587k I BGB, 1580 BGB).

81 **(d)** Der schuldrechtliche Versorgungsausgleich ist **monatlich im Voraus** zu leisten. Im Fall der Wiederverheiratung oder des Todes des Berechtigten bleibt die Leistung für den Monat geschuldet, in den der Tod fällt (§§ 1587k I, 1585 I 2, 3 BGB).

82 **(e) Für die Vergangenheit** kann schuldrechtlicher Versorgungsausgleich nur verlangt werden, wenn der Anspruch rechtshängig war (§ 263 ZPO) oder wenn sich der Schuldner mit der Zahlung im Verzug (§ 286 BGB) befand (§§ 1587k I, § 1585b II BGB). Die Geltendmachung von Rückständen ist aber ausgeschlossen, wenn diese älter als ein Jahr sind. Etwas anderes gilt nur, wenn anzunehmen ist, dass der Verpflichtete sich der Zahlung absichtlich entzogen hat (§§ 1587k I, § 1585b III BGB).

83 **(f) Stirbt der Berechtigte, erlischt der Anspruch** auf den schuldrechtlichen Versorgungsausgleich (§ 1587k Abs. 2 S. 1 BGB). Das liegt in der Natur des Ausgleichs,

denn der Versorgungszweck kann jetzt nicht mehr erfüllt werden. Erhalten bleiben rückständige Ansprüche, soweit diese nicht erlöschen und die Ansprüche für den laufenden Monat erhalten (§ 1587k II 1 BGB iVm § 1586 II BGB). Soweit statt Zahlung Versorgungsansprüche abgetreten wurden (§ 1587i I BGB), gehen die Ansprüche wieder auf den Ausgleichspflichtigen über (§ 1587k II 2 BGB). Der Übergang erfolgt automatisch. Eventuell an den Ausgleichsberechtigten (bzw dessen Erben) zuviel gezahlte Beträge müssen nach § 812 I 1 BGB an den Ausgleichspflichtigen zurückgezahlt werden.

84 Der Anspruch auf schuldrechtlichen Zugewinnausgleich erlischt auch, wenn **der Verpflichtete stirbt,** weil die auszugleichende Rente bzw Versorgung zu diesem Zeitpunkt wegfällt. Das ist die große Schwäche des schuldrechtlichen Versorgungsausgleichs.

85 Keinen Einfluss auf den schuldrechtlichen Versorgungsausgleichsanspruch hat die **Heirat oder die Eingehung einer Lebenspartnerschaft** durch den Berechtigten oder den Verpflichteten. Sinn des Ausgleichs ist es, dem Berechtigten für die Zukunft eine unabhängige Altersversorgung zu verschaffen. Das hat keinen Bezug zu neuen Partnerschaften. Insofern unterscheidet sich die Lage von derjenigen im Unterhaltsrecht.

86 **(g) Ändern sich nach der Rechtskraft** der Entscheidung über den schuldrechtlichen Versorgungsausgleich **die Verhältnisse,** kann die Entscheidung geändert werden (§ 1587g III BGB iVm § 1587d II BGB). Die Änderungsmöglichkeit bezieht sich nur auf den schuldrechtlichen Ausgleich. Eine Gesamtneubewertung des Versorgungsausgleichs (einschließlich des öffentlich-rechtlichen Ausgleichs) kommt nur nach § 10a VAHRG in Betracht.

87 **(3)** § 1587i BGB erlaubt die **Abtretung von Versorgungsansprüchen** als eine Sonderform des schuldrechtlichen Versorgungsausgleichs. Daran hat der Berechtigte ein Interesse, weil er dann selbst Inhaber der Forderung gegen den Versorgenden ist und nicht mehr durch die Insolvenz oder Manipulationen seitens seines ehemaligen Lebenspartners beeinträchtigt werden kann. Der Verpflichtete wird durch diese Form des Ausgleichs von der monatlichen Zahlungspflicht entlastet.

88 § 1587i BGB hat **keine besonderen Voraussetzungen.** Entscheidend ist, dass ein Anspruch auf schuldrechtlichen Versorgungsausgleich nach § 1587g BGB besteht. Abgetreten werden können die Versorgungsansprüche in Höhe der laufenden Ausgleichsrente, die im gleichen Zeitraum fällig geworden sind oder werden (§ 1587i I BGB). Die Zeiträume müssen sich also decken. Die Abtretung künftiger Versorgungsansprüche für rückständige Ausgleichsrenten ist ausgeschlossen. Für die Abtretung ist es unerheblich, ob diese Ansprüche nicht abgetreten werden können oder unpfändbar sind (§ 1587i II BGB). Das bedeutet aber nicht, dass die Versorgungsansprüche dadurch generell abtretbar und pfändbar werden. Sie sind es nur im Verhältnis zum ausgleichsberechtigten Lebenspartner. Bei Änderung wesentlicher Umstände kann die Abtretung aufgehoben oder geändert werden (§ 1587i III BGB iVm § 1587d II BGB).

89 **(4)** Ausnahmsweise kann der schuldrechtliche Versorgungsausgleich durch **Abfindung** des Berechtigten erfolgen. So soll dem Ausgleichsberechtigten die Möglichkeit verschafft werden, eine von der Person des Ausgleichspflichtigen losgelöste Altersversorgung zu erwerben. Die Abfindung kann verlangt werden, wenn der Ausgleichspflichtige durch sie nicht unbillig belastet wird (§ 1587l I BGB).

90 **(a) Voraussetzung** des Abfindungsanspruchs ist zunächst, dass ein **zukünftiger schuldrechtlicher Ausgleichsanspruch** besteht. Es ist nicht erforderlich, dass der Anspruch schon fällig ist, dass also die Voraussetzungen des § 1587g I 2 BGB vorliegen. Es reicht, dass das auszugleichende Anrecht unverfallbar ist.

91 **Dem Ausgleichspflichtigen muss die Zahlung** der Abfindung nach seinen wirtschaftlichen Verhältnissen **zumutbar** sein. Ein wichtiger Grund auf Seiten des die Abfindung Fordernden braucht dagegen nicht vorzuliegen. Insofern ist die Lage für den Ausgleichs-

berechtigten günstiger als im Unterhaltsrecht (vgl § 1585 II BGB). In die Beurteilung der Zumutbarkeit sind alle Umstände des Einzelfalls einzubeziehen, soweit sie sich als wirtschaftliche Aspekte darstellen. An einer unbilligen Belastung des Ausgleichspflichtigen durch die Abfindung fehlt es vor allem, wenn er diese ohne Schwierigkeiten zahlen kann und ihm daraus auch keine anderen schwerwiegenden Nachteile entstehen. Dagegen ist die Belastung mit der Abfindung unbillig, wenn der Ausgleichspflichtige nahezu sein gesamtes Vermögen dafür aufbringen müsste oder wenn er Grundstücke aus altem Familienbesitz dafür opfern muss.

92 **(b)** Die **Höhe der Abfindung** bemisst sich nach dem nach § 1587g II BGB ermittelten Zeitwert der beiderseitigen Anwartschaften und Aussichten auf eine auszugleichende Versorgung (§ 1587l II BGB). Zu bewerten ist die Differenz der Anwartschaften im Zeitpunkt der Entscheidung über die Abfindung. Im Übrigen gilt nichts anderes als bei der Ermittlung des Versorgungsausgleichsanspruchs nach § 1587g BGB selbst.

93 Für die **Form der Abfindung** hat der Gesetzgeber zur Absicherung des Versorgungszwecks der Abfindung vorgeschrieben, dass diese nur in Form der Zahlung von Beiträgen zu einer gesetzlichen Rentenversicherung oder zu einer privaten Lebens- oder Rentenversicherung erfolgen darf (§ 1587l III 1 BGB). Ein Wahlrecht des Ausgleichsberechtigten zwischen den Beiträgen zur gesetzlichen Rentenversicherung und dem Abschluss einer privaten Versicherung besteht nur, wenn die gesetzliche Versicherung die Begründung von Anwartschaften zulässt. Das richtet sich nach ihrer Satzung. Fehlt die Möglichkeit der Versicherung in der gesetzlichen Rentenversicherung, kann nur durch Zahlung von Beiträgen in eine private Versicherung abgefunden werden. Wird diese Möglichkeit gewählt oder bleibt sie als einzige übrig, muss der Versicherungsvertrag vom Berechtigten auf seine Person für den Fall des Todes und des Erlebens des fünfundsechzigsten oder eines niedrigeren Lebensjahres abgeschlossen sein und vorsehen, dass Gewinnanteile zur Erhöhung der Versicherungsleistungen verwendet werden (§ 1587l III 2 BGB). Mit dieser Einschränkung wollte der Gesetzgeber einen minimalen Schutzstandard garantieren. Kann der Ausgleichspflichtige die Abfindung nicht sofort in voller Höhe aufbringen, kann ihm das Gericht auf Antrag Ratenzahlung gestatten, wenn das der Billigkeit entspricht (§ 1587l III 3 BGB). Die Auszahlung der Abfindung an den Ausgleichsberechtigten ist ausgeschlossen, wenn das Gericht nicht ausnahmsweise die Auszahlung nach § 1587b IV BGB angeordnet hat.

94 **(c)** Neben den allgemeinen Erlöschensgründen, die für alle Ansprüche gelten (vor allem § 362 BGB für den Fall der Erfüllung) besteht der spezielle Erlöschensgrund des § 1587m BGB. Nach dieser Vorschrift erlischt der Anspruch auf eine Abfindung nach § 1587l BGB, wenn der Berechtigte stirbt. Daraus ergibt sich, dass der Abfindungsanspruch nicht vererblich ist.

95 **(d)** Ein Lebenspartner, der sich für seinen schuldrechtlichen Versorgungsausgleichsanspruch nach § 1587l BGB abfinden lässt, muss sich **unterhaltsrechtlich so behandeln** lassen**, als erhielte er aufgrund eines Versorgungsausgleichs eine Versorgung.** Er trägt damit das Risiko, dass er sich aus seiner Abfindung tatsächlich nur eine geringere Versorgung beschaffen kann. Die Anrechnung erfolgt in der Weise, dass die Versorgungsansprüche, die abgefunden wurden, in ihrer jeweils aktuellen Höhe als fiktives Einkommen des Unterhaltsberechtigten angesehen und vom Unterhaltsanspruch abgezogen werden.

96 **Wäre** der frühere **Lebenspartner** auch nach einem Versorgungsausgleich noch **unterhaltspflichtig** gewesen, weil die dadurch (und den Altersvorsorgeunterhalt) erreichte Versorgung zu gering gewesen wäre, den gesamten lebenspartnerschaftsangemessenen Bedarf zu decken, dann **bleibt es auch in den Fällen des § 1587n BGB dabei,** dass der frühere Lebenspartner die Differenz zwischen der Versorgung, die an sich durch

den Versorgungsausgleich erworben wäre, durch die Leistung von Unterhalt abzudecken hat, sofern die übrigen Voraussetzungen für einen Unterhaltsanspruch (§ 16 LPartG, §§ 1570 – 1581 BGB) vorliegen.

5. a) Der Versorgungsausgleich kann durch **Vereinbarung zwischen den Lebenspartnern** geregelt werden, soweit öffentliche Interessen nicht entgegenstehen. Diese Vereinbarung kann grundsätzlich durch Lebenspartnerschaftsvertrag getroffen werden (§ 7 LPartG). Das dort zur Einschränkung des Ausschlusses von Rechten Gesagte gilt auch in Bezug auf den Ausschluss des Versorgungsausgleichs. Die Rechtsprechung (BGH NJW 04, 930; OLG Düsseldorf, 20.03.2004, II-2 UF 79/03, 2 UF 79/03) ist insoweit aber großzügiger als in Bezug auf Unterhalt (vor allem als in Bezug auf Kindesbetreuungsunterhalt), weil der Versorgungsausgleich für die Lebenspartner regelmäßig nicht die existentielle Bedeutung hat wie der Unterhalt. 97

Handelt es sich um einen Ausschluss des Versorgungsausgleichs, wird die Vereinbarung **unwirksam, wenn innerhalb eines Jahres nach ihrem Abschluss Aufhebungsantrag** gestellt wird. 98

b) Im Aufhebungsstadium selbst können die Lebenspartner zwar ebenfalls Vereinbarungen über den Versorgungsausgleich treffen. Diese Vereinbarungen bedürfen aber grundsätzlich der notariellen Beurkundung und daneben der Genehmigung des Familiengerichts (§ 1587 o). 99

aa) In den **Anwendungsbereich** von § 1587o BGB fallen zunächst alle **Vereinbarungen** über den Versorgungsausgleich, die **während des Aufhebungsverfahrens** geschlossen werden. Kommt es doch nicht zur Aufhebung, wird die nach § 1587o BGB geschlossene Vereinbarung aber wieder wirkungslos. Sie lebt nicht wieder auf, wenn erneut ein Aufhebungsantrag gestellt wird. Auch vor dem Verfahren geschlossene Vereinbarungen, die dann wegen Stellung eines Aufhebungsantrags innerhalb der Jahresfrist unwirksam geworden sind, sind aber genehmigungsfähig. Es wäre eine übermäßige Förmelei, den erneuten Abschluss der Vereinbarung während des Verfahrens zu verlangen. Die Genehmigung kann aber immer erst während des Aufhebungsverfahrens erfolgen. Es ist daher nicht möglich, eine Versorgungsausgleichsregelung vorab dem Gericht zur Genehmigung zu unterbreiten, um zu sehen, ob sie Bestand haben wird. 100

Nach der Aufhebung der Lebenspartnerschaft kann noch solange eine Vereinbarung nach § 1587o BGB geschlossen werden, wie die Entscheidung über den Versorgungsausgleich noch nicht rechtskräftig ist. In Betracht kommen dann nur noch Vereinbarungen, soweit noch ein schuldrechtlicher Ausgleich durchzuführen ist. 101

bb) Inhalt einer Vereinbarung über den Versorgungsausgleich kann zunächst der **Ausschluss** des Versorgungsausgleichs insgesamt sein. Dieser ist zulässig, wenn der Verlust der Übertragung oder Begründung von Versorgungsrechten im Rahmen des Versorgungsausgleichs dadurch kompensiert wird, dass dem verzichtenden Lebenspartners im Rahmen der Vermögensauseinandersetzung und der Unterhaltsvereinbarung genug zugewendet wird, um die Sicherung des Berechtigten für den Fall der Erwerbsunfähigkeit und des Alters zu garantieren und insgesamt ein nach Art und Höhe angemessener Ausgleich unter den Lebenspartnern stattfindet. Der Verzicht auf Versorgungsausgleich ist deswegen vor allem auch dann zulässig, wenn nur Bagatellrechte auszugleichen sind oder wenn der Verzichtende voraussichtlich keinen Ausgleich beanspruchen können wird. 102

Möglich ist auch die **Modifikation des gesetzlich vorgesehenen Versorgungsausgleichs,** wie ein teilweiser Ausschluss oder Verzicht, der Ausschluss bestimmter Versorgungsrechte aus dem Ausgleich oder die Einbeziehung von außerhalb der Lebenspartnerschaftszeit erworbenen Anwartschaften usw. Die Lebenspartner können auch den 103 öffentlich-rechtlichen Ausgleich durch einen schuldrechtlichen ersetzen (vgl § 1587f Nr 5 BGB). Teilregelungen sind zulässig.

104 Durch die Vereinbarung können aber **Anwartschaftsrechte in einer gesetzlichen Rentenversicherung** nach § 1587b I, II BGB **nicht begründet oder übertragen** werden (§ 1587o I 2). Diese Einschränkung dient dazu, Manipulationen der Versorgung auf Kosten der öffentlichen Versorgungsträger zu verhindern.

105 **cc)** Als **Form** ist für den Abschluss der Vereinbarung über den Versorgungsausgleich wie während der Lebenspartnerschaft auch (§ 7 LPartG) die notarielle Beurkundung erforderlich (§ 1587o II 1 BGB). § 127a BGB gilt aber auch hier (§ 1587o II 2 BGB), so dass die notarielle Beurkundung durch die Aufnahme der Vereinbarung in einen gerichtlichen Vergleich ersetzt werden kann. In diesem Fall besteht für beide Seiten Anwaltszwang. Keiner Form unterliegt aber die Aufhebung einer Vereinbarung über den Versorgungsausgleich. In diesem Fall ist keiner der Lebenspartner schutzbedürftig, weil als Folge der gerichtliche Versorgungsausgleich von Amts wegen durchgeführt wird.

106 Zur Vorbereitung der Vereinbarung können die Lebenspartner von den Versorgungsträgern **Auskunft über ihre Rentenanwartschaften** verlangen (§ 109 SGB VI).

107 Die Vereinbarung über den Versorgungsausgleich bedarf der **Genehmigung des Familiengerichts** (§ 1587o II 3 BGB). Das Gericht muss bei der Entscheidung über die Genehmigung neben der Sitten- oder Gesetzwidrigkeit und der Einhaltung der Form prüfen, ob die von den Lebenspartnern erzielte Einigung geeignet ist, die Altersversorgung des an sich ausgleichsberechtigten Lebenspartner zu sichern und ob sie ausgewogen ist. Das Gericht soll die Genehmigung aber nur dann verweigern, wenn unter Einbeziehung der Unterhaltsregelung und der Vermögensauseinandersetzung offensichtlich die vereinbarte Leistung nicht zur Sicherung des Berechtigten geeignet ist und zu keinem nach Art und Höhe angemessenen Ausgleich unter den Lebenspartnern führt (§ 1587o II 4 BGB). Ein entschädigungsloser Verzicht ist daher grundsätzlich nicht genehmigungsfähig. Etwas anderes kann allenfalls bei Bagatellanwartschaften gelten, wenn der Versorgungsausgleich wegen Eingreifens einer Härteklausel ohnehin ausgeschlossen wäre oder wenn aufgrund des sonstigen Inhalts der Vereinbarung keinerlei Anzeichen für eine Übervorteilung zu erkennen sind. Wird die Genehmigung versagt, erfolgt der Versorgungsausgleich nach §§ 1587- 1587m BGB.

108 **III. Verfahren. 1.** Durch den Versorgungsausgleich werden öffentliche Interessen berührt; denn die ungerechtfertigte Begründung von Anwartschaften würde nicht nur die Interessen des anderen Lebenspartners beeinträchtigen, sondern auch der übrigen Versicherten. Der Versorgungsausgleich ist deswegen (neben Verfahren um die Entziehung der elterlichen Sorge wegen Gefährdung des Kindeswohls nach § 1666) die einzige Materie, die noch im **Zwangsverbund** steht (§ 623 I 3 ZPO). Das bedeutet, dass das Verfahren über den Versorgungsausgleich von Amts wegen eingeleitet wird und die Lebenspartnerschaft grundsätzlich nicht aufgehoben werden kann, wenn nicht zugleich eine Regelung des Versorgungsausgleichs stattfindet (Ausnahmen: § 628 I 1 Nr 2, 3 ZPO). Materiellrechtlich sind allerdings Anträge in den Fällen der §§ 1587 b IV, 1587 d I, II, 1587 f, 1587 l, §§ 2, 3 a V 1, IX 3, 9, 10, 10 a, Art 4 § 1I 1 VAwMG erforderlich. Im Verfahren kann das Familiengericht von Amts wegen Auskünfte bei den Versorgungsträgern einholen (§ 53 b II FGG). Die Entscheidung über den Versorgungsausgleich wird nicht vor der Rechtskraft des Aufhebungsausspruchs wirksam, selbst wenn sie schon früher rechtskräftig geworden ist (§ 629 d ZPO).

109 **2.** § 10a VAHRG erlaubt die **nachträgliche Korrektur** von Entscheidungen über den Versorgungsausgleich und führt so zu einer weitgehenden Durchbrechung der

Rechtskraft von Entscheidungen über den öffentlich-rechtlichen Versorgungsausgleich. Ziel der Regelung ist es, dem Halbteilungsgrundsatz in Bezug auf Versorgungsanwartschaften möglichst umfassend Geltung zu verschaffen. Die Abänderungsmöglichkeit nach § 10a VAHRG steht selbständig neben den anderen Rechtsmitteln und Rechtsbehelfen. Auch die Wiederaufnahme nach § 578 ZPO wird nicht verdrängt.

110 **a)** Nach § 10a VAHRG **können** Regelungen des Versorgungsausgleichs nach § 1587b I-IV BGB, nach § 1 II, III VAHRG und nach § 3b I VAHRG ebenso **abgeändert werden,** wie Entscheidungen, dass kein Versorgungsausgleich stattfindet, weil keine auszugleichenden Wertanwartschaften vorhanden sind. Abgeändert werden kann auch eine Entscheidung, in der ein Versorgungsausgleich abgelehnt wurde, weil nur Bagatellanwartschaften auszugleichen gewesen wären (§ 3c VAHRG aF). Auch Entscheidungen, in denen kein oder ein geringerer öffentlich-rechtlicher Ausgleich angeordnet wurde, weil bestimmte Versorgungen dem schuldrechtlichen Ausgleich vorbehalten wurden, sind abänderbar. Ebenso können auch Vereinbarungen über den Versorgungsausgleich geändert werden, deren Abänderbarkeit die Eheleute nicht ausgeschlossen haben (§ 10a IX VAHRG). Der Änderung unterliegen außerdem Entscheidungen über die Abfindung künftiger schuldrechtlicher Ansprüche (§ 1587l BGB). Schließlich sind auch alle Abänderungsentscheidungen nach § 10a VAHRG ihrerseits wieder abänderbar.

111 **b)** **Formelle Voraussetzung** einer Abänderung ist der dahingehende Antrag (§ 10a I VAHRG). Dieser Antrag kann gestellt werden von den ehemaligen Lebenspartnern, ihren Hinterbliebenen und den durch den Versorgungsausgleich betroffenen Versorgungsträgern (§ 10a IV VAHRG). Hinterbliebene sind insoweit antragsberechtigt, als die Änderung des Versorgungsausgleichs ihnen zugute kommen kann. Der Versorgungsträger ist dann betroffen, wenn durch die Abänderung der Entscheidung über den Versorgungsausgleich gerade bei ihm bestehende Versorgungsanrechte gekürzt oder heraufgesetzt werden. Dafür reicht die bloße Möglichkeit, später in einem verlängerten schuldrechtlichen Versorgungsausgleich in Anspruch genommen zu werden, allein nicht aus. Insoweit fehlt es an der konkreten Betroffenheit. Der Antrag kann erst gestellt werden, wenn mindestens ein Lebenspartner das 55. Lebensjahr vollendet hat. Früher ist der Antrag nur dann zulässig, wenn der Verpflichtete oder seine Hinterbliebenen aus einer auf Grund des Versorgungsausgleichs gekürzten Versorgung oder Berechtigte oder seine Hinterbliebenen aus einer auf Grund des Versorgungsausgleichs erhöhten oder erst begründeten Versorgung Leistungen erhalten (§ 10a V VAHRG).

112 **c)** **Materiell setzt die Abänderung zunächst voraus**, **aa)** dass einer der in § 10a VAHRG genannten **Abänderungsgründe** vorliegt: Die Entscheidung kann abgeändert werden, wenn sich im Zeitpunkt der Entscheidung ein anderer Wertunterschied zwischen den in der Ehezeit erworbenen Anwartschaften ergibt als in der abzuändernden Entscheidung zugrunde gelegt wurde (§ 10a I Nr 1 VAHRG). Die Änderung ist auch möglich, wenn ein zur Zeit der abzuändernden Entscheidung noch verfallbares Anrecht unverfallbar wird und deswegen nun öffentlich-rechtlich ausgeglichen werden kann (§ 10a I Nr 2 VAHRG). Abänderbar ist eine Entscheidung über den Versorgungsausgleich auch dann, wenn zunächst der Ausgleich bestimmter Anrechte dem schuldrechtlichen Versorgungsausgleich überlassen worden war, das Anrecht aber nun doch durch eine Realteilung nach § 1 II VAHRG, durch ein Quasisplitting nach § 1 III VAHRG oder einen erweiterten Ausgleich nach § 3b I VAHRG ausgeglichen werden kann.

113 **bb)** Die Abänderung eines Versorgungsausgleichstitels setzt weiter voraus, dass die Änderung **voraussichtlich einen wesentlich abweichenden Ausgleichsbetrag** ergeben wird oder dass sie zur Erfüllung der Wartezeit führt, die für die Versorgung des Berechtigten von Bedeutung ist. Für die Beurteilung der Wesentlichkeit kommt es allein auf den Gesamtausgleichsbetrag an, nicht auf einzelne Gruppen von in den Versorgungs-

ausgleich einzubeziehenden Anwartschaften. Nicht in die Betrachtung werden solche Anrechte einbezogen, die schuldrechtlich auszugleichen sind. Die Wesentlichkeitsgrenze ist überschritten, wenn 10% des früheren Ausgleichswertes überschritten werden (§ 10a II 2 VAHRG). Außerdem muss die Abweichung 0,5% der Bezugsgröße nach § 18 SGB IV überschreiten. Ohne Überschreiten der Wesentlichkeitsgrenze kommt die Abänderung nur in Betracht, wenn der Berechtigte durch den zusätzlichen Ausgleich die Wartezeit erfüllt, die für seine Versorgung maßgebend ist (§ 10a II 1 Nr 2 VAHRG). Praktisch relevant ist dabei vor allem die Frage, ob der Ausgleichsberechtigte die Wartefrist von 60 Monaten erfüllt, die für den Bezug der Altersrente maßgebend ist. Die zusätzliche Wartezeit wird nach der Formel: Zuschlag an Entgeltpunkten dividiert durch 0,0313 berechnet und nach oben gerundet (§ 52 I SGB VI).

114 **cc)** Die **Abänderung** kommt nur in Betracht, wenn sie **sich voraussichtlich zu Gunsten eines der Lebenspartner oder seiner Hinterbliebenen auswirkt** (§ 10a II Nr 3 VAHRG). Ausgeschlossen sind alle Anträge, die ein Versorgungsträger allein in seinem Interesse stellt ebenso wie Anträge von Lebenspartnern, bei denen offensichtlich die Wartezeit für den Bezug einer Versorgung auch nach der Änderung wegen Nichterreichens der Wartezeit ausgeschlossen ist.

115 **dd)** Die Abänderung ist **ausgeschlossen,** soweit sie unter Berücksichtigung der beiderseitigen wirtschaftlichen Verhältnisse **grob unbillig** wäre. Die Klausel kann zu Gunsten beider Lebenspartner (bzw. ihrer Hinterbliebenen) wirken. In Betracht kommen nur Härtegründe wirtschaftlicher, nicht auch solche persönlicher Art. Im Abänderungsverfahren ist § 1587c BGB nicht anwendbar. Fehler, die sich insoweit im Ausgangsverfahren ergeben haben, sind nicht mehr zu korrigieren.

116 **d)** Die **Abänderungsentscheidung ist eine Entscheidung über den Versorgungsausgleich** wie die Ausgangsentscheidung auch. Die Wirkungsweise der abändernden Entscheidung entspricht deswegen derjenigen der Ausgangsentscheidung. Allerdings könnten sich wegen der Änderung der Entscheidung Nachteile für einen der Lebenspartner ergeben, der auf den Bestand der Ausgangsentscheidung vertraute. § 10a VI, VII, VIII, XII VAHRG enthält deswegen einige ergänzende Schutzregelungen.

117 Die **Abänderungsentscheidung wirkt** auf den der Antragstellung folgenden Monatsersten **zurück** (§ 10a VII 1 VAHRG). Es erfolgt eine Nachzahlung an den Ausgleichsberechtigten, der bereits Versorgungsleistungen bezieht, sofern die Änderung zur Erhöhung seiner Anrechte führt. Werden seine Anrechte verringert, werden die tatsächlich gezahlten Bezüge aber nur dann gekürzt, wenn auch der Verpflichtete bereits eine Versorgung bezieht (vgl § 101 III 3 SGB VI). Entsprechendes gilt umgekehrt für den Verpflichteten, wenn die Abänderung eine Erhöhung seiner Verpflichtung mit sich bringt. Doppelleistungen des Versorgungsträgers werden durch § 10a VII 2, 3 VAHRG vermieden, weil einerseits der jeweils Begünstigte sich innerhalb bestimmter Fristen an den anderen Lebenspartner erbrachte Leistungen zurechnen lassen muss und andererseits dem anderen erbrachte Leistungen angerechnet werden.

118 Hat die Abänderungsentscheidung eine Herabsetzung des Ausgleichs zur Folge, den der Verpflichtete bereits durch die Zahlung von Beiträgen zur gesetzlichen Rentenversicherung für den Berechtigten geleistet hat, bestimmt das Familiengericht, dass der Begünstigte oder der Rentenversicherungsträge diese **Beiträge zurückzahlen** muss (§ 10a VIII VAHRG). Hatte der Verpflichtete wegen des Ausgleichs Beiträge oder sonstige Zahlungen an seinen Versorgungsträger entrichtet, um die verlorenen Anrechte zurückzuerwerben und kommt es nun im Abänderungsverfahren zu einer Herabsetzung seiner Verpflichtung, hat er einen Erstattungsanspruch gegen den Versorgungsträger in Bezug auf die zuviel geleisteten Zahlungen (§ 10a XII VAHRG).

Abschnitt 5
Übergangsvorschriften

§ 21 Übergangsvorschrift zum Gesetz zur Überarbeitung des Lebenspartnerschaftsrechts

(1) Haben die Lebenspartner am 1. Januar 2005 im Vermögensstand der Ausgleichsgemeinschaft gelebt, so gelten, soweit die Lebenspartner nichts anderes vereinbart haben, von diesem Tage an die Vorschriften über den Güterstand der Zugewinngemeinschaft.
(2) Ist die Lebenspartnerschaft vor dem 1. Januar 2005 begründet worden, kann jeder Lebenspartner bis zum 31. Dezember 2005 gegenüber dem Amtsgericht erklären, dass für die Lebenspartnerschaft Gütertrennung gelten solle; § 1411 des Bürgerlichen Gesetzbuchs gilt entsprechend. Die Erklärung ist dem Amtsgericht gegenüber abzugeben, in dessen Bezirk die Lebenspartner wohnen. Die Erklärung muss notariell beurkundet werden. Haben die Lebenspartner die Erklärung nicht gemeinsam abgegeben, so hat das Amtsgericht sie dem anderen Lebenspartner nach den für die Zustellung von Amts wegen geltenden Vorschriften der Zivilprozessordnung bekannt zu machen.
(3) Ist die Lebenspartnerschaft vor dem 1. Januar 2005 begründet worden, kann jeder Lebenspartner bis zum 31. Dezember 2005 gegenüber dem Amtsgericht erklären, dass die gegenseitige Unterhaltspflicht der Lebenspartner sich weiter nach den §§ 5, 12 und 16 in der bis zum 31. Dezember 2004 geltenden Fassung dieses Gesetzes bestimmen soll. Absatz 2 gilt entsprechend.
(4) Ist die Lebenspartnerschaft vor dem 1. Januar 2005 begründet worden, können die Lebenspartner bis zum 31. Dezember 2005 gegenüber dem Amtsgericht erklären, dass bei einer Aufhebung ihrer Lebenspartnerschaft ein Versorgungsausgleich nach § 20 durchgeführt werden soll. Die notariell zu beurkundende Erklärung ist von beiden Lebenspartnern gegenüber dem Amtsgericht, in dessen Bezirk sie wohnen, abzugeben. § 20 Abs. 3 bleibt unberührt.
(5) Für am 31. Dezember 2004 anhängige gerichtliche Verfahren, die Ansprüche aus diesem Gesetz betreffen, ist dieses Gesetz in der bis dahin geltenden Fassung anzuwenden. Die Absätze 2 und 3 bleiben unberührt.

I. Die Norm **regelt das Übergangsrecht** in bezug auf die zeitliche Anwendbarkeit der neuen, durch das LPartGÜG geschaffenen Regeln über das Unterhalts – und Güterrecht sowie den Versorgungsausgleich. Dass die übrigen neuen Regelungen nur auf Vorgänge anzuwenden sind, die erst nach dem Inkrafttreten des LPartGÜG liegen, versteht sich von selbst, weil es um punktuelle Vorgänge geht. Die Übergangsregelungen betreffen dagegen Dauerverhältnisse, die in der Zeit des alten Rechts begonnen haben und sich bis in den Zeitraum der Geltung des neuen Rechts hinein erstrecken. 1

II. 1. Für das **Güterrecht** gelten Abs 1 und 2. Nach Abs 1 wird der bisherige Vermögensstand der **Ausgleichsgemeinschaft in den Güterstand der Zugewinngemeinschaft überführt**. Etwas anderes gilt nur dann, wenn die Lebenspartner das verein- 2 bart haben. Das dürfte nur selten der Fall sein. Im Übrigen entsprach die Ausgleichsgemeinschaft bisherigen Rechts ohnehin sachlich der Zugewinngemeinschaft, so dass für die betroffenen Lebenspartner mit der Umstellung keine Änderungen verbunden sind. Insbesondere ist nicht der Zugewinn zum 31.12.04 auszugleichen.

3 Gleichgültig in welchem Vermögensstand die Lebenspartner bislang lebten, können sie nunmehr **durch einfach Erklärung erreichen,** dass für sie **Gütertrennung** gilt. Voraussetzung ist neben der Begründung der Lebenspartnerschaft vor dem 1.1.05 nur, dass einer der Lebenspartner gegenüber dem Amtsgericht erklärt, dass für die Lebenspartner Gütertrennung gelten solle (Abs 2 S 1). Die Erklärung muss notariell beurkundet werden. Zuständig ist das AG, in dessen Bezirk die Lebenspartner ihren gemeinsamen Wohnsitz haben. Fehlt es daran, wird man das Gericht für zuständig halten müssen, in dessen Bezirk der Erklärende seinen Wohnsitz hat. Der Fall ist zwar nicht geregelt. Es spricht aber mehr für die Zuständigkeit des Wohnsitzgerichts des Erklärenden als des Gerichts des Erklärungsempfängers; denn das Gericht, bei dem nur eine einseitige Erklärung eingeht, muss den anderen Lebenspartner davon ohnehin nach den Vorschriften über die Zustellung benachrichtigen (Abs 2 S 4).

4 Für **Erklärungen Geschäftsunfähiger** gilt § 1411 BGB entsprechend. Erklärungen beschränkt Geschäftsfähiger kann es im Zusammenhang mit Lebenspartnern nicht geben, da eine Lebenspartnerschaft erst von der Volljährigkeit an eingegangen werden kann (§ 1 II Nr 1 LPartG). Es kommen allerdings Fälle vor, in denen ein Lebenspartner unter **Betreuung** steht und deswegen im Wesentlichen einem beschränkt Geschäftsfähigen gleichsteht – wenn ein Einwilligungsvorbehalt (§ 1903 BGB) angeordnet ist. Im Einzelnen gilt: Nicht geschäftsfähige Lebenspartner können die Erklärung nicht selbst abgeben. Für sie handelt ihr gesetzlicher Vertreter (§ 1411 II 1 BGB), also ihr Betreuer. Der Handlungsrahmen ist aber beschränkt. Der Betreuer bedarf der Genehmigung durch das Vormundschaftsgericht (§ 1411 II 2 BGB). Ein Betreuter, der nicht geschäftsunfähig ist und für den kein dahingehender Einwilligungsvorbehalt (§ 1903) angeordnet ist, kann die Erklärung nur selbst abgeben. Ist er geschäftsfähig, aber ein Einwilligungsvorbehalt für den Abschluss eines Lebenspartnerschaftsvertrags angeordnet, gibt er die Erklärung zwar selbst ab, bedarf dazu aber der Zustimmung seines Betreuers (§ 1411 I 2 BGB). Dieser bedarf dazu wiederum die Genehmigung des Vormundschaftsgerichts in den Fällen, in denen der Vormund als gesetzlicher Vertreter eines beschränkt Geschäftsfähigen eine solche benötigt (§ 1411 I 3 BGB).

5 **2.** Lebenspartner, deren Partnerschaft bereits vor dem 1.1.05 begründet wurde, können auch für das **Unterhaltsrecht** in seiner bisherigen Fassung optieren. Dieses wies erhebliche Unterschiede zu der nun geltenden neuen Fassung auf. Es ist allerdings fraglich, ob die Wahl des alten Rechts sinnvoll ist, denn das bisher gültige Recht wies erhebliche Unklarheiten und Brüche auf (vgl im Einzelnen die Kommentierungen in der 1. Aufl zu §§ 5, 12, 16 LPartG).

6 Das **bisher gültige Unterhaltsrecht** ist bereits dann anzuwenden, **wenn einer der Lebenspartner sich dafür entscheidet** und seine Entscheidung dem Amtsgericht des Wohnortes bis zum 31.12.05 mitteilt. Für die Förmlichkeiten gilt Abs 2 entsprechend (dazu Rn 3). Der Verweis auf § 1411 BGB ist insoweit allerdings bedeutungslos, weil es nicht um güterrechtliche Folgen geht. Vermutlich sollte sich die Verweisung auch nur auf Abs 2 S 2 ff beziehen und nicht auf Abs 2 S 1. Soweit der Lebenspartner nicht geschäftsfähig ist oder einen Betreuer hat, gelten daher die allgemeinen Regeln.

7 **3.** Bislang gab es in der Lebenspartnerschaft keinen **Versorgungsausgleich.** Um auch den Lebenspartnern, die ihre Lebenspartnerschaft bereits vor dem 1.1.05 begründet hatten, den Versorgungsausgleich zu ermöglichen, sieht Abs 4 vor, dass die Lebens-

partner gegenüber dem Amtsgericht, in dessen Bezirk sie wohnen, **erklären können, dass bei Aufhebung ihrer Lebenspartnerschaft ein Versorgungsausgleich stattfinden soll** (Abs 4 S 1). Die Erklärungen müssen bis zum 31.12.05 abgegeben werden. Sie sind notariell zu beurkunden (Abs 4 S 2). Anders als beim Güterrecht und beim Unterhalt reicht eine einseitige Erklärung nicht, denn durch die Erklärung soll die Rechtslage gegenüber der bisher geltenden umgestaltet werden. Das kann nicht einseitig geschehen. Können sich die Lebenspartner nicht einigen, bleibt es dabei, dass kein Versorgungsausgleich stattfindet.

8 Auch wenn die Lebenspartner für den Versorgungsausgleich optiert haben, steht es ihnen frei, später den **Versorgungsausgleich** wieder **durch den Abschluss eines dahingehenden Lebenspartnerschaftsvertrages auszuschließen** (Abs 4 S 3, § 20 III).

9 **4.** Für bereits **am 31.12.04 anhängige Verfahren** gilt das Lebenspartnerschaftsrecht in seiner **bisherigen Fassung** (Abs 5 S 1). Die Lebenspartner können aber noch eine Erklärung nach Abs 2 abgeben und damit erreichen, dass für die Lebenspartnerschaft Gütertrennung gelten soll (Abs 5 S 2, Abs 2). Der entsprechende Verweis auf Abs 3 geht ins Leere: denn nach Abs 5 S 1 gilt ohnehin schon das bisherige Unterhaltsrecht. Einer dahingehenden Wahl bedarf es nicht.

II. Einzeldarstellungen

1. Bürgerliches Gesetzbuch

a) Vorbemerkung

1 **I.** Die Lebenspartnerschaft hat mittlerweile auch Niederschlag in zahlreichen Vorschriften des Bürgerlichen Gesetzbuchs gefunden. Darin kommt die nun auf zivilrechtlichem Gebiet weitgehende Gleichstellung mit der Ehe mehr als in anderen Bereichen zur Geltung. Sachlich betreffen die Regelungen ganz unterschiedliche Rechtsgebiete und haben auch keinen inneren Zusammenhang. Von einer detaillierten Übersicht über das Mietrecht für Lebenspartner abgesehen, wird daher auf Kommentierungen der betroffenen Normen verzichtet. Mehr würde den Rahmen und Zweck dieses Werkes sprengen. Insoweit sei auf den Handkommentar BGB, 4. Aufl 2005, verwiesen.

2 **II.** Das Gesetz zur Beendigung der Diskriminierung gleichgeschlechtlicher Gemeinschaften: Lebenspartnerschaften brachte bereits eine Reihe von Änderungen im Bürgerlichen Gesetzbuch selbst, durch die einerseits die Lebenspartner Eheleuten in weitem Umfang gleichgestellt werden sollten, andererseits aber auch Änderungen, durch welche die Rechte auch anderer Partnerschaften außerhalb der Ehe (§§ 569a ff BGB) oder von neuen Ehegatten (§ 1687b BGB) gestärkt wurden.

3 Sachlich betrafen die Änderungen vor allem das Familien- und das Erbrecht. Im Familienrecht ging es vor allem um Rangfragen im Unterhalt (§ 1608 BGB), um Auswirkungen der Eingehung einer Lebenspartnerschaft auf den Unterhalt (§ 1586 BGB) und den Güterstand (§ 1493 BGB), um den Einfluss der Begründung einer Lebenspartnerschaft und der dadurch eintretenden Änderungen, vor allem der namensrechtlichen Folgen (§§ 1617c, 1757, 1765, 1767 BGB) in Bezug auf Kinder, um die Folgen der Beendigung einer Lebenspartnerschaft für Kinder (§§ 1682, 1685 BGB) und um den Einfluss der Lebenspartnerschaft auf das Betreuungsrecht (§§ 1836e, 1897, 1903, 1908i BGB), wo der Lebenspartner dem Ehegatten in seinem Verhältnis zum Betreuten gleichgestellt wurde.

4 Die Änderungen des Bürgerlichen Gesetzbuchs im **Erbrecht** dienten allein dazu, § 10 LPartG, durch welchen das gesetzliche Erbrecht und das Pflichtteilsrecht der Lebenspartner eingeführt und ausgestaltet wurde, zu ergänzen. Es handelte sich deswegen um sachlich sehr unterschiedliche Regelungen, die keinen inneren Zusammenhang aufwiesen: Betroffen waren §§ 1936, 1938, 2279, 2280 und § 2292 BGB.

5 Im Übrigen betrafen die Änderungen im Bürgerlichen Gesetzbuch Verjährungsfragen im Zusammenhang mit Ansprüchen der Lebenspartner gegeneinander (§ 204 BGB aF, jetzt § 207 BGB), des Schenkungsrechts (§ 528 BGB) und des Miet- (§§ 569-569c, 570b) und Pachtrechts (§ 584a BGB).

6 **III.** Durch das Gesetz zur Überarbeitung des Lebenspartnerschaftsrechts wurden weitere Vorschriften des BGB um eine Erwähnung der Lebenspartnerschaft ergänzt. Es handelt sich ausschließlich um Regelungen des Familien- und des Erbrechts: Das Eheverbot des § 1306 BGB wurde um das Verbot der bestehenden Lebenspartnerschaft, § 1586a BGB um die Fälle der Beendigung einer nach der Ehe eingegangenen Lebenspartnerschaft erweitert. Außerdem werden zwei Regelungen im Recht der Kindesannahme geändert. Dass das erst durch das LPartGÜG geschah, nachdem dort zahlreiche andere Vorschriften bereits durch das Gesetz zur Beendigung der Diskriminierung gleichgeschlechtlicher Gemeinschaften: Lebenspartnerschaften geändert worden waren, liegt daran, dass erst durch das LPartGÜG die Möglichkeit der Stiefkindannahme geschaffen wurde, gleichzeitig aber eine gemeinsame Annahme von Kindern weiter ausgeschlossen bleibt. Nach § 1767 II BGB ist nun zu einer Annahme eines Kindes durch einen Lebenspartner allein die Zustimmung seines Lebenspartners erforderlich. § 1770 I BGB stellt nunmehr klar, dass bei der Erwachsenenadoption die Rechtsverhältnisse des Lebenspartners des Annehmenden zum Angenommenen und des Annehmenden zum Lebenspartner des Angenommenen nicht verändert werden. Im Erbrecht wurden §§ 2275 III, 2279 II und 2290 III 2 insoweit der Entwicklung des Lebenspartnerschaftsrechts angepasst, dass nun dort auch von „Verlobten im Sinne des Lebenspartnerschaftsgesetzes" gesprochen wird.

7 **IV.** Weitere Änderungen des Bürgerlichen Gesetzbuchs, durch die bereits vorgenommene Gleichstellungen von Lebenspartnern mit Ehegatten bestätigt oder ausgebaut wurden, enthielten die Schuldrechtsreform, das Mietrechtsreformgesetz und andere Gesetze.

b) Mietrecht

Vorbemerkung

1 Das Mietrecht ist durch zwei Gesetze reformiert worden, die vom Parlament parallel beraten und beschlossen worden sind: das LPartG und das Mietrechtsreformgesetz. Das erste ist am 01.08.2001 und das zweite am 01.09.2001 in Kraft getreten. Das LPartG hat den Lebenspartner dem Ehegatten des Mieters gleichgestellt. Das Mietrechtsreformgesetz hat ua die Vorschriften über die Rechtsstellung der Angehörigen des Mieters verbessert. Das zum 01.01.2005 in Kraft getretene Gesetz zur Überarbeitung des Lebenspartnerschaftsrechts hat keine mietrechtlichen Auswirkungen.

2 Von den neuen Vorschriften werden hier nur die Paragrafen erläutert, die für die Rechtsstellung des Lebenspartners und der Angehörigen des Mieters von Bedeutung sind.

§ 549 BGB Auf Wohnraummietverhältnisse anwendbare Vorschriften

(1) Für Mietverhältnisse über Wohnraum gelten die §§ 535 bis 548, soweit sich nicht aus den §§ 549 bis 577a etwas anderes ergibt.
(2) Die Vorschriften über die Mieterhöhung (§§ 557 bis 561) und über den Mieterschutz bei Beendigung des Mietverhältnisses sowie bei der Begründung von Wohnungseigentum (§ 568 Abs. 2, §§ 573, 573a, 573d Abs. 1, §§ 574 bis 575, 575a Abs. 1 und §§ 577, 577a) gelten nicht für Mietverhältnisse über
1. Wohnraum, der nur zum vorübergehenden Gebrauch vermietet ist,
2. Wohnraum, der Teil der vom Vermieter selbst bewohnten Wohnung ist und den der Vermieter überwiegend mit Einrichtungsgegenständen auszustatten hat, sofern der Wohnraum dem Mieter nicht zum dauernden Gebrauch mit seiner Familie oder mit Personen überlassen ist, mit denen er einen auf Dauer angelegten gemeinsamen Haushalt führt,
3. Wohnraum, den eine juristische Person des öffentlichen Rechts oder ein anerkannter privater Träger der Wohlfahrtspflege angemietet hat, um ihn Personen mit dringendem Wohnungsbedarf zu überlassen, wenn sie den Mieter bei Vertragsschluss auf die Zweckbestimmung des Wohnraums und die Ausnahme von den genannten Vorschriften hingewiesen hat.
(3) Für Wohnraum in einem Studenten- oder Jugendwohnheim gelten die §§ 557 bis 561 sowie die §§ 573, 573a, 573d Abs. 1 und §§ 575, 575a Abs. 1, §§ 577, 577a nicht.

1 **I. 1.** § 549 I BGB regelt die Anwendbarkeit der allgemeinen mietrechtlichen Vorschriften auch auf **Wohnraummietverhältnisse**, soweit sich aus § 549 BGB bis § 577a BGB nichts anderes ergibt.

2 **2. Darlegungs-** und **beweispflichtig,** dass auf ein Wohnraummietverhältnis nur die allgemeinen Regelungen, nicht aber die besonderen, oftmals mieterschützenden Vorschriften der §§ 549 BGB bis 577a BGB Anwendung finden, ist derjenige, der sich auf die Nichtanwendbarkeit beruft.

3 **II. 1.** In § 549 II u III BGB werden nunmehr die vor der Mietrechtsreform im MHG und verstreut im BGB geregelten Ausnahmen der Geltung der Vorschriften über die Mieterhöhung, den Mieterschutz bei Beendigung des Mietverhältnisses sowie bei der Begründung von Wohneigentum zusammen gefasst. Gem § 549 II BGB finden die vorgenannten Vorschriften keine Anwendung in den in den Nr 1 bis 3 genannten Fällen.

4 **2. a)** Wohnraum, der nur zu **vorübergehenden Gebrauch** angemietet wurde, § 549 II Nr 1 BGB. Der vorübergehende Gebrauch ergibt sich aus der Verknüpfung einer vereinbarungsgemäß kurzfristigen Vertragsdauer mit einem entsprechenden Vertragszweck (OLG Bremen WuM 1981, 8), zB Mietverhältnis über Hotelzimmer oder Ferienwohnung.

5 **b)** Wohnraum, der **Teil der von Vermieter selbst bewohnten Wohnung** ist **und** den der **Vermieter überwiegend mit Einrichtungsgegenständen auszustatten hat**, § 549 II Nr 2 BGB. Beide Voraussetzungen müssen **kumulativ** vorliegen. Der Wohnraum ist dann Teil der vom Vermieter selbst bewohnten Wohnung, wenn die Räume **funktional** in den Wohnbereich des Vermieters einbezogen sind (Schmidt-Futterer/Blank, § 549 Rn 9). Der Vermieter muss die Wohnung **selbst, jedoch nicht ständig** bewohnen (LG Berlin WuM 1980, 134). Darüber hinaus muss der Vermieter **aufgrund einer Vereinbarung der Parteien verpflichtet** sein, die Wohnung **überwiegend** mit eigenem Mobiliar auszustatten.

6 **c)** § 549 II Nr 2 BGB findet jedoch keine Anwendung, wenn der Wohnraum dem Mieter zum **dauernden Gebrauch** mit seiner **Familie** oder mit **Personen, mit denen er einen auf Dauer angelegten gemeinsamen Haushalt führt**, überlassen wurde.

7 **aa)** Zur **Familie** iSd Vorschrift gehören entsprechend den Bestimmungen des BGB und des LPartG Ehegatten und Lebenspartner sowie verwandtschaftlich dem Mieter verbundene Personen, darüber hinaus auch Pflege- und Adoptivkinder (Schmidt-Futterer/Blank § 549 Rn 14, § 573 Rn 52). **Verlobte** sind keine Familienangehörigen iSd §3 540, 553 BGB, für sie und alle anderen Formen des Zusammenlebens wurden eigene Schutzkategorien geschaffen (Rn 8).

8 **bb)** Neben der Familie werden von § 549 II Nr 2 BGB auch all jene Personen geschützt, die mit dem Mieter einen auf **Dauer angelegten gemeinsamen Haushalt** führen. Dies ist nicht auf Lebensgemeinschaften mit einem wie auch immer gearteten sexuellen Hintergrund (BT-Drucks 14/4553, S 37, 61) beschränkt, maßgeblich ist vielmehr allein, dass eine besonders enge Lebensgemeinschaft zwischen den Partnern iS eines Füreinandereinstehens vorliegt (BT-Drucks 14/4553 aaO). Dies gilt etwa auch dann, wenn zB alte Menschen als Alternative zu einem Alters- oder Pflegeheim dauerhaft zusammen leben und dieses Füreinandereinstehen etwa durch wechselseitige Bevollmächtigung dokumentieren (BT-Drucks 14/4553 aaO). Bloße **Wohn-** und **Haushaltsgemeinschaften** fallen aber nicht unter § 549 II Nr 2 BGB.

9 **cc)** § 549 II Nr 2 BGB entfaltet seine Schutzwirkung nur, wenn **bei Vertragsschluss** tatsächlich derartige Familien- bzw Haushaltsgemeinschaften vorliegen. Alleinstehende Mieter werden ebenso wenig geschützt wie erst nach Vertragsschluss entstandene Familien bzw Haushaltsgemeinschaften (Schmidt-Futterer/Blank, § 549 Rn 13, aaO, aA Sternel III Rn 512).

10 **3.** § 549 II Nr 2 u 3 BGB sehen schließlich die Nichtanwendbarkeit bestimmter Mieterschutzvorschriften bei besonderen Mietverhältnissen (zB Jugend- u Studentenwohnheime) vor.

§ 553 BGB Gestattung der Gebrauchsüberlassung an Dritte

(1) Entsteht für den Mieter nach Abschluss des Mietvertrags ein berechtigtes Interesse, einen Teil des Wohnraums einem Dritten zum Gebrauch zu überlassen, so kann er von dem Vermieter die Erlaubnis hierzu verlangen. Dies gilt nicht, wenn in der Person des Dritten ein wichtiger Grund vorliegt, der Wohnraum übermäßig belegt würde oder dem Vermieter die Überlassung aus sonstigen Gründen nicht zugemutet werden kann.

(2) Ist dem Vermieter die Überlassung nur bei einer angemessenen Erhöhung der Miete zuzumuten, so kann er die Erlaubnis davon abhängig machen, dass der Mieter sich mit einer solchen Erhöhung einverstanden erklärt.
(3) Eine zum Nachteil des Mieters abweichende Vereinbarung ist unwirksam.

I. 1. Der **Anwendungsbereich** der Vorschrift, die im Wesentlichen den früheren § 549 II BGB wiedergibt, ist auf **Wohnraummietverhältnisse** beschränkt, andernfalls gilt § 540 BGB. 1

2. § 553 BGB räumt abweichend von § 540 I 1 BGB dem Mieter unter bestimmten Voraussetzungen einen **Anspruch** gegen den Vermieter ein, ihm die **Untervermietung** von **Teilen der Wohnung** zu erlauben. Die Vorschrift gewährt jedoch keinen Anspruch auf Untervermietung der **gesamten Wohnung**, hier gilt vielmehr nur § 540 I 2 BGB (Schmidt-Futterer/Blank, § 553 Rn 6). 2

3. § 553 BGB ist **unabdingbar**, soweit zum Nachteil des Mieters von der Vorschrift abgewichen werden soll. Dies gilt va für sog **Zölibatsklauseln** oder generelle Untervermietungsverbote. 3

4. Der Mieter hat **darzulegen** und zu **beweisen**, dass er ein berechtigtes Interesse an der Aufnahme des Dritten in die Wohnung hat und dass dieses Interesse nach Beginn des Mietverhältnisses entstanden ist. Der Vermieter hat sein der Untervermietung entgegenstehendes Interesse zu beweisen (Schmidt-Futterer/Blank, § 553 Rn 20). 4

II. 1. Der Mieter muss einen **Teil der Wohnung** zum **Gebrauch** zu Wohnzwecken einem **Dritten** überlassen wollen. 5

a) § 553 I BGB ist nur dann einschlägig, wenn der Mieter einen **Teil der Wohnung** untervermieten will. Soll die gesamte Wohnung **auf Dauer** unter Aufgabe der Sachherrschaft des Mieters überlassen werden, hat auch der Wohnraummieter keinen Anspruch auf eine Erlaubnis, vielmehr gilt § 540 BGB. Ob eine endgültige Besitzaufgabe durch den Hauptmieter vorliegt, ist im Einzelfall zu klären (Schmidt-Futterer/Blank aaO Rn 6) 6

b) Die Regelung umfasst wie § 540 BGB **jede Form des** Gebrauchs, gleich auf welcher Rechtsgrundlage und **ungeachtet, ob dem Dritten ein selbständiges Besitzrecht eingeräumt wird oder nicht**. (Schmidt-Futterer/Blank, § 540 Rn. 2). 7

c) Schließlich muss der Mieter die Mietsache an **Dritte** überlassen. Hierbei hat der Mieter die Person des Dritten namentlich zu benennen und dem Vermieter auf dessen Verlangen auch die zur Beurteilung der Bonität und der Zuverlässigkeit des Dritten notwendigen Daten offen zu legen (Schmidt-Futterer/Blank, § 540 Rn 64). Zu unterscheiden ist wie folgt: 8

aa) Die Aufnahme von **Ehegatten, Lebenspartnern** und **Kindern** in die Wohnung des Mieters fällt nicht unter eine erlaubnispflichtige Überlassung an Dritte iSd § 553 I BGB, sondern stellt vielmehr eine Nutzung im Rahmen des normalen Wohngebrauchs dar (OLG Hamm WuM 1997, 364; Schmidt-Futterer/Blank, § 540 Rn 23; Bub/Treier/Kraemer III Rn 1013), die dem Vermieter jedoch angezeigt werden muss (Bub/Treier/Kraemer III Rn 1014). 9

bb) Ob die Aufnahme von **Verwandten** in die Wohnung erlaubnispflichtig ist oder nicht, ist strittig (Bub/Treier/Kraemer III Rn 1013). Jedenfalls die Aufnahme der **Eltern** soll regelmäßig zum normalen Wohngebrauch gehören und dementsprechend nicht von einer Erlaubnis des Vermieters abhängig sein (Schmidt-Futterer/Blank § 540 10

Rn 23), Die Aufnahme anderer Verwandter, zB Geschwister des Mieters bedarf dagegen der Erlaubnis des Vermieters (BayOblG WuM 1984, 13).

11 **cc)** Will der Mieter **Verlobte** oder **Lebensgefährten** (s § 11 Rn 11) gleich welchen Geschlechts aufnehmen, braucht er nach hM hierzu die Erlaubnis des Vermieters, auf die er jedoch einen Anspruch hat (BGH NJW 2004, 56; a.A.Schmidt-Futterer/Blank, § 540 Rn 30: lediglich Anzeige der Aufnahme erforderlich). Der Anspruch auf die Erlaubnis ersetzt auch hier nicht die Erlaubnis selbst (BayOblG NJW-RR 1991, 461), so dass sich der Mieter bei Aufnahme seines Lebensgefährten bei nicht eingeholter oder gar verweigerter Erlaubnis des Vermieters der Gefahr einer fristlosen Kündigung gem § 543 II Nr. 2 BGB aussetzt (Rn 22). Hat der Mieter jedoch ein berechtigtes Interesse an der Aufnahme des Lebensgefährten, kann er sich im Räumungsprozess hierauf berufen, mit der Folge, dass die Kündigung regelmäßig unwirksam sein wird (BayOblG aaO; LG München I NJW-RR 1991, 1112).

12 **dd)** **Hilfspersonen**, wie Hausangestellte oder Pflegepersonal kann der Mieter jederzeit auch ohne Erlaubnis des Vermieters aufnehmen (BayOblG Grundeigentum 1997, 1463), da es sich lediglich um Besitzdiener des Mieters handelt. Allerdings muss dieser die Aufnahme dem Vermieter anzeigen.

13 **ee)** **Besucher** des Mieters fallen regelmäßig nicht in den Geltungsbereich des § 553 BGB, vielmehr gehört ihr Empfang zum allgemeinen erlaubnisfreien Wohngebrauch (Schmidt-Futterer/Blank, § 540 Rn 31).

14 **2.** Der Anspruch des Mieters auf Erlaubnis der Untervermietung ist weiterhin von drei Voraussetzungen abhängig, die kumulativ vorliegen müssen, nämlich a) ein berechtigtes Interesse des Mieters an der Untervermietung, b) das Entstehen dieses Interesse **nach** Abschluss des Mietvertrages und c) keine entgegenstehenden Interessen des Vermieters.

15 **a)** Ein **berechtigtes Interesse** des Mieters liegt nicht schon dann vor, wenn dieser mit der Untervermietung Einnahmen erzielen will oder den bloßen Wunsch hegt, einen Dritten in die Wohnung aufzunehmen (BGH WuM 1985, 7). Vielmehr müssen vernünftige Gründe vorliegen, die den Wunsch des Mieters zur Untervermietung nachvollziehbar erscheinen lassen, wobei hieran keine allzu hohen Anforderungen zu stellen sind (BGH aaO). Hierzu gehört grundsätzlich die Entscheidung des Mieters, sein Privatleben „innerhalb der eigenen vier Wände" nach seinen Vorstellungen zu gestalten z.B. durch Aufnahme eines **Lebensgefährten** gleich welchen Geschlechts (BGH aaO; OLG Hamm WuM 1982, 318). Deshalb ist der Vermieter auch nicht berechtigt, das Mietverhältnis zu kündigen, weil ein gleichgeschlechtlicher Partner in die Wohnung aufgenommen wurde (LG München I NJW-RR 1991, 1112). Dies ist zwischenzeitlich auch durch die Rechtsprechung des BVerfG (BVerfG NJW 1990, 1593) bestätigt, welches in seinem Urteil vom 03.04.1990 klar stellte, dass Art 6 I GG insbesondere nicht die Benachteiligung nichtehelicher Lebensgemeinschaften gebiete (BVerfG aaO). Eine Berücksichtigung der Belange des Vermieters findet dabei nur unter dem Gesichtspunkt der Zumutbarkeit im Sinne von § 553 I 1 BGB statt (BGH aaO).

16 **b)** Das Interesse des Mieters an der Überlassung des Wohnraums muss **nach** Abschluss des Mietvertrages entstanden sein, denn der Mieter hat keinen Anspruch darauf, dass ihm der Vermieter bereits bei Abschluss des Mietvertrages die Untervermietung gestattet. Beruft sich der Mieter auf ein berechtigtes Interesse an der Untervermietung, muss er daher die Veränderung seiner persönlichen Situation im Vergleich zu derjenigen dartun, die bei Abschluss des Vertrags vorgelegen hat. Im Falle einer bereits bei Vertragsschluss bestehenden Lebensgemeinschaft wird der Mieter darlegen und ggf beweisen müssen, dass der konkrete Wunsch, gemeinsam die Wohnung des Mieters zu bewohnen, erst deutlich nach Abschluss des Mietvertrages entstanden ist.

17 **c)** Der Vermieter kann seinerseits ein **berechtigtes Interesse** an der Verweigerung der Untervermietungserlaubnis geltend machen, § 553 I 2 BGB. Die Vorschrift nennt als Beispiele den wichtigen Grund, der in der Person des Dritten liegt, und die drohende Überbelegung der Wohnung. Hierbei handelt es sich jedoch um keine abschließende Aufzählung („sonstige Gründe").

18 **aa) Gründe in der Person des Dritten** können etwa von diesem zu befürchtende Störungen des Hausfriedens sein (LG Bamberg WuM 1974, 197), eine zum Vermieter oder anderen Mietern bestehende Feindschaft oder ein drohender vertragswidriger Gebrauch der Wohnung durch den Dritten, zB durch Ausübung der Prostitution (Bub/Treier/Kraemer III Rn 1022). **Keine** die Verweigerung der Erlaubnis rechtfertigenden Gründe liegen vor, wenn der Untermieter arbeitslos oder Ausländer ist. Gleiches gilt, wenn der Dritte mit dem Mieter in einer – auch gleichgeschlechtlichen – Partnerschaft lebt, da eine allgemein gültige Auffassung, wonach das Zusammenleben unverheirateter Personen gleichen oder verschiedenen Geschlechts zu zweit in einer eheähnlichen Gemeinschaft oder zu mehreren in einer Wohngemeinschaft sittlich anstößig sei, heute nicht mehr existiert (BGH WuM 1985, 7; OLG Hamm WuM 1982, 318). Dies gilt auch bei einer **kirchlichen Institution** als Vermieterin (OLG Hamm WuM 1991, 668). Hat der Mieter an der Aufnahme des Lebensgefährten ein berechtigtes Interesse im Sinne von § 553 I 1 BGB, dann kann auch eine Kirchengemeinde oder eine sonstige kirchliche Institution als Vermieterin die Erlaubnis nicht allein deshalb als unzumutbar im Sinne von § 553 I 2 BGB ablehnen, weil die nichteheliche Lebensgemeinschaft im Widerspruch zu Glauben und Lehre der Kirche steht (OLG Hamm aaO). Etwas anders soll jedoch gelten, wenn die Wohnung nicht in einem „durchschnittlichen" sozial normalen Umfeld, sondern in einer Umgebung gelegen ist, die nichteheliche Lebensgemeinschaften ablehnt, und die zusammen mit Nachbargebäuden in unmittelbarer Nähe zu einer Kirche dem kirchlichen Lebensbereich zuzuordnen ist (LG Aachen, NJW 1992, 2897; ähnlich OLG Hamm aaO). Darüber hinaus soll ein berechtigtes Interesse des Vermieters an der Verweigerung der Untervermietungserlaubnis va bei nichtehelichen Lebensgemeinschaften auch dann bestehen, wenn Mieter und Vermieter im selben Haus wohnen und die unmittelbare Konfrontation mit der von ihm missbilligten Lebensweise des Mieters den Vermieter, zB bei der Kindererziehung, empfindlich stört (OLG Hamm aaO). Dem kann nicht gefolgt werden, da die Annahme, aus der bloßen Art des Zusammenlebens könne eine wie auch immer geartete „empfindliche Störung" des Vermieters herrühren, fragwürdig ist, va wenn dessen persönliche Moralvorstellungen nach hM bei der Beurteilung des berechtigten Interesses an der Verweigerung der Erlaubniserteilung keine maßgebliche Rolle spielen sollen.

19 **bb) Überbelegung** der Wohnung ist anzunehmen, wenn die Anzahl der künftigen Bewohner in keinem Verhältnis mehr zur Anzahl der vorhandenen Wohnräume steht. Hiervon ist die bloße **verstärkte Abnutzung** der Mietsache durch die Aufnahme zusätzlicher Personen zu unterscheiden, die den Vermieter bestenfalls zur Einforderung einer erhöhten Miete (su Rn 21), nicht aber zur Verweigerung der Erlaubnis berechtigt (Bub/Treier/Kraemer aaO).

20 **cc) Sonstige Gründe** können den Vermieter zur Verweigerung der Erlaubniserteilung berechtigen, wenn diese das an sich vorrangige Interesse des Mieters an der Wohnraumüberlassung deutlich überwiegen. Derartige Gründe müssen ein Gewicht haben, das dem der Regelbeispiele entspricht (BGH WuM 1985, 7).

21 **3.** Gem § 553 II BGB kann der Vermieter eine **Erhöhung der Miete** verlangen, wenn ihm andernfalls die Erteilung der Erlaubnis zur Untervermietung unzumutbar wäre. Hierbei handelt es sich nicht um einen Zuschlag, sondern vielmehr um eine Vertragsanpassung auf Grund erweiterten Mietgebrauchs (Schmidt-Futterer/Blank § 549 Rn

82). § 553 II BGB gibt dem Vermieter **keinen** Anspruch auf Zahlung einer erhöhten Miete, er kann vielmehr nur die Erteilung der Untervermietungserlaubnis verweigern, falls der Mieter einer Mieterhöhung unberechtigt nicht zustimmt (Schmidt-Futterer/Blank aaO).

22 **4. Verweigert** der Vermieter unberechtigt die Erteilung der Erlaubnis, muss ihn der Mieter hierauf klageweise in Anspruch nehmen (Schmidt-Futterer/Blank, § 553 Rn 2), wobei bei mehreren Mietern jeder einzelne klagebefugt ist (LG Berlin NJW-RR 1992, 13). Umgekehrt kann der Vermieter bei unberechtigter Untervermietung den Mieter auf Unterlassung verklagen und diesen Anspruch sogar mittels einstweiliger Verfügung durchsetzen, wenn die übrigen Voraussetzungen der §§ 935 ff ZPO gegeben sind (LG Oldenburg NJW-RR 1989, 81). Darüber hinaus kann der Vermieter das Mietverhältnis wegen unbefugter Überlassung der Mietsache an einen Dritten nach Abmahnung gem § 543 II Nr 2 BGB **fristlos kündigen**, sofern der Mieter kein berechtigtes Interesse an der Untervermietung und damit einen Anspruch auf Erteilung der Erlaubnis zur Untervermietung geltend machen kann (BayOblG NJW-RR 1991, 461).

§ 563 BGB Eintrittsrecht bei Tod des Mieters

(1) Der Ehegatte, der mit dem Mieter einen gemeinsamen Haushalt führt, tritt mit dem Tod des Mieters in das Mietverhältnis ein. Dasselbe gilt für Lebenspartner.
(2) Leben in dem gemeinsamen Haushalt Kinder des Mieters, treten diese mit dem Tod des Mieters in das Mietverhältnis ein, wenn nicht der Ehegatte eintritt. Der Eintritt des Lebenspartners bleibt vom Eintritt der Kinder des Mieters unberührt. Andere Familienangehörige, die mit dem Mieter einen gemeinsamen Haushalt führen, treten mit dem Tod des Mieters in das Mietverhältnis ein, wenn nicht der Ehegatte oder der Lebenspartner eintritt. Dasselbe gilt für Personen, die mit dem Mieter einen auf Dauer angelegten gemeinsamen Haushalt führen.
(3) Erklären eingetretene Personen im Sinne des Absatzes 1 oder 2 innerhalb eines Monats, nachdem sie vom Tod des Mieters Kenntnis erlangt haben, dem Vermieter, dass sie das Mietverhältnis nicht fortsetzen wollen, gilt der Eintritt als nicht erfolgt. Für geschäftsunfähige oder in der Geschäftsfähigkeit beschränkte Personen gilt § 210 entsprechend. Sind mehrere Personen in das Mietverhältnis eingetreten, so kann jeder die Erklärung für sich abgeben.
(4) Der Vermieter kann das Mietverhältnis innerhalb eines Monats, nachdem er von dem endgültigen Eintritt in das Mietverhältnis Kenntnis erlangt hat, außerordentlich mit der gesetzlichen Frist kündigen, wenn in der Person des Eingetretenen ein wichtiger Grund vorliegt.
(5) Eine abweichende Vereinbarung zum Nachteil des Mieters oder solcher Personen, die nach Absatz 1 oder 2 eintrittsberechtigt sind, ist unwirksam.

1 **I. 1.** Der **Anwendungsbereich** der Vorschrift ist auf **Wohnraummietverhältnisse** beschränkt. Soweit die Überlebenden selbst **Parteien** des Mietverhältnisses sind, gilt nicht § 563 BGB, sondern **§ 563a BGB**. § 563 BGB gilt auch für **Sozialwohnungen**, sodass die in das Mietverhältnis Eintretenden **keinen eigenen Wohnberechtigungsschein** benötigen (Bub/Treier/Heile II Rn 846 aE).

2 **2. Zweck** des § 563 BGB ist die **gesetzliche Anordnung** des Eintritts bestimmter, eng mit dem verstorbenen Mieter verbundener Personen in das ursprünglich mit dem verstorbenen Mieter bestehende Mietverhältnis, ohne dass es einer rechtserheblichen Handlung, va Willenserklärung der Betroffenen bedarf. Dem Vermieter wird jedoch

unter den in § 563 IV BGB genannten Voraussetzungen das Recht eingeräumt, sich aus dem nunmehr mit dem Eintretenden bestehenden Mietverhältnis zu lösen. Gleiches gilt für die eintretenden Personen nach Maßgabe des § 563 III BGB.

3. § 563 BGB ist gem § 563 V BGB **unabdingbar**, soweit zum Nachteil des Mieters oder der eintrittsberechtigten Personen vom Inhalt der Vorschrift abgewichen werden soll. 3

4. Die nach dieser Vorschrift Eintretenden sind **darlegungs-** und **beweispflichtig** für die Voraussetzungen des Eintritts, der Vermieter für das Vorliegen der Voraussetzungen seines Sonderkündigungsrechts nach § 563 IV BGB. 4

II. 1. § 563 I BGB setzt zunächst ein **bestehendes Wohnraummietverhältnis** voraus (Schmidt-Futterer/Gather § 563 Rn 13). Eine etwaige Befristung spielt keine Rolle. Weitere Voraussetzung ist der **Tod** des Mieters, ungeachtet der Todesursache (Schmidt-Futterer/Gather, § 563 Rn 13), wobei auch die **Todeserklärung** eines Verschollenen nach § 9 I VerschG ausreicht. Die Vorschrift findet auch Anwendung bei **Mietermehrheiten**, zB Wohngemeinschaften (OLG Karlsruhe WuM 1989, 610). 5

2. Ehegatte iSd § 563 I BGB ist nur der Partner einer zum Zeitpunkt des Todes des Mieters **bestehenden Ehe**, wobei die **eherechtlichen Bestimmungen** maßgeblich sind. 6

3. Wie der Ehegatte tritt auch der **Lebenspartner** einer nach den Vorschriften des LPartG zum Zeitpunkt des Todes bestehenden Lebenspartnerschaft in das Mietverhältnis ein, § 563 I 2 BGB. 7

4. Gem § 563 II 1 BGB treten **nachrangig** für den Fall, dass der überlebende Ehegatte nicht in das Mietverhältnis eintritt, die im gemeinsamen Haushalt lebenden **Kinder** des verstorbenen Mieters ein. Die Kindseigenschaft bestimmt sich nach den familienrechtlichen Vorschriften, dh eintrittsberechtigt sind leibliche und **Adoptivkinder**. **Pflege- und Stiefkinder** sind **andere Familienangehörige** iSv § 563 II 2 BGB. Bei minderjährigen Kindern gilt § 563 III 2 BGB. Das Eintrittsrecht der Kinder steht gleichberechtigt und unabhängig neben dem Eintrittsrecht des Lebenspartners des verstorbenen Mieters. 8

5. Der Eintritt **anderer Familienangehöriger** des verstorbenen Mieters in das Mietverhältnis erfolgt nur, wenn keine eintretenden Lebenspartner oder Ehegatten vorhanden sind oder diese den Eintritt gem § 563 III BGB abgelehnt haben. Nach § 563 II 1 BGB eintretende Kinder sind insoweit unbeachtlich. Sind Personen iSd § 563 I BGB eingetreten, wurde das Mietverhältnis aber von diesen oder gem § 563 IV BGB vom Vermieter gekündigt, scheidet ein Eintritt der Familienangehörigen aus 9

a) Familienangehörige iSd § 563 II 2 BGB sind zunächst **Verwandte** und **Verschwägerte** des verstorbenen Mieters, wobei es auf den Verwandtschafts- oder Verschwägerungsgrad nicht ankommt (BGH NJW 1993, 999). Wie sich aus der Begründung zum Entwurf des Mietrechtsreformgesetzes ergibt, sind unter Familienangehörigen nur Personen zu verstehen, die mit dem Mieter verwandt oder verschwägert sind (BT-Drucks 14/4553 S 37, 61), so dass **Verlobte** nicht hierunter fallen. 10

b) Ob Partner **nichtehelicher Lebensgemeinschaften** sowie **Verlobte** zu den Familienangehörigen iSd § 563 II 2 BGB zu zählen sind oder nicht, hat ohnedies keine praktische Bedeutung, soweit es sich bei ihnen um Personen handelt, die mit dem verstorbenen Mieter einen **auf Dauer angelegten gemeinsamen Haushalt** iSv § 563 II 3 11

BGB führen. Andernfalls wären sie im Übrigen auch als Familienangehörige nicht eintrittsberechtigt (Rn 16). Dies gilt sowohl für **hetero- wie für homosexuelle Lebensgemeinschaften.** Im Übrigen beschränkt sich der Anwendungsbereich des § 563 II 3 BGB nicht auf Lebensgemeinschaften mit einem wie auch immer gearteten sexuellen Hintergrund (BT-Drucks 14/4553/S 37, 61), maßgeblich ist vielmehr allein, dass eine bes enge Lebensgemeinschaft zwischen den Partnern iS eines Füreinandereinstehens vorliegt (BT-Drucks 14/4553 aaO). Dies gilt etwa auch dann, wenn zB alte Menschen als Alternative zu einem Alters- oder Pflegeheim dauerhaft zusammen leben und dieses Füreinandereinstehen etwa durch wechselseitige Bevollmächtigung dokumentieren (BT-Drucks 14/4553 aaO). Bloße **Wohn-** und **Haushaltsgemeinschaften** fallen aber nicht unter § 563 II 3 BGB.

12 **c)** Der mit dem verstorbenen Mieter gem § 563 II 3 BGB in einem auf Dauer angelegten gemeinsamen Haushalt lebende Partner tritt **gleichberechtigt** neben den in § 563 II 2 BGB genannten Familienangehörigen in das Mietverhältnis ein.

13 **6.** Das Führen eines **gemeinsamen Haushalts** ist **gemeinsame Voraussetzung** des § 563 I u II BGB. Maßgeblich sind allein die **tatsächlichen Gegebenheiten** zum **Todeszeitpunk**t (AG Berlin-Wedding, MM 1997, 243). Ein ständiges Zusammenleben ist **nicht notwendig**, weshalb auch ggf ein zweiter Wohnsitz des Ehegatten oder Lebenspartners der Annahme eines gemeinsamen Haushalts nicht entgegensteht (AG Berlin-Wedding aaO). Auch bei **Getrenntleben** kann im Einzelfall noch ein gemeinsamer Hausstand anzunehmen sein, nicht jedoch nach Auszug des Ehegatten oder Lebenspartners (Schmidt-Futterer/Gather, § 563 Rn 18).

14 **7.** Den von Gesetzes wegen nach § 563 I u II BGB in das Mietverhältnis eintretenden Personen steht gem § 563 III 1 BGB ein **Ablehnungsrecht** zu. Dieses ist durch auch **formlose empfangsbedürftige** Erklärung gegenüber dem Vermieter auszuüben. Bei Personenmehrheiten kann jeder einzelne die Erklärung mit Wirkung nur für sich abgeben, § 563 III 3 BGB. Die **Frist** zur Abgabe der Erklärung beträgt einen Monat, die Berechnung erfolgt gem §§ 186 ff BGB. Sie beginnt zu laufen, sobald die Eintretenden **positive Kenntnis** vom Tod des Mieters erlangt haben. Es besteht weder eine Erkundigungspflicht, noch reicht bloßes Kennenmüssen aus (Schmidt-Futterer/Gather, § 563 Rn 38). Bei Geschäftsunfähigkeit oder beschränkter Geschäftsfähigkeit ist der Lauf der Frist gem §§ 563 III 2, 210 BGB gehemmt und endet nicht vor Ablauf eines Monats ab Wegfall des Vertretungsmangels (Bub/Treier/Heile II Rn 844). Erlangen mehrere Eintretende zu unterschiedlichen Zeitpunkten diese Kenntnis, beginnt auch die Frist jeweils unterschiedlich zu laufen. **Rechtsfolge** der Erklärung ist der **rückwirkende Fortfall** sämtlicher aus dem Eintritt her rührender Rechte und Pflichten des Eintretenden, va der Pflicht zur Mietzahlung seit dem Tod des Mieters. Anstelle des ablehnenden Ehegatten oder Lebenspartners können nun der von § 563 II BGB umfasste Personenkreis oder diesem gegenüber nachrangig die Erben des Mieters nach § 564 BGB eintreten bzw die Fortsetzung des Mietverhältnisses erklären.

15 **8.** Gem § 563 IV 1 BGB steht dem Vermieter gegenüber den nach § 563 I u II BGB eintretenden Personen ein **Sonderkündigungsrecht** zu. Voraussetzung hierfür ist ein in der Person des Eingetretenen liegender **wichtiger Grund**, wobei als Maßstab § 553 I 2 BGB heranzuziehen ist (Schmidt-Futterer/Gather, 1 § 563 Rn 45). Der Vermieter kann den Eintretenden also aus den gleichen Gründen ablehnen, aus denen er ihn als vom Mieter vorgestellten Untermieter ablehnen könnte, zB weil der Eintretende bereits mehrfach den Hausfrieden gestört hat (Schmidt-Futterer/Blank, § 553 Rn 10). Anders als bei § 553 I 2 BGB wird jedoch bei § 563 IV 1 BGB auch die **mangelnde Zahlungs-**

fähigkeit des Eintretenden einen wichtigen Grund darstellen müssen, da der Eintretende im Gegensatz zum Untermieter dem Vermieter ab dem Zeitpunkt des Eintritts für Verbindlichkeit aus dem Mietverhältnis haftet. Die Kündigung bedarf gem § 568 BGB der **Schriftform.** Da es sich um eine außerordentliche Kündigung mit gesetzlicher Frist iSd § 573d BGB handelt, sind gem § 573d I BGB die §§ 573, 573a BGB entsprechend anzuwenden. Dies bedeutet va, dass wegen § 573 III BGB die **Kündigungsgründe** in der Kündigung angegeben sein müssen. Die **Kündigungserklärungsfrist** beträgt einen Monat (§§ 186 ff BGB). Ihr Lauf beginnt, sobald der Vermieter vom Tod des Mieters von der Endgültigkeit des Eintritts erfahren hat, spätestens also mit Ablauf der Ablehnungsfrist des § 563 III 1 BGB. Die **Kündigungsfrist** berechnet sich nach § 573d II BGB.

16 **III.** Als **Übergangsregelung** sieht **Art 229 § 3 I Nr 5 EGBGB** vor, dass im Falle des Todes des Mieters die früheren §§ 569 bis 569b BGB in ihrer bis zum 01.09.2001 gültigen Fassung anzuwenden sind, wenn der Mieter vor dem 01.09.2001 verstorben ist.

§ 563a BGB Fortsetzung mit überlebenden Mietern

(1) Sind mehrere Personen im Sinne des § 563 gemeinsam Mieter, so wird das Mietverhältnis beim Tod eines Mieters mit den überlebenden Mietern fortgesetzt.
(2) Die überlebenden Mieter können das Mietverhältnis innerhalb eines Monats, nachdem sie vom Tod des Mieters Kenntnis erlangt haben, außerordentlich mit der gesetzlichen Frist kündigen.
(3) Eine abweichende Vereinbarung zum Nachteil der Mieter ist unwirksam.

1 **I. 1.** Der **Anwendungsbereich** der Vorschrift ist auf **Wohnraummietverhältnisse** beschränkt. Für andere, insbesondere **Gewerbemietverhältnisse gilt § 563a BGB** wegen des fehlenden Verweises in den §§ 578 II, 581 II BGB **nicht.** § 563a BGB findet nur Anwendung, soweit nach § 563 BGB eintrittsberechtigte Personen zusammen mit dem verstorbenen Mieter Vertragsparteien des Mietverhältnisses waren, lediglich faktische **Wohn- und Hausgemeinschaften** werden von der Vorschrift nicht erfasst.

2 **2.** Die Vorschrift hat zunächst **klarstellenden Charakter**. Sie sieht vor, dass der Tod eines Mitglieds einer aus Personen iSd § 563 BGB bestehenden Mietermehrheit die Rechtsposition der anderen Mieter nicht berührt und insbesondere keine Auswirkungen auf den Fortbestand ihrer mit dem Vermieter eingegangenen Vertragsbeziehungen hat. Darüber hinaus ordnet sie jedoch eine **Sonderrechtsnachfolge** der überlebenden Mieter an, so dass etwaig vorhandene **Erben** des Mieters nicht in das Mietverhältnis eintreten. Zugleich wird den das Mietverhältnis fortsetzenden Mietern ein Sonderkündigungsrecht eingeräumt.

3 **3.** § 563a BGB ist gem § 563a III BGB **unabdingbar**, soweit zum Nachteil der Mieter vom Inhalt der Vorschrift abgewichen werden soll.

4 **4. Darlegungs-** und **beweispflichtig** für das Vorliegen der Voraussetzungen der Sonderrechtsnachfolge ist der überlebende Mieter.

5 **II. 1.** § 563a I BGB weitet im Vergleich zum früheren § 569c BGB den Kreis der das Mietverhältnis allein fortsetzenden Mieter deutlich aus. Fortsetzungsberechtigt im Rahmen der von § 563a I BGB angeordneten Sonderrechtsnachfolge ist nun der gesamte

in § 563 BGB (§ 563 Rn 6 ff) genannte Personenkreis, also Ehegatten und Lebenspartner, Familienangehörige, soweit sie in einem gemeinsamen Haushalt mit dem verstorbenen Mieter lebten und schließlich Personen, die mit dem verstorbenen Mieter einen auf Dauer angelegten gemeinsamen Haushalt führten. Für alle gilt das Privileg, das Mietverhältnis anders als nach den allgemeinen erbrechtlichen Regeln allein und nicht mit etwaigen Erben des verstorbenen Mieters fortzuführen. Die Verdrängung der Erben ist **endgültig**, so dass diese auch im Falle einer Kündigung des Mietverhältnisses durch die überlebenden Mieter nicht mehr in das Mietverhältnis einrücken (Bub/Treier/Heile II Rn 854).

6 **2.** Soweit mehrere Personen iSd § 563 BGB teilweise mit dem verstorbenen Mieter Mietvertragspartei waren, teilweise nicht, setzen erste das Mietverhältnis nach § 563a I BGB fort, letztere treten nach § 563 BGB in das Mietverhältnis ein. Ein wie auch immer geartetes Nachrangigkeitsverhältnis beider Vorschriften zueinander existiert nicht.

7 **3.** Den fortsetzenden Mietern steht gem § 563 a II BGB ein **Sonderkündigungsrecht** zu. Dieses Sonderkündigungsrecht kann bei mehreren Fortsetzungsberechtigten wegen der Unteilbarkeit des Mietverhältnisses nur **einheitlich** von allen Fortsetzungsberechtigten ausgeübt werden, da andernfalls eine unzulässige Teilkündigung vorläge (Bub/Treier/Straßberger II Rn 260). Die **Kündigungserklärungsfrist** beträgt einen Monat, die Berechnung erfolgt gem §§ 186 ff BGB. Sie beginnt zu laufen, sobald die überlebenden Mieter **positive Kenntnis** vom Tod des Mieters erlangt haben. Die **Kündigungsfrist** berechnet sich nach § 573d II BGB. Dem Vermieter steht im Gegensatz zu § 563 IV BGB kein Sonderkündigungsrecht zu, da er anders als beim Eintritt bislang nicht am Mietverhältnis beteiligter Personen im Falle der Fortsetzung nach § 563a I BGB nicht mit neuen Mietvertragspartnern konfrontiert wird.

8 **III.** Als **Übergangsregelung** sieht **Art 229 § 3 I Nr 5 EGBGB** vor, dass im Falle des Todes des Mieters die früheren §§ 569 bis 569b BGB in ihrer bis zum 01.09.2001 gültigen Fassung anzuwenden sind, wenn der Mieter vor dem 01.09.2001 verstorben ist.

§ 563b BGB Haftung bei Eintritt oder Fortsetzung

(1) Die Personen, die nach § 563 in das Mietverhältnis eingetreten sind oder mit denen es nach § 563a fortgesetzt wird, haften neben dem Erben für die bis zum Tod des Mieters entstandenen Verbindlichkeiten als Gesamtschuldner. Im Verhältnis zu diesen Personen haftet der Erbe allein, soweit nichts anderes bestimmt ist.
(2) Hat der Mieter die Miete für einen nach seinem Tod liegenden Zeitraum im Voraus entrichtet, sind die Personen, die nach § 563 in das Mietverhältnis eingetreten sind oder mit denen es nach § 563a fortgesetzt wird, verpflichtet, dem Erben dasjenige herauszugeben, was sie infolge der Vorausentrichtung der Miete ersparen oder erlangen.
(3) Der Vermieter kann, falls der verstorbene Mieter keine Sicherheit geleistet hat, von den Personen, die nach § 563 in das Mietverhältnis eingetreten sind oder mit denen es nach § 563a fortgesetzt wird, nach Maßgabe des § 551 eine Sicherheitsleistung verlangen.

1 **I. 1.** Der **Anwendungsbereich** der Vorschrift ist auf **Wohnraummietverhältnisse** beschränkt. Für andere, insbesondere **Gewerbemietverhältnisse gilt § 563b BGB**

wegen des fehlenden Verweises in den §§ 578 II, 581 II BGB **nicht.** § 563b BGB findet nur Anwendung bei nach §§ 563, 563a BGB eintritts- bzw fortsetzungsberechtigten Personen.

2. Die Vorschrift regelt einzelne Rechtsfolgen im Falle eines Eintritts nach § 563 BGB oder einer Fortsetzung nach § 563a BGB und greift dabei im Wesentlichen die bereits vor der Mietrechtsreform geltende Rechtslage auf (BT-Drucks 14/4553 S 62). 2

3. § 563b BGB ist grundsätzlich **abdingbar**, sodass auch Vereinbarungen zu Lasten der nach §§ 563, 563a BGB in das Mietverhältnis eintretenden oder es fortsetzenden Personen getroffen werden können. **Unabdingbar** ist die Vorschrift zum Nachteil der genannten Personen, soweit es um die in § 563b III BGB vorgesehene Stellung von Mietsicherheiten geht, da andernfalls § 551 IV BGB unterlaufen werden könnte. 3

4. Die **Darlegungs-** und **Beweislast** richtet sich nach den allgemeinen Regeln, va ist der Erbe darlegungs- und beweispflichtig für eine abweichende Vereinbarung iSd § 563b I 2 BGB sowie für von dem verstorbenen Mieter geleistete Vorauszahlungen iSd § 563b II BGB. Der Vermieter ist darlegungs- und beweispflichtig für die Voraussetzungen des § 563b III BGB. 4

II. 1. § 563b I BGB regelt allein die Haftung für Verbindlichkeiten **aus dem Mietverhältnis**, die **vor dem Tod** des verstorbenen Mieters entstanden sind. Nur für diese ordnet die Vorschrift eine **gesamtschuldnerische Haftung** der nach §§ 563, 563a BGB eintrittsberechtigten Personen einerseits und der Erben des Mieters andererseits an. Vor dem Tod des Mieters entstandene Verbindlichkeiten gegenüber Dritten werden davon ebenso wenig umfasst (Schmidt-Futterer/Gather, § 563b Rn 7 aE) wie nach dem Tod des Mieters entstandene Verbindlichkeiten, für die die eintritts- bzw fortsetzungsberechtigten Personen als Gesamtschuldner iSd § 421 BGB alleine haften. 5

2. Im **Innenverhältnis** haftet der Erbe den eintretenden bzw das Mietverhältnis fortsetzenden Personen gegenüber abweichend von § 426 I 1 BGB gem § 563b I BGB allein. Soweit also eine dieser Personen die Verbindlichkeiten gegenüber dem Vermieter ausgleicht, kann sie vom Erben vollen Ersatz verlangen. Va soweit überlebende Mitmieter das Mietverhältnis fortsetzen, erscheint die alleinige Haftung des Erben nicht immer als angemessen (BT-Drucks 14/4553, 62). § 563b I 2 BGB sieht daher die Möglichkeit einer abweichenden Regelung zB dahin gehend vor, dass der verstorbene Mieter zu Lebzeiten entsprechende Vereinbarungen mit den eintritts- oder fortsetzungsberechtigten Personen oder dem Erben getroffen hat (BT-Drucks 14/4553 aaO). 6

3. Soweit der verstorbene Mieter die Miete für einen Zeitraum nach seinem Tod **im voraus** entrichtet hat, hat der Erbe gem § 563b II BGB gegen die eintritts- bzw fortsetzungsberechtigten Personen einen Anspruch auf Herausgabe dessen, was diese infolge der Vorauszahlung einsparen oder erlangen. Die Vorschrift, die insoweit die Regelung in § 547 BGB über die Rückzahlung von Vorausleistungen des Mieters bei Beendigung des Mietverhältnisses aufgreift, hat insbesondere im Hinblick auf § 556b I BGB Bedeutung, der bei Wohnraummietverhältnissen die Fälligkeit der Miete im Voraus vorsieht. Stirbt der Mieter im Laufe eines Monats, für den er die Miete schon an den Vermieter entrichtet hat, hat der Erbe gegen die Personen iSd §§ 563, 563a BGB Anspruch auf Auszahlung des noch nicht abgewohnten Mietanteils (Bub/Treier/Scheuer V Rn 334). 7

8 **4.** Im Gegensatz zur bisherigen Rechtslage kann der Vermieter gem § 563b III BGB nunmehr von den nach §§ 563, 563a BGB eintritts- oder fortsetzungsberechtigten Personen die Erbringung einer Mietsicherheit verlangen, **soweit** der verstorbene Mieter eine derartige Sicherheit nicht gestellt hat. Im Zusammenhang mit der Kautionserbringung gilt § 551 BGB, dh, der Vermieter darf höchstens das Dreifache der Monatsnettomiete als Kaution verlangen, außerdem hat er die Kaution getrennt von seinem Vermögen und verzinslich anzulegen. Die Vorschrift verschafft dem Vermieter damit abweichend von der allgemeinen Rechtslage einen **gesetzlichen Anspruch** auf Kautionsstellung. Nachdem in der Praxis Kautionsvereinbarungen bei Mietvertragsabschluss die überwältigende Regel sind, ist die praktische Bedeutung der Vorschrift gering.

9 **III.** Als **Übergangsregelung** sieht **Art 229 § 3 I Nr 5 EGBGB** vor, dass im Falle des Todes des Mieters die früheren §§ 569 bis 569b BGB in ihrer bis zum 01.09.2001 gültigen Fassung anzuwenden sind, wenn der Mieter vor dem 01.09.2001 verstorben ist.

§ 564 BGB Fortsetzung des Mietverhältnisses mit dem Erben, außerordentliche Kündigung

Treten beim Tod des Mieters keine Personen im Sinne des § 563 in das Mietverhältnis ein oder wird es nicht mit ihnen nach § 563a fortgesetzt, so wird es mit dem Erben fortgesetzt. In diesem Fall ist sowohl der Erbe als auch der Vermieter berechtigt, das Mietverhältnis innerhalb eines Monats außerordentlich mit der gesetzlichen Frist zu kündigen, nachdem sie vom Tod des Mieters und davon Kenntnis erlangt haben, dass ein Eintritt in das Mietverhältnis oder dessen Fortsetzung nicht erfolgt sind.

1 **I. 1.** Der **Anwendungsbereich** der Vorschrift ist auf **Wohnraummietverhältnisse** beschränkt. Für andere, insbesondere **Gewerbemietverhältnisse** gilt § 564 BGB hinsichtlich der **Fortsetzungsanordnung** wegen des fehlenden Verweises in den §§ 578 II, 581 II BGB **nicht,** hinsichtlich des **Sonderkündigungsrechts** gilt insoweit § 580 BGB. § 564 BGB findet keine Anwendung, soweit die Erben zugleich nach §§ 563, 563a BGB eintritts- bzw fortsetzungsberechtigt wären.

2 **2.** § 564 BGB regelt den §§ 563, 563a BGB gegenüber **nachrangig** die Rechtsnachfolge im Zusammenhang mit dem vom verstorbenen Mieter eingegangenen Mietverhältnis.

3 **3.** Die Vorschrift ist **abdingbar** (BGH WuM 1997, 321), sodass sie zugunsten des Vermieters sogar vollständig abbedungen werden kann. Eine **formularmäßige** Abdingung soll jedoch nach hM unzulässig sein (Schmidt-Futterer/Gather, § 564 Rn 17; LG Frankfurt WuM 1990, 82).

4 **4.** Die **Darlegungs-** und **Beweislast** richtet sich nach den allg Regeln.

5 **II. 1.** § 564 I BGB hat **klarstellenden Charakter** und verdeutlicht die **Nachrangigkeit** des Eintrittsrechts der Erben gegenüber den sich aus §§ 563, 563a BGB ergebenden Eintritts- und Fortsetzungsrechten. Zu einer Fortsetzung des Mietverhältnisses mit Erben, die nicht ihren Lebensmittelpunkt in der Wohnung haben, soll es nur dann kommen, wenn weder ein Eintritt in das Mietverhältnis noch eine Fortsetzung vorliegt. Lehnt

ein nach § 563 BGB Eintrittsberechtigter den Eintritt ab, ist eine Fortsetzung mit den Erben möglich (Schmidt-Futterer/Gather, § 563 Rn 37), nicht jedoch, falls ein nach § 563a BGB Fortsetzungsberechtigter das Mietverhältnis kündigt (Bub/Treier/Heile II Rn 854).

6 **2.** Sowohl den Erben als auch dem Vermieter steht gem § 564 S 2 BGB ein **Sonderkündigungsrecht** iSd §§ 573d I, 575a I BGB zu. Ein iSv § 573 BGB **berechtigtes Interesse** des Vermieters an der Beendigung des Mietverhältnisses ist nicht erforderlich (Schmidt-Futterer/Gather, § 564 Rn 15). Für **Form** und **Inhalt** der Kündigung gilt § 568 BGB. Die **Kündigungserklärungsfrist** beträgt einen Monat (Berechnung §§ 186 ff BGB). Sie beginnt zu laufen, sobald der jeweils Kündigende vom Todes des Mieters und davon erfahren hat, dass ein Eintritt oder eine Fortsetzung nach §§ 563, 563a BGB nicht erfolgt ist. Dementsprechend beginnt die Frist spätestens mit Ablauf der für die Erklärung der Ablehnung nach § 563 II 1 BGB vorgesehenen Monatsfrist zu laufen. Die **Kündigungsfrist** errechnet sich nach § 573d II BGB.

7 **III.** Als **Übergangsregelung** sieht **Art 229 § 3 I Nr 5 EGBGB** vor, dass im Falle des Todes des Mieters die früheren §§ 569 bis 569b BGB in ihrer bis zum 01.09.2001 gültigen Fassung anzuwenden sind, wenn der Mieter vor dem 01.09.2001 verstorben ist.

§ 573 BGB Ordentliche Kündigung des Vermieters

(1) Der Vermieter kann nur kündigen, wenn er ein berechtigtes Interesse an der Beendigung des Mietverhältnisses hat. Die Kündigung zum Zwecke der Mieterhöhung ist ausgeschlossen
(2) Ein berechtigtes Interesse des Vermieters an der Beendigung des Mietverhältnisses liegt insbesondere vor, wenn
1. **der Mieter seine vertraglichen Pflichten schuldhaft nicht unerheblich verletzt hat,**
2. **der Vermieter die Räume als Wohnung für sich, seine Familienangehörigen oder Angehörige seines Haushalts benötigt oder**
3. **der Vermieter durch die Fortsetzung des Mietverhältnisses an einer angemessenen wirtschaftlichen Verwertung des Grundstücks gehindert und dadurch erhebliche Nachteile erleiden würde; die Möglichkeit, durch eine anderweitige Vermietung als Wohnraum eine höhere Miete zu erzielen, bleibt außer Betracht; der Vermieter kann sich auch nicht darauf berufen, dass er die Mieträume im Zusammenhang mit einer beabsichtigten oder nach Überlassung an den Mieter erfolgten Begründung von Wohnungseigentum veräußern will.**

(3) Die Gründe für ein berechtigtes Interesse des Vermieters sind in dem Kündigungsschreiben anzugeben. Andere Gründe werden nur berücksichtigt, soweit sie nachträglich entstanden sind.
(4) Eine zum Nachteil des Mieters abweichende Vereinbarung ist unwirksam.

1 **I. 1.** Der Anwendungsbereich der Vorschrift ist auf **Wohnraummietverhältnisse** beschränkt, soweit diese nicht nach den §§ 549 bis 577a BGB vom Kündigungsschutz ausgenommen sind. Sie betrifft nur vom Vermieter ausgesprochene ordentliche Kündigungen, findet aber darüber hinaus auch Anwendung bei außerordentlichen Kündigungen des **Vermieters** mit gesetzlicher Frist nach §§ 573d, 575a BGB, soweit dort nicht ausdrücklich ausgeschlossen.

2 **2.** Die Vorschrift beinhaltet den **Kündigungsschutz** des Mieters im Wohnraummietrecht als Ausdruck des sozialen Mietrechts. Der sich vertragstreu verhaltende Mieter soll vor dem Verlust seiner Wohnung als seinem sozialen Lebensmittelpunkt auch unter Beachtung der Interessen des Vermieters möglichst weitgehend geschützt werden.

3 **3.** § 573 BGB ist gem § 573 IV BGB **unabdingbar**, soweit zum Nachteil des Mieters von der Vorschrift abgewichen werden soll.

4 **4.** Den Vermieter trifft die **Darlegungs-** und **Beweislast** für das Vorliegen eines berechtigten Interesses an der Kündigung des Mietverhältnisses sowie an den übrigen Voraussetzungen einer wirksamen Kündigung.

5 **II.** Gem **§ 573 I 1 BGB** hängt die Wirksamkeit einer vom Vermieter ausgesprochenen ordentlichen Kündigung davon ab, ob er ein berechtigtes Interesse an der Beendigung des Mietverhältnisses vorweisen kann. § 573 I 2 BGB (früher § 11 MHG) stellt klar, dass eine **Mieterhöhung** kein berechtigtes Interesse des Vermieters an der Kündigung des Mietverhältnisses begründet.

6 **1.** **§ 573 II BGB** enthält eine Aufzählung möglicher Kündigungsgründe. Die Aufzählung ist nicht abschließend, wie sich aus der Formulierung „insbesondere" ergibt. Als Kündigungsgrund kommen hiernach va in Betracht: schuldhafte, nicht unerhebliche Vertragspflichtverletzung durch den Mieter (Nr 1), Eigenbedarf des Vermieters (Nr 2) sowie Hinderung des Vermieters an der angemessenen wirtschaftlichen Verwertung des Grundstücks bei Fortbestehen des Mietverhältnisses (Nr 3).

7 **2. a)** Gem § 573 II Nr 2 BGB kann der Vermieter wegen **Eigenbedarfs** kündigen. Eigenbedarf iSd Vorschrift ist dann gegeben, wenn der Vermieter die Wohnung für sich, seine Familienangehörigen oder Angehörige seines Haushalts zu **Wohnzwecken** benötigt. Beabsichtigt der Vermieter eine überwiegend andere, va **gewerbliche Nutzung**, ist die Geltendmachung von Eigenbedarf ausgeschlossen.

8 **b)** Der Begriff des **Familienangehörigen** bestimmt sich zunächst nach den einschlägigen BGB- und LPartG-Vorschriften, wobei im Hinblick auf die mieterschützende Funktion der Vorschrift weitere Einschränkungen vorzunehmen sind (Schmidt-Futterer/Blank, § 573 Rn 52). Nach hM wird ein Kündigungsrecht nur zu Gunsten der **engen** Familienangehörigen anzunehmen sein (Schmidt-Futterer/Blank, § 573 aaO).

9 **aa)** Hierzu gehörigen va **Ehegatten** und **Lebenspartner** iSd LPartG des Vermieters. Auch im Falle des **Getrenntlebens** wird die Familienzugehörigkeit nicht aufgehoben (LG Frankfurt NJW-RR 1996, 396). Dementsprechend kann der Vermieter auch Eigenbedarf geltend machen, wenn er oder der Ehegatte bzw Lebenspartner im Zuge des Getrenntlebens aus der ehemals gemeinsamen Wohnung aus- und in die bislang vom Mieter bewohnte Wohnung einziehen will (Schmidt-Futterer/Blank, § 573 Rn 53) Bei bereits **vollzogener** Scheidung oder Aufhebung der Lebenspartnerschaft scheidet die Geltendmachung von Eigenbedarf **zu Gunsten** des geschiedenen Ehegatten oder ehemaligen Lebenspartners jedoch aus, da dieser dann kein Familienangehöriger iSd § 573 II Nr 2 BGB mehr ist (AG Hamburg WuM 1996, 39). Der Vermieter kann in einem solchen Fall nur noch Eigenbedarf für sich selbst geltend machen.

10 **bb)** Neben den unter aa) genannten Personen werden zu den engen Familienangehörigen weiterhin gezählt: Verwandte in gerader Linie, va Kinder (auch Adoptivkinder) und Eltern des Vermieters (LG Berlin Grundeigentum 1991, 1205) und dessen Enkelkinder (AG München WuM 1990, 511), Geschwister (LG Wiesbaden WuM 1991, 491). **Nicht** zu den engeren Verwandten zählen: Tanten (AG Frankfurt/M WuM 1991,

108) und Onkel (AG Dortmund WuM 1993, 615) des Vermieters sowie seine Cousins (LG Berlin MM 1993, 251). **Strittig** ist die Zuordnung folgender Personen: Nichten und Neffen (zust AG Ludwigsburg WuM 1990, 391; abl LG Wiesbaden WuM 1991, 491, LG Berlin MM 1992, 356), Schwager und Schwägerin (zust LG Freiburg WuM 1993, 126; abl LG Mainz WuM 1991, 554).

11 **cc)** Daneben kann der Vermieter auch Eigenbedarf für **Haushaltsangehörige** geltend machen. Haushaltsangehörige sind Personen, die der Vermieter **auf Dauer** in seine Wohnung aufgenommen hat (Bub/Treier/Grapentin IV Rn 67). Es muss also eine enge Hausgemeinschaft in der Form vorliegen, dass diese Personen in der Wohnung keinen eigenen Haushalt führen (Bub/Treier/Grapentin aaO). Dabei kann es sich um Familienangehörige handeln aber auch um **Lebensgefährten** einer nichtehelichen gleich- oder gemischtgeschlechtlichen Lebensgemeinschaft oder Hilfspersonen, insbesondere **Pflegepersonal** (Bub/Treier/Grapentin aaO).

12 **dd)** Für andere als die in § 573 II Nr 2 BGB genannten Personengruppen kann kein Eigenbedarf geltend gemacht werden. Damit besteht insbesondere keine Möglichkeit, für Verlobte (a.A. AG Solingen, WuM 1980, 53) oder Lebensgefährten aus gleich- bzw gemischtgeschlechtlichen Lebensgemeinschaften Eigenbedarf geltend zu machen (Schmidt-Futterer/Blank, § 573 Rn 57), falls diese nicht bereits mit dem Vermieter zusammen leben (dann Rn 15). Anderes gilt nur, wenn der Vermieter zusammen mit den ihm auf diese Weise nahestehenden Personen in die Wohnung einziehen will (OLG Karlsruhe WuM 1982, 151).

13 **d)** Der Vermieter muss die Räumlichkeiten für sich oder die genannten Personen tatsächlich **benötigen.** Dieses Tatbestandsmerkmal setzt sich zusammen aus dem subjektiven „**Nutzungswillen**" (Rn 18) und dem aus der Sicht des Vermieters zu beurteilenden „**Nutzungs- bzw. Überlassungsinteresse**" (Rn 20).

14 **aa)** Maßgeblich ist zunächst die ernsthafte Absicht des Vermieters, die Räume selbst zu bewohnen oder sie einem Familien- bzw. Haushaltsangehörigen zu überlassen. Da es nur auf den Nutzungs- bzw Überlassungswillen des Vermieters ankommt, ist es zunächst gleichgültig, ob die Angehörigen die Wohnung tatsächlich nutzen wollen. Sollte dies jedoch nicht der Fall sein, wird der Vermieter regelmäßig kein „Nutzungsinteresse" (Rn 20) vorweisen können und eine Kündigung aus diesem Grunde unzulässig sein. Der Nutzungswille muss sich auf eine bestimmte Wohnung und einen bestimmten Zweck beziehen, ein ungewisser, va zeitferner, mehrdeutiger oder zB aus rechtlichen Gründen nicht realisierbarer Nutzungswille führt zur Unwirksamkeit der Kündigung (Schmidt-Futterer/ Blank § 564b Rn 61 ff). Bei **vorgetäuschtem** Nutzungswillen (**vorgetäuschter Eigenbedarf**) ist die Kündigung unwirksam und der Vermieter dem Mieter darüber hinaus schadensersatzpflichtig (Schmidt-Futterer/Blank, § 573 Rn 60, 75ff). Zudem kann sich der Vermieter gem § 263 StGB strafbar machen. **Fällt** der Nutzungswille nach Ausspruch der Kündigung **fort**, berührt dies die Wirksamkeit der Kündigung nicht, allerdings wird dann die Durchsetzung des Räumungsanspruchs rechtsmissbräuchlich sein (OLG Karlsruhe WuM 1982, 11).

15 **bb)** Darüber hinaus muss der Vermieter ein **nachvollziehbares Interesse** an der Eigennutzung der Wohnung haben. Hierzu reicht es aus, wenn der Vermieter vernünftige, nachvollziehbare Gründe für die Inanspruchnahme der Wohnung für sich oder die begünstigte Person hat (BVerfG WuM 1993, 729; BGH WuM 1988, 47). Dies ist zB dann der Fall, wenn der Vermieter keine eigene Wohnung hat (LG Düsseldorf WuM 1989, 414), sie ihm gekündigt wurde, er eine größere oder kleinere Wohnung benötigt (Schmidt-Futterer/ Blank, § 573 Rn 91 ff) oder die künftige Wohnung näher an seinem Arbeitsplatz ist (LG Stuttgart WuM 1991, 106). Ein nachvollziehbares Nutzungsinteresse entfällt, soweit dem Vermieter eine freistehende **Alternativwohnung** zur Verfügung steht oder alsbald zur Verfügung stehen wird (BVerfG WuM 1989, 114),

anders jedoch, wenn er diese Alternativwohnung wiederum einem Angehörigen überlassen will (Schmidt-Futterer/Blank, § 573 Rn 106).

16 **3. a)** Gem **§ 573 III 1 BGB** müssen die **Kündigungsgründe** im Kündigungsschreiben angegeben werden, andernfalls ist die Kündigung **unwirksam** (Schmidt-Futterer/Blank, § 573 Rn 209). Die übrigen Wirksamkeitserfordernisse der Kündigung ergeben sich aus den §§ 116 ff, 164 ff, 568 BGB.

17 **b)** Die Begründungspflicht dient va dem **Mieterschutz**. Der Mieter soll möglichst frühzeitig seine Rechtsposition einschätzen und ggf geeignete Schritte gegen die Kündigung unternehmen können (Schmidt-Futterer/Blank, § 573 Rn 210). Darüber hinaus soll auch der Vermieter so gezwungen werden, sich über Rechtslage und Aussichten der Kündigung klar zu werden.

18 **c) „Gründe“** iSd § 573 III 1 BGB sind die Tatsachen, Sachverhalte und Lebensvorgänge, aus denen sich die Kündigungstatbestände des § 573 II BGB ergeben, nicht diese Tatbestände selbst. Unzureichend, aber auch überflüssig ist damit das bloße va schlagwortartige („wegen Eigenbedarfs“) Zitieren des Gesetzeswortlauts im Kündigungsschreiben (Schmidt-Futterer/Blank, §573 Rn 211).

19 **d)** An den **Begründungsumfang** sind je nach Komplexität und Struktur des Kündigungstatbestands unterschiedlich hohe Anforderungen zu stellen (sa BVerfG WuM 1989, 483; WuM 1992,178; WuM 1993, 231; WuM 1995,142). Bei Kündigungen wegen Eigenbedarfs oder wegen einer Vertragspflichtverletzung ist es dem Vermieter zuzumuten, sich umfassend zu den den Kündigungsanspruch begründenden Tatsachen zu äußern (Schmidt-Futterer/Blank, § 573 Rn 214). Will der Vermieter wegen Eigenbedarfs kündigen, muss er zum einen die konkrete Person ggf mit Nennung des Verwandtschaftsgrads (LG Bochum WuM 1993, 540) mitteilen, für die er den Eigenbedarf geltend macht (BayOblG WuM 1981, 200). Darüber hinaus muss er sämtliche Tatsachen angeben, aus denen sich sein Nutzungs- bzw Überlassungsinteresse (Rn 20) ergibt. So sind zB Angaben zu den bisherigen Wohnverhältnissen des Vermieters oder der begünstigten Personen unbedingt erforderlich. Alternativbegründungen sind unzulässig (Schmidt-Futterer/Blank, § 573 Rn 223).

20 **7.** Kündigungsgründe sind iSd des § 573 III 1 BGB **nachträglich entstanden**, wenn der **Lebensvorgang**, aus dem sich der Kündigungsgrund herleitet, erst nach **Ausspruch** der Kündigung begonnen hat. Ist ein Kündigungsgrund vor Ausspruch der Kündigung entstanden, hat der Vermieter aber erst nach Ausspruch der Kündigung davon erfahren, ist strittig, ob der Vermieter derartige Gründe iSv § 573 III 2 BGB nachschieben kann (Schmidt-Futterer/Blank, § 573 Rn 258). Im Hinblick auf den Gesetzeswortlaut ist dies zu verneinen (Schmidt-Futterer/Blank § 564b aaO).

§ 574 BGB Widerspruch des Mieters gegen die Kündigung

(1) Der Mieter kann der Kündigung des Vermieters widersprechen und von ihm die Fortsetzung des Mietverhältnisses verlangen, wenn die Beendigung des Mietverhältnisses für den Mieter, seine Familie oder einen anderen Angehörigen seines Haushalts eine Härte bedeuten würde, die auch unter Würdigung der berechtigten Interessen des Vermieters nicht zu rechtfertigen ist. Dies gilt nicht, wenn ein Grund vorliegt, der den Vermieter zur außerordentlichen fristlosen Kündigung berechtigt.
(2) Eine Härte liegt auch vor, wenn angemessener Ersatzwohnraum zu zumutbaren Bedingungen nicht beschafft werden kann.

(3) Bei der Würdigung der berechtigten Interessen des Vermieters werden nur die in dem Kündigungsschreiben nach § 573 Abs. 3 angegebenen Gründe berücksichtigt, außer wenn die Gründe nachträglich entstanden sind.
(4) Eine zum Nachteil des Mieters abweichende Vereinbarung ist unwirksam.

I. 1. Der **Anwendungsbereich** der Vorschrift ist auf **Wohnraummietverhältnisse** nach Maßgabe des § 549 BGB beschränkt. Die Vorschrift ist unanwendbar bei Kündigungsgründen, die den Vermieter auch zur außerordentlichen fristlosen Kündigung berechtigen würden, § 574 I 2 BGB. Weiterhin ist § 574 BGB unanwendbar bei Kündigungen durch den Mieter oder Mietaufhebungsverträgen. Die Vorschrift ist darüber hinaus unanwendbar bei **befristeten** Mietverhältnissen, soweit der Vermieter nicht gem § 575a BGB kündigt, § 575a II BGB. 1

2. Die Vorschrift ergänzt als sog „**Sozialklausel**" den allgemeinen Kündigungsschutz durch eine spezielle Härtefallregelung (Schmidt-Futterer/Blank, § 574 Rn 1), die den Vermieter, soweit dieser mehrere Mietverhältnisse zB wegen Eigenbedarfs kündigen könnte, zu einer Art Sozialauswahl zwingt (LG Hannover WuM 1990, 305). 2

3. Gem § 574 IV BGB ist die Vorschrift **unabdingbar**. soweit von ihr zum Nachteil des Mieters abgewichen werden soll. Dies bedeutet, dass der Mieter **vor** Ausspruch der Kündigung durch den Vermieter nicht auf sein Widerspruchsrecht verzichten kann. Ein Verzicht auf dieses Recht **nach** Erhalt der Kündigung ist jedoch möglich (Schmidt-Futterer/ Blank, § 574 Rn 64). 3

4. Den Mieter trifft die **Darlegungs- und Beweislast** für das Vorliegen von Härtegründen und der Unmöglichkeit, Ersatzwohnraum zu zumutbaren Bedingungen zu erlangen. Der Vermieter hat das Vorliegen eines berechtigten Interesses an der Beendigung des Mietverhältnisses sowie des Ausschlusstatbestandes des § 574 I 2 BGB darzulegen und zu beweisen. 4

II. 1. Dem Mieter steht das Widerspruchsrecht nur zu, wenn die Vertragsbeendigung nach Maßgabe des § 574 I BGB für ihn selbst, seine Familie oder andere Angehörige seines Haushalts auch im Hinblick auf die berechtigten Interessen des Mieters eine nicht zu rechtfertigende Härte darstellen würde. 5

2. Der Mieter kann den Widerspruch zunächst für sich selbst geltend machen. Bei mehreren Mietern reicht es aus, wenn die Beendigung des Mietverhältnisses für einen von ihnen eine Härte iSd § 574 I BGB darstellen würde. Darüber hinaus umfasst der Schutzbereich des § 574 BGB auch weitere Personengruppen, die zum Mieter in einem engen Verhältnis stehen. 6
a) Das Widerspruchsrecht steht dem Mieter auch dann zu, wenn die Beendigung des Mietverhältnisses für einen **Familienangehörigen** eine besondere Härte darstellt. Zur Familie gehören zunächst Ehegatte und Lebenspartner, aber auch verwandte und verschwägerte Personen ungeachtet des Grades der Verwandtschaft sowie Stief- und Pflegekinder (Schmidt-Futterer/Blank § 574 Rn 19). Nicht zur Familie iSv § 574 BGB gehören andere, dem Mieter zwar nahestehende, nicht aber mit ihm verwandte Personen. (BT-Drucks 14/4553 S 37). Für diese wie alle anderen Formen des Zusammenlebens wurden eigene Schutzkategorien geschaffen (Rn 8). 7
b) Das Vorliegen einer Härte kann der Mieter auch für andere **Angehörige seines Haushalts** geltend machen. Hierunter fallen Personen, die mit dem Mieter in einer **Lebensgemeinschaft** zusammenwohnen, also Verlobte und Lebensgefährten (Schmidt-Futte- 8

rer/Blank, § 574 Rn 21). Nicht notwendig ist, dass diese Personen in der Wohnung einen eigenen Hausstand haben oder sich ständig dort aufhalten; hinreichend ist es, wenn der Familienangehörige dort einen Zweitwohnsitz unterhält (Schmidt-Futterer/Blank, § 574 Rn 21).

9 **3.** Die Beendigung des Mietverhältnisses muss eine **Härte** darstellen. Härte iSd Vorschrift sind alle Nachteile wirtschaftlicher, finanzieller, gesundheitlicher, familiärer oder persönlicher Art, die durch die Vertragsbeendigung auftreten können (Schmidt-Futterer/ Blank, § 574 Rn 18). **Keine Härte** stellen jene kündigungstypischen Belastungen wie zB Umzugs- u. Maklerkosten oder Schönheitsreparaturen dar, die ein in durchschnittlichen Verhältnissen lebender Mieter hinnehmen muss (Schmidt-Futterer/Blank, § 574 Rn 24).

10 **a) Härtegründe** können im einzelnen sein: Krankheit oder Behinderung (BVerfG WuM 1993, 172), Schwangerschaft, (LG Stuttgart WuM 1991, 347) besondere schulische oder berufliche Belastung gerade zum Zeitpunkt des Wirksamwerdens der Kündigung (OLG Köln WuM 1968, 179), zB bei Studenten vor dem Examen (LG Aachen WuM 1986, 252), Referendar am Ende der Ausbildung (AG Lübeck WuM 1989, 413) oder Arzt vor Promotion (AG Tübingen WuM 1989, 240). Regelmäßig wird Eltern mit schulpflichtigen Kindern außerhalb der Schulferien ein Umzug nicht zumutbar sein, wenn dieser auch mit einem Schulwechsel verbunden ist (Schmidt-Futterer/Blank, § 574 Rn 53). Hohes Alter des Mieters stellt für sich allein keine besondere Härte dar (LG Köln WuM 1997, 46).

11 **b)** Darüber hinaus sieht § 574 II BGB vor, dass auch dann eine besondere Härte vorliegen kann, wenn es dem Mieter nicht möglich ist, angemessenen **Ersatzwohnraum** zu zumutbaren Bedingungen zu beschaffen. § 574 II BGB ist dann einschlägig, wenn dem Mieter ansonsten keine Widerspruchsgründe nach § 574 I BGB zu Seite stehen, andernfalls könnte er schon deshalb der Kündigung widersprechen. Zugleich ergibt sich aus § 574 II BGB indirekt die Obliegenheit des Mieters, sich sogleich nach Kündigungszugang auf die Suche nach Ersatzwohnraum zu machen. Diese Obliegenheit wird nur dann entfallen, wenn sie der Mieter für überflüssig halten darf, weil eine Rechtsverteidigung gegen die Kündigung aus anderen Gründen hinreichend Aussicht auf Erfolg bietet (Schmidt-Futterer/Blank, § 574 Rn 29). Welchen Aufwand der Mieter in diesem Zusammenhang treiben muss, hängt einerseits von den Bedingungen auf dem örtlichen Wohnungsmarkt, andererseits von seinen persönlichen Verhältnissen ab. Regelmäßig wird es ausreichen, dass der Mieter die Wohnungsangebote der örtlichen Medien studiert (Schmidt-Futterer/Blank, § 574 Rn 30). **Angemessen** ist der Ersatzwohnraum, wenn er hinsichtlich seiner Art, Größe, Beschaffenheit und Lage der bisherigen Wohnung entspricht (Schmidt-Futterer/Blank, § 574 Rn 31). **Zumutbar** sind die Bedingungen seiner Beschaffung, wenn der Mieter für den Ersatzwohnraum eine diesem angemessene Miete zu zahlen hat und dies nach seinen Vermögensverhältnissen auch kann. Darüber können auch Faktoren wie Laufzeit und Art des Mietvertrages eine Rolle spielen.

12 **c)** Die Härte muss auch im Hinblick auf die **berechtigten Interessen** des Vermieters nicht zu **rechtfertigen** sein. Dies setzt eine Abwägung zwischen den Interessen des Vermieters an der Kündigung und dem Interesse des Mieters am Fortbestand des Mietverhältnisses voraus. Zugunsten des Vermieters werden nur jene Gründe berücksichtigt, die auch im Kündigungsschreiben enthalten waren, es sei denn, es handelt sich um nachschiebbare Gründe iSd § 573 III BGB (Einzelheiten hierzu § 573 Rn 33). Bei der Abwägung ist auf Seiten des Mieters eine Gesamtbetrachtung anzustellen (LG Lübeck WuM 1993, 613). Der für die Abwägung maßgebliche Beurteilungszeitpunkt ist der Schluss der letzten mündlichen Verhandlung (Schmidt-Futterer/Blank, § 574

Rn 25), bis dahin entfallene Härtegründe sind ebenso wenig zu berücksichtigen (OLG Oldenburg NJW-RR 1991, 650) wie jene, deren Wegfall in nächster Zukunft sicher angenommen werden kann. Ebenfalls irrelevant ist es, ob der Härtegrund bereits zu Beginn des Mietverhältnisses vorgelegen hat.

3. Rechtsnatur und **Rechtsfolgen** des Widerspruchs und des ihm automatisch innewohnenden Fortsetzungsverlangens ergeben sich aus den §§ 547a bis 547c BGB. 13

III. Als **Übergangsregelung** sieht **Art 229 § 3 III EGBGB** vor, dass bei am 01.09. 2001 bestehenden **befristeten Mietverhältnissen** die §§ 556a bis c BGB in der bis zum 01.09.2001 gültigen Fassung anzuwenden sind. 14

§ 575 BGB Zeitmietvertrag

(1) Ein Mietverhältnis kann auf bestimmte Zeit eingegangen werden, wenn der Vermieter nach Ablauf der Mietzeit

1. die Räume als Wohnung für sich, seine Familienangehörigen oder Angehörige seines Haushalts nutzen will,

2. in zulässiger Weise die Räume beseitigen oder so wesentlich verändern oder instand setzen will, dass die Maßnahmen durch eine Fortsetzung des Mietverhältnisses erheblich erschwert würden, oder

3. die Räume an einen zur Dienstleistung Verpflichteten vermieten will und er dem Mieter den Grund der Befristung bei Vertragsschluss schriftlich mitteilt. Anderenfalls gilt das Mietverhältnis als auf unbestimmte Zeit abgeschlossen.

(2) Der Mieter kann vom Vermieter frühestens vier Monate vor Ablauf der Befristung verlangen, dass dieser ihm binnen eines Monats mitteilt, ob der Befristungsgrund noch besteht. Erfolgt die Mitteilung später, so kann der Mieter eine Verlängerung des Mietverhältnisses um den Zeitraum der Verspätung verlangen.

(3) Tritt der Grund der Befristung erst später ein, so kann der Mieter eine Verlängerung des Mietverhältnisses um einen entsprechenden Zeitraum verlangen. Entfällt der Grund, so kann der Mieter eine Verlängerung auf unbestimmte Zeit verlangen. Die Beweislast für den Eintritt des Befristungsgrundes und die Dauer der Verzögerung trifft den Vermieter.

(4) Eine zum Nachteil des Mieters abweichende Vereinbarung ist unwirksam.

I. 1. Der **Anwendungsbereich** der Vorschrift ist auf **Wohnraummietverhältnisse** nach Maßgabe des § 549 II BGB beschränkt. Für andere, insbesondere **Gewerbemietverhältnisse gilt § 575 BGB** wegen des fehlenden Verweises in den §§ 578 II, 581 II BGB **nicht.** 1

2. Die Vorschrift ersetzt den früheren § 564c II BGB. Eine zeitliche Begrenzung der Vertragslaufzeit wie beim früheren § 564c II Nr 1 BGB ist nicht vorgesehen. Einerseits hat der Mieter nicht mehr die Möglichkeit, die Fortsetzung des Mietverhältnisses auf unbestimmte Zeit zu verlangen. Andererseits soll der Abschluss eines Zeitmietvertrages jedoch nur noch unter den Voraussetzungen des § 575 I BGB zulässig sein. Damit soll ein Missbrauch und ein Unterlaufen von mieterschützenden Kündigungsschutz- und Mieterhöhungsregelungen verhindert werden (BT-Drucks 14/4553, 69). 2

3. Gem § 575 IV BGB ist die Vorschrift **unabdingbar**, soweit von ihr zum Nachteil des Mieters abgewichen werden soll. 3

4 **4.** Der Vermieter ist **darlegungs-** und **beweispflichtig** für das Vorhandensein der Beendigungsgründe nach § 575 I Nr 1 bis 3 BGB sowie dafür, dass er dem Mieter bei Vertragsabschluss den Grund der Befristung schriftlich mitgeteilt hat. § 575 III 3 BGB enthält eine ausdrückliche Beweislastregelung zu Lasten des Vermieters.

5 **II. 1. Befristungsvoraussetzung** ist ein berechtigtes **Befristungsinteresse** des Vermieters. § 575 I BGB regelt die Fälle eines solchen berechtigten Befristungsinteresses in den Nrn 1 – 3 **abschließend** (BT-Drucks 14/4553 S 70). Damit verbietet sich auch eine analoge Anwendung dieser Vorschrift. Der Befristungsgrund muss spätestens bei Ablauf der Mietzeit vorhanden sein. Ein Wechsel der Befristungsgründe im Laufe der Mietzeit ist unzulässig (BT-Drucks 14/4553 S 71).

6 **a)** Eine Befristung ist gem § 575 I Nr 1 BGB dann möglich, wenn der Vermieter die Räume nach Ablauf der Mietzeit als Wohnung für sich, seine Familienangehörigen oder Angehörige seines Haushalts nutzen will. Juristische Personen scheiden daher als Berechtigte iSd § 575 Abs1 Nr 1 BGB aus (§ 573 Rn 11). Hinsichtlich der Abgrenzung des insoweit privilegierten Personenkreises gelten ähnliche Maßstäbe wie bei § 573 II Nr 3 BGB (§ 573 Rn 12 ff). Für andere als die in § 575 I Nr 1 BGB genannten Personengruppen kann kein Überlassungsbedarf geltend gemacht werden (Schmidt-Futterer/Blank, § 575 Rn 9). Der Nutzungs- bzw Überlassungwille muss lediglich ernsthaft sein, die Nutzungsmöglichkeit zum Zeitpunkt der Vertragsbeendigung muss jedoch nicht mit Sicherheit feststehen (Schmidt-Futterer/Blank, § 575 Rn 7).

7 **b)** Im Übrigen kann der Vermieter das Mietverhältnis gem § 575 I Nr 2, 3 BGB befristen, wenn er die Räume in zulässiger Weise beseitigen, wesentlich verändern, instand setzen oder nach Ablauf der Mietzeit an einen zur Dienstleistung Verpflichteten vermieten will. Es handelt sich hierbei um Fälle des sog **Betriebsbedarfs** bei **Werkmietwohnungen.**

9 **2.** Der Vermieter muss den Mieter über den Grund der Befristung **bei Vertragsschluss schriftlich** (§ 126 BGB) und **wahrheitsgetreu** informiert haben, wobei die wesentlichen Umstände des Befristungsinteresses mitgeteilt werden müssen (AG Freiburg WuM 1992, 193) Bloße Schlagworte genügen nicht. Die Mitteilung muss dem Mieter spätestens bei Vertragsschluss **zugegangen** sein, nicht notwendig ist die Aufnahme in die Mietvertragsurkunde (Schmidt-Futterer/Blank, § 575 Rn 17). Die bloße Kenntnis des Mieters vom Befristungsinteresse reicht nicht. Der Verstoß gegen die Mitteilungspflicht führt zur Unwirksamkeit der Befristung, § 575 I 2 BGB.

10 **3.** Gem § 575 II BGB steht dem Mieter gegen den Vermieter ein **Auskunftsanspruch** gerichtet auf Mitteilung über den Fortbestand des Befristungsinteresses bei Ablauf der Mietzeit zu. Der Anspruch entsteht frühestens vier Monate vor Beendigung des Mietverhältnisses, vorher braucht der Vermieter keine Auskunft zu geben. Der Vermieter hat auf das Auskunftsersuchen des Mieters binnen einen Monat nach dessen Zugang zu antworten. Verletzt der Vermieter seine Auskunftspflicht, indem er eine falsche Auskunft gibt, macht er sich dem Mieter gegenüber **schadensersatzpflichtig**.

11 **4.** Tritt der Grund der Befristung erst später oder gar nicht ein, kann der Mieter gem § 575 III 1 u 2 BGB die Verlängerung des Mietverhältnis oder dessen Fortsetzung auf unbestimmte Zeit verlangen. Der Anspruch ist dem Vermieter gegenüber geltend zu machen. Unterbleibt die Geltendmachung, endet das Mietverhältnis auch dann, wenn kein Befristungsgrund mehr vorliegt.

12 **III.** Als **Übergangsregelung** sieht **Art 229 § 3 III EGBGB** vor, dass bei am 01.09. 2001 bestehenden **befristeten Mietverhältnissen** § 564c iVm § 564b sowie die §§ 556a

bis c und 565 a I und § 570 BGB in der bis zum 01.09.2001 gültigen Fassung anzuwenden sind. § 575 BGB findet daher keine Anwendung auf vor dem 01.09.2001 bestehende befristete Mietverhältnisse.

§ 576b BGB Entsprechende Geltung des Mietrechts bei Werkdienstwohnungen

(1) Ist Wohnraum im Rahmen eines Dienstverhältnisses überlassen, so gelten für die Beendigung des Rechtsverhältnisses hinsichtlich des Wohnraums die Vorschriften über Mietverhältnisse entsprechend, wenn der zur Dienstleistung Verpflichtete den Wohnraum überwiegend mit Einrichtungsgegenständen ausgestattet hat oder in dem Wohnraum mit seiner Familie oder Personen lebt, mit denen er einen auf Dauer angelegten gemeinsamen Haushalt führt.
(2) Eine zum Nachteil des Mieters abweichende Vereinbarung ist unwirksam.

I. 1. Der **Anwendungsbereich** der Vorschrift ist auf Wohnraummietverhältnisse beschränkt. § 576b BGB findet weiterhin nur Anwendung, wenn der Wohnraum im Rahmen eines **Dienstverhältnisses** überlassen ist, dieses also den **Rechtsgrund** der Überlassung darstellt (Schmidt-Futterer/Blank, § 576b Rn1). 1

2. Die Vorschrift dient dem Schutz des Dienstverpflichteten, soweit dieser die Wohnung überwiegend selbst ausgestattet hat oder dort mit seiner Familie oder mit Haushaltsangehörigen lebt und gilt ihrem Wortlaut nach auch dann, wenn der Dienstverpflichtete das der Wohnraumüberlassung zugrunde liegende Rechtsverhältnis selbst beendet (Schmidt-Futterer/Blank, § 576b aaO). 2

3. Gem § 576b II BGB ist die Vorschrift **unabdingbar**, soweit zu Lasten des Dienstverpflichteten von ihr abgewichen werden soll. 3

4. Die Verteilung der **Darlegungs-** und **Beweislast** folgt den allg Regeln. 4

II. 1. a) § 576b BGB setzt zunächst die Überlassung von **Wohnraum** an einen Dienstverpflichteten voraus. Zwischen den Parteien muss vereinbart sein, dass der Dienstverpflichtete die Räume auch als **Wohnung** nutzt. 5
b) Weiterhin muss zwischen dem Dienstverpflichteten und dem den Wohnraum Überlassenden ein **privatrechtliches Dienstverhältnis** iSd §§ 611 ff BGB bestehen. Nicht unter diesen Begriff fallen mangels Weisungsgebundenheit Verträge juristischer Personen mit ihren Organen. Ebenso wenig betrifft die Vorschrift Dienstwohnungen von **Beamten**, weil die Überlassung hier öffentlich-rechtlicher Natur ist (ähnlich bei Zivildienstleistenden). Eine etwaige **Befristung** des Dienstvertrages spielt keine Rolle. 6
c) Der Dienstvertrag muss schließlich **Rechtsgrund** der Wohnraumüberlassung sein. Besteht hierüber ein weiteres eigenes Vertragsverhältnis, ist im Zweifel von einer **Werkmietwohnung** auszugehen, für die die §§ 576, 576a BGB gelten. Allgemeine Abgrenzungsregeln gibt es nicht; kostenfreie Überlassung im Rahmen eines Dienstverhältnisses oder eine mit dem Dienstverpflichteten bzgl der Räume vereinbarte **Benutzungspflicht** können ein Indiz für eine Werkdienstwohnung sein (Schmidt-Futterer/Blank, § 576b Rn 6). 7

2. Regelmäßig endet mit dem Dienstverhältnis auch das Nutzungsverhältnis über die Werkdienstwohnung, ohne dass es einer Kündigung dieses Nutzungsverhältnisses bedarf. Hiervon sieht § 576b I BGB jedoch zwei Ausnahmen vor. 8

9 **a)** Die mietrechtlichen Kündigungsvorschriften gelten zunächst dann, wenn der Dienstverpflichtete die Wohnung **ganz oder überwiegend selbst ausgestattet** hat.

10 **b)** Lebt der Dienstverpflichtete mit **Familien- oder Haushaltsangehörigen** in der Wohnung, sieht § 576b I BGB ebenfalls die Geltung mietrechtlicher Schutzbestimmungen vor. Maßgeblich sind die Verhältnisse bei **Ende** des Vertragsverhältnisses, wobei es nicht darauf ankommt, ob dem Dienstberechtigten die Familienverhältnisse des Dienstverpflichteten bekannt waren (Schmidt-Futterer/Blank, § 576b Rn 12).

11 **aa)** Wer zu den **Familienangehörigen** des Dienstverpflichteten gehört bestimmen zunächst **die familienrechtlichen** Regelungen des BGB und des LPartG. Hiernach gehören Ehegatten und Lebenspartner aber auch mit dem Dienstverpflichteten auf sonstige Weise verwandte und verschwägerte Personen zur Familie, darüber hinaus auch Pflegekinder. Andere Personen, mit denen der Dienstberechtigte in einer Lebensgemeinschaft lebt, also zB Lebensgefährten oder **Verlobte**, sind keine Familienangehörigen, sie fallen unter die zweite, durch § 576b I BGB privilegierte Personengruppe (Schmidt-Futterer/Blank, § 576b Rn 12).

12 **bb)** Geschützt wird das Nutzungsverhältnis auch dann, wenn der Dienstverpflichtete mit anderen Personen in der Wohnung **in einem auf Dauer angelegten gemeinsamen Haushalt** lebt. Dies betrifft va **nichteheliche Lebensgemeinschaften** gleich welcher sexuellen Ausrichtung. Im Übrigen beschränkt sich der Anwendungsbereich des § 576b II BGB nicht auf Lebensgemeinschaften mit einem wie auch immer gearteten sexuellen Hintergrund (BT-Drucks 14/4553/S 37, 61), maßgeblich ist vielmehr allein, dass eine bes enge Lebensgemeinschaft zwischen den Partnern iS eines Füreinandereinstehens vorliegt (BT-Drucks 14/4553 aaO). Dies gilt etwa auch dann, wenn zB alte Menschen als Alternative zu einem Alters- oder Pflegeheim dauerhaft zusammen leben und dieses Füreinandereinstehen etwa durch wechselseitige Bevollmächtigung dokumentieren (BT-Drucks14/4553 aaO). Bloße **Wohn-** und **Haushaltsgemeinschaften** fallen aber nicht unter § 576b II BGB.

13 **3.** Liegen die Ausnahmevoraussetzungen des § 576b I BGB vor, muss das Nutzungsverhältnis nach Maßgabe der einschlägigen Vorschriften wie ein Mietverhältnis gekündigt werden. So ist va das Schriftformerfordernis des § 568 BGB zu beachten. Darüber hinaus kann der Dienstberechtigte ordentlich nur bei Vorliegen eines berechtigten Interesses iSd § 573 BGB kündigen, der Dienstverpflichtete der Kündigung gem § 574 BGB widersprechen (Schmidt-Futterer/Blank , § 576b Rn 15 ff).

§ 577 BGB Vorkaufsrecht des Mieters

(1) Werden vermietete Wohnräume, an denen nach der Überlassung an den Mieter Wohnungseigentum begründet worden ist oder begründet werden soll, an einen Dritten verkauft, so ist der Mieter zum Vorkauf berechtigt. Dies gilt nicht, wenn der Vermieter die Wohnräume an einen Familienangehörigen oder an einen Angehörigen seines Haushalts verkauft. Soweit sich nicht aus den nachfolgenden Absätzen etwas anderes ergibt, finden auf das Vorkaufsrecht die Vorschriften über den Vorkauf Anwendung.
(2) Die Mitteilung des Verkäufers oder des Dritten über den Inhalt des Kaufvertrags ist mit einer Unterrichtung des Mieters über sein Vorkaufsrecht zu verbinden.
(3) Die Ausübung des Vorkaufsrechts erfolgt durch schriftliche Erklärung des Mieters gegenüber dem Verkäufer.
(4) Stirbt der Mieter, so geht das Vorkaufsrecht auf diejenigen über, die in das Mietverhältnis nach § 563 Abs. 1 oder 2 eintreten.
(5) Eine zum Nachteil des Mieters abweichende Vereinbarung ist unwirksam.

I. 1. Die Vorschrift gilt nur für **Mietverhältnisse über freifinanzierten Wohnraum** nach Maßgabe des § 549 BGB. 1

2. § 577 BGB soll wie der frühere § 570b BGB den Mieter vor den Folgen der Umwandlung seiner Mietwohnung in Wohnungseigentum, va vor den hierauf häufig folgenden Eigenbedarfskündigungen des Erwerbers schützen. Das Vorkaufsrecht gilt nur für den **ersten Verkauf** nach Begründung des Wohnungseigentums (AG Frankfurt NJW 1995, 1034). 2

3. Gem § 577 V BGB ist die Vorschrift **unabdingbar**, soweit zum Nachteil des Mieters von ihr abgewichen werden soll. 3

4. Die Verteilung der **Darlegungs**- und **Beweislast** richtet sich nach den allgemeinen Regeln. 4

II. 1. Gem § 577 I 1BGB muss zwischen Vermietung der Wohnung, ihrer Überlassung an den Mieter und ihrer Umwandlung in Wohnungseigentum eine bestimmte **zeitliche Reihenfolge** eingehalten werden, um das Vorkaufsrecht entstehen zu lassen. § 577 BGB ist dann einschlägig, wenn die Wohnung nach dem Abschluss des Mietvertrages und nach ihrer Überlassung an den Mieter in eine Eigentumswohnung umgewandelt wird. Wird die Wohnung nach der Vermietung, aber **vor** ihrer Überlassung an den Mieter umgewandelt, besteht **kein** Vorkaufsrecht. 5

2. § 577 BGB betrifft sowohl in **Wohnungseigentum** umgewandelte als auch erst umzuwandelnde Wohnungen. Auf welche Art (vgl § 2 WEG) das Wohnungseigentum begründet wurde, ist unerheblich. Die Vorschrift gilt entsprechend bei Begründung eines Wohnungserbbaurechts nach § 30 WEG. Das Vorkaufsrecht entsteht auch, wenn die Mietwohnung als noch umzuwandelnde Eigentumswohnung verkauft wird, wobei sich die Umwandlungsverpflichtung jedoch hinreichend genau aus dem Kaufvertrag ergeben muss (Schmidt-Futterer/ Blank. § 577 Rn 15). 6

3. Der Vorkaufsfall tritt nicht ein, falls die Wohnung an **Familien- oder Haushaltsangehörige** des Vermieters verkauft wird. § 577 BGB ist insoweit ähnlich eng wie § 573 I Nr 2 BGB auszulegen (Schmidt-Futterer/Blank, § 577 Rn 25). Auf die Kommentierung bei § 573 BGB wird verwiesen (§ 573 BGB Rn 12 ff). Eine Ausweitung des Geltungsbereiches auf andere als die dort genannten Personengruppen ist nicht möglich. 7

4. Vorkaufsberechtigt ist zunächst der Mieter. Die Mietereigenschaft muss sowohl zum Zeitpunkt der Umwandlung (Anlegung des Wohnungsgrundbuchs) als auch zum Zeitpunkt des Verkaufs (Protokollierung des Kaufvertrages) gegeben sein (Schmidt-Futterer/Blank, § 577 Rn 26). Das Vorkaufsrecht ist unveräußerlich und nicht vererbbar, § 514 BGB). **Stirbt** der Mieter, ordnet § 577 IV BGB den Übergang des Vorkaufsrechts auf die nach § 563 I und 2 BGB Eintrittsberechtigten an. Hierzu gehören va Ehegatten und Lebenspartner, darüber hinaus aber auch Familienangehörige und Partner einer nichtehelichen Lebensgemeinschaft. Zu den Einzelheiten s § 563 Rn 6 – 15. Erfolgt stattdessen ein Eintritt des **Erben** nach § 564 BGB, so geht das Vorkaufsrecht dann nicht über, wenn der Mieter **nach** Begründung des Wohnungseigentums stirbt (Schmidt-Futterer/Blank, § 577 Rn 29). 8

5. Gem §§ 510, 577 II BGB trifft den **Verkäufer** gegenüber dem Mieter eine **Mitteilungs- und Belehrungspflicht** über den **Inhalt** des Kaufvertrages. Die bloße Mitteilung 9 des Verkaufs und des Kaufpreises reicht nicht aus (Schmidt-Futterer / Blank, § 577 Rn 35). Die Mitteilung ist **formlos** möglich. Ein **Verstoß** gegen die Mitteilungspflicht berechtigt den Mieter zum Schadensersatz.

2. Gerichtsverfassungsgesetz

1 Das Gesetz zur Beendigung der Diskriminierung gleichgeschlechtlicher Gemeinschaften: Lebenspartnerschaften hatte das Gerichtsverfassungsgesetz besonders insofern betroffen, als in 23a GVG die Zuständigkeit der Amtsgerichte für Lebenspartnerschaftssachen begründet wurde und durch § 23b GVG die Lebenspartnerschaftssachen den Familiengerichten übertragen wurden. Außerdem gab es eine redaktionelle Änderung in § 138 GVG, die schon durch die Eherechtsreform 1998 erforderlich geworden, aber damals versehentlich unterlassen worden war (Streichung der Ehenichtigkeitsklage und der Bestandfeststellungsklage). Diese Änderung hatte mit Lebenspartnerschaften an sich nichts zu tun. Schließlich kam es zu einer Gleichstellung des verpartnerten Gerichtsvollziehers mit einem verheirateten Gerichtsvollzieher insofern, als die Ausschlussgründe für ein Tätigwerden angeglichen wurden. Von der Kommentierung der Vorschriften wird aus Raumgründen abgesehen. Sie findet sich in der 1. Aufl.

3. Zivilprozessordnung

1 In der **Zivilprozessordnung** wurden durch das Gesetz zur Beendigung der Diskriminierung gleichgeschlechtlicher Gemeinschaften: Lebenspartnerschaften **zahlreiche Vorschriften geändert**, um einerseits die prozessuale Situation von Lebenspartnern allgemein an diejenige von Eheleuten anzupassen und andererseits das besondere Verfahren zu regeln, das eingehalten werden muss, wenn eine Lebenspartnerschaft beendet werden soll. Das LPartGÜG beschränkt sich darauf, die Regelung des Aufhebungsverfahrens an die Veränderung des materiellen Aufhebungsrechts anzupassen. Es kommt zu einer noch weitergehenden Angleichung der lebenspartnerschaftsrechtlichen Regelungen an die Regeln der Ehescheidung, weil nun auch Verfahren in Bezug auf Kinder und den Versorgungsausgleich in Betracht kommen.

2 Zu denjenigen Normen, durch welche die **prozessuale Stellung von Lebenspartnern derjenigen von Ehegatten angeglichen** werden soll, gehören die Regelungen über den Ausschluss von Richtern (§ 41 ZPO), über die Bemessung der Prozesskostenhilfe (§ 115 ZPO) und die Zeugnisverweigerung aus persönlichen Gründen (§ 383 ZPO). Diese Vorschrift wurde durch das LPartGÜG mit Wirkung vom 1.1.05 außerdem dahingehend erweitert, dass nunmehr auch Verlobten im Sinne des Lebenspartnerschaftsgesetzes ein eigenes Zeugnisverweigerungsrecht zusteht (§ 383 I Nr 1a ZPO). Da diese Regelungen keine Besonderheiten gegenüber den für Eheleute geltenden aufweisen, sollen sie an dieser Stelle nicht (mehr) kommentiert werden.

3 Für Lebenspartner noch bedeutsamer sind die Regelungen, durch welche die Verfahren geregelt werden, die unter Lebenspartnern selbst entstehen können, vor allem das Verfahren in **Lebenspartnerschaftssachen.** Die Kernregelung für dieses Verfahren enthält § 661 ZPO. Ergänzende Regelungen finden dich in § 78 ZPO (Anwaltszwang), § 93a ZPO (Kostenregelung), § 154 ZPO (Aussetzungsgrund des schwebenden Lebenspartnerschaftsstreits) und § 313a ZPO (betreffend die Ausnahme vom Verzicht auf Tatbestand und Entscheidungsgründe). Die Anerkennung ausländischer Urteile in Lebenspartnerschaftssachen richtet sich nach § 328 ZPO.

§ 78 ZPO Anwaltsprozess

(1) Vor den Landgerichten müssen sich die Parteien durch einen bei einem Amts- oder Landgericht zugelassenen Rechtsanwalt vertreten lassen. Vor den Oberlandesgerichten müssen sich die Parteien durch einen bei einem Oberlandesgericht zugelassenen Rechtsanwalt vertreten lassen. Ist in einem Land auf Grund des § 8 des Einführungsgesetzes zum Gerichtsverfassungsgesetz ein oberstes Landesgericht errichtet, so müssen sich die Parteien vor diesem Gericht durch einen bei einem Oberlandesgericht zugelassenen Rechtsanwalt vertreten lassen. Vor dem Bundesgerichtshof müssen sich die Parteien durch einen bei dem Bundesgerichtshof zugelassenen Rechtsanwalt vertreten lassen. Die Sätze 2 bis 4 gelten entsprechend für die Beteiligten und beteiligte Dritte in Familiensachen.
(2) Vor den Familiengerichten müssen sich die Ehegatten in Ehesachen und Folgesachen, Lebenspartner in Lebenspartnerschaftssachen nach § 661 Abs. 1 Nr. 1 bis 3 und Folgesachen und die Parteien und am Verfahren beteiligte Dritte in selbständigen Familiensachen des § 621 Abs. 1 Nr. 8 und des § 661 Abs. 1 Nr. 6 durch einen bei einem Amts- oder Landgericht zugelassenen Rechtsanwalt vertreten lassen.
(3) Am Verfahren über Folgesachen beteiligte Dritte und die Beteiligten in selbständigen Familiensachen des § 621 Abs. 1 Nr. 1 bis 3, 6, 7, 9, 10, soweit es sich um ein Verfahren nach § 1600e Abs. 2 des Bürgerlichen Gesetzbuchs handelt, sowie Nr. 12, 13 und des § 661 Abs. 1 Nr. 5 und 7 brauchen sich vor den Oberlandesgerichten nicht durch einen Rechtsanwalt vertreten zu lassen.
(4) Das Jugendamt, die Träger der gesetzlichen Rentenversicherungen sowie sonstige Körperschaften, Anstalten oder Stiftungen des öffentlichen Rechts und deren Verbände einschließlich der Spitzenverbände und ihrer Arbeitsgemeinschaften brauchen sich als Beteiligte für die Nichtzulassungsbeschwerde und die Rechtsbeschwerde nach § 621e Abs. 2 nicht durch einen Rechtsanwalt vertreten zu lassen.
(5) Diese Vorschriften sind auf das Verfahren vor einem beauftragten oder ersuchten Richter sowie auf Prozesshandlungen, die vor dem Urkundsbeamten der Geschäftsstelle vorgenommen werden können, nicht anzuwenden.
(6) Ein Rechtsanwalt, der nach Maßgabe der Absätze 1 und 2 zur Vertretung berechtigt ist, kann sich selbst vertreten.

1 Die Vorschrift regelt den Anwaltszwang. Soweit der Anwaltszwang vor den Familiengerichten betroffen ist, wurden die Regelungen für Eheleute und Lebenspartner gleichartig ausgestaltet, um die Lebenspartnerschaftssachen insofern den Scheidungs- und anderen Ehesachen iSd § 606 ZPO sowie den anderen Familiensachen iSd § 621 ZPO gleichzustellen.

2 Anwaltszwang besteht demnach für beide Lebenspartner zunächst in den Verfahren nach § 661 I Nr 1-3 ZPO (Abs 2). Das sind diejenigen Verfahren, die den Ehesachen (§ 606 ZPO) entsprechen, soweit sie bei Lebenspartnern vorkommen können: die Aufhebung der Lebenspartnerschaft (§ 661 I Nr 1 ZPO, Einzelheiten: § 661 ZPO Rn 111 ff), das Verfahren auf Feststellung des Bestehens oder Nichtbestehens der Lebenspartnerschaft (§ 661 I Nr 2 ZPO, Einzelheiten: § 661 ZPO Rn 361 ff) und das Verfahren über die Verpflichtung zur Fürsorge und Unterstützung in der lebenspartnerschaftlichen Lebensgemeinschaft (§ 661 I Nr 3 ZPO, Einzelheiten: § 661 ZPO Rn 373 ff). Der Anwaltszwang besteht in allen Instanzen. Allerdings sind die Lebenspartner insoweit begünstigt, als aus dem Fehlen eines Anwalts keine negativen Folgen resultieren können; denn der Erlass eines Versäumnisurteils gegen sie ist unzulässig (§ 612 IV ZPO). Das Gericht kann einen Anwalt beiordnen (§ 625 ZPO). Zu beachten ist aber, dass solan-

ge der Lebenspartner keinen Anwalt hat, er nur persönlich angehört werden kann. Er kann dagegen weder Anträge stellen noch andere Prozesshandlungen vornehmen.

3 Im Verbundverfahren besteht Anwaltszwang auch für alle Folgesachen, dh die Streitigkeiten, in denen eine Entscheidung für den Fall der Aufhebung der Lebenspartnerschaft begehrt wird (§ 623 ZPO, Einzelheiten: § 661 ZPO Rn 184 ff). Für Dritte, die an einer Folgesache beteiligt sind, gilt kein Anwaltszwang.

4 **In selbständigen Lebenspartnerschaftssachen**, also solchen Streitigkeiten, die unter den Katalog des § 661 I ZPO fallen, ohne für den Fall der Aufhebung der Lebenspartnerschaft durchgeführt zu werden, besteht nicht in allen Streitigkeiten Anwaltszwang. Einzelheiten finden sich bei der Erörterung der Verfahren. Als Faustformel gilt:

5 Anwaltszwang ist in allen Rechtszügen gegeben bei **vermögensrechtlichen Streitigkeiten** (§ 661 I Nr 6 ZPO), unabhängig davon, ob es sich um einen Lebenspartner oder einen Dritten handelt.

6 In **Unterhaltsstreitigkeiten** besteht Anwaltszwang nur vor den Gerichten zweiter und dritter Instanz, nicht dagegen in der Eingangsinstanz.

7 In den FGG-Lebenspartnerschaftssachen **(Streit um elterliche Sorge, Kinderherausgabe, Umgangsrecht, Hausrat und Wohnung, Versorgungsausgleich, Verfahren nach § 6, 2 LPartG, §§ 1382, 1383 BGB)** besteht kein Anwaltszwang für die Parteien in den beiden zur Verfügung stehenden Rechtszügen und für Dritte in der ersten Instanz.

§ 93a ZPO Kosten in Ehesachen

(1) Wird auf Scheidung einer Ehe erkannt, so sind die Kosten der Scheidungssache und der Folgesachen, über die gleichzeitig entschieden wird oder über die nach § 627 Abs. 1 vorweg entschieden worden ist, gegeneinander aufzuheben; die Kosten einer Folgesache sind auch dann gegeneinander aufzuheben, wenn über die Folgesache infolge einer Abtrennung nach § 628 Abs. 1 Satz 1 gesondert zu entscheiden ist. Das Gericht kann die Kosten nach billigem Ermessen anderweitig verteilen, wenn

1. eine Kostenverteilung nach Satz 1 einen der Ehegatten in seiner Lebensführung unverhältnismäßig beeinträchtigen würde; die Bewilligung von Prozeßkostenhilfe ist dabei nicht zu berücksichtigen;
2. eine Kostenverteilung nach Satz 1 im Hinblick darauf als unbillig erscheint, daß ein Ehegatte in Folgesachen der in § 621 Abs. 1 Nr. 4, 5, 8 bezeichneten Art ganz oder teilweise unterlegen ist.

Haben die Parteien eine Vereinbarung über die Kosten getroffen, so kann das Gericht sie ganz oder teilweise der Entscheidung zugrunde legen.

(2) Wird ein Scheidungsantrag abgewiesen, so hat der Antragssteller auch die Kosten der Folgesachen zu tragen, die infolge der Abweisung gegenstandslos werden; dies gilt auch für die Kosten einer Folgesache, über die infolge einer Abtrennung nach § 623 Abs. 1 Satz 2 oder nach § 628 Abs. 1 Satz 1 gesondert zu entscheiden ist. Das Gericht kann die Kosten anderweitig verteilen, wenn eine Kostenverteilung nach Satz 1 im Hinblick auf den bisherigen Sach- und Streitstand in Folgesachen der in § 621 Abs. 1 Nr. 4, 5, 8 bezeichneten Art als unbillig erscheint.

(3) Wird eine Ehe aufgehoben, so sind die Kosten des Rechtsstreits gegeneinander aufzuheben. Das Gericht kann die Kosten nach billigem Ermessen anderweitig verteilen, wenn eine Kostenverteilung nach Satz 1 einen der Ehegatten in seiner Lebensführung unverhältnismäßig beeinträchtigen würde oder wenn eine solche Kostenverteilung im Hinblick darauf als unbillig erscheint, daß bei der Eheschließung ein Ehegatte allein die Aufhebbarkeit der Ehe gekannt hat oder ein Ehegatte durch arglistige Täuschung oder widerrechtliche Drohung seitens des

anderen Ehegatten oder mit dessen Wissen zur Eingehung der Ehe bestimmt worden ist.
(4) Wird eine Ehe auf Antrag der zuständigen Verwaltungsbehörde oder bei Verstoß gegen § 1306 des Bürgerlichen Gesetzbuchs auf Antrag des Dritten aufgehoben, so ist Absatz 3 nicht anzuwenden.
(5) Die Absätze 1 und 2 gelten in Lebenspartnerschaftssachen nach § 661 Abs. 1 Nr. 1 entsprechend.

1 Die Norm regelt in Abs 5 die **Kostentragung für Lebenspartnerschaftssachen** nach § 661 I Nr 1 ZPO, der Aufhebung der Lebenspartnerschaft entsprechend zur Rechtslage bei Scheidungen, dem funktionalen Äquivalent zur Aufhebung der Lebenspartnerschaft im Eherecht.

2 **Wird dem Aufhebungsbegehren stattgegeben,** werden die Kosten der Aufhebungssache und der Folgesachen, über die gleichzeitig entschieden wird, gegeneinander aufgehoben. Auch der in Abs 1 genannte Ausnahmefall der Vorwegentscheidung nach § 627 ZPO kann bei Lebenspartnern jetzt vorkommen (§ 661 ZPO Rn 258 ff). Die Kosten einer Folgesache sind auch dann gegeneinander aufzuheben, wenn über die Folgesache infolge einer Abtrennung nach § 628 I 1 ZPO gesondert zu entscheiden ist.

3 Das Gericht kann von der an sich gebotenen Kostenentscheidung in **drei Ausnahmefällen** abweichen: Zum einen kann es die Kosten nach billigem Ermessen anderweitig verteilen, wenn eine Kostenaufhebung einen der Lebenspartner in seiner Lebensführung unverhältnismäßig beeinträchtigen würde (Abs 1 S 2 Nr 1). Diese Entscheidung ist unabhängig davon zu treffen, ob Prozesskostenhilfe bewilligt wurde. Die **Härteklausel** führt dazu, dass dem wirtschaftlich stärkeren Lebenspartner ein Mehr an Kosten auferlegt werden darf als bei der Kostenaufhebung an sich auf ihn entfiele. Diese Regelung hat allein fiskalische Zwecke und soll die Staatskasse entlasten, die sonst die Kosten oft für den anderen Lebenspartner übernehmen müsste.

4 Zum anderen hat das Gericht die Möglichkeit, die Kostenentscheidung aus **Billigkeitsgründen** anders zu treffen als nach Abs 1 S 1 vorgesehen: Es kann eine andere Kostenentscheidung treffen, wenn die Aufhebung der Kosten gegeneinander im Hinblick darauf als unbillig erscheint, dass ein Lebenspartner in Folgesachen über Unterhalt (§ 661 I Nr 4 ZPO, entsprechend § 621 I Nr 5) oder güterrechtliche Fragen (§ 661 I Nr 6 ZPO, entsprechend § 621 I Nr 8 ZPO) ganz oder teilweise unterlegen ist. Der außerdem genannte Fall des § 621 I Nr 4 ZPO betrifft den Verwandtenunterhalt. Bislang hatte er für Lebenspartner keine Bedeutung. Das hat sich durch die Möglichkeit der Stiefkindadoption geändert; denn nun können auch Lebenspartner gemeinsam Eltern eines Kindes sein. Maßgebend für die Verteilung nach Billigkeit ist, wieweit der Unterlegene den Streit selbst verursacht hat, aus welchen Gründen er den Streit verloren hat und ob er durch nicht sachgerechte Verhaltensweisen die Kosten in die Höhe getrieben hat.

5 Auch eine **Vereinbarung** der Parteien über die Verteilung der Kosten kann vom Gericht bei seiner Entscheidung berücksichtigt werden (Abs 1 S 3). Eine Bindung besteht insoweit aber nicht.

6 **Wird ein Antrag auf Aufhebung der Lebenspartnerschaft abgewiesen,** so muss der **Antragssteller** neben den **Kosten** der Aufhebungssache (§ 91 ZPO) auch die Kosten der Folgesachen tragen, die infolge der Abweisung gegenstandslos werden (Abs 2 S 1). Das ist die Konsequenz daraus, dass über die Folgesachen nicht mehr entschieden werden kann. Selbst wenn über die Folgesache schon entschieden ist, bleibt es bei dieser Folge (Abs 2 S 1, 2. HS); denn auch die entschiedenen Folgesachen sind von dieser Folge betroffen (§ 661 ZPO Rn 246 ff).

7 Auch in diesen Fällen kann das Gericht aber die **Kosten anderweitig verteilen,** wenn die Aufbürdung der vollen Kosten auf den Antragsteller des Aufhebungsbegehrens im

Hinblick auf den bisherigen Sach- und Streitstand in den Folgesachen nach § 661 I Nr 4 und 6 ZPO unbillig erscheint (Abs 2 S 2). Insoweit gilt das Rn 4 Gesagte entsprechend.

§ 328 ZPO Anerkennung ausländischer Urteile

(1) Die Anerkennung des Urteils eines ausländischen Gerichts ist ausgeschlossen:
1. wenn die Gerichte des Staates, dem das ausländische Gericht angehört, nach den deutschen Gesetzen nicht zuständig sind;
2. wenn dem Beklagten, der sich auf das Verfahren nicht eingelassen hat und sich hierauf beruft, das verfahrenseinleitende Dokument nicht ordnungsmäßig oder nicht so rechtzeitig zugestellt worden ist, daß er sich verteidigen konnte;
3. wenn das Urteil mit einem hier erlassenen oder einem anzuerkennenden früheren ausländischen Urteil oder wenn das ihm zugrunde liegende Verfahren mit einem früher hier rechtshängig gewordenen Verfahren unvereinbar ist;
4. wenn die Anerkennung des Urteils zu einem Ergebnis führt, das mit wesentlichen Grundsätzen des deutschen Rechts offensichtlich unvereinbar ist, insbesondere wenn die Anerkennung mit den Grundrechten unvereinbar ist;
5. wenn die Gegenseitigkeit nicht verbürgt ist.

(2) Die Vorschrift der Nummer 5 steht der Anerkennung des Urteils nicht entgegen, wenn das Urteil einen nichtvermögensrechtlichen Anspruch betrifft und nach den deutschen Gesetzen ein Gerichtsstand im Inland nicht begründet war oder wenn es sich um eine Kindschaftssache (§ 640) oder um eine Lebenspartnerschaftssache im Sinne des § 661 Abs. 1 Nr. 1 und 2 handelt.

1 Die Anerkennung von ausländischen Entscheidungen über die Aufhebung von Lebenspartnerschaften richtet sich nach §§ 328, 606a II ZPO iVm § 661 III Nr 2 und 3 ZPO. Das bedeutet: Für die Anerkennung einer ausländischen Entscheidung gelten in erster Linie § 328 ZPO bzw die insoweit einschlägigen Staatsverträge, die wiederum Vorrang vor § 328 ZPO haben. Nur wenn sich aus § 606a ZPO oder § 661 III ZPO dazu Modifikationen ergeben, gehen diese Regelungen vor. Daraus folgt:

2 Eine **ausländische Entscheidung ist anzuerkennen,** wenn der ausländische Staat bei spiegelbildlicher Anwendung der deutschen Regelungen über die internationale Zuständigkeit international zuständig wäre (Abs 1 Nr 1). Auf die Situation bei der Aufhebung von Lebenspartnerschaften übertragen bedeutet das, dass die internationale Zuständigkeit des ausländischen Gerichts gegeben ist, wenn einer der Lebenspartner dem Gerichtsstaat angehört oder ihm zumindest angehörte, als die Lebenspartnerschaft geschlossen wurde (entsprechend § 606a I Nr 1 ZPO, Rn 113). Weiter ist die internationale Zuständigkeit eines ausländischen Gerichts gegeben, wenn beide Lebenspartner ihren gewöhnlichen Aufenthalt in dem Gerichtsstaat haben, auch wenn sie nicht diesem Staat angehören (entsprechend § 606a I Nr 2 ZPO, Rn 114). Entsprechendes gilt, wenn einer der Lebenspartner Staatenloser mit gewöhnlichem Aufenthalt in dem Gerichtsstaat ist (§ 606a I Nr 3 ZPO). Schließlich sind ausländische Gerichte für die Aufhebung der Lebenspartnerschaft international zuständig, wenn einer der Lebenspartner seinen gewöhnlichen Aufenthalt im Gerichtsstaat hat (§ 606a I Nr 4 ZPO). Außerdem ist eine ausländische Entscheidung anzuerkennen, wenn der registerführende Staat die Entscheidung anerkennt (§ 661 III Nr 3 ZPO).

3 Der Anerkennung steht entgegen, wenn dem Antragsgegner, der sich auf das Verfahren nicht eingelassen hat, das **verfahrenseinleitende Schriftstück** (also der Antrag oder die Klage) nicht ordnungsgemäß oder **nicht** so **rechtzeitig zugestellt worden** ist, dass er sich verteidigen konnte (Abs 1 Nr 2).

Ebenfalls nicht anerkennungsfähig sind Entscheidungen über die Aufhebung der Lebenspartnerschaft, wenn das Urteil (bzw die andere Entscheidung) mit einem in Deutschland erlassenen oder einem anzuerkennenden ausländischen **Urteil unvereinbar** ist oder wenn das der Entscheidung zugrunde liegende Verfahren mit einem früher in Deutschland rechtshängig gewordenen Verfahren unvereinbar ist (Abs 1 Nr 3). 4

Schließlich ist die Anerkennung einer ausländischen Entscheidung ausgeschlossen, wenn die Anerkennung zu einem Ergebnis führt, das mit **wesentlichen Grundgedanken des deutschen Rechts unvereinbar** ist, vor allem wenn die Anerkennung zu einem Ergebnis führte, das mit den Grundrechten des Betroffenen unvereinbar wäre (Abs 1 Nr 4). 5

Abs 1 Nr 5 sieht für die Anerkennung ausländischer Entscheidungen noch das Erfordernis der **Gegenseitigkeit** vor. Davon macht allerdings Abs 2 wiederum eine Ausnahme, indem das Erfordernis als bei Urteilen über nichtvermögensrechtliche Ansprüche nur dann für anwendbar erklärt wird, wenn kein deutscher Gerichtsstand gegeben ist. 6

Vorbemerkung zu § 661 ZPO

Das Gesetz zur Beendigung der Diskriminierung gleichgeschlechtlicher Gemeinschaften hat als neues Verfahren die **Verfahren in Lebenspartnerschaftssachen** in die ZPO eingefügt. Dieses Verfahren ist dem Verfahren in Ehesachen (§ 606 BGB) und demjenigen in anderen Familiensachen (§ 621 ZPO) nachgebildet. Die Regelung des Verfahrens besteht daher im Wesentlichen aus einer Verweisung auf die Vorschriften für die genannten Verfahren. Durch das LPartGÜG haben sich die Übereinstimmungen mit den genannten eherechtlichen Verfahren noch vergrößert, weil nun unter Lebenspartnern auch Streitigkeiten um gemeinsame Kinder in Betracht kommen und weil nun auch ein Versorgungsausgleich stattfindet, wenn die Lebenspartnerschaft beendet wird, so dass nun auch Verfahren im Zwangsverbund vorkommen können, wie das bei allen Scheidungsverfahren der Fall ist. 1

§ 661 ZPO Lebenspartnerschaftssachen

(1) Lebenspartnerschaftssachen sind Verfahren, welche zum Gegenstand haben

1. die Aufhebung der Lebenspartnerschaft aufgrund des Lebenspartnerschaftsgesetzes,

2. die Feststellung des Bestehens oder Nichtbestehens einer Lebenspartnerschaft,

3. die Verpflichtung zur Fürsorge und Unterstützung in der partnerschaftlichen Lebensgemeinschaft,

3a. die elterliche Sorge für ein gemeinschaftliches Kind, soweit nach den Vorschriften des Bürgerlichen Gesetzbuchs hierfür das Familiengericht zuständig ist,

3b. die Regelungen des Umgangs mit einem gemeinschaftlichen Kind, soweit nach den Vorschriften des Bürgerlichen Gesetzbuchs hierfür das Familiengericht zuständig ist,

3c. die Herausgabe eines gemeinschaftlichen Kindes, für das die elterliche Sorge besteht,

3d. die gesetzliche Unterhaltspflicht für ein gemeinschaftliches minderjähriges Kind,

4. die durch die Lebenspartnerschaft begründete gesetzliche Unterhaltspflicht,

4a. den Versorgungsausgleich der Lebenspartner,

5. die Regelung der Rechtsverhältnisse an der gemeinsamen Wohnung und am Hausrat der Lebenspartner,

6. Ansprüche aus dem lebenspartnerschaftlichen Güterrecht, auch wenn Dritte an dem Verfahren beteiligt sind,

7. Entscheidungen nach § 6 des Lebenspartnerschaftsgesetzes in Verbindung mit §§ 1382 und 1383 des Bürgerlichen Gesetzbuchs.

(2) In Lebenspartnerschaftssachen finden die für Verfahren auf Scheidung, auf Feststellung des Bestehens oder Nichtbestehens einer Ehe zwischen den Parteien oder auf Herstellung des ehelichen Lebens und für Verfahren in anderen Familiensachen nach § 621 Abs. 1 Nr. 1 bis 9 geltenden Vorschriften jeweils entsprechende Anwendung.

(3) § 606a gilt mit den folgenden Maßgaben entsprechend:

1. Die deutschen Gerichte sind auch dann zuständig, wenn

a) einer der Lebenspartner seinen gewöhnlichen Aufenthalt im Inland hat, die Voraussetzungen des Absatzes 1 Satz 1 Nr. 4 jedoch nicht erfüllt sind, oder

b) die Lebenspartnerschaft vor einem deutschen Standesbeamten begründet worden ist.

2. Absatz 2 Satz 1 findet keine Anwendung.

3. In Absatz 2 Satz 2 tritt an die Stelle der Staaten, denen die Ehegatten angehören, der Register führende Staat.

1 **I.** Die Norm **definiert** in Abs 1 die Lebenspartnerschaftssachen und ordnet in Abs 2 die entsprechende Anwendung der Vorschriften für das Scheidungsverfahren, das Verfahren auf Feststellung des Bestehens oder Nichtbestehens einer Ehe, das auf Herstellung des ehelichen Lebens und für die Verfahren in anderen Familiensachen an, soweit diese auch für Lebenspartner praktische Relevanz haben können. In Abs 3 schließlich enthält sie eine Regelung über die internationale Zuständigkeit deutscher Gerichte für Lebenspartnerschaftssachen.

2 **Sinn der Vorschrift** ist es, die wichtigsten familienrechtlichen Streitigkeiten, die dieselbe Lebenspartnerschaft bzw Familie betreffen, bei demselben Gericht zusammenzufassen und möglichst gemeinsam zur Entscheidung zu bringen. Dieser Zweck führt dazu, bei der Auslegung des Zuständigkeitskataloges im Zweifel die Zuständigkeit des Familiengerichts anzunehmen.

3 **II. 1. Lebenspartnerschaftssachen** sind alle **Streitigkeiten,** die **im Katalog** des Abs 1 aufgeführt sind. Dass die Formulierung der Vorschrift von derjenigen des § 621 ZPO abweicht („die zum Gegenstand haben" statt „die betreffen"), hat keine sachlichen Unterschiede zur Folge.

4 Die Gesamtschau der in Abs 1 geregelten Fälle zeigt, dass Lebenspartnerschaftssachen grundsätzlich **nur Streitigkeiten** und Verfahren **zwischen Lebenspartnern** sein können. Dritte können nur bei bestimmten güterrechtlichen Streitigkeiten (Abs 1 Nr 6), in Fällen der Rechtsnachfolge und bei Streitigkeiten um Rückzahlungsansprüche wegen anstelle des Pflichtigen gewährter Unterhaltsleistungen beteiligt sein.

5 **a)** Ob eine Lebenspartnerschaftssache vorliegt, **richtet sich** danach, ob **Streitgegenstand** des Verfahrens eine Lebenspartnerschaftssache ist. Ob das der Fall ist, bestimmt sich nach allgemeinen Grundsätzen; dh maßgeblich für die Zuständigkeitsbestimmung ist der Sachvortrag des Klägers bzw Antragstellers (allg Ansicht; BGH NJW 81, 2418; FamRZ 84, 35; BayObLG FamRZ 85, 947, jeweils zu § 621 und mwN), während es auf die vom Beklagten bzw Antragsgegner vorgebrachten Einwendungen nicht ankommt (BGH FamRZ 80, 988; 89, 166). „Lebenspartnerschaftssachen" sind daher solche Verfahren, in denen Vorschriften aus den in Abs 1 genannten Rechtsgebieten als Schwerpunkt für die Begründung des Begehrens des Klägers in Frage kommen. Das ist immer dann der Fall, wenn eine den Kataloggebieten zuzuordnende Norm als Anspruchsgrundlage für das Begehren des Klägers in Betracht kommt (Beispiel: Unterhalt, § 5 LPartG). Darüber hinaus sind aber auch Verfahren, in denen das Begehren auf andere Anspruchsgrundlagen gestützt wird (zB §§ 426, 670, 812 BGB), Lebenspartnerschaftssachen, wenn die zur Begründung des Anspruchs vorgetragenen Tatsachen zur schwerpunktmäßigen Zuordnung zu einem der genannten Sachgebiete führen, weil die allgemeine Anspruchsgrundlage in diesem Fall eine lebenspartnerschaftsrechtliche „Färbung" erhält (Beispiel: Rückzahlungsanspruch wegen zuviel gezahlten Unterhalts, vgl BGHZ 71, 264; OLG Düsseldorf FamRZ 86, 180 zur vergleichbaren Lage bei § 621 ZPO).

6 Die rechtliche **Einordnung des Streits durch die Parteien** ist für die Einordnung als Lebenspartnerschaftssache ohne Bedeutung. Ebenso wenig ändert der Übergang des geltend gemachten Anspruchs auf Dritte – etwa durch Abtretung oder eine cessio legis nach § 116 SGB X oder durch Pfändung und Überweisung nach §§ 829, 835 II ZPO (OLG Hamm FamRZ 85, 407) – etwas an seiner Einordnung als Lebenspartnerschaftssache, Ehesache, anderer Lebenspartnerschaftssache oder Nichtfamiliensache.

7 Wird ein Begehren auf **mehrere Anspruchsgrundlagen** gestützt, reicht es für die Begründung der Zuständigkeit des Familiengerichts aus, dass eine der das Begehren stützenden Anspruchsgrundlagen einem der in § 661 ZPO genannten Gebiete (oder einem der in §§ 606, 621 ZPO genannten Gebiete) zuzuordnen ist. Wegen des engen sachlichen Zusammenhanges ist das Familiengericht dann auch für die Entscheidung

über die anderen Anspruchsgrundlagen zuständig (BGH FamRZ 83, 156; 86, 48). Erkennt dagegen das Gericht, dass die Voraussetzungen der geltend gemachten familienrechtlichen Anspruchsgrundlage nicht erfüllt sind, und liegt der Schwerpunkt des Streits auch sonst nicht in einem der in §§ 606, 621, 661 ZPO aufgeführten Gebiete, bleibt es bei der Zuständigkeit der Prozessabteilung (OLG Bamberg FamRZ 89, 408, 409).

8 Die Anknüpfung der Zuständigkeit an den Streitgegenstand des Verfahrens führt dazu, dass die **Rollenverteilung** im Verfahren dafür **entscheidend** sein kann, ob eine Sache als Lebenspartnerschaftssache (bzw als andere Familiensache) anzusehen ist oder nicht: Wird etwa unter Lebenspartnern nach § 426 BGB oder nach §§ 670, 683, 684 BGB Ausgleich für an Dritte erbrachte Zahlungen verlangt, ist der Streit selbst dann nicht Lebenspartnerschaftssache, wenn der in Anspruch genommene Lebenspartner sich damit verteidigt, dass der klagende Partner im Innenverhältnis die Schuld aus familienrechtlichen Gründen selbst erfüllen müsse. Umgekehrt läge eine Lebenspartnerschaftssache vor, wenn der in Anspruch genommene Lebenspartner die Initiative ergriffen und auf Schuldbefreiung geklagt hätte. Diese Regelung ist wegen der unterschiedlichen Verfahrensgrundsätze und Instanzenzüge nicht glücklich, aber in der Systematik der Regelung angelegt und de lege lata nicht zu vermeiden. Sie entspricht der Lage unter Ehegatten nach § 621 ZPO.

9 Aus dem gerade Gesagten folgt auch, dass eine **Anspruchshäufung** nur zulässig ist, wenn es sich bei allen geltend gemachten Ansprüchen um Lebenspartnerschaftssachen (oder um Familiensachen iSd §§ 606, 621 ZPO) handelt (BGH NJW 79, 427; 659, 660; OLG Düsseldorf FamRZ 82, 511). In diesem Fall sind dann noch die besonderen Voraussetzungen der §§ 621a II, 623 ZPO zu beachten, wenn FGG- und ZPO-Sachen verbunden werden sollen. Die Verbindung von Familiensachen (einschließlich Lebenspartnerschaftssachen) mit Nichtfamiliensachen ist dagegen immer unzulässig. In einem solchen Fall ist die Nichtlebenspartnerschaftssache von der Lebenspartnerschaftssache zu trennen und an die Prozessabteilung abzugeben bzw an das zuständige Gericht zu verweisen (OLG Frankfurt FamRZ 88, 735). Werden Lebenspartnerschaftssache und Nichtlebenspartnerschaftssache (bzw Nichtfamiliensache) als Haupt- und Hilfsanspruch geltend gemacht, ist zunächst über den Hauptanspruch zu entscheiden. Wenn dieser abgewiesen ist, ist das Verfahren wegen des Hilfsanspruchs abzugeben bzw zu verweisen (BGH FamRZ 80, 554; 81, 1047).

10 Eine Nichtfamiliensache kann nach herrschender Auffassung auch nicht im Wege der **Widerklage** bei einem Familiengericht anhängig gemacht werden (MK-ZPO/Bernreuther, § 621 ZPO Rn 10; Rolland/Roth, § 621 ZPO Rn 49; Zöller/Philippi, § 621 ZPO Rn 100; der BGH setzt das in seiner Entscheidung FamRZ 79, 215, 216 voraus; aA Stein/ Jonas/Schlosser, § 621 ZPO, Rn 52). Das muss wegen der gleichen Ausgestaltung auch in Verfahren über Lebenspartnerschaftssachen gelten. Dafür spricht vor allem, dass aus § 33 ZPO nichts in Bezug auf die Zulässigkeit einer Widerklage über eine Nichtfamiliensache vor dem Familiengericht gefolgert werden kann. Nach nahezu allgemeiner Auffassung in der Literatur regelt § 33 ZPO lediglich einen besonderen Gerichtsstand für die Widerklage, bei dem diese neben den nach den allgemeinen Regeln bestimmten Gerichtsständen erhoben werden kann; eine abschließende Regelung der Zulässigkeit der Widerklage enthält die Vorschrift dagegen nicht. Es ist daher nicht zulässig, aus der Tatsache, dass eine Widerklage alle Anforderungen des § 33 ZPO erfüllt, abzuleiten, dass sie zulässig sein muss. Diese muss vielmehr als echte Klage alle Sachurteilsvoraussetzungen erfüllen, die sie auch als isolierte Klage erfüllen müsste.

11 Da es für die Zuständigkeitsbestimmung grundsätzlich nur auf den Streitgegenstand der Klage ankommt, eine vom Beklagten zur Verteidigung vorgenommene **Auf-**

rechnung aber nicht rechtshängig wird und damit den Streitgegenstand des Verfahrens nicht beeinflusst, kann die Aufrechnung mit einer aus einer Lebenspartnerschaftssache resultierenden Forderung nicht dazu führen, dass aus einem Streit über eine Nichtlebenspartnerschaftssache eine Lebenspartnerschaftssache wird. Umgekehrt ist in einem familiengerichtlichen Verfahren das Familiengericht auch für die Entscheidung über eine zur Aufrechnung gestellte, nicht aus einer Lebenspartnerschafts- oder Familiensache herrührende Forderung zuständig.

12 **b)** Der Streitgegenstand des Verfahrens **muss einen der in Abs 1 genannten Gegenstände betreffen.** Diese Gegenstände sind: **aa) die Aufhebung der Lebenspartnerschaft aufgrund des Lebenspartnerschaftsgesetzes** (Abs 1 Nr 1). Gemeint ist das Verfahren auf Aufhebung der Lebenspartnerschaft nach § 15 LPartG, gleichgültig, ob Grund für die Auflösung der Lebenspartnerschaft eine übereinstimmende Antragstellung beider Lebenspartner, die einseitige Aufkündigung der Lebenspartnerschaft oder die Geltendmachung eines Willensmangels iSd § 15 II 2 LPartG ist. Zu den materiellen Aufhebungsvoraussetzungen s § 15 LPartG Rn 7 ff.

13 **Funktional** entspricht die Aufhebung der Lebenspartnerschaft der **Ehescheidung.** Für das Verfahren gelten daher §§ 606 ff, 622 ff ZPO entsprechend (Abs 2). Einzelheiten: Rn 111 ff.

14 **bb)** Zu den Lebenspartnerschaftssachen gehört auch die **Feststellung des Bestehens oder Nichtbestehens einer Lebenspartnerschaft** (Abs 1 Nr 2, § 632 ZPO). Wegen des Fehlens eines besonderen Aufhebungsverfahrens (im eherechtlichen Sinn) führen die Partnerschaftsverbote zur Unwirksamkeit der Lebenspartnerschaft (§ 1 LPartG Rn 20 ff). Da auch keine Heilungstatbestände vorgesehen sind (§ 1 LPartG Rn 20 ff), kann das dazu führen, dass noch Jahre nach der Eingehung der Lebenspartnerschaft zweifelhaft sein kann, ob diese überhaupt gültig zustande gekommen ist. Als Sonderfall der Feststellungsklage gibt es daher auch bei der Lebenspartnerschaft die Möglichkeit, Klage auf Feststellung des Bestehens oder Nichtbestehens einer Lebenspartnerschaft zu erheben. Sie dient dazu, das Bestehen oder Nichtbestehen einer Lebenspartnerschaft damit endgültig aus dem Streit der Partner zu nehmen. Die Parteien können zwar auch den Bestand der Lebenspartnerschaft inzident in jedem anderen Verfahren feststellen lassen (BSG FamRZ 78, 240; OLG Nürnberg FamRZ 70, 246 zur Ehefeststellungsklage). Der Vorteil der Klage nach § 632 ZPO liegt aber in ihrer Bindungswirkung, auch wenn dieser seit der Reform 1998 erheblich hinter der früheren Rechtslage zurückbleibt (Rn 367).

15 Mit der Bestandsfeststellungsklage können die Lebenspartner allerdings nur die Feststellung des Bestehens oder Nichtbestehens der Lebenspartnerschaft **als Institution** erreichen. Die umfassende Klärung der Rechtsbeziehungen zueinander ist nicht möglich.

16 **Willensmängel** bei der Eingehung der Lebenspartnerschaft sind nach Inkrafttreten des LPartGÜG echte Aufhebungsfälle (§ 15 II 2 LPartG). Insoweit ist die Feststellungsklage nicht (mehr) das richtige Verfahren, sondern die Aufhebungsklage.

17 **cc)** Lebenspartnerschaftssache ist auch das Verfahren, das die **Verpflichtung zur Fürsorge und Unterstützung in der partnerschaftlichen Lebensgemeinschaft** (Abs 1 Nr 3) betrifft. Gemeint sind mit dieser Regelung nur diejenigen Verfahren, in denen die Verpflichtung zur lebenspartnerschaftlichen Gemeinschaft sich auf andere Weise als durch die Leistung von Unterhalt realisiert; denn für den partnerschaftlichen Unterhalt gilt Abs 1 Nr 4 als Spezialvorschrift.

18 **Funktional** entspricht das Verfahren nach Abs 1 Nr 3 der Eheherstellungsklage. Die für diese entwickelten Grundsätze können daher auch auf dieses Verfahren übertragen werden. Das bedeutet zunächst, dass die Herstellungsklage nur für die nicht vermögensrechtlichen Ansprüche der Lebenspartner untereinander in Betracht kommt, wie etwa den Anspruch auf Pflege, Auskunft, Aufnahme in die Wohnung, Unterlassung

von Angriffen, Treuepflichtverletzungen usw (zu den Pflichten aus der Lebenspartnerschaft s ausführlich § 2 LPartG Rn 7 ff).

19 **Nicht** unter Abs 1 Nr 3 fallen **vermögensrechtliche Ansprüche** der Lebenspartner, vor allem nicht die Geltendmachung von Unterhalt (insoweit liegt eine Lebenspartnerschaftssache nach Abs 1 Nr 4 vor) oder von Ausgleichsforderungen wegen der gemeinschaftlichen Haftung für Schulden (§ 426 BGB). Die unter Eheleuten hier einzuordnenden Ansprüche im Zusammenhang mit der gemeinschaftlichen Steuerveranlagung haben für Lebenspartner keine Bedeutung, weil eine gemeinschaftliche einkommensteuerrechtliche Veranlagung hier bisher nicht vorgesehen ist.

20 Die im Eherecht umstrittene Abgrenzung und Einordnung von **Haushaltsführungsleistungen** bereitete bislang im Lebenspartnerschaftsrecht keine Schwierigkeiten: Insoweit lag eine Lebenspartnerschaftssache nach Abs 1 Nr 3 vor, weil Haushaltsleistungen bei Lebenspartnern gerade nicht den Unterhaltsleistungen gleichgestellt waren. Das hat sich nunmehr geändert, weil § 5 LPartG nun auf § 1360, 2 BGB verweist. Es spricht deswegen nach der neuen Rechtslage mehr dafür, den Streit um Haushaltsführungsleistungen, unterhaltsrechtlich einzuordnen und damit unter Abs 1 Nr 4 zu fassen und damit aus dem Anwendungsbereich des Abs 1 Nr 3 herauszunehmen.

21 Ebenfalls nicht unter Abs 1 Nr 3 fällt das Begehren nach Ausschließung der **Schlüsselgewalt** (§ 1357 II BGB); denn für diese Entscheidung ist schon materiell nicht das Familien-, sondern das Vormundschaftsgericht zuständig – ein seltsames Relikt aus den Zeiten, als die Zuständigkeiten in familienrechtlichen Fragen noch weitgehend zwischen Vormundschafts- und Familiengericht aufgeteilt waren. Spätestens seit den Reformen des Jahres 1998 ist diese Lösung aber unzeitgemäß geworden, weil es praktisch die einzige Kompetenz des Vormundschaftsgerichts im eherechtlichen (und nun auch lebenspartnerschaftlichen) Bereich ist, während alle anderen Entscheidungsbefugnisse dem Familiengericht übertragen wurden.

22 Nach inzwischen völlig herrschender Auffassung sind – obwohl sie, wenn sie unter den Partnern selbst geführt werden, das persönliche Verhältnis betreffen – auch die sog Ehe**störungsklagen** keine Herstellungsklagen. Die Rechtsprechung (seit BGHZ 6, 365) und die hM im Schrifttum (s nur MK-ZPO/Bernreuther, § 606 ZPO Rn 9) lassen es zu, dass ein Ehegatte den sog räumlich gegenständlichen Bereich der Ehe vor Treupflichtverletzungen seines Partners mit Dritten durch eine Unterlassungsklage schützt (§ 2 LPartG Rn 16). Diese Klagen sind deswegen keine Ehesachen und (mangels möglicher Zuordnung zu einem Tatbestand des Katalogs des § 621 ZPO) auch keine anderen Familiensachen, sodass sie in die Zuständigkeit der allgemeinen Prozessabteilung fallen. Entsprechendes muss gelten, wenn man dem Lebenspartner einen Anspruch auf die Abwehr von Treupflichtverletzungen seines Partners zugesteht (zur Treuepflicht s § 2 LPartG Rn 16).

23 **dd)** Lebenspartnerschaftssachen sind auch alle **Streitigkeiten, welche die elterliche Sorge für ein gemeinschaftliches Kind** betreffen, soweit dafür materiell-rechtlich die Familiengerichte zuständig sind (Abs 1 Nr 3a). Es handelt sich um dieselben Streitigkeiten, für die unter Eheleuten § 621 I Nr 1 ZPO gilt. Voraussetzung für eine Streitigkeit nach § 661 I Nr 3a ist immer der Streit um das gemeinsame Sorgerecht der Lebenspartner. Streitigkeiten dieser Art können deswegen nur vorkommen, wenn eine Stiefkindadoption nach § 9 LPartG stattgefunden hat.

24 **Kraft materiellen Rechts zuständig** ist das Familiengericht heute für Sorgeangelegenheiten in den Fällen der §§ 1618 (BGH NJW-RR 00, 665, 1626c, 1628, 1629 iVm 1796, 1631b (OLG Brandenburg FamRZ 04, 43), 1632, 1640, 1666, 1667, 1671, 1672, 1678, 1680, 1681, 1682, 1683, 1686, 1687, 1688, 1693, 1696 BGB. Vor allem ist zu beachten, dass für Genehmigungserfordernisse, denen die Eltern wie Vormünder unterliegen, seit 1998 das Familiengericht und nicht mehr das Vormundschaftsgericht zustän-

dig ist (§ 1643 BGB). Restzuständigkeiten des Vormundschaftsgerichts bestehen nur nach § 112 BGB, für die Auswahl und Bestellung eines Vormunds oder Pflegers nach §§ 1773, 1909 BGB (nicht in den Fällen des § 1697 BGB) und im Zusammenhang mit Entscheidungen nach dem RelKG (AG Weilburg FamRZ 03, 1308). Wegen der gebotenen weiten Auslegung ist das Familiengericht auch dann zuständig, wenn die Eltern gerade darüber streiten, ob ein gemeinsames Sorgerecht besteht, auch wenn eine gesetzliche Grundlage dafür nicht ohne weiteres ersichtlich ist (OLG Stuttgart FamRZ 00, 632).

25 **ee)** Abs 1 Nr 3b weist den Familiengerichten die ausschließliche Zuständigkeit für alle **Streitigkeiten in Bezug auf die Regelung des Umgangs mit einem gemeinschaftlichen Kind** zu, soweit dafür nach den Vorschriften des BGB das Familiengericht zuständig ist. Gemeint sind die Fälle der §§ 1632 III, 1684 BGB. Hinzuzurechnen sind Maßnahmen nach § 1666 BGB, soweit Umgangsfragen betroffen sind. Andere Umgangsstreitigkeiten (in Bezug auf nicht gemeinschaftliche Kinder) sind keine Lebenspartnerschaftssachen. Sie können aber „andere Familiensachen" iSd § 621 I Nr 2 sein, für die ebenfalls das Familiengericht zuständig ist.

26 **ff)** Das Familiengericht ist auch zuständig für Streitigkeiten um die **Herausgabe eines gemeinschaftlichen Kindes,** für das elterliche Sorge besteht (Abs 1 Nr 3c). Anders als bei § 621 ZPO ist die Zuständigkeit aber nur für Herausgabeverlangen eines Elternteils gegen den anderen begründet. Herausgabeverlangen gegenüber Dritten sind aber andere Familiensachen iSd § 621 I Nr 3, für die ebenfalls das Familiengericht zuständig ist. Das Vormundschaftsgericht ist heute für Herausgabestreitigkeiten nur noch zuständig, wenn keine elterliche Sorge für ein Kind mehr besteht, dh wenn dieses unter Vormundschaft steht. Ist die elterliche Sorge nur durch Entziehung des Aufenthaltsbestimmungsrechts eingeschränkt und dafür ein Pfleger bestellt, bleibt es bei der Zuständigkeit des Familiengerichts

27 **gg)** Lebenspartnerschaftssachen sind auch alle Streitigkeiten, welche die **Unterhaltspflicht für ein gemeinschaftliches minderjähriges Kind** betreffen (Abs 1 Nr 3d). Streitigkeiten um den Unterhalt erwachsener Kinder und solche um den Unterhalt nicht gemeinschaftlicher Kinder jeweils mit ihrem Elternteil sind dagegen keine Lebenspartnerschaftssachen. Bei ihnen handelt es sich jedoch um andere Familiensachen iSd § 621 I Nr 4, für die ebenfalls die Zuständigkeit des Familiengerichts begründet ist.

28 **hh)** Lebenspartnerschaftssachen sind alle Verfahren, welche die durch die Lebenspartnerschaft begründete gesetzliche **Unterhaltspflicht** betreffen (Abs 1 Nr 4). Hierher gehören alle Streitigkeiten um den partnerschaftlichen Unterhalt während des Bestehens einer Lebensgemeinschaft (§ 5 LPartG), während des Getrenntlebens (§ 12 LPartG) und um den nachpartnerschaftlichen Unterhalt nach § 16 LPartG einschließlich der Streitigkeiten über Ansprüche auf eine Kapitalabfindung (§ 1585 II BGB) oder Sicherheitsleistung (§ 1585a BGB) oder auf Schadensersatz wegen verspäteter (OLG Braunschweig FamRZ 79, 719), Nicht- oder Schlechterfüllung einer Unterhaltspflicht (OLG Schleswig FamRZ 83, 394).

29 **(1)** Streitigkeiten, die den gesetzlichen Unterhaltsanspruch betreffen, liegen zunächst vor, wenn mit der Klage die **Verurteilung des Beklagten zur Leistung von Unterhalt begehrt** wird. Ohne Bedeutung ist insoweit sowohl, ob es um Normal- oder Sonderbedarf geht.

30 Den gesetzlichen Unterhaltsanspruch betreffen auch Klagen, mit denen ein bereits bestehender Unterhaltstitel wegen gesetzlicher Unterhaltsansprüche abgeändert werden soll (BGH FamRZ 79, 789). Auch **Abänderungsklagen** im Sinne des § 323 ZPO, die Unterhaltsansprüche nach dem Lebenspartnerschaftsgesetz betreffen, sind daher Lebenspartnerschaftssachen.

31 **Vollstreckungsgegenklagen** betreffen die gesetzliche Unterhaltspflicht der Lebenspartner, wenn der titulierte Anspruch ein Unterhaltsanspruch nach dem Lebenspartnerschaftsgesetz ist. Aus welchem Rechtsverhältnis die Einwendungen stammen, ist unerheblich; denn auch im Erkenntnisverfahren wäre das ohne Bedeutung gewesen.

32 Das zu den Vollstreckungsgegenklagen Gesagte gilt entsprechend für **auf § 826 BGB gestützte Klagen**, mit denen der Unterhaltsschuldner die Unterlassung der weiteren Vollstreckung und die Herausgabe des Vollstreckungstitels durchsetzen will (OLG Düsseldorf FamRZ 85, 599; OLG Karlsruhe FamRZ 82, 400).

33 **Klagen** des Unterhaltsberechtigten **nach § 7 AnfG** gegen einen Dritten, dem der Unterhaltsschuldner in anfechtbarer Weise Vermögen übertragen hat, betreffen einen gesetzlichen Unterhaltsanspruch, wenn die Zwangsvollstreckung aus einem diesen titulierenden Vollstreckungstitel verhindert wurde (OLG Bamberg FamRZ 89, 408). Das Verfahren ist demjenigen der Vollstreckungsgegenklage strukturell ähnlich; denn bei der Klage nach § 7 AnfG darf sich der Anfechtungsbeklagte nur mit denjenigen Einwendungen zur Wehr setzen, die der Schuldner selbst mit der Vollstreckungsgegenklage geltend machen könnte (BGH NJW 61, 1464; 64, 1277). In Bezug auf die Zuständigkeitszuordnung ist daher die Gleichbehandlung mit der Vollstreckungsgegenklage geboten, für deren Einordnung es auch nur auf die Art des titulierten Anspruchs ankommt, nicht aber auf diejenige der Einwendungen.

34 Den gesetzlichen Unterhaltsanspruch betreffen auch **negative Feststellungsklagen**, mit denen jemand sich gegen seine Inanspruchnahme als gesetzlicher Unterhaltsschuldner zur Wehr setzt.

35 Dasselbe gilt für Klagen, mit denen die **Rückforderung von zuviel gezahlten Unterhaltsleistungen** begehrt wird (BGHZ 71, 264; OLG München FamRZ 78, 49). In diesen Spiegelbildverfahren ist für den Erfolg der auf § 812 I 1, 1. Fall BGB gestützten Klage entscheidend, ob und in welcher Höhe der gesetzliche Unterhaltsanspruch besteht; denn nur wenn mehr gezahlt wurde, als danach zu zahlen war, fehlte für die Leistung der Rechtsgrund, sodass das zuviel Geleistete zurückverlangt werden kann. Der durch Antrag und Lebenssachverhalt bestimmte Streitgegenstand dieses Verfahrens betrifft damit eine unterhaltsrechtliche Streitigkeit, weil der Schwerpunkt für die Begründung des Begehrens des Klägers unterhaltsrechtlich ist. Die allgemeine Anspruchsgrundlage des § 812 BGB erhält eine lebenspartnerschaftsrechtliche „Färbung“.

36 Problematisch ist dagegen, ob auch **Klagen, mit denen ein Dritter** den Unterhaltspflichtigen auf **Erstattung** von an den Unterhaltsberechtigten geleisteten Beträgen in Anspruch nimmt, noch als den gesetzlichen Unterhaltsanspruch betreffende Rechtsstreitigkeiten angesehen werden können. Der BGH lehnt es in den Fällen des § 621 Nr 4, 5 ZPO (betreffend Unterhaltsansprüche von Ehegatten und Kindern) ab, Klagen, mit denen Erstattungsansprüche geltend gemacht werden, als Familiensachen einzuordnen, wenn der Kläger nicht der (ehemalige) Ehegatte des Unterhaltspflichtigen ist (BGH FamRZ 79, 219; OLG Hamm NJW 83, 2203). Leistet dagegen ein Ehegatte über die ihn treffende Unterhaltsverpflichtung hinaus Unterhalt, soll dagegen nach Ansicht des BGH eine die gesetzliche Unterhaltspflicht betreffende Streitigkeit und damit die Zuständigkeit des Familiengerichts gegeben sein (BGH FamRZ 78, 79, 218). Entsprechende Konstellationen können auch bei Lebenspartnern auftreten. Es ist zu erwarten, dass diese Rechtsprechung dann auf Lebenspartner übertragen wird. Die Unterscheidung des BGH überzeugt aber nicht. Maßgeblich für die Zuständigkeitsermittlung ist allein der Streitgegenstand des Verfahrens. Dieser unterscheidet sich aber nicht nach der Person des Klägers, sondern nach dem Antrag und dem die Klage stützenden Sachvortrag. Dieser ist in beiden Fällen identisch: Eine Person, die (insoweit) nicht zum Unterhalt verpflichtet ist, erbringt anstelle einer unterhaltspflichtigen Person Unterhaltsleistungen und begehrt dafür nunmehr Ersatz. Der Erstattungsanspruch kann

in beiden Fällen aus Auftrag, Geschäftsführung ohne Auftrag oder ungerechtfertigter Bereicherung abgeleitet werden. Ob er besteht, hängt entscheidend davon ab, ob und in welcher Höhe der Beklagte unterhaltsverpflichtet war. Damit ist der Schwerpunkt der Begründung des Erstattungsverlangens unterhaltsrechtlich. Der Streit ist daher in jedem Fall als Lebenspartnerschaftssache zu qualifizieren.

37 Abs 1 Nr 4 erfasst nur Streitigkeiten um gesetzliche Unterhaltspflichten. Streitigkeiten über allein aus Vereinbarungen abgeleitete Unterhaltsansprüche fallen daher nicht unter die Lebenspartnerschaftssachen. Soweit **Unterhaltsvereinbarungen** im Streit sind, ist daher zu ermitteln, ob diese nur eine auch sonst bestehende **gesetzliche Unterhaltspflicht ausgestalten** (dann Lebenspartnerschaftssache) oder nicht. In Zweifelsfällen sollte eine Lebenspartnerschaftssache bejaht werden, um die Zuständigkeit des Familiengerichts annehmen zu können, weil regelmäßig nicht angenommen werden kann, dass die Parteien mit ihrer Vereinbarung einen vom gesetzlichen Unterhaltsanspruch losgelösten Verpflichtungstatbestand begründen wollten (BGH FamRZ 78, 674; OLG Hamburg FamRZ 85, 407 für die entsprechende Situation unter Ehegatten). Um bloße Ausgestaltungen des gesetzlichen Unterhaltsanspruchs handelt es sich, wenn in der Vereinbarung nur die Modalitäten der Zahlung des Unterhalts geregelt werden (BGH FamRZ 79, 220) oder wenn näher festgelegt wird, auf welche Weise der Unterhalt geleistet werden soll. So sind von der Rechtsprechung Vereinbarungen darüber, dass der Unterhalt teilweise durch die Zahlung von Lebensversicherungsprämien (OLG Schleswig SchlHA 82, 154) oder dass die Lastentragung für ein von der geschiedenen Ehefrau bewohntes Grundstück (OLG Braunschweig FamRZ 83, 197) geleistet werden soll, als Ausgestaltungen des Unterhaltsanspruchs angesehen worden. Entscheidend ist in diesen Fällen, dass die Vereinbarung nicht isoliert betrachtet werden kann, sondern nur dann verständlich ist, wenn als Grundlage eine gesetzliche Unterhaltspflicht angenommen wird. Für Lebenspartner kann nichts anderes gelten.

38 Allein **auf eine Vereinbarung gestützte Unterhaltspflichten** liegen demgegenüber vor, wenn es an einem gesetzlichen Unterhaltsanspruch ganz fehlt. Das ist vor allem dann der Fall, wenn einer der Lebenspartner ganz auf Unterhalt verzichtet und sich dafür vertraglich Ausgleichsleistungen versprechen lässt. Hier ist mit dem Verzicht der gesetzliche Unterhaltsanspruch entfallen; der Streit um die Ausgleichsleistungen ist daher nicht mehr Lebenspartnerschaftssache.

39 **(2)** Parteien eines Streites im Sinne von Abs 1 Nr 4 müssen grundsätzlich die Lebenspartner sein. Außer im Ausnahmefall der Erstattungsansprüche wegen anstelle des Unterhaltspflichtigen erbrachter Beträge kommt die **Beteiligung Dritter** nur in Fällen der **Rechtsnachfolge** in Betracht.

40 Das ist ohne weiteres anerkannt für den Fall, dass der Unterhaltsberechtigte oder verpflichtete stirbt und seine Unterhaltsansprüche bzw -pflichten vererbt. Der **Erbe** wird automatisch Berechtigter bzw Verpflichteter in Bezug auf die Unterhaltsansprüche. War über den Unterhalt schon ein Rechtsstreit anhängig, kann er diesen durch den Tod unterbrochenen Rechtsstreit nach den allgemeinen Regeln weiterführen. Der Rechtsstreit bleibt Lebenspartnerschaftssache; denn durch die Rechtsnachfolge ändert sich der Inhalt des Anspruchs nicht.

41 Auch wenn der **Unterhaltsanspruch auf eine juristische Person des öffentlichen Rechts übergeht**, weil diese dem Berechtigten Versorgungsleistungen erbracht hat (vgl §§ 33 SGB II, 94 SGB XII, 94 KJHG, 116 SGB X, 7 UnterhaltsvorschussG), bleibt der übergegangene Anspruch Lebenspartnerschaftssache; denn auch in diesem Fall ändert sich durch den Übergang des Anspruchs an dessen Inhalt nichts. Gleichgültig ist, ob dieser Übergang automatisch oder im Wege der Überleitung des Anspruchs erfolgt.

42 Auch wenn die Unterhaltspflicht durch **Schuldübernahme** auf einen Dritten übergegangen ist, bleibt die Geltendmachung des Anspruchs Lebenspartnerschaftssache. Der

Unterhaltspflichtige hat zwar gewechselt; da dem Schuldübernehmer aber alle Einwendungen und Einreden zustehen, die auch der ursprüngliche Schuldner hatte, bleibt der übergegangene Anspruch noch immer der ursprüngliche gesetzliche Unterhaltsanspruch. In diesen Fällen ist allerdings besonders sorgfältig zu prüfen, ob tatsächlich (nur) eine Schuldübernahme vorliegt oder ob nicht auf den ursprünglichen gesetzlichen Unterhaltsanspruch verzichtet und dafür vertraglich ein neuer Unterhaltsanspruch begründet wurde.

43 Auch wenn der **Unterhaltsanspruch** von einem Gläubiger des Unterhaltsberechtigten **gepfändet und** ihm **überwiesen** worden ist, bleibt seine Geltendmachung gegen den Drittschuldner, den Unterhaltspflichtigen, Lebenspartnerschaftssache (vgl OLG Hamm FamRZ 85, 408). In der Praxis besonders häufig dürfte in diesem Zusammenhang die Pfändung des Taschengeldanspruchs des nicht berufstätigen Lebenspartners sein. Der Gläubiger muss diesen Anspruch also vor dem Familiengericht einklagen.

44 Problematisch ist dagegen, ob es sich auch um eine Lebenspartnerschaftssache handelt (und das Familiengericht zuständig ist), wenn der Unterhaltsanspruch gegen eine Person geltend gemacht wird, die für diesen Anspruch im Wege des **Schuldbeitritt**s eine Mithaftung übernommen hat. In diesen Fällen spricht gegen die Annahme einer Lebenspartnerschaftssache, dass der Unterhaltsberechtigte gegen den Dritten gerade nicht seinen gesetzlichen Unterhaltsanspruch einklagt, sondern einen Anspruch, der sich erst aus einer vertraglichen Verpflichtung des in Anspruch genommenen Dritten ergibt. Diese Betrachtung würde aber in allen Fällen zu kurz greifen, in denen im Rechtsstreit noch geprüft werden muss, in welchem Umfang tatsächlich ein Unterhaltsanspruch besteht, für den der der Unterhaltsverpflichtung Beitretende haftet. Auch in diesen Fällen betrifft der Rechtsstreit den gesetzlichen Unterhaltsanspruch, weil die Feststellung dieses Anspruchs unabdingbar für den Erfolg oder Misserfolg der Klage ist. Soweit der Unterhaltsanspruch noch im Streit ist, ist daher eine Lebenspartnerschaftssache anzunehmen, für die das Familiengericht zuständig ist (vgl BGH FamRZ 83, 155; OLG Frankfurt FamRZ 83, 198). Etwas anderes gilt dagegen dann, wenn der Umfang der Unterhaltspflicht auch dem Dritten gegenüber schon feststeht, vor allem, wenn der Unterhaltsanspruch schon tituliert ist und dieses Urteil auch dem Dritten gegenüber wirkt (OLG Bamberg NJW-RR 89, 518; OLG Hamm FamRZ 89, 526). Das kommt in Betracht, wenn der Dritte der Schuld erst beigetreten ist, nachdem diese schon tituliert war. In diesem Fall wird allein um die Wirksamkeit des Schuldbeitritts gestritten; der gesetzliche Unterhaltsanspruch ist dagegen nicht mehr betroffen.

45 **(3) Einzelfragen:** Zum partnerschaftlichen Unterhalt gehören auch die Begleichung von Krankenhaus- und **Arztkosten**. Streitigkeiten um die Befreiung von derartigen Verbindlichkeiten sind daher als den gesetzlichen Unterhaltsanspruch betreffende Streitigkeiten einzuordnen (BGH NJW 94, 1417). Gleiches gilt für Streitigkeiten um die Weiterleitung von **Krankenhaustagegeldern** aus einer privaten Krankenversicherung (BGH aaO); denn wenn die Lebenspartner eine derartige Versicherung abschließen, gestalten sie den Unterhaltsanspruch zumindest stillschweigend dahin um, dass er auch die von der Versicherung gezahlten Beträge umfassen soll. Streitigkeiten um die Erstattung der **Kosten eines Rechtsstreits** und um die Zahlung eines **Prozesskostenvorschusses** betreffen ebenfalls den gesetzlichen Unterhaltsanspruch des Lebenspartners, da diese Kosten zum Sonderbedarf des Lebenspartners gehören (OLG Koblenz FamRZ 82, 402; OLG Zweibrücken FamRZ 80, 1041).

46 **ii)** Lebenspartnerschaftssachen sind auch alle Streitigkeiten, die den **Versorgungsausgleich der Lebenspartner** betreffen. Dazu gehören die Durchführung des öffentlichrechtlichen (§§ 1587 b BGB; 1 II, III VAHRG) Versorgungsausgleichs ebenso wie diejenige des schuldrechtlichen Versorgungsausgleichs (§§ 1587 f – 1587 n BGB; § 2 VAHRG) einschließlich des verlängerten schuldrechtlichen Versorgungsausgleichs

(§ 3 a VAHRG). Ebenso ist das Familiengericht für die Abänderung der Entscheidungen über den Versorgungsausgleich (§§ 1587 g, 1587 i BGB; 3 a IX, 10 a, 11 VAHRG) und für die Entscheidung über die Stundung oder Bewilligung von Ratenzahlung (§ 1587 d BGB) zuständig. Lebenspartnerschaftssache ist auch die Genehmigung und der Streit um die Wirksamkeit von Vereinbarungen über den Versorgungsausgleich (§ 1587 o II 2 BGB), der Streit unter Lebenspartnern über Auskünfte in Bezug auf Versorgungsanwartschaften oder sonstige für den Versorgungsausgleich relevante Tatsachen (vgl. §§ 1580, 1587 e I, 1587 k I BGB). Für Streitigkeiten zwischen Lebenspartnern (bzw ihren Hinterbliebenen) und einem Versorgungsträger um die Erteilung von Auskünften ist das Familiengericht nur in den Fällen der §§ 3 a VIII VAHRG (Auskunft bei Verlängerung des schuldrechtlichen Versorgungsausgleichs) und 10 a XI VAHRG (Auskunft bei Abänderung von Entscheidungen) zuständig. Alle anderen Streitigkeiten zwischen Lebenspartnern und dem Sozialversicherungsträger fallen nicht mehr in den Zuständigkeitsbereich des Familiengerichts; denn insoweit handelt es sich um öffentlichrechtliche Streitigkeiten in Angelegenheiten der Sozialversicherung, für die nach § 51 I SGG der Rechtsweg zu den Sozialgerichten eröffnet ist.

47 **jj)** Zu den Lebenspartnerschaftssachen gehören auch alle Verfahren, welche die Regelung der **Rechtsverhältnisse an der gemeinsamen Wohnung und am Hausrat** der Lebenspartner betreffen (Abs 1 Nr 5). Gemeint sind die Verfahren nach §§ 13 und 14 LPartG einerseits und nach §§ 17-19 LPartG andererseits. An diesen Verfahren können auch Dritte beteiligt sein, soweit es um die Regelung der Rechtsverhältnisse an einer Wohnung geht (vgl § 7 HausratsVO).

48 **(1)** Zu den Lebenspartnerschaftssachen gehört die Regelung der Rechtsverhältnisse an der lebenspartnerschaftlichen Wohnung und Hausrat nur, wenn sich die Lebenspartner anlässlich einer Aufhebung der Lebenspartnerschaft nicht über die weitere Nutzung bzw Verteilung einigen können. Die gerichtliche Regelungsbefugnis setzt grundsätzlich erst ein, wenn zwischen den Lebenspartnern ein **Aufhebungsverfahren anhängig** ist oder wenn sie zumindest getrennt leben (§§ 13 f LPartG). Das Verfahren auf Zuweisung der lebenspartnerschaftlichen Wohnung kann dagegen auch schon beantragt werden, wenn das Getrenntleben erst beabsichtigt ist (§ 14 LPartG).

49 Zum Begriff der **lebenspartnerschaftlichen Wohnung** s § 14 LPartG Rn 4, zu demjenigen des **Hausrats** s § 13 LPartG Rn 4.

50 Voraussetzung für ein gerichtliches Hausratsverteilungsverfahren ist weiter, dass die **Lebenspartner sich nicht einvernehmlich** über die Verteilung des Hausrats bzw die weitere Nutzung der lebenspartnerschaftliche Wohnung **einigen können**. Diese Voraussetzung ist nicht nur erfüllt, wenn die Lebenspartner keine Willensübereinstimmung erzielen können, sondern auch, wenn der Vollzug der Einigung die Zustimmung eines Dritten voraussetzt, dieser die Zustimmung aber nicht erteilt (Hauptfall: Weigerung des Vermieters, der Fortsetzung des Mietverhältnisses durch einen der Partner allein zuzustimmen, OLG Hamburg FamRZ 90, 651; OLG Karlsruhe FamRZ 81, 182; OLG München FamRZ 86, 1019). Liegt eine Einigung über die Hausratsverteilung bzw die weitere Nutzung der Wohnung danach vor, ist das Familiengericht nur noch für Feststellungsverfahren zuständig, in denen geklärt werden soll, ob die Einigung den gesamten Hausrat umfasst (OLG Hamm FamRZ 80, 901) oder ob sie wirksam getroffen wurde (OLG Koblenz FamRZ 84, 1241). Betrifft die Einigung nur einen Teil des Hausrats, bleibt ein Verteilungsverfahren zulässig; die Teileinigung beschränkt in diesem Fall nicht die Zuständigkeit, sondern nur den Verteilungsspielraum des Familiengerichts (OLG Frankfurt FamRZ 83, 730).

51 **Streitigkeiten um die Erfüllung der** in einer **Auseinandersetzungsvereinbarung** übernommenen Verpflichtungen fallen nach richtiger Ansicht nicht mehr unter Abs 1 Nr 5 und damit auch nicht mehr in die Zuständigkeit des Familiengerichts. Das gilt

selbst dann, wenn es nur um Ansprüche aus einer Teileinigung geht (BGH NJW 79, 2156; OLG Koblenz FamRZ 84, 1241; OLG Zweibrücken FamRZ 93, 83). Diese Auslegung des Abs 1 Nr 5 (entsprechend § 621 I Nr 7 ZPO) ist zuweilen kritisiert worden. Die Vertreter der Gegenmeinung (Zöller/Philippi § 621 ZPO Rn 53) wollen eine Einigung erst dann annehmen, wenn sie vollzogen oder vollzugsfähig ist. Die Begründung für diese Ansicht, der Wortlaut des § 1 HausratsVO zwinge nicht zu dieser Auslegung, sie führe zu überflüssigen Komplikationen und widerspreche dem Grundsatz, dass Ansprüche aus Verträgen, die Familiensachen näher ausgestalteten, ebenfalls in die Zuständigkeit der Familiengerichte fielen, überzeugt aber letztlich nicht. Mit jeder einverständlichen Regelung der Hausrats- bzw Wohnungsfrage durch die Partner entfällt nicht nur das Rechtsschutzbedürfnis für einen gerichtlichen Eingriff in die Verteilung des Hausrats, sondern bereits die staatliche Befugnis, in den von den Parteien nunmehr geregelten Bereich einzugreifen. Eine staatliche Hausratsverteilung nach den Vorgaben der §§ 13 f, 17 ff LPartG und der Hausratsverordnung kann nicht mehr erfolgen, da die Grundlage für diese Verteilung nicht mehr ein richterliches Ermessen sein darf, sondern ausschließlich das von den Parteien Vereinbarte. Der Fall steht damit nicht einer Ausgestaltung eines familienrechtlichen Verhältnisses nahe, sondern dem Fall, dass das familienrechtliche Verhältnis durch ein anderes ersetzt wird. Streitigkeiten in Bezug auf derartige Vereinbarungen fallen aber auch beim Unterhalt nicht in die Zuständigkeit des Familiengerichts. Das gilt auch dort nicht erst von dem Zeitpunkt an, zu dem die Vereinbarung vollzugsfähig oder vollzogen ist, sondern bereits ab dem Zustandekommen der Einigung. Gleiches muss daher auch in Bezug auf Vereinbarungen über die Zuweisung der Wohnung und die Verteilung des Hausrats gelten.

52 **(2) Lebenspartnerschaftssache ist nur** die Regelung der künftigen Rechtsverhältnisse an der lebenspartnerschaftlichen Wohnung und am Hausrat. Dazu gehört zunächst die Entscheidung der Frage, **wer** künftig die bisherige **lebenspartnerschaftliche Wohnung nutzen** darf und wem die **Hausratsgegenstände zuzuteilen** sind. Lebenspartnerschaftssache ist auch die Entscheidung über die diese Gegenstände betreffenden Herausgabeansprüche gegen den anderen Lebenspartner (zum Sonderfall der „eigenmächtigen Hausratsteilung" siehe noch unten, Rn 59 ff).

53 Die Geltendmachung von **Herausgabeansprüchen gegen Dritte** ist dagegen keine Hausratsstreitigkeit und damit keine Lebenspartnerschaftssache mehr. Derartige Ansprüche müssen daher vor dem Prozessgericht eingeklagt werden. Dritte können grundsätzlich nicht Partei einer Lebenspartnerschaftssache sein; die Erstreckung auf Herausgabestreitigkeiten mit Dritten überdehnte deswegen den Anwendungsbereich der Norm und daraus folgend auch die Zuständigkeit der Familiengerichte (aA OLG Frankfurt FamRZ 1984, 1118, Baumbach/Lauterbach/Albers, § 621 ZPO Rn 21; Thomas/Putzo, § 621 ZPO Rn 31, die einen unselbständigen Annex zum Hausratsverfahren annehmen, wenn gleichzeitig der Lebenspartner und der Dritte in Anspruch genommen werden).

54 Ebenso wenig kann eine Zuständigkeit des Familiengerichts kraft Sachzusammenhangs für Herausgabestreitigkeiten in Bezug auf **andere als Hausratsgegenstände** (zB persönliche Gebrauchsgegenstände oder Kleidung, die sich bei dem anderen Lebenspartner befinden) angenommen werden (BayObLG FamRZ 82, 399; OLG Hamm FamRZ 93, 211 f). Sind auch Ansprüche in Bezug auf derartige Gegenstände im Streit, ist das Verfahren zu trennen. Das ist umständlich und kann zu großen Verzögerungen führen, wenn sich erst nach längerer Zeit herausstellt, dass es sich bei dem im Streit befindlichen Gegenstand nicht um Hausrat handelt (Pkw!), ist aber in der gesetzlichen Regelung angelegt, die sich auf die Zuweisung der Kompetenz für Hausratsstreitigkeiten beschränkt. Die Annahme einer Zuständigkeit des Familiengerichts kraft Sachzusammenhangs widerspräche dem im Gesetz zum Ausdruck gekommenen Willen des

Gesetzgebers, den Familiengerichten nur eine punktuelle Entscheidungszuständigkeit zuzuweisen.

55 Zu der Regelung der künftigen Rechtsverhältnisse an einer Wohnung und damit zu den Lebenspartnerschaftssachen gehört auch die im Zusammenhang mit der Zuweisung erfolgende Entscheidung über die an den anderen Lebenspartner zu zahlende **Nutzungsentschädigung** für die künftige Nutzung der Wohnung (vgl § 18 III LPartG, § 5 II HausratsVO) oder des Hausrats (§ 19, 1 LPartG; § 9 II HausratsVO). Dagegen handelt es sich grundsätzlich nicht um eine Lebenspartnerschaftssache, wenn ausschließlich eine Nutzungsentschädigung für die Vergangenheit im Streit ist; denn in diesem Fall ist nicht die künftige Nutzung der Wohnung betroffen (BGH FamRZ 82, 356). Insoweit gilt nur dann wieder etwas anderes, wenn das Familiengericht die Wohnungszuteilung geregelt hatte, ohne in diesem Zusammenhang eine Regelung über eine Nutzungsentschädigung zu treffen (OLG München FamRZ 89, 199); denn die Einordnung darf sich nicht dadurch ändern, dass das Familiengericht zuvor eine gebotene Entscheidung unterlassen hatte.

56 Die Entscheidung über eine für den zugeteilten Hausrat gegebenenfalls zu leistende **Ausgleichszahlung** (§ 19, 1 LPartG, § 10 I HausratsVO) ist ebenfalls Lebenspartnerschaftssache (OLG Frankfurt FamRZ 83, 730; OLG Karlsruhe FamRZ 87, 848). Voraussetzung ist aber, dass überhaupt irgendeine Zuteilung erfolgt. Haben sich die Partner dagegen bereits über die Verteilung des Hausrats geeinigt und begehren lediglich eine isolierte gerichtliche Regelung des Ausgleichs, liegt keine Lebenspartnerschaftssache mehr vor. Zuständig ist allein das Prozessgericht (BGH FamRZ 86, 454; BayObLG FamRZ 85, 1057); denn in diesem Fall kann die Ausgleichszahlung nicht auf § 10 I HausratsVO gestützt werden, sondern erfolgt allein nach §§ 426, 752 ff BGB.

57 **Schadensersatzansprüche** wegen der Beschädigung oder der Veräußerung von Hausrat bzw der partnerschaftlichen Wohnung betreffen nicht die zukünftigen Rechtsverhältnisse an diesen Gegenständen, sondern vergangene Ereignisse; sie sind daher keine Lebenspartnerschaftssachen und gehören in den Zuständigkeitsbereich des Prozessgerichts (BGH NJW 80, 192; 2476; FamRZ 89, 155).

58 Eine **Vollstreckungsgegenklage**, mit der Einwendungen gegen einen im Hausratsverfahren ergangenen Titel geltend gemacht werden, ist ebenfalls Lebenspartnerschaftssache, sodass das Familiengericht zuständig ist (OLG Hamm FamRZ 88, 745); denn der Streitgegenstand dieses Verfahrens wird – wie im Erkenntnisverfahren – durch die Hausratsstreitigkeit bestimmt. Aus welchem Rechtsverhältnis die Einwendungen stammen, ist dagegen unerheblich.

59 **(3)** Für den Fall, dass ein Lebenspartner einer gerichtlichen Hausratsteilung dadurch vorgegriffen hat, dass er **Hausratsgegenstände aus der lebenspartnerschaftlichen Wohnung entfernt** hat, ist fraglich, ob der andere Lebenspartner die Rückgabe dieser Gegenstände im Hausratsverfahren betreiben muss oder ob dafür das Prozessgericht zuständig ist. Das ist schon für Eheleute streitig (für die Zuständigkeit des Familiengerichts: BGH FamRZ 82, 1200; OLG Düsseldorf FamRZ 78, 358; 78, 523; OLG Hamburg FamRZ 80, 250; Zöller/Philippi, § 621 ZPO Rn 48a; MK-ZPO/Bernreuther, § 621 ZPO Rn 88; für die Zuständigkeit der Prozessabteilung: OLG Düsseldorf (6. FamS) FamRZ 1983, 164; OLG Frankfurt FamRZ 1981, 184). Gegen die Einordnung als Lebenspartnerschaftssache und Annahme der Zuständigkeit des Familiengerichts spricht insoweit, dass diese Fälle außerhalb des Regelungsbereichs des § 13 LPartG liegen, weil die Rückgabe nur als vorbereitender Akt für die endgültige Hausratsverteilung angesehen werden kann. Für ihre Einordnung in den Zuständigkeitsbereich des Familiengerichts sprechen gleichwohl übergeordnete teleologische Gesichtspunkte. Zweck der Zurechnung der Hausratsstreitigkeiten zu den Lebenspartnerschaftssachen und damit deren Zuständigkeitsregelung ist es, möglichst alle Streitigkeiten über die

Verteilung und Nutzung von Partnerschaftswohnung und Hausrat bei dem Gericht zu konzentrieren, das auch für die Aufhebung der Lebenspartnerschaft zuständig ist, weil dieses zu den Folgestreitigkeiten die engste sachliche und örtliche Verbindung aufweist. Diese Gesichtspunkte gelten auch dann, wenn ein Anspruch auf Wiedereinräumung des Besitzes an fortgeschafften Hausratsgegenständen geltend gemacht wird – und zwar unabhängig davon, ob man als materiell-rechtliche Grundlage des Anspruchs § 861 BGB (KG FamRZ 87, 1147; OLG Düsseldorf (6. FamS) FamRZ 83, 164; (9. FamS) FamRZ 84, 1095; FamRZ 87, 484; OLG Frankfurt FamRZ 81, 184) oder § 13 LPartG (das müsste konsequenterweise diejenigen annehmen, die sonst auf § 1361a BGB abstellen; BGH FamRZ 82, 1200; OLG Düsseldorf (1. FamS) FamRZ 86, 276 f; (5. FamS) FamRZ 87, 483; OLG Hamm FamRZ 87, 483) ansieht; denn die Fortschaffung des Hausrats steht im engen Zusammenhang mit dem Scheitern der Lebenspartnerschaft der Parteien.

60 Die gleichen Grundsätze gelten, wenn ein Lebenspartner anlässlich einer Trennung versucht, dadurch vollendete Tatsachen zu schaffen, dass er den anderen **aus der lebenspartnerschaftlichen Wohnung aussperrt** (OLG Hamm FamRZ 86, 584). Insbesondere ist das Familiengericht zuständig für die Anordnung, dem anderen Lebenspartner das Betreten der lebenspartnerschaftlichen Wohnung zu gestatten (OLG Düsseldorf FamRZ 85, 497).

61 **Keine** vor das Familiengericht gehörende Streitigkeiten in Lebenspartnerschaftssachen sind **Besitzstörungsklagen**, die während des Zusammenlebens der Lebenspartner erhoben werden; denn während des Bestehens der lebenspartnerschaftlichen Gemeinschaft fehlt es an einer Regelungskompetenz für Hausrats- und Wohnungssachen.

62 **kk)** Lebenspartnerschaftssachen sind auch Verfahren über **Ansprüche aus dem lebenspartnerschaftlichen Güterrecht,** auch wenn Dritte an dem Verfahren beteiligt sind (Abs 1 Nr 6). Diese Regelung entspricht § 621 I Nr 8 ZPO. Die dort entwickelten Grundsätze können daher übertragen werden, sofern nicht das lebenspartnerschaftliche Vermögensrecht vom ehelichen Güterrecht abweicht. Das wird nach den Änderungen durch das LPartGÜG kaum einmal der Fall sein.

63 Abs 1 Nr 6 **weicht von dem Prinzip ab,** dass **Parteien** eines Streits in einer Lebenspartnerschaftssache grundsätzlich **nur** die **Lebenspartner** selbst sein können, indem er klarstellt, dass auch Dritte beteiligt sein können. Auf die Art der Beteiligung des Dritten kommt es nicht an; er kann Streitgenosse, Nebenintervenient oder Partei sein. Allerdings handelt es sich nicht um eine umfassende Regelung in dem Sinne, dass Lebenspartnerschaftssachen auch alle Streitigkeiten um vermögensrechtliche Ansprüche wären. Eine derart umfassende Zuständigkeitsbegründung war zwar ursprünglich bei der Gestaltung des § 621 I Nr 8 ZPO angedacht gewesen, ist aber nicht Gesetz geworden. Daraus ergeben sich eine Reihe von Anwendungsproblemen (Einzelheiten: Wieczorek/Schütze/Kemper, § 621 ZPO Rn 86). Es ist bedauerlich, dass der Gesetzgeber davon abgesehen hat, die bei Ehegatten bestehenden Probleme jedenfalls für Lebenspartner zu korrigieren.

64 Ansprüche aus dem lebenspartnerschaftlichen Güterrecht sind zunächst **Ansprüche, die sich unmittelbar aus den §§ 6-7 LPartG iVm §§ 1363-1563 BGB ergeben,** sei es unmittelbar aus den Vorschriften über den gesetzlichen Güterstand der Zugewinngemeinschaft (§§ 1363 ff BGB), sei es mittelbar aus den Vorschriften über das vertragsmäßige Güterrecht (§§ 1408 ff BGB) iVm einem Lebenspartnerschaftsvertrag, der auf eine Regelung der darin enthaltenen Art gerichtet ist. Daneben fallen Ansprüche aus vertraglichen Vereinbarungen der Lebenspartner unter Abs 1 Nr 6, in denen güterrechtliche Verhältnisse im einzelnen abweichend von der gesetzlich vorgegebenen Gestaltung geregelt sind (BGH NJW 78, 1923) oder durch die die bestehenden güterrechtlichen Verhältnisse nachträglich modifiziert werden oder bei Auflösung der

Lebenspartnerschaft die Auseinandersetzung der güterrechtlichen Beziehungen geregelt wird. Ist das zur Entscheidung berufene Sachrecht ein ausländisches, fallen alle Ansprüche in die Zuständigkeit des Familiengerichts, die im Verständnis des deutschen Rechts als Güterrechtsstreitigkeit angesehen werden können, auch wenn sie dem deutschen Recht als güterrechtliche Regelungen unbekannt sind (KG FamRZ 80, 470, 471; OLG Bremen FamRZ 80, 606; OLG Hamm FamRZ 92, 964).

65 **(1)** Der wichtigste gesetzliche Anspruch im Rahmen der **Zugewinngemeinschaft** ist derjenige auf Ausgleich des Zugewinns bei Beendigung der Lebenspartnerschaft (§ 6, 2 LPartG; § 1378 I BGB). Zur Ermittlung des Zugewinns räumt das Gesetz dem Ausgleich begehrenden Lebenspartner Auskunftsansprüche ein. In § 1379 BGB ist das ausdrücklich für die Auskunftserteilung in Bezug auf das Endvermögen geregelt (§ 6 LPartG Rn 91 ff). Weitere gesetzliche Ansprüche im Zusammenhang mit dem Zugewinnausgleich sind der Anspruch auf Sicherheitsleistung (§ 1389 BGB, § 6 LPartG Rn 133 ff) und der Anspruch gegen einen vom Zugewinnausgleichspflichtigen beschenkten Dritten auf Herausgabe des Geschenks (§ 1390 BGB, § 6 LPartG Rn 138 ff). Zu den Lebenspartnerschaftssachen nach Abs 1 Nr 6 gehören auch die **Klagen auf vorzeitigen Ausgleich des Zugewinns** (§§ 1385, 1386 BGB, § 6 LPartG Rn 123 ff).

66 Der fragmentarische Charakter der Zuständigkeitszuweisung an das Familiengericht zeigt sich besonders deutlich, wenn die Streitigkeit eine der **Verfügungsbeschränkungen** der §§ 1365, 1369 BGB LPartG betrifft. Nach der eindeutigen Regelung der §§ 1365 II, 1369 II BGB ist für die Erteilung der von dem anderen Lebenspartner verweigerten Zustimmung zu einem Geschäft über das gesamte Vermögen oder über Hausratsgegenstände nicht das Familien-, sondern das Vormundschaftsgericht zuständig. Verfahren, in denen der die Zustimmung verweigernde Lebenspartner begehrt, den anderen zur Unterlassung der Verfügung zu verurteilen, oder in denen er den Gegenstand des Streits von dem Vertragspartner des anderen Lebenspartner herausverlangt oder der die Zustimmung verweigernde Lebenspartner begehrt, den anderen zur Unterlassung der Verfügung zu verurteilen, oder in denen er den Gegenstand des Streits von dem Vertragspartner des anderen Lebenspartners herausverlangt, betreffen dagegen Ansprüche aus dem lebenspartnerschaftlichen Güterrecht (BGH FamRZ 81, 1045 f; OLG Frankfurt FamRZ 86, 276 zur parallelen Situation bei Eheleuten) – und zwar gleichgültig, ob das Verlangen direkt auf §§ 1365, 1369, 1368 BGB gestützt wird oder auf § 823 II BGB iVm §§ 1365, 1369 BGB; denn entweder wird der Anspruch aus den gesetzlichen Vorschriften über den partnerschaftlichen Güterstand direkt hergeleitet oder aus einer allgemeinen Norm, die im konkreten Fall güterrechtlich überformt ist.

67 Ein **gesetzlicher Anspruch** aus der Ausgleichsgemeinschaft **liegt dagegen nicht vor**, wenn die einzige Beziehung des Anspruchs zum Güterstand darin besteht, dass er zum Anfangs- oder Endvermögen eines der Lebenspartner gehört und so in die Berechnung des Zugewinns eingeht (BayObLG FamRZ 85, 1057; OLG Düsseldorf FamRZ 80, 1036). Entsprechend reicht die Bestimmung eines Lebenspartner, dass eine Zuwendung, die er dem anderen macht, nicht auf den Zugewinn angerechnet werden soll, nicht aus, um den Streit um den durch die Zuwendung begründeten Anspruch zu einer güterrechtlichen Streitigkeit zu machen (BayObLG FamRZ 83, 200).

68 **(2)** Da nun auch die **Gütergemeinschaft** unter den Lebenspartnern ohne weiteres zulässig ist, kommen als Lebenspartnerschaftssachen nun auch alle Streitigkeiten um Ansprüche in Betracht, die sich aufgrund der Regelungen der Gütergemeinschaft ergeben oder die ein Gesamtgut voraussetzen, wie etwa der mit der Begründung des Güterstandes entstehende Anspruch auf Grundbuchberichtigung (§ 1416 III BGB), der Anspruch auf Einräumung des Besitzes am Gesamtgut zugunsten des verwaltenden Ehegatten (§ 1422, 1 BGB), Ansprüche auf Auskunftserteilung über die Verwaltung

(§ 1435, 2 BGB) und auf Schadensersatz wegen der Verletzung der Verpflichtung zur ordnungsgemäßen Verwaltung (§ 1435, 3 BGB).

Verfügungsbeschränkungen nach § 1423-1425 BGB kommen unter Lebenspartnern ebenfalls in Betracht. Insofern ist allerdings die Zuständigkeit des Vormundschaftsgerichts gegeben (§ 1426). Eine Lebenspartnerschaftssache liegt nicht vor. Ein gesetzlicher güterrechtlicher Anspruch ist dagegen betroffen, wenn der die Zustimmung verweigernde Lebenspartner begehrt, den anderen zur Unterlassung der Verfügung zu verurteilen oder den Gegenstand des Streits von dem Vertragspartner des anderen Lebenspartners herausverlangt. 69

Gesetzliche güterrechtliche Ansprüche sind auch die **Ansprüche auf Auflösung** der Gütergemeinschaft (§§ 1447, 1448, 1469 BGB) sowie die **Rechte, die bei der Auflösung der Gütergemeinschaft entstehen**: der Anspruch auf den Überschuss nach Berichtigung der Verbindlichkeiten (§§ 1476 I, 1477 BGB), der Ersatzanspruch bei Verpflichtung eines Beteiligten auf Ersatz zum Gesamtgut (§ 1476 II BGB), der Anspruch auf Übernahme persönlicher, eingebrachter oder vom Gesamtgut durch Leistungen Dritter erworbener Gegenstände (§ 1477 II BGB), und der Wertersatzanspruch, wenn die Aufhebung der Lebenspartnerschaft vor der Beendigung der Auseinandersetzung erfolgt (§ 1478 BGB). Entsprechendes gilt für eine Nutzungsentschädigung zwischen dem Zeitpunkt der Aufhebung und der endgültigen Auseinandersetzung. Auch in allen diesen Fällen kommt aber nur eine entsprechende Anwendung in Betracht, weil es an einem Gesamtgut im ehegüterrechtlichen Sinn fehlt. 70

(3) Im Güterstand der **Gütertrennung** gibt es keine aus dem Güterrecht folgenden gesetzlichen Ansprüche. Sofern die Lebenspartner bei Beendigung des Güterstandes gegeneinander Ausgleichsansprüche geltend machen, kommt als güterrechtliche Grundlage allenfalls eine Vereinbarung in Betracht, durch die der Güterstand der Gütertrennung – wenn auch nur in Bezug auf einen einzelnen Gegenstand – aufgehoben wurde. Alle anderen Ausgleichsansprüche fallen nicht in die Zuständigkeit des Familiengerichts, sondern in diejenige der Prozessabteilung bzw des Landgerichts. 71

(4) Güterstand nach ausländischem Recht. Soweit das zur Entscheidung berufene Sachrecht ein ausländisches ist, können auch aus diesem gesetzliche güterrechtliche Ansprüche folgen. Ob ein Anspruch des ausländischen Rechts als güterrechtlicher einzuordnen ist, hängt davon ab, ob er im Verständnis des deutschen Rechts als Güterrechtsstreitigkeit angesehen werden kann. Gleichgültig ist dagegen, ob das deutsche Recht entsprechende Regelungen im Güterrecht kennt. 72

(5) Güterrechtliche Ansprüche sind auch solche, die durch **Vereinbarung der Lebenspartner** zur Regelung güterrechtlicher Beziehungen begründet worden sind. Es ist nicht erforderlich, dass diese Ansprüche kraft Gesetzes bestehenden güterrechtlichen Ansprüchen nachgebildet sind oder solche lediglich festlegen oder dem Betrag nach verändern. In Betracht kommen also Ansprüche aus Verträgen, in denen die Partner die güterrechtlichen Verhältnisse im einzelnen abweichend von der gesetzlich vorgegebenen Gestaltung geregelt oder in denen sie später die bestehenden güterrechtlichen Verhältnisse nachträglich modifiziert haben oder in denen sie bei Auflösung der Lebenspartnerschaft die Auseinandersetzung der güterrechtlichen Beziehungen vertraglich geregelt haben. Das gilt selbst dann, wenn durch die Vereinbarung Ansprüche zugunsten eines Dritten begründet werden. Erfasst werden sowohl Erfüllungs- als auch Schadensersatz- und sonstige Ansprüche, die mit den durch die Vereinbarung begründeten Ansprüchen zusammenhängen. 73

Betrifft die vertragliche Vereinbarung sowohl **güterrechtliche als auch andere Fragen,** liegt insgesamt eine Lebenspartnerschaftssache vor, wenn sich die Regelungen nicht trennen lassen (BGH NJW 80, 2529; 81, 128); sonst ist das Verfahren zu trennen, mit 74 der Folge, dass nur die güterrechtlichen Ansprüche in die Zuständigkeit des Familiengerichts fallen.

75 **Abweichungen von der gesetzlichen Gestaltung des Güterrechts** liegen etwa vor, wenn von vornherein der Zugewinnausgleich in der Weise modifiziert wird, dass bestimmte Ausgleichszahlungen oder sonstige Leistungen versprochen werden, oder wenn der Zugewinnausgleich gegen das Versprechen von Gegenleistungen reduziert wird. Die vertragliche Regelung braucht nicht umfassend zu sein; es reicht dass die güterrechtlichen Verhältnisse auch nur an einem einzigen Gegenstand verändert werden (BGH NJW 78, 1924; BayObLG FamRZ 83, 199; OLG Hamburg FamRZ 80, 904). Erforderlich ist aber stets, dass die Regelung nicht auf andere Weise als durch eine Änderung der güterrechtlichen Verhältnisse getroffen werden kann. Keine güterrechtliche Regelung stellt daher eine Vereinbarung dar, dass ein Lebenspartner an den anderen einen Teil seiner Einkünfte abführen muss (BayObLG FamRZ 83, 199) oder dass ein Handelsgeschäft von dem einen auf den anderen Lebenspartner übertragen wird (OLG Hamburg FamRZ 80, 904); denn durch diese Regelungen wird der zwischen den Lebenspartnern geltende Vermögensstand nicht berührt.

76 **Auseinandersetzungsvereinbarungen** sind zwar keine Lebenspartnerschaftsverträge, aber güterrechtlicher Natur, weil sie die Auseinandersetzungsansprüche, die sich aus dem Gesetz ergeben, umgestalten (BGH NJW 78, 1923; 80, 2530). Die aus ihnen folgenden Ansprüche sind daher güterrechtliche. Das gilt jedoch nur insoweit, als der Güterstand selbst eine Auseinandersetzung erforderlich macht; daher sind Vereinbarungen zur Auseinandersetzung der Vermögensverhältnisse von Lebenspartnern, die in Vermögenstrennung gelebt hatten, nicht güterrechtlicher Natur. Von der Rechtsprechung wurden bisher etwa Ansprüche aus der Vereinbarung, dass der Zugewinnausgleich durch die Übernahme eines bisher vom anderen Lebenspartner geführten Betriebs (BGH FamRZ 84, 36), eines Grundstücks (BGH NJW 81, 128) oder durch Rentenzahlung statt durch Kapitalabfindung (BGH FamRZ 1982, 263) erfüllt werden soll und aus einem Vertrag über die Tragung der Lasten der in Auseinandersetzung des Güterstandes übertragenen Grundstücke (BGH FamRZ 83, 365) als güterrechtliche Ansprüche eingeordnet.

77 **(6)** Alle **Ausgleichsansprüche,** die unter Lebenspartnern **aus schuld- oder sachenrechtlichen Geschäften** oder aus erbrechtlichen Beziehungen entstehen können, die aber den zwischen ihnen bestehenden **Güterstand unberührt lassen,** sind **keine güterrechtlichen Ansprüche** im Sinne des Abs 1 Nr 6. Für die Entscheidung über derartige Ansprüche ist das Familiengericht nur dann zuständig, wenn sie untrennbar mit güterrechtlichen Ansprüchen zusammenhängen.

Keine Lebenspartnerschaftssachen sind grundsätzlich auch die Verfahren, die Ausgleichs- oder **Freistellungsansprüche unter Lebenspartner-Gesamtschuldnern** (BGHZ 87, 267 ff; BGH FamRZ 89, 148; BayObLG FamRZ 85, 1058, zu Ehegatten) oder aus Freistellungsvereinbarungen (BGH FamRZ 80, 671) betreffen. Gleiches gilt für Ansprüche, die aus einer Innengesellschaft oder einem Vertrag über die gemeinsame Führung einer Arztpraxis (OLG Stuttgart FamRZ 85, 83) abgeleitet werden, Ansprüche auf Grund eines Gemeinschafts- (OLG Düsseldorf FamRZ 80, 1036) oder Miteigentumsverhältnisses (BayObLG FamRZ 80, 468), Schadensersatzansprüche wegen unerlaubter Handlungen in Bezug auf das Eigentum (OLG Bamberg FamRZ 86, 477) des anderen Lebenspartners, Ausgleichsansprüche bei unberechtigten Abhebungen vom gemeinschaftlichen Konto (OLG Zweibrücken FamRZ 87, 1138) oder Ansprüche in einer Erbengemeinschaft, an der beide Lebenspartner beteiligt sind (BayObLG NJW 80, 194).

78 **ll)** Schließlich gehören zu den Lebenspartnerschaftssachen die **Entscheidungen nach § 6, 2 LPartG iVm §§ 1382, 1383 BGB** (Abs 1 Nr 7). Es handelt sich um die – in

der Praxis nur sehr selten vorkommenden – Verfahren wegen Stundung einer Zugewinnausgleichsforderung und wegen der Anordnung des Zugewinnausgleichs durch Übertragung von einzelnen Vermögensgegenständen. Beide Verfahren betreffen ebenfalls Ansprüche aus dem lebenspartnerschaftlichen Güterrecht. Sie sind nur deswegen gesondert aufgezählt worden, weil es sich bei diesen Verfahren – anders als bei denen wegen Ansprüchen nach Abs 1 Nr 6 – um Angelegenheiten der freiwilligen Gerichtsbarkeit handelt.

2. Auch der **prozessuale Zusammenhang** eines Verfahrens mit einer Katalogsache kann zur Qualifizierung des nicht direkt unter den Katalog des Abs 1 fallenden Verfahrens als Lebenspartnerschaftssache führen. 79

Das Verfahren zur Bewilligung der **Prozesskostenhilfe** ist Lebenspartnerschaftssache, wenn die Prozesskostenhilfe für einen unter den Katalog des Abs 1 fallenden Streit oder eine Lebenspartnerschaftssache kraft Sachzusammenhangs bewilligt werden soll. Keine Lebenspartnerschaftssache ist dagegen die Bewilligung und Festsetzung von Beratungshilfe, auch wenn die Beratung eine Lebenspartnerschaftssache betrifft (BGH NJW 85, 2537); denn in diesem Fall fehlt es an einer anhängigen Lebenspartnerschaftssache, zu der das Beratungshilfebewilligungsverfahren im Annex stehen könnte. 80

Prozessuale Zwischenstreitigkeiten in einem eine Lebenspartnerschaftssache betreffenden Verfahren sind ebenfalls Lebenspartnerschaftssachen. In Betracht kommen insoweit etwa Verfahren über die Ablehnung von Richtern (§§ 44 ff ZPO) oder Sachverständigen (§ 406 ZPO), über die Zulässigkeit einer Nebenintervention (§ 71 I ZPO) und über die Verweigerung des Zeugnisses (§ 387 ZPO) bzw die Erstattung eines Gutachtens (§§ 402, 387 ZPO). 81

Ist die Hauptsache eine Lebenspartnerschaftssache, sind auch die **Annexverfahren** Lebenspartnerschaftssachen. Zu diesen Anhangsverfahren gehören vor allem die Festsetzung des Streit- (§ 25 GKG) oder Geschäftswerts sowie die Festsetzung der Gebühren des Gerichts und der Rechtsanwälte. 82

Dagegen ist die **Klage eines Anwalts auf Erstattung seiner Gebühren** und Auslagen selbst dann keine Lebenspartnerschaftssache, wenn das Hauptverfahren eine solche war (BGHZ 97, 79; OLG Frankfurt FamRZ 84, 1119); denn die Honorarklage fällt weder unter einen der in Abs 1 genannten Tatbestände noch weist sie einen so engen sachlichen oder prozessualen Zusammenhang mit der Lebenspartnerschaftssache auf, die Gegenstand des Verfahrens war, in dem der Anwalt den Mandanten vertreten hat, der es rechtfertigte, diese Streitigkeit ebenfalls als Lebenspartnerschaftssache anzusehen. Die Ansicht, eine Zuständigkeit des Familiengerichts für Honorarklagen könne aus § 34 ZPO hergeleitet werden (KG FamRZ 81, 1090; OLG Hamburg, FamRZ 79, 1036), überzeugt nicht; denn aus § 34 ZPO folgt nur die örtliche und sachliche Zuständigkeit des Gerichts der ersten Instanz des Hauptprozesses. Die Vorschrift regelt nur die Zuständigkeit dieses Gerichts insgesamt, nicht aber, welcher Richter oder Spruchkörper innerhalb des Gerichts über die Honorarstreitigkeit zu entscheiden hat. Aus § 34 ZPO lässt sich daher nur die Zuständigkeit des Amtsgerichts, nicht aber auch diejenige des Familiengerichts herleiten. 83

Abänderungsklagen nach § 323 ZPO sind Lebenspartnerschaftssachen, wenn der abzuändernde Titel eine Lebenspartnerschaftssache betrifft. 84

Das Gleiche gilt für **Wiederaufnahmeklagen**. 85

Lebenspartnerschaftssache ist auch die **Vollstreckbarerklärung von ausländischen Entscheidungen,** die eine Lebenspartnerschaftssache betreffen, sofern sie nicht ausnahmsweise auf Grund besonderer staatsvertraglicher Regelung dem Landgericht übertragen ist. Das ist in der Rechtsprechung nahezu allgemein anerkannt (BGH NJW 80, 2025; BGHZ 88, 113; FamRZ 85, 1018; 86, 45). In der Literatur wird die Annahme 86 der familiengerichtlichen Zuständigkeit teilweise mit dem Argument angegriffen, Streitgegenstand bei der Vollstreckbarerklärung ausländischer Entscheidungen sei allein die Verleihung der Vollstreckbarkeit und nicht die entschiedene Sache selbst (Schütze NJW 83, 154). Das vermag aber eine Zuständigkeitszuweisung bezüglich dieser Sachen an die Prozessabteilung nicht zu rechtfertigen. Das Verfahren über die Vollstreckbarerklärung hängt mit der Hauptsache, der Entscheidung über die Lebenspartnerschaftssache, so eng zusammen, dass es nicht gerechtfertigt wäre, die Frage der Vollstreckbarkeit von einem anderen Gericht klären zu lassen als dem, das bei Anhängigkeit der Hauptsache in Deutschland zur Sachentscheidung berufen gewesen wäre. Hinzu kommt, dass im Verfahren auf Vollstreckbarerklärung der ausländischen Entscheidung regelmäßig auch die Lebenspartnerschaftssache selbst betreffende Fragen streitig werden (zB die Höhe oder der Wegfall einer Unterhaltsverpflichtung nach dem Erlass der ausländischen Entscheidung). In diesen Fällen erhält der Streit auch sachlich eine Prägung durch die Lebenspartnerschaftssache.

87 Besondere, von den gerade genannten Grundsätzen **abweichende Zuständigkeitsregelungen** hinsichtlich der Anerkennung von Entscheidungen gelten vor allem für das Europäische Übereinkommen über die gerichtliche Zuständigkeit und die Vollstreckung gerichtlicher Entscheidungen in Zivil- und Handelssachen (EuGVÜ, BGBl 1972 II 773), das für Unterhaltssachen gilt, und das Haager Übereinkommen vom 2. 10. 1973 über die Vollstreckung von Unterhaltsentscheidungen (BGBl 1986 II 826). Insoweit ist das **Landgericht** ausschließlich zuständig für die Vollstreckbarerklärung von Entscheidungen, Prozessvergleichen und öffentlichen Urkunden. Für Lebenspartner hat die Verordnung des Rates Nr 2201/2003 vom 27.11.2003 über die Zuständigkeit und die Anerkennung und Vollstreckung von Entscheidungen in Ehesachen und in Verfahren betreffend die elterliche Verantwortung für die gemeinsamen Kinder der Ehegatten („Brüssel IIa", ABlEG 2003 Nr L 338) keine Bedeutung, soweit es um die Lebenspartner selbst geht; denn Lebenspartnerschaften sind keine Ehen im Sinne der Verordnung. Vorrang vor den allgemeinen Regeln hat die VO aber insoweit, als es um die elterliche Verantwortung für Kinder geht. Insoweit wird nicht mehr an eine Ehesache angeknüpft, sondern allein an die Eltern-Kind-Beziehung. Da auch Lebenspartner nun gemeinschaftlich Eltern von Kindern sein können, hat damit auch die Brüssel IIa VO für sie insoweit Bedeutung gewonnen.

88 Die Zuständigkeit des Familiengerichts endet nicht mit der Sachentscheidung; auch die **Klauselerteilung,** eine Reihe von **Vollstreckungsmaßnahmen** und die Entscheidung über **Rechtsbehelfe gegen Vollstreckungsmaßnahmen** gehören in seinen Zuständigkeitsbereich, wenn sie eine Lebenspartnerschaftssache betreffen. Im Einzelnen gilt: Die **Vollstreckungsklausel** für Urteile des Familiengerichts erteilt der Urkundsbeamte der Geschäftsstelle des Familiengerichts (§ 724 II ZPO). Das Familiengericht entscheidet auch über die im Zusammenhang mit der Klauselerteilung möglichen Rechtsbehelfe: die Klauselerinnerung (§ 732 ZPO) und die Klauselgegenklage (§ 768 ZPO) des Schuldners und die Klage auf Erteilung der Vollstreckungsklausel (§ 731 ZPO) des Gläubigers. Die Umschreibung des Vollstreckungstitels (§§ 727 ff ZPO) gehört ebenfalls als Lebenspartnerschaftssache in die Zuständigkeit des Familiengerichts.

89 In der **Zwangsvollstreckung** fallen zunächst alle Vollstreckungshandlungen, die dem Prozessgericht zugewiesen sind, in die Zuständigkeit des Familiengerichts, weil sie ebenfalls als Lebenspartnerschaftssachen einzuordnen sind (vgl OLG Düsseldorf FamRZ 78, 129; OLG Hamburg FamRZ 83, 1252). Das sind die Ermächtigung des Gläubigers zur Ersatzvornahme einer vertretbaren Handlung (§ 887 I ZPO) und die Anordnung der Zahlung eines Kostenvorschusses hierfür (§ 887 II ZPO), die Anordnung von Zwangsgeld oder Zwangshaft zur Erzwingung der Vornahme unvertretbarer Handlungen (§ 888 ZPO) und die Anordnung von Ordnungsgeld oder Ordnungshaft zur

Erzwingung von Unterlassungen und Duldungen (§ 890 ZPO). Für die Festsetzung eines Zwangsgeldes nach § 33 FGG ist das Familiengericht zuständig, wenn sie sich auf die Vollstreckung einer Lebenspartnerschaftssache (oder einer anderen Familiensache) bezieht (BGH FamRZ 78, 330; 88, 1256).

90 **Verfahren wegen materieller Einwendungen gegen den Bestand des Titels (§ 767; § 826 BGB)** sind ebenfalls Lebenspartnerschaftssachen, wenn der titulierte Anspruch selbst eine Lebenspartnerschaftssache betrifft. Aus welchem Rechtsverhältnis die Einwendungen stammen, ist dagegen unerheblich; denn auch im Erkenntnisverfahren wäre das ohne Bedeutung gewesen.

91 Lebenspartnerschaftssachen sind daher sowohl **Vollstreckungsgegenklagen** (§ 767 ZPO, BGH FamRZ 92, 538) einschließlich der **einstweiligen Einstellung der Zwangsvollstreckung** nach § 769 ZPO (OLG Schleswig SchlHA 77, 190; 78, 117) als auch **Schadensersatz- und Unterlassungsklagen nach § 826 BGB** (OLG Düsseldorf FamRZ 85, 599; OLG Karlsruhe FamRZ 82, 400), mit denen die Einstellung bzw Rückgängigmachung der Vollstreckung wegen des Erschleichens oder des sittenwidrigen Ausnutzens eines unrichtigen Vollstreckungstitels geltend gemacht wird; denn auch im letztgenannten Fall macht der Kläger gerade die materielle Unrichtigkeit des Vollstreckungstitels geltend, sodass der eigentliche Streitpunkt die bereits titulierte Lebenspartnerschaftssache ist.

92 Soweit die Vornahme von Vollstreckungshandlungen dem **Vollstreckungsgericht** übertragen ist, ist das Familiengericht nie zuständig, weil mit der Zuständigkeitszuweisung in § 764 I ZPO nur die Prozessabteilung des Amtsgerichts gemeint ist (BGH FamRZ 79, 421; OLG Celle FamRZ 79, 57). Nicht in die Zuständigkeit des Familiengerichts gehören daher: die Gewährung von Vollstreckungsschutz nach § 765a ZPO, die Entscheidung von Erinnerungen nach § 766 ZPO (OLG Düsseldorf FamRZ 78, 913), die Abnahme einer eidesstattlichen Versicherung und die Auskunftsklage gegen den Drittschuldner (§ 836 III ZPO, OLG Nürnberg FamRZ 79, 524) – und zwar selbst dann, wenn die Vollstreckungshandlung sich auf eine Lebenspartnerschaftssache bezieht.

93 Lebenspartnerschaftssachen sind auch alle **Arrest- und einstweiligen Verfügungsverfahren,** die eine Katalogsache oder eine Lebenspartnerschaftssache kraft Sachzusammenhangs betreffen (BGH FamRZ 80, 46; OLG Frankfurt FamRZ 86, 275; NJW-RR 88, 1350). Das gilt unabhängig davon, ob das Gericht der Hauptsache (§§ 919, 1. Fall, 937 ZPO) oder das Gericht der Belegenheit (§ 919, 2. Fall ZPO) angerufen wird (BGH NJW 80, 191; OLG Frankfurt FamRZ 88, 184).

94 **Rechtshilfeverfahren** sind keine Lebenspartnerschaftssachen. Eine gesetzliche Zuständigkeit des Familiengerichts besteht daher insoweit nicht. Das Familiengericht ist aber gleichwohl für die Erledigung von Rechtshilfeersuchen zuständig, wenn der Geschäftsverteilungsplan es bestimmt.

95 3. **Keine Lebenspartnerschaftssachen** sind die Streitigkeiten nach dem **Gewaltschutzgesetz** (Anhang zu § 14 LPartG); denn diese wurden nur in den Katalog des § 621 ZPO, nicht aber in denjenigen des § 661 ZPO aufgenommen. Für diese Streitigkeiten wird aber das Familiengericht zuständig sein, wenn sie Partner betreffen, die zusammen einen auf Dauer angelegten gemeinsamen Haushalt führen oder innerhalb der letzten sechs Monate geführt haben (§ 621 I Nr 13 ZPO).

96 Lebenspartnerschaften sind auch nicht verschiedene **Streitigkeiten in Bezug auf Kinder.** Der Katalog des § 661 deckt sich nicht mit demjenigen des § 621. Im einzelnen ist das bei der Erörterung des Katalogs des Abs 1 angesprochen. Derartige Streitigkeiten sind deswegen andere Familiensachen iSd § 621, aber keine Lebenspartnerschaftssachen. Bedeutung hat das wegen der unterschiedlichen Zuständigkeits-

regelung und der Frage des Verbundes; denn mit anderen als Lebenspartnerschaftssachen können Lebenspartnerschaftssachen nicht verbunden werden.

97 **III.** Lebenspartnerschaftssachen werden grundsätzlich **so behandelt wie Rechtsstreitigkeiten unter Ehegatten.** Das ergibt sich vor allem aus der umfassenden Verweisung in Abs 2 auf die Regelungen über das Verfahren auf Scheidung, auf Feststellung des Bestehens oder Nichtbestehens einer Ehe zwischen den Parteien oder auf Herstellung des ehelichen Lebens und für Verfahren in anderen Familiensachen.

98 **1.** Das bedeutet zunächst allgemein, dass für die Lebenspartnerschaftssachen eine **ausschließliche Zuständigkeit des Familiengerichts** besteht (§§ 621 I, 606 I 1 ZPO). Es handelt sich insoweit um eine durch Gesetz vorgenommene Geschäftsverteilung innerhalb der Amtsgerichte, die deswegen einer Regelung durch das Präsidium entzogen ist. Die sachliche Zuständigkeit des Familiengerichts folgt dagegen bereits aus § 23 a Nr 6 GVG; seine gerichtsorganisatorische Einrichtung ist in § 23 b GVG geregelt.

99 **a) Fehlerhafte Einordnungen** in Bezug auf die familiengerichtliche Zuständigkeit sind in mehrfacher Hinsicht möglich: Zum einen kann es Fehler bei der Entscheidung zwischen Familien- und Prozessgericht (Landgericht bzw Prozessabteilung des Amtsgerichts) geben, zum anderen Zuordnungsprobleme zwischen dem Familiengericht und einem Gericht der freiwilligen Gerichtsbarkeit.

100 **aa) Verhältnis Familiengericht – Landgericht.** Bei einer Fehleinzuordnung der Zuständigkeit im Verhältnis zwischen Familien- und Landgericht ist nicht nur die Geschäftsverteilungszuständigkeit betroffen, sondern auch die sachliche. Es ist daher nach § 281 ZPO zu verfahren (BGH FamRZ 90, 147; Zöller/Philippi, § 621 ZPO Rn 73a). Bindungswirkung entfaltet die Verweisung in diesem Fall grundsätzlich nur hinsichtlich der sachlichen Zuständigkeit, dh in Bezug auf die Zuordnung zum Amts- oder Landgericht, nicht aber in Bezug auf die amtsgerichtsinterne Geschäftsverteilung zwischen Familiengericht, Vormundschaftsgericht und Prozessabteilung.

101 Nach diesen Grundsätzen ist die **Verweisung vom Familiengericht an das Landgericht** für dieses immer bindend, weil (auch) die sachliche Zuständigkeit betroffen ist (BGH FamRZ 90, 147).

102 Verweist dagegen das **Landgericht** eine Sache **an das Familiengericht,** hat die Verweisung nur bindende Wirkung in der Weise, dass das im Beschluss des Landgerichts bezeichnete Amtsgericht sachlich zuständig ist. Dieses hat aber selbst darüber zu befinden, ob das Familiengericht, die allgemeine Prozessabteilung oder eine sonstige Abteilung zuständig ist (BGH FamRZ 79, 1005; 80, 557; 88, 155, 156; aA noch OLG Frankfurt FamRZ 80, 471; OLG Köln FamRZ 82, 944 f; OLG Stuttgart FamRZ 80, 607). Eingeschränkt ist dieser Grundsatz jedoch für den Spezialfall, dass das Landgericht an das Familiengericht verweist, weil es meint, es handele sich insofern nicht um eine nach der ZPO zu beurteilende Sache, sondern um eine Angelegenheit der freiwilligen Gerichtsbarkeit; denn insoweit greifen Spezialregelungen ein. Nimmt das Landgericht an, bei dem Streit handele es sich um eine Hausratssache und gibt es diese deshalb nach § 18 I 3 HausratsVO an das Familiengericht ab, ist die Abgabe auch in Bezug auf die Zuordnung zum Familiengericht bindend (OLG Hamburg FamRZ 82, 941; OLG Karlsruhe FamRZ 76, 93; 92, 1082, 1083); denn wie schon der von § 281 abweichende Wortlaut der Vorschrift erkennen lässt, meint § 18 I 3 HausratsVO nicht nur verschiedene Gerichte, sondern gerade auch die verschiedenen Abteilungen innerhalb eines Gerichts (OLG Frankfurt FamRZ 81, 479). Eine erweiterte Bindungswirkung besteht auch, wenn eine vom Landgericht als sonstige FGG-Sache eingeordnete Streitigkeit aus diesem Grund an das Familiengericht verwiesen wird. Insoweit han-

delt es sich nicht um eine Verweisung nach § 281 ZPO, sondern um eine solche nach § 17a II GVG, der nach allgemeiner Ansicht entsprechend auf die Abgrenzung zwischen Zivilprozess und Verfahren der Freiwilligen Gerichtsbarkeit angewendet wird (BayObLGZ 91, 188; NJW-RR 92, 597; KG NJW-RR 91, 461). Nach dem Zweck des § 17a GVG, den Rechtsweg (im Fall der entsprechenden Anwendung die Verfahrensart) dem weiteren Streit der Gerichte zu entziehen, muss diese Verweisung bezüglich der Verfahrensart als bindend angesehen werden (§ 17a II 3 GVG analog). Wie es aber bei der direkten Anwendung des § 17a GVG dem Gericht, an das verwiesen wird, vorbehalten bleibt, die sachliche, örtliche und funktionelle Zuständigkeit selbst zu überprüfen und gegebenenfalls weiterzuverweisen, wenn es diese verneint, kann auch bei der entsprechenden Anwendung des § 17a GVG das im Verweisungsbeschluss bezeichnete Gericht an ein anderes weiterverweisen bzw abgeben, wenn dieses ebenfalls nach den im Verweisungsbeschluss für anwendbar erklärten Verfahrensregeln judiziert. Wird die Sache an das Familiengericht verwiesen, darf dieses daher noch entscheiden, ob die Sache von ihm übernommen wird oder ob es sie an eine andere nach den Vorschriften des FGG verfahrende Abteilung (zB an das Vormundschaftsgericht) abgibt.

103

bb) Verhältnis Familiengericht – Prozessabteilung des Amtsgerichts. Da es sich bei der Zuständigkeitsabgrenzung zwischen Familien- und Prozessabteilung nur um eine gesetzlich geregelte Geschäftsverteilungsfrage handelt, ist die fehlerhaft eingeordnete Sache formlos an die innerhalb des Gerichts zuständige Abteilung abzugeben (BGHZ 71, 272 f; FamRZ 79, 217). Bindungswirkung entfaltet diese Abgabe nicht; denn für die Anwendung des § 281 ZPO im Fall der Geschäftsverteilungsunzuständigkeit besteht kein Raum (BGHZ 71, 272 f, FamRZ 79, 217; 80, 554; 989; aA Bergerfurth DRiZ 78, 230; Jauernig, FamRZ 78, 677). Das bedeutet, dass die Abteilung, an die abgegeben wurde, ihre Zuständigkeit selbst überprüfen muss. Nach richtiger Auffassung gilt auch bei der Abgabe innerhalb des Amtsgerichts die Sonderregelung des § 18 I 3 HausratsVO; denn diese Norm differenziert nicht danach, ob die Verweisung vom Landgericht an das Amtsgericht erfolgt oder innerhalb des Amtsgerichts, sondern spricht neutral von „Prozessgericht" und „Familiengericht" (OLG Hamburg FamRZ 82, 941; OLG Karlsruhe FamRZ 92, 1083; OLG Köln FamRZ 80, 173; aA OLG Bamberg FamRZ 90, 179 mit ablehnender Anmerkung Ewers FamRZ 90, 1373). Bei Wechseln vom FGG- in das ZPO-Verfahren (und umgekehrt) ist § 17a GVG entsprechend anzuwenden; Bindungswirkung hat die Verweisung hier nur bezüglich der Festlegung der Verfahrensart (§ 17a II 3 GVG analog).

104

cc) Verhältnis Familiengericht – Gerichte der Freiwilligen Gerichtsbarkeit. Im Verhältnis des Familiengerichts zu den Spruchkörpern der Freiwilligen Gerichtsbarkeit bestehen zwei Möglichkeiten der Fehleinordnung. Die erste Gruppe ist der Zuständigkeitskonflikt zwischen dem **Familiengericht und einem anderen nach dem FGG verfahrenden Spruchkörper** des Amtsgerichts (in der Regel dem Vormundschaftsgericht). Die Fehleinordnung kann hier darin bestehen, dass ein in die Zuständigkeit des Familiengerichts fallendes Verfahren bei einem anderen FGG-Spruchkörper (zB dem Vormundschaftsgericht) anhängig gemacht worden ist oder dass ein in dessen Zuständigkeit fallendes Verfahren vor das Familiengericht gebracht worden ist. In diesen Fällen ist das Verfahren an die zuständige Abteilung abzugeben. Da eine gesetzliche Regelung insoweit fehlt, entfaltet diese Abgabe bezüglich der Zuordnung zu der gerichtsinternen Abteilung, an die abgegeben wird, keine Bindungswirkung (BGH NJW-RR 90, 707; Schlüter/König FamRZ 82, 1167 f). Etwas anderes gilt nur insoweit, als mit dem Wechsel des Spruchkörpers ein Wechsel der Verfahrensart verbunden ist. Wenn also etwa das Familiengericht eine zunächst als ZPO-Sache eingeordnete Streitigkeit an das Vormundschaftsgericht abgibt, wird durch die Verweisung die Verfahrensart entsprechend § 17a II GVG endgültig festgelegt. Auch in diesem Fall hat aber die

Verweisung für die Zuständigkeit des Vormundschaftsgerichts (bzw des anderen FGG-Spruchkörpers) keine Bindungswirkung; denn da auch das Familiengericht in einigen Fällen nach den Vorschriften des FGG verfährt, ist es nicht ausgeschlossen, dass es selbst diese – nunmehr verbindlich festgelegte – Verfahrensordnung anwendet. Das Vormundschaftsgericht kann daher seine Zuständigkeit in vollem Umfang selbst überprüfen. Umgekehrt ist auch eine Verweisung, die ein nach FGG judizierendes Gericht entsprechend § 17a GVG an ein nach der ZPO verfahrendes Gericht ausspricht, nur hinsichtlich der Frage der anzuwendenden Verfahrensordnung bindend. Durch eine derartige Verweisung wird die Zuständigkeit des Familiengerichts ebenfalls nicht endgültig begründet, weil auch die Prozessabteilung des Amtsgerichts die ZPO anwendet.

105 Die **zweite Gruppe** möglicher Fehleinordnungen im Verhältnis des Familiengerichts zu den Gerichten der freiwilligen Gerichtsbarkeit ergibt sich aus der Tatsache, dass die Familiengerichte in bestimmten Sachen nach der ZPO, in anderen aber nach dem FGG zu verfahren haben. Es besteht daher die Möglichkeit, dass das vor das Familiengericht gelangte Verfahren von diesem irrtümlich als Prozesssache eingeordnet wird, obwohl es sich um eine Angelegenheit der freiwilligen Gerichtsbarkeit handelt bzw umgekehrt, dass eine als Angelegenheit der freiwilligen Gerichtsbarkeit angesehene Sache sich als Prozesssache herausstellt. Derartige Fälle kommen vor allem im Grenzbereich von Streitigkeiten nach der Hausratsverordnung (Abs 1 Nr 7) und güterrechtlichen Streitigkeiten (Abs 1 Nr 6) immer wieder vor. Eine gesetzliche Regelung dieser Fallgruppe fehlt ebenfalls. Auch auf sie wird aber richtigerweise § 17a GVG entsprechend angewandt (MK-ZPO/Bernreuther, § 621 ZPO Rn 15 f; Stein/Jonas/Schlosser, § 621 ZPO Rn 2, die aber aufgrund eines Druckfehlers von § 176 II GVG sprechen). Erkennt der Richter die Fehleinordnung, muss er also durch einen Beschluss nach § 17 a GVG feststellen, dass er von nun an nach der anderen Verfahrensordnung vorgeht. Insoweit wird teilweise von einer „Verweisung an sich selbst" gesprochen. Da ein Wechsel des Spruchkörpers in diesen Fällen nicht stattfindet und damit auch keine echte Verweisung erfolgen kann, erscheint es korrekter, insoweit von einem Verfahrenswechsel- oder Klarstellungsbeschluss zu sprechen, der entsprechend § 17 II 3 GVG analog von nun an zu einer Bindung des Gerichts an das nun gewählte Verfahren führt.

106 **dd)** Das **Berufungs- bzw das Beschwerdegericht** prüft nur auf die Rüge einer Partei hin, ob die entschiedene Sache eine Familiensache ist (§§ 529 III 1, 621 e IV 1). Die Rüge ist nur zulässig, wenn sie bereits in der ersten Instanz erhoben worden war oder wenn das Unterbleiben der Rüge in der ersten Instanz genügend entschuldigt wird (§ 529 III 2). Auch ohne Rüge ist die Zuordnung zum FGG- oder ZPO-Verfahren zu überprüfen, es sei denn, die Zuordnung ist durch einen rechtskräftigen Beschluss entsprechend § 17 a II GVG festgestellt worden (§ 17 a V GVG). Der BGH prüft weder als Revisions- noch als Gericht der Rechtsbeschwerde, ob eine Familiensache vorliegt oder nicht (§§ 549 II, 621 e IV 2). Er kontrolliert jedoch die Zuordnung zum FGG- bzw ZPO-Verfahren, sofern nicht diese Prüfung entsprechend § 17 a V GVG nicht mehr möglich ist.

107 **b) Kompetenzkonflikte** zwischen dem Familiengericht und der Prozessabteilung werden in **entsprechender Anwendung des § 36 Nr 6 ZPO** durch das im Instanzenzug nachfolgende Gericht entschieden (BGH FamRZ 90, 36; 92, 664; 92, 794). Obwohl es sich bei der Aufgabenzuweisung nur um einen Fall der gesetzlichen Geschäftsverteilung handelt, ist die Entscheidung über den innerhalb des Gerichts bestehenden Konflikt der Entscheidung des Präsidiums entzogen. Dieses ist nur dazu berufen, den von ihm selbst erstellten Geschäftsverteilungsplan auszulegen, nicht aber gesetzliche Geschäftsverteilungsfragen verbindlich zu regeln, da das Grundrecht auf rechtliches Gehör insoweit ein justizförmiges Verfahren verlangt, in dem die Parteien die Gelegenheit zur Stellungnahme haben. Da § 36 Nr 6 ZPO nur entsprechend angewendet wird,

ist weder eine rechtskräftige Unzuständigkeitserklärung noch das Entscheidungsgesuch einer Partei (§ 37 ZPO) erforderlich (BGH FamRZ 79, 421; BayObLG FamRZ 80, 1036; OLG Hamm FamRZ 91, 1070; aA Baumbach/Lauterbach/Hartmann § 36 ZPO Rn 7). Diese Erfordernisse passen nicht, wenn es nur um die Klärung der Zuständigkeit innerhalb eines Gerichts und nicht unter verschiedenen Gerichten geht. Die Entscheidung des Kompetenzkonflikts selbst ist weder eine Familien-, noch eine Vormundschafts- noch eine normale Streitsache. Die gerichtsinterne Zuständigkeit innerhalb des übergeordneten Gerichts ergibt sich daher allein aus dessen Geschäftsverteilungsplan (OLG Düsseldorf FamRZ 1981, 479). In der Praxis kommen daher Entscheidungen sowohl von Familien- als auch von Zivilsenaten vor.

108 Bei Kompetenzkonflikten, in denen Fragen der **sachlichen mit der Geschäftsverteilungszuständigkeit vermischt** sind, ist durch das zur Entscheidung über den Kompetenzkonflikt berufene Gericht zunächst allein die sachliche Zuständigkeit zu klären. Wenn also etwa ein Landgericht sich für unzuständig erklärt hat, weil es irrig annahm, der zu entscheidende Fall betreffe eine Lebenspartnerschaftssache und das Familiengericht die Übernahme der Sache ebenfalls ablehnt, darf im Verfahren nach § 36 Nr 6 ZPO zunächst nur entschieden werden, dass die Verweisung an das Amtsgericht nach § 281 II ZPO für dieses bindend war. Die Verweisung hat aber keine Bindungswirkung hinsichtlich der Frage, welche Abteilung innerhalb des Amtsgerichts zuständig ist; denn über diese Frage ist noch kein Kompetenzkonflikt aufgetreten, weil sich die Prozessabteilung des Amtsgerichts mit der Zuständigkeitsfrage noch gar nicht befasst hat. Äußerungen des über den Konflikt hinsichtlich der sachlichen Kompetenz entscheidenden Gerichts zu dieser Frage binden das Amtsgericht daher noch nicht. Erst wenn innerhalb des Amtsgerichts ein neuer Konflikt zwischen Familien- und Prozessabteilung auftritt, ist dieser Streit dann im Verfahren nach § 36 ZPO analog zu entscheiden.

109 **2.** Es gilt die Regelung über den **Anwaltszwang** in Ehe- und Familiensachen (§ 78 II-IV ZPO). Besonderheiten sind bei den einzelnen Verfahrensarten aufgeführt.

110 **3.** Es gilt die **Kostenregelung** für Ehe- und Familiensachen (§ 93 a ZPO).

111 IV. Die einzelnen Verfahren und ihre Besonderheiten.

1. Die **Verfahren zur Aufhebung der Lebenspartnerschaft** nach § 15 LPartG (Abs 1 Nr 1) entsprechen funktional den Ehescheidungsverfahren. Für sie gelten daher auch die Vorschriften über das Ehescheidungsverfahren entsprechend (Abs 2). Eine Besonderheit besteht nur für die internationale Zuständigkeit; denn insoweit enthält Abs 3 Maßgaben für die Anwendung des im Übrigen einschlägigen § 606a ZPO. Im einzelnen gelten also §§ 606 – 620 g (zum einstweiligen Rechtsschutz s Rn 551 ff) und §§ 622 – 630 ZPO. Für das Verfahren auf Aufhebung der Lebenspartnerschaft folgt aus der entsprechenden Anwendung dieser Vorschriften:

112 **a)** Die **Zuständigkeit** für die Aufhebung der Lebenspartnerschaft bestimmt sich grundsätzlich nach den Regeln, die auch für die Ehescheidung gelten, also nach §§ 23 a GVG, 606 ff ZPO. Nur für die internationale Zuständigkeit gelten gewisse Modifikationen wegen der Sonderregelung in Abs 3.

113 **aa) Die internationale Zuständigkeit** für die Aufhebung einer Lebenspartnerschaft richtet sich nach § 606a ZPO iVm Abs 3. Danach sind die deutschen Gerichte zunächst für die Aufhebung einer Lebenspartnerschaft zuständig, wenn einer der Lebenspartner **Deutscher ist** oder es zumindest **war,** als die Lebenspartnerschaft geschlossen wurde (§ 606 a I Nr 1 ZPO). In diesem Fall kommt es nicht darauf an, ob die Lebenspartner sich in Deutschland gewöhnlich oder schlicht aufhalten; die Aufhebung kann selbst

dann hier durchgeführt werden, wenn die Lebenspartner ihre Lebenspartnerschaft ausschließlich im Ausland geführt haben. Ob eine deutsche Staatsangehörigkeit vorliegt oder bei der Begründung der Lebenspartnerschaft vorlag, richtet sich allein nach den insoweit maßgeblichen deutschen Gesetzen. Ob das Land, in dem die Lebenspartner leben, die deutsche Entscheidung anerkennen wird oder ob aus dessen Sicht die Lebenspartner überhaupt als Deutsche zu betrachten sind, ist unerheblich. Umgekehrt ist die Tatsache, dass ein Lebenspartner früher Deutscher war oder es in absehbarer Zeit werden wird, irrelevant, wenn die Staatsangehörigkeit nicht zu einem der beiden genannten Zeitpunkte gegeben ist.

114 Die deutsche internationale Zuständigkeit ist auch gegeben, wenn beide Lebenspartner ihren **gewöhnlichen Aufenthalt** in Deutschland haben, auch wenn sie nicht Deutsche sind (§ 606 a I Nr 2 ZPO). In diesem Fall kommt es ebenfalls nicht auf die Anerkennung der Entscheidung im Heimatstaat der Betroffenen an, ebenso ist gleichgültig, wo die Lebenspartnerschaft geschlossen wurde. Ein gewöhnlicher Aufenthalt kann nach einer in der Praxis immer wieder benutzten Formel dann angenommen werden, wenn der Aufenthalt in Deutschland länger als sechs Monate besteht (OLG Zweibrücken FamRZ 85, 81; Zöller/Geimer § 606a Rn 48). Schlichter Aufenthalt (zB anlässlich eines Urlaubs oder einer Geschäftsreise) reicht nicht. Gegebenenfalls kann auch ein gewöhnlicher Aufenthalt in mehreren Staaten bestehen (zB mehrere Wohnsitze in unterschiedlichen Staaten, die alle regelmäßig und nicht nur periodisch genutzt werden). Auf die Erfüllung von melderechtlichen Voraussetzungen kommt es dagegen nicht an; der gewöhnliche Aufenthalt ist ein an rein tatsächliche Umstände anknüpfender Tatbestand.

115 International zuständig sind die deutschen Gerichte weiter, wenn einer der Lebenspartner **Staatenloser mit gewöhnlichem Aufenthalt in Deutschland** ist (§ 606a I Nr 3 ZPO). Die Regelung greift also nicht ein, wenn beide Lebenspartner staatenlos sind, aber im Ausland leben. Es kommt dagegen nicht darauf an, in welcher Rolle der Staatenlose auftritt (Antragsteller oder Antragsgegner) oder welche Staatsangehörigkeit er früher hatte. Ebenso wenig wird die deutsche Zuständigkeit dadurch berührt, dass der Staat, dem der andere Lebenspartner angehört, die Entscheidung des deutschen Gerichts über die Aufhebung nicht anerkennen wird. In der Praxis hat die Regelung so gut wie keine praktische Bedeutung, weil Staatenlose durch das UN-Übereinkommen über die Rechtsstellung von Staatenlosen vom 28.9.54 (BGBl 1976 II 474; 1977 I 235) Deutschen gleichgestellt sind, wenn sie ihren Wohnsitz oder Aufenthalt in Deutschland haben, sodass insoweit dann schon § 606a I Nr 1 ZPO einschlägig ist.

116 Weiter sind die deutschen Gerichte zuständig, wenn **einer der Lebenspartner seinen gewöhnlichen Aufenthalt** (Rn 114) **im Inland** hat (§ 606a I Nr 4 ZPO). Die Einschränkung des § 606a I Nr 4 ZPO, dass diese Zuständigkeit dann nicht eingreift, wenn die im Inland zu fällende Entscheidung offensichtlich von keinem der Staaten anerkannt wird, denen die Ehegatten angehören, gilt für Lebenspartner nicht; denn Abs 3 Nr 1 a nimmt Lebenspartner ausdrücklich von dieser Einschränkung aus. Es ist also nicht erforderlich, dass auch nur einer der Heimatstaaten der Lebenspartner die Entscheidung des deutschen Gerichts anerkennen wird. Der Gesetzgeber hat bewusst in Kauf genommen, dass es auf diese Weise zu hinkenden Rechtsverhältnissen kommen kann – also solchen, die in Deutschland nicht mehr bestehen, die aber im Ausland als noch wirksam angesehen werden. Der Gesetzgeber wollte damit allen Paaren die Möglichkeit geben, wenigstens in Deutschland ihre Partnerschaft wieder aufheben lassen zu können.

117 Nach Abs 3 Nr 1 b sind schließlich die deutschen Gerichte für die Aufhebung der Lebenspartnerschaft international zuständig, wenn die Lebenspartnerschaft **„vor einem deutschen Standesbeamten“** begründet worden ist. Die Erwähnung des Standesbeamten ist ein Redaktionsversehen; sie stammt noch aus dem ersten Entwurf des

Gesetzes zur Beendigung der Diskriminierung gleichgeschlechtlicher Gemeinschaften, der noch die Zuständigkeit des Standesbeamten selbst geregelt hatte. Bei der Trennung dieses Entwurfs in das Lebenspartnerschaftsgesetz und das Lebenspartnerschaftsgesetzergänzungsgesetz wurde versäumt, die im Zuge der Trennung erfolgte Änderung in der Zuständigkeitsregelung des materiellen Lebenspartnerschaftsrechts (zuständiger Beamter statt Standesbeamter) auch in Abs 3 umzusetzen. Eine materielle Änderung oder Einschränkung der Norm war damit nicht beabsichtigt. Die Zuständigkeit deutscher Gerichte ist deswegen für die Aufhebung einer jeden Lebenspartnerschaft gegeben, die in Deutschland eingetragen wurde, gleichgültig, ob die Eintragung bei einem Standesamt, einer anderen kommunalen Stelle oder einem Notar erfolgt ist.

118 Die internationale Zuständigkeit der deutschen Gerichte ist eine **nicht ausschließliche** (§ 606a I 2 ZPO). Das bedeutet, dass neben den deutschen Gerichten auch die Gerichte anderer Staaten zuständig sein können, wenn die dortigen Zuständigkeitsvoraussetzungen ebenfalls erfüllt sind. Soweit es um die internationale Zuständigkeit geht, ist auch die örtliche Zuständigkeit keine ausschließliche (Rn 120 ff); denn anderenfalls könnte es kein ausländisches Gericht geben, das örtlich zuständig wäre. Auch die örtliche Zuständigkeit ist daher nur eine national ausschließliche, international jedoch nicht.

119 **bb)** Die **sachliche Zuständigkeit** des Amtsgerichts für die Aufhebung der Lebenspartnerschaft ergibt sich aus § 23a GVG. **Funktionell** zuständig ist das Familiengericht (§ 23b I Nr 15) GVG.

120 **cc)** Die **örtliche Zuständigkeit** für Ehesachen und damit auch für die Aufhebung der Lebenspartnerschaft ist in § 606 ZPO geregelt. Bei dieser Zuständigkeit handelt es sich (unter den deutschen Gerichten) um eine ausschließliche Zuständigkeit; dh dass ein Aufhebungsantrag nur bei dem danach zuständigen Gericht gestellt werden kann. Diese Zuständigkeit beeinflusst auch die Zuständigkeit für Folgesachen (§ 621 II, III ZPO).

121 **Anknüpfungspunkt** für die örtliche Zuständigkeit ist in erster Linie der **gemeinsame gewöhnliche Aufenthalt** (Rn 114) der Lebenspartner (§ 606 I 1 ZPO) im Zeitpunkt, in dem der Antrag auf Aufhebung der Lebenspartnerschaft rechtshängig wird, dh in dem der Antrag gestellt wird (§§ 253 I, 261 I ZPO). Die Lebenspartner brauchen sich nur im gleichen Gerichtsbezirk aufzuhalten; eine gemeinsame Wohnung ist nicht erforderlich.

122 Fehlt ein gemeinsamer gewöhnlicher Aufenthalt in Deutschland, ist das Gericht des Bezirks zuständig, in dem der **Lebenspartner mit den gemeinsamen minderjährigen Kindern** im Zeitpunkt des Rechtshängigwerdens seinen **gewöhnlichen Aufenthalt** hat (§ 606 I 2). Diese Fallgruppe ist einschlägig, wenn die Lebenspartner ihren Lebensschwerpunkt im Ausland haben oder wenn sie den inländischen gemeinsamen gewöhnlichen Aufenthalt in einem Gerichtsbezirk bereits aufgegeben haben (zB Wohnsitze in unterschiedlichen Gerichtsbezirken nach der die Aufhebung der Lebenspartnerschaft vorbereitenden Trennung). Gleichzustellen ist der Fall des unbekannten inländischen gewöhnlichen Aufenthalts des anderen Lebenspartners (OLG Karlsruhe FamRZ 99, 1055).

123 Fehlt es an einem gemeinsamen gewöhnlichen Aufenthalt in einem Amtsgerichtsbezirk, ist das Gericht ausschließlich zuständig, in dessen Bezirk die Lebenspartner ihren **letzten gemeinsamen gewöhnlichen Aufenthalt** hatten, sofern einer von ihnen in diesem Bezirk immer noch seinen gewöhnlichen Aufenthalt hat (§ 606 II 1 ZPO). Diese Regelung setzt voraus, dass die Lebenspartner nicht mehr zusammen leben. Falls eine echte Lebensgemeinschaft zwischen ihnen nur kurzzeitig bestand, können zur Erfüllung ihrer Voraussetzungen schon wenige Wochen, gegebenenfalls sogar wenige Tage ausreichen.

124 Hatten die Lebenspartner nie einen gemeinsamen gewöhnlichen Aufenthalt im Inland, ist das Familiengericht örtlich zuständig, in dessen Bezirk der **Antragsgegner seinen**

gewöhnlichen Aufenthalt hat (§ 606 II 2, 1. Fall ZPO). Derartige Fälle können bei Lebenspartnern häufiger vorkommen als bei Eheleuten, weil § 2 LPartG nicht verlangt, dass überhaupt eine Lebensgemeinschaft geführt wird. Der in den Anwendungsbereich von § 606 II 2, 1. Fall ZPO fallende Regelfall wird aber (wie bei Eheleuten) sein, dass die Lebenspartnerschaft im Ausland geführt wurde. Fehlt es an einem gewöhnlichen Aufenthalt des Antragsgegners im Inland, dann ist das Gericht örtlich zuständig, in dessen Bezirk der Antragsteller seinen gewöhnlichen Aufenthalt hat (§ 606 II 2, 2. Fall ZPO). Auch insoweit ist dem gleichzustellen, dass der Aufenthalt des Lebenspartners nicht zu ermitteln ist; denn sonst ließe man den anderen schutzlos.

125 Haben **beide Lebenspartner die Aufhebung rechtshängig gemacht** (dh jeweils einen eigenen Antrag gestellt), ist von den Gerichten, die nach § 606 II 2 ZPO zuständig wären, nur das ausschließlich zuständig, bei dem das Verfahren zuerst rechtshängig geworden ist (§ 606 II 3 ZPO). Das gilt selbst dann, wenn die Verfahren miteinander verbunden werden können (was bei gegenseitigen Aufhebungsanträgen normalerweise der Fall ist). Sind beide Verfahren am gleichen Tag rechtshängig geworden, ist das zuständige Gericht durch das übergeordnete Gericht entsprechend § 36 ZPO zu bestimmen (§ 606 II 4 ZPO).

126 Ist **keine andere örtliche Zuständigkeit** in Deutschland begründet, ist das Amtsgericht **Berlin Schöneberg** zuständig (§ 606 III ZPO). Hierher gehören die Fälle, in denen die Lebenspartner nie einen gemeinsamen gewöhnlichen Aufenthalt in Deutschland hatten und in denen auch nach der Trennung der Lebenspartner keiner von ihnen seinen gewöhnlichen Aufenthalt nach Deutschland verlegt hat.

127 Bei **fehlender örtlicher Zuständigkeit** ist der Rechtsstreit an das zuständige Gericht zu verweisen, falls ein entsprechender Antrag gestellt wird (§ 281 ZPO). Wird der Antrag nicht gestellt, ist der Aufhebungsantrag als unzulässig abzuweisen.

128 **b)** Für die **Prozessfähigkeit** gelten bei Streitigkeiten unter Lebenspartnern grundsätzlich die allgemeinen Regeln: Wer geschäftsfähig ist, ist prozessfähig (§ 51 I ZPO). Die in § 607 I ZPO für Ehesachen enthaltene Sonderregelung für **beschränkt geschäftsfähige** Ehegatten hat im Lebenspartnerschaftsrecht keine Bedeutung, weil eine Lebenspartnerschaft erst bei Volljährigkeit eingegangen werden kann (§ 1 LPartG).

129 Für **geschäftsunfähige** Lebenspartner handelt der gesetzliche Vertreter, also ihr Betreuer. Dieser kann unwirksame Prozesshandlungen des Lebenspartners genehmigen. In diesem Fall ist (wie in dem Fall, dass er die Aufhebung beantragt) allerdings entsprechend § 607 II ZPO die Genehmigung des Vormundschaftsgerichts erforderlich.

130 Die **Postulationsfähigkeit** richtet sich nach § 78 ZPO. Der von einem Lebenspartner bevollmächtigte Anwalt bedarf für das Aufhebungsverfahren einer besonderen, auf dieses Verfahren gerichteten Vollmacht (§ 609 ZPO). Eine Generalvollmacht reicht wegen der besonderen Bedeutung des Verfahrens nicht. Der Umfang der Vollmacht für das Aufhebungsverfahren ergibt sich aus § 624 I ZPO; sie umfasst zugleich die Folgesachen und das einstweilige Anordnungsverfahren nach §§ 620 ff ZPO. Im Verfahren wird das Vorliegen einer den Anforderungen des § 609 ZPO entsprechenden Vollmacht nicht von Amts wegen geprüft. Insofern gilt vielmehr § 88 ZPO (OLG Hamm NJW 79, 2316).

131 **c)** Das Verfahren der Aufhebung einer Lebenspartnerschaft richtet sich grundsätzlich nach dem **Vorschriften über das Verfahren vor den Landgerichten** (Abs 2, § 608 ZPO), dh nach den §§ 252-494 ZPO. §§ 495-510b ZPO sind dagegen ausgeschlossen. Soweit §§ 607- 620g, 622 - 630 ZPO Sonderregelungen enthalten, gehen diese allerdings vor. Die Vorschriften über das Verfahren vor den Landgerichten bilden damit nur die Basis für das Aufhebungsverfahren, das durch die §§ 607 ff ZPO gegenüber den für diese Verfahren geltenden Regeln ein eigenständiges Gepräge erhält.

132 **aa)** Das Verfahren auf Aufhebung der Lebenspartnerschaft wird durch Einreichung einer **Antragsschrift** anhängig (§ 622 I ZPO). Diese muss den Anforderungen an eine

Klageschrift genügen (§ 622 II 2 ZPO), die sich aus § 253 ZPO ergeben. Im Antrag muss die Lebenspartnerschaft, die aufgehoben werden soll, möglichst genau bezeichnet werden, am besten mit dem Datum und Ort der Registrierung und der Registernummer. Die Parteien heißen Antragsteller und Antragsgegner (§ 622 III ZPO).

bb) Die weiteren Angaben, die **§ 622 II ZPO** für Scheidungsanträge für Eltern mit Kindern verlangt, sind bei Lebenspartnern nach Inkrafttreten des LPartGÜG nun ebenfalls zu beachten, weil sie nun auch gemeinschaftlich Eltern von Kindern sein können. Verlangt ist zunächst die Angabe darüber, ob aus der aufzuhebenden Lebenspartnerschaft **gemeinschaftliche minderjährige Kinder** vorhanden sind. Sinn dieser Regelung ist es, dem Gericht die notwendigen Kenntnisse darüber zu verschaffen, ob es ein Sorgerechtsverfahren einleiten (vgl § 623 III) muss und gegebenenfalls sogar insoweit eine einstweilige Anordnung treffen (vgl § 620 Nr 1) kann. Zweckmäßig, weil davon Zuständigkeiten oder Beteiligungsrechte abhängen, sind außerdem Angaben über das Alter (vgl § 50 b FGG) und den Aufenthaltsort der Kinder (vgl § 606 I 2, 613, § 85 SGB VIII). Nach § 622 II 1 Nr 2 muss die Antragsschrift schließlich Angaben darüber enthalten, ob andere Familiensachen im Sinne des § 621 II 1 anderweitig anhängig sind. Auf diese Weise soll sichergestellt werden, dass diese Verfahren nach § 621 III an das Gericht der Ehesache abgegeben werden. 133

cc) Auch die zusätzlichen **Anforderungen nach § 630 ZPO** für einverständliche Scheidungen sind nach der Angleichung der Voraussetzungen der Aufhebung einer Lebenspartnerschaft an die Scheidungsvoraussetzungen nunmehr ebenfalls zu beachten, wenn es sich um eine einverständliche Aufhebung nach § 15 II Nr 1 LPartG handelt. Das sind diejenigen Aufhebungen, die entweder von beiden Lebenspartnern beantragt werden oder von einem, während der andere zustimmt. 134

Erforderlich ist zunächst die **Mitteilung,** dass der andere Lebenspartner ebenfalls einen Aufhebungsantrag stellen wird oder dem Aufhebungsantrag zustimmt (§ 630 I Nr 1). Erforderlich ist nur die bloße Information des Gerichts. Das Erfordernis entfällt, wenn der andere Lebenspartner schon einen den Anforderungen genügenden Aufhebungsantrag gestellt hat oder es gleichzeitig mit dem Antragsteller tut. Das Gericht ist dann bereits ausreichend informiert. 135

Weiter ist erforderlich die **Einigung** der aufhebungswilligen Lebenspartner über bestimmte Folgesachen (§ 630 I Nr 2, 3 ZPO): Sind gemeinschaftliche Kinder vorhanden, müssen sie dem Gericht zeigen, dass sie in Bezug auf diese auch hinsichtlich des Sorge- und Umgangsrechts einig sind. Dafür sind zwei Wege zugelassen: Die Lebenspartner können zum einen übereinstimmend erklären, dass Anträge zum Umgangs- und Sorgerecht nicht gestellt werden und damit zum Ausdruck bringen, dass sie jede gerichtliche Entscheidung in diesem Bereich für überflüssig halten. Möglich ist aber auch, dass einer der Lebenspartner einen Antrag auf gerichtliche Regelung des Sorge- und/oder des Umgangsrecht stellt und der andere diesem Antrag zustimmt. Die Erklärung bzw die Anträge und die Zustimmung dazu müssen in die Antragsschrift aufgenommen werden. Mit der Regelung soll vermieden werden, dass die Lebenspartner Fragen der elterlichen Sorge und des Umgangsrechts durch das Nichtstellen von Anträgen ausklammern, obwohl in diesen Bereichen unterschiedliche Auffassungen bestehen. Außerdem soll dem Gericht Klarheit darüber gegeben werden, welche Regelungen im Bereich des Sorge- und des Umgangsrechts voraussichtlich erforderlich werden. Außerdem verlangt § 630 die Einigung über den Ehegatten- und Kindesunterhalt sowie die Regelung der Rechtsverhältnisse an Wohnung und Hausrat (Abs 1 Nr 3). 136

Daraus, dass § 630 I Nr 2 und 3 einen Vorschlag bzw eine Einigung als Bestandteil der Antragsschrift verlangen, ist zu schließen, dass insoweit eine bloße Mitteilung (wie bei Nr 1) nicht ausreicht. Der Antragsteller muss dem Antrag vielmehr eine auch von dem anderen Ehegatten unterzeichnete **Urkunde beifügen**, aus der sich im einzelnen 137 ergibt, welchen Inhalt die Vereinbarungen zwischen den Ehegatten haben oder eine solche Urkunde bis zum Ende der mündlichen Verhandlung nachreichen (ThP/Hüßtege § 630 ZPO Rn 8; aA StJ/Schlosser § 630 ZPO Rn 5). Wird ein Antrag zum Sorge- und Umgangsrecht gestellt, muss dieser konkret gefasst sein. Es reicht daher nicht, wenn die Lebenspartner hinsichtlich des Umgangsrechts vereinbaren, dass der nicht Sorgeberechtigte „ausreichend" oder „großzügig" Gelegenheit zum Umgang mit seinem Kind haben soll. Ebenso muss die Einigung über den Unterhalt und die Regelung der Rechtsverhältnisse an der Ehewohnung und am Hausrat abschließend und konkret sein. Absichtserklärungen allein reichen nicht. Das ergibt sich auch aus dem Zusammenhang der Regelung mit Abs 3. Hinsichtlich des Unterhalts ist zu beachten, dass nach dem Sinn und Zweck des § 630 eine teleologische Reduktion der Vorschrift geboten ist: Soweit auch das Gericht nicht im Zusammenhang mit der Aufhebung der Lebenspartnerschaft über Folgesachen entscheiden müsste, müssen auch keine Vereinbarungen zwischen den Lebenspartnern vorliegen. In den Verbund fällt nur der Streit über den Unterhalt minderjähriger Kinder. Die Einigung über den Unterhalt braucht sich daher nicht auf den Unterhalt für volljährige Kinder zu beziehen (Zöller/Philippi § 630 ZPO Rn 6).

138 § 630 begnügt sich nicht damit, dass eine Einigung der Lebenspartner über den Unterhalt und die Regelung der Rechtsverhältnisse an lebenspartnerschaftlicher Wohnung und Hausrat vorliegt. Die Lebenspartnerschaft soll vielmehr nur dann geschieden werden, wenn über diese Fragen **vollstreckbare Schuldtitel** vorliegen (§ 630 III ZPO). Damit soll verhindert werden, dass ein Lebenspartner sich mit dem anderen nur zum Schein einigt, nach der Aufhebung sich aber nicht an das Vereinbarte hält, so dass ein neues Verfahren eingeleitet werden muss, damit der andere Lebenspartner zu einem vollstreckbaren Titel kommt. Ein Schuldtitel über den Kindesunterhalt muss daher selbst dann geschaffen werden, wenn die Lebenspartner beabsichtigen, nach der Scheidung die elterliche Sorge gemeinsam auszuüben (KG FamRZ 94, 514). Die Einhaltung der Voraussetzungen des § 630 III ZPO ist aber nicht erforderlich, wenn kein schutzwürdiges Interesse des anderen Lebenspartners oder der Kinder an ihrer Erfüllung besteht (OLG Schleswig SchlHA 80, 23), etwa wenn die Lebenspartner keine minderjährigen Kinder haben. In diesem Fall ersetzt die Erklärung über diesen Umstand die Vorlage eines Schuldtitels über den Kindesunterhalt. Haben die Lebenspartner gegenseitig auf Unterhalt verzichtet, so ersetzt die Vorlage der Vereinbarung oder die gemeinsame Mitteilung hierüber einen Titel über den nachpartnerschaftlichen Unterhalt. Entsprechendes gilt, wenn die Lebenspartner erklären, dass die Wohnung und der Hausrat bereits verteilt sind.

139 **dd)** Für die **Rücknahme des Aufhebungsantrags** gelten grundsätzlich die Vorschriften über die Klagerücknahme (§§ 608, 269 ZPO). Wird der Aufhebungsantrag zurückgenommen, gilt das Aufhebungsverfahren daher als nicht anhängig geworden. Ein noch nicht rechtskräftiges Urteil, das bereits in dieser Sache ergangen ist, wird wirkungslos (§ 269 III 1 ZPO). Da die Entscheidung über die Folgesachen definitionsgemäß (§ 623 III 1 ZPO) nur für den Fall der Aufhebung der Lebenspartnerschaft beantragt ist, werden die sie betreffenden Verfahren mit der Antragsrücknahme im Aufhebungsverfahren gegenstandslos.

140 **d)** Im Verfahren auf Aufhebung einer Lebenspartnerschaft gilt – wie in den Ehesachen – nicht der Partei- sondern der **Untersuchungsgrundsatz** (§ 616 ZPO). Das Gericht kann also auch ohne den entsprechenden Antrag eines Lebenspartners Beweise erheben und Tatsachen berücksichtigen, die von den Lebenspartnern selbst nicht vorgetragen wurden. Voraussetzung ist verfahrensmäßig in diesem Fall nur, dass die Parteien zuvor zu der beabsichtigten Tatsachenverwertung angehört wurden.

141 **Eingeschränkt** wird der Untersuchungsgrundsatz dadurch, dass gegen den Widerspruch eines Lebenspartners Tatsachen, die nicht vorgebracht sind, nur insoweit berücksich-

tigt werden dürfen, als sie geeignet sind, der Aufrechterhaltung der Lebenspartnerschaft zu dienen (§ 616 II ZPO).

142 Der **Widerspruch ist Prozesshandlung** der Partei, die an der Lebenspartnerschaft nicht festhalten will. Er kann auch konkludent erfolgen, vor allem dadurch, dass der Lebenspartner selbst Tatsachen vorträgt, die den partnerschaftserhaltenden Tatsachen widersprechen.

143 Umgekehrt kommt die Verwertung von **partnerschaftsfeindlichen Tatsachen** nicht in Betracht, wenn sich der Widerspruch auf diese Tatsachen bezieht. Ebenso ist es ausgeschlossen, über derartige Tatsachen ohne den Antrag eines der Lebenspartner Beweise zu erheben (ThP/Hüßtege, § 616 ZPO Rn 7, str).

144 **§ 616 III ZPO,** der vorsieht, dass im Scheidungsverfahren das Gericht außergewöhnliche Umstände nach § 1568 BGB nur berücksichtigen darf, wenn sie von dem Ehegatten vorgebracht sind, der die Scheidung ablehnt, ist bei Lebenspartnern auf die Härteklausel des § 15 III LPartG zu beziehen, seitdem diese durch das LPartGÜG eingefügt wurde.

145 Ergänzend zu § 616 ZPO schließt **§ 617 ZPO** weitere Vorschriften aus, die es sonst den Parteien ermöglichen, über den dem Gericht unterbreiteten Streitstoff zu entscheiden und eventuell so die Entscheidung zu manipulieren. Ausgeschlossen ist die Anwendung der Vorschriften über die Wirkung eines Anerkenntnisses (§ 307 ZPO), der Regelung über die Folgen einer unterbliebenen oder verweigerten Erklärung über Tatsachen (§ 138 ZPO) oder über die Echtheit von Urkunden (§ 439 ZPO), die Vorschriften über den Verzicht der Partei auf Vereidigung der Gegenpartei (§ 452 III ZPO), Zeugen (§ 391 ZPO) und Sachverständige (§ 410 ZPO) und die Regelungen über die Wirkung eines gerichtlichen Geständnisses (§ 288 ZPO). In all diesen Fällen sind die dahin gehenden Erklärungen aber nicht vollständig bedeutungslos; sie sind im Rahmen der Beweiswürdigung (§ 286 ZPO) zu berücksichtigen.

146 Aufgrund der Natur der Sache sind die Regelungen über den Prozessvergleich (§ 794 ZPO) nicht anwendbar; eine Regelung eines Gegenstandes, der der Disposition der Parteien nicht unterliegt, durch **Vergleich** kommt nicht in Betracht. Ausgenommen sind jedoch Vergleiche über die Rücknahme des Antrags oder eines Rechtsmittels, Erklärungen über die Erledigung des Rechtsstreits oder die Zustimmung zu der Aufhebung der Lebenspartnerschaft beinhalten. Alle diese Abreden betreffen nicht den Gegenstand des Aufhebungsverfahrens, sondern nur die Vorfragen dazu, deren Würdigung dem Gericht überlassen bleibt.

147 Keine Auswirkungen hat § 617 ZPO bzw die Einschränkung des Verhandlungs- und Beibringungsgrundsatzes dagegen auf die Regelungen über die **Behauptungs- und Beweislast.** Diese richtet sich nach den allgemeinen Regeln, soweit nicht die Regeln des materiellen Rechts Abweichungen von den allgemeinen Grundsätzen anordnen.

148 Ebenso ist das Gericht an die **Anträge der Parteien gebunden** (§§ 308, 525, 536 ZPO). Das hat für die Aufhebung der Lebenspartnerschaft zwar praktisch keine Bedeutung, weil es hier um eine entweder-oder-Entscheidung geht. Die Frage der Bindung an die Anträge kann aber durchaus relevant werden, soweit Folgesachen (Rn 189 ff) zu entscheiden sind.

149 Zulässig sind auch der **Verzicht auf den Klageanspruch** (§ 306 ZPO) und auf Rechtsmittel nach Verkündung des Urteils. Schließlich bleiben die Regelungen über die Erledigung des Rechtsstreits (§ 91a ZPO) in vollem Umfang anwendbar.

150 **e)** Ein Verfahren auf Aufhebung einer Lebenspartnerschaft kann nur mit einem Verfahren auf Herstellung der lebenspartnerschaftlichen Gemeinschaft (Rn 373 ff) **verbunden** werden (§ 610 ZPO). Im Übrigen besteht ein Verbindungsverbot (§ 610 II 1 ZPO). Die in § 610 I ZPO noch erwähnten Aufhebungsverfahren haben für Lebenspartner keine praktische Bedeutung, da es für sie kein dem Eheaufhebungsverfahren entspre-

chendes Verfahren gibt. Ausgenommen von dem Verbindungsverbot sind aber die Folgesachen (Rn 189 ff), die ja gerade wegen der Aufhebung der Lebenspartnerschaft zur Entscheidung anstehen (§§ 610 II 2, 623 ZPO).

151 Auch eine **Widerklage** mit einer anderen Klage als einer solchen auf Herstellung der lebenspartnerschaftlichen Gemeinschaft ist im Aufhebungsverfahren nicht statthaft (§ 610 II 1 ZPO).

152 **f)** Eine **Klageänderung** ist (unter den für alle Verfahren geltenden Voraussetzungen des § 263 ZPO) auch im Aufhebungsverfahren zulässig. Dabei kann die Klage (bzw der Antrag) auch auf solche Verfahren umgestellt werden, die nach § 610 ZPO (Rn 150) nicht miteinander verbunden werden dürfen. Zu beachten ist lediglich, dass es durch die Antragsänderung nicht zur Verbindung von Verfahren kommen darf, die nicht miteinander verbunden werden können. Gegebenenfalls müssen die Verfahren dann getrennt werden.

153 **Neuer Tatsachenvortrag** ist in den Grenzen des § 296a bis zum Schluss der letzten mündlichen Verhandlung zulässig. Dabei sind aber die in § 275 I 1, III IV und 276 ZPO genannten zeitlichen Grenzen nicht anzuwenden (§ 611 II ZPO). In den Streitigkeiten über Lebenspartnerschaften, in denen die Verfahrensregeln für Ehesachen anzuwenden sind, vor allem dem Aufhebungsverfahren, ist damit das schriftliche Vorverfahren ausgeschlossen. Weder darf eine Frist zur schriftlichen Antragserwiderung noch eine solche zur Beantwortung der Antragserwiderung gesetzt werden. Die Regelungen sind im Zusammenhang mit § 617 ZPO zu sehen, der in diesen Verfahren verbietet, die Regelungen anzuwenden, die Folgerungen an die Säumnis knüpfen, Tatsachen vorzutragen. Durch § 611 II ZPO wird dagegen nicht die Anwendung von § 273 II ZPO ausgeschlossen; denn diese Vorschrift ist nicht erwähnt. Das bedeutet, dass das Gericht den Parteien zur Klärung bestimmter Fragen Fristen setzen darf, damit sie ihr eigenes Vorbringen präziser fassen. Umgekehrt darf aber keine Frist gesetzt werden, damit die Partei zu einem Vortrag des Gegners Stellung nimmt; denn auf diese Weise würde gegen § 617 ZPO verstoßen, wenn dann aus dem fruchtlosen Ablauf der Frist gefolgert würde, dass der Antragsteller mit dem Vortrag des Antragsgegners einverstanden ist.

154 **Nicht rechtzeitig vorgebrachte Angriffs- und Verteidigungsmittel** können zurückgewiesen werden, wenn sie nach der freien Überzeugung des Gerichts die Erledigung des Rechtsstreits verzögern würden und die Verspätung auf grober Nachlässigkeit beruht (§ 615 I ZPO; eine entsprechende Regelung für ZPO-Lebenspartnerschaftssachen enthält § 621d ZPO). Die Sonderregelung beruht auf der Einschränkung des Beibringungsgrundsatzes: Wenn das Gericht auch von sich aus Tatsachen ermitteln und berücksichtigen kann, dann muss auch die Berücksichtigung von verspätet vorgebrachten Tatsachen möglich sein. Das wird durch § 615 II klargestellt. Gar nicht gehindert wird das Gericht durch § 615 ZPO, selbst Tatsachen zu berücksichtigen oder Beweise zu erheben; denn § 616 ZPO geht § 615 ZPO vor.

155 **g)** Für die **Termine und Ladungen** enthalten §§ 612 f ZPO Sonderregelungen gegenüber den in den anderen Verfahren geltenden Grundsätzen. Für die **Terminsbestimmung** gilt die Einschränkung des § 272 III ZPO (so schnell wie möglich) nicht (§ 612 I ZPO). Daraus kann aber nicht gefolgert werden, dass der Richter sich für die Vorbereitung des Termins beliebig Zeit nehmen darf; die Terminierung muss vielmehr in einem angemessenen Zusammenhang mit dem Beginn des Verfahrens erfolgen.

156 Wegen der besonderen Bedeutung des Aufhebungsverfahrens muss der **Beklagte** (und auch der Widerbeklagte, § 612 V ZPO) **zu jedem Termin,** der nicht in seiner Gegenwart anberaumt wurde, **geladen werden** (§ 612 II ZPO). Diese Ladungen dürfen nicht ersatzweise an den Lebenspartner zugestellt werden (§ 185 ZPO). Die Verkündung des Ladungstermins ersetzt die Zustellung nur für den Antragsteller (es sei denn, er ist

Widerbeklagter) sowie dann, wenn sie in Gegenwart des Antragsgegners oder seines Prozessbevollmächtigten erfolgt. Ebenfalls unnötig ist die Zustellung der Ladung, wenn der Antragsgegner durch öffentliche Zustellung zum Verfahren geladen, aber nicht erschienen war (§ 612 III ZPO); denn dann spricht eine Vermutung dafür, dass auch die weitere Ladung nur per öffentlicher Zustellung erfolgen kann, von der der Antragsgegner dann wieder keine Kenntnis erlangt.

157 Das Gericht soll für die Verhandlung das **persönliche Erscheinen der Lebenspartner anordnen und sie persönlich anhören.** Es kann sie dabei als Partei vernehmen (§ 613 I 1 ZPO). Diese Regelung, die nur in Ehesachen und Lebenspartnerschaftssachen nach Abs 1 Nr 1-3 (nicht den anderen Familiensachen des § 621 ZPO und den anderen Lebenspartnerschaftssachen nach Abs 1 Nr 4-7 und auch nicht im Verfahren der einstweiligen Anordnung nach §§ 620 ff ZPO) anwendbar ist, ist eine Ausnahme zu §§ 141, 445 ff ZPO. Allerdings kann ganz auf die Anhörung verzichtet werden, wenn ein Lebenspartner sich in einem Staat aufhält, der keine Rechtshilfe leistet oder wenn sein Aufenthalt unbekannt ist (BGH FamRZ 94, 436). In diesen Fällen wäre es eine unzumutbare Verzögerung der Aufhebung der Lebenspartnerschaft, wenn erst die Anhörung des anderen Teils erfolgen müsste. Dass eine Partei nicht zur Verhandlung erscheint, reicht dagegen allein nicht, um von der Anhörung abzusehen (aA anscheinend OLG Hamm FamRZ 98, 1123). Das zeigt schon § 613 II ZPO, der bestimmt, dass in diesem Fall vom Gericht dieselben Ordnungsmittel (mit Ausnahme von Ordnungshaft) angeordnet werden können, die sonst beim Nichterscheinen von Zeugen verhängt werden können (vgl §§ 380 f ZPO).

158 Die **Themen der Anhörung** werden durch den Gegenstand des Verfahrens bestimmt. Im Aufhebungsverfahren ist § 616 ZPO zu beachten. Das bedeutet, dass Gegenstand der Anhörung die partnerschaftsfreundlichen Tatsachen in uneingeschränktem Maße sein dürfen – auch dann, wenn sie von keiner Seite vorgetragen wurden, dass partnerschaftsfeindliche Tatsachen aber nur dann Gegenstand der Anhörung sein dürfen, wenn sie vorgetragen sind.

159 § 613 I 2 ZPO enthält ein **Gebot zur Vernehmung von Eltern** über Fragen der elterlichen Sorge, wenn gemeinschaftliche minderjährige Kinder vorhanden sind. Gleichzeitig weist das Gericht die Eltern auf bestehende Beratungsmöglichkeiten durch die Jugendhilfe hin (§ 17 SGB VIII). Außerdem klärt das Gericht die Eltern über die Möglichkeiten der rechtlichen Gestaltung des Sorgerechts (vgl §§ 1671, 1672 BGB) auf.

160 Die Anhörung soll **grundsätzlich durch den Richter** erfolgen, der über die Aufhebung der Lebenspartnerschaft **entscheidet.** Die Anhörung bzw Vernehmung durch den ersuchten Richter kommt nur in Betracht, wenn er am Erscheinen vor dem Prozessgericht verhindert ist oder wenn das Erscheinen unzumutbar ist, weil er sich in zu großer Entfernung von dessen Sitz aufhält (§ 613 I 3 ZPO). Beide Ausnahmen sind restriktiv auszulegen. Bei der großen persönlichen Bedeutung des Fortbestands oder Endes einer Lebenspartnerschaft ist es beiden Parteien grundsätzlich zuzumuten, auch erhebliche Erschwernisse in Kauf zu nehmen. Für die Entfernung kommt es neben der reinen Distanz auch auf die Verkehrsanbindung und die Reisemöglichkeiten des Lebenspartners an. Diese können auch durch seinen Gesundheitszustand oder durch sein Alter beeinflusst werden. Verhinderungen dürfen nicht erkennbar vorübergehender Natur sein, wie etwa bei kurzzeitigen Erkrankungen oder vorübergehenden Verhinderungen aus beruflichen Gründen (Dienstreise, Montage usw).

161 Von der einfachen Anhörung muss die **Parteivernehmung unterschieden** werden. Diese ist Beweiserhebung und muss deswegen auch entsprechend angeordnet werden (§ 450 ZPO). Es gelten §§ 445 ff ZPO. Der Gegenstand der Parteivernehmung wird durch § 616 II ZPO bestimmt. Die Parteivernehmung auf Antrag nach den allgemein

gültigen Regeln ist neben der Parteivernehmung nach § 613 ZPO zulässig; § 448 ZPO wird dagegen von § 613 I 1, 2. HS ZPO verdrängt.

162 **h)** Die Lebenspartner unterliegen in der Aufhebungssache (und den Folgesachen) einem umfassenden **Anwaltszwang** (§ 78 II ZPO). Dieser Anwaltszwang kann aber vom Antragsgegner in der Aufhebungssache und in den FGG-Folgesachen unterlaufen werden, weil insoweit gegen ihn kein Versäumnisurteil erlassen werden kann. Das ergibt sich für die Aufhebung aus § 612 IV ZPO, für die FGG-Folgesachen daraus, dass das FGG-Verfahren keine Säumnisentscheidung kennt. Es wäre daher denkbar, dass sich ein Antragsgegner nur in den ZPO-Folgesachen anwaltlich vertreten ließe, um die dort möglichen Versäumnisurteile abzuwehren oder dass er gar auf eine anwaltliche Beratung ganz verzichtete und eventuelle Versäumnisurteile in den ZPO-Folgesachen gegen sich hinnähme. Das widerspräche dem Willen des Gesetzgebers, dass die Parteien sich bei der Aufhebung möglichst umfassend durch einen Anwalt beraten lassen sollen. § 625 ZPO lässt es daher zu, dass das Gericht im Streit über die Aufhebung dem Antragsgegner von Amts wegen im ersten Rechtszug einen Anwalt beiordnet, wenn es das zum Schutz des Antragsgegners für unabweisbar hält. Auf diese Weise soll verhindert werden, dass der Antragsgegner aus Unkenntnis, mangelnder Übersicht über seine Lage und die Konsequenzen der Scheidung (Aufhebung) oder wegen einer Beeinflussung durch den anderen Ehegatten seine Rechte in unvertretbarer Weise nicht selbst wahrnimmt (BT-Drucks VII/ 650, 210). Die zweite Fallgruppe des § 625 ZPO (Streit um das Sorgerecht für gemeinschaftliche Kinder) spielt bei Lebenspartnern keine Rolle, weil diese Konstellation hier nicht vorkommen kann.

163 Die **praktische Bedeutung** des § 625 ZPO ist – jedenfalls in Ehesachen – gering, weil die Erfahrungen gezeigt haben, dass der Gegner eines Scheidungsantrags sich regelmäßig anwaltlich beraten lässt. Ähnliches wird auch in Lebenspartnerschaftssachen gelten; da dem Antragsgegner, der aus wirtschaftlichen Gründen nicht dazu in der Lage ist, einen Anwalt zu bezahlen, ohne Rücksicht auf die Erfolgsaussichten seines Verteidigungsvorbringens Prozesskostenhilfe zu gewähren ist (Wieczorek/Schütze/Kemper, § 624 ZPO Rn 12). Im Übrigen können im Aufhebungsverfahren wenigstens die partnerschaftserhaltenden Tatsachen von Amts wegen berücksichtigt werden (§ 616 II ZPO). Es kann daher nur in seltenen Fällen davon gesprochen werden, dass die Beiordnung eines Anwalts zum Schutz des Antragsgegners als unabweisbar erscheint. Am ehesten kommt das in Betracht, wenn für die Aufhebung ausländisches Recht maßgeblich ist, zumal in diesen Fällen der Antragsgegner oft auch noch Sprachprobleme haben wird.

164 **Voraussetzung** der Beiordnung ist, dass das Aufhebungsverfahren anhängig ist und dass der **Antragsgegner** bisher **weder** einen **Anwalt** mit seiner Vertretung **beauftragt noch einen Antrag auf** die Gewährung von **Prozesskostenhilfe** unter Beiordnung eines Anwalts für das Verfahren gestellt haben. Angesichts des Zwecks des § 625 ZPO, gerade in den besonders wichtigen Fragen des Streits unter den Lebenspartnern eine anwaltliche Beratung des Antragsgegners sicherzustellen, ist die Vorschrift aber auch dann anzuwenden, wenn der Antragsgegner zwar einen Anwalt bestellt hat, die Bestellung aber auf die Wahrnehmung seiner Interessen in dem Streit um andere Folgesachen, vor allem der ZPO-Folgesachen beschränkt hat. Dafür spricht auch der Wortlaut der Vorschrift, die ausdrücklich nur auf die Bestellung des Anwalts in der „Scheidungssache" abstellt und nicht auf diejenige in einer Folgesache. Beauftragt der Antragsgegner selbst einen Anwalt, nachdem ihm einer nach § 625 ZPO beigeordnet wurde, ist die Beiordnung wieder aufzuheben.

165 Außerdem muss ein **unabdingbares Bedürfnis für die Beiordnung** eines Rechtsanwalts bestehen. Dieses liegt grundsätzlich vor, wenn der Antragsgegner seine Rechte in unvertretbarer Weise nicht selbst wahrnimmt (OLG Hamm FamRZ 82, 86). Die

Gründe für sein Unterlassen sind unerheblich. Es kann etwa darauf beruhen, dass der Antragsgegner seine Rechte nicht kennt, dass er wegen seiner begrenzten geistigen oder körperlichen Fähigkeiten nicht dazu in der Lage ist, sie wahrzunehmen oder dass sein Lebenspartner oder Dritte ihn beeinflusst haben, seine Rechte nicht auszuüben. Ausreichend ist jedoch auch, dass er die Bestellung eines Anwalts aus Gleichgültigkeit oder wegen einer Aversion gegen Anwälte unterlässt. Trotz der totalen Passivität des Antragsgegners unterbleibt die Beiordnung eines Anwalts, wenn der Aufhebungsantrag nicht schlüssig ist. In diesem Fall bedarf der Antragsgegner keines Schutzes; denn der Aufhebungsantrag wird ohnehin abgewiesen werden.

166 Mit der Zustellung des Aufhebungsantrags wird der Antragsgegner aufgefordert, einen Rechtsanwalt zu bestellen, wenn er die Verteidigung gegenüber dem Aufhebungsbegehren beabsichtigt (§§ 608, 271 II ZPO). Weigert er sich, einen Anwalt zu beauftragen, **hört das Gericht den Antragsgegner** persönlich an und **macht ihn darauf aufmerksam**, dass die Folgesachen gleichzeitig mit der Aufhebungssache verhandelt und entschieden werden können (§ 625 I 2 ZPO). Unternimmt der Antragsgegner einfach nichts, werden die Anhörung und die Belehrung in der mündlichen Verhandlung über die Aufhebungssache durchgeführt. Das Erscheinen des Antragsgegners in dieser Verhandlung kann notfalls zwangsweise durchgesetzt werden (§ 613 II ZPO). Eine ohne Anhörung oder Hinweis vorgenommene Beiordnung ist gleichwohl wirksam; denn bei § 625 I 2 ZPO handelt es sich nur um eine Sollvorschrift.

167 **Die Beiordnung** erfolgt nur für die Aufhebungssache, nicht auch für Folgesachen.

168 Der beigeordnete Rechtsanwalt (dem der Antragsgegner keine Vollmacht erteilt) hat im Verfahren die **Stellung eines Beistands** (§ 625 II ZPO); dh das von dem Anwalt Vorgebrachte gilt als von dem Antragsgegner vorgebracht, soweit es dieser nicht sofort widerruft oder berichtigt (§ 90 II ZPO). Der Anwalt ist jedoch nicht Bevollmächtigter des Antragsgegners. Er kann daher selbst keine Prozesshandlungen vornehmen, vor allem keine Anträge stellen. § 176 ZPO greift nicht ein; Zustellungen müssen daher an den Antragsgegner erfolgen.

169 **Rechtsmittel** gegen die Beiordnung stehen dem Antragsgegner und dem betroffenen Rechtsanwalt zu, nicht jedoch dem Antragsteller; denn dessen Rechtstellung ist durch die Beiordnung eines Anwalts zugunsten des Antragsgegners nicht berührt (OLG Hamm FamRZ 82, 86). Nach dem Wortlaut von §§ 625 I 1, 78c III 1 ZPO steht dem Antragsgegner die Beschwerde nur gegen die Auswahl des Rechtsanwalts zu. Eine derart enge Auslegung der Vorschrift ließe jedoch außer acht, dass schon durch die Entscheidung, überhaupt einen Anwalt beizuordnen, erheblich in das Persönlichkeitsrecht des Antragsgegners eingegriffen wird; denn damit wird seine Entscheidung unterlaufen, sich in dem seine persönlichsten Belange betreffenden Aufhebungsverfahren nicht zu verteidigen. Der Antragsgegner ist daher über den Wortlaut von §§ 625 I 1, 78c III 1 ZPO auch dann beschwerdebefugt, wenn er die Beiordnung des Anwalts insgesamt angreift (KG FamRZ 78, 607; OLG Hamm FamRZ 82, 86; 86, 1122; OLG Oldenburg FamRZ 80, 179; aA Stein/Jonas/Schlosser, § 625 ZPO Rn 5). Diese Beschwerde ist unbefristet. Sie ist daher selbst dann noch möglich, wenn der Anwalt den Antragsgegner auf Zahlung seines Honorars in Anspruch nimmt.

170 Gegen die **Ablehnung der Beiordnung** hat der Antragsgegner **kein Beschwerderecht;** denn durch sie ist er nicht in seinen Rechten berührt, weil er jederzeit selbst einen Anwalt mit der Wahrnehmung seiner Interessen beauftragen kann.

171 **i)** Im Interesse des Fortbestands der Lebenspartnerschaft soll das Gericht das Verfahren auf **Aufhebung der Lebenspartnerschaft von Amts wegen aussetzen,** wenn nach seiner freien Überzeugung Aussicht auf die Fortsetzung der Partnerschaft besteht (§ 614 II 1 ZPO). In ihrer im Ehescheidungsverfahrensrecht verankerten Stellung resultiert die Norm zwar ursprünglich aus dem durch Art 6 GG gebotenen besonderen Schutz

der Ehe, der es den staatlichen Stellen, die mit der Beendigung dieser Lebensform befasst sind, gebietet, alle Chancen auszuschöpfen, um die Ehe zu erhalten und sie nicht vorschnell zu scheiden. Es spricht aber nichts dagegen, diese Norm auch bei Lebenspartnerschaften anzuwenden. Abgesehen davon, dass der Wortlaut der Verweisung des § 661 II ZPO auch die Anwendung des § 614 ZPO deckt, ist auch der Sinn dieser Vorschrift, das vorschnelle Ende einer auf Dauer angelegten Partnerschaft zu vermeiden, auch bei Lebenspartnerschaften ohne weiteres gegeben. Diese stehen zudem unter dem Schutz von Art 2 I GG. Auch hier muss das Gericht daher Chancen auf einen Fortbestand der Partnerschaft nach seinen besten Möglichkeiten fördern. Das Instrumentarium dazu bietet § 614 II-V ZPO.

172 Grundsätzlich handelt es sich bei der Entscheidung über die Aussetzung um eine **Abwägungsentscheidung,** für die es nur darauf ankommt, inwieweit die Aussetzung für eine Beendigung des Aufhebungsverfahrens förderlich sein kann. Besteht Aussicht auf eine Fortsetzung der Lebenspartnerschaft, dann reduziert sich das gerichtliche Ermessen auf Null. Es muss ausgesetzt werden. Ebenfalls ausgesetzt werden muss das Verfahren, wenn der Antragsteller die Aussetzung beantragt (§ 614 III ZPO). Umgekehrt ist die Aussetzung ausgeschlossen, wenn seit der Abgabe der Erklärung, die Lebenspartnerschaft nicht fortsetzen zu wollen, mindestens ein Jahr vergangen ist und beide Lebenspartner der Aussetzung widersprechen. Der Widerspruch nur eines Lebenspartners reicht nicht.

173 Die Aussetzung wird immer **für eine bestimmte Frist angeordnet,** bei deren Ablauf sie automatisch endet. Für die Dauer dieser Frist bestimmt § 614 IV ZPO nur, dass insgesamt die Dauer von einem Jahr nicht überschritten werden darf, wenn seit der Abgabe der zur Beendigung der Lebenspartnerschaft führenden Erklärungen der Lebenspartner noch keine drei Jahre verstrichen sind, und dass die Dauer von sechs Monaten nicht überschritten werden darf, wenn seit der Abgabe der Erklärungen schon längere Zeit vergangen ist. Im Übrigen ist das Gericht frei in der Bemessung der Frist. Es nimmt dabei darauf Rücksicht, welche Dauer am ehesten dem Zweck der Aussetzung gerecht wird. Die Aussetzung darf nur einmal wiederholt werden (§ 614 IV 1 ZPO). Dem steht die Verlängerung einer einmal angeordneten Aussetzung gleich.

174 Mit der Aussetzung soll das Gericht den Lebenspartnern **nahe legen, eine Beratungsstelle in Anspruch zu nehmen** (§ 614 V ZPO). Gegenwärtig gibt es auf Lebenspartnerschaften spezialisierte Beratungsstellen noch nicht. Will das Gericht konkrete Vorschläge unterbreiten, muss es daher zurzeit noch auf allgemeine Partnerschaftsberatungsangebote zurückgreifen. Notwendig ist die Konkretisierung aber nicht; das Gericht tut § 614 V ZPO auch dadurch genüge, dass es allgemein auf die Möglichkeit von Beratung hinweist. Auch das vollständige Fehlen eines Hinweises auf die Inanspruchnahme von Beratungsmöglichkeiten macht weder die Aussetzung noch das später ergehende Aufhebungsurteil rechtswidrig oder aufhebbar.

175 Die Aussetzung **umfasst den gesamten Rechtsstreit** einschließlich der Folgesachen, die mit dem Aufhebungsverfahren im Verbund stehen (§ 623 ZPO, Rn 179 ff).

176 Während der Aussetzung bleiben **einstweilige Anordnungen** (§§ 620 ff ZPO) wirksam, und es können auch weiterhin einstweilige Anordnungen erlassen werden. Während dieser Zeit darf das Gericht keine Sachentscheidung treffen. Jedes Urteil wäre inhaltlich falsch und mit Rechtsmitteln angreifbar.

177 Eine **vorzeitige Beendigung** der Aussetzung ist zulässig (vgl § 150 ZPO). Voraussetzung ist bei einer Aussetzung von Amts wegen nur, dass die Aussetzung dem Fortbestand der Lebenspartnerschaft nicht mehr förderlich ist. Das kommt vor allem dann in Betracht, wenn die Lebenspartner gemeinsam erklären, dass ein weiteres Zuwarten zwecklos ist. Handelt es sich um eine Aussetzung auf Antrag, dann muss sie aufge-

hoben werden, wenn der Antragsteller das verlangt, es sei denn, dass die Voraussetzungen für eine weitere Aussetzung von Amts wegen vorliegen.

178 **Rechtsmittel** gegen die Aussetzung ist die einfache Beschwerde. Beschwert ist aber nur derjenige Lebenspartner, der auch selbst einen Aufhebungsantrag gestellt hat; denn anderenfalls geschieht ihm durch die Aufrechterhaltung der Lebenspartnerschaft kein Nachteil. Wird ein Aussetzungsantrag abgewiesen, findet die sofortige Beschwerde statt (§ 252 ZPO).

179 Neben § 614 ZPO sind die **allgemeinen Vorschriften über die Aussetzung** (§§ 148 ff, 246 ff ZPO) und das **Ruhen** des Verfahrens (§§ 251 f ZPO) anwendbar.

180 **j)** Ein **Versäumnisurteil** gegen den Beklagten ist im Aufhebungsverfahren unzulässig (§ 612 III ZPO). Daraus folgt für die verschiedenen Konstellationen der Säumnis: Erscheint der Antragsteller nicht, kann gegen ihn ohne weiteres durch Versäumnisurteil entschieden werden (§ 330 ZPO). Statt eines Versäumnisurteils kommt eine Entscheidung nach Aktenlage in Betracht, wenn die Voraussetzungen des § 331a ZPO vorliegen. Ausgeschlossen ist ein Versäumnisurteil gegen den Antragsteller, wenn dieser widerbeklagt ist. In diesem Fall ist der Antragsteller zugleich (Wider)beklagter. In dieser Rolle darf aber gegen ihn ein Versäumnisurteil nicht ergehen. Da aber über Klage (Antrag) und Widerklage einheitlich zu entscheiden ist, scheidet damit zugleich ein Versäumnisurteil gegen den Antragsteller in dieser Funktion aus.

181 **Gegen einen Antragsgegner** kommen weder ein Versäumnisurteil noch eine Entscheidung nach Aktenlage in Betracht. Das Gericht kann aber eine streitige Entscheidung treffen. Das ist dann möglich, wenn der Antragsgegner ordnungsgemäß geladen war und ihm die Anträge mitgeteilt waren. Notwendig werdende Beweiserhebungen sind gegebenenfalls von Amts wegen durchzuführen (§ 616 ZPO). Das auf diese Verhandlung ergehende Urteil ist ein streitiges und mit den Rechtsmitteln anfechtbar, die für streitige Entscheidungen gegeben sind, nicht aber mit dem Einspruch.

182 Sind **beide Parteien säumig,** ist nach Aktenlage zu entscheiden (§ 251a I ZPO).

183 Haben **beide Lebenspartner die Aufhebung beantragt,** ist bei Säumnis des einen über den Antrag des anderen streitig zu entscheiden. Bei Rücknahme des Antrags durch den Erschienenen kommt eine Entscheidung in derselben Verhandlung nicht in Betracht. Erst wenn der andere Lebenspartner auch zu dieser Verhandlung nicht erscheint, obwohl er über die Rücknahme des Antrags informiert worden war, kann dann durch Versäumnisurteil gegen den dann alleinigen Antragsteller entschieden werden.

184 **k)** Der **Verbund** zwischen der Aufhebung der Lebenspartnerschaft und der Entscheidung der für den Fall der Aufhebung der Lebenspartnerschaft begehrten Entscheidungen. **aa)** Im Regelfall ist über die **Aufhebung der Lebenspartnerschaft nicht isoliert** zu entscheiden, sondern mit dem Begehren auf Aufhebung der Lebenspartnerschaft wird zugleich die Regelung von verschiedenen Rechtsfragen beantragt, mit denen die Auseinandersetzung der Lebenspartnerschaft betrieben werden soll. In Betracht kamen bislang insoweit allein Streitigkeiten um nachpartnerschaftlichen Unterhalt (Abs 1 Nr 4), die Regelung der Rechtsverhältnisse an Hausrat und Wohnung (Abs 1 Nr 5) und Streitigkeiten aus dem lebenspartnerschaftlichen Güterrecht einschließlich der Streitigkeiten nach §§ 1382 f BGB (Abs 1 Nr 6 und 7). Bei diesen Streitigkeiten handelt es sich um sog Folgesachen, wenn die Entscheidung in diesen Streitigkeiten für den Fall der Aufhebung der Lebenspartnerschaft begehrt wird (§ 623 I 1 ZPO). Durch das LPartGÜG wurden die Kinder betreffenden Streitigkeiten um Sorgerecht, Umgang, Herausgabe und Unterhalt zu Lebenspartnerschaftssachen, soweit Minderjährige betroffen sind, die gemeinschaftliche Kinder der Lebenspartner sind (Abs 1 Nr 3a-3d). Diese Fälle entsprechen den in § 623 I, II genannten Familiensachen, bilden also ebenfalls Folgesachen. Außerdem wurde der Versorgungsausgleich eingeführt (Abs 1 Nr 7), die einzige Streitigkeit, über die im Scheidungsverfahren von Amts wegen zu entschei-

den ist (sog Zwangsverbund), so dass eine entsprechende Rechtslage nun auch bei Lebenspartnern besteht.

185 Verfahrensrechtlich **bedeutet** der Verbund, dass die in den Verbund fallenden Streitigkeiten mit dem Verfahren auf Aufhebung der Lebenspartnerschaft mit der Aufhebung der Lebenspartnerschaft zusammen verhandelt werden müssen und dass die Aufhebung grundsätzlich nicht erfolgen darf, wenn nicht gleichzeitig über die Folgesachen entschieden wird.

186 Die Regelung des § 623 ZPO bildet die einzige **Ausnahme von dem Verbindungsverbot** des § 610 II ZPO. Andere als Folgesachen und Klagen auf Herstellung der lebenspartnerschaftlichen Gemeinschaft können daher mit einer Aufhebungssache nicht verbunden werden. Vor allem Streitigkeiten um Regelungen für die Zeit des Getrenntlebens müssen immer isoliert geführt werden. Zweck der Vorschrift ist es, den Lebenspartnern deutlich vor Augen zu führen, welche Wirkungen die Aufhebung für sie haben wird. Das wird am plastischsten dadurch bewirkt, dass sie bereits im Aufhebungsverfahren alle zwischen ihnen streitigen Fragen erörtern und entscheiden lassen müssen. Zudem kann bei einer gemeinsamen Entscheidung der Folgesachen besser die Verflechtung dieser Streitigkeiten berücksichtigt werden, so dass die Regelungen aufeinander abgestimmt werden können. Gleichzeitig wird durch den Verbund im Regelfall erreicht, dass die Folgesachen zügig erledigt werden können. Die Bindung der Aufhebung an die Klärung dieser Fragen führt vor allem dann, wenn beide Lebenspartner aufhebungswillig sind, zu einer wesentlich erhöhten Bereitschaft, diese Hindernisse rasch aus dem Weg zu räumen. Aber auch dann, wenn nur ein Lebenspartner die Aufhebung will, wird er alles ihm mögliche tun, um auch die Entscheidung über die Folgesachen zu beschleunigen. Schließlich wird auch der schwächere Partner, der sich der Aufhebung nicht mit Erfolg widersetzen kann, durch den Verhandlungs- und Entscheidungsverbund geschützt; denn er kann wenigstens sicher sein, dass die Lebenspartnerschaft nicht beendet wird, bevor die für ihn wichtigen Fragen geregelt sind.

187 In Lebenspartnerschaftssachen war der Verbund bislang ausschließlich ein **Antragsverbund;** weil die einzige Streitigkeit, die heute noch im Zwangsverbund steht, der Streit über den Versorgungsausgleich, bei Lebenspartnern nicht vorkommen konnte, da bei diesen kein Versorgungsausgleich stattfand. Das hat sich seit dem 1.1.05 geändert, da nach dem neuen, durch das LPartGÜG eingeführten § 20 LPartG nun auch unter Lebenspartnern ein Versorgungsausgleich stattzufinden hat, wenn die Lebenspartnerschaft endet. Diese Streitigkeit steht im Zwangsverbund, muss also auch dann verhandelt und entschieden werden, wenn kein Lebenspartner einen dahingehenden Antrag stellt.

188 Der Verbund kann grundsätzlich nur dann bestehen, wenn **nur die Lebenspartner** am Verfahren **beteiligt** sind. Die Beteiligung Dritter verträgt sich nicht mit dem vertraulichen Charakter des Aufhebungsverfahrens und würde außerdem eine einheitliche Kostenentscheidung, wie sie nach § 93a ZPO gefordert ist, unmöglich machen. Nur in den FGG-Streitigkeiten (Abs 1 Nr 3a -3c, 7, 7a) kann es zu einer Beteiligung Dritter kommen, ohne dass das Verfahren insoweit abgetrennt werden muss.

189 **bb)** Um eine Folgesache handelt es sich grundsätzlich nur dann, wenn die Regelung der Lebenspartnerschaftssache **für den Fall der Aufhebung der Lebenspartnerschaft** getroffen werden soll. § 623 ZPO ist daher nicht anwendbar, wenn die Entscheidung in einer anderen Lebenspartnerschaftssache (Abs 1 Nr 3a-7) im Zusammenhang mit einer Entscheidung auf Herstellung der Lebensgemeinschaft getroffen werden soll.

190 Streitigkeiten für den Fall einer Aufhebung einer Lebenspartnerschaft liegen auch dann vor, wenn diese nach **ausländischem Sachrecht** zu beurteilen ist. Obwohl § 623 ZPO einige materiell-rechtliche Ausstrahlungen hat, handelt es sich doch um eine prozessuale Norm, deren Anwendung deswegen der lex-fori-Regel unterliegt. Der Verbund

tritt daher auch in diesen Fällen ein, und zwar selbst dann, wenn das zur Entscheidung berufene Sachrecht kein Verbundverfahren kennt. Gilt ausländisches Sachrecht, können auch solche Streitigkeiten zu im Verbund stehenden Folgesachen werden, die dem deutschen Recht unbekannt sind.

191 **Regelungen** in anderen Lebenspartnerschaftssachen (Abs 1 Nr 3a-7a), die nicht für den Fall der Aufhebung der Lebenspartnerschaft, sondern im Gegenteil **für den Fall der Ablehnung des Antrags** beantragt werden (zB Unterhaltsregelung oder Zuweisung der lebenspartnerschaftlichen Wohnung für die Zeit der dann weiterbestehenden Trennung) stehen niemals im Verbund mit der Aufhebungssache und denjenigen Regelungen, die für den Fall der Aufhebung der Lebenspartnerschaft zu treffen gewesen wären. Das ergibt sich aus dem eindeutigen Wortlaut des § 623 ZPO. Das Verfahren ist daher insoweit abzutrennen und gesondert zu verhandeln und zu entscheiden. Das gilt selbst dann, wenn auf Grund der im Aufhebungsverfahren erfolgten Ermittlungen die Streitigkeit über die für den Fall der Abweisung des Antrags auf Aufhebung der Lebenspartnerschaft zu treffende Regelung schon entscheidungsreif ist. Die gegenteilige Ansicht (Stein/Jonas/Schlosser, § 623 ZPO Rn 3) setzt sich über den eindeutig im Gesetz zum Ausdruck gekommenen Willen des Gesetzgebers hinweg.

192 **Regelungen für die Zeit des Getrenntlebens** sind niemals Regelungen für den Fall der Aufhebung der Lebenspartnerschaft. Sie fallen daher nicht in den Verbund. Das gilt vor allem für Streitigkeiten über die vorläufige Zuweisung von Wohnung oder Hausrat während der Zeit des Getrenntlebens und solche über den Trennungsunterhalt.

193 **cc)** Von den Lebenspartnerschaftssachen des Abs 1 Nr 3a-7 sind grundsätzlich alle **verbundfähig.** Voraussetzung ist nur, dass eine Entscheidung für den Fall der Aufhebung der Lebenspartnerschaft getroffen werden soll (zu den Besonderheiten bei den Streitigkeiten in Bezug auf Kinder s aber Rn 205 ff). Daneben kommen Streitigkeiten über vorbereitende Ansprüche, vor allem Auskunftsansprüche, als Verbundsachen in Betracht. Im Einzelnen gilt:

194 **(1)** Schon bislang fielen die **Lebenspartnerschaftssachen des Abs 1 Nr 4-7** in den Verbund. Dabei ist es ohne Änderungen geblieben. Insofern gilt weiterhin:

(a) Beim partnerschaftlichen **Unterhalt** (Abs 1 Nr 4) besteht materiell-rechtlich keine Identität zwischen dem für die Trennungszeit zu zahlenden Unterhalt und dem nach der Aufhebung der Lebenspartnerschaft zu leistenden Unterhalt (vgl §§ 12, 16 LPartG). Ein Unterhaltstitel über den Trennungsunterhalt wirkt daher nicht über die Rechtskraft des Aufhebungsurteils hinaus (Ausnahme: Einstweilige Anordnung nach § 620f). Nur das Urteil über den nachpartnerschaftlichen Unterhalt (§ 16 LPartG) ist demnach eine Entscheidung für den Fall der Aufhebung der Lebenspartnerschaft. Nur dieser kann Gegenstand des Verbundverfahrens sein. Im Antrag (und im Tenor der Entscheidung) ist daher klarzustellen, dass nur Unterhalt für die Zeit nach Rechtskraft der Aufhebung der Lebenspartnerschaft beantragt wird. Ist dieser Zeitpunkt schon bekannt, weil die Aufhebung bereits vorab rechtskräftig geworden ist, muss er konkret bezeichnet werden.

195 **Beteiligte** im Unterhaltsprozess sind zunächst die Lebenspartner. Werden Dritte Verfahrensbeteiligte, auf die der Unterhaltsanspruch übergegangen ist oder die für ihn mithaften, ist das Verfahren insoweit abzutrennen und isoliert weiterzuführen (§ 623 I 2 ZPO). Wegen der Unterscheidung zwischen Trennungs- und nachpartnerschaftlichem Unterhalt sind diese Fälle aber eher selten.

196 **(b)** Streitigkeiten um die Aufteilung von **Hausrat** und die Nutzung der **partnerschaftlichen Wohnung** stehen nur im Verbund, soweit sie ausschließlich die Zeit nach der Aufhebung der Lebenspartnerschaft betreffen. Das ist nur bei den **Verfahren nach §§ 17 ff LPartG** der Fall, nicht aber bei den vorläufigen Benutzungsregelungen nach §§ 13 f LPartG. Beteiligte am Hausratsverfahren können neben den Lebenspartnern der Vermieter, der Grundstückseigentümer, der Dienstherr sowie solche Personen sein,

die mit einem der Lebenspartner hinsichtlich der Wohnung in Rechtsgemeinschaft stehen (vgl § 7 HausratsVO). Im Hausratsverfahren kommt die Beteiligung Dritter nicht in Betracht, weil § 8 und 9 HausratsVO das Verfahren auf Gegenstände beschränken, die den Lebenspartnern gemeinsam oder einzeln gehören.

197 **(c)** Aus dem **Güterrecht** sind alle Streitigkeiten verbundfähig, mit deren Hilfe der zwischen den Lebenspartnern bestehende Güterstand nach güterrechtlichen Kriterien auseinandergesetzt werden soll. Bei Geltung deutschen Sachrechts können das nur Streitigkeiten im Zusammenhang mit den Güterständen der Zugewinn- oder der Gütergemeinschaft sein; denn in die Zuständigkeit des Familiengerichts fallende Streitigkeiten im Zusammenhang mit einer Gütertrennung gibt es nicht (s §§ 621, 98 ZPO).

198 Aus dem Bereich der **Zugewinngemeinschaft** gehört in den Verbund vor allem die Geltendmachung des Ausgleichsanspruchs (§ 6, 2 LPartG, § 1378 I BGB). Die Verfahren um die Stundung von Ausgleichsansprüchen (§ 6, 2 LPartG, § 1382 BGB) oder die Ausgleichung des Zugewinns durch die Übertragung von Vermögensgegenständen (§ 6, 2 LPartG, § 1383 BGB) sind als Annexverfahren ebenfalls Folgesachen und fallen daher in den Verbund.

199 **Probleme** ergeben sich aus der Hineinnahme von vermögensrechtlichen Streitigkeiten in den Verbund dann, wenn Wertveränderungen zwischen Rechtshängigkeit und Rechtskraft der Aufhebung noch darauf Einfluss haben können (zB bei der Wertfestsetzung beim Zugewinnausgleich, § 6, 2 LPartG, § 1378 II BGB); denn diese liegt notwendigerweise nach der Verkündung der zusammen mit ihr getroffenen Entscheidung über die güterrechtliche Frage. Entsprechendes gilt, wenn der Berechnungszeitpunkt noch weiter in der Zukunft liegt. In diesen Fällen ist eine Verfahrensabtrennung nach § 628 ZPO erforderlich, wenn die Berechnung zur Zeit der Entscheidung über die Aufhebung der Lebenspartnerschaft noch nicht möglich ist, weil Wertveränderungen bis zum Stichtag nicht auszuschließen sind (BGH FamRZ 84, 254). Ist es zu einer Entscheidung gekommen, die sich wegen nachträglicher Wertveränderungen als unzutreffend erweist, kann der Zahlungsverpflichtete eine Vollstreckungsgegenklage erheben; dem Berechtigten muss die Nachforderung gestattet sein. § 322 ZPO greift insoweit nicht ein, weil die Fehlentscheidung systembedingt ist.

200 **Beteiligte** an den güterrechtlichen Streitigkeiten können im Verbundverfahren nur die Lebenspartner sein. Werden Dritte beteiligt (zB Geltendmachung von Ansprüchen nach § 6, 2 LPartG, § 1390 BGB), ist der Streit abzutrennen und als isolierte Lebenspartnerschaftssache weiterzuführen (§ 623 I 2 ZPO).

201 **(d)** Zur Vorbereitung von familienrechtlichen Streitigkeiten benötigen die Lebenspartner oft **Auskünfte** von ihrem Partner. Das materielle Familienrecht gewährt deswegen besondere Auskunftsansprüche in Bezug auf das Endvermögen in der Ausgleichsgemeinschaft (§ 6, 2 LPartG, § 1379 II BGB) und in Bezug auf Einkünfte und Vermögen zur Ermittlung der Unterhaltspflicht (§ 16, 2 LPartG, §§ 1580, 1605 BGB). Diese Ansprüche können – wie alle anderen Auskunftsansprüche auch – für sich, aber auch im Rahmen einer Stufenklage geltend gemacht werden (BGH NJW 79, 1603; 82, 1645; KG FamRZ 92, 535). Nach der so begründeten prozessualen Situation richtet sich, ob die Streitigkeit über die Auskunftsansprüche in den Verbund fällt oder nicht:

202 Soweit ein Auskunftsanspruch als **Teil einer Stufenklage** geltend gemacht wird, steht er im Verbund, wenn der letzte Teil der Stufenklage eine Folgesache ist, die ihrerseits im Verbund steht (OLG Hamburg FamRZ 81, 180; OLG Karlsruhe FamRZ 79, 725; OLG München FamRZ 1981, 481). Die Entscheidung über den Auskunftsanspruch und gegebenenfalls die eidesstattliche Versicherung erfolgt vorab (KG NJW-RR 92, 451; OLG Schleswig FamRZ 92, 1199 f), diejenige über die Folgesache, auf die er sich bezieht, zusammen mit der Aufhebung. Eine Abtrennung der Folgesache erfolgt,

wenn die Entscheidung über die Stufenklage die Aufhebung unzumutbar verzögern würde (§ 628 ZPO, Rn 246 ff).

203 Die **isolierte Geltendmachung** von Auskunftsansprüchen fällt nur in den Verbund, wenn sich die Sache, auf die sich die Auskunft bezieht, im Zwangsverbund befindet (KG FamRZ 92, 451; OLG Hamm FamRZ 93, 984; OLG Saarbrücken FamRZ 82, 948). Diese Fälle können nach Einführung des Versorgungsausgleichs nun auch bei Lebenspartnern vorkommen. Nach einer häufig vertretenen Ansicht dürfen auch die übrigen isolierten Auskunftsansprüche im Verbund geltend gemacht werden (OLG Düsseldorf JurBüro 1991, 94; OLG Frankfurt FamRZ 87, 299; OLG Hamm FamRZ 81, 482; zustimmend; Stein/Jonas/Schlosser, § 623 ZPO Rn 5a). Auch wenn für diese Ansicht Kostenvorteile sprechen (vgl § 18 I GKG), ist sie doch abzulehnen (wie hier BGH FamRZ 79, 692; 82, 151; OLG Hamm FamRZ 93, 984); denn die Auskunft wird nicht (nur) für den Fall der Aufhebung der Lebenspartnerschaft begehrt. Im Übrigen wäre die Einbeziehung der Auskunftsklage für den Auskunft suchenden Lebenspartner nachteilig; denn als Verbundsache könnte über sie nur zusammen mit der Aufhebung der Lebenspartnerschaft entschieden werden. Das aber würde die Erledigung des Streits über die Folgesache, auf den sich die Auskunftsklage bezieht, erheblich verzögern.

204 Im Übrigen richten sich die auf die **Stufenklage** anzuwendenden Verfahrensregeln nach den Grundsätzen, die für die Lebenspartnerschaftssache gelten, zu der der Auskunftsanspruch gehört. Auskunftsansprüche in ZPO-Lebenspartnerschaftssachen (in Bezug auf Zugewinnausgleich und Unterhalt) werden daher nach den Regeln der ZPO geltend gemacht; Auskunftsansprüche in FGG-Lebenspartnerschaftssachen dagegen nach den Regeln des FGG; vgl OLG Hamburg FamRZ 81, 179; OLG Schleswig SchlHA 80, 70.

205 **(2) Neue Verbundsachen** sind zunächst die **Kinder betreffenden Streitigkeiten** des Abs 1 Nr 3a – 3d. Das ergibt sich aus § 623 II. Die dort für Eltern genannten Einschränkungen haben für Lebenspartner keine Bedeutung, weil Lebenspartnerschaftssachen in Bezug auf Kinder immer nur solche Streitigkeiten sein können, die gemeinschaftliche minderjährige Kinder betreffen. Insoweit besteht eine Abweichung von der Rechtslage bei Eheleuten, für die § 621 I ZPO zunächst weitergehende Definitionen der anderen Familiensachen aufstellt und dann erst im Rahmen der Definition der Verbundstreitigkeiten in § 623 II bestimmte Kinder ausnimmt. Diese Folgesachen treten in den Verbund, obwohl es sich bei ihnen gerade um keine Regelungen für den Fall der Scheidung (bzw Aufhebung der Lebenspartnerschaft) handelt, weil sie alle bereits bei Getrenntleben der Eltern in Betracht kommen. Da es aber keine Sorgerechtszuweisung im Aufhebungsverfahren gibt, sind diese an die Trennung anknüpfenden Entscheidungen endgültige. Alle Zwecke des § 623 sprechen deswegen für ihre Einbeziehung. Da es wegen der Anknüpfung an die Trennung keine Entscheidungen „für den Fall der Scheidung" mehr sind, ist auch ein entsprechender Antrag eines Elternteils nicht erforderlich. Es reicht die zeitliche Deckung der Verfahren. In allen Fällen kann der Verbund durch eine Abtrennung der Verfahren beendet werden (Einzelheiten: Rn 254 ff).

206 **(a)** Folgesache nach § 623 II ist zunächst der Streit um die **elterliche Sorge** für ein gemeinschaftliches Kind im Fall eines Antrags nach § 1671 BGB auf Übertragung eines Teils oder gesamten Sorge auf einen Ehegatten (Abs 2 S 1 Nr 1). Die weitere Voraussetzung, dass die Eltern nicht nur vorübergehend getrennt leben, wird in den Fällen des § 623 II immer gegeben sein, weil sonst schon die Voraussetzungen für eine Aufhebung nicht vorliegen (vgl § 1565 BGB). Beteiligte an diesen Verfahren sind nicht nur die Eltern, sondern auch das Jugendamt, das auf jeden Fall angehört werden muss (vgl § 49 a FGG, § 50 SGB VIII) und dem auch ein eigenes Beschwerderecht zusteht (vgl § 64 III FGG). Das Kind ist dagegen auch nach dem KindschaftsrechtsreformG

kein materieller Verfahrensbeteiligter, so dass es dem Verfahren auch weiterhin nicht formell beitreten kann. Es hat aber Mitwirkungsrechte (vgl §§ 50 b, 59 FGG). Außerdem kann das Gericht dem Kind einen Pfleger für das Verfahren bestellen, soweit das zur Wahrnehmung seiner Interessen erforderlich ist (§ 50 I FGG). In Verfahren nach § 1666 BGB ist das in der Regel erforderlich (§ 50 II Nr 2 FGG), ebenso dann, wenn sich herausstellt, dass das Interesse des Kindes in erheblichem Gegensatz zu den Interessen seiner gesetzlichen Vertreter steht (§ 50 II Nr 1 FGG). Entsprechend der Rechtsstellung des Kindes (die Pflegerbestellung ausgenommen) ist auch diejenige eines Vormunds oder Pflegers und von Pflegeeltern ausgestaltet: Sie sind im Verfahren zu hören, sind aber keine materiellen Verfahrensbeteiligten und auch nicht beschwerdebefugt.

207 Folgesache ist auch ein rechtzeitig eingeleitetes **Verfahren nach § 1666 BGB,** durch das die elterliche Sorge oder eines Teils davon wegen Gefährdung des Kindeswohls auf einen Elternteil, einen Pfleger oder Vormund übertragen werden soll (§ 623 III 1). Ob das Verfahren auf Antrag oder von Amts wegen eingeleitet wurde, ist unerheblich. Das Verfahren kann abgetrennt werden.

208 **(b)** In den Verbund fallen auch die Streitigkeiten um den **Umgang** mit dem Kind, wenn Gegenstand des Verfahrens der Umgang eines Lebenspartners mit einem gemeinschaftlichen Kind ist. Zur Beteiligung an diesen Verfahren gilt das zum Sorgerechtsstreit Gesagte entsprechend. Streitigkeiten um den Umgang von Geschwistern, Großeltern, Pflegeeltern, früheren Ehegatten oder Lebenspartnern des an dem Aufhebungsverfahren beteiligten Elternteils sowie sonstiger Bezugspersonen mit dem Kind (vgl § 1685 BGB) können nicht in den Verbund fallen.

209 **(c)** Verbundstreitigkeit ist auch der Streit um die **Herausgabe eines gemeinschaftlichen Kindes** an den anderen Elternteil, sofern dieses Kind unter elterlicher Sorge steht (§ 623 II 1 Nr 3 iVm. § 621 II 1 Nr 3 und § 621 I Nr 3). Herausgabeklagen anderer Personen sind nicht verbundfähig. Zur Beteiligung an diesen Verfahren gilt das zum Sorgerechtsstreit Gesagte entsprechend.

210 **(d)** Das Verfahren über **Kindesunterhalt** (Abs 1 Nr 3d, § 621 I Nr 4, II Nr 4 ZPO) ist insoweit verbundfähig, als für ein gemeinschaftliches Kind **Unterhalt für die Zeit nach der Aufhebung der Lebenspartnerschaft** begehrt wird und es sich nicht um ein vereinfachtes Verfahren zur Abänderung von Unterhaltstiteln handelt. Ist nur rückständiger Unterhalt oder Unterhalt für die Zeit des Getrenntlebens streitig, handelt es sich dagegen um eine verbundunfähige Unterhaltsstreitigkeit, die im isolierten Verfahren geklärt werden muss. Werden für beide Zeiträume Unterhaltsansprüche geltend gemacht, muss das Verfahren über den Unterhalt für die Trennungszeit abgetrennt und als selbständige Familiensache weiterbetrieben werden (str, Rolland/Roth Rn 14). Allerdings wird in diesem Fall der im Verbund erhobenen Klage das Rechtsschutzbedürfnis fehlen, weil der im isolierten Verfahren erstrebte Unterhaltstitel auch über die Aufhebung der Lebenspartnerschaft hinaus weiterwirkt. Beteiligte im Prozess um den Unterhalt für das gemeinsame Kind sind nur die Eltern; denn der betreuende und erziehende Ehegatte muss den Unterhalt für das Kind im Wege gesetzlicher Prozessstandschaft einklagen (§ 1629 BGB). Wird ein Dritter Beteiligter im Unterhaltsstreit, ist das Verfahren insoweit abzutrennen und als isolierte Familiensache weiterzuführen (§ 623 I 2 ZPO). Zur Geltendmachung von Auskunftsansprüchen s Rn 12.

211 **(e)** Der Streit um den **Versorgungsausgleich** (Abs 1 Nr 4 a) ist immer dann Verbundsache, wenn der Ausgleich im Zusammenhang mit der Aufhebung der Lebenspartnerschaft geklärt werden muss (vgl § 623 I 3) oder soll. Im Regelfall handelt es sich um den öffentlich-rechtlichen Versorgungsausgleich, weil nur dieser bereits zwingend im Aufhebungsverfahren durchzuführen ist und im Fall des schuldrechtlichen Versorgungsausgleichs das Regelungsbedürfnis erst mit dem Versorgungsfall eintritt. Dazu wird es in den meisten Fällen erst nach der Aufhebung der Lebenspartnerschaft kommen.

Der öffentlich-rechtliche Versorgungsausgleich steht immer im Zwangsverbund; dh die Lebenspartnerschaft darf nicht aufgehoben werden, ohne dass gleichzeitig über den Versorgungsausgleich entschieden wird (Abs 1 S 3). Etwas anderes gilt nur dann, wenn der Versorgungsausgleich durch Lebenspartnerschaftsvertrag vor mehr als einem Jahr vor Zustellung des Aufhebungsantrags ausgeschlossen wurde (BGH FamRZ 1985, 45). Beteiligte am Verfahren über den öffentlich-rechtlichen Versorgungsausgleich sind nicht nur die Lebenspartner, sondern auch die betroffenen Versicherungs- bzw Versorgungsträger (§ 53 b II FGG). Beteiligte am Verfahren über einen im Verbund stehenden schuldrechtlichen Versorgungsausgleich sind nur die Lebenspartner.

dd) Der Verbund tritt ein, wenn die **Folgesachenstreitigkeit** von einem der Lebenspartner während der **Anhängigkeit des Aufhebungsverfahrens in der ersten Instanz** anhängig gemacht und eine Entscheidung für den Fall der Aufhebung der Lebenspartnerschaft begehrt wird (§ 623 I 1 ZPO). Diese Rechtsfolge kann nicht durch die Parteien abbedungen werden. Verlangt eine von ihnen die Entscheidung für den Fall der Aufhebung der Lebenspartnerschaft, steht der Streit daher im Verbund, auch wenn sich die Parteien zuvor anders abgesprochen haben. Die Abtrennung einer Folgesache kommt nur unter den Voraussetzungen des § 628 ZPO in Betracht, die Vorabentscheidung nach § 627. 212

Die **zeitliche Grenze** reicht für die Begründung des Verbunds grundsätzlich vom Anhängigwerden des Aufhebungsantrags bis zum Ende der mündlichen Verhandlung in der ersten Instanz (§ 623 II 1 ZPO). Wird der Rechtsstreit vom Rechtsmittelgericht an das erstinstanzliche Gericht zurückverwiesen, besteht später noch einmal die Möglichkeit, den Verbund herzustellen (§ 623 II 2 ZPO). 213

Anhängig gemacht ist eine **FGG-Folgesache** (Streitigkeiten nach Abs 1 Nr 3a-3c, 4a, 5 und 7), wenn dem Gericht der Wunsch nach einer Entscheidung unterbreitet wird; es ist nicht erforderlich, dass ein bestimmter Sachantrag gestellt wird (OLG Düsseldorf FamRZ 81, 805; OLG Zweibrücken FamRZ 80, 1143). Andererseits reicht es aber nicht aus, dass eine Folgesache nur in der Verhandlung erörtert wird, dass die Parteien Vergleichsverhandlungen über sie führen (OLG Düsseldorf FamRZ 81, 805; OLG Hamm MDR 81, 324) oder dass sie in der Antragsschrift ausführen, dass sie sich über bestimmte Punkte schon geeinigt haben und über andere noch nicht. Für **ZPO-Lebenspartnerschaftssachen** (Streitigkeiten nach Abs 1 Nr 3d, 4 und 6) gelten die Vorschriften über das Verfahren vor den Landgerichten entsprechend (§ 624 III ZPO). Eine ZPO-Folgesache wird daher erst dann anhängig, wenn eine den Erfordernissen des § 253 II Nr 2 ZPO entsprechende Klageschrift bei Gericht eingereicht wird oder wenn sie in der mündlichen Verhandlung geltend gemacht wird (vgl § 261 II ZPO). Im letztgenannten Fall kann das Gericht gestatten, dass Antrag und Begründung zu Protokoll erklärt werden (§ 297 I 3 ZPO). Erforderlich ist in jedem Fall, dass ein bestimmter Sachantrag gestellt wird. Erfolgt die Antragstellung erstmals in der mündlichen Verhandlung, kann das Gericht nicht verlangen, dass er sofort begründet wird. Es muss vielmehr vertagen und dem Antragsteller die Gelegenheit einräumen, seinen Folgesachenantrag nachträglich zu begründen. Die Zurückweisung dieses Vorbringens als verspätet ist ausgeschlossen (BGH NJW 87, 3264). Die Befugnis der Lebenspartner zur Erweiterung des Verbunds endet aber, wenn die mündliche Verhandlung geschlossen ist. Das gilt selbst dann, wenn noch einer Partei noch eine Frist zur Nachreichung eines Schriftsatzes eingeräumt ist (vgl § 283 ZPO, OLG Köln FamRZ 83, 290). Das Gericht ist nicht verpflichtet, die Verhandlung noch einmal zur Erweiterung des Verbunds zu eröffnen. 214

Nach Abschluss der ersten Instanz wird die Erweiterung des Verbunds wieder zulässig, wenn das Gericht des zweiten Rechtszuges die Aufhebungssache an das Gericht der ersten Instanz zurückverweist (§ 623 II 2 ZPO). Vom erneuten Beginn der An- 215 hängigkeit in der ersten Instanz bis zum Ende der mündlichen Verhandlung haben die Lebenspartner nunmehr wieder die Möglichkeit, Folgesachen in den Verbund einzuführen.

216 Haben die Lebenspartner die Folgesachen nicht während der Anhängigkeit der Aufhebungssache in der ersten Instanz anhängig gemacht, ist die **Einführung weiterer Folgesachen in den Verbund grundsätzlich ausgeschlossen.** Hält ein Lebenspartner die Regelung einer weiteren Streitigkeit für den Fall der Aufhebung der Lebenspartnerschaft für notwendig, muss er das Verfahren insoweit als isoliertes Verfahren betreiben. Das wird jedoch in vielen Fällen ausgeschlossen sein, weil die Voraussetzungen für die Geltendmachung zukünftiger Ansprüche (§§ 257 ff ZPO) nicht erfüllt sind (vor allem beim nachpartnerschaftlichen Unterhalt), weil materiell-rechtlich die rechtskräftige Aufhebung der Lebenspartnerschaft vorausgesetzt wird (wie regelmäßig bei den güterrechtlichen Streitigkeiten) oder weil jedenfalls das Rechtsschutzbedürfnis für eine Entscheidung über den Zeitraum nach der Aufhebung fehlt (regelmäßig bei den FGG-Sachen). In diesen Fällen kann die nicht rechtzeitig in den Verbund eingeführte Lebenspartnerschaftssache erst dann anhängig gemacht werden, wenn die Aufhebung der Lebenspartnerschaft rechtskräftig geworden ist.

217 Die Unzulässigkeit der Erweiterung des Verbunds **hindert die Parteien nicht** daran, in den von ihnen fristgerecht anhängig gemachten Folgesachen die **Anträge zu ändern.** Erforderlich ist aber, dass im Wesentlichen derselbe Verfahrensgegenstand erhalten bleibt. Das festzustellen, bereitet oft Schwierigkeiten:

218 In **Unterhaltsstreitigkeiten** ist es zulässig, einen rechtzeitig gestellten Antrag zu erhöhen. Ebenso kann auch nach Beendigung der ersten Instanz noch ein Antrag auf die Verurteilung zur Unterhaltsleistung gestellt werden, wenn in der ersten Instanz der andere Lebenspartner nur auf Feststellung geklagt hatte, dass er keinen Unterhalt schulde (OLG Köln FamRZ 94, 314).

219 Im **Hausratsverfahren** kann auch nach Abschluss der ersten Instanz noch beantragt werden, weitere als die bisher bezeichneten Gegenstände in die Verteilung einzubeziehen; denn Verfahrensgegenstand ist insoweit der Hausrat als Ganzes (BGHZ 18, 145). Dagegen bezieht sich das **Wohnungsverfahren** auf eine ganz bestimmte Wohnung, so dass es nicht möglich ist, nachträglich die Zuweisung einer anderen oder einer weiteren (zB einer Ferienwohnung) zu verlangen.

220 In **güterrechtlichen Streitigkeiten** kann in der zweiten Instanz nicht ein Anspruch neu geltend gemacht werden, der demjenigen, der Gegenstand der ersten Instanz war, entgegengesetzt ist. Das bedeutet vor allem, dass der in der ersten Instanz auf Zugewinnausgleich in Anspruch genommene Lebenspartner nicht in der zweiten Instanz nunmehr seinerseits einen Anspruch auf Zugewinnausgleich geltend machen kann.

221 Wird nach Einleitung eines Aufhebungsverfahrens ein bereits bei einem anderen Gericht anhängiges Verfahren in einer Lebenspartnerschaftssache nach Abs 1 Nr 4, 5-7 an das Gericht der Aufhebungssache **verwiesen oder abgegeben** (§ 621 III ZPO), wird diese nur dann zu einer Folgesache, wenn der das Verfahren betreibende Lebenspartner erklärt, dass er die Entscheidung nur für den Fall der Aufhebung begehre (OLG Bamberg FamRZ 90, 645). Verweigert der Lebenspartner die Erklärung, ist das Verfahren als isoliertes weiterzuführen. Ausgenommen sind insoweit nur die Verfahren in Bezug auf Kinder (Abs 1 Nr 3a - 3c), weil in diesen Fällen immer nur eine Trennungsentscheidung, nicht aber eine solche für den Fall der Aufhebung der Lebenspartnerschaft begehrt wird und das Verfahren über den Versorgungsausgleich (Abs 1 Nr 4a), das im Zwangsverbund steht, das aber auch als isoliertes Verfahren nicht denkbar ist, weil es immer die Aufhebung der Lebenspartnerschaft voraussetzt.

222 **ee)** Der Verbund **bewirkt** vor allem, dass die verbundenen Verfahren grundsätzlich nur gleichzeitig und zusammen verhandelt und entschieden werden dürfen (§ 623 I

ZPO). Aus dieser Zusammenfassung der Verfahren folgen Besonderheiten in Bezug auf die anwaltliche Vertretung der Parteien (§ 78 II, 624 I ZPO), die Prozesskostenhilfe (§ 624 II ZPO), die Form der Entscheidung (§ 629 I ZPO) und die Rechtsmittel sowie in kostenrechtlicher Hinsicht (§§ 93a, 19a GKG).

223 **(1)** § 623 I 1 ZPO ordnet an, dass über die **Folgesachen gemeinsam und gleichzeitig mit der Aufhebungssache zu verhandeln** ist. Das soll sicherstellen, dass auch eine gemeinsame Entscheidung über die im Streit stehenden Angelegenheiten getroffen werden kann. Der Grundsatz der gemeinsamen Verhandlung gebietet aber nicht, in jedem Termin tatsächlich alle Folgesachen zu behandeln. Die einzelnen Folgesachen können vielmehr auch gesondert oder abschnittsweise verhandelt werden. Das ist besonders dann angezeigt, wenn in einer einzelnen Folgesache eine umfangreiche Beweisaufnahme erforderlich ist, die für die anderen Streitigkeiten ohne Relevanz ist.

224 Der Grundsatz der gemeinsamen und gleichzeitigen Verhandlung **bedeutet** auch **nicht, dass alle im Verbund stehenden Streitigkeiten zu einem Verfahren zusammengefasst** werden, für das ein einheitliches Verfahrensrecht gilt. Für ZPO-Lebenspartnerschaftssachen gilt weiter die ZPO, für FGG-Lebenspartnerschaftssachen grundsätzlich das FGG. Daraus ergeben sich gewisse dogmatische Kollisionen, die aber in der Praxis nahezu nie zu Schwierigkeiten führen:

225 ZPO- und FGG-Verfahren unterscheiden sich zum einen danach, dass im ZPO-Verfahren der **Mündlichkeitsgrundsatz** gilt, während in den Verfahren, die dem FGG unterliegen, eine Entscheidung nach Aktenlage zulässig ist, sofern den Parteien rechtliches Gehör gewährt worden ist. Im Verbund wird dieser Widerspruch durch § 623 I 1 ZPO dahingehend aufgelöst, dass auch über die FGG-Lebenspartnerschaftssachen mündlich zu verhandeln ist. Der strengere Mündlichkeitsgrundsatz setzt sich durch. Etwas anderes gilt nur dann, wenn nur noch FGG-Lebenspartnerschaftssachen im Verbund stehen (weil über die Aufhebung schon entschieden wurde und ZPO-Lebenspartnerschaftssachen nicht mehr anhängig sind). In diesem Fall besteht kein Anlass, von den Regeln der Verfahrensordnung abzuweichen, der alle noch verbliebenen Folgesachen unterliegen (KG FamRZ 84, 495; OLG Hamm FamRZ 80, 702; OLG Koblenz FamRZ 85, 1144).

226 Ein weiterer Unterschied zwischen den FGG- und den ZPO-Verfahren besteht grundsätzlich darin, dass in den FGG-Verfahren die **Offizialmaxime** gilt (vgl § 12 FGG), während die ZPO-Verfahren vom **Beibringungsgrundsatz** beherrscht werden. Für das Aufhebungsverfahren ist ein modifizierter Untersuchungsgrundsatz angeordnet (vgl §§ 616, 617 ZPO). Da sich durch die Zusammenfassung der Aufhebungs- und der Folgesachen im Verbund an den Verfahrensmaximen nichts ändert, könnte es wegen der unterschiedlichen Verfahrensmaximen dazu kommen, dass in den FGG-Verfahren Tatsachen von Amts wegen ermittelt werden, die in den ZPO-Verfahren zwar relevant sind, aber von der Partei, die durch ihr Vorliegen begünstigt ist, nicht vorgetragen werden und deshalb nicht berücksichtigt werden dürfen. Ein ähnliches Problem stellt sich, wenn ein Versäumnisurteil erlassen werden soll; denn in diesem Fall ist für die ZPO-Verfahren das tatsächliche Vorbringen der nicht säumigen Partei als zugestanden anzusehen (§ 331 I, II ZPO), sodass der Richter in diesen Verfahren danach eine Entscheidung fällen muss, von der er auf Grund der im Amtsermittlungsverfahren gefundenen Erkenntnisse weiß, dass sie falsch ist und dem Ergebnis in den der Offizialmaxime unterliegenden Folgesachenstreitigkeiten widerspricht. Diese Ergebnisse werden teilweise als unbefriedigend angesehen. Um sie zu vermeiden, wird aus dem engen Zusammenhang der Statussache mit den Folgesachen und den Folgesachen untereinander gefolgert, dass ein in dem einen Verfahren gewonnenes Beweisergebnis ohne weiteres auch den übrigen Verfahren zugrunde gelegt werden darf (KG FamRZ 78, 609, 610; Diederichsen, ZZP 98 (1978), 397, 420 ff; Roth, ZZP 103 (1990), 5 ff). Diese

Lösung hat den Vorteil, dass alle Verfahrensteile unter Berücksichtigung einer einheitlichen Tatsachenlage entschieden werden können. Sie ist aber nicht mit der fortbestehenden verfahrensrechtlichen Trennung der verschiedenen Verfahren zu vereinbaren und deswegen abzulehnen (Johannsen/Henrich/Sedemund-Treiber, § 623 ZPO Rn 20). In der Praxis wird der Streit aber nur in sehr seltenen Fällen Bedeutung erlangen, weil derjenige Lebenspartner, für den eine Tatsache oder ein Beweisergebnis aus dem einen Verfahrensteil günstig ist, dieses regelmäßig auch in den anderen Verfahrensteil einführen wird. Bestehen Unklarheiten, muss das Gericht die Parteien auf die Bedeutung der Tatsache hinweisen (§ 139 ZPO).

227 Die **Terminierung** in Verbundsachen hat (nur) innerhalb eines angemessenen Zeitraums zu erfolgen. § 272 III ZPO, nach dem eine mündliche Verhandlung „so früh wie möglich" vorgeschrieben ist, ist nicht anzuwenden (MK-ZPO/Finger, § 623 ZPO Rn 40; aA KG FamRZ 83, 821; 85, 1066; OLG Frankfurt NJW 86, 389). Diese Vorschrift ist durch § 612 I ZPO für die Aufhebung der Lebenspartnerschaft ausdrücklich ausgeschlossen, weil der Gesetzgeber die Aufhebung nicht als eilbedürftige Angelegenheit angesehen hat. Eine unverzügliche Terminsansetzung muss aber erfolgen, wenn die Aufhebung abweisungsreif ist oder wenn abzusehen ist, dass das Aufhebungsbegehren erfolgreich sein wird. Im letztgenannten Fall darf nicht abgewartet werden, bis alle vorbereitenden Maßnahmen (zB Einholung von Auskünften) abgeschlossen sind; denn es würde den Termin für die mündliche Verhandlung unnötig verzögern, wenn erst nach Abschluss der Vorbereitungsmaßnahmen ein Termin angesetzt würde. Die für die Vorbereitung erforderliche Zeit darf aber bei der Auswahl eines geeigneten Termins berücksichtigt werden.

228 Die **Aussetzung** des gesamten Verbundverfahrens ist zulässig, wenn sowohl die Voraussetzungen der §§ 148 ff ZPO als auch diejenigen erfüllt sind, die nach den allgemeinen Grundsätzen des FGG-Verfahrens gegeben sein müssen (OLG Düsseldorf FamRZ 80, 71). Die Aussetzung der Aufhebungssache erstreckt sich automatisch auch auf die Folgesachen. Unzulässig ist es dagegen grundsätzlich, nur das Verfahren über einzelne Folgesachen auszusetzen; denn auf diese Weise würde die gemeinsame Entscheidung von Aufhebungs- und allen Folgesachen gefährdet.

229 Die für die Aufhebung der Lebenspartnerschaft bewilligte **Prozesskostenhilfe** gilt grundsätzlich nur für diese. Für die Folgesachenstreitigkeiten muss die Prozesskostenhilfe grundsätzlich gesondert geprüft und bewilligt werden. Nur für den Versorgungsausgleich gilt eine Erstreckung der für die Aufhebung der Lebenspartnerschaft bewilligten Prozesskostenhilfe (§ 624 II ZPO), weil dieses Verfahren zwingend von Amts wegen durchzuführen ist.

230 In allen im Verbund stehenden Streitigkeiten unterliegen die Lebenspartner in allen Instanzen dem **Anwaltszwang**. Die Vollmacht für das Aufhebungsverfahren erstreckt sich auf die Verfahren über die Folgesachen (§ 624 I ZPO). Wollen die Lebenspartner die Erstreckung nicht, können sie diese ausschließen; § 624 I ZPO ist dispositiv. Die Vollmacht des Anwalts in der Aufhebungssache erstreckt sich auch auf das Verfahren der einstweiligen Anordnung (§ 82 ZPO analog).

231 Ein Anwalt, dem nur für eine **einzelne Folgesache Vollmacht** erteilt ist, hat dagegen keine Vollmacht für andere Folgesachen. § 624 I ZPO regelt nicht den Fall, dass zunächst nur eine Folgesache anhängig ist und dann die Aufhebungssache anhängig wird. Dann erstreckt sich die für die Folgesache erteilte Vollmacht daher nicht automatisch auf die Aufhebungssache. Das folgt schon aus der Tatsache, dass der Antragsgegner im Aufhebungsverfahren nicht anwaltlich vertreten sein muss. Der Antragsgegner muss daher seine Vollmacht erweitern, wenn er will, dass sein Anwalt ihn auch im Aufhebungsverfahren vertritt.

Die **Beteiligung Dritter** am Verfahren ist im Verbund nur in den FGG-Folgesachen zulässig. Wird ein Dritter dagegen an einem Verfahren über Unterhalt oder wegen einer güterrechtlichen Streitigkeit als Partei, Nebenintervenient oder Streitgenosse beteiligt, ist das Verfahren insoweit abzutrennen und als selbständige Lebenspartnerschaftssache weiterzuführen (§ 623 I 2 ZPO). Das abgetrennte Verfahren ist keine Folgesache mehr. Die Kostenentscheidung richtet sich daher insoweit grundsätzlich nach den allgemeinen Grundsätzen (§§ 91, 92 ZPO). § 93a ZPO ist nicht mehr anzuwenden. Eine Ausnahme gilt aber, wenn der Antrag auf Aufhebung der Lebenspartnerschaft abgelehnt wird: In diesem Fall richtet sich die Kostenentscheidung auch in Bezug auf den abgetrennten Verfahrensteil nach § 93a ZPO (§ 93a II 1, 2. HS ZPO); denn der andere Lebenspartner und der Dritte sollen keinen Nachteil daraus erleiden, dass die Streitigkeit durch die Ablehnung der Aufhebung der Lebenspartnerschaft gegenstandslos wird. 232

Sind Dritte am Verfahren beteiligt, sollen sie nur soweit **Einblick in die Verhältnisse der Lebenspartner** erhalten, als das zur Wahrnehmung ihrer Rechte erforderlich ist. Ihnen sind vorbereitende Schriftsätze, Ausfertigungen und Abschriften von vorbereitenden Schriftsätzen und von Entscheidungen daher nur insoweit zugänglich zu machen, als das Schriftstück bzw die Entscheidung sie selbst betrifft (§ 624 IV ZPO). Das bedeutet, dass für die Verfahren mit Drittbeteiligung getrennte Schriftsätze eingereicht werden müssen. In der mündlichen Verhandlung, muss über die Folgesachen mit Drittbeteiligung so verhandelt werden, dass die Dritten bei der Verhandlung über die Aufhebungssache und die übrigen Folgesachen nicht anwesend sind. Auch die Entscheidung darf den Dritten nur insoweit zugestellt werden, als sie durch sie betroffen sind. Das gilt auch in Bezug auf diejenigen Dritten, die nicht am Verfahren beteiligt sind, denen aber ein eigenes Beschwerderecht zusteht (§ 624 IV 2 ZPO). Zugestellt werden dürfen der Tenor des gesamten Urteils und die Begründung der Entscheidung in der Folgesache, an der der Dritte beteiligt bzw durch die er betroffen wird. Daraus folgt, dass die Begründung der Entscheidung in der Folgesache mit Drittbeteiligung so abzufassen ist, dass sie aus sich heraus verständlich ist und dass sich aus ihr nicht mehr Einblicke in die Privatsphäre der Lebenspartner ergeben dürfen als zum Verständnis der Entscheidung dieser Streitigkeit erforderlich ist. Rechtsmittel- und Rechtsmittelbegründungsschriften werden nur den in der Rechtsmittelinstanz noch beteiligten Dritten mitgeteilt. Entsprechend werden die Entscheidungen über die Rechtsmittel nur solchen Dritten zugestellt, die noch am Verfahren beteiligt sind. Allerdings ist es insoweit oft zweckmäßig, den vorher beteiligten Dritten formlos mitzuteilen, dass eine bestimmte Entscheidung getroffen wurde; denn sonst könnte es dazu kommen, dass die Dritten nicht erfahren, wann die in der von ihnen nicht angegriffenen Entscheidung über die Folgesache getroffene Regelung wirksam wird (Zöller/Philippi, § 624 ZPO Rn 15; Rolland/Roth, § 624 ZPO Rn 22; enger MK-ZPO/ Finger, § 624 ZPO Rn 16). 233

(2) Über die Aufhebungssache und die Folgesachen ist **gemeinsam zu entscheiden**. Das bedeutet, dass die Lebenspartnerschaft grundsätzlich solange nicht aufgehoben werden darf, wie nicht auch über die Folgesachen eine Entscheidung ergehen kann. Nur unter den engen Voraussetzungen des § 628 ZPO darf die Aufhebung vorab erfolgen. Eine vorgezogene Entscheidung über eine Folgesache ist nur im Fall des § 627 ZPO vorgesehen. Diese Fallgestaltung konnte bislang bei der Aufhebung von Lebenspartnerschaften nicht vorkommen, weil es kein gemeinsames Sorgerecht der Lebenspartner gab. Das hat sich seit 1.1.05 geändert. Scheiden einzelne Streitigkeiten aus dem Verbund aus (entweder durch Vorabentscheidung oder wegen der Beteiligung Dritter), bleibt der Rest der Streitigkeiten im Verbund und muss deswegen gemeinsam entschieden werden. 234

Die Entscheidung wird grundsätzlich **einheitlich durch Urteil** gefällt (§ 629 I ZPO). Etwas anderes gilt nur dann, wenn nur noch FGG-Folgesachen im Verbund stehen. In 235 diesem Fall besteht kein Anlass, eine Entscheidungsform der „fremden“ Verfahrensordnung zu wählen. Das Gericht entscheidet daher durch Beschluss.

236 Dem entspricht es, dass § 629d die **Wirksamkeit der Folgesachenentscheidungen an die Rechtskraft des Aufhebungsausspruchs bindet.** Die praktische Bedeutung der Vorschrift ist gering. Da über sie grundsätzlich zusammen mit der Aufhebungssache verhandelt und entschieden wird, werden die Entscheidungen über den Aufhebungsausspruch und die Folgesachen zur gleichen Zeit rechtskräftig, wenn gegen alle Teile oder wenn keine Rechtsmittel eingelegt werden. Wird der Aufhebungsantrag abgelehnt, wird die Entscheidung über die Folgesachen gegenstandslos. Praktische Bedeutung hat § 629d ZPO daher nur in den relativ seltenen Fällen, dass von den im Verbund getroffenen Entscheidungen nur der Aufhebungsausspruch angegriffen wird.

237 § 629d ZPO ordnet an, dass Folgesachenentscheidungen **frühestens mit der Rechtskraft** des Aufhebungsausspruchs wirksam werden. Das bedeutet, dass sie vor diesem Zeitpunkt auch nicht – nicht einmal vorläufig – vollstreckbar sind. Es darf daher auch noch keine Vollstreckungsklausel erteilt werden. Praktische Bedeutung hat das nur in seltenen Fällen, weil die Parteien (wie im Eherecht) meistens weniger um die Aufhebung selbst als über die Folgesachenregelungen streiten werden.

238 Hinsichtlich des Wirksamwerdens und der Vollstreckbarkeit von Folgesachenentscheidungen nach der Rechtskraft des Aufhebungsausspruchs ist **im Übrigen zu differenzieren:** In den FGG-Folgesachen sind das Wirksamwerden und die Vollstreckbarkeit gesetzlich geregelt, Entscheidungen in ZPO-Folgesachen können vor ihrer Rechtskraft für vorläufig vollstreckbar erklärt werden. Die Rechtskraft der Folgesachenentscheidungen richtet sich nach denselben Prinzipien wie beim Aufhebungsausspruch. Die Entscheidungen werden daher grundsätzlich rechtskräftig, wenn die Rechtsmittelfrist abläuft oder wenn die Parteien auf Rechtsmittel, einschließlich Anschlussrechtsmittel und (wenn eine Entscheidung des OLG betroffen ist) des Antrags nach § 629c ZPO verzichten. In denjenigen Fällen, in denen kein Rechtsmittel mehr statthaft ist (Rechtsbeschwerde in Folgesachenverfahren nach Abs 1 Nr 5 und 7), tritt die Rechtskraft in dem Moment ein, in dem die Entscheidung erlassen wird.

239 Für **FGG-Folgesachen** ist das Wirksamwerden der Entscheidungen gesetzlich festgelegt: Entscheidungen in Sorgerechts-, Umgangs- und Herausgabestreitigkeiten (Abs 1 Nr 3a - 3c), in Verfahren über den Versorgungsausgleich (Abs 1 Nr 4a), in Verfahren über Hausrat und die lebenspartnerschaftliche Wohnung (Abs 1 Nr 5; §§ 17 ff LPartG) und für Entscheidungen in Verfahren nach § 6, 2 LPartG, §§ 1382, 1383 BGB (Abs 1 Nr 7, § 53a II 1 FGG) werden mit ihrer Rechtskraft wirksam (§ 53g I FGG).
Die Wirksamkeit von Entscheidungen in **ZPO-Folgesachen** richtet sich – abgesehen von dem in § 629d ZPO angeordneten Aufschub auf den Zeitpunkt der Rechtskraft des Aufhebungsausspruchs – nach den allgemeinen Regeln. Die Urteile sind vollstreckbar, wenn sie entweder rechtskräftig sind oder wenn die vorläufige Vollstreckbarkeit angeordnet ist. Urteile, die den Kindes- oder nachpartnerschaftlichen Unterhalt (Abs 1 Nr 3a, 4) oder güterrechtliche (Abs 1 Nr 6) Streitigkeiten betreffen, können daher auch dann für vorläufig vollstreckbar erklärt werden, wenn sie im Verbund ergehen. Klargestellt werden muss im Urteilstenor nur, dass die Wirksamkeit des Urteils nicht vor der Rechtskraft des Aufhebungsausspruchs eintritt (OLG Bamberg FamRZ 90, 184).

240 Während der Schwebezeit bis zur Rechtskraft des Aufhebungsausspruchs kann das Familiengericht **einstweilige Anordnungen** nach § 620 ff ZPO treffen. Diese gelten dann bis zum Wirksamwerden der Hauptsacheentscheidung mit der Rechtskraft des Aufhebungsausspruchs.

241 Ist die **Entscheidung in der ZPO-Folgesache** mit der Rechtskraft des Aufhebungsausspruchs **wirksam geworden,** hat das Familiengericht aber nicht die vorläufige Voll-

streckbarkeit angeordnet, kann der Lebenspartner, der aus dem Urteil vollstrecken will, Ergänzung des Urteils nach §§ 716, 321 ZPO beantragen. Wird die Folgesachenentscheidung angefochten, muss das Berufungsgericht auf Antrag nach § 718 ZPO über die vorläufige Vollstreckbarkeit vorab entscheiden. Dieser Weg geht der Möglichkeit vor, eine einstweilige Verfügung des Berufungsgerichts zu erlangen. Sobald sich die Folgesache im Berufungsverfahren befindet, ist das Berufungsgericht zwar auch für den Erlass einstweiliger Verfügungen zuständig. Für diese fehlt es aber am Rechtsschutzinteresse, weil der Weg über einen Antrag nach § 718 ZPO gegenüber einer einstweiligen Verfügung der einfachere und kostengünstigere ist. Wurde das erstinstanzliche Urteil nicht für vorläufig vollstreckbar erklärt, kann auch Berufung allein mit dem Ziel eingelegt werden zu erreichen, dass das Berufungsgericht die vorläufige Vollstreckbarkeit anordnet (§ 534 ZPO).

242 Nicht geregelt ist die Frage, was gilt, wenn zwar der **Aufhebungsausspruch rechtskräftig** wird, die **Entscheidung über die Folgesache** aber noch im **Streit** ist. Insoweit ist hinsichtlich der verschiedenen Folgesachen zu differenzieren:

243 Für die Vollstreckung nach § 33 FGG brauchen die Entscheidungen in FGG-Folgesachen **nicht besonders für vollstreckbar erklärt zu werden.** Einer vorläufigen Vollstreckung sind sie nicht zugänglich. Sie können daher erst vom Zeitpunkt ihres Wirksamwerdens an durchgesetzt werden. In der Schwebezeit zwischen der Rechtskraft des Aufhebungsausspruchs und dem Wirksamwerden der Entscheidung in der FGG-Folgesache sind einstweilige Anordnungen nach § 24 III FGG zulässig.

244 Der Erlass eines **Versäumnisurteils** ist in den ZPO-Folgesachen grundsätzlich möglich. Insoweit gilt das Verbot des § 612 IV ZPO nicht. Wegen dieses Verbots kann es aber zu einem Versäumnisurteil in einer Folgesache nur dann kommen, wenn derjenige Lebenspartner säumig ist, der den Aufhebungsantrag gestellt hat oder wenn der Antragsgegner in der Aufhebungssache einen Antrag gestellt hat, das aber in den Folgesacheverfahren unterlässt; denn in den anderen Fällen könnte über den Aufhebungsantrag nicht gemeinsam mit der Folgesache entschieden werden. Fehlt es bislang an einem Antrag in der Folgesache (zB weil bislang erst ein Auskunftsbegehren als erster Schritt einer Stufenklage geltend gemacht ist), kann ein Versäumnisurteil noch nicht erfolgen, sodass auch die Entscheidung der Aufhebungssache noch unzulässig ist (OLG Koblenz FamRZ 90, 770). Über FGG-Folgesachen, für die es keine Säumnisentscheidung gibt, ist in den Fällen, in denen eine Partei säumig ist, nach Aktenlage zu entscheiden. Das Fehlen eines Antrags schadet nicht, da dieser in FGG-Sachen nicht notwendigerweise gestellt werden muss.

245 Das **Versäumnisurteil ist Teil des Verbundurteils** (§ 629 II 1 ZPO). Dieses unterliegt einer doppelten Anfechtung: Hinsichtlich des durch Versäumnisurteil entschiedenen Teils findet der Einspruch statt, die übrigen Teile der Berufung bzw (wenn nur Rechtsmittel gegen die Entscheidung in FGG-Folgesachen eingelegt werden) der Beschwerde. Zu beachten sind dabei vor allem die unterschiedlichen Fristen: der Einspruch muss innerhalb von zwei Wochen eingelegt werden (§ 339 ZPO), während für die Berufung (§ 516 ZPO) und die Beschwerde (§§ 629a II 1, 621e II 2, 516 ZPO) eine Frist von einem Monat gilt. Werden gleichzeitig Einspruch und Berufung (bzw Beschwerde) eingelegt, muss zunächst über den Einspruch gegen das Versäumnisurteil verhandelt und entschieden werden (§ 629 II 2 ZPO). Das soll sicherstellen, dass der Verbund der Aufhebungssache und der anderen Folgesachen mit der durch die Säumnisentscheidung betroffenen Folgesache wieder hergestellt werden kann, wenn nach der Entscheidung über den Einspruch auch gegen dieses Urteil Berufung eingelegt wird. Das Berufungsverfahren darf daher in der Zeit, in der über den Einspruch noch nicht entschieden ist, nicht weiterbetrieben werden (BGH FamRZ 86, 897).

246 **ff) (1)** Der **Verbund endet insgesamt**, wenn das Aufhebungsverfahren endet, wenn also der Aufhebungsantrag zurückgenommen oder abgewiesen wird oder wenn er sich sonst (zB durch den Tod eines der Lebenspartner, § 619 ZPO) erledigt.

247 **(a)** Mit der **Abweisung des Aufhebungsantrags** werden die Folgesachen gegenstandslos. Diese Rechtsfolge spricht § 629 III ZPO klarstellend aus. Jede in einer Folgesache ergangene Entscheidung wird dann ohne weiteres unwirksam, auch wenn die Entscheidung in der Folgesache bereits vorab getroffen wurde (§§ 627, 628 ZPO) und zwar selbst dann, wenn sie bereits rechtskräftig geworden ist; denn mit dem Wegfall des Aufhebungsantrags kann diese Entscheidung nicht mehr wirksam werden (vgl § 629d ZPO).

248 **(b)** Wird der **Aufhebungsantrag zurückgenommen,** gilt das Aufhebungsverfahren als nicht anhängig geworden. Ein noch nicht rechtskräftiges Urteil, das bereits in dieser Sache ergangen ist, wird wirkungslos (§ 269 III 1 ZPO). Da die Entscheidung über die Folgesachen definitionsgemäß (§ 623 III 1 ZPO) nur für den Fall der Aufhebung der Lebenspartnerschaft beantragt ist, werden die sie betreffenden Verfahren mit der Antragsrücknahme im Aufhebungsverfahren gegenstandslos (§ 626 I 1 ZPO).

249 Den Parteien steht es frei, die **bisherigen Folgesachen als selbständige** (isolierte) Lebenspartnerschaftssachen **weiterzubetreiben,** wenn die Entscheidung insoweit noch sinnvoll ist (§ 626 II ZPO). Das kann zB in Bezug auf die Wohnungszuweisung oder auf Unterhalt der Fall sein, wenn die Parteien trotz Abweisung des Aufhebungsantrags weiterhin getrennt leben wollen. Diese Streitigkeiten stehen nun aber auch untereinander nicht mehr im Verbund; denn die Verknüpfung der Folgesachen erfolgt nur durch die Aufhebung selbst. Das Gericht der Aufhebungssache bleibt für die Streitigkeiten aber nach § 261 III Nr 2 ZPO weiterhin zuständig; das Verfahren richtet sich nun ausschließlich nach den §§ 621a ff ZPO. Die Weiterführung muss beantragt werden (§ 626 II ZPO). Das Gericht entscheidet darüber durch Beschluss (§ 626 II 1 ZPO) auf Grund fakultativer mündlicher Verhandlung (§ 626 II 2 ZPO). Der Beschluss kann mit einem Beschluss nach § 269 III ZPO verbunden werden. Gestattet das Gericht die Fortführung des Verfahrens in einer Folgesache, treten insoweit die Wirkungen des § 269 ZPO nicht ein, dh die Folgesache bleibt (nunmehr als selbständige Lebenspartnerschaftssache) anhängig. Das hat vor allem den Vorteil, dass die bisher bereits erzielten Beweisergebnisse weiterverwertet werden können.

250 Aus **Billigkeitsgründen** ordnet § 626 I 2 ZPO für die ZPO-Folgesachenstreitigkeiten nach § 621 I Nr 4, 5 und 8 (**Unterhalt und güterrechtliche Auseinandersetzung**, entsprechend Abs 1 Nr 3d, 4 und 6) eine **Sonderregelung** an, auf Grund derer vom Grundsatz der vollen Kostentragung durch den Antragsteller abgewichen werden kann. Die Norm entspricht in ihrer Funktion § 93a II 2 ZPO. Damit soll vor allem verhindert werden, dass der Antragsteller auch dann mit den vollen Kosten des Rechtstreits belastet wird, wenn der Antragsgegner den Streitwert des Verfahrens dadurch in die Höhe getrieben hat, dass er **Ansprüche** auf Unterhalt oder zum Zweck der güterrechtlichen Auseinandersetzung **anhängig gemacht** hat, von denen erkennbar ist, dass sie **völlig überhöht** sind. Bei seiner Entscheidung muss das Gericht insoweit den hypothetischen Ausgang des Folgesachenstreits berücksichtigen: Es ist zunächst zu ermitteln, inwieweit der Antragsgegner mit den von ihm geltend gemachten Ansprüchen voraussichtlich unterlegen wäre. Maßgeblich dafür ist der Zeitpunkt, zu dem der Aufhebungsantrag zurückgenommen wird; die bis dahin erzielten Beweisergebnisse sind zu berücksichtigen. Der Wert der abzuweisenden Ansprüche ist dann in das Verhältnis zu dem nach § 19a GKG ermittelten Gesamtstreitwert zu setzen. Das gefundene Ergebnis drückt das Maß der Beteiligung des Antragsgegners an den Kosten des Rechtsstreits aus. Eine Abweichung von der gefundenen Quote kommt nur dann in Betracht, wenn der Antragsgegner auf Grund vom Antragsteller zu vertretender Umstände seine Klage

nicht korrekt beziffern konnte. In diesem Fall ist eine erneute Billigkeitskorrektur zu Lasten des Antragstellers durchzuführen.

251 Eine Korrektur der Kostenverteilung nach § 269 III 2 ZPO kommt außerdem in Betracht, wenn der Antragsgegner zwar keine überhöhten Ansprüche geltend gemacht hat, wenn er aber die Kosten in den Folgestreitigkeiten durch **unnötige Beweisaufnahmen** bewusst in die Höhe getrieben hat. In diesem Fall ist die Kostenquote danach zu ermitteln, was das Verfahren gekostet hätte, wenn die überflüssigen Beweisanträge nicht gestellt worden wären. Die Zusatzkosten sind in das Verhältnis zu den Gesamtverfahrenskosten zu setzen, die sich aus der Berücksichtigung der überflüssigen Anträge ergeben haben. Zu berücksichtigen ist aber, dass nicht jeder Beweisantrag, der sich im Nachhinein als überflüssig erweist, unter diese Fallgruppe fällt. § 626 I 2 ZPO ist nur anwendbar, wenn der Antrag nach dem Erkenntnisstand des Antragsgegners unvertretbar und unverständig war.

252 Für die **FGG-Folgesachen** (Sorge, Umgang, Kindesherausgabe, Versorgungsausgleich, Wohnungszuweisung und Hausratverteilung, Verfahren nach §§ 1382, 1383 BGB) fehlt eine § 626 I 2 ZPO entsprechende Regelung. Eine Billigkeitsregelung kommt daher insofern nicht in Betracht; der Antragsteller ist nach § 269 III 2 ZPO mit den gesamten Kosten zu belasten (MK-ZPO/Finger, § 626 ZPO Rn 9). Angesichts des klar im Gesetz zum Ausdruck gekommenen Willens des Gesetzgebers, die Billigkeitsregelung auf die ZPO-Folgesachen zu beschränken, kann nicht angenommen werden, dass diese Lücke planwidrig sei. Es fehlt damit an einer Grundlage für die in diesen Fällen von der wohl herrschenden Meinung (Zöller/Philippi, § 626 ZPO Rn 5; Rolland/ Roth, § 626 ZPO Rn 8) gezogenen Analogie zu § 626 I 2 ZPO.

253 Das **Gericht spricht die Wirkungen der Rücknahme durch Beschluss** aus, wenn einer der Lebenspartner das beantragt (§ 626 I 3 ZPO). Anders als im direkten Anwendungsbereich des § 269 III ZPO gilt das auch dann, wenn der Lebenspartner, der den Aufhebungsantrag gestellt und zurückgenommen hat, den Antrag auf gerichtliche Entscheidung stellt. Der Beschluss ergeht ohne mündliche Verhandlung (§ 269 III 4 ZPO). Er kann mit der sofortigen Beschwerde angegriffen werden (§ 269 III 5 ZPO). Weigert sich das Gericht, einen Beschluss nach § 626 I 3 ZPO zu erlassen, steht dem Lebenspartner, der die Entscheidung begehrt hatte, die einfache Beschwerde (§ 567 ZPO) offen.

254 **(2)** In Bezug auf **einzelne Folgesachen** kann der Verbund dadurch enden, dass diese zwischen den Parteien nicht mehr im Streit stehen. Eine Folgesache scheidet daher aus dem Verbund aus, wenn sich die Parteien über diesen Punkt vergleichen oder wenn insoweit eine Erledigung des Rechtsstreits eintritt. Das Gleiche gilt grundsätzlich, wenn die Klage (bzw der Antrag) insoweit zurückgenommen wird (BGH NJW 91, 1617).

255 **(a)** Die **Rücknahme** von Folgesachenanträgen ist nicht besonders geregelt. Sie fällt vor allem nicht unter § 626 ZPO. Sie ist grundsätzlich wie die Rücknahme des Aufhebungsantrags in jedem Stadium des Verfahrens möglich und bewirkt, dass die Folgesache als niemals anhängig geworden anzusehen ist. Die Voraussetzungen und die Erklärung der Antragsrücknahme unterliegen derjenigen Verfahrensordnung, der die jeweilige Folgesache unterliegt. Die Kostenentscheidung erfolgt jedoch in jedem Fall nach § 93a ZPO. Diese Vorschrift verdrängt § 269 III 2 ZPO, weil sie auch in dem Fall maßgebend gewesen wäre, in dem der Antragsteller über die Folgesache hätte entscheiden lassen (und unterlegen wäre). Er darf in dem Fall, dass er sich durch die Antragsrücknahme im Ergebnis freiwillig in die Position des Verlierers begibt, nicht schlechter gestellt werden, als sei sein Antrag abgewiesen worden (KG FamRZ 88, 1075; OLG Frankfurt FamRZ 85, 823).

256 **(b)** Sind an einem Rechtsstreit über Unterhalt oder an einer vermögensrechtlichen Streitigkeit **Dritte beteiligt,** wird das **Verfahren** insoweit **abgetrennt** (§ 623 I 2 ZPO).

Der Verbund endet in diesen Fällen bezüglich der unterhaltsrechtlichen bzw güterrechtlichen Streitigkeit mit dem Wirksamwerden der Abtrennung. Schließlich endet der Verbund, wenn über die Aufhebungssache und die anderen im Verbund stehenden Streitigkeiten nach § 628 ZPO eine Vorabentscheidung getroffen wird. In diesem Fall bleiben die Folgesachen, über die nicht vorab entschieden wird, untereinander in einem „Restverbund“ (§ 628 I 2 ZPO).

257 **(c)** Die **Einigung der Lebenspartner,** eine oder mehrere Folgesachen aus dem Verbund herauszunehmen, beendet den Verbund weder insgesamt noch in Bezug auf die einzelne Folgesache. Die Zugehörigkeit der Streitigkeit zum Verbund ist der Disposition der Lebenspartner entzogen.

258 **(d)** Die **Vorwegentscheidung** einer Folgesache nach § 627 ZPO kommt in Lebenspartnerschaftssachen seit 1.1.05 in Betracht, weil Lebenspartner nun auch gemeinsam Eltern eines Kindes sein können, so dass auch Verfahren über die elterliche Sorge für ein gemeinschaftliches Kind in den Verbund fallen können.

259 Betroffen von einer vorgezogenen Entscheidung sein kann nur ein **Streit um das elterliche Sorgerecht** (§ Abs 1 Nr 3a). Nicht erfasst werden die sachlich oft eng mit dem Sorgerecht zusammenhängenden Streitigkeiten über den Umgang und die Kindesherausgabe. Über sie muss daher zusammen mit der Scheidung entschieden werden; eine analoge Anwendung des § 627 kommt nicht in Betracht. Der Streit um das Sorgerecht muss noch gemeinsam mit der Aufhebungssache oder auch nur mit anderen Folgesachen anhängig sein (OLG München FamRZ 84, 407).

260 **Die Lebenspartner müssen** dem Gericht einen **übereinstimmenden Vorschlag** für die Regelung der elterlichen Sorge in Bezug auf ein gemeinsames minderjähriges Kind unterbreitet haben, indem einer nach § 1671 BGB einen Antrag auf Übertragung der teilweisen oder gesamten Sorge gestellt und der andere diesem Antrag zugestimmt hat. Das **Gericht muss beabsichtigen,** von dem Antrag **abzuweichen.** Dazu reicht es aus, dass es in irgendeiner Weise dem Antrag nicht folgen will. Die Gründe sind unerheblich.

261 Liegen die Voraussetzungen dafür vor, **muss** das Gericht die Sorge vorweg regeln. § 627 kann von den Parteien nicht abbedungen werden (aA StJ/Schlosser Rn 1). Die Sorgerechtsentscheidung erfolgt ohne dass das Verfahren insoweit zuvor abgetrennt wurde. Der Anwaltszwang (§ 78 II) besteht deswegen weiter. Das Gericht entscheidet nach mündlicher Verhandlung (vgl § 623 I 1) durch Beschluss. Eine Kostenentscheidung unterbleibt, weil über die Kosten der Streitigkeit über das Sorgerecht zusammen mit der Scheidungs- und den übrigen Folgesachen im Verbundurteil entschieden wird. Der Beschluss wird mit der Rechtskraft des Scheidungsausspruchs wirksam (§ 629d). Bis zu diesem Zeitpunkt bleibt daher eine das Sorgerecht regelnde einstweilige Anordnung wirksam (§ 620 f). Der Beschluss über das Sorgerecht ist eine Endentscheidung. Er unterliegt daher der Beschwerde nach (§ 621e I) und der Rechtsbeschwerde (§ 621 e II).

262 Bis zur Rechtskraft der Entscheidung über die elterliche Sorge besteht eine **Entscheidungssperre für die Scheidungs- und die übrigen Folgesachen** (§ 627 II ZPO). Das Gericht darf in diesen Streitigkeiten aber weiter verhandeln und Beweise erheben und kann so die Entscheidung der übrigen Streitigkeiten schon vorbereiten. Trotzdem kann es bei voller Ausschöpfung des Rechtsmittelzuges zu einer erheblichen Verzögerung des Scheidungsverfahrens kommen.

263 Ein **Verstoß gegen § 627** führt dazu, dass das Verbundurteil an einem Verfahrensmangel leidet, der zur **Aufhebung des Urteils und zur Zurückverweisung** des Rechtsstreits führen kann (§ 538 II Nr 1).

264 **(e)** Ausnahmsweise kann **vor der Entscheidung über die Folgesachen über den Aufhebungsantrag entschieden** werden (§ 628 ZPO). Die Regelung soll die Härten

beseitigen, die sich aus dem Verbundprinzip ergeben, wenn die gemeinsame Entscheidung der Aufhebungs- und aller Verbundstreitigkeiten auf rechtliche oder tatsächliche Schwierigkeiten stößt. Gäbe es die Vorschrift nicht, dürfte in einem solchen Fall nicht geschieden bzw aufgehoben werden, bevor auch die letzte Folgesache entscheidungsreif wäre. Das könnte besonders in den Fällen, in denen einer der Lebenspartner beabsichtigt, nach der Aufhebung alsbald wieder zu heiraten oder eine neue Lebenspartnerschaft einzugehen, zu unzumutbaren Verzögerungen führen. Die Regelung ist aber eine eng auszulegende Ausnahmevorschrift.

265 § 628 ZPO ist **zwingend**. Die Parteien können daher mit bindender Wirkung für das Gericht weder die Abtrennung ausschließen noch vereinbaren, dass trotz des Fehlens der in der Norm genannten Voraussetzungen eine Abtrennung stattfinden soll. Im Fall des § 628 I 1 Nr 3 ZPO kann der gemeinsame Wunsch der Parteien nach einer Vorabscheidung aber als Indiz für eine unzumutbare Härte gewertet werden, wenn das Verfahren außergewöhnlich verzögert worden ist oder verzögert zu werden droht.

266 § 628 I 1 ZPO nennt **drei Fälle, in denen das Gericht** das Verfahren in einer Folgesache **abtrennen kann:** wenn in einer Streitigkeit über den öffentlich-rechtlichen Versorgungsausgleich oder die güterrechtliche Auseinandersetzung eine Entscheidung vor Auflösung der Ehe unmöglich ist (§ 628 I 1 Nr 1 ZPO), wenn in einer Streitigkeit um den Versorgungsausgleich der Rechtstreit ausgesetzt ist, um eine durch ein anderes Gericht zu treffende vorgreifliche Entscheidung über den Bestand oder die Höhe der auszugleichenden Forderung abzuwarten (§ 628 I 1 Nr 2 ZPO), und wenn allgemein die gleichzeitige Entscheidung über die Folgesache den Aufhebungsausspruch so außergewöhnlich verzögern würde, dass der Aufschub eine außergewöhnliche Härte bedeuten würde (§ 628 I 1 Nr 3 ZPO). Von diesen Fallgruppen schieden für Lebenspartner bislang alle aus, die im Zusammenhang mit dem Versorgungsausgleich stehen, weil dieser bei ihnen nicht stattfand. Da sich das nun aber mit Wirkung vom 1.1.05 geändert hat, kommen heute auch diese Abtrennungen in Betracht. Schon bislang und auch weiter kann nach für güterrechtliche Streitigkeiten § 628 I Nr 1 ZPO und für alle Folgesachen § 628 I Nr 3 ZPO verfahren werden. Ob diese Voraussetzungen vorliegen, muss für jede einzelne Folgesache festgestellt werden. Ist das nicht der Fall, kommt eine Abtrennung insoweit nicht in Betracht. Diese Folgesachen bleiben im Verbund und sind zusammen mit der Aufhebungssache zu entscheiden. Verzögert sich dadurch die Aufhebung, so ist das hinzunehmen.

267 **Funktional** entspricht die durch § 628 ZPO ermöglichte Entscheidung einem **Teilurteil.** Mit einer Abtrennung des Verfahrens nach §§ 145 ff ZPO hat sie nichts gemein, weil die nicht entschiedene Folgesache nicht Gegenstand eines neuen Prozesses wird.

268 **(aa)** Eine Abtrennung **setzt** zunächst **voraus,** dass eine abtrennbare Folgesache vorliegt. **Grundsätzlich** bedeutet das, dass die gesamte **Folgesache abtrennungsfähig** sein muss. Die Abtrennungsvoraussetzungen müssen daher grundsätzlich für die gesamte Folgesache erfüllt sein. Teilabtrennungen einer Folgesache sind dann zulässig, wenn hinsichtlich des abzutrennenden Teils die Voraussetzungen des § 628 I 1 ZPO erfüllt sind und über den vorab zu entscheidenden Teil unabhängig von der Beurteilung des Rests entschieden werden kann (BGH FamRZ 83, 38; 84, 572). Das kommt vor allem beim Versorgungsausgleich vor. Eine unzulässige Teilabtrennung führt dazu, dass die Entscheidung über den nicht abgetrennten Teil an einem wesentlichen Verfahrensmangel leidet. Das Rechtsmittelgericht kann diese Entscheidung daher aufheben und den Rechtsstreit an die Vorinstanz zurückverweisen. Ist es in der Lage, den abgetrennten Teil mitzuentscheiden, kann es aus prozessökonomischen Gründen die Entscheidung über die gesamte Folgesache auch selbst treffen.

269 Das Gericht kann die Entscheidung über die geltend gemachten **güterrechtlichen Ausgleichsansprüche** abtrennen, wenn die **Entscheidung dieses Streits zusammen mit**

der Aufhebung nicht möglich ist. Das kommt nur dann in Betracht, wenn die Entscheidung darüber unmittelbar von dem Ausspruch über die Aufhebung beeinflusst wird. Derartige Fälle sind selten; sie machen in der Entscheidungspraxis der Gerichte nur einen verschwindend geringen Teil aus. Das kann etwa bei der Berechnung des Zugewinnausgleichs der Fall sein: Maßgeblich für die Berechnung der Zugewinnausgleichsforderung ist zwar nach § 1384 BGB der Zeitpunkt, zu dem der Scheidungsantrag (dh hier Aufhebungsantrag) rechtshängig wird. Es ist aber zulässig, das Verfahren abzutrennen, wenn das Vermögen, das zum Zeitpunkt der Beendigung des Güterstands vorhanden sein wird, noch nicht feststellbar ist, so dass noch nicht entschieden werden kann, ob die Zugewinnausgleichsforderung diese Obergrenze überschreitet (vgl § 1378 II BGB). Dem Charakter als Ausnahmevorschrift entsprechend darf § 628 I 1 Nr 1 ZPO aber nur dann angewandt werden, wenn tatsächlich Berechnungsschwierigkeiten zu erwarten sind. Das ist regelmäßig nur der Fall, wenn die auszugleichenden Vermögenswerte keinen festen Wert haben (zB Wertpapiere, BGH FamRZ 84, 256; OLG Karlsruhe FamRZ 82, 288). Haben die Lebenspartner sich umgekehrt auf einen anderen Berechnungszeitpunkt geeinigt, ist dieser maßgeblich; für eine Abtrennung ist kein Raum mehr.

270 Die **entsprechende Anwendung** von § 628 I 1 Nr 1 ZPO auf andere als die dort genannten Folgesachen kommt nicht in Betracht; denn insoweit besteht keine planwidrige Lücke im Gesetz.

271 Eine **Abtrennung nach § 628 I 1 Nr 2 ZPO** kommt in Lebenspartnerschaftssachen erst seit dem 1.1.05 in Betracht, weil die Regelung ausschließlich auf den Versorgungsausgleichsstreit anwendbar ist und dieser erst zu diesem Zeitpunkt eingeführt wurde.

272 Den praktisch wichtigsten Abtrennungsfall regelt **§ 628 I Nr 3 ZPO.** Nach dieser Vorschrift kann abgetrennt werden, wenn die gleichzeitige Entscheidung über eine Folgesache die Entscheidung über die Aufhebung und die übrigen Folgesachen außergewöhnlich verzögern und daraus für wenigstens einen der Lebenspartner eine unzumutbare Härte resultieren würde.

273 Erforderlich ist zunächst, dass die Entscheidung der abzutrennenden Folgesache die Entscheidung der Aufhebungssache und der übrigen Folgesachen außergewöhnlich verzögern würde. Gemeint ist damit, dass die Verbundentscheidung **über das** auf Grund der Verbindung mehrerer Sachen **übliche Maß hinaus** verzögert wird; die in jedem Fall durch die Zusammenführung mehrerer Verfahren eintretende Verfahrensverschleppung bleibt dagegen außer Betracht. Die Verzögerung braucht noch nicht eingetreten zu sein; es reicht, dass eine entsprechende Prognose gestellt werden kann.

274 In Ehesachen kann eine außergewöhnlich lange Dauer des Verbunds angenommen werden, wenn das Verfahren **länger als zwei Jahre** gedauert hat (BGH FamRZ 86, 899; 91, 687; 91, 1043), weil innerhalb dieser Frist mehr als 95 % der Scheidungsverfahren erledigt werden. Bis zum Vorhandensein entsprechenden statistischen Materials in Bezug auf die Dauer von Aufhebungsverfahren können diese Werte auch auf diese Verfahren übertragen werden. Die Frist wird von der Rechtshängigkeit des Aufhebungsantrags an gerechnet; auch das Rechtsmittelverfahren wird in die Ermittlung ihrer Dauer einbezogen (BGH NJW 91, 2491). Die Zweijahresgrenze ist nicht starr. Im Einzelfall kann es angezeigt sein, schon eine kürzere Verfahrensdauer als außergewöhnlich lang anzusehen, wenn das Unterbleiben der Aufhebung für einen der Lebenspartner eine ganz außergewöhnliche Härte bedeutete. Insoweit bestehen Wechselwirkungen mit der zweiten Voraussetzung des § 628 I 1 Nr 3 ZPO. Umgekehrt kann bei erheblicher Zahl und erheblichem Umfang der Folgesachen auch eine längere Frist als zwei Jahre noch eine normale Frist sein.

275 Die **Verzögerung muss gerade auf der Erledigung der abzutrennenden Folgesache beruhen.** Keine Berücksichtigung findet deswegen eine Verzögerung, die nur auf der

allgemein bestehenden Überlastung des Gerichts beruht. Im Übrigen kommt es auf den Grund der Verzögerung nicht an.

276 Aus der außergewöhnlichen Dauer des Verfahrens muss für wenigstens einen der Lebenspartner eine **unzumutbare Härte** erwachsen. Diese kann nicht schon daraus gefolgert werden, dass das Verfahren länger dauert als normalerweise; denn bei einer solchen Betrachtung hätte diese Voraussetzung keine eigenständige Bedeutung. Erforderlich ist vielmehr, dass nach den Umständen des Einzelfalls das weitere Zuwarten auf die Entscheidung über die Aufhebung und die übrigen Folgesachen für einen oder beide Lebenspartner unerträglich wäre. Zur Entscheidung dieser Frage sind die **Interessen** des Lebenspartners, der eine möglichst umgehende Aufhebung anstrebt, gegen die Interessen des anderen **abzuwägen,** der die Lebenspartnerschaft nicht beenden will, bevor alle Folgesachen geregelt sind (OLG Düsseldorf FamRZ 85, 413; OLG Frankfurt FamRZ 86, 922). Außerdem ist auch die Bedeutung der abzutrennenden Folgesache mit zu berücksichtigen, sodass die Härte umso größer sein muss, je wichtiger die abzutrennende Folgesache für den anderen Lebenspartner ist.

277 Werden die **Folgesachen** nach diesen Kriterien **gestaffelt,** lässt sich eine unzumutbare Härte am ehesten dann annehmen, wenn die Verzögerung des Verfahrens auf dem Verfahren in den relativ unwichtigen Folgesachen Wohnungs- und Hausratsteilung beruht. Solche Fälle werden in der Praxis nur sehr selten vorkommen. Denkbar ist vor allem, dass diese Streitigkeiten erst zu einem Zeitpunkt anhängig gemacht werden, zu dem die anderen Folgesachen und die Aufhebung schon nahezu spruchreif sind, um die Aufhebung zu verzögern. Umgekehrt wird man in der Folgesache Unterhalt, deren Entscheidung für den anderen Lebenspartner wegen ihrer unmittelbaren Bedeutung für seine Versorgung nach der Aufhebung von besonders großer Bedeutung ist, gesteigerte Anforderungen an die Bejahung einer unzumutbaren Härte stellen müssen. Eine Mittelstellung nimmt der Streit um die güterrechtliche Auseinandersetzung ein: Diese ist für die Lebenspartner zwar wirtschaftlich bedeutsam, meistens aber ebenfalls nicht besonders dringend (BGH NJW 87, 1773; 91, 2491).

278 Im Rahmen der Abwägung zu berücksichtigende **Aspekte, die für die Abtrennung** einer Folgesache **sprechen,** sind: die Absicht des die Abtrennung begehrenden Lebenspartners, nach der Aufhebung möglichst schnell zu heiraten oder eine neue Lebenspartnerschaft einzugehen, das hohe Alter des aufhebungswilligen Lebenspartners oder sonstige Gründe, die für eine nur noch geringe Lebenserwartung sprechen, eine ausreichende wirtschaftliche Sicherung des anderen Teils, die Tatsache, dass die Verzögerung des Verfahrens auf ein Verhalten des anderen Lebenspartners zurückzuführen ist (zB verspätete Stellung des Antrags, die noch offene Folgesache zu regeln) und das Interesse des unterhaltspflichtigen Lebenspartners am Übergang zum nachpartnerschaftlichen Unterhalt, wenn dieser auf Grund von Vereinbarungen oder wegen des Abbaus einer vertraglich zugesicherten Überversorgung für die Zeit des Getrenntlebens erheblich niedriger sein wird als der Getrenntlebensunterhalt. Ein Anhaltspunkt dafür, dass die Interessen des anderen Lebenspartners durch die Abtrennung nicht unzumutbar beeinträchtigt werden, kann auch seine Zustimmung zu der Abtrennung sein. Zu weit geht es allerdings, wenn teilweise angenommen wird, bei Zustimmung des anderen Lebenspartners bzw Ehegatten sei stets abzutrennen (so aber AG Landshut NJW-RR 93, 519). Diese Ansicht widerspricht dem zwingenden Charakter der Verbundregelung (OLG Schleswig FamRZ 89, 1107).

279 **Keine für die Abtrennung ausreichenden Argumente** sind die bloße Absicht der Heirat oder Neubegründung einer Lebenspartnerschaft und die lange Dauer der Trennung allein (OLG Oldenburg FamRZ 79, 619). Treten keine weiteren Indizien für ein gesteigertes Interesse des abtrennungswilligen Lebenspartner an der Abtrennung hinzu,

darf in diesen Fällen über die Aufhebung und die anderen Folgesachen nicht vorab entschieden werden.

280 **Gegen** eine Abtrennung und Vorabaufhebung spricht es vor allem, wenn die Regelung der Folgesache erforderlich ist, um die wirtschaftliche Situation des anderen Lebenspartners in der Zeit unmittelbar nach der Aufhebung der Lebenspartnerschaft zu klären und seine Versorgung sicherzustellen. Das gilt vor allem dann, wenn der andere Lebenspartner noch nicht wieder eine eigenständige Lebensposition gefunden hat (OLG Bamberg FamRZ 88, 532; OLG Frankfurt FamRZ 78, 363). Dieses Argument verliert aber an Gewicht, wenn durch einstweilige Anordnungen in hinreichendem Umfang sichergestellt werden kann, dass der andere Lebenspartner bis zur Entscheidung über die abgetrennte Folgesache ausreichend versorgt ist. Zu Lasten des die Abtrennung begehrenden Lebenspartners ist auch zu berücksichtigen, wenn die Verzögerung des Verfahrens auf seinem eigenen Verhalten beruht. Hat er bislang nicht selbst ausreichend dazu beigetragen, das Verfahren auch in der Folgesache zügig zu erledigen, stellt das Zuwarten auf die Entscheidung keine unzumutbare Härte für ihn dar. Schließlich spricht gegen eine Abtrennung, wenn diese von keiner Partei angeregt wurde. Dadurch, dass die Lebenspartner selbst keine Initiative zur Beschleunigung der Aufhebung ergreifen, zeigen sie selbst, dass für sie die lange Verfahrensdauer keine unzumutbare Härte bedeutet.

281 Die **Entscheidung über das Vorliegen einer unzumutbaren Härte ist eine Tatsachenentscheidung.** Mit der Revision kann daher nur geltend gemacht werden, dass der Tatrichter nicht alle wesentlichen Gesichtspunkte beachtet oder dass er unzutreffende rechtliche Wertungen zugrunde gelegt hat.

282 **(bb)** Die **Abtrennung** von Folgesachen **setzt keinen Antrag voraus.** Fehlt eine Anregung der Parteien, scheidet eine Vorabentscheidung nach § 628 I 1 Nr 3 ZPO aber regelmäßig aus, weil eine durch die lange Verfahrensdauer verursachte unzumutbare Härte nicht bejaht werden kann (Rn 255 ff). Das Gericht trifft die Entscheidung über die Abtrennung der Folgesache, nachdem es den Parteien **rechtliches Gehör** gewährt hat. Sie kann im Aufhebungsurteil selbst enthalten sein; möglich ist aber auch, sie in einem eigenen Beschluss zu treffen. Die Entscheidung muss nur begründet werden, wenn eine Abtrennung erfolgt, weil nur in diesem Fall ein Rechtsmittel auf die Fehlerhaftigkeit der Entscheidung gestützt werden kann. Die Begründung muss erkennen lassen, warum die abgetrennte Folgesache noch nicht entscheidungsreif ist und dass die in § 628 I 1 Nr 1, 3 ZPO aufgestellten Voraussetzungen erfüllt sind.

283 **Gegen die Ablehnung der Abtrennung** findet nach zutreffender Auffassung kein **Rechtsmittel** statt (KG FamRZ 79, 615; OLG Hamm FamRZ 79, 724; OLG Koblenz FamRZ 91, 209; aA OLG Frankfurt FamRZ 79, 62; OLG Hamm FamRZ 86, 1121). Das Gesetz sieht kein besonderes Rechtsmittel vor. Die Anwendung des § 567 I ZPO würde voraussetzen, dass ein das Verfahren betreffendes Gesuch einer Partei zurückgewiesen wurde. Das ist bei der Ablehnung der Abtrennung nicht der Fall; denn die Entscheidung darüber setzt keinen Antrag voraus. Selbst wenn die Parteien einen „Antrag" gestellt haben, handelt es sich dabei nur um eine Anregung an das Gericht. Soweit eine analoge Anwendung des § 252 ZPO vorgeschlagen wird, ist dem entgegenzuhalten, dass die Entscheidung nach § 628 ZPO gerade keine Aussetzung des Verfahrens betrifft, sondern vielmehr funktional einem Teilurteil entspricht. Die Weigerung, ein Teilurteil zu erlassen, ist aber auch nicht mit Rechtsmitteln angreifbar.

284 Ein **gesonderter Beschluss,** durch den die **Abtrennung angeordnet** wird, ist nicht anfechtbar, selbst wenn der andere Lebenspartner der Abtrennung widersprochen hatte. Auch insoweit ist zu berücksichtigen, dass § 567 ZPO die Ablehnung eines das Verfahren betreffenden Gesuchs oder die besondere Anordnung der Statthaftigkeit der Beschwerde verlangt. Beides liegt in Bezug auf den Abtrennungsbeschluss nicht vor.

Mit den normalen Rechtsmitteln (Berufung und Revision) angegriffen werden kann die **Entscheidung über die Aufhebungs- und die nicht abgetrennten Folgesachen.** Die Beschwer liegt insoweit in der Verletzung des § 628 ZPO. Es reicht daher, dass der Lebenspartner, der die Vorabaufhebung nicht hinnehmen will, geltend macht, das Gericht habe zu Unrecht abgetrennt und deswegen dem Aufhebungsantrag zu Unrecht vor der Entscheidung der abgetrennten Folgesache stattgegeben (OLG Bamberg FamRZ 88, 741; OLG Düsseldorf FamRZ 85, 412; 88, 312). Daraus folgt zugleich, dass das Rechtsmittel – abweichend von den allgemeinen Grundsätzen – keinen Sachantrag zu enthalten braucht. Es reicht vielmehr zu beantragen, die Entscheidung aufzuheben und den Rechtsstreit zur Wiederherstellung des Verbunds an die Vorinstanz zurückzuverweisen. Das Rechtsmittel kann auch von demjenigen Lebenspartner eingelegt werden, der in der Vorinstanz die Abtrennung angeregt hatte. Es ist auch nicht erforderlich, dass er der Aufhebung der Lebenspartnerschaft als solcher entgegentritt (OLG Schleswig FamRZ 89, 1107). Das ergibt sich aus dem zwingenden Charakter des § 628 ZPO. Erforderlich ist aber immer, dass der Aufhebungsausspruch als solcher angegriffen wird. Es reicht nicht, dass die Berufung oder Revision nur in Bezug auf die Entscheidung in einer Folgesache eingelegt wird; denn die Funktion des § 628 ZPO ist es, eine verfrühte Aufhebung zu verhindern. Wird der Aufhebungsausspruch nicht angegriffen, kann dieses Ziel nicht erreicht werden. 285

Kommt das Rechtsmittelgericht bei der Überprüfung der Vorabaufhebung zu dem Ergebnis, dass die Abtrennung und Vorabaufhebung zu Unrecht erfolgt sind, **hebt** es die **Entscheidung der Vorinstanz auf und verweist den Rechtsstreit** an diese **zurück,** damit nunmehr über die Aufhebung und die Folgesachen zusammen mit der fehlerhaft abgetrennten Folgesache im Verbund entschieden werden kann. Eine eigene Entscheidung des Rechtsmittelgerichts über die abgetrennte Folgesache kommt dagegen nicht in Betracht; denn diese ist niemals in die Rechtsmittelinstanz gelangt (OLG Düsseldorf FamRZ 85, 413; NJW-RR 91, 264; OLG Frankfurt FamRZ 83, 1258). Von der Aufhebung des Urteils und der Zurückverweisung des Rechtstreits ist nur abzusehen, wenn der Verbund nicht mehr hergestellt werden kann, weil die abgetrennte Folgesache inzwischen entschieden ist. In diesem Fall muss das wegen der fehlerhaften Abtrennung eingelegte Rechtsmittel als unbegründet zurückgewiesen werden, wenn gegen die Entscheidung in der abgetrennten Folgesache nicht ebenfalls ein Rechtsmittel eingelegt wurde. Ist dagegen auch die abgetrennte Folgesache in die Rechtsmittelinstanz gelangt, kann das Rechtsmittelgericht beide Verfahren wieder zusammenfassen und nunmehr selbst über die Aufhebung der Lebenspartnerschaft und alle Folgesachen im Verbund entscheiden. 286

(cc) Die Vorabentscheidung über die Aufhebungs- und die anderen Folgesachen bewirkt, dass der Verbund zwischen diesen Verfahren und der abgetrennten Folgesache aufgelöst wird. Beide **Verfahren sind von nun an unabhängig voneinander.** 287

Die **Aufhebungssache und die abgetrennten Folgesachen** stehen miteinander in einem Restverbund (§ 628 I 2 ZPO); dh sie müssen weiter gemeinsam verhandelt und entschieden werden. Obwohl das vorab getroffene Aufhebungssurteil funktional einem Teilurteil entspricht, ist es mit einer eigenen Kostenentscheidung zu versehen. Das ergibt sich aus der Sonderregelung des § 93a I 1, 2. HS ZPO. Die Entscheidungen über die Aufhebung und die Folgesachen werden nach den allgemeinen Grundsätzen rechtskräftig, wenn sie nicht mit Rechtsmitteln angegriffen werden. Mit der Rechtskraft des Aufhebungsausspruchs werden die Folgesachenentscheidungen wirksam (§ 629d ZPO). 288

Mit der Abtrennung **scheidet die abgetrennte Folgesache aus dem Verbund aus.** Nur wenn mehrere Folgesachen abgetrennt werden, besteht zwischen ihnen noch ein Verbund (sog Restverbund). Der Restverbund unterliegt weiter den §§ 623 ff ZPO. Die erneu- 289 te Abtrennung einer Folgesache von diesem Restverbund ist nur zulässig, wenn die Voraussetzungen des § 628 ZPO insoweit wiederum erfüllt sind.

290 Die **abgetrennte Streitigkeit bleibt Folgesache**, und zwar selbst dann, wenn zwischenzeitlich über die Aufhebungssache rechtskräftig entschieden wird. Das bedeutet, dass die Parteien weiterhin dem Anwaltszwang unterliegen (§ 78 I 1 Nr 1 ZPO). Das Verbindungsverbot (§ 610 ZPO) gilt weiter. Auch die abgetrennte Folgesache kann daher nicht mit Verfahren über Streitigkeiten zur Regelung des Getrenntlebens verbunden werden. Neue Folgesachen können nicht mehr anhängig gemacht und mit der abgetrennten Folgesache verbunden werden, sobald die mündliche Verhandlung über die Aufhebungssache abgeschlossen ist (§ 623 II ZPO).

291 Das **weitere Verfahren** richtet sich grundsätzlich nach derjenigen Verfahrensordnung, die für die noch im Streit stehende Lebenspartnerschaftssache einschlägig ist. Die ZPO-Lebenspartnerschaftssachen (Unterhalt und Güterrecht) richten sich daher nach den Regeln der ZPO, sodass über sie mündlich zu verhandeln (vgl § 128 ZPO) und durch Urteil zu entscheiden ist. Die Entscheidung über FGG-Lebenspartnerschaftssachen erfolgt durch Beschluss. In diesen Verfahren ist allerdings – anders als grundsätzlich in FGG-Verfahren – eine mündliche Verhandlung immer erforderlich (§ 53a FGG, § 13 HausratsVO).

292 Die **Entscheidung** über die abgetrennte Folgesache kann auch vor der Rechtskraft des Aufhebungsausspruchs getroffen werden. Sie wird dann erst wirksam, wenn die Aufhebung rechtskräftig wird (§ 629d ZPO). Wird der Aufhebungssantrag dagegen rechtskräftig abgelehnt, wird sie gegenstandslos (§ 629 III 1 ZPO). Die Kostenentscheidung richtet sich nach § 93a ZPO. Die Entscheidung in der abgetrennten Folgesache kann selbstständig mit Rechtsmitteln angegriffen werden. In den ZPO-Lebenspartnerschaftssachen finden die Berufung und gegebenenfalls die Revision statt, in den FGG-Lebenspartnerschaftssachen die Beschwerde (§ 621e I ZPO) und gegebenenfalls die Rechtsbeschwerde (§ 621e II ZPO).

293 **gg)** Die Zwecke des Verbunds führen dazu, dass ein unter **Missachtung des Verbunds** gefälltes Aufhebungsurteil an einem **wesentlichen Verfahrensmangel** leidet. In diesen Fällen ist das Urteil des Familiengerichts daher vom Familiensenat aufzuheben und die Sache an das Familiengericht zurückzuverweisen (§ 538 ZPO, OLG Düsseldorf FamRZ 88, 312; OLG Frankfurt FamRZ 83, 1258; OLG München FamRZ 84, 407).

294 **hh)** Ein gesondertes **Rechtsmittelsystem** für Verbundentscheidungen besteht nicht. Durch § 629a ZPO werden die allgemeinen Regeln aber den Besonderheiten des Verbundverfahrens angepasst. Diese Sonderregeln sind vor allem erforderlich, weil FGG- und ZPO-Lebenspartnerschaftssachen grundsätzlich unterschiedlichen Rechtsmitteln unterliegen. Es war daher zu klären, welches von ihnen Vorrang hat, wenn Rechtsmittel in FGG- und ZPO-Folgesachen zusammentreffen. Zumindest klarstellungsbedürftig war aber auch, was gilt, wenn Entscheidungen nur in ZPO- oder nur in FGG-Folgesachen angefochten sind.

295 Daraus, dass über die im Verbund stehenden Streitigkeiten einheitlich durch Urteil entschieden wird (§ 629 ZPO), folgt nicht, dass gegen alle in dem Verbundurteil enthaltenen Entscheidungen ausschließlich die Rechtsmittel nach der ZPO stattfinden. Es bleibt vielmehr auch in Bezug auf die Rechtsmittel bei dem Grundsatz, dass jede **Folgesache demjenigen Rechtsmittel unterliegt,** dem sie auch unterläge, **wenn** die Streitigkeit **als selbstständige Lebenspartnerschaftssache** geltend gemacht worden wäre. Dieser Grundsatz wird nur dann modifiziert, wenn FGG-Folgesachen zusammen mit der Aufhebungs- oder ZPO-Folgesachen angefochten werden.

296 **(1) Gegen Verbundurteile des Familiengerichts** findet entweder die Berufung oder die Beschwerde zum Oberlandesgericht (vgl § 119 I Nr 1 GVG) statt.

297 Die **Berufung** ist statthaft, soweit der Aufhebungsausspruch bzw seine Versagung oder eine Entscheidung in einer ZPO-Folgesache (Unterhalt, güterrechtlicher Ausgleich) angegriffen werden soll. Das gilt selbst dann, wenn außerdem noch die Entscheidung in FGG-Folgesachen angegriffen wird. Obwohl im Gesetz nicht ausdrücklich angesprochen, ist die Berufung auch dann das einheitliche Rechtsmittel, wenn ein Lebenspartner zugleich die Entscheidung in der Aufhebungs- und/oder in ZPO-Folgesachen und diejenige in FGG-Folgesachen angreift (BGH FamRZ 80, 670); denn aus § 511 ZPO folgt, dass mit einer uneingeschränkten Berufung alle Streitigkeiten zum Gegenstand des Verfahrens zweiter Instanz werden, über die durch das angegriffene Urteil entschieden worden ist. Fehler in der Bezeichnung des Rechtsmittels durch den Berufungsführer sind aber unschädlich.

298 Der **Berufungsbeschwerde** entsprechend § 621e ZPO unterliegen alle Entscheidungen in den FGG-Folgesachen (Entscheidungen über Sorge, Umgang und Kindesherausgabe, die lebenspartnerschaftliche Wohnung und Hausrat sowie Verfahren nach §§ 1382 f BGB), sofern der Rechtsmittelführer nicht gleichzeitig ein Rechtsmittel gegen die Entscheidung in einer ZPO-Folgesache einlegt (§ 629a II 1 ZPO).

299 Legt ein Lebenspartner gegen die Entscheidung von FGG-Folgesachen **zunächst Beschwerde** ein, entscheidet sich **dann** aber doch noch zur **Berufung** gegen eine Entscheidung in einer ZPO-Folgesache oder in der Aufhebungssache, wird die Beschwerde zusammen mit der Berufung einheitlich als Berufung entschieden (§ 629a II 2 ZPO). Der umgekehrte Fall (erst Berufung gegen die Entscheidung in der Aufhebungssache oder einer ZPO-Folgesache, dann Beschwerde gegen die Entscheidung in einer FGG-Folgesache) ist genauso zu behandeln. Zu beachten ist aber, dass die Rechtsmittel gegen die Entscheidungen in FGG-Folgesachen trotz der Zusammenfassung unter dem „Mantel" der Berufung sachlich Beschwerden bleiben und damit § 621e ZPO unterliegen. Wird die Berufung daher später zurückgenommen oder vorab entschieden, ist das Rechtsmittel in den FGG-Folgesachen wieder allein eine Beschwerde entsprechend § 621e ZPO (und deswegen durch Beschluss zu entscheiden; OLG Hamm FamRZ 88, 626; OLG Hamburg FamRZ 84, 398; OLG München FamRZ 91, 1453).

300 Treffen eine **von dem einen** Lebenspartner eingelegte **Berufung** und eine **von dem anderen** Lebenspartner oder einem Dritten eingelegte **Beschwerde** zusammen, greift § 629a II 2 ZPO nicht ein (Zöller/Philippi, § 629a ZPO Rn 5; Rolland/Roth, § 629a ZPO Rn 19; aA OLG Karlsruhe FamRZ 91, 464; OLG München FamRZ 91, 1453). Das ergibt sich schon aus dem Wortlaut der Norm, in der es heißt, „so ist über *das* Rechtsmittel einheitlich . . . zu entscheiden", aber auch aus dem Grundsatz, dass die Rechtsmittel jeweils den Grundsätzen des Verfahrens gehorchen, denen die Lebenspartnerschaftssache zugeordnet ist, die sie betreffen.

301 Für die Berufung **gelten** grundsätzlich die **§§ 511 ff ZPO**. Zu berücksichtigen ist aber, dass auch in der Berufungsinstanz die Aufhebungs- und alle Folgesachen im Verbund stehen, so dass über die noch im Streit befindlichen Verfahrensgegenstände gemeinsam zu verhandeln und zu entscheiden ist. Vorwegentscheidungen können über Folgesachen nur unter den Voraussetzungen des § 628 ZPO getroffen werden (§ 629a II 3 ZPO).

302 Über die Berufung einschließlich der FGG-Folgesachen ist **mündlich zu verhandeln.** Nur wenn die Berufung durch die Rücknahme der gegen die Entscheidung in der Aufhebungssache und den ZPO-Folgesachen wieder zu einer Beschwerde wird, kann ohne mündliche Verhandlung entschieden werden; denn die Beschwerde unterliegt den FGG-Regeln, soweit diese nicht durch § 621e ZPO modifiziert wurden.

303 Über die Berufung wird einheitlich durch **Urteil** entschieden. Nur wenn noch ausschließlich über FGG-Folgesachen zu entscheiden ist, ergeht die Entscheidung durch Beschluss (OLG Hamm FamRZ 88, 626; OLG Hamburg FamRZ 84, 398).

304 Ist der **Berufungskläger** im Verhandlungstermin nicht anwesend, kann gegen ihn ein **Versäumnisurteil** ergehen, wenn der andere Lebenspartner das beantragt. § 539 ZPO ist auf die Aufhebungssache und die ZPO-Folgesachen ohne weiteres anwendbar. Die Vorschrift gilt aber wegen der Annäherung des Rechtsmittelverfahrens über FGG-Folgesachen, die zusammen mit der Aufhebungssache und den ZPO-Folgesachen zu entscheiden sind, auch für die FGG-Folgesachen, für die im Normalfall keine Säumnisentscheidung in Betracht kommt, weil das FGG eine solche nicht kennt. Sind die Aufhebung oder ZPO-Folgesachen und FGG-Folgesachen Gegenstand des Rechtsmittels, so ist darüber einheitlich als Berufung zu entscheiden (§ 629a II 2 ZPO). In einer solchen kann aber gegen den Berufungskläger ein Versäumnisurteil ergehen. Der Amtsermittlungsgrundsatz steht dem nicht entgegen. Zwar muss das Gericht bei seiner Entscheidung über FGG-Folgesachen grundsätzlich alle Tatsachen berücksichtigen, die ihm bekannt sind. Der Fall der Säumnis des Berufungsklägers steht aber dem Fall nahe, dass auf eine Berufung verzichtet oder eine Berufung zurückgenommen wird: Die Säumnis zeigt, dass dem Berufungskläger an seinem Rechtsmittel nicht gelegen ist. Sie muss daher entsprechend den für die Entscheidung über die Einlegung des Rechtsmittels geltenden Grundsätzen behandelt werden. Insoweit unterliegt es aber gerade der Dispositionsbefugnis des Betroffenen, ob er ein Rechtsmittel einlegt oder nicht.

305 Ein **Versäumnisurteil gegen den Berufungsbeklagten** kommt nur in den ZPO-Folgesachen in Betracht. In der Aufhebungssache steht einem solchen Versäumnisurteil § 612 IV ZPO entgegen, in den FGG-Folgesachen der Amtsermittlungsgrundsatz; denn insoweit geht es nicht um die Disposition über ein von dem säumigen Lebenspartner eingelegtes Rechtsmittel, sondern vielmehr um die Frage, welche Tatsachen bei der Entscheidung zugrundezulegen sind. Da es im Geltungsbereich des Amtsermittlungsgrundsatzes unerheblich ist, welche Tatsachen zugestanden sind, kann auch der Säumnis, die allein als Folge hat, dass die von der anderen Seite vorgetragenen Tatsachen als zugestanden gelten (§ 331 I 1 ZPO), insoweit keine Bedeutung zukommen.

306 **(2)** Für die **Rechtsmittel gegen Entscheidungen der zweiten Instanz** gelten zu den für die Rechtsmittel gegen Entscheidungen der ersten Instanz geltenden Grundsätzen parallele Regelungen. Hier ist zu unterscheiden zwischen dem Rechtsmittel der Revision und demjenigen der Rechtsbeschwerde.

307 **(a)** Die **Revision** findet gegen die Entscheidung des Oberlandesgerichts in der Aufhebungssache und in den ZPO-Folgesachen statt. Entsprechend der Rechtslage in der zweiten Instanz ist auch dann Revision einzulegen, wenn gleichzeitig mit der Entscheidung in der Aufhebungssache oder ZPO-Folgesachen ein Rechtsmittel gegen eine Entscheidung des Berufungsgerichts in FGG-Folgesachen eingelegt werden soll.

308 Die Revision ist **nur statthaft,** wenn sie vom **OLG** wurde oder auf Nichtzulassungsbeschwerde hin vom BGH **zugelassen** wurde (§ 543 I ZPO, erst ab 2007). Außerdem setzt eine zulässige Revision voraus, dass der Lebenspartner, der das Rechtsmittel einlegt, durch die Entscheidung des Berufungsgerichts auch beschwert ist. Es reicht nicht, dass er durch die Entscheidung des erstinstanzlichen Gerichts beschwert war, wenn das Berufungsverfahren bereits zum Wegfall dieser Beschwer geführt hat (BGH FamRZ 80, 773).

309 **Ausgeschlossen** ist die Revision auch bei gleichzeitiger Anfechtung der Entscheidung der Aufhebung und/oder in ZPO-Folgesachen in Bezug auf Entscheidungen in Hausrats- und Wohnungsstreitigkeiten sowie in Verfahren nach § 6, 2 LPartG, §§ 1382, 1383 BGB (§ 629a I ZPO). Das gilt selbst dann, wenn das OLG die Revision irrtümlicherweise zugelassen hat. Die Regelung soll verhindern, dass in Streitigkeiten, in denen eine Befassung des BGH ausgeschlossen ist, wenn sie als selbstständige Lebenspartnerschaftssachen geltend gemacht werden (§ 621e II 1 ZPO), ein Rechtsmittel bis zum

BGH gelangen kann, wenn die Entscheidung zweiter Instanz umfassend angefochten wird.

(b) Die **Rechtsbeschwerde** findet nach § 621e II ZPO statt, wenn ausschließlich gegen Entscheidungen des Oberlandesgerichts in FGG-Folgesachen Rechtsmittel eingelegt werden. Ausgeschlossen ist sie jedoch bei Entscheidungen in Hausrats- und Wohnungssachen sowie bei Entscheidungen in Verfahren nach § 6, 2 LPartG, §§ 1382, 1383 BGB. Das ergibt sich bereits aus § 621e II 1 ZPO. Diese Verfahren waren bislang die einzigen FGG-Verfahren, die in Lebenspartnerschaftssachen vorkommen konnten. Eine Rechtsbeschwerde war deswegen in Lebenspartnerschaftssachen bislang niemals statthaft. Das hat sich durch die Einfügung des Abs 1 Nr 3a – 3c, 4a geändert. Auch die Streitigkeiten um Sorge, Umgang, Kindesherausgabe und Versorgungsausgleich sind FGG-Lebenspartnerschaftssachen, und bei ihnen gibt es Beschränkungen der Rechtsmittel wie in den Fällen des Abs 1 Nr 5 und 7 nicht. 310

Ein **Zusammentreffen von Revision und Rechtsbeschwerde** (Rechtsbeschwerde) ist daher in Lebenspartnerschaftssachen nun ebenfalls möglich. Für das Zusammentreffen von Revision und Rechtsbeschwerde gilt das zum Zusammentreffen von Berufung und Beschwerde Gesagte entsprechend. 311

(3) Die **Rechtskraft des Aufhebungsausspruchs ist solange gehemmt,** bis die **letzte Folgesache rechtskräftig entschieden** ist. Umgekehrt können auch die Entscheidungen in Folgesachen erst wirksam werden, wenn die Aufhebung rechtskräftig wird (§ 629 d). Der oder die aufhebungswilligen Lebenspartner haben deswegen ein Interesse daran, dass das Verfahren nicht durch immer neue Anfechtungen von Folgesachen in die Länge gezogen wird. Das können sie nicht unbedingt selbst steuern, da auch Dritte beschwerdeberechtigt sein können. Außerdem haben die Lebenspartner ein Interesse daran, dass das Entscheidungsgefüge in Bezug auf Folgesachenentscheidungen, die bislang nicht angegriffen wurden, nicht nachträglich geändert wird, indem nachträglich die Anfechtung auf weitere Gegenstände erstreckt wird, so dass gegebenenfalls die Entscheidung über die anderen Folgesachen, die nicht angegriffen sind, ihren Sinn verlieren. Diesen Interessen trägt § 629 a III ZPO dadurch Rechnung, dass er die nachträgliche Teilanfechtung weiteren Frist-Anforderungen unterstellt. Soweit eine rechtzeitige Anfechtung unterbleibt, wird die nicht angegriffene Entscheidung rechtskräftig. 312

Anwendbar ist § 629a III sowohl in der zweiten als auch in der dritten Instanz. Voraussetzung ist allein, dass das Verbundurteil nur teilweise angefochten ist. Ergreift das Hauptrechtsmittel ohnehin die Aufhebungs- und alle Folgesachen, ist für eine Rechtsmittelerweiterung ohnehin kein Raum mehr. Die Anschließung zusätzlichen Beschränkungen zu unterwerfen, ist sinnlos, weil alle Gegenstände noch im Streit sind. 313

(a) Die Frage einer **Rechtsmittelerweiterung** kann sich für den Rechtsmittelführer in **zwei Fällen** stellen: einmal kann er feststellen, dass sein Rechtsmittelantrag in einer bestimmten Folgesache zu kurz greift, so dass er ihn anpassen will (verfahrensimmanente Rechtsmittelerweiterung), zum anderen kann sich die Frage stellen, ob der Rechtsmittelführer sein Rechtsmittel noch nachträglich erweitern kann, wenn sich herausstellt, dass die Entscheidung in einer anderen Streitigkeit für ihn doch ungünstiger war als zunächst angenommen (verfahrensübergreifende Rechtsmittelerweiterung). 314

Für die **verfahrensimmanente Rechtsmittelerweiterung** ergeben sich weder aus § 629a ZPO noch aus den allgemeinen Regeln Einschränkungen. Hat ein Lebenspartner gegen die Entscheidung in einer Folgesache ein Rechtsmittel eingelegt, kann er dieses in Bezug auf denselben Verfahrensgegenstand ohne Einschränkungen erweitern. 315

In Bezug auf **verfahrensübergreifende Rechtsmittelerweiterungen** folgt die Zulässigkeit aus den allgemeinen Grundsätzen und aus § 629a III ZPO. Das bedeutet, dass eine Erweiterung des Rechtsmittels solange ohne weiteres zulässig ist, wie die Frist für seine 316

Begründung noch läuft (arg e §§ 517, 548 ZPO) und die betroffene Streitigkeit Gegenstand der ersten Instanz war (arg e § 623 II ZPO). Nach Ablauf der Begründungsfrist ist eine Erweiterung der Berufung oder Beschwerde dagegen grundsätzlich nur noch möglich, wenn die rechtzeitig vorgetragene Begründung auch die Erweiterung trägt (BGH NJW 83, 179). Das ist vor allem bei Unterhaltsstreitigkeiten denkbar. Von der Beschränkung der Rechtsmittelerweiterung nach Ablauf der Begründungsfrist lässt die Rechtsprechung eine Ausnahme zu, wenn das materielle Recht eine spätere Änderung der Entscheidung gestattet (zB im Unterhaltsrecht) und die Voraussetzungen für eine Änderung vorliegen (BGH NJW 87, 1024). Entsprechendes gilt, wenn das Verfahren, in dem die durch die Erweiterung betroffene Entscheidung ergangen ist, wieder aufgenommen werden könnte. Auch in diesen Fällen muss aber die Rechtsmittelerweiterung spätestens einen Monat nach Zustellung der Rechtsmittelbegründung an den Gegner erfolgen; denn die Fristen des § 629a III ZPO gelten auch für die Rechtsmittelerweiterung (BGH NJW-RR 93, 261; OLG Schleswig NJW-RR 88, 1479).

317 **(b) Rechtsmittelanschließungen innerhalb der Rechtsmittelfrist** sind ohne weiteres zulässig. Es handelt sich um eigene Rechtsmittel des sich anschließenden Lebenspartners. Dagegen unterliegt die Anschließung an ein Rechtsmittel des anderen Lebenspartners oder Dritter nach Ablauf der Rechtsmittelfrist verschiedenen Einschränkungen, die sich zum Teil aus den allgemeinen Regeln und zum Teil aus § 629a III ZPO ergeben.

318 **(aa) Rechtsmittelanschließungen** der Lebenspartner **in derselben Streitigkeit** unterliegen keinen besonderen Beschränkungen. Legt ein Lebenspartner etwa Berufung gegen seine Verurteilung zur Zahlung von nachpartnerschaftlichem Unterhalt ein, kann der andere Lebenspartner sich diesem Rechtsmittel grundsätzlich uneingeschränkt mit dem Begehren anschließen, den ihm zugesprochenen Unterhaltsbetrag zu erhöhen.

319 Eine Anschließung an ein Rechtsmittel der **zweiten Instanz** ist jederzeit möglich, weil das Gesetz insoweit keine zeitliche Beschränkung vorsieht. § 629a III ZPO gilt für die Fälle einer Rechtsmittelanschließung in derselben Streitigkeit nicht; die Vorschrift setzt schon ihrem Wortlaut nach voraus, dass die Entscheidung in einer anderen Lebenspartnerschaftssache angegriffen wird. Die Anschließung in der dritten Instanz wird durch § 548 ZPO befristet. Sie ist nur daher nur innerhalb eines Monats nach Zustellung der Revisionsbegründung zulässig. Das gilt auch in denjenigen Fällen, in denen der andere Lebenspartner nicht Revision, sondern Rechtsbeschwerde eingereicht hat; denn die gleiche Interessenlage gebietet die analoge Anwendung dieser Vorschrift. Die Frist für eine Anschließung darf nicht vom dem Zufall abhängen, ob im konkreten Fall Revision oder Rechtsbeschwerde eingelegt wurde.

320 **Anschließungen Drittbeteiligter an von den Lebenspartnern eingelegte Rechtsmittel** sind im Verbundverfahren unter denselben Voraussetzungen zulässig wie im isolierten Verfahren. Erforderlich ist, dass der Lebenspartner, der das Hauptrechtsmittel eingelegt hat, ein anderes Ziel verfolgt als der Drittbeteiligte mit seiner Anschließung erreichen will. Ist das nicht der Fall, ist sie als Hauptrechtsmittel zu behandeln und wegen Verfristung zu verwerfen (OLG Hamburg FamRZ 88, 1064).

321 **Anschließungen Drittbeteiligter an von anderen Drittbeteiligten eingelegte Rechtsmittel** können in Bezug auf dieselbe Streitigkeit in Versorgungsausgleichssachen und in den Lebenspartnerschaftssachen nach Abs 1 Nr 3a - 3c vorkommen. Die Anschließung ist jedoch unzulässig, wenn mit ihr dasselbe Ziel verfolgt werden soll wie mit dem Hauptrechtsmittel. Wegen der Zulässigkeit der reformatio in peius in den für eine Anschließung in Betracht kommenden Streitigkeiten muss das identische Ziel immer bejaht werden, wenn die Entscheidung des Gerichts in dieser Streitigkeit zur umfassenden Überprüfung gestellt wird. Zulässige Anschließungen können daher nur solche sein, in denen der rechtsmittelführende Dritte die Entscheidung nur teilweise ange-

griffen hat; denn nur in diesem Fall bleibt noch Raum für die Annahme eines weitergehenden Ziels des anschließungswilligen Dritten.

322 **(b)** Eine Rechtsmittelanschließung ist nicht nur mit dem Ziel möglich, eine Änderung der Entscheidung in der von dem Rechtsmittel bereits betroffenen Lebenspartnerschaftssache zu erreichen. Zulässig ist vielmehr grundsätzlich auch die Anschließung an ein Rechtsmittel mit dem Ziel, die **Änderung der Entscheidung in einer anderen Lebenspartnerschaftssache** zu erreichen, die bislang nicht angegriffen wurde. Davon geht § 629a III ZPO als selbstverständlich aus. Es ist daher möglich, sich einem Rechtsmittel, mit dem der andere Lebenspartner den Ausspruch über die Aufhebung angreift, mit dem Ziel anzuschließen, die Folgesachenentscheidungen korrigieren zu lassen. Umgekehrt kann mit der Anschließung die Änderung des Aufhebungsausspruchs angestrebt werden, selbst wenn der andere Lebenspartner nur Folgesacheentscheidungen angegriffen hat (BGH FamRZ 80, 233; NJW 80, 1158; 83, 514). Schließlich können mit der Anschließung auch nur Entscheidungen in anderen als durch das Rechtsmittel betroffenen Folgesachen angegriffen werden. Dabei ist es unerheblich, ob es sich bei den im Wege der Anschließung eingeführten Folgesachen um solche handelt, die derselben Verfahrensordnung unterliegen. Eine Anschlussberufung kann daher an eine Beschwerde anknüpfen, ein Anschlussrechtsmittel in einer FGG-Lebenspartnerschaftssache an eine Berufung oder Revision in einer ZPO-Folgesache.

323 **(aa)** Die Zulässigkeit der verfahrensübergreifenden Rechtsmittelsanschließung richtet sich grundsätzlich nach den **allgemeinen Regeln.** Ein Sonderrecht für die Anschließung im Verbund besteht grundsätzlich nicht. § 629a III ZPO enthält lediglich eine besondere Fristenregelung, mit der die Möglichkeit von Anschlussrechtsmitteln zeitlich limitiert wird. Aus dieser Systematik folgt, dass eine Anschließung dann zulässig ist, wenn die auch in den Normalverfahren geltenden Regeln eingehalten sind und die Frist des § 629 III ZPO gewahrt ist. Da sie nicht besonders verboten werden und auch keine sachlichen Gründe gegen ihre Zulassung im Verbund sprechen, sind auch eine Hilfsanschließung und eine Gegenanschließung (BGHZ 88, 360; BGH NJW 86, 1494) unter denselben Voraussetzungen möglich wie in den Regelverfahren.

324 **(bb)** Eine Anschließung setzt immer voraus, dass ein von dem Verfahrensgegner eingelegtes Hauptrechtsmittel existiert. Das ist unproblematisch, wenn ein **Lebenspartner das Rechtsmittel einlegt und der andere eine Anschließung vornehmen will**; denn im Aufhebungsverfahren stehen die Lebenspartner in einer umfassenden Gegnerstellung.

325 Wird das **Rechtsmittel** nicht von einem der Lebenspartner sondern **von einem Dritten** eingelegt, sind beide Lebenspartner zur verfahrensübergreifenden **Anschließung** nur berechtigt, wenn sich das Rechtsmittel des Dritten zu Ungunsten beider auswirken kann. Das ist regelmäßig dann der Fall, wenn in dem Verfahren das Verbot der reformatio in peius nicht gilt. Anschließungen von Drittbeteiligter an von den Lebenspartnern eingelegte Rechtsmittel sind nur zulässig, wenn die Drittbeteiligung in mehr als einer einzelnen Lebenspartnerschaftssache zulässig ist.

326 **(cc) Gegenanschließung.** Eine Gegenanschließung an eine Anschlussbeschwerde ist nach denselben Grundsätzen zuzulassen wie die Anschlussbeschwerde selbst (OLG Frankfurt FamRZ 87, 960; OLG Karlsruhe FamRZ 88, 412). Die gegenteilige Auffassung des BGH (BGHZ 88, 360; BGH NJW 84, 2951; 86, 1494) überzeugt nicht. Es besteht kein schutzwürdiges Interesse des Anschlussbeschwerdeführers daran, dass die Entscheidung bezüglich eines Verfahrensstoffs, den er selbst erst durch die Anschlussbeschwerde in die nächste Instanz gebracht hat, nur noch zu seinem Vorteil geändert werden kann. Selbst in denjenigen Streitigkeiten, in denen das Verbot der reformatio in peius nicht gilt, besteht ein Bedürfnis nach Zulassung der Gegenanschließung. Oft wird es so sein, dass der Hauptrechtsmittelführer sich mit einer Teilanfechtung

zufrieden gegeben und von der Anfechtung anderer Teile abgesehen hat, weil er wusste, dass bestimmte andere Teile der Entscheidung nicht angefochten wurden. Ermöglichte man nun dem anderen Lebenspartner eine verfahrensübergreifende Anschließung, an die sich der Rechtsmittelführer nicht mehr seinerseits anschließen kann, hätte das den Effekt, dass der Rechtsmittelführer nun auf einmal die Anfechtung weiterer Teile der Entscheidung hinnehmen müsste, ohne seinerseits noch die Möglichkeit zu haben, die für ihn wichtigen und mit den durch die Anschließung betroffenen Gegenständen in Zusammenhang stehenden Streitigkeiten noch in den Prozess einführen zu können; denn eine Rechtsmittelerweiterung wird regelmäßig nicht mehr möglich sein. Ein umsichtiger Rechtsmittelführer müsste deswegen von vornherein die Entscheidung in Bezug auf alle Gegenstände anfechten, die für ihn auch nur entfernt von Interesse sein könnten. Das wäre mit dem Grundsatz der Prozessökonomie nicht zu vereinbaren und bürdete den Parteien eine unnötige Kostenlast auf.

327 Die Gegenanschließung ist in gleicher Weise **von der Anschließung abhängig** wie diese vom Hauptrechtsmittel. Gleichzeitig hängt sie aber auch mittelbar vom Hauptrechtsmittel ab. Das bedeutet, dass die Gegenanschließung hinfällig ist bzw wird, wenn entweder das Hauptrechtsmittel oder die Anschließung unzulässig sind oder zurückgenommen werden.

328 **(c)** Für die Anschließung gelten auch im Verbundverfahren die allgemeinen Regeln. Außerdem ist § 629a III ZPO zu beachten, der die verfahrensübergreifende unselbständige Anschließung an bestimmte Fristen bindet (Rn 334 ff). Die Anschließung muss **durch Schriftsatz erklärt und begründet** werden (§§ 524, 548 ZPO). Fehlt die Begründung, kann sie bis zum Ablauf der Frist des § 629a III ZPO nachgeholt werden.

329 In der **dritten Instanz** ist eine Anschließung nur in Bezug auf solche Verfahrensgegenstände zulässig, bei denen die Revision bzw Rechtsbeschwerde zugelassen wurde (vgl § 621e ZPO). Ein Gegenstand, der in der zweiten Instanz nicht angefochten wurde, kann in der dritten durch Anschließung nicht mehr angegriffen werden (BGH NJW 83, 1858); denn auf diese Weise würde dem anderen Lebenspartner eine Instanz genommen.

330 Die **Anschließung wird hinfällig,** wenn das Hauptrechtsmittel zurückgenommen oder als unzulässig verworfen wird. Im letztgenannten Fall ist auf das Vorliegen der Entscheidung abzustellen, die bloße Unzulässigkeit des Hauptrechtsmittels hindert die Zulässigkeit der Anschließung noch nicht. Wird eine Anschließung zurückgenommen, verlieren die darauf aufbauenden Gegenanschließungen ihre Wirkung, es sei denn, dass es sich insoweit um zulässige Rechtsmittelerweiterungen handelt.

331 **(d)** Eine **Frist** für die Anschließung besteht **nach den allgemeinen Regeln** für die unselbständige Anschließung in der zweiten Instanz nicht. In der Revisionsinstanz gilt dagegen § 548 ZPO, nach dem die Anschließung nur innerhalb eines Monats nach der Zustellung der Revisionsbegründung zulässig ist. An diese Regelung knüpft § 629a III ZPO an und limitiert auch in der zweiten Instanz die Anschließung in zeitlicher Hinsicht.

332 § 629 III ZPO ist **anwendbar,** wenn eine nach § 629 ZPO ergangene Verbundentscheidung nur teilweise durch ein Rechtsmittel angefochten wurde und nachträglich im Wege der verfahrensübergreifenden unselbständigen Anschließung oder der verfahrensübergreifenden Rechtsmittelerweiterung die Änderung der Entscheidung in einer bislang nicht angegriffenen Lebenspartnerschaftssache begehrt wird. Eine **Verbundentscheidung** liegt in allen Fällen vor, in denen über die Aufhebungs- und wenigstens eine Folgesache gemeinsam entschieden wurde. Um eine Verbundentscheidung handelt es sich aber auch dann, wenn (nach Vorabaufhebung) nur noch über Folgesachen gemeinsam entschieden wurde. Nur bei Rechtsmitteln gegen Entscheidungen in nach § 628

ZPO abgetrennten Lebenspartnerschaftssachen fehlt es an diesem Erfordernis, so dass § 629a III ZPO dann unanwendbar ist.

333 Das gilt selbst dann, wenn nachträglich noch weitere Folgesachen in die Rechtsmittelinstanz gelangen. § 629a III ZPO ist nur anzuwenden, wenn die Verbundentscheidung **ursprünglich nur teilweise angefochten** ist und nunmehr die Anfechtung auf eine **andere Lebenspartnerschaftssache** erstreckt wird. Erforderlich ist also immer eine verfahrensübergreifende Anschließung. Bezieht sich die Anschließung auf eine bereits angegriffene Entscheidung, sind dagegen keine zeitlichen Einschränkungen zu beachten. Jede zeitliche Einschränkung durch § 629a III ZPO entfällt daher, wenn von dem anderen Lebenspartner ein umfassendes Hauptrechtsmittel eingelegt wurde. Schließlich greift die Frist nur für die nachträgliche Erstreckung des Rechtsmittels auf bislang nicht angegriffene Entscheidungsteile ein. Schon der Wortlaut des § 629a III ZPO stellt klar, dass das **Hauptrechtsmittel** von seinem Anwendungsbereich **ausgenommen** ist.

334 Als Frist für das Änderungsbegehren sieht § 629a III 1 ZPO vor, dass die Änderung von zunächst nicht angegriffenen Teilen der Verbundentscheidung nur **innerhalb eines Monats** seit Zustellung der Rechtsmittelbegründung beantragt werden kann. Das bedeutet, dass die Anschließung oder Rechtsmittelerweiterung von der Einlegung des Rechtsmittels bis zum Ablauf eines Monats seit der Zustellung der Rechtsmittelbegründung zulässig ist. Die Berechnung der Frist erfolgt nach § 222 ZPO. Ihr Beginn ist allein von der Zustellung der Rechtsmittelbegründung abhängig. Auf den Zeitpunkt der Einlegung des Rechtsmittels kommt es dagegen nicht an. Bei mehreren Rechtsmitteln beginnt die Monatsfrist mit der letzten Zustellung einer Rechtsmittelbegründung. Derartige Fälle kommen vor, wenn die Lebenspartner wechselseitig Rechtsmittel einlegen oder wenn neben mindestens einem der Lebenspartner von einem Dritten ein Rechtsmittel eingelegt wird. Welche der Rechtsmittelbegründungen die letzte ist, ist unerheblich; es kann auch diejenige des anschließungswilligen Lebenspartners sein (OLG Frankfurt FamRZ 87, 960). Wenn – wie in den meisten FGG-Folgesachen – die Rechtsmittelbegründung mehreren Beteiligten zugestellt werden muss, beginnt die Frist erst mit der letzten Zustellung zu laufen. Die Zustellung muss in jedem Fall eine wirksame sein. Die Heilung eines Zustellungsmangels nach § 187 ZPO kommt nicht in Betracht, weil die Frist nach § 629a III ZPO zumindest insoweit wie eine Notfrist behandelt werden muss (noch weiter OLG Nürnberg FamRZ 86, 924, das die Frist als Notfrist einordnet).

335 Die **Frist verlängert sich um einen weiteren Monat**, wenn innerhalb ihres Laufs eine weitere Änderung der bereits teilweise angegriffenen Verbundentscheidung beantragt wird (§ 629a III 2 ZPO). Erforderlich ist nur, dass sich der Gegenstand der neuen Anfechtung von demjenigen des Hauptrechtsmittels unterscheidet. Die Frist läuft dann grundsätzlich zwei Monate nach der (letzten) Zustellung der Rechtsmittelbegründung ab. Zu beachten ist allerdings, dass es sich rechtstechnisch nicht um eine einheitliche, sondern um zwei Fristen handelt. Jede dieser Fristen kann daher nach § 222 II ZPO verlängert werden. Wann die Anschließung selbst zugestellt wurde, ist für den Fristlauf nach dem insoweit klaren Wortlaut des § 629a III 2 ZPO unerheblich. Es ist daher möglich, dass die Frist abgelaufen ist, bevor die andere Partei von der Erstanschließung Kenntnis hatte. In derartigen Fällen kann nur mit einer Wiedereinsetzung in den vorigen Stand geholfen werden.

336 Für **jedes weitere Änderungsbegehren,** das rechtzeitig eingelegt wird, **verlängert** sich die Frist für weitere Anschließungen und Rechtsmittelerweiterungen **erneut um einen Monat** (§ 629a III 3 ZPO). Theoretisch kann sich die Frist daher auf so viele Monate verlängern, wie in dem Verbundurteil Folgesachen entschieden wurden. Für den Ablauf einer jeden Monatsfrist gilt § 222 II ZPO entsprechend.

337 Bei der Frist nach § 629a III handelt es sich nicht um eine Notfrist, da sie im Gesetz nicht als solche bezeichnet ist (arg e § 224 I 2). Trotzdem gebietet es der Zweck der Frist, sie zumindest insoweit wie eine Notfrist zu behandeln, als die Berechnung des Fristablaufs betroffen ist. Wird ihre Einhaltung ohne Verschulden versäumt, kommt daher eine **Wiedereinsetzung** in den vorigen Stand in Betracht (OLG Karlsruhe FamRZ 88, 412; OLG Köln FamRZ 87, 1060). Das hat der BGH für die Frist des § 556 ZPO, die als Vorbild für § 629a III ZPO gedient hat, ausdrücklich ausgesprochen (BGH LM § 233 ZPO Nr 15). Es spricht nichts dagegen, bei § 629a III ZPO ebenso zu verfahren. Zustellungsmängel können nicht nach § 187 ZPO geheilt werden (OLG Köln FamRZ 87, 1060; OLG Nürnberg FamRZ 86, 924). Wie bei Notfristen kommt weder eine Verlängerung noch eine Verkürzung der Frist in Betracht.

338 Wird die **Frist** nach **nicht gewahrt,** ist die Anschließung unzulässig. Sie ist daher durch Beschluss zu verwerfen. Gegen diesen steht dem Anschließungswilligen die Revision oder Rechtsbeschwerde zu, wenn er eine Anschließung in der Berufungsinstanz betraf. Einer besonderen Zulassung bedarf es insoweit nicht (§ 621e II 2 ZPO).

339 **(e)** Die rechtzeitige **Anschließung hindert die Rechtskraft der Verbundentscheidung** in Bezug auf den angegriffenen Verfahrensteil. Das gilt für die Aufhebungssache ebenso wie für die Folgesachen. Die Rechtskraft der nicht durch das Hauptrechtsmittel angefochtenen Verbundentscheidungen kann daher erst eintreten, wenn feststeht, dass eine Anschließung in Bezug auf diese nicht mehr möglich ist.

340 **(4)** Für den **Verzicht auf Rechtsmittel** gelten **zunächst die allgemeinen Grundsätze.** Der Verzicht auf ein Rechtsmittel kommt daher auch im Verbundverfahren erst nach dem Erlass des Urteils in Betracht. Zulässig ist auch ein Teilverzicht. Im Aufhebungsverfahren wird ein solcher besonders häufig in Bezug auf die Aufhebungssache erklärt werden, weil die Lebenspartner ohne Rücksicht auf die Entscheidungen in den Folgesachen möglichst schnell die Rechtskraft des Aufhebungssausspruchs herbeiführen wollen, um wieder eine neue Lebenspartnerschaft eingehen zu können. Wird ein Verzicht ohne Einschränkungen erklärt, erstreckt er sich auf die Aufhebungssache und auf alle Folgesachen (BGH FamRZ 86, 1089). Die Parteien sollten daher immer genau klarstellen, wie weit ihr Wille zum Rechtsmittelverzicht tatsächlich geht, wenn sie sich nicht unerwartet mit einem völligen Rechtsmittelausschluss konfrontiert sehen wollen. Für die Erklärung des Rechtsmittelverzichts besteht Anwaltszwang. Wird der Verzicht gegenüber dem Gericht erklärt, ist er nicht widerruflich oder anfechtbar.

341 Ein **gegenseitiger Rechtsmittelverzicht** der Lebenspartner **erstreckt sich** ohne weiteres auch auf **Anschlussrechtsmittel,** wenn an dem Verfahren keine Dritten beteiligt sind, die selbst Rechtsmittel einlegen könnten, die als Anknüpfung für eine Anschließung dienen könnten. Sind Dritte beteiligt, erstreckt sich ein Rechtsmittelverzicht nur dann auf die Anschlussrechtsmittel, wenn alle Beteiligten auf Rechtsmittel verzichten. Ist das nicht der Fall, muss zusätzlich zum Rechtsmittelverzicht ein Verzicht auf Anschlussrechtsmittel erklärt werden. Nach der Grundregel des § 521 I ZPO ist das erst nach der Einlegung eines Hauptrechtsmittels möglich. Die verzichtende Partei soll so davor geschützt werden, voreilig einen Verzicht zu erklären und dann doch noch von einem Rechtsmittel einer anderen Partei überrascht zu werden. Bei dieser Regel bleibt es auch im Verbundverfahren in Bezug auf alle Folgesachen (OLG Köln FamRZ 83, 824; OLG München FamRZ 93, 1321). Die Sonderregelung des § 629a IV ZPO ist nach seinem eindeutigen Wortlaut auf diese Fälle nicht anwendbar.

342 § 629a IV ZPO gestattet es den Parteien, in Bezug auf den Aufhebungsausspruch bereits vor der Einlegung eines Hauptrechtsmittels **auf Anschlussrechtsmittel zu verzichten,** wenn sie beide auf Rechtsmittel verzichtet haben. Es wird damit verhindert, dass sich trotz des Rechtsmittelverzichts ein Lebenspartner in Bezug auf den Aufhebungsausspruch noch verfahrensübergreifend dem Rechtsmittel eines anderen Beteiligten

anschließen kann. Die Rechtskraft des Aufhebungsausspruchs tritt daher bereits mit dem Wirksamwerden des Rechtsmittelverzichts ein.

343 § 629a IV ZPO gilt **nur für den Aufhebungsausspruch.** In Bezug auf die Folgesachen bleibt es bei den allgemeinen Regeln. Ein Verzicht auf Anschlussrechtsmittel ist daher erst nach der Einlegung eines Hauptrechtsmittels möglich. Voraussetzung für die Anwendung des Abs. 4 ist immer, dass die Lebenspartner gegenseitig auf Rechtsmittel verzichtet haben. Für diesen Rechtsmittelverzicht gelten die allgemeinen Regeln.

344 Der **Verzicht auf das Antragsrecht nach § 629c ZPO** ist nicht erforderlich, um die Rechtskraft des Aufhebungsausspruchs herbeizuführen, wenn der Rechtsmittel- und Anschlussrechtsmittelverzicht sich auf einen Aufhebungsausspruch durch ein erstinstanzliches Gericht bezieht (OLG Frankfurt FamRZ 85, 821). In diesem Fall kann die Entscheidung über den Aufhebungsausspruch nicht mehr in die Berufungsinstanz gelangen. Damit tritt insoweit die Rechtskraft ein; der BGH kann auch nach § 629c ZPO die Entscheidung in Bezug auf den Aufhebungsausspruch nicht mehr aufheben oder ändern. Etwas anderes gilt aber, wenn Gegenstand des Rechtsmittel- und Anschlussrechtsmittelverzicht eine zweitinstanzliche Entscheidung ist und in einer Folgesache die Revision bzw Rechtsbeschwerde zugelassen oder ohne Zulassung zulässig ist. In diesem Fall besteht die Befugnis zur erweiterten Abänderung durch den BGH auch in Bezug auf den Aufhebungsausspruch. Dieser kann daher erst dann rechtskräftig werden, wenn die Parteien auf ihr Antragsrecht nach § 629c ZPO verzichten.

345 **(5)** Auch die **Entscheidung** über das Rechtsmittel ist teilweise gegenüber den allgemeinen Regeln modifiziert, um dem Verbundprinzip Rechnung zu tragen:

346 **(a)** Folgesachen sind solche Lebenspartnerschaftssachen, in denen eine Entscheidung für den Fall der Aufhebung begehrt wird (§ 623 I 1 ZPO). Sie stehen in einem unechten Eventualverhältnis zum **Aufhebungsantrag.** Wird dieser **abgelehnt,** kommt es daher grundsätzlich nicht mehr zu einer Entscheidung über die Folgesachen; die **Folgesachenverfahren erledigen sich**. Das gilt aber erst dann, wenn der die Aufhebung betreffende Ausspruch rechtskräftig wird. Solange das noch nicht der Fall ist, sind die Folgesachen noch zu entscheiden. Andererseits können die Folgesachen mit einem nur gegen den Aufhebungsausspruch gerichteten Rechtsmittel nicht in die nächste Instanz gelangen; das Rechtsmittel bezieht sich nicht auf sie, es liegt noch nicht einmal eine Entscheidung vor, die Anknüpfungspunkt für ein Rechtsmittel sein könnte. Kommt das Rechtsmittelgericht zu dem Ergebnis, dass die Ablehnung des Aufhebungsausspruchs ungerechtfertigt ist, kann es daher über die Folgesachen nicht selbst entscheiden.

347 Um auch in diesen Fällen den Verbund zu sichern, bestimmt § 629b I ZPO, dass die Aufhebungssache immer, wenn noch über eine Folgesache zu entscheiden ist, an das Gericht **zurückzuverweisen** ist, das die Abweisung des Aufhebungsantrags ausgesprochen hat. Auf diese Weise kann das vorinstanzliche Gericht eine Verbundentscheidung über die Aufhebung und die Folgesachen aussprechen. Dabei wird zur Sicherung des Verbundprinzips in Kauf genommen, dass gegen das Verbundurteil – und damit auch gegen den in ihm enthaltenen Ausspruch über die Aufhebung – wiederum Rechtsmittel eingelegt werden können. Das Rechtsmittelgericht ist zwar an seine vorausgegangene Entscheidung gebunden, so dass die Gefahr divergierender Entscheidungen nicht besteht. Problematisch ist die Lösung aber deswegen, weil wegen der Möglichkeit des Rechtsmittels gegen den Aufhebungsausspruch und erst recht durch die Einlegung des Rechtsmittels dessen Rechtskraft gehemmt und damit verzögert wird. Das widerspricht dem in § 629a ZPO zum Ausdruck gekommenen Prinzip, den Parteien eine rasche Rechtskraft des Aufhebungsausspruchs zu ermöglichen.

348 Voraussetzung für die Anwendung der Vorschrift ist nach ihrem Wortlaut zunächst, dass ein **Aufhebungsantrag abgelehnt** wurde. Eine entsprechende Anwendung der Norm ist aber in anderen Fällen geboten, in denen über Folgesachen in der Vorinstanz

nicht entschieden wurde, weil die Auflösung der Lebenspartnerschaft nicht ausgesprochen wurde. Vor allem kommt sie in Betracht, wenn das Gericht in der ersten Instanz über den Aufhebungsantrag nicht entschieden hat, weil es insoweit eine Erledigung der Hauptsache festgestellt hat. Hebt das Gericht der nächsten Instanz diese Entscheidung auf, muss in Bezug auf die Folgesachen der Verbund bei dem vorinstanzlichen Gericht wiederhergestellt werden können. Sonst würde den Lebenspartnern hinsichtlich der Folgesachen eine Instanz genommen. Keine Anwendung findet die Vorschrift dagegen, wenn das Urteil erst im Wiederaufnahmeverfahren aufgehoben wird (KG FamRZ 89, 647). In diesem Fall muss über die Aufhebungssache ohnehin neu verhandelt werden, indem die Instanz fortgesetzt wird (§ 590 I ZPO). Die Folgesachen stehen dann automatisch wieder mit ihr im Verbund.

349 Die zweite Voraussetzung für eine Zurückverweisung ist, dass in der Vorinstanz noch **Folgesachen zur Entscheidung anstehen.** Sie ist erfüllt, wenn die Folgesachenverfahren bereits anhängig waren. Auf die Rechtshängigkeit des Streits kommt es weder in dem einen noch in dem anderen Fall an. Sind die Voraussetzungen erfüllt, muss grundsätzlich zurückverwiesen werden. Eine Zurückverweisung findet nur dann nicht statt, wenn der Streit zwischen den Parteien nicht mehr besteht, weil sie sich inzwischen mit für das Gericht bindender Wirkung geeinigt haben. In diesem Fall ist eine Entscheidung nicht mehr notwendig; der Streit steht daher nicht mehr zur Entscheidung an. Ein Vergleich der Parteien kann durch das Rechtsmittelgericht protokolliert werden.

350 Das **Rechtsmittelgericht verweist grundsätzlich an die Vorinstanz zurück,** dessen Urteil es aufhebt, das OLG also an das Familiengericht, dessen Urteil angegriffen wurde. In Fällen, in denen das erstinstanzliche Gericht örtlich unzuständig war und den Aufhebungsantrag aus diesem Grund abgelehnt hat, das OLG das Urteil dann aber aufhebt, weil ein Verweisungsantrag gestellt wird, würde das jedoch zu einer prozessunökonomischen Lösung führen: Das OLG müsste an das unzuständige Gericht verweisen, das dann seinerseits an das zuständige Gericht verweisen müsste. In diesen Fällen darf direkt an das zuständige Familiengericht verwiesen werden. Die Folgesachenverfahren, die noch bei dem ursprünglich angerufenen unzuständigen Gericht zur Entscheidung anstehen, sind entsprechend § 621 II ZPO an das örtlich zuständige Gericht abzugeben oder zu verweisen (OLG Hamburg FamRZ 1983, 613).

351 In den seltenen Fällen, in denen § 629b ZPO **im Revisionsverfahren** Anwendung findet, ist jedoch zu differenzieren: Der BGH verweist an das Familiengericht zurück, wenn der Aufhebungsantrag von beiden Vorinstanzen abgewiesen worden war. Hatte das Familiengericht dem Aufhebungsantrag aber stattgegeben und über die Folgesachen entschieden, besteht kein Anlass dafür, dass es sich noch einmal mit ihnen befasst. Die Folgesachen stehen bei ihm nicht mehr zur Entscheidung an. War auch in Bezug auf die Folgesachenentscheidungen Berufung eingelegt worden, stehen diese Verfahren noch beim OLG zur Entscheidung an. Es ist daher an das OLG zurückzuverweisen. Wurde (auch hilfsweise) kein Rechtsmittel in Bezug auf die Folgesachenentscheidungen eingelegt, stehen die Folgesachenstreitigkeiten nicht mehr zur Entscheidung an. Der BGH kann daher die Lebenspartnerschaft selbst aufheben.

352 Das **Gericht der Vorinstanz ist an die Rechtsauffassung des verweisenden Gerichts** gebunden. § 629b I 2 ZPO ist § 565 II ZPO nachgebildet. Das bedeutet, dass das Gericht, an das verwiesen wird, sowohl an die rechtliche Beurteilung des verweisenden Gerichts als auch an dessen Beweiswürdigung gebunden ist. Zu einer von der Entscheidung des verweisenden Gerichts abweichenden Entscheidung des vorinstanzlichen Gerichts kann es daher nur kommen, wenn neue Tatsachen eintreten, die der Aufhebung der Lebenspartnerschaft widerstreiten.

Mit der Zurückverweisung wird der **Verbund** zwischen der Aufhebungssache und den noch zur Entaufhebung anstehenden Folgesachen **wieder hergestellt.** Das bedeutet, dass wieder gemeinsam über sie verhandelt werden muss. Die Entscheidung ergeht durch Verbundurteil. 353

Wird gegen ein Urteil des OLG, durch das eine Zurückverweisung nach § 629b I ZPO ausgesprochen wird, Revision bzw Beschwerde gegen die Nichtzulassung der Revision eingelegt, wird die Entscheidung über die Zurückverweisung in ihrer Wirkung gehemmt. Das bedeutete nach den allgemeinen Grundsätzen, dass das Familiengericht weder über die Aufhebungssache noch über die Folgesachen verhandeln dürfte, weil sie noch nicht wieder bei ihm anhängig sind. Zur Beschleunigung des Aufhebungsverfahrens enthält **§ 629b II ZPO** insofern für die Folgesachen eine Ausnahme: Auf Antrag kann das Familiengericht anordnen, dass über einzelne oder alle Folgesachen bereits vor der Entscheidung über die Revision verhandelt wird. Es handelt sich um eine Ermessensentscheidung. In der Praxis wird die Vorschrift auch in Ehesachen kaum angewendet. Fälle, in denen das OLG gegen die Aufhebung der Abweisung des Aufhebungsantrags die Revision zulässt, sind sehr selten. Dass gerade in diesen Fällen, in denen das OLG selbst Zweifel hat, ob seine Entscheidung Bestand haben wird, ein Familiengericht bereits weiter über die Folgesachen verhandeln wird, ist unwahrscheinlich. 354

(b) Die enge Verbindung der im Verbund stehenden Streitigkeiten untereinander bewirkt, dass **Entscheidungen über eine Streitigkeit oft zumindest faktische Konsequenzen für** eine andere der im Verbund stehenden **Folgesachen** nach sich ziehen. Daraus könnten sich ohne Sonderregelungen dann Probleme ergeben, wenn ein Rechtsmittel zum BGH nur in einer einzelnen oder einigen Folgesachen zugelassen wurde, in anderen aber nicht: Nach den allgemeinen Regeln könnte der BGH auf das Rechtsmittel hin die Entscheidung des OLG nur in denjenigen Folgesachen ändern, in denen das Rechtsmittel generell zulässig ist und zugelassen wurde. In den übrigen Folgesachen bliebe es dagegen bei der Entscheidung des OLG, weil diese Streitigkeiten nicht in die dritte Instanz gelangt sind. Der BGH könnte auf diese Weise das Gesamtgefüge der Folgesachenregelungen zerstören und den Parteien damit eine Lösung aufzwingen, die sie beide so nicht gewollt haben. 355

§ 629c, 1 ZPO löst dieses Problem dadurch, dass er dem BGH die Befugnis einräumt, auf Antrag wenigstens einer Partei die Entscheidung des OLG auch in einer anderen als der durch die Anfechtung betroffenen Folgesache aufzuheben, wenn das wegen des Zusammenhangs mit der angefochtenen Folgesache geboten erscheint. Außerdem wird dadurch das Defizit korrigiert, dass nicht alle Folgesachenentscheidungen vor den BGH gebracht werden können (§ 621e II ZPO). Die wichtigste Konsequenz dieser Regelung ist, dass die Rechtskraft der Entscheidung des OLG nicht eintreten kann, solange der BGH noch nach § 629c ZPO vorgehen könnte. § 629c, 2 ZPO dient dazu, diese Wirkung in Bezug auf den Aufhebungsantrag zu begrenzen. Danach gelten für den Antrag auf erweiterte Abänderung die Fristen des § 629a III ZPO (Rn 334 ff). Erweiterte Abänderung und Anschließung bzw Klageerweiterung werden so harmonisiert und zeitlich beschränkt, um die Rechtskraft des Aufhebungsantrags nicht unangemessen lange hinauszuschieben. 356

Bei der Änderungsbefugnis des BGH handelt es sich **nicht um ein Rechtsmittel;** denn die Entscheidungen in den anderen Folgesachen dürfen vom BGH nicht auf ihre Richtigkeit hin überprüft werden. Die Regelung stellt vielmehr einen Rechtsbehelf sui generis dar. Das Verfahrensrecht wird insoweit den Zwängen des materiellen Familienrechts untergeordnet. 357

In der Praxis wird die Vorschrift auch in Ehesachen anscheinend **nur sehr selten angewendet.** Die Probleme, zu deren Lösung § 629c ZPO dient, lassen sich aber auch auf andere Weise lösen: Es kommt auch sonst nicht selten vor, dass eine Folgesachen- 358 entscheidung nachträglich geändert wird und andere Folgesachenentscheidungen dann angepasst werden müssen. Dafür stehen Instrumente zur Verfügung, die auch im Fall der Änderung einer Folgesachenentscheidung durch den BGH angewendet werden könnten (§§ 323, 767 ZPO für Unterhaltsentscheidungen und § 17 HausratsVO für Entscheidungen über Hausrat und lebenspartnerschaftliche Wohnung). Für die Regelung des § 629c ZPO spricht allenfalls ein geringer Zeitvorteil.

359 **Liegen die Voraussetzungen** für eine erweiterte Aufhebung **vor,** liegt es im pflichtgemäßen Ermessen des BGH, über den Umfang der Aufhebung und Zurückverweisung zu entscheiden. Regelmäßig ist jedoch anzunehmen, dass das Ermessen des BGH reduziert ist. Das bedeutet, dass der BGH grundsätzlich die erweiterte Aufhebung aussprechen muss, wenn nicht ausnahmsweise eine Korrektur der angegriffenen Entscheidung des OLG nach den allgemeinen Vorschriften sachgerechter wäre. Der BGH darf nicht in der Sache selbst entscheiden („durchentscheiden"). § 563 III 1 ZPO wird als lex generalis von § 629c ZPO verdrängt.

360 **Nach der Zurückverweisung** überprüft das OLG seine Entscheidung in allen durch die erweiterte Aufhebung betroffenen Streitigkeiten. Von den Parteien können im Rahmen des allgemein Zulässigen dazu neue Tatsachen vorgebracht werden. Eine Bindung des OLG an die im Rahmen der Zurückverweisung geäußerte Rechtsauffassung des BGH besteht nur nach den allgemeinen Grundsätzen. § 629c ZPO führt insoweit zu keiner Erweiterung.

361 2. Für **Verfahren, welche die Feststellung des Bestehens oder Nichtbestehens einer Lebenspartnerschaft betreffen** (Abs 1 Nr 2), gilt § 632 ZPO entsprechend.

362 **a)** Die Klage auf Feststellung des Bestehens oder Nichtbestehens einer Lebenspartnerschaft ist ein **Sonderfall der Feststellungsklage.** Die Bestandsfeststellungsklage ist – wenn sie unter Eheleuten erhoben wird – Ehesache, so dass auch insoweit die §§ 606-620g ZPO anzuwenden sind. Das zur Aufhebung der Lebenspartnerschaft Gesagte (Rn 111 ff) gilt daher grundsätzlich entsprechend, soweit sich nicht aus dem folgenden etwas anderes ergibt.

363 Die Ehe-Bestandsfeststellungsklage **steht der Eheaufhebungsklage insofern nahe,** als auch hier das öffentlich Interesse an der Klärung des Bestands der Ehe im Vordergrund steht. Auch an dem Feststellungsverfahren kann daher die zuständige Verwaltungsbehörde als Vertreterin öffentlicher Interessen teilnehmen (§ 632 III iVm § 631 IV ZPO). Für Lebenspartnerschaften hat diese Regelung keine Bedeutung, weil materiell kein Recht einer Verwaltungsbehörde vorgesehen ist, die Unwirksamkeit einer Lebenspartnerschaft wegen des Verstoßes gegen ein Partnerschaftsverbot durch die Feststellung dieser Unwirksamkeit durchzusetzen.

364 Im Übrigen finden sich Einschränkungen der **Widerklage** (§ 632 II ZPO) und besondere Regeln für **Versäumnisurteile** (§ 632 IV ZPO), um zu verhindern, dass die Lebenspartner durch Manipulationen zu einem Urteil über den Bestand der Lebenspartnerschaft gelangen, das der wahren Rechtslage widerspricht.

365 **b) Parteien** des Verfahrens über eine Bestandsfeststellungsklage können nur die Lebenspartner sein. Eine Klagebefugnis einer Behörde oder sonstiger Dritter besteht nicht.

366 Da es sich bei der Klage um eine Feststellungsklage handelt, ist wie bei der allgemeinen Feststellungsklage ein **Feststellungsinteresse** erforderlich. Ob es vorliegt, richtet sich nach den zur allgemeinen Feststellungsklage entwickelten Kriterien.

367 **c)** Es gelten nur **wenige besondere Verfahrensregeln**: Die Feststellungsklage darf nicht mit anderen Klagen verbunden werden. Das ergibt sich in Bezug auf Aufhebungsanträge und Herstellungsklagen aus § 610 II ZPO. Aber auch in Bezug auf andere Klagen und Anträge ist eine Verbindung unzulässig. Der Gesetzgeber hat zwar 1998 die früheren §§ 638, 1, 633 ZPO ersatzlos aufgehoben, sodass der Schluss nahe liegt,

dass damit das umfassende Verbindungsverbot beseitigt werden sollte. Bei genauerer Betrachtung ergibt sich aber, dass der Gesetzgeber § 633 ZPO nur deswegen beseitigt hat, weil er meinte, mit dem Wegfall des Ehenichtigkeitsverfahrens fehle es künftig an einem Anwendungsbereich. An der bisherigen Rechtslage sollte nichts geändert werden (BT-Drucks 13/4898, 26).

368 Auch **widerklagend** kann eine Bestandsfeststellungsklage nur mit einer Bestandsfeststellungsklage erwidert werden (§ 632 II ZPO). Eine gegen eine positive Bestandsfeststellungsklage widerklagend erhobene negative Bestandsfeststellungsklage hat allein die Wirkung eines Klageabweisungsantrags.

369 Im Bestandsfeststellungsverfahren sind auch **Beweislastentscheidungen** möglich. Diese richten sich – anders als bei Ehe-Bestandsfeststellungsklagen – nach den allgemeinen Grundsätzen; denn bei Lebenspartnern verfängt die auf Art 6 GG gestützte Argumentation nicht, mit der bei Ehen verlangt wird, bei nicht eindeutigem Ergebnis die Bestandsfeststellungsklage in jedem Fall abzuweisen (Einzelheiten: Wieczorek/Schütze/Kemper § 638 ZPO Rn 6), weil die Lebenspartnerschaft nicht unter dem Schutz von Art 6 GG steht.

370 Das im Bestandsfeststellungsverfahren ergehende stattgebende **Urteil** hat Wirkung nur unter den Lebenspartnern. Die Rechtslage unterscheidet sich damit grundlegend von derjenigen zur Zeit der Geltung des § 638 aF ZPO (dazu Wieczorek/Schütze/Kemper, § 638 ZPO Rn 5), als die Bestandsfeststellungsklage noch für und gegen alle wirkte. In § 632 ZPO fehlt eine § 638, 2 ZPO aF entsprechende Bestimmung, die diese Folge anordnete. Daraus kann nur geschlossen werden, dass das „neue" Bestandsfestellungsverfahren eine entsprechende Folge nicht mehr haben sollte (Zöller/Philippi, § 632 ZPO Rn 9). Da die Bestandsfeststellungsklage auch keine Gestaltungsklage ist, der diese Wirkung ohne weiteres zukäme, bleibt es dabei, dass das Urteil eine bloße Wirkung inter partes hat.

371 **Stirbt einer der Lebenspartner** vor der Rechtskraft des Urteils, erledigt sich das Verfahren in der Hauptsache (§ 619 ZPO).

372 Der Erlass eines **Versäumnisurteils** gegen den Beklagten ist auch im Bestandsfeststellungsverfahren ausgeschlossen (§ 612 IV ZPO). Ein Versäumnisurteil gegen den Kläger kommt nur insoweit in Betracht, als darin ausgesprochen wird, dass die Klage als zurückgenommen gilt (Abs 4).

373 **3.** Die Verfahren, welche die **Verpflichtung zur Fürsorge und Unterstützung in der partnerschaftlichen Lebensgemeinschaft betreffen** (Abs 1 Nr 3), sind die funktionellen Äquivalente zu den Eheherstellungsverfahren. Auch diese Verfahren sind – wenn sie Eheleute betreffen – Ehesachen, dh auf sie sind die §§ 606 ff ZPO anwendbar. Es gilt daher grundsätzlich das in Rn 111 ff Ausgeführte entsprechend.

374 Die Herstellungsverfahren sind **Leistungsklagen,** in Ausnahmefällen auch **Unterlassungsklagen** (zB bei Geltendmachung eines Anspruchs auf Unterlassung von Tätlichkeiten). Darin unterscheiden sie sich von den anderen unter §§ 606 ff ZPO fallenden Verfahren.

375 Folgt man der hier vertretenen Meinung, dass auf die in Verfahren nach Abs 1 Nr 3 ergehenden Urteile § 888 III ZPO entsprechend anwendbar ist (Rn 376), sodass diese Urteile nicht vollstreckbar sind, dann erscheint fraglich, welchen **Zweck** ein derartiges Verfahren überhaupt haben kann. Teilweise wird deswegen im Eherecht vertreten, für eine Herstellungsklage fehle regelmäßig das **Rechtsschutzbedürfnis** (Stein/Jonas/Schlosser, Vor § 606 ZPO Rn 14a). Dem kann in dieser Allgemeinheit nicht zugestimmt werden. Richtig erscheint allerdings, dass bei Klagen nach Abs 1 Nr 3 nicht automatisch vom Bestehen eines Rechtsschutzbedürfnisses ausgegangen werden kann. Das Gericht muss vielmehr prüfen, ob der Kläger mit seiner Klage rechtlich billigenswer-

te Zwecke verfolgt (Wieczorek/Schütze/Becker-Eberhard, § 606 ZPO Rn 24). Im Regelfall wird es für das Rechtsschutzbedürfnis bereits ausreichen, dass sich aus einem Urteil ein erheblich stärkerer moralischer Appell ergibt als aus jeder privaten Aufforderung.

376 Die in den Verfahren nach Abs 1 Nr 3 ergehenden Urteile sind **nicht vollstreckbar.** Das ergibt sich aus einer entsprechenden Anwendung von § 888 III ZPO. Die Norm gilt unmittelbar zwar nur für die Eheherstellungsklage, weil der Gesetzgeber des Lebenspartnerschaftsgesetzes sie nicht entsprechend ergänzt hat. Allerdings wird man die Verweisung in Abs 2, die sich auf die funktional entsprechenden eherechtlichen Verfahren bezieht, auch noch auf die zu diesem Verfahren gehörende Vollstreckungsregelung beziehen können. Die Interessenlage ist identisch: Es ist nicht gerechtfertigt, in das enge persönliche Verhältnis der Lebenspartner mit staatlichen Vollstreckungsakten einzugreifen.

377 **4.** Zu den Lebenspartnerschaftssachen gehören auch **Streitigkeiten, die den in § 621 ZPO genannten „anderen Familiensachen" entsprechen,** nämlich die Streitigkeiten um die Sorge für gemeinschaftliche Kinder (Abs 1 Nr 3a, entsprechend § 621 I Nr 1 ZPO), um den Umgang mit einem gemeinschaftlichen Kind (Abs 1 Nr 3b, entsprechend § 621 I Nr 2 ZPO), die Herausgabe eines gemeinschaftlichen Kindes (Abs 1 Nr 3c, entsprechend § 621 I Nr 3 ZPO), den Unterhalt für gemeinschaftliche minderjährige Kinder (Abs 1 Nr 3d, entsprechend § 621 I Nr 4), die durch die Lebenspartnerschaft begründete gesetzliche Unterhaltspflicht (Abs 1 Nr 4, entsprechend § 621 I Nr 5 ZPO), die Streitigkeiten um den Versorgungsausgleich (Abs 1 Nr 4a, entsprechend § 621 I Nr 6 ZPO), die Verfahren zur Regelung der Rechtsverhältnisse an der gemeinsamen Wohnung und am Hausrat der Lebenspartner (Abs 1 Nr 5, entsprechend § 621 I Nr 7 ZPO), die Verfahren über Ansprüche aus dem lebenspartnerschaftlichen Güterrecht, auch wenn Dritte an dem Verfahren beteiligt sind (Abs 1 Nr 6, entsprechend § 621 I Nr 8 ZPO) und die Entscheidungen nach § 6, 2 LPartG iVm §§ 1382, 1383 BGB.

378 Für diese Verfahren sind in erster Linie die **Vorschriften über das Verfahren in anderen Familiensachen** maßgebend, vor allem die §§ 621 ff ZPO. Auf Lebenspartnerschaftssachen übertragen bedeutet das:

379 **a)** § 621 II ZPO bestimmt die **örtliche Zuständigkeit** für Lebenspartnerschaftssachen nach Abs 1 Nr 3a ff abhängig von der gleichzeitigen Anhängigkeit einer Lebenspartnerschaftssache nach Abs 1 Nr 1-3. Ist eine solche nicht anhängig, gelten die allgemeinen Vorschriften (Abs 2 S 2); ist dagegen eine Lebenspartnerschaftssache nach Abs 1 Nr 1-2 anhängig, ist unter den deutschen Gerichten das Gericht des ersten Rechtszugs ausschließlich örtlich zuständig, bei dem die Lebenspartnerschaftssache nach Abs 1 Nr 1-3 anhängig ist oder war (§ 621 II 1 ZPO). Wird eine Lebenspartnerschaftssache nach Abs 1 Nr 1-3 schließlich erst nach der anderen Lebenspartnerschaftssache rechtshängig, ist das Verfahren an das Gericht der Lebenspartnerschaftssache nach Abs 1 Nr 1-3 abzugeben (§ 621 III ZPO). Durch diese Regelungen sollen andere Lebenspartnerschaftssachen beim Gericht der Lebenspartnerschaftssache nach Abs 1 Nr 1-3 konzentriert werden, um Doppelbefassungen zu vermeiden und die Voraussetzungen für die Durchführung des Aufhebungsverbunds zu schaffen.

380 **aa)** Ist eine **Lebenspartnerschaftssache nach Abs 1 Nr 1-3 nicht anhängig,** richtet sich die örtliche Zuständigkeit für die Entscheidung der isolierten Lebenspartnerschaftssache nach Abs 1 Nr 4 ff nach den allgemeinen Grundsätzen. Welche das sind, wird durch den Charakter der Lebenspartnerschaftssache bestimmt: Handelt es sich um eine ZPO-Lebenspartnerschaftssache (Unterhalts- und Güterrechtsstreitigkeiten, Abs 1 Nr 3d, 4 und 6), gelten die §§ 12 ff ZPO. Bei Unterhaltsstreitigkeiten sind vor allem auch die besonderen Gerichtsstände der §§ 23a, 35a ZPO zu beachten. Die ört-

liche Zuständigkeit für das Hausratsverfahren richtet sich nach § 11 HausratsVO und diejenige für die Verfahren nach § 6, 2 LPartG, §§ 1382, 1383 BGB nach § 45 FGG (BGH FamRZ 88, 1160).

381 Die unterschiedlichen Zuständigkeitsregelungen können dazu führen, dass ein und dieselbe Lebenspartnerschaft betreffende **Lebenspartnerschaftssachen bei verschiedenen Gerichten anhängig** sind. Diese Folge ist vom Gesetzgeber bewusst in Kauf genommen worden; sie ist nicht unbedingt nachteilig, weil die Streitfragen in diesen Fällen nicht in jedem Fall miteinander zusammenhängen müssen.

382 Die **örtliche Zuständigkeit** für isolierte **ZPO-Lebenspartnerschaftssachen** ist **grundsätzlich nicht ausschließlich**; sie unterliegt daher der Parteidisposition. Etwas anderes gilt nur dann, wenn andere Vorschriften die Ausschließlichkeit der Zuständigkeit anordnen (zB §§ 767, 802 ZPO). Die Zuständigkeit für die FGG-Lebenspartnerschaftssachen ist dagegen immer eine ausschließliche.

383 Wird eine isolierte Lebenspartnerschaftssache bei einem **örtlich unzuständigen Familiengericht** anhängig gemacht, ist nach § 281 ZPO zu verfahren. Für ZPO-Lebenspartnerschaftssachen folgt das unmittelbar aus § 281 ZPO, für FGG-Lebenspartnerschaftssachen aus der in § 621a ZPO angeordneten entsprechenden Anwendung der ZPO-Vorschriften (BGH FamRZ 92, 49). Auch in diesem Fall ist aber – anders als im FGG-Verfahren – für die Verweisung ein Antrag erforderlich (KG FamRZ 80, 470). Die Verweisung bindet das Gericht, an das verwiesen wurde, hinsichtlich der örtlichen Zuständigkeit (§ 281 II 5 ZPO, BGHZ 71, 16 ff); Zuständigkeitskonflikte zwischen dem abgebenden und dem Gericht, an das abgegeben wird, werden entsprechend § 36 ZPO entschieden (BGHZ 71, 17).

384 **bb) Ist eine Lebenspartnerschaftssache nach Abs 1 Nr 1-3 anhängig,** ist das Gericht der Lebenspartnerschaftssache nach Abs 1 Nr 1-3 im ersten Rechtszug ausschließlich örtlich zuständig für alle Lebenspartnerschaftssachen, die dieselben Lebenspartner betreffen (arg § 621 II ZPO). Die Beschränkungen, die § 621 II gegenüber dem in § 621 I ZPO aufgestellten Katalog enthält, sind für Lebenspartnerschaftssachen nur insoweit beachtlich, als Vereinfachte Verfahren zur Abänderung von Unterhaltstiteln ausgenommen sind. Soweit § 621 II Nr 1-3 die Ausschließlichkeit der Zuständigkeit einschränken, hat das für Lebenspartnerschaftssachen keine Bedeutung, weil insofern ohnehin nur Streitigkeiten in Bezug auf gemeinsame Kinder betroffen sein können. Die Streitigkeiten nach § 621 II Nr 5 ZPO sind keine Lebenspartnerschaftssachen.

385 Darauf, ob das zur Entscheidung der Lebenspartnerschaftssache nach Abs 1 Nr 1-3 angerufene **Familiengericht** für dieses Verfahren **tatsächlich zuständig** ist, kommt es nicht an. Die Konzentrationswirkung tritt nur dann nicht ein, wenn die Lebenspartnerschaftssache nach Abs 1 Nr 1-3 rechtsmissbräuchlich bewusst bei einem örtlich unzuständigen Gericht anhängig gemacht worden ist, um den Streit über die anderen Lebenspartnerschaftssachen dorthin zu ziehen (KG FamRZ 89, 1105). Das nachzuweisen, dürfte in der Praxis jedoch kaum gelingen.

386 **Anhängig** wird die Lebenspartnerschaftssache nach Abs 1 Nr 1-3 durch die Einreichung des Aufhebungsantrags. Die Anhängigkeit endet durch die rechtskräftige Entscheidung der Lebenspartnerschaftssache nach Abs 1 Nr 1-3, durch die Rücknahme des Antrags bzw der Klage, die beidseitige Erledigungserklärung und den Tod eines der Lebenspartner.

387 Die durch die Anhängigkeit der Lebenspartnerschaftssache nach Abs 1 Nr 1-3 für die anderen Lebenspartnerschaftssachen begründete **Zuständigkeit ist eine ausschließliche**; sie ist daher einer Parteivereinbarung entzogen.

388 Probleme entstehen daraus dann, wenn die **ausschließliche Zuständigkeit nach § 621 II ZPO mit anderen ausschließlichen Zuständigkeiten kollidiert**. Handelt es sich um einen Konflikt mit § 584 ZPO (Wiederaufnahme), ist dieser dadurch zu lösen, dass

die **Wiederaufnahmezuständigkeit** derjenigen nach § 621 ZPO vorgeht; denn Sinn der ausschließlichen Zuständigkeit des Gerichts, das im ersten Rechtszug erkannt hatte, ist es, das sachlich nächste Gericht mit der Wiederaufnahmeklage zu befassen. Dieses Bedürfnis besteht auch dann, wenn zwischenzeitlich eine Lebenspartnerschaftssache nach Abs 1 Nr 1-3 an einem anderen Gericht anhängig geworden ist.

389 Kollidiert die ausschließliche Zuständigkeit nach § 621 II ZPO mit derjenigen des Prozessgerichts bei einer **Vollstreckungsgegenklage** (§§ 767, 802 ZPO), ist ebenfalls der Zuständigkeit des Prozessgerichts der Vorrang einzuräumen (BGH FamRZ 80, 346); denn die in § 802 ZPO angeordnete ausschließliche Zuständigkeit ist eine umfassende, während diejenige nach § 621 II ZPO nur die örtliche Zuständigkeit betrifft. Außerdem ist das Prozessgericht das für die materielle Einwendungen gegen den Vollstreckungstitel betreffende Vollstreckungsgegenklage das sachlich nähere Gericht. Dieser Vorrang ist aber nur dann anzunehmen, wenn bereits an ein gerichtliches Verfahren angeknüpft werden kann. Die Zuständigkeit für Vollstreckungsgegenklagen nach §§ 797, 802 ZPO tritt deswegen nach richtiger Ansicht hinter diejenige nach § 621 II ZPO zurück (BayObLG FamRZ 91, 1455; OLG Hamburg FamRZ 84, 68).

390 Ein Kollisionsproblem kann schließlich mit dem **Gerichtsstand der Belegenheit bzw des Aufenthaltes beim Arrest** (§ 919 ZPO) entstehen. Insoweit ist mit dem OLG Frankfurt (FamRZ 88, 185) anzunehmen, dass der besondere Gerichtsstand der Belegenheit durch § 621 II ZPO nicht verdrängt wird, weil der Gläubiger durch die Schaffung dieses Gerichtsstands in die Lage versetzt werden sollte, zur Wahrung seines Sicherungsbedürfnisses dort schnellen Zugriff auf Vermögensgegenstände des Schuldners zu nehmen, wo diese sich befinden. Dieser Zweck bleibt bestehen, auch wenn der Arrest einen aus einer Lebenspartnerschaftssache resultierenden Anspruch sichern soll.

391 **Endet die Anhängigkeit** der Lebenspartnerschaftssache nach Abs 1 Nr 1-3, endet auch die ausschließliche Zuständigkeit des Gerichts für alle noch nicht rechtshängigen Lebenspartnerschaftssachen. Für diejenigen anderen Lebenspartnerschaftssachen, die während der Anhängigkeit der Lebenspartnerschaftssache nach Abs 1 Nr 1-3 rechtshängig geworden sind, bleibt es aber nach den Grundsätzen der perpetuatio fori bei der ausschließlichen Zuständigkeit des Gerichts der Lebenspartnerschaftssache nach Abs 1 Nr 1-3 (§ 261 III Nr 2 ZPO).

392 Wird eine Lebenspartnerschaftssache bei einem anderen als dem nach § 621 II ZPO **örtlich zuständigen Familiengericht** anhängig gemacht, ist nach § 281 ZPO zu verfahren, dh das Verfahren ist auf Antrag an das zuständige Gericht abzugeben. Der Kläger muss die durch die Verweisung entstehenden Mehrkosten tragen (§ 281 III 2 ZPO); § 621 III 2 ZPO findet insoweit keine Anwendung. Wird ein Antrag nicht gestellt, ist die Klage abzuweisen. Diese Grundsätze gelten wegen § 621a ZPO auch für die FGG-Lebenspartnerschaftssachen.

393 **cc)** Ist die **andere Lebenspartnerschaftssache bereits vor der Lebenspartnerschaftssache nach Abs 1 Nr 1-3 anhängig,** greift die Zuständigkeitsregelung des § 621 II ZPO für diese andere Lebenspartnerschaftssache nicht mehr ein. Um den mit der Zuständigkeitskonzentration beim Gericht der Lebenspartnerschaftssache nach Abs 1 Nr 1-3 verfolgten Zweck, unnötige Doppelbefassungen der Familiengerichte zu vermeiden und alle dieselben Lebenspartner betreffenden Streitigkeiten bei einem Gericht zusammenzufassen, um den Aufhebungsverbund zu ermöglichen, auch in diesem Fall zu erreichen, ergänzt § 621 III ZPO die Zuständigkeitsregelung des § 621 II ZPO durch das Gebot, eine bereits anhängige Lebenspartnerschaftssache an das Gericht der Lebenspartnerschaftssache nach Abs 1 Nr 1-3 abzugeben oder zu verweisen, wenn eine Lebenspartnerschaftssache nach Abs 1 Nr 1-3 rechtshängig wird. Da diese Regelung auch gilt, wenn die andere Lebenspartnerschaftssache nicht nur anhängig, sondern auch

rechtshängig ist, wird durch sie die in § 261 III ZPO angeordnete perpetuatio fori in diesem Fall durchbrochen.

Parallelvorschriften zu § 621 III ZPO finden sich in § 64 II FGG und § 11 III HausratsVO. Ihr Verhältnis zu § 621 III ZPO ist umstritten. Auf den insoweit bestehenden Streit kommt es jedenfalls in der Praxis nicht an; denn alle Vorschriften sind inhaltsgleich. 394

Raum für die Anwendung des § 621 III ZPO ist nur, wenn das wegen der anderen Lebenspartnerschaftssache **angerufene Gericht an sich sachlich und örtlich zuständig** war. Fehlt es daran, ist nach § 281 ZPO zu verfahren. 395

(1) Die Überleitung setzt nach dem Wortlaut des § 621 III zunächst voraus, dass die **andere Lebenspartnerschaftssache in der ersten Instanz anhängig** ist. Ob das der Fall ist, wird nach den allgemeinen Regeln bestimmt. Da aber der Zweck des Überleitungsgebots, die Entscheidung aller dieselben Lebenspartner betreffenden Lebenspartnerschaftssachen zur gemeinsamen Entscheidung bei einem Gericht zusammenzufassen, nur solange erreicht werden kann, wie noch keine die Instanz abschließende Entscheidung ergangen ist, ist der Tatbestand des § 621 III ZPO entsprechend teleologisch zu reduzieren. Sobald daher die die Instanz abschließende Entscheidung verkündet oder zugestellt ist, ist die Überleitung nicht mehr möglich (BGH NJW 86, 2058). Das gilt auch im Verfahren der Freiwilligen Gerichtsbarkeit (KG FamRZ 79, 1063); denn in Lebenspartnerschaftssachen besteht die erleichterte Abänderungsmöglichkeit nach § 18 FGG für Endentscheidungen nicht (vgl §§ 621e III 2, 577 III ZPO). 396

Die Überleitung ist nur solange möglich, wie die andere Lebenspartnerschaftssache in der ersten Instanz anhängig ist. Befindet sie sich schon in der **Rechtsmittelinstanz**, scheidet die Überleitung daher aus (BGH FamRZ 85, 800; NJW 86, 2058). Sie wird nur dann wieder möglich, wenn die Sache von der Rechtsmittelinstanz in die erste Instanz zurückverwiesen wird (BGH NJW 80, 1392). 397

Die **Lebenspartnerschaftssache nach Abs 1 Nr 1-3** muss **nach der Anhängigkeit der anderen Lebenspartnerschaftssache rechtshängig geworden**, dh die Antragsschrift muss zugestellt worden (§§ 261 I, 253 I ZPO) sein. Bloße Anhängigkeit oder die Übersendung der Antragsschrift im Rahmen eines Prozesskostenhilfeverfahrens reichen dagegen nicht. 398

Die Überleitung ist trotz des Vorliegens der Voraussetzungen des § 621 III ZPO **nicht** möglich, wenn das **Gericht**, bei dem die andere Lebenspartnerschaftssache anhängig ist, für diese **aus einem anderen Grund ausschließlich zuständig** ist (Kollision ausschließlicher Zuständigkeiten). Das kommt vor allem bei Vollstreckungsverfahren vor; denn die Gerichtsstände des Vollstreckungsrechts sind ausschließliche (§ 802 ZPO). Die Verweisung von Vollstreckungsgegenklagen und Arrestverfahren, in denen das Gericht der Belegenheit bzw des Aufenthalts angerufen wurde, scheidet also aus. Das Gleiche gilt für Wiederaufnahmeverfahren. Dagegen sind Vollstreckungsverfahren nach § 33 FGG selbstständige Verfahren und daher an das Gericht der Lebenspartnerschaftssache nach Abs 1 Nr 1-3 abzugeben (BGH FamRZ 86, 789; 88, 1256). 399

(2) Die **Überleitung** des Verfahrens bezüglich der anderen Lebenspartnerschaftssache wird **von Amts wegen bewirkt.** Der Beschluss kann ohne mündliche Verhandlung getroffen werden; den Parteien ist aber vorher rechtliches Gehör zu gewähren. Der Verweisungs- bzw Abgabebeschluss ist unanfechtbar (§ 281 II 3 ZPO). Er ist für das Gericht der Lebenspartnerschaftssache nach Abs 1 Nr 1-3 bindend (§ 281 II 5 ZPO). Zu beachten ist jedoch, dass die Bindungswirkung nur soweit geht, wie der Regelungsgehalt des Überleitungsbeschlusses: Die Überleitung erfolgt zur Schaffung einer örtlichen Zuständigkeitskonzentration mit der Lebenspartnerschaftssache nach Abs 1 Nr 1-3. Das Gericht der Lebenspartnerschaftssache nach Abs 1 Nr 1-3 ist daher nicht daran gehindert, die Sache an eine andere Abteilung des Amtsgerichts weiterzuverweisen, 400 wenn es der Auffassung ist, bei der übergeleiteten Sache handele es sich nicht um eine Lebenspartnerschaftssache (BGH FamRZ 80, 557; BayObLG FamRZ 81, 62). Ebenso ist das Gericht der Lebenspartnerschaftssache nach Abs 1 Nr 1-3 nicht an einer Weiterverweisung der anderen Lebenspartnerschaftssache zusammen mit der Lebenspartnerschaftssache nach Abs 1 Nr 1-3 gehindert.

401 Die **übergeleitete Lebenspartnerschaftssache tritt nicht automatisch in den Verbund** mit der Lebenspartnerschaftssache nach Abs 1 Nr 1. Dazu ist vielmehr erforderlich, dass die andere Lebenspartnerschaftssache überhaupt Verbundsache sein kann und dass der Antragsteller bzw Kläger erklärt, dass er die Entscheidung nur für den Fall der Aufhebung begehre (§ 623 I ZPO).

402 Die vor dem überleitenden Gericht entstandenen **Kosten** werden als Teil der Kosten des Verfahrens beim Gericht der Lebenspartnerschaftssache nach Abs 1 Nr 1-3 behandelt (§ 281 III 1 ZPO). Die Kostenregelung des § 281 III 2 ZPO ist in den Fällen des § 621 III ZPO nicht entsprechend anwendbar, denn dem Kläger bzw Antragsteller gegenüber kann kein Vorwurf erhoben werden: Zu der Zeit als er die Lebenspartnerschaftssache anhängig machte, war das von ihm gewählte Gericht noch zuständig.

403 **b)** Die **internationale Zuständigkeit für Familiensachen** und damit auch die Lebenspartnerschaftssachen nach Abs 1 Nr 4 ff folgt regelmäßig aus der örtlichen und wird damit ebenfalls nach § 621 II, III ZPO bestimmt (BGH FamRZ 83, 806; 92, 427). § 621 II ZPO stellt aber klar, dass die Zuständigkeit deutscher Gerichte im Verhältnis zu derjenigen ausländischer Gerichte keine ausschließliche ist.

404 **aa)** Die Bestimmung der internationalen Zuständigkeit nach der örtlichen Zuständigkeit ist aber ausgeschlossen, wenn die internationale Zuständigkeit besonders **staatsvertraglich geregelt** ist. In diesem Fall geht die staatsvertragliche Regelung als lex specialis vor (BGH NJW 84, 1304). Vorrangig sind in Bezug auf Kinder (nicht in Bezug auf die übrigen Lebenspartnerschaftssachen) vor allem die Brüssel IIa VO (VO Nr 2201/2003 v 27.11.03, ABl EG Nr L 338/1), in seinem Anwendungsbereich das Haager Minderjährigenschutzabkommen (Übereinkommen über die Zuständigkeit der Behörden und das anzuwendende Recht auf dem Gebiet des Schutzes von Minderjährigen v 5.10.61, BGBl 71 II 217) für Sorgerechtsangelegenheiten, das Haager Kindesentführungsabkommen (Haager Übereinkommen über die zivilrechtlichen Aspekte internationaler Kindesentführung v 25.10.80, BGBl 90 II 206) bei internationalen Kindesentführungen und den darauf beruhenden Herausgabeverlangen und in Bezug auf Unterhaltsklagen die EG-Verordnung 44/2001 v 22.12.00 über die gerichtliche Zuständigkeit und die Anerkennung und Vollstreckung von Entscheidungen in Zivil- und Handelssachen (ABl EG Nr L 012 v 16.1.02. Die internationale Zuständigkeit ist auch bei Anhängigkeit einer Lebenspartnerschaftssache nach Abs 1 Nr 1-3 keine ausschließliche (vgl Abs 2 S 1, OLG Frankfurt NJW-RR 90, 647).

405 **bb)** Ist eine **Lebenspartnerschaftssache nach Abs 1 Nr 1-3 nicht anhängig** und greift keine besondere staatsvertragliche Regelung ein, folgt die internationale Zuständigkeit der örtlichen. Soweit die örtliche Zuständigkeit nicht ausschließlich ist, kann auch die internationale Zuständigkeit durch Vereinbarung oder rügelose Einlassung begründet werden.

406 **cc)** Ist eine **Lebenspartnerschaftssache nach Abs 1 Nr 1-3 in der Bundesrepublik anhängig**, sind die deutschen Gerichte auch für alle anderen, diese Lebenspartner betreffenden Folgesachen international zuständig (BGHZ 75, 243; NJW 90, 636; 92, 3293). Anders als die örtliche Zuständigkeit ist diese aber keine ausschließliche.

407 Ist die **Lebenspartnerschaftssache nach Abs 1 Nr 1-3 im Ausland anhängig**, sind die deutschen Gerichte trotzdem für die anderen Lebenspartnerschaftssachen zuständig, wenn sie für diese nach den allgemeinen Grundsätzen örtlich zuständig sind (OLG Frankfurt FamRZ 90, 171); denn die Anhängigkeit der Lebenspartnerschaftssache nach

Abs 1 Nr 1-3 im Ausland begründet keine Zuständigkeitskonzentration bei dem Gericht der Lebenspartnerschaftssache nach Abs 1 Nr 1-3, weil insoweit nicht die Ausschließlichkeit der Zuständigkeit angeordnet ist.

408 Eine **Überleitung nach § 621 III ZPO** kommt bei Rechtshängigwerden der Lebenspartnerschaftssache nach Abs 1 Nr 1-3 im Ausland nach Anhängigkeit einer anderen Lebenspartnerschaftssache in Deutschland nicht in Betracht; denn durch deutsche Vorschriften kann einem ausländischen Gericht keine Zuständigkeit aufgedrängt werden (OLG Frankfurt FamRZ 82, 528).

409 **c)** Grundsätzlich **folgen die ZPO- und die FGG-Lebenspartnerschaftssachen jeweils „ihrer" Verfahrensordnung.** Die verfahrensrechtliche Trennung von FGG- und ZPO-Sachen ist jedoch im Interesse der Vereinfachung der Rechtsanwendung dadurch durchbrochen, dass § 621a I 2 ZPO die Geltung bestimmter „technischer" Vorschriften der ZPO und des GVG für alle Verfahrensarten anordnet. Auf diese Weise wird für alle Lebenspartnerschaftssachen dasselbe ausdifferenzierte Regelungssystem zur Verfügung gestellt und das Verfahren vereinheitlicht. Ermöglicht wird auch die Zusammenfassung und gemeinsame Entscheidung von den Regeln der freiwilligen Gerichtsbarkeit unterliegenden Streitigkeiten um Sorge, Umgang und Kindesherausgabe und den Verfahren nach § 6, 2 LPartG, §§ 1382, 1383 BGB sowie über den Versorgungsausgleich mit den der ZPO unterliegenden Verfahren, in denen über die Zugewinn-Ausgleichsforderung entschieden wird (§ 621a II ZPO).

410 **aa)** Mittelbar ergibt sich aus § 621a I 1 ZPO, dass in den Lebenspartnerschaftssachen des Abs 1 Nr 3d und 4 (Unterhaltsstreitigkeiten) und Nr 6 (güterrechtliche Streitigkeiten) die **ZPO unmittelbar anzuwenden** ist, ohne dass im Grundsatz Besonderheiten bestünden. Für die Unterhaltsstreitigkeiten gelten die Vorschriften über das Verfahren vor den Amtsgerichten (Umkehrschluss aus § 621b ZPO), für die güterrechtlichen Streitigkeiten diejenigen über das Verfahren vor den Landgerichten (§ 621b ZPO). Eine besondere Regelung enthalten die §§ 621 ff ZPO allerdings seit dem 1.1.2002 in Bezug auf verspätet vorgebrachte Angriffs- und Verteidigungsmittel. § 621d ZPO bestimmt in Anlehnung an § 615 ZPO, dass in Unterhalts- und güterrechtlichen Streitigkeiten Angriffs- und Verteidigungsmittel, die nicht rechtzeitig vorgebracht werden, zurückgewiesen werden können, wenn ihre Zulassung nach der freien Überzeugung des Gerichts die Erledigung des Rechtsstreits verzögern würde und die Verspätung auf grober Nachlässigkeit beruht. In diesen Fällen ist die Zurückweisung gerechtfertigt, weil es sich um echte Streitverfahren handelt, in denen die Parteien für die Beibringung des Streitstoffs verantwortlich sind. Sie sollen nicht durch grobe Nachlässigkeit die Entscheidung des Verfahrens in angemessener Zeit verzögern können. Im Übrigen, wenn also die verspätet vorgebrachten Angriffs- oder Verteidigungsmittel die Erledigung des Rechtsstreits nicht verzögern oder wenn die nicht rechtzeitige Einführung in das Verfahren nicht auf grober Nachlässigkeit beruht, sind die Angriffs- oder Verteidigungsmittel abweichend von den allgemeinen Vorschriften zuzulassen (§ 621d, 2 ZPO).

411 **bb)** **FGG-Lebenspartnerschaftssachen** sind die Streitigkeiten um Sorge, Umgang und Kindesherausgabe (Abs 1 Nr 3a-3c), den Versorgungsausgleich (Abs 1 Nr 4a), die künftigen Rechtsverhältnisse an der lebenspartnerschaftlichen Wohnung und dem Hausrat (Abs 1 Nr 5; §§ 13 f, 17 ff LPartG) und die Verfahren nach § 6, 2 LPartG, §§ 1382, 1383 BGB (Abs 1 Nr 7). Diese Verfahren unterliegen grundsätzlich den Vorschriften des FGG und – in Hausrats- und Wohnungssachen – denjenigen der HausratsVO. Insoweit werden aber zwei Gruppen von Normen ausgenommen: Zum einen bestimmt § 621a I 1 ZPO dass die FGG-Vorschriften nur gelten, sofern sich nicht aus der ZPO oder dem GVG etwas besonderes ergibt; und zum anderen werden eine Reihe von technische Fragen betreffenden, wenig ausdifferenzierten Vorschriften des FGG,

die den Rechtscharakter des Verfahrens nicht bestimmen, durch die entsprechenden Regelungen der ZPO ersetzt (§ 621a I 2 ZPO).

412 Aus der Tendenz zur Anwendung der ZPO lässt sich als Grundsatz ableiten, dass Lücken im Regelungsgeflecht des FGG durch die **analoge Anwendung der ZPO-Vorschriften** geschlossen werden können, sofern diese nicht den Charakter des Verfahrens als FGG-Verfahren ändern.

413 **(1) Sondervorschriften,** aus denen sich gegenüber den Vorschriften des FGG etwas „Besonderes" ergibt, sodass diese nach § 621a I 1 ZPO verdrängt werden, sind aus dem **GVG** § 23b (Zuständigkeit der Familiengerichte), § 119 I Nr 2 (Zuständigkeit der Oberlandesgerichte als Rechtsmittelgerichte), § 133 Nr 2 (Zuständigkeit des BGH als Gericht der Rechtsbeschwerde), § 170 (Ausschluss der Öffentlichkeit in Familiensachen).

414 Den FGG-Normen vorgehende besondere Vorschriften der **ZPO** finden sich unter den allgemeinen Vorschriften des ersten Buchs, vor allem aber unter den besonderen Vorschriften für das familiengerichtliche Verfahren. Aus dem ersten Buch sind besondere Vorschriften § 78 II, III (Anwaltszwang vor den Familiengerichten), § 93a I, II (Kosten in Lebenspartnerschaftssachen nach Abs 1 Nr 1-2) und § 97 III (Rechtsmittelkosten bei Aufhebungsfolgensachen nach Abs 1 Nr 5 und 7). Die wichtigsten Sondervorschriften für die FGG-Sachen sind aber in den Vorschriften der ZPO über das familiengerichtliche Verfahren selbst enthalten: die Regelung der ausschließlichen Zuständigkeit der Familiengerichte (§ 621 ZPO), die Anordnung, in den Fällen des Abs 1 Nr 7 durch Urteil zu entscheiden, wenn gleichzeitig über eine güterrechtliche Ausgleichsforderung zu entscheiden ist (621a II ZPO), das Verbot, die Zustellung einer Endentscheidung hinauszuschieben (621c ZPO) und die Sonderregelungen für die Rechtsmittel gegen Entscheidungen des Familiengerichts in FGG-Sachen (621e ZPO), durch die nicht nur § 22 FGG verdrängt wird (BGH NJW 79, 110), sondern auch § 21 II FGG und die Regelungen der §§ 27-30 FGG. Zu den besonderen Vorschriften gehören außerdem § 621f ZPO, der die Anordnung eines Kostenvorschusses durch einstweilige Anordnung regelt, sowie sämtliche Regelungen über den Aufhebungsverbund (§§ 623-629d ZPO).

415 **(2)** Der allgemeine Vorbehalt des § 621a I 1 ZPO zugunsten der besonderen Vorschriften in ZPO und GVG wird in § 621 I 2 ZPO durch die **Ersetzung einer Reihe von FGG-Vorschriften** durch ihre weiter ausdifferenzierten Entsprechungen in der ZPO ergänzt. Danach gilt:

416 Anstelle von **§ 2 FGG** sind die Vorschriften des GVG über die Rechtshilfe (§§ 156-168 GVG) unmittelbar anzuwenden.

417 Anstelle des **§ 3 FGG** gilt für die Bestimmung des Gerichtsstands exterritorialer Deutscher § 15 ZPO unmittelbar. Die Sonderregelung für den Gerichtsstand von Soldaten (§ 3 II FGG) fällt ersatzlos weg; für sie gelten die allgemeinen Grundsätze der §§ 13 ff ZPO.

418 Verdrängt wird auch die Regelung des **§ 4 FGG**, nach der unter mehreren zuständigen Gerichten demjenigen der Vorzug gebührt, das zuerst in der Sache tätig geworden ist. Diese Vorschrift hat in der ZPO keine direkte Entsprechung. Das OLG Koblenz will § 35 ZPO anwenden und dem Antragsteller ein Wahlrecht geben (OLG Koblenz FamRZ 83, 201). Diese Lösung versagt jedoch, wenn gleichartige Verfahren von mehreren Beteiligten bei verschiedenen Gerichten anhängig gemacht werden. Eine dem § 4 FGG am ehesten entsprechende Lösung enthält vielmehr § 261 III Nr 1 ZPO. Diese Vorschrift ist daher auf die FGG-Lebenspartnerschaftssachen entsprechend anzuwenden (OLG Schleswig SchlHA 81, 149). Solange eine FGG-Lebenspartnerschaftssache bei einem Gericht anhängig ist, darf sie daher nicht bei einem anderen Gericht anhängig gemacht werden.

Für die Lösung von Kompetenzkonflikten gelten statt **§ 5 FGG** im familiengerichtlichen Verfahren §§ 36, 37 ZPO (Rn 107). Entscheidungsinstanz ist immer das übergeordnete Gericht, auch wenn dieses der BGH ist. Nur in dem Sonderfall, dass ein Familiengericht und ein Gericht der freiwilligen Gerichtsbarkeit nur über die örtliche Zuständigkeit für ein Verfahren streiten, von dem beide Gerichte annehmen, dass es in die Zuständigkeit der allgemeinen freiwilligen Gerichtsbarkeit fällt, bleibt es bei § 5 FGG (BGH FamRZ 91, 50); denn in diesem Fall betrifft der Streit nicht die Frage, ob eine Lebenspartnerschaftssache oder eine andere FGG-Sache vorliegt. 419

Die Ausschließung und Ablehnung von Richtern richtet sich nicht nach **§ 6 FGG**, sondern nach §§ 41-48 ZPO. 420

An die Stelle der **§§ 8, 9 FGG** treten die Vorschriften des GVG über die Sitzungspolizei (§§ 170-183 GVG), die Gerichtssprache (§§ 184-191 GVG) sowie die Beratung und Abstimmung (§§ 192-197 GVG). 421

§ 11 FGG, der die Stellung von Anträgen und die Abgabe von Erklärungen zu Protokoll der Geschäftsstelle gestattet, wird durch §§ 496a, 129 ZPO ersetzt. Diese Vorschriften gelten jedoch nur dann, wenn für das Verfahren kein Anwaltszwang (vgl § 78 II ZPO) besteht. 422

An die Stelle des **§ 13 FGG**, der es den Parteien gestattet, Beistände und Bevollmächtigte zu ihrer Unterstützung zum Verfahren hinzuziehen, treten §§ 78-90 ZPO. 423

§ 16 II, III FGG, der die Art und Weise der Bekanntgabe gerichtlicher Entscheidungen regelt, wird durch § 329 ZPO und die dort genannten, diese Vorschrift ergänzenden Bestimmungen ersetzt. Die Grundregel des § 16 I FGG, nach der Entscheidungen mit ihrer Bekanntgabe wirksam werden, ist zwar nicht durch § 621a I 2 ZPO ausgeschlossen, wird aber in den Lebenspartnerschaftssachen durch Spezialregelungen verdrängt; denn FGG-Sondervorschriften bestimmen für Entscheidungen über die Stundung des Zugewinnausgleichs und die Gestattung der Übertragung von Einzelgegenständen zur Erfüllung des Zugewinnausgleichsanspruchs (§ 53a II 1 FGG) sowie über die Regelung der Rechtsverhältnisse an lebenspartnerschaftlicher Wohnung und Hausrat (§ 16 I HausratsVO), dass die Entscheidungen erst mit ihrer Rechtskraft wirksam werden. 424

Die Fristberechnung richtet sich statt nach **§ 17 FGG** direkt nach §§ 221 ff ZPO. Im Ergebnis besteht insoweit kein Unterschied; denn auch die ZPO-Vorschriften verweisen auf die Regelung des BGB (vgl § 222 ZPO). 425

(3) Die **übrigen FGG-Normen** sind auch in familiengerichtlichen Verfahren grundsätzlich **anwendbar.** Bedeutung für das familiengerichtliche Verfahren haben vor allem die allgemeinen Vorschriften des Ersten Abschnitts des FGG sowie diejenigen des zweiten Abschnitts über das vormundschaftsgerichtliche Verfahren sowie die Regelungen der HausratsVO. 426

(a) Allgemeine Vorschriften. Durch § 621a I ZPO wird zunächst die Anwendung des **§ 7 FGG** nicht ausgeschlossen. Auch in FGG-Lebenspartnerschaftssachen sind also gerichtliche Handlungen nicht allein deswegen unwirksam, weil sie von einem unzuständigen Gericht oder einem von der Ausübung des Richteramts kraft Gesetzes ausgeschlossenen Richter vorgenommen wurden. 427

Den größten Unterschied gegenüber den ZPO-Verfahren bedeutet die Geltung des Amtsermittlungsgrundsatzes nach **§ 12 FGG** (BGH FamRZ 83, 263; 86, 896). Das Familiengericht muss daher in Lebenspartnerschaftssachen den Sachverhalt von Amts wegen klären. Allerdings ist in den FGG-Lebenspartnerschaftssachen die Amtsermittlungspflicht eingeschränkt, weil es sich um Streitverfahren handelt. Das Gericht darf sich in diesen Verfahren darauf verlassen, dass die Parteien die Tatsachen vortragen, die für sie günstig sind (BVerfG FamRZ 92, 1152; BGH FamRZ 88, 710) oder es darf annehmen, dass Tatsachen nicht bestritten werden, weil sie von der Gegenseite für zutreffend erachtet werden (OLG Celle NdsRpfl 87, 254). In der Praxis verschwimmt daher 428 in den Ergebnissen hier oft die Grenze zu den Verfahren mit Beibringungsgrundsatz. Auf keinen Fall darf aber ein Familiengericht Tatsachenvortrag zurückweisen, weil er verspätet ist oder nicht durch einen bei dem Familiengericht zugelassenen Anwalt vorgebracht wurde (BVerfG FamRZ1992, 1152); in diesen Fällen obliegt es ihm vielmehr selbst, die erforderlichen Tatsachen zu ermitteln.

429 **§ 13a FGG** über die Kostenerstattung ist im familiengerichtlichen Verfahren grundsätzlich nur dann anwendbar, wenn eine isolierte FGG-Lebenspartnerschaftssache vorliegt (arg e §§ 93a, 97 III ZPO). In diesem Fall verdrängt die Vorschrift aber auch § 93a ZPO und ist auch anzuwenden, wenn ein Antrag oder eine Beschwerde zurückgenommen wird (BGH FamRZ 82, 157). Die Kostenentscheidung im Verbundverfahren richtet sich dagegen immer nach §§ 93a, 97 ZPO. Entsprechendes gilt, wenn die Entscheidung in einer im Verbund entschiedenen Folgesache isoliert angefochten und dann die Beschwerde zurückgenommen wird (BGHZ 86, 56, str); denn durch die isolierte Anfechtung verliert die Sache nicht ihre Eigenschaft als Folgesache, sodass es gerechtfertigt ist, weiter nach den zivilprozessualen Vorschriften zu entscheiden.

430 **§ 14 FGG** verweist für die Prozesskostenhilfe auf die Vorschriften der ZPO; über diese Verweisung gelten daher §§ 114-127a ZPO. Parteien im Sinne dieser Vorschriften sind die Verfahrensbeteiligten.

431 **§ 15 FGG**, der die Glaubhaftmachung und Beweisaufnahme behandelt, ist auch im familiengerichtlichen Verfahren anzuwenden.

432 **§ 16a FGG** ist ohne Einschränkungen anwendbar. Ob eine anzuerkennende Entscheidung unter § 16a FGG fällt, richtet sich danach, ob die in dem ausländischen Verfahren entschiedene Sache nach deutscher Sicht als eine in den Katalog der FGG-Lebenspartnerschaftssachen einzuordnende Streitigkeit ist (BGHZ 88, 113).

433 **§ 18 FGG** ist auch in FGG-Lebenspartnerschaftssachen grundsätzlich anwendbar. Nach dieser Vorschrift darf das Gericht seine Entscheidungen ändern, wenn es sie nachträglich für ungerechtfertigt hält. Ausgenommen von dieser Befugnis sind aber Endentscheidungen, die der Beschwerde nach § 621e ZPO unterliegen; denn nach § 621e III ZPO findet insoweit § 577 III ZPO Anwendung, der die Änderung der der Beschwerde unterliegenden Entscheidung gerade ausschließt. Dieser Vorschrift gehen jedoch als leges speciales in ihrem Anwendungsbereich § 17 HausratsVO (Entscheidungen in Verfahren nach Abs 1 Nr 5) und § 6, 2 LPartG, § 1382 VI BGB (Entscheidungen über die Stundung der Zugewinnausgleichsforderung) vor, die auch die Änderung von Endentscheidungen ermöglichen. Im Übrigen sind Ergänzungen auch von Endentscheidungen durch das Familiengericht möglich, wenn das Gericht zunächst bewusst nur über einen Teil der Lebenspartnerschaftssache entschieden hat (BGH NJW 84, 1544; FamRZ 88, 277).

434 **§ 19 I FGG** ist in den FGG-Lebenspartnerschaftssachen nur in Bezug auf Verfügungen anwendbar, die keine Endentscheidungen sind (BGH NJW 79, 39; 79, 820). Für Endentscheidungen wird § 19 FGG dagegen durch § 621e ZPO verdrängt. Anwendbar bleibt § 19 FGG daher etwa für Zwischenentscheidungen (OLG Frankfurt FamRZ 86, 1140), einstweilige Anordnungen in isolierten FGG-Lebenspartnerschaftssachen (BGHZ 72, 169; FamRZ 89, 1066) und die Androhung und Festsetzung von Zwangsmaßnahmen nach § 33 FGG, sofern diese nicht die Vollziehung von im Verbundverfahren ergangenen Entscheidungen betreffen (BGH FamRZ 86, 789; 88, 1256).

435 **§ 19 II FGG** wird durch § 119 I Nr 2 GVG verdrängt.

436 **§ 20 FGG** ist auch in FGG-Lebenspartnerschaftssachen grundsätzlich anwendbar; die Vorschrift gilt in FGG-Lebenspartnerschaftssachen sowohl für Beschwerden nach § 621e ZPO wie für solche nach § 19 FGG. Beschwerdeberechtigt ist, wer durch die gerichtliche Entscheidung oder Verfügung in seinen Rechten beeinträchtigt ist (Einzelheiten: Rn 493 ff).

§ 20a I FGG ist nur auf Kostenentscheidungen anwendbar, die nach § 13a FGG ergangen sind. Erfolgte die Kostenentscheidung nach §§ 93a, 97 ZPO, gilt der gleichlautende § 99 II ZPO. **§ 20a II FGG** findet auch in FGG-Lebenspartnerschaftssachen uneingeschränkt Anwendung (OLG München FamRZ 79, 733); denn die isolierte Kostenentscheidung ist keine Endentscheidung im Sinne des § 621e ZPO (BGH FamRZ 90, 1102). Gegen eine isolierte Kostenentscheidung, die wegen Erledigung der Hauptsache (zB durch Antragsrücknahme) ergangen ist, ist daher die sofortige Beschwerde des § 20a II FGG zu erheben und nicht die auf einen Monat befristete Beschwerde nach §§ 621e III 2, 516 ZPO. 437

§ 21 FGG gilt nur für Beschwerden nach § 19 FGG, nicht dagegen für solche nach § 621e ZPO. Für diese enthält § 621e III ZPO eine Spezialregelung. 438

§ 22 I FGG gilt nur, soweit nicht § 621e ZPO eingreift, dh nur soweit es sich nicht um Endentscheidungen handelt. Anwendbar ist die Vorschrift vor allem für sofortige Beschwerden gegen Kostenentscheidungen nach § 20a FGG und gegen Entscheidungen in bestimmten Zugewinnausgleichsfragen (§ 60 I Nr 6 FGG iVm §§ 53a II 1, 5 FGG). 439

§ 22 II FGG wird durch die Regelungen der ZPO über die Wiedereinsetzung in den vorigen Stand (§§ 233 ff ZPO) verdrängt (BGH FamRZ 81, 657, 658; NJW 88, 568). Das ergibt sich zwar nicht ausdrücklich aus § 621a ZPO; es handelt sich insofern jedoch um eine planwidrige Regelungslücke, die durch die entsprechende Anwendung der Vorschrift zu schließen ist. 440

§ 23 FGG ist auch in FGG-Lebenspartnerschaftssachen ohne Einschränkungen anzuwenden (BGH FamRZ 83, 263; 90, 606). Neues Vorbringen darf daher in der Beschwerdeinstanz nicht als verspätet zurückgewiesen werden (OLG München FamRZ 85, 79). 441

§ 24 I FGG ist zwar in allen FGG-Lebenspartnerschaftssachen anzuwenden (OLG Hamm FamRZ 92, 209 f). Die Beschwerde, auch diejenige nach § 621e ZPO, hat demnach keine aufschiebende Wirkung. Bedeutung hat § 24 I FGG aber nur dann, wenn die familiengerichtliche Entscheidung schon mit ihrer Verkündung wirksam wird. Daran fehlt es bei allen in Lebenspartnerschaftssachen in Betracht kommenden FGG-Verfahren. 442

§ 24 II FGG gilt nicht für Beschwerden nach § 621e ZPO; denn diese Beschwerden müssen unmittelbar beim Beschwerdegericht eingelegt werden (§ 621e III 1 ZPO). 443

§ 24 III FGG wird in Folgesachen durch die §§ 620 ff ZPO verdrängt; er gilt jedoch in isolierten Verfahren (OLG Hamm FamRZ 92, 209 f). Das Beschwerdegericht kann in diesen Fällen die Vollziehung der angefochtenen Entscheidung aussetzen. Ist die Entscheidung bereits vollzogen und damit für eine Aussetzung kein Raum mehr, kann das Beschwerdegericht durch einstweilige Anordnung die Rückgängigmachung der Vollziehungswirkung anordnen. § 620b II ZPO gilt in diesen Fällen nicht entsprechend. 444

§ 25 FGG ist auch in FGG-Lebenspartnerschaftssachen anzuwenden. 445

§ 26 FGG hat in FGG-Familiensachen keinen direkten Anwendungsbereich, da es eine sofortige Rechtsbeschwerde hier nicht gibt. In Lebenspartnerschaftssachen kommt auch eine entsprechende Anwendung nicht in Betracht, weil für Verfahren über güterrechtliche Streitigkeiten sowie Wohnungs- und Hausratssachen in §§ 53a II FGG und § 16 HausratsVO Sonderregelungen bestehen, die § 26 FGG als leges speciales vorgehen. 446

§ 31 FGG bleibt in FGG-Lebenspartnerschaftssachen anwendbar. 447

§ 33 FGG über Zwangsgeld, Zwangshaft und unmittelbaren Zwang ist auch in FGG-Lebenspartnerschaftssachen grundsätzlich anwendbar. 448

§ 34 FGG gilt auch in FGG-Lebenspartnerschaftssachen. Einschränkungen können sich insoweit aber aus § 624 IV ZPO und aus dem allgemeinen Persönlichkeitsrecht der Betroffenen ergeben. 449

(b) Die **FGG-Vorschriften über das vormundschaftsgerichtliche Verfahren** sind grundsätzlich auch in den FGG-Familiensachen nach § 621 I Nr 1-3 (den Lebens- 450 partnerschaftssachen nach Abs 1 Nr 3a - 3c) anwendbar. Allerdings wird **§ 35 FGG** durch § 64 FGG ersetzt; zuständig ist also das Familiengericht (§ 64 III 2 FGG). Die Vorschriften über die örtliche Zuständigkeit (**§§ 36, 37, 43, 46 FGG**) finden nur Anwendung, solange keine Lebenspartnerschaftssache nach Abs 1 Nr 1-2 anhängig ist; denn in diesem Fall begründet § 621 II eine ausschließliche Zuständigkeit des Gerichts der Lebenspartnerschaftssache nach Abs 1 Nr 1-2. Die Vorschrift über die Anhörung des Jugendamts (**§ 49a FGG**) ist gerade für das familiengerichtliche Verfahren bestimmt. Ebenso finden die Vorschriften über die persönliche Anhörung des Kindes und der Pflegeperson (**§§ 50a-50c FGG**) Anwendung. Auch die einstweilige Anordnung über die Herausgabe persönlicher Gegenstände des Kindes nach **§ 50d FGG** ist dem Familiengericht möglich. **§ 57 FGG** gilt im familiengerichtlichen Verfahren nur mit den Modifikationen, die sich aus § 64 III FGG ergeben. **§§ 58, 59, 63 FGG** gelten auch im familiengerichtlichen Verfahren ohne Einschränkungen.

451 **(c)** Die Zuständigkeit des Familiengerichts für Streitigkeiten über den **Versorgungsausgleich** und nach **§§ 1382, 1383 BGB** richtet sich grundsätzlich nach **§ 45 FGG.** Für Versorgungsausgleichsstreitigkeiten wird diese Zuständigkeit allerdings verdrängt; die örtliche Zuständigkeit des Familiengerichts bestimmt sich in diesem Fall nach § 621 II. Bedeutung hat § 45 FGG daher nur bei Auslandsaufhebungen, und für Verfahren auf Änderung einer Versorgungsausgleichsentscheidung (§§ 53 e III FGG; 10 a VAHRG, Art 4 § 1 VawMG). **§ 53a FGG** regelt das Verfahren in den Streitigkeiten nach §§ 1382, 1383 BGB, **53b-53g FGG** regeln das Verfahren in Streitigkeiten über den Versorgungsausgleich. Nach **§ 60 I Nr 6 FGG** findet die sofortige Beschwerde statt, wenn der Rechtspfleger über den Versorgungsausgleich oder nach § 1382, 1383 BGB entschieden hat und der Richter einer gegen diese Entscheidung eingelegten Erinnerung stattgegeben hat (vgl §§ 53 a II 1, 53 g I FGG iVm §§ 14 Nr. 2, 2a, 11 RPflG). Hat der Richter dagegen sofort selbst entschieden, handelt es sich um eine Endentscheidung, und § 60 FGG ist durch § 621e verdrängt (OLG Düsseldorf FamRZ 82, 81).

452 **(d)** In den Verfahren nach Abs 1 Nr 5 sind die Verfahrensvorschriften der **HausratsVO** (§§ 11-23 HausratsVO) anwendbar. § 629d ZPO verdrängt allerdings insoweit die Regelung des § 16 I 1 HausratsVO, sodass die Entscheidungen in Folgesachen erst mit der Rechtskraft des Aufhebungsurteils rechtskräftig werden. Anwendbar ist vor allem aber § 17 HausratsVO, der es gestattet, die Entscheidung zur Vermeidung unbilliger Härten zu ändern, wenn sich die tatsächlichen Verhältnisse wesentlich ändern. Diese Vorschrift ermöglicht es etwa, eine zusätzliche Räumungsfrist zu gewähren. Daneben bleibt in solchen Fällen aber noch die Möglichkeit, nach § 765a ZPO vorzugehen. Im selbständigen Hausratsverfahren richtet sich die Kostenentscheidung nach § 20 HausratsVO, sonst nach § 93a ZPO.

453 **(4)** Soweit eine Regelung im FGG fehlt, ist die **Lücke** durch die entsprechende Anwendung der ZPO-Vorschriften zu schließen. Nur solche Normen, deren Anwendung mit dem Charakter des FGG-Verfahrens nicht vereinbar wäre, sind nicht analogiefähig. Ausgeschlossen ist daher vor allem die Anwendung der Vorschriften über den Vergleich, soweit die FGG-Lebenspartnerschaftssachen nicht der Disposition der Parteien unterliegen.

454 Zutreffend hat das OLG Hamm auch die Regelungen über die **Streitverkündung** (§§ 66 ff ZPO) entsprechend angewendet.

455 Anzuwenden sind auch die Regelungen der ZPO über die **Unterbrechung und Aussetzung des Verfahrens** (§§ 239-252 ZPO, BGH NJW 81, 686; 84, 2830).

456 Eine **Stufenklage** nach § 254 ZPO ist ebenso möglich (BGH NJW 82, 387; 84, 612) wie eine **Feststellungsklage** nach § 256 ZPO (OLG Hamburg FamRZ 81, 1095; OLG Hamm FamRZ 80, 64).

Die Zulässigkeit von **Teilentscheidungen** richtet sich nach § 301 ZPO (BGH NJW 84, 120). 457

Die Möglichkeit eines **Berichtigungsantrages nach § 319 ZPO** kann das Rechtsschutzbedürfnis für eine Beschwerde entfallen lassen (OLG Düsseldorf FamRZ 92, 190). Beschwerden können analog § 539 ZPO an das Familiengericht zur erneuten Verhandlung **zurückverwiesen werden**, wenn die Entscheidung an einem wesentlichen Mangel leidet (OLG Hamm FamRZ 87, 1063).

d) Für das **Verfahren in güterrechtlichen Streitigkeiten** (Abs 1 Nr 6) ordnet § 621b ZPO die Geltung der Vorschriften über das Verfahren vor dem Landgericht (§§ 253-494a ZPO) an, weil in den Familiensachen des § 621 I Nr 8 ZPO (die den Lebenspartnerschaftssachen des Abs 1 Nr 6 entsprechen) ein umfassender Anwaltszwang besteht (§ 78 III ZPO). Es ist daher nicht nötig, den Parteien den besonderen Schutz der Verfahrensvorschriften für das amtsgerichtliche Verfahren (§§ 495-510b ZPO) zugute kommen zu lassen. Parallelregelungen aus demselben Grund enthalten § 608 ZPO für Lebenspartnerschaftssachen nach Abs 1 Nr 1-3 und § 624 III ZPO für ZPO-Folgesachen. 458

e) Besonderheiten für das Verfahren nach § 6, 2 LPartG, §§ 1382, 1383 BGB (Abs 1 Nr 7) ordnet § 621a II ZPO an. Die Norm ermöglicht eine einheitliche Entscheidung von (im ZPO-Verfahren geltend zu machenden) Streitigkeiten über den Anspruch auf Ausgleich des Zugewinns und den im FGG-Verfahren geltend zu machenden Anträgen nach § 6, 2 LPartG, §§ 1382, 1383 BGB auf Stundung der Zugewinnausgleichsforderung bzw auf Gestattung der Erfüllung der Zugewinnausgleichsforderung durch die Übertragung von Einzelgegenständen. Die Entscheidung ergeht einheitlich durch Urteil (§ 621a II 1 ZPO). 459

Die Regelung hat **nur Bedeutung für isolierte Verfahren**; denn für Folgesachen ergibt sich die hier angeordnete Rechtsfolge bereits aus § 629 I ZPO. 460

Für die **Rechtsmittel** gegen das einheitlich über den Zugewinnausgleichsanspruch und die Anträge nach § 6, 2 LPartG, §§ 1382, 1383 BGB entscheidende Urteil verweist § 621a II 2 ZPO auf § 629a II ZPO. Das bedeutet: Wird allein die Entscheidung zu § 1382 oder 1383 BGB angegriffen, findet nicht die Berufung, sondern die sofortige Beschwerde nach § 621e ZPO statt. Wird die gesamte Entscheidung angegriffen oder wird nach Einlegung der sofortigen Beschwerde gegen die Entscheidung zu §§ 1382, 1383 BGB Berufung gegen die Entscheidung über den Zugewinnausgleichsanspruch eingelegt, ist wie in der ersten Instanz einheitlich zu entscheiden (§ 629a I 2 ZPO). 461

Eine **Revision** gegen die Entscheidung über den **Zugewinnausgleichsanspruch** führt auch zur Überprüfung der Entscheidung zu §§ 1382, 1383 BGB (Stein/Jonas/Schlosser, § 621a ZPO Rn 17; MK-ZPO/Bernreuther, § 621a ZPO Rn 17; aA Zöller/Philippi, § 621a ZPO Rn 70; Rolland/Roth, § 621a ZPO Rn 30); denn auf § 629a I ZPO, der die Revision in bestimmten Fällen ausschließt, ist in § 621a II ZPO gerade nicht verwiesen, und § 621e II ZPO betrifft nur die Rechtsbeschwerde. 462

f) § 317 I 3 ZPO erlaubt es, die **Zustellung eines Urteils** bis zu fünf Monate hinauszuschieben. Den Parteien soll auf diese Weise Gelegenheit gegeben werden, Vergleichsverhandlungen zu führen, ohne zur Wahrung der Rechtsmittelfrist sofort Rechtsmittel einlegen zu müssen. Dieser Gedanke trifft grundsätzlich auch für Lebenspartnerschaftssachen zu. Der Gesetzgeber hat es gleichwohl für erforderlich gehalten, die Verzögerung der Zustellung durch § 621c ZPO auszuschließen. Eine ausdrückliche Begründung findet sich dafür in den Gesetzgebungsmaterialien nicht; zu vermuten ist aber, dass entscheidend der Wunsch war, die anderen Lebenspartnerschaftssachen mit den Lebenspartnerschaftssachen nach Abs 1 Nr 1-3 gleich zu behandeln, für die der Ausschluss des § 317 I 3 ZPO in § 618 ZPO enthalten ist. 463

464 § 621c ZPO ist **nur auf Urteile anwendbar;** denn Beschlüsse in FGG-Lebenspartnerschaftssachen werden nach § 329 ZPO zugestellt, der einen § 317 I 3 ZPO entsprechenden Aufschub nicht vorsieht (vgl § 329 I 2 ZPO). § 621c ZPO hat daher grundsätzlich nur für ZPO-Lebenspartnerschaftssachen Bedeutung. Die einzige Ausnahme bilden mit dem Verfahren über den Zugewinnausgleichsanspruch verbundene Streitigkeiten nach § 6, 2 LPartG, §§ 1382, 1383 BGB. Diese sind zwar FGG-Sachen (vgl § 621a I 1 ZPO); über sie wird aber zusammen mit der Entscheidung über den Zugewinnausgleichsanspruch einheitlich durch Urteil entschieden (§ 621a II ZPO).

465 **g)** Der **Instanzenzug für** Familiensachen einschließlich der **Lebenspartnerschaftssachen** führt vom Familiengericht über das Oberlandesgericht zum BGH (§§ 23b, 119 I, 133 GVG). Anders als bei den sonstigen in erster Instanz vor dem Amtsgericht ausgetragenen Streitigkeiten sind daher grundsätzlich zwei Rechtsmittel möglich. Welche das im konkreten Fall sind, richtet sich danach, ob eine ZPO-Lebenspartnerschaftssache (Abs 1 Nr 3d, 4 und 6) oder eine FGG-Lebenspartnerschaftssache (Abs 1 Nr 3a – 3c, 4a, 5 und 7) vorliegt.

466 Weitere Modifikationen ergeben sich dann, wenn eine Lebenspartnerschaftssache nach Abs 1 Nr 3a ff im **Verbund** mit einer Aufhebungssache steht (§ 629a ZPO, Rn 184 ff).

467 **aa)** Für isolierte Streitigkeiten in den **ZPO-Familiensachen** des § 621 Abs 1 Nr 4, 5 (Unterhalt, dem entsprechen die Lebenspartnerschaftssachen nach Abs 1 Nr 3d, 4) und 8 ZPO (güterrechtliche Streitigkeiten, dem entsprechen die Lebenspartnerschaftssachen nach Abs 1 Nr 6) gelten grundsätzlich die allgemeinen Vorschriften über Berufung (§§ 511 ff ZPO) und Revision (§§ 545 ff ZPO).

468 Die **Revision** ist nur zulässig, wenn das OLG sie im Urteil oder auf Nichtzulassungsbeschwerde hin der BGH sie zugelassen hat (§ 543 ZPO).

469 Die Zulassung setzt stillschweigend voraus, dass die Entscheidung des OLG überhaupt mit der **Revision angegriffen werden kann.** Die Revision kann daher auch in Lebenspartnerschaftssachen in Bezug auf Entscheidungen des OLG über Rechtsmittel wegen der Versagung von Prozesskostenhilfe (BGH NJW 79, 766) oder der Ablehnung eines Befangenheitsantrags gegen einen Familienrichter (BGH FamRZ 86, 1197) nicht zugelassen werden. Keine Anwendung findet die Vorschrift auch auf Urteile in einstweiligen Verfügungs- und Arrestverfahren, weil hier die Revision generell ausgeschlossen ist. Eine gleichwohl erfolgte Zulassung der Revision ist wirkungslos.

470 Das Zulassungserfordernis **gilt auch für Verbundurteile**. Das ergibt sich mittelbar aus § 629a ZPO; denn diese Vorschrift regelt nur Besonderheiten und setzt die Geltung des allgemeinen Revisionsrechts voraus. Bei Verbundurteilen ist aber für jede Folgesache gesondert zu prüfen, ob die Revision zuzulassen ist.

471 Dem Zulassungserfordernis unterliegen auch **Nichtlebenspartnerschafts- bzw -familiensachen,** die irrtümlich zum OLG gelangt sind.

472 Die Zulassung erfolgt nach den allgemeinen, in § 543 ZPO für alle Urteile aufgestellten Voraussetzungen: Die Revision ist zuzulassen, wenn die Rechtssache grundsätzliche Bedeutung hat oder wenn die Fortbildung des Rechts oder die Sicherung einer einheitlichen Entscheidungspraxis eine Entscheidung des BGH erfordert (§ 543 II ZPO).

473 Die Zulassung der Revision erfolgt **grundsätzlich im Tenor** des Berufungsurteils; es ist aber unschädlich, wenn sie sich erst aus den Urteilsgründen ergibt (BGHZ 48, 136; FamRZ 89, 376). Die Zulassung der Revision braucht nicht begründet zu werden; denn das Revisionsgericht ist nicht auf die Prüfung der Rechtsfrage beschränkt, die Ursache für die Zulassung der Revision ist.

474 Hat das OLG die **Revisionszulassung vergessen**, kommt eine nachträgliche Korrektur dieses Mangels durch das OLG grundsätzlich nicht in Betracht. Eine Urteilsberichtigung nach § 319 ZPO ist nur möglich, wenn das OLG den Beschluss über die Revisionszulassung zwar gefasst hatte und das auch nach außen hervorgetreten ist, es aber ver-

gessen wurde, die Zulassung im Urteil zu erwähnen. Die nachträgliche Revisionszulassung durch Urteilsergänzung nach § 321 ZPO kommt nicht in Betracht; denn mit dem Schweigen hat das OLG eine negative Entscheidung über die Revisionszulassung getroffen, so dass das Urteil insoweit nicht mehr ergänzt werden kann. Die Nichtzulassung der Revision kann nur mit der Nichtzulassungsbeschwerde zum BGH angegriffen werden (§ 544 ZPO). Diese Möglichkeit besteht aber erst für nach dem 1.1.07 ergehende Entscheidungen.

475 Die **Zulassung der Revision kann** auf einen rechtlich und tatsächlich selbständigen Teil des Streitgegenstandes **beschränkt werden** (BGH FamRZ 82, 685; 88, 602). Bei Verbundurteilen dürfte es sogar die Regel sein, dass die Revision nur für einzelne der entschiedenen Streitigkeiten zugelassen wird. Erforderlich ist aber in jedem Fall, dass der Teil, für dessen Entscheidung die Revision zugelassen werden soll, Gegenstand eines Teilurteils sein könnte (BGH FamRZ 89, 376).

476 **bb)** Gegen Endentscheidungen in isolierten **FGG-Lebenspartnerschaftssachen** (§ 621 I Nr 1-3, 6, 7, 9 ZPO) findet die **Beschwerde nach § 621e ZPO** statt. Von den Lebenspartnerschaftssachen entsprechen die Fälle des Abs 1 Nr 3a (elterliche Sorge), Abs 1 Nr 3b (Umgang), Abs 1 Nr 3 c (Kindesherausgabe), Abs 1 Nr 4a (Versorgungsausgleich), Abs 1 Nr 5 (Hausrats- und Wohnungssachen) und des Abs 1 Nr 7 (Verfahren nach § 6, 2 LPartG, §§ 1382, 1383 BGB) den insoweit genannten Fallgruppen. Die **Rechtsbeschwerde** findet in den FGG-Lebenspartnerschaftssachen des Abs 1 Nr 3a-3c, 4a statt.

477 § 621e ZPO gilt für alle **Endentscheidungen in isolierten FGG-Lebenspartnerschaftssachen**. Im Verbundverfahren gilt die Vorschrift entsprechend, wenn die Anfechtung nur FGG-Folgesachen betrifft (§ 629a II 1 ZPO). Werden daneben noch die Entscheidung in der Lebenspartnerschaftssache nach Abs 1 Nr 1-2 oder ZPO-Folgesachen angefochten, werden Beschwerde und Rechtsberschwerde jedoch durch Berufung und Revision verdrängt (§ 629a II 2 ZPO). Soweit die Norm nicht eingreift, bleibt es bei der Geltung der allgemeinen Regeln. Alle Entscheidungen in FGG-Lebenspartnerschaftssachen, die keine Endentscheidungen sind, sind daher mit der Beschwerde nach §§ 19 ff FGG anzufechten.

478 **(1)** Die **Voraussetzungen** der Berufungsbeschwerde ergeben sich zum Teil aus § 621e ZPO, zum Teil aus den allgemeinen Regeln für Beschwerden in Angelegenheiten der freiwilligen Gerichtsbarkeit, vor allem aus § 20 FGG, und für das Hausratsverfahren auch aus § 14 HausratsVO.

479 Nach § 621e I ZPO findet die Berufungsbeschwerde statt gegen **„Endentscheidungen** über Familiensachen des § 621 Abs. 1 Nr. 1 bis 3, 6, 7, 9“. Diese Formulierung legt die Annahme nahe, dass § 621e ZPO nur eingreift, wenn materiell eine Entscheidung in einer FGG-Familiensache vorliegt. Es besteht jedoch Einigkeit, dass diese Formulierung nach der Änderung des § 119 GVG durch das UÄndG nicht mehr treffend ist. Wie bei § 621d ZPO ist auch hier nun eine **formelle Anknüpfung** gewollt. Die Vorschrift ist daher so zu lesen, als ob es dort hieße: „Gegen die im ersten Rechtszug von den Familiengerichten als Familiensachen des § 621 Abs. 1 Nr. 1 bis 3, 6, 7, 9 erlassenen Endentscheidungen findet die Beschwerde statt“. Die Beschwerde nach § 621e ZPO findet daher auch statt, wenn gerügt werden soll, dass gerade keine Familien- bzw Lebenspartnerschaftssache vorliegt (BGH FamRZ 90, 147).

480 **(a)** Die Berufungsbeschwerde findet nur gegen **Endentscheidungen** statt. Gegen Zwischenentscheidungen, die die Instanz nicht einmal teilweise beenden, findet – vorbehaltlich spezieller Regelung wie etwa § 620c ZPO – die Beschwerde nach §§ 19 ff FGG statt. Nach einer gängigen Faustformel sind Endentscheidungen die Instanz beendende Hauptsacheentscheidungen, die, wenn sie im Verbund ergingen, in Form eines Urteils getroffen werden müssten (KG FamRZ 79, 76; OLG Düsseldorf

FamRZ 82, 186). Ob die Entscheidung die Haupt- oder eine Nebenfrage betrifft, ist dagegen unerheblich. Auch Nebenentscheidungen können daher Endentscheidungen im Sinne von § 621e ZPO sein.

481 Als Endentscheidungen sind für **alle FGG-Lebenspartnerschaftssachen** einzuordnen: die Entscheidung des Gerichts über die eigene Zuständigkeit (§ 280 II ZPO analog, OLG Stuttgart FamRZ 78, 442) und über den Anspruchsgrund (OLG Hamburg FamRZ 80, 1133), die Feststellung der Erledigung der Hauptsache (BGH NJW 82, 2386) sowie die Vollstreckbarerklärung ausländischer Entscheidungen, die bei Einordnung nach deutschem Recht FGG-Lebenspartnerschaftssachen sein würden (BGH FamRZ 83, 1009).

482 In Familiensachen nach Abs 1 Nr 3a, § 621 I Nr 1 ZPO (**Sorgerechtsentscheidungen**) sind Endentscheidungen auch die Vorwegentscheidungen nach § 627 ZPO (KG FamRZ 79, 340) und alle Änderungsverfahren nach § 1696 BGB abschließenden Entscheidungen. Soweit über einen abtrennbaren Teil des **Umgangsrecht**s (Abs 1 Nr 3b) entschieden wird, handelt es sich ebenfalls um eine Endentscheidung (OLG Stuttgart FamRZ 78, 443, 444).

483 Bei Streitigkeiten in Bezug auf den **Versorgungsausgleich** (Abs 1 Nr 4a) kommen eine Reihe von Nebenstreitigkeiten vor, die mit Endentscheidungen abgeschlossen werden. Das sind die Entscheidungen über Auskunftsansprüche im Zusammenhang mit der Geltendmachung des Versorgungsausgleichs (§§ 1587 e I BGB, 1587 k I, 1580 BGB, 3 a VIII, 10 a XI VAHRG; vgl KG FamRZ 79, 298; OLG Hamm FamRZ 79, 46), Regelungen nach § 1587 g III BGB, Regelungen nach § 1587 i III, die Gestattung von Ratenzahlungen (§ 1587 l III 3 BGB) und auch die Genehmigung von Vereinbarungen über den Versorgungsausgleich (§ 53 d, 1 FGG; vgl OLG Düsseldorf FamRZ 81, 804, 805; OLG Frankfurt FamRZ 85, 613; OLG Stuttgart FamRZ 82, 1079; aA OLG Frankfurt FamRZ 87, 494, 495). Keine Endentscheidung ist dagegen die Verweigerung der Genehmigung; diese ist nur zusammen mit der Entscheidung über die Durchführung des Versorgungsausgleichs anfechtbar (§ 53 d, 2 FGG).

484 In **Hausratsstreitigkeiten** wurden von der Rechtsprechung auch die Ablehnung des Verfahrens als nach der HausratsVO unzulässig, Entscheidungen über eine Räumungsfrist und Entscheidungen in Änderungsverfahren nach § 17 HausratsVO (OLG Karlsruhe FamRZ 79, 824; OLG München NJW 78, 548) als Endentscheidungen eingeordnet.

485 Endentscheidungen sind auch die Entscheidungen in **Verfahren nach §§ 1382, 1383 BGB** sowie in Änderungsverfahren nach § 6, 2 LPartG, § 1382 VI BGB.

486 **Keine Endentscheidungen**, sondern bloße Zwischenentscheidungen sind dagegen gerichtliche Verfügungen, die lediglich das Verfahren betreffen, wie etwa die Ablehnung eines Prozesskostenhilfegesuchs (BGH FamRZ 79, 232) oder die Aussetzung des Verfahrens. Verfügungen oder Äußerungen des Gerichts, aus denen sich bereits ergibt, dass das Gericht bestimmte rechtliche Schlussfolgerungen ziehen wird, die aber in Rechte der Parteien noch nicht eingreifen, sind erst recht keine Endentscheidungen; diese Entscheidungen sind nicht einmal nach §§ 19 ff FGG anfechtbar.

487 Auch **Entscheidungen des Familiengerichts im Wege des einstweiligen Rechtsschutzes** sind keine Endentscheidungen; denn sie treffen gerade nur eine vorläufige Regelung für die Zeit bis zur die Instanz abschließenden Entscheidung (BGHZ 72, 169). Dass die in isolierten FGG-Lebenspartnerschaftssachen ergehenden vorläufigen Anordnungen gleichwohl grundsätzlich anfechtbar sind, ergibt sich aus einem Umkehrschluss aus § 621f II 1 ZPO; statthaft ist die einfache Beschwerde nach §§ 19 ff FGG. Das gilt auch für einstweilige Anordnungen nach § 621g.

488 **Rechtspflegerentscheidungen** sind Endentscheidungen, nachdem § 11 I RPflG im Jahre 1998 neu gefasst wurde, so dass nun gegen seine Entscheidungen nicht mehr

die Durchgriffserinnerung, sondern das Rechtsmittel statthaft ist, das nach den allgemeinen verfahrensrechtlichen Regeln zulässig wäre, wenn also ein Richter entschieden hätte (Zöller/Philippi § 621e ZPO Rn 5). In Lebenspartnerschaftssachen sind Rechtspflegerentscheidungen nach §§ 3 Nr. 2a, 14 Nr 2 RPflG die Regel bei der Stundung von Zugewinnausgleichsforderungen (§ 6, 2 LPartG, § 1382 BGB) und der Anordnung der Erfüllung des Zugewinnausgleichs durch die Übertragung von einzelnen Vermögensgegenständen (§ 6, 2 LPartG, § 1383 BGB).

489 Hat der **Richter** eine an sich dem Rechtspfleger zugeordnete Lebenspartnerschaftssache an sich gezogen und entschieden (§§ 5 II, 6 RPflG), liegt eine Endentscheidung vor (vgl OLG Düsseldorf FamRZ 82, 81).

490 **Isolierte Kostenentscheidungen** nach Antragsrücknahme (§ 269 III 3 ZPO) oder übereinstimmender Erledigungserklärung (§ 91a ZPO) sind keine Endentscheidungen (BGH FamRZ 90, 1102). In diesen Fällen findet die sofortige Beschwerde nach § 20a II FGG statt.

491 Keine Endentscheidungen stellen auch die **Androhung** (BGH NJW 79, 820) **und Festsetzung** (BGH NJW 81, 177) **von Zwangsmitteln** nach § 33 FGG dar.

492 **(b)** Auch bei Beschwerden nach § 621e ZPO muss die **Beschwerdeberechtigung** nach § 20 FGG vorliegen.

493 **(aa) Beschwerdeberechtigt** ist nach § 20 I 1 FGG, wer durch die gerichtliche Entscheidung in seinen Rechten beeinträchtigt ist. Diese Voraussetzung ist nur erfüllt, wenn in ein subjektives Recht des Beschwerdeführers eingegriffen wird; die Beeinträchtigung von bloßen Interessen reicht nicht (Rolland/Roth, § 621e ZPO, Rn 15; aA OLG Karlsruhe FamRZ 89, 984; offengelassen von BGH FamRZ 90, 1099). Ob der Beschwerdeführer bereits zuvor am Verfahren beteiligt war, ist unerheblich (BGH NJW 80, 2418); es kommt allein auf die materielle Beschwer an.

494 Der Beschwerdeführer muss eine **Rechtsverletzung rügen** und damit erreichen wollen, dass die gerichtliche Entscheidung zu seinen Gunsten geändert wird (BGH NJW 83, 179; FamRZ 90, 1099). Es ist daher nicht möglich, mit der Beschwerde Berechnungsfehler anzugreifen, die sich zu Gunsten des Beschwerdeführers auswirken oder Verfahrensfehler zu rügen, wenn nicht gleichzeitig das Ergebnis dieses Verfahrens in Frage gestellt wird. Ebenso wenig ist es möglich, sich ohne eigene Beschwer einer von einem Dritten erhobenen Beschwerde anzuschließen; denn im Beschwerdeverfahren gibt es keine notwendige Streitgenossenschaft (BGH FamRZ 81, 657).

495 In Verfahren, die nur auf **Antrag** durchgeführt werden können, gilt für die Beschwerdeberechtigung außerdem § 20 II FGG: Beschwerdeberechtigt ist bei Ablehnung des Antrags nur der Antragsteller. Derartige Verfahren kommen in Lebenspartnerschaftssachen nur bei Streitigkeiten nach § 6, 2 LPartG, §§ 1382, 1383 BGB vor; im Übrigen handelt es sich nur um Verfahrens-, nicht um Sachanträge.

496 **(bb)** Durch Entscheidungen über die Verteilung von **Hausrat** kann grundsätzlich nur in Rechte der Lebenspartner eingegriffen werden. Beschwerdebefugt ist, wer geltend macht, dass ein bestimmter Gegenstand ihm hätte zugeteilt werden müssen oder dass eine Ausgleichszahlung für den anderen Lebenspartner hätte festgesetzt werden müssen (vgl § 8 III 2, 9 II 2 HausratsVO). Eine Beschwerdebefugnis Dritter kommt ausnahmsweise in Betracht, wenn der Richter eine dem einen Lebenspartner unter Eigentumsvorbehalt gelieferte Sachen dem anderen zuteilt (§ 10 II HausratsVO, OLG Saarbrücken OLGZ 67, 1); denn der durch den Eigentumsvorbehalt gesicherte Gläubiger hat ein Interesse daran, dass die Sache bei seinem Schuldner verbleibt, weil sonst sein Sicherungsrecht beeinträchtigt wird.

497 Die Entscheidung über die **lebenspartnerschaftliche Wohnung** kann auch die in § 7 HausratsVO bezeichneten Dritten (Vermieter, Grundstückseigentümer, Dienstherr, Mitberechtigte) in ihren Rechten betreffen. Diese sind daher neben den Lebenspartner,

für die gegenüber der Rechtslage beim Hausrat keine Besonderheiten gelten, beschwerdebefugt. Insoweit sind aber zwei Einschränkungen erforderlich: Mitberechtigte im Sinne des § 7 HausratsVO sind nur solche Personen, denen ein eigenes schuld- oder sachenrechtliches Benutzungsrecht an der Wohnung zusteht. Die Familienangehörigen ohne derartige eigene Rechte – vor allem Kinder – sind dagegen nicht beschwerdebefugt. Eine Beschwerdebefugnis Dritter besteht außerdem nur für die endgültige Entscheidung über die Wohnungszuweisung, nicht aber für die vorläufige Regelung während der Trennungszeit; denn die vorläufige Regelung ist allein eine Benutzungsregelung im Innenverhältnis der Lebenspartner (OLG Hamm FamRZ 87, 1277).

498 **(cc)** Durch Entscheidungen in **Verfahren nach § 6, 2 LPartG, §§ 1382, 1383 BGB** können nur die Lebenspartner beschwert sein. Diese Nebenverfahren zum Zugewinnausgleich setzen einen Antrag voraus. Der Antragsteller ist beschwert, wenn seinem Antrag nicht in voller Höhe stattgegeben wird; der Antragsgegner, wenn dem Antrag (auch nur teilweise) entsprochen wird.

499 **(c)** Betrifft die Beschwerde **allein eine Entscheidung über die Verteilung von Hausrat,** muss der **Beschwerdewert** 600 Euro übersteigen (§ 14 HausratsVO). Greift der Beschwerdeführer mit seiner Beschwerde dagegen nicht nur die Verteilung des Hausrats, sondern zusätzlich die Entscheidung über die lebenspartnerschaftliche Wohnung an, ist der Wert der Beschwer durch die Entscheidung über den Hausrat ohne Belang. Das ergibt sich bereits aus dem Wortlaut des § 14 HausratsVO.

500 **(d)** Das **Rechtsschutzbedürfnis** für eine Beschwerde gegen eine familiengerichtliche Entscheidung entfällt vor allem, wenn das angestrebte Ziel auf einem **einfacheren, kostengünstigeren Weg** erreicht werden kann. Zu denken ist insofern vor allem an die Berichtigung von Rechenfehlern nach § 319 ZPO (BGH FamRZ 89, 263; OLG Zweibrücken FamRZ 85, 614). Die Bedeutung in den FGG-Lebenspartnerschaftssachen dürfte wegen des Inhalts dieser Streitigkeiten gering sein.

501 **(2) Inhalt und Reichweite der befristeten Beschwerde** werden durch deren Zweck bestimmt, den aus der Endentscheidung folgenden Eingriff in die Rechte des Beschwerdeführers zu beseitigen.

502 **(a)** Mit der Beschwerde wird eine konkrete **Entscheidung des Familiengerichts** angegriffen. Durch deren Gegenstand wird daher grundsätzlich auch der **Gegenstand des Beschwerdeverfahrens festgelegt**. Neue, den Verfahrensgegenstand über den Gegenstand des erstinstanzlichen Verfahrens hinaus erweiternde Anträge sind unzulässig (BGH FamRZ 90, 607; OLG Karlsruhe FamRZ 84, 820). Insofern ist aber immer genau festzustellen, über welchen Verfahrensgegenstand das Familiengericht abschließend entschieden hat. Dieser braucht sich mit dem in der Entscheidung angesprochenen Inhalt nicht zu decken; denn die spätere Durchführung einiger Annexverfahren wird durch die Entscheidung des Familiengerichts auch dann ausgeschlossen, wenn die Fragen noch nicht Gegenstand des Verfahrens vor dem Familiengericht waren. Das gilt vor allem für die Stundung des Zugewinnausgleichs (§ 6, 2 LPartG, § 1382 BGB) und die Durchführung des Zugewinnausgleichs durch Übertragung einzelner Vermögensgegenstände (§ 6, 2 LPartG, § 1383 BGB); denn in diesen Fällen ist die spätere Durchführung der Verfahren nur bei Änderung der Verhältnisse möglich, auch wenn das Familiengericht sich mit diesen Fragen (in den Fällen der § 6, 2 LPartG, §§ 1382, 1383 mangels Antrags) noch nicht befasst hat. Derartige Anträge können daher auch noch in der Beschwerdeinstanz gestellt werden (OLG Hamburg FamRZ 79, 599), und die Beschwerde kann auch allein darauf gestützt werden, dass über diese Fragen noch entschieden werden muss (OLG Hamm FamRZ 91, 1451).

503 Die Begrenzung des Gegenstands des Beschwerdeverfahrens durch den Gegenstand des erstinstanzlichen Verfahrens **hindert das Beschwerdegericht** grundsätzlich auch

daran, die Entscheidung des Familiengerichts durch eine Entscheidung in einem **anderen Bereich zu ergänzen**.

504 **(b)** Durch die Beschwerde wird die Entscheidung des Familiengerichts **grundsätzlich in vollem Umfang** angegriffen. Die **Teilanfechtung** einer familiengerichtlichen Entscheidung ist aber möglich, wenn die Entscheidung mehrere Verfahrensgegenstände betrifft oder wenn der Verfahrensgegenstand teilbar ist. In einem derartigen Fall ist es dem Beschwerdegericht verwehrt, seine Entscheidung auch auf die anderen Teile zu erstrecken (BGH FamRZ 84, 1215; 86, 250). Dagegen ist die Beschränkung der Anfechtung vom Beschwerdegericht nicht zu beachten, wenn der angefochtene Verfahrensgegenstand nicht teilbar ist; in diesem Fall wird durch die Einlegung der Beschwerde die umfassende Anfechtung der erstinstanzlichen Entscheidung bewirkt (BGH FamRZ 51; 84, 990).

505 In **Sorge-, Umgangs- und Kindesherausgabestreitigkeiten** kommt eine Teilanfechtung zB insoweit in Betracht, als mehrere Kinder betroffen sind. Angefochten werden kann die Entscheidung in Bezug auf jedes Kind gesondert.

506 Eine Teilanfechtung von Entscheidungen in **Streitigkeiten um die lebenspartnerschaftliche Wohnung und um Hausrat** ist jedenfalls dann möglich, wenn die Entscheidung in Bezug auf die lebenspartnerschaftliche Wohnung oder den Hausrat insgesamt angegriffen wird. Zulässig ist es auch, nur einzelne Nebenentscheidungen zur Wohnungszuweisung (zB die Entscheidung über die Räumungsfrist) anzugreifen. Nicht möglich ist es dagegen, die Entscheidung über den Hausrat nur in Bezug auf einzelne Gegenstände anzugreifen, um insoweit eine andere Verteilung zu erreichen; denn bei der Hausratsverteilung handelt es sich um eine umfassende, den gesamten nicht einverständlich verteilten Hausrat einbeziehende Billigkeitsentscheidung (BGHZ 18, 143; OLG Zweibrücken FamRZ 93, 83). Wollen die Parteien den Streit nur über bestimmte Einzelgegenstände in die zweite Instanz bringen, können sie jedoch den Rest durch eine Einigung der gerichtlichen Prüfung entziehen (vgl §§ 8 III 2, 9 II 2 HausratsVO). An diese Einigung ist das Gericht gebunden; prozessual bleibt es aber dabei, dass das Gericht weiterhin über den gesamten im Streit befindlichen Hausrat entscheidet.

507 Gegen eine Teilanfechtung von Entscheidungen in **Verfahren nach §§ 1382, 1383 BGB** bestehen keine Bedenken.

508 Die **Erweiterung des Rechtsmittels nach einer zulässigerweise eingelegten Teilanfechtung** ist uneingeschränkt zulässig, solange die Beschwerdebegründungsfrist noch läuft (BGH FamRZ 82, 1199; OLG Zweibrücken FamRZ 82, 621). Nach Ablauf der Beschwerdebegründungsfrist ist eine Erweiterung der Beschwerde dagegen grundsätzlich nur noch möglich, wenn die rechtzeitig vorgetragene Begründung auch die erweiterte Beschwerde trägt (BGH NJW 83, 179).

509 **(c)** Ein **Antrag** des Beschwerdeführers ist grundsätzlich **nicht erforderlich.** Es reicht, dass sich sein Begehren hinreichend bestimmt aus der Beschwerdebegründung ergibt. Etwas anderes gilt nur in Verfahren, in denen der Beschwerdeführer die Stundung der Zugewinnausgleichsforderung oder die Durchführung des Zugewinnausgleichs durch Übertragung einzelner Vermögensgegenstände begehrt; denn § 6, 2 LPartG, §§ 1382, 1383 BGB setzen ausdrücklich einen Antrag voraus.

510 Die **Prüfungskompetenz** des Gerichts wird durch einen gleichwohl vom Beschwerdeführer gestellten Antrag bzw die in seiner Beschwerdebegründung enthaltene Umschreibung seines Begehrens **grundsätzlich nicht beschränkt, wenn Beschwerdegegenstand die gesamte Entscheidung** des Familiengerichts ist.

511 Ausnahmsweise ist eine **Bindung** des Beschwerdegerichts an den Antrag bzw das Prüfungsbegehren des Beschwerdeführers aber anzunehmen, wenn in dem Verfahren **ausschließlich private Interessen** der Lebenspartner betroffen sind. Das ist in den Ver-

fahren nach § 6, 2 LPartG, §§ 1382, 1383 BGB der Fall (BGH FamRZ 79, 230); es ist daher auch insoweit eine Begrenzung der Prüfungskompetenz des Beschwerdegericht anzunehmen.

512 Soweit der **Verfahrensgegenstand teilbar** ist, kann der Beschwerdeführer seine Beschwerde auf einen Teil des Verfahrensstoffs beschränken und auf diese Weise die Einschränkung der Prüfungsbefugnis des Gerichts erreichen.

513 **(d)** Das Verbot der **reformatio in peius** kann ebenfalls zu einer Beschränkung der Prüfungsbefugnis des Beschwerdegerichts führen. Soweit es eingreift, hindert es das Beschwerdegericht daran, die angefochtene Entscheidung zum Nachteil des Beschwerdeführers abzuändern. Entsprechend zu dem in Bezug auf die Bindungswirkung des Antrags Gesagten greift das Verbot der reformatio in peius in FGG-Lebenspartnerschaftssachen aber nur ein, wenn durch die Entscheidung ausschließlich private Interessen der Lebenspartner betroffen sind (Verfahren nach §§ 1382, 1383 BGB, Verfahren über den Versorgungsausgleich, wenn der Lebenspartner das Hauptrechtsmittel eingelegt hat). Im Übrigen ist dagegen die Änderung der angefochtenen Entscheidung zum Nachteil des Beschwerdeführers ohne weiteres möglich (BGHZ 85, 186; FamRZ 85, 46; KG FamRZ 86, 1016). Das kann vom Beschwerdeführer nur dadurch verhindert werden, dass er die Beschwerde rechtzeitig zurücknimmt.

514 **(3) Das Beschwerdeverfahren** ist dem Berufungsverfahren stark angenähert. Auf diese Weise soll eine möglichst weitgehende Vereinheitlichung der Rechtsmittel in Lebenspartnerschaftssachen erreicht werden.

515 **(a)** Die **Einlegung der Beschwerde** erfolgt durch Einreichung einer Beschwerdeschrift beim Beschwerdegericht (§ 621e III 1 ZPO). Die Regelungen über Form, Frist und Begründung entsprechen denjenigen bei der Berufung bzw – für die Rechtsbeschwerde – der Revision. Im Einzelnen bedeutet das:

516 Die Beschwerde muss **bei dem Beschwerdegericht**, dh dem Oberlandesgericht (§ 119 I Nr 2 GVG), eingelegt werden (§ 621e III 1 ZPO). Die allgemeine Regel des § 21 I FGG, nach der eine Beschwerde auch beim Erstgericht eingelegt werden kann, wird durch diese Spezialregelung verdrängt. Eine gleichwohl an das Familiengericht adressierte Beschwerde ist aber nicht per se unzulässig. Das Familiengericht gibt sie an das Oberlandesgericht weiter; geht sie dort innerhalb der Beschwerdefrist ein, ist der Mangel geheilt. Unterbleibt jedoch die Weiterleitung oder geht die Beschwerde erst nach Ablauf der Beschwerdefrist beim Beschwerdegericht ein, ist das Rechtsmittel wegen Verfristung unzulässig.

517 Die Beschwerde wird durch **Einreichung einer Beschwerdeschrift** eingelegt (§ 621e III 1 ZPO). Die Beschwerdeschrift muss vom Beschwerdeführer unterzeichnet sein (OLG Hamm FamRZ 89, 307); § 21 II FGG, der auch eine nicht unterzeichnete Beschwerdeschrift ausreichen lässt, wird insoweit verdrängt. Eine Ausnahme vom Unterschriftserfordernis besteht nur nach den allgemeinen Regeln, wenn sich der Beschwerdeführer eines der modernen Telekommunikationsmittel (Telefax, Telebrief, Telegramm) bedient.

518 Die bei der befristeten Beschwerde bestehende Möglichkeit, die Beschwerde durch **Erklärung zu Protokoll der Geschäftsstelle** einzulegen (vgl § 21 II FGG), ist für die Berufungsbeschwerde nicht vorgesehen. Jedoch reicht eine vom Urkundsbeamten gleichwohl in ein Protokoll aufgenommene Erklärung zur wirksamen Beschwerdeeinlegung aus, wenn sie den Anforderungen des Schriftformerfordernisses genügt; vor allem muss sie unterzeichnet sein. Fehlt es daran, ist die Beschwerde trotz Protokollierung nicht ordnungsgemäß eingelegt. In diesen Fällen kann jedoch regelmäßig gegenüber nicht anwaltlich vertretenen Parteien kein Schuldvorwurf erhoben werden, wenn sie sich darauf verlassen, dass der Urkundsbeamte die Protokollierung ordnungsge-

mäß vorgenommen hat, sodass Wiedereinsetzung in den vorigen Stand zu gewähren ist und die Unterschrift noch nachgeholt werden kann.

519 Die **Beschwerdefrist beträgt einen Monat** (§ 621e III 2 iVm § 516 ZPO). Sie ist eine Notfrist. Die Monatsfrist **beginnt grundsätzlich mit der Zustellung** der Entscheidung an den Beschwerdeführer zu laufen (§ 621e III 2 iVm § 516 ZPO). Wird die Entscheidung nicht zugestellt oder ist die Zustellung unwirksam, beginnt die Frist **spätestens mit Ablauf von fünf Monaten** nach der Verkündung der Entscheidung. Die Beschwerdefrist läuft **für jeden Beteiligten gesondert**. § 62 ZPO gilt im FGG-Verfahren nicht; die Beschwerde eines Beteiligten kann daher in keinem Fall fristwahrende Wirkung zugunsten eines anderen Beteiligten entfalten (BGH FamRZ 80, 773; 81, 659).

520 **Die Beschwerde muss innerhalb von zwei Monaten** nach Zustellung des Beschlusses, spätestens aber fünf Monate nach seiner Verkündung begründet werden (§ 621e III 2 iVm § 520 ZPO). Die Frist kann durch den Vorsitzenden des Beschwerdesenats verlängert werden (§ 520 II 2, 3 ZPO). Nach Ablauf der Beschwerdebegründungsfrist kann die Begründung nicht mehr erweitert werden. Wurde bis dahin keine Begründung vorgetragen, ist die Beschwerde daher als unzulässig zu verwerfen.

521 Daraus, dass § 621e III 2 ZPO nicht auf § 520 III ZPO verweist, ergibt sich, dass die Begründung der Beschwerde nicht den **Anforderungen** genügen muss, die an eine **Berufungsbegründung** zu stellen sind. Vor allem ist es nicht erforderlich, die Beschwerde mit einem bestimmten Antrag zu verbinden. Es ist ausreichend, dass der Beschwerdeführer darlegt, warum er sich durch die Entscheidung beschwert fühlt und was er an ihr missbilligt (BGH FamRZ 79, 909, 910; 82, 1196, 1197; 90, 1156; 92, 538). Es reicht es für eine wirksame Beschwerdebegründung dagegen nicht, pauschal auf das Vorbringen in erster Instanz Bezug zu nehmen (OLG Düsseldorf FamRZ 83, 721, 728) oder schlicht auszuführen, die Entscheidung sei unbillig oder ungerecht oder widerspreche dem Kindeswohl. Zulässig ist dagegen, auf ein ganz bestimmtes Vorbringen in der ersten Instanz zu rekurrieren oder auf bestimmte Teile (Schreiben der Gegenseite, Auskünfte von Versorgungsträgern, Protokolle usw) der bei Gericht befindlichen Akte Bezug zu nehmen (BGH FamRZ 79, 30; 1982, 36, 38). Gleiches gilt für die Bezugnahme auf das Prozesskostenhilfegesuch (BGH FamRZ 89, 269).

522 Zur Begründung der Beschwerde kann der Beschwerdeführer **Rechtsausführungen** vortragen, aber auch neue **Tatsachen** (§ 23 FGG). Wegen des im FGG-Verfahren geltenden Amtsermittlungsgrundsatzes kommt eine Präklusion insoweit nicht in Betracht. Ausgeschlossen ist allein die Beanstandung der familiengerichtlichen Entscheidung mit der Begründung, bei der entschiedenen Sache handele es sich nicht um eine Lebenspartnerschaftssache (§ 621e IV 1 ZPO).

523 **(b)** Für die **Prozesskostenhilfe** gelten die §§ 114 ff ZPO.

524 **(c)** Die Beschwerdeschrift und die Beschwerdebegründung müssen allen Beteiligten (außer dem Beschwerdeführer selbst) **zugestellt** werden (§§ 621e III 2, 521 ZPO). In Verbundverfahren löst die Zustellung den Lauf einer einmonatigen Frist aus, innerhalb derer die Anfechtung weiterer Teile der Verbundentscheidung erfolgen muss (§ 629a III ZPO). Im Übrigen hat die Zustellung keine besonderen Wirkungen.

525 **(d)** Das **Familiengericht darf der Beschwerde nicht selbst abhelfen** (§ 621e III 2, § 577 III ZPO); § 18 FGG ist in Beschwerdeverfahren nach § 621e ZPO nicht anzuwenden (BGH NJW 82, 1646; 84, 1544). Zulässig ist nur eine Berichtigung der Entscheidung nach § 319 ZPO.

526 Die **Beschwerde hat keine aufschiebende Wirkung** (§ 24 I FGG). Bedeutung hat das aber nur dann, wenn die familiengerichtliche Entscheidung schon mit ihrer Verkündung wirksam wird. Daran fehlt es bei im Verbund stehenden FGG-Sachen (§ 629 d), bei Entscheidungen über den Versorgungsausgleich (§ 53 g I FGG), über die Stun-

dung des Zugewinnausgleichs nach § 1382 BGB und die Gestattung der Übertragung von Einzelgegenständen zur Erfüllung des Zugewinnausgleichsanspruchs nach § 1383 BGB (§ 53 a II 1 FGG) sowie über die Regelung der Rechtsverhältnisse an Wohnung und Hausrat (§ 16 I HausratsVO).

527 **(e)** Auch das Beschwerdeverfahren ist ein FGG-Verfahren. Es gilt daher der **Amtsermittlungsgrundsatz** (§ 12 FGG). Für die Parteien ergibt sich aus dem Amtsermittlungsgrundsatz als wichtigste Konsequenz, dass neue Tatsachen ohne Beschränkung in das Verfahren eingeführt werden können.

528 Das Beschwerdeverfahren kann **grundsätzlich entweder mündlich oder schriftlich** durchgeführt werden; § 128 ZPO gilt nicht. Ausnahmsweise zwingend vorgeschrieben ist die mündliche Verhandlung für die im Verbund stehenden Folgesachen (§§ 623 I 1, 629 II 3 ZPO). Ist eine Folgesache aber nur noch allein Gegenstand des Rechtsmittels oder wurde sie von der Aufhebungssache abgetrennt, besteht wieder die Wahlmöglichkeit zwischen mündlichem und schriftlichem Verfahren. Welches dieser Verfahren gewählt wird, entscheidet das Gericht nach pflichtgemäßem Ermessen.

529 Diese Grundsätze gelten auch in allen FGG-Lebenspartnerschaftssachen; denn soweit in einigen Spezialvorschriften angeordnet ist, dass regelmäßig eine **mündliche Verhandlung** durchgeführt werden soll (§ 13 II HausratsVO für Entscheidungen über lebenspartnerschaftliche Wohnung und Hausrat und § 53a FGG für Entscheidungen in Verfahren nach § 6, 2 LPartG, §§ 1382, 1383 BGB), bedeutet das nicht, dass auch im Beschwerdeverfahren grundsätzlich eine mündliche Verhandlung durchgeführt werden muss. Zu Recht sieht der BGH in diesen Streitigkeiten eine mündliche Verhandlung in der Beschwerdeinstanz als entbehrlich an, wenn bereits in der ersten Instanz der Sachverhalt ausreichend geklärt und den Parteien rechtliches Gehör gewährt wurde und eine Vereinbarung nicht zu erwarten ist (BGH NJW 83, 824; KG FamRZ 82, 181; OLG Celle FamRZ 79, 599; OLG Hamm FamRZ 80, 703).

530 **Anwaltszwang** besteht im Beschwerdeverfahren nur dann, wenn es sich um die Beschwerde eines Lebenspartners gegen die Entscheidung in einer Folgesache handelt (§ 78 II ZPO). Im Übrigen braucht sich der Beschwerdeführer ebenso wenig wie die übrigen Beteiligten durch einen Anwalt vertreten zu lassen (BGH FamRZ 78, 232).

531 Die Übertragung der Beschwerde zur Entscheidung auf einen **Einzelrichter** ist nur unter den Voraussetzungen der §§ 526, 527 zulässig. Auf § 568 ist nicht verwiesen.

532 **(f)** Eine **Rücknahme der Beschwerde** kann nach den allgemeinen für das FGG-Verfahren geltenden Grundsätzen bis zur Entscheidung des Beschwerdegerichts erfolgen. Der Zustimmung des Beschwerdegegners bedarf es selbst dann nicht, wenn eine mündliche Verhandlung stattgefunden hat; denn da die mündliche Verhandlung nicht zwingend ist, darf ihre zufällige Durchführung dem Beschwerdeführer nicht zum Nachteil gereichen.

533 Die **Erledigung der Hauptsache** ist vom Beschwerdegericht von Amts wegen festzustellen. Die übereinstimmende Erledigungserklärung durch beide Parteien ist in den FGG-Lebenspartnerschaftssachen grundsätzlich bindend, weil diese Verfahren ausschließlich private Interessen der Parteien betreffen. Wird die Beschwerde nach Erledigung in der Hauptsache nicht auf die Kostenfrage beschränkt, ist sie abzuweisen (BGH NJW 82, 2505; FamRZ 87, 469); eine „Fortsetzungsfeststellung" gibt es im FGG-Verfahren nicht.

534 **(g)** Die **Entscheidung über die Beschwerde** nach § 621e ZPO erfolgt grundsätzlich durch Beschluss. Eine Ausnahme besteht nur dann, wenn bei im Verbund stehenden Streitigkeiten nach Einlegung der Beschwerde auch Berufung oder Revision eingelegt worden ist; in diesem Fall ist nach § 629a II 2 ZPO das Rechtsmittel einheitlich als Berufung oder Revision, dh durch Urteil zu entscheiden.

535 **Entscheidungsreif** ist die Beschwerde, wenn eine einheitliche Entscheidung gegenüber allen Beteiligten möglich ist. Es müssen also entweder zulässige Beschwerden aller Beteiligten vorliegen oder aber eine Beschwerde der nicht beschwerdeführenden Beteiligten muss ausgeschlossen sein, weil die Rechtsmittelfrist abgelaufen ist oder sie auf das Rechtsmittel verzichtet haben.

536 Die **Verkündung der Entscheidung** ist nur erforderlich, wenn eine mündliche Verhandlung stattgefunden hat (§ 621a I 2, § 329 I 1 ZPO). Wurde nicht mündlich verhandelt, reicht die Zustellung der Entscheidung an die Beteiligten aus.

537 Die **Beschwerdeentscheidung wird erst mit ihrer Rechtskraft** wirksam (§§ 16 I HausratsVO, 53 a II 1, 53 g I, 26, 1 FGG). Die Wirksamkeit von Entscheidungen Verfahren nach Abs 1 Nr 5, 7 tritt gleichwohl sofort ein; denn gegen diese Beschwerdeentscheidungen findet die Rechtsbeschwerde nicht statt, so dass sie bereits mit der Verkündung bzw. Zustellung rechtskräftig werden. Das Gleiche gilt für Versorgungsausgleichsentscheidungen (Abs 1 Nr 4a) in den in § 53 g II FGG genannten Fällen. Im Anwendungsbereich des § 26, 1 FGG (isolierte Verfahren über elterliche Sorge, Kindesherausgabe und Umgang) kann der Familiensenat außerdem die sofortige Wirksamkeit der Entscheidung anordnen (§ 26, 2 FGG analog) und damit die Wirkung der erstinstanzlichen Entscheidung beseitigen. Der BGH als Gericht der Rechtsbeschwerde kann diese Anordnung dann wieder aufheben (§§ 29 IV, 24 II FGG).

538 Der **Beschluss** des Beschwerdegerichts muss grundsätzlich **begründet** werden (§ 25 FGG). Der Inhalt der Beschwerdeentscheidung richtet sich nach den allgemeinen Regeln. Zum Inhalt der Beschwerdeentscheidung gehört schließlich in den Fällen des Abs 1 Nr. 3a-3c, 4a noch die Entscheidung über die Zulassung der Rechtsbeschwerde. Diese braucht sich nicht aus dem Tenor der Entscheidung zu ergeben; es reicht, dass sie unmissverständlich aus den Gründen hervorgeht. Die Zulassung der weiteren Beschwerde kann sich auf Teile der Beschwerdeentscheidung beschränken, wenn deren Gegenstand teilbar ist.

539 **(4) Anschlussbeschwerden und Gegenanschließungen** richten sich nach den allgemeinen Grundsätzen. Die Einlegung einer selbständigen Anschlussbeschwerde (innerhalb der Beschwerdefrist) ist daher in allen FGG-Streitigkeiten ohne weiteres zulässig. Für die unselbständige Anschlussbeschwerde dh die nach Ablauf der Beschwerdefrist erfolgte Anschließung an eine andere Beschwerde, ist dagegen in mehrfacher Hinsicht zu differenzieren: Grundsätzlich zulässig ist ein Anschlussrechtsmittel, wenn es sich gegen die Entscheidung einer FGG-Familiensache richtet, die als Teil eines Verbundurteils getroffen wurde (BGH FamRZ 1982, 1203). Begrenzungen resultieren jedoch aus der Sonderregelung des § 629 a III ZPO.

540 Erfolgt die **unselbständige Anschlussbeschwerde in einem isolierten Verfahren**, so ist weiter danach zu unterscheiden, ob in dem Verfahren das Verbot der reformatio in peius gilt oder nicht. Die Zulassung einer unselbständigen Anschlussbeschwerde soll verhindern, dass nur noch eine den Beschwerdeführer begünstigende Entscheidung ergehen kann, wenn er die Beschwerdefrist bis zum letzten ausschöpft und der Beschwerdegegner im Vertrauen darauf, dass keine Beschwerde mehr erhoben werde, es seinerseits unterlassen hat, rechtzeitig ein Rechtsmittel einzulegen. Dieser Zweck erfordert die Zulassung der unselbständigen Anschlussbeschwerde in allen Verfahren, in denen das Verbot der reformatio in peius gilt (BGH FamRZ 80, 233; 82, 36, 38; BGHZ 85, 140). Das sind vor allem den Verfahren nach §§ 1382, 1383 BGB und solche über den Versorgungsausgleich, wenn der Lebenspartner das Hauptrechtsmittel eingelegt hat. In den anderen Verfahren dagegen wird die Entscheidung des Familiengerichts ohnehin ohne Rücksicht auf eine Schlechterstellung des Beschwerdeführers untersucht; der Beschwerdegegner, der selbst keine rechtzeitige Anschlussbeschwerde eingelegt hat, wird damit auch ohne diese hinreichend geschützt. Sie ist daher in

diesen Verfahren mangels Rechtsschutzinteresses an ihr unzulässig (BGH FamRZ 85, 59, 60; 85, 267, 269; 85, 799). Das gilt vor allem in den Verfahren nach § 621 I Nr 1-3 und in solchen über den Versorgungsausgleich, wenn das Hauptrechtsmittel von einem Versorgungsträger eingelegt wurde.

541 **(5) (a)** Die **Rechtsbeschwerde** ist ein **revisionsähnlich ausgestalteter Rechtsbehelf.** Zur Entscheidung zuständig ist grundsätzlich der BGH (§ 133 Nr 2 GVG). Sie führt zu einer reinen Rechtsprüfung (§ 621 e II 3 ZPO), bei der nur diejenigen Tatsachen zugrunde gelegt werden, die auch schon der Familiensenat berücksichtigen konnte. Es ist daher ausgeschlossen, die Rechtsbeschwerde mit neuen Tatsachen zu begründen, auch wenn sie erst nach der Entscheidung des Beschwerdegerichts entstanden sind.

542 **(b)** Die Rechtsbeschwerde **findet** zunächst **statt** gegen alle Entscheidungen des Beschwerdegerichts in Streitigkeiten über elterliche Sorge, Umgang und Kindesherausgabe (Abs 1 Nr 3a-3c), über den Versorgungsausgleich, die nicht nach § 53 g II FGG unanfechtbar sind (Abs 1 Nr 4a, Entscheidungen nach §§ 1587 d, 1587 g III, 1587 i III, 1587 l III 3 BGB sowie nach § 53 e II, III FGG), in denen das Beschwerdegericht die Rechtsbeschwerde zugelassen hat (§ 621 e II 1 ZPO) oder in denen das Gericht der Rechtsbeschwerde einer Nichtzulassungsbeschwerde stattgegeben hat (erst für Beschlüsse ab 1.1.07, vgl § 26 Nr 9 EGZPO). Sie ist in diesen Streitigkeiten außerdem statthaft, wenn das Beschwerdegericht die Beschwerde als unzulässig verworfen hat (Abs 3 S 2 iVm § 522 I).

543 **Generell ausgeschlossen** ist die Rechtsbeschwerde in Bezug auf alle Entscheidungen über Ehewohnung und Hausrat sowie solchen, die in Verfahren nach §§ 1382, 1383 BGB ergangen sind. Auch in den in § 53 g II FGG genannten Nebenverfahren zum Versorgungsausgleich findet sie nicht statt. Eine vom OLG gleichwohl ausgesprochene Zulassung ist wirkungslos (BGH FamRZ 84, 669; BGHZ 88, 113, 129). Die Statthaftigkeit der Rechtsbeschwerde kann in diesen Fällen auch nicht aus § 621 e III 2 iVm § 522 I (Verwerfung der Beschwerde als unzulässig) abgeleitet werden; denn diese Regelung knüpft an § 621 e II 1 an (BGH FamRZ 80, 234). Auch die Entscheidung, mit der das OLG die Beschwerde als unzulässig verwirft, ist in diesen Fällen daher nicht mehr anfechtbar.

544 **Im Übrigen** hängt die Statthaftigkeit der Rechtsbeschwerde von der **Zulassung durch das Oberlandesgericht** ab. Die Zulassung erfolgt, wenn die Rechtssache grundsätzliche Bedeutung hat oder die Fortbildung des Rechts oder die Sicherung einer einheitlichen Rechtsprechung eine Entscheidung des BGH erfordert (§ 621 II 3 iVm § 543 II ZPO). Wird die Zulassung abgelehnt, kann eine Nichtzulassungsbeschwerde eingelegt werden und mit deren Hilfe eine Zulassung durch das Gericht der Rechtsbeschwerde erreicht werden (erst für Beschlüsse ab 1.1.07, vgl § 26 Nr 9 EGZPO).

545 **(c) Berechtigt zur Einlegung der Rechtsbeschwerde** ist nur, wer durch die Entscheidung des Beschwerdegerichts in seinen Rechten beeinträchtigt worden ist (§ 20 FGG).

546 **(d)** Die **Einlegung** der Rechtsbeschwerde erfolgt **beim Gericht der Rechtsbeschwerde.** Die Rechtsbeschwerde wird durch Einreichung einer Beschwerdeschrift eingelegt. Die an diese zu stellenden Anforderungen entsprechen denjenigen bei der Erstbeschwerde. Das gilt grundsätzlich auch für die Anforderungen in Bezug auf die Beschwerdebegründung (vgl §§ 544, 551 I, 575 ZPO). Diese muss sich aber auf Rechtsausführungen beschränken; denn die Rechtsbeschwerde ist eine reine Rechtsanwendungskontrolle § 621 e II 2 ZPO). Neue Tatsachen können in das Verfahren grundsätzlich selbst dann nicht mehr eingeführt werden, wenn sie erst nach der Entscheidung des Beschwerdegerichts entstanden sind. Im Einzelnen sind die Anforderungen unterschiedlich, je nachdem, ob es sich um eine Beschwerde auf Zulassung des OLG hin (dann § 551 ZPO), um eine solche wegen Verwerfung der Erstbeschwerde als unzu-

lässig (dann § 575 ZPO) oder um eine Nichtzulassungsbeschwerde (dann § 544 ZPO) handelt.

547 Für das Verfahren der Rechtsbeschwerde besteht grundsätzlich **Anwaltszwang**, dh die Parteien müssen sich durch einen beim BGH zugelassenen Anwalt vertreten lassen (§ 78 I 2, 4, 5 ZPO).

548 Die **Fristen für die Einlegung und die Begründung der Rechtsbeschwerde** sind unterschiedlich, je nachdem, um welchen Beschwerdegrund es sich handelt: Die Frist für die Einlegung der Rechtsbeschwerde ist grundsätzlich eine Notfrist von einem Monat, die von der Zustellung der Beschwerdeentscheidung an läuft. Uneingeschränkt gilt das aber nur bei der Beschwerde gegen die Verwerfung der Erstbeschwerde als unzulässig (§ 621 e III 2 iVm §§ 522 I 4, 574 I Nr 1, 575 I ZPO). Wurde die Rechtsbeschwerde durch das OLG zugelassen, muss die Rechtsbeschwerde spätestens fünf Monate nach der Verkündung der Entscheidung des OLG eingelegt sein (§ 621 e III 2 iVm § 548 ZPO). Handelt es sich um eine Nichtzulassungsbeschwerde, muss sie spätestens bis zum Ablauf von sechs Monaten nach der Verkündung eingelegt werden (§ 621 e II 1 iVm § 544 I 1). Ebenso unterschiedlich sind die Fristen für die Begründung der Rechtsbeschwerde: Die Frist für die Begründung der Rechtsbeschwerde gegen die Verwerfung der Erstbeschwerde als unzulässig beträgt einen Monat seit Zustellung des Beschlusses (§ 621 e III 2 iVm §§ 522 I 4, 574 I Nr 1, 575 II 1, 2 ZPO). Wurde die Rechtsbeschwerde durch das OLG zugelassen, muss die Rechtsbeschwerde zwei Monate nach der Zustellung des Beschlusses, spätestens aber fünf Monate nach der Verkündung der Entscheidung des OLG begründet sein (§ 621 e III 2 iVm § 551 II, 1-3 ZPO). Handelt es sich um eine Nichtzulassungsbeschwerde, muss sie bis zum Ablauf von zwei Monaten nach der Zustellung des Beschlusses, spätestens aber bis zum Ablauf von sieben Monaten nach der Verkündung begründet werden (§ 621 e II 1 iVm § 544 II 1 ZPO). Alle Fristen können verlängert werden.

549 Das **Verfahren der Rechtsbeschwerde** entspricht grundsätzlich demjenigen der Beschwerde. Vor allem ist die Abhilfe ausgeschlossen. Das Gleiche gilt für den **Inhalt der Entscheidung** (bis auf die Zulassung eines weiteren Rechtsmittels).

550 **V. Der einstweilige Rechtsschutz** in Lebenspartnerschaftssachen unterscheidet sich danach, ob eine Lebenspartnerschaftssache nach Abs 1 Nr 1-3 anhängig ist oder nicht. Da diese Lebenspartnerschaftssachen funktional den Ehesachen des § 606 I 1 ZPO entsprechen, ist bei Anhängigkeit einer dieser Streitigkeiten allein eine einstweilige Anordnung nach §§ 620 ff ZPO statthaft. Bei isolierten Verfahren richtet sich der einstweilige Rechtsschutz nach § 621 g, in Bezug auf Unterhalt nach § 644, gegebenenfalls hilfsweise nach den allgemeinen Regeln der §§ 917 ff, 935 ff ZPO.

551 **1.** Ist eine **Lebenspartnerschaftssache** nach Abs 1 Nr 1 (Aufhebung der Lebenspartnerschaft), Abs 1 Nr 2 (Feststellung des Bestehens oder Nichtbestehens der Lebenspartnerschaft) oder nach Abs 1 Nr 3 (Streit um die Verpflichtung zur Fürsorge und Unterstützung in der Lebenspartnerschaft) anhängig, dann richtet sich der einstweilige Rechtsschutz ausschließlich nach §§ 620 ff ZPO. Es ist im Verfahren der einstweiligen Anordnung zu entscheiden.

552 **a)** Die **Anhängigkeit** richtet sich nach den allgemeinen Grundsätzen, dh sie beginnt mit der Einreichung der Klage bzw der Antragsschrift. Gleichgestellt ist die Einreichung eines Prozesskostenhilfegesuchs (§ 620a II 1 ZPO). Die Anhängigkeit dauert an bis zur Rechtskraft der Entscheidung, sie besteht in allen Instanzen. Ausgeschlossen ist eine einstweilige Anordnung daher dann, wenn die Lebenspartnerschaftssache nach Abs 1 Nr 1-3 rechtskräftig abgeschlossen ist. Ist die Hauptsache ein Aufhebungsverfahren, gilt das auch dann, wenn noch Folgesachen (§ 623 ZPO) anhängig sind.

Dann sind aber gegebenenfalls einstweilige Anordnungen nach §§ 621 g, 644 ZPO zulässig.

553 Die Anhängigkeit **bestimmt auch die Reichweite des Verfahrens** der einstweiligen Anordnung in persönlicher Hinsicht. Die einstweilige Anordnung kann nur für und gegen die am Hauptverfahren beteiligten Parteien ergehen, nicht aber gegenüber Dritten, denen gegenüber der Gegenstand der Folgesache regelungsbedürftig ist. Insoweit muss mit den allgemeinen Instituten Arrest und einstweiliger Verfügung gearbeitet werden, wenn einstweiliger Rechtsschutz angestrebt wird.

554 **b)** Das Verfahren nach §§ 620 ff setzt zwingend einen **Antrag** voraus; eine Entscheidung über eine einstweilige Anordnung von Amts wegen ist in Lebenspartnerschaftssachen unzulässig. Der Antrag muss angebracht werden, solange die Instanz noch nicht abgeschlossen ist; eine rückwirkende Antragstellung ist unzulässig.

555 Für die Einreichung des Antrags besteht grundsätzlich kein **Anwaltszwang** (§ 620 a II 2, 78 III ZPO). § 620 a ZPO ist jedoch eng auszulegen. Der Gesetzgeber ging davon aus, dass das Anordnungsverfahren in das Verfahren der Ehesache eingegliedert ist, in dem generell Anwaltszwang herrscht (§ 78 II ZPO). Daraus ergibt sich, dass die Freistellung vom Anwaltszwang nicht für das gesamte Verfahren, sondern nur für die Antragstellung gewollt war.

556 Weitere Voraussetzung für eine einstweilige Anordnung ist ein **Regelungsbedürfnis** (entsprechend dem Rechtsschutzbedürfnis). Es fehlt dann, wenn die Entscheidung nicht eilbedürftig ist, sodass ohne Nachteile für die Betroffenen bis zur Hauptsacheentscheidung zugewartet werden kann.

557 Schließlich muss die einstweilige Regelung **im materiellen Recht ihre Grundlage finden.** Das bedeutet, dass die Regelung materiellrechtlich gerechtfertigt sein muss. Grundsätzlich muss die einstweilige Regelung derjenigen entsprechen, die nach dem gegenwärtigen Stand des Verfahrens auch für die Hauptsacheentscheidung wahrscheinlich ist. Zwingend ist das aber nicht. Ausnahmsweise darf eine andere Regelung getroffen werden, wenn das erforderlich ist, um gerade in der Schwebezeit bis zur Hauptsacheentscheidung eine angemessene Regelung zu treffen. Allerdings muss auch diese Regelung noch vom materiellen Recht gedeckt sein.

558 **c) Zuständig** für den Erlass der einstweiligen Anordnung ist das Gericht der ersten Instanz, wenn sich die **Lebenspartnerschaftssache nach Abs 1 Nr 1-3** noch dort **befindet.** Ist die Lebenspartnerschaftssache nach Abs 1 Nr 1-3 in der Berufungsinstanz anhängig, dann ist das Berufungsgericht auch für die einstweilige Anordnung zuständig (§ 620 a IV 1 ZPO). Ist gegen die Entscheidung Revision eingelegt, entfällt die Zuständigkeit des OLG für einstweilige Anordnungen wieder; zuständig ist wieder das Familiengericht.

559 Eine abweichende Zuständigkeitsregelung gilt für solche einstweiligen Anordnungen, die in der Sache **einer Folgesachenentscheidung entsprechen.** Für diese ist ebenfalls das Familiengericht zuständig, solange sich die Folgesache in der ersten Instanz befindet. Ist die Folgesache in der zweiten Instanz oder beim Bundesgerichtshof anhängig, ist das Berufungs- oder Beschwerdegericht der Folgesache auch für die einstweilige Anordnung zuständig (§ 620 a IV 2 ZPO). Auf diese Art und Weise sollen die Entscheidung in der Folgesache und im Verfahren der einstweiligen Anordnung harmonisiert werden. Außerdem fördert diese Konzentration die Prozessökonomie. Wie allerdings Zöller/Philippi, § 620 a ZPO Rn 14 zutreffend bemerkt, werden durch diese Regelung einige Fälle, in denen sich entsprechende Streitigkeiten in unterschiedlichen Instanzen behandelt werden, nicht sämtlich gelöst. Trotzdem muss es bei der Beschränkung der Zuständigkeitszusammenfassung auf die in § 620 a IV 2 ZPO genannten Fälle bleiben; denn für eine Analogie fehlt es zum einen an einer planwidrigen Gesetzeslücke, und zum anderen würde ein Rechtsunsicherheit gefördert. Die Identität

zwischen dem Gegenstand der einstweiligen Anordnung und der Folgesachenentscheidung richtet sich danach, welcher Rechtsschutz begehrt wird. Ein nur tatsächlicher oder rechtlicher Zusammenhang mit der Folgesache reicht nicht, um die Entsprechung zu begründen.

560 Betrifft die einstweilige Anordnung einen **Kostenvorschuss** (Rn 589 ff), gilt das zu den Folgesachen Gesagte entsprechend: Zuständig ist also bei Anhängigkeit der Sache, für die der Kostenvorschuss verlangt wird, in erster Instanz das Familiengericht, bei Anhängigkeit dieser Sache in der zweiten oder dritten Instanz das Oberlandesgericht (§ 620 a IV 3 ZPO).

561 **d)** Über welche **Gegenstände** eine einstweilige Anordnung statthaft ist, ergibt sich aus § 620 ZPO. Von den dort genannten Gegenständen können nun auch alle unter Lebenspartnern vorkommen, da Lebenspartner nun auch gemeinsam Eltern von Kindern sein können.

562 Zulässig sind einstweilige Anordnungen in Streitigkeiten, die gemeinschaftliche Kinder betreffen: um die **elterliche Sorge** für ein gemeinschaftliches Kind (§ 620 Nr 1 ZPO), in Bezug auf die Regelung des **Umgangs** eines Elternteils mit dem Kind (§ 620 Nr 2 ZPO), die **Herausgabe** des Kindes an den anderen Elternteil (§ 620 Nr 3 ZPO) und die **Unterhaltspflicht** gegenüber einem Kind (§ 620 Nr 4 ZPO).

563 In Betracht kommt eine einstweilige Anordnung zur **Regelung des Getrenntlebens** (§ 620 Nr 5 ZPO). Der praktische Anwendungsbereich ist allerdings minimal, da Anordnungen gegen Dritte ebenso wenig in Betracht kommen wie solche Anordnungen, die in die Art und Weise der Lebensführung eingreifen.

564 Eine einstweilige Anordnung ist auch statthaft zur **Regelung des lebenspartnerschaftlichen Unterhalts** (§ 620 Nr 6 ZPO). In Betracht kommen alle Arten von Unterhaltsansprüchen aus der Zeit des Bestehens der Lebenspartnerschaft, wenngleich die Beschränkung der Statthaftigkeit auf die Zeit der Anhängigkeit einer Lebenspartnerschaftssache nach Abs 1 Nr 1-3 in der Praxis die Bedeutung der einstweiligen Anordnung in diesem Punkt auf die Ansprüche auf Getrenntlebensunterhalt (§ 12 LPartG) einschränkt. Die Regelung des Unterhalts ist statthaft für die Zeit ab Antragstellung. Sinnvollerweise wird sie auf die Zeit bis zur Rechtskraft des Aufhebungsurteils begrenzt (vgl § 620 f ZPO). Auch Sonderbedarf kann zugesprochen werden; für regelmäßige Zahlungen sind im Übrigen die Modalitäten festzulegen. Stellt sich später heraus, dass der im Wege der einstweiligen Anordnung zugesprochene Unterhalt zu hoch war, kann dieser nach § 812 I 1, 1. Fall BGB zurückgefordert werden (BGH NJW 83, 1330).

565 Eine einstweilige Anordnung kann auch über die **Zuweisung der lebenspartnerschaftlichen Wohnung und die Regelung der Rechtsverhältnisse am Hausrat** in Betracht kommen. Materielle Grundlage für die Regelungen sind §§ 13 und 14 LPartG. Wird einem Lebenspartner die Wohnung zur Alleinbenutzung zugewiesen, ist zweckmäßigerweise zugleich eine Räumungsanordnung zu Lasten des anderen Lebenspartners aufzunehmen, damit der Begünstigte aus dem Titel vollstrecken kann, wenn der Lebenspartner die Wohnung nicht freiwillig räumt.

566 Gegenstand einer einstweiligen Anordnung kann auch die **Herausgabe oder Benutzung der zum persönlichen Gebrauch eines Lebenspartners bestimmten Sachen** sein (§ 620 Nr 8 ZPO). Auf die Eigentumsverhältnisse kommt es nicht an. Hausrat ist bereits in § 620 Nr 7 ZPO erfasst.

567 Durch einstweilige Anordnung regelbar sind nun auch alle **Maßnahmen nach §§ 1 und 2 des Gewaltschutzgesetzes** (Nr 9). Zusätzliche Voraussetzung ist für diese Fälle aber, dass die Beteiligten noch einen gemeinsamen Haushalt führen oder während der letzten sechs Monate geführt haben. In Aufhebungssachen wird eine einstweilige Anordnung nach Nr 9 deswegen regelmäßig ausscheiden, weil die Aufhebung im Regelfall eine wenigstens einjährige Trennung der Lebenspartner voraussetzt (§ 15 I

LPartG). Regelbar sind nur Maßnahmen nach §§ 1, 2 GewSchG. Anordnungen in Bezug auf die Maßnahmen nach § 3 GewSchG sind dagegen ausgeschlossen. Das ist aber keine Minderung des Schutzes; denn die Wohnungszuweisungen nach § 3 GewSchG haben keinen weitergehenden Regelungsgegenstand als die nach § 13 LPartG. Insofern ist mit Anordnungen nach Nr 7 ausreichend geholfen.

568 Schließlich kommt eine einstweilige Anordnung in Bezug auf den **Kostenvorschuss** für die Lebenspartnerschaftssache nach Abs 1 Nr 1-3 oder eine Folgesache, die mit der Aufhebung der Lebenspartnerschaft im Verbund steht (§ 620 Nr 10 ZPO), in Betracht. Das einstweilige Anordnungsverfahren ist damit der Weg, den materiellrechtlich nach § 5 LPartG, §§ 1360a IV BGB, § 12 LPartG, § 1361 IV 4 BGB bestehenden Anspruch auf den Prozesskostenvorschuss für persönliche Rechtsstreitigkeiten (näher: § 5 LPartG Rn) durchzusetzen. Die Lebenspartnerschaftssachen nach Abs 1 Nr 1-3 sind solche persönlichen Rechtsstreitigkeiten. Das gilt auch für diejenigen Rechtsstreitigkeiten, die im Verbund mit diesen Lebenspartnerschaftssachen stehen können. Das Rechtsschutzbedürfnis für eine Klage auf den Prozesskostenvorschuss fehlt aber ebenso wenig, wie die Möglichkeit einer Klage das Verfahren auf einstweilige Anordnung ausschließt.

569 **e)** Über den Antrag auf Erlass einer einstweiligen Anordnung braucht **nicht mündlich verhandelt** zu werden. Erfolgt eine Entscheidung ohne mündliche Verhandlung, kann ein Antrag auf nachträgliche mündliche Verhandlung gestellt werden (§ 620 b ZPO).

570 Die Entscheidung erfolgt durch **Beschluss.** Die Entscheidung wird als „Einstweilige Anordnung" bezeichnet. Die Regelung selbst orientiert sich an der Sache, die zu entscheiden ist und an dem, was voraussichtlich die Entscheidung des Hauptverfahrens sein wird. Die Entscheidung ist zweckmäßigerweise zu befristen, damit nicht gegebenenfalls mehrere parallele Entscheidungen nebeneinander stehen (die Hauptsacheentscheidung und die nicht von selbst außer Kraft getretene einstweilige Anordnung).

571 Die einstweilige Anordnung muss begründet werden, wenn mündlich verhandelt wurde, wenn eine einstweilige Anordnung nach § 620b ZPO geändert oder aufgehoben wird oder wenn sie auf eine sofortige Beschwerde nach § 620c ZPO ergeht (§ 620d, 2 ZPO). Die einstweilige Anordnung **ist Vollstreckungstitel** (§ 794 I Nr 3a ZPO). Sie muss deswegen so bestimmt sein, dass aus ihr vollstreckt werden kann. Die Vollstreckung erfolgt in allen für Lebenspartner relevanten Punkten nach der ZPO. Dabei gelten allerdings weder § 717 II noch § 945 ZPO (BGH NJW 84, 2095), wenn eine einstweilige Anordnung aufgehoben wird, aus der schon vollstreckt worden ist und dem anderen Lebenspartner dadurch Schaden zugefügt wurde.

572 Eine eigene **Kostenentscheidung** enthält die Entscheidung nicht, da die im Verfahren nach §§ 620 ff ZPO entstehenden Kosten als Kosten des Hauptverfahrens gelten (§ 620g ZPO). Insoweit gilt allerdings § 96 ZPO entsprechend; dh die Kosten können gegebenenfalls auch dem in der Hauptsache obsiegenden Lebenspartner auferlegt werden, wenn er mit seinem Antrag auf Erlass einer einstweiligen Anordnung unterlegen war.

573 **f) aa) Rechtsbehelf** gegen die einstweilige Anordnung ist zunächst der jederzeit mögliche **Antrag auf Aufhebung oder Änderung der einstweiligen Anordnung** nach § 620b I ZPO. Dieser Rechtsbehelf setzt grundsätzlich einen Antrag voraus; nur in Sorgeangelegenheiten (generell) und in Streitigkeiten um Umgang und Kindesherausgabe (bei Unterlassen einer vorgängigen Anhörung des Jugendamts) kann von Amts wegen entschieden werden (§ 620b I 2 ZPO). Der Antrag ist zu begründen (§ 620d, 1 ZPO).

574 Die **Zuständigkeit** für die Entscheidung über den Antrag auf Aufhebung oder Änderung der einstweiligen Anordnung richtet sich grundsätzlich wie beim Erlass der einst-

weiligen Anordnung selbst nach § 620a IV ZPO (Rn 554 ff). Allerdings ist das Rechtsmittelgericht auch für die Änderung oder Aufhebung von Entscheidungen der ersten Instanz zuständig.

575 Geändert oder aufgehoben werden kann **jede einstweilige Anordnung,** auch wenn sie bereits einmal oder mehrfach geändert wurde. Ebenfalls in Betracht kommt die Änderung der Ablehnung einer einstweiligen Anordnung und wegen der sonst entstehenden Regelungslücke die Änderung oder Aufhebung eines Vergleichs, der anstelle einer einstweiligen Anordnung über Unterhalt geschlossen wurde (OLG Hamm FamRZ 82, 410). Ausgeschlossen ist die Änderung oder Aufhebung der einstweiligen Anordnung aber, wenn sie schon nach § 620f ZPO außer Kraft getreten ist. In diesen Fällen kann nur noch das Außer-Kraft-Treten durch Beschluss festgestellt werden.

576 Geändert oder aufgehoben werden kann die einstweilige Anordnung schon dann, wenn das Gericht die **Rechtslage anders beurteilt** als im Zeitpunkt des Erlasses der einstweiligen Anordnung bzw der Ablehnung des darauf abzielenden Antrags. Die Änderung der tatsächlichen Umstände ist nicht erforderlich.

577 Das **Verfahren** entspricht demjenigen beim Erlass der abzuändernden bzw aufzuhebenden einstweiligen Anordnung. Eine Ausnahme besteht nur in Bezug auf die mündliche Verhandlung. Während bei der Erstentscheidung die Durchführung einer mündlichen Verhandlung nicht zwingend ist, muss nun auf Grund einer mündlichen Verhandlung entschieden werden, wenn die zu ändernde Entscheidung ohne mündliche Verhandlung ergangen war und nun die Durchführung einer mündlichen Verhandlung beantragt wird (§ 620 II ZPO). Auch dieser Antrag ist zu begründen. Liegen die Voraussetzungen von § 620 II ZPO nicht vor, ist die mündliche Verhandlung fakultativ. Wird keine durchgeführt, muss dann bei einem erneuten Antrag auf Änderung wiederum eine mündliche Verhandlung erfolgen, wenn dies beantragt wird.

578 Die **Entscheidung** über den Änderungsantrag erfolgt durch einen Beschluss, durch den entweder die einstweilige Anordnung aufrecht erhalten, aufgehoben oder geändert wird. Der Beschluss muss begründet werden (§ 620d, 2 ZPO). Im Übrigen gilt das zum Ersterlass Gesagte entsprechend.

579 Die Möglichkeit einer **sofortigen Beschwerde** nach § 620c ZPO schließt die Änderung oder Aufhebung nach § 620b ZPO nicht aus.

580 Das Gericht kann die **Vollziehung** der einstweiligen Anordnung bis zur Entscheidung **aussetzen** (§ 620e ZPO). Ein dahingehender Antrag ist nicht erforderlich. Die Entscheidung ergeht durch Beschluss. Der Inhalt der Regelung steht im Ermessen des Gerichts. Die Aussetzung kann jederzeit aufgehoben oder geändert werden. Sie tritt mit dem Wirksamwerden der Entscheidung über die Änderung oder Aufhebung der einstweiligen Anordnung außer Kraft.

581 **bb)** Hat das Gericht aufgrund mündlicher Verhandlung eine Regelung über die elterliche Sorge für ein gemeinschaftliches Kind, die Herausgabe eines Kindes, einen Antrag nach §§ 1, 2 GewSchG oder über die lebenspartnerschaftliche Wohnung getroffen, dann findet gegen diese einstweilige Anordnung die **sofortige Beschwerde** (§ 577 ZPO) statt (§ 620c, 1 ZPO). Im Übrigen sind die Entscheidungen nach § 620 und § 620b ZPO abänderbar.

582 Die sofortige Beschwerde erfordert einen **Antrag,** der innerhalb der Beschwerdefrist (§ 577 II 1 ZPO) begründet werden muss (§ 620d, 1 ZPO). Fehlt die Begründung, ist die Beschwerde unzulässig.

583 Die **Entscheidung** über die Beschwerde muss begründet werden (§ 620d, 2 ZPO).

584 Das Beschwerdegericht kann die **Vollziehung der einstweiligen Anordnung aussetzen** (§ 620e ZPO). Ein dahingehender Antrag ist nicht erforderlich. Die Entscheidung ergeht durch Beschluss. Der Inhalt der Regelung steht im Ermessen des Gerichts. Die

Aussetzung kann jederzeit aufgehoben oder geändert werden. Sie tritt mit dem Wirksamwerden der Entscheidung über die Beschwerde außer Kraft.

585 **g)** Die einstweilige Anordnung **tritt außer Kraft**, wenn sich das Hauptverfahren durch Abweisung oder Rücknahme des Antrags bzw der Klage erledigt (einschließlich der Erledigung durch den Tod einer Partei, § 619 ZPO) oder wenn eine andere Regelung über den Gegenstand der einstweiligen Anordnung wirksam wird (§ 620f I 1 ZPO). Das kann eine neue einstweilige Anordnung, aber auch eine Vereinbarung der Parteien sein. Es reicht, dass diese Regelung wirksam ist; sie braucht nicht rechtskräftig zu sein, wenn es sich um eine gerichtliche Entscheidung handelt.

586 Die Wirkung tritt **automatisch** ein, wenn die Voraussetzungen von § 620f I 1 ZPO erfüllt sind. Sie erfasst nur die Zukunft. Soweit allerdings Unterhalt überzahlt worden ist, kann das zuviel Gezahlte nach § 812 I 1, 1. Fall BGB kondiziert werden.

587 Das Außer-Kraft-Treten ist **auf Antrag** (mindestens) eines der Lebenspartner **durch Beschluss auszusprechen** (§ 620f I 2 ZPO). Gegen diese, das Außer-Kraft-Treten aussprechende Entscheidung findet die sofortige Beschwerde (§ 577 ZPO) statt. Entsprechendes gilt, wenn der Beschluss ausspricht, dass die einstweilige Anordnung nicht erloschen ist.

588 **2. a) Fehlt es an der Anhängigkeit einer Lebenspartnerschaftssache** nach Abs 1 Nr 1-3, kommen grundsätzlich die **allgemeinen Regeln** über den einstweiligen Rechtsschutz durch Arrest und einstweilige Verfügung zur Anwendung. das gilt allerdings nicht, soweit andere vorrangige Ausnahmeregeln eingreifen. Derartige Regeln gibt es für den Prozesskostenvorschuss in §§ 127 a, 621 f ZPO, für Verfahren um elterliche Sorge, Umgang und Kindesherausgabe sowie in Bezug auf Wohnung und Hausrat in § 621 g ZPO sowie für Unterhalt in § 644 ZPO.

589 **b)** Für den Anspruch auf **Prozesskostenvorschuss** in Unterhaltssachen (auch soweit sie keine Lebenspartnerschaftssachen sind, § 127a II 2 ZPO) ordnen §§ 127 a, 621 f ZPO die entsprechende Geltung der §§ 620 ff ZPO an.

590 **aa)** Das **materielle Recht** sieht vor, dass ein Unterhaltspflichtiger dem Unterhaltsberechtigten grundsätzlich auch insoweit Unterhalt schuldet, als der Unterhaltsberechtigte dessen bedarf, um einen persönlichen Rechtsstreit zu führen. Das ist in § 5 LPartG, §§ 1360a IV BGB, § 12 LPartG, § 1361 IV 4 BGB für den Unterhalt von Lebenspartnern ausdrücklich (durch Verweisung auf das Eherecht) bestimmt. Lebenspartnerschaftssachen gehören gerade zu diesen persönlichen Rechtsstreitigkeiten; denn sie betreffen in keinem Fall geschäftliche Angelegenheiten.

591 Prozessrechtlich regelt **§ 127a ZPO** die Anordnung eines Kostenvorschusses in Unterhaltssachen, und **§ 621f ZPO bildet die Auffangregelung** für alle anderen Lebenspartnerschaftssachen (mit Ausnahme des Unterhalts). Aus dieser Systematik ergibt sich zunächst, dass der Anwendungsbereich des § 621f ZPO sich auf isolierte Verfahren beschränkt. Da außerdem zwischen Lebenspartnern aus einer aufgehobenen Lebenspartnerschaft kein Vorschussanspruch mehr besteht, weil für den nachpartnerschaftlichen Unterhalt § 1360a IV BGB nicht für entsprechend anwendbar erklärt ist, kommt die Anwendung der Vorschrift nur für Regelungen während der Trennungszeit sowie güterrechtliche Streitigkeiten während der Lebenspartnerschaft (nach Abs 1 Nr 6 oder 7) in Betracht.

592 **bb)** Die einstweilige Anordnung eines Kostenvorschusses nach § 621f ZPO ist ein unselbstständiges Eilverfahren. Sie **findet nur statt,** wenn entweder eine Lebenspartnerschaftssache nach Abs 1 Nr 3a- 3c, 4a, 5-7 (entsprechend den Familiensachen nach § 621 I Nr 1-3, 6-9 ZPO) in einem selbstständigen Verfahren anhängig ist oder wenn zur Vorbereitung eines derartigen Verfahrens ein Prozesskostenhilfeantrag gestellt ist

(§ 620f II 2, § 620a II 1 ZPO). Geht es um Lebenspartnerschaftssachen nach Abs 1 Nr 3d, 4 (Unterhalt), ist nach § 127a ZPO zu verfahren.

593 § 621f ZPO setzt nur die **Anhängigkeit der Lebenspartnerschaftssache** voraus. Rechtshängigkeit ist dagegen nicht erforderlich. Ob die Anhängigkeit eingetreten ist, richtet sich nach den allgemeinen Regeln. Die anhängige Lebenspartnerschaftssache bestimmt sachlich und persönlich die Reichweite des Anordnungsverfahrens. Das bedeutet vor allem, dass die einstweilige Anordnung nur gegenüber den Parteien des Hauptverfahrens statthaft ist (MK-ZPO/Finger, § 621f ZPO Rn 6; aA Thomas/Putzo/Hüßtege, § 621f ZPO Rn 4). Gegenüber Dritten, denen gegenüber zwar materiell-rechtlich ein Kostenvorschussanspruch besteht, die aber nicht Partei des Verfahrens sind, kommt dagegen die Anwendung des § 621f ZPO nicht in Betracht; denn in Bezug auf sie fehlt es gerade an der Anhängigkeit einer Lebenspartnerschaftssache. In derartigen Fällen (zB bei Geltendmachung von Ansprüchen nach § 6, 2 LPartG, § 1390 BGB) muss der materiell Anspruchsberechtigte die Zahlung des Kostenvorschusses mit einer einstweiligen Verfügung nach § 940 ZPO durchsetzen.

594 Eine einstweilige Anordnung über den Kostenvorschuss kann auch erfolgen, wenn die Lebenspartnerschaftssache zwar noch nicht anhängig ist, zur Vorbereitung eines Verfahrens, dessen Anhängigkeit die Regelungsbefugnis auslösen könnte, aber bereits ein **Prozesskostenhilfeantrag** gestellt ist.

595 Das **Rechtsschutzbedürfnis** für den Antrag auf Anordnung des Kostenvorschusses wird vermutet. Es entfällt vor allem nicht deswegen, weil der Anspruchsteller mangels drohenden Rechtsverlusts die Leistung des Vorschusses auch klageweise erzwingen könnte; denn der Gesetzgeber wollte gerade einen möglichst schnellen und einfachen Weg zur Verfügung stellen, um die Durchsetzung des materiell-rechtlichen Vorschussanspruchs zu erleichtern.

596 § 621f ZPO gibt **keine Ermächtigungsgrundlage für die Anordnung des Kostenvorschusses.** Diese setzt vielmehr immer voraus, dass der Antragsteller sein Begehren auf eine Anspruchsgrundlage des materiellen Rechts stützen kann. Entsprechend den allgemeinen für den vorläufigen Rechtsschutz geltenden Prinzipien genügt es aber, wenn er die Voraussetzungen für diesen Anspruch glaubhaft macht; dh das Bestehen des Anspruchs braucht nur überwiegend wahrscheinlich zu sein. Zu den materiellen Anforderungen des Anspruchs auf Prozesskostenvorschuss s § 5 LPartG Rn ff.

597 Der Kostenvorschuss ist Teil eines Unterhaltsanspruchs. Daraus folgt, dass er nur angeordnet werden darf, wenn die allgemeinen Voraussetzungen für einen Unterhaltsanspruch gegeben sind. Dazu **gehört auf Seiten des Antragstellers die Bedürftigkeit**. Die Anordnung des Kostenvorschusses scheidet daher aus, wenn der Antragsteller selbst über ein ausreichendes Einkommen oder Vermögen verfügt, um seinen Rechtsstreit zu führen. Die Bewilligung von Prozesskostenhilfe allein vermag dagegen die Bedürftigkeit des Antragstellers nicht auszuschließen; denn die Entscheidung über die Prozesskostenhilfe könnte nach § 124 Nr 3 ZPO wieder aufgehoben werden, wenn sich nachträglich herausstellt, dass ein Anspruch auf Kostenvorschuss besteht.

598 Ein Kostenvorschussanspruch scheidet auch aus, wenn der **Antragsgegner** nicht **leistungsfähig** ist. Das kann ohne weiteres pauschal bejaht werden, wenn er selbst die Voraussetzungen für die Gewährung von Prozesskostenhilfe ohne Ratenzahlung erfüllt (KG FamRZ 90, 183; OLG Karlsruhe FamRZ 92, 77). Streitig ist, ob das auch gilt, wenn ihm selbst für das Verfahren nur Prozesskostenhilfe mit Ratenzahlung gewährt werden würde (so OLG Bamberg JurBüro 90, 1642; OLG Hamm FamRZ 86, 1013; OLG Karlsruhe FamRZ 92, 77; aA KG FamRZ 90, 183, das eine konkrete Berechnung verlangt). Für Lebenspartnerschaftssachen ist dieser Streit irrelevant; bei diesen ist eher eine unterhaltsrechtliche Leistungsunfähigkeit gegeben (Gefährdung des angemessenen Unterhalts, vgl KG FamRZ 85, 1068; OLG Koblenz FamRZ 86, 284) als

Prozesskostenhilfe gewährt werden würde (Gefährdung des notwendigen Unterhalts). Es kann daher für den Kostenvorschussverlangen im Rahmen des Lebenspartnerschaftsunterhalts davon gesprochen werden, dass in den Fällen, in denen Prozesskostenhilfe mit Ratenzahlung angeordnet würde, eine Vermutung dafür spricht, dass für den Kostenvorschuss keine Leistungsfähigkeit besteht.

599 Schließlich setzt die Anordnung eines Kostenvorschusses materiell-rechtlich voraus, dass das vom Anspruchsteller verfolgte **Begehren im Hauptverfahren nicht aussichtslos** ist (BayObLG FamRZ 80, 814; OLG Frankfurt FamRZ 83, 606; OLG Karlsruhe FamRZ 81, 1195). Das folgt für den Anspruch unter Lebenspartnern daraus, dass § 1360a IV 1 BGB den Vorschussanspruch nur gewährt, „soweit dies der Billigkeit entspricht". Die Inanspruchnahme des Unterhaltsverpflichteten zur Verfolgung aussichtsloser oder mutwilliger Begehren ist aber immer unbillig, weil durch dieses nur Kosten entstehen, ohne dass der Unterhaltsberechtigte daraus einen Vorteil erlangen könnte. Für die Beurteilung der Erfolgsaussicht sollten dieselben Maßstäbe angelegt werden wie bei der Prüfung im Rahmen des § 114 ZPO; denn nur auf diese Weise können Wertungswidersprüche vermieden werden, wenn das Hauptverfahren teilweise durch einen Kostenvorschuss und teilweise mit Prozesskostenhilfe finanziert werden muss.

600 **cc) Das Verfahren** für die Anordnung des Kostenvorschusses bestimmt sich auf Grund der Verweisung in § 621f II 2 ZPO nach §§ 620-620g ZPO (Rn).

601 **dd)** Die **Entscheidung** im Verfahren nach § 621f ZPO erfolgt **durch Beschluss**. Die **stattgebende Entscheidung** erlegt dem Antragsgegner auf, dem Antragsteller die Anwalts- und Gerichtskosten vorzuschießen, die diesem im Hauptverfahren voraussichtlich entstehen werden. Die Vorschusspflicht umfasst außerdem die Kosten für das Verfahren nach § 621f ZPO selbst.

602 Bei eingeschränkter Leistungsfähigkeit des Verpflichteten gestattet die Rechtsprechung auch die **Zahlung des Kostenvorschusses in Raten** (OLG Celle NJW 54, 1533). Das ist insofern bedenklich, als es der Zweck des Kostenvorschusses ist, die vom Gericht und Anwalt angeforderten Vorschüsse abzudecken. Dieser Zweck kann nur dadurch erreicht werden, dass der Vorschuss bereits gezahlt ist, wenn diese Vorschüsse angefordert werden. Bei Gestattung von Ratenzahlung wird das Risiko der Uneinbringlichkeit Gebühren zumindest dann teilweise auf den Anwalt verlagert, wenn die Zahl der Raten so groß ist, dass bis zu ihrer vollständigen Leistung die Instanz abgeschlossen ist; denn für eine Beantragung von Prozesskostenhilfe ist es zu spät, wenn sich erst dann herausstellt, dass der Verpflichtete trotz Einräumung von Ratenzahlung nicht in der Lage ist, die Vorschusspflicht ganz zu erfüllen (vgl § 119, 1 ZPO).

603 Eine eigene **Kostenentscheidung** enthält die Entscheidung nicht, da die im Verfahren nach § 621f ZPO entstehenden Kosten als Kosten des Hauptverfahrens gelten (§ 621f II 2, § 620g, 1 ZPO).

604 Die Entscheidung ist **unanfechtbar** (§ 621f II 1 ZPO). Ist sie ohne mündliche Verhandlung ergangen, haben die Parteien aber die Möglichkeit, die nachträgliche Durchführung einer mündlichen Verhandlung zu verlangen, nach der das Gericht dann erneut über den Kostenvorschuss entscheiden muss (§§ 621f II 2, 620b II ZPO). Außerdem ist die Entscheidung auf Antrag einer der Parteien vom Gericht jederzeit zu überprüfen und gegebenenfalls abzuändern (§§ 621f II 2, 620b I ZPO). Das gilt jedoch nur, soweit nicht bereits der Regelungsgegenstand des einstweiligen Anordnungsverfahrens weggefallen ist. Mangels Rechtsschutzbedürfnisses ist daher auch ein Abänderungsantrag unzulässig, soweit der Kostenvorschuss schon gezahlt wurde; denn die Entscheidung über die Rückzahlung zuviel geleisteter Beträge kommt im Verfahren der einstweiligen Anordnung nicht mehr in Betracht.

605 Der Beschluss über die Anordnung des Kostenvorschusses ist **Vollstreckungstitel** (§ 794 I Nr 3a ZPO). Die Vollstreckung erfolgt selbst dann nach den Regeln der ZPO,

wenn sich der Kostenvorschuss auf ein FGG-Verfahren bezieht. Sie ist auch noch nach Beendigung des Hauptverfahrens und ohne Rücksicht auf die in diesem ergangene Kostenentscheidung zulässig (BGH NJW 85, 2263). Der Vorschussverpflichtete kann jedoch nach § 767 ZPO gegen die weitere Vollstreckung vorgehen, wenn ihm ausnahmsweise ein Anspruch auf Rückzahlung des Vorschusses zusteht.

606 Die einstweilige Anordnung über den Kostenvorschuss **tritt außer Kraft**, wenn sich das Hauptverfahren durch Abweisung oder Rücknahme des Antrags bzw der Klage erledigt oder wenn eine andere Regelung über den Kostenvorschuss wirksam wird (§§ 621f II 2, 620f I 1 ZPO). Das kann eine neue einstweilige Anordnung, aber auch eine Vereinbarung der Parteien sein. Dagegen wird die Wirksamkeit der einstweiligen Anordnung durch eine für den Vorschussberechtigten positive Entscheidung im Hauptverfahren nicht berührt; vor allem ist die Kostenentscheidung im Hauptverfahren keine andere Regelung im Sinne des § 620f ZPO (BGH NJW 85, 2263). Wegen der angefallenen Kosten kann daher auch nach der Entscheidung im Hauptverfahren noch aus der einstweiligen Anordnung vollstreckt werden (BGH NJW 85, 2263).

607 **ee)** Die Möglichkeit, eine einstweilige Anordnung nach § 621f ZPO zu erwirken, allein **schließt die Zulässigkeit einer Hauptsacheklage mit gleichem Ziel nicht aus**. Statt eine einstweilige Anordnung zu beantragen, kann der Anspruchsteller daher auch gleich Leistungsklage auf Zahlung des Kostenvorschusses erheben (BGH NJW 79, 1509). Etwas anderes gilt nur dann, wenn bereits eine wirksame Entscheidung nach § 621f ZPO vorliegt. In diesem Fall hat der Berechtigte bereits die Möglichkeit zu vollstrecken. Weiteren Nutzen kann ihm auch ein Titel aus einem Hauptsacheverfahren nicht bringen, weil die Voraussetzungen einer Rückzahlung des Kostenvorschusses unabhängig von der Art der Titulierung sind. Ist der Vorschuss daher bereits durch einstweilige Anordnung tituliert, fehlt für ein Hauptsacheverfahren das Rechtsschutzbedürfnis.

608 Ebenfalls zulässig bleibt die Erhebung einer **negativen Feststellungsklage** (BGH NJW 79, 1508) mit dem Antrag festzustellen, dass kein Vorschussanspruch bestehe, und einer **Klage auf Rückzahlung** des geleisteten Vorschusses (die allerdings materiell wenig Aussichten auf Erfolg hat).

609 Ausgeschlossen ist im Anwendungsbereich des § 621f ZPO dagegen ein Antrag auf Erlass einer **einstweiligen Verfügung** (im Fall des Abs 1 Nr 6) **bzw einstweiligen Anordnung** (in den FGG-Lebenspartnerschaftssachen). § 621f ZPO ist insoweit lex specialis gegenüber § 940 ZPO (OLG Düsseldorf FamRZ 80, 175; Hamm NJW 78, 2515). Das gilt selbst dann, wenn die Voraussetzungen für die Anwendung der Vorschrift noch nicht vorliegen, weil die Lebenspartnerschaftssache noch nicht anhängig ist und weil auch noch kein Prozesskostenhilfeantrag gestellt ist. Der Anspruchsteller kann durch Stellung eines Prozesskostenhilfeantrags die Voraussetzungen für ein Verfahren nach § 621f ZPO ohne weiteres schaffen. Selbst eine Ablehnung dieses Antrags würde ihm keine Nachteile bringen. Es besteht daher kein Bedürfnis, auf das allgemeine Rechtsinstitut zurückzugreifen. Raum für eine einstweilige Verfügung bleibt dagegen, wenn der Kostenvorschuss von einem nicht in dem angestrebten Verfahren beteiligten Dritten verlangt wird oder wenn ein Kostenvorschuss für eine anwaltliche Beratung verlangt wird, die erst dazu dienen soll zu klären, ob überhaupt ein familiengerichtliches Verfahren eingeleitet wird.

610 **ff)** Nach der Rechtsprechung **verbleiben die Kostenvorschüsse grundsätzlich beim Unterhaltsberechtigten.** Eine Rückzahlung erfolgt grundsätzlich nicht. Der „Vorschuss" stellt sich damit im Regelfall als endgültige Leistung dar (BGHZ 56, 96; 94, 318 110, 247). Begründet wird das mit dem Unterhaltscharakter des Kostenvorschusses. Eine Rückzahlungspflicht wird jedoch insoweit angenommen, als das Verbleiben des Vorschusses beim Empfänger unbillig wäre (BGHZ 110, 247; OLG Hamm NJW-RR 92, 582; OLG Stuttgart FamRZ 81, 36); denn die Verpflichtung zur Zahlung des

Vorschusses besteht nur, „soweit dies der Billigkeit entspricht" (§ 1360a IV 1 BGB). Das ist vor allem anzunehmen, wenn die Voraussetzungen für den Kostenvorschuss niemals vorlagen (BGHZ 110, 247; OLG Karlsruhe FamRZ 90, 162) oder wenn die wirtschaftliche Lage des Vorschussberechtigten sich nach der Anordnung des Kostenvorschusses soweit bessert, dass seine Bedürftigkeit entfällt (BGHZ 110, 248 f; OLG Hamm NJW-RR 92, 582).

611 Verfahrensrechtlich ist für die **Durchsetzung des Rückzahlungsanspruchs** eine Klage des Rückzahlungsberechtigten erforderlich; denn die Anordnung der Rückzahlung von Kostenvorschüssen im Verfahren der einstweiligen Anordnung ist im Gesetz nicht vorgesehen, und für sie besteht auch kein Bedürfnis. Der Streit über den Rückzahlungsanspruch ist als Spiegelbildverfahren zu einer Unterhaltsstreitigkeit ebenfalls Lebenspartnerschaftssache nach Abs 1 Nr 4.

612 **c)** Eine weitere Ausnahme von dem Grundsatz, dass ohne Anhängigkeit einer Lebenspartnerschaftssache nach Abs 1 Nr 1-3 der vorläufige Rechtsschutz nur nach den allgemeinen Regeln ist **§ 621 g ZPO.** Diese Norm gestattet einstweiligen Rechtsschutz entsprechend den §§ 620a ff, wenn ein Verfahren über die elterliche Sorge, den Umgang mit einem gemeinschaftlichen Kind oder eine Herausgabeklage oder ein Verfahren über die Zuweisung der lebenspartnerschaftlichen Wohnung und die Nutzung des Hausrats anhängig sind oder ein Antrag auf Prozesskostenhilfe für eines dieser Verfahren gestellt ist. Anknüpfungspunkt für die einstweilige Regelung ist insofern also nicht die Ehesache (entsprechend der Lebenspartnerschaftssache nach Abs 1 Nr 1-3), sondern die Hauptsache, für die auch die einstweilige Regelung angestrebt wird.

613 **Verfahren, Inhalt der Entscheidung,** Anfechtbarkeit usw richten sich nach den §§ 620 ff ZPO. Die Erläuterungen in Rn 551 ff gelten entsprechend.

4. Zwangsvollstreckung

1 **I.** An das LPartG angepasste Vorschriften der ZPO dienen der **Gleichstellung** von Lebenspartnern mit Ehegatten im Bereich des **Zwangsvollstreckungsrechts** (BT-Drucks 14/3751 S 60).

2 **II. 1. a)** § 8 I LPartG enthält – korrespondierend zu § 1362 BGB – zugunsten von Gläubigern eines Lebenspartners die Vermutung, dass die im Besitz eines oder beider Partner befindlichen beweglichen Sachen und bestimmte Wertpapiere dem Schuldner gehören, sofern nicht die Ausnahmen nach § 8 I 2 LPartG iVm § 1362 I 2, II BGB zutreffen (s § 8 Rn 8). Für die **Zwangsvollstreckung in körperliche Sachen** kommt es jedoch auf den Gewahrsam des Schuldners an (§ 808 I ZPO). Die im Gewahrsam eines Dritten befindlichen Sachen können gepfändet werden, wenn dieser zur Herausgabe bereit ist (§ 809 ZPO); andernfalls bedarf es der Überweisung des Herausgabeanspruchs des Schuldners (§ 886 ZPO). Nach § 739 ZPO gilt aber für die Zwangsvollstreckung im Falle vermuteten Eigentums des Schuldners gem § 8 I LPartG nur

dieser als Gewahrsamsinhaber und Besitzer. Der andere Lebenspartner ist nicht als Dritter Gewahrsamsinhaber, so dass er der Zwangsvollstreckung nicht widersprechen kann; vielmehr muss er sein Eigentum im Wege der Drittwiderspruchsklage nach § 771 ZPO geltend machen und dort beweisen.

b) § 739 ZPO behandelt Ehen und eingetragene Lebenspartnerschaften gegenüber anderen Gemeinschaften (zB heterosexuellen nichtehelichen oder homosexuellen nicht eingetragenen Lebensgemeinschaften, Wohngemeinschaften) **schlechter**, weil der Ehegatte bzw Lebenspartner, der nicht Schuldner ist, sein Eigentum im Wege der Drittwiderspruchsklage nach § 771 ZPO geltend machen und dort beweisen muss (zu Zweifeln an der **Verfassungsmäßigkeit** der Vorschrift und zur Frage der analogen Anwendung auf andere Gemeinschaften s Heßler in MK-ZPO § 739 Rn 19 ff; Lackmann in Musielak § 739 Rn 1, 4; Stöber in Zöller § 739 Rn 14). Die Partner einer eingetragenen Lebenspartnerschaft stehen sich insoweit ungünstiger als diejenigen einer bloßen Lebensgemeinschaft. Zu Gunsten der gewollten Gleichstellung der Lebenspartner mit Ehegatten ist dies hinzunehmen. 3

c) § 739 ZPO ist im **Verwaltungszwangsverfahren** bei der Vollstreckung gegen Lebenspartner entsprechend anzuwenden. § 263 AO idF des – nicht Gesetz gewordenen – Art 2 § 52 Nr 4 LPartGErgGEalt sah dies ausdrücklich vor. Eine Differenzierung danach, ob eine Zwangsvollstreckung nach der ZPO oder eine Verwaltungsvollstreckung nach der AO oder nach darauf verweisenden Vorschriften stattfindet, wäre nicht sachgerecht und im Hinblick auf die vom Gesetzgeber gewollte vollstreckungsrechtliche Gleichbehandlung von Lebenspartnern mit Ehegatten nicht zu begründen. Schließlich gelten auch andere Vorschriften der Verwaltungsvollstreckung, die keiner ausdrücklichen Anpassung im Wortlaut bedurften (§§ 295, 319 AO; s Rn 5, 6), wegen der darin enthaltenen pauschalen Verweisungen auf ZPO-Normen gleichermaßen für die Vollstreckung gegen Lebenspartner. Es ist deshalb konsequent, auch § 263 AO in erweiternder Auslegung seines unverändert gebliebenen Wortlauts auf die Vollstreckung gegen Lebenspartner anzuwenden. 4

2. § 811 ZPO nennt bestimmte Sachen, die der **Pfändung nicht unterworfen** sind. Dazu gehören auch bestimmte Sachen des Lebenspartners, weil dieser Mitglied der Familie des Schuldners ist (§ 811 I Nr 1 bis 4a, 10, 12 ZPO, s § 11 I LPartG). Unpfändbar sind die bei der Begründung der Lebenspartnerschaft ausgetauschten Ringe oder entsprechenden Zeichen (§ 811 I Nr 11 ZPO). Geschützt sind auch Gegenstände, die zur Fortführung der auf persönlichen Leistungen beruhenden Erwerbstätigkeit eines Verstorbenen durch dessen „Witwe" mittels eines Stellvertreters erforderlich sind (§ 811 I Nr 6 ZPO). Die Vorschrift ist entgegen dem veralteten Sprachgebrauch auch auf Witwer anwendbar (Schilken in MK-ZPO § 811 Rn 31) und gilt selbstverständlich auch für den überlebenden Partner einer Lebenspartnerschaft. Im Verwaltungszwangsverfahren gelten die Regelungen gem § 295 AO entsprechend. 5

3. Wegen der gesetzlich begründeten gegenseitigen Unterhaltspflicht der Lebenspartner (§§ 5, 12, 16 LPartG) sind die **unterhaltsbezogenen Pfändungsvorschriften** der §§ 850c, 850d, 850i, 863 ZPO angepasst worden. Der Pfändungsschutz gilt auch im Verwaltungszwangsverfahren gem § 319 AO. 6

a) Arbeitseinkommen oder ein Teil davon ist unpfändbar, wenn der Schuldner auf Grund einer gesetzlichen Verpflichtung (§§ 5, 12, 16 LPartG) seinem Lebenspartner oder früheren Lebenspartner Unterhalt gewährt (§ 850c I, II ZPO). Die Höhe der pfändbaren Beträge kann der Tabelle zu § 850c ZPO entnommen werden. Das Vollstreckungsgericht kann auf Antrag des Gläubigers bestimmen, dass der Lebenspartner oder frühere Lebenspartner bei der Berechnung des unpfändbaren Teils ganz oder teil- 7 weise unberücksichtigt bleibt, wenn er über eigene Einkünfte verfügt (§ 850c IV ZPO). Bei Pfändung einer nicht wiederkehrend zahlbaren Vergütung für Arbeits- oder Dienstleistungen entscheidet das Vollstreckungsgericht auf Antrag über die Belassung des Betrages, den der Schuldner für seinen notwendigen Unterhalt und den Unterhalt seines Lebenspartners oder früheren Lebenspartners benötigt (§ 850i ZPO). Ähnliche Beschränkungen gibt es bei der Pfändung von Erbschaftsnutzungen nach § 863 ZPO. Die Regelungen entsprechen in jeder Hinsicht denjenigen, die für Ehegatten und frühere Ehegatten gelten.

8 **b)** Besondere Vorschriften enthält § 850d ZPO für die Pfändung wegen gesetzlicher **Unterhaltsansprüche**. Das Arbeitseinkommen ist ohne die Beschränkungen des § 850c ZPO pfändbar (§ 850d I 1 ZPO); jedoch muss dem Schuldner so viel belassen werden, wie er für seinen notwendigen Unterhalt und zur Erfüllung seiner laufenden gesetzlichen Unterhaltspflichten gegenüber den dem pfändenden Gläubiger im Rang vorgehenden Berechtigten oder zur gleichmäßigen Befriedigung der dem Gläubiger gleichstehenden Berechtigten benötigt (§ 850d I 2 ZPO).

9 **c)** Die für die Vollstreckung maßgebliche **Rangfolge der Unterhaltsberechtigten** ergibt sich aus § 850d II ZPO. Sie folgt grundsätzlich, jedoch nicht zwingend (BGH FamRZ 03, 1176), dem materiellen Recht (BT-Drucks V/3719 S 50; Born in MK-BGB § 1609 Rn 67; Büttner FamRZ 94, 1437). Materiellrechtlich wird das Rangverhältnis der Unterhaltsansprüche des Lebenspartners zu denen von Verwandten und eventuell eines früheren Lebenspartners oder Ehegatten jetzt gem § 5 S 2 LPartG durch entsprechende Anwendung des § 16 II LPartG bestimmt (Rang nach Kindern, einem früheren Lebenspartner oder Ehegatten und Ansprüchen nach §§ 1615l, 1615n BGB, vor den übrigen Verwandten). Dem entspricht das vollstreckungsrechtliche Rangverhältnis nicht, das den Lebenspartner in die zweite Gruppe (§ 850d II Buchst b ZPO) nur hinter die minderjährigen unverheirateten Kinder, einen früheren Ehegatten und die Ansprüche nach §§ 1615l, 1615n BGB, jedoch vor die übrigen Kinder, einreiht. Dass nach materiellem Recht die Unterhaltsansprüche eines früheren Lebenspartners im Falle von § 16 I 2 LPartG, § 1581 BGB Rang vor den Ansprüchen eines neuen Lebenspartners haben (§ 16 II LPartG), berücksichtigt § 850d II Buchst b ZPO mit der vollstreckungsrechtlichen Gleichrangigkeit von Lebenspartner und früherem Lebenspartner ebenfalls nicht. Schließlich haben Kinder gem § 16 II Halbs 2 LPartG Vorrang vor dem früheren Lebenspartner, während der Vorrang vollstreckungsrechtlich nur für minderjährige unverheiratete Kinder gilt (s § 850d II Buchst a, c ZPO). Die gesamte Regelung scheint wenig durchdacht und der im Hinblick auf die gleichermaßen bestehenden Unterhaltsansprüche gebotenen Gleichstellung von Lebenspartnerschaften mit Ehen nicht angemessen.

10 **d)** Eine **abweichende Bestimmung** des Rangverhältnisses im Einzelfall nach billigem Ermessen durch das Vollstreckungsgericht, wie sie im Falle mehrerer Berechtigter nach § 850d II Buchst a ZPO möglich ist (s Born in MK-BGB § 1609 Rn 67), scheidet sowohl im Verhältnis der zu Buchst b und a oder c oder d genannten Personen als auch im Verhältnis mehrerer nach Buchst b Berechtigter aus.

11 **e)** Auf gesetzlicher Vorschrift (zB §§ 5, 12, 16 LPartG) beruhende **Unterhaltsansprüche** sind der Pfändung nur bedingt unterworfen (§ 850b I Nr 2, II ZPO). In besonderen Ausnahmefällen kann etwa die Pfändung des gegen den anderen Lebenspartner bestehenden Taschengeldanspruchs eines Lebenspartners in Betracht kommen. Wegen der Einzelheiten wird auf die vollstreckungsrechtliche Literatur verwiesen.

12 **4.** Hat ein Lebenspartner als Schuldner die **eidesstattliche Versicherung** über sein Vermögen abzugeben (§§ 807, 899ff ZPO, § 284 AO), so müssen aus dem vorzulegenden Verzeichnis auch entgeltliche Veräußerungen an eine nahestehende Person aus

den letzten zwei Jahren vor dem ersten anberaumten Termin ersichtlich sein (§ 807 II 1 Nr 1 ZPO, § 284 II 1 Nr 1 AO). Wegen des Begriffs der nahestehenden Person verweisen die ZPO und die AO auf § 138 InsO. Dazu gehören der Lebenspartner des Schuldners sowie bestimmte Verwandte des Lebenspartners sowie die Ehegatten und Lebenspartner dieser Personen gem § 138 I Nr 1a, 2 InsO.

5. Kosten und Rechtsanwaltsvergütung

1 **I.** Die bei der Begründung einer Lebenspartnerschaft entstehenden **Verwaltungskosten** sind landesrechtlich normiert. Dagegen sind für die **Gerichtskosten** und die **Rechtsanwaltsvergütung** in Lebenspartnerschaftssachen die bundesrechtlichen Vorschriften des Gerichtskostengesetzes und des Rechtsanwaltsvergütungsgesetzes maßgebend.

2 **II. 1.** Die landesrechtlichen Bestimmungen über die Verwaltungskosten bei der **Begründung** einer Lebenspartnerschaft ergeben sich zT unmittelbar aus den Ausführungsgesetzen der einzelnen Länder zum LPartG, zT aus den Verwaltungskostengesetzen. Die Höhe der Kosten entspricht in einigen Ländern denjenigen, die bei einer Eheschließung erhoben werden, in anderen Ländern überschreiten sie diese. Weitere Kosten können ua für die Erteilung von **Lebenspartnerschaftsurkunden** und von Bescheinigungen über die Entgegennahme **namensrechtlicher Erklärungen** erhoben werden.

3 **2.** Die maßgeblichen Vorschriften in den einzelnen Ländern mit beispielhafter Angabe der Gebühren für die Mitwirkung an der Begründung einer Lebenspartnerschaft, wenn nur deutsches / wenn auch ausländisches Recht zu beachten ist:

- **Baden-Württemberg**: Anl Nr 93 der Gebührenverordnung idF des § 2 der VO vom 24.7.2001 (GBl 490): 75 / 100 Euro;
- **Bayern**: Art. 5 des Gesetzes zur Ausführung des Lebenspartnerschaftsgesetzes vom 26.10.2001 (GVBl 677): 100 Euro; ergänzend normiert die Satzung der Landesnotarkammer Bayern gemäß § 4 V AGLPartG vom 2.5.2002 (Amtliches Mitteilungsblatt der Landesnotarkammer und der Notarkasse Nr 2/2002) Gebühren für die Führung der Lebenspartnerschaftsbücher und die Ausstellung von Urkunden;
- **Berlin**: Anl Nr 3027, 3028 der Verwaltungsgebührenordnung idF der VO vom 7.12.2001 (GVBl 632): 33,23 / 51,13 Euro;
- **Brandenburg**: keine spezielle Rechtsnorm; nach Maßgabe des Gebührengesetzes vom 18.10.1991 (GVBl 452) und der Tarifstelle 16.1.7 der Gebührenverordnung vom 8.5.2000 (GVBl II 136) werden Gebühren innerhalb eines Rahmens von 0 bis 511,29 Euro erhoben;
- **Bremen**: § 6 des Bremischen Gesetzes zur Regelung der Zuständigkeit und des Verfahrens nach dem Lebenspartnerschaftsgesetz vom 26.6.2001 (GBl 213): 75 / 100 Euro;
- **Hamburg**: Gebührenordnung für Amtshandlungen in Angelegenheiten Eingetragener Lebenspartnerschaften vom 24.7.2001 (GVBl 232): 33 / 55 Euro;
- **Hessen**: § 6 des Hessischen Gesetzes zur Regelung der Zuständigkeit und des Verfahrens nach dem Lebenspartnerschaftsgesetz vom 25.8.2001 (GVBl I 358): 33 / 55 Euro;
- **Mecklenburg-Vorpommern**: Anl Nr 13.4 der Kostenverordnung Innenministerium vom 18.8.2004 (GVBl 446): 33 / 55 Euro;
- **Niedersachsen**: Anl Nr 105 der Allgemeinen Gebührenordnung idF der VO vom 25.6.2002 (GVBl 201): 33 / 55 Euro;
- **Nordrhein-Westfalen**: Anl Nr 5b der Allgemeinen Verwaltungsgebührenordnung idF des Art. 3 des Gesetzes vom 25.9.2001 (GVBl 660): 33 / 55 Euro;
- **Rheinland-Pfalz**: Anl Nr 16 des Besonderen Gebührenverzeichnisses vom 11.12.2001 (GVBl 2002 38): 33 / 55 Euro;
- **Saarland**: Nr 520 des Allgemeinen Gebührenverzeichnisses idF der VO vom 27.11.2001 (ABl 2322): 76,50 / 97 Euro;
- **Sachsen**: keine spezielle Rechtsnorm; nach Maßgabe des Verwaltungskostengesetzes idF vom 17.9.2003 (GVBl 698) und der VwV Kostenfestlegung 2005 vom 15.7.2004 (ABl 808) werden kostendeckende Gebühren im Regelfall innerhalb eines Rahmens von 50 bis 100 Euro erhoben;
- **Sachsen-Anhalt**: Anl Nr 169 der Allgemeinen Gebührenordnung vom 30.8.2004 (GVBl 554): 33 / 55 Euro;
- **Schleswig-Holstein**: Nr 25.10 des Allgemeinen Gebührentarifs idF der VO vom 5.12.2001 (GVBl 237): 33 / 55 Euro;
- **Thüringen**: keine spezielle Rechtsnorm; nach Maßgabe des Thüringer Verwaltungskostengesetzes vom 7.8.1991 (GVBl 285, 321) und der Thüringer Allgemeinen Verwaltungskostenordnung idF der VO vom 10.7.2003 (GVBl 423) werden aufgrund nicht veröffentlichter Verwaltungsvorschrift vom 25.2.2003 kostendeckende Gebühren in Höhe von 75 / 100 Euro empfohlen.

4 **III. 1.** Die verfahrensrechtliche Gleichbehandlung der Lebenspartnerschaftssachen nach § 661 ZPO mit den entsprechenden Ehesachen und anderen Familiensachen setzt sich im **Gerichtskosten- und Rechtsanwaltsgebührenrecht** fort (BT-Drucks 14/3751

S 59 f), das auch hinsichtlich bestimmter weiterer Wert- und Gebührenvorschriften Lebenspartner den Ehegatten gleichstellt. Nachfolgend werden die Grundzüge der entsprechenden Regelungen im Gerichtskostengesetz, in der Kostenordnung und im Rechtsanwaltsvergütungsgesetz erläutert. Wegen der Einzelheiten wird auf die Kommentare zu diesen Kostengesetzen sowie auf die kostenrechtlichen Erläut bei Rahm/Künkel hinsichtlich der entsprechenden Verfahren in Bezug auf Ehegatten verwiesen. S zur Neuregelung durch das KostRMoG auch Keske FuR 04, 193 und Kitzinger FamRZ 05, 10.

2. Bei der kostenmäßigen Abwicklung der **Lebenspartnerschaftssachen** ist für die **Gerichtskosten** zu unterscheiden, ob die Verfahren den Regeln der streitigen Gerichtsbarkeit (ZPO) oder der freiwilligen Gerichtsbarkeit (FGG) folgen. 5

a) Unter den **Anwendungsbereich des GKG** fallen diejenigen Lebenspartnerschaftssachen, die im Verfahren nach der ZPO entschieden werden (§ 1 Nr 1 Buchst a GKG). Dazu gehören die den **Ehesachen entsprechenden** Verfahren nach § 661 I Nr 1 bis 3 ZPO, Verfahren über die gesetzliche **Unterhaltspflicht** für ein gemeinschaftliches **minderjähriges Kind** (§ 661 I Nr 3d ZPO), über die lebenspartnerschaftliche **Unterhaltspflicht** (§ 661 I Nr 4 ZPO) und über Ansprüche aus dem lebenspartnerschaftlichen **Güterrecht** (§ 661 I Nr 6 ZPO). Sind Lebenspartnerschaftssachen nach § 661 I Nr 3a bis 3c, 4a, 5, 7 ZPO **Folgesachen** eines Verfahrens über die Aufhebung der Lebenspartnerschaft (§ 661 II, § 623 ZPO), so ist auch insoweit das GKG anzuwenden (§ 1 Nr 1 Buchst c GKG); s Meyer § 1 Rn 8; Waldner in Rohs/Wedewer § 1 Rn 7. Für die Verfahren nach § 661 I Nr 7 ZPO gilt dasselbe, wenn in einem Rechtsstreit über eine güterrechtliche Ausgleichsforderung, die nicht Folgesache ist, über einen Antrag auf Stundung der Ausgleichsforderung oder Übertragung von Vermögensgegenständen einheitlich durch Urteil zu entscheiden ist (§ 661 II, § 621a II ZPO). 6

b) Dagegen werden die **isolierten** Verfahren über die **elterliche Sorge** für ein gemeinschaftliches Kind, über die **Umgangsregelung** mit einem gemeinschaftlichen Kind und über die **Herausgabe** eines gemeinschaftlichen Kindes (§ 661 I Nr 3a bis 3c ZPO), über den **Versorgungsausgleich** (§ 661 I Nr 4a ZPO), zur Regelung der Rechtsverhältnisse an der **Wohnung** und am **Hausrat** (§ 661 I Nr 5 ZPO) und über die Stundung einer **Ausgleichsforderung** oder die Übertragung von Vermögensgegenständen unter Anrechnung auf eine Ausgleichsforderung gem § 6 S 2 LPartG, §§ 1382, 1383 BGB (§ 661 I Nr 7 ZPO), die nicht Folgesache sind, nach den Regeln des FGG bzw der HausratsVO behandelt (§ 661 II, § 621a I ZPO) und kostenrechtlich nach der KostO abgewickelt. 7

c) Die **Rechtsanwaltsvergütung** richtet sich für alle Lebenspartnerschaftssachen einheitlich nach Teil 3 des VV zum RVG. Die nach früherem Recht auch insoweit erforderliche Unterscheidung zwischen Verfahren der streitigen und der freiwilligen Gerichtsbarkeit ist entfallen. 8

3. a) In **isolierten Lebenspartnerschaftssachen**, welche die **Aufhebung der Lebenspartnerschaft** (§ 661 I Nr 1 ZPO), die **Feststellung des Bestehens oder Nichtbestehens** einer Lebenspartnerschaft (§ 661 I Nr 2 ZPO) oder **die Verpflichtung zur Fürsorge und Unterstützung** in der partnerschaftlichen Lebensgemeinschaft (§ 661 I Nr 3 ZPO) zum Gegenstand haben (das sind diejenigen Verfahren, die den in § 606 ZPO genannten Ehesachen entsprechen), entstehen Gerichtsgebühren nach KV 1310 bis 1332 GKG. Die jeweilige Gebührenhöhe richtet sich nach § 34 I GKG und der dem Gesetz als Anl 2 beigegebenen Tabelle. In der ersten Instanz wird regelmäßig eine 2,0 Gebühr für das Verfahren im Allgemeinen (KV 1310 GKG) erhoben. Sie ermäßigt sich in bestimmten Fällen, vor allem bei Rücknahme des Antrags vor Schluss der münd- 9 lichen Verhandlung oder wenn das Urteil wegen Rechtsmittelverzichts gem § 313a II ZPO keinen Tatbestand und keine Entscheidungsgründe enthält, auf eine 0,5 Gebühr (KV 1311 GKG). Ein einverständlicher Aufhebungsantrag beider Lebenspartner nach § 15 I, II Nr 1 Buchst a LPartG dürfte wie eine einverständliche Scheidung nach § 630 ZPO zu behandeln sein, die Verfahrensgebühr nach KV 1310 GKG daher insgesamt nur einmal anfallen (Oestreich/Winter/Hellstab KV 1510–1539 aF Rn 43). In den höheren Instanzen entstehen entsprechende Gebühren mit höheren Gebührensätzen (KV 1320 bis 1323 GKG im Berufungs-, KV 1330 bis 1332 GKG im Revisionsverfahren). Soweit eine vom Gericht protokollierte Aufhebungsvereinbarung (entsprechend einer Scheidungsvereinbarung zwischen Ehegatten) über den Gegenstand des anhängigen Verfahrens hinausgeht, entsteht eine 0,25 Vergleichsgebühr nach KV 1900 GKG (eine 2,0 Gebühr aus der Gesamtsumme der anhängigen und nicht anhängigen Gegenstände darf aber nicht überschritten werden; § 36 III GKG). Neben den Gebühren können Auslagen nach KV 9000 ff GKG, zB für Zustellungen, anfallen.

10 Der für die Anwendung des § 34 I GKG und der Tabelle hierzu maßgebliche **Wert des Streitgegenstandes** ist nach Umfang und Bedeutung der Sache zu bestimmen, wobei auch die Vermögens- und Einkommensverhältnisse der Parteien zu berücksichtigen sind (§ 48 II 1 GKG). Für die Einkommensverhältnisse kommt es auf das in drei Monaten erzielte Nettoeinkommen der Lebenspartner an (§ 48 III 1 GKG); dazu gehören zB auch Einkünfte aus Kapitalvermögen, aber nicht Arbeitslosenhilfe (Lappe in Rahm/Künkel IX Rn 14; str; zT aA Oestreich/Winter/Hellstab Teil 7.0 Stichwort „Ehesachen"; Meyer § 48 Rn 19; Hartmann § 48 GKG Rn 38). Der Streitwert darf jedoch nicht unter 2 000 EUR und nicht über 1 Mio EUR angenommen werden (§ 48 II 2, III 2 GKG). Zu Einzelheiten s Oestreich/Winter/Hellstab Teil 7.0 Stichwort „Ehesachen"; Meyer § 48 Rn 12 ff; Lappe in Rahm/Künkel IX Rn 10 ff; Hartmann § 48 GKG Rn 36 ff.

11 **Kostenschuldner** sind jeweils derjenige Lebenspartner, der das Verfahren der jeweiligen Instanz beantragt hat (§ 22 I GKG), sowie derjenige, dem die Kosten durch gerichtliche Entscheidung auferlegt sind (§ 29 Nr 1 GKG); zur Kostenentscheidung in Verfahren auf Aufhebung der Lebenspartnerschaft s § 93a I, II, V ZPO (s § 93a ZPO Rn 1 ff). Die Staatskasse soll zunächst die Haftung des Entscheidungsschuldners geltend machen (§ 31 II 1 GKG).

12 Die Verfahrensgebühr wird mit der Einreichung des entsprechenden Antrags **fällig** (§ 6 I Nr 1 Buchst b GKG).

13 Der Antrag soll dem Verfahrensgegner erst dann zugestellt werden, wenn der Antragsteller die Gebühr für das Verfahren im Allgemeinen gezahlt hat (**Vorauszahlungspflicht**, § 12 I 1 GKG). Der Antrag auf Aufhebung der Lebenspartnerschaft steht der im Gesetz genannten Klage gleich (§ 661 II, § 622 III ZPO); s Oestreich/Winter/Hellstab § 12 Rn 9. Die Vorauszahlungspflicht gilt dann nicht, wenn dem Antragsteller Prozesskostenhilfe bewilligt ist (§ 14 Nr 1 GKG). § 5 S 2 LPartG, § 1360a IV BGB regeln dagegen die Prozesskostenvorschusspflicht der Lebenspartner im Innenverhältnis; s Oestreich/Winter/Hellstab § 12 Rn 30 f (s § 5 LPartG Rn 21 ff).

14 **b)** In **isolierten** Verfahren, welche die Rn 9 genannten Angelegenheiten zum Gegenstand haben (§ 661 I Nr 1 bis 3 ZPO), gelten für die **Rechtsanwaltsvergütung** die Vorschriften des RVG über die Gebühren in bürgerlichen Rechtsstreitigkeiten, Verfahren der freiwilligen Gerichtsbarkeit und ähnlichen Verfahren. Der Prozessbevollmächtigte erhält regelmäßig eine 1,3 Verfahrensgebühr für das Betreiben des Geschäfts (VV Vorbem 3 II, VV 3100 RVG) und eine 1,2 Terminsgebühr für die Teilnahme an einem Verhandlungs-, Erörterungs- oder Beweisaufnahmetermin oder für die Mitwirkung an einer auf die Vermeidung oder Erledigung des Verfahrens gerichteten Besprechung ohne Beteiligung des Gerichts (VV Vorbem 3 III, VV 3104 RVG); zu Einzelheiten s

Lappe in Rahm/Künkel IX Rn 211 ff. Bei vorzeitiger Beendigung des Auftrags reduziert sich die Verfahrensgebühr auf eine 0,8 Gebühr (VV 3101 RVG). Die Terminsgebühr ermäßigt sich bei Wahrnehmung eines Termins, in dem eine Partei nicht erschienen oder vertreten ist, in bestimmten Fällen auf eine 0,5 Gebühr (VV 3105 RVG). Der Rechtsanwalt, der bei der Aussöhnung von Lebenspartnern mitgewirkt hat, erhält hierfür eine 1,5 Aussöhnungsgebühr nach VV 1001 RVG, die sich jedoch auf 1,0 reduziert, wenn ein gerichtliches Verfahren anhängig ist (VV 1003 RVG). Der Gebührensatz bemisst sich nach § 13 RVG und der Tabelle hierzu. In der Rechtsmittelinstanz erhöhen sich die Gebührensätze für die Verfahrensgebühr auf 1,6 bzw auf 1,1 (VV 3200, 3201 RVG) und für die Terminsgebühr auf 1,2 bzw auf 0,5 (VV 3202, 3203 RVG). Der **Wert** richtet sich gem §§ 22, 23 RVG nach den für die Gerichtsgebühren geltenden Wertvorschriften (s Rn 10). Außerdem hat der Rechtsanwalt Anspruch auf Ersatz seiner **Auslagen**, insb der Entgelte oder einer Pauschale für Post- u Telekommunikationsdienstleistungen (VV 7001, 7002 RVG), einer Pauschale für die Herstellung von Dokumenten (VV 7000 RVG) und der Reisekosten (VV 7003–7006 RVG), sowie auf Ersatz der Umsatzsteuer (VV 7008 RVG).

15 **4. a)** In **isolierten** Verfahren über die **elterliche Sorge** für ein gemeinschaftliches Kind (§ 661 I Nr 3a ZPO), über die **Umgangsregelung** mit einem gemeinschaftlichen Kind (§ 661 I Nr 3b ZPO) und über die **Herausgabe** eines gemeinschaftlichen Kindes (§ 661 I Nr 3c ZPO) entstehen **Gerichtsgebühren** nach § 94 I KostO. Für das Verfahren wird die volle Gebühr erhoben. Das Gericht kann auch anordnen, dass von der Erhebung der Kosten abgesehen wird (§ 94 III 2 KostO). Für Beschwerdeverfahren gilt § 131 KostO. Maßgebend für die Höhe einer vollen Gebühr sind § 32 KostO und die Tabelle hierzu. Auslagen werden nach §§ 136ff KostO erhoben.

16 Der **Wert** bestimmt sich nach § 30 II KostO (§ 94 II KostO) und ist regelmäßig mit 3 000 EUR, nach Lage des Falles aber auch niedriger oder höher – bis höchstens 500 000 EUR – anzunehmen.

17 **Kostenschuldner** ist der Beteiligte – ausgenommen das Kind –, den das Gericht nach billigem Ermessen bestimmt (§ 94 III 2 KostO).

18 Die Gebühr wird mit Erlass der Entscheidung (Beendigung des gebührenpflichtigen Geschäfts) **fällig** (§ 7 KostO).

19 Eine **Vorschusspflicht** besteht gem § 8 I 1 KostO. Nach § 8 II 1 KostO soll die Vornahme des Geschäfts von der Vorschusszahlung abhängig gemacht werden; dies gilt insb nicht bei Bewilligung von Prozesskostenhilfe (§ 8 II 2 KostO).

20 **b)** In **isolierten** Verfahren der Rn 15 genannten Art (§ 661 I Nr 3a bis 3c ZPO) gelten für die **Rechtsanwaltsvergütung** die Vorschriften des RVG über die Gebühren in bürgerlichen Rechtsstreitigkeiten, Verfahren der freiwilligen Gerichtsbarkeit und ähnlichen Verfahren (s Rn 14). Der **Wert** richtet sich nach den für die Gerichtsgebühren geltenden Wertvorschriften (s Rn 16).

21 **5. a)** In **isolierten** Verfahren über die gesetzliche **Unterhaltspflicht** für ein gemeinschaftliches **minderjähriges Kind** (§ 661 I Nr 3d ZPO) und über die Verpflichtung zum **lebenspartnerschaftlichen Unterhalt** (§ 661 I Nr 4 ZPO) sind die **Gerichtsgebühren** wie in sonstigen bürgerlichen Rechtsstreitigkeiten nach KV 1210 bis 1232 GKG zu erheben (Oestreich/Winter/Hellstab KV 1510–1539 aF Rn 20). Gewöhnlich entsteht eine 3,0 Verfahrensgebühr (KV 1210 GKG), die sich bei Beendigung des Verfahrens durch rechtzeitige Klagerücknahme, Anerkenntnis- oder Verzichtsurteil oder Abschluss eines gerichtlichen Vergleichs auf 1,0 ermäßigt (KV 1211 GKG). Im Rechtsmittelverfahren entstehen entsprechende Gebühren mit höheren Gebührensätzen

(KV 1220 bis 1223 GKG im Berufungs-, KV 1230 bis 1232 GKG im Revisionsverfahren).

22 Der **Wert** richtet sich nach § 42 GKG. Er bemisst sich nach dem Jahresbetrag des geforderten Unterhalts – höchstens dem verlangten Gesamtbetrag – (§ 42 I 1 GKG) zuzüglich der fälligen Rückstände (§ 42 V GKG).

23 **Kostenschuldner**, **Fälligkeit** und **Vorauszahlungspflicht** wie bei Verfahren auf Aufhebung der Lebenspartnerschaft (Rn 11 ff).

24 **b)** In **isolierten** Verfahren der Rn 21 genannten Art (§ 661 I Nr 3d, 4 ZPO) gelten für die **Rechtsanwaltsvergütung** die Vorschriften des RVG über die Gebühren in bürgerlichen Rechtsstreitigkeiten, Verfahren der freiwilligen Gerichtsbarkeit und ähnlichen Verfahren (s Rn 14). Der **Wert** richtet sich nach den für die Gerichtsgebühren geltenden Wertvorschriften (s Rn 22).

25 **6. a)** In **isolierten** Verfahren über den **Versorgungsausgleich** (§ 661 I Nr 4a ZPO) wird die volle Gebühr und, sofern es zu einer gerichtlichen Entscheidung kommt, das Dreifache einer vollen Gebühr, bei rechtzeitiger Antragsrücknahme die Hälfte der vollen Gebühr nach der KostO erhoben (§ 99 I, IV KostO). Im Beschwerdeverfahren nach § 621e ZPO werden die gleichen Gebühren erhoben (§ 131a Nr 3 KostO).

26 Der **Wert** bestimmt sich nach § 99 III, IV KostO und beträgt 1 000 EUR bzw, wenn dem Ausgleich verschiedene Arten von Anrechten unterliegen, 2 000 EUR.

27 **Kostenschuldner** sind der Antragsteller (§ 2 Nr 1 KostO) und derjenige, dem die Kosten durch gerichtliche Entscheidung auferlegt sind (§ 3 Nr 1 KostO); zur Kostenentscheidung s § 13a I FGG (s § 661 ZPO Rn 429).

28 **Fälligkeit** und **Vorschusspflicht** wie beim Sorgerechtsverfahren (Rn 18 f).

29 **b)** In **isolierten** Verfahren der Rn 25 genannten Art (§ 661 I Nr 4a ZPO) gelten für die **Rechtsanwaltsvergütung** die Vorschriften des RVG über die Gebühren in bürgerlichen Rechtsstreitigkeiten, Verfahren der freiwilligen Gerichtsbarkeit und ähnlichen Verfahren (s Rn 14). Der **Wert** richtet sich nach den für die Gerichtsgebühren geltenden Wertvorschriften (s Rn 26).

30 **7. a)** In **isolierten** Verfahren, welche die Regelung der Rechtsverhältnisse an der gemeinsamen **Wohnung** und am **Hausrat** der Lebenspartner zum Gegenstand haben (§ 661 I Nr 5 ZPO), entstehen **Gerichtsgebühren** nach §§ 100, 131a KostO. Für das Verfahren wird die volle Gebühr und, sofern es zu einer gerichtlichen Entscheidung kommt, das Dreifache einer vollen Gebühr (Entscheidung in diesem Sinne ist nur eine positive Regelung, nicht die Antragszurückweisung; s Lappe in Rahm/Künkel IX Rn 166), bei Antragsrücknahme vor einer gerichtlichen Entscheidung oder einer vom Gericht vermittelten Einigung die Hälfte der vollen Gebühr erhoben (§ 100 I, IV KostO). Im Beschwerdeverfahren nach § 621e ZPO werden die gleichen Gebühren erhoben (§ 131a Nr 3 KostO).

31 Als **Wert** sind für eine Wohnungsregelung der einjährige Mietwert und für eine Hausratsregelung der Wert des Hausrats anzunehmen (§ 100 III 1, IV KostO), jedoch ggf nur das Interesse der Beteiligten an einer Regelung über die Benutzung des Hausrats (§ 100 III 2, IV KostO) mit ca 1/4 des Verkehrswertes; s Waldner in Rohs/Wedewer § 100 Rn 7; Hellstab in Korintenberg/Lappe/Bengel/Reimann Anh B Stichwort „Hausrat". Der Wert ist in jedem Fall von dem Gericht von Amts wegen festzusetzen (§ 100 III 3, IV KostO).

32 **Kostenschuldner** sind der Antragsteller (§ 2 Nr 1 KostO) und derjenige, dem die Kosten durch gerichtliche Entscheidung auferlegt sind (§ 3 Nr 1 KostO). Eine Kostenentscheidung trifft der Richter gem § 20 HausratsVO nach billigem Ermessen. Eine dem § 31 II 1 GKG entsprechende Bestimmung darüber, dass die Staatskasse zunächst die

Haftung des Entscheidungsschuldners geltend machen soll, enthält die KostO nicht; jedoch hat der Kostenbeamte die Kosten nach § 8 III 2 Nr 1 KostVfg regelmäßig zunächst vom Entscheidungsschuldner anzufordern (Waldner in Rohs/Wedewer § 5 Rn 8; Lappe in Korintenberg/Lappe/Bengel/Reimann § 5 Rn 1).

33 **Fälligkeit** und **Vorschusspflicht** wie beim Sorgerechtsverfahren (Rn 18 f).

34 **b)** In **isolierten** Verfahren der Rn 30 genannten Art (§ 661 I Nr 5 ZPO) gelten für die **Rechtsanwaltsvergütung** die Vorschriften des RVG über die Gebühren in bürgerlichen Rechtsstreitigkeiten, Verfahren der freiwilligen Gerichtsbarkeit und ähnlichen Verfahren (s Rn 14). Der **Wert** richtet sich nach den für die Gerichtsgebühren geltenden Wertvorschriften (s Rn 31).

35 **8. a)** Für **isolierte** Verfahren, die Ansprüche aus dem **lebenspartnerschaftlichen Güterrecht** zum Gegenstand haben (§ 661 I Nr 6 ZPO), werden **Gerichtsgebühren** nach KV 1210 bis 1232 GKG erhoben. Die Erläuterungen zu Rn 21 gelten entsprechend.

36 Der **Wert** bestimmt sich nach § 48 I GKG, § 3 ZPO. Maßgebend ist der Wert des Streitgegenstandes; das ist in der Regel der Betrag der eingeklagten Geldforderung (zB bei bezifferter Klage auf Zugewinnausgleich). Bei Klagen auf Aufhebung des Güterstandes der Lebenspartner ist der Streitwert gem § 3 ZPO nach dem Interesse des Klägers zu schätzen und gewöhnlich mit einem Bruchteil des betroffenen Vermögens anzunehmen (Oestreich/Winter/Hellstab Teil 7.0 Stichwort „Güterrecht").

37 **Kostenschuldner**, **Fälligkeit** und **Vorauszahlungspflicht** wie bei Verfahren auf Aufhebung der Lebenspartnerschaft (Rn 11 ff).

38 **b)** In **isolierten** Verfahren der Rn 35 genannten Art (§ 661 I Nr 6 ZPO) gelten für die **Rechtsanwaltsvergütung** die Vorschriften des RVG über die Gebühren in bürgerlichen Rechtsstreitigkeiten, Verfahren der freiwilligen Gerichtsbarkeit und ähnlichen Verfahren (s Rn 14). Der **Wert** richtet sich nach den für die Gerichtsgebühren geltenden Wertvorschriften (s Rn 36).

39 **9. a)** In **isolierten** Verfahren über die Stundung einer **Ausgleichsforderung** oder die Übertragung von Vermögensgegenständen unter Anrechnung auf eine Ausgleichsforderung gem § 6 S 2 LPartG, §§ 1382, 1383 BGB (§ 661 I Nr 7 ZPO) wird die volle Gebühr nach der KostO für die Entscheidung (nicht für die Zurückweisung oder Antragsrücknahme; s Lappe in Rahm/Künkel IX Rn 170) erhoben (§ 97 I Nr 4 KostO). Das gilt auch für Entscheidungen über die Sicherheitsleistung für eine gestundete Forderung und über die Verzinsung sowie für die Aufhebung oder Änderung einer Entscheidung (Waldner in Rohs/Wedewer § 97 Rn 6; Lappe in Korintenberg/Lappe/Bengel/Reimann § 97 Rn 18 f je zu § 97 I Nr 1 KostO). Für Beschwerdeverfahren gilt § 131 KostO.

40 Der **Wert** bestimmt sich nach § 30 II KostO (§ 97 II KostO) und ist regelmäßig mit 3 000 EUR, nach Lage des Falles aber auch niedriger oder höher – bis höchstens 500 000 EUR – anzunehmen.

41 **Kostenschuldner**, **Fälligkeit** und **Vorschusspflicht** wie beim Versorgungsausgleichsverfahren (Rn 27 f).

42 **b)** In **isolierten** Verfahren der Rn 39 genannten Art (§ 661 I Nr 7 ZPO) gelten für die **Rechtsanwaltsvergütung** die Vorschriften des RVG über die Gebühren in bürgerlichen Rechtsstreitigkeiten, Verfahren der freiwilligen Gerichtsbarkeit und ähnlichen Verfahren (s Rn 14). Der **Wert** richtet sich nach den für die Gerichtsgebühren geltenden Wertvorschriften (s Rn 40).

43 **10. a)** Werden Verfahren über die in § 661 I Nr 3a bis 7 ZPO genannten Gegenstände als **Folgesachen** zu einem Verfahren auf Aufhebung der Lebenspartnerschaft geführt

(§ 661 II, § 623 ZPO), so werden die **Gerichtsgebühren** einheitlich nach KV 1310 bis 1332 GKG erhoben (dazu Rn 9). Wegen der Folgesachen über Gegenstände nach § 661 I Nr 3a bis 3c, 4a, 5, 7 ZPO kommen auch Gebühren für die Entscheidung über Beschwerden und ggf Rechtsbeschwerden gem § 661 II, § 629a II 1, § 621e ZPO nach KV 1320 bis 1332 GKG in Betracht.

44 Die gebührenrechtliche Behandlung des Verfahrens auf Aufhebung der Lebenspartnerschaft und der Folgesachen als einheitliches Verfahren gilt für den **Zeitabschnitt des Verbundes**, also ggf von dessen späterem Entstehen an und bis zu dessen Auflösung. Bei Überleitung einer Lebenspartnerschaftssache nach § 661 I Nr 3a bis 7 ZPO an das für die Aufhebung der Lebenspartnerschaft zuständige Gericht gem § 661 II, § 621 III ZPO oder an die Abteilung für Familiensachen gem § 23b II 2 GVG bleiben die bereits entstandenen Gebühren unberührt. Erst von der Herstellung des Verbundes an (§ 661 II, § 623 V ZPO) handelt es sich für die Gebührenberechnung um ein einheitliches Verfahren (Oestreich/Winter/Hellstab KV 1510–1539 aF Rn 25). Wird ein Verfahren nach § 661 I Nr 3d, 4, 6 ZPO gem § 661 II, § 623 I 2 ZPO abgetrennt oder eine Folgesache gem § 661 II, § 626 II, § 629 III 2 ZPO als selbstständige Familiensache fortgeführt, so sind die Folgesachen getrennt voneinander abzurechnen (die als Angelegenheit der freiwilligen Gerichtsbarkeit fortzuführenden Verfahren nach der KostO), jedoch die bereits im Verbund entstandenen Gebühren ggf aufzuteilen und anzurechnen (Oestreich/Winter/Hellstab KV 1510–1539 aF Rn 39 ff). Dagegen behält ein nach § 661 II, § 628 ZPO abgetrenntes Verfahren seinen Charakter als Folgesache; es bleibt also bei der einheitlichen Gebührenerhebung (Oestreich/Winter/Hellstab KV 1510–1539 aF Rn 31).

45 Der **Wert** bestimmt sich in den Fällen des Verbundes nach der Summe der Werte für das Aufhebungsverfahren und die einzelnen Folgesachen (§ 46 I, III GKG). Für das Verfahren auf Aufhebung der Lebenspartnerschaft ist § 48 II, III GKG maßgebend (dazu Rn 10), für die Folgesachen über unterhalts- und güterrechtliche Ansprüche §§ 42, 48 I GKG, § 3 ZPO (dazu Rn 22, 36). Für die Folgesachen über die elterliche Sorge, die Umgangsregelung und die Herausgabe eines gemeinschaftlichen Kindes beträgt der Wert gem § 48 III 3 GKG 900 EUR auch dann, wenn sie mehrere Kinder betreffen (§ 46 I 2 GKG; die Anpassung des § 46 III GKG ist offenbar versehentlich unterblieben). Die Folgesache über den Versorgungsausgleich ist gem § 49 GKG mit 1 000 EUR bzw, wenn dem Ausgleich verschiedene Arten von Anrechten unterliegen, 2 000 EUR zu bewerten. Der Wert für die Folgesache über die Rechtsverhältnisse an Wohnung und Hausrat wird in entsprechender Anwendung des § 41 I GKG u des § 100 III KostO für die Wohnung – einjähriger Mietwert – (Oestreich/Winter/Hellstab Teil 7.0 Stichwort „Wohnungsregelung"; Hartmann Anh I § 48 GKG Rn 32) und nach § 48 GKG, § 3 ZPO in Anlehnung an § 100 III KostO für den Hausrat bestimmt – Verkehrswert der betroffenen Gegenstände – (Oestreich/Winter/Hellstab Teil 7.0 Stichwort „Hausrat"; Lappe in Rahm/Künkel IX Rn 34; Hartmann Anh I § 48 GKG Rn 67). Als Wert für die Folgesache über Entscheidungen nach § 6 S 2 LPartG, §§ 1382, 1383 BGB ist gem § 48 I GKG, § 3 ZPO ein Bruchteil der zu stundenden Forderung bzw der wegen der Übertragung von Gegenständen auf die Ausgleichsforderung anzurechnende Betrag (§ 1383 I Halbs 2 BGB) anzusetzen (Oestreich/Winter/Hellstab Teil 7.0 Stichwort „Güterrecht"; Lappe in Rahm/Künkel IX Rn 37).

46 **Kostenschuldner** wie bei Verfahren auf Aufhebung der Lebenspartnerschaft (dazu Rn 11); **Fälligkeit** für das Aufhebungsverfahren gem § 6 I Nr 1 Buchst b GKG mit der Einreichung des Antrags (dazu Rn 12), für die Folgesachen gem § 6 II, § 9 I GKG mit der Entscheidung über die Kosten oder mit Erledigung des Verfahrens oder der Instanz. Eine **Vorauszahlungs-** bzw **Vorschusspflicht** besteht für die Folgesachen nicht

(§ 12 II Nr 3 GKG); anders für das Verfahren auf Aufhebung der Lebenspartnerschaft selbst, das einer Klage gleichsteht (dazu Rn 13).

47 **b)** Die Anwaltsgebühren im **Verbund** richten sich nach den Vorschriften des RVG über die Gebühren in bürgerlichen Rechtsstreitigkeiten, Verfahren der freiwilligen Gerichtsbarkeit und ähnlichen Verfahren; s dazu Rn 14. Das Verfahren über die Aufhebung der Lebenspartnerschaft und die Folgesachen gelten als dieselbe Angelegenheit (§ 16 Nr 5 RVG).

48 **11. a)** Im Verfahren der **einstweiligen Anordnung** in Lebenspartnerschaftssachen (s § 661 ZPO Rn 550 ff) entstehen **Gerichtsgebühren** nur in den Fällen des § 661 II, § 620 Nr 4, 6 bis 10, § 621f ZPO, und zwar jeweils als Entscheidungsgebühr mit einem Satz von 0,5 (KV 1421, 1422 GKG). Für mehrere Entscheidungen der unter einer Nummer (zB KV 1421 GKG) genannten Art innerhalb eines Rechtszuges, die als eine Entscheidung gelten (Vorbem 1.4.2.1 GKG), fällt nur eine Gebühr nach dem zusammengerechneten Wert (§ 39 GKG, § 5 ZPO) an. Gebührenfrei sind einstweilige Anordnungen nach § 661 II, § 620 Nr 1 bis 3, 5 ZPO. Im Beschwerdeverfahren gegen eine einstweilige Anordnung (§ 661 II, § 620c ZPO) wird eine Gebühr nach KV 1425 GKG mit einem Satz von 1,0 erhoben. Für die Verwerfung oder Zurückweisung einer Beschwerde gegen den Ausspruch, dass eine einstweilige Anordnung außer Kraft getreten sei (§ 661 II, § 620f I ZPO), fällt eine Festgebühr in Höhe von 50 EUR nach KV 1811 GKG an.

49 Als **Wert** ist für die Angelegenheiten nach § 661 II, § 620 Nr 4, 6 ZPO vom sechsfachen Monatsbetrag des Unterhalts (§ 53 II 1 GKG), für die Regelung der Benutzung einer gemeinschaftlichen Wohnung nach § 661 II, § 620 Nr 7, 9 ZPO von 2 000 EUR und für die Hausratsregelung von 1 200 EUR (§ 53 II 2 GKG) auszugehen. Für die Angelegenheiten nach § 661 II, § 620 Nr 8 ZPO ist der Wert der Sachen maßgebend (§ 48 GKG, § 6 ZPO), von dem jedoch wegen der Vorläufigkeit der Anordnung nur ein Bruchteil anzunehmen ist (Oestreich/Winter/Hellstab Teil 7.0 Stichworte „Hausrat“, „Herausgabe“; vgl Hartmann § 53 GKG Rn 21). Als Wert für die Anordnung zur Leistung eines Kostenvorschusses nach § 661 II, § 620 Nr 10 ZPO ist der Betrag des geforderten Vorschusses anzusetzen (§ 48 GKG, § 3 ZPO). Die Werte mehrerer Regelungen innerhalb eines Rechtszuges, die verschiedene Gegenstände betreffen, sind zusammenzurechnen (§ 39 I GKG, § 5 ZPO). Zum Wert einer Beschwerde gem § 661 II, § 620f I ZPO, die sich auf eine einstweilige Anordnung nach § 661 II, § 620 Nr 5 ZPO bezieht, s Oestreich/Winter/Hellstab Teil 7.0 Stichwort „Getrenntleben“.

50 **Kostenschuldner** sind derjenige, der den Erlass der einstweiligen Anordnung beantragt hat (§ 22 GKG), sowie derjenige, dem die Kosten im Hauptverfahren auferlegt werden (§ 29 Nr 1 GKG, § 661 II, §§ 620g, 621f II ZPO). **Fällig** wird die Gebühr gem § 6 III GKG mit dem Erlass des Beschlusses. Eine **Vorschusspflicht** besteht nicht.

51 **b)** Die Tätigkeit des Rechtsanwalts im Verfahren auf **einstweilige Anordnung** nach § 661 II, §§ 620, 620b, 621f, 621g ZPO gilt als besondere Angelegenheit (§ 18 Nr 1 Buchst b, c, d RVG). Für mehrere unter einem Buchstaben genannte Verfahren entstehen die Gebühren jedoch in jedem Rechtszug nur einmal unter Addition der Werte verschiedener Gegenstände. Gem § 24 RVG beträgt der Wert für einstweilige Anordnungen nach § 661 II, § 620 Nr 1 bis 3, § 621g ZPO 500 EUR, im Falle einer Wohnungs- oder Hausratsregelung nach § 661 II, §§ 621g, 621 I Nr 7 ZPO jedoch 2 000 EUR bzw 1 200 EUR gem § 52 II 2 GKG (s Rn 49).

52 **12.** Wird der Rechtsanwalt im Wege der **Prozesskostenhilfe** beigeordnet (§ 121 ZPO; zum Umfang der Beiordnung s § 48 I, III RVG), so kann er Vergütungsansprüche gegen die Partei nicht geltend machen (§ 122 I Nr 3 ZPO). Ihm steht stattdessen ein Ver-

gütungsanspruch gegen die Staatskasse zu (§ 45 RVG), dessen Höhe sich bei Gegenstandswerten von mehr als 3 000 EUR aus der besonderen Tabelle des § 49 RVG ergibt. Hat die Partei, der Prozesskostenhilfe bewilligt ist, aus ihrem Einkommen Monatsraten oder aus ihrem Vermögen Teilzahlungen an die Staatskasse geleistet (§ 115 ZPO), so kann der Rechtsanwalt weitere Gebühren bis zur Höhe der gesetzlichen Regelgebühren verlangen (§ 50 RVG).

53 **13.** Wird der Rechtsanwalt **außergerichtlich** tätig – insb im Rahmen einer **Aufhebungsvereinbarung** (entsprechend einer Scheidungsvereinbarung zwischen Ehegatten) –, so erhält er für das Betreiben des Geschäfts einschließlich der Mitwirkung bei der Gestaltung eines Vertrags eine Geschäftsgebühr nach VV 2400 RVG – ab 1.7.2006: VV 2300 RVG – im Rahmen von 0,5 bis 2,5. Gem § 14 RVG bestimmt der Rechtsanwalt die Gebühr im Einzelfall unter Berücksichtigung aller Umstände. Die Geschäftsgebühr ist zur Hälfte, höchstens mit 0,75, auf die Verfahrensgebühr für das gerichtliche Verfahren (VV Vorbem 3 IV) anzurechnen. Zu Inhalten und Gegenstandswerten für Scheidungsvereinbarungen s Lappe in Rahm/Künkel IX Rn 477 ff; zu **Notarkosten** aaO Rn 533 ff.

54 **14.** Für einen mündlichen oder schriftlichen Rat oder eine Auskunft erhält der Rechtsanwalt eine Beratungsgebühr nach VV 2100 RVG im Rahmen von 0,1 bis 1,0 (s Madert in Gerold/Schmidt/v Eicken/Madert/Müller-Rabe VV 2100 Rn 27 ff) – ab 1.7.2006: eine vereinbarte Gebühr oder eine nach bürgerlichem Recht bestimmte Gebühr (§ 34 I RVG in der dann geltenden Fassung) –. Gem § 14 RVG bestimmt der Rechtsanwalt die Gebühr im Einzelfall unter Berücksichtigung aller Umstände. Die Beratungsgebühr ist auf eine Gebühr für eine sonstige Tätigkeit anzurechnen, die mit der Beratung zusammenhängt (Anm 2 zu VV 2100 – ab 1.7.2006: § 34 II RVG –).

55 **IV. 1.** Durch §§ 24, 39, 46 und 60 KostO werden **Lebenspartner** den Ehegatten in Bezug auf die Wert- und Gebührenberechnung für bestimmte Geschäfte **gleichgestellt**.

56 **a)** § 24 KostO regelt die Berechnung des **Geschäftswerts**, soweit Rechte auf **wiederkehrende** oder dauernde **Nutzungen oder Leistungen** betroffen sind. Dazu gehören Nießbrauchsrechte, beschränkte persönliche Dienstbarkeiten, soweit sie das Recht auf Benutzung eines Grundstücks in einzelnen Beziehungen gewähren – vor allem Wohnungsrechte –, Reallasten und Altenteilsrechte; zu Einzelheiten s Rohs in Rohs/Wedewer § 24 Rn 2 ff; Schwarz in Korintenberg/Lappe/Bengel/Reimann § 24 Rn 13 ff. Bedeutung hat die Vorschrift daher vor allem für **Grundbuchsachen** und die entsprechenden Beurkundungen. Gegenüber dem gewöhnlichen Geschäftswert nach § 24 I, II KostO, der bis auf das Fünfundzwanzigfache des Jahreswerts steigen kann, ist höchstens das Fünffache des Jahreswerts anzunehmen, wenn das Recht dem Lebenspartner oder einem früheren Lebenspartner des Verpflichteten zusteht (§ 24 III KostO). Gleiches gilt für Verschwägerte in gerader Linie oder bis zum zweiten Grad in der Seitenlinie, auch wenn die entsprechende Lebenspartnerschaft nicht mehr besteht. Die Lebenspartner und Verschwägerten stehen damit den Ehegatten und den auf Grund einer Ehe Verschwägerten gleich.

57 **b)** Gem § 39 III 4 KostO bestimmt sich der **Geschäftswert** für die notarielle **Beurkundung eines Lebenspartnerschaftsvertrages** (§ 7 LPartG), wie bei entsprechenden Eheverträgen, regelmäßig nach der Summe des Vermögens beider Lebenspartner zum Zeitpunkt der Beurkundung unter Abzug der Schulden. Das gilt vor allem für die Vereinbarung oder Aufhebung einer Gütergemeinschaft oder Gütertrennung und nach hM auch für Verträge, durch die der Güterstand der Zugewinngemeinschaft ausgeschlossen, aufgehoben oder in bestimmter Hinsicht abgewandelt oder der Zu-

gewinnausgleich ausgeschlossen wird (Bengel in Korintenberg/Lappe/Bengel/Reimann § 39 Rn 72; Hartmann § 39 KostO Rn 23 f; aA Rohs in Rohs/Wedewer § 39 Rn 40 mwN: Wertbestimmung nach freiem Ermessen, § 30 I KostO). Betrifft der Vertrag nur das Vermögen eines Lebenspartners (selten; s Rohs in Rohs/Wedewer § 39 Rn 39) oder nur bestimmte Gegenstände (zB Erklärung zum Vorbehaltsgut bei Gütergemeinschaft; Rohs in Rohs/Wedewer § 39 Rn 39), so ist nur der Wert dieses Vermögens bzw dieser Gegenstände maßgebend.

58 **c)** Für die gleichzeitige **Beurkundung** eines **Erbvertrages** mit einem **Lebenspartnerschaftsvertrag** zwischen denselben Personen ist, soweit die Verträge dieselben Vermögensgegenstände betreffen (Reimann in Korintenberg/Lappe/Bengel/Reimann § 46 Rn 39 f), gem § 46 III KostO die Gebühr nur einmal nach dem Vertrag mit dem höchsten Geschäftswert zu erheben. Die bisherigen Erläut von Rohs in Rohs/Wedewer § 46 Rn 24 und von Reimann in Korintenberg/Lappe/Bengel/Reimann § 46 Rn 42 zum „Partner(schafts)vertrag" betreffen dagegen nur Verträge außerhalb einer rechtlich geregelten Lebensgemeinschaft und sind auf den Lebenspartnerschaftsvertrag, der insoweit einem Ehevertrag gleich steht, nicht zu übertragen.

59 **d)** In **Grundbuchsachen** sind nach § 60 II KostO die Gebühren für die **Eigentumseintragung** eines Lebenspartners des bereits zuvor eingetragenen Eigentümers nur zur Hälfte zu erheben. Auch insoweit stehen Lebenspartner den Ehegatten gleich.

60 **2.** Für **weitere familienrechtliche Geschäfte**, die mit Bezug auf Lebenspartnerschaften anfallen können, können Gerichtsgebühren nach der KostO erhoben werden.

61 **a)** Entscheidet das Familiengericht über den Umfang, die Einschränkung oder den Ausschluss des **Umgangsrechts** eines Kindes mit dem Lebenspartner oder früheren Lebenspartner eines Elternteils, der mit dem Kind längere Zeit in häuslicher Gemeinschaft gelebt hat (§§ 1685, 1684 III, IV BGB), so wird eine volle Gebühr nach § 94 I Nr 4 KostO erhoben. Der Wert richtet sich nach § 30 II KostO (§ 94 II 1 KostO) und ist gewöhnlich mit 3 000 EUR, ggf niedriger oder höher, anzunehmen (Waldner in Rohs/Wedewer § 94 Rn 12, 19 f; Lappe in Korintenberg/Lappe/Bengel/Reimann § 94 Rn 71, 79).

62 **b)** Für die Entscheidung des Familiengerichts über die Einschränkung oder den Ausschluss des **„kleinen Sorgerechts"** des Lebenspartners eines allein sorgeberechtigten Elternteils (§ 9 III LPartG) fällt eine volle Gebühr nach § 94 I Nr 5 KostO an. Auch insoweit ist § 30 II KostO für die Bemessung des Geschäftswerts maßgebend (Waldner in Rohs/Wedewer § 94 Rn 13, 19 f; Lappe in Korintenberg/Lappe/Bengel/Reimann § 94 Rn 91 f je zum ähnlichen Fall des § 1687 II BGB).

63 **c)** Die Anordnung des Familiengerichts, dass ein Kind bei dem Lebenspartner eines Elternteils **verbleibt**, wenn es längere Zeit mit diesem und dem Elternteil in einem Haushalt gelebt hat (§ 1682 BGB), führt zum Ansatz einer vollen Gebühr nach § 95 I 1 Nr 3 KostO. Der Geschäftswert bestimmt sich gem § 95 II 2 KostO nach § 30 II KostO (Lappe in Korintenberg/Lappe/Bengel/Reimann § 95 Rn 70).

64 **d)** Nach § 97 I Nr 4 KostO (s bereits Rn 39 ff) wird die volle Gebühr für weitere Entscheidungen erhoben, die den **Güterstand** der Lebenspartner betreffen. Dazu gehören die vormundschaftsgerichtliche Aufhebung einer Beschränkung oder eines Ausschlusses der Schlüsselgewalt (§ 8 II LPartG, § 1357 II BGB) und die Ersetzung von Zustimmungserklärungen eines Lebenspartners zur Verfügung des anderen Lebenspartners über sein Vermögen im Ganzen oder über Gegenstände des lebenspartnerschaftlichen Haushalts (§ 6 S 2 LPartG, § 1365 II, § 1369 II BGB) sowie zu bestimmten Geschäften beim Güterstand der Gütergemeinschaft (§ 7 LPartG, §§ 1426, 1430, 1452, 1458 BGB). Gem § 97 II KostO richtet sich der Wert auch für diese Geschäfte

nach § 30 II KostO (Waldner in Rohs/Wedewer § 97 Rn 3, 6, 11; Lappe in Korintenberg/Lappe/Bengel/Reimann § 97 Rn 14a ff je zu § 97 I Nr 1 KostO).

65 **e)** Für einzelne Entscheidungen über den **Versorgungsausgleich**, wie die Aufhebung oder Änderung von Entscheidungen oder die Neufestsetzung zu leistender Beträge, wird eine volle Gebühr nach § 99 II KostO erhoben. Der Wert beträgt je nach Art der Anrechte 1 000 EUR oder 2 000 EUR, in bestimmten Verfahren beträgt er 300 EUR oder ist nach § 30 KostO zu bestimmen (§ 99 III KostO; Waldner in Rohs/Wedewer § 99 Rn 15; Lappe in Korintenberg/Lappe/Bengel/Reimann § 99 Rn 63: Orientierung am Wert der zu ändernden Entscheidung).

66 **f)** Werden Maßnahmen nach dem **Gewaltschutzgesetz** getroffen, zB dem Täter das Betreten der Wohnung der verletzten Person oder die Verbindungaufnahme zur verletzten Person untersagt oder die alleinige Überlassung einer gemeinsam genutzten Wohnung an die verletzte Person angeordnet, so wird gem § 100a I KostO eine volle Gebühr erhoben. Der Wert bestimmt sich gem § 100a II KostO nach § 30 II KostO (Waldner in Rohs/Wedewer § 100a Rn 6; Lappe in Korintenberg/Lappe/Bengel/Reimann § 100a Rn 7: regelmäßig 3 000 EUR, bei Wohnungsüberlassung bietet sich Orientierung an § 100 III KostO unter Berücksichtigung der Dauer der Maßnahme an).

6. Internationales Privatrecht, Art. 17b EGBGB

Art. 17b EGBGB Eingetragene Lebenspartnerschaft

(1) Die Begründung, die allgemeinen und die güterrechtlichen Wirkungen sowie die Auflösung einer eingetragenen Lebenspartnerschaft unterliegen den Sachvorschriften des Register führenden Staates. Auf die unterhaltsrechtlichen und die erbrechtlichen Folgen der Lebenspartnerschaft ist das nach den allgemeinen Vorschriften maßgebende Recht anzuwenden; begründet die Lebenspartnerschaft danach keine gesetzliche Unterhaltsberechtigung oder kein gesetzliches Erbrecht, so findet insoweit Satz 1 entsprechende Anwendung. Der Versorgungsausgleich unterliegt dem nach Satz 1 anzuwendenden Recht; er ist nur durchzuführen, wenn das Recht eines der Staaten, denen die Lebenspartner im Zeitpunkt der Rechtshängigkeit des Antrags auf Aufhebung der Lebenspartnerschaft angehören, einen Versorgungsausgleich zwischen Lebenspartnern kennt. Kann ein Versorgungsausgleich hiernach nicht stattfinden, so ist er auf Antrag eines Lebenspartners nach deutschem Recht durchzuführen, wenn der andere Lebenspartner während der Lebenspartnerschaftszeit eine inländische Versorgungsanwartschaft erworben hat, soweit die Durchführung des Versorgungsausgleichs im Hinblick auf die beiderseitigen wirtschaftlichen Verhältnisse auch während der nicht im Inland verbrachten Zeit der Billigkeit nicht widerspricht.

(2) Artikel 10 Abs. 2 und Artikel 17a gelten entsprechend. Unterliegen die allgemeinen Wirkungen der Lebenspartnerschaft dem Recht eines anderen Staates, so ist auf im Inland befindliche bewegliche Sachen § 8 Abs. 1 des Lebenspartnerschaftsgesetzes und auf im Inland vorgenommene Rechtsgeschäfte § 8 Abs. 2 des Lebenspartnerschaftsgesetzes in Verbindung mit § 1357 des Bürgerlichen Gesetzbuchs anzuwenden, soweit diese Vorschriften für gutgläubige Dritte günstiger sind als das fremde Recht.

(3) Bestehen zwischen denselben Personen eingetragene Lebenspartnerschaften in verschiedenen Staaten, so ist die zuletzt begründete Lebenspartnerschaft vom Zeitpunkt ihrer Begründung an für die in Absatz 1 umschriebenen Wirkungen und Folgen maßgebend.

(4) Die Wirkungen einer im Ausland eingetragenen Lebenspartnerschaft gehen nicht weiter als nach den Vorschriften des Bürgerlichen Gesetzbuchs und des Lebenspartnerschaftsgesetzes vorgesehen.

I. 1. Art 17b EGBGB **ergänzt das deutsche Internationale Privatrecht** (IPR), also diejenigen Bestimmungen, die deutsche Gerichte und Behörden von Amts wegen (BGH NJW 1993, 2305; 1996, 54; 1998, 1396) zur Feststellung des auf einen Sachverhalt anzuwendenden materiellen Rechts heranzuziehen haben. Weist eine Lebenspartnerschaft Bezüge ausschließlich zum Inland auf (zwei Deutsche mit Wohnsitz in Deutschland wollen hier eine Lebenspartnerschaft registrieren lassen), stellt sich die sog IPR-Frage nach dem auf diesen Fall anwendbaren Recht in der Praxis nicht: Es ist ganz selbstverständlich, dass hier deutsches Recht zur Anwendung gelangt. Die Kollisionsnormen des Internationalen Privatrechts werden indes dann relevant, wenn der Sachverhalt eine wie auch immer geartete **Auslandsberührung** aufweist, so dass mehr als eine Rechtsordnung als anwendbar ernstlich in Betracht zu ziehen ist. Dieser Auslandsbezug kann insbesondere durch die Staatsangehörigkeit der Beteiligten, ihren gewöhnlichen Aufenthalt bzw Wohnsitz oder durch den Ort der Eintragung der Partnerschaft vermittelt werden (eingehende Analysen der kollisionsrechtlichen Fragen der Lebenspartnerschaft bei Forkert und Jakob, passim). 1

2 Mit der **systematischen Stellung** der Vorschrift nach den für die Ehe maßgeblichen Kollisionsnormen der Art 13 bis 17a EGBGB hat der Gesetzgeber deutlich gemacht, dass er hier eine eigenständige und im Grundsatz abgeschlossene kollisionsrechtliche Regelung für ein neues, mit der Ehe nicht identisches Rechtsinstitut hat schaffen wollen. Der Meinungsstreit über die entsprechende Anwendung der Art 13ff EGBGB auf die gleichgeschlechtliche Lebensgemeinschaft (s dazu Hausmann, 248ff; Röthel IPRax 2000, 74ff, jeweils mwN; eingehend zum bisherigen Meinungsstand auch Wagner IPRax 2001, 283ff) hat sich damit weitgehend erledigt.

3 **2.** Art 17b I EGBGB regelt zunächst in einer **allseitigen Kollisionsnorm** (mit der also nicht lediglich die Reichweite des deutschen Rechts bestimmt, sondern auch ausländisches Sachrecht zur Anwendung berufen werden kann), welches Recht auf eine Lebenspartnerschaft anzuwenden ist (sog **Partnerschaftsstatut**). Die Vorschrift knüpft dazu an den **Ort der Registrierung** der Lebenspartnerschaft an. Damit wird den Partnern eine **indirekte Rechtswahl** durch Auswahl des Ortes der Eintragung ihrer Partnerschaft ermöglicht (s Rn 7ff).

4 Zugleich grenzt Art 17b I EGBGB den **sachlichen Anwendungsbereich** des so bestimmten Partnerschaftsstatuts ein: Lediglich **Begründung, allgemeine und güterrechtliche Wirkungen sowie die Auflösung der Partnerschaft (einschließlich Versorgungsausgleich)** sollen vom Partnerschaftsstatut erfasst werden, **Fragen des Unterhalts- und Erbrechts** sind für den Regelfall **ausdrücklich ausgenommen** (s Rn 22ff).

5 Gleiches gilt auch für das **Namensrecht** der Lebenspartner, für das nicht das Partnerschaftsstatut, sondern das nach Art 10 I EGBGB gesondert anzuknüpfende Namensstatut maßgeblich ist (vgl Rn 49f); Art 17b II 1 EGBGB erklärt die für die Bestimmung des Familiennamens von Ehegatten maßgebliche Kollisionsnorm des Art 10 II EGBGB für entsprechend anwendbar, was den Partnern eine weitreichende Rechts- und damit Namenswahlmöglichkeit eröffnet (s Rn 52ff).

6 Schließlich enthält Art 17b EGBGB eine **Begrenzung der Wirkungen ausländischen Rechts**: Unterliegt eine eingetragene Partnerschaft nach Art 17b I 1 EGBGB ausländischem Recht, so sind zum Schutz des inländischen Rechtsverkehrs die Vorschriften des § 8 LPartG gleichwohl anwendbar (s Art 17b II 2 EGBGB und dazu Rn 59ff); ferner entfaltet eine im Ausland eingetragene Partnerschaft im Inland höchstens diejenigen Wirkungen, die ihr bei einer Registrierung in Deutschland zukommen würden (s Art 17b IV EGBGB und dazu Rn 68ff).

7 **II. Art 17b I 1 EGBGB** enthält die **Grundregel für die Bestimmung des Partnerschaftsstatuts**, also des auf eine Lebenspartnerschaft anwendbaren Rechts; zugleich regelt die Vorschrift den **sachlichen Anwendungsbereich**, die Reichweite des Partnerschaftsstatuts.

8 **1. a)** Die Lebenspartnerschaft unterliegt nach Art 17b I 1 EGBGB dem **Recht am (in- oder ausländischen) Registrierungsort** (lex loci celebrationis), so dass alle Lebenspartnerschaften, die in einem Staat eingetragen werden (sollen), **unabhängig von Staatsangehörigkeit, Wohnsitz oder Aufenthaltsort der Beteiligten** nach ein- und demselben Recht behandelt werden (s dazu Wagner IPRax 2001, 288ff). Ob indes Personen, die nicht Staatsbürger des Registrierungsstaates sind bzw dort keinen Wohnsitz oder gewöhnlichen Aufenthalt haben, in diesem Staat eine eingetragene Partnerschaft begründen können, ist eine Frage des materiellen Rechts des jeweiligen Registrierungsstaates, nicht jedoch Regelungsgegenstand des Art 17b I 1 EGBGB.

9 **b)** Mit der Anknüpfung an den Registrierungsort eröffnet Art 17b I 1 EGBGB den Partnern eine **indirekte Rechtswahl**: Sie haben zwar nicht die Möglichkeit, ihre Partner-

schaft zB vor einer zuständigen deutschen Registrierungsbehörde durch ausdrückliche Erklärung einem ausländischen Recht zu unterstellen; bei der Wahl des Ortes der Eintragung ihrer Partnerschaft sind sie indes frei – wenn auch selbstverständlich beschränkt auf diejenigen Staaten, die ein der Lebenspartnerschaft entsprechendes Rechtsinstitut bereits geschaffen haben (rechtsvergleichende Übersichten über mehrere Rechtsordnungen dazu bei Basedow/Hopt/Kötz/Dopffel 5-273; Boele-Woelki/Fuchs, passim; Dethloff ZEuP 2004, 59ff; Frank MittBayNot 2001, Sonderheft Lebenspartnerschaften, 44ff; Grib, passim; Hausmann, 242ff; Heun, passim; Verschraegen, passim).

10 Dies sind derzeit – neben Deutschland – **Argentinien** (s dazu Scherpe/Hömberg StAZ 2004, 53), **Belgien** (s dazu Becker MittRhNotK 2000, 155; Pintens FamRZ 2000, 69ff; zu der in Belgien seit 01.06.2003 möglichen Eheschließung zwischen Personen desselben Geschlechts s ders FamRZ 2003, 658f; Scherpe/Pintens StAZ 2003, 321ff; dies StAZ 2004, 290ff und Rn 74f), **Dänemark** (s hierzu Dopffel/Scherpe in Basedow/Hopt/Kötz/Dopffel, 10ff; Jayme IPRax 1990, 197; Olsen-Ring/Ring KJ 1999, 368ff; Ring/Olsen-Ring ZRP 1999, 459ff; Scherpe FPR 2001, 439ff; Wacke FamRZ 1990, 347ff), **Frankreich** (s dazu Ferrand in Basedow/Hopt/Kötz/Dopffel, 113ff; ders FamRZ 2000, 517ff; Richards ICLQ 2002, 305ff.; Röthel ZRP 1999, 514ff; Schreiber FPR 2001, 442ff; Verschraegen FamRZ 2000, 67), **Island** (Dopffel/Scherpe in Basedow/Hopt/Kötz/Dopffel, 8), die **Niederlande** (s dazu Boele-Woelki/Schrama in Basedow/Hopt/Kötz/Dopffel, 51ff; de Groot/Haase StAZ 1998, 168f; Pintens FamRZ 2000, 74ff; zu der in den Niederlanden seit 01.04.2001 möglichen Eheschließung zwischen Personen desselben Geschlechts s Post StAZ 2002, 335ff und Rn 74f), **Norwegen** (s dazu Dopffel/Scherpe in Basedow/Hopt/Kötz/Dopffel, 7ff; Olsen-Ring/Ring KJ 1999, 373ff; Verschraegen FamRZ 2000, 67), **Portugal**, **Schweden** (s dazu Bogdan IPRax 1995, 56f; ders IPRax 2001, 353; ders IPRax 2002, 534f; Dopffel/Scherpe in Basedow/Hopt/Kötz/Dopffel, 7ff; Olsen-Ring/Ring KJ 1999, 375ff; Verschraegen FamRZ 2000, 67), die **Schweiz** und **Spanien.**

11 Mit der **uU nur begrenzten Anerkennung** einer solchen im Ausland eingetragenen Partnerschaft befasst sich Art 17b IV EGBGB (s dazu Rn 68ff).

12 **c) Art 17b I 1 EGBGB weicht** durch die Anknüpfung an den Registrierungsort und die damit eröffnete indirekte Rechtswahlmöglichkeit **von dem im internationalen Eherecht (Art 13ff EGBGB) vorrangig verwendeten Anknüpfungsmerkmal der Staatsangehörigkeit ab**. Dies ist sachgerecht, da die Maßgeblichkeit der Staatsangehörigkeit der Partner dazu führen würde, das Rechtsinstitut der Lebenspartnerschaft all jenen zu verschließen, deren Heimatstaaten bisher ein derartiges Rechtsinstitut noch nicht geschaffen haben (s Begr zu Art 3 § 63 LPartDisBGE S 60). Mit dieser Regelung nimmt der Gesetzgeber allerdings in Kauf, dass Lebenspartnerschaften begründet werden, die zwar im Registrierungsstaat als wirksam angesehen, von den Heimatstaaten der Partner jedoch möglicherweise nicht anerkannt werden (zu Fragen der Anerkennung von im Ausland registrierten Partnerschaften in Deutschland s Rn 68ff). In der Terminologie des internationalen Eherechts kann man in diesen Fällen von **„hinkenden Lebenspartnerschaften“** (vgl Süß DNotZ 2001, 169, 176; allg zum Begriff der hinkenden Rechtsverhältnisse im IPR Kegel/Schurig, 140) sprechen, die nur einen (auf den Registrierungsstaat) beschränkten Wirkungskreis haben. Auf die möglicherweise im Ausland nicht gesicherte Anerkennung der Partnerschaft sollte bei deren Eingehung durch die zuständige deutsche Behörde hingewiesen werden, damit die Partner gegebenenfalls ergänzende privatrechtliche Vorsorge treffen können (vgl Olsen-Ring/Ring KJ 1999, 378f; Empfehlungen für vertragliche und testamentarische Regelungen bei Frank MittBayNot 2001, Sonderheft Lebenspartnerschaften, 35ff, sowie Süß DNotZ 2001, 168ff).

13 Gegner des LPartG leiten gerade aus der durch Art 17b I 1 EGBGB eingeräumten indirekten Rechtswahlmöglichkeit die **Verfassungswidrigkeit** des Gesetzes her: Da Ehegatten durch Art 14 und 15 EGBGB eine solche Rechtswahl nicht eröffnet werde, sei die Ehe unter Verstoß gegen Art 6 I GG personenstandsrechtlich diskriminiert (Scholz/Uhle NJW 2001, 398). Diese Argumentation verkennt zum einen, dass gerade für das Ehegüterrecht nach Art 15 II EGBGB (und eingeschränkt auch für das Recht der Ehewirkungen nach Art 14 II und III EGBGB) eine über Art 17b I 1 EGBGB hinausgehende direkte Rechtswahlmöglichkeit besteht. Zum anderen liegt in der regelmäßigen Anknüpfung der Ehewirkungen an die gemeinsame Staatsangehörigkeit bzw den gemeinsamen gewöhnlichen Aufenthalt der Ehegatten (Art 14 I EGBGB) wohl kaum eine Schlechterstellung der Ehe gegenüber der Lebenspartnerschaft, da hierdurch gerade die Anerkennung der Ehewirkungen in dem Staat sichergestellt werden soll, zu dem die Parteien die engsten Beziehungen haben. Diese Anknüpfung liegt also generell sehr wohl im Interesse der Ehegatten.

14 **d)** Indem Art 17b I 1 EGBGB ausdrücklich die Sachvorschriften des Registrierungsstaates zur Anwendung beruft, wird eine **Rück- oder Weiterverweisung (s Art 4 I EGBGB) ausgeschlossen**.

15 **e)** Das **Partnerschaftsstatut ist grundsätzlich unwandelbar**, denn mit ihrer Registrierung steht das auf eine Partnerschaft anwendbare materielle Recht ein für alle Mal fest. Allerdings haben die Partner die Möglichkeit, durch Eintragung einer weiteren Partnerschaft in einem anderen Staat diese ihnen möglicherweise unliebsame Rechtsfolge zu umgehen. Nach Art 17b III EGBGB wird das Partnerschaftsstatut bei Bestehen mehrerer Partnerschaften zwischen denselben Partnern durch die zuletzt erfolgte Eintragung bestimmt (s Rn 66), so dass das zunächst gültige Partnerschaftsstatut auf diesem Wege wie durch eine nachträgliche Rechtswahl ausgeschaltet werden kann. Das setzt allerdings voraus, dass das materielle Recht des Staates der letzten Eintragung nicht die vorherige Auflösung der früher begründeten Partnerschaft verlangt (s Rn 67; auf die durch Art 17b III EGBGB uU eröffnete Möglichkeit einer gegenüber dem ursprünglichen Partnerschaftsstatut wesentlich erleichterten Auflösung der Partnerschaft weist Süß DNotZ 2001, 170 Fn 9 hin).

16 **2.** Neben der Grundsatzanknüpfung regelt Art 17b I EGBGB auch die **Reichweite des Partnerschaftsstatuts**.

17 **a)** Das Recht am Ort der (vorgesehenen oder bereits vollzogenen) Registrierung einer Lebenspartnerschaft bestimmt darüber, **wie und unter welchen Voraussetzungen eine solche Lebenspartnerschaft zustande kommt**. Diesem Recht ist insbesondere zu entnehmen, welche **Eintragungsvoraussetzungen** (zB hinsichtlich der Staatsbürgerschaft, des Wohnsitzes, des Alters, des Geschlechtes und der Anzahl der Beteiligten) erfüllt sein müssen, welche **Eintragungshindernisse** zu beachten sind (zB Verwandtschaft, Bestehen einer Ehe oder einer anderen eingetragenen Partnerschaft) und durch welche **Behörde** nach welchen **Verfahrensregeln** die Registrierung erfolgt. In den Anwendungsbereich des Partnerschaftsstatuts gehören auch alle Fragen bezüglich der **Form** der von den Beteiligten abzugebenden Erklärungen (s Begr zu Art 3 § 63 LPartDisBGE S 60), Art 11 EGBGB gilt hier nicht.

18 Soweit es für die wirksame Begründung einer Lebenspartnerschaft auf **Vorfragen** ankommt (zB das Bestehen bzw Nichtbestehen einer Ehe, einer anderen Partnerschaft oder eines Verwandtschaftsverhältnisses), so ist dafür nicht das Partnerschaftsstatut heranzuziehen. Derartige Vorfragen sind vielmehr **gesondert anzuknüpfen** und nach ihrem je eigenen Statut zu behandeln – also zB nach dem gem Art 13 EGBGB zu bestimmenden Ehestatut, wenn fraglich ist, ob einer der Partner in einer gültigen Ehe lebt (s Begr zu Art 3 § 63 LPartDisBGE S 60 sowie Rn 27f).

19 **b)** Auch die **allgemeinen Wirkungen** einer Lebenspartnerschaft sollen nach Art 17b I 1 EGBGB dem Partnerschaftsstatut, also dem Recht am Ort der Registrierung der Partnerschaft, unterfallen. Die Bestimmung verwendet hier denselben Begriff wie Art 14 I EGBGB, wo von den „allgemeinen Wirkungen der Ehe" die Rede ist.

20 Das Gesetz definiert weder in Art 17b noch in Art 14 EGBGB, was unter „allgemeinen Wirkungen" zu verstehen ist. Im internationalen Eherecht werden mit diesem Begriff alle Wirkungen erfasst, die auf der Ehe als solcher beruhen, soweit für sie keine spezielle Kollisionsnorm (wie für das Güterrecht, das Unterhaltsrecht, das Scheidungsrecht und das Namensrecht) eingreift (vgl MK-BGB/Siehr Art 14 EGBGB Rn 5, 73ff; Palandt/Heldrich Art 14 EGBGB Rn 17). Anhaltspunkt ist der Regelungsbereich der §§ 1353-1362 BGB. Zu den allgemeinen Ehewirkungen werden danach insbesondere gezählt: Fragen der ehelichen Lebensgemeinschaft, Entscheidungs- und Eingriffsrechte der Ehegatten, die Schlüsselgewalt, Eigentumsvermutungen zwischen den Ehegatten und im Verhältnis zu Gläubigern, der Haftungsmaßstab für Sorgfaltspflichtverletzungen der Ehegatten untereinander sowie das Verbot bestimmter Rechtsgeschäfte zwischen den Ehegatten bzw eines Ehegatten mit einem Dritten (eingehend MK-BGB/Siehr Art 14 EGBGB Rn 79ff; Palandt/Heldrich Art 14 EGBGB Rn 18; Kegel/Schurig, 831ff).

21 Entsprechendes muss für Art 17b I 1 gelten. Hier kann als Anhaltspunkt dienen, was im Abschnitt 2 des Lebenspartnerschaftsgesetzes unter der Überschrift „Wirkungen der Lebenspartnerschaft" geregelt ist, also insbesondere der Anspruch auf Fürsorge und Unterstützung (§ 2 LPartG), der Sorgfaltsmaßstab (§ 4 LPartG) sowie Schlüsselgewalt und Eigentumsvermutungen (§ 8 LPartG). Auch die besonderen sorgerechtlichen Befugnisse des Lebenspartners (§ 9 LPartG) fallen in den Anwendungsbereich des Wirkungsstatuts (s Rn 29). Als allgemeine Wirkungen einer Lebenspartnerschaft sind ferner die Rechtsfolgen des Getrenntlebens der Partner bei noch bestehender Partnerschaft anzusehen, also insbesondere die Zuweisung von Hausrat und Wohnung (s §§ 13f LPartG; Besonderheiten gelten hier gem Art 17a EGBGB, wenn sich Wohnung oder Hausrat im Inland befinden, s dazu Rn 58), nicht jedoch der Anspruch auf Trennungsunterhalt, der wie alle unterhaltsrechtlichen Fragen gesondert anzuknüpfen ist (s dazu Rn 35ff).

22 Grundsätzlich **nicht vom Partnerschaftsstatut erfasst** werden die ebenfalls im Abschnitt 2 des Lebenspartnerschaftsgesetzes geregelten Materien **Namensrecht, Unterhaltsanspruch** und **Erbrecht**, obwohl auch sie persönliche Wirkungen einer Lebenspartnerschaft darstellen. Diese Regelungsbereiche sind ausdrücklich vom sachlichen Anwendungsbereich des Partnerschaftsstatuts ausgenommen und werden gesondert angeknüpft (s Rn 33ff, 45ff, 50ff).

23 **c)** Dem Recht am Ort der Registrierung der Partnerschaft ist ferner zu entnehmen, welche **güterrechtlichen Folgen** die Eingehung der Partnerschaft hat. Eine direkte **Rechtswahl** ist den Partnern – anders als Ehegatten nach Art 15 II EGBGB – verwehrt (vgl Henrich FamRZ 2002, 139; Süß DNotZ 2001, 170; zur indirekten Rechtswahl durch Wahl des Registrierungsortes s Rn 3, 9).

24 Das Güterrechtsstatut erfasst grundsätzlich alle Vermögensgegenstände der Partner unabhängig von ihrem in- oder ausländischen Lageort **(Einheitlichkeit des Güterrechtsstatuts)**. Eine Spaltung des auf das Vermögen der Partner anwendbaren Rechts kann jedoch nach Art 3 III EGBGB („Einzelstatut bricht Gesamtstatut") in Betracht kommen, wenn das Recht am Lageort eines Vermögensgegenstandes für diesen besondere, vom Recht am Ort der Eintragung der Partnerschaft abweichende Vorschriften enthält.

25 **Güterrechtlich zu qualifizieren** sind alle Rechtssätze, mit denen eine Sonderordnung des Vermögens der Lebenspartner für die Dauer der Partnerschaft bereitgestellt wird

bzw die die vermögensmäßige Abwicklung für den Fall der Beendigung der Partnerschaft regeln (vgl für die analoge Bestimmung der Reichweite des Ehegüterrechtsstatuts Palandt/Heldrich Art 15 EGBGB Rn 25). Nach dem Recht am Ort der Eintragung der Partnerschaft richtet sich also insbesondere, ob es einen oder mehrere besondere **Güterstände** für die Partner einer Lebenspartnerschaft gibt, ob die Möglichkeit eines **Güterrechtsvertrages** besteht (für dessen Form Art 11 EGBGB maßgeblich ist) und wie die **vermögensmäßige Auseinandersetzung** zwischen den Partnern im Falle der Auflösung der Partnerschaft erfolgt.

26 **d)** Das durch Anknüpfung an den Registrierungsort bestimmte Partnerschaftsstatut regelt schließlich die Frage, wie (zB durch einseitige Erklärung, durch Klage), unter welchen Voraussetzungen (zB Trennungsgründe, Trennungsfristen, Zulässigkeit einer einvernehmlichen Trennung) und mit welchen Wirkungen (mit Ausnahme der unterhaltsrechtlichen Folgen, s dazu Rn 35ff) eine Lebenspartnerschaft wieder **aufgelöst** werden kann. Soweit danach die Auflösung durch gerichtliche Entscheidung zu erfolgen hat, richtet sich das Verfahren nach dem Recht am Gerichtsort (zu Verfahrensfragen s Rn 79ff).

27 **e)** Bei der Anwendung des durch die Kollisionsnorm des Art 17b I 1 EGBGB berufenen Sachrechts können sich **Vorfragen** (allgemein zum Begriff der Vorfrage im IPR s Kegel/Schurig, 371ff) stellen, die ihrerseits nicht dem Partnerschaftsstatut unterfallen, sondern dem für sie maßgeblichen eigenen Sachrecht (s Rn 18). So wird etwa bei der Prüfung der wirksamen Begründung einer Lebenspartnerschaft das **Bestehen bzw Nichtbestehen einer Ehe oder einer anderweitigen Lebenspartnerschaft** bedeutsam sein. Ob eine (noch wirksame) Ehe bzw anderweitige Lebenspartnerschaft besteht, ist nicht nach dem Recht am Ort der Registrierung der neuen Lebenspartnerschaft, sondern nach dem für die Ehe und deren wirksame Scheidung bzw nach dem für die frühere Lebenspartnerschaft maßgeblichen Recht zu beurteilen, das nach der dafür jeweils einschlägigen Kollisionsnorm (zB Art 13, 17 EGBGB) selbständig zu bestimmen ist.

28 Weitere **Beispiele für gesondert anzuknüpfende Vorfragen** sind das Bestehen eines Verwandtschaftsverhältnisses zwischen den Beteiligten sowie die Minderjährigkeit eines Lebenspartners (bedeutsam für etwaige Eintragungshindernisse), das Bestehen eines Sorgerechtsverhältnisses zwischen einem Lebenspartner und seinem minderjährigen Kind (bedeutsam zB für die Anwendung des § 9 LPartG) oder das formwirksame Zustandekommen eines Partnerschaftsvertrages (vgl § 7 I LPartG).

29 **f)** Art 17b EGBGB enthält keine Regelung zur Bestimmung des auf Fragen der **Abstammung** und des **Eltern-Kind-Verhältnisses** anwendbaren Rechts. Dies ist Regelungsgegenstand der Kollisionsnormen der Art 19-22 EGBGB. Soweit das auf die Lebenspartnerschaft anwendbare Recht allerdings einem Partner bestimmte sorgerechtliche Befugnisse hinsichtlich der Kinder des anderen Partners verleiht – wie dies § 9 I bis IV LPartG tut (sog **kleines Sorgerecht)** – werden solche Regelungen als allgemeine Wirkungen der Partnerschaft durch Art 17b I 1 EGBGB zur Anwendung berufen (str; wie hier: Erman/Hohloch Art 17b EGBGB Rn 12; aA – Anwendung von Art 21 EGBGB und MSA: MK-BGB/Coester Art 17b EGBGB Rn 79; Staudinger/Mankowski, Neubearb 2003, Art 17b EGBGB Rn 93). Insoweit geht es ja nicht um das Verhältnis des Kindes zu seinen (verheirateten oder unverheirateten) leiblichen Eltern – und nur das ist Regelungsgegenstand der Art 19-22 EGBGB –, sondern um eine gerade aus dem Bestehen einer Lebenspartnerschaft resultierende Rechtsstellung, die nicht auf der leiblichen Elternschaft beruht.

30 Die Frage, nach welchem Recht sich die **Adoption** von Kindern durch die Lebenspartner richtet, wird von Art 17b EGBGB nicht beantwortet (eingehend zum IPR der

Adoption durch eingetragene Lebenspartner Brandt, passim). Das Adoptionsstatut ist vielmehr gem Art 22 I EGBGB zu bestimmen. Danach kommt es bei einer Einzeladoption eines fremden Kindes auf das Heimatrecht des Annehmenden an (Art 22 I 1 EGBGB). Auf gemeinschaftliche Adoptionen durch beide Lebenspartner oder Stiefkindadoptionen (wie sie das deutsche Sachrecht nunmehr gem § 9 VII LPartG ermöglicht) findet demgegenüber Art 22 I 2 EGBGB analog Anwendung (MK-BGB/Coester Art 17b EGBGB Rn 81; aA Staudinger/Mankowski, Neubearb 2003, Art 17b EGBGB Rn 94). Danach unterliegt die Adoption dem Recht, das für die allgemeinen Partnerschaftswirkungen maßgeblich ist, also dem Recht am Ort der Registrierung der Lebenspartnerschaft.

31 Der **Name eines Kindes** bestimmt sich gem Art 10 I EGBGB nach dem Recht des Staates, dem das Kind angehört, alternativ nach dem vom Sorgeberechtigten gem Art 10 III EGBGB gewählten Recht. Zu den Auswirkungen der Wahl eines Lebenspartnerschaftsnamens auf den Namen eines Kindes s Rn 55ff.

32 Zur (durch Art 6 und 17 IV EGBGB) beschränkten inländischen Anerkennung kindschaftsrechtlicher Folgen einer nach ausländischem Recht begründeten Lebenspartnerschaft s Rn 73.

33 **III.** Art 17b I 2 EGBGB grenzt den Anwendungsbereich des Partnerschaftsstatuts negativ ab, indem **Fragen des Unterhalts- und des Erbrechts** dem Regime des am Ort der Registrierung einer Partnerschaft geltenden Rechts grundsätzlich entzogen werden.

34 **1.** Art 17b I 2 EGBGB normiert ein **Regel-Ausnahme-Verhältnis**: Regelmäßig unterstehen unterhalts- und erbrechtliche Ansprüche dem jeweiligen Unterhalts- bzw Erbschaftsstatut (Art 17b I 2 1. Hs EGBGB); das Partnerschaftsstatut kommt demgegenüber allenfalls ausnahmsweise zur Anwendung, wenn das regulär anwendbare Recht Ansprüche verwehrt (Art 17b I 2 2. Hs EGBGB).

35 **a)** Für die **unterhaltsrechtlichen Folgen einer Lebenspartnerschaft** verweist Art 17b I 2 1. Hs EGBGB auf das „nach den allgemeinen Vorschriften maßgebende Recht" (s dazu Wagner IPRax 2001, 290f). Danach ist nicht das am Ort der Registrierung der Partnerschaft geltende Recht, sondern das gesondert zu bestimmende **Unterhaltsstatut** (s Rn 37f) maßgeblich.

36 Diese Regelung soll dem Umstand Rechnung tragen, dass die Partner den Ort der Registrierung ihrer Partnerschaft frei wählen und damit indirekt das auf ihre Partnerschaft anwendbare Recht bestimmen können. Wenn dieses von den Partnern indirekt gewählte Recht auch auf die unterhaltsrechtlichen Folgen der Partnerschaft Anwendung finden würde, könnten **Interessen Dritter** – etwa anderweitiger Unterhaltsberechtigter oder Gläubiger – gefährdet werden (s Begr zu Art 3 § 63 LPartDisBGE S 60).

37 Ob das Unterhaltsstatut nach Art 18 EGBGB oder nach dem vorrangigen Völkervertragsrecht, insbesondere dem HUÜ, zu bestimmen ist, ist umstritten (zum Streitstand Gebauer/Staudinger IPRax 2002, 278; Wagner IPRax 2001, 285). Obwohl der Begriff „Lebenspartnerschaft" in Art 1 HUÜ bei der Beschreibung des Anwendungsbereiches des Abkommens nicht enthalten ist, will die hM das Übereinkommen zur Bestimmung des Unterhaltsstatuts auch für die Lebenspartnerschaft heranziehen (Hausmann, 260; Henrich FamRZ 2002, 139; MK-BGB/Coester Art 17b EGBGB Rn 47; Staudinger/Mankowski, Neubearb 2003, Art 17b EGBGB Rn 54; anders wohl Palandt/Heldrich Art 17b EGBGB Rn 8). Die Frage ist ohne praktische Bedeutung, weil HUÜ und Art 18 EGBGB zu denselben Ergebnissen führen.

38 Nach Art 18 EGBGB/Art 4ff HUÜ ist **primär das Recht am gewöhnlichen Aufenthaltsort des Unterhaltsberechtigten** zur Anwendung berufen. Besteht nach die-

sem Recht kein Unterhaltsanspruch, kommt hilfsweise das Recht des Staates zur Anwendung, dem der Unterhaltsverpflichtete und der Unterhaltsberechtigte gemeinsam angehören. Haben die beiden Beteiligten keine gemeinsame Staatsangehörigkeit oder besteht auch nach diesem Recht kein Unterhaltsanspruch, kommt nach Art 18 II EGBGB deutsches Recht zur Anwendung. Letzteres gilt auch, wenn beide Parteien Deutsche sind und der Unterhaltsverpflichtete seinen gewöhnlichen Aufenthalt in Deutschland hat (Art 18 V EGBGB). Nach Art 18 IV/Art 8 HUÜ ist für den **Unterhalt nach einer Scheidung** das auf die Scheidung anwendbare Recht heranzuziehen. Dieser Ausnahmetatbestand ist auf die Beendigung einer Lebenspartnerschaft analog anzuwenden (MK-BGB/Coester Art 17b EGBGB Rn 50; Palandt/Heldrich Art 17b EGBGB Rn 8; aA Staudinger/Mankowski, Neubearb 2003, Art 17b EGBGB Rn 54). Zu den Einzelheiten des internationalen Unterhaltsrechts im Übrigen s MK-BGB/Siehr Art 18; Palandt/Heldrich Art 18 EGBGB; Kegel/Schurig, 892ff.

39 Art 18 EGBGB und das HUÜ enthalten Verweisungen auf die jeweiligen Sachvorschriften (detaillierte rechtsvergleichende Informationen zum internationalen und materiellen Unterhaltsrecht vieler Staaten bei Bergmann/Ferid passim), eine **Rück- oder Weiterverweisung** durch das IPR des zur Anwendung berufenen Rechts ist ausgeschlossen (MK-BGB/Siehr Art 18 EGBGB Rn 39; Palandt/Heldrich Art 18 EGBGB Rn 3).

40 Wird durch Art 18 EGBGB bzw das HUÜ auf das Recht eines Staates verwiesen, in dem es das Rechtsinstitut der eingetragenen Partnerschaft nicht gibt oder in dem eine solche Partnerschaft keine Unterhaltsansprüche begründet, ist nach eben diesem Recht zu beurteilen, ob und inwieweit die dort **für die Ehe geltenden Unterhaltsfolgen auf die Lebenspartnerschaft übertragen** werden können. Steht fest, dass danach ein gesetzlicher Unterhaltsanspruch des einen Partners gegen den anderen nicht besteht, ist nach Art 17b I 2 2. Hs EGBGB doch wieder auf das Partnerschaftsstatut, also das Recht am Ort der Registrierung der Partnerschaft, zurückzugreifen (s Rn 45ff).

41 **b)** In gleicher Weise wie mit den unterhaltsrechtlichen Folgen einer Partnerschaft verfährt Art 17b I 2 1. Hs EGBGB mit **erbrechtlichen Fragen** (eingehend dazu Dickhuth-Harrach FamRZ 2001, 1660ff). Auch insoweit kommt nicht das – indirekt gewählte – Partnerschaftsstatut, sondern das nach den „allgemeinen Bestimmungen" der Art 25f EGBGB bestimmte **Erbstatut** zur Anwendung.

42 Danach ist gem Art 25 I EGBGB in erster Linie das Recht des Staates maßgeblich, dem der Verstorbene zum Zeitpunkt seines Todes angehörte (sog **Heimatrecht**; detaillierte rechtsvergleichende Informationen zum internationalen und materiellen Erbrecht vieler Staaten bei Ferid/Firsching/Lichtenberger passim). Diese Verweisung ist als **Gesamtverweisung** auch auf das IPR des Heimatstaates des Erblassers anzusehen, so dass eine **Rück- oder Weiterverweisung** durch die dort geltenden Vorschriften des internationalen Erbrechts gem Art 4 I EGBGB zu beachten ist (MK-BGB/Birk Art 25 EGBGB Rn 84ff; Palandt/Heldrich Art 25 EGBGB Rn 2). Dies ist zB der Fall, wenn das internationale Erbrecht des Heimatstaates eines in Deutschland lebenden Ausländers nicht an die Staatsbürgerschaft, sondern an den gewöhnlichen Aufenthalt anknüpft.

43 Für **im Inland belegenes Vermögen** kann durch Verfügung von Todes wegen deutsches Recht gewählt werden (Art 25 II EGBGB). Das auf die **Form und die Gültigkeit der Errichtung einer Verfügung von Todes** wegen im Übrigen anwendbare Recht bestimmt sich nach Art 26 EGBGB (zu den Einzelheiten des internationalen Erbrechts s MK-BGB/Birk Art 25 und Art 26 EGBGB; Palandt/Heldrich Art 25 und Art 26 EGBGB; Kegel/Schurig, 995ff).

44 Ist nach Art 25 EGBGB das Recht eines Staates zur Anwendung berufen, in dem es das Rechtsinstitut der eingetragenen Partnerschaft nicht gibt oder in dem eine solche Partnerschaft kein gesetzliches Erbrecht begründet, ist nach eben diesem Recht zu beur-

teilen, ob und inwieweit die dort **für die Ehe geltenden erbrechtlichen Folgen auf die Lebenspartnerschaft übertragen** werden können. Steht fest, dass danach ein gesetzliches Erbrecht des einen Partners nach dem Tod des anderen nicht besteht, ist nach Art 17b I 2 2. Hs EGBGB doch wieder auf das Partnerschaftsstatut, also das Recht am Ort der Registrierung der Partnerschaft, zurückzugreifen (s Rn 45ff).

45 **2.** Versagt das nach Art 18 EGBGB bestimmte Unterhaltsstatut einem Lebenspartner einen gesetzlichen Unterhaltsanspruch oder hat ein Lebenspartner nach dem durch Art 25 EGBGB für die Erbfolge berufenen Recht kein gesetzliches Erbrecht, so soll nach Art 17b I 2 2. Hs EGBGB **„insoweit Satz 1 entsprechende Anwendung“** finden. Es sind in diesen beiden Fällen also die Sachvorschriften des Registrierungsortes heranzuziehen.

46 Diese sollen allerdings nach der Gesetzesbegründung **die Vorschriften des an sich als Unterhalts- oder Erbstatut berufenen Rechts nicht völlig ausschalten, sondern lediglich teilweise überlagern** und an die Gegebenheiten der Lebenspartnerschaft anpassen (s Begr zu Art 3 § 63 LPartDisBGE S 60). Diese Auffassung wird durch die Verwendung des Wortes „insoweit“ gestützt: Das Recht des Registrierungsortes soll lediglich das völlige Fehlen eines gesetzlichen Unterhaltsanspruches oder Erbrechtes eines Partners kompensieren (wenn denn nach diesem Recht die Lebenspartnerschaft solche unterhalts- bzw erbrechtlichen Folgen hat), im Übrigen bleibt das nach den allgemeinen Vorschriften bestimmte Unterhalts- bzw Erbstatut anwendbar (zu den Rechtsproblemen des dadurch eintretenden „Normenmixes“ Süß DNotZ 2001, 172ff).

47 Jedenfalls kann aber die Anwendung des Partnerschaftsstatuts dazu führen, dass einem Partner unterhalts- oder erbrechtliche Ansprüche zugestanden werden, die ihm nach dem Unterhalts- oder Erbstatut nicht zustehen würden. Dies ist solange unproblematisch, wie derartige Ansprüche im Eintragungsstaat erhoben und durchgesetzt werden sollen. Ob indes ein Partner aus einem zB in Deutschland in einem unterhalts- oder erbrechtlichen Streit ergangenen Urteil im Ausland die Zwangsvollstreckung betreiben kann, ist keineswegs sicher. Dem können sehr wohl **Anerkennungshindernisse im Vollstreckungsstaat** entgegenstehen (s dazu Rn 98).

48 **IV.** Mit dem ÜberarbG (vgl Einf Rn 44, 55) wurde in Art 17b I 3 und 4 EGBGB eine ergänzende Kollisionsregel zum **Versorgungsausgleich** eingeführt. Da es sich beim Versorgungsausgleich um eine Folge der Auflösung einer Lebenspartnerschaft handelt und die Auflösung nach Art 17b I 1 EGBGB dem **Recht des Registrierungsortes** unterliegt, ist es nur konsequent, diesem Recht auch die Regeln über den Versorgungsausgleich zu entnehmen. Dies soll aber **nicht einschränkungslos** gelten: Um Überraschungen vorzubeugen, verlangt Art 17b I 3 2. Hs EGBGB, dass der Versorgungsausgleich zumindest dem Heimatrecht eines der Lebenspartner bekannt sein muss. Dies entspricht der für Ehegatten geltenden Regelung in Art 17 III EGBGB. Auch bezüglich der subsidiären Anwendung deutschen Rechts nach Art 17b I 4 EGBGB hat sich der Gesetzgeber an die für die Ehescheidung geltenden Grundsätze (Art 17 III 2 EGBGB) angelehnt. Danach findet ein **Versorgungsausgleich nach deutschem Recht** und nur bezogen auf hier begründete Versorgungsanwartschaften statt, sofern nach dem gem Art 17b I 3 EGBGB anzuwendenden Recht ein Versorgungsausgleich ausgeschlossen ist, wenn ein solcher Ausgleich der Billigkeit entspricht. Dabei sind schon nach dem Wortlaut der Vorschrift die wirtschaftlichen Verhältnisse der Partner sowie die Dauer des Zusammenlebens im Inland zu berücksichtigen. Darauf sind die Gerichte bei der Beurteilung der Billigkeit indes nicht beschränkt (s zu den Einzelheiten der Parallelvorschrift in Art 17 III EGBGB Palandt/Heldrich Art 17 EGBGB Rn 23).

49 **V.** Auch das **Namensrecht** gehört zu den nicht vom Partnerschaftsstatut erfassten Regelungsbereichen.

50 **1.** Nach **Art 10 I EGBGB** bestimmt sich der Name einer Person nach dem Recht des Staates, dem sie angehört (Einzelheiten dazu bei MK-BGB/Birk Art 10 EGBGB Rn 7ff; Palandt/ Heldrich Art 10 EGBGB Rn 6ff; detaillierte rechtsvergleichende Hinweise auf das internationale und materielle Namensrecht bei Bergmann/Ferid passim). Eine **Rück- oder Weiterverweisung** durch die IPR-Vorschriften dieses Staates ist gem Art 4 I EGBGB zu beachten (Palandt/Heldrich Art 10 EGBGB Rn 3).

51 An diesem Anknüpfungsgrundsatz ändert auch die Eingehung einer Lebenspartnerschaft nichts. Welchen Einfluss die Eintragung der Partnerschaft auf den Namen der Partner hat, ist daher **für jeden Partner nach seinem Heimatrecht** zu beurteilen.

52 **2.** Nach **Art 17b II 1 EGBGB** ist die Kollisionsnorm des **Art 10 II EGBGB**, die das für die Wahl des Familiennamens von Ehegatten maßgebliche Recht bestimmt (eingehend dazu MK-BGB/Birk Art 10 EGBGB Rn 51ff; Palandt/Heldrich Art 10 EGBGB Rn 12ff), **auf die Lebenspartnerschaft entsprechend anwendbar**. Danach haben die Partner für die Festlegung des künftig von ihnen zu führenden Namens eine – **gemeinsam auszuübende – Rechtswahlmöglichkeit**. Zur Auswahl stehen in erster Linie das oder die **Heimatrechte der beiden Partner** (bei mehrfacher Staatsbürgerschaft ohne die Beschränkung des Art 5 I EGBGB). Stattdessen kann **deutsches Recht** gewählt werden, wenn (mindestens) einer der Partner seinen gewöhnlichen Aufenthalt in Deutschland hat.

53 Art 10 II EGBGB eröffnet lediglich eine **kollisionsrechtliche Rechtswahl**; Rechtsfolge einer wirksamen Rechtswahl ist mithin, dass **die Partner einen Familiennamen erhalten, wie er in dem gewählten Recht vorgesehen ist**. Das muss nicht notwendig ein gemeinsamer Name sein, wenn das gewählte Recht einen solchen nicht kennt. Dem gewählten Recht ist ferner zu entnehmen, ob es eine **materiellrechtliche Auswahlmöglichkeit zwischen verschiedenen Formen der Namensführung** bietet. Ist das der Fall, so ist von den Partnern auch eine Erklärung darüber abzugeben, welche dieser verschiedenen Formen für sie gelten soll. Diese Erklärung kann mit der kollisionsrechtlichen Rechtswahl verbunden werden (Palandt/Heldrich Art 10 EGBGB Rn 16).

54 Zur Entgegennahme der Erklärung über die Rechtswahl und die daraus resultierende Namenswahl ist nach Art 10 II EGBGB der Standesbeamte zuständig. Da Art 10 II EGBGB für die Lebenspartnerschaft nur entsprechend gilt, ist diese Erklärung hier **an die für die Eintragung der Partnerschaft zuständige Stelle**, die von den Bundesländern durch Ausführungsgesetze zum LPartG bestimmt wird, zu richten (vgl Einf Rn 30ff, 130). Die Erklärung kann **bei oder nach der Eintragung** der Lebenspartnerschaft abgegeben werden. Geben die Partner eine solche Erklärung nicht ab, verbleibt es bei dem Grundsatz des Art 10 I EGBGB (s dazu Rn 50f).

55 Von der Verweisung des Art 17b II 1 EGBGB ist auch Art 10 II 3 EGBGB erfasst, der sich mit den **Auswirkungen der Bestimmung eines Ehenamens auf den Namen eines Kindes** befasst. Danach erstreckt sich die von den Ehegatten vorgenommene Namenswahl selbst bei Zugrundelegung ausländischen Rechts nur unter den zusätzlichen Voraussetzungen des § 1617c BGB (s Rn 56) auch auf den Kindesnamen. Aus der Verweisung des Art 10 II 3 EGBGB auf § 1617c BGB ergibt sich, dass es hier nur um die **gemeinsamen Kinder** der Ehegatten geht (vgl Palandt/Heldrich Art 10 EGBGB Rn 17). Eine entsprechende Anwendung dieser Vorschrift auf die Lebenspartnerschaft setzt also ein oder mehrere gemeinsame Kinder der Partner voraus. Dieser Fall kann eintreten, wenn das Partnerschaftsstatut nicht die Gleichgeschlechtlichkeit der Partner

verlangt oder wenn nach dem dafür maßgeblichen Recht die gemeinsame Adoption eines Kindes durch die Partner möglich ist (zum Adoptionsstatut s Art 22 EGBGB sowie Rn 30).

56 Nach **§ 1617c BGB** erstreckt sich die Namenswahl der Eltern bei Kindern, die zum Zeitpunkt der Wahl älter als fünf Jahre sind, nur dann auf den Kindesnamen, wenn sich das Kind der Erklärung seiner Eltern anschließt. Die Anschließung erfolgt bis zum Eintritt der beschränkten Geschäftsfähigkeit durch Erklärung des gesetzlichen Vertreters des Kindes, danach durch das Kind selbst mit Zustimmung seines gesetzlichen Vertreters. Mit Eintritt der unbeschränkten Geschäftsfähigkeit ist auch die Zustimmung des gesetzlichen Vertreters nicht mehr erforderlich.

57 Ob und unter welchen Voraussetzungen eine **Einbenennung**, also die Erstreckung des Lebenspartnerschaftsnamens auf ein Kind eines der beiden Partner, möglich ist, ist dem nach Art 10 I und III EGBGB maßgeblichen Recht zu entnehmen.

58 **VI.** Für die Zuweisung der gemeinsamen **Wohnung** der Lebenspartner sowie ihres **Hausrates** im Falle des Getrenntlebens bzw der Auflösung der Partnerschaft ist grundsätzlich das nach Art 17b I 1 EGBGB bestimmte Lebenspartnerschaftsstatut maßgeblich. Soweit sich Wohnung und Hausrat jedoch im Inland befinden, verweist Art 17b II 1 EGBGB auf **Art 17a EGBGB**, so dass für diese Fälle die deutschen Sachvorschriften (s §§ 13f, 18f LPartG) maßgeblich sind. Dies gilt auch für damit in Zusammenhang stehende Schutzanordnungen.

59 **VII.** Der eherechtlichen Vorschrift des Art 16 II EGBGB ist **Art 17b II 2 EGBGB** nachgebildet. Hier geht es um den **Schutz des inländischen Rechtsverkehrs vor nachteiligen Folgen der Anwendung ausländischen Rechts**.

60 Das deutsche Recht enthält in § 8 LPartG **Schutzvorschriften zugunsten von Gläubigern und Vertragspartnern der Parteien einer Lebenspartnerschaft**. Zum einen wird zugunsten der Gläubiger eines der Lebenspartner (widerleglich) vermutet, dass die im Besitz eines Partners oder beider Partner befindlichen **beweglichen Sachen** gerade dem schuldenden Lebenspartner gehören (**Eigentumsvermutung**); zum anderen ist § 1357 BGB auf die Lebenspartnerschaft entsprechend anwendbar, so dass Vertragspartner bei **Geschäften zur Deckung des Lebensbedarfs** davon ausgehen können, dass jeder der Lebenspartner befugt ist, auch den anderen aus einem solchen Geschäft zu verpflichten und zu berechtigen.

61 Vorschriften dieser Art fallen an sich in den **Anwendungsbereich des Partnerschaftsstatuts** (s Rn 21), so dass grundsätzlich nur die Schutzvorschriften des Rechts am Eintragungsort heranzuziehen wären. Das hätte zur Folge, dass sich ein Gläubiger oder Vertragspartner in Deutschland gegenüber den Partnern einer im Ausland registrierten Partnerschaft nicht auf die für ihn möglicherweise günstigeren Schutzvorschriften des deutschen Rechts berufen könnte.

62 Dieses Ergebnis wird durch Art 17b II 2 EGBGB korrigiert. Weist der Sachverhalt einen **hinreichenden Inlandsbezug** (s Rn 64) auf, setzen sich die genannten deutschen Schutzvorschriften gegen ein an sich anwendbares ausländisches Partnerschaftsstatut durch, sofern der dort gewährte Schutz von Gläubigern und Vertragspartnern hinter dem des deutschen Rechts zurückbleibt (**Günstigkeitsvergleich**), dort also zB keine dem § 1357 BGB entsprechende Schlüsselgewalt oder keine Eigentumsvermutung besteht oder diese einfacher zu widerlegen ist.

63 **Günstiger** ist dasjenige Sachrecht, das **im konkreten Einzelfall** dem Gläubiger oder Vertragspartner zu dem von diesem angestrebten Erfolg verhilft (vgl MK-BGB/Siehr Art 16 EGBGB Rn 25, 27). Welches Recht danach günstiger ist, ist grundsätz-

lich von Amts wegen durch das mit dem fraglichen Rechtsstreit befasste Gericht zu entscheiden; dem begünstigten Dritten steht ein **Wahlrecht** nicht zu, es sei denn, es lässt sich auch bei konkreter Einzelfallbetrachtung nicht ermitteln, nach welchem Recht das günstigere Ergebnis erzielt wird (vgl MK-BGB/Siehr Art 16 EGBGB Rn 26, 28).

64 Der von Art 17b II 2 EGBGB verlangte hinreichende **Inlandsbezug** wird bezüglich der Eigentumsvermutung des § 8 I LPartG durch den **inländischen Lageort** der beweglichen Sachen konstituiert, um deren Eigentum es geht. Für die vertragsrechtliche Bestimmung der §§ 8 II LPartG, 1357 BGB kommt es darauf an, dass das fragliche **Rechtsgeschäft im Inland „vorgenommen"** wird. Das ist jedenfalls dann gegeben, **wenn sich beide Vertragspartner (oder ihre Stellvertreter) im Inland befinden und hier ihre auf den Vertragsabschluss gerichteten Willenserklärungen abgeben** (vgl MK-BGB/Siehr Art 16 EGBGB Rn 33). Ob die Anwesenheit nur eines Vertragspartners im Inland in analoger Anwendung von Art 11 II und III EGBGB ausreicht, um von einem im Inland vorgenommenen Rechtsgeschäft sprechen zu können, ist im Rahmen von Art 16 II EGBGB umstritten (dafür Palandt/Heldrich Art 16 EGBGB Rn 3; dagegen MK-BGB/Siehr Art 16 EGBGB Rn 33; Staudinger/v Bar/Mankowski, 13. Aufl, Art 16 EGBGB Rn 61). Den Verkehrsschutz des deutschen Rechts auf internationale Distanzgeschäfte auszudehnen, besteht indes kein Anlass. Ebenso wie beim Schutz des inländischen Rechtsverkehrs vor ausländischen Bestimmungen über die Rechts-, Geschäfts- und Handlungsfähigkeit eines Vertragspartners nach Art 12 EGBGB ist auch hier auf die Anwesenheit beider Parteien im Inland abzustellen.

65 Voraussetzung für die Anwendung des günstigeren Rechts ist allerdings stets **Gutgläubigkeit** des Gläubigers oder Vertragspartners; er ist bösgläubig, wenn er wusste oder infolge grober Fahrlässigkeit nicht wusste, dass die Partnerschaft einem ausländischen Recht unterstand.

66 **VIII.** Haben Lebenspartner ihre Partnerschaft wirksam (s Rn 67) in verschiedenen Staaten registrieren lassen, würde die Regelanknüpfung des Art 17b I EGBGB an den Ort der Registrierung zur Anwendbarkeit mehrerer Rechtsordnungen führen. Diese im Interesse der Rechtssicherheit unerwünschte Normenhäufung verhindert **Art 17b III EGBGB**. Danach soll für die in Art 17b I EGBGB angeordneten Wirkungen und Rechtsfolgen einer Lebenspartnerschaft (zu diesen Wirkungen s Rn 19ff) nur eine der mehreren wirksamen Lebenspartnerschaften, nämlich die **zuletzt begründete,** maßgeblich sein (s Rn 15). Der Wortlaut des Gesetzes ist ungenau: Nicht die zuletzt begründete Lebenspartnerschaft selbst kann für die sich aus ihr ergebenden Rechtsfolgen maßgeblich sein, sondern nur das Recht, dem sie unterliegt. Dies aber ist nach Art 17b I 1 EGBGB das Recht am Ort ihrer Registrierung, so dass bei mehreren wirksamen Partnerschaften das **Recht am letzten Eintragungsort als „effektives" Partnerschaftsstatut** heranzuziehen ist. Damit führt Art 17b III EGBGB für alle Fragen, die in den sachlichen Anwendungsbereich des Art 17b I EGBGB fallen (also vornehmlich die Begründung der Partnerschaft sowie die allgemeinen und güterrechtlichen Wirkungen), zu einem ähnlichen Ergebnis wie bei „einer Rechtswahl zugunsten des Rechts am neuen Eintragungsort" (so zutreffend die Begr zu Art 3 § 63 LPartDisBGE S 61).

67 Ob die Partner einer Lebenspartnerschaft überhaupt eine oder mehrere weitere Partnerschaften zwischen sich wirksam begründen können, ist keine Frage des Art 17b III EGBGB; die **Zulässigkeit weiterer Partnerschaften zwischen denselben Personen ist vielmehr allein nach dem materiellen Recht des jeweils neuen Eintragungsortes zu beurteilen**. Dort kann das Bestehen oder Nichtbestehen einer früher begründeten Partnerschaft zwischen denselben Partnern **Vorfrage** (s Rn 18, 27f) für die Zulässigkeit der Eintragung der neuen Partnerschaft sein. Zu der durch Art 17 III EGBGB

uU eröffneten Möglichkeit einer gegenüber dem ursprünglichen Partnerschaftsstatut wesentlich erleichterten Auflösung einer Partnerschaft s Süß DNotZ 2001, 170 Fn 9.

68 **IX.** Mit der (uU beschränkten) **Anerkennung ausländischer Lebenspartnerschaften** in Deutschland befasst sich **Art 17b IV EGBGB** (s dazu Coester, 324ff; Gebauer/Staudinger IPRax 2002, 275ff, Wagner IPRax 2001, 291f).

69 **1.** Die Anknüpfung des Partnerschaftsstatuts an den Ort der Registrierung (Art 17b I 1 EGBGB) hat zur Folge, dass **im Inland eine nach ausländischem Recht wirksam begründete Partnerschaft hier als bestehend** in dem Sinne **„anerkannt"** wird, dass nicht etwa eine Neubegründung nach inländischem Recht erforderlich ist. Auch im Inland sind die Partner einer im Ausland registrierten und nach dem Recht am ausländischen Eintragungsort wirksam begründeten Lebenspartnerschaft (selbstverständlich) weiterhin als im Personenstand einer Lebenspartnerschaft lebend anzusehen. Wenn in diesem Zusammenhang von „Anerkennung" der im Ausland registrierten Partner–schaft gesprochen wird, so ist damit nicht etwa ein förmliches Anerkennungsverfahren gemeint, sondern lediglich der Umstand, dass ausländisches Recht durch inländische Behörden und Gerichte angewendet wird und die von diesem Recht angeordneten Rechtsfolgen auch im Inland eintreten (s Rn 95f; s ferner Rn 75 sowie zum analogen Rechtsproblem der „Anerkennung" ausländischer Gesellschaften Kegel/Schurig, 577).

70 **2.** Diesen Grundsatz bringt auch Art 17b IV EGBGB zum Ausdruck, beschränkt ihn aber zugleich. Danach werden **einer im Ausland eingetragenen Lebenspartnerschaft von deutschen Behörden und Gerichten maximal diejenigen Rechtsfolgen beigelegt, die eine Registrierung in Deutschland haben würde**. Dabei ist im Schrifttum allerdings umstritten, welche Wirkungen einer im Ausland registrierten Partnerschaft überhaupt der Kappungsgrenze des Art 17b IV EGBGB unterfallen (eingehend dazu MK-BGB/Coester Art 17b EGBGB Rn 91ff; s ferner Rn 72). Nach seinem Wortlaut soll Art 17b IV EGBGB selbst dann gelten, wenn die Partner **keine intensiven Beziehungen zu Deutschland** haben (Staudinger/Mankowski, Neubearb 2003, Art 17b EGBGB Rn 86; Süß DNotZ 2001, 171; Wagner IPRax 2001, 292; krit dazu Gebauer/Staudinger IPRax 2002, 280f; Staudinger/Mankowsi, Neubearb 2003, Art 17b EGBGB Rn 88; MK-BGB/Coester Art 17b EGBGB Rn 96 sieht im hinreichenden Inlandsbezug ein ungeschriebenes Tatbestandsmerkmal). Hat die Lebenspartnerschaft nach dem auf sie anwendbaren ausländischen Recht geringere Wirkungen als nach deutschem Recht, so verbleibt es bei der Maßgeblichkeit des ausländischen Partnerschaftsstatuts: das jeweils **schwächere Recht** setzt sich durch. Um gleichwohl in den Genuss des deutschen Rechts zu kommen, könnten die Partner allerdings in diesem Fall eine weitere Lebenspartnerschaft durch Registrierung bei der zuständigen deutschen Behörde begründen, die dann gem Art 17b III EGBGB den Vorrang genießen würde (s Rn 66f).

71 Die Regelung des Art 17b IV EGBGB entspricht in Funktion und Struktur dem allgemeinen ordre-public-Vorbehalt des **Art 6 S 1 EGBGB**. Hier wie dort wird ein an sich anwendbares ausländisches Recht ausnahmsweise wegen seines aus deutscher Sicht unangemessenen Inhalts abgewehrt. Art 17b IV EGBGB als **spezielle partnerschaftsrechtliche ordre-public-Klausel** will als zu weit gehend angesehene Rechtsfolgen ausländischer Partnerschaftsregeln abwehren. Die Vorschrift verhindert die Anwendung eines an sich nach Art 17b I 1 EGBGB anwendbaren ausländischen Partnerschaftsstatuts, sofern und soweit es der Partnerschaft Wirkungen beilegt, die über die Folgen einer nach deutschem Recht begründeten, also hier eingetragenen Lebenspartnerschaft hinausgehen. Ob dieses Misstrauen gegenüber ausländischen Regeln allerdings wirklich mit der „Sicherheit und Leichtigkeit des Rechtsverkehrs im Inland" (Begr zu

Art 3 § 63 LPartDisBGE S 61) zu rechtfertigen ist, erscheint mehr als zweifelhaft. In anderen Rechtsgebieten einschließlich des internationalen Eherechts hat es der Gesetzgeber für ausreichend gehalten, völlig unakzeptable, insbesondere grundrechtswidrige Folgen der Anwendung ausländischen Rechts über den **allgemeinen ordre-public-Vorbehalt des Art 6 EGBGB** zu korrigieren (zur Vereinbarkeit im Ausland registrierter Lebenspartnerschaften mit Art 6 EGBGB s Röthel IPRax 2000, 78f; dies IPRax 2002, 496ff). Die Anwendung von Art 6 EGBGB wird durch die spezielle ordre-public-Klausel des Art 17b IV EGBGB nicht gesperrt (MK-BGB/Coester Art 17b EGBGB Rn 115; Wagner IPRax 2001, 292; ebenso für das analoge Problem des Verhältnisses von Art 6 EGBGB und Art 40 III EGBGB Junker RIW 2000, 249), auch wenn Art 6 EGBGB wegen des weit gefassten Anwendungsbereichs von Art 17b IV EGBGB wenig praktische Bedeutung haben dürfte (Gebauer/Staudinger IPRax 2002, 278).

72 Art 17b IV EGBGB hat im Schrifttum zum Teil heftige **rechtspolitische Kritik** hervorgerufen (Coester, 324ff; Gebauer/Staudinger IPRax 2002, 275ff; MK-BGB/Coester Art 17b EGBGB Rn 88; Staudinger/Mankowski, Neubearb 2003, Art 17b EGBGB Rn 87f; Wasmuth, 244ff hält die Bestimmung für verfassungswidrig). Zu Recht ist der Gesetzgeber aufgerufen worden, diese missglückte und überflüssige Vorschrift ersatzlos zu streichen (Gebauer/Staudinger IPRax 2002, 282). De lege lata ist den Bemühungen im Schrifttum zuzustimmen, den Anwendungsbereich von Art 17b IV EGBGB im Wege der **teleologischen Reduktion** sachgerecht zu begrenzen (eingehend dazu MK-BGB/Coester Art 17b EGBGB Rn 89ff). Danach kann Art 17b IV EGBGB nur eingreifen, soweit es um Wirkungen der Lebenspartnerschaft geht, die sich gerade aus dem Partnerschaftsstatut gem Art 17b I 1 EGBGB (also dem Recht am Registrierungsort) ergeben. Ist ausländisches Recht aufgrund anderer Kollisionsnormen zur Anwendung berufen, besteht kein Anlass, dessen Wirkungen nach Art 17b IV EGBGB zu kappen (MK-BGB/Coester Art 17b EGBGB Rn 91ff). Ferner kann Art 17b IV EGBGB nicht herangezogen werden, sofern sich Wirkungen einer Lebenspartnerschaft aus internationalen Abkommen oder aufgrund einer Sonderanknüpfung nach Art 3 III EGBGB ergeben (Gebauer/Staudinger IPRax 2002, 278ff; MK-BGB/Coester Art 17b EGBGB Rn 89).

73 Es ist zu vermuten, dass es dem Gesetzgeber des LPartG – neben der Wahrung des zwischenzeitlich durch das Urteil des BVerfG vom 17.07.2002 (NJW 2002, 2543) erledigten **Abstandsgebotes** zwischen Ehe und Lebenspartnerschaft (s zu diesem Aspekt MK-BGB/Coester Art 17b EGBGB Rn 85ff; Staudinger/Mankowski, Neubaerb 2003, Art 17b EGBGB Rn 84; und Einf Rn 19ff) – vor allem um eine über Art 6 EGBGB hinausgehende Möglichkeit zur **Abwehr ausländischer Regeln über die kindschaftsrechtlichen Folgen einer Lebenspartnerschaft** zu tun ist. Auf dem Gebiet des Sorge-, Adoptions- und sonstigen Kindschaftsrechts wird denn auch aller Voraussicht nach der Anwendungsschwerpunkt des Art 17b IV EGBGB liegen (soweit diese Fragen nach dem oben Rn 72 Gesagten überhaupt von Art 17b IV EGBGB erfasst werden). Im Ausland bereits **wirksam begründete kindschaftsrechtliche Rechtsverhältnisse** (zB die im Ausland wirksam erfolgte gemeinsame Adoption eines Kindes durch die Partner einer ausländischem Recht unterliegenden Lebenspartnerschaft) **werden durch Art 17b IV EGBGB indes nicht unwirksam**. Verlegen die Partner dieser Lebensgemeinschaft ihren Wohnsitz nach Deutschland, bleibt das durch die gemeinschaftliche Adoption im Ausland begründete Kindschaftsverhältnis bestehen (ebenso MK-BGB/Coester Art 17b EGBGB Rn 90). Art 17b IV EGBGB verhindert lediglich, dass sich die Partner einer im Ausland registrierten Partnerschaft im Inland für eine hier durchzuführende gemeinschaftliche Adoption auf eine durch das ausländische Partnerschaftsstatut eingeräumte Adoptionsbefugnis berufen können.

74 **3.** Die **Wirkungen einer im Ausland zwischen Personen desselben Geschlechts geschlossenen Ehe** sind nicht Regelungsgegenstand des Art 17b EGBGB (s auch Rn 2). Derartige Eheschließungen sind seit 01.04.2001 in den Niederlanden und seit dem 01.06.2003 auch in Belgien möglich (vgl auch Einf Rn 76).

75 Ehen zwischen Personen des selben Geschlechts sind – trotz der nach deutschem materiellen Recht nach wie vor zwingenden Ehevoraussetzung der Verschiedengeschlechtlichkeit der Ehegatten – **kollisionsrechtlich auch in Deutschland als Ehen iS der Art 13 ff EGBGB zu qualifizieren** (str, wie hier: Gebauer/Staudinger IPRax 2002, 498; MK-BGB/Coester Art 13 EGBGB Rn 4f, Art 17b EGBGB Rn 277; Röthel IPRax 2002, 498; iErg ebenso Erman/Hohloch Art 17b EGBGB Rn 6, der Art 13ff EGBGB für entsprechend anwendbar hält; aA - Anknüpfung über Art 17b EGBGB: Henrich FamRZ 2002, 138; Jayme/Kohler IPRax 2001, 513; Staudinger/ Mankowski, Neubearb 2003, Art 17b EGBGB Rn 22ff, 85; Wasmuth 241ff). Für die Gültigkeit einer solchen Ehe (sog „Anerkennung“) kommt es damit aus der Sicht des deutschen IPR **auf das Heimatrecht bzw die Heimatrechte der Verlobten** an (s Art 13 EGBGB). Ist an einer Eheschließung zwischen zwei Männern oder zwei Frauen in den Niederlanden ein Deutscher bzw. eine Deutsche beteiligt, so ist diese Ehe – wegen des nach deutschem materiellen Eherecht bestehenden Ehehindernisses der Gleichgeschlechtlichkeit – aus deutscher Sicht eine hier nicht anerkennungsfähige Nichtehe. Das VG Karlsruhe hat auch eine in den Niederlanden zwischen einem Niederländer und einem chinesischen Staatsangehörigen geschlossene Ehe nicht anerkannt; in diesem Fall war das Bestehen einer anerkennungsfähigen Ehe Vorfrage für die Erteilung einer Aufenthaltserlaubnis (unveröffentlichtes Urteil vom 09.09.2004, Az 2 K 1420/03). Anders verhält es sich hingegen, wenn zwei Niederländer oder Belgier eine derartige Ehe eingehen, also das Heimatrecht beider Verlobter die Eheschließung zulässt. In diesem Fall könnte die „Anerkennung“ einer solchen Ehe in Deutschland – hinreichenden Inlandsbezug vorausgesetzt – nur an **Art 6 EGBGB** (allgemeiner ordre-public-Vorbehalt) scheitern (mit abwegiger Begründung hat demgegenüber das Niedersächsische Finanzgericht eine in den Niederlanden zwischen zwei Niederländerinnen geschlossene Ehe als Nichtehe im Sinne des deutschen Steuerrechts qualifiziert, s DStRE 2003, 219 sowie unveröffentlichtes Urteil v 10.06.2004, Az 5 K 156/03; die hiergegen eingelegte Revision hat der Bundesfinanzhof mit Urteil vom 30.11.2004, Az VIII R 61/04 zurückgewiesen). Nach der bisher ganz herrschenden Meinung im Schrifttum soll die Eheschließung zwischen Personen desselben Geschlechts in der Tat gegen den deutschen ordre public verstoßen, so dass auch einer solchen Ehe in Deutschland die Anerkennung zu versagen wäre (MK-BGB/Coester Art 13 EGBGB Rn 38; Röthel IPRax 2000, 78; Staudinger/v Bar/Mankowski, 13. Aufl, Art 13 EGBGB Rn 179). Diese Auffassung kann nach Inkrafttreten des LPartG nicht mehr aufrechterhalten werden (iErg ebenso Palandt/Heldrich Art 6 EGBGB Rn 20; auch Röthel IPRax 2002, 498f will Art 6 EGBGB nur noch bei gravierenden Abweichungen vom Regelungsmodell des LPartG und starkem Inlandsbezug heranziehen; sehr restriktiv auch Gebauer/Staudinger IPRax 2002, 277). Nachdem der Gesetzgeber formalisierte Partnerschaften zwischen Personen des selben Geschlechts ausdrücklich als rechtlich geschützt anerkannt hat, kann auch eine Ehe zwischen zwei Männern oder zwei Frauen nicht mehr als von der deutschen Rechtsordnung grundsätzlich missbilligt angesehen werden. Der bloße Umstand, dass ausländische Gesetzgeber in der Gleichstellung hetero- und homosexueller Paare weiter vorangeschritten sind als das nach deutschem Recht der Fall ist, vermag die Abwehr des an sich anwendbaren ausländischen Rechts nicht mehr zu begründen. Auch sonst genügt die schlichte Abweichung zwischen in- und ausländischem Recht nicht, um Art 6 EGBGB zur Anwendung zu bringen. Soweit das ausländische Recht für Personen des selben Geschlechts neben dem Institut der Ehe auch eine eingetragene Partnerschaft

(wie das in Belgien und den Niederlanden der Fall ist) kennt, wäre die Ehe zumindest mit den (uU geringeren) Wirkungen einer solchen Partnerschaft anzuerkennen (Röthel IPRax 2002, 499). Sofern ausnahmsweise auch diese Wirkungen noch als mit Art 6 EGBGB unvereinbar erscheinen, müssten der Ehe – **in analoger Anwendung von Art 17b IV EGBGB** – zur Vermeidung von Wertungswidersprüchen jedenfalls diejenigen Wirkungen zuerkannt werden, die eine im Inland eingetragene Lebenspartnerschaft haben würde (iErg ebenso Röthel IPRax 2002, 499 sowie der Entwurf von Art 45 III des schweizerischen IPR-Gesetzes, wonach eine im Ausland geschlossene Ehe zwischen Personen gleichen Geschlechts in der Schweiz als Lebenspartnerschaft anerkannt werden soll; krit zur Methode der analogen Anwendung von Art 17b IV EGBGB, aber mit Sympathie für das Ergebnis Coester 335 Fn 83; der Bundesfinanzhof hat es unter Berufung auf Art 17b IV EGBGB abgelehnt, einer in den Niederlanden zwischen zwei Frauen geschlossenen Ehe weitergehende Wirkungen als einer nach deutschem Recht eingegangenen Lebenspartnerschaft zuzuerkennen, Urt v 30.11.2004, Az VIII R 61/04).

76 **4.** Welche Folgen eine **in Deutschland registrierte Lebenspartnerschaft im Ausland** zeitigt, ist naturgemäß ebenfalls nicht Regelungsgegenstand von Art 17b IV EGBGB. Dies richtet sich allein nach dem Recht des ausländischen Staates, in dem sich die Partner auf das Bestehen ihrer Lebenspartnerschaft deutschen Rechts berufen.

77 **5.** Inwieweit eine **Lebenspartnerschaft** der Ehe **in Rechtsakten der Europäischen Gemeinschaften**, zB im Zusammenhang mit dem Freizügigkeitsrecht gem Art 39 EGV oder bei der Anwendung von Regelungen für Beamte der EG gleichgestellt werden kann, ist auf der Grundlage des je einschlägigen materiellen (EG-)Rechts zu entscheiden. Kollisionsrechtliche Fragen stellen sich hier nur am Rande; umstriten ist insoweit insbesondere, ob familienrechtliche Begriffe in Rechtsakten der EG autonom oder auf der Basis des vom IPR eines Mitgliedstaates bestimmten materiellen Rechts auszulegen sind (s Jayme IPRax 2000, 155f; eingehend zur Lebenspartnerschaft im Europarecht Jakob FamRZ 2002, 501ff). Die Streitfrage hat sich allerdings für die Lebenspartnerschaft inzwischen weitgehend durch entsprechende Klarstellungen in den Rechtsakten der EG erledigt. Dies gilt z.B. für das **EG-Beamtenstatut**, zu dem der EuGH im Jahre 2001 noch die Auffassung vertreten hatte, dass Ehe und Lebenspartnerschaft im Wege der Auslegung nicht gleichgestellt werden könnten (EuGH DVBl 2001, 1199; s dazu sowie zur gegenwärtigen Rechtslage § 11 LPartG Rn 68f).

78 Im **Freizügigkeitsrecht** sowie im Recht der Familienzusammenführung bestehen hingegen nach wie vor Unterschiede zwischen Ehe und Lebenspartnerschaft. Die diesbezüglichen EG-Richtlinien tragen dem Umstand Rechnung, dass nicht alle Mitgliedstaaten das Rechtsinstitut der Lebenspartnerschaft kennen (eingehend hierzu § 11 LPartG, Rn 65ff).

79 **X.** Im Zusammenhang mit grenzüberschreitend verknüpften Lebenspartnerschaften stellen sich auch Fragen des **internationalen Zivilverfahrensrechts**, insbesondere solche der internationalen Zuständigkeit deutscher Gerichte und der Anerkennung ausländischer Entscheidungen (s dazu Wagner IPRax 2001, 287f).

80 **1. a)** Bei der **internationalen Entscheidungszuständigkeit** (zur Unterscheidung von internationaler Entscheidungs- und internationaler Anerkennungszuständigkeit s MK-BGB/Winkler v Mohrenfels Art 17 EGBGB Rn 240) geht es um die Abgrenzung der Entscheidungskompetenz zwischen den Gerichten verschiedener Staaten: Sind inländische Gerichte befugt, über einen Rechtsstreit zu entscheiden, obwohl er Auslands-

berührungen aufweist oder müssen sie die Beurteilung des Falles einem ausländischen Gericht überlassen? Diese Frage ist im autonomen deutschen Recht für Verfahren in Ehesachen (zum Begriff s § 606 I S 1 ZPO) ausdrücklich in **§ 606a I ZPO** geregelt (eingehend dazu MK-BGB/Coester Art 13 EGBGB Rn 130ff; MK-BGB/Winkler v Mohrenfels Art 17 EGBGB Rn 251ff; MK-ZPO/Bernreuther § 606a; Staudinger/Spellenberg, 13. Aufl, §§ 606ff ZPO Rn 66ff; Zöller/Geimer § 606a). Der neu geschaffene § 661 III ZPO erklärt diese Vorschrift (mit einigen Modifikationen) für entsprechend anwendbar, wenn es um die internationale Zuständigkeit der deutschen Gerichte für **Lebenspartnerschaftssachen** geht. Darunter fallen nach § 661 I ZPO Verfahren zur Aufhebung sowie zur Feststellung des Bestehens oder Nichtbestehens einer Partnerschaft, Verfahren im Zusammenhang mit der Verpflichtung zu Fürsorge und Unterstützung, Unterhaltsklagen, Rechtsstreitigkeiten über die gemeinsame Wohnung und den Hausrat, güterrechtliche Verfahren, Verfahren im Zusammenhang mit gemeinschaftlichen Kindern der Lebenspartner sowie Verfahren bezüglich des Versorgungsausgleichs.

81 **b)** In Lebenspartnerschaftssachen sind die **deutschen Gerichte international zuständig, wenn eine der folgenden Voraussetzungen vorliegt**:

82 **aa) Einer der Partner ist Deutscher** oder war es bei Begründung der Partnerschaft (§ 606a I Nr 1 ZPO).

83 **bb) Beide Partner haben ihren gewöhnlichen Aufenthalt** (zum Begriff s MK-BGB/Sonnenberger Einl IPR Rn 663ff; MK-ZPO/Bernreuther § 606 Rn 15ff; Palandt/Heldrich Art 5 EGBGB Rn 10ff) **in Deutschland** (§ 606a I Nr 2 ZPO). Das bedeutet nicht, dass die Partner zusammenleben müssten (MK-BGB/Winkler v Mohrenfels Art 17 EGBGB Rn 255; MK-ZPO/Bernreuther § 606a Rn 25). Die Feststellung, wo die Partner ihren gewöhnlichen Aufenthalt haben, erfolgt nach deutschem Recht als dem am Gerichtsort geltenden Recht (MK-BGB/Winkler v Mohrenfels Art 17 EGBGB Rn 257b, dort auch zu der umstrittenen Frage, ob Asylbewerber in Deutschland einen gewöhnlichen Aufenthalt begründen können).

84 **cc) Ein Partner hat seinen gewöhnlichen Aufenthalt in Deutschland** (§ 606a I Nr 4 ZPO). Auf die im internationalen Eherecht bedeutsame Anerkennungsprognose kommt es für das Recht der Lebenspartnerschaft nach § 661 III Nr 1 ZPO nicht an. Damit dürfte eine Zuständigkeitsbegründung nach § 606a I Nr 3 ZPO (**ein Partner ist staatenlos und hat seinen gewöhnlichen Aufenthalt in Deutschland**) für Lebenspartnerschaftssachen weitgehend bedeutungslos sein.

85 **dd) Die Lebenspartnerschaft wurde in Deutschland registriert** (§ 661 III Nr1b ZPO).

86 **c)** Die nach diesen Bestimmungen begründete internationale Zuständigkeit der deutschen Gerichte ist **keine ausschließliche Zuständigkeit** (§ 606a I ZPO aE). Es besteht also auch in den oben beschriebenen Fallkonstellationen die Möglichkeit, eine Lebenspartnerschaftssache alternativ im Ausland anhängig zu machen, wenn nach dem am ausländischen Gerichtsort maßgeblichen Prozessrecht dort ein Gerichtsstand begründet ist. Sind danach für eine Lebenspartnerschaftssache Zuständigkeiten in mehreren Staaten gegeben, kann der Kläger bzw Antragsteller das für ihn günstigste Forum auswählen (sog **forum shopping**, eingehend dazu Schack Rn 220ff).

87 **d)** Für die Feststellung der internationalen Zuständigkeit deutscher Gerichte ist an sich nicht nur das autonome deutsche Recht maßgeblich, sondern vorrangig **europäisches bzw Staatsvertragsrecht**. Für das hier relevante Familienrecht ist insbesondere die EU-VO Brüssel IIa zu nennen, die für die Mitgliedstaaten der EU (mit Ausnahme Dänemarks) am 01.03.2005 in Kraft getreten ist. Die in dieser Verordnung geregelten Gerichtsstände knüpfen indes ausschließlich an das Bestehen einer Ehe an, eine Erstreckung auf Lebenspartnerschaften ist nicht erfolgt (Andrae/Heidrich FPR 2004, 293; Palandt/Heldrich Art 17b EGBGB Rn 10; für die EheVO 2000 ebenso Kohler NJW 2001, 15; MK-BGB/Coester Art 17b EGBGB Rn 119). Für Klagen betreffend

Unterhaltsansprüche ist allerdings die EuGVO heranzuziehen. Im Übrigen gibt es gegenwärtig **keine europarechtlichen oder staatsvertraglichen Regeln über die internationale Zuständigkeit deutscher Gerichte in Lebenspartnerschaftssachen**.

88 **2. a)** Die für die **Anerkennung ausländischer Entscheidungen** in Ehesachen maßgebliche Vorschrift des **Art 7 § 1 FamRÄndG**, die die Prüfung der Anerkennungsfähigkeit ausländischer Entscheidungen über den Bestand einer Ehe bei den Landesjustizverwaltungen konzentriert hat (eingehend zum Verfahren nach Art 7 § 1 FamRÄndG Baumbach/Lauterbach/Hartmann § 328 Rn 49ff; MK-BGB/Winkler v Mohrenfels Art 17 EGBGB Rn 269ff; Zöller/Geimer § 328 Rn 222ff), ist **auf Entscheidungen in Lebenspartnerschaftssachen nicht anwendbar** (Zöller/Geimer § 328 Rn 234, § 661 Rn 47; Wagner IPRax 2001, 288; aA Andrae/Heidrich FPR 2004, 292f unter Berufung auf Hausmann, 265). Der Gesetzgeber des LPartG hat davon abgesehen, diese Bestimmung über die Ehe hinaus auszudehnen, was er ansonsten für eine Vielzahl von Rechtsnormen ausdrücklich getan hat. Eine analoge Anwendung dürfte sich daher verbieten („beredtes Schweigen" des Gesetzgebers statt planwidriger Lücke). Damit fehlt es für die Frage, ob durch eine ausländische Entscheidung eine Partnerschaft wirksam aufgelöst worden ist, an einem allgemein wirkenden förmlichen Verfahren, dessen Ergebnis alle inländischen Behörden und Gerichte binden würde. Auch die EU-VO Brüssel IIa (s Rn 87) ist nicht anwendbar (MK-BGB/Coester Art 17b EGBGB Rn 124; Erman/Hohloch Art 17b EGBGB Rn 19; anders Bamberger/Roth/Otte Art 17b EGBGB Rn 32, der die VO entsprechend anwenden will).

89 **b)** Für die **Anerkennung ausländischer Gerichtsentscheidungen** in Lebenspartnerschaftssachen (zB über die Auflösung einer Partnerschaft) ist demnach **§ 328 ZPO** heranzuziehen, soweit nicht multilaterale oder bilaterale **Staatsverträge** vorgehen (eine Zusammenstellung der ggf einschlägigen multi- und bilateralen Abkommen über die Anerkennung und Vollstreckung ausländischer Entscheidungen findet sich bei MK-ZPO/Gottwald § 328 Rn 14ff und IZPR B1, B3-B5). Es gilt allerdings das **Günstigkeitsprinzip**: Sind die Anerkennungsvoraussetzungen eines einschlägigen Abkommens nicht erfüllt, wohl aber die nach § 328 ZPO, wird die ausländische Entscheidung anerkannt, s MK-BGB/Coester Art 13 EGBGB Rn 138; MK-ZPO/Gottwald § 328 Rn 14; Schack Rn 807, jeweils mwN).

90 Die Anerkennung gem § 328 ZPO setzt neben der **formellen Rechtskraft** der Entscheidung nach dem am Gerichtsort geltenden Recht die **internationale (Anerkennungs-)Zuständigkeit** der Gerichte des Urteilsstaates in spiegelbildlicher Anwendung der deutschen Zuständigkeitsregeln (§ 328 I Nr 1 ZPO), die Beachtung bestimmter **Grundsätze eines fairen Verfahrens** (vgl § 328 I Nr 2 ZPO), die **Vereinbarkeit mit früheren Entscheidungen** in der selben Sache (§ 328 I Nr 3 ZPO) und mit dem **deutschen ordre public** (§ 328 I Nr 4 ZPO; zum Begriff des ordre public im IPR s Rn 71) sowie schließlich die **Verbürgung der Gegenseitigkeit** (§ 328 I Nr 5 ZPO) voraus (Einzelheiten zu diesen Voraussetzungen etwa bei Baumbach/Lauterbach/Hartmann § 328 Rn 16ff; MK-ZPO/Gottwald § 328 Rn 55ff; Zöller/Geimer § 328 ZPO Rn 91ff). Auf die Verbürgung der Gegenseitigkeit kommt es gem § 328 II ZPO allerdings bei Lebenspartnerschaftssachen im Sinne von § 661 I Nr. 1 und 2 ZPO (Aufhebung bzw. Feststellung des Bestehens oder Nichtbestehens einer Lebenspartnerschaft) nicht an. Unter den genannten Voraussetzungen kann z.B. eine in Deutschland eingetragene Lebenspartnerschaft durch ein ausländisches Gericht aufgelöst und die diesbezügliche Entscheidung hier anerkannt werden.

91 Bei der Prüfung von § 328 I Nr 1 ZPO (internationale Zuständigkeit der ausländischen Gerichte) ist zu beachten, dass es nach § 661 III Nr 3 ZPO – abweichend von § 606a II ZPO – auf die **Zuständigkeitsregeln des § 606a I ZPO** nicht ankommt, wenn die

fragliche Entscheidung im „registerführenden Staat", also in dem Staat, in dem die Lebenspartnerschaft eingetragen worden ist, anerkannt wird.

c) Für die Anerkennung **ausländischer Unterhaltstitel** sind das HUÜ (eingehend dazu MK-ZPO/Gottwald IZPR B 3a) sowie das deutsche Ausführungsgesetz (§§ 37-39 AVAG) zu beachten. 92

d) Die Anerkennung ausländischer **Entscheidungen der freiwilligen Gerichtsbarkeit** richtet sich nach § 16a FGG. 93

e) Soweit es um die **Wirkungserstreckung ausländischer Entscheidungen in Lebenspartnerschaftssachen geht, die nicht von einem staatlichen Gericht, sondern von einer Verwaltungsbehörde stammen** (wenn zB nach ausländischem Partnerschaftsrecht die Auflösung einer Partnerschaft nicht durch ein Gericht, sondern durch eine Verwaltungsbehörde zu erfolgen hat), ist über die Anerkennung **kollisionsrechtlich**, also nach dem auf die Partnerschaft anwendbaren Recht, zu befinden: Die ausländische Verwaltungsentscheidung wird hier anerkannt, wenn diese Entscheidung nach den einschlägigen Normen des Partnerschaftsstatuts (zu dessen Bestimmung s Rn 7ff) wirksam ist. Gleiches gilt, soweit nach dem ausländischen Partnerschaftsstatut nur ein **privatrechtlicher Gestaltungsakt** zur Auflösung der Partnerschaft oder zur Herbeiführung sonstiger partnerschaftsrechtlicher Wirkungen erforderlich ist (MK-BGB/Coester Art 17b EGBGB Rn 40, 125; vgl zum analogen eherechtlichen Problem der Anerkennung sog Privatscheidungen MK-BGB/Coester Art 13 EGBGB Rn 139 mwN; Schack Rn 815, 895ff). 94

f) Ausländische Entscheidungen werden – mit Ausnahme derjenigen in Ehesachen nach Art 7 § 1 FamRÄndG (s Rn 88; im Anwendungsbereich der EU-VO Brüssel IIa – s Rn 87 – wird auch dieses Verfahren künftig wegfallen) – in Deutschland grundsätzlich **ohne gesondertes Anerkennungsverfahren** gewissermaßen „automatisch" anerkannt: Die mit einer bestimmten Rechtsfrage befasste deutsche Stelle (Behörde oder Gericht) prüft die Anerkennungsvoraussetzungen incidenter, wenn es für die Beantwortung der Rechtsfrage auf die Wirkungen der ausländischen Entscheidung (als Vorfrage) ankommt. Wollen also zB zwei Personen ihre Partnerschaft in Deutschland registrieren lassen, so kann es im Hinblick auf das Eintragungshindernis des § 1 II Nr 1 LPartG auf die Anerkennung einer ausländischen Entscheidung über die Auflösung einer anderweitigen Partnerschaft, die einer der beiden früher eingegangen war, ankommen. Ob diese frühere Partnerschaft durch die ausländische Entscheidung wirksam aufgelöst worden ist und damit kein Eintragungshindernis mehr darstellt, ist von der zuständigen deutschen Behörde incidenter nach den oben beschriebenen Grundsätzen (s Rn 89ff) zu beurteilen. 95

Da für Lebenspartnerschaftssachen kein dem Art 7 § 1 FamRÄndG entsprechendes einheitliches Anerkennungsverfahren zur Verfügung steht, kann es zu divergierenden Aussagen deutscher Gerichte und Behörden über die Anerkennung einer ausländischen Entscheidung kommen. Diese Unsicherheit können die Parteien durch eine **Klage auf Feststellung**, dass die fragliche Entscheidung anzuerkennen oder nicht anzuerkennen sei, beseitigen (s dazu MK-ZPO/Gottwald § 328 Rn 13; Schack Rn 885; Zöller/Geimer § 328 Rn 189). 96

g) Von der – grundsätzlich automatisch erfolgenden – Anerkennung ist die **Vollstreckbarerklärung ausländischer Entscheidungen** streng zu unterscheiden. Hierfür ist entweder das Verfahren nach §§ 722 f ZPO (Vollstreckungsklage) oder aber – soweit der Fall in den Anwendungsbereich eines der vielen hier einschlägigen Staatsverträge fällt – ein vereinfachtes (Beschluss-)Verfahren maßgeblich. Für die Einzelheiten ist auf das prozessrechtliche Schrifttum zu verweisen (MK-ZPO/Gottwald §§ 722f; Schack Rn 929ff; Zöller/Geimer §§ 722f). 97

98 **3.** Inwieweit **Entscheidungen deutscher Behörden und Gerichte** über Fragen einer Lebenspartnerschaft **im Ausland anerkannt** werden und ob dort aus ihnen ggf eine Zwangsvollstreckung möglich ist, ist nach dem Recht des ausländischen Anerkennungsstaates zu beurteilen (rechtsvergleichende Hinweise dazu bei MK-ZPO/Bernreuther § 606a Rn 36ff; MK-ZPO/Gottwald Anh zu § 723; Staudinger/Spellenberg, 13. Aufl, §§ 606ff ZPO Rn 321). Hier sind wiederum eine Fülle von multi- und bilateralen Abkommen zu beachten (s die Hinweise bei MK-ZPO/Gottwald § 328 Rn 14ff und IZPR B1, B3-B5).

7. Sozialversicherung

1 **I.** Bereits das LPartDisBG aus dem Jahre 2001 enthielt in seinem Art 3 eine Reihe von Änderungen sozialversicherungsrechtlicher Vorschriften, die zu einer **weitgehenden Annäherung von Ehe und Lebenspartnerschaft in Fragen der gesetzlichen Kranken, Renten-, Unfall- und Pflegeversicherung** geführt haben. Das ÜberarbG vom 15.12.2004 hat diese Gleichstellung insbesondere auf dem Gebiet der **Hinterbliebenenversorgung** fortgeführt. In einzelnen Punkten werden aber Lebenspartner nach wie vor anders als Ehegatten behandelt. Darauf wird bei den jeweils betroffenen Versicherungszweigen hingewiesen. Im Einzelnen bezogen sich die Änderungen auf die nachfolgend zusammengefasst dargestellten Regelungsmaterien. Dabei können hier nur die geänderten Bestimmungen vorgestellt werden; wegen der Einzelheiten ist auf das sozialversicherungsrechtliche Spezialschrifttum zu verweisen, s insb Kasseler Kommentar Sozialversicherungsrecht sowie Brackmann, Handbuch der Sozialversicherung, weitere Literaturnachweise bei den einzelnen Sozialversicherungszweigen.

2 **II.** Änderungen im Recht der **gesetzlichen Krankenversicherung** enthalten die Vorschriften in Art 3 §§ 43, 44 Nr 1 und 2 sowie 52 LPartDisBG.

3 **1.** Die gesetzliche Krankenversicherung ist im Wesentlichen im **SGB V** geregelt (s dazu allg Krauskopf, Soziale Krankenversicherung, Pflegeversicherung). Die diesbezüglichen Änderungen enthält Art 3 § 52 LPartDisBG.

4 **a)** Nach **§ 5 VII SGB V** ist ein **Student oder Praktikant** (s zu diesen Begriffen § 5 I Nr 9 und 10 SGB V), der an sich nach § 10 SGB V über seine Eltern familienversichert ist, ausnahmsweise doch selbst krankenversicherungspflichtig, wenn anderenfalls sein Ehegatte, Kind oder Lebenspartner nicht krankenversichert wäre (s Art 3 § 52 Nr 1 LPartDisBG).

5 **b)** Nach **§ 6 IIIa SGB V** bleiben Personen, die **nach Vollendung des 55. Lebensjahres versicherungspflichtig** werden (also insb eine sozialversicherungspflichtige Beschäftigung aufnehmen), versicherungsfrei, sofern sie in den letzten fünf Jahren vor Eintritt der Versicherungspflicht nicht gesetzlich krankenversichert waren. Diese Befreiung tritt allerdings nur ein, wenn die betreffende Person mindestens die Hälfte dieser Zeit versicherungsfrei, von der Versicherungspflicht befreit oder hauptberuflich selbständig erwerbstätig war oder eine dieser Voraussetzungen in der Person des Ehegatten oder Lebenspartners des Versicherungspflichtigen erfüllt ist (s Art 3 § 52 Nr 2 LPartDisBG).

6 c) **§ 9 I Nr 4 SGB V** regelt den erleichterten **freiwilligen Beitritt Schwerbehinderter** zur gesetzlichen Krankenversicherung. Hierfür werden nunmehr neben Vorversicherungszeiten von Eltern und Ehegatten auch solche eines Lebenspartners des Schwerbehinderten berücksichtigt (s Art 3 § 52 Nr 3 LPartDisBG).

7 **d)** Kernstück der Neuregelung der gesetzlichen Krankenversicherung durch das LPartDisBG war die **Einbeziehung des Lebenspartners in die beitragsfreie Familienversicherung nach § 10 SGB V** (Art 3 § 52 Nr 4 LPartDisBG).

8 Der Lebenspartner ist nunmehr gem § 10 I 1 **SGB V** dem Ehegatten und den Kindern eines Mitgliedes der gesetzlichen Krankenversicherung gleichgestellt, also unter den in § 10 I 1 SGB V im Einzelnen aufgeführten Voraussetzungen (insb bei Fehlen nennenswerten eigenen Einkommens) ohne zusätzliche Beitragszahlung bei seinem gesetzlich krankenversicherten Lebenspartner mitversichert. Diese Regelung trägt dem Umstand Rechnung, dass gegenüber dem in die Familienversicherung einbezogenen Lebenspartner eine Unterhaltspflicht besteht. Die Erfüllung dieser Unterhaltspflicht soll dem Verpflichteten dadurch erleichtert werden, dass nicht auch noch zusätzliche Beitragszahlungen zur Krankenversicherung aufzubringen sind.

9 Konsequenterweise wird allerdings auch der privat krankenversicherte Lebenspartner (genauso wie der privat krankenversicherte Ehegatte) während der Schutzfristen nach dem **Mutterschutzgesetz** sowie während des **Erziehungsurlaubs** von der Familienversicherung ausgeschlossen (**§ 10 I 3 SGB V**). Ebenso konsequent stellt **§ 10 III SGB V** sicher, dass die **Familienversicherung von Kindern** bei Ehen und Lebenspartnerschaften unter den gleichen Voraussetzungen durchgeführt wird.

10 Nach **§ 10 IV SGB V** werden **Kinder des Lebenspartners** eines Mitglieds der gesetzlichen Krankenversicherung den Stiefkindern des Mitglieds gleichgestellt, also ebenfalls in die beitragsfreie Familienversicherung einbezogen, soweit sie von dem Mitglied überwiegend unterhalten werden.

11 **e)** **§ 27 II Nr 2 SGB V** regelt den **Anspruch von Vertriebenen und Spätaussiedlern auf Versorgung mit Zahnersatz**. Die Neufassung der Vorschrift erstreckt diesen Anspruch auf den Lebenspartner eines Vertriebenen oder Spätaussiedlers, wobei nunmehr auch für diesen grundsätzlich eine Wartezeit von mindestens einem Jahr einzuhalten ist (s Art 3 § 52 Nr 5 LPartDisBG).

12 **f)** **§ 62 SGB V** betrifft die **Belastungsgrenze für Zuzahlungen** zu Arznei-, Verband, Heil- und Hilfsmitteln sowie zu stationären Vorsorge- und Rehabilitationsleistungen. Bei der Ermittlung dieser Belastungsgrenze werden Lebenspartner nunmehr wie Ehegatten behandelt. Lebt der Versicherte mit seinem Lebenspartner in einem gemeinsamen Haushalt, so sind für die Berechnung der Belastungsgrenze Einkünfte und Zuzahlungen des Lebenspartner zusammenzurechnen (wobei allerdings von den Bruttoeinkünften des Partners des Versicherten 15% der jährlichen Bezugsgröße – s dazu § 18 SGB IV – abgezogen werden).

13 **g)** **§ 240 IVa SGB V** bestimmt, dass bei freiwillig krankenversicherten Personen die Möglichkeit einer **beitragsbegünstigten Anwartschaftsversicherung** besteht, wenn die Berufstätigkeit des Versicherten, seines Ehegatten oder eines Elternteils einen Auslandsaufenthalt bedingt. Diese Regelung gilt nunmehr auch dann, wenn der Auslandsaufenthalt durch die Berufstätigkeit des Lebenspartners des Versicherten veranlasst wird (s Art 3 § 52 Nr 8 LPartDisBG).

14 **h)** Nach **§ 257 SGB V** hat ein privat krankenversicherter Arbeitnehmer gegen seinen Arbeitgeber einen Anspruch auf Zahlung eines **Zuschusses zu dem Versicherungsbeitrag**, sofern der private Krankenversicherungsschutz bestimmte Mindestanforderungen erfüllt. So muss das private Krankenversicherungsunternehmen gem **§ 257 IIa SGB V** einen Standardtarif anbieten, dessen Vertragsleistungen den Leistungen des SGB V entsprechen und dessen Beitrag den durchschnittlichen Höchstbetrag der gesetz-

lichen Krankenversicherung nicht übersteigt. Für die Ausgestaltung dieses Standardtarifs im Einzelnen werden nunmehr Lebenspartner den Ehegatten gleichgestellt (s Art 3 § 52 Nr 9 LPartDisBG).

15 **i) Keine Gleichstellung von Ehegatten und Lebenspartnern** ist bisher erreicht worden bei der **Nachfolge eines Kassenarztes gem § 103 IV 4 SGB V** (die Nichtberücksichtigung eines Lebenspartners dürfte allerdings gegen die Richtlinie 2000/78/EG verstoßen, s dazu eingehend Beamte Rn 11ff, § 11 Rn 34) sowie bei der Frage, **welche Krankenkasse ein Versicherungspflichtiger bzw -berechtigter wählen kann**. Nach § 173 II SGB V kann jemand, der in der gesetzlichen Krankenversicherung versicherungspflichtig ist oder die Berechtigung hat, Mitglied der gesetzlichen Krankenversicherung zu sein, zwischen verschiedenen Trägern dieser Krankenversicherung wählen. Nach **§ 173 II Nr 6 SGB V** kann er Versicherungsschutz bei der Krankenversicherung nehmen, bei der bereits sein Ehegatte versichert ist. Lebenspartnern steht diese Wahlmöglichkeit bisher nicht offen. Beide Regelungsbereiche waren Gegenstand des nicht Gesetz gewordenen LPartGErgGEalt (s dort Art 2 § 66).

16 **2.** Neben den Anpassungen der allgemeinen Regeln der gesetzlichen Krankenversicherung im SGB V hat Art 3 § 43 LPartDisBG auch Änderungen im speziellen **landwirtschaftlichen Krankenversicherungsschutz** nach dem Zweiten Gesetz über die Krankenversicherung der Landwirte gebracht.

17 **a)** Hier werden gem **§ 2 I Nr 5 KVLG** nunmehr überlebende Lebenspartner von landwirtschaftlichen **Altenteilern** in gleicher Weise in die Versicherungspflicht einbezogen wie überlebende Ehegatten.

18 **b)** Erweitert wurde ferner der Begriff des **„mitarbeitenden Familienangehörigen"** gem **§ 2 IV 1 KVLG**: Darunter fallen nunmehr Verwandte, Verschwägerte und Pflegekinder des landwirtschaftlichen Unternehmers, seines Ehegatten sowie seines Lebenspartners, soweit sie in dem landwirtschaftlichen Unternehmen hauptberuflich beschäftigt sind. Sie unterliegen dann der **Versicherungspflicht nach § 2 I Nr 3 KVLG**.

19 In **§ 2 IV 2 KVLG** ist die bisher für Ehegatten geltende **Rangregelung** zwischen der Versicherungspflicht als mitarbeitender Familienangehöriger und der beitragsfreien Familienversicherung auf den mitarbeitenden Lebenspartner übertragen worden: Der überwiegend in dem landwirtschaftlichen Unternehmen beschäftigte Lebenspartner ist gem § 2 I Nr 3 KVLG versicherungspflichtig, der andere ggf in der Familienversicherung mitversichert.

20 Die Erweiterung des **§ 2 IV 3 KVLG** schließlich stellt sicher, dass auch der im landwirtschaftlichen Unternehmen abhängig beschäftigte Lebenspartner des Unternehmers als mitarbeitender Familienangehöriger versicherungspflichtig ist.

21 **c)** Auch hinsichtlich der landwirtschaftlichen Krankenversicherung war die **Erstreckung der beitragsfreien Familienversicherung auf den im wesentlichen einkommenslosen Lebenspartner** des landwirtschaftlichen Unternehmers das Kernstück der Reform des Jahres 2001. Lebenspartner und ihre Kinder sind danach in gleicher Weise familienversichert wie Ehegatten und deren Kinder.

22 Hier verweist **§ 7 I 1 KVLG** zunächst auf die Regelung des § 10 SGB V (s dazu Rn 8ff). Eine Tätigkeit im landwirtschaftlichen Unternehmen des Lebenspartners lässt die Familienversicherung gem **§ 7 I 2 KVLG** unberührt, sofern durch diese Tätigkeit nicht eine Versicherungspflicht nach § 2 KVLG begründet wird. Für die Berechnung des Einkommens des familienversicherten Lebenspartners bleiben gem **§ 7 I 3 KVLG** Einkünfte aus einem gemeinsam mit dem Partner betriebenen landwirtschaftlichen Unternehmen ebenso außer Betracht wie Einkünfte aus gemeinsamer Beschäftigung als mitarbeitende Familienangehörige.

d) Nach **§ 9 IV Nr 1 KVLG** aF hatten die landwirtschaftlichen Krankenkassen die Möglichkeit, in ihrer Satzung vorzusehen, dass **Betriebshilfe** (durch Stellung einer Ersatzkraft bzw Erstattung der dafür notwendigen Kosten, s § 11 KVLG) auch für den Fall eines Krankenhaus- oder Kuraufenthaltes des Ehegatten eines landwirtschaftlichen Unternehmers gewährt wird. Nunmehr können die landwirtschaftlichen Krankenkassen in ihrer Satzung die Betriebshilfe auch auf den Lebenspartner des landwirtschaftlichen Unternehmers erstrecken. Soweit die Krankenkassen in ihren Satzungen bisher von der durch § 9 IV Nr 1 KVLG aF eröffneten Möglichkeit Gebrauch gemacht haben, Betriebshilfe bei Erkrankung des Ehegatten des landwirtschaftlichen Unternehmers zu gewähren, resultiert aus dem Gleichheitsgrundsatz eine Verpflichtung der Kassen, die vom Gesetzgeber gewollte weitgehende sozialversicherungsrechtliche Gleichstellung von Ehegatten und Lebenspartnern durch entsprechende Satzungsänderung nachzuvollziehen und Betriebshilfe auch für den Lebenspartner zu gewähren. 23

e) Die Änderung des **§ 10 I KVLG** ermöglicht den landwirtschaftlichen Krankenkassen, in ihren Satzungen zu bestimmen, dass einem landwirtschaftlichen Unternehmer **Haushaltshilfe** auch dann gewährt wird, wenn seinem sonst den Haushalt führenden Lebenspartner dies krankheitsbedingt oder wegen einer Kur nicht möglich und die Haushaltsführung auch auf andere Weise nicht sicherzustellen ist. Zur uU bestehenden Verpflichtung der Krankenkassen, ihre Satzungen entsprechend anzupassen, s Rn 23. 24

f) Auch für die Krankenversicherung der Landwirte war nach Art 2 § 63 LPartGErgGEalt eine **weitergehende Gleichstellung von Ehegatten und Lebenspartnern** vorgesehen: § 2 III KVLG enthält eine **Definition des Unternehmers**. Dieser Begriff ist für die Feststellung der Krankenversicherungspflicht nach § 2 I KVLG von Bedeutung. § 2 III S 3 und 4 KVLG enthalten Regeln für die Feststellung, wer als Unternehmer anzusehen ist, wenn Ehegatten ein landwirtschaftliches Unternehmen gemeinsam betreiben. Hier wird darauf abgestellt, wer die Unternehmensleitung überwiegend innehat; im Zweifel entscheidet die Krankenkasse. Dieses Verfahren sollte durch die Neuregelung auf diejenigen Fälle übertragen werden, in denen Lebenspartner ein landwirtschaftliches Unternehmen gemeinsam betreiben. Für die Praxis der Krankenversicherungen wird das Fehlen dieser gesetzlichen Erstreckung auf die Partner einer eingetragenen Lebenspartnerschaft kaum Auswirkungen haben. Auch ohne ausdrückliche gesetzliche Regelung müssen die Träger der gesetzlichen Krankenversicherung im Einzelfall feststellen, wer als Unternehmer der Pflichtversicherung unterliegt. Dafür kann nur die tatsächliche Verteilung der Leitungsfunktionen als Kriterium herangezogen werden. Insoweit wird es zu einer analogen Anwendung der für Ehegatten geltenden Regelungen kommen. 25

III. Mit Änderungen im Recht der **gesetzlichen Rentenversicherung** (allg dazu GK-SGB VI) befasste sich zunächst Art 3 § 53 LPartDisBG, der einige geringfügige Änderungen im **SGB VI** anordnete. Hier liegt nunmehr ein Schwerpunkt der Überarbeitung des Lebenspartnerschaftsrechts durch das am 01.01.2005 in Kraft getretene ÜberarbG (vgl Einf Rn 44 ff). 26

1. Verwitwete Lebenspartnerinnen und Lebenspartner sind durch dieses Gesetz hinsichtlich der **Hinterbliebenenversorgung** mit verwitweten Ehegatten gleichgestellt worden, dh, sie erhalten nunmehr unter denselben Voraussetzungen wie Ehegatten Witwen- bzw Witwerrente (s Art 3 ÜberarbeitungsG). § 46 IV SGB VI nF erklärt ausdrücklich, dass für die Zwecke der Witwen- oder Witwerrente die Begründung einer Lebenspartnerschaft der Heirat gleichsteht, dass unter Ehe auch die Lebenspartnerschaft zu verstehen ist und dass Witwe oder Witwer auch eine überlebende Lebenspartnerin oder ein überlebender Lebenspartner sein kann. Damit ist klargestellt, dass auch diejenigen 27

Lebenspartnerinnen und Lebenspartner, deren Partner bereits **vor dem 01.01.2005 verstorben** sind, nunmehr Anspruch auf Witwen- bzw Witwerrente haben, sofern die allgemeinen Voraussetzungen für eine solche Rente vorliegen. Dasselbe gilt für die **Versorgung der Hinterbliebenen von Landwirten** (s § 14a ALG).

28 **2.** Auch in die Regelungen zum sog **Rentensplitting** sind Lebenspartner einbezogen worden (§ 120d SGB VI). Danach können die Lebenspartner ihre während der Lebenspartnerschaft erworbenen Rentenanwartschaften unter sich aufteilen. Entscheiden sie sich für ein solches Rentensplitting, besteht kein Anspruch auf Hinterbliebenenversorgung mehr (§ 105a Nr 2 SGB VI).

29 **3.** **§ 32 II SGB VI** stellt Ehegatten und Lebenspartner hinsichtlich der Verpflichtung zur **Zuzahlung** bei Inanspruchnahme stationärer Leistungen zur beruflichen Rehabilitation gleich.

30 **4.** Die Neuregelung von **§ 93 V 1 Nr 2 SGB VI** stellt die Gleichbehandlung von Ehegatten und Lebenspartnern bei **Zusammentreffen einer Rente aus der gesetzlichen Rentenversicherung und aus einer Unfallversicherung** sicher.

31 **5.** Nach § 104 SGB VI kann eine **Rentenzahlung wegen Berufs- oder Erwerbsunfähigkeit** ganz oder teilweise versagt werden, wenn sich der Berechtigte die zur Berufs- oder Erwerbsunfähigkeit führende gesundheitliche Beeinträchtigung bei einer **strafbaren Handlung** zugezogen hat. In diesem Fall kann aber die Rente an unterhaltsberechtigte Ehegatten gezahlt werden (§ 104 II 1 SGB VI aF). Das Überarbeitungsgesetz erstreckt diese Regelung auf den unterhaltsberechtigten Lebenspartner des Berufs- oder Erwerbsunfähigen.

32 **IV.** Die **Versorgungswerke der Freiberuflerkammern** sind zwar nicht Gegenstand der bisherigen Regelungen der Lebenspartnerschaft; da sie jedoch ein der gesetzlichen Sozialversicherung gleichgestelltes System darstellen, dürfen auch die Versorgungswerke bei der Hinterbliebenenrente zukünftig nicht mehr zwischen Ehegatten und Lebenspartnern von Versicherten differenzieren. Dies ergibt sich aus Art 3 I GG (vgl Einf Rn 115 ff) und aus § 6 I Nr 1 Buchst c SGB VI, wonach die Mitgliedschaft in einem berufsständischen Versorgungswerk nur dann von der Versicherungspflicht befreit, wenn aufgrund der zu diesem Versorgungswerk gezahlten Beiträge auch Hinterbliebenenrenten gewährt werden. Hinterbliebene sind aber nach § 46 IV SGB VI nF auch die hinterbliebenen Lebenspartner (s Rn 27). Dieses Ergebnis wird ferner durch § 10 I Nr 2a EStG in der seit 01.01.2005 geltenden Fassung gestützt. Danach können Beiträge zu den berufsständischen Versorgungswerken nur dann als Sonderausgaben von den Einkünften abgesetzt werden, wenn die Versorgungsleistungen mit denen der gesetzlichen Rentenversicherung vergleichbar sind.

33 **V.** Mit den Änderungen der im **SGB VII** geregelten **gesetzlichen Unfallversicherung** (s Art 3 § 54 LPartDisBG) sind vor allem **die in einem Unternehmen mitarbeitenden Lebenspartner in den Unfallversicherungsschutz einbezogen** worden. Dieser bisher für den mitarbeitenden Ehegatten des Unternehmers bestehende Schutz war Ausdruck der besonderen personalen und unterhaltsrechtlichen Verbundenheit der Ehegatten. Da das LPartG nunmehr auch für die an einer eingetragenen Lebenspartnerschaft Beteiligten derartige Bindungen rechtlich anerkennt und an die Begründung der Partnerschaft Rechtspflichten knüpft, ist die Erstreckung des Schutzes der gesetzlichen

Unfallversicherung nur konsequent. Allg zur gesetzlichen Unfallversicherung Lauterbach/Watermann, Unfallversicherung Sozialgesetzbuch VII.

1. Nach **§ 2 I Nr 5 Buchst a, Nr 6 u Nr 7 SGB VII** sind die **mitarbeitenden Lebenspartner landwirtschaftlicher Unternehmer, von Hausgewerbetreibenden sowie von Küstenschiffern** und -fischern kraft Gesetzes in der gesetzlichen Unfallversicherung versichert. Gleiches gilt für die in einem landwirtschaftlichen Unternehmen mitarbeitenden Familienangehörigen des Unternehmers und seines Lebenspartners (s § 2 I Nr 5 Buchst b SGB VII). Der Kreis der mitarbeitenden Familienangehörigen wird hier genauso bestimmt wie im Recht der landwirtschaftlichen Krankenversicherung (s dazu Rn 18). 34

Die Versicherungspflicht des im landwirtschaftlichen Unternehmen mitarbeitenden Lebenspartners nach § 2 I Nr 5 Buchst a SGB VII geht einer Versicherungspflicht als Beschäftigter nach § 2 I Nr 1 SGB VII vor (s **§ 135 IV SGB VII**). 35

Zur **Befreiung von der Versicherungspflicht** s Rn 38. 36

2. Nach **§ 3 I Nr 1 SGB VII** gilt die Ermächtigung der Träger der gesetzlichen Unfallversicherung, die **Pflichtversicherung kraft Satzung auf den Unternehmer und seinen mitarbeitenden Ehegatten** auszudehnen, nunmehr auch für den mitarbeitenden Lebenspartner des Unternehmers. Demgemäß werden nun auch die Ausnahmen von dieser Ermächtigung nach **§ 3 II SGB VII** auf den Lebenspartner des Unternehmers erstreckt. Zur uU bestehenden Pflicht, die Satzung entsprechend anzupassen, s Rn 23. 37

3. **§ 4 SGB VII** regelt die **Befreiung von der Versicherungspflicht.** Nachdem die mitarbeitenden Lebenspartner bestimmter Unternehmer nach § 2 I Nr 5 SGB VII grundsätzlich versicherungspflichtig sind (s Rn 34), ist es folgerichtig, dass auch der zugehörige Befreiungstatbestand (**§ 4 II Nr 2 SGB VII**), der insbesondere auf die fehlende Gewerblichkeit des Unternehmens abstellt, auf Lebenspartner erstreckt wird. **Keine Gleichstellung von Lebenspartner** gibt es hingegen hinsichtlich der in § 5 S 1 SGB VII ausgesprochenen Befreiung landwirtschaftlicher Kleinunternehmer und ihrer Ehegatten von der Versicherungspflicht. Nunmehr werden mitarbeitende Lebenspartner von Unternehmern zwar in der Regel kraft Gesetzes wie Ehegatten in den Unfallversicherungsschutz einbezogen (s Rn 33 ff), jedoch ohne dass alle Befreiungstatbestände auf sie angewendet würden. Diese Ungleichbehandlung steht nicht in Einklang mit Art 3 GG (vgl Einf Rn 115 ff). 38

§ 4 IV SGB VII erweitert die Freistellung von der Versicherungspflicht für **im Haushalt unentgeltlich tätige Personen** auf Verwandte, Verschwägerte und Pflegekinder von Lebenspartnern. 39

4. **§ 8 II SGB VII** betrifft den Versicherungsschutz für **Wegeunfälle**. Ein Wegeunfall liegt vor, wenn der Versicherte auf dem unmittelbaren Weg von oder zur Arbeitsstelle einen Unfall erleidet (§ 8 II Nr 1 SGB VII). Muss aber der Versicherte Kinder, die mit ihm in einem gemeinsamen Haushalt leben, gerade wegen seiner Berufstätigkeit in fremde Obhut geben, so besteht nach § 8 II Nr 2 SGB VII auch dann Unfallversicherungsschutz, wenn er zu diesem Zweck einen Umweg einschlagen muss. Die Notwendigkeit, Kinder in fremde Obhut zu geben, konnte nach der früheren Gesetzesfassung aus der eigenen Berufstätigkeit des Versicherten oder der seines Ehegatten resultieren. Nunmehr kann auch die Berufstätigkeit eines Lebenspartners die Notwendigkeit, Kinder an einen anderen Ort zu transportieren und dazu vom direkten Arbeitsweg abzuweichen, begründen. 40

Unter den gleichen Voraussetzungen sind auch **Wegeunfälle der Kinder** versichert (§ 8 II Nr 3 SGB VII). 41

42 **5.** In der **freiwilligen Unternehmerunfallversicherung** ist die Gleichstellung von Ehegatten und Lebenspartnern bisher nur höchst bruchstückhaft verwirklicht worden. Nach gegenwärtiger Rechtslage können sich Unternehmer und ihre im Unternehmen mitarbeitenden Ehegatten, sofern sie nicht bereits nach § 2 SGB VII pflichtversichert sind, freiwillig der gesetzlichen Unfallversicherung unterstellen (§ 6 I Nr 1 SGB VII). Diese Möglichkeit sollte mit einer im LPartGErgGEalt vorgesehenen Neuregelung auch den Lebenspartnern von Unternehmern eingeräumt werden, was bisher nicht geschehen ist. Nachdem im Unternehmen mitarbeitende Lebenspartner ansonsten den mitarbeitenden Ehegatten gleichgestellt worden sind (s dazu Rn 33 ff), ist der Ausschluss der freiwilligen Unfallversicherung als nicht verfassungsgemäß einzustufen. Überdies setzen einzelne Gesetzesänderungen, die durch das LPartG eingeführt wurden, eine freiwillige Unfallversicherung des mitarbeitenden Lebenspartners gerade voraus. Diesen Regelungen fehlt nunmehr der Bezugspunkt.

43 So ermächtigt **§ 46 II SGB VII** die Träger der Unfallversicherung, durch Satzung den **Beginn für die Zahlung von Verletztengeld** an den Unternehmer selbst, seinen Ehegatten und seinen Lebenspartner um längstens 13 Wochen hinauszuschieben. Gleiches gilt gem **§ 72 III SGB VII** für den **Beginn der Rentenzahlung** im Rahmen der freiwilligen Unternehmerversicherung. Nach **§ 154 I 1 SGB VII** soll die **Beitragsberechnungsgrundlage** für freiwillig versicherte Unternehmer und deren Ehegatten nun auch für freiwillig versicherte Lebenspartner des Unternehmers gelten.

44 **6.** Nach **§ 54 SGB VII** kann nunmehr auch ein in einem landwirtschaftlichen Unternehmen mitarbeitender Lebenspartner – sofern er nach § 2 I Nr 5 SGB VII versichert ist (s dazu Rn 34) – unter den in § 54 SGB VII genannten Voraussetzungen **Betriebs- und Haushaltshilfe** beanspruchen, wenn er wegen eines Arbeitsunfalls stationär behandelt werden muss. Dies entspricht der Änderung im Recht der landwirtschaftlichen Krankenversicherung (s Rn 23 f).

45 **7.** Auch **§ 55 II SGB VII** betrifft die landwirtschaftliche Unfallversicherung: Die Sonderregelung des § 55 II SGB VII über die **Höhe des Verletztengeldes** für landwirtschaftliche Unternehmer und ihre Ehegatten wird jetzt auf deren mitarbeitende Lebenspartner erstreckt.

46 **8.** Hinsichtlich der Berechnung des vor allem für die Beitrags- und Rentenfestsetzung bedeutsamen **Jahresarbeitsverdienstes** ist bisher noch **keine vollständige Gleichstellung von Ehegatten und Lebenspartnern** erreicht worden. Die entsprechenden Spezialvorschriften für landwirtschaftliche Unternehmer sowie für Küstenfischer und -schiffer wurden durch das LPartDisBG in dieser Weise erweitert (s §§ 92 III und 93 I Nr 2 SGB VII). Die allgemeine Vorschrift des § 83 SGB VII, deren Änderung der Zustimmung des Bundesrates bedurft hätte, bleibt dahinter jedoch zurück, so dass Lebenspartner zwar nach § 3 I Nr 1 SGB VII kraft Satzung der jeweiligen Berufsgenossenschaft wie Ehegatten in den Unfallversicherungsschutz einbezogen werden können (s Rn 37), dazu aber die Komplementärvorschrift über die Bestimmung des Jahresarbeitsverdienstes in § 83 SGB VII fehlt; dort ist nach wie vor nur von dem Unternehmer und seinem Ehegatten die Rede. Damit wird aber die Bestimmung des § 3 I Nr 1 SGB unpraktikabel, weil die Festlegung des Jahresarbeitsverdienstes insbesondere für die Bemessung des von dem in die Unfallversicherung kraft Satzung einbezogenen Lebenspartner zu entrichtenden Beitrages von Bedeutung ist.

47 **9.** Bei der Formulierung des Gesetzes zur Überarbeitung des Lebenspartnerschaftsrechtes vom 15.12.2004 hat es der Gesetzgeber – wohl versehentlich – versäumt, eine

dem § 104 II 1 SGB VI nF (s dazu Rn 31) entsprechende Änderung des **§ 101 II 3 SGB VII** vorzunehmen. Hier wie dort geht es darum, dass der Ausschluss des an sich Berechtigten vom Leistungsbezug wegen **strafbarer Handlungen** nicht zu Lasten seiner unterhaltsberechtigten Angehörigen gehen soll. Leistungen aus der Unfallversicherung werden an den unterhaltsberechtigten Ehegatten eines Versicherten gezahlt, selbst wenn der Versicherte den Leistungsbezug durch eine strafbare Handlung bewirkt hat. Die im LPartGErgGEalt vorgesehene Erstreckung dieser Regelung auf den Lebenspartner des Versicherten ist mangels Bundesratszustimmung nicht Gesetz geworden. Diese Ungleichbehandlung ist - zumal im Lichte der jetzt geänderten Vorschrift des § 104 II 1 SGB VI - verfassungsrechtlich nicht zu halten.

VI. Änderungen im Recht der **sozialen Pflegeversicherung (SGB XI)** hat Art 3 § 56 LPartDisBG gebracht (allg zur Pflegeversicherung Marschner, Kommentar zum Pflege-Versicherungsgesetz (SGB XI); Udsching, SGB XI: soziale Pflegeversicherung). Dabei ging es – wie im Recht der Krankenversicherung – im Wesentlichen um die **Einbeziehung von Lebenspartnern in die beitragsfreie Familienversicherung**. Viele dieser Änderungen sollten eine Gleichstellung von Familienangehörigen und Lebenspartnern bewirken; insoweit kommt ihnen allenfalls klarstellende Bedeutung zu, da eine solche ausdrückliche Gleichstellung angesichts der Regelung in § 11 I LPartG, wonach Lebenspartner als Familienangehörige gelten, an sich überflüssig war. 48

1. **§ 1 VI SGB XI** stellt ausdrücklich klar, dass für in der Pflegeversicherung mitversicherte Lebenspartner – ebenso wie für Familienangehörige – **Beiträge nicht erhoben werden**. Dieser Grundsatz kommt auch in **§ 56 I SGB XI** nochmals zum Ausdruck. 49

2. In **§ 7 II 1 SGB XI** wird klargestellt, dass neben den Angehörigen des Versicherten auch dessen Lebenspartner von der Pflegekasse in den mit der Pflegebedürftigkeit zusammenhängenden Fragen **beraten** wird. 50

3. Die Ergänzung des **§ 20 IV 2 SGB XI** soll sicherstellen, dass für den Eintritt der Versicherungspflicht im Fall der **Beschäftigung bei Lebenspartnern** die gleichen Voraussetzungen gelten wie bei einer Beschäftigung bei Familienangehörigen. 51

4. **§ 22 I 1 SGB XI** stellt Angehörige und Lebenspartner hinsichtlich der **Möglichkeit, sich durch Abschluss einer privaten Pflegeversicherung von der Versicherungspflicht zu befreien**, gleich. 52

5. **§ 23 I 2 SGB XI** betrifft diejenigen Personen, die privat krankenversichert und deshalb nach § 23 I 1 SGB XI verpflichtet sind, bei diesem privaten Krankenversicherer auch eine **private Pflegeversicherung** abzuschließen. Die Regelung stellt klar, dass der Versicherungsschutz dieser privaten Pflegeversicherung nicht nur auf Familienangehörige, sondern auch auf Lebenspartner der Versicherten zu erstrecken ist, sofern diese in die Familienversicherung nach § 25 SGB XI (s Rn 56 f) einbezogen wären. 53
Im Zusammenhang mit der Einbeziehung des Lebenspartners in die Familienversicherung (s dazu Rn 56 f) steht auch die Änderung von **§ 23 V SGB XI**. Nach dieser Bestimmung sind unter bestimmten Voraussetzungen Personen **von der Beitragspflicht befreit**, wenn sie wegen des Bezugs von stationären Pflegeleistungen aus anderen Bereichen der Sozialversicherung Leistungen aus der Pflegeversicherung nicht beanspruchen können. Diese Beitragsbefreiung entfällt jedoch, wenn der Versicherte Familienangehörige oder einen Lebenspartner hat, die im Rahmen der Familienversicherung mitversichert wären. 54

55 In **§ 23 VI SGB XI** wird klargestellt, dass bei einem Wechsel in die private Pflegeversicherung auch für einen Lebenspartner diejenige Zeit, während der er im Rahmen der Familienversicherung in der sozialen Pflegeversicherung mitversichert war, als **Wartezeit** für den Leistungsbezug anzurechnen ist.

56 **6.** Nach **§ 25 I 1 SGB XI** sind **Lebenspartner** eines Versicherten nunmehr ebenso wie schon zuvor Ehegatten und Kinder **im Rahmen der Familienversicherung beitragsfrei mitversichert**, sofern sie über kein nennenswertes eigenes Einkommen verfügen. Die Regelung entspricht der Familienversicherung in der Krankenversicherung (s Rn 8 ff).

57 Die Neufassung des **§ 25 III SGB XI** bewirkt, dass **Kinder eines Lebenspartners** unter den gleichen Voraussetzungen wie Kinder von Ehegatten in die Familienversicherung einbezogen werden.

58 **7.** In **§ 26 II SGB XI** werden familienversicherte Angehörige und Lebenspartner im Hinblick auf die **Weiterversicherung bei Verlegung des Wohnsitzes oder gewöhnlichen Aufenthaltes** des Mitglieds ins Ausland gleichgestellt.

59 **8.** **§ 27 S 2 SGB XI** bestimmt, dass neben den Familienangehörigen auch Lebenspartnern eines Mitglieds einer privaten Pflegeversicherung ein Recht zur **Kündigung** des Versicherungsvertrages zusteht, wenn für sie eine Familienversicherung in der sozialen Pflegeversicherung eintritt.

60 **9.** **§ 61 II 1 SGB XI** enthält die Klarstellung, dass ein Anspruch auf einen Arbeitgeberzuschuss zum Beitrag zu einer privaten Pflegeversicherung nur besteht, wenn der Versicherungsschutz auch den Lebenspartner des Arbeitnehmers erfasst, sofern dieser in der sozialen Pflegeversicherung unter die Familienversicherung nach § 25 SGB XI fallen würde.

61 **10.** **§ 110 I Nr 2 Buchst g SGB XI** verpflichtet die privaten Versicherungsunternehmen, die bisher nur geringverdienenden Ehegatten gewährten Prämienvergünstigungen nunmehr auch geringverdienenden Lebenspartnern ihrer Versicherungsnehmer einzuräumen.

8. Sozialrecht

1 **I.** Die mit dem **LPartDisBGE** geplante Gleichstellung von Lebenspartnern mit Ehegatten im Sozialrecht ist zunächst weitgehend gescheitert, weil viele Regelungen der

Zustimmung des Bundesrates bedurft hätten. Als sich abzeichnete, dass die Opposition dem LPartDisBGE nicht zustimmen würde, übernahm die Koalition die zustimmungsbedürftigen sozialrechtlichen Regelungen in den **LPartGErgGEalt**. Dieser ist aufgrund des Widerstandes der CDU/CSU nicht verabschiedet worden und der Diskontinuität verfallen (Einf Rn 13ff).
So konnten zwar die Änderungen im Recht der Arbeitsförderung (SGB III) Gesetz werden, nicht jedoch im Recht der Sozialhilfe (BSHG), des Wohngeldes (WoGG) und der Ausbildungsförderung (BAföG). Außerdem sind ua gescheitert: die Novellierung des HIV-Hilfegesetzes (Art 2 § 35 LPartGErgGEalt), des Asylbewerberleistungsgesetzes (Art 2 § 36 LPartGErgGEalt, sa RN 58), des Graduiertenförderungsgesetzes (Art 2 § 37 LPartGErgGEalt) und des Aufstiegsfortbildungsförderungsgesetzes (Art 2 § 39 LPartGErgGEalt).
Inzwischen ist die Gleichstellung durch die Zusammenlegungen der Sozialhilfe mit der Arbeitslosenhilfe (SGB II) und durch die Einbeziehung der Grundsicherung in das Sozialgesetzbuch (SGB XII) weiter vorangeschritten.
Die Koalitionsparteien haben angekündigt, sie wollten in Kürze den **Entwurf eines neuen Ergänzungsgesetzes** in den Bundestag einbringen, der auch die noch nicht umgesetzten sozialrechtlichen Regelungen aus dem LPartGErgGEalt enthalten soll.
Im Folgenden werden nur die Gesetz gewordenen Änderungen dargestellt.
Vorab ist zu bemerken, dass Lebenspartnerschaften nach dem SGB nur Lebenspartnerschaften nach dem LPartG sind (§ 33b SGB I). 2

II. Im Bereich der **Arbeitsförderung** sind Lebenspartner Ehegatten durchgehend gleichgestellt (Art 3 § 49 LPartG). 3
Die Vorschriften über die Berufsausbildungsbeihilfe (§§ 59ff SGB III) sind nach dem Inkrafttreten des LPartG geändert worden. Die §§ 65, 66 SGB III verweisen jetzt auf die §§§ 12, 13 BAföG. Diese Vorschriften unterscheiden nicht mehr danach, ob der Auszubildende ledig oder verheirat ist bzw in einer Lebenspartnerschaft lebt, sondern nur noch danach, ob der Auszubildende bei den Eltern wohnt oder nicht. 4
Die Anrechnung des Einkommens des Lebenspartners ist in § 71 SGB III vorgesehen, der wegen der Freibeträge vom Einkommen auf die entsprechende Anwendung der Vorschriften des BAföG über die Einkommensanrechnung verweist. Die Vorschriften des BAföG erwähnen den Lebenspartner aber (noch) nicht. Deshalb müssen die Freibeträge für Ehegatten auf Lebenspartner entsprechend angewandt werden. Die Einkommensanrechnung ist auch in § 72 I 1 SGB III (Vorausleistung von Berufsausbildungsbeihilfe) vorgesehen. 5
Die Berücksichtigung des Einkommens von nicht gleichgeschlechtlichen Partnern kommt hier schon deshalb von vornherein nicht in Betracht, weil auch das Einkommen eheähnlicher Gemeinschaften nicht angerechnet wird. Eine Vorschrift wie beim Arbeitslosengeld II (§ 9 II iVm § 7 III Nr 3b SGB II) fehlt hier. 6
Bei der Förderung der beruflichen Eingliederung Behinderter (§§ 97ff SGB III) sehen die §§ 101 III, 105 und 106 SGB III einen erhöhten Bedarf für verheiratete Behinderte vor. Dies gilt nunmehr auch für Behinderte, die in Lebenspartnerschaft leben. Bei der Berufsausbildungsbeihilfe (§ 101 III SGB III) gelten für die Anrechnung des Einkommens des Lebenspartners die BAföG-Regeln (Rn 5). Dagegen ist beim Ausbildungsgeld (§§ 105, 106 SGB III) ausdrücklich geregelt, dass das Einkommen des Lebenspartners in derselben Höhe anzurechnen ist wie das des Ehegatten (§ 108 II Nr 3 SGB III). 7
Das **Arbeitslosengeld** beläuft sich auf 60% des pauschalierten Nettoentgelts (Leistungsentgelt). Es **erhöht sich auf 67 %**, wenn der Arbeitslose oder sein Lebenspartner ein Kind hat (§ 129 Nr 1 u 2 SGB III). Bei der Berechnung des Leistungsentgelts wird 8

für den Abzug der pauschalierten Lohnsteuer die Lohnsteuerklasse zugrunde gelegt, die auf der Lohnsteuerkarte des Arbeitslosen eingetragen ist (§ 133 II u III SGB III). Da Lebenspartner auf Grund der Lebenspartnerschaft keine andere Steuerklasse erhalten (s Steuerrecht Rn 2ff), werden sie durch diese Regelung auch beim Arbeitslosengeld benachteiligt.

9 Wenn der Arbeitslose vorher bei seinem Ehegatten beschäftigt war, ist für die Bemessung des Arbeitslosengeldes höchstens das familienfremden Arbeitnehmern gewöhnlich gezahlte Arbeitsentgelt zu berücksichtigen (§ 134 II Nr 1 SGB III). Diese Regelung wurde auf Beschäftigungsverhältnisse beim Lebenspartner erstreckt.

10 Nach § 144 I Nr 1 SGB III tritt eine **Sperrzeit** von zwölf Wochen ua dann ein, wenn der Arbeitslose sein Beschäftigungsverhältnis ohne wichtigen Grund löst. Der Nachzug zum Ehepartner wurde von der Rechtsprechung als wichtiger Grund akzeptiert. Da das SGB III Lebenspartner mit Ehegatten grundsätzlich gleichstellt, muss der Nachzug zum Lebenspartner ebenso als wichtiger Grund gelten. Eine Gesetzesänderung war hier nicht erforderlich, da der Nachzug zum Ehepartner als wichtiger Grund ja auch nicht gesetzlich geregelt ist und der Rechtsbegriff des wichtigen Grundes den Nachzug zum Lebenspartner ohne weiteres mit umfasst.

10a Neuerdings erkennt das BSG auch dem Umzug zu einem eheähnlichen Partner unter bestimmten weiteren Voraussetzungen als wichtigen Grund an. Es muss sich um eine ernsthafte, auf Dauer angelegte Beziehung im Sinne einer Verantwortungs- und Einstehensgemeinschaft handeln. Der Arbeitslose muss die Arbeitsagentur rechtzeitig eingeschaltet und sich selbst um eine neue Arbeitsstelle bemüht haben. Schließlich darf die bisherige Arbeitsstelle vom neuen Wohnort aus nicht zumutbar zu erreichen sein (BSGE 90, 90 = NZS 2003, 667). Das muss nun auch für den gleichgeschlechtlichen Lebensgefährten gelten.

11 **III.** Die **Grundsicherung für Arbeitssuchende** (SGB II) wird für erwerbsfähige Hilfebedürftigen ab 15 bis 65 Jahre geleistet (§ 7 I SGB II). Der Hilfebedürftige selbst erhält **„Arbeitslosengeld II“** (§§ 19 ff SGB II), seine nicht erwerbsfähigen Angehörigen erhalten **„Sozialgeld“**, soweit sie keinen Anspruch auf Grundsicherung im Alter und bei Erwerbsminderung haben (§ 28 SGB II).

12 Für die Bewilligung des Arbeitslosengeldes II ist die Hilfebedürftigkeit des Arbeitssuchenden eine Grundvoraussetzung (§ 7 I Nr 3 SGB II). Bei der Prüfung der Hilfebedürftigkeit wird bei Personen, die in einer Bedarfsgemeinschaft leben, auch das Einkommen und Vermögen des Partners berücksichtigt (§ 9 II SGB II). Als Partner gelten der nicht dauernd getrennt lebende **Ehegatte oder Lebenspartner** und die Person, die mit dem Hilfebedürftigen in **eheähnlicher Gemeinschaft** lebt (§ 7 III Nr 3 SGB II). Der Lebenspartner des Hilfebedürftigen ist deshalb gegenüber der Agentur für Arbeit über sein Einkommen und Vermögen auskunftspflichtig (§ 60 IV Nr 1 SGB II).

13 Eine **„eheähnliche Gemeinschaft“** iSv § 7 III Nr 3 Buchst b SGB II ist nur „die Lebensgemeinschaft eines Mannes und einer Frau, die auf Dauer angelegt ist, daneben keine weitere Lebensgemeinschaft gleicher Art zulässt und sich durch innere Bindungen auszeichnet, die ein gegenseitiges Einstehen der Partner füreinander begründen, also über die Beziehungen in einer reinen Haushalts- und Wirtschaftsgemeinschaft hinausgehen“ (BVerfG, FamRZ 2004, 1950).

14 Eine **gleichgeschlechtliche Lebensgemeinschaft ist nicht eheähnlich**. Deshalb braucht der gleichgeschlechtliche Lebensgefährte (s LPartG § 11 Rn 11) eines Hilfebedürftigen der Agentur für Arbeit keine Auskunft über sein Einkommen und Vermögen zu erteilen. Der Hilfebedürftige selbst braucht sich nur solche Leistungen seines gleichgeschlechtlichen Lebensgefährten anrechnen zu lassen, die er tatsächlich erhält. Deshalb sollten zusammenwohnende gleichgeschlechtliche Lebensgefährten in einer schriftlichen Ver-

einbarung festlegen, in welcher Höhe jeder von ihnen Beiträge zu den Kosten des Haushalts und der Wohnung leisten muss, und dass, wenn einer von ihnen diese Leistungen vorübergehend nicht aufbringen kann, der andere ihm nur vorschussweise aushilft.

15 Das BVerfG hatte diese Ungleichbehandlung in einem Urteil zu § 137 IIa AFG vom 17.11.1992 wie folgt gerechtfertigt (BVerfGE 87, 234, 267): „Ein Verstoß gegen Art. 3 I GG liegt auch nicht darin, dass durch § 137 IIa AFG nur eheähnliche Gemeinschaften, nicht aber auch andere Lebens-, Haushalts- und Wirtschaftsgemeinschaften – wie etwa Gemeinschaften zwischen gleichgeschlechtlichen Partnern oder Verwandten – der verschärften Bedürftigkeitsprüfung unterworfen werden. Der Gesetzgeber durfte davon ausgehen, dass die eheähnliche Gemeinschaft in weitaus größerer Zahl vorkommt und sich als sozialer Typus deutlicher herausgebildet hat als die genannten anderen Gemeinschaften.“ Das SG Düsseldorf (NJW 2005, 846f = DB 2005, 617 m Anm Wank/Maties) ist der Meinung, dass dies heute nicht mehr gelten könne, weil sich in der sozialen Wirklichkeit Deutschlands inzwischen Vieles dahingehend geändert habe, dass sich nun auch homosexuelle Lebensgemeinschaften als "sozialer Typus" herausgebildet hätten. Außerdem habe der Gesetzgeber in der Zwischenzeit in zahlreichen Gesetzen zum Ausdruck gebracht, dass das Zusammenleben von Homosexuellen als (auch) "sozial typisch" zu verstehen sei. Deshalb verbiete es der Gleichheitsgrundsatz, heterosexuelle nicht verheiratete Paare im Vergleich zu homosexuellen „nicht verheirateten“ Paare anders zu behandeln. Eheähnliche Lebensgefährten bräuchten sich daher das Einkommen und Vermögen ihrer Partner ebenfalls nicht anzurechnen zu lassen (aA SG Dortmund, 13.03.2005 - S 31 AS 82/05 ER).

16 Der Auffassung des SG Düsseldorf ist m.E. nicht zu folgen. Solange die Rechte eingetragener Lebenspartnerschaften gerade im finanziellen Bereich deutlich hinter den Rechten für Eheleute zurückbleiben, ist eine Gleichstellung gleichgeschlechtlicher mit eheähnlichen Gemeinschaften bei den Pflichten jedenfalls verfassungsrechtlich nicht geboten. Das SG Düsseldorf bezeichnet in seiner Entscheidung zusammenlebende gleichgeschlechtliche Partner genauso wie zusammenlebende verschiedengeschlechtliche Partner als „nicht verheiratet“. Dies zeigt, dass es den wesentlichen Unterschied nicht gesehen hat. Eheähnliche Partner können, wenn sie wollen, heiraten und können dann ihre gesamten Unterhaltsleistungen über das Ehegattensplitting von der Steuer absetzen. Gleichgeschlechtlichen Partner können „nur“ eine Lebenspartnerschaft eingehen mit der Folge, dass sie dann ihre Unterhaltszahlungen bis höchstens 7.680 € von der Steuer absetzen können. Eheähnliche Paare befinden sich deshalb im Hinblick auf Unterstützungsleistungen für ihre Partner in einer anderen Lage als gleichgeschlechtliche Paare. Außerdem sei hier beispielhaft auf die Ungleichbehandlung eingetragener Lebenspartnerschaften mit Ehegatten bei der Erbschafts- und Schenkungssteuer und im Beamtenrecht (kein Familienzuschlag, keine Hinterbliebenen-Versorgung) hingewiesen. Darauf beruft sich auch das Sozialgericht Dortmund (Rn 15). Es ist der Auffassung, genauso wenig wie die Ehe und die eingetragene Lebenspartnerschaft in allem identisch zu behandeln seien, müsse das Pendant, die heterosexuelle eheähnliche Gemeinschaft und die homosexuelle, einer eingetragenen Lebenspartnerschaft ähnliche Gemeinschaft, in allem gleich behandelt werden. Ohnehin komme es nicht in Betracht, bei eheähnlichen heterosexuellen Gemeinschaften von einer Einkommensanrechnung abzusehen, weil bei homosexuellen, einer eingetragenen Lebenspartnerschaft ähnlichen Gemeinschaften keine Einkommensanrechnung vorgesehen sei. Wenn beide Gruppen von der Anrechnung ausgenommen würden, liege ein Verstoß gegen Art. 6 GG (Schutz der Ehe) vor, indem nur noch bei Eheleuten Einkommen angerechnet würde. Die Lösung einer etwaigen Ungleichbehandlung könne nur darin bestehen, dass der Gesetzgeber die Einkommensanrechnung auch auf homosexuelle, einer eingetragenen Partnerschaft ähnliche Gemeinschaften erstrecke.

17 Bei der bisherigen Sozialhilfe wurde vermutet, dass Hilfebedürftige, die mit Verwandten oder Verschwägerten zusammenwohnen, von diesen Leistungen zum Lebensunterhalt erhalten, soweit dies nach deren Einkommen und Vermögen erwartet werden konnte (§ 16 BSHG). Diese Vermutung gilt auch für die neue Grundsicherung für Arbeitssuchende (§ 9 V SGB II). Das ist vor allem bei **hilfebedürftigen Stiefkindern** von Bedeutung, die mit ihrem hilfebedürftigen Elternteil und dessen Lebenspartner zusammenleben. Stiefkinder sind mit den Lebenspartnern ihrer Väter oder Mütter verschwägert (§ 11 II LPartG).

18 Die Vermutung des § 9 V SGB II greift nicht ein, wenn die Eltern nachweisen, dass die Co-Mutter bzw. der Co-Vater tatsächlich nichts zum Unterhalt des Stiefkindes beiträgt. Deshalb sollten die Eltern in einer schriftlichen Vereinbarung festlegen, in welcher Höhe jeder von ihnen Beiträge zu den Kosten des Haushalts und der Wohnung leisten muss und dass die Co-Mutter bzw. der Co-Vater für den Lebensunterhalt des Stiefkindes nichts zu zahlen braucht.

19 **IV.** Die **Grundsicherung im Alter und bei Erwerbsminderung** wird für Hilfebedürftige ab 65 Jahre und für voll erwerbsgeminderte Hilfebedürftige ab 18 Jahren geleistet (§§ 41ff SGB XII). Hier wird ebenfalls nur das Einkommen und Vermögen des nicht getrennt lebenden Ehegatten oder Lebenspartners sowie des Partners einer eheähnlichen Gemeinschaft berücksichtigt (§ 43 I SGB XII).

20 **V.** Die beiden Formen der Grundsicherung gehen der **Hilfe zum Lebensunterhalt** vor (§ 5 II SGB II; § 19 II 3, 21 SGB XII). Die Hilfe zum Lebensunterhalt hat deshalb nur noch eine geringe Bedeutung. Sie kommt z.B. in Betracht, wenn ein Hilfsbedürftiger nicht dauerhaft, sondern nur auf Zeit voll erwerbsgemindert ist oder wenn ein (voll erwerbsgemindertes) Kind unter 18 Jahren mit Eltern zusammenlebt, die Grundsicherung bei Erwerbsminderung beziehen. Fachleute schätzen den Anteil der Sozialhilfefälle auf 5%.

21 Auch bei der Hilfe zum Lebensunterhalt sind **gleichgeschlechtliche Lebensgefährten** nicht mit **Ehegatten** gleichgestellt worden, nur **Lebenspartner** und ver**schiedengeschlechtliche eheähnliche Paare** werden bei der Prüfung der Hilfebedürftigkeit des Antragstellers wie Ehegatten behandelt (§§ 19 I 2, 20 SGB XII). Deshalb darf auch bei der Hilfe zum Lebensunterhalt das Einkommen und Vermögen des gleichgeschlechtlichen Lebensgefährten nicht unabhängig davon angerechnet werden, ob der Hilfebedürftige tatsächlich etwas von seinem Partner erhält.

22 Hier gilt aber die **Vermutung der Bedarfsdeckung bei zusammenwohnenden Personen** (§ 36 SGB XII). Auch in dieser Situation sollte eine entsprechende Vereinbarung getroffen werden (Rn 14), um diese Vermutung zu widerlegen.

23 **VI.** In die Regelung des § 56 SGB I (**Sonderrechtsnachfolge**) werden Lebenspartnerschaften einbezogen. Fällige Geldleistungen stehen beim Tode des Berechtigten dessen Lebenspartner unter denselben Voraussetzungen wie dessen Ehegatten zu, und zwar vorrangig vor den anderen möglichen Sonderrechtsnachfolgern des § 56 l Nr 2-4 SGB I (Kinder, Eltern, Haushaltsführer).

24 **VII.** Im Recht der **Kinder- und Jugendhilfe** (SGB VIII) werden Lebenspartner wie Ehegatten zu den Kosten herangezogen (§ 91 IV SGB VIII). Die Ansprüche des Trägers der öffentlichen Jugendhilfe können gegen den Lebenspartner unter denselben Voraussetzungen übergeleitet werden wie gegen Ehegatten (§ 96 I 1 SGB VIII). Soweit danach eine Heranziehung zu den Kosten oder Überleitung von Ansprüchen in Betracht kommt,

sind Lebenspartner dem Träger der Jugendhilfe über ihr Einkommen und Vermögen auskunftspflichtig (§ 97a II SGB VIII).

VIII. Nach § 73 II 2 SGG wird beim Ehegatten des Klägers die **Bevollmächtigung** unterstellt; er braucht keine schriftliche Vollmacht vorzulegen. Diese Regelung gilt nunmehr auch für Lebenspartner. 25

IX. Im **Bundesversorgungsgesetz** sind Lebenspartner Ehegatten grundsätzlich gleichgestellt. 26

Krankenbehandlung wird nicht nur für den Ehegatten, sondern auch für den Lebenspartner des Schwerbeschädigten gewährt (§ 10 IVa BVG). 27

Ehegatten von Pflegezulagenempfängern kann unter den Voraussetzungen des § 12 III BVG eine Badekur bewilligt werden. Diese Regelung gilt nunmehr auch für Lebenspartner. 28

Beschädigte erhalten Leistungen der Kriegsopferfürsorge auch für Familienmitglieder, die ihren Bedarf nicht aus eigenem Einkommen oder Vermögen decken können. Nach § 25 IV Nr 1 BVG zählt dazu auch der Lebenspartner. 29

Dementsprechend wird auch das Einkommen und Vermögen des Lebenspartners nach Maßgabe der gesetzlichen Vorschriften wie das Einkommen und Vermögen des Ehegatten berücksichtigt (§§ 25d II, 25f II BVG). Bei der Ermittlung der Einkommensgrenze gibt es für den Lebenspartner unter denselben Voraussetzungen wie für den Ehegatten einen Familienzuschlag (§ 25e I Nr 3 BVG). Für blinde oder schwerstbehinderte Lebenspartner gilt wie für blinde oder schwerstbehinderte Ehegatten ein höherer Familienzuschlag (§ 25f V BVG). 30

Auch bei der Erziehungshilfe wird bei der Ermittlung des Bedarfs das Einkommen des Lebenspartners in gleicher Weise berücksichtigt wie das Einkommen des Ehegatten (§§ 27 II 3 BVG). In die Regelung des § 27 III BVG (verrechnungsmäßige Verteilung des Einkommens auf alle Unterhaltsberechtigten) sind Lebenspartner ebenso wie Ehegatten einbezogen. 31

Unter den Voraussetzungen des § 27b BVG erhalten Beschädigte Erholungshilfe für sich, den Ehegatten und nunmehr auch für den Lebenspartner, damit auch der Lebenspartner an einer Erholungsmaßnahme teilnehmen kann. 32

Bei den Regelungen über den Ehegattenzuschlag (§ 33a BVG), die Pflegezulage (§ 35 BVG), das Bestattungsgeld (§ 36 BVG) und das Sterbegeld (§ 37 BVG) werden Lebenspartner Ehegatten gleichgestellt. 33

Schwerbeschädigte erhalten für in den Haushalt aufgenommene Stiefkinder einen Kinderzuschlag (§ 33b II BVG). Dies gilt nunmehr auch für in den Haushalt aufgenommene Kinder des Lebenspartners. 34

Wie die Stiefkinder des Beschädigten erhalten auch die Kinder des Lebenspartners des Beschädigten nach dessen Tod Waisenrente nach Maßgabe des § 45 BVG. 35

1. Bei einkommensabhängigen Leistungen nach dem BVG sind bei Schwerbeschädigten als übrige Einkünfte im Sinne des § 33 I BVG auch die Leistungen des Ehegatten oder Lebenspartners sowie des früheren Ehegatten oder Lebenspartners aufgrund eines bürgerlich-rechtlichen Unterhaltsanspruchs zu berücksichtigen (§ 4 I u II **AusgleichsrentenVO**). 36

2. Für die Feststellung, ob der Beschädigte gemäß § 25 IV 2 BVG den überwiegenden Unterhalt seines Lebenspartners bestreitet, gelten dieselben Voraussetzungen wie für die entsprechende Feststellung bei Ehegatten (§ 49 I VO zur **Kriegsopferfürsorge**). 37

38 Soweit das Einkommen des Lebenspartners des Beschädigten zur Bedarfsdeckung einzusetzen ist (§ 25e V BVG), darf es ebenso wenig wie das Einkommen des Ehegatten als Einkommen des Beschädigten berücksichtigt werden (§ 50 II 2 VO zur Kriegsopferfürsorge).

39 **X.** Das Gesetz über die Errichtung einer **Stiftung „Hilfswerk für behinderte Kinder“** sieht in § 14 vor, dass Kapitalentschädigungen und Renten, die zum Zeitpunkt des Todes des Berechtigten bereits fällig geworden waren, nur an Ehegatten, Kinder oder Eltern des Berechtigten vererbt werden können. Nunmehr können solche Ansprüche auch an den Lebenspartner vererbt werden (§ 14 V Hilfswerk behinderte KinderG).

40 **XI.** Im **Bundeserziehungsgeldgesetz** sind Lebenspartner den Ehegatten, und Kinder des Lebenspartners den Kindern des Ehegatten grundsätzlich gleichgestellt.

41 Dies gilt zum einen für den Anspruch auf Erziehungsgeld. Unter bestimmten Voraussetzungen hat auch der Ehegatte, der nicht Elternteil ist, Anspruch auf Erziehungsgeld (§§ 1 III 2 u VIII BErzGG). Diese Regelungen gelten nunmehr auch für Lebenspartner, ebenso wie der Ausschluss des Anspruchs des Ehegatten in § 1 IX 2 BErzGG.

42 Dem eigenen leiblichen Kind steht das Kind des Ehegatten und nunmehr auch das Kind des Lebenspartners gleich, sowohl beim Anspruch auf Erziehungsgeld als auch beim Erziehungsurlaub, nunmehr vom Gesetzgeber Elternzeit genannt (§§ 1 III Nr 2, 15 I 1 Nr 1 BErzGG).

43 Das Bundeserziehungsgeld ist eine einkommensabhängige Leistung. Bei der Prüfung der Einkommensgrenzen zählt das Einkommen des Ehepartners mit, und nunmehr auch das Einkommen des Lebenspartners (§ 6 III 1 BErzGG).

44 Für Eltern in einer eheähnlichen Gemeinschaft gelten dieselben Einkommensgrenzen wie für Verheiratete, die nicht dauernd getrennt leben (§ 6 III 2 BErzGG). Eine analoge Anwendung dieser Vorschrift auf gleichgeschlechtliche Lebenspartnerschaften scheidet schon deshalb aus, weil nicht beide Partner Elternteil des Kindes sein können.

45 Auch in der Statistik zum Erziehungsgeld und zur gleichzeitigen Elternzeit wird die Elternzeit „des Ehegatten oder Lebenspartners“ berücksichtigt (§ 23 II Nr 9 BErzGG).

46 **XII.** § 1 I Nr 2 UnterhVG bestimmt, dass ein Kind **Unterhaltsvorschuss** nur erhält, wenn es „im Geltungsbereich dieses Gesetzes bei einem seiner Elternteile lebt, der ledig, verwitwet oder geschieden ist oder von seinem Ehegatten dauernd getrennt lebt“. Diese Bestimmung sollte durch Art 2 § 32 LPartGErgGEalt so geändert werden, dass ein Kind Unterhaltsvorschuss nur erhält, wenn es „in Deutschland bei einem Elternteil lebt, der nicht verheiratet ist und keine Lebenspartnerschaft führt, oder von seinem Ehegatten oder Lebenspartner dauernd getrennt lebt“. Außerdem sollte Absatz 2 der Vorschrift, nach der eine Anstaltsunterbringung von wenigstens sechs Monaten als dauernde Trennung gilt, auf den Lebenspartner erstreckt werden. Dieses Gesetzesvorhaben ist gescheitert, weil ihm der Bundesrat nicht zugestimmt hat (Rn 1 und Einf 13ff).

47 Zur selben Zeit ist das Zweite Gesetz zu Familienförderung v 16.08.2001 (BGBl I 2074) beraten und verabschiedet worden. Durch Art 5 dieses Gesetzes ist § 1 II UnterhVG so geändert worden, wie es im LPartGErgGEalt vorgesehen war. Zusätzlich ist der Begriff des dauernd Getrenntlebens durch Verweisung auf § 1567 BGB konkretisiert worden.

48 § 1 UnterhVG ist infolgedessen widersprüchlich. Während es der Gesetzgeber mit dem LPartGErgGEalt abgelehnt hat, den Anspruch auf Unterhaltsvorschuss auch dann entfallen zu lassen, wenn der Elternteil des Kindes mit seinem Lebenspartner zusammenlebt, hat er durch das Zweite Gesetz zur Familienförderung bei der Definition des Getrenntlebens die Trennung vom Lebenspartner mit berücksichtigt. Diese Definition

des Getrenntlebens hängt in der Luft, weil es nach der Grundvorschrift auf das Zusammenleben mit einem Lebenspartner nicht ankommt.

49 Gleichwohl werden Alleinerziehende, die eine Lebenspartnerschaft eingehen, von der Praxis wie Alleinerziehende behandelt, die heiraten, dh, die Zahlung des Unterhaltsvorschusses wird eingestellt. Diese Praxis hat das OVG Schleswig (NJW 2005, 523) gebilligt[1]. Das OVG meint, ein Elternteil, der eine Lebenspartnerschaft eingehe, sei nicht mehr „ledig" iSv § 1 I Nr 2 UnterhVG, sondern lebe mit seinem Lebenspartner in einem neuen, durch das LPartG eingeführten Personenstand. Für diese Auslegung spreche auch der Absatz 2 der Vorschrift. In ihm manifestiere sich der Wille des Gesetzgebers. Dass der LPartGErgGEalt im Bundesrat gescheitert und deshalb die Grundvorschrift des § 1 I Nr 2 UnterhVG nicht geändert worden sei, habe seinen Grund allein in der Ablehnung der Lebenspartnerschaft durch die Bundesratsmehrheit. Anhaltspunkte dafür, dass speziell die vom OVG vorgenommene Auslegung dem Willen der Bundesratsmehrheit widerspreche, lägen nicht vor.

50 Diese Begründung des OVG ist absurd. Die Bundesratsmehrheit hatte den LPartGErgGEalt nicht bloß in toto abgelehnt, sondern sich im Vermittlungsausschuss sogar geweigert, selbst über solche Vorschriften zu verhandeln, die wie das UnterhVG zu Lasten der Lebenspartner geändert werden sollten. An diesen „Willen des Gesetzgebers" sind die Gerichte gebunden (Art 20 III GG). Der LPartGErgGEalt hatte für Lebenspartner erhebliche Vergünstigungen zB im Einkommen- und Erbschaftssteuerrecht und im Beamtenrecht vorgesehen, die ebenfalls nicht Gesetz wurden. Wenn Lebenspartner die begünstigenden Regelungen des LPartGErgGEalt nicht in Anspruch nehmen können, dürfen ihnen die belastenden Regelungen nicht im Wege der Auslegung auferlegt werden.

51 Inzwischen hat allerdings das BVerwG entschieden (BverwGE 120, 188; sa BAG NZA 2005, 57; VG Schleswig, 25.08.2004 - 15 A 213/03), dass die eingetragene Lebenspartnerschaft einen neuen Familienstand begründet und dass Lebenspartner deshalb in Personaldateien nicht als „ledig" gespeichert werden dürfen. Auf der Grundlage dieser Rspr ist eine Auslegung des Begriffs „ledig" in § 1 I Nr 2 UnterhVG dergestalt, dass er nur „unverheiratet" bedeutet und daher auch den Fall der eingetragenen Lebenspartnerschaft mit umfasst, wohl nicht mehr aufrecht zu erhalten.

52 **XIII.** Nach § 46 I 3 Nr 1 des Gesetzes über die **Rehabilitation und Teilhabe behinderter Menschen (SGB IX)** erhalten Leistungsempfänger den erhöhten Leistungssatz von 75 % des zugrunde gelegten Arbeitsentgeltes, wenn ihr Ehegatte oder Lebenspartner, mit denen sie in häuslicher Gemeinschaft leben, eine Erwerbstätigkeit nicht ausüben können, weil sie den Leistungsempfänger pflegen oder selbst der Pflege bedürfen und keinen Anspruch auf Leistungen aus der Pflegeversicherung haben.

53 **XIV.** Bei der **Prozesskostenhilfe,** die eine besondere Form der Sozialhilfe darstellt, sind vom Einkommen des Antragstellers für ihn selbst und seinen Ehegatten oder Lebenspartner jeweils 64 % des zweifachen Eckregelsatzes abzusetzen (§ 115 I Nr 2 ZPO iVm §§ 85 I Nr 1, 86 SGB XII). Dieser Unterhaltsfreibetrag vermindert sich um eigenes Einkommen des Ehegatten oder Lebenspartners.

54 **XV.** Beim **Bundesausbildungsförderungsgesetz** war eine Änderung vorgesehen, dass das Einkommen und Vermögen des Lebenspartners wie das Einkommen und Ver-

[1] Der Beschl des OVG ist im Verfahren des einstweiligen Rechtschutzes ergangen. Die Vorentscheidung des VG Schleswig ist abgedruckt in JAmt 2004, 106, s dazu Rixe FPR 2004, 94, DIJuF-Rechtsgutachten JAmt, 2002, 20. Die Sprungrevision gegen das Urt des VG im Hauptsacheverfahren ist beim Bundesverwaltungsgericht unter dem Az 5 C 24.04 anhängig.

mögen des Ehepartners anzurechnen seien (Art 2 § 38 LPartGErgGEalt). Nachdem diese Änderung bisher gescheitert ist, sind Einkommen und Vermögen des Lebenspartners nicht zu berücksichtigen. Eine analoge Anwendung der für Ehegatten geltenden Vorschriften des BAföG auf Lebenspartnerschaften scheidet aus (s Rn 50).

55 Die Berücksichtigung des Einkommens und Vermögens nicht eingetragener gleichgeschlechtlicher Partner kommt schon deshalb nicht Betracht; weil das BAföG im Gegensatz zur Arbeitslosen- und Sozialhilfe die Heranziehung eheähnlicher Gemeinschaften nicht kennt.

56 **XVI.** Im **Wohngeldrecht** sah der LPartGErgGEalt eine Gleichstellung von Lebenspartnern mit Ehegatten vor. Insbesondere sollten sie in den Familienbegriff des § 4 WoGG einbezogen worden. Diese Neuregelung hätte keine große praktische Bedeutung gewonnen. Denn nach § 18 Nr 4 WoGG darf Wohngeld nicht gewährt werden, soweit ein Antragsteller, der eine Wohn- und Wirtschaftsgemeinschaft mit Personen führt, die keine Familienmitglieder sind, besser gestellt wäre als im Rahmen eines Familienhaushalts. Das Bestehen einer Wirtschaftsgemeinschaft wird vermutet, wenn der Antragsberechtigte mit anderen Wohnraum gemeinsam bewohnt.

57 Im Ergebnis stellt das WoGG damit Wohngemeinschaften, Wohn- und Wirtschaftsgemeinschaften und Lebensgemeinschaften, ob mit Familienangehörigen oder nicht, und unabhängig von ihrer geschlechtlichen Zusammensetzung, wohngeldrechtlich gleich. Das Einkommen aller in einer Wohnung lebenden Personen ist zu berücksichtigen.

58 **XVII** Lebenspartner von Asylbewerbern sind seit dem 01.01.2005 mit Ehegatten gleichgestellt (§ 1 I Nr 6 AsylbLG). Sie erhalten auch dann Leistungen, wenn nur ihr Lebenspartner die Leistungsvoraussetzungen erfüllt.

9. Beamte, Angestellte und Arbeiter

1 **I. 1.** Der **LPartDisBGE** (vgl Einf Rn 13) wollte verpartnerte Beamte, Angestellte und Arbeiter im Arbeitsleben mit ihren verheirateten Kollegen gleichstellen. Zu diesem Zweck sah der Entwurf die Einfügung entsprechender Gleichstellungsklauseln in das BBesG (Art 3 § 10) vor, das einheitlich für Bund, Ländern und Gemeinden gilt, sowie in das BRRG (Art 3 § 8), das die Rahmenvorschriften für die Beamtengesetzgebung der Länder enthält. Außerdem sollten die Rechtsvorschriften für Bundesbeamte entsprechend geändert werden, also das BBG (Art 3 § 9), das BundesreisekostenG, das BundesumzugskostenG, die SonderurlaubsVO, die ErziehungsurlaubsVO, die BundeslaufbahnVO und die Trennungsgeldverordnung (Art 3 §§ 11-16). Dabei ging man davon aus, dass die Länder anschließend das für die Landes- und Gemeindebeamten

geltende Landesrecht sowie die Arbeitgeber und die Gewerkschaften die Tarifverträge und sonstigen kollektiven Regelungen entsprechend ändern würden.

2 Ausgespart blieb damals der Bereich der Hinterbliebenversorgung (SGB VI und BeamtVG), weil gleichzeitig über eine Rentenreform beraten wurde. Die Koalitionsfraktionen betonten aber anlässlich der ersten Lesung des LPartDisBGE, dass die Gleichstellung im Rahmen der Rentenreform erfolgen solle (BT-Drucks 14/3792, Plenarprot 14/115).

3 Als sich abzeichnete, dass die Opposition dem LPartDisBGE nicht zustimmen würde, übernahm die Koalition die beamtenrechtlichen Regelungen in den LPartGErgGEalt. Diesem ist aufgrund des Widerstandes der CDU- bzw CSU-geführten Länder im Bundesrat nicht zugestimmt worden; er ist der Diskontinuität verfallen (Einf Rn 15).

4 **2.** Die Koalition hat sich mit diesem Scheitern nicht abgefunden, sondern die zustimmungsfreien Vorschriften für Bundesbeamte in das **ÜberarbG** (vgl hierzu Einf Rn 44ff) mit aufgenommen. Infolgedessen sind **verpartnerte Bundesbeamte** seit dem 01.01.2005 in folgenden Bereichen mit ihren verheirateten Kollegen und Kolleginnen **gleichgestellt**:

- **Sonderurlaub** (SonderurlaubsVO – Art 5 Nr 4 ÜberarbG),
- **Laufbahnrecht** (BundeslaufbahnVO – Art 5 Nr 6 ÜberarbG, Kriminal-LaufbahnVO – Art 5 Nr 5 ÜberarbG),
- **Reisekosten** (BundesreisekostenG u VO zu § 6 II BundesreisekostenG – Art 5 Nr 8 u 9 ÜberarbG),
- **Trennungsgeld** (TrennungsgeldVO – Art 5 Nr 12 ÜberarbG, AuslandsgeldtrennungsVO – Art 5 Nr 10 ÜberarbG),
- **Umzugskosten** (BundesumzugskostenG – Art 5 Nr 11 ÜberarbG, AuslandsumzugskostenVO – Art 5 Nr 13 ÜberarbG).

5 Die „ErziehungsurlaubsVO“ und die „ErziehungsurlaubsVO für Soldaten“ (s LPartGErgGEalt Art 2 § 51) waren schon vorher durch das **BErzGG** und die „ElternzeitVO für Soldaten und Soldatinnen“ ersetzt worden. Dabei sind Lebenspartner mit Ehegatten gleichgestellt worden (s Sozialrecht Rn 40ff).

6 Bei der **Beihilfe** sind verpartnerte Bundesbeamten noch nicht mit verheirateten Bundesbeamten gleichgestellt. Die Beihilfe ist beim Bund in einer Allgemeinen Verwaltungsanweisung geregelt. Das BVerwG hat dem Bund aufgegeben, diese durch eine Rechtsverordnung zu ersetzen (DVBl 2004, 1420 = DÖV 2005, 24). Die Koalitionsfraktionen haben in der Beschlussempfehlung des Rechtsausschusses zum ÜberarbG betont, dass dann auch bei der Beihilfe die Gleichstellung erfolgen müsse (BT-Drucks 15/4052 S 28). Wenn diese Gleichstellung erfolgt, wird das auch für folgende Länder gelten, die die Beihilfevorschriften des Bundes unmittelbar anwenden:
Bayern (Art 11 I BesoldG), Brandenburg (§ 45 III LBG), Mecklenburg-Vorpommern (§ 91 LBG), Niedersachsen (87c I LBG), Sachsen (§ 102 LBG), Sachsen-Anhalt (§ 88a LBG), Thüringen (§ 87 LBG).

7 **3.** Die Länder **Berlin, Schleswig-Holstein** und **Nordrhein-Westfalen** haben ihr Landesbeamtenrecht bereits an das LPartG angepasst und ihre verpartnerten Beamten mit verheirateten Beamten gleichgestellt (Berlin: LPartG-AnpassungsG v 15.10. 2001 – GVBl 540; Schleswig-Holstein: LPartG-AnpassungsG v 03.01.2005 – GVBl 21, BeihilfeVO v 21.09.2004 – GVBl 372; NRW: LPartGAnpG v 03.05.2005, Gv 498; vgl auch Einf Rn 132ff).

8 **Sachsen-Anhalt** hat zwar ebenfalls ein Lebenspartnerschaftsgesetzanpassungsgesetz erlassen (v 26.03.2004 – GVBl 234). Dieses enthält aber keine Bestimmungen über die Gleichstellung von verpartnerten Landesbeamten mit verheirateten Landesbeamten.

Die SonderurlaubsVO ist gesondert an das LPartG angepasst worden. Außerdem verweist das Landesbeamtengesetz von Sachsen-Anhalt für die Reise- und Umkostenvergütung und für das Trennungsgeld auf das Bundesrecht. Dadurch sind die verpartnerten Beamten des Landes Sachsen-Anhalt insoweit jetzt ebenfalls mit ihren verheirateten Kollegen gleichgestellt. Ähnliches gilt für unterschiedliche Bereiche in einigen anderen Ländern, die noch keine Anpassungsgesetze erlassen haben (s Rn 10).

9 Der **Entwurf eines neuen Ergänzungsgesetzes** (vgl hierzu iE Einf Rn 79ff) sollte wiederum den Vorschlag enthalten, in das BRRG, das BBesG, das BeamtVG und das BBG Gleichstellungsklauseln einzufügen.

10 **II.** Damit ergibt sich für verpartnerte Beamte zur Zeit (Juni 2005) folgendes Bild:

- **Familienzuschlag**: keine Gleichstellung
- **Beamtenversorgung**: keine Gleichstellung
- **Beihilfe**: Gleichstellung nur für verpartnerte Beamte der Länder
  Berlin (§ 44 I u II LBG)
  NRW (§ 88 LBG, BHVO)
  Schleswig-Holstein (§ 3 I Nr 1 BhVO).
- **Reise- und Umzugskostenvergütung sowie Trennungsgeld:** Gleichstellung nur für verpartnerte Beamte von:
  Bund, Berlin (§ 54 LBG), Brandenburg (§ 54 I LBG), Hamburg (§ 94 II LBG), Niedersachsen (§ 98 I LBG), Nordrhein-Westfalen (§ 1 LUKG, TrennungsentschädigungsVO), Sachsen-Anhalt (§ 88 LBG), Schleswig-Holstein (§ 104 S 1 Nr 4 LBG),
- **Sonderurlaub**: Gleichstellung nur für verpartnerte Beamte von:
  Bund, Berlin (§ 55 II S 1 LBG), NRW (§ 11 SonderurlaubsVO), Niedersachsen (§ 9 I SonderurlaubsVO, Gleichbehandlung im Hinblick auf die Lebensgefährtin und den Lebensgefährten. Dieser Ausdruck ist nicht rechtstechnisch iSd LPartG [s § 11 Rn 11] gemeint und umfasst deshalb auch die Lebenspartner). Sachsen-Anhalt (§ 22 II UrlaubsVO), Schleswig-Holstein (§ 13 I SonderurlaubsVO).
  Einige andere Länder gewähren Sonderurlaub aus wichtigen persönlichen Gründen, soweit dienstliche Belange nicht entgegenstehen.
- **Laufbahnrecht**: Gleichstellung nur für verpartnerte Beamte von:
  Bund, Berlin (§ 16 IV LaufbahnG), NRW (§§ 23 VII, 25 II LBG, LaufbahnVOen), Schleswig-Holstein (Art 12 u 13 LandesanpassungsG).

11 **1.** Viele verpartnerte Beamte haben sich mit dieser Rechtslage nicht abgefunden und ihre Dienstherrn auf Zahlung des **Familienzuschlags** der Stufe 1 nach § 40 I Nr 1–3 BBesG verklagt. Sie berufen sich auf den Gleichbehandlungsgrundsatz und darauf, dass Deutschland die RL 2000/78/EG des Rates v 27.11.2000 zur Festlegung eines allgemeinen Rahmens für die Verwirklichung der Gleichbehandlung in Beschäftigung und Beruf (ABl EG L 303/16 v 02.12.2000) nicht fristgemäß bis zum 02.12.2003 (Art 18 I) umgesetzt hat.

12 Das VG Schleswig (27.08.2004 - 11 A 103/04) hat einer solchen Klage stattgegeben. Der VGH Mannheim (DÖD 2005, 87 = VBlBW 2005, 186), das VG Bremen (30.03.2004 - 6 K 734/03) und das VG Koblenz (14.09.2004 – 6 K 631/04.KO) haben die Klagen abgewiesen. Die Revision gegen das Urteil des VGH Mannheim ist beim BVerwG unter dem Aktenzeichen 2 C 43.04 anhängig. Das OVG Münster (NJW 2005, 1002) hat den Antrag auf Zulassung der Berufung gegen einen ablehnenden Gerichtsbescheid des VG Düsseldorf abgelehnt.

13 Die RL 2000/78/EG ordnet in Art 3 I Buchst c in Verbindung mit Art 1 und 2 an, dass alle Personen in öffentlichen und privaten Bereichen, einschließlich öffentlicher Stellen,

beim Arbeitsentgelt nicht wegen ihrer sexuellen Ausrichtung benachteiligt werden dürfen. Der Familienzuschlag ist ein Teil des „Entgelts“ iSv Art 141 II EGV (BVerfG FamRZ 2004, 524) und damit auch ein Teil des „Arbeitsentgelts“ iSv Art 3 I Buchst c der Richtlinie (vgl Erwägungsgrund 13). Nach Art 2 II Buchst a der Richtlinie liegt eine unmittelbare Diskriminierung vor, wenn eine Person wegen eines der in Art 1 ge-nannten Gründe (ua: sexuelle Ausrichtung) in einer vergleichbaren Situation eine weniger günstige Behandlung erfährt, als eine andere Person erfährt, erfahren hat oder erfahren würde.

14 Die **Situation von Lebenspartnern** (ohne Kinder) ist **mit** der **Situation von Ehegatten** (ohne Kinder) **vergleichbar** (BAG NZA 2005, 57, 60). Das ÜberarbG hat die Lebenspartnerschaft zivilrechtlich völlig der Ehe angeglichen. Lebenspartner sind ihren Partnern in gleicher Weise zum Unterhalt verpflichtet wie Ehegatten. Sie leben, wenn sie nichts anderes vereinbart haben, wie Ehegatten im gesetzlichen Güterstand der Zugewinngemeinschaft und bilden daher wie Eheleute eine Gemeinschaft des Erwerbs und des Verbrauchs. Dementsprechend findet auch bei ihnen ein Versorgungsausgleich statt, wenn ihre Lebenspartnerschaft aufgehoben wird. Der einzige Unterschied zwischen Lebenspartnern und Ehegatten ist die sexuelle Ausrichtung, die die Lebenspartner daran hindert, ebenfalls eine Ehe einzugehen. Deshalb werden Lebenspartner wegen ihrer sexuellen Ausrichtung diskriminiert, wenn sie ein geringeres Arbeitsentgelt erhalten als Ehegatten.

15 Da Deutschland die **Richtlinie nicht fristgemäß umgesetzt** hat, sind die Betroffenen nach der feststehenden Rechtsprechung des EuGH (NJW 1982, 499, Rs Becker) berechtigt, sich vor einem nationalen Gericht gegenüber dem Staat auf die Bestimmungen der Richtlinie zu berufen. Das alles scheint unstreitig zu sein. Streitig ist allein die Bedeutung des **Erwägungsgrunds 22** der Richtlinie. Er lautet: „Diese Richtlinie lässt die einzelstaatlichen Rechtsvorschriften über den Familienstand und davon abhängige Leistungen unberührt.“

16 Erwägungsgründe sind das Resultat der in Art 253 EGV statuierten Begründungspflicht für Rechtsakte der Gemeinschaft, die dem EuGH die Ausübung seiner Rechtskontrolle und den Mitgliedstaaten die Unterrichtung darüber ermöglichen soll, in welcher Weise die Gemeinschaftsorgane den Vertrag angewandt haben. Die Erwägungsgründe haben also dieselbe Bedeutung wie die Amtlichen Begründungen deutscher Gesetze. Sie sind eine wichtige Auslegungshilfe, können aber einen entgegenstehenden Wortlaut der Richtlinie bzw des Gesetzes nicht außer Kraft setzen (vgl Redeker/Karpenstein NJW 2001, 2830; Redeker ZRP 2004, 162; Schmidt/Senne RdA 2002, 84f; Stüber NJW 2003, 2723; Hailbronner NJW 2004, 2187; ders ZAR 2004, 165). Deshalb müssen einschränkende Erwägungsgründe in der Richtlinie selbst wiederholt werden, wenn sie Rechtswirkungen entfalten sollen.

17 Daran hat sich der europäische Gesetzgeber bei den anderen einschränkenden Erwägungsgründen der RL 2000/78/EG gehalten. Sie betreffen unterschiedliche Behandlungen wegen der Staatsangehörigkeit (Erwägungsgrund 12 u Art 3 II), bei den Systemen der sozialen Sicherheit (Erwägungsgrund 13 u Art 3 III), wegen des Alters (Erwägungsgründe 14 u 25 sowie Art 6), bei den Streitkräften (Erwägungsgründe 18 u 19 sowie Art 2 V u Art 3 IV), bei den Ausnahmen von den Diskriminierungsverboten (Erwägungsgrund 23 u Art 4 I), bei den Kirchen und Weltanschauungsgemeinschaften (Erwägungsgrund 24 u Art 4 II) sowie bei den Förderungsmaßnahmen (Erwägungsgrund 26 u Art 7). Für die im Erwägungsgrund 22 erwähnten Leistungen, die vom Familienstand abhängen, findet sich dagegen in der Richtlinie keine korrespondierende Ausnahmeregelung. Nach dem Richtlinientext ist die Diskriminierung wegen der sexuellen Ausrichtung beim Arbeitsentgelt ausnahmslos verboten.

18 Es gibt bisher zur Frage der rechtlichen Bedeutung eines isolierten einschränkenden Erwägungsgrundes, der im Text der Richtlinie weder wiederholt noch in anderer Weise aufgegriffen wird, keine Rechtsprechung des EuGH.

19 Das VG Schleswig hat sich mit dieser Frage nicht unmittelbar auseinandergesetzt, sondern die Auffassung vertreten, der Erwägungsgrund betreffe nur die sich aus den verschiedenen Lebensverhältnissen ergebenden Unterhaltslasten. Ihnen dürfe der nationale Gesetzgeber jeweils typisierend Rechnung tragen. Zwischen der Ehe und der Lebenspartnerschaft bestehe aber wegen der identischen Unterhaltsverpflichtung kein Unterschied. Deshalb bestehe insoweit ein Gleichbehandlungsanspruch, weil sonst der Zweck der Richtlinie ins Leere laufe.

20 Das OVG Münster hat sich mit der RL 2000/78/EG überhaupt nicht auseinandergesetzt. Das VG Bremen hat die Abweisung der Klage pauschal auf den Erwägungsgrund 22 gestützt und ist dabei nicht auf den Umstand eingegangen, dass dieser im Text der Richtlinie nicht wiederholt wird. Das VG Koblenz und der VGH Mannheim räumen zwar ein, dass Erwägungsgründe als bloße Auslegungshilfen nicht geeignet sind, einen entgegenstehenden Wortlaut der Richtlinie außer Kraft zu setzen. Tatsächlich messen sie dem Erwägungsgrund dann aber doch eine einschränkende Wirkung bei, indem sie davon ausgehen, dass durch den Erwägungsgrund Leistungen, die vom Familienstand abhängen, aus dem Anwendungsbereich der Richtlinie herausgenommen worden seien und dass demgemäß das Diskriminierungsverbot der Richtlinie die vom Familienstand abhängigen Leistungen nicht erfassen soll. Das ist in sich widersprüchlich.

21 Die Erwägung der beiden Gerichte, dass die Unterscheidung nach dem Familienstand ein sachliches Unterscheidungsmerkmal darstelle, dem keine Diskriminierung wegen der sexuellen Ausrichtung zugrunde liege, vermag den Widerspruch nicht aufzulösen. Tatsache ist, dass Art 3 I Buchst c der Richtlinie die Benachteiligung beim Arbeitsentgelt wegen der sexuellen Ausrichtung ohne jede Einschränkung verbietet und damit auch für den Teil des Arbeitsentgelts, der vom Familienstand der Beschäftigten abhängt. Welchen Familienstand Paare haben, die wie Ehegatten oder Lebenspartner eine lebenslange verbindliche Partnerschaft eingehen, hängt nur von ihrer sexuellen Ausrichtung ab, weil sie je nach ihrer sexuellen Ausrichtung nur den Familienstand „verheiratet“ oder „verpartnert“ wählen können. Die Tatsache, dass Ehegatten wegen ihres Familienstandes „verheiratet“ den Familienzuschlag erhalten, während Lebenspartner ihn wegen ihres Familienstandes „verpartnert“ nicht erhalten, stellt daher eine Diskriminierung wegen der sexuellen Ausrichtung dar, die nur im Richtlinientext selbst hätte erlaubt werden können.

22 Außerdem verbietet die Richtlinie auch die **mittelbare Diskriminierung.** Nach Art 2 II Buchst b der Richtlinie liegt eine mittelbare Diskriminierung vor, wenn dem Anschein nach neutrale Vorschriften, Kriterien oder Verfahren Personen mit einer bestimmten sexuellen Ausrichtung gegenüber anderen Personen in besonderer Weise benachteiligen, es sei denn, diese Vorschriften, Kriterien oder Verfahren sind durch ein rechtmäßiges Ziel sachlich gerechtfertigt und die Mittel sind zur Erreichung dieses Ziels angemessen und erforderlich. Das Kriterium „Familienstand“ mag dem Anschein nach neutral sein. Es führt aber dazu, dass verpartnerte Beamte gegenüber verheirateten Beamten beim Familienzuschlag benachteiligt werden, obwohl sie genauso für ihre Partner einstehen müssen wie Ehegatten. Als rechtmäßiges Ziel, dass diese Diskriminierung rechtfertigen könnte, käme allenfalls die Förderung der Ehe in Betracht, weil die Ehe eine rechtliche Absicherung der Partner bei der Gründung einer Familie mit gemeinsamen Kindern ermöglichen soll (BVerfG NJW 1993, 3058, zum Förderungsgebot vgl Einf Rn 117ff). Hier muss man aber unterscheiden. Es geht in diesen Fällen nicht um die Rechtfertigung der Zahlung des Familienzuschlags an verheiratete Beamte, sondern um die Versagung des Zuschlags für verpartnerte Beamte.

Diese Versagung ist nicht geeignet, die Ehe zu fördern. Gleichgeschlechtlich ausgerichtete Menschen könne durch Gehaltsabzüge nicht dazu veranlasst werden, auf die Eingehung einer Lebenspartnerschaft mit einem gleichgeschlechtlichen Partner zu verzichten und stattdessen eine Ehe mit einem verschiedengeschlechtlichen Partner einzugehen (vgl EGMR ÖJZ 2004, 36 – Fall Karner v Österreich).

23 Das **Urteil des EuGH vom 31.05.2001 in der Sache D und Schweden** (FamRZ 2001, 1053), auf das sich das VG Koblenz und der VGH Mannheim unterstützend berufen, ist nicht einschlägig. Zwar ging es in dem Urteil um die Frage, ob verpartnerten Beamten der EG aufgrund des EG-Beamtenstatuts derselbe Haushaltszuschlag wie verheirateten Beamten zusteht. In dem für die Entscheidung maßgebenden Zeitpunkt enthielt das EG-Beamtenstatut aber noch keine Bestimmung, die die Diskriminierung wegen der sexuellen Ausrichtung verbot. Sie ist erst danach vom Rat in das Statut eingefügt worden. Darauf hat der EuGH in seinem Urteil ausdrücklich hingewiesen (Tz 10). Deshalb hat der EuGH nur die Frage geprüft, ob die Bestimmungen des EG-Beamtenstatuts in seiner für die Entscheidung maßgebenden Fassung es zulassen, den Familienstand „eingetragene Lebenspartnerschaft" im Wege der Auslegung der Ehe gleichzustellen. Diese Frage hat der EuGH verneint. Außerdem hat er die Auffassung vertreten, dass sich ein verpartnerter Beamter nicht in der gleichen Lage wie ein verheirateter Beamter befinde, weil die Rechtsvorschriften der Mitgliedstaaten im Hinblick auf die Anerkennung von Lebenspartnerschaften sehr unterschiedlich und dadurch gekennzeichnet seien, dass eine allgemeine Gleichstellung der Ehe mit den übrigen Formen gesetzlicher Lebenspartnerschaften fehle. Dementsprechend lässt sich dem Urteil nichts darüber entnehmen, ob die Verweigerung des Haushaltszuschlags für verpartnerte EG-Beamte eine Diskriminierung wegen der sexuellen Ausrichtung darstellt. Tatsächlich erhalten verpartnerte EG-Beamte inzwischen aufgrund der Einfügung des Verbots der Diskriminierung wegen der sexuellen Ausrichtung in das EG-Beamtenstatut durch die VO (EG, EGKS, Euratom) Nr 781/98 des Rates v 07.04.1998 (ABl EG L 113/4 v 15.04.1998) denselben Haushaltszuschlag wie verheiratete EG-Beamte.

24 Auch das **Urteil des EuGH vom 17.02.1998 in der Sache Grant** (NJW 1998, 969), auf das sich das VG Koblenz zusätzlich beruft, ist nicht einschlägig. In diesem Urteil ging es um die Frage, ob der Ausschluss gleichgeschlechtlicher Paare von Fahrtvergünstigungen für Ehepaare und eheähnliche Paare eine Diskriminierung wegen des Geschlechts darstellt. Diese Frage hat der EuGH verneint. Außerdem hat er geprüft, ob das Gemeinschaftsrecht verlangt, dass feste Beziehungen zwischen zwei Personen des gleichen Geschlechts von jedem Arbeitgeber den Beziehungen zwischen Verheirateten und eheähnlichen Partnern gleichgestellt werden müssen und ob eine Diskriminierung aufgrund der sexuellen Ausrichtung eine Diskriminierung aufgrund des Geschlechts darstellt. Auch das hat der EuGH verneint und ausdrücklich festgestellt, „dass das Gemeinschaftsrecht bei seinem gegenwärtigen Stand eine Diskriminierung aufgrund der sexuellen Ausrichtung nicht erfasst" (Tz 47). Damals war zwar die Ermächtigungsgrundlage des Art 13 EGV für solche Rechtsvorschriften mit dem Amsterdamer Vertrag schon beschlossen worden (als Art 6a EGV), aber noch nicht in Kraft getreten. Darauf hat der EuGH in seinem Urteil ausdrücklich hingewiesen (Tz 48). Deshalb hat er sich nicht zu der Frage geäußert, ob die Vorenthaltung von Fahrtvergünstigungen für gleichgeschlechtliche Paare eine Diskriminierung wegen der sexuellen Ausrichtung darstellt.

25 Verpartnerte Beamte haben somit seit dem Ablauf der Umsetzungsfrist der RL 2000/78/EG am 02.12.2003 **Anspruch auf denselben Familienzuschlag** wie ihre verheirateten Kollegen.

26 Bereits nach nationalem Recht haben Beamte Anspruch auf den **Familienzuschlag der Stufe 1,** wenn sie eine andere Person nicht nur vorübergehend in ihre Wohnung aufgenommen haben und ihr Unterhalt gewähren, weil sie **gesetzlich oder sittlich dazu**

verpflichtet sind (§ 40 I Nr 4 BBesG). Dies gilt nicht, wenn für den Unterhalt der aufgenommenen Person Mittel zur Verfügung stehen, die das Sechsfache des Betrages der Stufe 1 übersteigen. Das sind zur Zeit je nach Besoldungsstufe zwischen 601,44 € und 631,38 €. Aufgrund dieser Vorschrift gewähren die meisten Bundesländer ihren verpartnerten Beamten den Familienzuschlag, wenn sie mit ihren Partnern zusammenwohnen und wenn deren Einkommen die vorerwähnte Grenze nicht übersteigt. Nur Bayern und Baden-Württemberg lehnen die Zahlung mit der Begründung ab, die „Aufnahme" einer anderen Person in die Wohnung eines Beamten sei zu verneinen, wenn ein Beamter mit seinem Lebenspartner nach dessen Einzug eine Wohngemeinschaft bilde. Diese Rechtsauffassung hat der VGH Mannheim in dem oben erwähnten Urteil (Rn 12) gebilligt. Nach seiner Auffassung sollen die Voraussetzungen der Vorschrift selbst dann nicht vorliegen, wenn der Beamte später allein für die Wohnung aufkommen muss, weil sein Lebenspartner über keine eigenen Einkünfte mehr verfügt. Dies könne nicht als „nachträgliche" Aufnahme gedeutet werden; denn eine „Aufnahme" könne ohne örtliche Veränderung des Lebensmittelpunktes des Aufgenommenen nicht stattfinden. Diese formalistische Argumentation wird dem Normzweck der Vorschrift nicht gerecht. Sie will die Belastungen mit unausweichlichen Unterhaltszahlungen ausgleichen, die sich durch das Zusammenleben mit anderen Personen ergeben. Das sieht auch das LAG Rostock so (16.11.2004 - 3 Sa 64/04). Es hat zu der Parallelvorschrift des § 29 Abschnitt B III BAT-O entschieden: „Wenn Arbeitnehmer mit ihren Lebenspartnern und deren Kindern in einer Wohnung zusammenleben, haben sie die Kinder in ihren Haushalt im Sinne des § 63 EStG aufgenommen. Dabei kommt es nicht darauf an, wer im juristischen Sinne Mieter der gemeinsamen Wohnung ist."

27 **2.** Die **Pensionen für Hinterbliebene von Beamten** gelten wie der Familienzuschlag europarechtlich als „Entgelt" iSv Art 141 II EGV (EuGH DVBl 2004, 188, Rs Schönheit ua) und damit als „Arbeitsentgelt" iSv Art 3 I Buchst c der RL 2000/78/EG. Für sie gelten deshalb die vorstehenden Erwägungen in gleicher Weise.

28 Hinterbliebene Lebenspartner von Beamten haben deshalb seit dem 03.12.2003 (vgl Rn 11) Anspruch auf dieselbe Pension wie Ehegatten von verstorbenen Beamten.

29 Das folgt außerdem aus der Tatsache, dass Lebenspartner von sozialversicherten Arbeitnehmern inzwischen aufgrund des am 01.01.2005 in Kraft getretenen ÜberarbG dieselbe Hinterbliebenenrente erhalten wie Ehegatten. Das BVerfG hat festgestellt, dass nicht nur die beitragsfinanzierten Versicherungsrenten, sondern auch die Versorgungsbezüge der Beamten der Gegenwert für die zur Zeit der aktiven Beschäftigung erbrachten Dienstleistungen sind (BVerfGE 105, 114f). Es stellt deshalb eine willkürliche Ungleichbehandlung dar, dass der Gesetzgeber im ÜberarbG nur die hinterbliebenen Lebenspartner von sozialversicherten Arbeitnehmern in die Hinterbliebenenversorgung einbezogen hat.

30 **3.** Nach der Rechtsprechung des EuGH zu Art 141 II EGV und zu den Richtlinien über die Gleichbehandlung von Männern und Frauen gelten alle gegenwärtigen oder künftigen Leistungen als Arbeitsentgelt, die der Arbeitgeber oder Dienstherr dem Beschäftigten aufgrund des Beschäftigungsverhältnisses gewährt unabhängig davon, ob sie aufgrund eines Arbeitsvertrags, kraft einer Rechtsvorschrift oder freiwillig gewährt werden. Entscheidend ist der Zusammenhang mit dem Beschäftigungsverhältnis (BGH VersR 2004, 368 mwN). Danach zählt auch die **Beihilfe** europarechtlich zum Entgelt, so dass die Partner von Beamten seit dem 03.12.2003 (Rn 11) dieselben Beihilfeleistungen beanspruchen können wie Ehegatten von Beamten.

31 Das VG Schleswig (7.08.2004 - 11 A 39/04) ist anderer Ansicht, „weil die Gewährung der Beihilfe ihre Grundlage allein in der Fürsorgepflicht des Dienstherrn findet und

nicht Gegenstand des gemeinschaftsrechtlichen 'Arbeitsentgelts' ist, so dass weder die zu Art 141 EGV ergangene RL 2000/78/EG [vgl. auch Vorerwägung Nr 13] noch Art 141 EGV einschlägig sind". Dabei hat das VG Schleswig aber übersehen, dass es für den europarechtlichen Begriff des Arbeitsentgelts nicht auf die Motive ankommt, aufgrund derer der Arbeitgeber eine Leistung gewährt, sondern allein darauf, ob die Leistung „mit dem Beschäftigungsverhältnis in Zusammenhang" steht. Das trifft für die Beihilfe offensichtlich zu.

Im Übrigen besteht auf die Gleichbehandlung von Ehegatten und Lebenspartnern bei der Beihilfe auch ein verfassungsrechtlicher Anspruch, vgl Einf Rn 126. 32

4. Art 3 I der RL 2000/78/EG verbietet nicht nur beim Entgelt die Diskriminierung wegen der sexuellen Ausrichtung, sondern auch bei den „Beschäftigungs- und Arbeitsbedingungen" und beim „beruflichen Aufstieg". Deshalb dürfen auch die sonstigen Vorteile, die verheirateten Beamten zustehen (**Sonderurlaub, Laufbahnrecht, Reise- und Umzugskosten sowie Trennungsgeld)** verpartnerten Beamten seit dem 03.12.2003 nicht mehr vorenthalten werden. 33

III. Für die verpartnerten **Angestellten und Arbeiter** hätte die Gleichstellung durch entsprechende Änderung der Tarifverträge, Betriebsvereinbarungen und Arbeitsverträge bewirkt werden müssen. Das ist bisher nur zum Teil geschehen. Trotzdem sind verpartnerte Angestellte und Arbeiter durch das **Urteil des BAG v 29.04.2004** (NZA 2005, 57) praktisch schon jetzt mit ihren verheirateten Kollegen gleichgestellt. 34

1. a) Das BAG hatte über die Frage zu entscheiden, ob einem verpartnerten Angestellten derselbe Ortszuschlag wie einem verheirateten Angestellten zusteht (**Ortszuschlag der Stufe 2**). Es hat diese Frage bejaht, weil das Rechtsinstitut der Lebenspartnerschaft einen neuen Familienstand begründe. Die damit verbundenen Unterhaltspflichten entsprächen denen der Ehe. Wie die Ehe sei eine Lebenspartnerschaft eine exklusive, auf Dauer angelegte und durch staatlichen Akt begründete Verantwortungsgemeinschaft, deren vorzeitige Auflösung einer gerichtlichen Entscheidung bedürfe. Die Lebenspartnerschaft erfülle somit alle Merkmale, an die der Tarifvertrag typisierend den Bezug eines höheren familienstandsbezogenen Vergütungsbestandteils anknüpfe. Dieser Familienstand sei im Stufensystem des Ortszuschlags nicht berücksichtigt. Mit dem Rechtsinstitut der Lebenspartnerschaft und deren familienrechtlicher Ausgestaltung durch das LPartG sei die Tarifnorm nachträglich lückenhaft geworden. Die Lebenspartnerschaft sei zwar keine Ehe. Gleichwohl könne die Tariflücke entsprechend dem Regelungskonzept und dem mit der Gewährung des Ortszuschlags verbundenen Zweck systemkonform nur durch die Gleichstellung von Angestellten, die eine Lebenspartnerschaft eingegangen sind, mit verheirateten geschlossen werden. 35

Dieses Urteil ist zwar auf erhebliche Kritik gestoßen (vgl Berger-Delhey ZTR 2004, 510; Bergwitz ZTR 2004, 512), und die Arbeitgeber haben lange gezögert, es umzusetzen. Aber letztlich haben sie sich der Erkenntnis nicht verschlossen, dass von den Arbeitsgerichten keine abweichenden Entscheidungen mehr zu erwarten sind, weil die unterlegenen Parteien dann das BAG anrufen und dort Erfolg haben werden (s auch das Rundschreiben des BMI GMBl 2004, 1077, sowie Hamburger Bü-Drucks 18/1610 u 18/1858). 36

Das Urteil des BAG befasst sich nur mit dem BAT. Die von dem Gericht entwickelten Rechtsgrundsätze gelten aber in gleicher Weise **für alle anderen Tarifverträge** mit vergleichbaren Bestimmungen über den Ortszuschlag einschließlich der entsprechenden **Vergütungsordnungen der Evangelischen Kirchen**. Lebenspartner, für deren Arbeitsverhältnis ein Tarifvertrag oder eine Vergütungsordnung gilt, die für verheira- 37 tete Arbeiter oder Angestellte einen Ortszuschlag vorsehen, können deshalb von ihren Arbeitgebern unter Berufung auf das Urteil des BAG denselben Ortszuschlag wie ihre verheirateten Kollegen verlangen.

38 Da durch das Urteil geklärt worden ist, wie die Tarifverträge und Vergütungsordnungen seit dem Inkrafttreten des LPartG richtig hätten ausgelegt werden müssen, kommt dem Urteil **„Rückwirkung"** zu, dh, die Betroffenen können den Ortszuschlag rückwirkend verlangen, soweit der Anspruch nicht verjährt ist. Von Bedeutung ist insoweit die Ausschlussfrist des § 70 BAT bzw der entsprechenden Vorschriften in den anderen Tarifverträgen und Vergütungsordnungen. Danach verfallen Ansprüche aus dem Arbeitsverhältnis, wenn sie nicht innerhalb einer Ausschlussfrist von sechs Monaten nach Fälligkeit vom Angestellten schriftlich geltend gemacht werden, soweit tarifvertraglich nichts anderes bestimmt ist. Dabei reicht die einmalige Geltendmachung des Anspruchs aus, um die Ausschlussfrist auch für später fällig werdende Leistungen unwirksam zu machen. Maßgebend ist also, wann die Betroffenen den Ortszuschlag zum ersten Mal gefordert haben. Der Ortszuschlag steht ihnen ab diesem Zeitpunkt plus weiterer sechs Monate zu.

39 Wenn Arbeiter oder Angestellte heiraten, werten die Arbeitgeber und die Gerichte die Übersendung der Heiratsurkunde als „schriftliche Geltendmachung" des Anspruchs auf erhöhten Ortszuschlag iSd Ausschlussklauseln der Tarifverträge und Vergütungsordnungen. Bei verpartnerten Arbeitern und Angestellten vertreten viele Arbeitgeber die Auffassung, die bloße Übersendung der Lebenspartnerschaftsurkunde reiche nicht aus, um den Verfall des Anspruchs auszuschließen; erforderlich sei vielmehr die ausdrückliche schriftliche Geltendmachung des Anspruchs. Ein Grund für eine solche unterschiedliche Behandlung ist nicht ersichtlich. Zu dieser Streitfrage gibt es bisher noch keine gerichtliche Entscheidung.

40 **b)** Was das BAG zum Ortszuschlag ausgeführt hat, lässt sich ohne weiteres auf alle sonstigen tariflichen Vergünstigungen für Ehegatten übertragen, also auf die Ansprüche auf **Sonderurlaub, Reise- und Umzugskostenvergütung sowie Trennungsgeld usw.**

41 **c)** Die Ausführungen gelten aber auch für die Auslegung von Tarifverträgen und Betriebsvereinbarungen über **Hinterbliebenenrenten**.

42 **2.** Auch wenn für ein Arbeitsverhältnis kein Tarifvertrag gilt, ist der Arbeitgeber verpflichtet, seine Arbeitnehmer gleich zu behandeln. Das BAG hat festgestellt, dass die Lebenspartnerschaft alle Merkmale erfüllt, aufgrund deren bei Ehen Vergünstigungen gewährt zu werden pflegen. Daraus folgt ohne weiteres, dass auch **der nicht tarifgebundene Arbeitgeber Lebenspartner genauso wie Ehegatten behandeln muss.** Wenn er Ehegatten eine Vergünstigung gewährt, muss er sie auch Lebenspartnern gewähren.

43 **3.** Die **Zusatzversorgung durch die Versorgungsanstalt des Bundes und der Länder (VBL)** gewährt Arbeitern und Angestellten des öffentlichen Dienstes eine die Leistungen der gesetzlichen Rentenversicherung ergänzende zusätzliche Alters- und Hinterbliebenenversorgung im Wege einer privatrechtlichen Versicherung. Diese „Betriebsrenten" gehören europarechtlich zum „Entgelt" (BGH VersR 2004, 368 mwN) und unterfallen damit dem Diskriminierungsverbot des Art 3 I Buchst c der RL 2000/78/EG. Deshalb haben verpartnerte Arbeiter und Angestellte aus den oben dargelegten Gründen (Rn 13ff) seit dem 03.12.2003 Anspruch auf dieselben Renten und Hinterbliebenenrenten wie verheiratete Arbeiter und Angestellte.

44 Das OLG Karlsruhe ist anderer Meinung (VersR 2005, 636). Es hat die Satzung der VBL, nach der nur überlebende Ehegatten einen Anspruch auf Hinterbliebenenrente haben, unter Berufung auf Art 6 I GG gebilligt. Mit dem Diskriminierungsverbot der

RL 2000/78/EG hat sich das OLG in seinem Urteil nicht auseinander gesetzt. Die Revision gegen das Urteil ist beim BGH unter dem Aktenzeichen IV ZR 267/04 anhängig.

45 In dem Urteil des OLG Karlsruhe ging es auch um die Frage, ob die VBL bei der Umstellung ihres Systems zum Stichtag 01.12.2001 bei verpartnerten Arbeitern und Angestellten an die Steuerklasse I anknüpfen durfte oder ob sie der Umstellung wie bei Ehegatten die Steuerklasse III zugrunde legen musste. Das Gericht hat die Bevorzugung von Ehegatten bei der Systemumstellung ebenfalls mit Art 6 I GG gerechtfertigt. Das überzeugt schon deshalb nicht, weil die Veranlagung von Lebenspartnern nach der Steuerklasse I gegen den sich aus Art 3 GG ergebenden Grundsatz der Steuergerechtigkeit verstößt (s Steuerrecht Rn 2ff u Einf Rn 120ff).

46 **4.** Anders als bei der VBL gilt die **Hinterbliebenenversorgung des Versorgungsverbandes bundes- und landesgeförderter Unternehmen (VBLU) seit Januar 2004 auch für Lebenspartner**. Die Leistungen erfolgen analog der Witwen- und Witwerversorgung für Verheiratete. Wenn im Haushalt der Lebenspartner Kinder leben, erhalten die Kinder dieselbe Versorgung wie Kinder im Haushalt von Verheirateten. Diese Versorgung gilt ab Einführung auch rückwirkend für die im Bestand versicherten Mitarbeiter in gleichgeschlechtlichen Partnerschaften.

47 **IV.** Lesben und Schwule, die in **katholischen Einrichtungen** beschäftigt sind, müssen mit ihrer Kündigung rechnen, wenn sie eine Lebenspartnerschaft eingehen. Das gilt nicht nur für Mitarbeiter im kirchlichen Verkündigungsdienst, sondern auch für die Arbeitnehmer in den Einrichtungen der Caritas, in den katholischen Kindergärten und Kindertagesstätten, in Krankenhäusern, Alters- und Pflegeheimen, in Privatschulen, Internaten und Ferienheimen sowie bei den katholischen Kirchenzeitungen.

48 Nach der Rechtsprechung des BVerfG (BVerfGE 70, 138) sind die Kirchen berechtigt, ihren Mitarbeitern die Beachtung jedenfalls der tragenden Grundsätze der kirchlichen Glaubens- und Sittenlehre aufzuerlegen und von ihnen zu verlangen, dass sie auch im Privatleben nicht gegen die fundamentalen Verpflichtungen verstoßen, die sich aus ihrer Zugehörigkeit zur Kirche ergeben und die jedem Kirchenmitglied obliegen. Deshalb enthalten die Arbeitsverträge üblicherweise besondere Klauseln, durch die den Mitarbeitern die Pflicht auferlegt wird, ihre gesamte Lebensführung nach der Glaubens- und Sittenlehre sowie den übrigen Normen der betreffenden Kirche auszurichten. Das gibt den kirchlichen Arbeitgebern die Möglichkeit, lesbische Mitarbeiterinnen und schwule Mitarbeiter zu entlassen, wenn sie gegen die kirchlichen Glaubens- und Moralvorschriften verstoßen.

49 Gestützt auf diese Rechtsprechung hat „Der Ständige Rat der Deutschen Bischofskonferenz“ in einer Erklärung vom 24.06.2002 „zur Unvereinbarkeit von Lebenspartnerschaften nach dem Lebenspartnerschaftsgesetz mit den Loyalitätsobliegenheiten nach der Grundordnung des kirchlichen Dienstes im Rahmen kirchlicher Arbeitsverhältnisse“ festgestellt:

„Das neu geschaffene Rechtsinstitut der Lebenspartnerschaft nach dem ‘Gesetz zur Beendigung der Diskriminierung gleichgeschlechtlicher Gemeinschaften: Lebenspartnerschaften vom 16. Februar 2001 (BGBl I 266)’ widerspricht der Auffassung über Ehe und Familie, wie sie die katholische Kirche lehrt. Mitarbeiterinnen und Mitarbeiter im kirchlichen Dienst, gleich ob sie der katholischen Kirche angehören oder nicht, die nach diesem Gesetz eine ‘eingetragene Lebenspartnerschaft’ eingehen, verstoßen dadurch gegen die für sie geltenden Loyalitätsobliegenheiten, wie sie ihnen nach Artikel 4 der Grundordnung des kirchlichen Dienstes im Rahmen kirchlicher Arbeitsverhältnisse in der geltenden Fassung auferlegt sind. Das Eingehen einer eingetragenen Lebenspartnerschaft ist deshalb ein schwerwiegender Loyalitätsverstoß im Sinne des Artikel 5 II der og Grundordnung des kirchlichen Dienstes im Rahmen kirchlicher Arbeitsverhältnisse, der die dort geregelten Rechtsfolgen nach sich zieht."

50 Diese Erklärung ist von allen deutschen Bischöfen in ihren Amtsblättern (zB ABl des Bistums Limburg 2002, 71 Nr 92) „als authentische Interpretation" der „Grundordnung des kirchlichen Dienstes im Rahmen kirchlicher Arbeitsverhältnisse" v 22.09.1993 (NJW 1994, 1394) veröffentlicht worden. Die Arbeitsgerichte müssen deshalb aufgrund dieser Erklärung davon ausgehen, dass die Eingehung einer Lebenspartnerschaft einen schwerwiegenden Loyalitätsverstoß iSv Art 5 II der Grundordnung darstellt.

51 Lesben und Schwule, die bei katholischen Einrichtungen beschäftigt sind und eine Lebenspartnerschaft eingehen, sollten deshalb bei den Meldebehörden darauf dringen, dass ihr neuer Familienstand nicht an die Katholische Kirche weitergegeben wird (s § 11 LPartG Rn 17ff).

52 Nach Art 4 II 1 der RL 2000/78/EG darf den Kirchen eine Ungleichbehandlung wegen der Religion erlaubt werden, wenn diese nach der Art der Tätigkeit oder den Umständen ihrer Ausübung eine wesentliche, rechtmäßige und gerechtfertigte berufliche Anforderung angesichts des Ethos der Organisation darstellt. Hier geht es aber nicht um die Religion der Lebenspartner, sondern um einen Verstoß gegen eine Moralvorschrift der Katholischen Kirche. Dieser Verstoß kann nicht als illoyales Verhalten iSv Art 4 II 2 der Richtlinie gewertet werden. Denn die Betroffenen stellen nicht die Sexualmoral der Katholischen Kirche in Frage, sondern bringen es lediglich nicht fertig, dass ihnen von der Katholischen Kirche auferlegte Zwangszölibat durchzuhalten. Insoweit verhalten sie sich nicht anders als die überwiegende Mehrheit der Katholiken, die trotz strengen kirchlichen Verbots onanieren oder Verhütungsmittel benutzen.

53 Die Zulässigkeit solcher Kündigungen beurteilt sich deshalb nur nach der allgemeinen Öffnungsklausel des Art 4 I der Richtlinie. Sie stellt darauf ab, ob das Verbot der Eingehung einer Lebenspartnerschaft „aufgrund der Art einer bestimmten beruflichen Tätigkeit oder der Bedingungen ihrer Ausübung eine wesentliche und entscheidende berufliche Anforderung darstellt, sofern der Zweck rechtmäßig und die Anforderung angemessen ist." Ob diese Voraussetzung im konkreten Fall gegeben ist, werden die Gerichte im Einzelfall zu entscheiden haben. Die Frage ist nicht – wie bisher – aufgrund der Selbstdefinition der katholischen Kirche, sondern nach objektiven Maßstäben zu beurteilen. Dabei wird auch die Nähe des Beschäftigten zum Verkündigungsauftrag der katholischen Kirche ins Gewicht fallen (zB Direktor eines katholischen Krankenhauses einerseits und Techniker andererseits). Außerdem wird von Bedeutung sein, ob im selben Arbeitsbereich Ungetaufte und in nichtehelicher Partnerschaft Zusammenlebende beschäftigt werden, ohne dass ihnen gekündigt wird (Schliemann NZA 2003, 411ff; Reichold in: Kreß, S 116; Thüsing, Ausschuss-Drucks 15(12)440-c des Bundestagsausschusses für Familie, Senioren, Frauen und Jugend, S 6ff, im Internet unter: http://www.bundestag.de/parlament/gremien15/a12/Oeffentliche_Sitzungen/20050307/thuesing.pdf).

54 **V.** Die **EKD** hat im September 2002 die Orientierungshilfe „Theologische, staatskirchenrechtliche und dienstrechtliche Aspekte zum kirchlichen Umgang mit den rechtlichen Folgen der Eintragung gleichgeschlechtlicher Lebenspartnerschaften nach dem Lebenspartnerschaftsgesetz" veröffentlicht (im Internet unter: http://www.ekd.de/EKD-Texte/2078_empfehlungen_gleichgeschlechtliche_partnerschaften_2002.html). In dieser Orientierungshilfe wird immer wieder auf die Orientierungshilfe „Mit Spannungen leben" (im Internet unter: http://www.ekd.de/EKD-Texte/2091_spannun-

gen_1996_homo.html) des Rates der EKD zum Thema „Homosexualität und Kirche" vom Februar 1996 verwiesen.

55 Nach der Orientierungshilfe zur Lebenspartnerschaft brauchen Lebenspartner, die in evangelischen Einrichtungen beschäftigt sind, **nicht mit einer Kündigung zu rechnen**. Zum Besoldungsrecht heißt es in der neuen Orientierungshilfe der EKD:

56 „(9) Dienstrechtliche bzw besoldungsrechtliche Rechtsfolgen[20], die im Entwurf des Lebenspartnerschaftsergänzungsgesetzes für staatliche Beamtinnen und Beamte vorgesehen sind, wären im kirchlichen Bereich zunächst ohne Veränderung des vorhandenen Kirchenrechts nach dem Grundsatz zu gewähren oder zu versagen, dass Besoldungsrecht und ähnliche Folgeregelungen dem Statusrecht folgen. Im Bereich der VELKD wäre die Gewährung entsprechender Leistungen nach der oben angeführten Rechtssicht ausgeschlossen. Des weiteren wird die Gewährung davon abhängen, ob die jeweilige Landeskirche für das betreffende Rechtsgebiet auf das jeweilige staatliche Recht verweist oder ob sie eigene ausformulierte Regelungen hat. Im Falle von Verweisungen werden eingetragene Lebenspartnerschaften eher Leistungen erhalten als im Falle ausformulierter eigener kirchlicher Regelungen. Da es sich um wenige Einzelfälle handeln wird, wird man damit leben können, dass sich die Praxis der Gliedkirchen hinsichtlich der Sozialleistungen an kirchliche Amtsträger in eingetragenen Lebenspartnerschaften während einer notwendigen Übergangszeit unterschiedlich gestalten wird."

Die **Nordelbische Kirche,** die zur VELKD gehört, behandelt Lebenspartner schon jetzt besoldungsrechtlich wie Ehegatten.

57 Wie dargelegt (Rn 52f), kann die Evangelische Kirche die unterschiedliche Besoldung und Behandlung von verpartnerten und verheirateten Mitarbeitern allenfalls mit Art 4 I der RL 2000/78/EG rechtfertigen. Das geht aber schon deshalb nicht, weil die Evangelische Kirche Mitarbeiter, die verpartnert sind, nicht mehr entlässt. Sie sieht es somit nicht als „eine wesentliche und entscheidende berufliche Anforderung" an, dass ihre Mitarbeiter nicht verpartnert sind. Dann aber gelten die Grundsätze des Urteils des BAG v 29.04.2004 (Rn 34ff) auch für die Vergütungsordnungen und Einzelverträge der Evangelischen Kirche. Dh, sie muss ihre verpartnerten Mitarbeiter genauso behandeln wir ihre verheirateten Beschäftigten.

„[20] Zum Beispiel: Anspruch auf Erziehungsurlaub oder Urlaub ohne Dienstbezüge zur Erziehung eines Kindes des Lebenspartners oder der -partnerin; Urlaub aus persönlichen Anlässen, zB Niederkunft, Krankheit, Tod des Lebenspartners oder der -partnerin; Beihilfen in Krankheits-, Geburts- und Todesfällen auch des Lebenspartners oder der -partnerin; Wegstreckenentschädigung bei Benutzung des Kraftfahrzeugs des Lebenspartners oder der -partnerin; Umzugskosten bei Wohnungswechsel wegen Gesundheit des Lebenspartners oder der -partnerin; Beförderungsauslagen für Umzugsgut des Lebenspartners oder der -partnerin; höhere Pauschvergütung für sonstige Umzugsauslagen für Verheiratete, Geschiedene, Verwitwete oder Lebenspartner und -partnerinnen; höheres Trennungsgeld für Ehepaare und eingetragene gleichgeschlechtliche Lebenspartnerschaften."

10. Steuerrecht

1 **I.** Lebenspartner sind ihren Partnern in gleicher Weise zum Unterhalt verpflichtet wie Ehegatten. Sie leben, wenn sie nichts anderes vereinbart haben, wie Ehegatten im gesetzlichen Güterstand der Zugewinngemeinschaft und bilden daher wie Eheleute eine Gemeinschaft des Erwerbs und des Verbrauchs. Der **LPartGErgGEalt** wollte sie daher im Steuerrecht weitgehend mit Ehegatten gleichstellen. Dies ist am Widerstand der CDU- bzw CSU-geführten Länder im Bundesrat gescheitert (s Einf Rn 13 ff). Die Koalitionsfraktionen hatten zwar angekündigt, den Entwurf eines neuen Ergänzungsgesetzes in den Bundestag einbringen zu wollen, der auch die Gleichstellung im Steuerrecht bringen sollte. Diese Gleichstellung wird aber offenbar von CDU und CSU noch immer abgelehnt.

2 **II. 1.** Bei der **Einkommensteuer** werden **Lebenspartner wie Ledige** behandelt. Sie fallen in die Lohnsteuerklasse I und werden getrennt zur Einkommensteuer veranlagt.

3 Die getrennte Veranlagung wirkt sich zusätzlich bei den **Höchstbeträgen** nachteilig aus. Wenn Eheleute zusammen veranlagt werden, verdoppeln sich die Höchstbeträge. Diese doppelten Höchstbeträge stehen den Eheleuten gemeinsam zu, so dass Minderbeträge des einen Ehegatten durch Mehrbeträge des anderen ausgeglichen werden können. § 3 II WoGG spricht deshalb von einer „Höchstbetragsgemeinschaft". Bei Lebenspartnern, die getrennt veranlagt werden, ist ein solcher Ausgleich nicht möglich. Das gilt zB für:
- den Abzug von Vorsorgeleistungen als Sonderausgaben (§ 10 III, IV EStG),
- Ausgaben zur Förderung mildtätiger, kirchlicher, religiöser, wissenschaftlicher und der als besonders förderungswürdig anerkannten gemeinnützigen Zwecke (10b I EStG),
- Zuwendungen an politische Parteien (§ 10b II, 34g II EStG),
- den Verlustrücktrag (§ 10d I EStG) und den Verlustvortrag (§ 10d II EStG),
- die Einkommensgrenzen für die Nichtberücksichtigung der Einkünfte aus Land- und Forstwirtschaft bei der Ermittlung des Gesamtbetrags der Einkünfte (§ 13 III EStG),
- den Sparer-Freibetrag (§ 20 IV EStG),
- den Höchstbetrag der prämienbegünstigten Aufwendungen, nach denen sich die Höhe der Wohnungsbau-Prämie bemisst (§ 3 WoPG).

4 **2.** Die Finanzgerichte haben bisher alle **Klagen von Lebenspartner gegen ihre getrennte Veranlagung** abgewiesen (FG Saarbrücken NJW 2004, 1268 = DStZ 2004, 265 m abl Anm Bruns; FG Kiel EFG 2005, 51; FG Hannover DStRE 2005, 391; FG Hamburg DStRE 2005, 501 = EFG 2005, 705). Die Revision gegen das Urteil des FG Saarbrücken ist beim BFH unter dem Az III R 8/04 anhängig, die Revision gegen das Urteil des FG Hannover unter dem Az III R 12/05 und die Revision gegen das Urteil des FG Hamburg unter dem Az III R 11/05.

In diesen Verfahren geht es um die Frage, ob die Einzelveranlagung von Lebenspartnern gegen das Gebot der Steuergerechtigkeit verstößt, das sich aus Art 3 I GG ergibt. An dieses Gebot ist auch der Gesetzgeber gebunden (BVerfGE 43, 118f; 61, 343; 66, 223; 68, 152). Zur Steuergerechtigkeit gehört das Prinzip der **Besteuerung nach der wirtschaftlichen Leistungsfähigkeit** (BVerfGE 43, 120; 61, 343f; 66, 223; 82, 86). Hieraus ergibt sich, „dass auch solche Ausgaben einkommensteuerrechtlich von Bedeutung sind, die außerhalb der Sphäre der Einkommenserzielung – also im privaten Bereich – anfallen und für den Steuerpflichtigen unvermeidbar sind" (BVerfGE 61, 344; 66, 223; 68, 152; ähnlich bereits BVerfGE 43, 120). Die für den Steuerpflichtigen unvermeidbare Sonderbelastung durch Unterhaltsverpflichtungen mindern seine Leistungsfähigkeit; der Gesetzgeber darf sie ohne Verstoß gegen die Steuergerechtigkeit nicht außer Acht lassen (BVerfGE 43, 120; 61, 344; 66, 223; 82, 86f). 5

6 Die unterste Grenze dessen, was der Gesetzgeber an Unterhalt berücksichtigen muss, ist der Betrag, der als Unterhaltsaufwendung zur **Gewährung des Existenzminimums** des Lebenspartners erforderlich ist (vgl BVerfGE 82, 87). Dem wird § 33a I EStG gerecht (s Rn 17). Der Betrag von 7.680 €, den Lebenspartner aufgrund von Unterhaltsleistungen an den anderen Partner als außergewöhnliche Belastung von ihrer Bemessungsgrundlage absetzen dürfen, liegt noch über dem Existenzminimum von 7.356 € (für das Jahr 2005, BT-Drucks 15/2462 S 5; 6.948 € für das Jahr 2003, BT-Drucks 14/7765 neu S 5; 12.804 DM für das Jahr 2001, BT-Drucks 14/1926 S 5).

7 Das bedeutet aber nicht, dass der Gesetzgeber **höhere Unterhaltsverpflichtungen** gänzlich unberücksichtigt lassen darf. Der BFH meint zwar, es sei geklärt, dass es verfassungsrechtlich nur geboten sei, dass Existenzminimum in Höhe des sozialhilferechtlich abgedeckten Mindestbedarf steuerlich zu berücksichtigen, nicht hingegen nach Maßgabe bürgerlich-rechtlicher Unterhaltsansprüche oder anderer statistischer Durchschnittswerte. Der Gesetzgeber sei nur verpflichtet, das nach sozialhilferechtlichen Kriterien zu ermittelnde Existenzminimum des Steuerpflichtigen und seiner Familie im wirtschaftlichen Ergebnis von der Einkommensteuer freizustellen (BFH/NV 2005, 47f mwN). Darauf berufen sich auch die oben zitierten Finanzgerichte.

8 Das entspricht aber nicht der Rechtsprechung des BVerfG. Das Gericht hat auf Folgendes hingewiesen (BVerfGE 107, 48f = BStBl II 2003, 541): „Wieweit über den Schutz des Existenzminimums hinaus auch sonstige unvermeidbare oder zwangsläufige private Aufwendungen bei der Bemessungsgrundlage einkommensmindernd zu berücksichtigen sind, ist verfassungsgerichtlich noch nicht abschließend geklärt. (.....) Allgemein gilt: Für die verfassungsrechtlich gebotene Besteuerung nach finanzieller Leistungsfähigkeit kommt es nicht nur auf die Unterscheidung zwischen beruflichem oder privatem Veranlassungsgrund für Aufwendungen an, sondern jedenfalls auch auf die Unterscheidung zwischen freier oder beliebiger Einkommensverwendung einerseits und zwangsläufigem, pflichtbestimmtem Aufwand andererseits. Die Berücksichtigung privat veranlassten Aufwands steht nicht ohne weiteres zur Disposition des Gesetzgebers. Dieser hat die unterschiedlichen Gründe, die den Aufwand veranlassen, auch dann im Lichte betroffener Grundrechte differenzierend zu würdigen, wenn solche Gründe ganz oder teilweise der Sphäre der allgemeinen (privaten) Lebensführung zuzuordnen sind."

9 Deshalb muss jeweils geprüft werden, inwieweit Lebenspartner durch ihre Unterhaltsverpflichtung nach § 5 LPartG an einer freien Verwendung ihres Einkommens gehindert waren. Das kann, wenn die Einkommensunterschiede sehr hoch sind, ein vielfach höherer Betrag sein, als er nach § 33a I EStG als Sonderausgaben abgesetzt werden darf (vgl iE Bruns DStZ 2004, 272).

10 Wie das BVerfG betont hat, müssen die Gründe, die den Unterhaltsaufwand von Lebenspartnern veranlasst haben, im Lichte der betroffener Grundrechte differenzierend gewürdigt werden. Betroffen ist das **Grundrecht auf freie Entfaltung der Persönlichkeit;**

denn die gleichgeschlechtliche Lebensgemeinschaft fällt in den Schutzbereich von Art 2 I GG (BVerfG NJW 1993, 3058; BVerfGE 104, 59; BVerwGE 100, 299). Darauf wird auch in der Amtlichen Begründung des LPartG hingewiesen (BT-Drucks 14/3751 S 33).

11 Wenn gleichgeschlechtlich orientierte Menschen eine Lebenspartnerschaft eingehen, machen sie von ihrer grundgesetzlich geschützten Freiheit Gebrauch. Als Folge dieses Schrittes werden sie kraft Gesetzes mit der Verpflichtung belastet, für den Unterhalt ihrer Partner aufzukommen. Da diese zwangsläufige Belastung nach dem geltenden Einkommensteuergesetz nur in den Grenzen des § 33a I EStG von der Bemessungsgrundlage abgesetzt werden kann, wirkt sich das nachteilig auf die grundgesetzlich gewährte Freiheit aus, eine Lebenspartnerschaft einzugehen. Die fehlende Gleichstellung der Lebenspartner mit Ehegatten im Einkommensteuerrecht ist einer der Hauptgründe, warum bisher erst verhältnismäßig wenige gleichgeschlechtliche Paare eine Lebenspartnerschaft eingegangen sind (vgl Einf Rn 39 f). Sie werden von der Tatsache abgeschreckt, dass der Gesetzgeber den Lebenspartnern zwar dieselben Pflichten wie Ehegatten auferlegt, ihnen aber die Gleichstellung mit Ehegatten im Einkommen- und Erbschaftsteuerrecht versagt hat.

12 Die mangelnde Berücksichtigung der Unterhaltsverpflichtungen bei der Einkommensteuer widerspricht außerdem dem **Gleichbehandlungsgrundsatz** des Art 3 I GG. Die Vorschrift gebietet es, alle Menschen vor dem Gesetz gleich zu behandeln. Damit ist dem Gesetzgeber zwar nicht jede Differenzierung verwehrt. Er verletzt aber das Grundrecht, wenn er bei Regelungen, die Personengruppen betreffen, eine Gruppe von Normadressaten im Vergleich zu anderen Normadressaten anders behandelt, obwohl zwischen beiden Gruppen keine Unterschiede von solcher Art und solchem Gewicht bestehen, dass sie die ungleiche Behandlung rechtfertigen können (BVerfGE 102, 54; NJW 2003, 2736; st Rspr). Da der Grundsatz, dass alle Menschen vor dem Gesetz gleich sind, in erster Linie eine ungerechtfertigte Verschiedenbehandlung von Personen verhindern soll, unterliegt der Gesetzgeber bei einer Ungleichbehandlung von Personengruppen regelmäßig einer strengen Bindung (BVerfGE 82, 146; 88, 96; NJW 2003, 2733; st Rspr). Diese Bindung ist umso enger, je mehr sich die personenbezogenen Merkmale den in Art 3 III GG genannten annähern und je größer deshalb die Gefahr ist, dass eine an sie anknüpfende Ungleichbehandlung zur Diskriminierung einer Minderheit führt. Bei lediglich verhaltensbezogenen Unterscheidungen hängt das Maß der Bindung davon ab, inwieweit die Betroffenen in der Lage sind, durch ihr Verhalten die Verwirklichung der Merkmale zu beeinflussen, nach denen unterschieden wird (vgl BVerfGE 88, 96; NJW 2001, 1201). Überdies sind dem Gestaltungsspielraum des Gesetzgebers umso engere Grenzen gesetzt, je stärker sich die Ungleichbehandlung von Personen oder Sachverhalten auf die Ausübung grundrechtlich geschützter Freiheiten nachteilig auswirken kann (BVerfGE 60, 134; 82, 146; 88, 96).

13 Die Situation von Lebenspartnern (ohne Kinder) ist mit der Situation von Ehegatten (ohne Kinder) vergleichbar, weil Lebenspartner ihren Partnern in gleicher Weise zum Unterhalt verpflichtet sind wie Ehegatten. Der einzige Unterschied ist die sexuelle Ausrichtung, die die Lebenspartner daran hindert, ebenfalls eine Ehe einzugehen. Diese homosexuelle Orientierung ist für die Betroffenen ein unabänderliches persönliches Merkmal, das für ihre Identität und für ihr Leben in der sozialen Gemeinschaft eine ähnlich grundlegende Bedeutung hat wie das in Art 3 III GG ausdrückliche erwähnte persönliche Merkmal des Geschlechts. Deshalb darf der Gesetzgeber Lebenspartner im Einkommensteuerrecht nicht wie Ledige behandeln, die über ihr Einkommen beliebig verfügen können, nachdem er ihnen dieselben Unterhaltsverpflichtungen wie Ehegatten auferlegt hat.

14 Das heißt zwar nicht, dass der Gesetzgeber das Splittingverfahren auf Lebenspartner ausdehnen muss; denn es ist ihm wegen des verfassungsrechtlichen Schutzes der Ehe

aus Art 6 I GG nicht verwehrt, diese gegenüber anderen Lebensformen zu begünstigen (BVerfGE 105, 348; sa Einf Rn 117f). Aber er muss die **Unterhaltsverpflichtungen,** die er den Lebenspartnern auferlegt hat und die ihre wirtschaftliche Leistungsfähigkeit beeinträchtigen, **im Einkommensteuerrecht angemessen berücksichtigen.**

15 Davon ging auch der LPartGErgGEalt aus. Nach Art 2 § 55 des Entwurfs sollten die Unterhaltsverpflichtungen der Lebenspartner durch ein begrenztes Realsplitting berücksichtigt werden. Der Lebenspartner mit dem höheren Gesamtbetrag der Einkünfte sollte die Hälfte des Differenzbetrages, höchstens jedoch 40.000,00 DM (20.451,68 €), als Sonderausgaben abziehen können. Der andere sollte diesen Betrag wie eine Unterhaltsleistung bei sich versteuern (**Partnersplitting:** s iE Voraufl Rn 4ff). Das Partnersplitting sollte wie beim Ehegattensplitting nicht davon abhängen, ob tatsächlich soviel Unterhalt gezahlt worden ist.

16 Die Regelung, die in dem gescheiterten Entwurf geplant war, bestätigt das Ergebnis, dass die jetzige Rechtslage die Gründe für den Unterhaltsaufwand von Lebenspartnern nicht angemessen berücksichtigt. Das verstößt gegen das Gebot der Steuergerechtigkeit und den Gleichbehandlungsgrundsatz.

17 **3.** Lebenspartner können Aufwendungen für den Unterhalt oder eine etwaige Berufsausbildung ihres Partners **bis zur Höhe von 7.680** € (bis 2004: 7.188 €) **im Kalenderjahr nach § 33a I EStG als außergewöhnliche Belastung** vom Gesamtbetrag ihrer Einkünfte **absetzen**. Voraussetzung ist, dass der unterhaltene Partner kein oder nur ein geringes Vermögen besitzt. Hat er andere Einkünfte oder Bezüge iSd § 32 IV 2 u 4 EStG, die zur Bestreitung seines Unterhalts bestimmt oder geeignet sind, so vermindert sich der Höchstbetrag um den Betrag, um den diese Einkünfte und Bezüge den Betrag von 624 € im Kalenderjahr übersteigen. Dasselbe gilt für Zuschüsse, die der unterhaltene Partner als Ausbildungsbeihilfe aus öffentlichen Mitteln oder von Förderungseinrichtungen bezogen hat, die hierfür öffentliche Mittel erhalten.

18 Ehegatten können nach § 33a I EStG auch Aufwendungen für den Unterhalt oder eine etwaige Berufsausbildung für Personen absetzen, die ihrem „Ehegatten" gegenüber gesetzlich unterhaltsberechtigt sind. Das trifft ua für Stiefkinder zu. **Lebenspartner** können dagegen **Unterhaltsaufwendungen für Stiefkinder nicht absetzen**.

19 Wenn Lebenspartner **sonstige Sonderausgaben** als außergewöhnliche Belastung geltend machen, ermäßigt sich die **Grenze der zumutbaren Belastung** nicht. Sie ist wie bei Alleinstehenden jeweils ein Prozentpunkt höher als bei Ehegatten (§ 33 III EStG).

20 Aufwendungen für **die Feier aus Anlass der Begründung der Lebenspartnerschaft, für Geschenke oder für Reisen zur Feier** gelten wie bei Hochzeiten nicht als außergewöhnliche Belastung iSd § 33 EStG und sind deshalb nicht abzugsfähig.

21 Dagegen sind die mit dem Gerichtsverfahren zusammenhängenden **Kosten der Aufhebung einer Lebenspartnerschaft** (Gerichts- und Anwaltskosten) als zwangsläufig iSd § 33 EStG anzusehen, da die Lebenspartnerschaft nur durch Urteil aufgehoben werden kann (§ 15 LPartG). Dies gilt auch für die Kosten von Folgesachen (vermögens- und unterhaltsrechtliche Auseinandersetzung), soweit eine einheitliche Kostenentscheidung (§ 93a ZPO) ergeht. Die Kosten sind deshalb als außergewöhnliche Belastung abzugsfähig, soweit sie – zusammen mit den sonstigen zwangsläufigen Aufwendungen – die zumutbare Belastung übersteigen.

22 **4.** Nach § 33a III 1 u 2 EStG können Aufwendungen durch die **Beschäftigung einer Hilfe im Haushalt** bis zu 624 € im Kalenderjahr abgezogen werden, wenn der Steuerpflichtige oder sein Ehegatte das 60. Lebensjahr vollendet hat oder wenn die Beschäftigung einer Hilfe im Haushalt wegen Krankheit des Steuerpflichtigen, seines Ehegatten oder eines zum Haushalt gehörenden Kindes notwendig ist. In diesem Fall erhöht sich

die Pauschale auf 924 € pro Jahr, wenn die betreffende Person hilflos oder schwer behindert ist. Dasselbe gilt bei Heimunterbringung für die Kosten, die Dienstleistungen enthalten. **Lebenspartner** können diese Abzugsmöglichkeit nur in Anspruch nehmen, wenn der **Steuerpflichtige selbst 60 Jahre alt** ist. Dass sein Lebenspartner dieses Alter erreicht hat, genügt nicht. Zum Haushalt gehörende **pflegebedürftige Stiefkinder werden bei Lebenspartnern** ebenfalls **nicht berücksichtigt**, weil es sich nicht um Stiefkinder iSv § 32 VI 7 EStG handelt (s Rn 27).

23 Die Höchstbeträge von 624 bzw 924 € pro Jahr können auch bei Ehegatten, die nicht dauernd getrennt leben, insgesamt nur einmal abgezogen werden, es sei denn, die Ehegatten sind wegen Pflegebedürftigkeit eines der Ehegatten an einer gemeinsamen Haushaltsführung gehindert. Nach dem LPartGErgGEalt sollte diese Einschränkung auf nicht dauernd getrennt lebende Lebenspartner erstreckt werden. Da dies bisher nicht geschehen ist, kann jeder **Lebenspartner bei seiner Einzelveranlagung den Höchstbetrag absetzen**, wenn er jeweils so viel für die Beschäftigung einer Hilfe im Haushalt aufgewandt hat.

24 **5.** Bis einschließlich 2003 stand „Alleinerziehenden" nach § 32 VII EStG aF ein **Haushaltsfreibetrag** in Höhe von 2.340 € zu, wenn sie einen Kinderfreibetrag oder Kindergeld für mindestens ein Kind erhielten und das Kind bzw die Kinder in ihrer Wohnung gemeldet waren. Anders als bei Ehegatten galt diese Regelung infolge des Scheiterns des LPartGErgGEalt nicht nur für getrennt lebende, sondern auch für zusammenlebende Lebenspartner.

25 Ab dem Jahr 2004 erhalten „**Alleinerziehende**" statt des Haushaltsfreibetrags einen **Entlastungsbetrag** iHv 1308 € jährlich (109 € monatlich, § 24b EStG). Dieser „Entlastungsbetrag für Alleinerziehende" wird – wie bisher der Haushaltsfreibetrag – einmal (auch bei mehreren Kindern) zusätzlich zum Kindergeld bzw den Freibeträgen für Kinder gewährt. Für das Lohnsteuerabzugsverfahren durch den Arbeitgeber wird auf der Lohnsteuerkarte – wie bisher beim Haushaltsfreibetrag – die Steuerklasse II bescheinigt (§ 38b 2 Nr 2 EStG).

26 Es muss sich aber um **„echte" Alleinerziehende** handeln, dh, sie dürfen keine Haushaltsgemeinschaft mit einer anderen Person bilden. Von einer für den Entlastungsbetrag schädlichen Haushaltsgemeinschaft wird regelmäßig ausgegangen, wenn eine andere Person mit Haupt- oder Nebenwohnsitz in der Wohnung des Arbeitnehmers gemeldet ist. Diese Vermutung ist widerlegbar, es sei denn, der Steuerpflichtige und die andere Person leben in eheähnlicher Gemeinschaft oder in einer Lebenspartnerschaft. Deswegen werden **zusammenwohnende Lebenspartner mit Kindern jetzt in Steuerklasse I** eingeordnet.

27 **6.** Nach § 63 I 1 Nr 2 EStG und § 2 I Nr 1 BKGG werden **Stiefkinder** beim Kindergeld nur berücksichtigt, wenn es sich um Stiefkinder von Ehegatten handelt. Daraus folgert der BFH, dass dies auch für den Begriff „Stiefelternteil" in § 32 VI 7 EStG gilt (BFH/NV 2004, 1103 für Stiefkinder in gleichgeschlechtlichen Lebensgemeinschaften). **Lebenspartner können** deshalb **den Kinder- und den Betreuungsfreibetrag nicht auf die Co-Mutter oder den Co-Vater übertragen**, auch wenn diese die Alleinverdiener sind.

28 Zur Behandlung der Stiefkinder von Lebenspartnern im Steuerrecht sa Rn 18, 22, 29, 30, 36.

29 **7.** Beiträge zum Aufbau einer eigenen kapitalgedeckten **Altersversorgung** können nach § 10 I Nr 2b EStG auch dann als Sonderausgaben abgesetzt werden, wenn der Vertrag die ergänzende Absicherung von Hinterbliebenen durch eine Hinterbliebenen-

rente vorsieht. Zu den Hinterbliebenen, die gesetzlich abgesichert werden können, gehören nur der Ehegatte des Steuerpflichtigen, seine Kinder und seine Stiefkinder, für die er einen Freibetrag nach § 32 VI 6 EStG erhält (s a § 1 I Nr 2 AltZertG). Ist in dem Vertrag **eine Hinterbliebenenrente für den Lebenspartner und/oder für Stiefkinder des Lebenspartners vorgesehen, werden die Beitrage nicht als Sonderausgaben anerkannt**.

30 Das gilt für die Beiträge des Arbeitgebers zum Aufbau einer kapitalgedeckten **betrieblichen Altersversorgung** nicht. Sie können vom Arbeitgeber auch dann nach § 4 IV, 4c, 4d oder 4e EStG als Betriebsausgaben abgezogen werden und der Arbeitnehmer braucht sie bis zu einer bestimmten Höhe nicht als Einnahmen zu versteuern (§ 3 Nr 63 EStG), wenn der Vertrag eine ergänzende Hinterbliebenversorgung für den „**Lebensgefährten**“ vorsieht. Der Begriff des Lebensgefährten ist dabei als Obergriff zu verstehen, der neben der **nicht eingetragenen gleichgeschlechtlichen Partnerschaft auch die Lebenspartnerschaft** umfasst (BMF BStBl I 2002, 706; 2004, 1065 Rn 157). Die ergänzende Hinterbliebenversorgung kann auch **Leistungen an die Kinder des Lebensgefährten oder Lebenspartners** vorsehen.

31 Bei nicht getrennt lebenden Ehegatten, von denen nur ein Ehegatte unmittelbar Anspruch auf eine **Altersvorsorgezulage** hat, ist auch der andere Ehegatte mittelbar zulageberechtigt, wenn beide Ehegatten jeweils einen auf ihren Namen lautenden, nach § 5 AltZertG zertifizierten Vertrag (Altersvorsorgevertrag) abgeschlossen haben oder wenn der unmittelbar zulageberechtigte Ehegatte über eine förderbare Versorgung im Sinne des § 82 II EStG bei einer Pensionskasse, einem Pensionsfonds oder über eine förderbare Direktversicherung verfügt und der andere Ehegatte einen auf seinen Namen lautenden, nach § 5 AltZertG zertifizierten Vertrag abgeschlossen hat. Eigene Altersvorsorgebeiträge müssen nur von dem unmittelbar zulageberechtigten Ehegatten, nicht jedoch von dem mittelbar zulageberechtigten Ehegatten erbracht werden. **Bei Lebenspartnern kommt diese mittelbare Zulageberechtigung nicht in Betracht** (§ 79 S 2 EStG).

32 Wenn ein Ehegatte stirbt und sein gefördertes Altersvorsorgevermögen auf einen zertifizierten Altersvorsorgevertrag des überlebenden Ehegatten übertragen wird, gilt das nicht als schädliche Verwendung, sofern die Ehegatten nicht getrennt gelebt haben (§ 93 I 3c EStG). Eine solche Übertragung kann beispielsweise durch Abtretung eines Auszahlungsanspruchs erfolgen. Es ist unerheblich, ob der Vertrag des überlebenden Ehegatten bereits bestand oder im Zuge der Kapitalübertragung neu abgeschlossen wird und ob der überlebende Ehegatte selbst zum begünstigten Personenkreis gehört oder nicht. Bei **Lebenspartnern stellt dagegen die Übertragung des geförderten Altersvorsorgemögens auf einen im Namen des überlebenden Ehegatten zertifizierten Altersvorsorgevertrag eine schädliche Verwendung dar**.

32a **Vermögenswirksame Leistungen** können auch zugunsten des Ehegatten eines Arbeitnehmers und seiner Kinder angelegt werden, **nicht dagegen zugunsten seines Lebenspartners oder seiner Stiefkinder** (§ 3 I VermBG).

33 **8.** Die **erhöhten Absetzungen** für die Herstellung oder Anschaffung **einer zu eigenen Wohnzwecken genutzten Wohnung** können nur einmal in Anspruch genommen werden. Die Förderung eines weiteren Objekts ist nicht möglich. Wenn **Miteigentümer** eines Objekts die Förderung in Anspruch nehmen, tritt bei jeder beteiligten Person ein voller „Objektverbrauch“ ein, denn der Anteil an einer Wohnung steht einer Wohnung gleich (§ 10e IV EStG). Dies gilt jedoch nicht für Ehegatten, die nicht dauernd getrennt leben. Diese können auch für ein zweites gemeinsames Objekt die Förderung beanspruchen, wenn die Objekte räumlich nicht zusammen liegen. **Lebenspartner** erhalten dagegen **für ein weiteres Objekt keine Förderung** mehr, wenn sie als **Miteigentümer eines Objekts schon einmal erhöhte Absetzung in Anspruch genommen** haben.

34 Sind Ehegatten Miteigentümer eines geförderten Objekts und erwirbt der eine den Anteil des anderen im Wege des Erbfalls oder nach der Trennung der Eheleute, **kann er die Steuerbegünstigung für den erworbenen Wohnungsanteil weiter in Anspruch nehmen** (§ 10e V 3 EStG). **Lebenspartner können das nicht.**

35 Für die **Eigenheimzulage gelten dieselben Grundsätze** (§ 6 EigZulG).

36 Bei Steuerpflichtigen, die **erhöhte Absetzungen für die Anschaffung einer selbst bewohnten eigenen Wohnung nach 10e EStG** in Anspruch nehmen, **ermäßigt sich die tarifliche Einkommensteuer pro Kind** des Steuerpflichtigen oder seines Ehegatten um je 512 €. **Für Stiefkinder von Lebenspartnern gilt diese Regelung nicht** (§ 34f II u III EStG).

37 **III.** Da Lebenspartner im Erbrecht wie Ehegatten behandelt werden (§ 10 LPartG), sollten sie durch Art 2 § 56 LPartGErgGEalt bei der **Erbschaft- und Schenkungsteuer** ebenfalls mit Ehegatten gleichgestellt werden. Dieser Entwurf ist nicht Gesetz geworden. Lebenspartner gelten deshalb im Erbschaft- und Schenkungsteuerrecht weiterhin als Fremde. Das hat folgende **Konsequenzen:**

38 **1.** Sie fallen nicht in die Steuerklasse I bzw die Lebenspartner aufgehobener Lebenspartnerschaften in die Steuerklasse II, sondern in die **Steuerklasse III** (§ 15 I ErbStG) und unterliegen somit dem höchsten Steuersatz (§ 19 ErbStG).

39 Haben Lebenspartner ein **gemeinschaftliches Testament** errichtet (§ 10 IV LPartG), erhalten Erben und Vermächtnisnehmer, die mit dem erstverstorbenen Lebenspartner näher verwandt sind als mit dem zuletzt verstorbenen, nicht die Möglichkeit, nach dem günstigeren Verwandtschaftsverhältnis zu dem erstverstorbenen Lebenspartner versteuert zu werden (§ 15 III ErbStG).

40 Der allgemeine **Freibetrag** von Lebenspartnern beläuft sich nicht auf 307.000 € bzw bei Lebenspartnern aufgehobener Lebenspartnerschaften auf 10.300 €, sondern nur auf 5.200 € (§ 16 I ErbStG).

41 Sie erhalten keinen besonderen **Versorgungsfreibetrag,** während Ehegatten ein besonderer Versorgungsfreibetrag von 256.000 € zusteht (§ 17 I ErbStG).

42 Ihr **Freibetrag für Hausrat** einschließlich Wäsche beträgt nicht 41.000 € und für andere bewegliche körperliche Gegenstände 10.300 €, sondern insgesamt nur 10.300 € (§ 13 I Nr 1 ErbStG).

43 Lebzeitige Zuwendungen unter Lebenspartnern im Zusammenhang mit einem **inländischen Familienwohnheim** sind nicht steuerfrei (§ 13 I Nr 4a ErbStG).

44 Der Erwerb nach § 1969 BGB (sog **Dreißigster**) ist dagegen auch für Lebenspartner steuerfrei (§ 13 I Nr 4 ErbStG). Nach § 1969 BGB ist der Erbe verpflichtet, „Familienangehörigen" des Erblassers, die zur Zeit des Todes des Erblassers zu dessen Hausstand gehört und von ihm Unterhalt bezogen haben, in den ersten dreißig Tagen nach dem Eintritte des Erbfalls in demselben Umfange, wie der Erblasser es getan hat, Unterhalt zu gewähren und die Benutzung der Wohnung und der Haushaltsgegenstände zu gestatten. Zu den Familienangehörigen iSd § 1969 gehört auch der Lebenspartner (§ 11 I LPartG).

45 Die vollständige Erbschaftsteuerbefreiung von **Kulturgütern** ist ua möglich, wenn sich die Gegenstände seit mindestens zwanzig Jahren im Besitz der „Familie" befinden und die weiteren Voraussetzungen erfüllt sind (§ 13 I Nr 2 b bb ErbStG). Unter den Begriff „Familie" fällt auch die Lebenspartnerschaft (§ 11 LPartG Rn 2).

46 Nach § 7 I Nr 4 ErbStG gilt die **Bereicherung,** die ein Ehegatte **bei** Vereinbarung der **Gütergemeinschaft** (§ 1415 BGB) erfährt, als Schenkung unter Lebenden. Die Vorschrift bringt etwas Selbstverständliches zum Ausdruck und hat nur klarstellende

Bedeutung (vgl R 19 I 1 ErbStR). Sie gilt deshalb auch für Lebenspartner (Reich ZEV 2002, 398f; aA Wälzholz DStR 2002, 339).

47 Ähnliches gilt für § 5 ErbStG. Der Absatz 2 der Vorschrift betrifft den Fall, dass der Güterstand der **Zugewinngemeinschaft durch Scheidung oder durch Vereinbarung eines anderen Güterstandes endet.** Für diesen Fall bestimmt § 5 II ErbStG, dass die güterrechtliche Forderung auf Ausgleich des Zugewinns nach § 1378 BGB nicht als Schenkung unter Lebenden (§ 7 ErbStG) oder Erwerb von Todes wegen (§ 3 ErbStG) anzusehen ist. Das ist eine Selbstverständlichkeit und gilt deshalb auch für Lebenspartner (so die gleichlautenden Erl der Länderfinanzministerien, s zB FinMin Baden-Württemberg DB 2003, 1656)

48 Wenn der Güterstand der **Zugewinngemeinschaft durch Tod endet** und der überlebende Lebenspartner Erbe oder Vermächtnisnehmer des Verstorbenen wird, erfolgt der Ausgleich des Zugewinns pauschal durch Erhöhung des gesetzlichen Erbteils des Überlebenden um ein Viertel (§ 1371 BGB). Für diesen Fall bestimmt § 5 I ErbStG, dass der auf der Grundlage des tatsächlichen Zugewinns berechnete fiktive Zugewinnausgleichsanspruch „von Ehegatten" nicht zum Erwerb von Todes wegen gehört. Die Forderung ist deshalb von dem steuerpflichtigen Erwerb abzusetzen. Die Vorschrift bringt ebenfalls nur etwas Selbstverständliches zum Ausdruck, da die Ausgleichsforderung dem überlebenden Ehegatten ohnehin zusteht. Aus diesem Grund braucht er, wie dargelegt (Rn 47), keine Schenkungsteuer zu zahlen, wenn der Zugewinnausgleich unter Lebenden erfolgt. Das kann beim Erwerb von Todes wegen nicht anders sein. § 5 I ErbStG gilt daher – zumindest analog – auch für Lebenspartner. Alles andere wäre eine willkürliche Ungleichbehandlung (Christ FamRB 2005, 59; aA die Erl der Länderfinanzministerien s Rn 47; Wälzholz DStR 2002, 338).

49 Bei § 25 ErbStG wirkt sich das bisherige Scheitern des LPartGErgGEalt zugunsten von Lebenspartnern aus. Nach dieser Vorschrift besteht für eine Nießbrauchs- und Rentenverpflichtung, mit der ein Erwerb belastet ist, bei der Berechnung des steuerpflichtigen Erwerbs ein Abzugsverbot, wenn der Gläubiger der Ehegatte des Erblassers ist. Da die Vorschrift bisher nicht um den „Lebenspartner" erweitert worden ist, gilt das Abzugsverbot nicht, wenn der Lebenspartner des Erblassers der Begünstigte ist.

50 **2.** Das **Finanzgericht Düsseldorf** hat die Klage eines überlebenden Lebenspartners gegen seine **Erbschaftsteuerveranlagung** als Lediger abgewiesen (01.09.2004 - 4 K 70/04 Erb). Es meint, die Lebenspartnerschaft sei nicht von Verfassungs wegen geschützt und beruft sich dafür auf das schon oben (Rn 27) erwähnte Urteil des BFH (BFH/NV 2004, 1103). Dabei hat das FG übersehen, dass dieses Urteil keine Lebenspartnerschaft, sondern eine nicht eingetragene gleichgeschlechtliche Partnerschaft betrifft. Dass auch die Lebenspartnerschaft verfassungsrechtlich geschützt ist, wurde bereits dargelegt (Rn 10). Im Übrigen meint das Finanzgericht, die Ungleichbehandlung von Lebenspartnern gegenüber Ehegatten verstoße weder gegen die Erbrechtsgarantie (Art 14 I 1 GG) noch gegen den Grundsatz der Steuergerechtigkeit (Art 3 I GG), weil Art 6 I GG es dem Gesetzgeber erlaube, Ehen besser als andere Lebensgemeinschaften zu behandeln.

51 Das Urteil des FG Düsseldorf wird der Rechtsprechung des BVerfG zur Erbrechtsgarantie des Art 14 I 1 GG nicht gerecht. Das BVerfG hat die **Gestaltungsbefugnis des Erbschaftsteuergesetzgebers** bei Ehegatten wie folgt eingegrenzt:

52 Der Spielraum für den steuerlichen Zugriff auf den Erwerb von Todes wegen finde seine Grenze dort, wo die Steuerpflicht den Erwerber übermäßig belaste und die zugewachsenen Vermögendwerte grundlegend beeinträchtige. Deshalb dürfe die Ausgestaltung und Bemessung der Erbschaftsteuer den Sinn und die Funktion des Erbrechts

als Rechtseinrichtung und Individualgrundrecht nicht zunichte oder wertlos machen (BVerfGE 93, 165).

53 In der Lebenswirklichkeit schaffen Ehegatten die wirtschaftliche Grundlage für die individuelle Lebensgestaltung ihrer Familie in der Erwartung, dass sie den individuellen Lebenszuschnitt der Familie auch noch im Alter der Ehegatten prägt und nach dem Ableben eines von ihnen dem Überlebenden zugute kommt (BVerfGE 93, 142). Deshalb muss der erbschaftsteuerliche Zugriff bei Ehegatten so beschränkt werden, dass ihnen der jeweils auf sie überkommene Nachlass – je nach dessen Größe – zumindest zum deutlich überwiegenden Teil oder, bei kleineren Vermögen, völlig steuerfrei zugute kommt. Ein tauglicher Anhalt für den Betrag des Nachlasswertes, der dem Ehegatten ungeschmälert verbleiben muss, ist der **Wert des persönlichen Gebrauchsvermögens** (BVerfGE 93, 174f). Es liegt nahe, dass sich dieser Wert an den Werten durchschnittlicher Einfamilienhäuser orientiert (BVerfGE 93, 141).

54 Aufgrund dieser Rechtsprechung des BVerfG hat der Erbschaftsteuergesetzgeber Ehegatten einen Freibetrag von 307.000 € zugestanden (§ 16 I Nr 1; BT-Drucks 13/4839 S 70).

55 Diese Rechtsprechung ist zwar vom BVerfG mit der Pflicht des Staates begründet worden, die Ehe zu fördern (Art 6 I GG), sie konkretisiert aber gleichzeitig die verfassungsrechtliche Garantie des Erbrechts durch Art 14 I 1 GG (vgl auch Einf Rn 199).

56 Wie schon ausgeführt (Rn 13) ist die Situation von Lebenspartnern (ohne Kinder) mit der Situation von Ehegatten (ohne Kinder) vergleichbar (BAG NZA 2005, 57, 60). Das ÜberarbG hat die Lebenspartnerschaft zivilrechtlich völlig der Ehe angeglichen. Lebenspartner sind ihren Partnern in gleicher Weise zum Unterhalt verpflichtet wie Ehegatten. Sie leben, wenn sie nichts anderes vereinbart haben, wie Ehegatten im gesetzlichen Güterstand der Zugewinngemeinschaft und bilden daher wie Eheleute eine Gemeinschaft des Erwerbs und des Verbrauchs. Dementsprechend findet auch bei ihnen ein Versorgungsausgleich statt, wenn ihre Lebenspartnerschaft aufgehoben wird, und ihr gesetzliches Erbrecht entspricht dem von Ehegatten (§ 10 LPartG).

57 Lebenspartner schaffen daher die wirtschaftliche Grundlage für die individuelle Lebensgestaltung ihrer Partnerschaft genauso wie Ehegatten in der Erwartung, dass sie den individuellen Lebenszuschnitt der Partnerschaft auch noch im Alter der Lebenspartner prägt und nach dem Ableben eines von ihnen dem Überlebenden zugute kommt. Es **verstößt** deshalb **gegen die verfassungsrechtliche Garantie des Erbrechts durch Art 14 I 1 GG,** wenn der Gesetzgeber diese Besonderheiten überhaupt nicht berücksichtigt, sondern überlebende Lebenspartner bei der Einteilung der Steuerklassen, der Höhe des Steuersatzes und der Freibeträge wie Fremde behandelt. Dadurch werden auch Lebenspartner, die bis zum Tod ihres Partners in einer intakten Lebenspartnerschaft gelebt und an der wechselseitig übernommenen Verantwortung in vollem Umfang festgehalten haben, noch schlechter gestellt als geschiedene Ehegatten, die in die Steuerklasse II fallen (§ 15 I ErbStG).

58 Die hierin liegende Ungleichbehandlung ist auch nicht mit **Art 3 I GG** zu vereinbaren. Lebenspartnern unterscheiden sich von Ehegatten nur durch ihre sexuelle Ausrichtung, die die Lebenspartner daran hindert, ebenfalls eine Ehe einzugehen. Diese gleichgeschlechtliche Orientierung stellt ein unabänderliches persönliches Merkmal dar. Aus diesem Grund hat das BVerfG in dem neuen Rechtsinstitut „Lebenspartnerschaft" keine Konkurrenz zur Ehe gesehen hat (BVerfGE 105, 350f).

59 Das BVerfG hat somit anerkannt, dass der Adressatenkreis der Ehe und derjenige der Lebenspartnerschaft gänzlich andere Personengruppen darstellen. Hieraus ergibt sich, dass das Merkmal der Homosexualität den Merkmalen in Art 3 III GG sehr nahe kommt, insbesondere dem des Geschlechts. Deshalb unterliegt der Gesetzgeber bei einer Un-

gleichbehandlung von Lebenspartnern im Vergleich zu Ehegatten einer besonders strengen Bindung (s Rn 12).

60 Das bedeutet zwar nicht, dass der Gesetzgeber Lebenspartner im Erbschaft- und Schenkungsteuerrecht mit Ehegatten gänzlich gleichstellen muss, wie das der LPartGErgGEalt vorsah. Art 6 I GG erlaubt es dem Gesetzgeber, Ehegatten besser zu behandeln. Aber der Gesetzgeber darf nicht völlig außer Acht lassen, dass Lebenspartner nicht unverbindlich zusammenleben, sondern sich wie Ehegatten lebenslang rechtlich verpflichtet haben, für einander einzustehen und Verantwortung zu tragen. Deshalb verstößt die Tatsache, dass der Gesetzgeber Lebenspartner bei der Einteilung der Steuerklassen, der Höhe des Steuersatzes und der Freibeträge nur wie unverbindlich zusammenlebende Personen eingestuft hat, nicht nur gegen die Erbrechtsgarantie, sondern auch gegen den Gleichheitsgrundsatz.

61 **IV.** Nach § 3 **Grunderwerbsteuer**gesetz ist der Erwerb eines Grundstücks von der Besteuerung ausgenommen, wenn der Erwerb erfolgt durch

- den Ehegatten des Veräußerers (Nr 4),
- den Ehegatten eines Miterben im Rahmen der Teilung des Nachlasses, wenn das Grundstück zum Nachlass gehört (Nr 3),
- den überlebenden Ehegatten, wenn er mit den Erben des verstorbenen Ehegatten gütergemeinschaftliches Vermögen zu teilen hat oder wenn ihm in Anrechnung auf eine Ausgleichsforderung am Zugewinn des verstorbenen Ehegatten ein Grundstück übertragen wird, sofern das Grundstück zum Nachlass gehört (Nr 3),
- den frühern Ehegatten im Rahmen von Vermögensauseinandersetzungen nach der Scheidung (Nr 5),
- den Ehegatten von Personen, die mit dem Veräußerer in gerader Linie verwandt oder seine Stiefkinder sind (Nr 6) und
- den Ehegatten von Teilnehmern einer fortgesetzten Gütergemeinschaft, sofern es sich um ein zum Gesamtgut gehöriges Grundstück handelt und der Erwerb zur Teilung des Gesamtguts erfolgt (Nr 7).

Sind dagegen **Lebenspartner** beteiligt, **unterfallen die Erwerbsvorgänge der Grunderwerbsteuer**, da die durch den LPartGErgGEalt beabsichtigte Angleichung der Vorschrift (Art 2 § 54) bisher unterblieben ist.

11. Ausländerrecht

1 **I. 1. Bis 1996** war es fast durchgängige Praxis sämtlicher Ausländerbehörden und Verwaltungsgerichte (zB OVG Bautzen SächsVBl 1993, 183), ausländischen gleichgeschlechtlichen Partnern das **Nachzugsrecht** mangels ausdrücklicher gesetzlicher Grundlage zu **verweigern.** Mit Urt vom 27.02.1996 (BVerwGE 100, 287) hat das **BVerwG** einen Rechtsanspruch aus Art 3 GG auf **Gleichbehandlung mit Ehepartnern** zwar **verneint**, aber gerade **wegen des Fehlens einer ausdrücklichen gesetzlichen Regelung §§ 7, 15 AuslG 1990 als Auffangnorm** bewertet und dem ausländischen Partner einer gleichgeschlechtlichen Lebensgemeinschaft einen **Anspruch auf fehlerfreie Ausübung des sich daraus ergebenden Ermessens** zugesprochen. Bei der von der Ausländerbehörde zu treffenden Ermessensentscheidung seien sämtliche für und gegen den Aufenthalt des Ausländers im Bundesgebiet sprechenden privaten und öffentlichen Belange gegeneinander abzuwägen. Dabei sei ua die gleichgeschlechtliche Lebensgemeinschaft zu berücksichtigen, die in den **Schutzbereich des Art 2 I iVm Art 1 I GG und des Art 8 I EMRK hinsichtlich des Anspruchs auf Achtung des Privatlebens falle.**

2 Für einen vor allem wegen der **Strafbarkeit der Homosexualität** in Rumänien besonders gelagerten Einzelfall einer deutsch-rumänischen Partnerschaft hat das OVG Münster (InfAuslR 1997, 198; ähnlich VGH Kassel, InfAuslR 1998, 50; vgl hierzu Hailbronner NVwZ 1997, 460 und Siegfried NVwZ 1998, 151) dann sogar einen unmittelbar aus **Art 8 EMRK, dem Recht auf Achtung des Privatlebens,** folgenden **Rechtsanspruch beider Partner** – also auch des hier lebenden bzw deutschen Partners – bejaht. Es hat sich dabei auf eine Entscheidung der Europäischen Kommission für die Menschenrechte (D.R. 32, 220) gestützt, nach der Voraussetzung eines aus Art 8 I EMRK herleitbaren Anspruchs eines gleichgeschlechtlichen Lebenspartners auf Aufenthalt und Einreise ist, dass die Partnerschaft nicht anderswo gelebt werden kann und die Verbindung zu dem betreffenden Konventionsstaat ein materielles Element der Beziehung ist. Das BVerwG hat in mehreren Entscheidungen offen gelassen, ob es dieser Rechtsprechung jedenfalls in Ausnahmefällen folgen würde (BVerwGE 100, 297 und DVBl 2001, 225).

3 Folge des Urt des BVerwG vom 27.02.1996 war eine von Behörde zu Behörde und von Bundesland zu Bundesland **unterschiedliche Verwaltungspraxis**. Zahlreiche Bundesländer erließen **Weisungen zur Ermessensausübung** (zB das Land Hessen am 28.05.1998 – InfAuslR 1998, 465; vgl hierzu den Schriftwechsel Kanther-Bökel InfAuslR 1998, 466 und InfAuslR 1999, 91).

4 Die Verneinung eines gesetzlichen Rechtsanspruchs auf die Aufenthaltserlaubnis führte dazu, dass **Verstöße gegen Visavorschriften nicht** gemäß § 9 AuslG 1990 **geheilt** werden konnten. Letzteres führte bereits vor Inkrafttreten des LPartG zu einer **Weisung des Auswärtigen Amtes** an die Auslandsvertretungen, nach der das Visaverfahren (die für den Regelfall gemäß § 3 III AuslG 1990/§ 6 IV AufenthG vorgeschriebene Einholung der Aufenthaltserlaubnis **vor der Einreise)** jedenfalls nicht in solchen Heimatländern durchgeführt werden muss, in denen **Homosexualität unter Strafe gestellt** ist. In solchen Fällen ermächtigt das Auswärtige Amt **grenznahe Auslandsvertretungen** zur Durchführung des Visaverfahrens. Voraussetzung ist allerdings die Erteilung einer **Vorabzustimmung** durch die örtlich zuständige Ausländerbehörde. Diese Weisung des Auswärtigen Amtes besitzt auch nach Inkrafttreten des LPartG **fortdauernde Aktualität** in den Fällen, in denen das Visaverfahren nachgeholt werden muss.

5 In den sehr häufigen Fällen des bereits **mehrjährigen Studiums des ausländischen Partners in Deutschland** konnte nach alter Rechtslage wegen § 28 III AuslG 1990 eine Aufenthaltserlaubnis zum Führen einer gleichgeschlechtlichen Lebensgemeinschaft anschließend – wenn überhaupt – erst **ein Jahr nach der Ausreise** erteilt werden (vgl BVerwG DVBl 2001, 223). In diesen Fällen war in den Weisungen einzelner Bundesländer (zB Hessen InfAuslR 1998, 466 – VII und VIII; ähnlich Berlin, Hamburg, Niedersachsen und Sachsen-Anhalt) ein Rückgriff auf § 30 II und III AuslG 1990 ausdrücklich vorgesehen. Danach wurden Aufenthaltsbefugnisse dann erteilt, wenn im konkreten Einzelfall die Beendigung des Aufenthalts des ausländischen Partners wegen des Vorliegens eines **Abschiebungshindernisses** nicht möglich war. Die Weisungen sind – zutreffend – davon ausgegangen, dass derart befugnisbegründende Abschiebungshindernisse dann anzunehmen sind, wenn eine Abschiebung des ausländischen Partners in das Recht auf Achtung des Privatlebens nach Art 8 EMRK eingreifen würde, zB wenn gleichgeschlechtliche Lebensgemeinschaften **im Herkunftsland des ausländischen Partners strafrechtlich verfolgt** werden oder wenn sich die **wirtschaftliche Existenzgrundlage der Partnerschaft in Deutschland befindet**.

6 **Die bundesweite grund- und menschenrechtswidrige Verwaltungspraxis vor dem Urt des BVerwG vom 27.02.1996 (vgl Rn 1) führte und führt zum Problem der sog Scheinehen:** In vielen Fällen sahen sich Paare gezwungen, durch Eingehung einer Ehe mit einem verschiedengeschlechtlichen Partner ein Bleiberecht für den ausländischen

Partner einer gleichgeschlechtlichen Lebensgemeinschaft zu erlangen. Hier sah bereits die Weisung des Landes Hessen vom 28.05.1998 (InfAuslR 1998, 466 – V) vor, dass bei Offenlegung der wahren Verhältnisse durch die Betroffenen der an sich gegebene Ausweisungsgrund nicht entgegenzuhalten sei. Dem liegt der zutreffende Rechtsgedanke zugrunde, dass den Partnern ihr rechtswidriges Verhalten nicht vorzuwerfen ist, soweit dieses durch die grund- und menschenrechtswidrige Verwaltungspraxis der Ausländerbehörden veranlasst wurde. Dieser Rechtsgedanke gebietet es, auch nach Inkrafttreten des LPartG jedenfalls an diejenigen Scheinehen, die vor dem Urt des BVerwG vom 27.02.1996 eingegangen wurden, keinerlei negative ausländerrechtliche Folgen zu knüpfen. 7

2. Die dargestellten grund- und menschenrechtlichen Vorgaben sind auch nach Inkrafttreten des LPartG aktuell und bei dessen Anwendung zu beachten. Entfallen ist jedoch der Ausgangspunkt der früheren landesinternen Weisungen, dass ausdrückliche bundesgesetzliche Regelungen zum Nachzugsrecht ausländischer gleichgeschlechtlicher Partner nicht existieren. Die Weisungen hätten sich somit nur als Regelung für diejenigen Paare aufrechterhalten lassen, **die die registrierte LPart nicht eingehen wollen oder können.** Dann jedoch hätte sich wegen Art 3 GG nicht mehr rechtfertigen lassen, dass die Weisungen nicht auch für verschiedengeschlechtliche Paare gelten, die nicht heiraten wollen oder können. Einzige Ausnahme ist das **Land Sachsen-Anhalt**, dessen Runderlass vom 23.01.1997 ohnehin auch für verschiedengeschlechtliche nichtverheiratete Paare galt. Von der Möglichkeit, die Weisungen nach dem Vorbild Sachsen-Anhalts auf verschiedengeschlechtliche Paare zu erstrecken, haben die übrigen Bundesländer keinen Gebrauch gemacht. Allerdings bietet § 7 I 2 AufenthG auch unabhängig von landesinternen Weisungen die Möglichkeit, eine Aufenthaltserlaubnis in begründeten Fällen auch zum Führen einer Lebensgemeinschaft ohne Eingehung einer LPart zu erteilen, etwa dann, wenn einer der Partner noch durch eine Ehe oder frühere LPart gebunden ist. 8

II. 1. Gesetzlich geregelt ist das **Nachzugsrecht von Lebenspartnern** in § 27 II AufenthG durch einen Verweis auf die Regelungen zum Ehegattennachzug. An die Stelle der „familiären Lebensgemeinschaft" tritt die **„lebenspartnerschaftliche Gemeinschaft"**. In beiden Fällen reicht der rein formale Bestand der Ehe bzw Partnerschaft nicht aus, diese muss vielmehr als solche **tatsächlich gelebt** werden oder doch jedenfalls ernsthaft beabsichtigt sein (vgl Renner § 17 AuslG 1990 Rn 11f; Hailbronner § 17 AuslG 1990 Rn 22ff). Maßstab für das Vorliegen einer lebenspartnerschaftlichen Gemeinschaft ist § 2 LPartG. Es handelt sich hier um eine weniger umfassende Lebensgemeinschaft, als sie § 1353 I BGB vorsieht (vgl Grziwotz DNotZ 2005, 20). Eine eng definierte Lebensform ist dabei ebensowenig vorgeschrieben wie bei Ehepartnern. In der Regel wird zumindest ein gemeinsamer Hauptwohnsitz gegeben sein müssen. Nicht einmal bei Ehepartnern ist dies jedoch unverzichtbare Voraussetzung (vgl. OVG Greifswald InfAuslR 2001, 128). Dies gilt erst recht bei gleichgeschlechtlichen Partnern, da bei ihnen zum einen getrennte Wohnsitze sogar eher üblich sind als bei heterosexuellen Paaren, zum anderen eben § 2 LPartG eine weniger umfassende Lebensgemeinschaft vorsieht als § 1353 I BGB. Auch eine sexuelle Beziehung oder gar sexuelle Treue oder eine ausschließlich oder überhaupt homosexuelle Orientierung der Partner sind nicht zwingende Voraussetzungen des Nachzugsrechts (vgl zum Ehegattennachzug OVG Koblenz InfAuslR 1999, 417; OVG Münster, 22.12.1993 – 17 A 2149/92). Auch der Umstand, dass die Partnerschaft **aus Vernunftgründen**, zB wirtschaftlichen Gründen, eingegangen wurde, steht der Annahme einer lebenspartnerschaftlichen Gemeinschaft nicht entgegen (vgl VG Hamburg InfAuslR 1997, 463). Entscheidend ist vielmehr, dass 9 sich die Partner **rechtlich zur gemeinsamen Lebensgestaltung miteinander verbunden haben. Wie die Partner jeweils ihre gemeinsame Lebensführung ausgestalten, wie weit sie sich Bereiche vorbehalten, in denen sie sich auf sich selbst zurückziehen und sich von dem anderen abschließen, steht in ihrer eigenen Verantwortung** (vgl OVG Greifswald InfAuslR 2001, 129).

10 **2.** Eine andere Frage ist die, **wie sich Behörden und Gerichte die Überzeugung vom Vorliegen einer lebenspartnerschaftlichen Gemeinschaft verschaffen dürfen** (vgl Hailbronner § 17 AuslG 1990 Rn 26). Nach Auffassung des BVerfG darf die Ausländerbehörde bei den Fällen des Ehegattennachzugs **bei berechtigtem Anlass prüfen**, ob der Wille der Ehegatten, die Ehe im Bundesgebiet zu führen, nur vorgeschützt ist (BVerfGE 5, 181; vgl auch OVG Hamburg FamRZ 1991, 1433): Es widerspreche nicht den Verfassungsgeboten, wenn die Ausländerbehörde ihr bekannt werdende äußere Anhaltspunkte aufgreife, die Eheleute befrage und sodann aufgrund einer Würdigung ihrer Angaben entscheide. Nach Auffassung des BVerfG wäre es aber **mit Art 1 I GG iVm Art 2 I GG „schwerlich vereinbar, wenn die Verwaltung es unternähme", sich die Kenntnis vom Vorliegen einer Scheinehe von Amts wegen zu verschaffen, weil eine Scheinehe regelmäßig nur bei Kenntnis von Umständen aus dem höchstpersönlichen Bereich der Betroffenen aufgedeckt werden könne. Nicht anders wäre es nach der Auffassung des BVerfG zu beurteilen, wenn „den Betroffenen vorbehaltlos die Last auferlegt würde darzutun, dass es sich bei ihrer Ehe nicht um eine „Scheinehe" handele."** (BVerfGE 76, 61). Diese Grundsätze gelten, da Anknüpfungspunkt hier Art 1 I iVm Art 2 I GG ist, ohne Einschränkungen auch bei der Anwendung des § 27 II AufenthG. **Es muss daher in der Regel die übereinstimmende Erklärung beider Partner, in lebenspartnerschaftlicher Gemeinschaft zusammenzuleben bzw. zusammenleben zu wollen, ausreichen. Routinemäßige Kontrollen sind ebenso unzulässig wie Forderungen nach einer Offenlegung der Intimsphäre** (vgl OVG Hamburg FamRZ 1991, 1434 f; OVG Weimar, 17.04.2003 – 3 EO 542/02, NVwZ-Beil I 2003, 90, 92).

11 **3. a) Das Nachzugsrecht ausländischer Partner von Deutschen ist in § 27 II durch die Verweisung auf § 28 I Nr 1 AufenthG geregelt.** Voraussetzung ist zunächst das Bestehen einer lebenspartnerschaftlichen Gemeinschaft bzw die Absicht, diese herzustellen (vgl Rn 8). Rechtsfolge ist ein **Rechtsanspruch des ausländischen Partners auf Erteilung einer Aufenthaltserlaubnis.** Da die Anwendung von § 5 I Nr 1 AufenthG durch § 28 I AufenthG ausdrücklich ausgeschlossen ist, ist dieser Rechtsanspruch unabhängig davon gegeben, ob die Sozialhilfefreiheit beider Partner sichergestellt ist. Er besteht vielmehr sogar dann, wenn sicher ist, dass beide Partner vollständig von Sozialhilfe leben werden. Das Bestehen eines gesetzlichen Rechtsanspruchs hat zur Folge, dass die Aufenthaltserlaubnis gem § 10 I AufenthG **sogar in einem laufenden Asylverfahren** bzw nach § 10 III 3 AufenthG auch **nach unanfechtbarer Ablehnung eines Asylantrages** zu erteilen ist. Gem § 28 V AufenthG berechtigt die Aufenthaltserlaubnis zur **Ausübung einer – selbständigen oder nichtselbständigen – Erwerbstätigkeit**. Eine Beteiligung der Bundesagentur für Arbeit ist bei dieser Entscheidung nicht erforderlich.

12 **b)** Gem § 5 II 1 AufenthG setzt die Erteilung einer Aufenthaltserlaubnis voraus, dass der Ausländer mit dem **erforderlichen Visum** eingereist ist und die für die Erteilung maßgeblichen Angaben – hierzu gehört auch die beabsichtigte Dauer des Aufenthaltes und der beabsichtigte Aufenthaltszweck – bereits im Visumantrag gemacht hat. Gem § 5 II 2 AufenthG kann hiervon jedoch abgesehen werden, wenn entweder die Voraussetzung eines Anspruchs auf Erteilung erfüllt sind oder es aufgrund besonderer Um-

stände des Einzelfalls nicht zumutbar ist, das Visumverfahren nachzuholen. Bei der Ausübung des danach beim Nachzug eines ausländischen Lebenspartners zu einem deutschen Staatsangehörigen in der Regel eröffneten Ermessens hat die Ausländerbehörde die grund- und menschenrechtlichen Vorgaben (vgl oben Rn 1ff) zu Gunsten der jeweiligen Antragsteller zu berücksichtigen. Jedenfalls dann, wenn gleichgeschlechtliche Lebensgemeinschaften im Herkunftsland des ausländischen Partners strafrechtlich verfolgt werden oder wenn sich die wirtschaftliche Existenzgrundlage der Partnerschaft in Deutschland befindet (vgl Rn 5) dürfte in der Regel das Ermessen der Ausländerbehörde auf Null reduziert sein. Ferner ist die Aufenthaltserlaubnis auch unter den Voraussetzungen des § 39 Nr 3 AufenthV ohne (nochmaliges) Visumsverfahren zu erteilen, wenn **während eines erlaubten Touristenaufenthaltes** die Voraussetzungen eines Rechtsanspruchs auf Erteilung eines Aufenthaltstitels erfüllt sind, also auch bei Begründung einer Lebenspartnerschaft mit einem deutschen Staatsangehörigen. Demgegenüber ist die Begründung einer Lebenspartnerschaft während der **Aussetzung der Abschiebung nach § 60 a AufenthG** in § 39 Nr 5 AufenthV nicht als Grund für ein Absehen von der Durchführung des Visumsverfahrens aufgenommen worden. Eine Rechtfertigung für diese Ungleichbehandlung gegenüber Eheschließungen ist nicht erkennbar. Es ist daher davon auszugehen, dass die Anpassung dieser Vorschrift an das LPartG schlicht übersehen wurde. Eine analoge Anwendung auf Lebenspartnerschaften ist somit zur Vermeidung eines Verstoßes gegen Art 3 I GG geboten (vgl BVerfG NZA 1999, 878, 879; BVerwG NJW 1995, 1848; Einf Rn 115ff). Ohnehin dürften in diesen Fällen in der Regel die Voraussetzungen des § 5 II 2 AufenthG erfüllt und die Erteilung der Aufenthaltserlaubnis ohne Nachholung des Visumsverfahrens im Wege der Ermessensreduzierung auf Null geboten sein.

c) Bei Fortbestand der lebenspartnerschaftlichen Gemeinschaft besteht für Lebenspartner von Deutschen ferner der besondere **Ausweisungsschutz** des § 56 I Nr 4 AufenthG. 13

4. a) Das **Nachzugsrecht ausländischer Partner von Ausländern** ist in §§ 29, 30 AufenthG geregelt. **Ein unmittelbarer Rechtsanspruch auf Erteilung einer Aufenthaltserlaubnis ist in diesen Fällen jedoch nur unter den Voraussetzungen des § 30 I AufenthG gegeben**, in Fällen also, in denen der bereits hier lebende ausländische Partner bereits in besonders hohem Maße in die hiesigen Lebensverhältnisse integriert ist. Wegen § 5 I Nr 1 AufenthG ist jedoch im Regelfall die Sozialhilfefreiheit beider Partner erforderlich. Bei der Frage, ob trotz Vorliegens dieses Regelversagungsgrundes ein Ausnahmefall vorliegt, in dem die Aufenthaltserlaubnis zu erteilen ist, ist wiederum zu berücksichtigen, dass die Partnerschaft in den Schutzbereich des Art 2 I iVm Art 1 I GG und des Art 8 I EMRK hinsichtlich des Anspruchs auf Achtung des Privatlebens fällt (vgl OVG Schleswig InfAuslR 1996, 258 zu Art 8 EMRK und VGH Mannheim InfAuslR 1999, 133 zu Art 6 GG). **Gem § 30 I Nr 4 AufenthG ist dem Ehegatten eines Ausländers eine Aufenthaltserlaubnis zu erteilen, wenn dieser eine Aufenthaltserlaubnis besitzt und die Ehe bereits bei deren Erteilung bestand**. Die entsprechende Anwendung dieser Vorschrift auf Lebenspartnerschaften gem § 27 II AufenthG erfordert eine Modifizierung, da das Rechtsinstitut der Lebenspartnerschaft überhaupt erst mit dem Inkrafttreten des LPartG zur Verfügung gestellt worden ist. Es ist daher in den Fällen, in denen der hier bereits lebende ausländische Partner vor Inkrafttreten des LPartG eingereist ist, bei der entsprechenden Anwendung des § 30 I Nr 4 AufenthG ausreichend, wenn glaubhaft gemacht wird, dass **die Partnerschaft zum Zeitpunkt der Einreise bereits tatsächlich bestanden hat**. 14

Gem § 30 II AufenthG kann die Aufenthaltserlaubnis dem ausländischen Lebenspartner eines Ausländers abweichend von § 30 I Nr 4 AufenthG erteilt werden, wenn der hier 15 lebende Ausländer bereits eine Aufenthaltserlaubnis besitzt. **Rechtsfolge ist ein Rechtsanspruch des den Nachzug begehrenden ausländischen Partners auf fehlerfreie Ermessensausübung**. Bei der Entscheidung sind sämtliche für und gegen den Aufenthalt des Partners im Bundesgebiet sprechenden privaten und öffentlichen Belange gegeneinander abzuwägen (vgl BVerwGE 100, 287, hierzu oben Rn 1). Danach wäre es jedenfalls unzulässig, wenn eine Ausländerbehörde generell jegliche Auslegung zugunsten potentieller Antragsteller grundsätzlich verweigern würde (vgl BVerwGE 19, 101). Es ist vielmehr immer eine Entscheidung unter Berücksichtigung sämtlicher Umstände des Einzelfalles zu treffen. Auch in diesem – neuen – Zusammenhang ist zu berücksichtigen, dass die gleichgeschlechtliche Lebensgemeinschaft in den Schutzbereich des Art 2 I iVm Art 1 I GG und des Art 8 I EMRK fällt. Hieraus kann sich im Einzelfall sogar ein Rechtsanspruch auf die Erteilung einer Aufenthaltserlaubnis ergeben (vgl Rn 2). Da § 30 II AufenthG die Erteilung der Aufenthaltserlaubnis in diesen Fällen lediglich in das Ermessen der Ausländerbehörde stellt, einen gesetzlichen Rechtsanspruch auf Erteilung also verneint, sind in dieser Fallgruppe diejenigen Rechtsprobleme, die sich vor dem Inkrafttreten des Lebenspartnerschaftsgesetzes beim Rückgriff auf §§ 7, 15 AuslG 1990 gestellt haben, weiterhin gegeben (vgl Rn 4f).

16 Dem Ausländer, der zu einem ausländischen Lebenspartner nachzieht, ist gem § 29 V AufenthG die Erwerbstätigkeit gestattet, soweit der Ausländer, zu dem er nachzieht, zur Ausübung einer Erwerbstätigkeit berechtigt ist oder wenn die lebenspartnerschaftliche Gemeinschaft seit mindestens zwei Jahren rechtmäßig im Bundesgebiet bestanden hat. Aus der Bezugnahme auf § 4 II 3 AufenthG ergibt sich, dass regelmäßig dann, wenn die Erwerbstätigkeit des hier schon lebenden ausländischen Partners der Zustimmung der Bundesagentur für Arbeit bedarf, dies auch für den nachziehenden Lebenspartner gilt.

17 **b) Ausländische Lebenspartner von freizügigkeitsberechtigten Staatsangehörigen eines Mitgliedstaates der Europäischen Gemeinschaft oder eines EWR-Staates haben unter den gleichen Voraussetzungen wie Lebenspartner eines Deutschen ein Recht auf Einreise, Aufenthalt und Erwerbstätigkeit in der Bundesrepublik** (§§ 3 VI, 12 FreizügG/EU). Gem § 2 V FreizügG/EU haben sie dann, wenn sie sich seit fünf Jahren ständig rechtmäßig im Bundesgebiet aufgehalten haben, auch unabhängig vom weiteren Vorliegen der Freizügigkeitsvoraussetzungen das Recht auf Einreise und Aufenthalt. Bei Berechnung dieser Frist werden sämtliche Zeiten rechtmäßigen Aufenthaltes eingerechnet.

18 **Bei einer formwirksam in einem Mitgliedstaat der Europäischen Gemeinschaft begründeten gleichgeschlechtlichen Ehe sind demgegenüber sogar die Vorschriften über den Ehegattennachzug gem § 3 FreizügG/EU anwendbar.** Denn mit dieser Vorschrift werden die europarechtlichen Vorgaben, insbesondere Art 10 VO (EWG) Nr 1612/68, lediglich in nationales Recht übertragen, ohne dass dem nationalen Gesetzgeber ein Recht zustünde auszuwählen, welche Ehen er nun akzeptiert und welche nicht (aA VG Karlsruhe Urt vom 9.9.2004 – 2 K 1420/03, wonach die gleichgeschlechtliche Ehe lediglich als LPart zu bewerten sei.) Zudem verweist § 3 FreizügG/EU anders als § 27 I AufenthG nicht auf Art 6 GG (vgl OVG Koblenz InfAuslR 2004, 294).

19 **5. Ein eigenständiges, vom Bestand der lebenspartnerschaftlichen Gemeinschaft unabhängiges Aufenthaltsrecht entsteht gem § 31 I AufenthG,** wenn die lebenspartnerschaftliche Gemeinschaft seit mindestens zwei Jahren rechtmäßig im Bundesgebiet bestanden hat oder wenn der Partner gestorben ist, während die lebenspartnerschaftliche Gemeinschaft im Bundesgebiet bestand.. Die Frage, ob bei der Berechnung der Zweijahresfrist des § 31 I Nr 1 AufenthG auch Zeiten zu berücksichtigen sind, in denen dem ausländischen Partner vor Inkrafttreten des LPartG eine Aufenthaltsgenehmigung

zum Führen der gleichgeschlechtlichen Lebensgemeinschaft erteilt worden ist, ist zu bejahen. Der Gesetzgeber hat in § 31 I Nr 1 AufenthG der Tatsache Rechnung getragen, dass sich der Ausländer in dem berechtigten Vertrauen auf den Fortbestand der Lebensgemeinschaft in die hiesige Gesellschaft eingegliedert hat, so dass eine Rückkehr bei ihm mit erheblichen Belastungen verbunden wäre (vgl Hailbronner § 19 AuslG 1990 Rn 7). Angesichts dieses Gesetzeszwecks wäre es nicht gerechtfertigt, danach zu unterscheiden, ob die Aufenthaltsgenehmigung zum Führen einer gleichgeschlechtlichen Lebensgemeinschaft nach neuem oder altem Recht erteilt worden ist. Es werden allerdings die Bestandszeiten verschiedener Lebensgemeinschaften nicht zusammengerechnet. Vielmehr muss mindestens eine der Lebensgemeinschaften die Mindestdauer von zwei Jahren erreicht haben (vgl Hailbronner § 19 AuslG 1990 Rn 8). Die erste Verlängerung der Aufenthaltserlaubnis nach Beendigung der lebenspartnerschaftlichen Gemeinschaft ist gem § 31 IV 1 AufenthG unabhängig von der in Anspruchnahme von Sozialhilfe. Jede weitere **Verlängerung** kann jedoch gem § 31 IV 2 AufenthG iVm § 5 I Nr 1 AufenthG davon abhängig gemacht werden, dass die **Sozialhilfefreiheit** gesichert ist (vgl BVerwG InfAuslR 2004, 427; VG Berlin, 07.01.2005 – 22 A 535.04).

20 Gem § 31 II AufenthG ist von der Voraussetzung des zweijährigen rechtmäßigen Bestandes der lebenspartnerschaftlichen Gemeinschaft abzusehen, soweit es zur **Vermeidung einer besonderen Härte** erforderlich ist, dem ausländischen Lebenspartner den weiteren Aufenthalt zu ermöglichen. Es wurde damit ein verfassungsrechtlich bedenklicher Mangel des § 27 a AuslG 1990 beseitigt (vgl Voraufl Rn 21). Eine besondere Härte ist insbesondere in Fällen häuslicher Gewalt anzunehmen oder bei Herkunft des ausländischen Partners aus einem Land, in dem Homosexualität rechtlich diskriminiert und/oder gesellschaftlich geächtet ist. Sie kommt aber auch dann in Betracht, wenn der Ausländer sich während des Bestands der Lebenspartnerschaft eine Existenzgrundlage oder vergleichbare materielle Positionen geschaffen hat, die er wegen der Rückkehrverpflichtung aufgeben müsste (vgl. VGH Kassel NVwZ-Beil I 2004, 17). Mangels entgegenstehender Übergangsvorschrift ist die Härtefallregelung des § 31 II AufenthG jedenfalls in noch nicht bestandskräftig abgeschlossenen Verfahren auch dann anzuwenden, wenn die lebenspartnerschaftliche Gemeinschaft schon vor dem 01.01.2005 geendet hat (vgl BVerwG InfAuslR 2004, 427).

21 **6. Eine Niederlassungserlaubnis ist den Partnern deutscher Staatsangehöriger unter den Voraussetzungen des § 28 II AufenthG zu erteilen.** Auf die **Bestandszeit der LPart von drei Jahren** sind sämtliche Zeiten eines rechtmäßigen Aufenthaltes nach Eintragung der Partnerschaft anzurechnen – unabhängig davon, ob die Aufenthaltsgenehmigung zur Herstellung und Wahrung der lebenspartnerschaftlichen Gemeinschaft erteilt worden ist (vgl Hailbronner § 25 AuslG 1990 Rn 19). Auf die Dreijahresfrist angerechnet werden auch hier Zeiten des Besitzes einer bereits vor Inkrafttreten des LPartG zum Führen der gleichgeschlechtlichen Partnerschaft erteilten Aufenthaltserlaubnis (vgl oben Rn 18).

22 **Ausländische Partner von Ausländern erhalten eine Niederlassungserlaubnis nach § 9 AufentG. Dies gilt auch für ausländische Partner deutscher Staatsangehöriger nach Aufhebung der lebenspartnerschaftlichen Gemeinschaft** (vgl Hailbronner § 25 AuslG 1990 Rn 18; Renner § 25 AuslG 1990 Rn 10). Bei der Berechnung der Fünfjahresfrist des § 9 II Nr 1 AufenthG werden Zeiten des Besitzes einer Aufenthaltserlaubnis unabhängig davon berücksichtigt, zu welchem Zweck diese erteilt worden war.

23 **III. 1. Soweit das AufenthG Regelungslücken bei der ausländerrechtlichen Berücksichtigung lebenspartnerschaftlicher Gemeinschaften enthält, sind diese unter Beachtung des grund- und menschenrechtlichen Schutzes** (vgl oben Rn 1f) **zu**

schließen. Als Auffangnorm für Fälle, in denen eine Aufenthaltserlaubnis sonst nicht erteilt werden könnte, kommt hier insbesondere § 25 IV u V AufenthG in Betracht (vgl BVerwG DVBl 2001, 233).

24 2. In einem **laufenden Asylverfahren** ist eine bestehende Lebenspartnerschaft bei der **länderübergreifenden Verteilung** gem § 51 AsylVfG als „sonstiger humanitärer Grund von vergleichbarem Gewicht" zu berücksichtigen (vgl VG Magdeburg, 12.5.1999 – A 2 K 753/98).

25 **3. Ausländerrechtliche Bedeutung hat die Partnerschaft auch bereits dann, wenn ihre Eingehung unmittelbar bevorsteht.** Es kann sich daraus ua ein Verbot der Abschiebung, ein Anspruch auf Erteilung einer Duldung nach § 60a AufenthG oder einer Betretenserlaubnis nach § 11 II AufenthG ergeben (vgl zu Art 6 GG: VG Frankfurt (Oder) InfAuslR 1999, 33; B v. 31.7.2000 – 5 L 428/00; VG Stuttgart InfAuslR 2001, 216).

26 4. **Bei der nach § 11 I AufenthG zu treffenden Entscheidung über die Befristung der Wirkung einer Abschiebung oder Ausweisung ist die bestehende Lebenspartnerschaft zu Gunsten des ausländischen Partners ermessensleitend zu berücksichtigen** (vgl VG Berlin InfAuslR 1998, 47).

12. Staatsangehörigkeitsgesetz

1 **Die Einbürgerung nach § 9 Abs 1 StAG setzt voraus, dass die Voraussetzungen des § 8 StAG erfüllt sind**, insbesondere also der Antragsteller in der Lage ist, sich und seine Angehörigen zu ernähren. Anders als bei der Ermessenseinbürgerung nach § 8 StAG **darf jedoch nach § 9 StAG bei Erfüllung der gesetzlichen Voraussetzungen die Einbürgerung nur ausnahmsweise versagt werden**, wenn ein atypischer Fall vorliegt. Bei dieser Privilegierung hat der Gesetzgeber des LPartDisBG Lebenspartner deutscher Staatsangehöriger den Ehegatten deutscher Staatsangehöriger gleichgestellt.

2 Diese Gleichstellung ist derzeit in der StAR-VwV noch nicht nachvollzogen. Angesichts des eindeutigen gesetzgeberischen Willens bei der Neufassung des § 9 Abs 1 StAG hat hier jedoch auch unabhängig von einer ausdrücklichen Änderung der StAR-VwV eine **Gleichstellung bei der Verwaltungspraxis in der Anwendung der gesetzlichen Vorschrift** zu erfolgen.

3 Daraus folgt, dass **die Einordnung in die deutschen Lebensverhältnisse in der Regel bei einem Aufenthalt im Inland von drei Jahren gewährleistet ist** (vgl Ziff 9.1.2.1 StAR-VwV). Weitere Voraussetzung ist regelmäßig ein **Bestand der Partnerschaft von zwei Jahren sowie die Fähigkeit, sich ohne nennenswerte Probleme im Alltagsleben in deutscher Sprache ausdrücken zu können**. In die Bestandszeit von zwei Jahren sind auch nachgewiesene Zeiten des Bestands der Partnerschaft vor Inkrafttreten des LPartG einzubeziehen. Denn für den hier maßgeblichen Gesichtspunkt, die Frage, inwiefern die Einordnung in die deutschen Lebensverhältnisse gewährleistet ist, ist es unerheblich, auf welcher Rechtsgrundlage die Partnerschaft in der Bundesrepublik Deutschland gelebt worden ist. Dem läßt sich jedenfalls in den Fällen, in denen die Partnerschaft zeitnah nach Inkrafttreten des LPartG dann formgerecht begründet wurde, nicht entgegenhalten, auch auf die Ehebestandszeit von zwei Jahren würden Zeiten vorehelicher Lebensgemeinschaft nicht angerechnet werden. Denn anders als verschiedengeschlechtlichen Paaren stand gleichgeschlechtlichen Paaren vor dem Inkrafttreten des LPartG kein Rechtsinstitut zur Verfügung, an das staatsangehörigkeits-

rechtliche Folgen hätten geknüpft werden können. Die Ungleichbehandlung vorehelicher verschiedengeschlechtlicher Lebensgemeinschaften und gleichgeschlechtlicher Lebensgemeinschaften vor Inkrafttreten des LPartG ist somit unter dem Gesichtspunkt gerechtfertigt, dass letztere nicht in der Lage waren, die rechtlichen Voraussetzungen für die Berücksichtigung ihrer Partnerschaft in einem Einbürgerungsverfahren zu schaffen (vgl BVerfG NZA 1999, 878, 879; BVerwG NJW 1995, 1848; Einf Rn 115 ff).

4 Nach Ziff 9.0 StAR-VwV soll ein **atypischer Fall, der trotz Erfüllung der gesetzlichen Voraussetzungen die Ablehnung der Einbürgerung nach § 9 StAG rechtfertigt, insbesondere dann gegeben sein, wenn die Ehe zu einem anderen Zweck als dem der Führung einer ehelichen Lebensgemeinschaft geschlossen wurde (Scheinehe) oder nur formal besteht und eine eheliche Lebensgemeinschaft nicht oder nicht mehr geführt wird (gescheiterte Ehe)**. Dies müsste nach dem oben unter Rn 2 gesagten auch für Lebenspartnerschaften gelten. **Der Auffassung, wonach eine Einbürgerung nach § 9 StAG in Fällen gescheiterter Ehen oder Lebenspartnerschaften nicht vorzunehmen sei, ist jedoch zu widersprechen:** § 9 StAG knüpft den Einbürgerungsanspruch nicht an den Fortbestand der Lebensgemeinschaft, sodass es unzulässig ist, dieses Tatbestandsmerkmal über die Verwaltungsvorschrift in den gesetzlichen Tatbestand hineinzuschreiben (so auch Hailbronner/Renner § 9 StAG Rn 31). Nach § 10 Abs 2 StAG kann der Ehegatte **eines** nach § 10 Abs 1 StAG **einzubürgernden Ausländers** auch dann mit **eingebürgert** werden, wenn er sich **noch nicht seit acht Jahren rechtmäßig im Inland aufhält.** Eine ausdrückliche Erstreckung dieser Vergünstigung auf Lebenspartner ist nicht vorgesehen. Eine Rechtfertigung für diese Ungleichbehandlung ist der Gesetzesbegründung nicht zu entnehmen und auch sonst nicht erkennbar. Es ist daher davon auszugehen, dass die Anpassung dieser Vorschrift an LPartG schlicht übersehen wurde. Eine analoge Anwendung auf Lebenspartner ist somit zulässig und zur Vermeidung eines Verstoßes gegen Art 3 Abs 1 GG auch geboten (vgl BVerfG NZA 1999, 878, 879; BVerwG NJW 1995, 1848; Einf Rn 115 ff).

13. Transsexuelle

1 **I.** Transsexuelle können **Vornamen** des gewünschten anderen Geschlechts erhalten, wenn sie sich aufgrund einer transsexuellen Prägung als dem anderen Geschlecht zugehörig empfinden, sie seit mindestens drei Jahren unter dem Zwang stehen, den transsexuellen Vorstellungen entsprechend zu leben, und wenn mit hoher Wahrscheinlichkeit anzunehmen ist, dass sich das Zugehörigkeitsempfinden zum anderen Geschlecht nicht mehr ändern wird (§ 1 TSG, sog **kleine Lösung**). Medizinische Maßnahmen sind dafür nicht erforderlich. Eine solche Vornamensänderung lässt die personenstandsrechtliche Geschlechtszugehörigkeit unberührt. Soweit es rechtlich auf das Geschlecht ankommt, wird z.B. eine Mann-zur-Frau-Transsexuelle trotz weiblicher Vornamen entsprechend der noch gegebenen männlichen Geschlechtszugehörigkeit behandelt.

2 Für die **rechtliche Zuordnung zum anderen Geschlecht** ist zusätzlich erforderlich, dass die Betreffenden nicht verheiratet sind, sich einem geschlechtsverändernden operativen Eingriff unterzogen haben und dauernd fortpflanzungsunfähig sind (§ 8 TSG). Ab der Rechtskraft des Gerichtsbeschlusses nach § 8 TSG richten sich die vom Geschlecht abhängigen Rechte und Pflichten nach dem neuen Geschlecht (§ 10 I TSG, sog **große Lösung**). Eine Mann-zur-Frau-Transsexuelle kann nach rechtskräftiger Feststellung ihrer weiblichen Geschlechtszugehörigkeit einen Mann heiraten, und ebenso ein Frau-zum-Mann-Transsexueller nach Feststellung seiner männlichen Geschlechtszugehörigkeit eine Frau.

3 **II.** Nach § 1 I 1 LPartG können zwei Personen gleichen Geschlechts eine Lebenspartnerschaft eingehen. Wie bei der Ehe kommt es auch hier auf die personenstandsrechtliche Geschlechtszugehörigkeit an. Eine Mann-zur-Frau-Transsexuelle kann deshalb **bis zur Änderung ihrer Geschlechtszugehörigkeit** eine **Lebenspartnerschaft** mit einem Mann, und ein Frau-zum-Mann-Transsexueller eine Lebenspartnerschaft mit einer Frau eingehen.

4 **III.** Dagegen ist es für **Transsexuelle mit der kleinen Lösung** de facto nicht möglich, eine rechtlich abgesicherte Partnerschaft mit einer Person des Geschlechts einzugehen, denen sie sich zugehörig fühlen. Eine Eheschließung ist zwar rechtlich zulässig. Eine Mann-zur-Frau-Transsexuelle mit der kleinen Lösung ist personenstandsrechtlich männlichen Geschlechts, weshalb sie mit einer Frau eine Ehe eingehen kann. § 7 I Nr 3 TSG bestimmt jedoch, dass in diesem Fall die Vornamensänderung kraft Gesetzes unwirksam wird; die Betroffene führt dann automatisch wieder die früheren (männlichen) Vornamen. Für Frau-zum-Mann-Transsexuelle gilt umgekehrt das Gleiche. Diese Konsequenz ist für die Transsexuellen, die sich nach wie vor dem anderen Geschlecht zugehörig empfinden, unannehmbar. Deshalb sehen sie von einer Eheschließung ab. Das LPartG bietet hier ebenfalls keine Lösung, da es an dem Erfordernis der Gleichgeschlechtlichkeit fehlt. So ist zB ein Frau-zum-Mann-Transsexueller mit der kleinen Lösung personenstandsrechtlich weiblichen Geschlechts und kann deshalb mit einem Mann keine Lebenspartnerschaft eingehen.

5 Dieses de-facto-Ehehindernis hatte der Gesetzgeber in den Materialien zum TSG mit der Erwägung gerechtfertigt, in den Fällen des § 7 TSG sei davon auszugehen, dass sich die betreffende Person wieder als dem ursprünglichen Geschlecht zugehörig empfinde (BT-Drucks 8/2947, 14, Punkt 3.7.1). Der Gesetzgeber ging davon aus, dass Transsexuelle stets heterosexuell empfinden, dass also Mann-zur-Frau-Transsexuelle Beziehungen mit Männern, und Frau-zum-Mann-Transsexuelle Beziehungen mit Frauen anstreben. Wenn also eine Mann-zur-Frau-Transsexuelle eine Ehe mit einer Frau einginge, hieße das, dass sie sich wieder als dem männlichen Geschlecht zugehörig empfinde. Dass es auch **lesbische** Mann-zur-Frau-Transsexuelle und **schwule** Frau-zum-Mann-**Transsexuelle** gibt, war zur Zeit des Gesetzgebungsverfahrens Ende der 70er Jahre auch Sexualmedizinern unbekannt.

6 Diese sexualmedizinisch nicht gerechtfertigte Regelung ist verfassungsrechtlich sowohl im Hinblick auf die Eheschließungsfreiheit (Art 6 I GG) als auch auf den allgemeinen Gleichheitssatz (Art 3 I GG) bedenklich. Transsexuelle, die bereits verheiratet sind, können die Vornamensänderung in Anspruch nehmen (LG Köln, Beschl v 01.09.1994, 1 T 325/94; LG Saarbrücken, Beschl v 24.01.1997, 5 T 714/96). Wenn also die Vornamensänderung der Eheschließung nachfolgt, können Transsexuelle beides haben: die Ehe und die Vornamensänderung. Die zeitlich umgekehrte Reihenfolge (erst Vornamensänderung, dann Eheschließung) führt dagegen zum Verlust der Vornamensänderung. Diese Ungleichbehandlung ist mit Art 3 I GG nicht vereinbar. Der Gesetzgeber unterliegt hier nicht bloß einem Willkürverbot, sondern einer strengen Bindung an den Gleichheitssatz, da es um die Ausübung grundrechtlich geschützter Freiheiten geht (BVerfGE 88, 96). Aufgrund der Regelung des § 7 I Nr 3 TSG können Transsexuelle mit der kleinen Lösung praktisch überhaupt keine Ehe eingehen. Das ist ein Verstoß gegen das Grundrecht auf Eheschließungsfreiheit. Deshalb hat das LG Itzehoe mit Beschl v 26.03.2003 (Az 4 T 497/02) ein sich gegen diese Vorschrift richtendes Verfahren ausgesetzt und dem BVerfG nach Art 100 I GG zur Entscheidung über die Verfassungswidrigkeit dieser Reglung vorgelegt (Az beim BVerfG: 1 BvL 3/03; Az einer ebenfalls gegen § 7 I Nr 3 u III TSG eingelegte Verfassungsbeschwerde: 1 BvR 2201/02).

Hier muss dringend im Wege einer Gesetzesänderung Abhilfe geschaffen werden: entweder durch Streichung des § 7 I Nr 3 TSG (§ 7 TSG ist ohnehin eine in jeder Hinsicht völlig missglückte Vorschrift, vgl dazu Augstein, StAZ 1981, 11f) oder durch eine Ergänzung des § 1 LPartG dahingehend, dass Transsexuelle mit der kleinen Lösung eine Lebenspartnerschaft mit beiden Geschlechtern eingehen können. 7

IV. Nach der Inanspruchnahme der **großen Lösung** können **Transsexuelle** entsprechend der neuen Geschlechtszugehörigkeit eine **Lebenspartnerschaft eingehen**: Mann-zur-Frau-Transsexuelle mit einer Frau und Frau-zum-Mann-Transsexuelle mit einem Mann. 8

Wenn Transsexuelle **vorher** eine Lebenspartnerschaft eingegangen sind (Frau-zum-Mann-Transsexuelle mit einer Frau, Mann-zur-Frau-Transsexuelle mit einem Mann), steht dies der Feststellung der neuen Geschlechtszugehörigkeit nach § 8 TSG nicht entgegen. Auf diese Weise ist entgegen dem Wortlaut des § I LPartG auch eine **Lebenspartnerschaft zwischen verschiedengeschlechtlichen Personen** möglich. 9

Diese Gesetzeslücke ist im Gesetzgebungsverfahren bewusst in Kauf genommen worden, weil sich die Koalitionsarbeitsgruppe, die den Entwurf des LPartG erarbeitet hat, mit dem Bundesministerium des Innern nicht über die Angleichung des TSG an das LPartG einigen konnte. Deshalb hat man die Angleichung im Hinblick auf die ohnehin geplante Reform des TSG unterlassen. 10

Die Lebenspartner können nach der Rechtskraft des Gerichtsbeschlusses, da nunmehr verschiedengeschlechtlich, miteinander die Ehe eingehen, ohne dass ihre Lebenspartnerschaft vorher aufgehoben werden muss. Zwar ist nach § 1306 BGB idF des ÜberarbG nun auch eine bestehende Lebenspartnerschaft eine Ehehindernis. Aber nach dem neuen Gesetzeswortlaut gilt das nur, wenn zwischen einer der Personen, die die Ehe miteinander eingehen wollen, und einer dritten Person eine Ehe oder eine Lebenspartnerschaft besteht". Daraus folgt e contrario, dass weiterhin kein Ehehindernis besteht, wenn die Lebenspartner und die zukünftigen Ehepartner identisch sind. (Zum bis zum 01.01.2005 geltenden Recht siehe Fachausschuss der Standesbeamten FA-Nr 3701, StAZ 2004, 139, der mit Recht darauf hinwies, dass - auch nach damaligem Recht - kein förmliches Ehehindernis bestand). 11

V. Wenn **Transsexuelle noch verheiratet sind**, können sie von der großen Lösung keinen Gebrauch machen. § 8 I Nr 2 TSG verlangt, dass die Antragsteller nicht verheiratet sind. 12

Zu betonen ist, dass dies nicht für den chirurgischen Eingriff gilt; verheiratete Transsexuelle können sich geschlechtsumwandelnd operieren lassen. Nur für die personenstandsrechtliche Zuordnung zum neuen Geschlecht muss vorher die Scheidung erfolgen. 13

Die nach gegenwärtiger Rechtslage erforderliche Ehescheidung kann rechtliche Probleme aufwerfen, wenn die Partner nicht getrennt leben. Denn auch eine einverständliche Scheidung setzt in der Regel ein mindestens einjähriges Getrenntleben voraus (§ 1566 I BGB). Erst nach rechtskräftiger Scheidung können Transsexuelle das Verfahren nach § 8 TSG betreiben, und nach Abschluss dieses Verfahrens können die Partner, da nunmehr gleichgeschlechtlich, eine Lebenspartnerschaft eingehen. 14

Die **Durchführung des Scheidungsverfahren**s ist in einem solchen Fall **unzumutbar**. Das TSG sollte einen nahtlosen Übergang wie folgt vorsehen: Die Ehepartner könnten erklären, dass sie die Ehe als Lebenspartnerschaft fortsetzen möchten. Nach einer solchen Erklärung wäre die rechtliche Zuordnung zum neuen Geschlecht trotz bestehender Ehe möglich. Mit Rechtskraft des Gerichtsbeschlusses nach § 8 TSG würde die Ehe kraft Gesetzes als Lebenspartnerschaft fortgelten. 15

16 Transsexuelle und ihre Ehepartner haben natürlich die Möglichkeit, verheiratet zu bleiben. Dann müssen die Transsexuellen auf die Feststellung der neuen Geschlechtszugehörigkeit nach § 8 TSG verzichten und es bei der Vornamensänderung nach § 1 TSG und der operativen Geschlechtsumwandlung belassen.

Literaturverzeichnis

Literatur und Rechtsprechung zum Lebenspartnerschaftsrecht sind vollständig dokumentiert auf den Internetseiten des Lesben- und Schwulenverbandes in Deutschland (LSVD) eV. Die Liste wird laufend aktualisiert.
Siehe: http://www.typo3.lsvd.de/69.0.html.

AK-GG/Bearbeiter, Kommentar zum Grundgesetz für die Bundesrepublik Deutschland (Reihe Alternativkommentare), Loseblatt, 3. Aufl, Stand 8/2002
Bamberger/Roth/Bearbeiter, Kommentar zum Bürgerlichen Gesetzbuch, 2003
Basedow/Hopt/Kötz/Dopffel (Hrsg), Die Rechtsstellung gleichgeschlechtlicher Lebensgemeinschaften, 2000
Baumbach/Lauterbach/Bearbeiter, Zivilprozessordnung, 63. Aufl. 2005
Bergmann/Ferid, Internationales Ehe- und Kindschaftsrecht, Loseblatt, seit 1983
Boele-Woelki/Fuchs, Legal Recognition of Same Sex Couples in Europe, 2003
Brandt, Die Adoption durch eingetragene Lebenspartner im internationalen Privat- und Verfahrensrecht, 2004
Brox, Allgemeiner Teil des BGB, 28. Aufl 2004
Brox, Erbrecht, 20. Aufl 2003
Bub/Treier, Handbuch der Geschäfts- und Wohnraummiete, 3. Aufl 1999
Coester, Die kollisionsrechtliche Bedeutung des Bundesverfassungsgerichtsurteils zur Lebenspartnerschaft, in: Coester/Martiny/Prinz von Sachsen Gessaphe, Privatrecht in Europa. Vielfalt, Kollision, Kooperation, Festschrift für Hans Jürgen Sonnenberger, 2004, 321ff
Erman/Bearbeiter, Bürgerliches Gesetzbuch, Handkommentar, 11. Aufl 2004
Ferid/Firsching/Lichtenberger, Internationales Erbrecht, Loseblatt, seit 1993
Forkert, Eingetragene Lebenspartnerschaften im deutschen IPR: Art 17b EGBGB, 2003
Gernhuber/Coester-Waltjen, Lehrbuch des Familienrechts, 4. Aufl 1994
Gerold/Schmidt/v.Eicken/Madert/Müller-Rabe, Rechtsanwaltsvergütungsgesetz, 16. Aufl 2004
Grib, Die gleichgeschlechtliche Partnerschaft im nordischen und deutschen Recht, 1996
Grziwotz, Beratungshandbuch Lebenspartnerschaft, 2003
Hailbronner, Ausländerrecht, Kommentar, Loseblatt, Stand 12/2000
Hailbronner/Renner, Staatsangehörigkeitsrecht, Kommentar, 4. Aufl 2005
Hartmann, Kostengesetze, 34. Aufl 2004
Hausmann, Überlegungen zum Kollisionsrecht registrierter Partnerschaften, in: Gottwald, Festschrift für Dieter Henrich zum 70. Geburtstag, 2000, 241 ff
Heun, Gleichgeschlechtliche Ehen in rechtsvergleichender Sicht unter besonderer Berücksichtigung der Rechtslage in den USA, in Kanada und in Australien, 1999
Hk-BGB/Bearbeiter, Bürgerliches Gesetzbuch, Handkommentar, 4. Aufl. 2005
Jakob, Die eingetragene Lebenspartnerschaft im internationalen Privatrecht, 2002
Jayme/Hausmann, Internationales Privat- und Verfahrensrecht, 12. Aufl 2004
Johannsen/Henrich, Eherecht, 3. Aufl 1998
Kegel/Schurig, Internationales Privatrecht, 9. Aufl 2004
KK-StPO/Bearbeiter, Karlsruher Kommentar zur StPO, 5. Aufl 2003
Korintenberg/Lappe/Bengel/Reimann, Kostenordnung, 15. Aufl 2002
Kreß (Hrsg), Religionsfreiheit als Leitbild. Staatskirchenrecht in Deutschland und Europa im Prozess der Reform, 2004

Lange/Kuchinke, Lehrbuch des Erbrechts, 4. Aufl 1995
Markl/Meyer, Gerichtskostengesetz, 4. Aufl 2001
Maunz/Dürig/Bearbeiter, Grundgesetz, Kommentar, Loseblatt, Stand 8/2000
Medert/Süßmuth, Melderecht des Bundes und der Länder, Kommentar, Loseblatt, Stand 6/2004
Meincke, Erbschaft- und Schenkungsteuergesetz, Kommentar, 14. Aufl 2004
Merten, Eheliche und nichteheliche Lebensgemeinschaften unter dem Grundgesetz, in: Isensee/Lecheler, Freiheit und Eigentum, Festschrift für Walter Leisner zum 70. Geburtstag, 1999, 615ff
Meyer, Gerichtskostengesetz, 6. Aufl 2004
MK-BGB/Bearbeiter, Münchener Kommentar zum Bürgerlichen Gesetzbuch, 3. Aufl ab 1992, 4. Aufl. ab 2002
MK-ZPO/Bearbeiter, Münchener Kommentar zur Zivilprozessordnung, 2. Aufl ab 2000
Muscheler, Das Recht der Eingetragenen Lebenspartnerschaft, 2. Aufl 2004
Musielak/Bearbeiter, Kommentar zur Zivilprozessordnung mit Gerichtsverfassungsgesetz, 4. Aufl 2005
Oestreich/Winter/Hellstab, Kommentar zum Gerichtskostengesetz, Loseblatt, Stand 6/2005
Palandt/Bearbeiter, Bürgerliches Gesetzbuch, 64. Aufl 2005
Pechstein, Familiengerechtigkeit als Gestaltungsgebot für die staatliche Ordnung, 1994
Rahm/Künkel, Handbuch der Familiengerichtsverfahrens mit Auslands- und Formularteil, Loseblatt, Stand 5/2005
Reichold, Hermann: Selbstbestimmung der Kirche oder (nur) Tendenzschutz? Europa und das deutsche kirchliche Arbeitsrecht. - In: Kreß (Hrsg): Religionsfreiheit als Leitbild. Staatskirchenrecht in Deutschland und Europa im Prozess der Reform – Münster, 2004, 105 ff
Renner, Ausländerrecht, Kommentar, 7. Aufl 1999
Rohs/Wedewer, Kostenordnung, Loseblatt, Stand 3/2005
Rolland/Bearbeiter, Familienrecht, Kommentar, 3. Aufl ab 1995
Sachs (Hrsg), Grundgesetz, Kommentar, 3. Aufl 2003
Schack, Internationales Zivilverfahrensrecht, 3. Aufl 2002
Schlüter, BGB-Familienrecht, 11. Aufl 2005
Schmidt-Futterer/Bearbeiter, Mietrecht, 8. Aufl. 2003
Schwab/Borth, Handbuch des Scheidungsrechts, 4. Aufl 2000
Soergel/Bearbeiter, Bürgerliches Gesetzbuch mit Einführungsgesetz und Nebengesetzen, 13. Aufl ab 1999, Erbrecht, 12. Aufl 1992
Staudinger/Bearbeiter, J. von Staudingers Kommentar zum Bürgerlichen Gesetzbuch mit Einführungsgesetz und Nebengesetzen, 13. Aufl ab 1993, 14. Aufl ab 2000
Stein/Jonas/Bearbeiter, Kommentar zur Zivilprozessordnung, 21. Aufl ab 1993
Sternel, Mietrecht, 3. Auflage 1988
Thomas/Putzo, Zivilprozessordnung, 26. Aufl 2004
Verschraegen, Gleichgeschlechtliche „Ehen“, 1994
Wasmuth, Eheschließung unter Gleichgeschlechtlichen in den Niederlanden und deutscher ordre public, in: Liber Amicorum Gerhard Kegel, 2002, 237ff
Wellenhofer-Klein, Die eingetragene Lebenspartnerschaft, 2003
Wieczorek/Schütze/Bearbeiter, Zivilprozessordnung und Nebengesetze, 3. Aufl ab 1994
Zöller/Bearbeiter, Zivilprozessordnung mit Gerichtsverfassungsgesetz und Nebengesetzen, Kommentar, 25. Aufl 2005

Stichwortverzeichnis

z.B. **LPartG 10** 15 = § 10 LPartG Rn 15. Der Abschnitt „Beamte, Angestellte und Arbeiter" wird als „Beamte" zitiert